여러분의 합격을 응원하는

해커스경찰의 [illegible] 혜택!

FREE 경찰 형사법 **동영상강의**

해커스경찰(police.Hackers.com) 접속 후 로그인 ▶ 상단의 [무료강좌 → 경찰 무료강의] 클릭하여 이용

해커스경찰 온라인 단과강의 **20% 할인쿠폰**

9F654EEC3A3D9AGE

해커스경찰(police.Hackers.com) 접속 후 로그인 ▶ 상단의 [내강의실] 클릭 ▶
[쿠폰/포인트] 클릭 ▶ 쿠폰번호 입력 후 이용

* 쿠폰 유효기간: 2023년 12월 31일까지(등록 후 7일간 사용 가능)

합격예측 **모의고사 응시권 + 해설강의 수강권**

9429378926C864BH

해커스경찰(police.Hackers.com) 접속 후 로그인 ▶ 상단의 [내강의실] 클릭 ▶
[쿠폰/포인트] 클릭 ▶ 쿠폰번호 입력 후 이용

* 쿠폰 유효기간: 2023년 12월 31일까지(등록 후 7일간 사용 가능)

| 쿠폰 이용 안내 |

1. 쿠폰은 사이트 로그인 후 1회에 한해 등록이 가능하며, 최초로 쿠폰을 인증한 후에는 별도의 추가 인증이 필요하지 않습니다.
2. 쿠폰은 현금이나 포인트로 변환 혹은 환불되지 않습니다.
3. 기타 쿠폰 사용과 관련된 문의는 고객센터(1588-4055)로 연락 주시거나, 1:1 문의 게시판을 이용하시기 바랍니다.

단기 합격을 위한

해커스 커리큘럼

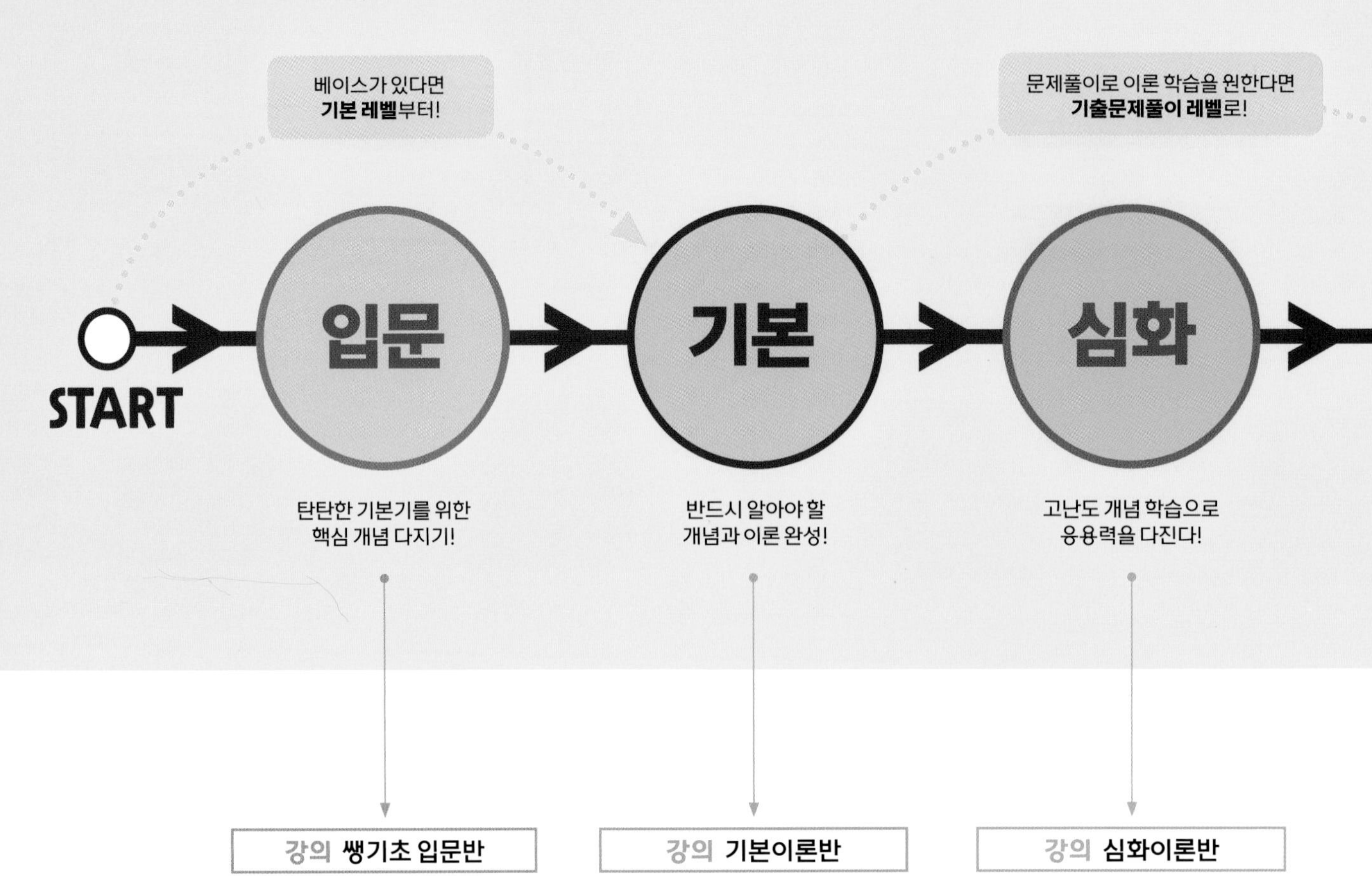

강의 쌩기초 입문반

이해하기 쉬운 개념 설명과 풍부한 연습문제 풀이로 부담 없이 기초를 다질 수 있는 강의

강의 기본이론반

반드시 알아야 할 기본 개념과 문제풀이 전략을 학습하여 핵심 개념 정리를 완성하는 강의

강의 심화이론반

심화이론과 중·상 난이도의 문제를 함께 학습하여 고득점을 위한 발판을 마련하는 강의

레벨별 교재 확인 및
수강신청은 여기서!
police.Hackers.com

* 커리큘럼은 과목별·선생님별로 상이할 수 있으며, 자세한 내용은 해커스경찰 사이트에서 확인하세요.

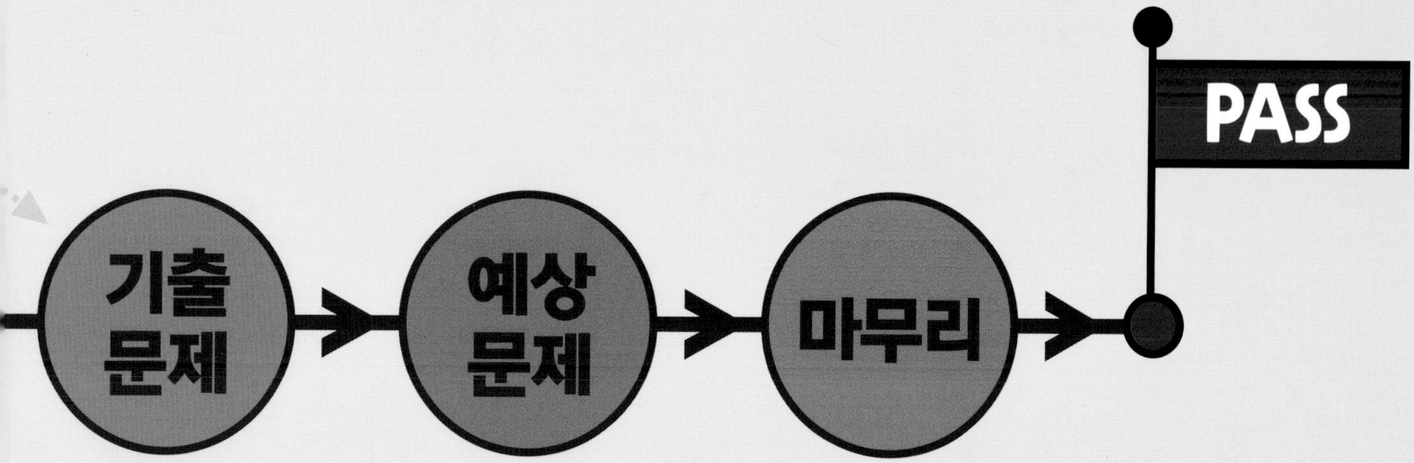

기출문제 → 예상문제 → 마무리 → PASS

기출문제
기출문제풀이 훈련으로 취약영역을 보완한다!

예상문제
예상문제풀이로 실전력을 강화한다!

마무리
시험 직전 반드시 확인할 내용만 엄선한다!

강의 기출문제 풀이반
기출문제의 유형과 출제 의도를 이해하고, 본인의 취약영역을 파악 및 보완하는 강의

강의 예상문제 풀이반
최신 출제경향을 반영한 예상 문제들을 풀어보며 실전력을 강화하는 강의

강의 실전동형모의고사반
최신 출제경향을 완벽하게 반영한 모의고사를 풀어보며 실전 감각을 극대화하는 강의

강의 봉투모의고사반
시험 직전에 실제 시험과 동일한 형태의 모의고사를 풀어보며 실전력을 완성하는 강의

해커스경찰 **단기 합격생**이 말하는

경찰 합격의 비밀!

해커스경찰과 함께라면
다음 합격의 주인공은 바로 여러분입니다.

완전 노베이스로 시작,
8개월 만에 인천청 합격!

강*혁 합격생

형사법 부족한 부분은 모의고사로 채우기!

—

기본부터 기출문제집과 같이 병행해서 좋았던 것 같습니다. 그리고 1차 시험 보기 전까지 심화 강의를 끝냈는데 **개인적으로 심화강의 추천** 드립니다. 안정적인 실력이 아니라 생각해서 기출 후 **전범위 모의고사에서 부족한 부분들을 많이 채워** 나간 것 같습니다.

법 계열 전공,
1년 이내 대구청 합격!

배*성 합격생

외우기 힘든 경찰학, 방법은 회독과 복습!

—

경찰학의 경우 양이 워낙 방대하고 휘발성이 강한 과목이라고 생각합니다. (중략) 지속적으로 **회독**을 하였으며, **모의고사**를 통해서 **틀린 부분을 복습하고** 그 범위를 **다시 한 번 책**으로 돌아가서 봤습니다.

이과 계열 전공,
6개월 만에 인천청 합격!

서*범 합격생

법 과목 공부법은 기본과 기출 회독!

—

법 과목만큼은 **인강을 반복해서** 듣고 **기출을 반복**해서 읽고 풀었습니다. 익숙해질 필요가 있다고 생각해서 **회독에 더 집중**했었습니다. 익숙해진 이후로는 **오답도 챙기면서 공부**했습니다.

해커스경찰

갓대환 형사법

심화문제집

해커스경찰

김대환

약력

현 | 해커스 경찰학원 형법 · 형사소송법 강의
경찰공제회 경찰 채용 형법 · 형사소송법 강의

전 | 김대환 경찰학원 형법 · 형사소송법 강의
아모르이그잼경찰 / 메가CST 형사소송법 대표교수
경찰대학교 행정학과 졸업(16기)
용인대학교 경찰행정학과 석사 수료
사법시험 최종합격(제46회, 2004)
사법연수원 수료(제36기)

저서

갓대환 형사법 진도별 문제풀이 1000제, 해커스패스
갓대환 형법/형사소송법 진도별 문제풀이 500제, 해커스패스
갓대환 핵심 요약집 형사법, 해커스패스
갓대환 형사법 기본서, 해커스패스
갓대환 형법/형사소송법 기본서, 해커스패스
갓대환 핵심 요약집 형법/형사소송법, 해커스패스
갓대환 형법 기출 1200제, 멘토링
갓대환 형법 기적의 특강 with 5개년 최신판례, 멘토링
갓대환 형법, 형사소송법 승진 삼삼 모의고사, 멘토링
갓대환 형법, 형사소송법 경찰 오오 모의고사, 멘토링
갓대환 형법 적중 모의고사: 시즌1, 시즌2
갓대환 형법/형사소송법 단원별 문제풀이

서문

심화문제집은 예전 기출총정리 문제집의 상위 버전으로 생각하면 됩니다. 기존 기출총정리보다 조금 더 어려운 문제 위주로 구성했습니다.

기존 기출총정리의 보완책으로, 가능한 지문이 중복되지 않으면서 어려운 쟁점까지 담았습니다. 2021년, 2022년 최신판례와 경찰채용, 경찰승진, 경찰간부, 국가직 9급, 국가직 7급, 법원직, 법원행시 등을 반영한 문제집입니다. 범위는 형법총론, 형법각론, 형사소송법 중 수사와 증거로 구성되어 있어 경찰채용과 경찰간부 시험범위와 일치합니다.

심화문제집은 각 문제마다 난이도를 구별했습니다. 난이도를 구별하여 [Essential ★] 291개, [Core ★★] 487개, [Supperlative ★★★] 221개로 구성하였습니다. 그리고, 박스형 문제를 많이 구성하여서, 실제 체감 난이도는 더 높을 것으로 보입니다.

이 문제집의 주요 대상학생은 기본강의 이후 어느 정도 실력이 있는 학생들을 대상으로 하였습니다. 그래서 이 문제집만 풀어도, 기본서를 다시 확인하는 번거로움을 피하기 위하여 자세하게 해설을 달았습니다. 문제를 먼저 풀고, 해설을 읽어보면, 그 자체만으로도 반복 학습이 가능할 것입니다.

더불어 경찰공무원 시험 전문 해커스경찰(police.Hackers.com)에서 학원강의나 인터넷동영상강의를 함께 이용하여 꾸준히 수강한다면 학습효과를 극대화할 수 있습니다.

이 책이 출간되도록 도와주신 윤경근 교수님과 출판사 모든 분들께 고마움을 전합니다.

2022년 3월

김대환

목차

제1편

형법 총론

001 소급효금지의 원칙에 관한 다음 설명 중 옳지 않은 것은? (다툼이 있으면 판례에 의함)

1 2 3

[core ★★]

① 게임법 시행령 제18조의3의 시행일 이전에 행해진 게임머니를 환전, 환전 알선, 재매입한 영업행위를 처벌하는 것은 소급효금지 원칙에 위배된다.

② 개정된 전자금융거래법 시행일 이전의 법 제6조 제3항 제1호에 규정된 접근매체 양도 · 양수의 '알선행위'를 처벌하는 것은 형벌법규의 소급효금지 원칙에 위배된다.

③ 피고인 甲이 '최고이자율을 초과하여 이자를 받은 자는 1년 이하의 징역 또는 1천만원 이하의 벌금에 처한다'라는 이자제한법 제8조 제1항이 시행되기 전에 A와 금전소비대차약정을 체결하였다면 비록 그 시행일 이후에 제한이자율 초과이자를 수령하였더라도 위 규정에 따라 처벌할 수 없다.

④ 포괄일죄에 관한 기존 처벌법규에 대하여 그 표현이나 형량과 관련한 개정을 하는 경우가 아니라 애초에 죄가 되지 아니하던 행위를 구성요건의 신설로 포괄일죄의 처벌대상으로 삼는 경우에는 신설된 포괄일죄 처벌법규가 시행되기 이전의 행위에 대하여는 신설된 법규를 적용하여 처벌할 수 없고, 이는 신설된 처벌법규가 상습범을 처벌하는 구성요건인 경우에도 마찬가지이다.

해설

③ [×] 피고인 甲이 '최고이자율(30%)을 초과하여 이자를 받은 자는 1년 이하의 징역 또는 1천만원 이하의 벌금에 처한다'라는 이자제한법 제8조 제1항이 시행되기 전에 A와 금전소비대차약정을 체결하였더라도 그 시행일 이후에 제한이자율 초과이자를 수령하였다면, 위 처벌규정에 따라 처벌된다(대법원 2017.9.12, 2016도12834 제주 사채업자 사건).

① [○] 게임법 시행령 제18조의3의 시행일 이전에 행해진 게임머니를 환전, 환전 알선, 재매입한 영업행위를 처벌하는 것은 **소급효금지 원칙에 위배된다**(대법원 2009.4.23, 2008도11017 게임머니 판매사건).

② [○] 개정된 전자금융거래법 시행일 이전의 법 제6조 제3항 제1호에 규정된 접근매체 양도 · 양수의 '알선행위'를 처벌하는 것은 형벌법규의 **소급효금지 원칙에 위배된다**(대법원 2010.6.10, 2010도4416 우리은행통장 양도 · 알선 사건).

④ [○] 구성요건이 **신설된 상습강제추행죄가 시행되기 이전의 범행은 상습강제추행죄로는 처벌할 수 없고** 행위시법에 기초하여 강제추행죄로 처벌할 수 있을 뿐이며, 이 경우 그 소추요건도 상습강제추행죄에 관한 것이 아니라 강제추행죄에 관한 것이 구비되어야 한다(대법원 2016.1.28, 2015도15669 상습강제추행죄 신설 사건).

002 소급효금지의 원칙에 관한 다음 설명 중 옳지 않은 것은? (다툼이 있으면 판례에 의함) [Essential ★]

1 2 3

① 법원이 양형기준이 발효하기 전에 공소가 제기된 범죄에 관하여 형을 양정함에 있어서 양형기준을 참고자료로 삼았다고 하여 피고인에게 불리한 법률을 소급하여 적용한 위법이 있다고 할 수 없다.

② 행위 당시의 판례에 의하면 처벌대상이 되지 아니하는 것으로 해석되었던 행위를 판례의 변경에 따라 확인된 내용의 형법 조항에 근거하여 처벌한다고 하여 형벌불소급의 원칙에 반한다고 할 수는 없다.

③ 법원이 가정폭력행위자에게 사회봉사명령을 부과하면서, 행위시법상 사회봉사명령 부과시간의 상한인 100시간을 초과하여 상한을 200시간으로 올린 신법을 적용한 것은 위법하다.

④ 노역장유치가 벌금형에 부수적으로 부과되는 환형처분이라고 하더라도 그 실질이 신체의 자유를 박탈하는 징역형과 유사한 형벌적 성격을 가지고 있다고 할 수 없으므로, 법률 개정으로 동일한 벌금형을 선고받은 사람에게 노역장유치기간이 장기화되는 등 불이익이 가중된 때에도 재판시의 법률에 따라 유치기간을 정하여 선고하여야 한다.

해설

④ [×] (1) 노역장유치는 벌금형에 부수적으로 부과되는 환형처분으로서, 그 실질은 신체의 자유를 박탈하여 징역형과 유사한 형벌적 성격을 가지고 있으므로 형벌불소급원칙의 적용대상이 된다. 따라서 법률 개정으로 동일한 벌금형을 선고받은 사람에게 노역장유치기간이 장기화되는 등 불이익이 가중된 때에는 범죄행위시의 법률에 따라 유치기간을 정하여 선고하여야 한다. (2) 형법 제70조 제2항의 노역장유치조항은 1억원 이상의 벌금을 선고받는 자에 대하여 유치기간의 하한을 중하게 변경시킨 것이므로, 이 조항 시행(2014.5.14.) 전에 행한 범죄행위에 대해서는 범죄행위 당시에 존재하였던 법률을 적용하여야 한다. 그런데 2014.5.14. 개정 형법 부칙 제2조 제1항은 노역장유치조항의 시행 전에 행해진 범죄행위에 대해서도 공소제기의 시기가 노역장유치조항의 시행 이후이면 이를 적용하도록 하고 있으므로, 이는 범죄행위 당시 보다 불이익한 법률을 소급 적용하도록 하는 것으로서 헌법상 형벌불소급원칙에 위반된다(헌법재판소 2017.10.26, 2015헌바239 노역장유치 하한 가중 위헌소원사건).

① [O] 법관이 형을 양정함에 있어서 참고할 수 있는 자료에 달리 제한이 있는 것도 아닌 터에 법원이 **양형기준이 발효하기 전에 공소가 제기된 범죄에 관하여 형을 양정함에 있어서 양형기준을 참고자료로 삼았다고 하여 피고인에게 불리한 법률을 소급하여 적용한 위법이 있다고 할 수 없다**(대법원 2009.12.10, 2009도11448 양형기준 소급적용 사건).

② [O] 형사처벌의 근거가 되는 것은 법률이지 판례가 아니고, 형법 조항에 관한 **판례의 변경은** 그 법률조항의 내용을 확인하는 것에 지나지 아니하여 이로써 그 법률조항 자체가 변경된 것이라고 볼 수는 없으므로, 행위 당시의 판례에 의하면 처벌대상이 되지 아니하는 것으로 해석되었던 행위를 판례의 변경에 따라 확인된 내용의 형법 조항에 근거하여 처벌한다고 하여 **형벌불소급의 원칙에 반한다고 할 수는 없다**(대법원 1999.9.17, 97도3349 판례변경 처벌 사건)(同旨 헌법재판소 2014.5.29, 2012헌바390).

③ [O] (1) 가폭법상 사회봉사명령은 가정폭력범죄행위에 대하여 형사처벌 대신 부과되는 것으로서 가정폭력범죄를 범한 자에게 의무적 노동을 부과하고 여가시간을 박탈하여 실질적으로는 신체적 자유를 제한하게 되므로 이에 대하여는 원칙적으로 **형벌불소급의 원칙에 따라 행위시법을 적용함이 상당하다.** (2) 법원이 가정폭력행위자에게 사회봉사명령을 부과하면서, 행위시법상 사회봉사명령 부과시간의 상한인 100시간을 초과하여 **상한을 200시간으로 올린 신법을 적용한 것은 위법하다**(대법원 2008.7.24, 2008어4 사회봉사 200시간 사건).

정답 | 001 ③ 002 ④

003 소급효금지의 원칙에 관한 다음 설명 중 옳지 않은 것은? (다툼이 있으면 판례에 의함) [core ★★]

1 2 3

① 디엔에이신원확인정보의 수집 · 이용이 범죄의 예방효과를 가지는 보안처분으로서의 성격을 일부 지닌다고 하더라도 이는 형벌과는 구별되는 비형벌적 보안처분으로서 소급입법금지원칙이 적용되지 아니한다.

② 전자감시제도는 범죄행위를 한 자에 대한 응보를 주된 목적으로 그 책임을 추궁하는 사후적 처분인 형벌과 구별되어 그 본질을 달리하는 것으로서 형벌에 관한 소급입법금지의 원칙이 그대로 적용되지 않으므로, 위치추적전자장치부착법이 개정되어 부착명령 기간을 연장하도록 규정하고 있더라도 그것이 소급입법금지의 원칙에 반한다고 볼 수 없다.

③ 피고인에게 실질적인 불이익을 추가하는 내용(전자장치 부착기간 하한을 2배 가중)의 위치추적전자장치부착법 개정이 있고, 그 규정의 소급적용에 관한 명확한 경과규정이 없는 한 그 규정의 소급적용은 이를 부정하는 것이 입법자의 의사에 부합한다.

④ 2011.1.1. 이전에 아동 · 청소년 대상 성폭력범죄를 범하고 아직 유죄판결이 확정되지 아니한 자에 대하여 판결과 동시에 고지명령을 선고할 수 있는 근거를 따로 두고 있지 않더라도 2011.1.1. 이후는 물론 그 이전에 '아동 · 청소년 대상 성폭력범죄를 저지른 자'에 대하여도 판결과 동시에 고지명령을 선고할 수 있다.

해설

④ [×] (1) 아청법(2010.4.15. 법률 제10260호로 개정된 것)은 고지명령 제도에 관한 제38조의2, 제38조의3을 신설하였는데, 그 법률 부칙 제1조는 "이 법은 공포한 날부터 시행한다. 다만 제31조의2, 제38조의2 및 제38조의3의 개정규정은 2011년 1월 1일부터 시행한다"고 규정하였으며, 부칙 제4조는 "제38조의2 및 제38조의3의 개정규정은 같은 개정규정 시행 후 최초로 아동 · 청소년 대상 성범죄를 범하여 고지명령을 선고받은 고지대상자부터 적용한다"고 정하였다. (2) 아청법(2012.12.18. 법률 제11572호로 전부 개정되어 2013.6.19. 시행된 것) 역시 부칙 제8조 제1항이 "제50조 제1항, 제51조의 개정규정은 2008년 4월 16일부터 2010년 12월 31일 사이에 제2조 제2호의 개정규정의 아동 · 청소년 대상 성범죄를 범하고 유죄판결이 확정되어 종전의 규정에 따라 공개명령을 받은 사람에 대하여도 적용하되, 공개기간이 종료된 자는 제외한다"고 규정하고, 제2항은 "이 경우 검사는 여성가족부장관의 요청을 받아 제1항에 규정된 사람에 대하여 제1심판결을 한 법원에 고지명령을 청구한다"고 정하고 있을 뿐, 2011.1.1. 이전에 아동 · 청소년 대상 성폭력범죄를 범하고 아직 유죄판결이 확정되지 아니한 자에 대하여는 위와 같이 일정한 요건 아래 그 유죄판결 확정 후 고지명령을 청구하는 절차 이외에 곧바로 판결과 동시에 고지명령을 선고할 수 있는 근거를 따로 두고 있지 아니하다. (3) 따라서 법률 제11572호 아청법이 시행된 뒤에도 여전히 법률 제10260호 아청법 부칙 규정이 정한 대로 2011.1.1. 이후 '아동 · 청소년 대상 성폭력범죄를 저지른 자'에 대하여만 판결과 동시에 고지명령을 선고할 수 있다(대법원 2014.2.13, 2013도14349).

① [○] 디엔에이신원확인정보의 수집 · 이용이 범죄의 예방효과를 가지는 보안처분으로서의 성격을 일부 지닌다고 하더라도 이는 형벌과는 구별되는 비형벌적 보안처분으로서 소급입법금지원칙이 적용되지 아니하고, 소급적용으로 발생하는 당사자의 손실에 비하여 소급적용으로 인한 공익적 목적이 더 크다고 할 것이므로 디엔에이신원확인정보의 이용 및 보호에 관한 법률(2010.1.25. 법률 제9944호로 제정된 것) 시행 당시 디엔에이감식시료 채취 대상범죄로 **이미 징역이나 금고 이상의 실형을 선고받아 그 형이 확정되어 수용 중인 사람들까지 위 법률을 적용한다고 하여 소급입법금지원칙에 위배되는 것은 아니다**(헌법재판소 2014.8.28, 2011헌마28 DNA법 사건).

② [○] **전자감시제도는** 범죄행위를 한 자에 대한 응보를 주된 목적으로 그 책임을 추궁하는 사후적 처분인 형벌과 구별되어 그 본질을 달리하는 것으로서 형벌에 관한 **소급입법금지의 원칙이 그대로 적용되지 않으므로,** 위치추적전자장치부착법이 개정되어 부착명령 기간을 연장하도록 규정하고 있더라도 그것이 **소급입법금지의 원칙에 반한다고 볼 수 없다**(대법원 2010.12.23, 2010도11996).

③ [○] 피고인에게 실질적인 불이익을 추가하는 내용(전자장치 부착기간 하한을 2배 가중)의 위치추적전자장치부착법 개정이 있고, 그 규정의 **소급적용에 관한 명확한 경과규정이 없는 한 그 규정의 소급적용은 이를 부정하는 것이 입법자의 의사에 부합한다**(대법원 2013.9.12, 2013도6424 일부만 소급적용 부칙 사건).

004 소급효금지의 원칙에 관한 다음 설명 중 옳지 않은 것은? (다툼이 있으면 판례에 의함) [Essential ★]

1 2 3

① 부(父)가 혼인 외의 출생자를 인지하는 경우에 있어서는 그 자(子)의 출생시에 소급하여 인지의 효력이 생기는 것이며, 이와 같은 인지의 소급효는 친족상도례에 관한 규정의 적용에도 미친다.

② 영업허가취소처분을 받고도 영업을 계속하였으나 그 후 행정쟁송절차에 의하여 위 처분이 취소된 경우 영업허가취소처분 이후의 영업행위는 무허가영업이 아니다.

③ 행정청의 자동차 운전면허 취소처분이 직권으로 또는 행정쟁송절차에 의하여 취소되면 운전면허 취소처분은 그 처분시에 소급하여 효력을 잃고 운전면허 취소처분에 복종할 의무가 원래부터 없었음이 확정되므로 운전면허 취소처분을 받은 사람이 운전면허 취소처분이 취소되기 전에 자동차를 운전한 행위는 도로교통법에 규정된 무면허운전의 죄에 해당하지 아니한다.

④ 자동차 운전면허 취소처분을 받은 사람이 자동차를 운전하였다면 비록 운전면허 취소처분의 원인이 된 교통사고 또는 법규 위반에 대하여 범죄사실의 증명이 없는 때에 해당한다는 이유로 무죄판결이 확정되었더라도 도로교통법상 무면허운전의 죄로 처벌할 수 있다.

해설

④ [×] 자동차 운전면허 취소처분을 받은 사람이 자동차를 운전하였으나 운전면허 취소처분의 원인이 된 교통사고 또는 법규 위반에 대하여 범죄사실의 증명이 없는 때에 해당한다는 이유로 무죄판결이 확정된 경우에는 그 취소처분이 취소되지 않았더라도 도로교통법에 규정된 무면허운전의 죄로 처벌할 수는 없다(대법원 2021.9.16, 2019도11826 음주무죄 무면허유죄 사건).

① [○] 부(父)가 혼인 외의 출생자를 인지하는 경우에 있어서는 그 자(子)의 출생시에 소급하여 **인지의 효력이 생기는 것이며, 이와 같은 인지의 소급효는 친족상도례에 관한 규정의 적용에도 미친다**(대법원 1997.1.24, 96도1731 인지의 소급효 사건). 행위자에게 유리한 소급효는 허용된다는 취지이고, 이는 나머지 지문 판례들도 동일하다.

② [○] 영업허가취소처분을 받고도 영업을 계속하였으나 그 후 행정쟁송절차에 의하여 위 **처분이 취소된 경우 영업허가취소처분 이후의 영업행위는 무허가영업이 아니다**(대법원 1993.6.25, 93도277).

③ [○] 행정청의 자동차 운전면허 취소처분이 직권으로 또는 행정쟁송절차에 의하여 취소되면 운전면허 취소처분은 그 처분시에 소급하여 효력을 잃고 운전면허 취소처분에 복종할 의무가 원래부터 없었음이 확정되므로 운전면허 취소처분을 받은 사람이 **운전면허 취소처분이 취소되기 전에 자동차를 운전한 행위는 도로교통법에 규정된 무면허운전의 죄에 해당하지 아니한다** (대법원 2021.9.16, 2019도11826 음주무죄 무면허유죄 사건).

정답 | 003 ④ 004 ④

005 유추해석금지의 원칙에 관한 다음 설명 중 옳지 않은 것은? (다툼이 있으면 판례에 의함) [Essential ★]

1 2 3

① 형벌법규의 해석은 엄격하여야 하고, 명문의 형벌법규의 의미를 피고인에게 불리한 방향으로 지나치게 확장해석하거나 유추해석하는 것은 죄형법정주의의 원칙에 어긋나는 것으로서 허용되지 아니한다.

② 처벌을 희망하지 않는다는 의사표시 또는 처벌희망 의사표시의 철회는 이른바 소극적 소송조건에 해당하고, 소송조건에는 죄형법정주의의 파생원칙인 유추해석금지의 원칙이 적용된다.

③ 위법성 및 책임의 조각사유나 소추조건 또는 처벌조각사유인 형면제 사유에 관하여 그 범위를 제한적으로 유추적용하더라도 유추해석금지의 원칙에 위반되지 아니한다.

④ 처벌규정의 소극적 구성요건을 문언의 가능한 의미를 벗어나 지나치게 좁게 해석하게 되면 피고인에 대한 가벌성의 범위를 넓히게 되어 죄형법정주의의 파생원칙인 유추해석금지원칙에 어긋날 우려가 있으므로 법률문언의 통상적인 의미를 벗어나지 않는 범위 내에서 합리적으로 해석할 필요가 있다.

해설

③ [×] 위법성 및 책임의 조각사유나 소추조건 또는 처벌조각사유인 형면제 사유에 관하여 그 범위를 제한적으로 유추적용하게 되면 행위자의 가벌성의 범위는 확대되어 행위자에게 불리하게 되는바, 이는 가능한 문언의 의미를 넘어 범죄구성요건을 유추적용하는 것과 같은 결과가 초래되므로 죄형법정주의의 파생원칙인 유추해석금지의 원칙에 위반하여 허용될 수 없다(대법원 1997.3.20, 96도1167 숲승 공직선거법 자수 사건).

① [○] 형벌법규의 해석은 엄격하여야 하고, 명문의 형벌법규의 의미를 피고인에게 불리한 방향으로 지나치게 확장해석하거나 유추해석하는 것은 **죄형법정주의의 원칙에 어긋나는 것으로서 허용되지 아니한다**(대법원 2018.1.24, 2017도15914 주머니칼 사건).

② [○] 처벌을 희망하지 않는다는 의사표시 또는 처벌희망 의사표시의 철회는 이른바 소극적 소송조건에 해당하고, **소송조건에는** 죄형법정주의의 파생원칙인 **유추해석금지의 원칙이 적용된다**(대법원 2009.11.19, 2009도6058 숲승 14세 가출녀 강간사건).

④ [○] 처벌규정의 소극적 구성요건을 문언의 가능한 의미를 벗어나 지나치게 좁게 해석하게 되면 **피고인에 대한 가벌성의 범위를 넓히게 되어 죄형법정주의의 파생원칙인 유추해석금지원칙에 어긋날 우려가 있으므로** 법률문언의 통상적인 의미를 벗어나지 않는 범위 내에서 합리적으로 해석할 필요가 있다(대법원 2018.10.25, 2018도7041 서울중앙지검장 돈봉투 사건).

006 유추해석금지의 원칙에 관한 다음 설명 중 옳지 않은 것은? (다툼이 있으면 판례에 의함) [core ★★]

1 2 3

① 동일한 법령에서의 용어는 법령에 다른 규정이 있는 등 특별한 사정이 없는 한 동일하게 해석 · 적용되어야 한다.

② 법률을 해석할 때 입법 취지와 목적, 제 · 개정 연혁, 법질서 전체와의 조화, 다른 법령과의 관계 등을 고려하는 체계적 · 논리적 해석방법을 사용할 수 있으나, 문언 자체가 비교적 명확한 개념으로 구성되어 있다면 원칙적으로 이러한 해석방법은 활용할 필요가 없거나 제한될 수밖에 없다.

③ 형벌법규의 해석에서도 문언의 가능한 의미 안에서 입법 취지와 목적 등을 고려한 법률 규정의 체계적 연관성에 따라 문언의 논리적 의미를 분명히 밝히는 체계적 · 논리적 해석방법은 규정의 본질적 내용에 가장 접근한 해석을 위한 것으로서 죄형법정주의의 원칙에 부합한다.

④ 형벌법규의 해석에 있어서 유추해석이나 확장해석도 피고인에게 유리한 경우에는 가능한 것이므로 문리를 넘어서는 이러한 해석도 특별한 사정이 없는 한 허용된다.

해설

④ [×] 형벌법규의 해석에 있어서 유추해석이나 확장해석도 피고인에게 유리한 경우에는 가능한 것이나, 문리를 넘어서는 이러한 해석은 그렇게 해석하지 아니하면 그 결과가 현저히 형평과 정의에 반하거나 심각한 불합리가 초래되는 경우에 한하여야 할 것이고, 그렇지 아니하는 한 입법자가 그 나름대로의 근거와 합리성을 가지고 입법한 경우에는 입법자의 재량을 존중하여야 하는 것이다(대법원 2004.11.11, 2004도4049 공직선거법 조문 사건). 피고인에게 유리한 경우라도 문리를 넘어서는 해석은 '예외적으로만' 허용된다.

① [○] **동일한 법령에서의 용어는** 법령에 다른 규정이 있는 등 특별한 사정이 없는 한 **동일하게 해석 · 적용되어야 한다**(대법원 2020.8.27, 2019도11294 순승 가상화폐거래량 허위입력 사건). 형법 제227조의2 공전자기록등위작죄에도 '위작'이란 용어가 있고, 형법 제232조의2 사전자기록등위작죄에도 '위작'이라는 용어가 있는데, 이를 동일하게 해석하여야 한다는 취지의 판례이다.

② [○] 법률을 해석할 때 입법 취지와 목적, 제 · 개정 연혁, 법질서 전체와의 조화, 다른 법령과의 관계 등을 고려하는 체계적 · 논리적 해석방법을 사용할 수 있으나, **문언 자체가 비교적 명확한 개념으로 구성되어 있다면 원칙적으로 이러한 해석방법은 활용할 필요가 없거나 제한될 수밖에 없다.** 죄형법정주의 원칙이 적용되는 형벌법규의 해석에서는 더욱 그러하다(대법원 2017.12.21, 2015도8335 순승 땅콩회항 사건).

③ [○] 형벌법규의 해석에서도 문언의 가능한 의미 안에서 입법 취지와 목적 등을 고려한 법률 규정의 체계적 연관성에 따라 문언의 논리적 의미를 분명히 밝히는 **체계적 · 논리적 해석방법은 규정의 본질적 내용에 가장 접근한 해석을 위한 것으로서 죄형법정주의의 원칙에 부합한다**(대법원 2018.10.25, 2016도11429 미국 군무원 수뢰 사건).

정답 | 005 ③ 006 ④

007 1 2 3 다음 중 죄형법정주의(유추해석금지의 원칙 등)에 위반되는 것을 모두 고른 것은? (다툼이 있으면 판례에 의함) [core ★★]

> ㉠ 형의 필요적 면제사유인 공직선거법 제262조의 '자수한 때'를 '범행발각 전에 자수한 때'로 한정하여 해석하는 경우
> ㉡ 반의사불벌죄에 있어 처벌을 희망하지 않는다는 의사표시에 피해자의 법정대리인의 동의가 필요하다고 해석하는 경우
> ㉢ 친고죄에 관한 고소의 주관적 불가분원칙을 규정하고 있는 형사소송법 제233조가 공정거래위원회의 고발에도 유추적용된다고 해석하는 경우
> ㉣ 국회에서의 증언 · 감정 등에 관한 법률 제15조 제1항 단서에 의한 고발에 있어, 특별위원회가 소멸하였음에도 과거 특별위원회가 존속할 당시 재적위원이었던 사람이 연서로 고발할 수 있다고 해석하는 경우

① ㉠㉡ ② ㉡㉢
③ ㉠㉢ ④ ㉠㉡㉢㉣

해설

④ 모든 항목이 죄형법정주의(유추해석금지의 원칙 등)에 위반된다.

㉠ 공직선거법 제262조의 '자수'를 '범행발각 전에 자수한 경우'로 한정하는 풀이는 '자수'라는 단어가 통상 관용적으로 사용되는 용례에서 갖는 개념 외에 '범행발각 전'이라는 또 다른 개념을 추가하는 것으로서 결국은 언어의 가능한 의미를 넘어 '자수'의 범위를 그 문언보다 제한함으로써 처벌범위를 실정법 이상으로 확대한 것이 되고, 따라서 이는 죄형법정주의의 파생원칙인 유추해석금지의 원칙에 위반된다(대법원 1997.3.20, 96도1167 全合 공직선거법 자수 사건).

㉡ 반의사불벌죄에 있어 명문의 근거 없이 처벌을 희망하지 않는다는 의사표시에 피해자의 법정대리인의 동의가 필요하다고 보는 것은 유추해석에 의하여 소극적 소송조건의 요건을 제한하고 피고인 또는 피의자에 대한 처벌가능성의 범위를 확대하는 결과가 되어 죄형법정주의 내지 거기에서 파생된 유추해석금지의 원칙에도 반한다(대법원 2009.11.19, 2009도6058 全合 14세 가출녀 강간 사건).

㉢ 친고죄에 관한 고소의 주관적 불가분원칙을 규정하고 있는 형사소송법 제233조가 공정거래위원회의 고발에도 유추적용된다고 해석한다면 이는 공정거래위원회의 고발이 없는 행위자에 대해서까지 형사처벌의 범위를 확장하는 것으로서 허용될 수 없다(대법원 2010.9.30, 2008도4762 합성수지 담합 사건)(同旨 대법원 2011.7.28, 2008도5757 설탕담합 사건).

㉣ 국회에서의 증언 · 감정 등에 관한 법률 제15조 제1항 단서의 '재적위원'은 존속하고 있는 위원회에 적을 두고 있는 위원을 의미하고, 특별위원회가 존속하지 않게 된 경우 그 재적위원이었던 사람을 의미하는 것은 아니라고 해석하는 것이 타당하므로, 이와 달리 특별위원회가 소멸하였음에도 과거 특별위원회가 존속할 당시 재적위원이었던 사람이 연서로 고발할 수 있다고 해석하는 것은 소추요건인 고발의 주체와 시기에 관하여 그 범위를 행위자에게 불리하게 확대하는 것이어서 유추해석금지의 원칙에 반한다(대법원 2018.5.17, 2017도14749 全合 국정농단청문회 위증 사건).

008 형벌법규의 해석에 관한 다음 중 설명 중 옳지 않은 것은? (다툼이 있으면 판례에 의함) [Essential ★]

1 2 3

① 외국에서 통용하지 아니하는 즉, 강제통용력을 가지지 아니하는 지폐는 그것이 비록 일반인의 관점에서 통용할 것이라고 오인할 가능성이 있다고 하더라도 형법 제207조 제3항에서 정한 외국에서 '통용하는' 외국의 지폐에 해당한다고 할 수 없다.

② 공문서위조죄나 허위공문서작성죄의 객체인 공문서는 공무원 또는 공무소가 그 직무에 관하여 작성하는 문서이고, 그 행위주체가 공무원과 공무소가 아닌 경우에는 형법 또는 특별법에 의하여 공무원 등으로 의제되는 경우를 제외하고는 계약 등에 의하여 공무와 관련되는 업무를 일부 대행하는 경우가 있더라도 공무원 또는 공무소가 될 수 없다.

③ 사전자기록등위작죄에서 정한 '위작'의 포섭 범위에 권한 있는 사람이 그 권한을 남용하여 허위의 정보를 입력함으로써 시스템 설치 · 운영 주체의 의사에 반하는 전자기록을 생성하는 행위를 포함하는 것으로 본다면 이는 '위작'이란 낱말이 가지는 문언의 가능한 의미를 벗어난 것으로 피고인에게 불리한 유추해석 또는 확장해석에 해당한다.

④ '공정증서원본(原本)'에는 공정증서의 정본(定本)이 포함된다고 볼 수 없으므로 부실의 사실이 기재된 공정증서의 정본을 그 정을 모르는 법원 직원에게 교부한 행위는 부실기재공정증서원본행사죄에 해당하지 아니한다.

해설

③ [×] 사전자기록등위작죄에서 정한 '위작'의 포섭 범위에 권한 있는 사람이 그 권한을 남용하여 허위의 정보를 입력함으로써 시스템 설치 · 운영 주체의 의사에 반하는 전자기록을 생성하는 행위를 포함하는 것으로 보더라도, 이러한 해석이 '위작'이란 낱말이 가지는 문언의 가능한 의미를 벗어났다거나 피고인에게 불리한 유추해석 또는 확장해석을 한 것이라고 볼 수 없다(대법원 2020.8.27, 2019도11294 全合 가상화폐거래량 허위입력 사건).

① [○] 외국에서 통용하지 아니하는 즉, 강제통용력을 가지지 아니하는 지폐는 그것이 비록 **일반인의 관점에서 통용할 것이라고 오인할 가능성이 있다고 하더라도 형법 제207조 제3항에서 정한 외국에서 '통용하는' 외국의 지폐에 해당한다고 할 수 없다**(대법원 2004.5.14, 2003도3487 10만달러 100만달러 사건).

② [○] 공문서위조죄나 허위공문서작성죄의 객체인 공문서는 공무원 또는 공무소가 그 직무에 관하여 작성하는 문서이고, 그 행위주체가 공무원과 공무소가 아닌 경우에는 형법 또는 특별법에 의하여 공무원 등으로 의제되는 경우를 제외하고는 **계약 등에 의하여 공무와 관련되는 업무를 일부 대행하는 경우가 있더라도 공무원 또는 공무소가 될 수 없다**(대법원 2016.1.14, 2015도9133 선박검사증서 허위 발급 사건).

④ [○] **'공정증서원본(原本)'에는 공정증서의 정본(定本)이 포함된다고 볼 수 없으므로** 부실의 사실이 기재된 공정증서의 정본을 그 정을 모르는 법원 직원에게 교부한 행위는 부실기재공정증서원본행사죄에 해당하지 아니한다(대법원 2002.3.26, 2001도6503 정본 · 원본 사건).

정답 | 007 ④ 008 ③

009 형벌법규의 해석 등에 관한 다음 중 설명 중 옳지 않은 것은 모두 고른 것은? (다툼이 있으면 판례에 의함)

1 2 3 [core ★★]

> ㉠ 형법 제62조의2 제1항은 '형의 집행을 유예하는 경우에는 보호관찰을 받을 것을 명하거나 사회봉사 또는 수강을 명할 수 있다'고 규정하고 있더라도, 법원은 집행유예를 선고할 경우에는 보호관찰과 사회봉사 또는 수강을 동시에 명할 수 있다고 해석함이 상당하다.
>
> ㉡ 피부착명령청구자가 소년법에 의한 보호처분을 받은 전력이 있는 경우, 이는 유죄의 확정판결을 받은 경우에 해당하므로 피부착명령청구자가 2회 이상 성폭력범죄를 범하였는지를 판단함에 있어 그 소년보호처분을 받은 전력도 고려의 대상이 된다.
>
> ㉢ 2회 이상 음주운전 금지규정을 위반한 사람을 2년 이상 5년 이하의 징역이나 1천만원 이상 2천만원 이하의 벌금에 처하도록 규정한 구 도로교통법 제148조의2 제1항 중 '제44조 제1항을 2회 이상 위반한 사람'에 관한 부분은 음주치료나 음주운전 방지장치 도입과 같은 비형벌적 수단에 대한 충분한 고려 없이 과거 위반 전력 등과 관련하여 아무런 제한도 두지 않고 죄질이 비교적 가벼운 유형의 재범 음주운전 행위에 대해서까지 일률적으로 가중처벌하도록 하고 있으므로 책임과 형벌간의 비례원칙에 위반된다.

① ㉠ ② ㉡
③ ㉢ ④ 없음

해설

② ㉡ 항목만 옳지 않다.

㉠ [O] 형법 제62조의2 제1항은 '형의 집행을 유예하는 경우에는 보호관찰을 받을 것을 명하거나 사회봉사 또는 수강을 명할 수 있다'고 규정하고 있더라도, 법원은 집행유예를 선고할 경우에는 **보호관찰과 사회봉사 또는 수강을 동시에 명할 수 있다고 해석함이 상당하다**(대법원 1998.4.24, 98도98).

㉡ [×] 피부착명령청구자가 소년법에 의한 보호처분을 받은 전력이 있다고 하더라도, 이는 유죄의 확정판결을 받은 경우에 해당하지 아니함이 명백하므로 피부착명령청구자가 2회 이상 성폭력범죄를 범하였는지를 판단함에 있어 그 소년보호처분을 받은 전력을 고려할 것이 아니다(대법원 2012.3.22, 2011도15057 全合 보호처분과 전자발찌 사건).

㉢ [O] (1) 심판대상조항(구 도로교통법 제148조의2 제1항 중 '제44조 제1항을 2회 이상 위반한 사람'에 관한 부분)은 음주운전 금지규정을 반복하여 위반하는 사람에 대한 처벌을 강화하기 위한 규정인데, 그 구성요건을 '제44조 제1항을 2회 이상 위반'한 경우로 정하여 가중요건이 되는 과거 음주운전 금지규정 위반행위와 처벌대상이 되는 재범 음주운전 금지규정 위반행위 사이에 아무런 시간적 제한이 없고, 과거 위반행위가 형의 선고나 유죄의 확정판결을 받은 전과일 것을 요구하지도 않는다. 그런데 과거 위반행위가 예컨대 10년 이상 전에 발생한 것이라면 처벌대상이 되는 재범 음주운전이 준법정신이 현저히 부족한 상태에서 이루어진 반규범적 행위라거나 사회구성원에 대한 생명·신체 등을 '반복적으로' 위협하는 행위라고 평가하기 어려워 이를 일반적 음주운전 금지규정 위반행위와 구별하여 가중처벌할 필요성이 있다고 보기 어렵다. 범죄전력이 있음에도 다시 범행한 경우 재범인 후범에 대하여 가중된 행위책임을 인정할 수 있다고 하더라도 전범을 이유로 아무런 시간적 제한 없이 무제한 후범을 가중처벌하는 예는 찾기 어렵고, 공소시효나 형의 실효를 인정하는 취지에도 부합하지 않으므로 심판대상조항은 예컨대 10년 이상의 세월이 지난 과거 위반행위를 근거로 재범으로 분류되는 음주운전 행위자에 대해서는 책임에 비해 과도한 형벌을 규정하고 있다고 하지 않을 수 없다. (2) 도로교통법 제44조 제1항을 2회 이상 위반한 경우라고 하더라도 죄질을 일률적으로 평가할 수 없고 과거 위반 전력, 혈중알코올농도 수준, 운전한 차량의 종류에 비추어, 교통안전 등 보호법익에 미치는 위험 정도가 비교적 낮은 유형의 재범 음주운전행위가 있다. 그런데 심판대상조항은 법정형의 하한을 징역 2년, 벌금 1천만원으로 정하여 그와 같이 비난가능성이 상대적으로 낮고 죄질이 비교적 가벼운 행위까지 지나치게 엄히 처벌하도록 하고 있으므로 책임과 형벌 사이의 비례성을 인정하기 어렵다. (3) 반복적 음주운전에 대한 강한 처벌이 국민일반의 법감정에 부합할 수는 있으나, 결국에는 중벌에 대한 면역성과 무감각이 생기게 되어 법의 권위를 실추시키고 법질서의 안정을 해할 수 있으므로 재범 음주운전을 예방하기 위한 조치로서 형벌 강화는 최후의 수단이 되어야 한다. 심판대상조항은 음주치료나 음주운전 방지장치 도입과 같은 비형벌적 수단에 대한 충분한 고려 없이 과거 위반 전력 등과 관련하여 아무런 제한도 두지 않고 **죄질이 비교적 가벼운 유형의 재범 음주운전 행위에 대해서까지 일률적으로 가중처벌하도록 하고 있으므로 형벌 본래의 기능에 필요한 정도를 현저히 일탈하는 과도한 법정형을 정한 것이다. 그러므로 심판대상조항은 책임과 형벌간의 비례원칙에 위반된다**(헌법재판소 2021.11.25, 2019헌바446, 2020헌가17, 2021헌바77 음주 재범규정 위헌법률심판 사건).

010 형벌법규의 해석에 관한 다음 중 설명 중 옳은 것은? (다툼이 있으면 판례에 의함) [Essential ★]

1 2 3

① '운전면허를 받지 아니하고'라는 법률문언의 통상적인 의미에 '운전면허를 받았으나 그 후 운전면허의 효력이 정지된 경우'도 포함된다고 해석할 수 있다.

② '연습운전면허를 받은 사람은 운전을 함에 있어 주행연습 외의 목적으로 운전하여서는 아니 된다'는 준수사항을 지키지 않은 경우에도 그 운전은 무면허운전에 해당하므로 이를 처벌할 수 있다.

③ 적법한 입국심사절차를 거치지 아니하고 불법으로 입국한 경우라도 국제운전면허증을 소지하고 있는 경우라고 한다면, 피고인이 대한민국에서 운전한 것은 도로교통법 제96조 제1항이 정한 예외적으로 허용하는 국제운전면허증에 의한 운전을 한 경우에 해당한다.

④ 자동차를 움직이게 할 의도 없이 다른 목적을 위하여 자동차의 원동기(모터)의 시동을 걸었는데, 실수로 기어 등 자동차의 발진에 필요한 장치를 건드려 원동기의 추진력에 의하여 자동차가 움직이거나 또는 불안전한 주차상태나 도로여건 등으로 인하여 자동차가 움직이게 된 경우는 자동차의 운전에 해당하지 아니한다.

해설

④ [O] 자동차를 움직이게 할 의도 없이 다른 목적을 위하여 자동차의 원동기(모터)의 시동을 걸었는데, 실수로 기어 등 자동차의 발진에 필요한 장치를 건드려 원동기의 추진력에 의하여 자동차가 움직이거나 또는 불안전한 주차상태나 도로여건 등으로 인하여 자동차가 움직이게 된 경우는 **자동차의 운전에 해당하지 아니한다**(대법원 2004.4.23, 2004도1109 자동차 히터 가동 사건).

① [×] '운전면허를 받지 아니하고'라는 법률문언의 통상적인 의미에 '운전면허를 받았으나 그 후 운전면허의 효력이 정지된 경우'가 당연히 포함된다고는 해석할 수 없다(대법원 2011.8.25, 2011도7725 오토바이 면허정지 사건).

② [×] '연습운전면허를 받은 사람은 운전을 함에 있어 주행연습 외의 목적으로 운전하여서는 아니 된다'는 준수사항을 지키지 않았다고 하더라도 준수사항을 지키지 않은 것에 대하여 연습운전면허의 취소 등 제재를 가할 수 있음은 별론으로 하고 그 운전을 무면허운전이라고 보아 처벌할 수는 없다(대법원 2015.6.24, 2013도15031).

③ [×] 도로교통법 제96조 제1항의 '국내에 입국한 날'은 출입국관리법에 따라 적법한 입국심사절차를 거쳐 입국한 날을 의미하고, 그러한 적법한 입국심사절차를 거치지 아니하고 불법으로 입국한 경우에는 국제운전면허증을 소지하고 있는 경우라고 하더라도 도로교통법 제96조 제1항이 예외적으로 허용하는 국제운전면허증에 의한 운전을 한 경우에 해당한다고 볼 수 없다(대법원 2017.10.31, 2017도9230 밀입국 필리핀인 사건).

정답 | 009 ② 010 ④

011 형벌법규의 해석에 관한 다음 중 설명 중 옳지 않은 것은? (다툼이 있으면 판례에 의함) [Essential ★]

1 2 3

① 피고인이 차량을 운전하려는 의도로 제동장치를 조작하여 차량이 뒤로 진행하게 되었다고 해도 시동이 켜지지 않은 상태였던 이상 자동차를 본래의 사용방법에 따라 사용했다고 보기 어렵다(운전하였다고 보기 어렵다).

② 자동차관리법 제80조 제7호의2는 '자동차 이력 및 판매자정보를 허위로 제공한 자'만을 처벌하고 있는데, 여기서 '허위 제공'의 의미에 '단순 누락'의 경우도 포함하는 것으로 해석하더라도 죄형법정주의 원칙에 어긋나지 아니한다.

③ 운전면허 없이 자동차 등을 운전한 곳이 일반교통경찰권이 미치는 공공성이 있는 장소가 아니라 특정인이나 그와 관련된 용건이 있는 사람만 사용할 수 있고 자체적으로 관리되는 곳이라면 도로교통법에서 정한 '도로에서 운전'한 것이 아니므로 무면허운전으로 처벌할 수 없다.

④ 항로(航路)는 공중(空中)의 개념을 내포한 말로 지상(地上)의 항공기가 이동할 때 '운항 중'이 된다는 이유만으로 그때 다니는 지상의 길까지 '항로'로 해석하는 것은 문언의 가능한 의미를 벗어나므로, 피고인이 푸시백(pushback) 중이던 비행기를 탑승구로 돌아오게 한 행위는 항공기의 '항로를 변경하게 한 것'에 해당하지 않는다.

해설

② [×] 자동차관리법 제80조 제7호의2는 '자동차 이력 및 판매자정보를 허위로 제공한 자'만을 처벌하고 있는데, 여기서 '허위 제공'의 의미를 '단순 누락'의 경우도 포함하는 것으로 해석하는 것은 죄형법정주의 원칙에 어긋나서 허용되지 않는다(대법원 2017.11.14, 2017도13421 인터넷 자동차광고 사건).

① [○] (1) 도로교통법 제2조 제26호는 '운전'이란 차마 또는 노면전차를 본래의 사용방법에 따라 사용하는 것을 말한다고 정하고 있다. 그중 자동차를 본래의 사용방법에 따라 사용했다고 하기 위해서는 엔진을 걸고 발진조작을 해야 한다. (2) 피고인이 차량을 운전하려는 의도로 제동장치를 조작하여 차량이 뒤로 진행하게 되었다고 해도 시동이 켜지지 않은 상태였던 이상 자동차를 **본래의 사용방법에 따라 사용했다고 보기 어렵다(운전하였다고 보기 어렵다)**(대법원 2020.12.30, 2020도9994 아우디 STOP&GO 사건). 甲이 음주운전을 한 후 乙에게 운전을 맡기기 위해 운전석에서 내리고 乙이 운전석에 탑승했다. 甲이 운전석에서 내릴 때 아우디의 STOP&GO 기능이 해제되어 시동이 꺼졌는데 乙이 이 사실을 모르고 시동 버튼을 눌렀지만 시동이 걸리지 않아 甲이 다시 운전석에 탑승하여 운전하려 했으나 甲도 시동을 걸지 못해 결국 차량이 후진하면서 추돌 사고를 일으켰다. 차량을 조작했지만 시동이 꺼진 상태였으므로 甲이 '운전'했다고 볼 수 없다는 취지의 판례이다.

③ [○] 운전면허 없이 자동차 등을 운전한 곳이 일반교통경찰권이 미치는 공공성이 있는 장소가 아니라 특정인이나 그와 관련된 용건이 있는 사람만 사용할 수 있고 자체적으로 관리되는 곳이라면 도로교통법에서 정한 '도로에서 운전'한 것이 아니므로 **무면허운전으로 처벌할 수 없다**(대법원 2017.12.28, 2017도17762 아파트 주차장 무면허운전 사건). 도로교통법상 운전이란 원칙적으로 '도로'에서 차마 또는 노면전차를 그 본래의 사용방법에 따라 사용하는 것을 말하는데(동법 제2조 제26호), 아파트 주차장은 '도로'가 아니므로 면허 없이 자동차를 몰아도 무면허'운전'이 되지 아니한다.

④ [○] (1) 법률을 해석할 때 입법 취지와 목적, 제·개정 연혁, 법질서 전체와의 조화, 다른 법령과의 관계 등을 고려하는 체계적·논리적 해석방법을 사용할 수 있으나, 문언 자체가 비교적 명확한 개념으로 구성되어 있다면 원칙적으로 이러한 해석방법은 활용할 필요가 없거나 제한될 수밖에 없다. 죄형법정주의 원칙이 적용되는 형벌법규의 해석에서는 더욱 그러하다. (2) 항로(航路)는 공중(空中)의 개념을 내포한 말로 지상(地上)의 항공기가 이동할 때 '운항 중'이 된다는 이유만으로 그때 다니는 지상의 길까지 '항로'로 해석하는 것은 문언의 가능한 의미를 벗어나므로, 피고인이 **푸시백(pushback) 중이던 비행기를 탑승구로 돌아오게 한 행위는 항공기의 '항로를 변경하게 한 것'에 해당하지 않는다**(대법원 2017.12.21, 2015도8335 全合 땅콩회항 사건).

012 형벌법규의 해석에 관한 다음 중 설명 중 옳은 것은? (다툼이 있으면 판례에 의함) [core ★★]

1 2 3

① 의사가 전화 진찰을 한 경우 이는 스스로 진찰을 하지 않고 처방전을 발급하는 행위를 금지하는 구 의료법 제17조 제1항[개정법 제18조 제1항]에 위배된다.

② '의료인은 의료 · 조산 또는 간호를 하면서 알게 된 다른 사람의 비밀을 누설하거나 발표하지 못한다'라는 의료법 제19조에서 '다른 사람'이란 생존하는 사람을 의미할 뿐 이미 사망한 사람은 포함되지 아니한다.

③ 피고인이 '미국 치주과학회 정회원'이 아님에도 위 경력이 포함된 유리액자 형태의 약력서를 자신이 운영하던 치과의원 내에 게시한 경우, 위 약력서는 피고인의 경력을 널리 알리는 행위라고 평가할 수 있어 의료법 제56조 제3항의 거짓 의료광고에 해당한다.

④ 의료법 제87조 제1항 제2호, 제27조 제1항이 대한민국 영역 외에서 의료행위를 하려는 사람에게까지 보건복지부장관의 면허를 받을 의무를 부과하고 나아가 이를 위반한 자를 처벌하는 규정이라고 보기는 어려우므로 내국인이 대한민국 영역 외에서 의료행위를 하는 경우에는 의료법 제87조 제1항 제2호, 제27조 제1항의 구성요건해당성이 없다.

해설

④ [O] 의료법 제87조 제1항 제2호, 제27조 제1항이 대한민국 영역 외에서 의료행위를 하려는 사람에게까지 보건복지부장관의 면허를 받을 의무를 부과하고 나아가 이를 위반한 자를 처벌하는 규정이라고 보기는 어려우므로 내국인이 대한민국 영역 외에서 의료행위를 하는 경우에는 의료법 제87조 제1항 제2호, 제27조 제1항의 **구성요건해당성이 없다**(대법원 2020.4.29, 2019도19130 돌팔이 베트남 시술 사건).

① [×] 의료법 제17조 제1항은 스스로 진찰을 하지 않고 처방전을 발급하는 행위를 금지하는 규정일 뿐 대면진찰을 하지 않았거나 충분한 진찰을 하지 않은 상태에서 처방전을 발급하는 행위 일반을 금지하는 조항이 아니다. 따라서 전화 진찰을 하였다는 사정만으로 '자신이 진찰'하거나 '직접 진찰'을 한 것이 아니라고 볼 수는 없다(대법원 2013.4.11, 2010도1388 전화진찰 사건 I).

② [×] '의료인은 의료 · 조산 또는 간호를 하면서 알게 된 다른 사람의 비밀을 누설하거나 발표하지 못한다'라는 의료법 제19조에서 '다른 사람'에는 생존하는 개인 이외에 이미 사망한 사람도 포함된다(대법원 2018.5.11, 2018도2844 신해철 집도의 사건).

③ [×] 약력서는 의원을 방문한 사람만 볼 수 있어 그 전파가능성이 상대적으로 낮아 피고인의 경력을 널리 알리는 행위라고 평가하기는 어려워 표시 · 광고의 공정화에 관한 법률 제3조 제1항의 거짓 표시행위에 해당함은 별론으로 하고 의료법 제56조 제3항의 거짓 의료광고에 해당한다고는 볼 수 없다(대법원 2016.6.23, 2014도16577 허위경력 액자 사건).

정답 | 011 ② 012 ④

013 형벌법규의 해석에 관한 다음 중 설명 중 옳지 않은 것은? (다툼이 있으면 판례에 의함)

1 2 3

[Superlative ★★★]

① 국내에 있는 불특정 또는 다수인에게 무상으로 의약품을 양도하는 수여행위도 구 약사법 제44조 제1항의 '판매'에 포함된다고 보는 것이 체계적이고 논리적인 해석이다.

② 구 약사법 제35조 제1항 소정의 '판매'는 국내에서 불특정 또는 다수인에게 의약품을 유상으로 양도하는 행위를 말하고, 여기에 의약품을 다른 나라로 수출하는 행위는 포함되지 아니한다.

③ 구 약사법 제5조 제3항에서 면허증의 대여를 금지한 취지는 약사자격이 없는 자가 타인의 면허증을 빌려 영업을 하게 될 경우 국민의 건강에 위험이 초래된다는 데 있다 할 것이므로 약사자격이 있는 자에게 빌려주는 행위까지 금지되는 것으로 보는 것은 유추해석에 해당한다.

④ 약사가 약국에서 원격지의 의뢰인과 전화로 의약품에 관하여 상담한 다음 택배로 의뢰인에게 의약품을 보낸 경우 의약품의 판매를 이루는 주요 부분이 약국이라는 장소적 제한을 벗어난 곳에서 행하여진 것이므로 '약국 이외의 장소에서 의약품을 판매'한 행위에 해당한다.

해설

③ [×] 약사면허증 대여의 상대방 즉 차용인이 무자격자인 경우는 물론이요 자격 있는 약사인 경우에도, 그 대여 이후 면허증 차용인에 의하여 대여인 명의로 개설된 약국 등 업소에서 대여인이 직접 약사로서의 업무를 행하지 아니한 채 차용인에게 약국의 운영을 일임하고 말았다면 약사면허증을 대여한 데 해당한다(대법원 2003.6.24, 2002도6829 약사면허증 대여 사건).

① [○] 국내에 있는 불특정 또는 다수인에게 **무상으로 의약품을 양도하는 수여행위도 구 약사법 제44조 제1항의 '판매'에 포함된다고 보는 것이 체계적이고 논리적인 해석이다**(대법원 2011.10.13, 2011도6287 타미플루 구매 사건).

② [○] 구 약사법 제35조 제1항 소정의 '판매'는 국내에서 불특정 또는 다수인에게 의약품을 유상으로 양도하는 행위를 말하고, 여기에 **의약품을 다른 나라로 수출하는 행위는 포함되지 아니한다**(대법원 2003.3.28, 2001도2479).

④ [○] 약사가 약국에서 원격지의 의뢰인과 전화로 의약품에 관하여 상담한 다음 택배로 의뢰인에게 의약품을 보낸 경우, 의약품의 판매를 이루는 주요 부분이 약국이라는 장소적 제한을 벗어난 곳에서 행하여진 것이므로 **'약국 이외의 장소에서 의약품을 판매'한 행위에 해당한다**(대법원 2008.10.23, 2008도3423 택배 약배달 사건).

014 1 2 3 형벌법규의 해석에 관한 다음 중 설명 중 옳은 것은? (다툼이 있으면 판례에 의함) [Essential ★]

① 다른 사람의 신체 이미지가 담긴 '영상'도 성폭법상 카메라등이용촬영죄에서 말하는 '다른 사람의 신체'에 포함된다.

② '통신매체를 이용하지 아니한 채 직접' 상대방에게 말, 글, 물건 등을 도달하게 하는 행위는 성폭법 제13조에 규정된 '전화, 우편, 컴퓨터, 그 밖의 통신매체를 통하여 성적 수치심이나 혐오감을 일으키는 말, 음향, 글, 그림, 영상 또는 물건을 상대방에게 도달하게 하는 행위'에 해당하지 아니한다.

③ 아동복지법 제18조 제5호에서 '아동에게 음행을 시킨다'는 것은 행위자가 아동으로 하여금 제3자를 상대방으로 하여 음행을 하게 하는 행위뿐만 아니라, 행위자 자신이 직접 그 아동의 음행의 상대방이 되는 것까지를 포함하는 의미이다.

④ 피고인이 아동·청소년 또는 아동·청소년으로 인식될 수 있는 사람 부근에서 그들 몰래 본인의 신체 일부를 노출하거나 또는 자위행위를 하는 내용일 뿐 아동·청소년이 성적 행위를 하는 내용을 표현한 것이 아닌 필름 또는 동영상도 아동·청소년이용음란물에 해당한다.

해설

② [O] (1) '통신매체를 이용하지 아니한 채 직접' 상대방에게 말, 글, 물건 등을 도달하게 하는 행위는 성폭법 제13조에 규정된 '전화, 우편, 컴퓨터, 그 밖의 통신매체를 통하여 성적 수치심이나 혐오감을 일으키는 말, 음향, 글, 그림, 영상 또는 물건을 상대방에게 도달하게 하는 행위'에 해당하지 아니한다. (2) 피고인 甲이 **성적 수치심 등을 일으키는 내용의 편지를 자신이 직접 A의 주거지 출입문에 끼워 넣었다고 하더라도 이를 성폭법 제13조에 의하여 처벌할 수 없다**(대법원 2016.3.10, 2015도17847 음란편지 사건).

① [×] (1) 다른 사람의 신체 이미지가 담긴 영상도 성폭법 제14조 제1항의 '다른 사람의 신체'에 포함된다고 해석하는 것은 법률문언의 통상적인 의미를 벗어나는 것이므로 죄형법정주의 원칙상 허용될 수 없다. (2) 남성인 피고인이 마치 여성인 것처럼 행세하며 피해자들과 영상통화를 하면서 자위행위를 하도록 유도하는 한편 그러한 자위행위 영상을 휴대전화의 화면을 캡처하여 이를 저장한 경우 이는 성폭법 제14조 제1항의 '촬영'에 해당하지 않는다(대법원 2018.3.15, 2017도21656 자위유도 영상통화 사건).

③ [×] 아동복지법 제18조 제5호[개정법 제17조 제2호]에서 '아동에게 음행을 시킨다'는 것은 행위자가 아동으로 하여금 제3자를 상대방으로 하여 음행을 하게 하는 행위를 가리키는 것일 뿐, 행위자 자신이 직접 그 아동의 음행의 상대방이 되는 것까지를 포함하는 의미로 볼 수 없다(대법원 2000.4.25, 2000도223 장장 8년간 사건).

④ [×] (1) 아청법 제2조 제5호에서 말하는 '아동·청소년이용음란물'은 '아동·청소년'이나 '아동·청소년 또는 아동·청소년으로 인식될 수 있는 사람이나 표현물'이 등장하여 그 아동·청소년 등이 성교, 유사성교, 성적 수치심이나 혐오감을 일으키는 행위, 자위행위 그 밖의 성적 행위를 하거나 하는 것과 같다고 평가될 수 있는 내용을 표현하는 것이어야 한다. (2) 피고인이 아동·청소년 또는 아동·청소년으로 인식될 수 있는 사람 부근에서 그들 몰래 본인의 신체 일부를 노출하거나 또는 자위행위를 하는 내용일 뿐 아동·청소년이 성적 행위를 하는 내용을 표현한 것이 아닌 필름 또는 동영상은 아동·청소년이용음란물에 해당한다고 보기 어렵다(대법원 2013.9.12, 2013도502 변태 사진사 사건).

정답 | 013 ③ 014 ②

015 형벌법규의 해석에 관한 다음 중 설명 중 옳지 않은 것은? (다툼이 있으면 판례에 의함) [core ★★]

1 2 3

① 군형법상 상관모욕죄에서의 '상관'에는 대통령도 포함된다.

② 군형법상 상관에 대한 폭행 · 협박 · 상해의 죄와 상관모욕죄에서 '상관'이란 반드시 직무수행 중일 것을 요하지 아니하나, 명령복종 관계가 없는 경우의 상위 계급자와 상위 서열자까지 포함된다고 해석할 수는 없다.

③ 군형법상 상관면전모욕죄의 구성요건은 '상관을 그 면전에서 모욕하는' 것인데, 여기에서 '면전에서'라 함은 얼굴을 마주 대한 상태를 의미하는 것임이 분명하므로 전화를 통하여 통화하는 것을 면전에서의 대화라고는 할 수 없다.

④ 군용물분실죄에서의 분실은 행위자의 의사에 의하지 아니하고 물건의 소지를 상실한 것을 의미한다고 할 것이며, 분실의 개념을 군용물의 소지 상실시 행위자의 의사가 개입되었는지의 여부에 관계없이 군용물의 보관책임이 있는 자가 결과적으로 군용물의 소지를 상실하는 모든 경우로 해석할 수는 없다.

해설

② [×] 군형법상 상관에 대한 폭행 · 협박 · 상해의 죄와 상관모욕죄는 모두 상관의 신체, 명예 등의 개인적 법익뿐만 아니라 군 조직의 위계질서 및 통수체계 유지도 보호법익으로 하는 점 등에 비추어 보면, 이들 죄에서의 상관에는 명령복종 관계가 없는 경우의 상위 계급자와 상위 서열자도 포함되고, 상관이 반드시 직무수행 중일 것을 요하지 아니한다고 봄이 타당하다(대법원 2015.9.24, 2015도11286 남사병 여간호장교 사건).

① [○] 군형법상 상관모욕죄에서의 **'상관'에는 대통령도 포함된다**(대법원 2013.12.12, 2013도4555 육군중사 MB 모욕 사건).

③ [○] 군형법상 상관면전모욕죄의 구성요건은 '상관을 그 면전에서 모욕하는' 것인데, 여기에서 '면전에서'라 함은 얼굴을 마주 대한 상태를 의미하는 것임이 분명하므로 **전화를 통하여 통화하는 것을 면전에서의 대화라고는 할 수 없다**(대법원 2002.12.27, 2002도2539 상관 전화모욕 사건).

④ [○] 군용물분실죄에서의 분실은 행위자의 의사에 의하지 아니하고 물건의 소지를 상실한 것을 의미한다고 할 것이며, **분실의 개념을** 군용물의 소지 상실시 행위자의 의사가 개입되었는지의 여부에 관계없이 군용물의 보관책임이 있는 자가 **결과적으로 군용물의 소지를 상실하는 모든 경우로 해석할 수는 없다**(대법원 1999.7.9, 98도1719 백소령 사건). 군용물을 '편취'당한 것을 '분실'한 것으로 볼 수 없다는 취지의 판례이다.

016 형벌법규의 해석에 관한 다음 설명 중 옳지 않은 것은? (다툼이 있으면 판례에 의함) [Superlative ★★★]

1 2 3

① 법정 · 국회회의장모욕죄에 관한 형법 제138조에서의 '법원의 재판'에 헌법재판소의 심판이 포함된다고 보는 해석론은 피고인에게 불리한 확장해석이나 유추해석이 아니다.

② 농업용 동력운반차인 차량은 농업기계화법 제2조 제1호에서 정한 농업기계로서 자동차관리법 제2조 제1호에서 정한 자동차나 이를 전제로 하는 자동차관리법 제3조에서 정한 각종 자동차에 해당하지 않으므로 무면허운전 처벌규정의 적용대상인 도로교통법 제2조 제18호에 정한 자동차에도 해당하지 않는다.

③ 대통령기록물법 제30조 제2항 제1호, 제14조에 의해 유출이 금지되는 대통령기록물에 원본 문서나 전자파일 이외에 그 사본이나 추가 출력물까지 포함된다고 해석하는 것은 죄형법정주의에 위반되지 않는다.

④ 사용사업주가 근로자파견계약 또는 이에 준하는 계약을 체결하고 파견사업주로부터 그에게 고용된 외국인을 파견받아 자신을 위한 근로에 종사하게 하였다고 하더라도 이를 출입국관리법 제94조 제9호, 제18조 제3항이 금지하는 고용이라고 볼 수 없다.

해설

③ [×] 대통령기록물법 제30조 제2항 제1호, 제14조에 의해 유출이 금지되는 대통령기록물에 원본 문서나 전자파일 이외에 그 사본이나 추가 출력물까지 포함된다고 해석하는 것은 죄형법정주의 원칙상 허용되지 아니한다(대법원 2021.1.14, 2016도7104 공직기강비서관 사건).

① [○] 법정 · 국회회의장모욕죄에 관한 형법 제138조에서의 **'법원의 재판'에 헌법재판소의 심판이 포함된다**고 보는 해석론은 문언이 가지는 가능한 의미의 범위 안에서 그 입법 취지와 목적 등을 고려하여 문언의 논리적 의미를 분명히 밝히는 체계적 해석에 해당할 뿐 피고인에게 불리한 확장해석이나 유추해석이 아니다(대법원 2021.8.26, 2020도12017 통합진보당 해산심판 소동 사건).

② [○] **농업용 동력운반차인 차량은** 농업기계화법 제2조 제1호에서 정한 농업기계로서 자동차관리법 제2조 제1호에서 정한 자동차나 이를 전제로 하는 자동차관리법 제3조에서 정한 각종 자동차에 해당하지 않으므로 무면허운전 처벌규정의 적용대상인 **도로교통법 제2조 제18호에 정한 자동차에도 해당하지 않는다**(대법원 2021.9.30, 2017도13182 농업용 동력운반차 사건). 농업기계화법에 따른 농업기계는 자동차관리법이나 도로교통법상 '자동차'에 해당하지 않는다(자동차관리법 시행령 제2조 제2호).

④ [○] 출입국관리법 제94조 제9호, 제18조 제3항의 '고용'의 의미는 취업활동을 할 수 있는 체류자격을 가지지 않은 외국인으로부터 노무를 제공받고 이에 대하여 보수를 지급하는 행위를 말하므로 사용사업주가 근로자파견계약 또는 이에 준하는 계약을 체결하고 파견사업주로부터 그에게 **고용된 외국인을 파견받아 자신을 위한 근로에 종사하게 하였다고 하더라도 이를 출입국관리법 제94조 제9호, 제18조 제3항이 금지하는 고용이라고 볼 수 없다**(대법원 2020.5.14, 2018도3690 외국인근로자 파견 사건). 근로자를 '파견'받은 사람은 근로자를 '고용'한 사람에 해당하지 않는다는 취지의 판례이다.

정답 | 015 ② 016 ③

017 다음 중 밑줄친 부분이 형벌법규의 명확성의 원칙에 위반되는 것은? (다툼이 있으면 판례에 의함)

1 2 3

[Essential ★]

① '공익을 해할 목적으로 전기통신설비에 의하여 공연히 허위의 통신을 한 자'를 처벌하는 전기통신기본법 제47조 제1항 규정

② '폭처법에 규정된 범죄를 목적으로 하는 단체 또는 집단을 구성하거나 그러한 단체 또는 집단에 가입하거나 그 구성원으로 활동한 사람'을 처벌하는 폭처법 제4조 제1항 규정

③ '정보통신망을 통하여 공포심이나 불안감을 유발하는 말, 음향, 글, 화상 또는 영상을 반복적으로 상대방에게 도달하게 한 자'를 처벌하는 정보통신망법 제65조 제1항 제3호 규정

④ '누구든지 흥분 · 환각 또는 마취의 작용을 일으키는 유해화학물질로서 대통령령이 정하는 물질을 섭취 또는 흡입하거나 이러한 목적으로 소지하여서는 아니 된다'라는 유해화학물질관리법 제35조 제1항 규정

해설

① [×] '허위의 통신'이라는 행위 자체에 내재된 위험성이나 전기통신의 효율적 관리와 발전을 추구하는 전기통신기본법의 입법목적을 고려하더라도 확정될 수 없는 막연한 '공익' 개념을 구성요건요소로 삼아서 표현행위를 규제하고, 나아가 형벌을 부과하는 전기통신기본법 제47조 제1항은 명확성의 원칙에 위배하여 헌법에 위반된다(헌법재판소 2010.12.28, 2009헌바88 미네르바 사건).

② [○] '활동'이라는 다소 광범위하고 추상적이어서 법관의 보충적인 해석을 필요로 하는 개념을 사용하고 있더라도, 그 의미내용은 건전한 상식과 통상적인 법감정을 가진 사람을 기준으로 하여 합리적으로 파악될 수 있다고 판단되고, 대법원 판결 등에 의하여 그에 관한 구체적이고 종합적인 해석기준이 제시되고 있어 법집행기관이 자의적으로 확대하여 해석할 염려도 없다고 볼 것이므로 죄형법정주의의 **명확성의 원칙에 위배된다고 할 수 없다**(헌법재판소 2011.4.28, 2009헌바56 청하위생파 사건)(同旨 대법원 2008.5.29, 2008도1857 국제피제이파 사건).

③ [○] '불안감'은 평가적 · 정서적 판단을 요하는 규범적 구성요건요소이고, '불안감'이란 개념이 사전적으로 '마음이 편하지 아니하고 조마조마한 느낌'이라고 풀이되고 있어 이를 불명확하다고 볼 수는 없으므로 죄형법정주의 및 여기에서 파생된 **명확성의 원칙에 반한다고 볼 수 없다**(대법원 2008.12.24, 2008도9581).

④ [○] 유해화학물질관리법 제35조 제1항에서 금지하는 환각물질을 구체적으로 명확하게 규정하지 아니하고 다만 그 성질에 관하여 '흥분 · 환각 또는 마취의 작용을 일으키는 유해화학물질로서 대통령령이 정하는 물질'로 그 한계를 설정하여 놓고, 같은법 시행령 제22조에서 이를 구체적으로 규정하게 한 취지는 과학 기술의 급격한 발전으로 말미암아 흥분 · 환각 또는 마취의 작용을 일으키는 유해화학물질이 수시로 생겨나기 때문에 이에 신속하게 대처하려는 데에 있으므로, 위임의 한계를 벗어난 것으로 볼 수 없고, 한편 그러한 환각물질은 누구에게나 그 섭취 또는 흡입행위 자체가 금지됨이 마땅하므로, 일반적으로 술을 마시는 행위 자체가 금지된 것이 아니라 주취상태에서의 자동차 운전행위만이 금지되는 도로교통법상의 주취상태를 판정하는 혈중알코올농도와 같이 그 섭취 기준을 따로 정할 필요가 있다고 할 수 없으므로, 같은 법 제35조 제1항의 **'섭취 또는 흡입'의 개념이 추상적이고 불명확하다거나 지나치게 광범위하다고 볼 수도 없다**(대법원 2000.10.27, 2000도4187).

018 형법의 시간적 적용범위에 관한 다음 설명 중 옳지 않은 것은? (다툼이 있으면 판례에 의함)

1 2 3

[Essential ★]

① 범죄의 성립과 처벌은 행위시의 법률에 따른다.

② 범죄 후 법률이 변경되어 그 행위가 범죄를 구성하지 아니하게 되거나 형이 구법보다 가벼워진 경우에는 신법에 따른다.

③ 재판이 확정된 후 법률이 변경되어 그 행위가 범죄를 구성하지 아니하게 된 경우 그 확정판결에 대하여 재심을 청구할 수 있다.

④ 범죄 후 법률의 변경이 있더라도 형이 중하게 변경되는 경우나 형의 변경이 없는 경우에는 형법 제1조 제1항에 따라 행위시법을 적용하여야 한다.

해설

③ [×] 재판이 확정된 후 법률이 변경되어 그 행위가 범죄를 구성하지 아니하게 된 경우에는 형의 집행을 면제한다(제1조 제3항).

① [○] 범죄의 성립과 처벌은 **행위시의 법률에 따른다**(제1조 제1항).

② [○] 범죄 후 법률이 변경되어 그 행위가 범죄를 구성하지 아니하게 되거나 **형이 구법보다 가벼워진 경우에는 신법에 따른다**(제1조 제2항).

④ [○] 범죄 후 법률의 변경이 있더라도 형이 중하게 변경되는 경우나 형의 변경이 없는 경우에는 **형법 제1조 제1항에 따라 행위시법을 적용하여야 한다**(대법원 2015.10.29, 2015도5355 윤일병 사망 사건).

정답 | 017 ① 018 ③

019 형법의 시간적 적용범위에 관한 다음 중 설명 중 옳지 않은 것은? (다툼이 있으면 판례에 의함)

1 2 3

[Essential ★]

① 범죄의 성립과 처벌은 행위시의 법률에 의한다고 할 때의 '행위시'라 함은 '범죄행위의 종료시'를 의미한다.

② 포괄일죄로 되는 개개의 범죄행위가 법 개정의 전후에 걸쳐서 행하여진 경우에는 신 · 구법의 법정형에 대한 경중을 비교하여 볼 필요도 없이 범죄 실행 종료시의 법이라고 할 수 있는 '신법'을 적용하여 포괄일죄로 처단하여야 한다.

③ 형의 경중의 비교는 원칙적으로 법정형을 표준으로 할 것이고 처단형이나 선고형에 의할 것이 아니며, 법정형의 경중을 비교함에 있어서 법정형 중 병과형 또는 선택형이 있을 때에는 이 중 가장 중한 형을 기준으로 하여 다른 형과 경중을 정하는 것이 원칙이다.

④ '3년 이하의 징역에 처한다'에서 '5년 이하의 징역 또는 1천만원 이하의 벌금에 처한다'라고 개정된 것은 형이 경하게 변경된 것이다.

해설

④ [×] 신법에서는 벌금형의 선택이 가능하다 하더라도 법정형의 경중은 병과형 또는 선택형 중 가장 중한 형을 기준으로 하여 다른 형과 경중을 정하는 것이므로 행위시법인 구법의 형이 더 경하다(대법원 1983.11.8, 83도2499 변호사법 개정 사건). 지문의 경우 형이 중하게 변경된 것이다.

① [○] 범죄의 성립과 처벌은 행위시의 법률에 의한다고 할 때의 **'행위시'라 함은 '범죄행위의 종료시'를 의미한다**(대법원 1994.5.10, 94도563 변호사법 개정 사건).

② [○] 포괄일죄로 되는 개개의 범죄행위가 법 개정의 전후에 걸쳐서 행하여진 경우에는 **신 · 구법의 법정형에 대한 경중을 비교하여 볼 필요도 없이** 범죄 실행 종료시의 법이라고 할 수 있는 **'신법'을 적용하여 포괄일죄로 처단하여야 한다**(대법원 2009.4.9, 2009도321 게임법 개정 사건).

③ [○] 형의 경중의 비교는 원칙적으로 법정형을 표준으로 할 것이고 처단형이나 선고형에 의할 것이 아니며, **법정형의 경중을 비교함에 있어서 법정형 중 병과형 또는 선택형이 있을 때에는 이 중 가장 중한 형을 기준으로 하여 다른 형과 경중을 정하는 것이 원칙이다**(대법원 1992.11.13, 92도2194).

020 1 2 3 甲은 포괄일죄로 공소제기 되었는 바, 甲의 개개 위반행위 도중 그에 대한 형이 '3년 이하의 징역 또는 2천만원 이하의 벌금'에서 '3년 이하의 징역 또는 3천만원 이하의 벌금'으로 변경되었다. 甲에 대한 처벌로서 옳은 것은? 다만 부칙에는 특별한 경과규정을 두지 않았다. (다툼이 있으면 판례에 의함)

[core ★★]

① 형법 제1조 제1항에 의하여 행위시법인 신법을 적용하여 '3년 이하의 징역 또는 3천만원 이하의 벌금'으로 처벌한다.

② 형법 제1조 제1항에 의하여 행위시법인 구법을 적용하여 '3년 이하의 징역 또는 2천만원 이하의 벌금'으로 처벌한다.

③ 형법 제1조 제2항에 의하여 재판시법인 신법을 적용하여 '3년 이하의 징역 또는 3천만원 이하의 벌금'으로 처벌한다.

④ 법 개정 전의 행위에 대하여는 구법을 적용하여 '3년 이하의 징역 또는 2천만원 이하의 벌금'으로 처벌하고, 법 개정 후의 행위에 대하여는 신법을 적용하여 '3년 이하의 징역 또는 3천만원 이하의 벌금'으로 처벌한다.

해설

① [O] 포괄일죄로 되는 개개의 범죄행위가 법 개정의 전후에 걸쳐서 행하여진 경우에는 신·구법의 법정형에 대한 경중을 비교하여 볼 필요도 없이 **범죄 실행 종료시의 법이라고 할 수 있는 신법을 적용하여 포괄일죄로 처단하여야 한다**(대법원 1998. 2.24, 97도183). 설문의 경우 법원은 형법 제1조 제1항에 의하여 행위시법인 신법을 적용하여 '3년 이하의 징역 또는 3천만원 이하의 벌금'으로 처벌하여야 한다.

정답 | 019 ④ 020 ①

021 형법의 시간적 적용범위에 관한 다음 중 설명 중 옳지 않은 것은? (다툼이 있으면 판례에 의함)

1 2 3

[Essential ★]

① 범죄행위시와 재판시 사이에 여러 차례 법령이 개정되어 형의 변경이 있는 경우에는 형법 제1조 제2항에 의하여 재판시의 법령을 적용하여야 한다.

② 범죄 후 법률의 개정에 의하여 법정형이 가벼워진 경우에는 형법 제1조 제2항에 의하여 당해 범죄사실에 적용될 가벼운 법정형(신법의 법정형)이 공소시효기간의 기준이 된다.

③ 형법 제1조 제2항 및 제8조에 의하면, 범죄 후 법률의 변경에 의하여 그 행위가 범죄를 구성하지 아니하는 경우 신법에 의한다고 규정하고 있으나, 신법에 경과규정을 두어 이러한 재판시법주의의 적용을 배제하는 것도 허용된다.

④ 형벌법규의 형을 종전보다 가볍게 개정하면서 그 부칙에서 개정된 법의 시행 전의 범죄에 대하여는 종전의 형벌법규를 적용하도록 규정한다 하여 형벌불소급의 원칙이나 신법우선의 원칙에 반한다고 할 수 없다.

해설

① [×] 범죄행위시와 재판시 사이에 여러 차례 법령이 개정되어 형의 변경이 있는 경우에는 형법 제1조 제2항에 의하여 그 전부의 법령을 비교하여 그중 가장 형이 가벼운 법령을 적용하여야 한다(대법원 2012.9.13, 2012도7760 특강법 수회 개정 사건).

② [○] 범죄 후 법률의 개정에 의하여 법정형이 가벼워진 경우에는 형법 제1조 제2항에 의하여 당해 범죄사실에 적용될 **가벼운 법정형(신법의 법정형)이 공소시효기간의 기준이 된다**(대법원 2008.12.11, 2008도4376 참깨 밀수 사건).

③ [○] 형법 제1조 제2항 및 제8조에 의하면, 범죄 후 법률의 변경에 의하여 그 행위가 범죄를 구성하지 아니하는 경우 신법에 의한다고 규정하고 있으나, 신법에 경과규정을 두어 이러한 **재판시법주의의 적용을 배제하는 것도 허용된다**(대법원 1992.2.28, 91도2935 수질환경보전법 제정 사건).

④ [○] 형벌법규의 형을 종전보다 가볍게 개정하면서 그 부칙에서 개정된 법의 시행 전의 범죄에 대하여는 종전의 형벌법규를 적용하도록 규정한다 하여 **형벌불소급의 원칙이나 신법우선의 원칙에 반한다고 할 수 없다**(대법원 2013.7.11, 2011도15056 자본시장법 제정 사건).

022 다음 중 형법 제1조 제2항이 적용되어 법원이 면소판결을 선고하거나 경한 형으로 처벌해야 하는 것을 모두 고른 것은? (다툼이 있으면 판례에 의함)

1 2 3

[core ★★]

㉠ '위계간음죄'를 규정한 형법 제304조가 삭제된 경우
㉡ 상습적인 폭행 등 폭력범죄에 대하여 가중적 구성요건을 규정하고 있던 구 폭처법 제2조 제1항이 삭제된 경우
㉢ 형법 제257조 제1항의 가중적 구성요건을 규정하고 있던 폭처법 제3조 제1항(집단 · 흉기 등 상해)을 삭제하는 대신에 위와 같은 구성요건을 형법 제258조의2 제1항(특수상해죄)에 신설하면서 그 법정형을 폭처법 제3조 제1항보다 낮게 규정한 경우

① ㉠
② ㉠㉢
③ ㉡㉢
④ ㉠㉡㉢

해설

④ 모든 항목이 법률이념의 변천에 따라 반성적 고려에서 법령을 개폐한 경우로서 형법 제1조 제2항, 형사소송법 제326조 제4호에 의하여 면소판결을 선고하거나 경한 형으로 처벌하여야 한다.

㉠ 위계간음죄를 규정한 형법 제304조의 삭제는 법률이념의 변천에 따라 과거에 범죄로 본 음행의 상습 없는 부녀에 대한 위계간음 행위에 관하여 현재의 평가가 달라짐에 따라 이를 처벌대상으로 삼는 것이 부당하다는 반성적 고려에서 비롯된 것으로 봄이 타당하므로 이는 범죄 후의 법령개폐로 범죄를 구성하지 않게 되어 형이 폐지되었을 때에 해당한다(대법원 2014.4.24, 2012도14253).

㉡ 형법 제324조(강요), 제285조, 제283조 제1항(상습협박), 제264조, 제260조 제1항(상습폭행)의 각 가중적 구성요건을 규정하고 있던 폭처법 제2조 제1항을 삭제한 것은 종전의 형벌규정이 과중하다는 데에서 나온 반성적 조치라고 보아야 하므로 이는 범죄 후 법률의 변경에 의하여 형이 구법보다 경한 때에 해당한다(대법원 2016.3.10, 2015도19258).

㉢ 형법 제257조 제1항의 가중적 구성요건을 규정하고 있던 구 폭처법 제3조 제1항을 삭제하는 대신에 위와 같은 구성요건을 형법 제258조의2 제1항에 신설하면서 그 법정형을 구 폭처법 제3조 제1항보다 낮게 규정한 것은, 종전의 형벌규정이 과중하다는 데에서 나온 반성적 조치라고 보아야 할 것이므로 이는 범죄 후 법률의 변경에 의하여 형이 구법보다 경한 때에 해당한다(대법원 2016.3.24, 2016도1131).

023 1 2 3 다음 중 형법 제1조 제2항이 적용되어 법원이 면소판결을 선고하거나 경한 형으로 처벌해야 하는 것은 모두 고른 것은? (다툼이 있으면 판례에 의함) [core ★★]

㉠ 민사집행법 개정으로 '정당한 사유 없이 명시기일에 출석하지 아니한 자'에 대하여 형벌 대신에 감치(監置)를 부과하도록 변경된 경우
㉡ 자동차운수사업법 개정으로 '사업용자동차 이외의 자동차로서 화물운송에 사용할 자동차 등을 교통부장관에게 신고하지 않은 자'에 대하여 형벌 대신에 과태료에 처하도록 변경된 경우
㉢ 정보통신망법이 개정되어 제75조 단서에 '법인이 그 대리인, 사용인, 그 밖의 종업원의 위반행위를 방지하기 위하여 해당 업무에 관하여 상당한 주의와 감독을 게을리하지 아니한 경우에는 법인을 처벌하지 아니한다'라는 면책규정이 추가된 경우

① ㉠ ② ㉠㉢
③ ㉡㉢ ④ ㉠㉡㉢

해설

④ 모든 항목이 법률이념의 변천에 따라 반성적 고려에서 법령을 개폐한 경우로서 형법 제1조 제2항, 형사소송법 제326조 제4호에 의하여 면소판결을 선고하거나 경한 형으로 처벌하여야 한다.

㉠ 재산명시신청에 성실히 응하지 아니한 채무자에 대하여 바로 형벌을 과하는 것이 부당하다는 반성적 고려에서 나온 것이므로 위와 같은 법률의 변경은 형사소송법 제326조 제4호의 범죄 후의 법령개폐로 형이 폐지되었을 때에 해당한다(대법원 2002.8.27, 2002도2086).

㉡ 행정벌인 과태료에 처하여지도록 변경된 취지는 형벌로서 처벌대상으로 삼은 종전의 조치가 부당하다는 데서 나온 반성적 조치라고 보아야 할 것이므로 이는 범죄 후의 법령의 개폐로 형이 폐지된 경우에 해당한다(대법원 1988.3.22, 88도47).

㉢ 면책규정이 추가된 것은 범죄 후 법률의 변경에 의하여 그 행위가 범죄를 구성하지 아니하거나 형이 구법보다 경한 경우에 해당한다고 할 것이어서 형법 제1조 제2항에 따라 개정된 정보통신망법의 양벌규정이 적용되어야 한다(대법원 2012.5.9, 2011도11264 솔로몬신용정보 사건).

정답 | 021 ① 022 ④ 023 ④

024 다음 중 형법 제1조 제2항이 적용되어 법원이 면소판결을 선고하거나 경한 형으로 처벌해야 하는 것은 모두 고른 것은? (다툼이 있으면 판례에 의함) [core ★★]

1 2 3

> ㉠ 청소년보호법 개정으로 청소년출입금지업소에서 '여관'이 삭제된 경우
> ㉡ 의료법 제46조이 개정되어 약효에 관한 광고를 허용하고 그에 대한 벌칙조항을 삭제한 경우
> ㉢ 부동산중개업법 및 동법 시행령 개정으로 부동산중개업자가 인원수의 제한 없이 중개보조원을 고용할 수 있게 변경된 경우
> ㉣ 식품위생법 제30조의 규정에 의하여 단란주점의 영업시간을 제한하고 있던 보건복지부 고시가 유효기간 만료로 실효되어 그 영업시간 제한이 해제된 경우

① ㉠ ② ㉡㉢
③ ㉠㉡ ④ ㉢㉣

해설

③ ㉠㉡ 항목이 법률이념의 변천에 따라 반성적 고려에서 법령을 개폐한 경우로서 형법 제1조 제2항, 형사소송법 제326조 제4호에 의하여 면소판결을 선고하여야 한다.

㉠ 청소년의 숙박행위까지 처벌대상으로 삼은 종전의 조치가 부당하다는 데서 나온 반성적 조치라고 보아야 할 것이므로 이는 범죄 후 법률의 변경에 의하여 그 행위가 범죄를 구성하지 아니한 경우에 해당한다(대법원 2000.12.8, 2000도2626).

㉡ 약효에 대한 광고행위까지 처벌대상으로 삼은 종전의 조치가 부당하다는 반성적 고려에 의한 것이어서, 범죄 후 법률의 변경에 의하여 그 행위가 범죄를 구성하지 아니하는 경우에 해당한다(대법원 2009.2.26, 2006도9311 함소아 한의원 사건).

㉢ 사회 · 경제상황의 변화에 따라 부동산중개업자의 중개보조원 고용인원수를 제한할 필요성이 감소됨으로써 취하여진 정책적인 조치에 불과한 것이므로 이미 범하여진 위반행위에 대한 가벌성이 소멸되는 것은 아니다(대법원 2000.8.18, 2000도2943).

㉣ 법률이념의 변천으로 종래의 규정에 따른 처벌 자체가 부당하다는 반성적 고려에서 비롯된 것이라기보다는 사회상황의 변화에 따른 식품접객업소의 영업시간제한 필요성의 감소와 그 위반행위의 단속과정에서 발생하는 부작용을 줄이기 위한 특수한 정책적인 필요 등에 대처하기 위하여 취하여진 조치에 불과하므로 영업시간제한이 해제되었다고 하더라도 그 이전에 범하여진 피고인의 위반행위에 대한 가벌성이 소멸되는 것은 아니다(대법원 2000.6.9, 2000도764).

025 다음 중 형법 제1조 제2항이 적용되어 법원이 면소판결을 선고하거나 경한 형으로 처벌해야 하는 것은 모두 고른 것은? (다툼이 있으면 판례에 의함) [core ★★]

1 2 3

> ㉠ 개발제한구역의지정및관리에관한특별조치법 등의 개정으로 허가나 신고 없이 개발제한구역 내에서 공작물 설치행위를 할 수 있도록 변경된 경우
> ㉡ 외국환관리규정 개정으로 거주자가 허가 등을 받지 아니하고 휴대 · 출국할 수 있는 해외여행 기본경비가 증액된 경우
> ㉢ '납세의무자가 정당한 사유 없이 1회계연도에 3회 이상 체납하는 경우'를 처벌하는 구 조세범 처벌법 제10조가 삭제된 경우

① 없음 ② ㉠
③ ㉡㉢ ④ ㉠㉡㉢

해설

① 형법 제1조 제2항이 적용되어 법원이 면소판결을 선고하거나 경한 형으로 처벌해야 하는 항목은 없다.

㉠ 종전에 허가를 받거나 신고를 하여야만 할 수 있던 행위의 일부를 허가나 신고 없이 할 수 있도록 법령이 개정되었다 하더라도 이는 사정의 변천에 따른 규제 범위의 합리적 조정의 필요에 따른 것이므로 이미 범하여진 비닐하우스 설치행위에 대한 가벌성이 소멸되는 것은 아니다(대법원 2007.9.6, 2007도4197).

㉡ 외국환관리규정의 개정으로 인하여 거주자가 허가 등을 받지 아니하고 휴대 · 출국할 수 있는 해외여행 기본경비가 증액되었다고 하여도 이는 범죄 후 법률의 변경에 의하여 범죄를 구성하지 않게 되거나 형이 가볍게 된 경우에 해당하는 것이 아니므로 형법 제1조 제2항이 적용될 여지는 없다(대법원 1996.2.23, 95도2858).

㉢ 구 조세범처벌법 제10조의 삭제는 경제 · 사회적 여건 변화를 반영한 정책적 조치에 따른 것으로 보일 뿐 법률이념의 변천에 따른 반성적 고려에서 비롯된 것이라고 보기 어려우므로 위 규정 삭제 이전에 범한 위반행위의 가벌성이 소멸되지 않는다(대법원 2011.7.14, 2011도1303).

026 형법의 인적 · 장소적 적용범위에 관한 다음 설명 중 옳지 않은 것은? (다툼이 있으면 판례에 의함)

1 2 3

[Essential ★]

① 형법 제2조(속지주의)를 적용함에 있어서 공모공동정범의 경우 '공모지'도 범죄지로 보아야 한다.

② 한국인이 도박죄를 처벌하지 않은 외국 카지노에서 도박을 한 경우라면 대한민국 형법이 적용되지 아니한다.

③ 외국인이 대한민국 공무원에게 알선한다는 명목으로 금품을 수수하는 행위가 대한민국 영역 내에서 이루어진 이상 대한민국 형법이 적용된다.

④ 대한민국 내에 있는 미국문화원이 치외법권지역이고 그곳을 미국영토의 연장으로 본다 하더라도 그곳에서 죄를 범한 대한민국 국민에 대하여 우리 법원에 먼저 공소가 제기되고 미국이 자국의 재판권을 주장하지 않고 있는 이상 속인주의를 함께 채택하고 있는 우리나라의 재판권은 당연히 미친다.

해설

② [×] 형법 제3조는 속인주의를 규정하고 있고 또한 국가 정책적 견지에서 도박죄의 보호법익보다 좀 더 높은 국가이익을 위하여 예외적으로 내국인의 출입을 허용하는 폐광지역개발지원에관한특별법 등에 따라 카지노에 출입하는 것은 법령에 의한 행위로 위법성이 조각된다고 할 것이나, 도박죄를 처벌하지 않은 외국 카지노에서의 도박이라는 사정만으로 (내국인인 피고인에 대하여) 그 위법성이 조각된다고 할 수 없다(대법원 2017.4.13, 2017도953 100억 원정도박 사건). 대한민국 형법이 당연히 적용된다.

① [○] 형법 제2조(속지주의)를 적용함에 있어서 공모공동정범의 경우 **'공모지'도 범죄지로 보아야 한다**(대법원 1998.11.27, 98도2734 히로뽕 3kg 수입 공모 사건).

③ [○] 외국인이 대한민국 공무원에게 알선한다는 명목으로 금품을 수수하는 행위가 **대한민국 영역 내에서 이루어진 이상** 비록 금품수수의 명목이 된 알선행위를 하는 장소가 대한민국 영역 외라 하더라도 **형법 제2조에 의하여 대한민국의 형벌법규인 구 변호사법 제90조 제1호가 적용되어야 한다**(대법원 2000.4.21, 99도3403 美국적 변호사 사건).

④ [○] 대한민국 내에 있는 미국문화원이 치외법권지역이고 그곳을 미국영토의 연장으로 본다 하더라도 그곳에서 죄를 범한 대한민국 국민에 대하여 우리 법원에 먼저 공소가 제기되고 미국이 자국의 재판권을 주장하지 않고 있는 이상 **속인주의를 함께 채택하고 있는 우리나라의 재판권은 동인들에게도 당연히 미친다 할 것이며 미국문화원 측이 동인들에 대한 처벌을 바라지 않았다고 하여 그 재판권이 배제되는 것도 아니다**(대법원 1986.6.24, 86도403 을지로 미문화원 점거 사건).

정답 | 024 ③ 025 ① 026 ②

027 형법의 인적 · 장소적 적용범위에 관한 다음 설명 중 옳지 않은 것은? (다툼이 있으면 판례에 의함)

1 2 3

[Essential ★]

① 필리핀국에서 카지노의 외국인 출입이 허용되어 있다 하여도 형법 제3조에 따라 필리핀국에서 도박을 한 피고인(대한민국 국민)에게 우리나라 형법이 당연히 적용된다.

② 중국 국적자가 중국에서 대한민국 국적 주식회사의 인장을 위조한 경우에는 외국인의 국외범으로서 그에 대하여 재판권이 없다.

③ 중국 북경시에 소재한 대한민국 영사관 내부는 대한민국 영토의 연장으로 볼 수 있으므로 외국인이 그 영사관 내에서 타인 명의의 여권발급신청서 1장을 위조한 경우 형법 제2조에 의하여 우리나라 형법을 적용할 수 있다.

④ 내국 법인의 대표자인 외국인이 내국 법인이 외국에 설립한 특수목적법인에 위탁해 둔 자금을 정해진 목적과 용도 외에 임의로 사용하여 횡령한 경우, 그 행위가 외국에서 이루어졌다고 하더라도 행위지의 법률에 의하여 범죄를 구성하지 아니하거나 소추 또는 형의 집행을 면제할 경우가 아니라면 그 외국인에 대해서도 우리나라 형법이 적용된다.

해설

③ [×] 중국 북경시에 소재한 대한민국 영사관 내부는 여전히 중국의 영토에 속할 뿐 이를 대한민국의 영토로서 그 영역에 해당한다고 볼 수 없을 뿐 아니라, 사문서위조죄가 형법 제6조의 대한민국 또는 대한민국 국민에 대하여 범한 죄에 해당하지 아니함은 명백하다. 따라서 원심이 내국인이 아닌 피고인이 영사관 내에서 여권발급신청서 1장을 위조하였다는 취지의 공소사실에 대하여 외국인의 국외범에 해당한다는 이유로 재판권이 없다고 판단한 것은 옳다(대법원 2006.9.22, 2006도5010 북경한국영사관 사건).

① [O] 필리핀국에서 카지노의 외국인 출입이 허용되어 있다 하여도 **형법 제3조에 따라 (내국인인) 피고인에게 우리나라 형법이 당연히 적용된다**(대법원 2001.9.25, 99도3337 필리핀 도박 사건).

② [O] 사인위조죄는 형법 제6조의 대한민국 또는 대한민국 국민에 대하여 범한 죄에 해당하지 아니하므로 중국 국적자가 중국에서 대한민국 국적 주식회사의 인장을 위조한 경우에는 **외국인의 국외범으로서 그에 대하여 재판권이 없다**(대법원 2002.11.26, 2002도4929).

④ [O] 내국 법인의 대표자인 외국인이 내국 법인이 외국에 설립한 특수목적법인에 위탁해 둔 자금을 정해진 목적과 용도 외에 임의로 사용하여 횡령한 경우, 그 행위가 외국에서 이루어졌다고 하더라도 행위지의 법률에 의하여 범죄를 구성하지 아니하거나 소추 또는 형의 집행을 면제할 경우가 아니라면 **그 외국인에 대해서도 우리나라 형법이 적용된다**(대법원 2017.3.22, 2016도17465 파이시티 사건).

028 다음 중 甲에게 대한민국 형법을 적용할 수 없는 경우는? (다툼이 있으면 판례에 의함) [core ★★]

1 2 3

① 미국인 甲이 대한민국 선적의 선박에서 중국인 선원을 살해한 경우

② 중국인 甲이 중국에서 대한민국 여권을 위조한 경우

③ 태국인 甲이 중국에서 대한민국 국적 A주식회사의 인장을 위조한 경우

④ 일본인 甲이 미국에서 장기적출을 목적으로 미국인 A를 매매한 경우

해설

③ 사인위조죄는 형법 제6조의 대한민국 또는 대한민국 국민에 대하여 범한 죄에 해당하지 아니하므로 중국 국적자가 중국에서 대한민국 국적 주식회사의 인장을 위조한 경우에는 외국인의 국외범으로서 그에 대하여 재판권이 없다(대법원 2002.11.26, 2002도4929). 판례의 취지에 의할 때 태국인이 중국에서 대한민국 국적 A주식회사의 인장, 즉 사인을 위조하였으므로 우리 형법이 적용되지 아니한다.

① 대한민국 선박 내에서 미국인이 중국인을 살해하였으므로 형법 제4조의 기국주의(旗國主義)에 의하여 우리 형법이 적용된다(제4조).

② 중국인이 중국에서 공문서인 대한민국 여권을 위조하였으므로 형법 제5조의 국가보호주의(國家保護主義)에 의하여 우리 형법이 적용된다(제5조 제6호).

④ 일본인이 미국에서 장기적출목적인신매매죄를 범했으므로 형법 제296조의2의 세계주의(世界主義)에 의하여 우리 형법이 적용된다(제289조 제3항, 제296조의2).

정답 | 027 ③ 028 ③

029 다음 중 甲에게 대한민국 형법을 적용할 수 없는 경우는? (다툼이 있으면 판례에 의함) [Essential ★]

1 2 3

① 캐나다인 甲이 캐나다국에서 한국인 乙에게 위조사문서행사를 하고, 이 행위가 캐나다국 법률에 의해서 범죄를 구성하는 경우

② 대한민국 법인의 대표자인 프랑스인 甲이 이 법인이 영국에 설립한 특수목적법인에 위탁해 둔 자금을 영국에서 횡령하였는데, 영국 법률에 의하여 그 행위가 범죄를 구성하는 경우

③ 일본인 甲과 한국인 乙이 서울에서 만나 홍콩에서 마약을 매수하기로 공모한 후 乙이 홍콩에서 마약매수 범행을 실행하였는데, 甲에게 乙의 범행에 대한 공모공동정범이 성립되는 경우

④ 미국인 甲이 한국인 乙로부터 청탁을 받고 대한민국 공무원에게 알선한다는 명목으로 금품을 수수하는 행위(변호사법위반)가 서울에서 이루어졌는데, 금품수수의 명목이 된 알선행위 장소는 미국인 경우

해설

① (1) 형법 제6조에서 '대한민국 또는 대한민국 국민에 대하여 죄를 범한 때'라 함은 대한민국 또는 대한민국 국민의 법익이 직접적으로 침해되는 결과를 야기하는 죄를 범한 경우를 의미한다. (2) 캐나다 시민권자인 피고인이 캐나다에서 위조사문서를 행사하였다는 내용으로 기소된 경우, 위조사문서행사죄는 형법 제5조 제1호 내지 제7호에 열거된 죄에 해당하지 않고, 위조사문서행사를 형법 제6조의 대한민국 또는 대한민국 국민의 법익을 직접적으로 침해하는 행위라고 볼 수도 없으므로 피고인의 행위에 대하여는 우리나라에 재판권이 없다(대법원 2011.8.25, 2011도6507 캐나다 교포 사기 사건). 甲에 대하여는 대한민국 형법이 적용되지 아니한다.

② 내국 법인의 대표자인 외국인이 내국 법인이 외국에 설립한 특수목적법인에 위탁해 둔 자금을 정해진 목적과 용도 외에 임의로 사용한 데 따른 횡령죄의 피해자는 당해 금전을 위탁한 내국 법인이므로, 그 행위가 외국에서 이루어진 경우에도 행위지의 법률에 의하여 범죄를 구성하지 아니하거나 소추 또는 형의 집행을 면제할 경우가 아니라면 그 외국인에 대해서도 우리 형법이 적용되어(형법 제6조), 우리 법원에 재판권이 있다(대법원 2017.3.22, 2016도17465 파이시티 사건). 甲에 대하여는 형법 제6조의 국민보호주의에 따라 대한민국 형법이 적용된다.

③ 형법 제2조(속지주의)를 적용함에 있어서 공모공동정범의 경우 '공모지'도 범죄지로 보아야 한다(대법원 1998.11.27, 98도2734 히로뽕 3kg 수입 공모 사건). 甲에 대하여는 형법 제2조의 속지주의에 따라 대한민국 형법이 적용된다.

④ 외국인이 대한민국 공무원에게 알선한다는 명목으로 금품을 수수하는 행위가 대한민국 영역 내에서 이루어진 이상 비록 금품수수의 명목이 된 알선행위를 하는 장소가 대한민국 영역 외라 하더라도 형법 제2조에 의하여 대한민국의 형벌법규인 구 변호사법 제90조 제1호[22년 현재 제111조 제1항]가 적용되어야 한다(대법원 2000.4.21, 99도3403 美국적 변호사 사건). 甲에 대하여는 형법 제2조의 속지주의에 따라 대한민국 형법이 적용된다.

030 1 2 3 형법 제7조(외국에서 집행된 형의 산입) 등에 관한 다음 설명 중 옳지 않은 것은? (다툼이 있으면 판례에 의함)

[Essential ★]

① 피고인이 동일한 행위에 관하여 외국에서 형사처벌을 과하는 확정판결을 받았다 하더라도 이런 외국판결은 우리나라에서는 기판력이 없으므로 여기에 일사부재리의 원칙이 적용될 수 없다.

② 죄를 지어 외국에서 형의 전부 또는 일부가 집행된 사람에 대해서는 그 집행된 형의 전부 또는 일부를 선고하는 형에 산입한다.

③ 형법 제7조의 취지는, 피고인이 동일한 행위에 관하여 우리나라 형벌법규에 따라 다시 처벌받는 경우에 생길 수 있는 실질적인 불이익을 완화하려는 것으로 '외국에서 형의 전부 또는 일부가 집행된 사람'이란 문언과 취지에 비추어 '외국 법원의 유죄판결에 의하여 자유형이나 벌금형 등 형의 전부 또는 일부가 실제로 집행된 사람'을 말한다.

④ 형사사건으로 외국 법원에 기소되었다가 무죄판결을 받은 사람이 무죄판결을 받기까지 상당 기간 미결구금되었다면 실질적으로 유죄판결에 의하여 형이 실제로 집행된 것으로 볼 수 있으므로 인권보호 차원에서 형법 제7조를 유추적용하여 그가 국내에서 같은 행위로 인하여 선고받는 형에 그 미결구금일수를 산입하여야 한다.

해설

④ [×] 형사사건으로 외국 법원에 기소되었다가 무죄판결을 받은 사람은, 설령 그가 무죄판결을 받기까지 상당 기간 미결구금되었더라도 이를 유죄판결에 의하여 형이 실제로 집행된 것으로 볼 수는 없으므로, '외국에서 형의 전부 또는 일부가 집행된 사람'에 해당한다고 볼 수 없고, 그 미결구금 기간은 형법 제7조에 의한 산입의 대상이 될 수 없다. 또한 외국에서 형이 집행된 것이 아니라 단지 미결구금되었다가 무죄판결을 받은 사람의 미결구금일수를 형법 제7조의 유추적용에 의하여 그가 국내에서 같은 행위로 인하여 선고받는 형에 산입하여야 한다는 것은 허용되기 어렵다(대법원 2017.8.24, 2017도5977 全合 필리핀 5년 미결구금 사건).

① [O] 피고인이 동일한 행위에 관하여 외국에서 형사처벌을 과하는 확정판결을 받았다 하더라도 이런 **외국판결은 우리나라에서는 기판력이 없으므로 여기에 일사부재리의 원칙이 적용될 수 없다**(대법원 1983.10.25, 83도2366).

② [O] 죄를 지어 외국에서 형의 전부 또는 일부가 집행된 사람에 대해서는 그 **집행된 형의 전부 또는 일부를 선고하는 형에 산입한다**(제7조).

③ [O] 형법 제7조의 취지는, 피고인이 동일한 행위에 관하여 우리나라 형벌법규에 따라 다시 처벌받는 경우에 생길 수 있는 실질적인 불이익을 완화하려는 것으로 '외국에서 형의 전부 또는 일부가 집행된 사람'이란 문언과 취지에 비추어 '외국 법원의 유죄판결에 의하여 자유형이나 벌금형 등 **형의 전부 또는 일부가 실제로 집행된 사람'을 말한다**(대법원 2017.8.24, 2017도5977 全合 필리핀 5년 미결구금 사건).

정답 | 029 ① 030 ④

031 다음 중 친고죄에 해당하는 범죄는 모두 몇 개인가?

1 2 3

[Superlative ★★★]

㉠ 폭행 · 협박죄	㉡ 과실치상죄
㉢ 강간죄	㉣ 명예훼손죄
㉤ 사자명예훼손죄	㉥ 출판물명예훼손죄
㉦ 모욕죄	㉧ 비밀침해죄
㉨ 업무상비밀누설죄	㉩ 주거침입죄

① 3개　② 4개
③ 5개　④ 6개

해설

② ㉤㉦㉧㉨ 4개는 친고죄에 해당한다(㉤㉦ 제312조 제1항 ㉧㉨ 제318조). ㉠㉡㉣㉥ 4개는 반의사불벌죄이고 ㉢㉩ 2개는 친고죄도 아니고 반의사불벌죄도 아니다.

032 다음 중 반의사불벌죄에 해당하는 범죄는 모두 몇 개인가? 다만, 형법상 범죄에 한한다.

1 2 3

[Superlative ★★★]

㉠ 상해죄	㉡ 존속폭행죄
㉢ 특수폭행죄	㉣ 존속협박죄
㉤ 특수협박죄	㉥ 명예훼손죄
㉦ 출판물명예훼손죄	㉧ 주거침입죄

① 2개　② 3개
③ 4개　④ 5개

해설

③ ㉡㉣㉥㉦ 4개는 반의사불벌죄에 해당한다(㉡ 제260조 ㉣ 제283조 ㉥㉦ 제307조, 제309조, 제312조 제2항). ㉠㉢㉤㉧ 4개는 반의사불벌죄가 아니다.

033 범죄는 침해범과 위험범(위태범)으로 구분할 수 있다. 이에 대한 설명 중 옳지 않은 것은? (다툼이 있으면 판례에 의함)
1 2 3

[Essential ★]

① 협박죄는 사람의 의사결정의 자유를 보호법익으로 하는 위험범이라 봄이 상당하고, 형법 제286조의 미수범 처벌조항은 해악의 고지가 현실적으로 상대방에게 도달하지 아니한 경우나 도달은 하였으나 전혀 지각하지 못한 경우 혹은 고지된 해악의 의미를 상대방이 인식하지 못한 경우 등에 적용된다.

② 명예훼손죄는 추상적 위험범으로 불특정 또는 다수인이 적시된 사실을 실제 인식하지 못하였다고 하더라도 인식할 수 있는 상태에 놓인 것으로도 명예가 훼손된 것으로 보아야 한다.

③ 횡령죄는 다른 사람의 재물에 관한 소유권 등 본권을 그 보호법익으로 하므로 그 법익침해의 위험이 발생한 것만으로는 족하지 않고 그 침해의 결과가 실제로 발생하여야 범죄의 기수에 이른다.

④ 배임죄는 현실적인 재산상 손해액이 확정될 필요까지는 없고 단지 재산상 권리의 실행을 불가능하게 할 염려 있는 상태 또는 손해발생의 위험이 있는 경우에 바로 성립되는 위태범이다.

해설

③ [×] 횡령죄는 다른 사람의 재물에 관한 소유권 등 본권을 그 보호법익으로 하고 그 법익침해의 위험이 있으면 그 침해의 결과가 발생되지 아니하더라도 성립하는 위험범이다(대법원 2013.2.21, 2010도10500 全合 종중회의 총무 횡령 사건).

① [○] 협박죄는 사람의 의사결정의 자유를 보호법익으로 하는 **위험범**이라 봄이 상당하고, 형법 제286조의 미수범 처벌조항은 해악의 고지가 현실적으로 상대방에게 도달하지 아니한 경우나 도달은 하였으나 전혀 지각하지 못한 경우 혹은 고지된 해악의 의미를 상대방이 인식하지 못한 경우 등에 적용된다(대법원 2007.9.28, 2007도606 全合 정보과 형사 협박 사건).

② [○] 명예훼손죄는 **추상적 위험범**으로 불특정 또는 다수인이 적시된 사실을 실제 인식하지 못하였다고 하더라도 인식할 수 있는 상태에 놓인 것으로도 명예가 훼손된 것으로 보아야 한다(대법원 2020.12.30, 2015도15619 캐디 명예훼손 사건).

④ [○] 배임죄는 현실적인 재산상 손해액이 확정될 필요까지는 없고 단지 재산상 권리의 실행을 불가능하게 할 염려 있는 상태 또는 손해발생의 위험이 있는 경우에 바로 성립되는 **위태범**이다(대법원 2000.4.11, 99도334 백미 외상거래 사건).

정답 | 031 ② 032 ③ 033 ③

034 범죄는 침해범과 위험범(위태범)으로 구분할 수 있다. 이에 대한 설명 중 옳지 않은 것은? (다툼이 있으면 판례에 의함) [core ★★]

1 2 3

① 강제집행면탈죄는 강제집행을 실시하려는 자에 대하여 재산의 발견을 불능 또는 곤란케 하는 은닉 등의 행위를 통하여 채권자를 해한 상태에 이를 때 성립하는 침해범이다.

② 장례식방해죄는 장례식의 평온과 공중의 추모감정을 보호법익으로 하는 이른바 추상적 위험범으로서 범인의 행위로 인하여 장례식이 현실적으로 저지 내지 방해되었다고 하는 결과의 발생까지는 요하지 않는다.

③ 공무집행방해죄에서 '폭행'은 사람에 대한 유형력의 행사로 족하고 반드시 그 신체에 대한 것임을 요하지 아니하며 또한 추상적 위험범으로서 구체적으로 직무집행의 방해라는 결과발생을 요하지도 아니한다.

④ 범인도피죄는 위험범으로서 현실적으로 형사사법의 작용을 방해하는 결과가 초래될 것이 요구되지 아니한다.

해설

① [×] 강제집행면탈죄는 강제집행을 실시하려는 자에 대하여 재산의 발견을 불능 또는 곤란케 하는 은닉 등의 행위를 통하여 채권자를 해할 위험상태에 이름으로써 성립하는 위태범이다(대법원 2007.6.1, 2006도1813 전윤수 성원건설 회장 사건).

② [○] 장례식방해죄는 장례식의 평온과 공중의 추모감정을 보호법익으로 하는 이른바 **추상적 위험범**으로서 범인의 행위로 인하여 장례식이 현실적으로 저지 내지 방해되었다고 하는 결과의 발생까지 요하지 않고 방해행위의 수단과 방법에도 아무런 제한이 없으며 일시적인 행위라 하더라도 무방하다(대법원 2013.2.14, 2010도13450 노무현 전대통령 영결식 소란 사건).

③ [○] 공무집행방해죄에서 '폭행'은 사람에 대한 유형력의 행사로 족하고 반드시 그 신체에 대한 것임을 요하지 아니하며 또한 **추상적 위험범**으로서 구체적으로 직무집행의 방해라는 결과발생을 요하지도 아니한다(대법원 2018.3.29, 2017도21537 주차장 행패 사건).

④ [○] 범인도피죄는 **위험범**으로서 현실적으로 형사사법의 작용을 방해하는 결과가 초래될 것이 요구되지 아니한다(대법원 2006.5.26, 2005도7528 음주측정 방해 사건).

035 범죄는 즉시범(상태범)과 계속범으로 구분할 수 있다. 이에 대한 설명 중 옳지 않은 것은? (다툼이 있으면 판례에 의함) [Essential ★]

1 2 3

① 체포죄는 계속범으로서 체포의 행위에 확실히 사람의 신체의 자유를 구속한다고 인정할 수 있을 정도의 시간적 계속이 있어야 한다.

② 직무유기죄는 직무를 수행하여야 하는 작위의무를 수행하지 아니함으로써 구성요건에 해당하는 사실이 있었고 그 후에도 계속하여 그 작위의무를 수행하지 아니하는 위법한 부작위상태가 계속되는 한 가벌적 위법상태는 계속 존재하고 있다고 할 것이며 형법 제122조 후단은 이를 전체적으로 보아 일죄로 처벌하는 취지로 해석되므로 이를 즉시범이라고 할 수 없다.

③ 일반교통방해죄에서 교통방해 행위는 계속범의 성질을 가지는 것이어서 교통방해의 상태가 계속되는 한 위법상태는 계속 존재한다.

④ 도주죄는 계속범으로서 범인이 도주행위를 하여 기수에 이른 이후에 범인의 도피를 도와주는 행위는 범인도피죄가 아니라 도주원조죄에 해당한다.

해설

④ [×] 도주죄는 즉시범으로서 범인이 간수자의 실력적 지배를 이탈한 상태에 이르렀을 때에 기수가 되어 도주행위가 종료하는 것이고, 도주원조죄는 도주죄에 있어서의 범인의 도주행위를 야기시키거나 이를 용이하게 하는 등 그와 공범관계에 있는 행위를 독립한 구성요건으로 하는 범죄이므로 도주죄의 범인이 도주행위를 하여 기수에 이른 이후에 범인의 도피를 도와주는 행위는 범인도피죄에 해당할 수 있을 뿐 도주원조죄에는 해당하지 아니한다(대법원 1991.10.11, 91도1656 병원탈출 동생 사건).

① [○] **체포죄는 계속범으로서** 체포의 행위에 확실히 사람의 신체의 자유를 구속한다고 인정할 수 있을 정도의 시간적 계속이 있어야 하나, 체포의 고의로써 타인의 신체적 활동의 자유를 현실적으로 침해하는 행위를 개시한 때 체포죄의 실행에 착수하였다고 볼 것이다(대법원 2018.2.28, 2017도21249 강간·체포 모두 미수 사건).

② [○] **직무유기죄는** 그 직무를 수행하여야 하는 작위의무의 존재와 그에 대한 위반을 전제로 하고 있는바, 그 작위의무를 수행하지 아니함으로써 구성요건에 해당하는 사실이 있었고 그 후에도 계속하여 그 작위의무를 수행하지 아니하는 위법한 부작위상태가 계속되는 한 가벌적 위법상태는 계속 존재하고 있다고 할 것이며 형법 제122조 후단은 이를 전체적으로 보아 일죄로 처벌하는 취지로 해석되므로 이를 **즉시범이라고 할 수 없다**(대법원 1997.8.29, 97도675 교통사고 미입건 사건).

③ [○] **일반교통방해죄에서 교통방해 행위는 계속범의 성질을 가지는 것이어서** 교통방해의 상태가 계속되는 한 위법상태는 계속 존재한다. 따라서 교통방해를 유발한 집회에 참가한 경우 참가 당시 이미 다른 참가자들에 의해 교통의 흐름이 차단된 상태였다고 하더라도 교통방해를 유발한 다른 참가자들과 암묵적·순차적으로 공모하여 교통방해의 위법상태를 지속시켰다고 평가할 수 있다면 일반교통방해죄가 성립한다(대법원 2019.4.23, 2017도1056).

036 다음 중 신분범에 해당하는 범죄는 모두 몇 개인가?

1 2 3 [Superlative ★★★]

㉠ 직무유기죄	㉡ 뇌물수수죄
㉢ 공무집행방해죄	㉣ 위증죄
㉤ 무고죄	㉥ 허위공문서작성죄
㉦ 횡령죄	㉧ 배임죄

① 5개 ② 6개

③ 7개 ④ 8개

해설

② ㉠㉡㉣㉥㉦㉧ 6개가 진정신분범에 해당한다.

㉠ 직무유기죄는 '공무원'이 정당한 이유 없이 그 직무수행을 거부하거나 그 직무를 유기한 때에 성립한다(제122조).

㉡ 뇌물수수죄는 '공무원 또는 중재인'이 그 직무에 관하여 뇌물을 수수한 때에 성립한다(제129조 제1항).

㉢ 공무집행방해죄는 직무를 집행하는 공무원에 대하여 폭행 또는 협박한 때에 성립한다(제136조 제1항).

㉣ 위증죄는 '법률에 의하여 선서한 증인'이 허위의 진술을 한 때에 성립한다(제152조 제1항).

㉤ 무고죄는 타인으로 하여금 형사처분 또는 징계처분을 받게 할 목적으로 공무소 또는 공무원에 대하여 허위의 사실을 신고한 때에 성립한다(제156조).

㉥ 허위공문서작성죄는 '공무원'이 행사할 목적으로 그 직무에 관하여 문서를 허위로 작성한 때에 성립한다(제227조).

㉦ 횡령죄는 '타인의 재물을 보관하는 자'가 그 재물을 횡령하거나 그 반환을 거부한 때에 성립한다(제355조 제1항).

㉧ 배임죄는 '타인의 사무를 처리하는 자'가 그 임무에 위배하는 행위로써 재산상의 이익을 취득하거나 제3자로 하여금 이를 취득하게 하여 본인에게 손해를 가한 때에 성립한다(제355조 제2항).

정답 | 034 ① 035 ④ 036 ②

037 다음 중 목적범에 해당하는 범죄는 모두 몇 개인가?

1 2 3 [Superlative ★★★]

㉠ 국기모독죄	㉡ 공문서위조죄
㉢ 허위공문서작성죄	㉣ 허위진단서작성죄
㉤ 공정증서원본부실기재죄	㉥ 위증죄
㉦ 무고죄	㉧ 미성년자약취 · 유인죄
㉨ 출판물명예훼손죄	㉩ 강제집행면탈죄

① 5개 ② 6개

③ 7개 ④ 8개

해설

② ㉠㉡㉢㉦㉨㉩ 6개가 목적범에 해당한다.

㉠ 국기모독죄는 '대한민국을 모욕할 목적으로' 국기를 손상, 제거 또는 오욕한 때에 성립한다(제105조).

㉡ 공문서위조죄는 '행사할 목적으로' 공무원 또는 공무소의 문서를 위조한 때에 성립한다(제225조).

㉢ 허위공문서작성죄는 공무원이 '행사할 목적으로' 그 직무에 관하여 문서를 허위로 작성한 때에 성립한다(제227조).

㉣ 허위진단서작성죄는 의사, 한의사, 치과의사 또는 조산사가 진단서를 허위로 작성한 때에 성립한다(제233조).

㉤ 공정증서원본부실기재죄는 공무원에 대하여 허위신고를 하여 공정증서원본 또는 이와 동일한 전자기록등 특수매체기록에 부실의 사실을 기재 또는 기록하게 한 때에 성립한다(제228조 제1항).

㉥ 위증죄는 법률에 의하여 선서한 증인이 허위의 진술을 한 때에 성립한다(제152조 제1항).

㉦ 무고죄는 '타인으로 하여금 형사처분 또는 징계처분을 받게 할 목적으로' 공무소 또는 공무원에 대하여 허위의 사실을 신고한 때에 성립한다(제156조).

㉧ 미성년자의 약취 · 유인죄는 미성년자를 약취 또는 유인한 때에 성립한다(제287조).

㉨ 출판물명예훼손죄는 '사람을 비방할 목적으로' 신문, 잡지 또는 라디오 기타 출판물에 의하여 명예훼손죄를 범한 때에 성립한다(제309조)

㉩ 강제집행면탈죄는 '강제집행을 면할 목적으로' 재산을 은닉, 손괴, 허위양도 또는 허위의 채무를 부담하여 채권자를 해한 때에 성립한다(제327조).

038 다음 중 부진정목적범에 해당하는 범죄는?

1 2 3 [core ★★]

① 모해위증죄 ② 자격모용공문서작성죄

③ 도박장소개설죄 ④ 특수상해죄

해설

① [○] 법률에 의하여 선서한 증인이 허위의 진술을 한 때에는 5년 이하의 징역 또는 1천만원 이하의 벌금에 처한다. 형사사건 또는 징계사건에 관하여 피고인, 피의자 또는 징계혐의자를 모해할 목적으로 위증의 죄를 범한 때에는 10년 이하의 징역에 처한다(제152조 제1항 · 제2항). 모해위증죄는 '모해할 목적'이 있는 자를 가중처벌하는 **부진정목적범이다.**

② [×] 행사할 목적으로 공무원 또는 공무소의 자격을 모용하여 문서를 작성한 자는 10년 이하의 징역에 처한다(제226조). 자격모용공문서작성죄는 진정목적범이다.

③ [×] 영리의 목적으로 도박을 하는 장소나 공간을 개설한 사람은 5년 이하의 징역 또는 3천만원 이하의 벌금에 처한다(제247조). 도박장소개설죄는 진정목적범이다.

④ [×] 단체 또는 다중의 위력을 보이거나 위험한 물건을 휴대하여 상해 또는 존속상해의 죄를 범한 때에는 1년 이상 10년 이하의 징역에 처한다(제258조의2 제1항). 특수상해죄는 목적범이 아니다.

039 법인의 범죄능력에 관한 설명과 그에 대한 비판이 가장 적절하게 연결된 것은? [Superlative ★★★]

1 2 3

> ㉠ 행위자인 개인을 처벌하고 나서 법인 또한 처벌하는 것은 이중처벌에 해당한다.
> ㉡ 법인에게 영업정지나 영업취소는 자연인에 대한 자유형이나 사형과 마찬가지이다.
> ㉢ 법인에게는 자유의사가 없으므로 도의적 책임 추궁이나 윤리적 비난이 불가능하다.
> ㉣ 법인의 활동범위는 원칙적으로 설립목적 내로 한정되지만, 활동과정에서 범죄행위의 발생을 완전히 배제할 수는 없다.
> ㉤ 형사범에 대하여 법인의 범죄능력을 인정할 수는 없지만 행정범의 경우 법인의 범죄능력을 인정할 수 있다.

> ⓐ 각종 행정법규에 산재된 양벌규정의 규정취지를 설명하기 곤란하다.
> ⓑ 법인을 처벌하는 것은 범죄와 무관한 법인의 다른 구성원들까지 처벌당하는 연대책임을 인정하는 결과가 되어 개인책임의 원칙에 반한다.
> ⓒ 범죄능력의 주체성을 부여하는 기준이 모호하고, 법인처벌의 명문규정이 있는 경우 이를 해석으로 배제할 근거가 없다.

① ㉠㉡ – ⓑ
② ㉠㉢ – ⓐ
③ ㉡㉣ – ⓐ
④ ㉣㉤ – ⓒ

해설

② ㉠㉢ - ⓐ, ㉡㉣ - ⓑ, ㉤ - ⓒ가 되어야 하므로 이 지문이 옳다.
㉠㉢ 2항목은 법인의 범죄능력을 부정하는 학설의 입장이고, ㉡㉣ 2항목은 법인의 범죄능력을 긍정하는 학설의 입장이다.
㉤ 항목은 부분적으로 법인의 범죄능력을 인정하는 학설의 입장이다.
ⓐ 법인의 범죄능력을 긍정하는 입장에서, 범죄능력을 부정하는 ㉠㉢ 학설에 대한 비판이다.
ⓑ 법인의 범죄능력을 부정하는 견해에서, 범죄능력을 긍정하는 ㉡㉣ 학설에 대한 비판이다.
ⓒ 법인의 범죄능력을 부분적으로 긍정하는 ㉤ 학설에 대한 비판이다.

정답 | 037 ② 038 ① 039 ②

040 법인(法人) 등의 범죄능력에 관한 다음 설명 중 옳지 않은 것은? (다툼이 있으면 판례에 의함)

1 2 3

[Essential ★]

① 법인이 처리할 의무를 지는 타인의 사무에 관하여는 법인이 배임죄의 주체가 될 수 없고 그 법인을 대표하여 사무를 처리하는 자연인인 대표기관이 바로 타인의 사무를 처리하는 자 즉 배임죄의 주체가 된다.

② 법인은 사법상의 권리의무의 주체가 될 수 있음은 별론으로 하더라도 법률에 명문의 규정이 없는 한 그 범죄능력은 없고 그 법인의 업무는 법인을 대표하는 자연인인 대표기관의 의사결정에 따른 대표행위에 의하여 실현될 수밖에 없다.

③ 법인격 없는 사단과 같은 단체는 사법상의 권리의무의 주체가 될 수 있음은 별론으로 하더라도 법률에 명문의 규정이 없는 한 그 범죄능력은 없다.

④ 지방자치단체는 국가 위임사무는 물론 고유자치사무를 처리하는 경우에도 국가기관의 일부이므로 양벌규정에 따라 처벌대상이 되는 법인에 해당하지 아니한다.

해설

④ [×] (1) 국가가 본래 그의 사무의 일부를 지방자치단체의 장에게 위임하여 처리하게 하는 기관위임사무의 경우 지방자치단체는 국가기관의 일부로 볼 수 있고 (2) 지방자치단체가 그 고유의 자치사무를 처리하는 경우 지방자치단체는 국가기관의 일부가 아니라 국가기관과는 별도의 독립한 공법인으로서 양벌규정에 의한 처벌대상이 되는 법인에 해당한다(대법원 2009.6.11, 2008도6530 부산시 항만순찰 사건).

① [○] (1) 배임죄에 있어서 타인의 사무를 처리할 의무의 주체가 법인이 되는 경우라도 법인은 다만 사법상의 의무 주체가 될 뿐 범죄능력이 없는 것이며, 그 타인의 사무는 법인을 대표하는 자연인인 대표기관의 의사결정에 따른 대표행위에 의하여 실현될 수밖에 없어 그 대표기관은 마땅히 법인이 타인에 대하여 부담하고 있는 의무내용대로 사무를 처리할 임무가 있다 할 것이므로 (2) 법인이 처리할 의무를 지는 타인의 사무에 관하여는 **법인이 배임죄의 주체가 될 수 없고** 그 법인을 대표하여 사무를 처리하는 **자연인인 대표기관이** 바로 타인의 사무를 처리하는 자 즉 **배임죄의 주체가 된다**(대법원 1984.10.10, 82도2595 숫송 상가 이중분양 사건).

② [○] **법인은** 사법상의 권리의무의 주체가 될 수 있음은 별론으로 하더라도 법률에 명문의 규정이 없는 한 그 **범죄능력은 없고** 그 법인의 업무는 법인을 대표하는 자연인인 대표기관의 의사결정에 따른 대표행위에 의하여 실현될 수밖에 없다(대법원 2007.10.26, 2006도7280 법인소유 자동차 사건).

③ [○] **법인격 없는 사단**과 같은 단체는 사법상의 권리의무의 주체가 될 수 있음은 별론으로 하더라도 법률에 명문의 규정이 없는 한 그 **범죄능력은 없다**(대법원 2009.5.14, 2008도11040 친박연대 공천헌금 사건).

041 S회사의 전(前) 대표이사 乙은 회사 소유의 성남시 상대원동 소재 상가들을 A, B에게 매도하고 대금 전액을 완납받았는 바, 이후 회사의 대표이사로 새롭게 취임한 甲은 이러한 사실을 잘 알면서도 그 부동산을 丙, 丁 등 앞으로 소유권이전등기절차를 마쳐주어 A, B에게 매매대금 상당의 재산상 손해를 가하였다. 甲 및 S회사의 죄책 및 처벌은? (다툼이 있으면 판례에 의함)

1 2 3

[core ★★]

① 甲 및 S회사 모두 무죄이다.

② 甲만 배임죄로 처벌된다.

③ S회사만 배임죄로 처벌된다.

④ 甲 및 S회사 모두 배임죄로 처벌된다.

해설

② (1) 배임죄에 있어서 타인의 사무를 처리할 의무의 주체가 법인이 되는 경우라도 법인은 다만 사법상의 의무 주체가 될 뿐 범죄능력이 없는 것이며, 그 타인의 사무는 법인을 대표하는 자연인인 대표기관의 의사결정에 따른 대표행위에 의하여 실현될 수밖에 없어 그 대표기관은 마땅히 법인이 타인에 대하여 부담하고 있는 의무내용대로 사무를 처리할 임무가 있다 할 것이므로 (2) 법인이 처리할 의무를 지는 타인의 사무에 관하여는 법인이 배임죄의 주체가 될 수 없고 그 법인을 대표하여 사무를 처리하는 자연인인 대표기관이 바로 타인의 사무를 처리하는 자 즉 배임죄의 주체가 된다(대법원 1984.10.10, 82도2595 全合 상가 이중분양 사건). 설문의 경우 A에게 소유권이전등기를 하여 줄 의무는 S회사가 부담하지만, 자연인인 대표기관 甲만이 배임죄의 주체가 되어 처벌된다.

042 다음 (　　) 안에 들어갈 말로 올바르게 짝지어진 것은? (다툼이 있으면 판례에 의함) [core ★★]

1 2 3

(1) 국가가 본래 그의 사무의 일부를 지방자치단체의 장에게 위임하여 처리하게 하는 (㉠)의 경우 지방자치단체는 국가기관의 일부로 볼 수 있고, 지방자치단체가 그 고유의 (㉡)를 처리하는 경우 지방자치단체는 국가기관의 일부가 아니라 국가기관과는 별도의 독립한 공법인으로서 양벌규정에 의한 처벌대상이 되는 법인에 해당한다.
(2) 지방자치단체 소속 공무원이 지정항만순찰 등의 업무를 위해 관할관청의 승인 없이 개조한 승합차를 운행함으로써 자동차관리법을 위반한 경우, 지방자치단체는 자동차관리법 제83조의 양벌규정에 따른 (㉢).
(3) 지방자치단체 소속 공무원이 청소차를 운전하여 운행하던 중 제한축중 10t을 초과하여 적재 운행함으로써 도로관리청의 차량운행제한을 위반한 경우 지방자치단체인 피고인은 도로법 제86조의 양벌규정에 따른 (㉣).

① ㉠ 기관위임사무 ㉡ 자치사무 ㉢ 처벌대상이 될 수 없다 ㉣ 처벌대상이 될 수 없다
② ㉠ 기관위임사무 ㉡ 자치사무 ㉢ 처벌대상이 될 수 있다 ㉣ 처벌대상이 될 수 있다
③ ㉠ 자치사무 ㉡ 기관위임사무 ㉢ 처벌대상이 될 수 없다 ㉣ 처벌대상이 될 수 있다
④ ㉠ 기관위임사무 ㉡ 자치사무 ㉢ 처벌대상이 될 수 없다 ㉣ 처벌대상이 될 수 있다

해설

④ 이 지문이 올바르게 짝지어진 지문이다.
(1) 국가가 본래 그의 사무의 일부를 지방자치단체의 장에게 위임하여 처리하게 하는 (㉠ 기관위임사무)의 경우 지방자치단체는 국가기관의 일부로 볼 수 있고, 지방자치단체가 그 고유의 (㉡ 자치사무)를 처리하는 경우 지방자치단체는 국가기관의 일부가 아니라 국가기관과는 별도의 독립한 공법인으로서 양벌규정에 의한 처벌대상이 되는 법인에 해당한다(대법원 2009.6.11, 2008도6530)(同旨 대법원 2005.11.10, 2004도2657).
(2) 지방자치단체 소속 공무원이 지정항만순찰 등의 업무를 위해 관할관청의 승인 없이 개조한 승합차를 운행함으로써 자동차관리법을 위반한 경우, 항만순찰 등의 업무는 지방자치단체의 장이 국가로부터 위임받은 기관위임사무에 해당하므로 지방자치단체는 자동차관리법 제83조의 양벌규정에 따른 (㉢ 처벌대상이 될 수 없다)(대법원 2009.6.11, 2008도6530).
(3) 지방자치단체 소속 공무원이 청소차를 운전하여 운행하던 중 제한축중 10t을 초과하여 적재 운행함으로써 도로관리청의 차량운행제한을 위반한 경우, 공무원이 수행하고 있던 업무는 지방자치단체 고유의 자치사무에 해당되는 업무이므로 지방자치단체인 피고인은 도로법 제86조의 양벌규정에 따른 (㉣ 처벌대상이 된다)(대법원 2005.11.10, 2004도2657).

정답 | 040 ④ 041 ② 042 ④

043 양벌규정에 관한 다음 설명 중 옳지 않은 것은? (다툼이 있으면 판례에 의함) [core ★★]

1 2 3

① 자연인이 법인의 기관으로서 범죄행위를 한 경우에도 행위자인 자연인이 범죄행위에 대한 형사책임을 지는 것이고, 다만 법률이 목적을 달성하기 위하여 특별히 규정하고 있는 경우에만 행위자를 벌하는 외에 법률효과가 귀속되는 법인에 대하여도 벌금형을 과할 수 있을 뿐이다.

② 형벌의 자기책임원칙에 비추어 볼 때 양벌규정은 법인이 사용인 등에 의하여 위반행위가 발생한 그 업무와 관련하여 상당한 주의 또는 관리감독 의무를 게을리한 때에 한하여 적용된다고 봄이 상당하다.

③ 식품위생법 제79조는 양벌규정으로서 식품영업주의 그 종업원 등에 대한 감독태만을 처벌하려는 규정인 바, 피고인의 종업원이 무허가 유흥주점 영업을 할 당시 피고인이 교통사고로 입원하고 있었다는 사유만으로 양벌규정에 따른 식품영업주로서의 감독태만에 대한 책임을 면할 수는 없다.

④ 양벌규정에 의한 영업주의 처벌은 자신의 종업원에 대한 선임감독상의 과실로 인하여 독립하여 처벌되는 것이 아니라 금지위반행위자인 종업원의 처벌에 종속되는 것이므로 종업원의 범죄성립과 처벌은 영업주 처벌의 전제조건이 된다.

해설

④ [×] 양벌규정에 의한 영업주의 처벌은 금지위반행위자인 종업원의 처벌에 종속하는 것이 아니라 독립하여 그 자신의 종업원에 대한 선임감독상의 과실로 인하여 처벌되는 것이므로 종업원의 범죄성립이나 처벌이 영업주 처벌의 전제조건이 될 필요는 없다(대법원 2006.2.24, 2005도7673 여행사 직원 사건).

① [○] 자연인이 법인의 기관으로서 범죄행위를 한 경우에도 행위자인 자연인이 범죄행위에 대한 형사책임을 지는 것이고, 다만 **법률이 목적을 달성하기 위하여 특별히 규정하고 있는 경우에만** 행위자를 벌하는 외에 법률효과가 귀속되는 **법인에 대하여도 벌금형을 과할 수 있을 뿐이다**(대법원 1994.2.8, 93도1483 불법 외환거래 사건).

② [○] 형벌의 자기책임원칙에 비추어 볼 때 양벌규정은 법인이 사용인 등에 의하여 위반행위가 발생한 그 업무와 관련하여 **상당한 주의 또는 관리감독 의무를 게을리한 때에 한하여 적용된다고 봄이 상당하다**(대법원 2011.7.14, 2009도5516 개발제한구역 내 비닐하우스 설치 사건).

③ [○] 식품위생법 제79조는 양벌규정으로서 식품영업주의 **그 종업원 등에 대한 감독태만을 처벌하려는 규정**인 바, 피고인의 종업원이 무허가 유흥주점 영업을 할 당시 피고인이 교통사고로 입원하고 있었다는 사유만으로 양벌규정에 따른 식품영업주로서의 감독태만에 대한 책임을 면할 수는 없다(대법원 2007.11.29, 2007도7920).

044 양벌규정에 관한 다음 설명 중 옳지 않은 것은? (다툼이 있으면 판례에 의함) [Essential ★]

1 2 3

① 양벌규정에 있어 '법인 또는 개인'은 단지 형식상의 사업주가 아니라 자기의 계산으로 사업을 경영하는 실질적인 사업주를 말한다.

② 약국을 실질적으로 경영하는 약사가 다른 약사를 고용하여 그 고용된 약사를 명의상의 개설약사로 등록하게 해두고 실질적인 영업약사가 종업원을 직접 고용하여 영업하던 중 종업원이 약사법위반 행위를 하였다면 양벌규정상의 형사책임은 그 실질적 경영자가 지게 된다.

③ 양벌규정에 있어 '사용인 기타의 종업원'이라 함은 법인 또는 개인과 정식으로 고용계약을 체결하고 근무하는 자를 말하므로, 법인 또는 개인의 대리인, 사용인 등이 자기의 업무보조자로서 사용하면서 직접 또는 간접으로 법인 또는 개인의 통제 · 감독 아래에 있는 자까지 포함된다고 볼 수 없다.

④ 양벌규정에 있어 '법인의 업무에 관하여' 행한 것으로 보기 위해서는 객관적으로 법인의 업무를 위하여 하는 것으로 인정할 수 있는 행위가 있어야 하고, 주관적으로는 피용자 등이 법인의 업무를 위하여 한다는 의사를 가지고 행위함을 요한다.

해설

③ [×] 도로법 제86조에 정한 '사용인 기타의 종업원'이라 함은 법인 또는 개인과 정식으로 고용계약을 체결하고 근무하는 자뿐만 아니라 법인 또는 개인의 대리인, 사용인 등이 자기의 업무보조자로서 사용하면서 직접 또는 간접으로 법인 또는 개인의 통제 · 감독 아래에 있는 자도 포함된다(대법원 2007.8.23, 2007도3787 와이프 명의 차 운행 사건).

① [○] 양벌규정에 있어 '법인 또는 개인'은 단지 형식상의 사업주가 아니라 자기의 계산으로 사업을 경영하는 **실질적인 사업주**를 말한다(대법원 2010.7.8, 2009도6968 한국디지털직업전문학교 사건).

② [○] (1) 약국에서의 영업으로 인한 사법상의 권리의무는 약국을 개설한 약사에게 귀속되므로 대외적으로 약국의 영업주는 약국을 개설한 약사라고 할 것이지만 (2) 약국을 실질적으로 경영하는 약사가 다른 약사를 고용하여 그 고용된 약사를 명의상의 개설약사로 등록하게 해두고 실질적인 영업약사가 약사 아닌 종업원을 직접 고용하여 영업하던 중 종업원이 약사법위반 행위를 하였다면 양벌규정상의 형사책임은 그 **실질적 경영자**가 지게 된다(대법원 2000.10.27, 2000도3570 세계로 약국 사건).

④ [○] 양벌규정에 있어 '법인의 업무에 관하여' 행한 것으로 보기 위해서는 **객관적으로 법인의 업무를 위하여 하는 것으로 인정할 수 있는 행위가 있어야 하고, 주관적으로는 피용자 등이 법인의 업무를 위하여 한다는 의사를 가지고 행위함을 요한다**(대법원 2006.6.15, 2004도1639 가맹점 신용정보 제공 사건).

정답 | 043 ④ 044 ③

045 양벌규정에 관한 다음 설명 중 옳은 것은? (다툼이 있으면 판례에 의함) [Superlative ★★★]

1 2 3

① 합병으로 인하여 소멸한 법인이 그 종업원 등의 위법행위에 대해 양벌규정에 따라 부담하던 형사책임은 합병으로 인하여 존속하는 법인에게 승계된다.

② 특별한 근거규정이 없더라도 법인이 설립되기 이전에 자연인이 한 행위에 대하여도 양벌규정을 적용하여 법인을 처벌할 수 있다.

③ 회사 대표자의 위반행위에 대하여 징역형의 형량을 작량감경하고 병과하는 벌금형에 대하여 선고유예를 한 경우 양벌규정에 따라 그 회사를 처단함에 있어서도 같은 조치를 취하여야 한다.

④ 법인의 해산 또는 청산종결 등기 이전에 업무나 재산에 관한 위반행위가 있는 경우에는 청산종결 등기가 된 이후 위반행위에 대한 수사가 개시되거나 공소가 제기되더라도 그에 따른 수사나 재판을 받는 일은 법인의 청산사무에 포함되므로 그 사건이 종결될 때까지 법인의 청산사무는 종료되지 않고 형사소송법상 당사자능력도 그대로 존속한다.

해설

④ [○] 법인에 대한 청산종결 등기가 되었더라도 청산사무가 종결되지 않는 한 그 범위 내에서는 청산법인으로 존속한다. 법인의 해산 또는 청산종결 등기 이전에 업무나 재산에 관한 위반행위가 있는 경우에는 청산종결 등기가 된 이후 위반행위에 대한 수사가 개시되거나 공소가 제기되더라도 그에 따른 수사나 재판을 받는 일은 법인의 청산사무에 포함되므로 **그 사건이 종결될 때까지 법인의 청산사무는 종료되지 않고 형사소송법상 당사자능력도 그대로 존속한다**(대법원 2021.6.30, 2018도14261 무등록 투자일임업 사건).

① [×] 합병으로 인하여 소멸한 법인이 그 종업원 등의 위법행위에 대해 양벌규정에 따라 부담하던 형사책임은 그 성질상 이전을 허용하지 않는 것으로서 합병으로 인하여 존속하는 법인에 승계되지 않는다(대법원 2015.12.24, 2015도13946 낙동강하구둑 입찰담합 사건).

② [×] 법인이 설립되기 이전의 행위에 대하여는 법인에게 어떠한 선임감독상의 과실이 있다고 할 수 없으므로, 특별한 근거규정이 없는 한 법인이 설립되기 이전에 자연인이 한 행위에 대하여 양벌규정을 적용하여 법인을 처벌할 수는 없다(대법원 2018.8.1, 2015도10388 의료기기 지식iN 광고 사건).

③ [×] 회사 대표자의 위반행위에 대하여 징역형의 형량을 작량감경하고 병과하는 벌금형에 대하여 선고유예를 한 이상 양벌규정에 따라 그 회사를 처단함에 있어서도 같은 조치를 취하여야 한다는 논지는 독자적인 견해에 지나지 아니하여 받아들일 수 없다(대법원 1995.12.12, 95도1893 가짜 동규자차 사건). 작량감경은 2022년 현재 '정상참작감경'이다.

046 1 2 3 인과관계에 관한 다음 설명 중 옳지 않은 것은? (다툼이 있으면 판례에 의함) [Essential ★]

① 어떤 행위라도 죄의 요소되는 위험발생에 연결되지 아니한 때에는 그 결과로 인하여 벌하지 아니한다.

② 자신의 행위로 초래된 위험이 그대로 또는 그 일부가 범죄 결과로 현실화된 경우라도 그 결과 발생에 제3자의 행위가 일부 기여하였다고 한다면 원칙적으로 인과관계를 인정할 수 없어 그 결과에 대한 죄책을 지울 수 없다.

③ 살인죄와 같은 부진정부작위범에 있어서 작위의무를 이행하였다면 그 결과가 발생하지 않았을 것이라는 관계가 인정될 경우에는 그 작위를 하지 않은 부작위와 사망의 결과 사이에 인과관계가 있는 것으로 보아야 한다.

④ 형법 제15조 제2항이 규정하고 있는 이른바 결과적 가중범은 행위자가 행위시에 그 결과의 발생을 예견할 수 없을 때에는 비록 그 행위와 결과 사이에 인과관계가 있다 하더라도 중한 죄로 벌할 수 없다.

해설

② [×] 자신의 행위로 초래된 위험이 그대로 또는 그 일부가 범죄 결과로 현실화된 경우라면 비록 그 결과 발생에 제3자의 행위가 일부 기여하였다 할지라도 그 결과에 대한 죄책을 면할 수 없다(대법원 2009.4.23, 2008도11921 삼성1호-허베이호 충돌 기름유출 사건).

① [○] 어떤 행위라도 죄의 요소되는 **위험발생에 연결되지 아니한 때에는 그 결과로 인하여 벌하지 아니한다**(제17조).

③ [○] 선박침몰 등과 같은 조난사고로 승객이나 다른 승무원들이 스스로 생명에 대한 위협에 대처할 수 없는 급박한 상황이 발생한 경우에는 선박의 운항을 지배하고 있는 선장이나 갑판 또는 선내에서 구체적인 구조행위를 지배하고 있는 선원들은 적극적인 구호활동을 통해 보호능력이 없는 승객이나 다른 승무원의 사망 결과를 방지하여야 할 작위의무가 있다 할 것이므로, 법익침해의 태양과 정도 등에 따라 요구되는 개별적 · 구체적인 구호의무를 이행함으로써 사망의 결과를 쉽게 방지할 수 있음에도 그에 이르는 사태의 핵심적 경과를 그대로 방관하여 사망의 결과를 초래하였다면, 그 부작위는 작위에 의한 살인행위와 동등한 형법적 가치를 가진다고 할 것이고, 이와 같이 **작위의무를 이행하였다면 그 결과가 발생하지 않았을 것이라는 관계가 인정될 경우에는 그 작위를 하지 않은 부작위와 사망의 결과 사이에 인과관계가 있는 것으로 보아야 한다**(대법원 2015.11.12, 2015도6809 술승 세월호 사건). 부작위범에 있어서는 판례가 '조건설'을 취하고 있는 것으로 해석된다.

④ [○] 형법 제15조 제2항이 규정하고 있는 이른바 결과적 가중범은 행위자가 행위시에 그 **결과의 발생을 예견할 수 없을 때에는** 비록 그 행위와 결과 사이에 인과관계가 있다 하더라도 중한 죄로 벌할 수 없다(대법원 1988.4.12, 88도178 이해할 수 없는 술집아가씨 사건).

정답 | 045 ④ 046 ②

047 고의 등과 관련된 형법 조문의 내용이 옳지 않은 것을 모두 고른 것은? [Superlative ★★★]

1 2 3

㉠ 죄의 성립요소인 사실을 인식하지 못한 행위는 벌하지 아니한다. 다만, 법률에 특별한 규정이 있는 경우에는 예외로 한다.

㉡ 정상적으로 기울여야 할 주의(注意)를 게을리하여 죄의 성립요소인 사실을 인식하지 못한 행위는 법률에 특별한 규정이 있는 경우에만 처벌한다.

㉢ 특별히 무거운 죄가 되는 사실을 인식하지 못한 행위는 벌하지 아니한다.

㉣ 결과 때문에 형이 무거워지는 죄의 경우에 그 결과의 발생을 예견할 수 없었을 때에는 무거운 죄로 벌하지 아니한다.

㉤ 자기의 행위가 법령에 의하여 죄가 되지 아니하는 것으로 오인한 행위는 그 오인에 정당한 이유가 있는 때에 한하여 형을 면제한다.

① 0개 ② 1개
③ 2개 ④ 3개

해설

③ ㉢㉤ 항목만 옳지 않다.

㉠ [○]죄의 성립요소인 **사실을 인식하지 못한 행위는 벌하지 아니한다.** 다만, 법률에 특별한 규정이 있는 경우에는 예외로 한다(제13조).

㉡ [○] 정상적으로 기울여야 할 주의(注意)를 게을리하여 죄의 성립요소인 사실을 인식하지 못한 행위는 법률에 **특별한 규정이 있는 경우에만 처벌한다**(제14조).

㉢ [×] 특별히 무거운 죄가 되는 사실을 인식하지 못한 행위는 무거운 죄로 벌하지 아니한다(제15조 제1항). 무거운 죄로 벌할 수 없을 뿐 가벼운 죄로는 얼마든지 벌할 수 있다.

㉣ [○] 결과 때문에 형이 무거워지는 죄의 경우에 그 결과의 발생을 예견할 수 없었을 때에는 **무거운 죄로 벌하지 아니한다**(제15조 제2항).

㉤ [×] 자기의 행위가 법령에 의하여 죄가 되지 아니하는 것으로 오인한 행위는 그 오인에 정당한 이유가 있는 때에 한하여 벌하지 아니한다(제16조).

048 다음 중 고의의 인식대상은 모두 몇 개인가? [Superlative ★★★]

1 2 3

> ㉠ 뇌물수수죄에서 수수자가 공무원 또는 중재인인 사실
> ㉡ 사전뇌물수수죄에서 수수자가 공무원 또는 중재인이 된 사실
> ㉢ 위증죄에서 자신이 법률에 의하여 선서한 증인이라는 사실
> ㉣ 자기소유일반건조물방화죄에서 공공의 위험이 발생한다는 사실
> ㉤ 사문서위조죄에서 행사할 목적

① 1개 ② 2개
③ 3개 ④ 4개

해설

③ ㉠㉢㉣ 3항목이 객관적 구성요건요소로써 고의의 인식대상이다.
㉡ 처벌조건은 객관적 구성요건요소가 아니므로 고의의 인식대상이 아니다.
㉤ 초과주관적 구성요건 요소인 행사할 목적은 객관적 구성요건요소가 아니므로 고의의 인식대상이 아니다.

049 고의 또는 과실에 관한 다음 설명 중 옳지 않은 것은? (다툼이 있으면 판례에 의함) [Essential ★]

1 2 3

① 미필적 고의라 함은 범죄사실의 발생가능성을 불확실한 것으로 표상하고 있는 경우를 말하고, 미필적 고의가 있었다고 하려면 범죄사실의 발생가능성에 대한 인식이 있으면 족하고, 범죄사실이 발생할 위험을 용인하는 내심의 의사까지 있을 필요는 없다.
② 행정상의 단속을 주안으로 하는 법규라 하더라도 명문규정이 있거나 해석상 과실범도 벌할 뜻이 명확한 경우를 제외하고는 형법의 원칙에 따라 고의가 있어야 벌할 수 있다.
③ 과실범은 법률에 특별한 규정이 있는 경우에 한하여 처벌되며 형벌법규의 성질상 과실범을 처벌하는 특별규정은 그 명문에 의하여 명백, 명료하여야 한다.
④ 인식 있는 과실에 있어서 책임이 발생함은 물론 인식 없는 과실에 있어서도 그 결과발생을 인식하지 못하였다는 데에 대한 부주의 즉 규범적 실재로서의 과실책임이 있다.

해설

① [×] 미필적 고의라 함은 범죄사실의 발생가능성을 불확실한 것으로 표상하면서 이를 용인하고 있는 경우를 말하고, 미필적 고의가 있었다고 하려면 범죄사실의 발생가능성에 대한 인식이 있음은 물론, 나아가 범죄사실이 발생할 위험을 용인하는 내심의 의사가 있어야 한다(대법원 2011.10.27, 2011도8109 박성훈 글로웍스 대표 사건).
② [○] 행정상의 단속을 주안으로 하는 법규라 하더라도 **명문규정이 있거나 해석상 과실범도 벌할 뜻이 명확한 경우를 제외하고는 형법의 원칙에 따라 고의가 있어야 벌할 수 있다**(대법원 2010.2.11, 2009도9807 발한실 사건).
③ [○] **과실범은 법률에 특별한 규정이 있는 경우에 한하여 처벌**되며 형벌법규의 성질상 과실범을 처벌하는 특별규정은 그 명문에 의하여 명백, 명료하여야 한다(대법원 1983.12.13, 83도2467).
④ [○] **인식 있는 과실에 있어서 책임이 발생함은 물론 인식 없는 과실에 있어서도** 그 결과발생을 인식하지 못하였다는 데에 대한 부주의 즉 규범적 실재로서의 **과실책임이 있다**(대법원 1984.2.28, 83도3007 대구금호호텔 방화사건).

정답 | 047 ③ 048 ③ 049 ①

050 고의에 관한 다음 설명 중 옳지 않은 것은? (다툼이 있으면 판례에 의함) [Essential ★]

1 2 3

① 유흥주점의 업주가 종업원을 고용하거나 청소년출입금지업소의 업주 등이 손님을 출입시키는 경우에는 주민등록증이나 이에 유사한 정도로 연령에 관한 공적 증명력이 있는 증거에 의하여 대상자의 연령을 확인하여야 한다.

② 성을 사는 행위를 알선하는 행위를 업으로 하는 자가 종업원을 고용하면서 연령확인의무의 이행을 다하지 아니한 채 아동·청소년을 고용하였다면, 특별한 사정이 없는 한 적어도 아동·청소년의 성을 사는 행위의 알선에 관한 미필적 고의는 인정된다.

③ 여관업을 하는 자가 청소년이라고 의심할 만한 사정이 있는 자로부터 신분증을 소지하지 않았다는 말을 듣고 단지 구두로만 연령을 확인하여 이성혼숙을 허용하였다면 적어도 청소년 이성혼숙에 관한 미필적 고의가 있다고 보아도 좋다.

④ 아동·청소년의 성을 사는 행위를 알선하는 행위를 업으로 하는 사람이 알선의 대상이 아동·청소년임을 인식하면서 알선행위를 하였더라도, 성을 사는 행위를 한 사람이 상대방이 아동·청소년임을 인식하지 못하였다면 아동·청소년의 성보호에 관한 법률 위반죄는 성립하지 아니한다.

해설

④ [×] (1) 아동·청소년의 성을 사는 행위를 알선하는 행위를 업으로 하는 사람이 알선의 대상이 아동·청소년임을 인식하면서 알선행위를 하였다면, 아동·청소년의 성을 사는 행위를 한 사람이 상대방이 아동·청소년임을 인식하고 있었는지 여부는 알선행위를 한 사람의 책임에 영향을 미칠 이유가 없다. (2) 아동·청소년의 성을 사는 행위를 알선하는 행위를 업으로 하여 아청법 제15조 제1항 제2호의 위반죄가 성립하기 위해서는 알선행위를 업으로 하는 사람이 아동·청소년을 알선의 대상으로 삼아 그 성을 사는 행위를 알선한다는 것을 인식하여야 하지만, 이에 더하여 알선행위로 아동·청소년의 성을 사는 행위를 한 사람이 상대방이 아동·청소년임을 인식하여야 한다고 볼 수는 없다(대법원 2016.2.18, 2015도15664).

①② [○] (1) 유흥주점의 업주가 당해 유흥업소에 종업원을 고용하는 경우에는 주민등록증이나 이에 유사한 정도로 연령에 관한 공적 증명력이 있는 증거에 의하여 **대상자의 연령을 확인하여야 한다.** 만일 대상자가 제시한 주민등록증상의 사진과 실물이 다르다는 의심이 들면, 업주로서는 주민등록증상의 사진과 실물을 자세히 대조하거나 주민등록증상의 주소 또는 주민등록번호를 외워보도록 하는 등 추가적인 연령확인조치를 취하여야 하고, 대상자가 신분증을 분실하였다는 사유로 그 연령확인에 응하지 아니하는 등 고용대상자의 연령확인이 당장 용이하지 아니한 경우라면 대상자의 연령을 공적 증명에 의하여 확실히 확인할 수 있는 때까지 그 채용을 보류하거나 거부하여야 할 의무가 있다. (2) 이러한 법리는, 성을 사는 행위를 알선하는 행위를 업으로 하는 자가 그 알선영업행위를 위하여 아동·청소년인 종업원을 고용하는 경우에도 마찬가지로 적용된다고 보아야 한다. 따라서 성을 사는 행위를 알선하는 행위를 업으로 하는 자가 성매매알선을 위한 종업원을 고용하면서 고용대상자에 대하여 위와 같은 연령확인의무의 이행을 다하지 아니한 채 아동·청소년을 고용하였다면, 특별한 사정이 없는 한 적어도 **아동·청소년의 성을 사는 행위의 알선에 관한 미필적 고의는 인정된다**(대법원 2014.7.10, 2014도5173 17세 백양 18세 최양 사건).

③ [○] 여관업을 하는 자로서는 이성혼숙하려는 자의 외모나 차림 등에 의하여 청소년이라고 의심할 만한 사정이 있는 때에는 신분증이나 기타 확실한 방법에 의하여 청소년인지 여부를 확인하고 청소년이 아닌 것으로 확인된 경우에만 이성혼숙을 허용하여야 할 것이므로, 위와 같은 경우 신분증을 소지하지 않았다는 말을 듣고 단지 **구두로만 연령을 확인하여 이성혼숙을 허용하였다면, 적어도 청소년 이성혼숙에 관한 미필적 고의가 있다고 보아도 좋을 것이다**(대법원 2001.8.21, 2001도3295 36세남 18세녀 사건).

051 다음 중 청소년보호법위반죄 등의 고의가 인정되는 것은 모두 고른 것은? 다만, A와 B는 모두 아동·청소년에 해당한다. (다툼이 있으면 판례에 의함)
1 2 3 [core ★★]

> ㉠ 피고인이, A에 대하여는 그가 성인이라거나 신분증을 가지고 오지 않았다는 말만을 듣고는 더 이상 A의 신분증을 확인하지 아니하였고, B의 경우 B로부터 제시받은 신분증의 사진이 실물과 달라 보였음에도 말로써 확인하여 본 외에 추가적인 확인조치를 취하지 않고 A, B를 고용하여 성을 사는 행위를 알선한 경우
> ㉡ 피고인이, A 등이 제시한 주민등록증상의 사진과 실물이 다르다는 의심이 들었음에도 사진과 실물을 자세히 대조해 보는 등 좀 더 적극적인 방법으로 연령확인조치를 취하지 않고 A 등을 고용하여 유흥주점에서 접객행위를 하게 한 경우
> ㉢ 피고인이 A가 제시하는 성년인 B 명의의 건강진단결과서만을 확인한 채 A 및 소개인들의 거짓말에 터잡아 그녀가 성인이라고 가볍게 믿고 당일 A와 고용계약을 체결한 후 일을 시킨 경우

① ㉠ ② ㉠㉡
③ ㉡㉢ ④ ㉠㉡㉢

해설

④ 모든 항목의 경우 고의가 인정된다.

㉠ 피고인에게는 아동·청소년인 A, B를 고용하여 이들의 성을 사는 행위의 알선을 한다는 사실에 관하여 적어도 미필적 고의가 있었다고 볼 여지가 충분하다(대법원 2014.7.10, 2014도5173 17세 백양 18세 최양 사건).

㉡ 청소년인 A 등을 고용하여 유흥주점에서 접객행위를 하게 한다는 점에 관하여 적어도 미필적 고의가 있다고 볼 여지가 있다(대법원 2013.9.27, 2013도8385 익산시 유흥주점 사건).

㉢ 피고인에게는 A가 청소년임에도 그녀를 고용한다는 점에 관하여 적어도 미필적 고의가 있었다고 볼 것이다(대법원 2002.6.28, 2002도2425).

정답 | 050 ④ 051 ④

052 1 2 3 甲이 A를 살해하기 위하여 총을 발사하려는 순간 A의 아들 B가 甲을 제지하려고 그 앞으로 뛰어들었으나 결국 B는 甲이 쏜 총을 맞고 사망하였다. '구체적 부합설'과 '법정적 부합설'에 따를 때 甲의 죄책으로 옳은 것은? [Essential ★]

① 두 학설 모두 A에 대한 살인죄
② 두 학설 모두 A에 대한 살인미수죄와 B에 대한 과실치사죄의 상상적 경합
③ 구체적 부합설은 A에 대한 살인미수죄와 B에 대한 과실치사죄의 상상적 경합, 법정적 부합설은 B에 대한 살인죄
④ 구체적 부합설은 B에 대한 살인죄, 법정적 부합설은 A에 대한 살인미수죄와 B에 대한 과실치사죄의 상상적 경합

해설

③ 설문은 구체적 사실의 착오 중 방법의 착오에 관한 사례이다. 구체적 부합설은 A에 대한 살인미수죄와 B에 대한 과실치사죄의 상상적 경합으로 처리하고, 법정적 부합설은 B에 대한 살인죄로 처리한다.

053 1 2 3 甲은 평소 원한이 있던 친구 A를 살해하려고 총을 쐈는 바, 실제로는 다음과 같은 결과가 발생하였다. 甲의 죄책에 대하여 '구체적 부합설'과 '법정적 부합설'이 그 결론을 달리하는 것은 모두 몇 개인가? [Superlative ★★★]

㉠ 甲은 A라고 생각하고 총을 쏴서 죽게 하였으나 사실 죽은 사람은 A가 아니라 B였다. ㉡ 甲은 A라고 생각하고 총을 쏴서 죽게 하였으나 사실 죽은 사람은 A가 아니라 甲의 아버지인 C였다. ㉢ 甲은 A를 향하여 총을 쏘았으나 빗나가 옆에 있던 B가 맞아 죽었다. ㉣ 甲은 사람 A라고 생각하고 총을 쏴서 죽게 하였으나 사실 죽은 것은 A가 아니라 개였다. ㉤ 甲은 사람 A을 향하여 총을 쏘았으나 빗나가 옆에 있던 개가 맞아 죽었다.

① 0개 ② 1개
③ 2개 ④ 3개

해설

② ㉢ 항목만 두 학설이 결론을 달리한다.
㉠ 구체적 사실의 착오 중 객체의 착오 사례이다. 두 학설 모두 B에 대한 살인죄로 처리한다.
㉡ 구체적 사실의 착오 중 객체의 착오 사례이지만 학설보다 형법 제15조 제1항이 우선 적용되어 C에 대한 (존속살해죄가 아니라) 보통살인죄가 성립한다.
㉢ 구체적 사실의 착오 중 방법의 착오 사례이다. 구체적 부합설은 A에 대한 살인미수죄와 B에 대한 과실치사죄의 상상적 경합으로 처리하지만, 법정적 부합설은 B에 대한 살인죄로 처리한다.
㉣ 추상적 사실의 착오 중 객체의 착오 사례이다. 두 학설 모두 A에 대한 살인(불능)미수죄로 처리한다. 과실손괴는 불가벌이다.
㉤ 추상적 사실의 착오 중 방법의 착오 사례이다. 두 학설 모두 A에 대한 살인(장애)미수죄로 처리한다. 과실손괴는 불가벌이다.

054 다음 중 'B에 대한' (　　) 안의 죄책이 옳지 않은 것은? (다툼이 있으면 판례에 의함) [Essential ★]

1 2 3

① 甲은 그의 형수 A(女)를 살해하기 위하여 몽둥이를 내려쳤으나, A의 등에 업힌 조카 B가 머리를 맞아 두개골절로 사망하였다. (B에 대한 살인죄)

② 甲이 하사 A를 살해할 목적으로 발사한 총탄이 이를 제지하려고 甲 앞으로 뛰어들던 병장 B에게 명중되어 B가 그대로 사망하고 말았다. (B에 대한 살인죄)

③ 甲은 A와 그 처를 살해할 목적으로 농약이 들어 있는 숭늉을 A의 점심식사 밥상 위에 놓았는 바, 이를 모르는 A의 장녀 B(3세)가 그 숭늉을 마시고 사망하였다. (B에 대한 과실치사죄)

④ 甲은 A 등 3명과 싸우다가 힘이 달리자 옆 포장마차로 달려가 식칼을 가지고 나와 이들 3명을 상대로 휘두르다가 이를 말리면서 식칼을 뺏으려던 B의 귀를 찔러 상해를 가하였다. (B에 대한 특수상해죄)

해설

③ [×] 피고인이 사람을 살해할 의사로서 위와 같은 행위를 하였고 그와 같은 행위에 의하여 살해라는 결과가 발생한 이상 피고인의 행위와 살해라는 결과와의 사이에는 인과관계가 있다고 아니할 수 없으므로 A의 장녀 B를 살해할 의사는 없었다고 주장함으로써 살인기수 사실을 부인하는 취지의 논지는 이유 없다(대법원 1968.8.23, 68도884).

① [○] (1) 소위 타격의 착오가 있는 경우라 할지라도 행위자의 살인의 고의 성립에 방해가 되지 아니한다. (2) 피고인이 형수 A를 향하여 살의를 갖고 몽둥이를 힘껏 후려친 가격으로 마당에 고꾸라진 A녀와 등에 업힌 조카 B의 머리 부분을 몽둥이로 내리쳐 **B를 현장에서 사망하게 한 소위를 살인죄로 의율한 원심조처는 정당하게 긍인된다**(대법원 1984.1.24, 83도2813 형수 · 조카 살해사건).

② [○] (1) 사람을 살해할 목적으로 총을 발사한 이상 그것이 목적하지 아니한 다른 사람에게 명중되어 사망의 결과가 발생하였다 하더라도 살의를 조각하지 않는다. (2) 피고인 甲이 하사 A를 살해할 목적으로 발사한 총탄이 이를 제지하려고 甲 앞으로 뛰어들던 병장 B에게 명중되어 B가 사망한 경우 **B에 대한 살인죄가 성립한다**(대법원 1975.4.22, 75도727).

④ [○] 甲이 식칼을 뺏으려던 피해자 B에게 상해를 입혔다면 甲에게 상해의 범의가 인정되며 상해를 입은 사람이 목적한 사람이 아닌 다른 사람이라 하여 **과실상해죄에 해당한다고 할 수 없다**(대법원 1987.10.26, 87도1745 포장마차 식칼 사건). 지문의 경우 甲은 B에 대한 특수상해죄의 죄책을 진다.

정답 | 052 ③　053 ②　054 ③

055 甲은 자신의 처 乙에게 A가 희롱하자 A를 구타하면서 순간적으로 살의가 생겨 돌로 가슴과 머리를 내려쳐서 A가 정신을 잃고 축 늘어졌다(제1행위). 甲은 A가 사망한 것으로 오인하고 증거를 인멸할 목적으로 100m 떨어진 개울가로 끌고 가 삽으로 웅덩이를 파고 매장하였는 바(제2행위), 사실은 A는 돌로 맞아 죽은 것이 아니라 웅덩이에서 질식사한 것이었다. 이에 대한 설명으로 옳지 않은 것은?

1 2 3

[Superlative ★★★]

① 개괄적 고의설에 의할 때 제1행위와 제2행위를 하나의 행위로 보아 전체행위를 지배하는 개괄적 고의를 인정할 수 있어 甲은 살인죄의 죄책을 진다.

② 제1행위와 제2행위를 상이한 두 개의 독립적인 행위로 보는 미수와 과실의 경합범설에 의할 때 甲은 살인미수죄와 과실치사죄의 죄책을 진다.

③ 인과관계착오설에 의할 때 甲의 착오는 인과관계의 본질적 착오에 해당하므로 발생한 결과에 대하여 甲은 살인죄의 죄책을 지지 아니한다.

④ 판례에 의할 때 전 과정을 개괄적으로 보면 피해자 A의 살해라는 처음의 예견된 사실이 결국 실현된 것이므로 甲은 살인죄의 죄책을 진다.

해설

③ [×] 인과관계착오설의 입장으로 일반의 생활경험상 예상할 수 있는 범위 내의 착오인 경우에는 비본질적 부분의 착오에 해당하고 이는 고의 성립 여부에 영향을 미치지 아니한다.

①② [○] 각 학설에 의할 때 옳은 설명이다.

④ [○] 피해자가 피고인들의 살해의 의도로 행한 구타행위에 의하여 직접 사망한 것이 아니라 죄적을 인멸할 목적으로 행한 매장행위에 의하여 사망하게 되었다 하더라도 전 과정을 개괄적으로 보면 피해자의 살해라는 처음의 예견된 사실이 결국은 실현된 것으로서 피고인들은 **살인죄의 죄책을 면할 수 없다**(대법원 1988.6.28, 88도650 개괄적 고의 사건).

056 甲은 호텔 객실에서 A의 우측가슴 부위를 때리고 밟아서 우측심장벽좌상과 심낭내출혈 등의 상해를 가함으로써 A가 바닥에 쓰러진 채 빈사상태에 빠지자(제1행위), A가 사망한 것으로 오인하고 자살한 것처럼 가장하기 위하여 A를 베란다 밑 13m 아래의 바닥으로 떨어뜨려 결국 A가 사망하고 말았다(제2행위). 이에 대한 설명으로 옳지 않은 것은?

1 2 3

[core ★★]

① 사망이라는 중한 결과는 고의의 기본범죄인 제1행위가 아니라 행위자의 추가적인 제2행위에 의하여 발생한 것으로(제1행위와 사망이라는 중한 결과 사이에 직접성을 인정할 수 없어) 甲은 상해죄와 과실치사죄의 죄책을 진다는 견해도 있다.

② 제2행위에 의해서 중한 결과가 발생한 경우에도 결과적가중범에서 요구되는 인과관계 및 객관적 귀속을 인정할 수 있어 甲은 상해치사죄의 죄책을 진다는 견해도 있다.

③ 판례에 의할 때 甲은 포괄하여 단일의 상해치사죄의 죄책을 진다.

④ 만약 甲에게 처음부터 살해의 고의가 있었고 이후 A가 사망한 것으로 오인하고 자살한 것처럼 가장하기 위하여 A를 베란다 밑 13m 아래의 바닥으로 떨어뜨려 A가 사망한 것이라면 판례에 의할 때 甲은 살인미수죄와 과실치사죄의 죄책을 진다.

해설

④ [×] 피해자가 피고인들의 살해의 의도로 행한 구타행위에 의하여 직접 사망한 것이 아니라 죄적을 인멸할 목적으로 행한 매장행위에 의하여 사망하게 되었다 하더라도 전 과정을 개괄적으로 보면 피해자의 살해라는 처음의 예견된 사실이 결국은 실현된 것으로서 피고인들은 살인죄의 죄책을 면할 수 없다(대법원 1988.6.28, 88도650 개괄적 고의 사건). 이 판례의 취지에 의할 때 甲은 (앞의 문제와 비슷하게) 살인죄의 죄책을 진다.

①② [○] 각 학설에 의할 때 옳은 설명이다.

③ [○] 피해자가 사망한 것으로 오인하고, 피고인의 행위를 은폐하고 피해자가 자살한 것처럼 가장하기 위하여 피해자를 베란다로 옮긴 후 베란다 밑 약 13m 아래의 바닥으로 떨어뜨려 피해자로 하여금 현장에서 뇌손상 및 뇌출혈 등으로 사망에 이르게 하였다면 피고인의 행위는 포괄하여 단일의 **상해치사죄에 해당한다**(대법원 1994.11.4, 94도2361 낙산비치호텔 사건).

057 위법성조각사유에 관한 형법 규정으로 옳지 않은 것은 모두 몇 개인가? [Superlative ★★★]

1 2 3

㉠ 법령에 의한 행위 또는 업무로 인한 행위 기타 사회상규에 위배되지 아니하는 행위는 벌하지 아니한다.
㉡ 현재의 부당한 침해로부터 자기 또는 타인의 법익을 방위하기 위하여 한 행위는 상당한 이유가 있는 경우에는 벌하지 아니한다.
㉢ 자기 또는 타인의 법익에 대한 현재의 위난을 피하기 위한 행위는 상당한 이유가 있는 때에는 벌하지 아니한다.
㉣ 위난을 피하지 못할 책임이 있는 자의 긴급피난에 대하여는 정황에 의하여 그 형을 감경 또는 면제할 수 있다.
㉤ 법률에서 정한 절차에 따라서는 청구권을 보전할 수 없는 경우에 그 청구권의 실행이 불가능해지거나 현저히 곤란해지는 상황을 피하기 위하여 한 행위는 상당한 이유가 있는 때에는 벌하지 아니한다.
㉥ 처분할 수 있는 자의 승낙에 의하여 그 법익을 훼손한 행위는 법률에 특별한 규정이 있는 경우에 한하여 벌하지 아니한다.

① 0개 ② 1개
③ 2개 ④ 3개

해설

③ ㉣㉥ 2항목이 옳지 않다.

㉠ [○] 법령에 의한 행위 또는 업무로 인한 행위 기타 사회상규에 위배되지 아니하는 행위는 **벌하지 아니한다**(제20조).
㉡ [○] 현재의 부당한 침해로부터 자기 또는 타인의 법익을 방위하기 위하여 한 행위는 상당한 이유가 있는 경우에는 **벌하지 아니한다**(제21조 제1항).
㉢ [○] 자기 또는 타인의 법익에 대한 현재의 위난을 피하기 위한 행위는 상당한 이유가 있는 때에는 **벌하지 아니한다**(제22조 제1항).
㉣ [×] 위난을 피하지 못할 책임이 있는 자에 대하여는 긴급피난에 관한 규정을 적용하지 아니한다(제22조 제2항). 위난을 피하지 못할 책임이 있는 자의 긴급피난에 대하여는 정황에 의하여 그 형을 감경 또는 면제할 수 없다.
㉤ [○] 법률에서 정한 절차에 따라서는 청구권을 보전할 수 없는 경우에 그 청구권의 실행이 불가능해지거나 현저히 곤란해지는 상황을 피하기 위하여 한 행위는 상당한 이유가 있는 때에는 **벌하지 아니한다**(제23조 제1항).
㉥ [×] 처분할 수 있는 자의 승낙에 의하여 그 법익을 훼손한 행위는 법률에 특별한 규정이 없는 한 벌하지 아니한다(제24조).

정답 | 055 ③ 056 ④ 057 ③

058 다음 중 무죄판결의 사유가 되는 것은 모두 몇 개인가?

1 2 3

[Superlative ★★★]

㉠ 정당방위	㉡ 과잉방위
㉢ 면책적과잉방위	㉣ 긴급피난
㉤ 과잉피난	㉥ 면책적과잉피난
㉦ 자구행위	㉧ 과잉자구행위
㉨ 면책적과잉자구행위	

① 3개 ② 4개

③ 5개 ④ 6개

해설

③ ㉠㉢㉣㉥㉦ 5항목이 무죄판결의 사유가 된다.

㉠㉢ 제21조 제1항 · 제3항

㉡ 정황에 의하여 형을 감경 또는 면제할 수 있다(제21조 제2항).

㉣㉥ 제22조 제1항 · 제3항

㉤ 정황에 의하여 형을 감경 또는 면제할 수 있다(제21조 제2항, 제22조 제3항).

㉦ 제23조 제1항

㉧ 정황에 의하여 형을 감경 또는 면제할 수 있다(제23조 제2항).

㉨ '면책적'과잉자구행위에 관한 규정은 없으므로 이 경우 과잉자구행위와 마찬가지로 정황에 의하여 형을 감경 또는 면제할 수 있을 뿐이다(제23조 제2항).

059 위법성조각사유에 관한 다음 설명 중 옳은 것(○)과 옳지 않은 것(×)을 올바르게 조합한 것은?

1 2 3

[core ★★]

㉠ 정당방위에 대하여 정당방위는 인정될 수 없다.

㉡ 정당방위에 대하여 긴급피난은 인정될 수 있다.

㉢ 긴급피난에 대하여 정당방위는 인정될 수 없다.

㉣ 긴급피난에 대하여 긴급피난은 인정될 수 있다.

① ㉠ × ㉡ × ㉢ ○ ㉣ × ② ㉠ ○ ㉡ × ㉢ ○ ㉣ ×

③ ㉠ ○ ㉡ ○ ㉢ × ㉣ × ④ ㉠ ○ ㉡ ○ ㉢ ○ ㉣ ○

해설

④ 이 지문이 올바른 조합이다.

정당방위는 현재의 부당(위법)한 침해를 그 대상으로 하고, 긴급피난은 (그 원인이나 위법 여부를 불문하고) 현재의 위난을 그 대상으로 한다(제21조 제1항, 제22조 제1항).

㉠㉡ [○] **정당방위는 위법성이 조각되는 적법한 행위이므로,** 이에 대하여 정당방위는 인정되지 않지만 긴급피난은 인정될 수 있다.

㉢㉣ [○] **긴급피난은 위법성이 조각되는 적법한 행위이므로,** 이에 대하여 정당방위는 인정되지 않지만 긴급피난은 인정될 수 있다.

060 다음 중 형법에 명문(내용 포함)으로 규정된 사항을 모두 고른 것은? [core ★★]

1 2 3

㉠ 과잉방위	㉡ 면책적 과잉방위
㉢ 우연방위	㉣ 오상방위

① ㉠ ② ㉡

③ ㉠㉡ ④ ㉢㉣

해설

③ ㉠㉡ 2항목은 (그 내용이) 형법 제21조 제2항 · 제3항에 규정되어 있다. ㉢㉣ 2항목은 형법에 명문으로 규정되어 있지 않다.

061 A는 어두운 골목길에서 칼로 B를 위협하며 강도행위를 하고 있는데, 甲이 그것을 모르고 A가 기분 나쁘게 쳐다본다는 이유로 A에게 달려가 A를 발로 차 전치 3주의 상해를 가했고, 이 덕분에 그 자리를 떠난 B는 강도를 당하지 않게 되었다. 이에 대한 설명으로 옳지 않은 것은? [core ★★]

1 2 3

① 주관적 정당화요소 불요설에 의하면 위법성이 조각되어 甲은 무죄이다.

② 주관적 정당화요소 필요설 중 기수범설에 의하면 甲에게는 주관적 정당화요소가 없었으므로 위법성이 조각되지 않아 甲은 상해죄의 죄책을 진다.

③ 주관적 정당화요소 필요설 중 구성요건착오 유추적용설에 의하면 사실의 착오와 유사하므로 구성요건적 착오에 관한 규정을 유추적용하여 甲은 과실치상죄의 죄책을 진다.

④ 주관적 정당화요소 필요설 중 불능미수범설에 의하면 행위반가치는 존재하지만 결과반가치가 배제되므로 甲은 상해불능미수죄의 죄책을 진다.

해설

③ [×] 이른바 우연방위에 있어 '구성요건착오 유추적용설'이라는 학설은 없으므로 옳지 않다.

① [○] 주관적 정당화요소 불요설은 **'결과반가치 일원론(순수한 결과반가치론)'**과 일맥상통하는데 이는 결과반가치만 고려하고 행위반가치는 고려하지 않는 견해이다. 이 견해에 의할 때 결과가 나쁘지 않은 이상(결과반가치가 없는 이상) 행위가 나쁘든 그렇지 않든 위법성이 조각된다. 이는 "결과반가치 일원론(순수한 결과반가치론)에 의하면 주관적 정당화요소가 없더라도 위법성이 조각될 수 있다"라고 옳은 지문으로 시험에 출제가 된다.

② [○] 주관적 정당화요소 필요설 중 기수범설은 **'행위반가치 일원론(일원적 인적불법론)'**과 일맥상통하는데 이는 결과반가치 일원론(순수한 결과반가치론)과 정반대로 행위반가치만 고려하고 결과반가치는 고려하지 않는 견해이다(결과발생은 처벌조건에 불과하다). 이 견해에 의할 때 행위가 나쁜 이상 결과가 나쁘든 그렇지 않든 위법성이 조각되지 않는다. 이는 "일원적 인적불법론에 의하면 구성요건적 행위는 주관적 정당화요소가 있는 경우에만 행위반가치가 탈락하여 정당화될 수 있다"라고 옳은 지문으로 시험에 출제가 된다.

④ [○] 주관적 정당화요소 필요설 중 불능미수범설은 **'이원적 인적불법론'**과 일맥상통하는데 이는 극단적인 결과반가치 일원론(순수한 결과반가치론)이나 일원적 인적불법론과는 달리 결과반가치와 행위반가치를 모두 고려하는 견해로서 이것은 다수설의 입장이다.

정답 | 058 ③ 059 ④ 060 ③ 061 ③

062 이른바 우연방위와 주관적 정당화요소에 관한 다음 설명 중 옳지 않은 것은? [core ★★]

1 2 3

① 위법성이 조각되기 위해서는 객관적 정당화상황과 더불어 주관적 정당화요소가 필요하다는 견해에 의하면 우연방위는 위법성이 조각되지 않는다.

② 순수한 결과반가치론에 의하면 위법성이 조각되기 위해서는 객관적 정당화상황만 있으면 족하고 주관적 정당화요소는 불필요하다고 보기 때문에 우연방위는 위법성이 조각된다.

③ 불능미수범설은 우연방위의 경우 객관적으로 존재하는 정당화상황으로 인해 결과반가치는 불능미수의 수준으로 낮아지므로 불능미수에 관한 규정을 유추적용해야 한다고 주장한다.

④ 형법의 규정에 의하면 우연방위행위가 야간 기타 불안스러운 상태하에서 공포, 경악, 흥분 또는 당황으로 인한 때에는 벌하지 아니한다.

해설

④ [×] (우연방위행위가 아니라) 과잉방위행위가 야간 기타 불안스러운 상태하에서 공포, 경악, 흥분 또는 당황으로 인한 때에는 벌하지 아니한다(제21조 제3항). 우연방위에 대해서는 형법에 명문의 규정이 없다.

① [○] 주관적 정당화요소가 없는 우연방위는 정당방위가 아니므로 **위법성이 조각되지 않는다.**

② [○] 순수한 결과반가치론에 의하면 우연방위의 경우 결과반가치가 없기 때문에 **위법성이 조각된다.**

③ [○] **불능미수범설**에 관한 통설의 입장이다.

063 늦은 밤 어두운 골목길을 걸어 귀가하던 甲은 10여 분간 뒤따라오던 乙 때문에 짜증이 나자 갑자기 뒤돌아서서 상해의 고의로 乙을 주먹과 발로 구타하여 4주간의 치료가 필요한 상해를 가하였다. 乙은 평소 원한관계에 있던 甲을 발견하고는 기습적으로 공격하려고 주머니에 칼을 숨긴 채 기회를 엿보며 뒤따라가고 있었고, 甲이 공격하던 그 순간 칼을 꺼내 甲을 찌르려고 하던 중이었다. 甲에게 인정될 수 있는 죄책으로 옳지 않은 것은? [Superlative ★★★]

1 2 3

① 무죄　　② 과실치상죄

③ 상해죄　　④ 상해불능미수죄

해설

② [×] 설문은 객관적 정당화요소(정당방위 상황)는 구비되었으나 주관적 정당화요소(방위의사)가 없는 사례이다. 주관적 정당화요소 불요설에 의하면 甲의 행위는 정당방위에 해당하여 무죄가 된다. 주관적 정당화요소 필요설에 의하면 甲은 위법성이 조각되지 않고 불능미수범(다수설)로 처벌되거나 기수범으로 처벌되게 된다. 따라서 甲으로 죄책으로 과실치상죄는 옳지 않다.

064 다음 사례에서 甲의 죄책에 관한 설명 중 옳은 것(O)과 옳지 않은 것(×)을 올바르게 조합한 것은?

1 2 3

[Superlative ★★★]

> 甲은 1주일 전 아파트 층간소음 문제로 아래층에 사는 A와 심한 말다툼을 하였다. 甲은 A에게 분풀이를 하기 위해 어느 날 저녁 아파트 지하 주차장에서 고의로 돌을 던져 A의 자동차 유리창을 깨뜨렸다. 그 당시 A는 우울증을 앓고 있었는데 마침 그 시각 자살을 하기 위해 자동차 안에서 번개탄을 피워 놓아 사망하기 직전이었으나, 유리창이 깨지는 덕분에 생명을 구하였다.

> ㉠ 객관적 정당화 요소가 모두 충족되는 한 그에 상응하는 주관적 정당화요소가 없이도 위법성이 조각된다고 보는 견해는 불법의 본질을 오직 행위반가치에서만 바라보는 입장으로 이에 따르면 甲은 무죄이다.
> ㉡ 기수범설은 객관적 정당화상황이 존재하는 경우와 존재하지 않는 경우를 동일하게 취급함으로써 사태를 주관적으로 치우쳐 평가한다는 비판이 있다.
> ㉢ 甲에게 손괴죄의 불능미수가 성립한다는 견해는 불법의 본질을 결과반가치로서의 법익의 침해와 행위의 주관적 · 객관적 측면을 포섭하는 행위반가치를 고려하여 판단해야 한다는 입장을 토대로 한다.
> ㉣ 무죄설은, 주관적 정당화요소를 결한 경우 결과반가치는 탈락하더라도 행위반가치는 여전히 남는데 이를 적법하다고 평가하는 문제가 있다.

① ㉠ O ㉡ O ㉢ × ㉣ ×　　② ㉠ O ㉡ O ㉢ O ㉣ ×

③ ㉠ × ㉡ O ㉢ O ㉣ O　　④ ㉠ × ㉡ × ㉢ × ㉣ O

해설

③ 이 지문이 올바른 조합이다.

㉠ [×] 주관적 정당화요소가 없어도 위법성이 조각된다고 보는 견해는 불법의 본질을 오직 결과반가치에서만 바라보는 입장이다.

㉡㉢㉣ [O] 각 학설에 대한 옳은 내용(또는 비판)이다.

정답 | 062 ④　063 ②　064 ③

065 정당방위에 관한 다음 설명 중 옳지 않은 것은? (다툼이 있으면 판례에 의함) [Essential ★]

1 2 3

① 정당방위가 성립하려면 일체의 구체적 사정들을 참작하여 방위행위가 사회적으로 상당한 것이어야 할 뿐만 아니라 자기 또는 타인의 법익침해를 방위하기 위한 행위로서 상당한 이유가 있어야 한다.

② 어떠한 행위가 정당방위로 인정되려면 그 행위가 자기 또는 타인의 법익에 대한 현재의 부당한 침해를 방어하기 위한 것으로서 상당성이 있어야 하므로, 위법하지 않은 정당한 침해에 대한 정당방위는 인정되지 아니한다.

③ 정당방위의 성립요건으로서의 방어행위에는 순수한 수비적 방어뿐 아니라 적극적 반격을 포함하는 반격방어의 형태도 포함된다.

④ 정당방위에 있어서도 긴급피난의 경우와 마찬가지로 불법한 침해에 대해서 달리 피할 수 없었다는 이른바 '보충성의 원칙'이 적용된다.

해설

④ [×] (1) 정당방위에 있어서는 반드시 방위행위에 보충의 원칙은 적용되지 않으나 방위에 필요한 한도 내의 행위로서 사회윤리에 위배되지 않는 상당성 있는 행위임을 요한다(대법원 1991.9.10, 91다19913 만취 난동자 총격사망 사건). (2) 정당방위에 있어서는 긴급피난의 경우와 같이 불법한 침해에 대해서 달리 피난방법이 없었다는 것을 반드시 필요로 하는 것이 아니다(대법원 1966.3.5, 66도63).

① [○] 정당방위가 성립하려면 일체의 구체적 사정들을 참작하여 방위행위가 사회적으로 상당한 것이어야 할 뿐만 아니라 자기 또는 타인의 법익침해를 방위하기 위한 행위로서 **상당한 이유가 있어야 한다**(대법원 2009.3.12, 2008도7156 불법체류 방글라데시인 사건).

② [○] 어떠한 행위가 정당방위로 인정되려면 그 행위가 자기 또는 타인의 법익에 대한 현재의 부당한 침해를 방어하기 위한 것으로서 상당성이 있어야 하므로, 위법하지 않은 **정당한 침해에 대한 정당방위는 인정되지 아니한다**(대법원 2007.2.22, 2006도8750 2m 굴착 사건).

③ [○] 정당방위의 성립요건으로서의 방어행위에는 순수한 **수비적 방어뿐 아니라 적극적 반격을 포함**하는 반격방어의 형태도 포함된다(대법원 1992.12.22, 92도2540).

066 정당방위에 관한 다음 설명 중 옳지 않은 것은? (다툼이 있으면 판례에 의함) [Essential ★]

1 2 3

① 가해자의 행위가 피해자의 부당한 공격을 방위하기 위한 것이라기보다는 서로 공격할 의사로 싸우다가 먼저 공격을 받고 이에 대항하여 가해하게 된 것이라고 봄이 상당한 경우, 그 가해행위는 방어행위인 동시에 공격행위의 성격을 가지므로 정당방위 또는 과잉방위행위라고 볼 수 없다.

② 서로 격투를 하는 자 상호간에는 공격행위와 방어행위가 연속적으로 교차되고 방어행위는 동시에 공격행위가 되는 양면적 성격을 띠는 것이므로 어느 한쪽 당사자의 행위만을 가려내어 방어를 위한 정당행위라거나 또는 정당방위에 해당한다고 보기 어려운 것이 보통이다.

③ 외관상 서로 격투를 하는 것처럼 보이는 경우라고 할지라도 실지로는 한쪽 당사자가 일방적으로 불법한 공격을 가하고 상대방은 이러한 불법한 공격으로부터 자신을 보호하고 이를 벗어나기 위한 저항수단으로 유형력을 행사한 경우라면, 그 행위가 적극적인 반격이 아니라 소극적인 방어의 한도를 벗어나지 않는 한 위법성이 조각된다.

④ 싸움을 함에 있어서 격투를 하는 자 중의 한 사람의 공격이 그 격투에서 당연히 예상할 수 있는 정도를 초과하여 살인의 흉기 등을 사용하여온 경우라도 이는 서로 공격할 의사로 싸우다가 먼저 공격을 받은 것에 불과하므로 이에 대한 정당방위는 허용되지 아니한다.

해설

④ [×] 싸움을 함에 있어서 격투를 하는 자 중의 한 사람의 공격이 그 격투에서 당연히 예상할 수 있는 정도를 초과하여 살인의 흉기 등을 사용하여온 경우에는 이를 '부당한 침해'라고 아니할 수 없으므로 이에 대하여는 정당방위를 허용하여야 한다(대법원 1968.5.7, 68도370 배회칠랑 사건).

① [○] 가해자의 행위가 피해자의 부당한 공격을 방위하기 위한 것이라기보다는 서로 공격할 의사로 싸우다가 먼저 공격을 받고 이에 대항하여 가해하게 된 것이라고 봄이 상당한 경우, 그 가해행위는 **방어행위인 동시에 공격행위의 성격을 가지므로 정당방위 또는 과잉방위행위라고 볼 수 없다**(대법원 2000.3.28, 2000도228 처남과의 싸움 사건).

② [○] 서로 격투를 하는 자 상호간에는 공격행위와 방어행위가 연속적으로 교차되고 방어행위는 동시에 공격행위가 되는 양면적 성격을 띠는 것이므로 어느 한쪽 당사자의 행위만을 가려내어 방어를 위한 **정당행위라거나 또는 정당방위에 해당한다고 보기 어려운 것이 보통이다**(대법원 1999.10.12, 99도3377).

③ [○] 외관상 서로 격투를 하는 것처럼 보이는 경우라고 할지라도 실지로는 한쪽 당사자가 일방적으로 불법한 공격을 가하고 상대방은 이러한 불법한 공격으로부터 **자신을 보호하고 이를 벗어나기 위한 저항수단으로 유형력을 행사한 경우라면, 그 행위가 적극적인 반격이 아니라 소극적인 방어의 한도를 벗어나지 않는 한 위법성이 조각된다**(대법원 1999.10.12, 99도3377 노인들 싸움 사건).

정답 | 065 ④ 066 ④

067 다음 중 정당방위에 해당하지 않는 것은? (다툼이 있으면 판례에 의함) [Essential ★]

1 2 3

① 몸무게가 85㎏ 이상이나 되는 처남 A가 62㎏의 피고인 甲을 침대 위에 넘어뜨리고 가슴 위에 올라타 목 부분을 누르자, 호흡이 곤란하게 된 甲이 과도로 A에게 상해를 가한 경우

② A가 남편인 B와 함께 피고인 甲(女, 66세)을 찾아와 甲이 A가 첩의 자식이라는 헛소문을 퍼뜨렸다며 먼저 甲의 멱살을 잡고 밀어 넘어뜨리고 배 위에 올라타 주먹으로 폭행하고 B도 이에 가세하여 甲을 폭행하자, 甲이 이를 방어하기 위하여 A의 팔을 잡아 비틀고 다리를 물어 2주간의 치료를 요하는 상해를 가한 경우

③ 피고인 甲과 자신의 남편과의 관계를 의심하게 된 A가 자신의 아들 등과 함께 甲의 아파트에 찾아가 현관문을 발로 차는 등 소란을 피우다가, 출입문을 열어주자 곧바로 甲을 밀치고 신발을 신은 채로 거실로 들어가 A 일행이 서로 합세하여 甲을 구타하기 시작하였고, 甲이 이를 벗어나기 위하여 손을 휘저으며 발버둥치는 과정에서 A 등에게 상해를 가한 경우

④ 초소근무자인 피고인 甲이 교대근무자인 A와 언쟁을 하다가 A를 구타하였고 이에 흥분한 A가 甲의 등 뒤에 소총을 겨누자, 甲이 당황하여 뒤로 돌아서면서 소총을 A의 복부를 향하여 발사하여 A를 살해한 경우

해설

① 피고인의 행위는 서로 공격할 의사로 싸우다가 먼저 공격을 받고 이에 대항하여 가해하게 된 것이라고 봄이 상당하고, 이와 같은 싸움의 경우 가해행위는 방어행위인 동시에 공격행위의 성격을 가지므로 정당방위 또는 과잉방위행위라고 볼 수 없다(대법원 2000.3.28, 2000도228 처남과의 싸움 사건).

② 피고인의 행위는 자신을 보호하고 이를 벗어나기 위한 저항수단으로서 소극적인 방어의 한도를 벗어나지 않는 것으로 사회통념상 허용될 만한 상당성이 있는 행위로서 위법성이 조각된다(대법원 1999.10.12, 99도3377 노인들 싸움사건).

③ 피고인의 행위는 위법한 공격으로부터 자신을 보호하고 이를 벗어나기 위한 사회관념상 상당성 있는 방어행위로서 유형력의 행사에 이르렀다고 할 것이어서 위법성이 조각된다(대법원 2010.2.11, 2009도12958 대구 불륜의심 싸움 사건).

④ 카빙소총을 피고인의 등뒤에 겨누며 발사할 것 같이 위협하는 방위 행위는 싸움에서 피고인이 당연히 예상하였던 상대방의 방위행위라고는 인정할 수 없으므로 이는 부당한 침해라고 아니할 수 없고, 피고인이 카빙총을 발사하였다는 행위는 현재의 급박하고도 부당한 침해를 방위하기 위한 행위로서 상당한 이유가 있는 행위라고 아니할 수 없다(대법원 1968.5.7, 68도370 배희칠랑 사건).

068 다음 중 정당방위에 해당하지 않는 것은? (다툼이 있으면 판례에 의함) [Essential ★]

1 2 3

① 검사 A가 참고인조사를 받는 줄 알고 검찰청에 자진출석한 변호사사무실 사무장 乙을 합리적 근거 없이 긴급체포하자 그 변호사 甲이 이를 제지하는 과정에서 A에게 상해를 가한 경우

② 경찰관 A, B가 피고인 甲에게 경찰서까지 임의동행할 것을 요구하여 甲을 순찰차에 태운 다음, 옆에 탑승한 A가 甲의 오른쪽 손목을 잡고 뒤로 꺾어 올리는 등으로 甲을 제압하자 甲이 거기에서 벗어나려고 A와 몸싸움을 하는 과정에서의 몸부림으로 상해 및 손괴가 발생한 경우

③ 피고인 甲이 경찰관 A, B로부터 불심검문을 받게 되자 A에게 자신의 운전면허증을 교부하였고, 불심검문에 항의하면서 B에게 큰 소리로 욕설을 하자 B가 "모욕죄의 현행범으로 체포하겠다"고 고지한 후 甲의 오른쪽 어깨를 붙잡았고, 甲은 이에 강하게 반항하면서 B에게 상해를 가한 경우

④ 비록 피고인 甲이 위법하게 체포된 상태에 있었고 경찰관 A가 음주측정을 요구한 행위가 위법하다고 하더라도, A가 甲에게 음주측정을 요구하였을 뿐 A를 비롯한 경찰관들이 甲에게 실력을 행사하는 등의 침해행위를 하지 않았고, 甲이 위법한 체포상태를 벗어나려는 데에 대하여 A가 이를 저지하는 상황도 아니었는데, 甲이 A의 배를 때려서 상해를 가한 경우

해설

④ 피고인이 경찰관의 배를 때려서 상해를 가한 이상 피고인의 행위를 사회적으로 상당한 방위행위에 해당한다고 보기는 어려우므로 피고인의 상해행위가 정당방위에 해당한다고 볼 수 없다(대법원 2012.12.13, 2012도11162 봉담지구대 강제연행 사건).

① (1) 검사나 사법경찰관이 긴급체포의 요건을 갖추지 못하였음에도 실력으로 수사기관에 자진출석한 자를 체포하려고 하였다면 적법한 공무집행이라고 할 수 없고, 자진출석한 자가 검사나 사법경찰관에 대하여 이를 거부하는 방법으로써 폭행을 하였다고 하여 공무집행방해죄가 성립하는 것은 아니다. (2) 피고인 甲이 乙에 대한 체포를 제지하는 과정에서 검사에게 상해를 가한 것은 불법체포로 인한 신체에 대한 현재의 부당한 침해에서 벗어나기 위한 행위로서 정당방위에 해당하여 위법성이 조각된다(대법원 2006.9.8, 2006도148 사무장 긴급체포 사건).

② 경찰관들의 행위는 임의동행을 거부하는 피고인을 불법하게 체포 · 구금한 것으로 볼 수밖에 없고, 따라서 피고인의 범행은 이러한 불법 체포 · 구금으로 인한 신체에 대한 현재의 부당한 침해에서 벗어나기 위한 행위로서 위법성이 결여된 행위라고 볼 것이다(대법원 1999.12.28, 98도138).

③ 현행범인 체포행위가 적법한 공무집행을 벗어나 불법하게 체포한 것으로 볼 수밖에 없다면, 현행범이 그 체포를 면하려고 반항하는 과정에서 경찰관에게 상해를 가한 것은 불법체포로 인한 신체에 대한 현재의 부당한 침해에서 벗어나기 위한 행위로서 정당방위에 해당하여 위법성이 조각된다(대법원 2011.5.26, 2011도3682 서교동 불심검문 사건).

정답 | 067 ① 068 ④

069 다음 중 정당방위에 해당하는 것은? (다툼이 있으면 판례에 의함) [core ★★]

1 2 3

① 시위참가자들이 경찰관들의 위법한 제지행위에 대항하는 과정에서 공동하여 경찰관들에게 PVC파이프를 휘두르거나 진압방패와 채증장비를 빼앗는 등의 폭행행위를 한 경우

② 의정부출입국관리소 소속 A 등이 공장장인 乙의 동의나 승낙 없이 공장에 들어가 그 공장 내에서 일하고 있던 피고인 등을 상대로 불법체류자 단속업무를 개시하자, 피고인 甲이 A의 허벅지를 고의적으로 찔러 상해를 가한 경우

③ 경찰관들이 체포를 위한 실력행사에 나아가기 전에 체포영장을 제시하고 미란다 원칙을 고지할 여유가 있었음에도 애초부터 미란다 원칙을 체포 후에 고지할 생각으로 먼저 체포행위에 나서려고 하자 피고인이 이에 거세게 저항하는 과정에서 경찰관들에게 상해를 가한 경우

④ 인근에서 자전거를 이용한 날치기 사건이 발생한 직후 검문을 하던 경찰관 A, B, C가 날치기 사건의 범인과 흡사한 인상착의인 피고인 甲을 발견하고 앞을 가로막으며 진행을 제지하였는데, 甲이 경찰관들이 자신을 범인 취급한다고 느껴 A의 멱살을 잡아 밀치고 B, C에게 욕설을 하는 등 거세게 항의한 경우

해설

③ 애초부터 미란다 원칙을 체포 후에 고지할 생각으로 먼저 체포행위에 나선 경찰관들의 행위가 적법한 공무집행이라고 보기 어렵다는 등의 이유로 공무집행방해, 상해의 점을 유죄로 인정한 제1심의 판단을 뒤집고 무죄를 선고한 원심의 판단은 정당하다(대법원 2017.9.21, 2017도10866). 판례 전문(全文)을 읽어보면 정당방위에 해당한다는 점을 알 수 있다.

① 피고인들이 경찰관들을 때리고 진압방패와 채증장비를 빼앗는 등의 폭행행위를 한 것은 소극적인 방어행위를 넘어서 공격의 의사를 포함하여 이루어진 것으로서 상당성이 인정된다고 보기 어려우며 긴급하고 불가피한 수단이었다고 볼 수도 없으므로 이를 정당행위나 정당방위에 해당한다고 볼 수 없다(대법원 2009.6.11, 2009도2114 상경시위 저지 사건 Ⅱ).

② 피고인이 칼로 피해자의 오른쪽 허벅지를 고의적으로 찔러 상해를 가한 행위는 현재의 부당한 침해를 방어하기 위한 상당한 이유가 있는 행위로 볼 수 없다(대법원 2009.3.12, 2008도7156 불법체류 방글라데시인 사건).

④ 경찰관들이 피고인을 발견하고 앞을 가로막으며 진행을 제지한 행위는 사회통념상 용인될 수 있는 상당한 방법으로 경직법 제3조 제1항에 규정된 자에 대하여 의심되는 사항에 관한 질문을 하기 위하여 정지시킨 것으로 보아야 한다(불심검문으로서 적법하다). 따라서 원심이 정당방위에 해당하여 무죄라고 판단한 상해 및 모욕 부분은 공무집행이 적법하다는 전제에서는 더 이상 유지될 수 없으므로 전부 파기될 수밖에 없다(대법원 2012.9.13, 2010도6203 인천 부평 불심검문 사건).

070 다음 중 정당방위에 해당하는 것을 모두 고른 것은? (다툼이 있으면 판례에 의함) [core ★★]

1 2 3

㉠ 이혼소송 중인 남편이 찾아와 가위로 폭행하고 변태적 성행위를 강요하는 데에 격분하여, 처(피고인)가 칼로 남편의 복부를 찔러 사망에 이르게 한 경우

㉡ 甲, 乙이 심야에 혼자 귀가 중인 피고인(女)의 음부를 만지며 반항하는 피고인의 옆구리를 무릎으로 차고 억지로 키스를 하자, 피고인이 엉겁결에 甲의 혀를 깨물어 설(舌)절단상을 입힌 경우

㉢ 의붓아버지의 강간행위에 의하여 정조를 유린당한 후 계속적으로 성관계를 강요받아 온 피고인(女)과 그 공범자가 사전에 공모한 후 의붓아버지가 제대로 반항할 수 없는 상태에서 식칼로 심장을 찔러 살해한 경우

① ㉠ ② ㉡

③ ㉢ ④ ㉡㉢

해설

② ㉡ 항목만 정당방위에 해당한다.

㉠ 피해자의 폭행 · 협박의 정도에 비추어 피고인이 칼로 피해자를 찔러 즉사하게 한 행위는 사회통념상 용인될 수 없는 것이므로 자기의 법익에 대한 현재의 부당한 침해를 방어하기 위한 행위로서 상당한 이유가 있는 경우라거나 방위행위가 그 정도를 초과한 경우에 해당한다고 할 수 없다(대법원 2001.5.15, 2001도1089 변태적 남편 살해 사건).

㉡ 피고인의 범행은 자기의 신체에 대한 현재의 부당한 침해에서 벗어나려고 한 행위로서 그 행위에 이르게 된 경위와 그 목적 및 수단, 행위자의 의사 등 제반 사정에 비추어 위법성이 결여된 행위이다(대법원 1989.8.8, 89도358 성추행범 혀절단 사건).

㉢ 피고인들이 사전에 범행을 준비하고 술에 취하여 잠들어 있는 피해자의 양팔을 눌러 꼼짝 못하게 한 후 피해자를 깨워 피해자가 제대로 반항할 수 없는 상태에서 식칼로 피해자의 심장을 찔러 살해한다는 것은 사회통념상 상당성을 인정하기가 어렵다고 하지 않을 수 없고, 원심이 피고인들의 행위가 정당방위에 해당한다거나 야간 기타 불안스러운 상태하에서 공포, 경악, 흥분 또는 당황으로 인하여 그 정도를 초과한 경우에 해당한다는 피고인들의 주장을 배척한 조처는 정당하다(대법원 1992.12.22, 92도2540).

071 다음 중 정당방위에 해당하지 않는 것은? (다툼이 있으면 판례에 의함) [core ★★]

1 2 3

① 타인이 보는 자리에서 자식으로서 인륜상 용납할 수 없는 폭언과 함께 폭행을 가하려는 피고인의 자(子)를 피고인이 1회 구타한 경우

② 절도범으로 오인받은 피고인이 군중들로부터 무차별 구타를 당하자, 피고인이 소지하고 있던 손톱깎이 칼을 휘둘러 상해를 입힌 경우

③ 피고인 甲이 그 소유의 밤나무 단지에서 A가 밤 18개를 푸대에 주워 담는 것을 보고 푸대를 빼앗으려다 반항하는 A의 뺨과 팔목을 때려 상처를 입힌 경우

④ A가 피고인 甲의 차량 앞에 뛰어 들어 함부로 타려고 하고 이에 항의하는 甲의 바지춤을 잡아 당겨 찢고 甲을 끌고 가려다가 넘어지자, 甲이 A의 양 손목을 경찰관이 도착할 때까지 약 3분간 잡아 누른 경우

해설

③ 피고인의 행위가 비록 피해자의 절취행위를 방지하기 위한 것이었다고 하여도 긴박성과 상당성을 결여하여 정당방위라고 볼 수 없다(대법원 1984.9.25, 84도1611).

① 피고인으로서는 피해자에게 일격을 가하지 아니할 수 없는 상당한 이유가 있는 행위로써 정당방위에 해당한다(대법원 1974.5.14, 73도2401 망나니 아들 사건).

② 절도범으로 오인받은 자가 야간에 군중들로부터 무차별 구타를 당하자 이를 방위하기 위하여 소지하고 있던 손톱깎이 칼을 휘둘러 상해를 입힌 행위는 정당방위에 해당한다(대법원 1970.9.17, 70도1473).

④ 피해자가 피고인 운전의 차량 앞에 뛰어 들어 함부로 타려고 하고 이에 항의하는 피고인의 바지춤을 잡아 당겨 찢고 피고인을 끌고 가려다가 넘어지자, 피고인이 피해자의 양 손목을 경찰관이 도착할 때까지 약 3분간 잡아 누른 행위는 정당방위에 해당한다(대법원 1999.6.11, 99도943 3분 동안 손목 사건).

정답 | 069 ③ 070 ② 071 ③

072 다음 중 정당방위에 해당하는 것은? (다툼이 있으면 판례에 의함)

1 2 3 [Essential ★]

① A가 먼저 피고인 甲을 구타하자 甲이 26cm의 과도로 복부와 같은 인체의 중요한 부분을 3, 4회나 찔러 A에게 상해를 입힌 경우

② 피고인 甲이 A와 말다툼을 하다가 건초더미에 있던 낫을 들고 반항하는 A로부터 낫을 빼앗아 그 낫으로 A의 가슴, 배 등을 10여 차례 찔러 A로 하여금 다발성 자상에 의한 기흉 등으로 사망하게 한 경우

③ 피고인 甲의 부(父) 乙이 양팔을 벌리고 A가 운전하는 차를 제지하였으나 A가 그대로 그 차를 앞쪽으로 전진시키자, 甲이 운전석 옆 창문을 통하여 A의 머리털을 잡아당겨 그의 흉부에 약간의 상처를 입게 한 경우

④ 피고인이 집주인인 A가 방세를 돌려 줄테니 방을 비워달라고 요구하자, 억지를 쓰며 폭언을 하므로 A의 며느리 B가 화가 나 피고인 방의 창문을 쇠스랑으로 부쉈고, 이에 격분하여 배척(빠루)을 들고 나와 마당에서 구경하던 마을주민 C, D를 배척으로 때려 상해를 가한 경우

해설

③ 피고인이 부(父)가 차에 다치겠으므로 이에 당황하여 차를 정지시키기 위하여 운전석 옆 창문을 통하여 피해자의 머리털을 잡아당겨 그의 흉부가 차의 창문틀에 부딪혀 약간의 상처를 입게 한 행위는 부의 생명, 신체에 대한 현재의 부당한 침해를 방위하기 위한 행위로서 정당방위에 해당한다(대법원 1986.10.14, 86도1091).

① 피고인의 행위가 피해자가 먼저 피고인을 구타한 것이 원인이 되었다 하더라도 26cm의 과도로 복부와 같은 인체의 중요한 부분을 3, 4회나 찔러 상해를 입힌 행위를 정당방위나 과잉방위에 해당한다고 볼 수 없다(대법원 1989.12.12, 89도2049).

② 피해자가 피고인에게 한 가해의 수단 및 정도, 그에 비교되는 피고인의 행위의 수단, 방법과 행위의 결과 등 제반 사정에 비추어 피고인의 범행행위가 정당방위나 과잉방위에 해당한다고 볼 수 없다(대법원 2007.4.26, 2007도1794).

④ (1) 피해자의 침해행위에 대하여 자기의 권리를 방위하기 위한 부득이한 행위가 아니고, 그 침해행위에서 벗어난 후 분을 풀려는 목적에서 나온 공격행위는 정당방위에 해당한다고 할 수 없다. (2) 현재의 부당한 침해는 없었음이 명백하다는 이유로 정당방위에 관한 피고인의 주장을 배척한 원심의 판단은 정당하다(대법원 1996.4.9, 96도241 배척 사건).

073 다음 중 정당방위에 해당하는 것은? (다툼이 있으면 판례에 의함)

1 2 3 [Essential ★]

① X회사가 피고인이 점유하던 공사현장에 실력을 행사하여 들어와 불법적으로 현수막 및 간판을 설치하고 담장에 글씨를 쓰자, 피고인이 그 현수막을 찢고 간판 및 담장에 씌어진 글씨를 지운 경우

② 서면화된 인사발령 없이 국군보안사령부 서빙고분실로 배치된 피고인이 보안사의 민간인에 대한 정치사찰을 폭로한다는 명목으로 위 분실을 빠져 나가 부대를 이탈한 경우

③ 구의원 후보자 합동연설회장에서 후보자 A의 연설내용이 명예훼손 또는 후보자비방의 구성요건에 해당된다 하더라도 형법 제310조 또는 공직선거법 제251조 단서에 의하여 위법성이 조각됨에도, 피고인이 연단으로 올라가 연설 중인 A를 밀치고 연설마이크를 가로막는 등 연설을 방해한 경우

④ 비록 사용자의 불법적인 직장폐쇄에 항의하고 이를 철회하도록 하기 위한다거나 노동조합의 정당한 집회를 방해하려는 비조합원들에게 대응하기 위한 것이었다 하더라도, 피고인들이 폭행, 협박 또는 위력에 의한 실력저지 등의 방법을 사용하여 피해자들에게 상해를 가하거나 회사의 업무를 방해한 경우

해설

① 피고인이 현수막을 찢고 간판 및 담장에 씌어진 글씨를 지운 것은 부당한 침해를 방어하기 위한 행위로서 상당한 이유가 있다(대법원 1989.3.14, 87도3674 두성견직 사건).
② 서면화된 인사발령 없이 국군보안사령부 서빙고분실로 배치되어 이른바 혁노맹사건 수사에 협력하게 된 사정만으로 군무이탈 행위에 군무기피목적이 없었다고 할 수 없고, 국군보안사령부의 민간인에 대한 정치사찰을 폭로한다는 명목으로 군무를 이탈한 행위는 정당방위나 정당행위에 해당하지 아니한다(대법원 1993.6.8, 93도766 윤석양 이병 사건).
③ A의 행위는 명예훼손 또는 후보자비방의 구성요건에 해당된다 하더라도 형법 제310조 또는 공직선거법 제251조 단서에 의하여 위법성이 조각된다 할 것이어서 A의 사실적시가 부당한 침해라고 할 수 없을 뿐만 아니라, 피고인이 A의 연설을 임의로 방해한 것은 정당방위의 요건인 상당성을 결여한 행위에 해당한다(대법원 2003.11.13, 2003도3606 합동연설회장 사건).
④ 피고인들의 행위는 그 수단에 있어 상당한 범위를 벗어났다고 하지 않을 수 없는 것이므로 정당방위 또는 사회상규에 위반하지 아니하는 정당행위로서 위법성이 없다는 상고이유의 주장은 받아들일 수 없다(대법원 2007.3.29, 2006도9307 퍼시픽랜드 사건).

074 다음 중 긴급피난에 해당하는 것을 모두 고른 것은? (다툼이 있으면 판례에 의함) [core ★★]

1 2 3

㉠ 피고인의 모(母)가 갑자기 기절을 하여 이를 치료하기 위하여 군무를 이탈한 경우
㉡ 임신의 지속이 모체의 건강을 해칠 우려가 현저할 뿐더러 기형아 내지 불구아를 출산할 가능성마저도 없지 않다는 판단하에 의사가 부득이하게 낙태수술을 한 경우
㉢ 피고인이 강간범행의 와중에서 피해자가 피고인의 손가락을 깨물며 반항하자 물린 손가락을 비틀며 잡아 뽑다가 피해자에게 치아결손의 상해를 입힌 경우

① ㉠
② ㉡
③ ㉢
④ ㉡㉢

해설

② ㉡ 항목만 긴급피난에 해당한다.
㉠ 피고인의 모(母)가 갑자기 기절을 하여 이를 치료하기 위하여 군무를 이탈하였더라도 이는 군형법 제30조(군무이탈)의 범행의 동기에 불과하므로 이를 법률상 긴급피난에 해당한다고 할 수 없다(대법원 1969.6.10, 69도690).
㉡ 피고인이 낙태시술이 정당행위 내지 긴급피난에 해당되어 위법성이 없는 경우에 해당된다고 한 원심의 판단은 정당하다(대법원 1976.7.13, 75도1205).
㉢ 피고인이 스스로 야기한 강간범행의 와중에서 피해자가 피고인의 손가락을 깨물며 반항하자 물린 손가락을 비틀며 잡아 뽑다가 피해자에게 치아결손의 상해를 입힌 소위를 가리켜 법에 의하여 용인되는 피난행위라 할 수 없다(대법원 1995.1.12, 94도2781 강간범 치아결손 사건).

정답 | 072 ③ 073 ① 074 ②

075 다음 중 긴급피난에 해당하는 것은 모두 몇 개인가? (다툼이 있으면 판례에 의함) [core ★★]

1 2 3

㉠ 피해자들이 명시적 내지는 묵시적으로 무허가 주택의 철거에 동의하지 아니한 상태에서 피고인들이 법률이 정한 절차에 의하지 아니하고 피해자들의 무허가 주택을 임의로 철거한 경우
㉡ 아파트 입주자대표회의 회장이 다수 입주민들의 민원에 따라 위성방송 수신을 방해하는 케이블TV방송의 시험방송 송출을 중단시키기 위하여 케이블TV방송의 방송안테나를 절단하도록 지시한 경우
㉢ 피해견(被害犬)이 피고인을 공격하지도 않았고 피해견이 평소 공격적인 성향을 가지고 있지 않았음에도 피고인이 자신의 진돗개를 보호하기 위하여 피해견을 기계톱으로 내리쳐 등 부분을 절개하여 죽게 한 경우
㉣ 선장이 태풍에 대비하여 선박과 선원들의 안전을 위하여 가장 적절하고 필요불가결하다고 인정되는 조치(선박의 닻줄을 5샤클에서 7샤클로 늘여 놓은 조치)를 취하여 피조개양식장에 물적 피해를 준 경우

① 0개
② 1개
③ 2개
④ 3개

해설

② ㉣ 항목만 긴급피난에 해당한다.
㉠ 피고인들이 공익사업을위한토지등의취득및보상에관한법률이 정한 절차에 의하지 아니하고 피해자들의 무허가 주택을 임의로 철거한 행위는 비록 그것이 재개발사업추진이라는 조합원 전체의 이익을 위한 것이었다 하더라도 긴급피난이나 정당행위에 해당된다고 볼 수 없다(대법원 2004.5.28, 2004도434).
㉡ 피고인의 행위를 긴급피난 내지는 정당행위에 해당한다고 볼 수 없다(대법원 2006.4.13, 2005도9396 안테나 절단 사건).
㉢ 피고인으로서는 자신의 진돗개를 보호하기 위하여 몽둥이나 기계톱 등을 휘둘러 피해자의 개들을 쫓아버리는 방법으로 자신의 재물을 보호할 수 있었을 것이므로 피해견을 기계톱으로 내리쳐 등 부분을 절개한 것은 상당성을 넘은 행위로서 긴급피난의 요건을 갖춘 행위로 보기 어려울 뿐 아니라, 그 당시 피해견이 피고인을 공격하지도 않았고 피해견이 평소 공격적인 성향을 가지고 있었다고 볼 자료도 없는 이상 책임조각적 과잉피난에도 해당하지 아니한다(대법원 2016.1.28, 2014도2477 이웃집 맹견 기계톱 살해 사건).
㉣ 위급한 상황에서 선박과 선원들의 안전을 위하여 사회통념상 가장 적절하고 필요불가결하다고 인정되는 조치를 취하였다면 긴급피난으로서 위법성이 조각된다(대법원 1987.1.20, 85도221 금성호 사건).

076 다음 중 긴급피난에 해당하는 것을 모두 고른 것은? (다툼이 있으면 판례에 의함) [core ★★]

1 2 3

㉠ 집회장소 예정 장소인 X대학교 출입문에서 경찰관들이 X대학교에서의 집회에 참가하려는 자의 출입을 저지하자, 피고인이 그 때문에 신고 없이 Y대학교로 장소를 옮겨서 집회를 한 경우
㉡ 피고인들이 확성장치 사용, 연설회 개최, 불법행렬, 서명날인운동, 선거운동기간 전 집회 개최 등의 방법으로 특정 후보자에 대한 낙선운동을 함으로써 공직선거법에 의한 선거운동제한 규정을 위반한 경우
㉢ 국회 외통위 한 · 미 FTA 비준 동의안 상정 과정에서 여당 위원들이 야당 위원들의 출입을 막기 위해 회의장을 봉쇄하자 피고인들(민주당과 민주노동당 보좌진들)이 회의장 출입구를 뚫을 목적으로 해머로 출입문과 집기 등을 쳐서 부수고 소방호스를 이용하여 회의장 내에 물을 분사한 경우

① 없음
② ㉠
③ ㉡
④ ㉠㉢

해설

① 모든 항목이 긴급피난에 해당하지 아니한다.

㉠ 집회장소 사용 승낙을 하지 않은 X대학교 측의 집회 저지 협조요청에 따라 경찰관들이 X대학교 출입문에서 신고된 X대학교에서의 집회에 참가하려는 자의 출입을 저지한 것은 경찰관직무집행법 제6조의 주거침입행위에 대한 사전 제지조치로 볼 수 있고, 비록 그 때문에 신고없이 Y대학교로 장소를 옮겨서 집회를 하였다 하여 신고없이 한 집회가 긴급피난에 해당한다고 할 수 없다(대법원 1990.8.14, 90도870 한양대 ⇨ 연세대 사건).

㉡ 공직선거법에 의한 선거운동제한 규정을 위반한 피고인들의 행위는 위법한 행위로서 허용될 수 없는 것이고, 피고인들의 행위가 시민불복종운동으로서 헌법상의 기본권 행사 범위 내에 속하는 정당행위이거나 정당행위 또는 긴급피난의 요건을 갖춘 행위로 볼 수 없다(대법원 2004.4.27, 2002도315 총선시민연대 낙선운동 사건).

㉢ 국민의 대의기관인 국회에서 서로의 의견을 경청하고 진지한 토론과 양보를 통하여 더욱 바람직한 결론을 도출하는 합법적 절차를 외면한 채 곧바로 폭력적 행동으로 나아간 피고인들의 행위는 상당성의 요건을 갖추지 못하였다고 할 것이므로 이를 정당행위나 긴급피난의 요건을 갖춘 행위로 평가하기 어렵다(대법원 2013.6.13, 2010도13609 한미FTA 비준동의안 심의방해 사건 I).

077 1 2 3 다음 중 자구행위에 해당하는 것을 모두 고른 것은? (다툼이 있으면 판례에 의함) [core ★★]

㉠ 소유권의 귀속에 관한 분쟁이 있어서 민사소송이 계속 중인 건조물에 관하여 현실적으로 관리인이 있음에도 피고인이 건조물의 자물쇠를 쇠톱으로 절단하고 침입한 경우

㉡ 피고인이 A에게 16만원 상당의 석고를 납품하였으나 A가 그 대금의 지급을 지체하여 오다가 갑자기 화랑을 폐쇄하고 도주하자, 피고인이 야간에 폐쇄된 화랑의 베니아판 문을 드라이버로 뜯어내고 화랑 안에 있던 물건을 몰래 가지고 나온 경우

㉢ 피고인 등이 채무자 A가 부도를 낸 후 도피하자 자신들의 물품대금채권을 다른 채권자들보다 우선적으로 확보할 목적으로 부도를 낸 다음 날 새벽에 A의 가구점의 시정장치를 쇠톱으로 절단하고 그곳에 침입하여 시가 1,600만원 상당의 가구들을 화물차에 싣고 가 다른 장소에 옮긴 경우

① 없음 ② ㉠

③ ㉡ ④ ㉠㉢

해설

① 모든 항목이 자구행위에 해당하지 아니한다.

㉠ 피고인의 소위는 법정절차에 의하여 그 권리를 보전하기가 곤란하고 그 권리의 실행불능이나 현저한 실행곤란을 피하기 위해 상당한 이유가 있는 행위라고 할 수 없다(대법원 1985.7.9, 85도707).

㉡ 피고인의 강제적 채권추심 내지 이를 목적으로 하는 물품의 취거행위를 자구행위라고 볼 수 없다(대법원 1984.12.26, 84도2582 석고상 납품대금 사건).

㉢ 피고인들의 행위는 피해자에 대한 청구권의 실행불능이나 현저한 실행곤란을 피하기 위한 상당한 이유가 있는 행위라고도 할 수 없다(대법원 2006.3.24, 2005도8081 가구점 부도 사건).

정답 | 075 ② 076 ① 077 ①

078 다음 중 자구행위에 해당하는 것을 모두 고른 것은? (다툼이 있으면 판례에 의함) [Essential ★]

1 2 3

> ㉠ 주민들이 농기계 등으로 그 주변의 농경지나 임야에 통행하기 위해 이용하는 피고인 소유의 도로에 피고인이 깊이 1m 정도의 구덩이를 판 경우
> ㉡ 토지소유권자인 피고인이 피해자가 운영하는 회사에 대하여 그 토지의 인도 등을 구할 권리가 있다는 이유만으로 회사로 들어가는 진입로를 폐쇄한 경우
> ㉢ 인근 상가의 통행로로 이용되고 있는 토지의 사실상 지배권자인 피고인이 토지에 철주와 철망을 설치하고 포장된 아스팔트를 걷어냄으로써 통행로로 이용하지 못하게 한 경우

① 없음 ② ㉠
③ ㉡ ④ ㉠㉢

해설

① 모든 항목이 자구행위에 해당하지 아니한다.
㉠ 피고인의 행위는 청구권의 실행불능이나 현저한 실행곤란을 피하기 위한 상당한 이유가 있는 행위라고 할 수 없다(대법원 2007.3.15, 2006도9418 1m 구덩이 사건).
㉡ 피고인이 법정절차에 의하여 토지인도 등 청구권을 보전하는 것이 불가능하였거나 현저하게 곤란하였다고 볼 수 없을 뿐만 아니라 피고인의 행위가 그 청구권의 보전불능 등을 피하기 위한 상당한 행위라고 할 수도 없다(대법원 2007.5.11, 2006도4328 공장진입로 폐쇄 사건).
㉢ 피고인이 법정절차에 의하여 토지의 소유권을 방해하는 사람들에 대한 방해배제 등 청구권을 보전하는 것이 불가능하였거나 현저하게 곤란하였다고 볼 수 없을 뿐만 아니라 피고인의 행위가 그 청구권의 실행불능 또는 현저한 실행곤란을 피하기 위한 상당한 행위라고 볼 수도 없다(대법원 2007.12.28, 2007도7717 아스팔트 제거 사건).

079 다음 중 A의 동의(양해, 승낙 등)가 있더라도 甲이 처벌되는 경우는 모두 몇 개인가? [Superlative ★★★]

> ㉠ 甲은 우울증에 걸린 A의 동의를 받고 A를 살해하였다.
> ㉡ 19세인 甲은 15세인 A와 합의하에 甲의 원룸에서 성관계를 하였다.
> ㉢ 18세인 甲은 13세인 A와 합의하에 甲의 집에서 성관계를 하였다.
> ㉣ 甲은 건물소유자 A의 승낙을 받고 A 소유의 상가건물을 철거하였다.
> ㉤ 甲은 A의 위임을 받아 A의 명의의 계약서를 작성하였다.

① 1개 ② 2개
③ 3개 ④ 4개

해설

② ㉠㉡ 2항목의 경우 甲은 처벌된다.
㉠ 승낙살인죄로 처벌된다(제252조 제1항).
㉡ 미성년자의제강간죄로 처벌된다(제305조 제2항).
㉢㉣㉤ 구성요건이 조각되거나 위법성이 조각되어 甲은 처벌되지 아니한다.

080 피해자의 승낙에 관한 다음 설명 중 옳지 않은 것은? (다툼이 있으면 판례에 의함) [Essential ★]

1 2 3

① 처분할 수 있는 자의 승낙에 의하여 그 법익을 훼손한 행위는 법률에 특별한 규정이 있는 경우에 한하여 벌하지 아니한다.

② 위법성이 조각되는 피해자의 승낙은 개인적 법익을 훼손하는 경우에 법률상 이를 처분할 수 있는 사람의 승낙이어야 할 뿐만 아니라 그 승낙이 윤리적 · 도덕적으로 사회상규에 반하는 것이 아니어야 한다.

③ 위법성조각사유로서의 피해자의 승낙은 언제든지 자유롭게 철회할 수 있고, 그 철회의 방법에는 아무런 제한이 없다.

④ 추정적 승낙이란 피해자의 현실적인 승낙이 없었다고 하더라도 행위 당시의 모든 객관적 사정에 비추어 볼 때 만일 피해자가 행위의 내용을 알았더라면 당연히 승낙하였을 것으로 예견되는 경우를 말한다.

해설

① [×] 처분할 수 있는 자의 승낙에 의하여 그 법익을 훼손한 행위는 법률에 특별한 규정이 없는 한 벌하지 아니한다(제24조).

② [○] 위법성이 조각되는 피해자의 승낙은 개인적 법익을 훼손하는 경우에 법률상 이를 처분할 수 있는 사람의 승낙이어야 할 뿐만 아니라 그 **승낙이 윤리적 · 도덕적으로 사회상규에 반하는 것이 아니어야 한다**(대법원 2008.12.11, 2008도9606 보험사기 상해 사건).

③ [○] 위법성조각사유로서의 피해자의 승낙은 **언제든지 자유롭게 철회할 수 있고,** 그 철회의 방법에는 아무런 제한이 없다(대법원 2011.5.13, 2010도9962 안산 상가철거 사건).

④ [○] 추정적 승낙이란 피해자의 현실적인 승낙이 없었다고 하더라도 행위 당시의 모든 객관적 사정에 비추어 볼 때 만일 피해자가 행위의 내용을 알았더라면 **당연히 승낙하였을 것으로 예견되는 경우를 말한다**(대법원 2006.3.24, 2005도8081 가구점 부도 사건).

정답 | 078 ① 079 ② 080 ①

081 피해자의 동의 또는 승낙에 관한 다음 설명 중 옳지 않은 것은? (다툼이 있으면 판례에 의함)

1 2 3

[Essential ★]

① 피고인들이 미성년자인 피해자를 보호 · 감독하고 있던 그 아버지의 감호권을 침해하여 그녀를 자신들의 사실상 지배하로 옮긴 이상 미성년자약취죄가 성립하고, 약취행위에 피해자의 동의가 있었다 하더라도 본죄의 성립에는 변함이 없다.

② 미성년자의제강간 · 추행죄는 그 성립에 있어 위계 또는 위력이나 폭행 또는 협박의 방법에 의함을 요하지 아니하며 피해자의 동의가 있었다고 하여도 성립하는 것이다.

③ 무고죄는 개인의 부당하게 처벌 또는 징계받지 아니할 이익을 부수적으로 보호하는 죄이므로 무고에 있어서 피무고자의 승낙이 있었다면 위법성이 조각되어 무고죄는 성립하지 아니한다.

④ 18세 미만의 청소년에게 술을 판매함에 있어서 가사 그의 민법상 법정대리인의 동의를 받았다고 하더라도 그러한 사정만으로 위 행위가 정당화될 수는 없다.

해설

③ [×] 무고죄는 국가의 형사사법권 또는 징계권의 적정한 행사를 주된 보호법익으로 하고 다만, 개인의 부당하게 처벌 또는 징계받지 아니할 이익을 부수적으로 보호하는 죄이므로 설사 무고에 있어서 피무고자의 승낙이 있었다고 하더라도 무고죄의 성립에는 영향을 미치지 못한다(대법원 2005.9.30, 2005도2712 합의주선용 무고 사건).

① [○] 미성년자약취죄는 심신의 발육이 불충분하고 지려와 경험이 풍부하지 못한 미성년자를 특별히 보호하기 위하여 그를 약취하는 행위를 처벌하려는 데 그 입법의 취지가 있으며 미성년자의 자유 외에 보호감독자의 감호권도 그 보호법익으로 하고 있다는 점을 고려하면, 피고인과 공범들이 피해자(女, 14세)를 보호 · 감독하고 있던 그 아버지의 감호권을 침해하여 그녀를 자신들의 사실상 지배하로 옮긴 이상 미성년자약취죄가 성립한다 할 것이고, **약취행위에 피해자의 동의가 있었다 하더라도 본죄의 성립에는 변함이 없다**(대법원 2003.2.11, 2002도7115).

② [○] 미성년자의제강간 · 추행죄는 그 성립에 있어 위계 또는 위력이나 폭행 또는 협박의 방법에 의함을 요하지 아니하며 **피해자의 동의가 있었다고 하여도 성립하는 것이다**(대법원 1982.10.12, 82도2183).

④ [○] 18세 미만의 청소년에게 술을 판매함에 있어서 가사 그의 민법상 **법정대리인의 동의를 받았다고 하더라도 그러한 사정만으로 위 행위가 정당화될 수는 없다**(대법원 1999.7.13, 99도2151).

082 다음 중 피해자의 승낙에 의하여 범죄가 성립하지 않는 것은 모두 몇 개인가? (다툼이 있으면 판례에 의함)

1 2 3

[Superlative ★★★]

> ㉠ 피고인 甲이 乙과 공모하여 교통사고를 가장하여 보험금을 편취할 목적으로 乙의 승낙을 받아 그에게 상해를 가한 경우
> ㉡ 피고인이 피할만한 여유도 없는 좁은 장소에서 피해자와 장난권투를 하다가 약 1분 이상 가슴과 배를 때려 피해자를 사망하게 한 경우
> ㉢ 피고인 등 8명이 피해자의 동의를 받고 피해자의 몸에서 잡귀를 물리친다면서 뺨 등을 때리고 배와 가슴을 손과 무릎으로 힘껏 누르고 밟는 등 하여, 피해자를 사망에 이르게 한 경우
> ㉣ 피고인이 피해자의 병명을 자궁근종으로 오진하고 피해자에게 자궁적출술의 불가피성만을 강조하여, 진단상의 과오가 없었으면 당연히 설명받았을 내용을 설명받지 못한 피해자로부터 수술 승낙을 받아 그의 자궁을 적출한 경우

① 0개 ② 1개
③ 2개 ④ 3개

해설

① 모든 항목이 피해자의 유효한 승낙이 있다고 볼 수 없어 범죄가 성립한다.

㉠ 피고인이 교통사고를 가장하여 보험금을 편취할 목적으로 피해자에게 상해를 가하였다면 피해자의 승낙이 있었다고 하더라도 이는 위법한 목적에 이용하기 위한 것이므로 피해자의 승낙에 의하여 위법성이 조각된다고 할 수 없다(대법원 2008.12.11, 2008도9606 보험사기 상해 사건).

㉡ 피고인이 피해자에게 약 1분 이상 가슴과 배를 때렸다면 사망의 결과에 대한 예견가능성을 부정할 수도 없을 것이며 위와 같은 상황에서 이루어진 폭행이 장난권투로 피해자의 승낙에 의한 사회상규에 어긋나지 않는 것이라고도 볼 수 없다(대법원 1989.11.28, 89도201 장난권투 사건).

㉢ 폭행에 의하여 사람을 사망에 이르게 하는 따위의 일에 있어서 피해자의 승낙은 범죄성립에 아무런 장애가 될 수 없는 윤리적, 도덕적으로 허용될 수 없는 즉 사회상규에 반하는 것이라고 할 것이다(대법원 1985.12.10, 85도1892 잡귀를 물리친다 사건).

㉣ 의사의 진단상의 과오가 없었으면 당연히 설명받았을 내용을 설명받지 못한 피해자로부터 의사가 수술승낙을 받았다면 위 승낙은 부정확 또는 불충분한 설명을 근거로 이루어진 것으로서 수술의 위법성을 조각할 유효한 승낙이라고 볼 수 없다(대법원 1993.7.27, 92도2345 자궁적출 사건).

정답 | 081 ③ 082 ①

083 다음 중 피해자의 승낙에 의하여 범죄가 성립하지 않는 것을 모두 고른 것은? (다툼이 있으면 판례에 의함)

1 2 3

[core ★★]

㉠ 피고인이 피해자가 사용 중인 공중화장실의 용변칸에 노크하여 남편으로 오인한 피해자가 용변칸 문을 열자 강간할 의도로 그 용변칸에 들어간 경우
㉡ 피고인이 기관장들의 조찬모임에서의 대화내용을 도청하기 위한 도청장치를 설치할 목적으로 손님을 가장하여 그 조찬모임 장소인 음식점에 들어간 경우
㉢ 건물의 소유자라고 주장하는 피고인과 그것을 점유관리하고 있는 피해자 사이에 건물의 소유권에 대한 분쟁이 계속되고 있는 상황에서, 피고인이 그 건물에 들어간 경우

① 없음
② ㉠
③ ㉡
④ ㉠㉢

해설

① 모든 항목이 피해자의 유효한 승낙 또는 추정적 승낙이 있다고 볼 수 없어 범죄가 성립한다.
㉠ 피해자는 피고인의 노크 소리를 듣고 남편으로 오인하고 용변칸 문을 연 것이고, 피고인은 피해자를 강간할 의도로 용변칸에 들어간 것이므로 피고인이 용변칸으로 들어오는 것을 피해자가 명시적 또는 묵시적으로 승낙하였다고는 볼 수 없다(대법원 2003.5.30, 2003도1256 아빠야 사건).
㉡ 피고인들은 도청용 송신기를 설치할 목적으로 손님을 가장하여 음식점에 들어간 사실을 알 수 있는바, 사정이 이와 같다면 영업자인 피해자가 출입을 허용하지 않았을 것으로 보는 것이 경험칙에 부합한다 할 것이므로 피고인들은 주거침입죄의 죄책을 면할 수 없다(대법원 1997.3.28, 95도2674 초원복집 사건).
㉢ 건물의 소유권에 대한 분쟁이 계속되고 있는 상황이라면 피고인이 건물에 침입하는 것에 대한 피해자의 추정적 승낙이 있었다거나 피고인의 범행이 사회상규에 위배되지 않는다고 볼 수 없다(대법원 1989.9.12, 89도889).

084 다음 중 피해자의 동의 또는 승낙에 의하여 범죄가 성립하지 않는 것은 모두 몇 개인가? (다툼이 있으면 판례에 의함)

1 2 3

[Superlative ★★★]

㉠ 피고인이 동거 중인 피해자의 지갑에서 현금을 꺼내가는 것을 피해자가 현장에서 목격하고도 만류하지 아니한 경우
㉡ 피고인이 피해자에게 "밍크 45마리에 관하여 자기에게 그 권리가 있다"고 허위로 주장하고 피해자의 묵시적인 동의를 받아 이를 가져간 경우
㉢ 피고인이 A의 상가건물에 대한 임대차계약 당시 A의 모(母) B에게서 인테리어 공사 승낙을 받았는데, 이후 B가 임대차보증금 잔금 미지급을 이유로 즉시 공사를 중단하고 퇴거할 것을 요구하자, 피고인이 도끼를 집어 던져 상가 유리창을 손괴한 경우

① 0개
② 1개
③ 2개
④ 3개

해설

③ ㉠㉡ 2항목이 피해자의 동의가 있어 범죄가 성립하지 아니한다.

㉠ 피고인이 동거 중인 피해자의 지갑에서 현금을 꺼내가는 것을 피해자가 현장에서 목격하고도 만류하지 아니하였다면 피해자가 이를 허용하는 묵시적 의사가 있었다고 봄이 상당하여 절도죄를 구성하지 않는다(대법원 1985.11.26, 85도1487).

㉡ 피해자의 묵시적인 동의가 있었다면 피고인의 주장이 후에 허위임이 밝혀졌더라도 피고인의 행위는 절취행위에 해당하지 않는다(대법원 1990.8.10, 90도1211 밍크 45마리 사건).

㉢ B가 공사 중단 및 퇴거를 요구하는 취지의 의사표시를 하였다면 이로써 임대차계약을 체결하면서 피고인에게 한 상가시설물 철거에 대한 동의를 철회하였다고 봄이 상당하므로, 원심이 피고인의 행위가 피해자의 승낙이 있었던 것으로서 형법 제24조에 따라 위법성이 조각된다고 속단하여 무죄를 선고한 것은 판결에 영향을 미친 잘못을 저지른 것이다(대법원 2011.5.13, 2010도9962 안산 상가철거 사건).

085 1 2 3

정당행위에 관한 다음 설명 중 옳지 않은 것은? (다툼이 있으면 판례에 의함) [Essential ★]

① 형법 제20조에 정한 '사회상규에 위배되지 아니하는 행위'는 법질서 전체의 정신이나 그 배후에 놓여 있는 사회윤리 내지 사회통념에 비추어 용인될 수 있는 행위를 말한다.

② 정당행위가 인정되려면, 그 행위의 동기나 목적의 정당성, 행위의 수단이나 방법의 상당성, 보호이익과 침해이익의 법익 균형성, 긴급성, 그 행위 외에 다른 수단이나 방법이 없다는 보충성 등의 요건을 갖추어야 한다.

③ 어떤 행위가 법규정의 문언상 일단 범죄 구성요건에 해당된다고 보이는 경우에도, 그것이 정상적인 생활형태의 하나로서 역사적으로 생성된 사회생활 질서의 범위 안에 있는 것이라고 생각되는 경우에는 사회상규에 위배되지 아니하는 행위로서 위법성이 조각되어 처벌할 수 없다.

④ '사회상규에 반하지 않는 행위'라 함은 국가질서의 존중이라는 인식을 바탕으로 한 국민일반의 건전한 도의적 감정에 반하지 아니한 행위로서 규범적인 기준에 의하여 이를 평가할 것이다.

해설

④ [×] '사회상규에 반하지 않는 행위'라 함은 국가질서의 존중이라는 인식을 바탕으로 한 국민일반의 건전한 도의적 감정에 반하지 아니한 행위로서 초법규적인 기준에 의하여 이를 평가할 것이다(대법원 1983.11.22, 83도2224 경화카제인 수입 사건).

①② [○] 형법 제20조에 정한 '사회상규에 위배되지 아니하는 행위'는 법질서 전체의 정신이나 그 배후에 놓여 있는 **사회윤리 내지 사회통념에 비추어 용인될 수 있는 행위를 말하고,** 어떠한 행위가 사회상규에 위배되지 아니하는 정당한 행위로서 위법성이 조각되는 것인지는 구체적인 사정 아래에서 합목적적, 합리적으로 고찰하여 개별적으로 판단되어야 하므로, 이와 같은 정당행위가 인정되려면, 그 행위의 동기나 목적의 정당성, 행위의 수단이나 방법의 상당성, 보호이익과 침해이익의 법익 균형성, 긴급성, 그 행위 외에 다른 수단이나 방법이 없다는 **보충성 등의 요건을 갖추어야 한다**(대법원 2017.5.30, 2017도2758 유치원 놀이시설 사건).

③ [○] 어떤 행위가 법규정의 문언상 일단 범죄 구성요건에 해당된다고 보이는 경우에도, 그것이 정상적인 생활형태의 하나로서 역사적으로 생성된 사회생활 질서의 범위 안에 있는 것이라고 생각되는 경우에는 **사회상규에 위배되지 아니하는 행위로서 위법성이 조각되어 처벌할 수 없다**(대법원 2004.4.9, 2003도6351 여관 훌라 사건).

정답 | 083 ① 084 ③ 085 ④

086 정당행위에 관한 다음 설명 중 옳지 않은 것은? (다툼이 있으면 판례에 의함) [Essential ★]

1 2 3

① 민사소송법 제335조에 따른 법원의 감정인 지정결정 또는 같은 법 제341조 제1항에 따른 법원의 감정촉탁을 받은 경우에는 감정평가업자가 아닌 사람이더라도 그 감정사항에 포함된 토지 등의 감정평가를 할 수 있고, 이러한 행위는 법령에 근거한 법원의 적법한 결정이나 촉탁에 따른 것으로 형법 제20조의 정당행위에 해당하여 위법성이 조각된다.

② 감정평가업자가 아닌 공인회계사가 타인의 의뢰에 의하여 일정한 보수를 받고 부동산공시법이 정한 토지에 대한 감정평가를 업으로 행하는 것은 부동산공시법 제43조 제2호에 의하여 처벌되는 행위에 해당하고, 특별한 사정이 없는 한 이를 '법령에 의한 행위'로서 정당행위에 해당한다고 볼 수는 없다.

③ 집행관이 집행채권자인 조합 소유 아파트에서 유치권을 주장하는 피고인을 상대로 부동산인도집행을 실시하였고, 조합이 집행관으로부터 아파트를 인도받은 후 출입문의 잠금장치를 교체하는 등 그 점유가 확립된 상태에서 피고인이 이에 불만을 갖고 아파트 출입문과 잠금장치를 훼손하고 아파트에 들어간 것은 점유권 침해의 현장성 내지 추적가능성이 있다고 보기 어려워 민법 제209조 제1항에 규정된 자력구제에 해당하지 않는다.

④ 현행범인은 누구든지 영장 없이 체포할 수 있으므로 사인의 현행범인 체포는 법령에 의한 행위로서 위법성이 조각된다고 할 것인데, 현행범인 체포의 요건으로서는 행위의 가벌성, 범죄의 현행성·시간적 접착성, 범인·범죄의 명백성이 있으면 족하고 체포의 필요성 즉, 도망 또는 증거인멸의 염려가 있을 것까지 요하는 것은 아니다.

해설

④ [×] (1) 현행범인은 누구든지 영장 없이 체포할 수 있으므로 사인의 현행범인 체포는 법령에 의한 행위로서 위법성이 조각된다고 할 것인데, 현행범인 체포의 요건으로서는 행위의 가벌성, 범죄의 현행성, 시간적 접착성, 범인·범죄의 명백성 외에 체포의 필요성 즉, 도망 또는 증거인멸의 염려가 있을 것을 요한다. (2) 적정한 한계를 벗어나는 체포행위는 그 부분에 관한 한 법령에 의한 행위로 될 수 없다고 할 것이나, 적정한 한계를 벗어나는 행위인가 여부는 정당행위의 일반적 요건을 갖추었는지 여부에 따라 결정되어야 할 것이지, 그 행위가 소극적인 방어행위인가 적극적인 공격행위인가에 따라 결정되어야 하는 것은 아니다(대법원 1999.1.26, 98도3029 팽성읍 차손괴 사건).

① [O] 민사소송법 제335조에 따른 법원의 감정인 지정결정 또는 같은 법 제341조 제1항에 따른 법원의 감정촉탁을 받은 경우에는 감정평가업자가 아닌 사람이더라도 그 감정사항에 포함된 토지 등의 감정평가를 할 수 있고, 이러한 행위는 법령에 근거한 법원의 적법한 결정이나 촉탁에 따른 것으로 형법 제20조의 **정당행위에 해당하여 위법성이 조각된다**(대법원 2021.10.14, 2017도10634 산양삼 손실보상액 평가 사건).

② [O] 감정평가업자가 아닌 공인회계사가 타인의 의뢰에 의하여 일정한 보수를 받고 부동산공시법이 정한 토지에 대한 감정평가를 업으로 행하는 것은 부동산공시법 제43조 제2호에 의하여 처벌되는 행위에 해당하고, 특별한 사정이 없는 한 이를 '법령에 의한 행위'로서 **정당행위에 해당한다고 볼 수는 없다**(대법원 2015.11.27, 2014도191 삼성전자 부지 자산재평가 사건).

③ [O] 집행관이 집행채권자인 조합 소유 아파트에서 유치권을 주장하는 피고인을 상대로 부동산인도집행을 실시하였고, 조합이 집행관으로부터 아파트를 인도받은 후 출입문의 잠금 장치를 교체하는 등 그 점유가 확립된 상태에서 피고인이 이에 불만을 갖고 아파트 출입문과 잠금장치를 훼손하고 아파트에 들어간 것은 점유권 침해의 현장성 내지 추적가능성이 있다고 보기 어려워 민법 제209조 제1항에 규정된 **자력구제에 해당하지 않는다**(대법원 2017.9.7, 2017도9999 자력구제 불인정 사건).

087 다음 중 정당행위에 해당하는 것을 모두 고른 것은? (다툼이 있으면 판례에 의함) [core ★★]

1 2 3

> ㉠ 교사인 피고인이 훈계의 목적으로 몽둥이와 당구 큐대로 학생의 둔부를 때려 전치 3주의 상해를 가한 경우
> ㉡ 아버지인 피고인이 스스로의 감정을 이기지 못하고 야구방망이로 때릴 듯이 그의 아들에게 "죽여 버린다"고 말하여 협박한 경우
> ㉢ 중학교 체육교사 겸 태권도 지도교사인 피고인이 학생 A, B가 무질서하게 구보한다는 이유로 손이나 주먹으로 두 차례 머리부분을 때리고, 신고 있던 슬리퍼로 B의 양손을 때렸으며, 태권도 대회 출전과 관련해 질문하는 여학생 B, C, D에게 다른 학생들이 보는 가운데 "싸가지 없는 년"이라고 욕설을 한 경우

① 없음 ② ㉠
③ ㉡ ④ ㉠㉢

해설

① 모든 항목이 정당행위에 해당하지 아니한다.

㉠ 피고인이 학생주임을 맡고 있는 교사로서 제자인 피해자를 훈계하기 위한 것이었다 하더라도 이는 징계의 범위를 넘는 것으로서 정당행위에 해당하지 아니한다(대법원 1991.5.14, 91도513).

㉡ 피고인이 야구방망이로 때릴 듯이 피해자에게 "죽여 버린다"고 말하여 협박하는 것은 그 자체로 피해자의 인격 성장에 장해를 가져올 우려가 커서 이를 교양권의 행사라고 보기 어렵다(대법원 2002.2.8, 2001도6468 야구방망이 사건).

㉢ 피고인이 피해자들을 때리고 욕설을 한 것은 사회관념상 객관적 타당성을 잃은 지도행위이어서 정당행위로 볼 수 없다(대법원 2004.6.10, 2001도5380 무서운 체육교사 사건).

정답 | 086 ④ 087 ①

088 다음 중 정당행위에 해당하는 것을 모두 고른 것은? (다툼이 있으면 판례에 의함)

1 2 3 [core ★★]

㉠ 국가정보원의 사이버팀 직원들이 상부에서 하달된 지시에 따라 정치적인 목적을 가지고 인터넷 게시글과 댓글 작성, 찬반클릭 행위, 트윗과 리트윗 활동을 한 경우
㉡ 국무총리실 공직윤리지원관실 주무관인 피고인이 '김◯◯에 대한 불법 내사'와 관련된 증거자료를 인멸하라는 상사인 공직윤리지원관실 기획총괄과장의 지시를 받고 증거인멸 및 공용물손상 행위에 적극적으로 가담한 경우
㉢ 상관인 경위 乙의 지휘를 받은 경사 甲 등 4명의 경찰관이 참고인 A의 옷을 벗기고 양손을 뒤로 결박한 후 얼굴을 욕조 물속으로 강제로 찍어누르는 가혹행위를 가하였고, 이 과정에서 A가 욕조 턱에 목이 눌려 질식사한 경우

① 없음 ② ㉠
③ ㉡ ④ ㉠㉢

해설

① 모든 항목이 정당행위에 해당하지 아니한다.
㉠ 사이버 활동이 국가정보원법 제3조 제1항에 규정된 직무범위, 즉 '국내보안정보의 배포' 행위에 포함되지 않으므로 국가정보원법에 따른 직무범위 내의 정당한 행위로 볼 수 없다(대법원 2018.4.19, 2017도14322 全合 국정원 대선개입 사건).
㉡ 피고인의 행위를 사회상규에 위배되지 아니하는 정당행위로 볼 수 없다(대법원 2013.11.28, 2011도5329 공직윤리지원관실 불법사찰 사건 II).
㉢ 설령 대공수사단 직원은 상관의 명령에 절대 복종하여야 한다는 것이 불문률로 되어 있다 할지라도 고문행위 등이 금지되어 있는 우리의 국법질서에 비추어 볼 때 그와 같은 불문률이 있다는 것만으로는 고문치사와 같이 중대하고도 명백한 위법명령에 따른 행위가 정당한 행위에 해당하거나 강요된 행위로서 적법행위에 대한 기대가능성이 없는 경우에 해당하게 되는 것이라고는 볼 수 없다(대법원 1988.2.23, 87도2358 박종철 고문치사 사건).

089 다음 중 ( ) 안의 행위가 정당행위에 해당하는 것을 모두 고른 것은? (다툼이 있으면 판례에 의함)

1 2 3 [core ★★]

㉠ 甲이 열쇠로 乙의 차를 긁고 있다가 乙이 나타나자 이를 부인하면서 도망하려고 하므로 乙이 甲을 도망하지 못하게 멱살을 잡고 흔들어 그에게 전치 14일의 흉부찰과상을 가한 경우 (乙의 행위)
㉡ 甲이 자기 소유 임야에 심어둔 밤나무를 손괴한 현행범인 A를 추적하였고, A가 A의 부(父) B의 집에 들어가자 그 집에 무단히 침입하여 B와 시비를 하던 중 B에게 상해를 가한 경우 (甲의 행위)
㉢ 甲이 경찰관의 불심검문을 받아 운전면허증을 교부한 후 경찰관에게 큰 소리로 욕설을 하자, 경찰관이 甲을 모욕죄의 현행범으로 체포한 경우. 다만, 甲은 경찰관의 불심검문에 응하여 이미 운전면허증을 교부한 상태이고, 경찰관뿐 아니라 인근 주민도 욕설을 직접 들었으므로 도망하거나 증거를 인멸할 염려가 있다고 보기는 어려웠음 (경찰관의 행위)

① 없음 ② ㉠
③ ㉡ ④ ㉢

해설

② ㉠ 항목만 정당행위에 해당한다.

㉠ 甲이 재물손괴죄의 현행범인에 해당함은 명백하고, 甲은 당시 열쇠로 乙의 차를 긁고 있다가 乙이 나타나자 부인하면서 도망하려고 하였다는 것이므로 체포의 필요성의 요건을 갖추었다고 할 것이다(대법원 1999.1.26, 98도3029 팽성읍 차 손괴 사건). 적법하게 현행범인을 체포하면서 경미한 상해를 가하더라도 정당행위에 해당하여 위법성이 조각된다고 판시한 사례이다.

㉡ 현행범을 추적하여 그 범인의 부(父)의 집에 들어가서 동인과 시비 끝에 상해를 입힌 경우에 주거침입죄가 성립한다(대법원 1965.12.21, 65도899).

㉢ 甲이 경찰관들의 불심검문에 응하여 이미 운전면허증을 교부한 상태이고, 경찰관뿐만 아니라 인근 주민도 甲의 욕설을 직접 들었으므로 甲이 도망하거나 증거를 인멸할 염려가 있다고 보기 어렵다. 따라서 경찰관이 甲을 체포한 행위는 현행범인 체포의 요건을 갖추지 못하여 적법한 공무집행이라고 볼 수 없다(대법원 2011.5.26, 2011도3682 서교동 불심검문 사건).

090 다음 중 정당행위에 해당하는 것은? (다툼이 있으면 판례에 의함) [Essential ★]

1 2 3

① 자격기본법에 의한 민간자격을 받은 피고인이 환자들을 상대로 침술행위(체침, 體鍼)를 시행한 경우

② 수지침(手指鍼) 전문가인 피고인이 스스로 수지침을 사 가지고 온 자의 부탁을 받아 그에게 수지침 시술을 한 경우

③ 피고인이 찜질방 내에 침대, 부항기 및 부항침 등을 갖춰 놓고 찾아오는 사람들에게 치료비를 받고 부항을 뜨는 방법으로 치료를 한 경우

④ 의사가 모발이식시술을 하면서 이에 관하여 어느 정도 지식을 가지고 있는 간호조무사로 하여금 모발이식시술행위 중 일정 부분을 직접 하도록 맡겨둔 채 별반 관여하지 않은 경우

해설

② 수지침은 시술부위나 시술방법 등에 있어서 예로부터 동양의학으로 전래되어 내려오는 체침의 경우와 현저한 차이가 있고, 일반인들의 인식도 이에 대한 관용의 입장에 기울어져 있으므로 이러한 사정과 함께 시술자의 시술의 동기, 목적, 방법, 횟수, 시술에 대한 지식수준, 시술경력, 피시술자의 나이, 체질, 건강상태, 시술행위로 인한 부작용 내지 위험발생가능성 등을 종합적으로 고려하여 구체적인 경우에 있어서 개별적으로 보아 법질서 전체의 정신이나 그 배후에 놓여 있는 사회윤리 내지 사회통념에 비추어 용인될 수 있는 행위에 해당한다고 인정되는 경우에는 형법 제20조 소정의 사회상규에 위배되지 아니하는 행위로서 위법성이 조각된다(대법원 2000.4.25, 98도2389 수지침 사건).

① 자격기본법에 의한 민간자격관리자로부터 대체의학자격증을 수여받은 자가 사업자등록을 한 후 침술원을 개설하였다고 하더라도 국가의 공인을 받지 못한 민간자격을 취득하였다는 사실만으로는 자신의 행위가 무면허 의료행위에 해당되지 아니하여 죄가 되지 않는다고 믿는 데에 정당한 사유가 있었다고 할 수 없다(대법원 2003.5.13, 2003도939 돌팔이 침술원 사건).

③ 피고인이 행한 부항 시술행위가 보건위생상 위해가 발행할 우려가 전혀 없다고 볼 수 없는데다가 피고인이 한의사 자격이나 이에 관한 어떠한 면허도 없이 영리를 목적으로 치료행위를 한 것이고, 단순히 수지침 정도의 수준에 그치지 아니하고 부항침과 부항을 이용하여 체내의 혈액을 밖으로 배출되도록 한 것이므로 이러한 피고인의 시술행위는 사회상규에 위배되지 아니하는 행위로서 위법성이 조각되는 경우에 해당한다고 할 수 없다(대법원 2004.10.28, 2004도3405 부항뜸 사건).

④ 의사가 모발이식시술을 하면서 간호조무사로 하여금 모발이식시술행위 중 일정 부분을 직접 하도록 맡겨둔 채 별반 관여하지 않은 행위는 의료법을 포함한 법질서 전체의 정신이나 사회통념에 비추어 용인될 수 있는 행위에 해당한다고 볼 수 없어 위법성이 조각되지 아니한다(대법원 2007.6.28, 2005도8317 간호조무사 모발이식 사건).

정답 | 088 ① 089 ② 090 ②

091 다음 중 정당행위에 해당하지 않는 것은? (다툼이 있으면 판례에 의함) [Essential ★]

1 2 3

① 신문기자인 피고인이 고소인에게 2회에 걸쳐 증여세 포탈에 대한 취재를 요구하면서 이에 응하지 않으면 자신이 취재한 내용대로 보도하겠다고 말한 경우

② 피고인들이 재건축사업으로 철거가 예정되어 있는 아파트를 법원의 가집행선고부 판결을 받아 철거한 경우

③ 집행관인 피고인들이 집행력 있는 판결정본에 기한 동산압류집행의 위임을 받아 신분증과 채무명의를 휴대한 채 채무자의 주거에 들어가려고 하였으나, 채무자의 아들이 주거에 들어오지 못하게 하고 저항하므로 이를 배제하고 채무자의 주거에 들어가기 위하여 동인을 떠민 경우

④ 집행관이 집행채권자인 조합 소유 아파트에서 유치권을 주장하는 피고인을 상대로 부동산인도집행을 실시하였고, 조합이 집행관으로부터 아파트를 인도받은 후 출입문의 잠금장치를 교체하는 등 그 점유가 확립된 상태에서 피고인이 이에 불만을 갖고 아파트 출입문과 잠금장치를 훼손하고 아파트에 들어간 경우

해설

④ 집행관이 집행채권자인 조합 소유 아파트에서 유치권을 주장하는 피고인을 상대로 부동산인도집행을 실시하였고, 조합이 집행관으로부터 아파트를 인도받은 후 출입문의 잠금장치를 교체하는 등 그 점유가 확립된 상태에서 피고인이 이에 불만을 갖고 아파트 출입문과 잠금장치를 훼손하고 아파트에 들어간 것은 점유권 침해의 현장성 내지 추적가능성이 있다고 보기 어려워 민법 제209조 제1항에 규정된 자력구제에 해당하지 않는다(대법원 2017.9.7, 2017도9999 자력구제 불인정 사건).

① 피고인의 행위가 설령 협박죄에서 말하는 해악의 고지에 해당하더라도 특별한 사정이 없는 한 기사 작성을 위한 자료를 수집하고 보도하기 위한 것으로서 신문기자의 일상적 업무 범위에 속하여 사회상규에 반하지 아니하는 행위라고 보는 것이 타당하다(대법원 2011.7.14, 2011도639 검찰신문 취재부장 사건).

② 피고인들이 가집행선고부 판결을 받아 아파트를 철거한 것은 정당행위라 할 것이다(대법원 2010.2.25, 2009도8473 금천구 아파트철거 사건).

③ 채무자의 아들인 A가 집행력 있는 판결정본과 신분증을 확인하고도 주거에 들어오지 못하게 하고 피고인 甲들을 문 밖으로까지 밀쳐 내고 문을 닫으려고 하면서 적법한 집행을 방해하는 등 저항하므로 이를 배제하고 채무자의 주거에 들어가기 위하여 A를 떠민 것은 정당한 직무범위 내에 속하는 위력의 행사라고 할 것이고, 이로 인하여 상해를 가하였다 하더라도 사회통념상 허용될 수 있는 상당성이 있는 행위로서 위법성이 조각된다(대법원 1993.10.12, 93도875).

092 다음 중 정당행위에 해당하는 것을 모두 고른 것은? (다툼이 있으면 판례에 의함) [core ★★]

1 2 3

> ㉠ 방송사 기자인 피고인이, 구 국가안전기획부 정보수집팀이 타인간의 사적 대화를 불법 녹음하여 생성한 도청자료인 녹음테이프와 녹취보고서를 입수한 후 이를 자사의 방송프로그램을 통하여 공개한 경우
> ㉡ 국회의원인 피고인이, 구 국가안전기획부 내 정보수집팀이 삼성그룹 고위관계자와 중앙일간지 사주간의 사적 대화를 불법 녹음한 자료를 입수한 후 그 대화내용과 삼성그룹으로부터 이른바 떡값 명목의 금품을 수수하였다는 검사들의 실명이 게재된 보도자료를 작성하여 자신의 인터넷 홈페이지에 게재한 경우
> ㉢ 한겨레신문 기자인 피고인 甲이 정수장학회 이사장 A와의 전화통화를 마친 후 예우차원에서 A가 전화를 먼저 끊기를 기다리던 중, 문화방송 기획홍보본부장 B가 A와 인사를 나누면서 전략기획부장 C를 소개하는 목소리가 휴대폰을 통해 들려오고 그들이 정수장학회가 보유하고 있던 언론사의 지분매각 문제 등을 논의하자, 통화연결상태에 있는 자신의 휴대폰을 이용하여 대화를 몰래 청취·녹음한 이후에 이를 언론을 통해 보도한 경우

① 없음　　② ㉠
③ ㉡　　④ ㉠㉢

해설

① 모든 항목이 정당행위에 해당하지 아니한다.

㉠ 피고인이 도청자료를 공개한 행위는 정당행위로서 위법성이 조각되는 경우에 해당하지 아니한다. 만약 이러한 행위가 정당행위로서 허용된다고 한다면 장차 국가기관 등이 사인간의 통신이나 대화를 불법 감청·녹음한 후 소기의 목적에 부합하는 자료를 취사선택하여 언론기관 등과 같은 제3자를 통하여 그 내용을 공개하는 상황에 이르더라도 사실상 이를 막을 도리가 없게 된다(대법원 2011.3.17, 2006도8839 全合 삼성X파일 보도 사건).

㉡ 설사 피고인이 도청자료를 취득하는 과정에 위법한 점이 없었다고 하더라도 이를 내용으로 하는 보도자료를 인터넷 홈페이지에 게재함으로써 통신비밀을 공개한 행위는 정당행위로서 위법성이 조각되는 경우에 해당한다고 볼 수 없다(대법원 2011.5.13, 2009도14442).

㉢ 청취 및 녹음 결과 대화내용이 정수장학회가 보유하고 있던 언론사의 지분매각 문제라는 점만으로 이러한 '청취'·'녹음' 행위가 정당행위에 해당한다고 볼 수 없고, 대화내용의 '공개' 행위 역시 정당행위에 해당하지 아니한다(대법원 2016.5.12, 2013도15616 정수장학회 비밀회동 사건).

정답 | 091 ④　092 ①

093 다음 중 정당행위에 해당하는 것은? (다툼이 있으면 판례에 의함) [core ★★]

1 2 3

① 수급인 소속 근로자의 쟁의행위가 도급인의 사업장에서 일어나 도급인의 형법상 보호되는 법익을 침해한 경우. 다만 사용자인 수급인에 대한 관계에서는 쟁의행위의 정당성을 갖추었음

② 사용자가 당해 사업과 관계없는 자를 쟁의행위로 중단된 업무의 수행을 위하여 채용 또는 대체하는 경우 쟁의행위에 참가한 근로자들이 위법한 대체근로를 저지하기 위하여 상당한 정도의 실력을 행사한 경우

③ 시위참가자들이 경찰관들의 위법한 제지행위에 대항하는 과정에서 공동하여 경찰관들에게 PVC파이프를 휘두르거나 진압방패와 채증장비를 빼앗는 등의 폭행행위를 한 경우

④ 피고인이 옥외집회에서 고성능 확성기 등을 사용하여 발생된 소음이 82.9dB 내지 100.1dB에 이르고, 사무실 내에서의 전화통화, 대화 등이 어려웠으며, 밖에서는 부근을 통행하기조차 곤란하였고 인근 상인들도 소음으로 인한 고통을 호소하는 정도에 이른 경우

해설

② 사용자가 당해 사업과 관계없는 자를 쟁의행위로 중단된 업무의 수행을 위하여 채용 또는 대체하는 경우 쟁의행위에 참가한 근로자들이 위법한 대체근로를 저지하기 위하여 상당한 정도의 실력을 행사하는 것은 쟁의행위가 실효를 거둘 수 있도록 하기 위하여 마련된 노동조합 및 노동관계조정법 제43조 제1항의 취지에 비추어 정당행위로서 위법성이 조각된다(대법원 2020.9.3, 2015도1927 수자원공사지회 파업 사건).

① (1) 쟁의행위가 정당행위로 위법성이 조각되는 것은 사용자에 대한 관계에서 인정되는 것이므로 제3자의 법익을 침해한 경우에는 원칙적으로 정당성이 인정되지 않는다. 그런데 도급인은 원칙적으로 수급인 소속 근로자의 사용자가 아니므로 수급인 소속 근로자의 쟁의행위가 도급인의 사업장에서 일어나 도급인의 형법상 보호되는 법익을 침해한 경우에는 사용자인 수급인에 대한 관계에서 쟁의행위의 정당성을 갖추었다는 사정만으로 사용자가 아닌 도급인에 대한 관계에서까지 법령에 의한 정당한 행위로서 법익침해의 위법성이 조각된다고 볼 수는 없다. (2) 그러나 수급인 소속 근로자들이 집결하여 함께 근로를 제공하는 장소로서 도급인의 사업장은 수급인 소속 근로자들의 삶의 터전이 되는 곳이고, 쟁의행위의 주요 수단 중 하나인 파업이나 태업은 도급인의 사업장에서 이루어질 수밖에 없다. 또한 도급인은 비록 수급인 소속 근로자와 직접적인 근로계약관계를 맺고 있지는 않지만, 수급인 소속 근로자가 제공하는 근로에 의하여 일정한 이익을 누리고, 그러한 이익을 향수하기 위하여 수급인 소속 근로자에게 사업장을 근로의 장소로 제공하였으므로 그 사업장에서 발생하는 쟁의행위로 인하여 일정 부분 법익이 침해되더라도 사회통념상 이를 용인하여야 하는 경우가 있을 수 있다. 따라서 사용자인 수급인에 대한 정당성을 갖춘 쟁의행위가 도급인의 사업장에서 이루어져 형법상 보호되는 도급인의 법익을 침해한 경우, 그것이 항상 위법하다고 볼 것은 아니고 법질서 전체의 정신이나 그 배후에 놓여있는 사회윤리 내지 사회통념에 비추어 용인될 수 있는 행위에 해당하는 경우에는 형법 제20조의 '사회상규에 위배되지 아니하는 행위'로서 위법성이 조각된다(대법원 2020.9.3, 2015도1927 수자원공사지회 파업 사건).

③ 피고인들이 경찰관들을 때리고 진압방패와 채증장비를 빼앗는 등의 폭행행위를 한 것은 소극적인 방어행위를 넘어서 공격의 의사를 포함하여 이루어진 것으로서 상당성이 인정된다고 보기 어려우며 긴급하고 불가피한 수단이었다고 볼 수도 없으므로 이를 정당행위나 정당방위에 해당한다고 볼 수 없다(대법원 2009.6.11, 2009도2114 상경시위 저지 사건 II).

④ 피고인들의 행위는 위력으로 인근 상인 및 사무실 종사자들의 업무를 방해한 업무방해죄를 구성하고 사회상규에 위배되지 아니하는 정당한 행위에 해당하여 위법성이 조각된다고 볼 수 없다(대법원 2004.10.15, 2004도4467 대구 중구청앞 시위 사건).

094 다음 중 정당행위에 해당하지 않는 것은? (다툼이 있으면 판례에 의함) [Essential ★]

1 2 3

① 술에 취한 피해자가 피고인을 때렸다가 피고인의 반항하는 기세에 겁을 먹고 주춤주춤 피하는 것을 피고인이 밀어서 넘어뜨린 경우

② 분쟁이 있던 옆집 사람이 야간에 술에 만취된 채 시비를 하며 거실로 들어오려 하므로 피고인이 이를 제지하며 밀어내는 과정에서 피해자가 전치 2주의 상해를 입은 경우

③ 피해자가 갑자기 달려나와 정당한 이유 없이 피고인의 멱살을 잡고 파출소로 가자면서 계속하여 끌어당기므로 피고인이 피해자의 행위를 제지하기 위하여 그의 양팔부분의 옷자락을 잡고 밀친 경우

④ 피해자가 비좁은 여자 화장실 내에 주저앉아 있는 피고인으로부터 무리하게 쇼핑백을 빼앗으려고 다가오는 것을 저지하기 위하여, 피고인이 피해자의 어깨를 순간적으로 밀쳐 피해자가 상해를 입은 경우

해설

① 술에 취한 피해자가 피고인을 때렸다가 피고인의 반항하는 기세에 겁을 먹고 주춤주춤 피하는 것을 피고인이 밀어서 넘어뜨렸다면 이러한 피고인의 행위는 피해자의 공격으로부터 벗어나기 위한 부득이한 소극적 저항의 수단이라기보다는 보복을 위한 적극적 반격행위라고 보지 않을 수 없다(대법원 1985.3.12, 84도2929).

② 피고인의 행위는 야간에 술에 만취된 피해자가 피고인 등의 주거에 침입하려는 것을 제지하는 과정에서 이루어진 행위로서 소극적 저항방법이라 할 것이고, 비록 그 과정에서 피해자가 넘어져 상처를 입었다 하더라도 이는 사회통념상 용인될 만한 상당성이 있는 행위로서 위법성이 없다(대법원 1995.2.28, 94도2746 창문분쟁 사건).

③ 피고인의 행위는 사회통념상 허용될만한 정도의 상당성이 있는 행위로서 형법 제20조 소정의 정당행위에 해당하므로 위법성이 조각되어 죄가 되지 않는다(대법원 1990.1.23, 89도1328).

④ 피고인이 피해자의 어깨를 순간적으로 밀친 것은 피해자의 불법적인 공격으로부터 벗어나기 위한 본능적인 소극적 방어행위에 지나지 아니하므로 이는 사회통념상 허용될 수 있는 행위로서 그 위법성을 인정할 수 없다(대법원 1992.3.27, 91도2831 글로리아가구 여직원 사건).

정답 | 093 ② 094 ①

095 다음 중 정당행위에 해당하지는 않는 것은? (다툼이 있으면 판례에 의함) [Essential ★]

1 2 3

① 피해자 등 3인이 합세하여 피고인을 강제로 영등포경찰서에 연행하려 하므로 이를 모면하려고 피고인이 팔꿈치로 피해자를 뿌리치면서 그의 가슴을 잡고 벽에 밀어부친 경우

② 피고인이 유리창 값을 받으러 피해자를 뒤따라가며 어깨를 붙잡았으나 상스러운 욕설을 계속하므로, 손으로 피해자를 밀치자 술에 취하여 비틀거리던 피해자가 앞으로 넘어져 시멘트 바닥에 이마를 부딪쳐 사망한 경우

③ 택시 운전사인 피고인이 고객인 가정주부들에게 입에 담지 못할 욕설을 퍼부은 데서 발단이 되어 가정주부인 피해자 등으로부터 핸드백과 하이힐 등으로 얻어 맞게 되자 그 때문에 입은 상처를 고발하기 위해 파출소로 끌고 감을 빙자하여 피해자의 손목을 잡아 틀어 상해를 가한 경우

④ 실내 어린이 놀이터에서 피해자 A(2세)가 피고인 甲의 딸 乙(4세)이 가지고 놀고 있는 블록을 발로 차고 무너뜨리고 이에 딸이 울기 때문에 甲이 몇 차례 A를 제지하였지만, A가 乙을 한참 쳐다보고 있다가 갑자기 乙의 눈 쪽을 향해 오른손을 뻗었고 이를 본 甲이 왼손을 내밀어 그를 제지하는 과정에서 A가 바닥에 넘어져 엉덩방아를 찧은 경우

해설

③ 일련의 행위는 피고인이 고객인 가정주부들에게 입에 담지 못할 욕설을 퍼부은 데서 비롯된 것이라 할 것이고, 그 때문에 입은 상처를 고발하기 위해 파출소로 끌고 감을 빙자하여 피해자의 손목을 잡아 비튼 피고인의 행위를 가리켜 사회통념상 용인될 만한 상당성이 있다고 볼 수는 없다(대법원 1991.12.27, 91도1169).

① 피고인의 행위는 소극적인 저항으로 사회상규에 위반되지 아니한다(대법원 1982.2.23, 81도2958).

② 피고인의 행위는 피해자의 부당한 행패를 저지하기 위한 본능적인 소극적 방어행위에 지나지 아니하여 사회통념상 용인될 수 있는 정도의 상당성이 있어 위법성이 없다(대법원 1992.3.10, 92도37).

④ 피고인의 행위는 피해자의 갑작스런 행동에 놀라서 자신의 어린 딸이 다시 얼굴에 상처를 입지 않도록 보호하기 위한 것으로 딸에 대한 피해자의 돌발적인 공격을 막기 위한 본능적이고 소극적인 방어행위라고 평가할 수 있어 사회상규에 위배되는 행위라고 보기는 어렵다(대법원 2014.3.27, 2012도11204 실내 어린이놀이터 사건).

096 다음 중 정당행위에 해당하지 않는 것은? (다툼이 있으면 판례에 의함) [core ★★]

1 2 3

① 사설수도를 설치한 시장번영회가 수도요금을 체납한 회원에 대하여 사전 경고까지 하고 단수행위를 한 경우

② 시장번영회 회장인 피고인이 이사회의 결의와 시장번영회의 관리규정에 따라서 관리비 체납자의 점포에 대하여 단전조치를 한 경우

③ 시장번영회의 회장인 피고인이 시장번영회에서 제정, 시행 중인 관리규정을 위반하여 칸막이를 천장에까지 설치한 일부 점포주들에 대하여 단전조치를 한 경우

④ 차임이나 관리비를 단 1회도 연체한 적이 없는 피해자가 임대차계약의 종료 후 임대료와 관리비를 인상하는 내용의 갱신계약 여부에 관한 의사표시나 명도의무를 지체하고 있다는 이유만으로, 피고인이 그 종료일로부터 16일 만에 피해자의 사무실에 대하여 단전조치를 취한 경우

해설

④ 피고인의 행위는 권리를 확보하기 위하여 다른 적법한 절차를 취하는 것이 매우 곤란하였던 것으로 보이지 않아 그 동기와 목적이 정당하다거나 수단이나 방법이 상당하다고 할 수 없다(대법원 2006.4.27, 2005도8074).
① 단수행위에는 위법성이 있다고 볼 수 없다(대법원 1977.11.22, 77도103 용산제1시장 사건).
② 시장번영회 회장이 이사회의 결의와 시장번영회의 관리규정에 따라서 관리비 체납자의 점포에 대하여 실시한 단전조치는 정당행위로서 업무방해죄를 구성하지 아니한다(대법원 2004.8.20, 2003도4732 삼천포종합시장 사건).
③ 피고인이 행한 단전조치는 단전 그 자체를 궁극적인 목적으로 한 것이 아니라 관리규정에 따라 상품진열 및 시설물 높이를 규제함으로써 시장기능을 확립하기 위하여 적법한 절차를 거쳐 시행한 것이고 그 수단이나 방법에 있어서도 비록 전기의 공급이 현대생활의 기본조건이기는 하나 번영회를 운영하기 위한 효과적인 규제수단이므로 피고인의 행위는 정당행위에 해당한다(대법원 1994.4.15, 93도2899).

097 다음 중 정당행위에 해당하는 것은 모두 몇 개인가? (다툼이 있으면 판례에 의함) [Superlative ★★★]

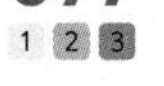

㉠ 아파트 입주자대표회의 회장이 다수 입주민들의 민원에 따라 위성방송 수신을 방해하는 케이블TV방송의 시험방송 송출을 중단시키기 위하여 케이블TV방송의 방송안테나를 절단하도록 지시한 경우
㉡ 아파트 입주자대표회의의 임원 또는 아파트관리회사의 직원들인 피고인들이 기존 관리회사의 직원들로부터 계속 업무집행을 제지받던 중, 그들의 관리비 고지서를 빼앗거나 사무실의 집기 등을 들어낸 경우
㉢ 아파트 입주자대표회의의 임원 또는 아파트관리회사의 직원들인 피고인들이 기존 관리회사의 직원들로부터 계속 업무집행을 제지받던 중 저수조 청소를 위하여 출입문에 설치된 자물쇠를 손괴하고 중앙공급실에 침입한 경우
㉣ 예정된 회의(선거비용의 과다지출을 검토하기 위한 아파트발전위원회의 회의) 시간에 임박한 피고인들이 불가피하게 관리사무소 직원에게 알리고 그 직원으로부터 절단기와 새로운 자물쇠를 받아 입주자대표회장이 설치한 자물쇠를 부수고 주민회의실에 들어간 경우

① 1개　　② 2개
③ 3개　　④ 4개

해설

② ㉢㉣ 2항목이 정당행위에 해당한다.
㉠ 피고인의 행위를 긴급피난 내지는 정당행위에 해당한다고 볼 수 없다(대법원 2006.4.13, 2005도9396 안테나 절단 사건).
㉡ 피고인들의 행위는 소극적으로 기존 관리회사의 방해행위 중단을 요구하는 것에 그치지 않고 관리비 고지서를 빼앗거나 사무실의 집기 등을 들어낸 것으로서 사회통념상 허용될 만한 정도의 상당성이 있는 행위라고 볼 수 없다(대법원 2006.4.13, 2003도3902).
㉢ 피고인들이 출입문에 설치된 자물쇠를 손괴하고 중앙공급실에 침입한 행위는 사회통념상 허용될 만한 정도의 상당성이 있어 형법 제20조 소정의 정당행위에 해당한다(대법원 2006.4.13, 2003도3902).
㉣ 피고인들의 행위는 그 행위의 동기나 목적의 정당성, 행위의 수단이나 방법의 상당성, 보호이익과 침해이익의 법익 균형성, 긴급성, 그 행위 이외의 다른 수단이나 방법이 없다는 보충성 등의 요건을 충족하므로 정당행위에 해당한다(대법원 2013.10.17, 2013도8683).

정답 | 095 ③　096 ④　097 ②

098 다음 중 정당행위에 해당하는 것을 모두 고른 것은? (다툼이 있으면 판례에 의함) [core ★★]

1 2 3

> ㉠ 피고인이 정신병자의 어머니의 의뢰 및 승낙하에 그 감호를 위하여 그 보호실문을 야간에 한해서 3일간 시정하여 출입을 못하게 한 경우
> ㉡ 피고인이 그의 남편을 대면한 진찰이나 병원장의 입원결정이 없는 상태에서 병원 원무과장에게 부탁하여 남편을 정신병원에 강제로 입원시킨 경우
> ㉢ 피고인이 그의 어머니를 대면한 정신건강의학과 전문의의 진찰 · 진단이나 X병원장의 입원결정이 없는 상태에서 어머니를 강제로 응급이송차량에 태워 X병원에 데려가 입원시키고 이후 X병원에서 Y병원으로 강제로 데려가 입원시킨 경우

① ㉠ ② ㉡

③ ㉠㉢ ④ ㉠㉡㉢

해설

① ㉠ 항목만 정당행위에 해당한다.

㉠ 정신병자에 대한 감금의 행위는 그 병자의 신체의 안전과 보호 등을 위하여 한 것으로써 사회통념상 부득이 한 조처로서 수긍될 수 있는 정도의 것이라 할 것이니 위법성이 있다고는 할 수 없다(대법원 1980.2.12, 79도1349).

㉡ 피고인의 강제입원조치가 사회상규에 위배되지 아니하는 정당한 행위로서 위법성이 조각된다고 평가하기 어렵다(대법원 2001.2.23, 2000도4415 남편 정신병원 강제입원 사건).

㉢ 피고인이 피해자를 강제로 정신병원에 데리고 가 입원시킨 행위를 사회상규에 위배되지 아니하는 행위로서 위법성이 조각된다고 보기 어렵다(대법원 2015.10.29, 2015도8429 친모 정신병원 강제입원 사건).

099 다음 중 정당행위에 해당하는 것은 모두 몇 개인가? (다툼이 있으면 판례에 의함) [Superlative ★★★]

1 2 3

㉠ 피고인이 불법선거운동을 적발하려고 도청장치를 설치할 목적으로 타인의 주거에 침입한 경우
㉡ 피고인이 간통현장을 직접 목격하고 그 사진을 촬영하기 위하여 상간자의 주거에 침입한 경우
㉢ 회사 측이 회사 운영을 부실하게 하여 소수주주들에게 손해를 입게 하였다는 이유로 주주총회에 참석한 주주가 강제로 사무실을 뒤져 회계장부를 찾아낸 경우
㉣ 주식회사 감사인 피고인이 회사 경영진과의 불화로 한 달 가까이 결근하다가 회사 감사실에 침입하여 자신이 사용하던 컴퓨터에서 하드디스크를 떼어간 후 4개월 가까이 지난 시점에 반환한 경우
㉤ 연립주택 아래층에 사는 피해자가 위층 피고인의 집으로 통하는 상수도관의 밸브를 임의로 잠근 후 이를 피고인에게 알리지 않아 하루 동안 수돗물이 나오지 않은 고통을 겪었던 피고인이 상수도관의 밸브를 확인하고 이를 열기 위하여 부득이 피해자의 집에 들어간 경우

① 1개 ② 2개
③ 3개 ④ 4개

해설

① ㉤ 항목만 정당행위에 해당한다.

㉠ 타인의 주거에 침입한 행위가 비록 불법선거운동을 적발하려는 목적으로 이루어진 것이라고 하더라도, 타인의 주거에 도청장치를 설치하는 행위는 그 수단과 방법의 상당성을 결하는 것으로서 정당행위에 해당하지 않는다(대법원 1997.3.28, 95도2674 초원복집 사건).

㉡ 피고인들의 주거침입 등의 행위가 그 수단과 방법에 있어서 상당성이 인정된다고 보기도 어려우며, 피해자의 간통 또는 불륜관계에 관한 증거수집을 위하여 이와 같은 주거침입이 긴급하고 불가피한 수단이었다고 볼 수도 없다(대법원 2003.9.26, 2003도3000 상간녀주택 침입 사건).

㉢ 설사 회사 측이 회사 운영을 부실하게 하여 소수주주들에게 손해를 입게 하였다고 하더라도 위와 같은 사정만으로 주주총회에 참석한 주주가 강제로 사무실을 뒤져 회계장부를 찾아내는 것이 사회통념상 용인되는 정당행위로 되는 것은 아니다(대법원 2001.9.7, 2001도2917 주주총회장 방해 사건).

㉣ 피고인이 회사의 감사였고 경비원으로부터 출입증을 받아서 감사실에 들어간 것이라고 하더라도, 피고인이 회사의 경영진과의 불화로 한 달 가까이 결근하다가 오전 6:48경에 피고인의 출입카드가 정지되어 있음에도 경비원으로부터 출입증을 받아 컴퓨터 하드디스크를 절취하기 위해 회사 감사실에 침입한 행위는 그 수단, 방법의 상당성을 결하는 것으로서 정당행위에 해당하지 않는다(대법원 2011.8.18, 2010도9570 하드디스크 절취 사건).

㉤ 피고인의 행위가 그 수단과 방법에 있어서 상당성이 인정된다고 보여질 뿐만 아니라 긴급하고 불가피한 수단이었다고 할 것이므로, 피고인이 피해자의 주거에 침입한 행위는 형법 제20조의 '사회상규에 위배되지 않는 행위'에 해당한다(대법원 2004.2.13, 2003도7393 상수도관 밸브 사건).

정답 | 098 ① 099 ①

100 다음 중 정당행위에 해당하는 것은 모두 몇 개인가? (다툼이 있으면 판례에 의함) [Superlative ★★★]

1 2 3

> ㉠ A가 교회재판위원회에서 출교처분의 판결을 받았음에도 불구하고 계속 교회의 담임목사로서의 직무를 수행하는 것이 부당하다고 생각한 나머지, 피고인 甲 등이 그 판결이 있은 사실을 신도들에게 알리기 위하여 판결문을 복사하여 예배를 보러온 신도들에게 배포한 경우
> ㉡ 피고인들이 회사의 직원들 및 그 가족들에게 수여할 목적으로 타미플루 39,600정, 피케이멜즈정 39,600정을 신성약품 제약회사로부터 매수하여 취득한 경우
> ㉢ 주택재건축조합 조합장인 피고인이 자신에 대한 감사활동을 방해하기 위하여 조합 사무실에 있던 경리여직원의 컴퓨터에 비밀번호를 설정하고 조합업무 담당자의 하드디스크를 분리·보관하여 조합의 정보처리에 관한 업무를 방해한 경우
> ㉣ 회사 대표인 피고인이 '회사의 직원이 회사의 이익을 빼돌린다'는 소문을 확인할 목적으로, 비밀장치를 한 피해자가 사용하던 컴퓨터의 하드디스크를 떼어내어 다른 컴퓨터에 연결한 다음 의심이 드는 단어로 파일을 검색하여 메신저 대화내용, 이메일 등을 출력한 경우

① 1개　② 2개
③ 3개　④ 4개

해설

② ㉠㉣ 2항목이 정당행위에 해당한다.

㉠ 판결문을 복사하여 예배를 보러온 신도들에게 배포한 행위에 의하여 그 목사의 개인적인 명예가 훼손된다 하여도 그것은 진실한 사실로서 오로지 교단 또는 그 산하교회 소속신자들의 이익에 관한 때에 해당하거나 적어도 사회상규에 위배되지 아니하는 행위에 해당하여 위법성이 없다(대법원 1989.2.14, 88도899 출교처분 판결문 사건).

㉡ 피고인들의 행위가 사회상규에 위배되지 아니하는 정당행위로서 위법성이 조각된다는 취지의 피고인들의 주장을 배척한 원심의 조치는 정당하다(대법원 2011.10.13, 2011도6287 타미플루 구매 사건).

㉢ 피고인이 컴퓨터에 비밀번호를 설정하고 하드디스크를 분리·보관한 행위는 중요한 자료의 훼손을 막는 것을 넘어서 조합의 정보처리에 관한 업무를 방해할 의도를 가지고 한 것으로 보이고 이를 두고 사회상규에 위배되지 아니하는 정당행위에 해당한다고 볼 수는 없다(대법원 2012.5.24, 2011도7943 조합장 감사 방해 사건).

㉣ 피해자의 범죄 혐의를 구체적이고 합리적으로 의심할 수 있는 상황에서 피고인이 긴급히 확인하고 대처할 필요가 있었고, 그 열람의 범위를 범죄 혐의와 관련된 범위로 제한하였으며, 피해자가 입사시 회사 소유의 컴퓨터를 무단 사용하지 않고 업무 관련 결과물을 모두 회사에 귀속시키겠다고 약정하였고, 검색 결과 범죄행위를 확인할 수 있는 여러 자료가 발견된 사정 등에 비추어 보면 피고인의 행위는 사회통념상 허용될 수 있는 상당성이 있는 행위로서 정당행위에 해당한다(대법원 2009.12.24, 2007도6243 회사이익을 빼돌린다 사건).

101 다음 중 정당행위에 해당하는 것은 모두 몇 개인가? (다툼이 있으면 판례에 의함) [core ★★]

1 2 3

> ㉠ 지입차주들이 지입료 등을 연체하자 계약을 일방적으로 해지하고 차량을 회수할 수 있도록 한 계약내용에 따라 회사 직원이 지입차주인 피해자들이 점유하는 차량 또는 번호판을 피해자들의 의사에 반하여 무단으로 취거한 경우
> ㉡ 피고인이 피해자들을 상대로 하여 주위토지통행권의 존부 및 범위에 관한 확인 및 옹벽 중 주위통행을 위한 부분에 관한 철거 판결을 받고, 이를 이행하지 않을 경우 법령에서 정하는 절차를 따라 강제집행할 수 있을 뿐인데도, 피고인이 위와 같은 절차를 따르지 아니하고 임의로 옹벽을 철거한 경우
> ㉢ 피고인의 가옥 앞 도로가 폐기물 운반 차량의 통행로로 이용되어 가옥 일부에 균열 등이 발생하자, 피고인이 도로에 트랙터를 세워두거나 철책 펜스를 설치함으로써 차량의 통행을 불가능하게 하거나 차량들의 앞을 가로막고 앉아서 통행을 일시적으로 방해한 경우
> ㉣ 피고인이 행방불명된 남편에 대하여 불리한 민사판결이 선고되자, 남편 명의의 항소장을 위조하여 이를 법원에 제출한 경우

① 0개　　② 1개
③ 2개　　④ 3개

해설

① 모든 항목이 정당행위에 해당하지 아니한다.

㉠ 피고인이 법적 절차에 의하지 아니하고 일방적으로 지입차량 등을 회수하지 않으면 안 될 급박한 필요성이 있다고 볼 만한 자료를 기록상 찾아볼 수 없고, 그 경위, 수단, 방법 등에 비추어 보아도 피고인의 무단 취거 행위는 정당행위에 해당한다고 할 수 없다(대법원 2010.10.14, 2008도6578 지입차량 무단취거 사건).

㉡ 피고인이 법적 절차를 따르지 아니하고 임의로 옹벽을 철거한 행위는 피고인에게 주위토지통행권을 인정할 수 있는지 여부와 관계없이 위법하다는 이유로 정당행위에 의한 위법성 조각 주장을 배척한 원심의 조치는 정당하다(대법원 2008.3.27, 2007도7933).

㉢ 가옥에 균열이 발생한 사정 등이 있다고 하더라도 피고인이 차량들의 통행을 금지하는 가처분 등의 방법을 이용하지 아니한 채 통행 방해 행위에 이른 점에 비추어 그 행위의 수단이나 방법에 상당성이 있다고 보기 어렵다(대법원 2009.1.30, 2008도10560 트랙터 · 철책펜스 사건). 트랙터와 펜스 부분만 정당행위에 해당하지 않아 일반교통방해죄 성립, 앞을 가로막고 앉은 부분은 구성요건에 해당하지 않아 일반교통방해죄 불성립

㉣ 적법한 다른 방법을 강구하지 아니하고 남편 명의의 항소장을 임의로 작성하여 법원에 제출한 피고인의 소위가 사회통념상 용인되는 극히 정상적인 생활형태의 하나로서 위법성이 없다 할 수 없다(대법원 1994.11.8, 94도1657 항소장 위조 사건).

정답 | 100 ② 101 ①

102 책임의 근거 또는 본질에 관한 다음 설명 중 옳지 않은 것은? [core ★★]

1 2 3

① 사회적 책임론에 따르면, 책임의 근거는 행위자의 반사회적 성격에 있으므로 사회생활을 하고 있는 책임무능력자에 대하여도 사회방위를 위해 보안처분을 가하여야 한다. 이러한 의미에서 책임능력은 형벌능력을 의미한다.

② 심리적 책임론에 따르면, 책임의 본질은 결과에 대한 인식과 의사인 고의 또는 결과를 인식하지 못한 과실에 있으며, 범죄성립의 모든 객관적 · 외적 요소는 구성요건과 위법성 단계에, 주관적 · 내적 요소는 책임단계에 배치한다.

③ 도의적 책임론은 형사책임의 근거를 행위자의 자유의사에서 찾으며, 가벌성 판단에서 행위보다 행위자에 중점을 두는 주관주의 책임론의 입장이다.

④ 규범적 책임론에 따르면, 책임의 구성요소는 행위자의 감정세계와 구성요건에 해당하는 결과 사이의 심리적 결합이 아니라 행위자의 적법행위가 요구되었음에도 불구하고 위법행위를 하였다는 환경의 평가에 있으므로, 책임은 구성요건에 해당하는 불법행위에 대한 비난가능성이다.

해설

③ [×] 도의적 책임론은 형사책임의 근거를 행위자의 자유의사에서 찾으며, 가벌성 판단에서 '행위자보다 행위'에 중점을 두는 객관주의 책임론의 입장이다. 즉, 도의적 책임론은 행위자책임(성격책임)이 아니라 '행위책임(의사책임)'에 중점을 두는 학설이다.

①②④ [○] 각 학설에 관한 옳은 설명이다.

103 책임능력에 관한 다음 설명 중 옳지 않은 것은 모두 몇 개인가? [Superlative ★★★]

1 2 3

ㄱ 14세 되지 아니한 자의 행위는 벌하지 아니한다.
ㄴ 심신장애로 인하여 사물을 변별할 능력이 없거나 의사를 결정할 능력이 없는 자의 행위는 벌하지 아니한다.
ㄷ 심신장애로 인하여 사물을 변별할 능력이나 의사를 결정할 능력이 미약한 자의 행위는 형을 감경한다.
ㄹ 위험의 발생을 예견하고 자의로 심신장애를 야기한 자의 행위에는 심신장애에 관한 형법 제10조 제1항과 제2항의 규정을 적용하지 아니한다.
ㅁ 듣거나 말하는 데 모두 장애가 있는 사람의 행위에 대해서는 형을 감경할 수 있다.

① 0개　　② 1개

③ 2개　　④ 3개

해설

③ ㉢㉤ 2항목이 옳지 않다.

㉠ [○] 14세 되지 아니한 자의 행위는 **벌하지 아니한다**(제9조).

㉡ [○] 심신장애로 인하여 사물을 변별할 능력이 없거나 의사를 결정할 능력이 없는 자의 행위는 **벌하지 아니한다**(제10조 제1항).

㉢ [×] 심신장애로 인하여 사물을 변별할 능력이나 의사를 결정할 능력이 미약한 자의 행위는 형을 감경할 수 있다(제10조 제2항).

㉣ [○] 위험의 발생을 예견하고 자의로 심신장애를 야기한 자의 행위에는 심신장애에 관한 **형법 제10조 제1항과 제2항의 규정을 적용하지 아니한다**(제10조 제3항).

㉤ [×] 듣거나 말하는 데 모두 장애가 있는 사람의 행위에 대해서는 형을 감경한다(제11조).

104 책임능력에 관한 다음 설명 중 옳지 않은 것은? (다툼이 있으면 판례에 의함) [Essential ★]

1 2 3

① 형법은 14세 미만이기만 하면 사물의 변별능력과 그 변별에 따른 행동통제능력이 없다고 의제하고 있고, 이는 육체적 · 정신적 미성숙이라는 생물학적 요소를 고려하여 책임무능력을 인정하고 있는 것이다.

② 형법 제10조에 규정된 심신장애는 생물학적 요인으로 인하여 정신병 또는 비정상적 정신상태와 같은 정신적 장애가 있는 외에, 심리학적 요인으로 인한 정신적 장애로 말미암아 사물에 대한 변별능력과 그에 따른 행위통제능력이 결여되거나 감소되었음을 요한다.

③ 정신적 장애가 있는 자라고 한다면 비록 범행 당시 정상적인 사물변별능력이나 행위통제능력이 있었더라도 심신장애로 보아야 한다.

④ 피고인이 평소 간질병 증세가 있었더라도 범행 당시에는 간질병이 발작하지 아니하였다면 심신장애 내지는 심신미약의 경우에 해당하지 아니한다.

해설

③ [×] 정신적 장애가 있는 자라고 하여도 범행 당시 정상적인 사물변별능력이나 행위통제능력이 있었다면 심신장애로 볼 수 없다(대법원 2007.6.14, 2007도2360).

① [○] 사람의 정신적 발육은 개인에 따라서 다르지만 형법은 14세를 기준으로 하여 14세 미만의 자를 책임무능력자로 하여 그 행위를 벌하지 않고 있다. 즉, 14세 미만이기만 하면 사물의 변별능력과 그 변별에 따른 행동통제능력이 없다고 의제하고 있고, 이는 육체적 · 정신적 미성숙이라는 **'생물학적 요소'를 고려하여 책임무능력을 인정하고 있는 것이다**(헌법재판소 2003.9.25, 2002헌마533).

② [○] 형법 제10조에 규정된 심신장애는 생물학적 요인으로 인하여 정신병 또는 비정상적 정신상태와 같은 정신적 장애가 있는 외에, 심리학적 요인으로 인한 정신적 장애로 말미암아 **사물에 대한 변별능력과 그에 따른 행위통제능력이 결여되거나 감소되었음을 요한다**(대법원 2007.6.14, 2007도2360).

④ [○] 피고인이 평소 간질병 증세가 있었더라도 범행 당시에는 간질병이 발작하지 아니하였다면 **심신장애 내지는 심신미약의 경우에 해당하지 아니한다**(대법원 1983.10.11, 83도1897 간질병 사건).

정답 | 102 ③ 103 ③ 104 ③

105 심신장애에 관한 다음 설명 중 옳지 않은 것은? (다툼이 있으면 판례에 의함) [Essential ★]

1 2 3

① 형법 제10조의 심신장애로 인하여 사물을 변별할 능력이 없거나 의사를 결정할 능력이 없는 자 및 이와 같은 능력이 미약한 자라 함은 어느 것이나 심신장애의 상태에 있는 사람을 말하고, 이 양자는 단순히 그 장애 정도의 강약의 차이가 있을 뿐이다.

② 범행을 기억하고 있지 않다는 사실만으로 바로 범행 당시 심신상실 상태에 있었다고 단정할 수는 없다.

③ 범행 당시 정신분열증으로 심신장애의 상태에 있었던 피고인이 피해자를 살해한다는 명확한 의식이 있었고 범행의 경위를 소상하게 기억하고 있다고 한다면, 범행 당시 사물의 변별능력이나 의사결정능력이 미약한 상태에 있었다고 보아야 하고 그러한 능력이 결여된 상태에 있었다고 볼 수는 없다.

④ 행위자가 범죄 행위 당시 심신미약 상태에 있었다는 이유만으로 그 범죄 행위는 상습성이 발현된 것이 아니라고 단정할 수는 없다.

해설

③ [×] (1) 사물변별능력이나 의사결정능력은 판단능력 또는 의지능력과 관련된 것으로서 사실의 인식능력이나 기억능력과는 반드시 일치하는 것이 아니다. (2) 범행 당시 정신분열증으로 심신장애의 상태에 있었던 피고인이 피해자를 살해한다는 명확한 의식이 있었고 범행의 경위를 소상하게 기억하고 있다고 하더라도 이러한 사실의 인식능력이나 기억능력이 있다는 것만 가지고 범행 당시 사물의 변별능력이나 의사결정능력이 결여된 정도가 아니라 미약한 상태에 있었다고 단정할 수 없다 (대법원 1990.8.14, 90도1328 또라이 신도 목사 살해 사건).

① [○] 형법 제10조의 심신장애로 인하여 사물을 변별할 능력이 없거나 의사를 결정할 능력이 없는 자 및 이와 같은 능력이 미약한 자라 함은 어느 것이나 심신장애의 상태에 있는 사람을 말하고, 이 양자는 단순히 그 **장애 정도의 강약의 차이가 있을 뿐이다**(대법원 1984.2.28, 83도3007 대구금호호텔 방화사건).

② [○] 범행을 기억하고 있지 않다는 사실만으로 바로 범행 당시 **심신상실 상태에 있었다고 단정할 수는 없다**(대법원 1985.5.28, 85도361).

④ [○] 행위자가 범죄 행위 당시 심신미약 상태에 있었다는 이유만으로 그 범죄 행위는 **상습성이 발현된 것이 아니라고 단정할 수는 없다**(대법원 2007.8.23, 2007도3820).

106 심신장애에 관한 다음 설명 중 옳지 않은 것은? (다툼이 있으면 판례에 의함) [Essential ★]

1 2 3

① 특별한 사정이 없는 한 인격장애 혹은 기타 성격적 결함을 가진 자에 대하여 자신의 충동을 억제하고 법을 준수하도록 요구하는 것은 기대할 수 없는 행위를 요구하는 것이라고 할 수 있다.

② 원칙적으로 충동조절장애와 같은 성격적 결함은 형의 감면사유인 심신장애에 해당하지 아니한다고 봄이 타당하지만, 그것이 매우 심각하여 원래의 의미의 정신병을 가진 사람과 동등하다고 평가할 수 있는 경우에는 그로 인한 범행은 심신장애로 인한 범행으로 보아야 한다.

③ 소아기호증과 같은 질환이 있다는 사정은 그 자체만으로는 형의 감면사유인 심신장애에 해당하지 아니한다고 봄이 상당하지만, 그 증상이 매우 심각하여 원래의 의미의 정신병이 있는 사람과 동등하다고 평가할 수 있거나 다른 심신장애사유와 경합된 경우 등에는 심신장애를 인정할 여지가 있다.

④ 성주물성애증이라는 정신질환이 있다고 하더라도 그러한 사정만으로는 형의 감면사유인 심신장애에 해당한다고 볼 수 없고, 다만 그 증상이 매우 심각하여 원래의 의미의 정신병이 있는 사람과 동등하다고 평가할 수 있거나 다른 심신장애사유와 경합된 경우 등에는 심신장애를 인정할 여지가 있다.

해설

① [×] 인격장애 혹은 기타 성격적 결함에 기하여 자신의 충동을 억제하지 못하여 범죄를 저지르게 되는 현상은 정상인에게서도 얼마든지 찾아볼 수 있는 일로서, 특별한 사정이 없는 한 이와 같은 성격적 결함을 가진 자에 대하여 자신의 충동을 억제하고 법을 준수하도록 요구하는 것이 기대할 수 없는 행위를 요구하는 것이라고 할 수 없다(대법원 2016.2.19, 2015도12980 全合 임병장 GOP총기난사 사건).

② [○] (1) 자신의 충동을 억제하지 못하여 범죄를 저지르게 되는 현상은 정상인에게서도 얼마든지 찾아볼 수 있는 일로서, 특단의 사정이 없는 한 위와 같은 성격적 결함을 가진 자에 대하여 자신의 충동을 억제하고 법을 준수하도록 요구하는 것이 기대할 수 없는 행위를 요구하는 것이라고는 할 수 없으므로, **원칙적으로** 충동조절장애와 같은 성격적 결함은 형의 감면사유인 **심신장애에 해당하지 아니한다고 봄이 타당하다.** (2) 다만 충동조절장애와 같은 성격적 결함이라 할지라도 그것이 **매우 심각하여 원래의 의미의 정신병을 가진 사람과 동등하다고 평가할 수 있는 경우에는 그로 인한 범행은 심신장애로 인한 범행으로 보아야 한다**(대법원 2011.2.10, 2010도14512 충동조절장애 살인 사건).

③ [○] (1) 특단의 사정이 없는 한 성격적 결함을 가진 자에 대하여 자신의 충동을 억제하고 법을 준수하도록 요구하는 것이 기대할 수 없는 행위를 요구하는 것이라고는 할 수 없으므로, 사춘기 이전의 소아들을 상대로 한 성행위를 중심으로 성적 흥분을 강하게 일으키는 공상, 성적 충동, 성적 행동이 반복되어 나타나는 소아기호증은 성적인 측면에서의 성격적 결함으로 인하여 나타나는 것으로서, 소아기호증과 같은 질환이 있다는 사정은 그 자체만으로는 **형의 감면사유인 심신장애에 해당하지 아니한다고 봄이 상당하고** (2) 다만 그 증상이 **매우 심각하여 원래의 의미의 정신병이 있는 사람과 동등하다고 평가할 수 있거나, 다른 심신장애사유와 경합된 경우 등에는 심신장애를 인정할 여지가 있다**(대법원 2007.2.8, 2006도7900 소아기호증 사건).

④ [○] (1) 특별한 사정이 없는 한 성격적 결함을 가진 사람에 대하여 자신의 충동을 억제하고 법을 준수하도록 요구하는 것이 기대할 수 없는 행위를 요구하는 것이라고는 할 수 없으므로, 무생물인 옷 등을 성적 각성과 희열의 자극제로 믿고 이를 성적 흥분을 고취시키는 데 쓰는 성주물성애증이라는 정신질환이 있다고 하더라도 그러한 사정만으로는 절도 범행에 대한 **형의 감면사유인 심신장애에 해당한다고 볼 수 없고** (2) 다만 그 증상이 **매우 심각하여 원래의 의미의 정신병이 있는 사람과 동등하다고 평가할 수 있거나 다른 심신장애사유와 경합된 경우 등에는 심신장애를 인정할 여지가 있다**(대법원 2013.1.24, 2012도12689 성주물성애증 사건).

정답 | 105 ③ 106 ①

107 심신장애에 관한 다음 설명 중 옳지 않은 것은? (다툼이 있으면 판례에 의함) [core ★★]

1 2 3

① 심신장애의 유무 및 정도의 판단은 법률적 판단으로서 반드시 전문감정인의 의견에 기속되어야 하는 것은 아니고, 정신질환의 종류와 정도, 범행의 동기, 경위, 수단과 태양, 범행 전후의 피고인의 행동, 반성의 정도 등 여러 사정을 종합하여 법원이 독자적으로 판단할 수 있다.

② 심신장애의 유무는 법원이 형벌제도의 목적 등에 비추어 판단하여야 할 법률문제로서 그 판단에 전문감정인의 정신감정결과가 중요한 참고자료가 되기는 하나 법원이 반드시 그 의견에 구속되는 것은 아니다.

③ 피고인이 항소이유서에서 명시적으로 심신장애 주장을 하지 않았다고 한다면, 법정에서 국선변호인이 피고인의 심신장애를 주장하는 내용의 진술을 하였고 그 주장에 부합하는 진단서 등의 자료들이 상당수 제출되어 있었다고 하더라도, 법원이 직권으로 그 증상을 밝혀보는 등의 방법으로 범행 당시 피고인이 심신미약 등의 상태에 있었는지 여부를 가려볼 필요는 없다.

④ 피고인에게 우울증 기타 정신병이 있고 특히 생리 때가 되면 남의 물건을 훔치고 싶은 억제할 수 없는 충동이 일어나고, 범행도 피고인으로서 어떻게 할 수 없는 그와 같은 종류의 절도 충동이 발동하여 저지르게 된 것이 아닌가 하는 의심을 품을 정도가 되었다면, 법원은 전문가에게 피고인의 정신상태를 감정시키는 등의 방법으로 과연 범행 당시 피고인의 정신상태가 우울증이나 생리의 영향으로 인하여 그 자신이 하는 행위의 옳고 그름을 변별하고, 그 변별에 따라 행동을 제어하는 능력을 상실하였거나 그와 같은 능력이 미약해진 상태이었는지 여부를 확실히 가려보아야 하였을 터이다.

해설

③ [×] 비록 피고인이 항소이유서에서 명시적으로 심신장애 주장을 하지 않았다고 하더라도, 법정에서 국선변호인이 피고인의 심신장애를 주장하는 내용의 진술을 하였고, 그 주장에 부합하는 진단서 등의 자료들이 상당수 제출되어 있었다면, 법원은 직권으로라도 피고인의 병력을 상세히 확인하여 그 증상을 밝혀보는 등의 방법으로 범행 당시 피고인이 심신미약 등의 상태에 있었는지 여부를 가려보았어야 한다(대법원 2009.4.9, 2009도870).

① [○] 심신장애의 유무 및 정도의 판단은 법률적 판단으로서 반드시 전문감정인의 의견에 기속되어야 하는 것은 아니고, 정신질환의 종류와 정도, 범행의 동기, 경위, 수단과 태양, 범행 전후의 피고인의 행동, 반성의 정도 등 **여러 사정을 종합하여 법원이 독자적으로 판단할 수 있다**(대법원 2007.11.29, 2007도8333 양모 살해 사건).

② [○] 심신장애의 유무는 법원이 형벌제도의 목적 등에 비추어 판단하여야 할 **법률문제**로서 그 판단에 전문감정인의 정신감정결과가 중요한 참고자료가 되기는 하나 법원이 **반드시 그 의견에 구속되는 것은 아니다**(대법원 2018.9.13, 2018도7658 인천 초등생 살인 사건).

④ [○] 피고인에게 우울증 기타 정신병이 있고 특히 생리 때가 되면 남의 물건을 훔치고 싶은 억제할 수 없는 충동이 일어나고, 범행도 피고인으로서 어떻게 할 수 없는 그와 같은 종류의 절도 충동이 발동하여 저지르게 된 것이 아닌가 하는 **의심을 품을 정도가 되었다면 법원은 전문가에게 피고인의 정신상태를 감정시키는 등의 방법으로** 과연 범행 당시 피고인의 정신상태가 우울증이나 생리의 영향으로 인하여 그 자신이 하는 행위의 옳고 그름을 변별하고, 그 변별에 따라 행동을 제어하는 능력을 상실하였거나 그와 같은 능력이 미약해진 상태이었는지 여부를 확실히 가려보아야 하였을 터이다(대법원 1999.4.27, 99도693 충동조절장애 생리도벽사건).

108 심신장애에 관한 다음 설명 중 옳지 않은 것은? (다툼이 있으면 판례에 의함) [Essential ★]

1 2 3

① 위험의 발생을 예견하고 자의로 심신장애를 야기한 자의 행위에는 (책임조각 또는 책임감경에 관한) 형법 제10조 제1항 · 제2항을 적용하지 아니한다.

② ①과 같은 규정은 고의에 의한 원인에 있어서의 자유로운 행위에만 적용되고 과실에 의한 원인에 있어서의 자유로운 행위에는 적용되지 아니한다.

③ 피고인이 음주운전을 할 의사를 가지고 음주만취한 후 운전을 결행하여 교통사고를 일으켰다면 피고인은 음주시에 교통사고를 일으킬 위험성을 예견하였는데도 자의로 심신장애를 야기한 경우에 해당하므로 심신장애로 인한 감경 등을 할 수 없다.

④ 피고인들은 상습적으로 대마초를 흡연하는 자들로서 살인범행 당시에도 대마초를 흡연하여 그로 인하여 심신이 다소 미약한 상태에 있었음은 인정되나, 이는 피고인들이 피해자들을 살해할 의사를 가지고 범행을 공모한 후에 대마초를 흡연하고 범행에 이른 것으로 심신장애로 인한 감경 등을 할 수 없다.

해설

② [×] 형법 제10조 제3항은 고의에 의한 원인에 있어서의 자유로운 행위만이 아니라 과실에 의한 원인에 있어서의 자유로운 행위까지도 포함하는 것으로서 위험의 발생을 예견할 수 있었는데도 자의로 심신장애를 야기한 경우도 그 적용 대상이 된다(대법원 1992.7.28, 92도999 음주만취후 운전 사건 I).

① [O] 위험의 발생을 예견하고 자의로 심신장애를 야기한 자의 행위에는 (책임조각 또는 책임감경에 관한) **형법 제10조 제1항 · 제2항을 적용하지 아니한다**(제10조 제3항).

③ [O] 피고인이 음주운전을 할 의사를 가지고 음주만취한 후 운전을 결행하여 교통사고를 일으켰다면 피고인은 음주시에 교통사고를 일으킬 위험성을 예견하였는데도 자의로 심신장애를 야기한 경우에 해당하므로 **형법 제10조 제3항에 의하여 심신장애로 인한 감경 등을 할 수 없다**(대법원 2007.7.27, 2007도4484 음주만취후 운전 사건 II).

④ [O] 피고인들은 상습적으로 대마초를 흡연하는 자들로서 살인범행 당시에도 대마초를 흡연하여 그로 인하여 심신이 다소 미약한 상태에 있었음은 인정되나, 이는 피고인들이 피해자들을 살해할 의사를 가지고 범행을 공모한 후에 대마초를 흡연하고 범행에 이른 것으로 **심신장애로 인한 감경 등을 할 수 없다**(대법원 1996.6.11, 96도857 조직이탈자 · 애인 살해 사건).

정답 | 107 ③ 108 ②

109 원인에 있어서 자유로운 행위에 관한 다음 설명 중 옳지 않은 것은? [core ★★]

1 2 3

① 원인행위를 실행행위로 보는 견해에 따르면 행위와 책임의 동시 존재의 원칙에 부합하고, 책임무능력상태에서의 실행행위는 책임이 없거나 행위라고 할 수도 없기 때문에 원인행위 자체를 실행행위로 보지 않으면 원인에 있어서 자유로운 행위를 처벌할 수 없게 된다.

② 원인행위와 실행행위의 불가분적 연관에서 책임의 근거를 인정하는 견해에 따르면 원인설정행위는 실행행위 또는 그 착수행위가 될 수 없지만 책임능력 없는 상태에서의 실행행위와 불가분의 연관을 갖는 것이므로 원인설정행위에 책임비난의 근거가 있다.

③ 원인행위를 실행행위로 보는 견해에 따르면 원인설정행위를 실행행위로 파악하기 때문에 구성요건적 행위정형성을 중시하여 죄형법정주의의 보장적 기능에 부합한다.

④ 책임능력 결함상태에서의 실행행위를 책임의 근거로 인정하는 견해에 따르면 반무의식상태에서 실행행위가 이루어지는 한 그 주관적 요소를 인정할 수 있지만, 대부분의 경우에 책임능력이 인정되어 법적 안정성을 해하는 결과를 초래한다.

해설

③ [×] 이른바 구성요건모델(일치설)은 원인설정행위를 실행행위로 보기 때문에(원인행위 개시시기를 실행의 착수시기로 보기 때문에) 구성요건적 정형성을 무시한다는 비판을 받고 한다. 이 견해에 의할 때 살인을 하기 위해 술을 마시는 행위를 살인죄의 실행의 착수로 볼 수도 있는데, 이는 구성요건적 정형성과 거리가 멀고 또한 죄형법정주의의 원칙에 위반될 수 있다.
① [○] 이른바 **구성요건모델(일치설)**에 관한 설명이다.
② [○] 이른바 **책임모델(예외설)**에 관한 설명이다.
④ [○] 이른바 **심리학적 예외모델**에 관한 설명이다.

110 1 2 3 원인에 있어서 자유로운 행위의 가벌성 근거에 관한 견해 〈보기 1〉과 그 내용 〈보기 2〉 및 이에 대한 비판 〈보기 3〉이 바르게 연결된 것은? [Superlative ★★★]

〈보기 1〉

㉠ 가벌성의 근거를 원인설정행위 자체에서 찾는 견해
㉡ 가벌성의 근거를 원인설정행위와 실행행위의 불가분적 관련에서 찾는 견해
㉢ 가벌성의 근거를 책임능력 결함상태에서의 실행행위에서 찾는 견해

〈보기 2〉

A. 책임능력 결함상태에서 구성요건 해당행위를 시작한 때에 실행의 착수가 있는 것으로 본다.
B. 일종의 '반무의식상태'에서 실행행위가 이루어지는 한 그 주관적 요소를 인정할 수 있다.
C. 원인에 있어서 자유로운 행위를 자신을 책임능력 없는 도구로 이용하는 간접정범으로 이해한다.

〈보기 3〉

a. 행위와 책임의 동시존재 원칙의 예외를 인정하는 결과가 되어 책임주의에 반할 위험이 있다.
b. 실행의 착수에 구성요건적 행위정형성이 결여되어 죄형법정주의에 반할 위험이 있다.
c. 대부분의 경우에 행위자의 책임능력이 인정되어 법적 안정성을 해하는 결과를 초래한다.

① ㉠ − A − a, ㉡ − B − b, ㉢ − C − c
② ㉠ − B − b, ㉡ − A − c, ㉢ − C − a
③ ㉠ − B − c, ㉡ − A − a, ㉢ − C − b
④ ㉠ − C − b, ㉡ − A − a, ㉢ − B − c

해설

④ 이 지문이 올바른 연결이다.
㉠ 이른바 구성요건모델(일치설)로서 C를 그 내용으로 하지만 b와 같은 비판이 제기된다.
㉡ 이른바 책임모델(예외설)로서 A를 그 내용으로 하지만 a와 같은 비판이 제기된다.
㉢ 이른바 심리학적 예외모델로서 B를 그 내용으로 하지만 c와 같은 비판이 제기된다.

정답 | 109 ③ 110 ④

111 위법성의 인식 또는 법률의 착오(금지의 착오)에 관한 다음 설명 중 옳지 않은 것은? (다툼이 있으면 판례에 의함)

1 2 3

[core ★★]

① 범죄의 성립에 있어서 위법의 인식은 그 범죄사실이 사회정의와 조리에 어긋난다는 것을 인식하는 것으로서 족하고, 구체적인 해당 법조문까지 인식할 것을 요하는 것은 아니다.

② 채권자가 민사법상 이의의 유보 없는 공탁금수령의 법률상의 효과에 대한 정확한 지식이 없었다 하더라도, 거래계의 실정에 비추어 막연하게나마 자기의 행위에 대한 위법의 인식이 있었다고 보지 못할 바 아니다.

③ 자기의 행위가 법령에 의하여 죄가 되지 아니하는 것으로 오인한 행위는 그 오인에 정당한 이유가 있는 때에 한하여 벌하지 아니한다.

④ 법률 위반 행위 중간에 일시적으로 판례에 따라 그 행위가 처벌대상이 되지 않는 것으로 해석되었던 적이 있었다면 특별한 사정이 없는 한 그것만으로도 자신의 행위가 처벌되지 않는 것으로 믿은 데에 정당한 이유가 있다고 보아야 한다.

해설

④ [×] 법률 위반 행위 중간에 일시적으로 판례에 따라 그 행위가 처벌대상이 되지 않는 것으로 해석되었던 적이 있었다고 하더라도 그것만으로 자신의 행위가 처벌되지 않는 것으로 믿은 데에 정당한 이유가 있다고 할 수 없다(대법원 2021.11.25, 2021도10903 불법 다시보기 싸이트 사건).

① [○] 범죄의 성립에 있어서 위법의 인식은 그 범죄사실이 사회정의와 조리에 어긋난다는 것을 인식하는 것으로서 족하고, 구체적인 **해당 법조문까지 인식할 것을 요하는 것은 아니다**(대법원 1987.3.24, 86도2673 허위출생 기재 사건).

② [○] 채권자가 민사법상 이의의 유보 없는 공탁금수령의 법률상의 효과에 대한 정확한 지식이 없었다 하더라도, 거래계의 실정에 비추어 막연하게나마 자기의 행위에 대한 위법의 인식이 있었다고 보지 못할 바 아니므로 채권자의 배임행위(채무자가 차용원리금을 변제공탁한 것을 채권자가 아무런 이의도 없이 이를 수령하고서도 부동산에 대한 경매절차에 대하여 손을 쓰지 아니하는 바람에 타인에게 경락되게 하고 그 부동산의 경락잔금까지 받아간 행위)에 대한 **미필적 고의는 인정할 수 있다**(대법원 1988.12.13, 88도184).

③ [○] 자기의 행위가 법령에 의하여 죄가 되지 아니하는 것으로 오인한 행위는 그 오인에 **정당한 이유가 있는 때에 한하여 벌하지 아니한다**(제16조).

112 법률의 착오(금지의 착오)에 관한 다음 설명 중 옳지 않은 것은? (다툼이 있으면 판례에 의함)

1 2 3

[core ★★]

① 자기의 행위가 법령에 의하여 죄가 되지 아니하는 것으로 오인한 행위는 그 오인에 정당한 이유가 있는 때에 한하여 벌하지 아니한다.

② 형법 제16조는 단순한 법률의 부지(不知)를 말하는 것이 아니고, 일반적으로 범죄가 되는 경우이지만 자기의 특수한 경우에는 법령에 의하여 허용된 행위로서 죄가 되지 아니한다고 그릇 인식하고 그와 같이 그릇 인식함에 정당한 이유가 있는 경우에는 벌하지 않는다는 취지이다.

③ 정당한 이유가 있는지 여부는 행위자에게 자기 행위의 위법의 가능성에 대해 심사숙고하거나 조회할 수 있는 계기가 있어 자신의 지적능력을 다하여 이를 회피하기 위한 진지한 노력을 다하였더라면 스스로의 행위에 대하여 위법성을 인식할 수 있는 가능성이 있었음에도 이를 다하지 못한 결과 자기 행위의 위법성을 인식하지 못한 것인지 여부에 따라 판단하여야 할 것이다.

④ 위법성의 인식에 필요한 노력의 정도는 행위 당시의 구체적 상황하에 행위자 대신에 사회적 평균인을 두고 이 평균인의 관점에서 평가하여야 한다.

해설

④ [×] 이러한 정당한 이유가 있는지 여부는 행위자에게 자기 행위의 위법가능성에 대해 심사숙고하거나 조회할 수 있는 계기가 있어 자신의 지적능력을 다하여 이를 회피하기 위한 진지한 노력을 다하였더라면 스스로의 행위에 대하여 위법성을 인식할 수 있는 가능성이 있었음에도 이를 다하지 못한 결과 자기 행위의 위법성을 인식하지 못한 것인지 여부에 따라 판단하여야 할 것이며, 위법성의 인식에 필요한 노력의 정도는 구체적인 행위정황과 행위자 개인의 인식능력, 그리고 행위자가 속한 사회집단에 따라 달리 평가되어야 한다(대법원 2015.2.12, 2014도11501 초딩만 골라 성관계 사건).

①② [○] 형법 제16조는 단순한 **법률의 부지를 말하는 것이 아니고** 일반적으로는 범죄가 되지만 **자기의 특수한 경우에는 법령에 따라 허용된 행위로서 죄가 되지 아니한다고 그릇 인식하고 그와 같이 그릇 인식함에 정당한 이유가 있는 경우 벌하지 않는다는 취지이다**(대법원 2015.2.12, 2014도11501 초딩만 골라 성관계 사건).

③ [○] 이러한 정당한 이유가 있는지 여부는 행위자에게 자기 행위의 위법가능성에 대해 심사숙고하거나 조회할 수 있는 계기가 있어 자신의 지적능력을 다하여 이를 회피하기 위한 진지한 노력을 다하였더라면 **스스로의 행위에 대하여 위법성을 인식할 수 있는 가능성이 있었음에도 이를 다하지 못한 결과 자기 행위의 위법성을 인식하지 못한 것인지 여부에 따라 판단하여야 할 것이며,** 위법성의 인식에 필요한 노력의 정도는 구체적인 행위정황과 행위자 개인의 인식능력, 그리고 행위자가 속한 사회집단에 따라 달리 평가되어야 한다(대법원 2015.2.12, 2014도11501 초딩만 골라 성관계 사건).

정답 | 111 ④ 112 ④

113 다음 중 법률의 착오(금지의 착오)에 정당한 이유가 있어 처벌되지 않는 것은 모두 몇 개인가? (다툼이 있으면 판례에 의함)

1 2 3 [core ★★]

> ㉠ 허가를 담당하는 공무원이 허가를 요하지 않는 것으로 잘못 알려주어 피고인이 허가 없이 신축공사를 하는 과정에서 생긴 토석을 사실상 나대지 상태인 임야에 쌓아 둔 경우
> ㉡ 유선비디오 방송업자들의 질의에 대하여 체신부장관이 유선비디오 방송은 자가통신설비로 볼 수 없어 허가대상이 되지 않는다는 견해를 밝힌 바 있어, 피고인이 허가 없이 유선비디오 방송시설을 자신의 유선비디오방송업 경영을 위하여 설치 운영한 경우
> ㉢ 피고인이 자수정채광작업을 하기에 앞서 산림과에 가서 산림훼손허가를 받으려고 하였으나 관광지조성승인이 난 지역이므로 별도로 산림훼손허가를 받을 필요가 없으니 도시과에 문의하라고 하여 다시 도시과에 가서 확인해 본 바 역시 같은 이유로 산림훼손허가가 필요없다고 하여, 군수 명의의 산림법배제확인서를 받고 자수정채광작업을 한 경우
> ㉣ 허가를 담당하는 공무원이 허가를 요하지 않는 것으로 잘못 알려주어 피고인이 노동부장관의 유료직업소개사업허가를 받지 아니하고 외국인 근로자를 국내업체에 취업 알선을 해 준 경우

① 1개　　② 2개
③ 3개　　④ 4개

해설

③ ㉠㉢㉣ 3항목이 법률의 착오(금지의 착오)에 정당한 이유가 있어 처벌되지 아니한다.

㉠㉢㉣ 행정청의 허가가 있어야 함에도 불구하고, 허가를 받지 아니하여 처벌대상의 행위를 한 경우라도 허가를 담당하는 공무원이 허가를 요하지 않는 것으로 잘못 알려 주어 이를 믿었기 때문에 허가를 받지 아니한 것이라면 허가를 받지 않더라도 죄가 되지 않는 것으로 착오를 일으킨 데 대하여 정당한 이유가 있는 경우에 해당하여 처벌할 수 없다(㉠ 대법원 2005.8.19, 2005도1697 토석 적치 사건 ㉢ 대법원 1993.9.14, 92도1560 자수정 채광 사건 ㉣ 대법원 1995.7.11, 94도1814 외노자 국내업체 취업알선 사건).

㉡ 체신부장관이 "유선비디오 방송이 전기통신기본법이 정하는 자가전기통신설비로 볼 수 없어 허가대상이 되지 아니한다"는 견해를 밝힌 바 있다 하더라도 그 견해가 법령의 해석에 관한 법원의 판단을 기속하는 것은 아니므로 그것만으로 피고인에게 범의가 없었다고 할 수 없다(대법원 1989.2.14, 87도1860)

114 다음 중 법률의 착오(금지의 착오)에 정당한 이유가 있어 처벌되지 않는 것은 모두 몇 개인가? (다툼이 있으면 판례에 의함)
1 2 3

[core ★★]

> ㉠ 서울시 교육감 후보인 피고인이 교육인적자원부와 중앙선거관리위원회 및 그 소속 직원으로부터 교육감 선거와 관련하여 소요되는 비용에 관하여는 정치자금법의 적용을 받지 않는다는 안내를 받고, 교육감 선거와 관련하여 전교조 서울지부로부터 기부금은 받은 경우
> ㉡ 관할관청이 장의사영업허가를 받은 상인에게 장의소요기구, 물품을 판매하는 도매업에 대하여는 영업허가가 필요없는 것으로 해석하여 영업허가를 해 주지 않고 있어 피고인 역시 영업허가 없이 이른바 도매를 해 온 경우
> ㉢ 민원사무 담당공무원으로부터 탐정업이 인허가 또는 등록사항이 아니라는 말을 들었고 세무서에 탐정업 및 심부름 대행업에 관한 사업자등록을 하였기 때문에, 피고인이 신용조사업법이 금지하는 특정인의 소재를 탐지하거나 사생활을 조사하는 행위 등을 한 경우
> ㉣ 홍성군과의 협의(증축 부분이 장례식장이 아닌 '병원'의 부속건물임을 전제로 한 것임)를 거쳤고, 건설교통부의 질의회신(종합병원에 입원한 환자가 사망한 경우 그 장례의식을 위한 시설의 설치는 부속용도로 볼 수 있다는 취지)을 받고, 피고인이 장례식장의 식당(접객실) 부분을 증축한 경우

① 1개 ② 2개
③ 3개 ④ 4개

해설

② ㉠㉡ 2항목이 법률의 착오(금지의 착오)에 정당한 이유가 있어 처벌되지 아니한다.

㉠ 피고인들이 중앙선거관리위원회 및 그 소속 직원의 교육감 선거비용과 관련한 반복적인 견해 표명을 신뢰하여 정치자금법 위반행위에 해당하지 않는다고 믿은 것은 정당한 이유가 있는 때에 해당한다(대법원 2012.11.29, 2010도9007 전교조 기부금 사건).

㉡ 관할관청이 영업허가가 필요 없는 것으로 해석하여 영업허가를 해주지 않고 있다면, 피고인에게 법률위반에 대한 인식이 있었다고 보기 어려우므로 죄책을 물을 수 없다(대법원 1989.2.28, 88도1141).

㉢ 피고인이 특정인 소재탐지, 사생활조사 등의 행위가 죄가 되지 않는다고 믿은 데에 정당한 이유가 있었다고는 할 수 없다(대법원 1994.8.26, 94도780).

㉣ 협의나 질의를 거쳤다는 사정만으로 장례식장의 설치 · 운영에 관하여 피고인이 자신의 행위가 죄가 되지 아니하는 것으로 오인하였거나 그와 같은 오인에 정당한 이유가 있었다고 할 수 없다(대법원 2009.12.24, 2007도1915 장례식장 식당 증축 사건).

정답 | 113 ③ 114 ②

115 다음 중 법률의 착오(금지의 착오)에 정당한 이유가 있어 처벌되지 않는 것은 모두 몇 개인가? (다툼이 있으면 판례에 의함)
1 2 3 [core ★★]

㉠ 피고인이 사안을 달리하는 사건에 관한 대법원 판례의 취지를 오해하여 자신의 행위가 죄가 되지 않는 것으로 오인하고, 무허가로 의약품을 제조·판매한 경우
㉡ '가감삼십전대보초'와 한약 가짓수에만 차이가 있는 '십전대보초'를 제조하고 그 효능에 관하여 광고를 한 사실에 대하여 이전에 검찰의 혐의 없음 결정을 받은 피고인이 면허·허가 없이 의약품인 가감삼십전대보초를 제조·판매한 경우
㉢ 피고인이 유사한 행위에 대하여 '혐의 없음' 처분을 받은 전력이 있고 일정한 시청차단장치를 설치하였다는 등의 사정이 있어, 숙박업소의 업주들과 공모하여 일본의 음란 위성방송프로그램을 수신하여 손님들로 하여금 시청하게 한 경우
㉣ 피고인들이 변리사로부터 그들의 행위가 고소인의 상표권을 침해하지 않는다는 취지의 회답과 감정결과를 통보받았고, 피고인들의 행위에 대하여 3회에 걸쳐서 검사의 무혐의처분이 내려졌다가 최종적으로 고소인의 재항고를 받아들인 대검찰청의 재기수사명령에 따라 공소가 제기되었고 또한 판례들을 잘못 이해하고 상표권 침해행위를 한 경우

① 0개 ② 1개
③ 2개 ④ 3개

해설

② ㉡ 항목만 법률의 착오(금지의 착오)에 정당한 이유가 있어 처벌되지 아니한다.
㉠ 피고인이 대법원의 판례에 비추어 자신의 행위가 무허가 의약품의 제조·판매행위에 해당하지 아니하는 것으로 오인하였다고 하더라도, 사안을 달리하는 사건에 관한 대법원의 판례의 취지를 오해하였던 것에 불과하다면 그와 같은 사정만으로는 오인에 정당한 사유가 있다고 볼 수 없다(대법원 1995.7.28, 95도1081 강원생약 사건).
㉡ 피고인은 비록 면허나 의약품판매업 허가가 없이 의약품인 가감삼십전대보초를 판매하였다고 하더라도 범행 당시 자기의 행위가 법령에 의하여 죄가 되지 않는 것으로 믿을 수밖에 없었고 또 그렇게 오인함에 있어서 정당한 이유가 있는 경우에 해당한다(대법원 1995.8.25, 95도717 가감삼십전대보초 사건).
㉢ 피고인 그와 유사한 행위에 대하여 '혐의 없음' 처분을 받은 전력이 있다거나 일정한 시청차단장치를 설치하였다는 등의 사정만으로는 형법 제16조 소정의 정당한 이유가 있다고 볼 수 없다(대법원 2010.7.15, 2008도11679 일본포르노 수신기 설치 사건).
㉣ 피고인이 자신의 행위가 고소인의 상표권을 침해하는 것이 아니라고 믿은 데에 정당한 이유가 있다고 볼 수 없다(대법원 1998.10.13, 97도3337).

116 다음 중 법률의 착오(금지의 착오)에 정당한 이유가 있어 처벌되지 않는 것은 모두 몇 개인가? (다툼이 있으면 판례에 의함)
1 2 3 [core ★★]

㉠ 나이트클럽 경영자인 피고인이 "청소년유해업소 출입단속대상자는 18세 미만자와 고등학생이다"라는 경기도 경찰국장 명의의 공문내용을 믿고 '만 18세 이상자이고 고등학생이 아닌' 미성년자 10명을 나이트클럽에 출입시킨 경우

㉡ 비디오감상실 업주인 피고인이 관련 법령이 혼동스럽고, 관할 행정청의 "'만 18세 미만의 연소자 출입금지 표시'를 업소출입구에 부착하라"는 행정지도를 믿고 비디오물감상실에 '18세 이상 19세 미만'의 청소년을 출입시킨 경우

㉢ 주로 음식류를 조리 · 판매하는 레스토랑으로 허가받았으면 청소년을 고용해도 괜찮을 줄로 알았고, 시내 다른 레스토랑이나 한식당에서도 청소년을 고용하는 업소가 많고 구미시청 위생과 등에 문의해도 '레스토랑은 청소년을 고용해도 괜찮다'는 대답이 있어, 피고인이 주로 주류 및 안주류가 판매되는 시간대에 청소년을 고용한 경우

① 0개 ② 1개
③ 2개 ④ 3개

해설

② ㉡ 항목만 법률의 착오(금지의 착오)에 정당한 이유가 있어 처벌되지 아니한다.

㉠ 단순한 법률의 부지에 해당한다 할 것이고 또한 경찰당국이 단속대상에서 고등학생이 아닌 18세 이상의 미성년자를 제외하였다 하여 그로 인하여 범죄성립에 어떠한 영향을 미친다고는 할 수 없을 것이므로 피고인이 이를 믿었다고 하여 법령에 저촉되지 않는 것으로 오인함에 정당한 사유가 있는 경우에 해당한다고도 할 수 없다(대법원 1985.4.9, 85도25 천지창조 나이트 사건).

㉡ 비디오물감상실 업주들은 여전히 출입금지대상이 음반법 및 그 시행령에서 규정하고 있는 '18세 미만의 연소자'에 한정되는 것으로 인식하였던 것으로 보여지는바 사정이 위와 같다면 피고인이 자신의 비디오물감상실에 18세 이상 19세 미만의 청소년을 출입시킨 행위가 관련 법률에 의하여 허용된다고 믿었고 그렇게 믿었던 것에 대하여 정당한 이유가 있는 경우에 해당한다(대법원 2002.5.17, 2001도4077 비디오방 사건).

㉢ 일반음식점을 영위하는 자가 주로 음식류를 조리 · 판매하는 영업을 하면서 19세 미만의 청소년을 고용하는 경우에는 특별한 사정이 없는 한 청소년보호법의 규정에 저촉되지 않는다는 것을 피고인이 자기 나름대로 확대해석하거나 달리 해석했을 뿐이라고 보여지므로 피고인이 자신의 행위가 법률에 의하여 죄가 되지 아니하는 것으로 인식하는 데에 정당한 이유가 있다고 할 수도 없다(대법원 2004.2.12, 2003도6282).

정답 | 115 ② 116 ②

117 다음 중 법률의 착오(금지의 착오)에 정당한 이유가 있어 처벌되지 않는 것은 모두 몇 개인가? (다툼이 있으면 판례에 의함)

1 2 3 [core ★★]

㉠ 피고인이 동해시청 앞 잔디광장이 옥외장소에 해당함을 모르고 그곳에서 불법시위를 한 경우
㉡ 피고인이 자신의 행위가 건축법상의 허가대상인 줄을 모르고 관할 관청의 허가를 받지 않고 주택을 건축한 경우
㉢ 건물의 임차인인 피고인이 건축법의 관계 규정을 알지 못하여 건물을 무단용도변경하여 자동차정비공장으로 사용한 경우
㉣ 일본 영주권을 가진 재일교포인 피고인이 영리를 목적으로 관세물품을 구입한 것이 아니라거나 국내 입국시 관세신고를 하지 않아도 되는 것으로 오인하고, 국내 면세점에서 구입한 물건을 소지하고 출국하였다가 다시 입국하면서 세관에 신고하지 않은 경우

① 0개 ② 1개
③ 2개 ④ 3개

해설

① 모든 항목이 법률의 부지(不知)에 해당하여 처벌된다. 판례에 의할 때 법률의 부지는 형법 제16조에 해당하지 않기 때문에 법을 모르고 한 행위는 (무죄가 될 수 있는 다른 사유가 없는 한) 정당한 이유와 관계없이 처벌받는다.
㉠ 단순한 법률의 부지를 주장하는 것에 불과하여 범죄의 성립에 방해가 되지 않는다(대법원 2006.2.10, 2005도3490).
㉡ 단순한 법률의 부지에 불과하고 특히 법령에 의하여 허용된 행위로서 죄가 되지 않는다고 적극적으로 그릇 인식한 경우가 아니다(대법원 2011.10.13, 2010도15260).
㉢ 단순한 법률의 부지에 해당하고 특히 법령에 의하여 허용된 행위로서 죄가 되지 않는다고 그릇 인식한 경우는 아니므로 범죄의 성립에 아무런 지장이 없다(대법원 1995.8.25, 95도1351).
㉣ 단순한 법률의 부지로서 형법 제16조의 법률의 착오에 해당한다고 할 수 없다(대법원 2007.5.11, 2006도1993).

118 다음 중 법률의 착오(금지의 착오)에 정당한 이유가 있어 처벌되지 않는 것은 모두 몇 개인가? (다툼이 있으면 판례에 의함) [core ★★]

1 2 3

> ㉠ 광역시의회 의원인 피고인이 선거구민들에게 의정보고서를 배부하기에 앞서, 미리 관할 선거관리위원회 소속 공무원들에게 자문을 구하고 그들의 지적에 따라 수정한 의정보고서를 배부한 경우
>
> ㉡ 피고인이 과거 지방선거에서 같은 내용의 선거홍보물을 사용하였지만 처벌받지 않았다거나 또는 홍보물의 내용이 공직선거법에 위반됨을 알지 못하고, 허위학력(이력)을 예비후보자 홍보물에 기재하여 우송한 경우
>
> ㉢ 변호사 자격을 가진 국회의원인 피고인이 보좌관을 통해 관할 선거관리위원회 직원에게 구두로 문의하여 답변을 받은 결과 '의정보고서를 발간하는 것이 선거법규에 저촉되지 않는다'고 오인한 후 선거에 영향을 미칠 수 있는 내용이 포함된 의정보고서를 발간한 경우
>
> ㉣ 여러 지방자치단체장들이 관행적으로 간담회 개최 및 음식물 제공을 하여 왔고 행정자치부에서 이를 금지하는 구체적인 지침이 없으며, 그 비용을 행정자치부에서 마련한 업무추진비 집행기준을 준수하여 적법한 절차에 따라 업무추진비에서 지출하여 왔기 때문에, 피고인이 간담회의 참석자들에게 음식물을 제공한 경우

① 0개 ② 1개

③ 2개 ④ 3개

해설

② ㉠ 항목만 법률의 착오(금지의 착오)에 정당한 이유가 있어 처벌되지 아니한다. 나머지 항목들은 착오에 정당한 이유가 없어 처벌된다.

㉠ 피고인으로서는 의정보고서 배부가 선거관리위원회의 공식적인 지도에 맞추어 행한 것으로 공직선거법에 위반되지 않는다고 믿을 수밖에 없었고, 또 그렇게 오인함에 있어서 정당한 이유가 있는 경우에 해당한다(대법원 2005.6.10, 2005도835 수정 의정보고서 사건).

㉡ 피고인이 과거 지방선거에서 같은 내용의 선거홍보물을 사용하였지만 처벌받지 않았다거나 홍보물의 내용이 구 공직선거법에 위반됨을 알지 못하였다는 사유만으로는 피고인의 행위에 범의가 없다거나 형법 제16조 소정의 법률의 착오에 해당하는 정당한 이유가 있다고 볼 수 없다(대법원 2006.3.10, 2005도6316).

㉢ 피고인이 보좌관을 통하여 관할 선거관리위원회 직원에게 문의하여 의정보고서에 선거에 영향을 미칠 수 있는 내용을 게재하는 것이 허용된다는 답변을 들은 것만으로는 자신의 지적 능력을 다하여 이를 회피하기 위한 진지한 노력을 다 하였다고 볼 수 없고, 그 결과 자신의 행위의 위법성을 인식하지 못한 것이라고 할 것이므로 그에 대해 정당한 이유가 있다고 하기 어렵다(대법원 2006.3.24, 2005도3717).

㉣ 비록 여러 지방자치단체장들이 관행적으로 간담회 개최 및 음식물 제공을 하여 왔고 행정자치부에서 이를 금지하는 구체적인 지침이 없으며, 그 비용을 행정자치부에서 마련한 업무추진비 집행기준을 준수하여 적법한 절차에 따라 업무추진비에서 지출하여 옴으로써, 피고인이 자신의 그와 같은 행위가 공직선거법 제112조 제2항 제4호 (가)목 또는 (나)목에서 정한 법령 또는 조례에 의한 금품제공행위 내지는 같은 항 제4호 각 목에서 정한 직무상의 행위와 동등하게 평가할 수 있는 행위에 해당하여 법령에 의하여 허용되는 행위라고 오인하였다고 하더라도 그러한 오인에 정당한 이유가 있다고 볼 수 없다(대법원 2007.11.16, 2007도7205 이인준 부산중구청장 사건).

정답 | 117 ① 118 ②

119 다음 중 법률의 착오(금지의 착오)에 정당한 이유가 있어 처벌되지 않는 것을 모두 고른 것은? (다툼이 있으면 판례에 의함)
1 2 3 [core ★★]

> ㉠ 피고인이 남원시로부터 식품위생법상 즉석판매제조가공 영업을 허가받고 의약품인 '녹동달오리골드'를 제조한 경우
> ㉡ 피고인이 보장구제조허가를 받았고 또 한국보장구협회에서 다리교정기와 비슷한 기구를 제작·판매하고 있었기 때문에 다리교정기가 의료용구에 해당되지 않는다고 믿고 이를 제작·판매한 경우
> ㉢ 국가의 공인을 받지 못한 민간자격(대체의학자격증)을 취득한 피고인이 침술원을 개설한 후 무면허로 침술행위를 한 경우

① 없음 ② ㉠
③ ㉡ ④ ㉠㉢

해설

① 모든 항목이 법률의 착오(금지의 착오)에 정당한 이유가 있다고 할 수 없어 처벌된다.
㉠ 피고인의 무면허 의약품 제조행위로 인한 보건범죄단속에관한특별조치법위반죄의 범행이 형법 제16조에서 말하는 그 오인에 정당한 이유가 있는 때에 해당한다고 할 수 없다(대법원 2004.1.15, 2001도1429 녹동달오리골드 사건).
㉡ 보장구제조업허가를 받아 제조되는 보장구는 어디까지나 장애인의 장애를 보완하기 위하여 필요한 기구에 불과하므로 위 허가를 받았다고 하여 다리교정기와 같은 정형외과용 교정장치를 제조할 수 있도록 허용되는 것이 아님은 분명하므로, 설령 장애인복지법 제50조 제1항에 의해 보장구제조허가를 받았고 또 한국보장구협회에서 다리교정기와 비슷한 기구를 제작·판매하고 있던 자라 하더라도 다리교정기가 의료용구에 해당되지 않는다고 믿은 데에 정당한 사유가 있다고 볼 수는 없다(대법원 1995.12.26, 95도2188).
㉢ 자격기본법에 의한 민간자격관리자로부터 대체의학자격증을 수여받은 자가 사업자등록을 한 후 침술원을 개설하였다고 하더라도 국가의 공인을 받지 못한 민간자격을 취득하였다는 사실만으로는 자신의 행위가 무면허 의료행위에 해당되지 아니하여 죄가 되지 않는다고 믿는 데에 정당한 사유가 있었다고 할 수 없다(대법원 2003.5.13, 2003도939 돌팔이 침술원 사건).

120 다음 중 법률의 착오(금지의 착오)에 정당한 이유가 있어 처벌되지 않는 것은 모두 몇 개인가? (다툼이 있으면 판례에 의함)

1 2 3 [core ★★]

㉠ 피고인이 변호사의 자문을 받고 압류물을 집달관의 승인 없이 임의로 그 관할구역 밖으로 옮긴 경우
㉡ 피고인이 '타인의 상품과 피고인의 상품이 유사하지 않다'는 변리사의 감정결과와 특허국의 등록사정 등을 믿고 발가락 5개의 양말을 제조·판매한 경우
㉢ 사단법인 한국교통사고상담센타 직원인 피고인이 상사의 지시를 받아 변호사법위반행위(피해자의 요청으로 사건 화해의 중재나 알선을 하고 조정수수료를 받은 것)를 한 경우
㉣ 중국 국적 선박을 구입한 피고인이 외환은행 담당자의 안내에 따라 매도인인 중국해운회사에 선박을 임대하여 받기로 한 용선료를 재정경제부장관에게 미리 신고하지 아니하고 선박 매매대금과 상계한 경우

① 1개 ② 2개
③ 3개 ④ 4개

해설

② ㉡㉢ 2항목이 법률의 착오(금지의 착오)에 정당한 이유가 있어 처벌되지 아니한다.

㉠ 압류물을 집달관의 승인 없이 임의로 그 관할구역 밖으로 옮긴 경우에는 압류집행의 효용을 해하게 된다고 할 것이고, 변호사 등에게 문의하여 자문을 받았다는 사정만으로는 피고인의 행위가 죄가 되지 않는다고 믿는 데에 정당한 이유가 있다고 할 수 없다(대법원 1992.5.26, 91도894).

㉡ 특허나 의장권 관계의 법률에 관하여는 전혀 문외한인 피고인으로서는 관련 대법원판결이 있을 때까지는 자신이 제조하는 양말이 피해자의 의장권을 침해하는 것이 아니라고 믿을 수밖에 없었다고 할 것이니, 위 양말을 제조 판매하는 행위는 법령에 의하여 죄가 되지 않는다고 오인함에 있어서 정당한 이유가 있는 경우에 해당하여 처벌할 수 없다(대법원 1982.1.19, 81도646).

㉢ 직무수행상의 행위로서 위법의 인식을 기대하기 어렵고 적어도 형법 제16조에 이른바 법률의 착오에 해당한다고 봄이 상당하다(대법원 1975.3.25, 74도2882).

㉣ 외환은행 담당자의 안내에 따라 그대로 신고를 하였다고 하더라도 그러한 사정만으로 선박의 매매대금 지급의 신고에 관하여 피고인이 자신의 행위가 죄가 되지 아니하는 것으로 오인하였거나 그와 같은 오인에 정당한 이유가 있었다고 할 수 없다(대법원 2011.7.14, 2011도2136 메가파이오니어호 매매 사건).

정답 | 119 ① 120 ②

121 다음 중 법률의 착오(금지의 착오)에 정당한 이유가 있어 처벌되지 않는 것을 모두 고른 것은? (다툼이 있으면 판례에 의함) [core ★★]

1 2 3

> ㉠ 부동산중개업자가 아파트 분양권의 매매를 중개하면서 중개수수료 산정에 관한 지방자치단체의 조례를 잘못 해석하여 법에서 허용하는 금액을 초과한 중개수수료를 수수한 경우
> ㉡ 부동산중개업자인 피고인이 부동산중개업협회의 자문을 통하여 인원수의 제한 없이 중개보조원을 채용하는 것이 허용되는 것으로 믿고 제한인원을 초과하여 중개보조원을 채용한 경우
> ㉢ 피고인이 환경부의 질의회신 내용을 자기에게 유리하게 잘못 해석하여 무허가 처리업체에 건설폐기물을 위탁처리하게 한 경우
> ㉣ 법령의 객관적 해석에 반하여 무선설비의 납품처 담당 직원으로부터 형식등록이 필요 없다는 취지의 답변을 듣고, 피고인이 미국 회사로부터 수입·판매한 무선설비에 대하여 형식등록을 받지 않은 경우

① 없음
② ㉠
③ ㉡㉣
④ ㉠㉢

해설

① 모든 항목이 법률의 착오(금지의 착오)에 정당한 이유가 있다고 할 수 없어 처벌된다.

㉠ 피고인이 아파트 분양권의 매매를 중개할 당시 '일반주택'이 아닌 '일반주택을 제외한 중개대상물'을 중개하는 것이어서 교부 받은 수수료가 법에서 허용되는 범위 내의 것으로 믿고 이 사건 위반행위에 이르게 되었다고 하더라도 그러한 사정만으로는 자신의 행위가 법령에 저촉되지 않는 것으로 오인함에 정당한 사유가 있는 경우에 해당한다거나 피고인에게 범의가 없었다고 볼 수는 없다(대법원 2005.5.27, 2004도62).

㉡ 피고인이 부동산중개업협회의 자문을 통하여 인원수의 제한 없이 중개보조원을 채용하는 것이 허용되는 것으로 믿고서 위반행위에 이르게 되었다고 하더라도 그러한 사정만으로 자신의 행위가 법령에 저촉되지 않는 것으로 오인함에 정당한 이유가 있는 경우에 해당한다거나 피고인에게 범의가 없었다고 볼 수는 없다(대법원 2000.8.18, 2000도2943).

㉢ 피고인이 질의회신에 따라 자기의 행위가 죄가 되지 아니한다고 오인하였다고 하더라도, 이는 질의회신을 자기에게 유리하게 잘못 해석한 것에 불과하여 정당한 이유가 있는 법률의 착오에 해당한다고 볼 수 없다(대법원 2009.1.30, 2008도8607 무허가 건설폐기물 처리 사건).

㉣ 피고인이 법령의 객관적 해석에 반하여 무선설비의 납품처 담당 직원으로부터 형식등록이 필요없다는 취지의 답변을 들었다고 하는 등의 사유만으로 오인에 정당한 이유가 있는 법률의 착오에 해당한다고 볼 수 없다(대법원 2009.6.11, 2008도10373).

122 다음 중 법률의 착오(금지의 착오)에 정당한 이유가 있어 처벌되지 않는 것을 모두 고른 것은? (다툼이 있으면 판례에 의함)

1 2 3

[core ★★]

> ㉠ (학생회관의 관리권은 그 대학 당국에 귀속되므로) 학생회의 동의가 있어 학생회관에의 침입이 위법하지 않다고 믿은 경우
> ㉡ 약 23년간 경찰공무원으로 근무하여 온 피고인이 검사의 수사지휘만 받으면 허위로 공문서를 작성하여도 죄가 되지 아니하는 것으로 그릇 인식하고, 허위의 공문서를 작성한 경우
> ㉢ 가처분결정으로 직무집행정지 중에 있던 종단대표자인 피고인이 변호사의 조언을 받고 종단 소유의 보관금을 소송비용으로 사용한 경우
> ㉣ 피고인이 공무원이 그 직무에 관하여 실시한 봉인 등의 표시가 법률상 효력이 없다고 법규의 해석을 잘못하여 그 표시의 효용을 해한 경우

① 0개 ② 1개
③ 2개 ④ 3개

해설

① 모든 항목이 법률의 착오(금지의 착오)에 정당한 이유가 있다고 할 수 없어 처벌된다.

㉠ 학생회관의 관리권은 그 대학 당국에 귀속되므로 학생회의 동의가 있어 그 침입이 위법하지 않다고 믿었다 하더라도 정당한 사유가 있다고 볼 수 없으므로 주거침입죄를 구성한다(대법원 1995.4.14, 95도12).

㉡ 피고인이 검사의 수사지휘만 받으면 허위로 공문서를 작성하여도 죄가 되지 아니하는 것으로 그릇 인식하였다는 것은 납득이 가지 아니하고, 가사 피고인이 그러한 그릇된 인식이 있었다 하여도 피고인의 직업 등에 비추어 그러한 그릇된 인식을 함에 있어 정당한 이유가 있다고 볼 수도 없다(대법원 1995.11.10, 95도2088 강력반장 허위공문서 작성 사건).

㉢ 가처분결정으로 대표자 등의 직무집행이 정지 중에 있던 피고인들이 종단 소유의 보관금을 소송비용으로 사용함에 있어 변호사의 조언이 있었다 하더라도 그것만으로 피고인들의 보관금 인출 · 사용행위가 법률의 착오가 있은 경우에 해당하는 것이라 할 수 없다(대법원 1990.10.16, 90도1604).

㉣ 공무원이 그 직무에 관하여 실시한 봉인 등의 표시를 손상 또는 기타의 방법으로 그 효용을 해함에 있어서 그 봉인 등의 표시가 법률상 효력이 없다고 믿은 경우, 그와 같이 믿은 데에 정당한 이유가 없는 이상 공무상 표시무효죄의 죄책을 면할 수 없다(대법원 2000.4.21, 99도5563 가압류 기계 임의처분 사건).

정답 | 121 ① 122 ①

123 착오의 〈사례〉와 〈유형〉을 올바르게 연결한 것은? (다툼이 있으면 판례에 의함) [Superlative ★★★]

1 2 3

〈사례〉

㉠ 친구의 개를 허락 없이 죽이더라도 재물손괴에는 해당되지 않는다고 생각하고 죽인 경우
㉡ 지하철에서 승객이 손잡이를 잡기 위해 팔을 올리는 것을 소매치기하려는 것으로 오인하여 그 팔을 쳐서 전치 3주의 상해를 입힌 경우
㉢ 헌법상 양심의 자유가 보장되기 때문에 병역법상 입대거부를 처벌하는 규정은 무효라고 생각하고 입대를 거부한 경우
㉣ 간통죄가 죄가 된다고 생각하고 유부녀가 몰래 다른 남자와 간통한 경우
㉤ 건축법상 허가대상인 줄 모르고 허가 없이 근린생활시설을 교회로 용도변경하여 사용한 경우
㉥ 강도현장에서 범인을 체포하는 경우에는 사인(私人)도 그를 추적하여 타인의 주거에 들어가서라도 체포할 수 있다고 생각하고 타인의 주거에 무단으로 들어간 경우
㉦ 마네킹을 사람으로 오인하고 상해하기 위하여 돌로 친 경우

〈유형〉

ⓐ 법률의 부지
ⓑ 효력의 착오
ⓒ 포섭의 착오
ⓓ 위법성 조각사유의 한계에 관한 착오
ⓔ 위법성 조각사유의 전제사실에 관한 착오
ⓕ 반전된 금지의 착오
ⓖ 반전된 사실의 착오

① ㉤ ⓐ, ㉥ ⓔ, ㉦ ⓖ
② ㉠ ⓒ, ㉡ ⓔ, ㉣ ⓕ
③ ㉣ ⓒ, ㉥ ⓓ, ㉦ ⓖ
④ ㉤ ⓐ, ㉡ ⓓ, ㉥ ⓔ

해설

② 이 지문이 올바른 연결이다.
㉠ ⓒ 포섭의 착오이다.
㉡ ⓔ 위법성 조각사유의 전제사실에 관한 착오이다.
㉢ 판례의 변경으로 착오에 해당하지 않는다(판례가 변경되기 전에는 ⓑ 효력의 착오 사례였다).
㉣ ⓕ 반전된 금지의 착오(환각범)이다.
㉤ ⓐ 법률의 부지이다.
㉥ ⓓ 위법성 조각사유의 한계에 관한 착오이다.
㉦ ⓖ 반전된 사실의 착오(불능미수)이다.

124 甲은 야간에 악수를 청하는 이웃집 사람을 강도로 오인하고 방어할 생각으로 그를 때려 상해를 입혔으나, 오인에 정당한 이유가 없는 경우 어떠한 학설에 따르면 甲의 죄책이 가장 무거운가? [Essential ★]

① 소극적 구성요건표지이론 ② 엄격책임설
③ 구성요건착오 유추적용설 ④ 법효과제한적 책임설

해설

② 엄격책임설에 의하면 이는 금지의 착오가 되어 그 오인에 정당한 이유가 없으면 고의범으로 처벌되고, 그 오인에 정당한 이유가 있으면 책임이 조각되어 무죄가 된다. 설문의 경우 그 오인에 정당한 이유가 없으므로 상해죄로 처벌된다. 따라서 죄책이 가장 무겁다.

① 소극적 구성요건표지이론에 의하면 위법성조각사유는 소극적 구성요건이므로 구성요건적 착오에 관한 규정을 직접 적용하여 (불법) 고의가 조각되고, 다만 행위자에게 과실이 있으면 과실범으로 처벌되고, 과실이 없으면 무죄가 된다. 설문의 경우 그 오인에 정당한 이유가 없으므로(과실이 있으므로) 과실치상죄로 처벌된다.

③ 구성요건착오 유추적용설에 의하면 이는 사실의 착오와 유사하므로 구성요건적 착오에 관한 규정을 유추적용하여 (구성요건적) 고의 조각되고, 다만 행위자에게 과실이 있으면 과실범으로 처벌되고, 과실이 없으면 무죄가 된다. 설문의 경우 그 오인에 정당한 이유가 없으므로(과실이 있으므로) 과실치상죄로 처벌된다.

④ 법효과제한적 책임설에 의하면 (구성요건적) 고의는 인정되지만, 법질서 수호의사로 한 행위이므로 책임 고의가 조각되고(고의행위지만 고의책임을 지지 않으므로), 다만 행위자에게 과실이 있으면 과실범으로 처벌되고, 과실이 없으면 무죄가 된다. 설문의 경우 그 오인에 정당한 이유가 없으므로(과실이 있으므로) 과실치상죄로 처벌된다.

125 위법성조각사유의 전제사실의 착오에 관한 다음 설명 중 옳지 않은 것은? [core ★★]

① 소극적 구성요건표지이론에 따르면 허용구성요건의 착오는 구성요건적 착오이기 때문에 형법 제13조가 직접 적용된다.
② 엄격책임설은 허용구성요건의 착오를 법률의 착오로 보므로, 착오에 정당한 이유가 있으면 형법 제16조에 따라 책임이 조각된다.
③ 구성요건착오 유추적용설에 따르면 허용구성요건의 착오의 경우 사실의 착오규정에 따라 책임고의가 조각된다.
④ 법효과제한적 책임설은 고의의 이중적 지위를 인정하는 입장으로 허용구성요건의 착오의 경우 구성요건적 고의는 인정되지만 책임고의가 조각되기 때문에 고의범으로 처벌할 수 없다.

해설

③ [×] 구성요건착오 유추적용설에 따르면 허용구성요건의 착오의 경우 구성요건적 고의가 조각된다.
① [○] 소극적 구성요건표지이론에 따르면 허용구성요건의 착오는 **구성요건적 착오**이기 때문에 형법 제13조가 **직접 적용된다.**
② [○] 엄격책임설은 허용구성요건의 착오를 **법률의 착오로 보므로,** 착오에 정당한 이유가 있으면 형법 제16조에 따라 **책임이 조각된다.**
④ [○] 법효과제한적 책임설은 **고의의 이중적 지위를 인정하는 입장**으로 허용구성요건의 착오의 경우 구성요건적 고의는 인정되지만 **책임고의가 조각**되기 때문에 고의범으로 처벌할 수 없다.

정답 | 123 ② 124 ② 125 ③

126 다음은 위법성조각사유의 전제사실의 착오에 관한 학설의 설명이다. 〈보기 1〉과 〈보기 2〉의 연결이 옳은 것은?

1 2 3 [Superlative ★★★]

〈보기 1〉

㉠ 위법성인식은 고의와는 독립된 책임요소로서 위법성에 관한 착오는 모두 책임영역에서 취급되어야 한다.
㉡ 위법성조각사유의 전제사실의 착오는 구성요건적 착오와 금지착오의 중간적 성격을 가지고 있다.
㉢ 구성요건과 위법성은 총체적 불법구성요건으로 결합되어 하나의 판단과정으로 흡수되고, 범죄론은 불법과 책임이라는 2단계 구조를 가진다.

〈보기 2〉

ⓐ 착오에 빠진 행위자가 과실범 처벌규정이 없어 처벌받지 않을 경우에도 이를 교사·방조한 행위자에 대해서는 처벌이 가능하다.
ⓑ 이 학설은 위법성조각사유가 범죄론에서 가지는 독자적 기능을 무시한다는 비판을 받는다.
ⓒ 위법성조각사유의 전제사실의 착오는 어디까지나 고의행위에 이르게 된 동기의 착오에 불과한데, 이러한 동기의 착오가 고의범으로 처벌할 범죄를 과실범으로 처벌할 정도로 중요한 착오라고 볼 수 없다.

① ㉠ ⓑ, ㉡ ⓐ, ㉢ ⓒ
② ㉠ ⓐ, ㉡ ⓑ, ㉢ ⓒ
③ ㉠ ⓒ, ㉡ ⓑ, ㉢ ⓐ
④ ㉠ ⓒ, ㉡ ⓐ, ㉢ ⓑ

해설

④ 이 지문이 옳은 연결이다.
㉠ 엄격책임설을 말하고, 이 학설은 ⓒ와 같이 법효과제한적 책임설을 비판하고 있다.
㉡ 법효과제한적 책임설을 말하고, 이는 ⓐ와 같은 장점이 있다.
㉢ 소극적 구성요건표지이론을 말하고, 이는 ⓑ와 같은 비판을 받는다.

127 다음 중 적법행위에 대한 기대가능성의 법리가 구체화된 형법 내용이라고 할 수 없는 것은?

1 2 3

[core ★★]

① 강요된 행위(제12조)

② 금지의 착오(제16조)

③ 면책적 과잉방위(제21조 제3항)

④ 증거인멸죄에 있어 친족간의 특례(제155조 제4항)

해설

② 이는 책임조각사유에 해당할 뿐 적법행위에 대한 기대가능성의 법리가 구체화된 형법 내용이라고 할 수 없다.
①③④ 통설에 의할 때 이들은 적법행위에 대한 기대가능성의 법리가 구체화된 형법 내용이다.

☑ 기대가능성 반영 규정

구분	내용
책임조각	강요된 행위(제12조), 면책적 과잉방위(제21조 제3항), 면책적 과잉피난(제22조 제3항), 친족간의 범인도피·은닉 및 증거인멸(제151조 제2항, 제155조 제4항)
책임감경	과잉방위(제21조 제2항), 과잉피난(제22조 제3항), 과잉자구행위(제23조 제2항), 단순도주죄(제145조), 위조통화취득후지정행사(제210조)

128 다음 중 적법행위에 대한 기대가능성의 법리가 구체화된 형법 내용이라고 할 수 없는 것은?

1 2 3

[Essential ★]

① 저항할 수 없는 폭력이나 자기 또는 친족의 생명, 신체에 대한 위해를 방어할 방법이 없는 협박에 의하여 강요된 행위는 벌하지 아니한다.

② 법령에 의한 행위 또는 업무로 인한 행위 기타 사회상규에 위배되지 아니하는 행위는 벌하지 아니한다.

③ 방위행위가 그 정도를 초과한 때에는 정황에 의하여 그 형을 감경 또는 면제할 수 있다.

④ 친족 또는 동거의 가족이 본인을 위하여 범인도피의 죄를 범한 때에는 처벌하지 아니한다.

해설

② 이는 정당행위로 위법성조각사유에 해당할 뿐(제21조) 적법행위에 대한 기대가능성의 법리가 구체화된 형법 내용이라고 할 수 없다.
①③④ 통설에 의할 때 이들은 적법행위에 대한 기대가능성의 법리가 구체화된 형법 내용이다(① 제12조 ③ 제21조 제2항 ④ 제151조 제2항).

정답 | 126 ④ 127 ② 128 ②

129 형법 제12조의 강요된 행위에 관한 다음 설명 중 옳지 않은 것은? (다툼이 있으면 판례에 의함)

1 2 3

[core ★★]

① 저항할 수 없는 폭력이나 자기 또는 친족의 생명, 신체에 대한 위해를 방어할 방법이 없는 협박에 의하여 강요된 행위는 벌하지 아니한다.

② '저항할 수 없는 폭력'은 심리적 의미에 있어서 육체적으로 어떤 행위를 절대적으로 하지 아니할 수 없게 하는 경우와 윤리적 의미에 있어서 강압된 경우를 말하고, '협박'이란 자기 또는 친족의 생명, 신체에 대한 위해를 달리 막을 방법이 없는 협박을 말한다.

③ '강요'라 함은 피강요자의 자유스런 의사결정을 하지 못하게 하면서 특정한 행위를 하게 하는 것을 말하므로, 어떤 사람의 성장교육과정을 통하여 형성된 내재적인 관념 내지 확신으로 인하여 행위자 스스로의 의사결정이 사실상 강제되는 결과를 낳게 하는 경우에도 강요된 행위가 된다.

④ 피고인에게 적법행위를 기대할 가능성이 있는지 여부를 판단하기 위하여는 행위 당시의 구체적인 상황하에 행위자 대신에 사회적 평균인을 두고 이 평균인의 관점에서 기대가능성 유무를 판단하여야 한다.

해설

③ 강요된 행위는 저항할 수 없는 폭력이나 생명 신체에 위해를 가하겠다는 협박 등 다른 사람의 강요행위에 의하여 이루어진 행위를 의미하는 것이지 어떤 사람의 성장교육과정을 통하여 형성된 내재적인 관념 내지 확신으로 인하여 행위자 스스로의 의사결정이 사실상 강제되는 결과를 낳게 하는 경우까지 의미한다고 볼 수는 없다(대법원 1990.3.27, 89도1670 KAL기 폭파 사건).

① 저항할 수 없는 폭력이나 자기 또는 친족의 생명, 신체에 대한 위해를 방어할 방법이 없는 협박에 의하여 강요된 행위는 벌하지 아니한다(제12조).

② '저항할 수 없는 폭력'은 심리적 의미에 있어서 육체적으로 어떤 행위를 절대적으로 하지 아니할 수 없게 하는 경우와 윤리적 의미에 있어서 강압된 경우를 말하고, '협박'이란 자기 또는 친족의 생명, 신체에 대한 위해를 달리 막을 방법이 없는 협박을 말한다(대법원 2009.6.11, 2008도11784 예인선 진도대교 충돌 사건).

④ 피고인에게 적법행위를 기대할 가능성이 있는지 여부를 판단하기 위하여는 행위 당시의 구체적인 상황하에 행위자 대신에 사회적 평균인을 두고 이 평균인의 관점에서 기대가능성 유무를 판단하여야 한다(대법원 2015.11.12, 2015도6809 순승 세월호 사건).

130 기대가능성에 관한 다음 설명 중 옳지 않은 것은? (다툼이 있으면 판례에 의함) [Essential ★]

1 2 3

① 직장 상사의 지시로 인하여 그 부하가 범법행위에 가담한 경우 비록 직무상 지휘·복종 관계가 인정된다고 하더라도 그것 때문에 범법행위에 가담하지 않을 기대가능성이 부정된다고 볼 수는 없다.

② 기업이 불황이라는 사유만으로 임금이나 퇴직금을 체불하는 것은 허용되지 아니하지만, 모든 성의와 노력을 다했어도 임금이나 퇴직금의 체불이나 미불을 방지할 수 없었다는 것이 사회통념상 긍정할 정도가 되어 사용자에게 더 이상의 적법행위를 기대할 수 없거나 불가피한 사정이었음이 인정되는 경우에는 임금 및 퇴직금 등의 기일 내 지급의무 위반죄의 책임조각사유로 된다.

③ 이미 유죄의 확정판결을 받은 피고인은 공범의 형사사건에서 증언을 거부할 수 없을 뿐만 아니라 나아가 사실대로 증언하여야 하고, 설사 피고인이 자신의 형사사건에서 시종일관 그 범행을 부인하였다 하더라도 이를 이유로 피고인에게 사실대로 진술할 것을 기대할 가능성이 없다고 볼 수는 없다.

④ 자신에 대한 유죄판결이 확정된 증인이라도 공범에 대한 피고사건에서 증언할 당시 앞으로 재심을 청구할 예정이라고 한다면, 그 증인에게는 형사소송법 제148조에 의한 증언거부권이 인정된다.

해설

④ [×] 자신의 유죄 확정판결에 대하여 재심을 청구한 증인에게 증언의무를 부과하는 것이 형사소추 또는 공소제기를 당하거나 유죄판결을 받을 사실이 발로될 염려 있는 증언을 강제하는 것이라고 볼 수는 없으므로, 자신에 대한 유죄판결이 확정된 증인이 공범에 대한 피고사건에서 증언할 당시 앞으로 재심을 청구할 예정이라고 하여도 이를 이유로 증인에게 형사소송법 제148조에 의한 증언거부권이 인정되지는 않는다(대법원 2011.11.24, 2011도11994 진해 필로폰 매매알선 사건).

① [○] 직장 상사의 지시로 인하여 그 부하가 범법행위에 가담한 경우 비록 직무상 지휘·복종 관계가 인정된다고 하더라도 그것 때문에 범법행위에 가담하지 않을 **기대가능성이 부정된다고 볼 수는 없다**(대법원 2009.4.23, 2008도11921 삼성1호-허베이호 충돌 기름유출 사건).

② [○] 기업이 불황이라는 사유만으로 임금이나 퇴직금을 체불하는 것은 허용되지 아니하지만, 모든 성의와 노력을 다했어도 임금이나 퇴직금의 체불이나 미불을 방지할 수 없었다는 것이 사회통념상 긍정할 정도가 되어 사용자에게 더 이상의 적법행위를 기대할 수 없거나 불가피한 사정이었음이 인정되는 경우에는 임금 및 퇴직금 등의 기일 내 지급의무 위반죄의 **책임조각사유로 된다**(대법원 2015.2.12, 2014도12753 휴다임건축사사무소 사건).

③ [○] 이미 유죄의 확정판결을 받은 피고인은 공범의 형사사건에서 그 범행에 대한 증언을 거부할 수 없을 뿐만 아니라 나아가 사실대로 증언하여야 하고, 설사 피고인이 자신의 형사사건에서 시종일관 그 범행을 부인하였다 하더라도 이러한 사정은 위증죄에 관한 양형참작사유로 볼 수 있음은 별론으로 하고 이를 이유로 피고인에게 사실대로 진술할 것을 **기대할 가능성이 없다고 볼 수는 없다**(대법원 2008.10.23, 2005도10101 황제룸주점 강도상해 사건).

정답 | 129 ③ 130 ④

131 다음 중 기대가능성이 없어 범죄가 성립하지 않는 것을 모두 고른 것은? (다툼이 있으면 판례에 의함)

1 2 3

[core ★★]

㉠ 수험생인 피고인이 우연한 기회에 미리 출제될 시험문제를 알게 되어 그 답을 암기한 후 시험장에서 그 암기에 따라 답안지를 작성, 제출한 경우

㉡ 피고인 甲이 출제교수들로부터 대학원신입생전형시험문제를 제출받아 알게 된 것을 틈타서 피고인 乙, 丙 등에게 그 시험문제를 알려주었고 그렇게 알게 된 乙, 丙 등이 그 답안쪽지를 작성한 다음 이를 답안지에 그대로 베껴 써서 시험감독관에게 제출한 경우

㉢ 대학교 3학년생 34명이 지도교수의 인솔하에 피고인 경영의 나이트클럽에 찾아와 단체입장을 원하므로 피고인이 그들 중 일부 학생의 학생증을 확인하여 그들이 성년자임이 틀림없어 입장을 시켰으나 그중 미성년자 1인이 섞여 있었던 경우

① ㉠　　② ㉡㉢

③ ㉠㉢　　④ ㉠㉡㉢

해설

③ ㉠㉢ 2항목이 기대가능성이 없어 범죄가 성립하지 아니한다.

㉠ 입학시험에 응시한 수험생으로서 자기 자신이 부정한 방법으로 탐지한 것이 아니고 우연한 기회에 미리 출제될 시험문제를 알게 되어 그에 대한 답을 암기하였을 경우 암기한 답에 해당된 문제가 출제되었다 하여도 위와 같은 경위로서 암기한 답을 그 입학시험 답안지에 기재하여서는 아니 된다는 것을 그 일반수험생에게 기대한다는 것은 보통의 경우 도저히 불가능하다(대법원 1966.3.22, 65도1164 연합고사 문제유출 사건).

㉡ 피고인 甲이 출제교수들로부터 대학원신입생전형시험문제를 제출받아 알게 된 것을 틈타서 피고인 乙, 丙 등에게 그 시험문제를 알려주었고 그렇게 알게 된 乙, 丙 등이 답안쪽지를 작성한 다음 이를 답안지에 그대로 베껴써서 정을 모르는 시험감독관에게 제출하였다면 이는 위계로써 입시감독업무를 방해한 것이다(대법원 1991.11.12, 91도2211 조선대 대학원 입시비리 사건). 특별히 기대가능성이 없는 경우에 해당한다고 할 수 없다.

㉢ 피고인에게 학생들 중에 미성년자가 섞여 있을지도 모른다는 것을 예상하여 그들의 증명서를 일일이 확인할 것을 요구하는 것은 사회통념상 기대가능성이 없다고 봄이 상당하므로 이를 벌할 수 없다(대법원 1987.1.20, 86도874 재수없는 나이트클럽 사건).

132 다음 중 기대가능성이 없어 범죄가 성립하지 않는 것을 모두 고른 것은? (다툼이 있으면 판례에 의함)

1 2 3

[core ★★]

㉠ 피고인 甲이 비서라는 특수신분 때문에 주종관계에 있는 乙, 丙의 지시를 거절할 수가 없어 뇌물을 공여한 경우

㉡ 당국이 피고인이 간부로 있는 전국교직원노동조합이나 기타 단체에 대하여 모든 옥내외 집회를 부당하게 금지하고 있다고 하여, 관할경찰서장에게 신고하지 않고 옥외집회를 주최한 경우

㉢ 피고인이 오락실에서, 게임기와 대형스크린을 설치하고 취득한 점수에 따라 100점당 교육문화상품권을 배출하여 제공하는 방법으로 경품취급기준을 위반한 경우. 다만, 피고인은 당국으로부터 영업정지처분을 받고 이를 다투었는데 법원이 영업정지처분 효력정지 결정을 하여 이를 신뢰하고 영업을 계속한 것임

① 없음 ② ㉠
③ ㉡ ④ ㉠㉢

해설

① 모든 항목이 기대가능성이 없다고 할 수 없어 범죄가 성립한다.

㉠ 피고인 甲이 비서라는 특수신분 때문에 주종관계에 있는 乙, 丙의 지시를 거절할 수가 없어 뇌물을 공여한 것이었다 하더라도 그와 같은 사정만으로 피고인에게 뇌물 공여 이외의 반대행위를 기대할 수 없는 경우였다고 볼 수는 없다(대법원 1983.3.8, 82도2873).

㉡ 단지 당국이 피고인이 간부로 있는 전국교직원노동조합이나 기타 단체에 대하여 모든 옥내외 집회를 부당하게 금지하고 있다고 하여 그 집회신고의 기대가능성이 없다 할 수 없으므로 위와 같은 이유만으로 관할경찰서장에게 신고하지 않고 옥외집회를 주최한 것이 죄가 되지 않는다고 할 수 없다(대법원 1992.8.14, 92도1246).

㉢ 영업정지처분에 대한 집행정지 결정은 피고인이 제기한 영업정지처분 취소사건의 본안판결 선고시까지 그 처분의 효력을 정지한 것으로서 행정청의 처분의 위법성을 확정적으로 선언하지도 않았으므로, 위 집행정지 신청이 잠정적으로 받아들여졌다는 사정만으로는 구 음비법위반으로 기소된 피고인에게 적법행위의 기대가능성이 없다고 볼 수는 없다(대법원 2010.11.11, 2007도8645 로얄 그랑프리 게임장 사건).

정답 | 131 ③ 132 ①

133 이른바 '양심적 병역거부'에 관한 다음 설명 중 옳지 않은 것은? (다툼이 있으면 판례에 의함)

1 2 3

[core ★★]

① 양심적 병역거부자에게 병역의무의 이행을 일률적으로 강제하고 그 불이행에 대하여 형사처벌 등 제재를 하는 것은 헌법상 기본권 보장체계와 전체 법질서에 비추어 타당하지 않을 뿐만 아니라 소수자에 대한 관용과 포용이라는 자유민주주의 정신에도 위배되므로 진정한 양심에 따른 병역거부라면 이는 병역법 제88조 제1항의 '정당한 사유'에 해당한다.

② 병역법 제88조 제1항은 현역입영 또는 소집통지서를 받고도 '정당한 사유' 없이 이에 응하지 않은 사람을 처벌하는데, 여기에서 '정당한 사유'는 적법행위에 대한 기대불가능성의 문제로 책임조각사유에 해당한다.

③ 진정한 양심은 그 신념이 깊고 확고하며 진실하여야 한다. 인간의 내면에 있는 양심을 직접 객관적으로 증명할 수는 없으므로 사물의 성질상 양심과 관련성이 있는 간접사실 또는 정황사실을 증명하는 방법으로 판단하여야 한다.

④ 양심적 병역거부를 주장하는 피고인은 자신의 병역거부가 그에 따라 행동하지 않고서는 인격적 존재가치가 파멸되고 말 것이라는 절박하고 구체적인 양심에 따른 것이며 그 양심이 깊고 확고하며 진실한 것이라는 사실의 존재를 수긍할 만한 소명자료를 제시하고, 검사는 제시된 자료의 신빙성을 탄핵하는 방법으로 진정한 양심의 부존재를 증명할 수 있다.

해설

② [×] 병역법 제88조 제1항은 현역입영 또는 소집통지서를 받고도 '정당한 사유' 없이 이에 응하지 않은 사람을 처벌하는데, 여기에서 '정당한 사유'는 구성요건해당성을 조각하는 사유로서 위법성조각사유인 정당행위나 책임조각사유인 기대불가능성과는 구별된다(대법원 2018.11.1, 2016도10912 全合 종교적 병역거부 사건 I).

① [O] 양심적 병역거부자에게 병역의무의 이행을 일률적으로 강제하고 그 불이행에 대하여 형사처벌 등 제재를 하는 것은 양심의 자유를 비롯한 헌법상 기본권 보장체계와 전체 법질서에 비추어 타당하지 않을 뿐만 아니라 소수자에 대한 관용과 포용이라는 자유민주주의 정신에도 위배되므로 진정한 양심에 따른 병역거부라면 이는 **병역법 제88조 제1항의 '정당한 사유'에 해당한다**(대법원 2018.11.1, 2016도10912 全合 종교적 병역거부 사건 I).

③ [O] 진정한 양심은 그 신념이 깊고 확고하며 진실하여야 한다. 인간의 내면에 있는 양심을 직접 객관적으로 증명할 수는 없으므로 사물의 성질상 양심과 관련성이 있는 **간접사실 또는 정황사실을 증명하는 방법으로 판단하여야 한다**(대법원 2019.1.31, 2017도20851).

④ [O] 병역법 제88조 제1항에서 정한 '정당한 사유'가 없다는 사실은 범죄구성요건이므로 검사가 증명하여야 하지만, 진정한 양심의 부존재를 증명한다는 것은 마치 특정되지 않은 기간과 공간에서 구체화되지 않은 사실의 부존재를 증명하는 것과 유사하다. 위와 같은 불명확한 사실의 부존재를 증명하는 것은 사회통념상 불가능한 반면 그 존재를 주장·증명하는 것이 좀 더 쉬우므로, 이러한 사정은 검사가 증명책임을 다하였는지를 판단할 때 고려하여야 한다. 따라서 양심적 병역거부를 주장하는 피고인은 자신의 병역거부가 그에 따라 행동하지 않고서는 인격적 존재가치가 파멸되고 말 것이라는 절박하고 구체적인 양심에 따른 것이며 그 양심이 깊고 확고하며 진실한 것이라는 사실의 존재를 수긍할 만한 소명자료를 제시하고, **검사는 제시된 자료의 신빙성을 탄핵하는 방법으로 진정한 양심의 부존재를 증명할 수 있다.** 이때 병역거부자가 제시해야 할 소명자료는 적어도 검사가 그에 기초하여 정당한 사유가 없다는 것을 증명하는 것이 가능할 정도로 구체성을 갖추어야 한다(대법원 2018.11.1, 2016도10912 全合 종교적 병역거부 사건 I).

134 형법상 미수범 처벌규정이 있는 범죄는 모두 몇 개인가? [Superlative ★★★]

1 2 3

㉠ 직권남용죄(제123조)	㉡ 불법체포 · 감금죄(제124조)
㉢ 폭행 · 가혹행위죄(제125조)	㉣ 뇌물수수죄(제129조 제1항)
㉤ 공무집행방해죄(제136조)	㉥ 위계공무집행방해죄(제137조)
㉦ 공무상표시무효죄(제140조 제1항)	㉧ 공용물건손상죄(제141조 제1항)

① 2개 ② 3개
③ 4개 ④ 5개

해설

② ㉡㉦㉧ 3항목의 범죄가 미수범 처벌규정이 있다(㉡ 제124조 ㉦㉧ 제140조, 제141조, 제143조).

135 형법상 미수범 처벌규정이 있는 범죄는 모두 몇 개인가? [Superlative ★★★]

1 2 3

㉠ 도주죄(제145조 제1항)	㉡ 집합명령위반죄(제145조 제2항)
㉢ 간수자도주원조죄(제148조)	㉣ 범인도피 · 은닉죄(제151조)
㉤ 위증죄(제152조 제1항)	㉥ 무고죄(제156조)

① 1개 ② 2개
③ 3개 ④ 4개

해설

③ ㉠㉡㉢ 3항목의 범죄가 미수범 처벌규정이 있다(제145조, 제148조, 제149조).

정답 | 133 ② 134 ② 135 ③

136 형법상 미수범 처벌규정이 있는 범죄는 모두 몇 개인가?

1 2 3

[Superlative ★★★]

㉠ 통화위조죄(제207조 제1항)	㉡ 위조통화취득죄(제208조)
㉢ 위조통화지정행사죄(제210조)	㉣ 유가증권위조죄(제214조 제1항)
㉤ 허위유가증권작성죄(제216조)	㉥ 위조유가증권행사죄(제217조)

① 3개 ② 4개
③ 5개 ④ 6개

해설

③ ㉠㉡㉣㉤㉥ 5항목의 범죄가 미수범 처벌규정이 있다(㉠㉡ 제207조, 제208조, 제212조 ㉣㉤㉥ 제214조 제1항, 제216조, 제217조, 제223조).

137 형법상 미수범 처벌규정이 있는 범죄는 모두 몇 개인가?

1 2 3

[Superlative ★★★]

㉠ 공문서위조죄(제225조)	㉡ 위조공문서행사죄(제229조)
㉢ 사문서위조죄(제231조)	㉣ 위조사문서행사죄(제235조)
㉤ 공정증서원본부실기재죄(제228조)	㉥ 허위진단서작성죄(제233조)
㉦ 공문서부정행사죄(제230조)	㉧ 사문서부정행사죄(제236조)

① 5개 ② 6개
③ 7개 ④ 8개

해설

③ ㉠㉡㉢㉣㉤㉥㉦ 7항목의 범죄가 미수범 처벌규정이 있다. ㉧ 1항목만 사문서부정행사죄만 미수범 처벌규정이 없다(제235조).

138 형법상 미수범 처벌규정이 있는 범죄는 모두 몇 개인가? [Superlative ★★★]

1 2 3

㉠ 살인죄(제250조 제1항)	㉡ 영아살해죄(제251조)
㉢ 촉탁 · 승낙살인죄(제252조 제1항)	㉣ 자살교사 · 방조죄(제252조 제2항)
㉤ 상해죄(제257조 제1항)	㉥ 폭행죄(제260조 제1항)

① 3개 ② 4개

③ 5개 ④ 6개

해설

③ ㉠㉡㉢㉣㉤ 5항목의 범죄가 미수범 처벌규정이 있다(㉠㉡㉢㉣ 제250조부터 제254조 ㉤ 제257조).

139 형법상 미수범 처벌규정이 있는 범죄는 모두 몇 개인가? [Superlative ★★★]

1 2 3

㉠ 체포 · 감금죄(제276조 제1항)	㉡ 협박죄(제283조 제1항)
㉢ 미성년자약취 · 유인죄(제287조)	㉣ 강간죄(제297조)
㉤ 명예훼손죄(제307조)	㉥ 업무방해죄(제314조 제1항)
㉦ 주거침입죄(제319조 제1항)	㉧ 퇴거불응죄(제319조 제2항)

① 5개 ② 6개

③ 7개 ④ 8개

해설

② ㉠㉡㉢㉣㉦㉧ 6항목의 범죄가 미수범 처벌규정이 있다(㉠ 제276조 제1항, 제280조 ㉡ 제283조 제1항, 제286조 ㉢ 제287조, 제294조 ㉣ 제297조, 제300조 ㉦㉧ 제319조, 제322조).

정답 | 136 ③ 137 ③ 138 ③ 139 ②

140 형법상 미수범 처벌규정이 있는 범죄는 모두 몇 개인가? [Superlative ★★★]

1 2 3

㉠ 절도죄(제329조)	㉡ 자동차불법사용죄(제331조의2)
㉢ 강도죄(제333조)	㉣ 준강도죄(제335조)
㉤ 사기죄(제347조)	㉥ 컴퓨터등사용사기죄(제347조의2)
㉦ 부당이득죄(제349조)	㉧ 공갈죄(제350조)

① 5개
② 6개
③ 7개
④ 8개

해설

③ ㉠㉡㉢㉣㉤㉥㉧ 7항목의 범죄가 미수범 처벌규정이 있다. ㉦ 항목의 부당이득죄만 미수범 처벌규정이 없다(제329조부터 제342조, 제349조를 제외하고 제347조부터 제352조).

141 형법상 미수범 처벌규정이 있는 범죄는 모두 몇 개인가? [Superlative ★★★]

1 2 3

㉠ 횡령죄(제355조 제1항)	㉡ 점유이탈물횡령죄(제360조 제1항)
㉢ 배임죄(제355조 제2항)	㉣ 배임수재죄(제357조 제1항)
㉤ 배임증재죄(제357조 제2항)	㉥ 장물취득죄(제362조 제1항)
㉦ 손괴죄(제366조)	㉧ 경계침범죄(제370조)

① 5개
② 6개
③ 7개
④ 8개

해설

① ㉠㉢㉣㉤㉦ 5항목의 범죄가 미수범 처벌규정이 있다(㉠㉢㉣㉤ 제355조부터 제359조 ㉦ 제366조, 제371조).

142 실행의 착수에 관한 다음 설명 중 옳지 않은 것은? (다툼이 있으면 판례에 의함) [Essential ★]

1 2 3

① 비지정문화재의 수출미수죄가 성립하기 위하여는 비지정문화재를 국외로 반출하는 행위에 근접 · 밀착하는 행위가 행하여진 때에 그 실행의 착수가 있는 것으로 보아야 한다.

② 아직 범죄수익 등이 생기지 않은 상태에서도 범죄수익 등의 은닉행위에 근접 · 밀착하는 행위가 행하여진 경우라면 '범죄수익 등의 은닉행위'의 실행에 착수한 것으로 보아야 한다.

③ 부정경쟁방지법 제18조 제2항에서 정하고 있는 영업비밀부정사용죄에 있어서는 행위자가 그 영업활동에 근접한 시기에 영업비밀을 열람하는 행위(영업비밀이 전자파일의 형태인 경우에는 저장의 단계를 넘어서 해당 전자파일을 실행하는 행위)를 하였다면 그 실행의 착수가 있다.

④ 필로폰을 매수하려는 자로부터 필로폰을 구해 달라는 부탁과 함께 금전을 지급받았다고 하더라도, 당시 피고인이 필로폰을 소지 또는 입수한 상태에 있었거나 그것이 가능하였다는 등 매매행위에 근접 · 밀착한 상태에서 그 대금을 지급받은 것이 아니라 단순히 필로폰을 구해 달라는 부탁과 함께 대금 명목으로 금전을 지급받은 것에 불과한 경우에는 필로폰 매매행위의 실행의 착수에 이른 것이라고 볼 수 없다.

해설

② [×] '범죄수익 등의 은닉행위'의 실행에 착수하는 것은 범죄수익 등이 생겼을 때 비로소 가능하므로 아직 범죄수익 등이 생기지 않은 상태에서는 범죄수익 등의 은닉에 관한 죄의 실행에 착수하였다고 인정하기 어렵다(대법원 2007.1.11, 2006도5288 계좌만 개설 사건).

① [○] 비지정문화재의 수출미수죄가 성립하기 위하여는 비지정문화재를 **국외로 반출하는 행위에 근접 · 밀착하는 행위가 행하여진 때에 그 실행의 착수가 있는 것으로 보아야 한다**(대법원 1999.11.26, 99도2461 청화백자 매도 실패 사건).

③ [○] 부정경쟁방지법 제18조 제2항에서 정하고 있는 영업비밀부정사용죄에 있어서는 행위자가 그 영업활동에 근접한 시기에 **영업비밀을 열람**하는 행위(영업비밀이 전자파일의 형태인 경우에는 저장의 단계를 넘어서 해당 전자파일을 실행하는 행위)를 하였다면 그 실행의 착수가 있다(대법원 2009.10.15, 2008도9433 두산중공업 기술연구원장 사건).

④ [○] 필로폰을 매수하려는 자로부터 필로폰을 구해 달라는 부탁과 함께 금전을 지급받았다고 하더라도, 당시 피고인이 필로폰을 소지 또는 입수한 상태에 있었거나 그것이 가능하였다는 등 매매행위에 근접 · 밀착한 상태에서 그 대금을 지급받은 것이 아니라 **단순히 필로폰을 구해 달라는 부탁과 함께 대금 명목으로 금전을 지급받은 것에 불과한 경우에는 필로폰 매매행위의 실행의 착수에 이른 것이라고 볼 수 없다**(대법원 2015.3.20, 2014도16920 200만원 송금만 사건).

정답 | 140 ③ 141 ① 142 ②

143 다음 중 ( ) 안 범죄의 실행의 착수가 인정되는 것은 모두 몇 개인가? (다툼이 있으면 판례에 의함)

1 2 3

[core ★★]

㉠ 피고인이 수출할 사람에게 비지정문화재를 판매하려다가 가격절충이 되지 않아 계약이 성사되지 못한 경우 (비지정문화재수출죄)
㉡ 피고인들이 은행강도 범행으로 강취할 돈을 송금받을 목적으로 계좌를 개설한 경우. 다만, 이후 강도범행을 연기하거나 미수에 그쳐 범죄수익 등이 현실적으로 생기지 않았음 (범죄수익등은닉죄)
㉢ 입영대상자인 피고인이 병역면제처분을 받을 목적으로 병원으로부터 신장질환이 있는 것처럼 허위의 병사용진단서를 발급받은 경우. 다만, 이후 이 진단서를 병무청에 제출하지는 않았음 (병역기피목적 사위행위죄)
㉣ 피고인 甲이 乙로부터 필로폰을 구해 달라는 부탁을 받고 그 대금 명목으로 200만원을 송금받은 경우. 다만, 당시 피고인은 필로폰을 소지 또는 입수하였거나 곧바로 입수 가능한 상태에 있었다고 볼 수 없었음 (필로폰매매죄)

① 0개
② 1개
③ 2개
④ 3개

해설

① 모든 항목이 실행의 착수가 인정되지 아니한다.

㉠ 비지정문화재를 국외로 반출하는 행위에 근접·밀착하는 행위가 행하여진 때에 비지정문화재 수출미수죄의 실행의 착수가 있는 것으로 보아야 하므로, 수출할 사람에게 판매하려다가 가격절충이 되지 않아 계약이 성사되지 못한 단계에서는 아직 국외로 반출하는 행위에 근접·밀착하는 행위가 있었다고 볼 수 없다(대법원 1999.11.26, 99도2461 청화백자 매도 실패 사건).

㉡ 은닉행위의 실행에 착수하는 것은 범죄수익 등이 생겼을 때 비로소 가능하다 할 것이므로 아직 범죄수익 등이 생기지 않은 상태에서는 실행의 착수가 있다고 인정하기 어렵다. 피고인들의 범행은 금원을 강취하려고 하다가 그 범행을 연기하거나 미수에 그침으로써 아직 범죄수익 등이 생기지 않은 상태에서 이루어진 것으로서 이를 범죄수익 등의 은닉에 관한 죄의 미수에 해당하는 것으로 볼 수는 없다(대법원 2007.1.11, 2006도5288 계좌만 개설 사건).

㉢ 피고인이 병사용 진단서를 발급받아 관할 병무청에 제출하는 단계에까지 이르지 않은 이상 위와 같은 행위만으로는 병역의무를 잠탈하거나 병무행정의 적정성을 침해할 직접적인 위험이 발생한 것으로 보기 어려워 병역법 제86조가 규정하고 있는 '사위행위'의 실행에 이르렀다고 볼 수 없다(대법원 2005.11.10, 2005도1995 진단서 발급만 사건).

㉣ 필로폰을 매수하려는 자로부터 필로폰을 구해 달라는 부탁과 함께 금전을 지급받았다고 하더라도, 당시 피고인이 필로폰을 소지 또는 입수한 상태에 있었거나 그것이 가능하였다는 등 매매행위에 근접·밀착한 상태에서 그 대금을 지급받은 것이 아니라 단순히 필로폰을 구해 달라는 부탁과 함께 대금 명목으로 금전을 지급받은 것에 불과한 경우에는 필로폰 매매행위의 실행의 착수에 이른 것이라고 볼 수 없다(대법원 2015.3.20, 2014도16920 200만원 송금만 사건).

144 중지미수의 자의성 판단기준을 '자율적 동기와 타율적 동기'에 근거하여 판단할 때 다음 중 甲에게 자의성이 인정되는 경우만으로 짝지은 것은? (다툼이 있으면 판례에 의함) [core ★★]

1 2 3

> ㉠ 甲이 기밀탐지 임무를 부여받고 대한민국에 입국하여 기밀을 탐지 수집 중 경찰관이 甲의 행적을 탐문하고 갔다는 말을 전해 듣고 지령사항 수행을 보류하고 있던 중 체포되었다.
> ㉡ 甲은 乙과 함께 丙이 경영하는 사무실의 금품을 절취하기로 공모한 후 甲은 그 부근 포장마차에 있고 乙은 사무실의 열려진 출입문을 통하여 안으로 들어가 물건을 물색하고 있는 동안 甲은 자신의 범행전력 등을 생각하여 가책을 느낀 나머지 丙에게 乙의 침입사실을 알려 丙과 함께 乙을 체포하였다.
> ㉢ 甲은 乙과 대지를 공유하는 자로서 乙의 승낙을 받지 않고 공유대지를 담보에 제공하고 가등기를 경료하였다가 그 후 가등기를 말소하였다.
> ㉣ 甲은 乙을 폭행한 다음 강간하려고 하다가 乙이 다음번에 만나 친해지면 응해 주겠다는 취지의 간곡한 부탁을 하여 그 목적을 이루지 못한 후, 乙을 자신의 차에 태워 집에 데려다 주었다.

① ㉠㉢ ② ㉠㉣

③ ㉡㉣ ④ ㉢㉣

해설

③ ㉡㉣ 2항목의 경우 자의성이 인정된다(중지미수에 해당한다).

㉠ 피고인이 기밀탐지임무를 부여받고 대한민국에 입국 기밀을 탐지 수집 중 경찰관이 피고인의 행적을 탐문하고 갔다는 말을 전해 듣고 지령사항수행을 보류하고 있던 중 체포되었다면 피고인은 기밀탐지의 기회를 노리다가 검거된 것이므로 이를 중지범으로 볼 수는 없다(대법원 1984.9.11, 84도1381 간첩 하원차랑 사건).

㉡ 乙이 천광상회의 열려진 출입문을 통하여 안으로 들어가 물건을 물색하고 있는 동안 甲은 자신의 범행전력 등을 생각하여 가책을 느낀 나머지 스스로 결의를 바꾸어 丙에게 乙의 침입사실을 알려 그와 함께 乙을 체포하여서 그 범행을 중지하여 결과발생을 방지하였다는 것이므로 甲의 소위는 중지미수의 요건을 갖추었다고 할 것이다(대법원 1986.3.11, 85도2831 천광상회 사건).

㉢ 타인의 재물을 공유하는 자가 공유자의 승낙을 받지 않고 공유대지를 담보에 제공하고 가등기를 경료한 경우 횡령행위는 기수에 이르고 그 후 가등기를 말소했다고 하여 중지미수에 해당하는 것이 아니다(대법원 1978.11.28, 78도2175).

㉣ 피고인은 자의로 피해자에 대한 강간행위를 중지한 것이고 피해자의 다음에 만나 친해지면 응해 주겠다는 취지의 간곡한 부탁은 사회통념상 범죄실행에 대한 장애라고 여겨지지는 아니하므로 피고인의 행위는 중지미수에 해당한다(대법원 1993.10.12, 93도1851 친해지면 응해주겠다 사건).

정답 | 143 ① 144 ③

145 중지미수에 관한 다음 설명 중 옳지 않은 것은? (다툼이 있으면 판례에 의함) [Essential ★]

1 2 3

① 범인이 실행에 착수한 행위를 자의(自意)로 중지하거나 그 행위로 인한 결과의 발생을 자의로 방지한 경우에는 형을 감경하거나 면제한다.

② 범죄의 실행행위에 착수하고 그 범죄가 완수되기 전에 자기의 자유로운 의사에 따라 범죄의 실행행위를 중지한 경우에 그 중지가 일반 사회통념상 범죄를 완수함에 장애가 되는 사정에 의한 것이 아니라면 이는 중지미수에 해당한다.

③ 다른 공범의 범행을 중지하게 하지 않았더라도 자기만의 범의를 철회, 포기한 이상 중지미수로 인정할 수 있다.

④ 중지범은 범죄의 실행에 착수한 후 자의로 그 행위를 중지한 때를 말하는 것이고, 실행의 착수가 있기 전인 예비음모의 행위를 처벌하는 경우에 있어서 중지범의 관념은 인정할 수 없다.

해설

③ [×] 다른 공범의 범행을 중지하게 하지 아니한 이상 자기만의 범의를 철회, 포기하여도 중지미수로는 인정될 수 없다(대법원 2005.2.25, 2004도8259 텐트 강간 사건).

① [○] 범인이 실행에 착수한 행위를 자의(自意)로 중지하거나 그 행위로 인한 결과의 발생을 자의로 방지한 경우에는 형을 **감경하거나 면제한다**(제26조).

② [○] 범죄의 실행행위에 착수하고 그 범죄가 완수되기 전에 자기의 자유로운 의사에 따라 범죄의 실행행위를 중지한 경우에 그 중지가 일반 사회통념상 범죄를 완수함에 장애가 되는 사정에 의한 것이 아니라면 이를 **중지미수에 해당한다**(대법원 2011.11.10, 2011도10539 영남에어 대표 사건).

④ [○] 중지범은 범죄의 실행에 착수한 후 자의로 그 행위를 중지한 때를 말하는 것이고, 실행의 착수가 있기 전인 **예비음모의 행위를 처벌하는 경우에 있어서 중지범의 관념은 인정할 수 없다**(대법원 1999.4.9, 99도424 녹두 밀수 사건).

146 다음 중 중지미수에 해당하는 것을 모두 고른 것은? (다툼이 있으면 판례에 의함) [core ★★]

1 2 3

㉠ 피고인이 피해자를 강간하려다가 피해자의 "다음 번에 만나 친해지면 응해 주겠다"는 취지의 부탁으로 인하여 그 목적을 이루지 못한 경우

㉡ 피고인이 피해자를 강간하려고 음부를 만지던 중 피해자가 "수술한 지 얼마 안되어 배가 아프다"면서 애원하는 바람에 그 목적을 이루지 못한 경우

㉢ 강도가 강간하려고 하였으나 잠자던 피해자의 어린 딸이 잠에서 깨어 우는 바람에 도주하였고 또 피해자가 시장에 간 남편이 곧 돌아온다고 하면서 임신중이라고 말하자 도주한 경우

① 없음 ② ㉠

③ ㉡ ④ ㉢

해설

② ㉠ 항목만 중지미수에 해당한다.

㉠ 피고인은 자의로 피해자에 대한 강간행위를 중지한 것이고 피해자의 다음에 만나 친해지면 응해 주겠다는 취지의 간곡한 부탁은 사회통념상 범죄실행에 대한 장애라고 여겨지지는 아니하므로 피고인의 행위는 중지미수에 해당한다(대법원 1993. 10.12, 93도1851 친해지면 응해주겠다 사건).

㉡ 피고인들이 간음행위를 중단한 것은 피해자를 불쌍히 여겨서가 아니라 피해자의 신체조건상 강간을 하기에 지장이 있다고 본 데에 기인한 것이므로 이는 일반의 경험상 강간행위를 수행함에 장애가 되는 외부적 사정에 의하여 범행을 중지한 것에 지나지 않는 것으로서 중지범의 요건인 자의성을 결여하였다(대법원 1992.7.28, 92도917 절도상경 강도실경 사건).

㉢ 강도가 강간하려고 하였으나 잠자던 피해자의 어린 딸이 잠에서 깨어 우는 바람에 도주하였고 또 피해자가 시장에 간 남편이 곧 돌아온다고 하면서 임신중이라고 말하자 도주한 경우에는 자의로 강간행위를 중지하였다고 볼 수 없다(대법원 1993.4.13, 93도347 마음약한 강간범 사건).

147 1 2 3 다음 중 중지미수에 해당하는 것을 모두 고른 것은? (다툼이 있으면 판례에 의함) [core ★★]

㉠ 피고인이 장롱 안에 있는 옷가지에 불을 놓아 건물을 소훼하려 하였으나 불길이 치솟는 것을 보고 겁이 나서 물을 부어 불을 끈 경우

㉡ 피고인이 피해자를 살해하려고 목과 가슴 부위를 칼로 수회 찔렀으나, 피해자의 가슴 부위에서 많은 피가 흘러나오는 것을 발견하고 겁을 먹고 그만 둔 경우

㉢ 피고인 甲이 乙과 피해자 A를 텐트 안으로 끌고 간 후 乙, 甲의 순으로 성관계를 하기로 하고 甲은 주변에서 망을 보고 乙은 A의 반항을 억압한 후 강간하고, 이어 甲이 텐트 안으로 들어가 A를 강간하려 하였으나 A가 반항을 하며 강간을 하지 말아 달라고 사정을 하여 강간을 하지 않은 경우

① 없음　　② ㉠
③ ㉡　　④ ㉢

해설

① 모든 항목이 중지미수에 해당하지 아니한다.

㉠ 치솟는 불길에 놀라거나 자신의 신체안전에 대한 위해 또는 범행 발각시의 처벌 등에 두려움을 느끼는 것은 일반 사회통념상 범죄를 완수함에 장애가 되는 사정에 해당한다고 보아야 할 것이므로 자의에 의한 중지미수라고는 볼 수 없다(대법원 1997.6.13, 97도957 마음약한 방화범 사건).

㉡ 많은 피가 흘러나오는 것에 놀라거나 두려움을 느끼는 것은 일반 사회통념상 범죄를 완수함에 장애가 되는 사정에 해당한다고 보아야 할 것이므로 이를 자의에 의한 중지미수라고 볼 수 없다(대법원 1999.4.13, 99도640 마음약한 살인범 사건).

㉢ 다른 공범의 범행을 중지하게 하지 아니한 이상 자기만의 범의를 철회, 포기하여도 중지미수로는 인정될 수 없는 것인바, 乙이 甲과의 공모하에 강간행위에 나아간 이상 비록 甲이 강간행위에 나아가지 않았다 하더라도 중지미수에 해당하지는 않는다(대법원 2005.2.25, 2004도8259 텐트 강간 사건).

정답 | 145 ③　146 ②　147 ①

148 다음 중 중지미수에 해당하는 것은 모두 몇 개인가? (다툼이 있으면 판례에 의함) [core ★★]

1 2 3

㉠ 공범자인 乙이 A 경영 상회 안으로 들어가 절취할 물건을 물색하고 있는 동안, 피고인 甲이 가책을 느껴 A에게 乙의 침입사실을 알리고 그와 함께 乙을 체포한 경우
㉡ 피고인이 공동소유의 대지를 공동소유자의 승낙 없이 타인에게 담보로 제공하고 가등기를 경료한 경우. 다만, 이후 다시 그 채무를 변제하고 가등기를 말소하였음
㉢ 피고인 甲이 A에게 위조한 주식인수계약서와 통장사본을 보여주면서 50억원의 투자를 받았다고 말하며 자금의 대여를 요청하였고, 이에 A와 함께 50억원의 입금 여부를 확인하기 위해 은행에 가던 중 은행 입구에서 차용을 포기하고 돌아간 경우
㉣ 피고인 甲이 현대자동차 주식회사 사내망인 '오토웨이' 도면전자출도시스템에 乙의 아이디(ID)와 패스워드(PASSWORD)로 접속하여 영업비밀인 도면들을 자신의 업무용 컴퓨터로 다운로드받은 경우. 다만, 사후에 피고인이 이를 삭제하였음

① 0개 ② 1개
③ 2개 ④ 3개

해설

② ㉠ 항목만 중지미수에 해당한다.
㉠ 피고인의 소위는 중지미수의 요건을 갖추었다고 할 것이니 형법 제26조를 적용하여 피고인에 대한 형을 면제한 제1심판결을 유지한 원심조치는 정당하다(대법원 1986.3.11, 85도2831 천광상회 사건).
㉡ 타인의 재물을 공유하는 자가 공유자의 승낙을 받지 않고 공유대지를 담보에 제공하고 가등기를 경료한 경우 횡령행위는 기수에 이르고 그 후 가등기를 말소했다고 하여 중지미수에 해당하는 것이 아니다(대법원 1978.11.28, 78도2175).
㉢ 피해자와 함께 투자금의 입금 여부를 확인하기 위해 은행에 가던 중 범행이 발각될 것이 두려워 은행 입구에서 차용을 포기하고 돌아간 경우에는 중지미수로 볼 수 없다(대법원 2011.11.10, 2011도10539 영남에어 대표 사건).
㉣ 甲이 영업비밀인 도면들을 자신의 업무용 컴퓨터로 다운로드받음으로써 영업비밀 취득 범행이 기수에 이르렀으므로 사후에 이를 삭제하였다고 하여 미수에 불과하다고 볼 수는 없다(대법원 2008.12.24, 2008도9169 현대자동차 기술유출 사건).

149 다음 중 중지미수에 해당하는 것을 모두 고른 것은? (다툼이 있으면 판례에 의함) [core ★★]

1 2 3

㉠ 피고인이 대마 2상자를 사 가지고 돌아오다 '이 장사를 다시 하게 되면 내 인생을 망치게 된다'는 생각이 들어 이를 불태운 경우
㉡ 피고인 등이 원료불량으로 인한 제조상의 애로, 제품의 판로문제, 범행탄로시의 처벌공포, 다른 공범자의 포악성 등으로 인하여 히로뽕 제조를 단념한 경우
㉢ 피고인이 기밀탐지 임무를 부여받고 대한민국에 입국하여, 기밀을 탐지수집하던 중 경찰관이 피고인의 행적을 탐문하고 갔다는 말을 전해 듣고 지령사항 수행을 보류하고 있던 중 체포된 경우
㉣ 미리 제보를 받은 세관직원들이 범행장소 주변에 잠복근무를 하고 있어 그들이 왔다갔다하는 것을 본 피고인이, 범행의 발각을 두려워한 나머지 자신이 분담하기로 한 실행행위에 이르지 못한 경우

① 없음 ② ㉠
③ ㉡ ④ ㉢㉣

해설

① 모든 항목이 중지미수에 해당하지 아니한다.

㉠ 피고인이 대마 2상자를 사가지고 돌아오다 이를 불태웠다고 하더라도 이미 성립한 죄에는 아무 소장이 없어 이를 중지미수에 해당된다 할 수 없다(대법원 1983.12.27, 83도2629 내 인생 망친다 사건).

㉡ 피고인 등의 범행과정에 그와 같은 사정이 있었다는 것만으로는 이를 중지미수라 할 수 없다(대법원 1985.11.12, 85도2002 히로뽕 제조 실패 사건).

㉢ 피고인은 기밀탐지의 기회를 노리다가 검거된 것이므로 간첩미수범으로 의율한 원심의 조치는 정당하고 이를 중지범으로 의율하여야 한다는 논지는 채용할 수 없다(대법원 1984.9.11, 84도1381 간첩 하원차랑 사건).

㉣ 피고인의 자의에 의한 범행의 중지가 아니어서 중지범에 해당한다고 볼 수 없다(대법원 1986.1.21, 85도2339).

150 불능미수 또는 불능범에 관한 다음 설명 중 옳은 것은? [Superlative ★★★]

1 2 3

① 행위의 주체, 실행의 수단 또는 대상의 착오로 인하여 결과의 발생이 불가능하더라도 위험성이 있는 때에는 처벌한다.

③ 불능미수는 형을 감경 또는 면제하여야 한다.

② 불능미수와 불능범을 구별하는 기준은 결과발생의 가능성이다.

④ 행위자가 결과발생이 불가능하다는 것을 알면서 실행에 착수하였더라도 미수범으로 처벌할 수 없다.

해설

④ [○] 미수범에서 고의는 기수의 고의이어야 하므로 **결과의 발생이 처음부터 불가능한 것을 알면서도 실행에 착수한 경우는 미수범으로 처벌할 수 없다**는 것이 통설의 입장이다.

①② [×] 실행의 수단 또는 대상의 착오로 인하여 결과의 발생이 불가능하더라도 위험성이 있는 때에는 처벌한다. 단, 형을 감경 또는 면제할 수 있다(제27조). 형법은 결과발생 불가능의 원인으로 '주체의 착오'는 규정하고 있지 않다.

③ [×] 불능미수와 불능범을 구별하는 기준은 '결과발생의 가능성'이 아니라 '위험성'이다(제27조).

정답 | 148 ② 149 ① 150 ④

151 다음 중 형법 제27조에 규정된 위험성을 가장 넓게 인정하는 학설(불능미수를 가장 넓게 인정하는 학설)로 옳은 것은? [core ★★]

1 2 3

① 구객관설
② 구체적 위험설
③ 추상적 위험설
④ 주관설

해설

④ 주관설은 행위자의 범죄의사가 표현된 이상, 미신범을 제외하고는 모두 위험성을 인정하여 불능미수로 처벌하자는 견해로서 위험성을 가장 넓게 인정하는 학설이다.

☑ 불능미수에 있어 위험성 판단기준

구분	내용
구객관설	결과발생이 절대적으로 불가능한 경우는 위험성이 없는 불능범이고, 상대적으로 불가능한 경우는 위험성이 있는 불능미수라는 견해
구체적 위험설(신객관설)	'행위자가 인식했던 사정'과 '일반인이 인식할 수 있었던 사정'을 기초로 하여, 일반인의 입장에서 결과발생의 가능성 유무를 검토하는 견해(양자가 일치하지 않는 경우 '일반인이 인식할 수 있었던 사정'을 기초로 함)
추상적 위험설	'행위자가 인식했던 사정'을 기초로 하여, 일반인의 입장에서 결과발생의 가능성 유무를 검토하는 견해
주관설	행위자의 범죄의사가 표현된 이상, 미신범을 제외하고는 모두 위험성을 인정하여 불능미수로 처벌하자는 견해
인상설	행위자의 법적대적인 의사의 실행이 법적 평온을 교란시키는 인상을 주는지 여부에 따라 위험성 유무를 판단하는 견해

152 다음 중 미수에 관한 설명으로 가장 옳지 않은 것은? (다툼이 있으면 판례에 의함) [core ★★]

1 2 3

① 불능미수의 위험성 판단방법에 관한 주관설에 따르면 미신범을 제외하고는 모두 불능범이 아닌 불능미수로 본다.

② 불능미수는 실행의 수단이나 대상의 착오로 처음부터 구성요건이 충족될 가능성이 없는 경우로 결과적으로 구성요건의 충족은 불가능하지만 그 행위의 위험성이 있으면 불능미수로 처벌한다.

③ 중지미수에 있어서 자의성 판단기준에 관한 학설 중 Frank의 공식은 할 수 있었음에도 불구하고 하기를 원하지 않아서 중지한 경우에는 중지미수이고, 하려고 하였지만 할 수가 없어서 중지한 경우에는 장애미수라는 견해이다.

④ 일반 사회통념상 범죄를 완수함에 장애가 되는 사정이 없음에도 공모자 중의 1인이 자의로 범죄의 실행행위를 중지한 경우라면, 그 후 다른 공모자의 실행으로 인해 범죄의 결과가 발생하여도 자의로 중지한 공모자에 한해서는 형법 제26조의 중지범(중지미수)이 성립한다.

해설

④ [×] 비록 공모자 중의 1인이 자의로 범죄의 실행행위를 중지한 경우라도 결과가 발생한 이상 중지미수는 성립할 여지가 없다(대법원 2005.2.25, 2004도8259 텐트 강간 사건 참고).

① [○] 불능미수의 위험성 판단방법에 관한 주관설에 따르면 미신범을 제외하고는 **모두 불능범이 아닌 불능미수로 본다.**

② [○] 실행의 수단 또는 대상의 착오로 인하여 결과의 발생이 불가능하더라도 위험성이 있는 때에는 처벌한다. 단, 형을 **감경 또는 면제할 수 있다**(제27조).

③ [○] 중지미수에 있어서 자의성 판단기준에 관한 학설 중 **Frank의 공식은 할 수 있었음에도 불구하고 하기를 원하지 않아서 중지한 경우에는 중지미수이고, 하려고 하였지만 할 수가 없어서 중지한 경우에는 장애미수라는 견해이다.**

153 불능미수에 관한 다음 설명 중 옳지 않은 것은?

1 2 3

[core ★★]

① 사망한지 얼마 되지 않은 사람을 살아 있는 사람으로 오인하고 살해할 의사로 총을 발사한 경우 구객관설에 따르면 불능범이다.

② 치사량에 해당한다고 생각하고 살해하려 하였으나 치사량 미달의 독약이었던 경우 구체적 위험설에 따르면 불능범이다.

③ 독약으로 오인하고 설탕을 먹여 살해하려고 한 경우 추상적 위험설에 따르면 불능미수이다.

④ 설탕으로도 사람을 죽일 수 있다고 생각하고 설탕을 먹인 경우 주관설에 따르면 불능미수이다.

해설

② [×] 구체적 위험설은 행위자가 인식한 사정 및 일반인이 인식할 수 있었던 사실을 기초로 일반인의 관점에서 위험성 유무를 검토한다. 이에 의할 때 치사량에 해당한다고 생각하고 살해하려 하였으나 치사량 미달의 독약이었던 경우 위험성이 인정되어 불능미수가 된다.

① [○] 구객관설에 의할 때 사자(死者)에 대한 살인은 절대적으로 불가능하므로 이는 불가벌적 **불능범이다.**

③ [○] 추상적 위험설은 행위자가 인식한 사실을 기초로 일반인의 관점에서 위험성 유무를 검토한다. 이에 의할 때 독약으로 오인하고 설탕을 먹여 살해하려고 한 경우 **불능미수가 된다.**

④ [○] 주관설은 행위자가 인식한 사실을 기초로 행위자가 위험성 유무를 검토한다. 이에 의할 때 설탕으로도 사람을 죽일 수 있다고 생각하고 설탕을 먹인 경우 **불능미수가 된다.**

정답 | 151 ④ 152 ④ 153 ②

154 다음 사례에서 불능미수의 학설에 관한 설명으로 옳지 않은 것은? [Superlative ★★★]

1 2 3

> 甲은 평소 맘에 들지 않던 乙이 동네 벤치에 누워있는 것을 발견하고 살해하기 위해 총을 발사하였다. 그러나 乙은 甲이 총을 발사하기 전에 이미 심장마비로 사망한 상태였다.

① 구객관설(절대적 불능 · 상대적 불능 구별설)에 의하면 결과발생이 어떠한 경우에도 개념적으로 불가능하여 위험성이 인정되지 않는다.

② 구체적 위험설에 의하면 일반인이 乙을 살아 있는 것으로 오인한 경우뿐만 아니라 乙을 사망한 것으로 인식한 경우에도 행위자 甲의 인식이 우선시되므로 위험성이 인정된다.

③ 추상적 위험설에 의하면 甲은 乙을 살아 있는 사람으로 인식하고 있었으므로 위험성이 인정된다.

④ 주관설에 의하면 위 사례의 경우 위험성이 인정된다.

해설

② [×] 구체적 위험설에 의할 때 '행위자가 인식했던 사정'과 '일반인이 인식할 수 있었던 사정'이 일치하지 않는 경우 '일반인이 인식할 수 있었던 사정'을 기초로 결과발생의 가능성 유무를 검토한다. 일반인의 인식이 甲의 인식보다 우선시되므로 일반인이 乙을 살아 있는 것으로 오인한 경우에는 위험성이 인정되고, 일반인이 乙을 사망한 것으로 인식한 경우에는 위험성이 인정되지 아니한다.

① [○] 구객관설(절대적 불능 · 상대적 불능 구별설)에 의하면 사망한 자에 대한 살인이라는 **결과발생이 어떠한 경우에도 개념적으로 불가능하여 위험성이 인정되지 않는다.**

③ [○] 추상적 위험설에 의하면 행위자 甲은 乙을 살아 있는 사람으로 인식하고 있었으므로 행위자 인식을 전제로 일반인 입장에서 판단하면 **살아 있는 사람에 대한 살해행위로서 위험성이 인정된다.**

④ [○] 주관설에 의하면 미신범을 제외하고는 **위험성이 인정되므로 위험성이 인정된다.**

155 불능미수에 관한 다음 설명 중 옳지 않은 것은? (다툼이 있으면 판례에 의함) [core ★★]

1 2 3

① 실행의 수단 또는 대상의 착오로 인하여 결과의 발생이 불가능하더라도 위험성이 있는 때에는 처벌한다. 단, 형을 감경 또는 면제할 수 있다.

② 불능범은 범죄행위의 성질상 결과발생 또는 법익침해의 가능성이 절대로 있을 수 없는 경우를 말한다.

③ 불능범과 구별되는 불능미수의 성립요건인 '위험성'은 피고인이 행위 당시에 인식한 사정과 일반인이 인식할 수 있었던 사정을 놓고 일반인이 객관적으로 판단하여 결과발생의 가능성이 있는지 여부를 따져야 한다.

④ 피고인이 남편을 살해하려고 배춧국 그릇에 농약을 탄 다음 먹게 하였으나 피해자가 국물을 토함으로써 그 목적을 이루지 못한 경우, 법원은 농약의 치사량을 심리하여 피고인의 행위가 장애미수와 불능미수 중 어느 경우에 해당하는지 가려야 한다.

해설

③ [×] 불능범과 구별되는 불능미수의 성립요건인 '위험성'은 피고인이 행위 당시에 인식한 사정을 놓고 일반인이 객관적으로 판단하여 결과발생의 가능성이 있는지 여부를 따져야 한다(대법원 2019.3.28, 2018도16002 순습 만취한 것으로 오해 사건). 위험성에 관한 학설 중 '추상적 위험설'을 취한 듯한 판례이다.

① [O] 실행의 수단 또는 대상의 착오로 인하여 결과의 발생이 불가능하더라도 위험성이 있는 때에는 처벌한다. 단, 형을 **감경 또는 면제할 수 있다**(제27조).

② [O] 불능범은 범죄행위의 성질상 결과발생 또는 법익침해의 가능성이 절대로 있을 수 없는 경우를 말한다(대법원 2007.7.26, 2007도3687 초우뿌리 부자 사건). 위험성에 관한 학설 중 **'구객관설'을 취한 듯한 판례**이다.

④ [O] 피고인이 남편을 살해하려고 배춧국 그릇에 농약을 탄 다음 먹게 하였으나 피해자가 국물을 토함으로써 그 목적을 이루지 못한 경우, 법원은 농약의 치사량을 심리하여 피고인의 행위가 **장애미수와 불능미수 중 어느 경우에 해당하는지 가려야 한다**(대법원 1984.2.14, 83도2967 농약배춧국 사건).

156 1 2 3 미수범에 관한 다음 설명 중 옳지 않은 것은? (다툼이 있으면 판례에 의함) 

① 장애미수 또는 중지미수는 범죄의 실행에 착수할 당시 실행행위를 놓고 판단하였을 때 행위자가 의도한 범죄의 기수가 성립할 가능성이 있었으므로 처음부터 기수가 될 가능성이 객관적으로 배제되는 불능미수와 구별된다.

② 불능미수는 행위자가 존재하는 사실을 인식하지 못하였다는 측면에서 실제로 존재하지 않는 사실을 존재한다고 오인한 사실의 착오와 다르다.

③ 불능미수란 행위자에게 범죄의사가 있고 실행의 착수라고 볼 수 있는 행위가 있더라도 실행의 수단이나 대상의 착오로 처음부터 결과발생 또는 법익침해의 가능성이 없지만 다만 그 행위의 위험성 때문에 미수범으로 처벌하는 경우를 말한다.

④ 불능범과 구별되는 불능미수의 성립요건인 '위험성'은 피고인이 행위 당시에 인식한 사정을 놓고 일반인이 객관적으로 판단하여 결과발생의 가능성이 있는지 여부를 따져야 한다.

해설

② [×] 불능미수는 행위자가 실제로 존재하지 않는 사실을 존재한다고 오인하였다는 측면에서 존재하는 사실을 인식하지 못한 사실의 착오와 다르다(대법원 2019.3.28, 2018도16002 순습 만취한 것으로 오해 사건). 전자는 불능미수이고(반전된 구성요건의 착오), 후자는 사실의 착오(구성요건의 착오)이다.

① [O] 장애미수 또는 중지미수는 범죄의 실행에 착수할 당시 실행행위를 놓고 판단하였을 때 행위자가 의도한 범죄의 기수가 성립할 가능성이 있었으므로 **처음부터 기수가 될 가능성이 객관적으로 배제되는 불능미수와 구별된다**(대법원 2019.3.28, 2018도16002 순습 만취한 것으로 오해 사건).

③ [O] 불능미수란 행위자에게 범죄의사가 있고 실행의 착수라고 볼 수 있는 행위가 있더라도 실행의 수단이나 대상의 착오로 처음부터 결과발생 또는 법익침해의 가능성이 없지만 다만 그 행위의 위험성 때문에 미수범으로 처벌하는 경우를 말하는데, 여기에서 **'결과의 발생이 불가능'하다는 것은 범죄행위의 성질상 어떠한 경우에도 구성요건의 실현이 불가능하다는 것을 의미한다**(대법원 2019.5.16, 2019도97 워터볼 발송 사건).

④ [O] 불능범과 구별되는 불능미수의 성립요건인 '위험성'은 피고인이 **행위 당시에 인식한 사정을 놓고 일반인이 객관적으로 판단**하여 결과발생의 가능성이 있는지 여부를 따져야 한다(대법원 2019.3.28, 2018도16002 순습 만취한 것으로 오해 사건).

정답 | 154 ② 155 ③ 156 ②

157 다음 중 피고인을 미수범으로 처벌할 수 있는 경우는? (다툼이 있으면 판례에 의함) [Essential ★]

1 2 3

① 피고인이 피담보채권인 공사대금 채권을 실제와 달리 허위로 부풀려 유치권에 의한 경매를 신청한 경우

② 피고인이 소송비용을 편취할 의사로 소송비용의 지급을 구하는 손해배상청구의 소를 제기하였다가 담당판사로부터 소송비용의 확정은 소송비용액 확정절차를 통하여 하라는 권유를 받고 소를 취하한 경우

③ 임대인과 임대차계약을 체결한 임차인(피고인)이 임차건물에 거주하기는 하였으나 그의 처만이 전입신고를 마친 후에 경매절차에서 배당을 받기 위하여 임대차계약서상의 임차인 명의를 처로 변경하여 경매법원에 배당요구를 한 경우

④ 피고인이 A 등 25명으로부터 임야를 매수한 사실이 없음에도 불구하고 A 등이 전원 사망하였고 피고인 앞으로 임야에 대한 종합토지세가 부과되는 점을 기화로, 법원에 매매를 원인으로 한 소유권이전등기청구의 소를 제기하고 승소판결을 받아 피고인 명의로 임야에 관한 소유권이전등기를 경료한 경우

해설

① 공사대금 채권을 실제와 달리 허위로 크게 부풀려 유치권에 의한 경매를 신청할 경우 정당한 채권액에 의하여 경매를 신청한 경우보다 더 많은 배당금을 받을 수도 있으므로, 이는 재산상 이익을 취득하려는 행위로서 불능범에 해당한다고 볼 수 없고, 소송사기죄의 실행의 착수에 해당한다(대법원 2012.11.15, 2012도9603 유치권 경매신청 사건).

② 소송비용을 편취할 의사로 소송비용의 지급을 구하는 손해배상청구의 소를 제기하였다고 하더라도 이는 객관적으로 소송비용의 청구방법에 관한 법률적 지식을 가진 일반인의 판단으로 보아 결과발생의 가능성이 없어 위험성이 인정되지 않는다(대법원 2005.12.8, 2005도8105 소송비용 사건).

③ 실제의 임차인이 전세계약서상의 임차인 명의를 처의 명의로 변경하지 아니하였다 하더라도 소액임대차보증금에 대한 우선변제권 행사로서 배당금을 수령할 권리가 있다 할 것이어서, 경매법원이 실제의 임차인을 처로 오인하여 배당결정을 하였더라도 이로써 재물의 편취라는 결과의 발생은 불가능하다 할 것이고, 이러한 임차인의 행위를 객관적으로 결과발생의 가능성이 있는 행위라고 볼 수도 없다(대법원 2002.2.8, 2001도6669 임차인명의 변경 배당요구 사건).

④ 피고인의 제소가 사망한 자를 상대로 한 것이라면 이와 같은 사망한 자에 대한 판결은 그 내용에 따른 효력이 생기지 아니하여 상속인에게 그 효력이 미치지 아니하고 따라서 사기죄를 구성한다고 할 수 없다. 나아가 피고인의 행위가 소송사기죄의 불능미수에 해당한다고 볼 수도 없다(대법원 2002.1.11, 2000도1881 전원사망 피고들 사건).

158 다음 중 불가벌적 불능범(不能犯)에 해당하는 것은 모두 몇 개인가? (다툼이 있으면 판례에 의함)

1 2 3

[Superlative ★★★]

㉠ 피고인이 피해자를 살해하기 위하여 '치사량에 약간 미달하는 농약 1.6cc'를 요구르트 한 병마다 섞어 피해자에게 마시게 한 경우

㉡ 피고인이 일정량 이상을 먹으면 사람이 죽을 수도 있는 '초우뿌리'나 '부자' 달인 물을 마시게 하여 피해자를 살해하려다 미수에 그친 경우

㉢ 피고인이 피해자가 심신상실 또는 항거불능의 상태에 있다고 인식하고 그러한 상태를 이용하여 간음하였으나 피해자가 실제로는 심신상실 또는 항거불능의 상태에 있지 않았던 경우

㉣ 소매치기인 피고인이 피해자의 잠바 왼쪽주머니에 손을 넣어 금품을 절취하려 하였으나 그 주머니 속에 금품이 들어있지 않았던 경우

㉤ 피고인이 히로뽕의 원료인 염산에페트린 및 수종의 약품을 교반하여 히로뽕 제조를 시도하였으나 약품배합 미숙으로 그 완제품을 제조하지 못한 경우

① 0개 ② 1개

③ 2개 ④ 3개

해설

① 모든 항목의 경우 불가벌적 불능범에 해당하지 아니한다. 모두 가벌적인 불능미수 또는 장애미수에 해당한다.

㉠ 피고인이 요구르트 한병마다 섞은 농약 1.6cc가 그 치사량에 약간 미달한다 하더라도 이를 마시는 경우 사망의 결과발생 가능성을 배제할 수는 없다(대법원 1984.2.28, 83도3331).

㉡ 일정량 이상을 먹으면 사람이 죽을 수도 있는 '초우뿌리'나 '부자' 달인 물을 마시게 하여 피해자를 살해하려다 미수에 그쳤다면 불능범이 아닌 살인미수죄가 성립한다(대법원 2007.7.26, 2007도3687 초우뿌리 부자 사건).

㉢ 피고인이 피해자가 심신상실 또는 항거불능의 상태에 있다고 인식하고 그러한 상태를 이용하여 간음하였으나 피해자가 실제로는 심신상실 또는 항거불능의 상태에 있지 않았다면 이는 실행의 수단 또는 대상의 착오로 인하여 구성요건적 결과의 발생이 처음부터 불가능하였고 실제로 그러한 결과가 발생하였다고 할 수 없으나, 피고인이 행위 당시에 인식한 사정을 놓고 일반인이 객관적으로 판단하여 보았을 때 준강간의 결과가 발생할 위험성이 있었으므로 준강간죄의 불능미수가 성립한다(대법원 2019.3.28, 2018도16002 숫숨 만취한 것으로 오해 사건).

㉣ 소매치기가 피해자의 주머니에 손을 넣어 금품을 절취하려 한 경우 비록 그 주머니 속에 금품이 들어있지 않았었다 하더라도 절도라는 결과발생의 위험성을 충분히 내포하고 있으므로 이는 절도미수에 해당한다(대법원 1986.11.25, 86도2090).

㉤ 향정신성의약품인 메스암페타민의 제조를 위해 그 원료인 염산에페트린 및 수종의 약품을 교반하여 그 제조를 시도하였으나 약품배합 미숙으로 완제품을 제조하지 못하였다면 그 행위는 성질상 결과발생의 위험성이 인정되어 습관성의약품제조죄의 미수범으로 처벌된다(대법원 1985.3.26, 85도206). '교반(攪拌)'이란 휘저어 섞는 것을 말한다.

정답 | 157 ① 158 ①

159 형법상 예비 · 음모 처벌규정이 있는 범죄는 모두 몇 개인가? [Superlative ★★★]

1 2 3

㉠ 내란죄(제87조)	㉡ 간첩죄(제98조 제1항)
㉢ 일반이적죄((제99조)	㉣ 범죄단체조직죄(제114조)
㉤ 외교상기밀누설(제113조 제1항)	㉥ 폭발물사용죄(제119조 제1항)

① 3개
② 4개
③ 5개
④ 6개

해설

② ㉠㉡㉢㉥ 4항목의 범죄가 예비 · 음모 처벌규정이 있다(㉠ 제87조, 제90조 제1항 ㉡㉢ 제98조, 제99조, 제101조 제1항 ㉥ 제119조 제1항, 제120조 제1항).

160 형법상 예비 · 음모 처벌규정이 있는 범죄는 모두 몇 개인가? [Superlative ★★★]

1 2 3

㉠ 도주죄(제145조 제1항)	㉡ 집합명령위반죄(제145조 제2항)
㉢ 간수자도주원조죄(제148조)	㉣ 범인도피 · 은닉죄(제151조)

① 0개
② 1개
③ 2개
④ 3개

해설

② ㉢ 항목의 범죄만 예비 · 음모 처벌규정이 있다(제148조, 제150조).

161 형법상 예비 · 음모 처벌규정이 있는 범죄는 모두 몇 개인가? [Superlative ★★★]

1 2 3

㉠ 현주건조물방화죄(제164조 제1항)	㉡ 타인소유일반건조물방화죄(제166조 제1항)
㉢ 자기소유일반건조물방화죄(제166조 제2항)	㉣ 일반물건방화죄(제167조)
㉤ 폭발성물건파열죄(제172조 제1항)	㉥ 일반교통방해죄(제185조)
㉦ 자동차교통방해죄(제186조)	㉧ 선박매몰죄(제187조)

① 2개
② 3개
③ 4개
④ 5개

해설

④ ㉠㉡㉤㉦㉧ 5항목의 범죄가 예비 · 음모 처벌규정이 있다(㉠㉡㉤ 제164조 제1항, 제166조 제1항, 제172조 제1항, 제175조 ㉦㉧ 제186조, 제187조, 제191조).

162 1 2 3 형법상 예비 · 음모 처벌규정이 있는 범죄는 모두 몇 개인가? [Superlative ★★★]

㉠ 통화위조죄(제207조 제1항)
㉡ 위조통화취득죄(제208조)
㉢ 위조통화지정행사죄(제210조)
㉣ 유가증권위조죄(제214조 제1항)
㉤ 허위유가증권작성죄(제216조)
㉥ 위조유가증권행사죄(제217조)
㉦ 우표위조죄(제218조 제1항)
㉧ 우표소인말소죄(제221조)

① 2개
② 3개
③ 4개
④ 5개

해설

② ㉠㉣㉦ 3항목의 범죄가 예비 · 음모 처벌규정이 있다(㉠ 제207조 제1항, 제213조 ㉣㉦ 제214조 제1항, 제218조 제1항, 제224조).

163 1 2 3 형법상 예비 · 음모 처벌규정이 있는 범죄는 모두 몇 개인가? [Superlative ★★★]

㉠ 살인죄(제250조 제1항)
㉡ 영아살해죄(제251조)
㉢ 촉탁 · 승낙살인죄(제252조 제1항)
㉣ 자살교사 · 방조죄(제252조 제2항)
㉤ 위계 · 위력 촉탁 · 승낙살인죄(제253조 전단)
㉥ 위계 · 위력 자살교사 · 방조죄(제253조 후단)

① 2개
② 3개
③ 4개
④ 5개

해설

② ㉠㉤㉥ 3항목의 범죄가 예비 · 음모 처벌규정이 있다(제250조 제1항, 제253조, 제255조).

정답 | 159 ② 160 ② 161 ④ 162 ② 163 ②

164 형법상 예비 · 음모 처벌규정이 있는 범죄는 모두 몇 개인가? [Superlative ★★★]

1 2 3

> ㉠ 강간죄(제297조)
> ㉡ 유사강간죄(제297조의2)
> ㉢ 강제추행죄(제298조)
> ㉣ 준강간죄(제299조)
> ㉤ 준강제추행죄(제299조)
> ㉥ 13세 미만의 사람에 대한 의제강간죄(제305조 제1항)
> ㉦ 13세 이상 16세 미만의 사람에 대한 의제강간죄(제305조 제2항)

① 5개
② 6개
③ 7개
④ 8개

해설

① ㉠㉡㉣㉥㉦ 5항목의 범죄가 예비 · 음모 처벌규정이 있다(제297조, 제297조의2, 제299조, 제305조, 제305조의3).

165 예비 · 음모에 관한 다음 설명 중 옳지 않은 것은? (다툼이 있으면 판례에 의함) [Essential ★]

1 2 3

① 형법 각칙의 예비죄를 처단하는 규정을 바로 독립된 구성요건개념에 포함시킬 수는 없다고 하는 것이 죄형법정주의의 원칙에 합당하는 해석이다.

② 강도예비음모에 있어 예비는 음모에 해당하는 행위를 제외하는 것으로 새겨야 할 것이다.

③ 실행의 착수가 있기 전인 예비음모의 행위를 처벌하는 경우에 있어서 중지범의 관념은 인정할 수 없다.

④ 정범이 실행의 착수에 이르지 아니하고 예비의 단계에 그친 경우에도 이에 가공하는 행위는 예비의 종범으로 처벌할 수 있다.

해설

④ [×] 종범이 처벌되기 위하여는 정범의 실행의 착수가 있는 경우에만 가능하고 정범이 실행의 착수에 이르지 아니한 예비의 단계에 그친 경우에는 이에 가공하는 행위가 예비의 공동정범이 되는 경우를 제외하고는 이를 종범으로 처벌할 수 없다(대법원 1976.5.25, 75도1549 강도예비 방조 사건).

① [O] 형법 각칙의 예비죄를 처단하는 규정을 바로 **독립된 구성요건개념에 포함시킬 수는 없다**고 하는 것이 죄형법정주의의 원칙에 합당하는 해석이다(대법원 1976.5.25, 75도1549 강도예비 방조 사건).

② [O] 강도예비음모에 있어 **예비는 음모에 해당하는 행위를 제외하는 것으로 새겨야 할 것이다**(대법원 1984.12.11, 82도3019).

③ [O] 중지범은 범죄의 실행에 착수한 후 자의로 그 행위를 중지한 때를 말하는 것이고 실행의 착수가 있기 전인 **예비음모의 행위를 처벌하는 경우에 있어서 중지범의 관념은 이를 인정할 수 없다**(대법원 1999.4.9, 99도424 녹두 밀수 사건).

166 예비 · 음모에 관한 다음 설명 중 옳지 않은 것은? (다툼이 있으면 판례에 의함) [core ★★]

1 2 3

① 살인예비죄가 성립하기 위하여는 살인죄를 범할 목적 외에도 살인의 준비에 관한 고의가 있어야 하며, 나아가 실행의 착수까지에는 이르지 아니하는 살인죄의 실현을 위한 준비행위가 있어야 한다.

② 살인예비죄가 성립하기 위한 준비행위는 물적인 것에 한정되지 아니하며 특별한 정형이 있는 것도 아니지만, 단순히 범행의 의사 또는 계획만으로는 그것이 있다고 할 수 없고 객관적으로 보아서 살인죄의 실현에 실질적으로 기여할 수 있는 외적 행위를 필요로 한다.

③ 강도예비 · 음모죄가 성립하기 위해서는 미필적으로라도 '강도'를 할 목적이 있음이 인정되어야 하고 그에 이르지 않고 단순히 '준강도'할 목적이 있음에 그치는 경우에는 강도예비 · 음모죄로 처벌할 수 없다.

④ 음모란 2인 이상의 자 사이에 성립한 범죄실행의 합의를 말하는 것으로, 그 합의에 실질적인 위험성이 인정되지 않더라도 객관적으로 보아 특정한 범죄의 실행을 위한 준비행위라는 것이 명백히 인식되면 음모죄가 성립한다.

해설

④ [×] 음모란 2인 이상의 자 사이에 성립한 범죄실행의 합의를 말하는 것으로, 범죄실행의 합의가 있다고 하기 위하여는 단순히 범죄결심을 외부에 표시 · 전달하는 것만으로는 부족하고, 객관적으로 보아 특정한 범죄의 실행을 위한 준비행위라는 것이 명백히 인식되고 그 합의에 실질적인 위험성이 인정될 때에 비로소 음모죄가 성립한다(대법원 1999.11.12, 99도3801 꼴통 군인들 사건)(同旨 대법원 2015.1.22, 2014도10978 全合).

①② [○] 살인예비죄가 성립하기 위하여는 살인죄를 범할 목적 외에도 살인의 준비에 관한 고의가 있어야 하며, 나아가 실행의 착수까지에는 이르지 아니하는 **살인죄의 실현을 위한 준비행위가 있어야 한다.** 여기서의 준비행위는 물적인 것에 한정되지 아니하며 특별한 정형이 있는 것도 아니지만, 단순히 범행의 의사 또는 계획만으로는 그것이 있다고 할 수 없고 객관적으로 보아서 살인죄의 실현에 실질적으로 기여할 수 있는 **외적 행위를 필요로 한다**(대법원 2009.10.29, 2009도7150 실패한 살인교사 사건).

③ [○] 강도예비 · 음모죄가 성립하기 위해서는 미필적으로라도 '강도'를 할 목적이 있음이 인정되어야 하고 그에 이르지 않고 단순히 '준강도'할 목적이 있음에 그치는 경우에는 **강도예비 · 음모죄로 처벌할 수 없다**(대법원 2006.9.14, 2004도6432 준강도 목적 사건).

정답 | **164** ① **165** ④ **166** ④

167 다음 중 (   ) 안 범죄가 성립하는 것은? (다툼이 있으면 판례에 의함) [Essential ★]

1 2 3

① 피고인이 살해의 용도에 공하기 위한 흉기를 준비하였지만 그 흉기로서 살해할 대상자가 확정되지 아니한 경우 (살인예비죄)

② 피고인 甲이 피해자 A를 살해하기 위하여 乙과 丙을 고용한 후 그들에게 살인의 대가를 지급하기로 약정한 경우 (살인예비죄)

③ 사병인 피고인들이 수회에 걸쳐 "총을 훔쳐 전역 후 은행이나 현금수송차량을 털어 한탕 하자"는 말을 나눈 경우 (강도예비죄)

④ 뜻하지 않게 절도범행이 발각되었을 경우 체포를 면탈하는 데 도움이 될 수 있을 것이라는 생각에 피고인이 등산용 칼을 휴대한 경우 (강도예비죄)

해설

② 피고인에게는 살인죄를 범할 목적 및 살인의 준비에 관한 고의가 인정될 뿐 아니라 그가 살인죄의 실현을 위한 준비행위를 하였음을 인정할 수 있으므로 살인예비죄가 성립한다(대법원 2009.10.29, 2009도7150 실패한 살인교사 사건).

① 살해의 용도에 공하기 위한 흉기를 준비하였다 하더라도 그 흉기로서 살해할 대상자가 확정되지 아니한 한 살인예비죄로 다스릴 수 없다(대법원 1959.9.1, 59도387).

③ 피고인들이 수회에 걸쳐 "총을 훔쳐 전역 후 은행이나 현금수송차량을 털어 한탕 하자"는 말을 나눈 정도만으로는 강도음모를 인정하기에 부족하다(대법원 1999.11.12, 99도3801 꼴통 군인들 사건).

④ 피고인에게 준강도할 목적이 인정되는 정도에 그치는 이상 피고인에게 강도할 목적이 있었다고 볼 수 없으므로 강도예비죄의 죄책을 인정할 수는 없다(대법원 2006.9.14, 2004도6432 준강도 목적 사건).

168 다음 중 (   ) 안 범죄가 성립하는 것을 모두 고른 것은? (다툼이 있으면 판례에 의함) [core ★★]

1 2 3

㉠ 피고인이 행사할 목적으로 미리 준비한 물건들과 옵세트인쇄기를 사용하여 한국은행권 지폐를 사진찍어 그 필름 원판과 이를 확대하여 현상한 인화지를 만든 경우 (통화위조예비죄)

㉡ 통합진보당 소속 국회의원 甲을 비롯한 피고인들이, 회합 참석자 130여 명과 한반도에서 전쟁이 발발하는 등 유사시에 상부 명령이 내려지면 전국 각 권역에서 국가기간시설 파괴 등 폭동할 것을 통모한 경우. 다만, 1회적인 토론의 정도를 넘어서 더 나아가 내란의 실행행위로 나아가겠다는 확정적인 의사의 합치에 이르렀다고 보기 어려웠음 (내란음모죄)

㉢ 피고인이 관세를 포탈할 목적으로 수입할 물품의 수량과 가격이 낮게 기재된 계약서를 첨부하여 수입예정 물량 전부에 대한 과세가격 사전심사를 신청함으로써 과세가격을 허위로 신고하고 이에 따른 과세가격 사전심사서를 미리 받아 둔 경우 (관세포탈예비죄)

① ㉠　　② ㉡

③ ㉠㉢　　④ ㉡㉢

해설

③ ㉠㉢ 2항목이 (　) 안 범죄가 성립한다.
㉠ 피고인이 필름 원판 7매와 인화지 7매를 만들었음에 그쳤다면 아직 통화위조의 착수에는 이르지 아니하였고 그 예비단계에 불과하다(대법원 1966.12.6, 66도1317).
㉡ 피고인들을 비롯한 회합 참석자들이 내란음모죄의 성립에 필요한 '내란범죄 실행의 합의'를 하였다고 할 수는 없다(대법원 2015.1.22, 2014도10978 全合 내란 선동 사건).
㉢ 과세가격을 허위로 신고하고 이에 따른 과세가격 사전심사서를 미리 받아 두는 행위는 관세포탈죄의 실현을 위한 외부적인 준비행위에 해당한다(대법원 1999.4.9, 99도424 녹두 밀수 사건).

169 정범과 공범에 관한 다음 설명 중 옳지 않은 것은 모두 몇 개인가?

1 2 3

[Superlative ★★★]

㉠ 2인 이상이 공동하여 죄를 범한 때에는 각자를 그 죄의 정범으로 처벌한다.
㉡ 타인을 교사하여 죄를 범하게 한 자는 죄를 실행한 자와 동일한 형으로 처벌한다.
㉢ 타인의 범죄를 방조한 자는 종범으로 처벌한다. 종범의 형은 정범의 형보다 감경할 수 있다.
㉣ 신분이 있어야 성립되는 범죄에 신분 없는 사람이 가담한 경우에는 그 신분 없는 사람에게도 제30조부터 제32조까지의 규정(공동정범 · 교사범 · 종범에 관한 규정)을 적용한다. 다만, 신분 때문에 형의 경중이 달라지는 경우에 신분이 없는 사람은 무거운 형으로 벌하지 아니한다.
㉤ 어느 행위로 인하여 처벌되지 아니하는 자 또는 과실범으로 처벌되는 자를 교사 또는 방조하여 범죄행위의 결과를 발생하게 한 자는 공동정범의 예에 의하여 처벌한다.
㉥ 자기의 지휘, 감독을 받는 자를 교사 또는 방조하여 범죄행위의 결과를 발생하게 한 자는 교사인 때에는 정범에 정한 형의 장기 또는 다액에 그 2분의 1까지 가중하고 방조인 때에는 정범의 형으로 처벌한다.

① 0개　　② 1개
③ 2개　　④ 3개

해설

③ ㉢㉤ 2항목이 옳지 않다.
㉠ [O] 2인 이상이 공동하여 죄를 범한 때에는 각자를 **그 죄의 정범으로 처벌한다**(제30조).
㉡ [O] 타인을 교사하여 죄를 범하게 한 자는 죄를 실행한 자와 **동일한 형으로 처벌한다**(제31조 제1항).
㉢ [×] 타인의 범죄를 방조한 자는 종범으로 처벌한다. 종범의 형은 정범의 형보다 감경한다(제32조 제1항 · 제2항).
㉣ [O] 신분이 있어야 성립되는 범죄에 신분 없는 사람이 가담한 경우에는 그 신분 없는 사람에게도 제30조부터 제32조까지의 규정(**공동정범 · 교사범 · 종범에 관한 규정)을 적용한다.** 다만, 신분 때문에 형의 경중이 달라지는 경우에 신분이 없는 사람은 **무거운 형으로 벌하지 아니한다**(제33조).
㉤ [×] 어느 행위로 인하여 처벌되지 아니하는 자 또는 과실범으로 처벌되는 자를 교사 또는 방조하여 범죄행위의 결과를 발생하게 한 자는 교사 또는 방조의 예에 의하여 처벌한다(제34조 제1항).
㉥ [O] 자기의 지휘, 감독을 받는 자를 교사 또는 방조하여 범죄행위의 결과를 발생하게 한 자는 교사인 때에는 정범에 정한 형의 장기 또는 다액에 그 **2분의 1까지 가중**하고 방조인 때에는 **정범의 형**으로 처벌한다(제34조 제2항).

정답 | 167 ② 168 ③ 169 ③

170 정범과 공범에 관한 다음 설명 중 옳지 않은 것은? (다툼이 있으면 판례에 의함) [Superlative ★★★]

1 2 3

① 공동정범은 공동의사에 의한 기능적 행위지배가 있음에 반하여 종범은 그 행위지배가 없는 점에서 양자가 구별된다.

② 정범의 성립은 교사범의 구성요건의 일부를 형성하고 교사범이 성립함에는 정범의 범죄행위가 인정되는 것이 그 전제요건이 된다.

③ 방조행위는 정범의 범죄에 종속하여 성립하는 것이므로 방조의 대상이 되는 정범의 실행 행위가 없는 이상 방조죄만이 독립하여 성립될 수 없다.

④ 정범의 범죄 구성요건이 되는 사실 전부를 적시하지 않더라도 교사·방조 행위 자체만 적시해도 교사범·방조범에 있어 죄가 되는 '사실의 적시'라고 할 수 있다.

해설

④ [×] 공소사실의 기재에 있어서 교사범, 방조범의 사실 적시에 있어서도 정범의 범죄 구성요건이 되는 사실 전부를 적시하여야 하고, 이 기재가 없는 교사범, 방조범의 사실 적시는 죄가 되는 사실의 적시라고 할 수 없다(대법원 1981.11.24, 81도2422 딸의 부탁으로 사건).

① [○] 공동정범은 공동의사에 의한 기능적 행위지배가 있음에 반하여 **종범은 그 행위지배가 없는 점에서 양자가 구별된다**(대법원 2013.1.10, 2012도12732 자료값 사건).

② [○] 정범의 성립은 교사범의 구성요건의 일부를 형성하고 교사범이 성립함에는 **정범의 범죄행위가 인정되는 것이 그 전제요건이 된다**(대법원 2000.2.25, 99도1252 남원 협박교사 사건).

③ [○] 방조행위는 정범의 범죄에 종속하여 성립하는 것이므로 방조의 대상이 되는 **정범의 실행행위가 없는 이상 방조죄만이 독립하여 성립될 수 없다**(대법원 2011.7.28, 2011도1739 해군 법무실장 사건).

171 필요적 공범에 관한 다음 설명 중 옳지 않은 것은? (다툼이 있으면 판례에 의함) [Essential ★]

1 2 3

① 필요적 공범은 서로 대향된 행위의 존재를 필요로 할 뿐 각자 자신의 구성요건을 실현하고 별도의 형벌규정에 따라 처벌되는 것이다.

② 필요적 공범이 성립하기 위해서는 행위의 공동을 필요로 함은 물론, 협력자 전부가 책임이 있음을 필요로 한다.

③ 2인 이상의 서로 대향된 행위의 존재를 필요로 하는 대향범에 대하여는 공범에 관한 형법 총칙 규정이 적용될 수 없다.

④ 매도, 매수와 같이 2인 이상의 서로 대향된 행위의 존재를 필요로 하는 관계에 있어서는 공범이나 방조범에 관한 형법 총칙 규정의 적용이 있을 수 없다.

해설

② [×] 필요적 공범이라는 것은 법률상 범죄의 실행이 다수인의 협력을 필요로 하는 것을 가리키는 것으로서 이러한 범죄의 성립에는 행위의 공동을 필요로 하는 것에 불과하고 반드시 협력자 전부가 책임이 있음을 필요로 하는 것은 아니다(대법원 2008.3.13, 2007도10804 영광군수 사건).

① [○] 필요적 공범은 서로 대향된 행위의 존재를 필요로 할 뿐 각자 자신의 구성요건을 실현하고 **별도의 형벌규정에 따라 처벌되는 것이다**(대법원 2015.2.12, 2012도4842 제3자뇌물교부 공범 사건).

③ [○] 2인 이상의 서로 대향된 행위의 존재를 필요로 하는 대향범에 대하여는 공범에 관한 **형법 총칙 규정이 적용될 수 없다**(대법원 2011.4.28, 2009도3642 타미플루 구매 사건).

④ [○] 매도, 매수와 같이 2인 이상의 서로 대향된 행위의 존재를 필요로 하는 관계에 있어서는 공범이나 방조범에 관한 **형법 총칙 규정의 적용이 있을 수 없다**(대법원 2001.12.28, 2001도5158 염산날부핀 판매 사건).

정답 | 170 ④ 171 ②

172 필요적 공범에 관한 다음 설명 중 옳지 않은 것은? (다툼이 있으면 판례에 의함) [core ★★]

1 2 3

① 형법 제127조는 공무원 또는 공무원이었던 자가 법령에 의한 직무상 비밀을 누설하는 행위만을 처벌하고 있을 뿐 직무상 비밀을 누설받은 상대방을 처벌하는 규정이 없는 점에 비추어, 직무상 비밀을 누설받은 자에 대하여는 공범에 관한 형법 총칙 규정이 적용될 수 없다.

② 공무원 또는 중재인이 부정한 청탁을 받고 제3자에게 뇌물을 제공하게 하고 제3자가 그러한 공무원 또는 중재인의 범죄행위를 알면서 방조한 경우라도 그 제3자에 대한 별도의 처벌규정이 없으므로 이에 대하여 방조범에 관한 형법 총칙의 규정을 적용할 수 없다.

③ 금품 등을 공여한 자에게 따로 처벌규정이 없는 이상, 그 공여행위는 그와 대향적 행위의 존재를 필요로 하는 상대방의 범행에 대하여 공범관계가 성립되지 아니하고, 오로지 금품 등을 공여한 자의 행위에 대하여만 관여하여 그 공여행위를 교사하거나 방조한 행위도 상대방의 범행에 대하여 공범관계가 성립되지 아니한다.

④ 세무사법은 세무사와 세무사였던 자 또는 그 사무직원과 사무직원이었던 자가 직무상 지득한 비밀을 누설하는 행위를 처벌하고 있을 뿐 비밀을 누설받는 상대방을 처벌하는 규정이 없고, 세무사의 사무직원이 직무상 지득한 비밀을 누설한 행위와 그로부터 비밀을 누설받은 행위는 대향범 관계에 있으므로 이에 공범에 관한 형법 총칙 규정을 적용할 수 없다.

해설

② [×] 제3자뇌물수수죄에서 제3자란 행위자와 공동정범 이외의 사람을 말하고, 교사자나 방조자도 포함될 수 있다. 그러므로 공무원 또는 중재인이 부정한 청탁을 받고 제3자에게 뇌물을 제공하게 하고 그 제3자가 그러한 공무원 또는 중재인의 범죄행위를 알면서 방조한 경우에는 그에 대한 별도의 처벌규정이 없더라도 방조범에 관한 형법 총칙의 규정이 적용되어 제3자뇌물수수방조죄가 인정될 수 있다(대법원 2017.3.15, 2016도19659 이천시 건축 담당 공무원 사건).

① [○] 형법 제127조는 공무원 또는 공무원이었던 자가 법령에 의한 직무상 비밀을 누설하는 행위만을 처벌하고 있을 뿐 직무상 비밀을 누설받은 상대방을 처벌하는 규정이 없는 점에 비추어, **직무상 비밀을 누설받은 자에 대하여는 공범에 관한 형법 총칙 규정이 적용될 수 없다**(대법원 2011.4.28, 2009도3642 체포영장발부자 명단 사건). 이러한 법리는 정보통신망법상 '타인정보 누설'의 경우에도 그대로 적용된다(대법원 2017.6.19, 2017도4240).

③ [○] 금품 등을 공여한 자에게 따로 처벌규정이 없는 이상, 그 공여행위는 그와 대향적 행위의 존재를 필요로 하는 상대방의 범행에 대하여 공범관계가 성립되지 아니하고, 오로지 금품 등을 공여한 자의 행위에 대하여만 관여하여 그 공여행위를 **교사하거나 방조한 행위도 상대방의 범행에 대하여 공범관계가 성립되지 아니한다**(대법원 2014.1.16, 2013도6969 새누리당 당원명부 유출 사건). 이 판례는 아래 변호사법위반죄에 대한 것으로 금품 등을 공여받은 자만 처벌하고, 금품 등을 공여한 자는 처벌하지 않음을 주의하여야 한다.

> **변호사법(2021.1.5. 법률 제17828호로 일부개정된 것)**
>
> 제111조 【벌칙】 ① 공무원이 취급하는 사건 또는 사무에 관하여 청탁 또는 알선을 한다는 명목으로 금품·향응, 그 밖의 이익을 받거나 받을 것을 약속한 자 또는 제3자에게 이를 공여하게 하거나 공여하게 할 것을 약속한 자는 5년 이하의 징역 또는 1천만원 이하의 벌금에 처한다.

④ [○] 세무사법은 세무사와 세무사였던 자 또는 그 사무직원과 사무직원이었던 자가 직무상 지득한 비밀을 누설하는 행위를 처벌하고 있을 뿐 비밀을 누설받는 상대방을 처벌하는 규정이 없고, 세무사의 사무직원이 직무상 지득한 비밀을 누설한 행위와 그로부터 비밀을 누설받은 행위는 대향범 관계에 있으므로 이에 **공범에 관한 형법 총칙 규정을 적용할 수 없다**(대법원 2007.10.25, 2007도6712 비자발급 브로커 사건).

> **세무사법(2021.11.23. 법률 제18521호로 일부개정된 것)**
>
> 제11조 【비밀 엄수】 세무사와 세무사였던 자 또는 그 사무직원과 사무직원이었던 자는 다른 법령에 특별한 규정이 없으면 직무상 알게 된 비밀을 누설하여서는 아니 된다.
>
> 제22조 【벌칙】 ① 다음 각 호의 어느 하나에 해당하는 자는 3년 이하의 징역 또는 3천만원 이하의 벌금에 처한다.
>
> 1. 〈생략〉
> 2. 제11조 및 제19조의12 제1항을 위반하여 직무상 알게 된 비밀을 누설한 자

정답 | 172 ②

173 필요적 공범에 관한 다음 설명 중 옳지 않은 것은? (다툼이 있으면 판례에 의함) [Superlative ★★★]

1 2 3

① 변호사가 변호사 아닌 자에게 고용되어 법률사무소의 개설 · 운영에 관여하였더라도 변호사를 처벌하는 규정이 없는 이상, 변호사 아닌 자에게 고용되어 법률사무소의 개설 · 운영에 관여한 변호사의 행위가 일반적인 형법 총칙상의 공모, 교사 또는 방조에 해당된다고 하더라도 변호사를 변호사 아닌 자의 공범으로서 처벌할 수 없다.

② 의료법은 직접 진찰한 의사가 아니면 처방전을 작성하여 교부하지 못한다고 규정하면서 이를 위반한 자를 처벌하고 있을 뿐, 위와 같이 작성된 처방전을 교부받은 상대방을 처벌하는 규정이 따로 없는 점에 비추어, 위와 같이 작성된 처방전을 교부받은 자에 대하여는 공범에 관한 형법 총칙 규정이 적용될 수 없다.

③ 거래당사자가 개설등록을 하지 아니한 중개업자에게 중개를 의뢰하거나 미등기 부동산의 전매에 대하여 중개를 의뢰하였다고 하더라도, 공인중개사법의 처벌규정들이 중개행위를 처벌 대상으로 삼고 있을 뿐이므로 중개의뢰인의 중개의뢰행위를 중개업자의 중개행위와 동일시하여 중개행위에 관한 공동정범 행위로 처벌할 수 없다.

④ 노동조합법 제91조, 제43조 제1항은 쟁의행위 기간 중 그 쟁의행위로 중단된 업무의 수행을 위하여 당해 사업과 관계없는 자를 채용 또는 대체한 사용자만 처벌하고 있으므로 사용자에게 채용 또는 대체되는 자에 대하여는 위 법조항을 적용하여 처벌할 수 없지만 형법 총칙상의 공범 규정을 적용하여 공동정범, 교사범 또는 방조범으로는 처벌할 수 있다.

해설

④ [×] 노동조합법 제91조, 제43조 제1항은 쟁의행위 기간 중 그 쟁의행위로 중단된 업무의 수행을 위하여 당해 사업과 관계없는 자를 채용 또는 대체한 사용자만 처벌하고 있으므로, 사용자에게 채용 또는 대체되는 자에 대하여는 위 법조항을 바로 적용하여 처벌할 수 없고 나아가 형법 총칙상의 공범 규정을 적용하여 공동정범, 교사범 또는 방조범으로도 처벌할 수 없다(대법원 2020.6.11, 2016도3048 대체근로자 현행범체포 사건).

> **노동조합 및 노동관계조정법(2021.1.5. 법률 제17864호로 일부개정된 것)**
>
> 제43조【사용자의 채용제한】① 사용자는 쟁의행위 기간 중 그 쟁의행위로 중단된 업무의 수행을 위하여 당해 사업과 관계없는 자를 채용 또는 대체할 수 없다.
>
> 제91조【벌칙】제38조 제2항, 제41조 제1항, 제42조 제2항, 제43조 제1항 · 제2항 · 제4항, 제45조 제2항 본문, 제46조 제1항 또는 제63조의 규정을 위반한 자는 1년 이하의 징역 또는 1천만원 이하의 벌금에 처한다.

① [O] 변호사가 변호사 아닌 자에게 고용되어 법률사무소의 개설 · 운영에 관여하였더라도 변호사를 처벌하는 규정이 없는 이상, 변호사 아닌 자에게 고용되어 법률사무소의 개설 · 운영에 관여한 변호사의 행위가 일반적인 형법 총칙상의 공모, 교사 또는 방조에 해당된다고 하더라도 **변호사를 변호사 아닌 자의 공범으로서 처벌할 수 없다**(대법원 2004.10.28, 2004도3994).

> **변호사법(2021.1.5. 법률 제17828호로 일부개정된 것)**
>
> 제34조【변호사가 아닌 자와의 동업 금지 등】④ 변호사가 아닌 자는 변호사를 고용하여 법률사무소를 개설 · 운영하여서는 아니 된다.
>
> 제109조【벌칙】다음 각 호의 어느 하나에 해당하는 자는 7년 이하의 징역 또는 5천만원 이하의 벌금에 처한다. 이 경우 벌금과 징역은 병과할 수 있다.
>
> 1. 〈생략〉
> 2. 제33조 또는 제34조를 위반한 자

② [O] 의료법은 직접 진찰한 의사가 아니면 처방전을 작성하여 교부하지 못한다고 규정하면서 이를 위반한 자를 처벌하고 있을 뿐, 위와 같이 작성된 처방전을 교부받은 상대방을 처벌하는 규정이 따로 없는 점에 비추어, 위와 같이 작성된 처방전을 교부받은 자에 대하여는 공범에 관한 **형법 총칙 규정이 적용될 수 없다**(대법원 2011.10.13, 2011도6287 타미플루 구매 사건).

> **의료법(2020.12.29. 법률 제17787호로 일부개정된 것)**
>
> 제17조【진단서 등】① 의료업에 종사하고 직접 진찰하거나 검안한 의사, 치과의사, 한의사가 아니면 진단서 · 검안서 · 증명서 또는 처방전을 작성하여 환자 또는 형사소송법 제222조 제1항에 따라 검시를 하는 지방검찰청검사에게 교부하거나 발송하지 못한다.
>
> 제89조【벌칙】다음 각 호의 어느 하나에 해당하는 자는 1년 이하의 징역이나 1천만원 이하의 벌금에 처한다.
>
> 1. 제15조 제1항, 제17조 제1항 · 제2항(중략)을 위반한 자

③ [O] 거래당사자가 개설등록을 하지 아니한 중개업자에게 중개를 의뢰하거나 미등기 부동산의 전매에 대하여 중개를 의뢰하였다고 하더라도, 공인중개사법의 처벌규정들이 중개행위를 처벌 대상으로 삼고 있을 뿐이므로 중개의뢰인의 중개의뢰행위를 중개업자의 중개행위와 동일시하여 중개행위에 관한 **공동정범 행위로 처벌할 수 없다**(대법원 2013.6.27, 2013도3246 미등기 빌라 전매 사건).

> **공인중개사법(2020.12.8. 법률 제17608호로 일부개정된 것)**
>
> 제9조【중개사무소의 개설등록】① 중개업을 영위하려는 자는 국토교통부령이 정하는 바에 따라 중개사무소를 두려는 지역을 관할하는 시장 · 군수 또는 구청장에게 중개사무소의 개설등록을 하여야 한다.
>
> 제48조【벌칙】다음 각 호의 어느 하나에 해당하는 자는 3년 이하의 징역 또는 3천만원 이하의 벌금에 처한다.
>
> 1. 제9조의 규정에 의한 중개사무소의 개설등록을 하지 아니하고 중개업을 한 자

정답 | 173 ④

174 다음 중 '甲에 대하여' 공범에 관한 형법 총칙 규정을 적용할 수 있는 것은 모두 몇 개인가? (다툼이 있으면 판례에 의함)

1 2 3 [Superlative ★★★]

㉠ 사용자 乙이 회사 소속 근로자들의 쟁의행위로 중단된 업무를 수행하기 위하여 甲을 채용한 경우
㉡ 甲의 의뢰를 받고 의사 乙 등이 직접 환자를 진찰하지 않고 처방전을 작성하여 甲에게 교부해 준 경우
㉢ 변호사 사무실 직원 甲의 부탁을 받고 법원공무원 乙이 수사 중인 사건의 체포영장 발부자 명단을 누설한 경우
㉣ 甲이 세무사 사무실 직원인 乙과 공모하여 乙로부터 세무사 사무실에서 보관하고 있던 임대사업자 A 등의 이름, 주민등록번호, 주소, 사업자소재지가 기재된 서면을 교부받은 경우
㉤ 甲이, 丙이 공무원이 취급하는 사건에 관하여 청탁을 한다는 명목으로 乙로부터 금품을 받는 사정을 알면서도 乙을 丙에게 소개하여 주고, 자신의 차명계좌를 통해 乙로부터 돈을 송금받은 후 이를 현금으로 찾아 丙에게 전달해 준 경우

① 0개　　② 1개
③ 2개　　④ 3개

해설

① 모든 항목의 경우 필요적 공범에 해당하여 '甲에 대하여' 공범에 관한 형법 총칙 규정을 적용할 수 없다.

㉠ 노동조합법 제91조, 제43조 제1항은 쟁의행위 기간 중 그 쟁의행위로 중단된 업무의 수행을 위하여 당해 사업과 관계없는 자를 채용 또는 대체한 사용자만 처벌하고 있으므로, 사용자에게 채용 또는 대체되는 자(甲)에 대하여는 위 법조항을 바로 적용하여 처벌할 수 없고 나아가 형법 총칙상의 공범 규정을 적용하여 공동정범, 교사범 또는 방조범으로도 처벌할 수 없다(대법원 2020.6.11, 2016도3048 대체근로자 현행범체포 사건).

㉡ 의료법은 직접 진찰한 의사가 아니면 처방전을 작성하여 교부하지 못한다고 규정하면서 이를 위반한 자를 처벌하고 있을 뿐, 위와 같이 작성된 처방전을 교부받은 상대방을 처벌하는 규정이 따로 없는 점에 비추어, 위와 같이 작성된 처방전을 교부받은 자(甲)에 대하여는 공범에 관한 형법 총칙 규정이 적용될 수 없다(대법원 2011.10.13, 2011도6287 타미플루 구매사건).

㉢ 형법 제127조는 공무원 또는 공무원이었던 자가 법령에 의한 직무상 비밀을 누설하는 행위만을 처벌하고 있을 뿐 직무상 비밀을 누설받은 상대방을 처벌하는 규정이 없는 점에 비추어, 직무상 비밀을 누설받은 자(甲)에 대하여는 공범에 관한 형법 총칙 규정이 적용될 수 없다(대법원 2011.4.28, 2009도3642 체포영장발부자 명단 사건).

㉣ 세무사법은 세무사와 세무사였던 자 또는 그 사무직원과 사무직원이었던 자가 직무상 지득한 비밀을 누설하는 행위를 처벌하고 있을 뿐 비밀을 누설받는 상대방(甲)을 처벌하는 규정이 없고, 세무사의 사무직원이 직무상 지득한 비밀을 누설한 행위와 그로부터 비밀을 누설받은 행위는 대향범 관계에 있으므로 이에 공범에 관한 형법 총칙 규정을 적용할 수 없다(대법원 2007.10.25, 2007도6712 비자발급 브로커 사건).

㉤ 금품 등을 공여한 자에게 따로 처벌규정이 없는 이상, 그 공여행위는 그와 대향적 행위의 존재를 필요로 하는 상대방의 범행에 대하여 공범관계가 성립되지 아니하고, 오로지 금품 등을 공여한 자의 행위에 대하여만 관여하여 그 공여행위를 교사하거나 방조한 행위(甲)도 상대방의 범행에 대하여 공범관계가 성립되지 아니한다(대법원 2014.1.16, 2013도6969 새누리당 당원명부 유출 사건).

175 필요적 공범에 관한 다음 설명 중 옳지 않은 것은? (다툼이 있으면 판례에 의함)

1 2 3 [core ★★]

① 뇌물공여죄와 뇌물수수죄 사이와 같은 대향범 관계에 있는 자는 필요적 공범이라고 불리고 있으나, 서로 대향된 행위의 존재를 필요로 할 뿐 각자 자신의 구성요건을 실현하고 별도의 형벌규정에 따라 처벌되는 것이어서, 2인 이상이 가공하여 공동의 구성요건을 실현하는 공범관계에 있는 자와는 본질적으로 다르다.

② 뇌물공여죄와 뇌물수수죄는 필요적 공범관계에 있다고 할 것이나, 필요적 공범이라는 것은 법률상 범죄의 실행이 다수인의 협력을 필요로 하는 것을 가리키는 것으로서 이러한 범죄의 성립에는 행위의 공동을 필요로 하는 것에 불과하고 반드시 협력자 전부가 책임이 있음을 필요로 하는 것은 아니다.

③ 오로지 공무원을 함정에 빠뜨릴 의사로 직무와 관련되었다는 형식을 빌려 그 공무원에게 금품을 공여한 경우에도 공무원이 그 금품을 직무와 관련하여 수수한다는 의사를 가지고 받아들이면 뇌물수수죄가 성립한다.

④ '공범의 1인에 대한 시효정지는 다른 공범자에 대하여 효력이 미친다'라고 규정한 형사소송법 제253조 제2항에서 '공범'에는 뇌물공여죄와 뇌물수수죄 사이와 같은 대향범 관계에 있는 자도 포함된다.

해설

④ [×] (1) '시효는 공소의 제기로 진행이 정지되고, 공범의 1인에 대한 시효정지는 다른 공범자에 대하여 효력이 미치고 당해 사건의 재판이 확정된 때로부터 진행한다'라는 형사소송법 제253조 제1항은 공소제기 효력의 인적 범위를 확장하는 예외를 마련하여 놓은 것이므로 원칙적으로 엄격하게 해석하여야 하고 피고인에게 불리한 방향으로 확장하여 해석해서는 아니 된다. (2) '공범의 1인에 대한 시효정지는 다른 공범자에 대하여 효력이 미친다'라고 규정한 형사소송법 제253조 제2항에서 '공범'에는 뇌물공여죄와 뇌물수수죄 사이와 같은 대향범 관계에 있는 자는 포함되지 않는다(대법원 2015.2.12, 2012도4842 제3자뇌물교부 공범 사건).

① [○] 뇌물공여죄와 뇌물수수죄 사이와 같은 대향범 관계에 있는 자는 필요적 공범이라고 불리고 있으나, 서로 대향된 행위의 존재를 필요로 할 뿐 각자 자신의 구성요건을 실현하고 별도의 형벌규정에 따라 처벌되는 것이어서, 2인 이상이 가공하여 공동의 구성요건을 실현하는 **공범관계에 있는 자와는 본질적으로 다르다**(대법원 2015.2.12, 2012도4842 제3자뇌물교부 공범 사건).

② [○] 뇌물공여죄와 뇌물수수죄는 필요적 공범관계에 있다고 할 것이나, 필요적 공범이라는 것은 법률상 범죄의 실행이 다수인의 협력을 필요로 하는 것을 가리키는 것으로서 이러한 범죄의 성립에는 행위의 공동을 필요로 하는 것에 불과하고 반드시 **협력자 전부가 책임이 있음을 필요로 하는 것은 아니다**(대법원 2008.3.13, 2007도10804 영광군수 사건).

③ [○] 오로지 공무원을 함정에 빠뜨릴 의사로 직무와 관련되었다는 형식을 빌려 그 공무원에게 금품을 공여한 경우에도 공무원이 그 **금품을 직무와 관련하여 수수한다는 의사를 가지고 받아들이면 뇌물수수죄가 성립한다**(대법원 2008.3.13, 2007도10804 영광군수 사건).

정답 | 174 ① 175 ④

176 필요적 공범에 관한 다음 설명 중 옳지 않은 것은? (다툼이 있으면 판례에 의함) [core ★★]

1 2 3

① 뇌물공여죄가 성립하기 위하여는 뇌물을 공여하는 행위와 상대방 측에서 금전적으로 가치가 있는 그 물품 등을 받아들이는 행위가 필요할 뿐 반드시 상대방 측에서 뇌물수수죄가 성립하여야 하는 것은 아니다.

② 재물을 공여하는 사람이 부정한 청탁을 하였다 하더라도 그 청탁을 받아들임이 없이 그 청탁과는 관계없이 금품을 받은 경우에는 배임수재죄는 성립하지 아니한다고 봄이 상당하다.

③ 배임수재죄와 배임증재죄는 통상 필요적 공범의 관계에 있기는 하나 이것은 반드시 수재자와 증재자가 같이 처벌받아야 하는 것을 의미하는 것은 아니고, 다만 증재자에게 정당한 업무에 속하는 청탁이라면 수재자에게도 부정한 청탁이 될 수 없다.

④ 정치자금법 제45조 제1항의 정치자금을 기부한 자와 기부받은 자는 필요적 공범관계에 해당하고, 이러한 공범관계는 행위자들이 서로 대향적 행위를 하는 것을 전제로 하는데, 각자의 행위가 범죄구성요건에 해당하면 그에 따른 처벌을 받을 뿐이고 반드시 협력자 전부에게 범죄가 성립해야 하는 것은 아니므로, 정치자금을 기부하는 자의 범죄가 성립하지 않더라도 정치자금을 기부받는 자가 정치자금법이 정하지 않은 방법으로 정치자금을 제공받는다는 의사를 가지고 받으면 정치자금 부정수수죄가 성립한다.

해설

③ [×] 배임수재죄와 배임증재죄는 통상 필요적 공범의 관계에 있기는 하나, 이것은 반드시 수재자와 증재자가 같이 처벌받아야 하는 것을 의미하는 것은 아니고 증재자에게는 정당한 업무에 속하는 청탁이라도 수재자에게는 부정한 청탁이 될 수도 있는 것이다(대법원 2011.10.27, 2010도7624 가처분 취하 사건).

① [○] 뇌물공여죄가 성립하기 위하여는 뇌물을 공여하는 행위와 상대방 측에서 금전적으로 가치가 있는 그 물품 등을 받아들이는 행위가 필요할 뿐 **반드시 상대방 측에서 뇌물수수죄가 성립하여야 하는 것은 아니다**(대법원 2013.11.28, 2013도9003 광주 총인처리시설 입찰비리 사건).

② [○] 재물을 공여하는 사람이 부정한 청탁을 하였다 하더라도 그 청탁을 받아들임이 없이 그 **청탁과는 관계없이 금품을 받은 경우에는 배임수재죄는 성립하지 아니한다고 봄이 상당하다**(대법원 1982.7.13, 82도874).

④ [○] 정치자금법 제45조 제1항의 정치자금을 기부한 자와 기부받은 자는 필요적 공범관계에 해당하고, 이러한 공범관계는 행위자들이 서로 대향적 행위를 하는 것을 전제로 하는데, 각자의 행위가 범죄구성요건에 해당하면 그에 따른 처벌을 받을 뿐이고 **반드시 협력자 전부에게 범죄가 성립해야 하는 것은 아니므로,** 정치자금을 기부하는 자의 범죄가 성립하지 않더라도 정치자금을 기부받는 자가 정치자금법이 정하지 않은 방법으로 정치자금을 제공받는다는 의사를 가지고 받으면 정치자금 부정수수죄가 성립한다(대법원 2017.11.14, 2017도3449 대전시장 사건).

177 독립행위의 경합(동시범)에 관한 다음 설명 중 옳지 않은 것을 모두 고른 것은? (다툼이 있으면 판례에 의함)

1 2 3

[Superlative ★★★]

> ㉠ 가해행위를 한 것 자체가 분명치 않은 사람에 대하여도 상해죄의 동시범으로 다스릴 수 있다.
> ㉡ 상호의사의 연락이 있어 공동정범이 성립한다면 이에는 독립행위경합 등의 문제는 제기될 여지가 없다.
> ㉢ 이시(異時)의 독립된 상해행위가 경합하여 사망의 결과가 일어난 경우에 그 원인된 행위가 판명되지 아니한 때에는 공동정범의 예에 의하여야 한다.
> ㉣ 시간적 차이가 있는 독립된 상해행위나 폭행행위가 경합하여 사망의 결과가 일어나고 그 사망의 원인된 행위가 판명되지 않은 경우에는 공동정범의 예에 의하여 처벌할 것이다.
> ㉤ 형법 제263조의 동시범 특례 규정은 강간치상죄에도 적용할 수 있다.

① 1개　　② 2개

③ 3개　　④ 4개

해설

② ㉠㉤ 2항목이 옳지 않다.

㉠ [×] 가해행위를 한 것 자체가 분명치 않은 사람에 대하여는 상해죄의 동시범으로 다스릴 수 없다(대법원 1984.5.15, 84도488).

㉡ [○] 상호의사의 연락이 있어 공동정범이 성립한다면 이에는 독립행위경합 등의 문제는 제기될 여지가 없다(대법원 1997.11.28, 97도1740 성수대교 붕괴 사건).

㉢ [○] 이시(異時)의 독립된 상해행위가 경합하여 사망의 결과가 일어난 경우에 그 원인된 행위가 판명되지 아니한 때에는 공동정범의 예에 의하여야 한다(대법원 1981.3.10, 80도3321).

㉣ [○] 시간적 차이가 있는 독립된 상해행위나 폭행행위가 경합하여 사망의 결과가 일어나고 그 사망의 원인된 행위가 판명되지 않은 경우에는 공동정범의 예에 의하여 처벌할 것이다(대법원 2000.7.28, 2000도2466).

㉤ [×] 형법 제263조의 동시범은 상해와 폭행죄에 관한 특별규정으로서 동 규정은 그 보호법익을 달리하는 강간치상죄에는 적용할 수 없다(대법원 1984.4.24, 84도372).

정답 | 176 ③　177 ②

178 다음 중 '甲에 대하여' 성립하는 범죄의 연결이 옳은 것은? 다만, 모두 A의 상해 또는 사망의 원인이 판명되지 않았다. (다툼이 있으면 판례에 의함)
1 2 3

[Superlative ★★★]

> ㉠ 甲과 乙은 의사연락 없이 순차로 A를 강간하였고 A는 이로 인하여 상처를 입었다.
> ㉡ A는 乙로부터 심하게 폭행을 당하여 상처를 입은 채 의자에 누워 있었고, 그 후 2시간이 지나서 이러한 사정을 모르는 甲이 A를 밀쳐 땅바닥에 떨어지게 함으로써 결국 A가 사망하였다.
> ㉢ 乙은 A의 어깨를 주먹으로 때리고 쇠스랑 자루로 머리를 강타하고 가슴을 밀어 땅에 넘어뜨렸고, 그 후 3시간 지나서 이런 사정을 모르는 甲도 A의 가슴을 밀어 땅에 넘어뜨린 다음 A의 얼굴을 수회 때려, 결국 A는 6일 후에 뇌출혈로 사망하였다.

① ㉠ 강간죄 ㉡ 폭행죄 ㉢ 상해죄
② ㉠ 강간죄 ㉡ 폭행죄 ㉢ 상해치사죄
③ ㉠ 강간죄 ㉡ 폭행치사죄 ㉢ 상해치사죄
④ ㉠ 강간치상죄 ㉡ 폭행치사죄 ㉢ 상해치사죄

해설

③ 이 지문이 옳은 연결이다.

㉠ 형법 제263조의 동시범은 상해와 폭행죄에 관한 특별규정으로서 동 규정은 그 보호법익을 달리하는 강간치상죄에는 적용할 수 없다(대법원 1984.4.24, 84도372). 강간치상죄의 미수는 존재하지 않으므로 甲은 강간죄의 죄책을 진다.

㉡ (1) 시간적 차이가 있는 독립된 상해행위나 폭행행위가 경합하여 사망의 결과가 일어나고 그 사망의 원인된 행위가 판명되지 않은 경우에는 공동정범의 예에 의하여 처벌하여야 할 것이다. (2) 2시간 남짓한 시간적 간격을 두고 피고인이 두 번째의 가해행위인 범행을 한 후, 피해자가 사망하였고 그 사망의 원인을 알 수 없다고 보아 피고인을 폭행치사죄의 동시범으로 처벌한 원심판단은 옳다(대법원 2000.7.28, 2000도2466). 甲은 폭행치사죄의 죄책을 진다.

㉢ 형법 제19조와 제263조의 규정취지를 새겨 보면 이시(異時)의 상해의 독립행위가 경합하여 사망의 결과가 일어난 경우에도 그 원인된 행위가 판명되지 아니한 때에는 공동정범의 예에 의하여야 한다고 해석하여야 할 것이니 이와 같은 견해에서 피고인의 소위에 대하여 형법 제263조의 동시범으로 의율처단한 원심의 조치는 정당하다(대법원 1981.3.10, 80도3321). 甲은 상해치사죄의 죄책을 진다.

179 다음 중 형법상 인정되지 않는 공동정범의 유형은 모두 몇 개인가? (다툼이 있으면 판례에 의함)

1 2 3

[core ★★]

㉠ 과실범의 공동정범	㉡ 편면적 공동정범
㉢ 부작위범의 공동정범	㉣ 합동범의 공동정범

① 0개 ② 1개

③ 2개 ④ 3개

해설

② ㉡ 편면적 공동정범은 형법상 인정되는 공동정범의 유형이 아니다. ㉠㉢㉣ 이들은 요건이 구비되는 한 모두 인정되는 공동정범의 유형이다.

㉠ (1) 형법 제30조 소정의 '2인 이상이 공동하여 죄를 범한 때'의 '죄'에는 고의범뿐만 아니라 과실범도 포함된다(대법원 1994.3.22, 94도35 우암아파트 붕괴 사건). (2) 공동정범은 고의범이나 과실범을 불문하고 의사의 연락이 있는 경우면 성립하는 것으로서 2인 이상이 서로의 의사연락 아래 과실행위를 하여 범죄되는 결과를 발생하게 하면 과실범의 공동정범이 성립한다(대법원 1994.5.24, 94도660 구포역 열차전복 사건).

㉡ 공동정범은 행위자 상호간에 범죄행위를 공동으로 한다는 공동가공의 의사를 가지고 범죄를 공동실행하는 경우에 성립하는 것으로서, 여기에서의 공동가공의 의사는 공동행위자 상호간에 있어야 하며 행위자 일방의 가공의사만으로는 공동정범관계가 성립할 수 없다(대법원 1985.5.14, 84도2118 뱃놀이 사건).

㉢ 부작위범 사이의 공동정범은 다수의 부작위범에게 공통된 의무가 부여되어 있고 그 의무를 공통으로 이행할 수 있을 때에만 성립한다(대법원 2009.2.12, 2008도9476 세경대학교 사건).

㉣ 3인 이상의 범인이 합동절도의 범행을 공모한 후 적어도 2인 이상의 범인이 범행 현장에서 시간적, 장소적으로 협동관계를 이루어 절도의 실행행위를 분담하여 절도 범행을 한 경우에, 그 공모에는 참여하였으나 현장에서 절도의 실행행위를 직접 분담하지 아니한 다른 범인에 대하여도 그가 현장에서 절도 범행을 실행한 2인 이상의 범인의 행위를 자기 의사의 수단으로 하여 합동절도의 범행을 하였다고 평가할 수 있는 정범성의 표지를 갖추고 있는 한 그 다른 범인에 대하여 합동절도의 공동정범으로 인정할 수 있다(대법원 2011.5.13, 2011도2021 사납금 절취 사건).

정답 | 178 ③ 179 ②

180 공동정범에 관한 다음 설명 중 옳지 않은 것은? (다툼이 있으면 판례에 의함) [Essential ★]

1 2 3

① 공동정범의 본질은 분업적 역할분담에 의한 기능적 행위지배에 있다고 할 것이므로 공동정범은 공동의사에 의한 기능적 행위지배가 있음에 반하여 종범은 그 행위지배가 없는 점에서 양자가 구별된다.

② 공동정범은 2인 이상이 공동하여 죄를 범하는 것으로서 공동정범이 성립하기 위하여는 주관적 요건으로서 공동가공의 의사와 객관적 요건으로서 공동의사에 기한 기능적 행위지배를 통한 범죄의 실행사실이 필요하다.

③ 공동가공의 의사는 타인의 범행을 인식하면서도 이를 제지하지 아니하고 용인하는 것만으로는 부족하고 공동의 의사로 특정한 범죄행위를 하기 위하여 일체가 되어 서로 다른 사람의 행위를 이용하여 자기의 의사를 실행에 옮기는 것을 내용으로 하는 것이어야 한다.

④ 상명하복관계에 있는 자들 사이에는 상호간에 기능적 행위지배를 인정할 수 없어 공동정범은 성립할 수 없다.

해설

④ [×] 상명하복관계에 있는 자들 사이에서도 범행에 공동가공한 이상 공동정범이 성립하는 데 아무런 지장이 없다(대법원 2013.7.11, 2011도15056 SM그룹 사건).

① [○] 공동정범의 본질은 분업적 역할분담에 의한 기능적 행위지배에 있다고 할 것이므로 공동정범은 공동의사에 의한 기능적 행위지배가 있음에 반하여 **종범은 그 행위지배가 없는 점에서 양자가 구별된다**(대법원 2013.1.10, 2012도12732 자료값 사건).

②③ [○] 공동정범은 2인 이상이 공동하여 죄를 범하는 것으로서, 공동정범이 성립하기 위하여는 주관적 요건으로서 공동가공의 의사와 객관적 요건으로서 공동의사에 기한 **기능적 행위지배를 통한 범죄의 실행사실이 필요**하고, 공동가공의 의사는 타인의 범행을 인식하면서도 이를 제지하지 아니하고 **용인하는 것만으로는 부족하고 공동의 의사로 특정한 범죄행위를 하기 위하여 일체가 되어 서로 다른 사람의 행위를 이용하여 자기의 의사를 실행에 옮기는 것을 내용으로 하는 것이어야 한다**(대법원 2018.5.11, 2017도21033 일본산 멸치 판매 사건).

181 공동정범의 성립요건인 공동가공의 의사(공모)에 관한 다음 설명 중 옳지 않은 것은? (다툼이 있으면 판례에 의함) [Essential ★]

1 2 3

① 공모는 법률상 어떤 정형을 요구하는 것이 아니고, 2인 이상이 공모하여 어느 범죄에 공동가공하여 그 범죄를 실현하려는 의사의 결합만 있으면 되는 것이다.

② 비록 전체의 모의과정이 없었다고 하더라도 수인 사이에 순차적으로 또는 암묵적으로 상통하여 그 의사의 결합이 이루어지면 공모관계가 성립한다.

③ 공동가공의 의사는 반드시 사전에 치밀한 범행계획의 공모에까지 이를 필요는 없으며 공범자 각자가 공범자들 사이에 구성요건을 이루거나 구성요건에 본질적으로 관련된 행위를 분담한다는 상호이해가 있으면 충분하다.

④ 공동정범이 성립하기 위하여는 반드시 공범자간에 사전에 모의가 있어야 하는 것은 아니지만, 우연히 만난 자리에서 서로 협력하여 공동의 범의를 실현하려는 의사가 암묵적으로 상통한 정도만으로는 공동정범이 성립한다고 볼 수 없다.

해설

④ [×] (1) 우연히 만난 자리에서 서로 협력하여 공동의 범의를 실현하려는 의사가 암묵적으로 상통하여 범행에 공동가공하더라도 공동정범은 성립된다(대법원 1984.12.26, 82도1373 우연히 윤간 사건). (2) 사전 모의가 없었더라도 우연히 모인 장소에서 수인이 각자 상호간의 행위를 인식하고 암묵적으로 의사의 투합, 연락하에 범행에 공동가공하면 각자 공동정범의 책임을 면할 수 없다(대법원 1987.10.13, 87도1240 서진룸살롱 사건).

①② [O] 2인 이상이 범죄에 공동가공하는 공범관계에서 공모는 법률상 어떤 정형을 요구하는 것이 아니고, 2인 이상이 공모하여 범죄에 공동가공하여 범죄를 실현하려는 의사의 결합만 있으면 되는 것으로서, 비록 전체의 모의과정이 없더라도 수인 사이에 **순차적으로 또는 암묵적으로 상통하여 의사의 결합이 이루어지면 공모관계가 성립한다**(대법원 2016.8.29, 2016도6297).

③ [O] 공동가공의 의사는 타인의 범행을 인식하면서도 이를 제지하지 아니하고 용인하는 것만으로는 부족하나, 반드시 사전에 치밀한 범행계획의 공모에까지 이를 필요는 없으며 공범자 각자가 공범자들 사이에 구성요건을 이루거나 **구성요건에 본질적으로 관련된 행위를 분담한다는 상호이해가 있으면 충분하다**(대법원 2011.9.8, 2011도7262 세고엔터테인먼트 사건).

182 공동정범에 관한 다음 설명 중 옳지 않은 것을 모두 고른 것은? (다툼이 있으면 판례에 의함)

1 2 3

[core ★★]

㉠ 공동정범은 공동가공의 의사와 그 공동의사에 기한 기능적 행위지배를 통한 범죄실행이라는 주관적 · 객관적 요건을 충족함으로써 성립한다.
㉡ 공모자 중 구성요건행위를 직접 분담하여 실행하지 아니한 사람이라도 ㉠ 항목의 요건의 충족 여부에 따라 이른바 공모공동정범으로서의 죄책을 질 수도 있다.
㉢ 이른바 공모공동정범이 성립하기 위하여는 전체 범죄에서 그가 차지하는 지위 · 역할이나 범죄경과에 대한 지배 내지 장악력 등을 종합하여 그가 단순한 공모자에 그치는 것이 아니라 범죄에 대한 본질적 기여를 통한 기능적 행위지배가 존재하는 것으로 인정되어야 한다.

① 없음　　② ㉠
③ ㉡　　④ ㉢

해설

① 모두 옳은 지문이다.
공동정범은 공동가공의 의사와 그 공동의사에 기한 기능적 행위지배를 통한 범죄실행이라는 주관적 · 객관적 요건을 충족함으로써 성립하므로, 공모자 중 구성요건행위를 직접 분담하여 실행하지 아니한 사람이라도 위 요건의 충족 여부에 따라 이른바 공모공동정범으로서의 죄책을 질 수도 있지만, 이를 위하여는 전체 범죄에서 그가 차지하는 지위 · 역할이나 범죄경과에 대한 지배 내지 장악력 등을 종합하여 그가 단순한 공모자에 그치는 것이 아니라 범죄에 대한 본질적 기여를 통한 기능적 행위지배가 존재하는 것으로 인정되어야 한다(대법원 2016.8.30, 2013도658 태광그룹회장 사건).

정답 | 180 ④　181 ④　182 ①

183 공동정범에 관한 다음 설명 중 옳지 않은 것은 모두 몇 개인가? (다툼이 있으면 판례에 의함)

1 2 3

[Superlative ★★★]

㉠ 수인 사이에 순차적으로 또는 암묵적으로 상통하여 그 의사의 결합이 이루어지면 공모관계가 성립하고, 이러한 공모가 이루어진 이상 실행행위에 직접 관여하지 아니한 자라도 다른 공모자의 행위에 대하여 공동정범으로서의 형사책임을 진다.
㉡ 공동가공의 의사가 공동행위자 상호간에 있는 경우는 물론 행위자 일방의 가공의사만 있는 경우에도 공동정범이 성립할 수 있다.
㉢ 공동정범은 공동가공의 의사와 기능적 행위지배를 통한 범죄의 실행사실이 있어야 성립하므로, 공동가공의 의사를 인정할 수 없는 과실범의 공동정범은 성립할 수 없다.
㉣ 결과적 가중범의 공동정범은 기본행위를 공동으로 할 의사가 있으면 성립하고, 결과를 공동으로 할 의사는 필요 없으며, 그 결과의 발생을 예견할 수 있으면 족하다.
㉤ 부작위범 사이의 공동정범은 다수의 부작위범에게 공통된 의무가 부여되어 있고 그 의무를 공통으로 이행할 수 있을 때에만 성립한다.
㉥ 3인 이상의 범인이 합동절도의 범행을 공모한 후 2인 이상의 범인이 시간적, 장소적으로 협동관계를 이루어 절도의 실행행위를 분담하여 절도 범행을 한 경우, 그 공모에는 참여하였으나 현장에서 절도의 실행행위를 직접 분담하지 아니한 다른 범인은 합동절도의 교사·방조범 또는 단순절도의 공동정범은 될 수 있으나 합동절도의 공동정범은 될 수 없다.

① 1개 ② 2개
③ 3개 ④ 4개

해설

③ ㉡㉢㉥ 3항목이 옳지 않다.
㉠ [○] 수인 사이에 순차적으로 또는 암묵적으로 상통하여 그 의사의 결합이 이루어지면 공모관계가 성립하고, 이러한 **공모가 이루어진 이상 실행행위에 직접 관여하지 아니한 자라도 다른 공모자의 행위에 대하여 공동정범으로서의 형사책임을 진다**(대법원 2014.11.13, 2014도8838).
㉡ [×] 공동가공의 의사는 공동행위자 상호간에 있어야 하며 행위자 일방의 가공의사만으로는 공동정범관계가 성립할 수 없다(대법원 1985.5.14, 84도2118 뱃놀이 사건).
㉢ [×] (1) 공동정범은 고의범이나 과실범을 불문하고 의사의 연락이 있는 경우면 성립하는 것으로서 2인 이상이 서로의 의사연락 아래 과실행위를 하여 범죄되는 결과를 발생하게 하면 과실범의 공동정범이 성립한다(대법원 1994.5.24, 94도660 구포역 열차전복 사건). (2) 형법 제30조 소정의 '2인 이상이 공동하여 죄를 범한 때'의 '죄'에는 고의범뿐만 아니라 과실범도 포함된다(대법원 1994.3.22, 94도35 우암아파트 붕괴 사건).
㉣ [○] 결과적 가중범의 공동정범은 기본행위를 공동으로 할 의사가 있으면 성립하고, **결과를 공동으로 할 의사는 필요 없으며, 그 결과의 발생을 예견할 수 있으면 족하다**(대법원 2005.5.26, 2005도945 서울지검 가혹행위 사건).
㉤ [○] 부작위범 사이의 공동정범은 다수의 **부작위범에게 공통된 의무가 부여되어 있고 그 의무를 공통으로 이행할 수 있을 때에만 성립한다**(대법원 2009.2.12, 2008도9476 세경대학교 사건).
㉥ [×] 공모에는 참여하였으나 현장에서 절도의 실행행위를 직접 분담하지 아니한 다른 범인에 대하여도 그가 현장에서 절도 범행을 실행한 2인 이상의 범인의 행위를 자기 의사의 수단으로 하여 합동절도의 범행을 하였다고 평가할 수 있는 정범성의 표지를 갖추고 있는 한 공동정범의 일반 이론에 비추어 그 다른 범인에 대하여 합동절도의 공동정범으로 인정할 수 있다(대법원 2011.5.13, 2011도2021 사납금 절취 사건).

184 1 2 3 공동정범에 관한 다음 설명 중 옳은 것은? (다툼이 있으면 판례에 의함) [Essential ★]

① 포괄일죄의 범행 도중에 공동정범으로 범행에 가담한 자의 경우, 그가 범행에 가담할 때에 이미 이루어진 종전의 범행을 알았다고 한다면 가담 이후는 물론 가담 이전의 범행에 대하여도 공동정범으로 책임을 진다.

② 공모공동정범에 있어서 그 공모자 중의 1인이 다른 공모자가 실행행위에 이르기 전에 그 공모관계에서 이탈한 때에는 그 이후의 다른 공모자의 행위에 관하여 공동정범으로서의 책임은 지지 않는다고 할 것이고 그 이탈의 표시는 반드시 명시적임을 요하지 않는다.

③ 공모에 주도적으로 참여하여 다른 공모자의 실행에 영향을 미친 공모자라고 하더라도 다른 공모자가 실행행위에 이르기 전에 그 공모관계에서 이탈한 이상, 그 실행에 미친 영향력을 제거하지 않았더라도 공모관계에서 이탈한 것으로서 공동정범으로서의 책임을 지지 않는다.

④ 피고인이 포괄일죄의 관계에 있는 범행의 일부를 실행한 후 공범관계에서 이탈하였다면, 비록 다른 공범자에 의하여 나머지 범행이 이루어진 경우라도 피고인은 자신이 관여하지 않은 부분에 대하여는 책임을 지지 아니한다.

해설

② [O] 공모공동정범에 있어서 그 공모자 중의 1인이 다른 공모자가 실행행위에 이르기 전에 그 공모관계에서 이탈한 때에는 그 이후의 다른 공모자의 행위에 관하여 공동정범으로서의 책임은 지지 않는다고 할 것이고 그 이탈의 표시는 반드시 **명시적임을 요하지 않는다**(대법원 1986.1.21, 85도2371 동창생 윤간살해 사건).

① [×] 포괄일죄의 범행 도중에 공동정범으로 범행에 가담한 자는 비록 그가 그 범행에 가담할 때에 이미 이루어진 종전의 범행을 알았다 하더라도 그 가담 이후의 범행에 대하여만 공동정범으로 책임을 진다(대법원 2007.11.15, 2007도6336 시세조정 중 가담사건).

③ [×] 공모관계에서의 이탈은 공모자가 공모에 의하여 담당한 기능적 행위지배를 해소하는 것이 필요하므로 공모자가 공모에 주도적으로 참여하여 다른 공모자의 실행에 영향을 미친 때에는 범행을 저지하기 위하여 적극적으로 노력하는 등 실행에 미친 영향력을 제거하지 아니하는 한 공모관계에서 이탈하였다고 할 수 없다(대법원 2015.2.16, 2014도14843).

④ [×] 피고인이 포괄일죄의 관계에 있는 범행의 일부를 실행한 후 공범관계에서 이탈하였으나 다른 공범자에 의하여 나머지 범행이 이루어진 경우, 피고인이 관여하지 않은 부분에 대하여도 죄책을 부담한다(대법원 2011.1.13, 2010도9927 시세조정 중 이탈 사건).

정답 | 183 ③ 184 ②

185 공동정범에 관한 다음 설명 중 옳지 않은 것은? (다툼이 있으면 판례에 의함) [core ★★]

1 2 3

① 피해자가 피고인에 의하여 강제로 자동차에 태워지고 피해자의 하차요청을 묵살한 채 하차할 수 없는 상태로 운행을 강행한 것이라면 그 운행자가 피고인이 아닌 피고인의 친구이었다 하더라도 감금행위에는 두 사람이 암묵적으로 의사연락하여 범행에 공동가공한 것으로 못 볼 바 아니다.

② 피고인 甲과 乙이 공모하여 乙이 피해자를 강간하고 있는 동안 피해자가 반항하지 못하도록 그의 입을 손으로 틀어막고 주먹으로 얼굴을 2회 때렸다면 피고인은 강간죄의 공동정범의 죄책을 면할 수 없다.

③ 피고인이 공범들과 함께 강도범행을 저지른 후 피해자의 신고를 막기 위하여 공범들이 묶여있는 피해자를 옆방으로 끌고 가 강간범행을 할 때에 피고인은 자녀들을 감시하고 있었다면 비록 피고인이 직접 강간행위를 하지 않았다 하더라도 강도강간의 공동죄책을 면할 수 없다.

④ 피해자 일행을 한 사람씩 나누어 강간하자는 피고인 일행의 제의에 아무런 대답도 하지 않고 따라 다니다가 자신의 강간 상대방으로 남겨진 A에게 일체의 신체적 접촉도 시도하지 않은 채 다른 일행이 인근 숲 속에서 강간을 마칠 때까지 A와 함께 이야기만 나눈 경우라도, 피고인은 다른 일행의 강간범행에 대하여 공동정범으로서의 책임을 면할 수 없다.

해설

④ [×] 피해자 일행을 한 사람씩 나누어 강간하자는 피고인 일행의 제의에 아무런 대답도 하지 않고 따라 다니다가 자신의 강간 상대방으로 남겨진 A에게 일체의 신체적 접촉도 시도하지 않은 채 다른 일행이 인근 숲 속에서 강간을 마칠 때까지 A와 함께 이야기만 나눈 경우, **피고인에게 다른 일행의 강간 범행에 공동으로 가공할 의사가 있었다고 볼 수 없다**(대법원 2003.3.28, 2002도7477 강간 파트너와 이야기만 사건).

① [○] 피해자가 피고인에 의하여 강제로 자동차에 태워지고 피해자의 하차요청을 묵살한 채 하차할 수 없는 상태로 운행을 강행한 것이라면 그 운행자가 피고인이 아닌 피고인의 친구이었다 하더라도 감금행위에는 두 사람이 암묵적으로 의사연락하여 범행에 **공동가공한 것으로 못 볼 바 아니다**(대법원 1984.8.21, 84도1550).

② [○] 피고인 甲과 乙이 공모하여 乙이 피해자를 강간하고 있는 동안 피해자가 반항하지 못하도록 그의 입을 손으로 틀어막고 주먹으로 얼굴을 2회 때렸다면 피고인은 강간죄의 **공동정범의 죄책을 면할 수 없다**(대법원 1984.6.12, 84도780).

③ [○] 피고인이 공범들과 함께 강도범행을 저지른 후 피해자의 신고를 막기 위하여 공범들이 묶여있는 피해자를 옆방으로 끌고 가 강간범행을 할 때에 피고인은 자녀들을 감시하고 있었다면 비록 피고인이 직접 강간행위를 하지 않았다 하더라도 **강도강간의 공동죄책을 면할 수 없다**(대법원 1986.1.21, 85도2411).

186 공동정범에 관한 다음 설명 중 옳지 않은 것은? (다툼이 있으면 판례에 의함) [core ★★]

1 2 3

① 유가증권의 허위작성행위 자체에는 직접 관여한 바 없다 하더라도 타인에게 그 작성을 부탁하여 의사연락이 되고 그 타인으로 하여금 범행을 하게 하였다면 공모공동정범에 의한 허위작성죄가 성립한다.

② 공범자가 공갈행위의 실행에 착수한 후 그 범행을 인식하면서 그와 공동의 범의를 가지고 그 후의 공갈행위를 계속하여 재물의 교부나 재산상 이익의 취득에 이른 때에는 공갈죄의 공동정범이 성립한다.

③ 딱지어음들을 발행하여 매매한 피고인들이 비록 그 사기범행에 관하여 암묵적, 순차적으로 공모하였다고 하더라도, 이를 사용한 사기의 실행행위에 직접 관여하지 않았고 딱지어음들의 전전유통경로나 중간 소지인들 및 그 기망방법을 구체적으로 몰랐다고 한다면 사기죄의 공동정범에 해당하지 아니한다.

④ 회사 직원이 영업비밀을 경쟁업체에 유출하거나 스스로의 이익을 위하여 이용할 목적으로 무단으로 반출한 때 업무상배임죄의 기수에 이르렀다고 할 것이고, 그 이후에 직원과 접촉하여 영업비밀을 취득하려고 한 자는 업무상배임죄의 공동정범이 될 수 없다.

해설

③ [×] 딱지어음들을 발행하여 매매한 피고인들이 이를 사용한 사기의 실행행위에 직접 관여하지 않았더라도 그 사기범행에 관하여 암묵적, 순차적으로 공모하였다고 볼 수 있다면, 딱지어음들의 전전유통경로나 중간 소지인들 및 그 기망방법을 구체적으로 몰랐더라도 사기죄의 공동정범이 된다(대법원 1997.9.12, 97도1706 광주 어음사기단 사건).

① [○] 유가증권의 허위작성행위 자체에는 직접 관여한 바 없다 하더라도 타인에게 그 작성을 부탁하여 의사연락이 되고 그 타인으로 하여금 범행을 하게 하였다면 **공모공동정범에 의한 허위작성죄가 성립한다**(대법원 1985.8.20, 83도2575).

② [○] 공범자가 공갈행위의 실행에 착수한 후 그 범행을 인식하면서 그와 공동의 범의를 가지고 그 후의 공갈행위를 계속하여 재물의 교부나 재산상 이익의 취득에 이른 때에는 **공갈죄의 공동정범이 성립한다**(대법원 1997.2.14, 96도1959 한라일보 사건).

④ [○] 회사 직원이 영업비밀을 경쟁업체에 유출하거나 스스로의 이익을 위하여 이용할 목적으로 무단으로 반출한 때 업무상배임죄의 기수에 이르렀다고 할 것이고, 그 이후에 직원과 접촉하여 영업비밀을 취득하려고 한 자는 **업무상배임죄의 공동정범이 될 수 없다**(대법원 2003.10.30, 2003도4382 삼성전자 영업비밀 유출 사건).

정답 | 185 ④ 186 ③

187 공동정범에 관한 다음 설명 중 옳지 않은 것은? (다툼이 있으면 판례에 의함) [core ★★]

1 2 3

① 특수강도의 범행을 모의하였더라도 범행의 실행에 가담하지 아니하고 공모자들이 강취해 온 장물의 처분을 알선만 하였다면 특수강도의 공동정범이 아니라 장물알선죄가 성립한다.

② 편입학부정행위나 입시부정행위가 乙의 주도 아래 피고인 甲의 지시에 의해 이루어진 것이라면 甲이 乙에게 구체적으로 부정행위의 방법으로서 사정위원들의 업무를 방해할 것을 특정하거나 명시하여 지시하지 아니하였다 하더라도 甲은 업무방해죄의 공동정범에 해당한다.

③ 건설 관련 회사의 유일한 지배자인 피고인이 회사 대표의 지위에서 장기간에 걸쳐 건설공사 현장소장들의 뇌물공여행위를 보고받고 이를 확인·결재하는 등의 방법으로 관여한 경우, 비록 사전에 구체적인 대상 및 액수를 정하여 뇌물공여를 지시하지 아니하였다고 하더라도 공모공동정범의 죄책을 인정하여야 한다.

④ 乙이 위조된 부동산임대차계약서를 담보로 제공하고 A로부터 돈을 차용할 것을 계획하면서 A가 위조된 부동산임대차계약서상의 임대인에게 전화를 하여 확인할 것에 대비하여 甲에게 미리 전화를 하여 임대인 행세를 하여달라고 부탁을 하였고, 甲은 이를 승낙하여 실제로 A의 남편 B로부터 전화를 받자 자신이 실제의 임대인인 것처럼 행세하여 전세금액 등을 확인함으로써 위조사문서의 행사에 관하여 역할분담을 한 경우, 甲의 행위는 위조사문서행사에 있어서 공동정범요건을 갖추었다고 할 것이다.

해설

① [×] 특수강도의 범행을 모의한 이상 범행의 실행에 가담하지 아니하고, 공모자들이 강취해 온 장물의 처분을 알선만하였다 하더라도 특수강도의 공동정범이 된다 할 것이므로 장물알선죄로 의율할 것이 아니다(대법원 1983.2.22, 82도3103).

② [○] 편입학부정행위나 입시부정행위가 乙의 주도 아래 피고인 甲의 지시에 의해 이루어진 것이라면 甲이 乙에게 구체적으로 부정행위의 방법으로서 사정위원들의 업무를 방해할 것을 특정하거나 명시하여 지시하지 아니하였다 하더라도 **甲은 업무방해죄의 공동정범에 해당한다**(대법원 1994.3.8, 93도3154 상지대 입시부정 사건).

③ [○] 건설 관련 회사의 유일한 지배자인 피고인이 회사 대표의 지위에서 장기간에 걸쳐 건설공사 현장소장들의 뇌물공여행위를 보고받고 이를 확인·결재하는 등의 방법으로 관여한 경우, 비록 사전에 구체적인 대상 및 액수를 정하여 뇌물공여를 지시하지 아니하였다고 하더라도 **공모공동정범의 죄책을 인정하여야 한다**(대법원 2010.7.15, 2010도3544 뇌물공여 본질적 기여 사건).

④ [○] 乙이 위조된 부동산임대차계약서를 담보로 제공하고 A로부터 돈을 차용할 것을 계획하면서 A가 위조된 부동산임대차계약서상의 임대인에게 전화를 하여 확인할 것에 대비하여 甲에게 미리 전화를 하여 임대인 행세를 하여달라고 부탁을 하였고, 甲은 이를 승낙하여 실제로 A의 남편 B로부터 전화를 받자 자신이 실제의 임대인인 것처럼 행세하여 전세금액 등을 확인함으로써 위조사문서의 행사에 관하여 역할분담을 한 경우, 甲의 행위는 **위조사문서행사에 있어서 공동정범요건을 갖추었다고 할 것이다**(대법원 2010.1.28, 2009도10139 임대인 행세 사건).

188 부작위범에 관한 다음 설명 중 옳지 않은 것은? (다툼이 있으면 판례에 의함) [core ★★]

1 2 3

① 신고의무 위반으로 인한 공중위생관리법 제20조 제1항 제1호 위반죄는 구성요건이 부작위에 의하여서만 실현될 수 있는 진정부작위범에 해당한다.

② 다수의 부작위범에게 공통된 의무가 부여되어 있지 않더라도 그 의무를 공통으로 이행할 수 있을 때에는 형법 제33조에 의하여 부작위범의 공동정범이 성립한다.

③ 피고인 甲, 乙은 사립학교인 세경대학의 교원 또는 사무직원에 불과하고 영업상의 권리의무의 귀속주체가 아니므로 공중위생관리법상의 신고의무를 부담하는 자들이라고 할 수 없어 피고인들을 부작위범인 공중위생관리법위반죄로 처벌할 수는 없다.

④ 코스메틱 케어코리아 각 지점의 실장직에 있었던 피고인들은 회사의 근로소득자에 불과하고 영업상의 권리의무의 귀속주체가 아니므로 공중위생관리법상의 신고의무를 부담하는 자에 해당하지 않고, 나아가 공통된 신고의무가 부여되어 있지 않으므로 부작위범인 공중위생관리법위반죄의 공동정범도 성립할 수 없다.

해설

② [×] 부작위범 사이의 공동정범은 다수의 부작위범에게 공통된 의무가 부여되어 있고 그 의무를 공통으로 이행할 수 있을 때에만 성립한다(대법원 2009.2.12, 2008도9476 세경대학교 사건)(同旨 대법원 2008.3.27, 2008도89 피부관리샵 실장들 사건).

① [○] 신고의무 위반으로 인한 공중위생관리법 제20조 제1항 제1호 위반죄는 **구성요건이 부작위에 의하여서만 실현될 수 있는 진정부작위범에 해당한다**(대법원 2009.2.12, 2008도9476 세경대학교 사건)(同旨 대법원 2008.3.27, 2008도89 피부관리샵 실장들 사건).

③ [○] 피고인 甲, 乙은 사립학교인 세경대학의 **교원 또는 사무직원에 불과하고 영업상의 권리의무의 귀속주체가 아니므로** 공중위생관리법상의 신고의무를 부담하는 자들이라고 할 수 없어 피고인들을 **부작위범인 공중위생관리법위반죄로 처벌할 수는 없다**(대법원 2009.2.12, 2008도9476 세경대학교 사건).

④ [○] 코스메틱 케어코리아 각 지점의 실장직에 있었던 피고인들은 **회사의 근로소득자에 불과하고 영업상의 권리의무의 귀속주체가 아니므로** 공중위생관리법상의 신고의무를 부담하는 자에 해당하지 않고, 나아가 공통된 신고의무가 부여되어 있지 않으므로 **부작위범인 공중위생관리법위반죄의 공동정범도 성립할 수 없다**(대법원 2008.3.27, 2008도89 피부관리샵 실장들 사건).

정답 | 187 ① 188 ②

189 공모관계의 이탈에 관한 다음 설명 중 옳지 않은 것은? (다툼이 있으면 판례에 의함) [Essential ★]

1 2 3

① 공모공동정범에 있어서 그 공모자 중의 1인이 다른 공모자가 실행행위에 이르기 전에 그 공모관계에서 이탈한 때에는 그 이후의 다른 공모자의 행위에 관하여 공동정범으로서의 책임은 지지 않는다고 할 것이고 그 이탈의 표시는 반드시 명시적임을 요하지 않는다.

② 공모관계에서의 이탈은 공모자가 공모에 의하여 담당한 기능적 행위지배를 해소하는 것이 필요하므로 공모자가 공모에 주도적으로 참여하여 다른 공모자의 실행에 영향을 미친 때에는 범행을 저지하기 위하여 적극적으로 노력하는 등 실행에 미친 영향력을 제거하지 아니하는 한 공모관계에서 이탈하였다고 할 수 없다.

③ 피고인이 포괄일죄의 관계에 있는 범행의 일부를 실행한 후 공범관계에서 이탈하였다면 다른 공범자에 의하여 나머지 범행이 이루어진 경우라도 피고인은 자신이 관여하지 않은 부분에 대하여 죄책을 부담하지 아니한다.

④ 행위자 상호간에 범죄의 실행을 공모하였다면 다른 공모자가 이미 실행에 착수한 이후에는 그 공모관계에서 이탈하였다고 하더라도 공동정범의 책임을 면할 수 없다.

해설

③ [×] 피고인이 포괄일죄의 관계에 있는 범행의 일부를 실행한 후 공범관계에서 이탈하였으나 다른 공범자에 의하여 나머지 범행이 이루어진 경우, 피고인이 관여하지 않은 부분에 대하여도 죄책을 부담한다(대법원 2011.1.13, 2010도9927 시세조정 중 이탈 사건).

① [○] 공모공동정범에 있어서 그 공모자 중의 1인이 다른 공모자가 실행행위에 이르기 전에 그 공모관계에서 이탈한 때에는 그 이후의 다른 공모자의 행위에 관하여 공동정범으로서의 책임은 지지 않는다고 할 것이고 그 이탈의 표시는 **반드시 명시적임을 요하지 않는다**(대법원 1986.1.21, 85도2371 동창생 윤간살해 사건).

② [○] 공모관계에서의 이탈은 공모자가 공모에 의하여 담당한 기능적 행위지배를 해소하는 것이 필요하므로 공모자가 공모에 주도적으로 참여하여 다른 공모자의 실행에 영향을 미친 때에는 범행을 저지하기 위하여 적극적으로 노력하는 등 실행에 미친 영향력을 제거하지 아니하는 한 **공모관계에서 이탈하였다고 할 수 없다**(대법원 2015.2.16, 2014도14843).

④ [○] 행위자 상호간에 범죄의 실행을 공모하였다면 다른 공모자가 이미 실행에 착수한 이후에는 그 공모관계에서 이탈하였다고 하더라도 **공동정범의 책임을 면할 수 없다**(대법원 1984.1.31, 83도2941 담배생각이 나서 사건).

190 다음 중 '피고인 甲'이 공모관계를 이탈한 것으로 인정되는 것은? 다른 예외적인 사정은 고려하지 않는다.

1 2 3

[core ★★]

① 피고인 甲이 乙과 공모하여 가출 청소년 A를 유인하고 성매매 홍보용 나체사진을 찍은 후, 자신이 별건으로 체포되어 수감 중인 동안 A가 乙의 관리 아래 성매수의 상대방이 된 대가로 받은 돈을 A, 乙 및 甲의 처 등이 나누어 사용한 경우

② 다른 3명의 공모자들과 강도 모의를 하면서 삽을 들고 사람을 때리는 시늉을 하는 등 그 모의를 주도한 피고인 甲이 함께 범행 대상을 물색하다가 다른 공모자들이 강도의 대상을 지목하고 뒤쫓아 가자 단지 "어?"라고만 하고 비대한 체격 때문에 뒤따라가지 못한 채 범행현장에서 200m 정도 떨어진 곳에 앉아 있었으나 공모자들이 피해자를 쫓아가 강도상해의 범행을 한 경우

③ 피고인 甲이 투자금융회사에 입사하여 다른 공범들과 프로소닉 주식의 시세조정 주문을 내기로 공모한 다음 시세조정행위의 일부를 실행한 후 회사로부터 해고를 당하여 공범관계로부터 이탈하였고, 다른 공범들이 그 이후의 나머지 시세조정행위를 계속한 경우

④ 행동대원 甲, 乙, 丙은 조직의 두목으로부터 지시를 받고 상대조직 행동대장 A를 살해하기로 공모하였으나, 피고인 甲은 쇠파이프 등을 들고 차량에 탑승하던 중 사태의 심각성을 실감하고 범행에 휘말리기 싫어서 조용히 혼자 빠져나와 택시를 타고 집으로 간 경우. 이후 乙과 丙이 공모한 대로 A의 사무실로 가서 A를 살해하였음

해설

④ 시라소니파 조직원인 피고인 甲이 다른 사람들과 술을 마시고 있다가 같은 조직원 乙로부터 연락을 받고 로울러스케이트장에 가서 파라다이스파에게 보복을 하러 간다는 말을 듣고 다른 조직원들이 여러 대의 차에 분승하여 출발하려고 할 때 사태의 심각성을 실감하고 범행에 휘말리기 싫어서 그곳에서 택시를 타고 집에 온 경우, 甲에게 공모관계가 인정된다고 하더라도 다른 조직원들이 범행에 이르기 전에 그 공모관계에서 이탈한 것이므로 甲은 공모관계에서 이탈한 이후의 행위에 대하여는 공동정범으로의 책임을 지지 않는다(대법원 1996.1.26, 94도2654 시라소니파 조직원 사건).

① 공모관계에서의 이탈은 공모자가 공모에 의하여 담당한 기능적 행위지배를 해소하는 것이 필요하므로 공모자가 공모에 주도적으로 참여하여 다른 공모자의 실행에 영향을 미친 때에는 범행을 저지하기 위하여 적극적으로 노력하는 등 실행에 미친 영향력을 제거하지 아니하는 한 공모자가 구속되었다는 등의 사유만으로 공모관계에서 이탈하였다고 할 수 없다(대법원 2010.9.9, 2010도6924 가출녀 성매매 강요 사건).

② 피고인은 다른 공모자가 강도상해죄의 실행에 착수하기까지 범행을 만류하는 등으로 그 공모관계에서 이탈하였다고 볼 수 없으므로 강도상해죄의 공동정범으로서의 죄책을 진다(대법원 2008.4.10, 2008도1274 어 사건).

③ 피고인이 다른 공범들의 범죄실행을 저지하지 않은 이상 그 이후 나머지 공범들이 행한 시세조정행위에 대하여도 죄책을 부담한다(대법원 2011.1.13, 2010도9927 시세조종 중 이탈 사건).

정답 | 189 ③ 190 ④

191 간접정범에 관한 다음 설명 중 옳은 것은? (다툼이 있으면 판례에 의함) [core ★★]

1 2 3

① 어느 행위로 인하여 처벌되지 아니하는 자 또는 과실범으로 처벌되는 자를 교사 또는 방조하여 범죄행위의 결과를 발생하게 한 자는 공동정범의 예에 의하여 처벌한다.

② 자기의 지휘, 감독을 받는 자를 교사 또는 방조하여 범죄행위의 결과를 발생하게 한 자는 정범에 정한 형의 장기 또는 다액에 그 2분의 1까지 가중하여 처벌한다.

③ 범죄사실의 인식이 없는 타인을 이용하여 범죄를 실행하게 한 자는 '어느 행위로 인하여 처벌되지 아니하는 자를 교사한 자'에 해당하여 간접정범으로서 단독으로 그 죄책을 부담한다.

④ 처벌되지 아니하는 타인의 행위를 적극적으로 유발하고 이를 이용하여 자신의 범죄를 실현한 자는 간접정범으로서의 죄책을 지게 되므로, 그 과정에서 타인의 의사를 부당하게 억압하지 않았다면 간접정범에 해당하지 아니한다.

해설

③ [O] 범죄사실의 인식이 없는 타인을 이용하여 범죄를 실행하게 한 자는 '어느 행위로 인하여 처벌되지 아니하는 자를 교사한 자'에 해당하여 **간접정범으로서 단독으로 그 죄책을 부담한다**(대법원 2007.9.6, 2006도3591 위조 차용증 교부 사건).

① [X] 어느 행위로 인하여 처벌되지 아니하는 자 또는 과실범으로 처벌되는 자를 교사 또는 방조하여 범죄행위의 결과를 발생하게 한 자는 교사 또는 방조의 예에 의하여 처벌한다(제34조 제1항).

② [X] 자기의 지휘, 감독을 받는 자를 교사 또는 방조하여 범죄행위의 결과를 발생하게 한 자는 교사인 때에는 정범에 정한 형의 장기 또는 다액에 그 2분의 1까지 가중하고 방조인 때에는 정범의 형으로 처벌한다(제34조 제2항).

④ [X] 처벌되지 아니하는 타인의 행위를 적극적으로 유발하고 이를 이용하여 자신의 범죄를 실현한 자는 간접정범으로서의 죄책을 지게 되고, 그 과정에서 타인의 의사를 부당하게 억압하여야만 간접정범에 해당하게 되는 것은 아니다(대법원 2008.9.11, 2007도7204 S오일 후원금 사건).

192 간접정범에 관한 다음 설명 중 옳지 않은 것은? (다툼이 있으면 판례에 의함) [core ★★]

1 2 3

① 강제추행죄는 사람의 성적 자유 내지 성적 자기결정의 자유를 보호하기 위한 죄로서 정범 자신이 직접 범죄를 실행하여야 성립하는 자수범이라고 볼 수 없으므로 처벌되지 아니하는 타인을 도구로 삼아 피해자를 강제로 추행하는 간접정범의 형태로도 범할 수 있다.

② 강제추행에 관한 간접정범의 의사를 실현하는 도구로서의 타인에는 피해자도 포함될 수 있다고 봄이 타당하므로, 피해자를 도구로 삼아 피해자의 신체를 이용하여 추행행위를 한 경우에도 강제추행죄의 간접정범에 해당할 수 있다.

③ 피고인 甲이 아동·청소년인 피해자 A를 협박하여 스스로 아청법 제2조 제4호의 어느 하나에 해당하는 행위 또는 그 밖의 성적 행위에 해당하는 아동·청소년 자신의 행위를 내용으로 하는 화상·영상 등을 생성하게 하고 이를 인터넷 사이트 운영자의 서버에 저장시켜 甲의 휴대전화기에서 재생할 수 있도록 하였다면, 간접정범의 형태로 아동·청소년이용음란물을 제작하는 행위라고 보아야 한다.

④ 피해자에 대한 사기범행을 실현하는 수단으로서 타인을 기망하여 그를 피해자로부터 편취한 재물이나 재산상 이익을 전달하는 도구로서만 이용한 경우 편취의 대상인 재물 또는 재산상 이익에 관하여 피해자에 대한 사기죄 외에 도구로 이용된 타인에 대한 사기죄도 별도로 성립한다.

해설

④ [×] 간접정범을 통한 범행에서 피이용자는 간접정범의 의사를 실현하는 수단으로서의 지위를 가질 뿐이므로, 피해자에 대한 사기범행을 실현하는 수단으로서 타인을 기망하여 그를 피해자로부터 편취한 재물이나 재산상 이익을 전달하는 도구로서만 이용한 경우에는 편취의 대상인 재물 또는 재산상 이익에 관하여 피해자에 대한 사기죄가 성립할 뿐 도구로 이용된 타인에 대한 사기죄가 별도로 성립한다고 할 수 없다(대법원 2017.5.31, 2017도3894 보이스피싱 사건Ⅱ).

①② [○] 강제추행죄는 사람의 성적 자유 내지 성적 자기결정의 자유를 보호하기 위한 죄로서 정범 자신이 직접 범죄를 실행하여야 성립하는 자수범이라고 볼 수 없으므로 처벌되지 아니하는 **타인을 도구로 삼아 피해자를 강제로 추행하는 간접정범의 형태로도 범할 수 있다.** 여기서 강제추행에 관한 간접정범의 의사를 실현하는 도구로서의 타인에는 피해자도 포함될 수 있다고 봄이 타당하므로, **피해자를 도구로 삼아 피해자의 신체를 이용하여 추행행위를 한 경우에도 강제추행죄의 간접정범에 해당할 수 있다**(대법원 2018.2.8, 2016도17733 셀프추행 강요 사건).

③ [○] 피고인 甲이 아동·청소년인 피해자 A를 협박하여 스스로 아청법 제2조 제4호의 어느 하나에 해당하는 행위 또는 그 밖의 성적 행위에 해당하는 아동·청소년 자신의 행위를 내용으로 하는 화상·영상 등을 생성하게 하고 이를 인터넷 사이트 운영자의 서버에 저장시켜 甲의 휴대전화기에서 재생할 수 있도록 하였다면, **간접정범의 형태로 아동·청소년이용음란물을 제작하는 행위라고 보아야 한다**(대법원 2018.1.25, 2017도18443 셀프 음란물 제작 사건).

정답 | 191 ③ 192 ④

193 간접정범에 관한 다음 설명 중 옳은 것(○)과 옳지 않은 것(×)을 올바르게 조합한 것은? (다툼이 있으면 판례에 의함)

1 2 3 [core ★★]

> ㉠ 피고인 甲이 피해자 A, B를 협박하여 겁을 먹은 A, B로 하여금 어쩔 수 없이 나체나 속옷만 입은 상태가 되게 하여 스스로를 촬영하게 하거나 성기에 이물질을 삽입하거나 자위를 하는 등의 행위를 하게 한 경우, 이러한 행위는 강요죄에 해당하는 것은 별론으로 하고 처벌되지 않는 피해자 A, B를 도구로 삼아 행하는 강제추행죄의 간접정범에 해당한다고 할 수 없다.
>
> ㉡ 피고인 甲이 乙 등과 공모하여 A에게 금융감독원 직원 등을 사칭하면서 B의 계좌에 1,400만원을 입금하라고 하고, B에게도 같은 취지로 거짓말하여 B로 하여금 A가 입금한 1,400만원을 포함하여 총 1,880만원을 인출하여 전달하게 한 경우, A가 B의 계좌에 입금한 위 1,400만원 부분에 대하여는 A에 대한 사기죄는 물론 B에 대한 사기죄도 별도로 성립한다.

① ㉠ × ㉡ × ② ㉠ ○ ㉡ ×
③ ㉠ × ㉡ ○ ④ ㉠ ○ ㉡ ○

해설

① 이 지문이 올바른 조합이다.

㉠ [×] (1) 강제추행죄는 사람의 성적 자유 내지 성적 자기결정의 자유를 보호하기 위한 죄로서 정범 자신이 직접 범죄를 실행하여야 성립하는 자수범이라고 볼 수 없으므로 처벌되지 아니하는 타인을 도구로 삼아 피해자를 강제로 추행하는 간접정범의 형태로도 범할 수 있다. 여기서 강제추행에 관한 간접정범의 의사를 실현하는 도구로서의 타인에는 피해자도 포함될 수 있다고 봄이 타당하므로, 피해자를 도구로 삼아 피해자의 신체를 이용하여 추행행위를 한 경우에도 강제추행죄의 간접정범에 해당할 수 있다. (2) 피고인의 행위는 피해자들을 도구로 삼아 피해자들의 신체를 이용하여 그 성적 자유를 침해한 행위로서 일반적이고도 평균적인 사람으로 하여금 성적 수치심이나 혐오감을 일으키게 하고 선량한 성적 도덕관념에 반하는 행위라고 볼 여지가 충분하다(대법원 2018.2.8, 2016도17733 셀프추행 강요 사건). 이 항목의 경우 피해자 A, B를 도구로 삼아 행하는 강제추행죄의 간접정범에 해당한다.

㉡ [×] (1) 간접정범을 통한 범행에서 피이용자는 간접정범의 의사를 실현하는 수단으로서의 지위를 가질 뿐이므로, 피해자에 대한 사기범행을 실현하는 수단으로서 타인을 기망하여 그를 피해자로부터 편취한 재물이나 재산상 이익을 전달하는 도구로서만 이용한 경우에는 편취의 대상인 재물 또는 재산상 이익에 관하여 피해자에 대한 사기죄가 성립할 뿐 도구로 이용된 타인에 대한 사기죄가 별도로 성립한다고 할 수 없다. (2) A가 B의 계좌에 입금한 위 1,400만원 부분에 대하여는 B가 甲, 乙 등의 기망에 따라 단지 A에 대한 사기범행을 실현하기 위한 도구로 이용되었을 뿐이므로 A에 대한 사기죄가 성립할 뿐 B에 대한 사기죄가 별도로 성립한다고 보기 어렵다(대법원 2017.5.31, 2017도3894 보이스피싱 사건Ⅱ).

194 간접정범에 관한 다음 설명 중 옳지 않은 것은? (다툼이 있으면 판례에 의함) [Essential ★]

1 2 3

① 범죄는 어느 행위로 인하여 처벌되지 아니하는 자를 이용하여 이를 실행할 수 있다고 하더라도, 내란죄의 경우에 있어서는 국헌문란의 목적을 가진 자가 그러한 목적이 없는 자를 이용하여 이를 실행할 수 없다.

② 자기에게 유리한 판결을 얻기 위하여 소송상의 주장이 사실과 다름이 객관적으로 명백하거나 증거가 조작되어 있다는 정을 인식하지 못하는 제3자를 이용하여 그로 하여금 소송의 당사자가 되게 하고 법원을 기망하여 소송 상대방의 재물 또는 재산상 이익을 취득하려 하였다면 간접정범의 형태에 의한 소송사기죄가 성립하게 된다.

③ 유가증권변조죄에 있어서 설사 진실에 합치하도록 변경한 것이라 하더라도 권한 없이 변경한 경우에는 변조로 되는 것이고 정을 모르는 제3자를 통하여 간접정범의 형태로도 범할 수 있다.

④ 문서가 위조된 것임을 이미 알고 있는 공범자 등에게 행사하는 경우에는 위조문서행사죄가 성립할 수 없으나, 간접정범을 통한 위조문서행사범행에 있어 도구로 이용된 자라고 하더라고 문서가 위조된 것임을 알지 못하는 자에게 행사한 경우에는 위조문서행사죄가 성립한다.

해설

① [×] 범죄는 어느 행위로 인하여 처벌되지 아니하는 자를 이용하여서도 이를 실행할 수 있으므로 내란죄의 경우에도 국헌문란의 목적을 가진 자가 그러한 목적이 없는 자를 이용하여 이를 실행할 수 있다(대법원 1997.4.17, 96도3376 숲숨 신군부 내란 사건).

② [○] 자기에게 유리한 판결을 얻기 위하여 소송상의 주장이 사실과 다름이 객관적으로 명백하거나 증거가 조작되어 있다는 정을 인식하지 못하는 제3자를 이용하여 그로 하여금 소송의 당사자가 되게 하고 법원을 기망하여 소송 상대방의 재물 또는 재산상 이익을 취득하려 하였다면 **간접정범의 형태에 의한 소송사기죄가 성립하게 된다**(대법원 2007.9.6, 2006도3591 위조 차용증 교부 사건).

③ [○] 유가증권변조죄에 있어서 설사 진실에 합치하도록 변경한 것이라 하더라도 권한 없이 변경한 경우에는 변조로 되는 것이고 정을 모르는 제3자를 통하여 **간접정범의 형태로도 범할 수 있다**(대법원 1984.11.27, 84도1862 엘칸토 양화점 사건).

④ [○] 문서가 위조된 것임을 이미 알고 있는 공범자 등에게 행사하는 경우에는 위조문서행사죄가 성립할 수 없으나, 간접정범을 통한 위조문서행사범행에 있어 도구로 이용된 자라고 하더라고 문서가 위조된 것임을 알지 못하는 자에게 행사한 경우에는 **위조문서행사죄가 성립한다**(대법원 2012.2.23, 2011도14441 이미지 파일 출력 사건).

정답 | 193 ① 194 ①

195 간접정범에 관한 다음 설명 중 옳지 않은 것은? (다툼이 있으면 판례에 의함) [core ★★]

1 2 3

① 출판물에 의한 명예훼손죄는 간접정범에 의하여 범하여질 수도 있으므로 타인을 비방할 목적으로 허위의 기사 재료를 그 정을 모르는 기자에게 제공하여 신문 등에 보도되게 한 경우에도 성립할 수 있다.

② 피고인이 축산업협동조합이 점유하는 타인 소유의 창고의 패널을 점유자인 조합으로부터 명시적인 허락을 받지 않은 채 소유자인 위 타인으로 하여금 취거하게 한 경우 소유자를 도구로 이용한 절도죄의 간접정범이 성립될 수 있다.

③ 甲이 乙 명의의 차용증을 새로 위조한 후 이를 바탕으로 자신의 처에 대한 채권자인 丙에게 차용원금 및 위조된 차용증에 기한 약정이자 2,500만원을 양도하고, 이러한 사정을 모르는 丙으로 하여금 乙을 상대로 양수금 청구소송을 제기하도록 한 경우 丙을 도구로 이용한 간접정범 형태의 소송사기죄를 구성한다.

④ 인신구속에 관한 직무를 행하는 자 또는 이를 보조하는 자가 피해자를 구속하기 위하여 진술조서 등을 허위로 작성한 후 이를 기록에 첨부하여 구속영장을 신청하고, 진술조서 등이 허위로 작성된 정을 모르는 검사와 영장전담판사를 기망하여 구속영장을 발부받은 후 피해자를 구금하였다고 하더라도 실체적 진실주의가 적용되는 형사소송절차의 특성상 형법 제124조 제1항의 직권남용감금죄는 성립하지 아니한다.

해설

④ [×] 인신구속에 관한 직무를 행하는 자 또는 이를 보조하는 자가 피해자를 구속하기 위하여 진술조서 등을 허위로 작성한 후 이를 기록에 첨부하여 구속영장을 신청하고, 진술조서 등이 허위로 작성된 정을 모르는 검사와 영장전담판사를 기망하여 구속영장을 발부받은 후 그 영장에 의하여 피해자를 구금하였다면 형법 제124조 제1항의 직권남용감금죄가 성립한다(대법원 2006.5.25, 2003도3945 서류조작 구속 사건).

① [○] 출판물에 의한 명예훼손죄는 간접정범에 의하여 범하여질 수도 있으므로 타인을 비방할 목적으로 **허위의 기사 재료를 그 정을 모르는 기자에게 제공하여 신문 등에 보도되게 한 경우에도 성립할 수 있다**(대법원 2002.6.28, 2000도3045 메디슨사 비리 제보 사건).

② [○] 피고인이 축산업협동조합이 점유하는 타인 소유의 창고의 패널을 점유자인 조합으로부터 명시적인 허락을 받지 않은 채 소유자인 위 타인으로 하여금 취거하게 한 경우 소유자를 도구로 이용한 **절도죄의 간접정범이 성립될 수 있다**(대법원 2006.9.28, 2006도2963 창고패널 취거 사건).

③ [○] 甲이 乙 명의의 차용증을 새로 위조한 후 이를 바탕으로 자신의 처에 대한 채권자인 丙에게 차용원금 및 위조된 차용증에 기한 약정이자 2,500만원을 양도하고, 이러한 사정을 모르는 丙으로 하여금 乙을 상대로 양수금 청구소송을 제기하도록 한 경우 丙을 도구로 이용한 **간접정범 형태의 소송사기죄를 구성한다**(대법원 2007.9.6, 2006도3591 위조 차용증 교부 사건).

196 간접정범에 관한 다음 설명 중 옳지 않은 것은? (다툼이 있으면 판례에 의함) [core ★★]

1 2 3

① 신용카드를 제시받은 상점 점원이 그 카드의 금액란을 정정기재하였다 하더라도 그것이 카드소지인이 점원에게 자신이 금액을 정정기재할 수 있는 권리가 있는 양 기망하여 이루어졌다면 이는 간접정범에 의한 유가증권변조에 해당한다.

② 피고인이 위조한 전문건설업등록증 등의 컴퓨터 이미지 파일을 발주자인 A 또는 한국신뢰성기술서비스의 담당 직원 B에게 이메일로 송부하였고, A 또는 B가 송부받은 컴퓨터 이미지 파일을 프린터로 출력하였다면 비록 출력 당시 그 이미지 파일이 위조된 것임을 알지 못한 경우라도 피고인은 위조문서행사죄의 간접정범에 해당하지 아니한다.

③ 경찰서 보안과장인 피고인이 甲의 음주운전을 눈감아주기 위하여 그에 대한 음주운전자 적발보고서를 찢어버리고, 부하로 하여금 일련번호가 동일한 가짜 음주운전 적발보고서에 乙에 대한 음주운전 사실을 기재케 하여 그 정을 모르는 담당 경찰관으로 하여금 주취운전자 음주측정처리부에 乙에 대한 음주운전 사실을 기재하도록 하였다면 허위공문서작성 및 동행사죄의 간접정범으로서의 죄책을 면할 수 없다.

④ 노동조합 지부장인 피고인 甲이 업무상횡령혐의로 고발을 당하자 피고인 乙과 공동하여 조합 회계서류를 무단 폐기한 후 폐기에 정당한 근거가 있는 것처럼 乙로 하여금 조합 회의록을 조작하여 수사기관에 제출하도록 교사한 경우, 회의록의 변조·사용은 피고인들이 공범관계에 있는 문서손괴죄 형사사건에 관한 증거를 변조·사용한 것으로 볼 수 있어 乙에 대한 증거변조죄 및 변조증거사용죄가 성립하지 않으며, 피교사자인 乙이 증거변조죄 및 변조증거사용죄로 처벌되지 않은 이상 甲에 대하여 공범인 교사범은 물론 그 간접정범도 성립하지 않는다.

해설

② [×] (1) 간접정범을 통한 위조문서행사범행에 있어 도구로 이용된 자라고 하더라고 문서가 위조된 것임을 알지 못하는 자에게 행사한 경우에는 위조문서행사죄가 성립한다. (2) A 또는 B가 송부받은 컴퓨터 이미지 파일을 프린터로 출력할 당시 그 이미지 파일이 위조된 것임을 알지 못한 경우 형법 제229조의 위조·변조공문서행사죄를 구성한다(대법원 2012.2.23, 2011도14441 이미지 파일 출력 사건).

① [O] 신용카드를 제시받은 상점 점원이 그 카드의 금액란을 정정기재하였다 하더라도 그것이 카드소지인이 점원에게 자신이 금액을 정정기재할 수 있는 권리가 있는 양 기망하여 이루어졌다면 이는 **간접정범에 의한 유가증권변조에 해당한다**(대법원 1984.11.27, 84도1862 엘칸토 양화점 사건).

③ [O] 경찰서 보안과장인 피고인이 甲의 음주운전을 눈감아주기 위하여 그에 대한 음주운전자 적발보고서를 찢어버리고, 부하로 하여금 일련번호가 동일한 가짜 음주운전 적발보고서에 乙에 대한 음주운전 사실을 기재케 하여 그 정을 모르는 담당 경찰관으로 하여금 주취운전자 음주측정처리부에 乙에 대한 음주운전 사실을 기재하도록 하였다면 **허위공문서작성 및 동행사죄의 간접정범으로서의 죄책을 면할 수 없다**(대법원 1996.10.11, 95도1706 가짜 음주운전 적발보고서 사건).

④ [O] 노동조합 지부장인 피고인 甲이 업무상횡령 혐의로 고발을 당하자 피고인 乙과 공동하여 조합 회계서류를 무단 폐기한 후 폐기에 정당한 근거가 있는 것처럼 乙로 하여금 조합 회의록을 조작하여 수사기관에 제출하도록 교사한 경우, 회의록의 변조·사용은 피고인들이 공범관계에 있는 문서손괴죄 형사사건에 관한 증거를 변조·사용한 것으로 볼 수 있어 乙에 대한 증거변조죄 및 변조증거사용죄가 성립하지 않으며, **피교사자인 乙이 증거변조죄 및 변조증거사용죄로 처벌되지 않은 이상 甲에 대하여 공범인 교사범은 물론 그 간접정범도 성립하지 않는다**(대법원 2011.7.14, 2009도13151 노동조합 지부장 사건).

정답 | 195 ④ 196 ②

197 간접정범에 관한 다음 설명 중 옳은 것은? (다툼이 있으면 판례에 의함) [core ★★]

1 2 3

① 건설업자 아닌 피고인들이 한국산업규격을 위반한 레미콘임을 알지 못하는 피해 건설업체들을 이용하여 건설공사에 레미콘을 사용하게 하더라도 간접정범의 형태로 '건설업자'라는 일정한 신분을 요하는 신분범인 구 건설기술관리법위반죄를 범할 수 없다.

② 수표발행인이 아닌 자도 거짓 신고의 고의 없는 발행인을 이용하여 간접정범의 형태로 부정수표단속법 제4조의 죄(수표금액의 지급 또는 거래정지처분을 면할 목적으로 금융기관에 거짓 신고를 하는 죄)를 범할 수 있다.

③ 보증인이 아닌 자라면 비록 허위 보증서 작성의 고의 없는 보증인들을 이용하여 허위의 보증서를 작성하게 한 경우라도 부동산소유권 이전등기 등에 관한 특별조치법 제13조 제1항 제3호에 정한 허위보증서작성죄의 간접정범이 성립하지 아니한다.

④ 정유회사 경영자인 피고인이 (자세한 내막을 알지 못하여 정치자금법 위반죄를 구성하지 않는) 정유회사 소속 직원들로 하여금 국회의원이 사실상 지배 · 장악하고 있던 후원회에 후원금을 기부하게 한 경우 국회의원에게는 정치자금법 제32조 제3호 위반죄가 성립하지만 경영자에게는 정치자금법위반죄의 간접정범이 성립하지 않는다.

해설

① [○] 건설업자 아닌 피고인들이 한국산업규격을 위반한 레미콘임을 알지 못하는 피해 건설업체들을 이용하여 건설공사에 레미콘을 사용하게 하더라도 간접정범의 형태로 **'건설업자'라는 일정한 신분을 요하는 신분범인 구 건설기술관리법위반죄를 범할 수 없다**(대법원 2011.7.28, 2010도4183).

② [×] 부정수표단속법 제4조가 '수표금액의 지급 또는 거래정지처분을 면할 목적'을 요건으로 하고, 수표금액의 지급책임을 부담하는 자 또는 거래정지처분을 당하는 자는 발행인에 국한되는 점에 비추어 볼 때, 그와 같은 발행인이 아닌 자는 부정수표단속법 제4조 위반죄의 주체가 될 수 없고 거짓 신고의 고의 없는 발행인을 이용하여 간접정범의 형태로 그 죄를 범할 수도 없다(대법원 2014.1.23, 2013도13804).

③ [×] 보증인이 아닌 자가 허위 보증서 작성의 고의 없는 보증인들을 이용하여 허위의 보증서를 작성하게 한 경우, 부동산소유권 이전등기 등에 관한 특별조치법 제13조 제1항 제3호에 정한 허위보증서작성죄의 간접정범이 성립한다(대법원 2009.12.24, 2009도7815).

④ [×] 정유회사 경영자인 피고인이 (자세한 내막을 알지 못하여 정치자금법 위반죄를 구성하지 않는) 정유회사 소속 직원들로 하여금 국회의원이 사실상 지배 · 장악하고 있던 후원회에 후원금을 기부하게 한 경우, 국회의원에게는 정치자금법 제32조 제3호 위반죄가, 경영자에게는 정치자금법위반죄의 간접정범이 성립한다(대법원 2008.9.11, 2007도7204 S오일 후원금 사건).

198 허위공문서작성죄 등에 관한 다음 설명 중 옳지 않은 것은? (다툼이 있으면 판례에 의함) [core ★★]

1 2 3

① 공무원 아닌 자가 허위공문서작성의 간접정범일 때에는 형법 제228조(공정증서원본등의부실기재)의 경우를 제외하고는 이를 처벌하지 못한다.

② 공무원이 아닌 자가 공무원과 공동하여 허위공문서작성죄를 범한 때에는 공무원이 아닌 자도 형법 제33조, 제30조에 의하여 허위공문서작성죄의 공동정범이 된다.

③ 허위공문서작성의 주체는 직무상 그 문서를 작성할 권한이 있는 공무원에 한하고 작성권자를 보조하는 직무에 종사하는 공무원은 허위공문서작성죄의 주체가 되지 못한다.

④ 보조공무원이 허위공문서를 기안하여 그 정을 모르는 작성권자의 결재를 받아 공문서를 완성하거나 결재를 거치지 않고 임의로 허위내용의 공문서를 완성한 경우 모두 공문서위조죄가 성립한다.

해설

④ [×] 보조공무원이 허위공문서를 기안하여 그 정을 모르는 작성권자의 결재를 받아 공문서를 완성한 때에는 허위공문서작성죄의 간접정범이 되고, 이러한 결재를 거치지 않고 임의로 허위내용의 공문서를 완성한 때에는 공문서위조죄가 성립한다(대법원 1981.7.28, 81도898 인감증명서 사건).

① [○] 공무원 아닌 자가 **허위공문서작성의 간접정범일 때에는** 형법 **제228조(공정증서원본등의부실기재)의 경우를 제외하고는 이를 처벌하지 못한다**(대법원 1971.1.26, 70도2598 거주확인증 사건).

② [○] 공무원이 아닌 자가 공무원과 공동하여 허위공문서작성죄를 범한 때에는 **공무원이 아닌 자도 형법 제33조, 제30조에 의하여 허위공문서작성죄의 공동정범이 된다**(대법원 2006.5.11, 2006도1663 재해대장 사건).

③ [○] 허위공문서작성의 주체는 직무상 그 문서를 작성할 권한이 있는 공무원에 한하고 **작성권자를 보조하는 직무에 종사하는 공무원은 허위공문서작성죄의 주체가 되지 못한다**(대법원 2011.5.13, 2011도1415 가평군청 사건). 물론 이는 보조공무원은 단독으로 허위공문서작성죄의 주체가 되지 못한다는 의미일 뿐, 정을 모르는 작성권자의 결재를 받는 방식으로 간접정범까지 되지 못한다는 의미가 아님을 주의하여야 한다.

정답 | 197 ① 198 ④

199 허위공문서작성죄에 관한 다음 설명 중 옳지 않은 것을 모두 고른 것은? (다툼이 있으면 판례에 의함)

1 2 3

[Superlative ★★★]

㉠ 보조공무원이 허위공문서를 기안하여 그 정을 모르는 작성권자의 결재를 받아 공문서를 완성한 때에는 허위공문서작성죄의 간접정범이 되고, 이러한 결재를 거치지 않고 임의로 허위내용의 공문서를 완성한 때에는 공문서위조죄가 성립한다.

㉡ 허위공문서작성의 주체는 그 문서를 작성할 권한이 있는 공무원에 한하고 작성권자를 보조하는 직무에 종사하는 공무원은 허위공문서작성죄의 주체가 되지 못하지만, 작성권자를 보조하는 공무원이 허위의 내용이 기재된 문서 초안을 그 정을 모르는 상사에게 제출하여 결재하도록 하는 등의 방법으로 허위의 공문서를 작성하게 한 경우에는 허위공문서작성죄의 간접정범이 성립한다.

㉢ 공문서의 작성권한이 있는 공무원의 직무를 보좌하는 자가 허위의 내용이 기재된 문서초안을 그 정을 모르는 상사에게 제출하여 결제하도록 하는 등의 방법으로 허위의 공문서를 작성하게 한 경우에는 간접정범이 성립되고 이와 공모한 자 역시 간접정범의 공범으로서의 죄책을 면할 수 없는 것이고, 다만 여기서 말하는 공범은 공무원의 신분이 있는 자로 한정된다.

① ㉡　　② ㉢

③ ㉠㉡　　④ ㉡㉢

해설

② ㉢ 항목만 옳지 않다.

㉠ [O] 보조공무원이 허위공문서를 기안하여 그 정을 모르는 작성권자의 결재를 받아 공문서를 완성한 때에는 **허위공문서작성죄의 간접정범이 되고,** 이러한 결재를 거치지 않고 임의로 허위내용의 공문서를 완성한 때에는 **공문서위조죄가 성립한다**(대법원 1981.7.28, 81도898 인감증명서 사건).

㉡ [O] 허위공문서작성의 주체는 그 문서를 작성할 권한이 있는 공무원에 한하고 작성권자를 보조하는 직무에 종사하는 공무원은 허위공문서작성죄의 주체가 되지 못하지만, 작성권자를 보조하는 공무원이 허위의 내용이 기재된 문서 초안을 그 정을 모르는 상사에게 제출하여 결재하도록 하는 등의 방법으로 **허위의 공문서를 작성하게 한 경우에는 허위공문서작성죄의 간접정범이 성립한다**(대법원 2011.5.13, 2011도1415 가평군청 사건).

㉢ [×] 작성권한이 있는 공무원의 직무를 보좌하는 자가 허위의 내용이 기재된 문서 초안을 그 정을 모르는 상사에게 제출하여 결재하도록 하는 등의 방법으로 작성권한이 있는 공무원으로 하여금 허위의 공문서를 작성하게 한 경우에는 간접정범이 성립되고 이와 공모한 자 역시 간접정범의 공범으로서의 죄책을 면할 수 없는 것이고, 여기서 말하는 공범은 반드시 공무원의 신분이 있는 자로 한정되는 것은 아니다(대법원 1992.1.17, 91도2837 예비군훈련확인서 사건).

200 문서위조죄에 관한 다음 중 설명 중 옳은 것(O)과 옳지 않은 것(×)을 올바르게 조합한 것은? (다툼이 있으면 판례에 의함)

1 2 3

[core ★★]

> ㉠ 공무원 아닌 자가 관공서에 허위 내용의 증명원을 제출하여 그 내용이 허위인 정을 모르는 담당공무원으로부터 그 증명원 내용과 같은 증명서를 발급받은 경우 공문서위조죄의 간접정범이 성립한다.
> ㉡ 피고인이 '임야의 등기, 매도권한을 피고인에게 일임하고 매도금액 3분의 1을 문중에 반납하고 나머지를 피고인에게 소송대행비용으로 준다'라는 내용의 정기문중총회 회의록을 임의로 작성하고, 종중원들에게 그 회의록의 내용에 관하여 제대로 알려 주지 아니한 채 단지 "임야에 관하여 문중 명의로 소유권이전등기를 하는 데 필요하다"는 정도로만 얘기하면서 그들로부터 서명, 날인을 받은 경우 사문서위조죄가 성립한다.

① ㉠ ○ ㉡ ○ ② ㉠ ○ ㉡ ×
③ ㉠ × ㉡ ○ ④ ㉠ × ㉡ ×

해설

③ 이 지문이 올바른 조합이다.

㉠ [×] 어느 문서의 작성권한을 갖는 공무원이 그 문서의 기재사항을 인식하고 그 문서를 작성할 의사로써 이에 서명날인하였다면, 설령 그 서명날인이 타인의 기망으로 착오에 빠진 결과 그 문서의 기재사항이 진실에 반함을 알지 못한 데 기인한다고 하여도, 그 문서의 성립은 진정하며 여기에 하등 작성명의를 모용한 사실이 있다고 할 수는 없으므로 공무원 아닌 자가 관공서에 허위 내용의 증명원을 제출하여 그 내용이 허위인 정을 모르는 담당공무원으로부터 그 증명원 내용과 같은 증명서를 발급받은 경우 공문서위조죄의 간접정범으로 의율할 수는 없다(대법원 2001.3.9, 2000도938 공사실적증명원 사건).

㉡ [○] (1) **명의인을 기망하여 문서를 작성케 하는 경우는** 서명, 날인이 정당히 성립된 경우에도 **기망자는 명의인을 이용하여 서명 날인자의 의사에 반하는 문서를 작성케 하는 것이므로 사문서위조죄가 성립한다.** (2) 피고인이 정기문중총회 회의록을 임의로 작성하고, 종중원들에게 그 회의록의 내용에 관하여 제대로 알려 주지 아니한 채 그들로부터 서명, 날인을 받은 경우 **사문서위조죄가 성립한다**(대법원 2000.6.13, 2000도778 종중 회의록 사건).

정답 | 199 ② 200 ③

201 공범종속성설의 논거나 주장을 모두 고른 것은? [Superlative ★★★]

1 2 3

> ㉠ 범죄는 행위자의 반사회성의 징표이다.
> ㉡ 실패한 교사범(「형법」 제31조 제3항)을 처벌하고 있다.
> ㉢ 형법 제33조(공범과 신분)의 본문이 원칙규정이다.
> ㉣ 자살방조죄(형법 제252조 제2항)를 처벌하고 있다.
> ㉤ 공범의 본질은 타인의 구성요건실현에 가담하는 데 있다.

① ㉡㉣
② ㉢㉤
③ ㉠㉡㉣
④ ㉠㉢㉤

해설

② ㉢㉤ 2항목이 공범종속성설의 논거 또는 주장에 해당한다.

[공범종속성설] ㉤ 공범의 성립은 정범의 실행행위에 종속한다. 간접정범의 개념을 인정한다. 공범은 정범의 실행의 착수를 요하므로 기도된 교사(효과 없는 교사와 실패한 교사)를 처벌하는 형법 제31조 제2항 · 제3항은 예외규정이다. ㉢ 신분의 연대성을 규정한 형법 제33조 본문은 원칙규정이다. 자살관여죄(자살교사 · 방조죄)를 처벌하는 형법 제252조 제2항은 예외규정이다.

[공범독립성설] ㉠ 교사 · 방조행위 자체가 반사회성의 징표이므로 정범의 실행행위와 무관하게 공범이 성립한다. 간접정범이 개념을 부정하고 공범성립을 인정한다. ㉡ 교사 · 방조행위 자체가 범죄의 실행행위이므로 기도된 교사(효과 없는 교사와 실패한 교사)를 처벌하는 형법 제31조 제2항 · 제3항은 공범독립성설의 근거규정이자 당연규정이다. 신분의 개별화를 규정한 형법 제33조 단서는 원칙규정이다. ㉣ 자살관여죄(자살교사 · 방조죄)를 처벌하는 형법 제252조 제2항은 공범독립성설의 근거규정이자 당연규정이다.

202 〈보기〉는 공범의 종속형식에 관한 서로 다른 A, B, C, D의 입장에 대한 설명이다. A, B, C, D의 입장에 따른 결론으로 옳은 것은? [Superlative ★★★]

〈보기〉

A는 공범의 성립 범위를 가장 좁게 인정하고, 반대로 B는 가장 넓게 인정한다. C는 공범이 성립하기 위한 조건으로 정범의 실행행위의 구성요건해당성과 위법성만 있으면 되는 것으로 보고, D는 책임개별화원칙을 반영하지 못한다는 비판을 받고 있다.

① 타인의 주거에 침입할 것을 교사하였으나 피교사자가 주거자의 승낙을 얻어 주거에 들어간 경우, A의 입장에 의하면 주거침입교사죄가 성립할 수 없지만 C의 입장에 의하면 주거침입교사죄가 성립할 수 있다.

② 강도를 교사하였으나 피교사자가 예비의 단계에서 체포된 경우, A의 입장에 의하면 강도예비교사죄가 성립할 수 없고 C의 입장에 의하면 강도예비교사죄가 성립할 수 있다.

③ 형사미성년자를 교사하여 절도를 행하게 한 경우, C의 입장에 의하면 절도교사죄가 성립할 수 없지만 D의 입장에 의하면 절도교사죄가 성립할 수 있다.

④ 피교사자의 아버지가 소유하는 물건을 절취하도록 교사한 경우에 B와 D의 입장에서는 절도교사죄가 성립할 수 있다.

해설

A: 정범이 구성요건해당성, 위법성과 책임에 더 나아가 가벌성까지 있어야 공범이 성립한다는 초극단적 종속형식

B: 정범이 구성요건해당성만 있으면 공범이 성립한다는 최소한 종속형식

C: 정범이 구성요건해당성과 위법성이 있으면 공범이 성립한다는 제한적 종속형식

D: 정범이 구성요건해당성과 위법성 그리고 책임이 있어야 공범이 성립한다는 극단적 종속형식

④ [○] 아버지의 물건을 절취한 경우 구성요건해당성과 위법성 그리고 책임이 인정되므로 **B, D 모든 입장에서 절도교사죄가 성립한다.**

① [×] 주거자의 승낙을 얻어 주거에 들어간 경우 주거침입죄의 구성요건해당성이 없으므로 A, C 모든 입장에서 주거침입교사죄는 성립하지 아니한다.

② [×] 예비 단계에서 체포된 경우 A, C 모든 입장에서 강도교사죄나 강도예비교사는 성립하지 않고 교사자와 피교사자를 음모 또는 예비에 준하여 처벌한다(제31조 제2항).

③ [×] 형사미성년자를 교사하여 절도를 행하게 한 경우 책임이 인정되지 않으므로, C 입장에 의하면 절도교사죄가 성립하지만, D의 입장에 의하면 절도교사죄는 성립하지 아니한다.

정답 | 201 ② 202 ④

203 공범에 관한 설명 중 가장 옳지 않은 것은? (다툼이 있으면 판례에 의함) [Superlative ★★★]

1 2 3

① 공범종속성설에 따르면, 기도된 교사(제31조 제2항 효과 없는 교사와 제31조 제3항 실패한 교사)는 공범의 미수를 처벌하는 것으로서 당연규정(원칙규정)으로 본다.

② 극단적 종속형식에 따르면, 甲이 乙(만 13세)을 부추겨 교회에 있는 시계를 절취해 오도록 한 경우 甲은 절도죄의 간접정범이 된다.

③ 거래상대방의 대향적 행위의 존재를 필요로 하는 유형의 배임죄에 있어서 거래상대방이 배임행위를 교사하거나 그 배임행위의 전 과정에 관여하는 등으로 배임행위에 적극 가담함으로써 그 실행행위자와의 계약이 반사회적 법률행위에 해당하여 무효로 되는 경우라면 그 상대방은 배임죄의 교사범 또는 공동정범이 될 수 있다.

④ 형법 제127조는 공무원 또는 공무원이었던 자가 법령에 의한 직무상 비밀을 누설하는 행위만을 처벌하고 있으므로 직무상 비밀을 누설받은 자에 대하여는 공범에 관한 형법 총칙 규정이 적용될 수 없다.

해설

① [×] 공범종속성설은 공범은 정범에 종속하여 정범의 실행행위(실행의 착수)가 있어야만 성립한다는 견해이다. 따라서 공범종속성설에 따르면 정범의 실행행위(실행의 착수)가 없는 기도된 교사의 경우 처벌해서는 안 되는데, 형법 제31조 제2항 · 제3항은 이를 처벌하고 있으므로 이 규정은 특별규정(예외규정)에 해당한다.

② [○] 극단적 종속형식에 의하면, 공범이 성립하기 위해서는 정범의 행위가 구성요건에 해당하고 위법 · 유책하여야 한다. 따라서 甲이 책임이 조각되는 乙을 부추겨 교회에 있는 시계를 절취해 오도록 한 경우 **절도죄의 교사범(공범)이 아니라 간접정범이 된다.**

③ [○] 거래상대방의 대향적 행위의 존재를 필요로 하는 유형의 배임죄에 있어서 거래상대방이 배임행위를 교사하거나 그 배임행위의 전 과정에 관여하는 등으로 배임행위에 **적극 가담함으로써** 그 실행행위자와의 계약이 반사회적 법률행위에 해당하여 무효로 되는 경우라면 그 상대방은 **배임죄의 교사범 또는 공동정범이 될 수 있다**(대법원 2012.11.15, 2012도9417 스파힐스 골프장 사건).

④ [○] 형법 제127조는 공무원 또는 공무원이었던 자가 법령에 의한 직무상 비밀을 누설하는 행위만을 처벌하고 있으므로 직무상 비밀을 누설받은 자에 대하여는 공범에 관한 **형법 총칙 규정이 적용될 수 없다**(대법원 2011.4.28, 2009도3642 체포영장 발부자 명단 사건).

204 아래에 〈보기〉들이 내용이 올바르게 연결된 것은? [Superlative ★★★]

1 2 3

〈보기 1〉

㉠ 실패한 교사
㉡ 효과 없는 교사
㉢ 협의의 교사의 미수

〈보기 2〉

ⓐ 피교사자가 범죄의 실행을 승낙하지 않은 경우
ⓑ 피교사자가 범죄의 실행은 승낙했지만 실행의 착수에 이르지 아니한 경우
ⓒ 피교사자가 교사받은 범죄의 실행에 착수하였으나 범죄를 완성하지 못한 경우

〈보기 3〉

(1) 교사자 · 피교사자 모두 미수범으로 처벌
(2) 교사자만 예비 · 음모에 준하여 처벌
(3) 교사자 · 피교사자 모두 예비 · 음모에 준하여 처벌

① ㉠ – ⓑ – (3) ② ㉡ – ⓑ – (1)
③ ㉢ – ⓒ – (2) ④ ㉠ – ⓐ – (2)

해설

④ 이 지문이 올바른 연결이다.
㉠ – ⓐ – (2). (제31조 제3항)
㉡ – ⓑ – (3) (제31조 제2항)
㉢ – ⓒ – (1) (제31조 제1항)

정답 | 203 ① 204 ④

205 교사범에 관한 다음 설명 중 옳지 않은 것은? (다툼이 있으면 판례에 의함) [core ★★]

1 2 3

① 타인을 교사하여 죄를 범하게 한 자는 죄를 실행한 자와 동일한 형으로 처벌한다.

② 신분관계로 인하여 형의 경중이 있는 경우에 신분이 있는 자가 신분이 없는 자를 교사하여 죄를 범하게 한 때에는 형법 제31조 제1항에 의하여 신분이 있는 교사범은 신분이 없는 정범과 동일한 형으로 처벌한다.

③ 자기의 지휘, 감독을 받는 자를 교사하여 범죄의 결과를 발생하게 한 자는 정범에 정한 형의 장기 또는 다액에 그 2분의 1까지 가중하여 처벌한다.

④ 교사를 받은 자가 범죄의 실행을 승낙하고 실행의 착수에 이르지 아니한 때에는 교사자와 피교사자를 음모 또는 예비에 준하여 처벌하고, 교사를 받은 자가 범죄의 실행을 승낙하지 아니한 때에는 교사자를 음모 또는 예비에 준하여 처벌한다.

해설

② [×] '타인을 교사하여 죄를 범하게 한 자는 죄를 실행한 자와 동일한 형으로 처벌한다'고 규정한 형법 제31조 제1항은 협의의 공범의 일종인 교사범이 그 성립과 처벌에 있어서 정범에 종속한다는 일반적인 원칙을 선언한 것에 불과하고, 따라서 신분관계로 인하여 형의 경중이 있는 경우에 신분이 있는 자가 신분이 없는 자를 교사하여 죄를 범하게 한 때에는 형법 제33조 단서가 제31조 제1항에 우선하여 적용됨으로써 신분이 있는 교사범이 신분이 없는 정범보다 중하게 처벌된다(대법원 1994.12.23, 93도1002 모해위증교사 사건).

① [○] 타인을 교사하여 죄를 범하게 한 자는 죄를 실행한 자와 **동일한 형으로 처벌한다**(제31조 제1항).

③ [○] 자기의 지휘, 감독을 받는 자를 교사하여 범죄의 결과를 발생하게 한 자는 정범에 정한 형의 장기 또는 다액에 그 **2분의 1까지 가중**하여 처벌한다(제34조 제2항).

④ [○] 교사를 받은 자가 범죄의 실행을 승낙하고 실행의 착수에 이르지 아니한 때에는 **교사자와 피교사자를 음모 또는 예비에 준하여 처벌하고,** 교사를 받은 자가 범죄의 실행을 승낙하지 아니한 때에는 **교사자를 음모 또는 예비에 준하여 처벌한다**(제31조 제2항 · 제3항).

206 교사범에 관한 다음 설명 중 옳은 것은? (다툼이 있으면 판례에 의함) [Essential ★]

1 2 3

① 피교사자가 이미 범죄의 결의를 가지고 있을 경우라도 피고인이 그 결의를 강화시켰다고 한다면 교사범이 성립한다.

② 피교사자가 교사자의 교사행위 당시 일응 범행을 승낙하지 아니한 것으로 보여진다고 한다면 비록 이후 교사행위에 의하여 범행을 결의한 것으로 인정되는 경우라도 교사범은 성립하지 아니한다.

③ 교사행위에 의하여 피교사자가 범죄 실행을 결의하게 되었더라도 피교사자에게 다른 원인이 있어 범죄를 실행한 경우에는 교사범은 성립하지 아니한다.

④ 교사범이 성립하기 위하여는 범행의 일시, 장소, 방법 등의 세부적인 사항까지를 특정하여 교사할 필요는 없고, 정범으로 하여금 일정한 범죄의 실행을 결의할 정도에 이르게 하면 교사범이 성립된다.

해설

④ [O] 교사범이 성립하기 위하여는 범행의 일시, 장소, 방법 등의 **세부적인 사항까지를 특정하여 교사할 필요는 없고,** 정범으로 하여금 **일정한 범죄의 실행을 결의할 정도에 이르게 하면 교사범이 성립된다**(대법원 2012.4.13, 2012도1101 파주시 부동산 사기사건).

① [×] 피교사자는 교사범의 교사에 의하여 범죄실행을 결의하여야 하는 것이므로 피교사자가 이미 범죄의 결의를 가지고 있을 때에는 교사범이 성립할 여지가 없다(대법원 2012.8.30, 2010도13694 불법게임장 비호 경찰관 사건).

② [×] 피교사자가 교사자의 교사행위 당시에는 일응 범행을 승낙하지 아니한 것으로 보여진다 하더라도 이후 교사행위에 의하여 범행을 결의한 것으로 인정되는 이상 교사범의 성립에는 영향이 없다(대법원 2013.9.12, 2012도2744 약혼녀 낙태강요 사건).

③ [×] 교사범이 성립하기 위해 교사범의 교사가 정범의 범행에 대한 유일한 조건일 필요는 없으므로, 교사행위에 의하여 피교사자가 범죄 실행을 결의하게 된 이상 피교사자에게 다른 원인이 있어 범죄를 실행한 경우에도 교사범의 성립에는 영향이 없다(대법원 2012.11.15, 2012도7407 하나은행 노조위원장 공갈 사건).

정답 | 205 ② 206 ④

207 교사범에 관한 다음 설명 중 옳지 않은 것은? (다툼이 있으면 판례에 의함) [core ★★]

1 2 3

① 교사행위에도 불구하고 피교사자가 범행을 승낙하지 아니하거나 피교사자의 범행결의가 교사자의 교사행위에 의하여 생긴 것으로 보기 어려운 경우에는 이른바 실패한 교사로서 형법 제31조 제3항에 의하여 교사자를 음모 또는 예비에 준하여 처벌할 수 있을 뿐이다.

② 교사범이 그 공범관계로부터 이탈하기 위해서는 피교사자가 범죄의 실행행위에 나아가기 전에 교사범에 의하여 형성된 피교사자의 범죄 실행의 결의를 해소하는 것이 필요하다.

③ 교사범에게 교사의 고의가 계속 존재한다고 보기 어렵고 당초의 교사행위에 의하여 형성된 피교사자의 범죄 실행의 결의가 더 이상 유지되지 않는 것으로 평가할 수 있다면, 설사 그 후 피교사자가 범죄를 저지르더라도 이는 당초의 교사행위에 의한 것이 아니라 새로운 범죄 실행의 결의에 따른 것이므로 교사자는 형법 제31조 제2항에 의한 죄책을 부담함은 별론으로 하고 형법 제31조 제1항에 의한 교사범으로서의 죄책을 부담하지는 않는다.

④ 교사자가 피교사자에 대하여 상해 또는 중상해를 교사하였는데 피교사자가 이를 넘어 살인을 실행한 경우 일반적으로 교사자는 상해죄 또는 중상해죄의 교사범이 되지만 이 경우 교사자에게 피해자의 사망이라는 결과에 대하여 과실 내지 예견가능성이 있는 때에는 살인죄의 교사범으로서의 죄책을 지울 수 있다.

해설

④ [×] 교사자가 피교사자에 대하여 상해 또는 중상해를 교사하였는데 피교사자가 이를 넘어 살인을 실행한 경우 일반적으로 교사자는 상해죄 또는 중상해죄의 교사범이 되지만 이 경우 교사자에게 피해자의 사망이라는 결과에 대하여 과실 내지 예견가능성이 있는 때에는 상해치사죄의 교사범으로서의 죄책을 지울 수 있다(대법원 2002.10.25, 2002도4089 병신을 만들어라 사건).

① [○] 교사행위에도 불구하고 피교사자가 범행을 승낙하지 아니하거나 피교사자의 범행결의가 교사자의 교사행위에 의하여 생긴 것으로 보기 어려운 경우에는 이른바 실패한 교사로서 **형법 제31조 제3항에 의하여 교사자를 음모 또는 예비에 준하여 처벌할 수 있을 뿐이다**(대법원 2013.9.12, 2012도2744 약혼녀 낙태강요 사건).

②③ [○] 교사범이 그 공범관계로부터 이탈하기 위해서는 피교사자가 범죄의 실행행위에 나아가기 전에 교사범에 의하여 형성된 피교사자의 **범죄 실행의 결의를 해소하는 것이 필요하고,** 이때 교사범이 피교사자에게 교사행위를 철회한다는 의사를 표시하고 이에 피교사자도 그 의사에 따르기로 하거나 또는 교사범이 명시적으로 교사행위를 철회함과 아울러 피교사자의 범죄 실행을 방지하기 위한 진지한 노력을 다하여 당초 피교사자가 범죄를 결의하게 된 사정을 제거하는 등 객관적·실질적으로 보아 교사범에게 교사의 고의가 계속 존재한다고 보기 어렵고 당초의 교사행위에 의하여 형성된 피교사자의 범죄 실행의 결의가 더 이상 유지되지 않는 것으로 평가할 수 있다면, 설사 그 후 피교사자가 범죄를 저지르더라도 이는 당초의 교사행위에 의한 것이 아니라 새로운 범죄 실행의 결의에 따른 것이므로 교사자는 형법 제31조 제2항에 의한 죄책을 부담함은 별론으로 하고 **형법 제31조 제1항에 의한 교사범으로서의 죄책을 부담하지는 않는다**(대법원 2012.11.15, 2012도7407 하나은행 노조위원장 공갈사건).

208 甲은 丙 · 丁 · 戊 등에게 "A를 혼내 주되 평생 후회하면서 살도록 허리 아래 부분을 찌르고 특히 허벅지나 종아리를 찔러 병신을 만들라"는 취지로 이야기하면서 경비 500만원 정도를 주었는 바, 乙은 甲이 이와 같이 丙 · 丁 · 戊에게 범행을 지시할 때 그들에게 연락하여 모이도록 하여 "甲을 좀 도와주어라"는 등의 말을 하였다. 이에 따라 丙 · 丁 · 戊는 A의 허벅지나 종아리 부위 등을 칼로 20여 회 힘껏 찔러 결국 A가 과다실혈로 사망하였다. 甲 · 乙 · 丙 · 丁 · 戊의 죄책은? (다툼이 있으면 판례에 의함)

1 2 3

[core ★★]

① 甲 · 乙 – 살인죄의 교사범, 丙 · 丁 · 戊 – 살인죄의 공동정범
② 甲 · 乙 – 상해죄의 교사범, 丙 · 丁 · 戊 – 살인죄의 공동정범
③ 甲 · 乙 – 상해치사죄의 교사범, 丙 · 丁 · 戊 – 살인죄의 공동정범
④ 甲 · 乙 – 상해죄의 교사범, 丙 · 丁 · 戊 – 상해치사죄의 공동정범

해설

③ 이 지문이 올바른 죄책이다.
(1) 피해자의 머리나 가슴 등 치명적인 부위가 아닌 허벅지나 종아리 부위 등을 주로 찔렀다고 하더라도 칼로 피해자를 20여 회나 힘껏 찔러 그로 인하여 피해자가 과다실혈로 사망하게 된 이상 피고인 丙 · 丁 등이 자기들의 가해행위로 인하여 피해자가 사망할 수도 있다는 사실을 인식하지 못하였다고는 볼 수 없고, 오히려 살인의 미필적 고의가 있었다고 볼 수 있다. (2) 교사자가 피교사자에 대하여 상해 또는 중상해를 교사하였는데 피교사자가 이를 넘어 살인을 실행한 경우에, 일반적으로 교사자는 상해죄 또는 중상해죄의 죄책을 지게 되는 것이지만 이 경우에 교사자에게 피해자의 사망이라는 결과에 대하여 과실 내지 예견가능성이 있는 때에는 상해치사죄의 죄책을 지울 수 있다. 甲 · 乙은 피해자가 죽을 수도 있다는 점을 예견할 가능성이 있었다고 판단하여 원심이 상해치사죄로 의율한 조치는 위 법리에 따른 것으로 정당하다(대법원 2002.10.25, 2002도4089). 설문의 경우 甲 · 乙은 상해치사죄의 교사범, 丙 · 丁 · 戊는 살인죄의 공동정범의 죄책을 진다.

정답 | 207 ④ 208 ③

209 교사범에 관한 다음 설명 중 옳지 않은 것은? (다툼이 있으면 판례에 의함) [Essential ★]

1 2 3

① 피고인이 "피해자를 정신차릴 정도로 때려주라"고 교사하였다면 이는 상해에 대한 교사로 봄이 상당하다.

② 甲이 乙에게 "A의 다리를 부러뜨려 1~2개월간 입원케 하라"고 말하여 교사하였고 乙로부터 순차 지시를 받은 丙, 丁이 칼로 A의 우측 가슴을 찔러 약 3주간의 치료를 요하는 우측흉부자상 등을 가한 경우 甲은 중상해죄의 교사범이 성립한다.

③ 피고인 甲이 乙, 丙에게 일제 드라이버 1개를 사주면서 "丙이 구속되어 도망 다니려면 돈도 필요할텐데 열심히 일을 하라(도둑질을 하라)"고 말하였다면 절도의 교사가 있었다고 보아야 한다.

④ 피고인 甲이, 乙이 丙에게 범죄를 저지르도록 요청한다 함을 알면서 乙의 부탁을 받고 乙의 요청을 丙게 전달하여 丙으로 하여금 범의를 야기하게 한 경우 교사에 해당한다.

해설

② [×] 1~2개월간 입원할 정도로 다리가 부러지는 상해 또는 3주간의 치료를 요하는 우측흉부자상은 중상해에 해당한다고 보기 어렵다(대법원 2005.12.9, 2005도7527 아파트재건축조합 알력 사건). 상해죄의 교사범이 성립할 뿐 중상해죄의 교사범은 성립하지 아니한다.

① [○] 피고인이 "피해자를 정신차릴 정도로 때려주라"고 교사하였다면 이는 **상해에 대한 교사로 봄이 상당하다**(대법원 1997.6.24, 97도1075 정신차릴 정도로 사건).

③ [○] 피고인 甲이 乙, 丙에게 일제 드라이버 1개를 사주면서 "丙이 구속되어 도망 다니려면 돈도 필요할텐데 열심히 일을 하라(도둑질을 하라)"고 말하였다면 **절도의 교사가 있었다고 보아야 한다**(대법원 1991.5.14, 91도542 열심히 일을 하라 사건).

④ [○] 피고인 甲이, 乙이 丙에게 범죄를 저지르도록 요청한다 함을 알면서 乙의 부탁을 받고 乙의 요청을 丙게 전달하여 丙으로 하여금 범의를 야기하게 한 경우 **교사에 해당한다**(대법원 1974.1.29, 73도3104).

210 교사범에 관한 다음 중 설명 중 옳은 것(○)과 옳지 않은 것(×)을 올바르게 조합한 것은? (다툼이 있으면 판례에 의함) [core ★★]

1 2 3

㉠ 피고인 甲이 乙이 아이를 임신한 사실을 알게 되자 수차례 낙태를 권유하였고 乙이 아이를 낳겠다고 하자 "출산 여부는 알아서 하되 결혼은 하지 않겠다"고 통보한 뒤에도 낙태를 할 병원을 물색해 주기도 하여, 乙이 이로 인하여 낙태를 결의·실행한 경우 낙태교사죄가 성립한다.

㉡ 甲이 乙에게 피해자 A의 불륜관계를 이용하여 공갈할 것을 교사하였고, 이에 乙이 A를 미행하여 불륜현장을 촬영한 후 甲에게 이를 알렸으나, 甲이 乙에게 "그동안의 수고비를 줄 테니 촬영한 동영상을 넘기고 A를 공갈하는 것을 단념하라"라고 수차례 만류하였음에도 乙은 甲의 제안을 거절하고 촬영한 동영상을 A의 핸드폰에 전송하고 "현금을 주지 않으면 동영상을 유포하겠다"고 겁을 주어 A로부터 500만원을 교부받은 경우, 甲의 교사행위와 乙의 실행행위 사이에 인과관계가 단절된 것이고 甲이 공범관계에서 이탈한 것으로 볼 수 있으므로 甲은 공갈죄의 교사범이 성립하지 아니한다.

① ㉠ ○ ㉡ ○　　② ㉠ ○ ㉡ ×

③ ㉠ × ㉡ ○　　④ ㉠ × ㉡ ×

해설

② 이 지문이 올바른 조합이다.

㉠ [○] 乙이 甲의 교사행위로 인하여 낙태를 결의·실행한 이상 乙이 당초 아이를 낳을 것처럼 말한 사실이 있다는 사정만으로 **甲의 낙태교사행위와 乙의 낙태결의 사이에 인과관계가 단절되는 것은 아니므로 낙태교사죄가 성립한다**(대법원 2013.9.12, 2012도2744 약혼녀 낙태강요 사건).

㉡ [×] 범행을 만류하는 취지의 말을 한 것만으로는 甲의 교사행위와 乙의 실행행위 사이에 인과관계가 단절되었다거나 甲이 공범관계에서 이탈한 것으로 볼 수 없으므로 甲은 공갈죄의 교사범이 성립한다(대법원 2012.11.15, 2012도7407 하나은행 노조위원장 공갈 사건).

211 1 2 3 방조범에 관한 다음 설명 중 옳지 않은 것은? (다툼이 있으면 판례에 의함) [core ★★]

① 종범에 대한 선고형이 정범보다 가볍지 않다 하더라도 위법이라 할 수 없다.

② 자기의 지휘, 감독을 받는 자를 방조하여 범죄행위의 결과를 발생하게 한 자는 정범의 형으로 처벌한다.

③ 간첩방조죄는 정범인 간첩죄와 대등한 독립한 범죄로서 형법 총칙 제32조 소정의 감경대상이 되는 종범과는 그 실질이 달라 종범감경을 할 수 없다.

④ 방조를 받은 자가 범죄의 실행의 착수에 이르지 아니한 때에는 방조자와 피방조자를 음모 또는 예비에 준하여 처벌한다.

해설

④ [×] 정범이 실행의 착수에 이르지 아니한 예비의 단계에 그친 경우에는 이에 가공하는 행위가 예비의 공동정범이 되는 경우를 제외하고는 이를 종범으로 처벌할 수 없다(대법원 1976.5.25, 75도1549 강도예비 방조 사건).

① [○] 형법 제32조 제2항은 "종범의 형은 정범의 형보다 감경한다"라고 규정하고 있으나, 여기서 '감경한다'는 것은 법정형을 정범보다 감경한다는 것이지 선고형을 감경한다는 것이 아니므로 종범에 대한 **선고형이 정범보다 가볍지 않다 하더라도 위법이라 할 수 없다**(대법원 2015.8.27, 2015도8408 동일한 선고형 종범 사건).

② [○] 자기의 지휘, 감독을 받는 자를 방조하여 범죄행위의 결과를 발생하게 한 자는 **정범의 형으로 처벌한다**(제34조 제2항).

③ [○] **간첩방조죄는** 정범인 간첩죄와 대등한 독립한 범죄로서 형법 총칙 제32조 소정의 감경대상이 되는 종범과는 그 실질이 달라 **종범감경을 할 수 없다**(대법원 1986.9.23, 86도1429 학원침투간첩단 사건).

정답 | 209 ② 210 ② 211 ④

212 방조범에 관한 다음 설명 중 옳지 않은 것은? (다툼이 있으면 판례에 의함) [Essential ★]

1 2 3

① 방조행위는 정범의 실행을 용이하게 하는 직접, 간접의 모든 행위를 가리킨다.

② 방조는 유형적, 물질적인 방조뿐만 아니라 정범에게 범행의 결의를 강화하도록 하는 것과 같은 무형적, 정신적 방조행위까지도 이에 해당한다.

③ 방조는 그것은 정범의 실행에 대하여 물질적 방법이건, 정신적 방법이건, 직접적이건, 간접적이건 가리지 아니한다.

④ 방조는 작위에 의하여 정범의 실행을 용이하게 하는 경우에만 성립하고, 부작위로 인하여 정범의 실행행위를 용이하게 하는 경우에는 성립하지 아니한다.

해설

④ [×] 형법상 방조행위는 정범의 실행을 용이하게 하는 직접, 간접의 모든 행위를 가리키는 것으로서 작위에 의한 경우뿐만 아니라 부작위에 의하여도 성립한다(대법원 2006.4.28, 2003도4128 음란만화판매 방치 사건).

①② [○] 형법상 방조행위는 정범이 범행을 한다는 정을 알면서 그 실행행위를 용이하게 하는 **직접 · 간접의 모든 행위를 가리키는 것**으로서 유형적, 물질적인 방조뿐만 아니라 정범에게 범행의 결의를 강화하도록 하는 것과 같은 **무형적, 정신적 방조행위까지도 이에 해당한다**(대법원 2018.9.13, 2018도7658 인천 초등생 살인 사건).

③ [○] 방조는 그것은 정범의 실행에 대하여 **물질적 방법이건, 정신적 방법이건, 직접적이건, 간접적이건 가리지 아니한다**(대법원 1982.9.14, 80도2566).

213 방조범에 관한 다음 설명 중 옳지 않은 것은? (다툼이 있으면 판례에 의함) [Essential ★]

1 2 3

① 방조범은 정범의 실행을 방조한다는 이른바 방조의 고의와 정범의 행위가 구성요건에 해당하는 행위인 점에 대한 정범의 고의가 있어야 한다.

② 방조범의 경우에 정범의 고의는 정범에 의하여 실현되는 범죄의 구체적 내용을 인식할 것을 요하는 것은 아니고 미필적 인식 또는 예견으로 족하다.

③ 정범이 범행을 한다는 점을 알면서 그 실행행위를 용이하게 한 이상 그 행위가 간접적이거나 직접적이거나를 가리지 않으나, 이 경우 정범이 누구인지는 확실히 알아야 한다.

④ 방조자의 인식과 피방조자의 실행간에 착오가 있고 양자의 구성요건을 달리한 경우에는 원칙적으로 방조자의 고의는 조각되는 것이나, 그 구성요건이 중첩되는 부분이 있는 경우에는 그 중복되는 한도 내에서만 방조자의 죄책을 인정하여야 한다.

해설

③ [×] (1) 정범이 범행을 한다는 점을 알면서 그 실행행위를 용이하게 한 이상 그 행위가 간접적이거나 직접적이거나를 가리지 않으며, 이 경우 정범이 누구에 의하여 실행되어지는가를 확지(確知)할 필요는 없다(대법원 1977.9.28, 76도4133). (2) 저작권법이 보호하는 복제권 · 전송권의 침해를 방조하는 행위란 정범의 복제권 · 전송권 침해를 용이하게 해주는 직접 · 간접의 모든 행위로서, 정범의 복제권 · 전송권 침해행위가 실행되는 일시, 장소, 객체 등을 구체적으로 인식할 필요가 없으며 나아가 정범이 누구인지 확정적으로 인식할 필요도 없다(대법원 2013.9.26, 2011도1435 파일공유사이트 사건).

① [○] 형법상 방조행위는 정범이 범행을 한다는 정을 알면서 그 실행행위를 용이하게 하는 직접 · 간접의 행위를 말하므로 방조범은 정범의 실행을 방조한다는 이른바 **방조의 고의와** 정범의 행위가 구성요건에 해당하는 행위인 점에 대한 **정범의 고의가 있어야 한다**(대법원 2018.9.13, 2018도7658 인천 초등생 살인 사건).

② [○] 방조범의 경우에 정범의 고의는 정범에 의하여 실현되는 범죄의 구체적 내용을 인식할 것을 요하는 것은 아니고 **미필적 인식 또는 예견으로 족하다**(대법원 2012.6.28, 2012도2628 에이스일렉트로닉스 사건).

④ [○] 방조자의 인식과 피방조자의 실행간에 착오가 있고 양자의 구성요건을 달리한 경우에는 원칙적으로 방조자의 고의는 조각되는 것이나, 그 구성요건이 중첩되는 부분이 있는 경우에는 그 **중복되는 한도 내에서만 방조자의 죄책을 인정하여야 한다**(대법원 1985.2.26, 84도2987).

214 방조범에 관한 다음 설명 중 옳지 않은 것을 모두 고른 것은? (다툼이 있으면 판례에 의함)

1 2 3

[core ★★]

㉠ 정범이 실행의 착수에 이르지 아니한 예비의 단계에 그친 경우에는 이에 가공하는 행위가 예비의 공동정범이 되는 경우를 제외하고는 이를 종범으로 처벌할 수 없다.

㉡ 종범은 정범이 실행행위에 착수하여 범행을 하는 과정에서 이를 방조한 경우뿐 아니라 정범의 실행의 착수 이전에 장래의 실행행위를 미필적으로나마 예상하고 이를 용이하게 하기 위하여 방조한 경우에도 그 후 정범이 실행행위에 나아갔다면 성립할 수 있다.

㉢ 정범의 실행행위 전이나 실행행위 중은 물론 정범의 범죄종료 후에도 그를 용이하게 하였다면 종범으로 처벌할 수 있다.

① ㉡ ② ㉢

③ ㉠㉡ ④ ㉡㉢

해설

② ㉢ 항목만 옳지 않다.

㉠ [○] 정범이 실행의 착수에 이르지 아니한 예비의 단계에 그친 경우에는 이에 가공하는 행위가 **예비의 공동정범이 되는 경우를 제외하고는 이를 종범으로 처벌할 수 없다**(대법원 1976.5.25, 75도1549 강도예비 방조 사건).

㉡ [○] 종범은 정범이 실행행위에 착수하여 범행을 하는 과정에서 이를 방조한 경우뿐 아니라 정범의 실행의 착수 이전에 장래의 실행행위를 미필적으로나마 예상하고 이를 용이하게 하기 위하여 방조한 경우에도 그 후 **정범이 실행행위에 나아갔다면 성립할 수 있다**(대법원 2013.11.14, 2013도7494 대처승 보험사기 사건).

㉢ [×] 종범은 정범의 실행행위 전이나 실행행위 중에 정범을 방조하여 그 실행행위를 용이하게 하는 것을 말하므로 정범의 범죄종료 후의 이른바 사후방조를 종범이라고 볼 수 없다(대법원 2009.6.11, 2009도1518 논문대행 사건).

정답 | 212 ④ 213 ③ 214 ②

215 방조범에 관한 다음 설명 중 옳지 않은 것은? (다툼이 있으면 판례에 의함) [core ★★]

1 2 3

① 방조란 정범의 구체적인 범행준비나 범행사실을 알고 그 실행행위를 가능 · 촉진 · 용이하게 하는 지원행위 또는 정범의 범죄행위가 종료하기 전에 정범에 의한 법익침해를 강화 · 증대시키는 행위로서 정범의 범죄 실현과 밀접한 관련이 있는 행위를 말한다.

② 방조범은 정범에 종속하여 성립하는 범죄이므로 방조행위와 정범의 범죄 실현 사이에는 인과관계가 필요하다.

③ 방조범이 성립하려면 방조행위가 정범의 범죄 실현과 밀접한 관련이 있고 정범으로 하여금 구체적 위험을 실현시키거나 범죄 결과를 발생시킬 기회를 높이는 등으로 정범의 범죄 실현에 현실적인 기여를 하였다고 평가할 수 있어야 한다.

④ 링크를 하는 행위 자체는 인터넷에서 링크하고자 하는 웹페이지 등의 위치 정보나 경로를 나타낸 것에 불과하여, 인터넷 이용자가 링크 부분을 클릭함으로써 저작권자로부터 이용 허락을 받지 아니한 저작물을 게시하거나 인터넷 이용자에게 그러한 저작물을 송신하는 등의 방법으로 저작권자의 복제권이나 공중송신권을 침해하는 웹페이지 등에 직접 연결된다고 하더라도 그 침해행위의 실행 자체를 용이하게 한다고 할 수는 없으므로 이러한 링크 행위만으로는 저작재산권 침해행위의 방조행위에 해당한다고 볼 수 없다.

해설

④ [×] (1) 저작권 침해물 링크 사이트에서 침해 게시물에 연결되는 링크를 제공하는 경우 등과 같이, 링크 행위자가 정범이 공중송신권을 침해한다는 사실을 충분히 인식하면서 그러한 침해 게시물 등에 연결되는 링크를 인터넷 사이트에 영리적 · 계속적으로 게시하는 등으로 공중의 구성원이 개별적으로 선택한 시간과 장소에서 침해 게시물에 쉽게 접근할 수 있도록 하는 정도의 링크 행위를 한 경우에는 침해 게시물을 공중의 이용에 제공하는 정범의 범죄를 용이하게 하므로 공중송신권 침해의 방조범이 성립한다. 이러한 링크 행위는 정범의 범죄행위가 종료되기 전 단계에서 침해 게시물을 공중의 이용에 제공하는 정범의' 범죄 실현과 밀접한 관련이 있고 그 구성요건적 결과발생의 기회를 현실적으로 증대함으로써 정범의 실행행위를 용이하게 하고 공중송신권이라는 법익의 침해를 강화 · 증대하였다고 평가할 수 있다. 링크 행위자에게 방조의 고의와 정범의 고의도 인정할 수 있다. (2) 다만 행위자가 링크 대상이 침해 게시물 등이라는 점을 명확하게 인식하지 못한 경우에는 방조가 성립하지 않고, 침해 게시물 등에 연결되는 링크를 영리적 · 계속적으로 제공한 정도에 이르지 않은 경우 등과 같이 방조범의 고의 또는 링크 행위와 정범의 범죄 실현 사이의 인과관계가 부정될 수 있거나 법질서 전체의 관점에서 살펴볼 때 사회적 상당성을 갖추었다고 볼 수 있는 경우에는 공중송신권 침해에 대한 방조가 성립하지 않을 수 있다(대법원 2021.9.9, 2017도19025 순숨 다시보기 링크사이트 사건). 공중송신권 침해범죄(저작권침해 게시물을 인터넷 웹사이트 서버 등에 업로드하여 공중의 구성원으로 하여금 이를 이용할 수 있게 하는 범죄)는 계속범으로 그 저작권침해 게시물을 서버에서 삭제하는 등으로 게시를 철회하기 전까지 범죄는 종료하지 않는다. 따라서 그 범죄 종료 전에 다른 사람이 링크를 통해 그 인터넷 웹사이트에 쉽게 접근할 수 있도록 하였다면 방조범이 성립한다는 취지의 판례이다.

① [○] 방조란 정범의 구체적인 범행준비나 범행사실을 알고 그 실행행위를 가능 · 촉진 · 용이하게 하는 지원행위 또는 정범의 범죄행위가 종료하기 전에 정범에 의한 법익침해를 강화 · 증대시키는 행위로서 정범의 **범죄 실현과 밀접한 관련이 있는 행위를 말한다**(대법원 2021.9.9, 2017도19025 순숨 다시보기 링크사이트 사건).

②③ [○] 방조범은 정범에 종속하여 성립하는 범죄이므로 방조행위와 정범의 범죄 실현 사이에는 **인과관계가 필요하다**. 방조범이 성립하려면 방조행위가 정범의 범죄 실현과 밀접한 관련이 있고 정범으로 하여금 구체적 위험을 실현시키거나 범죄 결과를 발생시킬 기회를 높이는 등으로 정범의 범죄 실현에 **현실적인 기여를 하였다고 평가할 수 있어야 한다**. 정범의 범죄 실현과 밀접한 관련이 없는 행위를 도와준 데 지나지 않는 경우에는 방조범이 성립하지 않는다(대법원 2021.9.9, 2017도19025 순숨 다시보기 링크사이트 사건).

216 다음 중 '부작위에 의한' ( ) 안 범죄의 방조범이 성립하는 것은 모두 몇 개인가? (다툼이 있으면 판례에 의함) [Superlative ★★★]

1 2 3

> ㉠ 보호자가 의학적 권고에도 불구하고 치료를 요하는 환자의 퇴원을 간청하여 담당 전문의와 주치의가 치료 중단 및 퇴원을 허용하는 조치를 취함으로써 환자를 사망에 이르게 한 경우 (살인죄)
> ㉡ 법원 경매계에서 입찰사건에 관한 제반 업무를 하는 피고인 甲 등이 자신이 맡고 있는 입찰사건의 입찰보증금이 乙에 의하여 계속적으로 횡령되고 있는 사실을 알면서도, 이를 제지하고 즉시 상관에게 보고하는 등의 방법으로 乙의 횡령행위를 방지하지 않은 경우 (업무상횡령죄)
> ㉢ 조흥은행 중앙지점장인 피고인 甲이 부하직원인 乙 등의 배임행위(어음부정지급보증과 당좌부정결재의 방법으로 영동개발 주식회사에 대하여 자금융통의 편의를 봐주는 행위)를 발견하였으면서도 이미 발생한 손해의 보전에 필요한 조치를 취하지 아니하고 이를 방치한 경우 (업무상배임죄)
> ㉣ 인터넷 포털사이트 내 오락채널 총괄팀장과 오락채널 내 만화사업의 운영 직원인 피고인들이 콘텐츠 제공업체들에 의하여 성인만화방에 음란만화들이 지속적으로 게재되고 있다는 사실을 알면서도 이를 그대로 방치한 경우 (전기통신기본법위반죄)
> ㉤ 백화점에서 상품관리 등의 업무를 담당하는 피고인이 자신이 관리하는 특정매장의 점포에 가짜 상표가 새겨진 상품이 진열 · 판매되고 있는 사실을 발견하고도 점주 등에게 시정조치를 요구하거나 상급자에게 이를 보고하지 아니함으로써 점주로 하여금 가짜 상표가 새겨진 상품들을 고객들에게 계속 판매하도록 방치한 경우 (상표법위반죄 등)

① 2개 ② 3개
③ 4개 ④ 5개

해설

③ ㉡㉢㉣㉤ 4항목의 경우 '부작위에 의한' 방조범이 성립한다.

㉠ (1) 어떠한 범죄가 적극적 작위에 의하여 이루어질 수 있음은 물론 결과의 발생을 방지하지 아니하는 소극적 부작위에 의하여도 실현될 수 있는 경우에, 행위자가 자신의 신체적 활동이나 물리적 · 화학적 작용을 통하여 적극적으로 타인의 법익 상황을 악화시킴으로써 결국 그 타인의 법익을 침해하기에 이르렀다면 이는 작위에 의한 범죄로 봄이 원칙이고, 작위에 의하여 악화된 법익 상황을 다시 되돌이키지 아니한 점에 주목하여 이를 부작위범으로 볼 것은 아니다. (2) 환자의 보호자가 치료위탁계약을 해지하고 환자를 퇴원시켜 달라고 요구하여 이에 응하기 위하여 담당의사가 인공호흡장치를 제거한 결과 환자가 호흡곤란으로 사망하게 된 경우 당해 의사는 작위에 의한 살인방조의 죄책을 진다(대법원 2004.6.24, 2002도995 보라매병원 사건).

㉡ 자신의 작위의무를 이행함으로써 결과 발생을 쉽게 방지할 수 있는 공무원이 그 사무원의 새로운 횡령범행을 방조 용인한 것을 작위에 의한 법익 침해와 동등한 형법적 가치가 있는 것이 아니라고 볼 수는 없으므로 업무상횡령의 방조에 해당한다(대법원 1996.9.6, 95도2551 입찰보증금횡령 방치 사건).

㉢ 은행지점장이 정범인 부하직원들의 범행을 인식하면서도 그들의 은행에 대한 배임행위를 방치하였다면 배임죄의 방조범이 성립된다(대법원 1984.11.27, 84도1906 조흥은행 금융부정 사건).

㉣ 인터넷 포털 사이트 내 오락채널 총괄팀장과 오락채널 내 만화사업의 운영 직원인 피고인들에게, 콘텐츠제공업체들이 게재하는 음란만화의 삭제를 요구할 조리상의 의무가 있으므로 구 전기통신기본법 제48조의2 위반 방조죄가 성립한다(대법원 2006.4.28, 2003도4128 음란만화판매 방치 사건Ⅱ).

㉤ 백화점 직원인 피고인은 부작위에 의하여 점주의 상표법위반 및 부정경쟁방지법위반 행위를 방조하였다고 인정할 수 있다(대법원 1997.3.14, 96도1639 백화점 짝퉁제품판매 방치 사건).

정답 | 215 ④ 216 ③

217 1 2 3 다음 중 (   ) 안 범죄의 방조범이 성립하지 않는 것은? (다툼이 있으면 판례에 의함) [Essential ★]

① 피고인 甲이 여당의 유력 정치가인 乙이 기업인들로부터 뇌물을 수수하기 전에 乙과 기업인들의 면담을 주선하였고, 그 후 乙이 기업인들로부터 뇌물을 받은 경우 (뇌물수수죄)

② 간호보조원의 무면허진료행위가 있은 후에 피고인인 의사가 이를 진료부에다 기재하여 준 경우 (무면허의료행위로 인한 보건법위반죄)

③ 피고인 甲이 자동차운전면허가 없는 乙에게 승용차를 제공하여 그로 하여금 무면허운전을 하게 한 경우 (무면허운전으로 인한 도로교통법위반죄)

④ 피고인 甲이 乙이 조성하여 경영하여온 축산목장의 관리인으로 고용되어 그의 지시에 따라 3, 4명의 노무자를 데리고 축사에 대한 청소, 풀베기, 사료급식 등의 단순노무에 주로 종사해온 경우 (乙의 정화시설설치의무위반으로 인한 폐기물관리법위반죄)

해설

④ 피고인 甲이 단순노무에 주로 종사해온 사실만이 인정될 뿐 목장의 경영문제에까지 관여한 사실은 인정되지 아니한 경우, 피고인 甲이 업주인 乙의 정화시설설치의무위반 행위에 공모, 가담하였거나 乙의 행위를 방조하였다고 볼 수 없다(대법원 1990.12.11, 90도2178 제일개발 축산목장 사건).

① 피고인 甲이 여당의 유력 정치가인 乙이 기업인들로부터 뇌물을 수수하기 전에 乙과 기업인들의 면담을 주선하였고, 그 후 乙이 기업인들로부터 뇌물을 받았다면 甲은 수뢰죄의 종범에 해당한다(대법원 1997.4.17, 96도3377 全斗煥 이원조 5공 비자금 조성 사건).

② 진료부는 환자의 계속적인 진료에 참고로 공하여지는 진료상황부이므로 간호보조원의 무면허진료행위가 있은 후에 이를 의사가 진료부에다 기재하는 행위는 정범의 실행행위 종료 후의 단순한 사후행위에 불과하다고 볼 수 없고 무면허의료행위의 방조에 해당한다(대법원 1982.4.27, 82도122).

③ 자동차운전면허가 없는 자에게 승용차를 제공하여 그로 하여금 무면허운전을 하게 하였다면 이는 도로교통법위반(무면허운전) 범행의 방조행위에 해당한다(대법원 2000.8.18, 2000도1914).

218 1 2 3 다음 중 가벌성이 인정되는 것은 모두 몇 개인가? (다툼이 있으면 판례에 의함) [Superlative ★★★]

㉠ 과실에 의한 교사	㉡ 과실에 의한 방조
㉢ 부작위에 의한 교사	㉣ 부작위에 의한 방조
㉤ 효과 없는 교사	㉥ 효과 없는 방조
㉦ 실패한 교사	㉧ 실패한 방조

① 1개　　② 2개

③ 3개　　④ 4개

해설

③ ㉣㉤㉦ 3항목이 가벌성이 인정된다.

㉠㉡ 교사는 정범에게 범죄의 결의를 일으키게 하는 것이므로 과실에 의한 교사범은 성립할 수 없다. 방조범은 방조의 고의와 정범의 고의가 있어야 성립하므로 과실에 의한 방조범도 성립할 수 없다(대법원 2012.6.28, 2012도2628).

㉢㉣ 부작위에 의한 교사는 불가능하지만, 부작위에 의한 방조는 가능하다. 형법상 방조행위는 정범의 실행을 용이하게 하는 직접, 간접의 모든 행위를 가리키는 것으로서 작위에 의한 경우뿐만 아니라 부작위에 의하여도 성립된다(대법원 2006. 4.28, 2003도4128 음란만화판매 방치 사건 Ⅱ).

㉤㉦ 효과 없는 교사의 경우(교사를 받은 자가 범죄의 실행을 승낙했지만 실행의 착수를 하지 않은 경우) 교사자와 피교사자를 음모 또는 예비에 준하여 처벌하고, 실패한 교사의 경우(교사를 받은 자가 범죄의 실행을 승낙하지 않은 경우) 교사자를 음모 또는 예비에 준하여 처벌한다(제31조 제2항 · 제3항).

㉥㉧ 효과 없는 방조(정범이 범죄의 실행의 착수를 하지 않은 경우)와 실패한 방조(정범이 범죄의 실행을 승낙하지 않은 경우)는 형법에 처벌규정이 없어 불가벌이다(대법원 1976.5.25, 75도1549 강도예비 방조 사건 참고).

219 1 2 3 다음 중 형법상 인정되지 않는 것은 모두 몇 개인가? (다툼이 있으면 판례에 의함, 단 간접정범 성립 여부는 배제) [Superlative ★★★]

㉠ 과실범에 대한 교사범	㉡ 과실범에 대한 방조범
㉢ 부작위범에 대한 교사범	㉣ 부작위범에 대한 방조범
㉤ 편면적 공동정범	㉥ 편면적 방조범

① 1개 ② 2개

③ 3개 ④ 4개

해설

③ ㉠㉡㉤ 3항목은 형법상 인정되지 아니한다.

㉠㉡ 과실범에 대한 교사범이나 방조범 자체는 성립할 수 없다. 다만, 과실범에 대한 교사나 방조행위는 의사지배가 있는 경우에는 간접정범이 성립할 수 있다(제34조 제1항).

㉢㉣ 정범인 부작위범에게 보증인 지위가 인정되는 한, 보증인 지위가 없는 자도 교사범이나 방조범이 모두 성립할 수 있다.

㉤ 공동가공의 의사는 공동행위자 상호간에 있어야 하며 행위자 일방의 가공 의사만으로는 공동정범 관계가 성립할 수 없다(대법원 1985.5.14, 84도2118 뱃놀이 사건). 즉, 판례는 편면적 공동정범을 인정하지 아니한다.

㉥ 방조행위를 인식하지 못한 편면적 방조범은 성립할 수 있다는 것이 통설의 입장이다(대법원 1974.5.28, 74도509 참고).

정답 | 217 ④ 218 ③ 219 ③

220 공범과 신분에 관한 다음 설명 중 옳지 않은 것은? (다툼이 있으면 판례에 의함) [core ★★]

1 2 3

① 형법 제33조는 '신분이 있어야 성립되는 범죄에 신분 없는 사람이 가담한 경우에는 그 신분 없는 사람에게도 공동정범과 교사·방조범에 관한 규정을 적용한다. 다만, 신분 때문에 형의 경중이 달라지는 경우에 신분이 없는 사람은 무거운 형으로 벌하지 아니한다.'라고 규정하고 있다.

② 다수설은 형법 제33조 본문은 진정신분범의 성립과 과형을, 단서는 부진정신분범의 성립과 과형을 규정한 것이라고 해석하지만, 판례는 형법 제33조 본문은 진정신분범·부진정신분범의 성립을, 단서는 부진정신분범의 과형을 규정한 것이라고 해석하고 있다.

③ 형법 제33조 소정의 이른바 '신분관계'라 함은 남녀의 성별, 내외국인의 구별, 친족관계, 공무원인 자격과 같은 관계뿐만 아니라 널리 일정한 범죄행위에 관련된 범인의 인적관계인 특수한 지위 또는 상태를 지칭한다.

④ 모해위증죄에 있어 '모해할 목적'이 있었는지의 여부는 행위관련적 요소이므로 이는 형법 제33조 단서 소정의 '신분관계로 인하여 형의 경중이 있는 경우'에 해당한다고 볼 수 없다.

해설

④ [×] (1) 형법 제152조는 위증을 한 범인이 형사사건의 피고인 등을 '모해할 목적'을 가지고 있었는가 아니면 그러한 목적이 없었는가 하는 범인의 특수한 상태의 차이에 따라 범인에게 과할 형의 경중을 구별하고 있으므로 이는 바로 형법 제33조 단서 소정의 '신분관계로 인하여 형의 경중이 있는 경우'에 해당한다. (2) 甲이 A를 모해할 목적으로 乙에게 위증을 교사한 이상, 가사정범인 乙에게 모해의 목적이 없었다고 하더라도 형법 제33조 단서의 규정에 의하여 甲을 모해위증교사죄로 처단할 수 있다(대법원 1994.12.23, 93도1002 모해위증교사 사건).

① [O] 형법 제33조는 '신분이 있어야 성립되는 범죄에 신분 없는 사람이 가담한 경우에는 그 신분 없는 사람에게도 공동정범과 교사·방조범에 관한 규정을 적용한다. 다만, 신분 때문에 **형의 경중이 달라지는 경우에 신분이 없는 사람은 무거운 형으로 벌하지 아니한다.**'라고 규정하고 있다(제33조).

② [O] 다수설과 판례의 입장이다(대법원 2015.2.26, 2014도15182).

③ [O] 형법 제33조 소정의 이른바 '신분관계'라 함은 **남녀의 성별, 내외국인의 구별, 친족관계, 공무원인 자격과 같은 관계뿐만 아니라 널리 일정한 범죄행위에 관련된 범인의 인적관계인 특수한 지위 또는 상태를 지칭한다**(대법원 1994.12.23, 93도1002 모해위증교사 사건).

221 공범과 신분에 관한 다음 설명 중 옳지 않은 것은? (다툼이 있으면 판례에 의함) [Superlative ★★★]

1 2 3

① 타인의 재물 보관자의 지위가 인정되지 않는 자라고 하더라도 보관자의 지위에 있는 신분자와 공모하여 횡령 범행을 저지른 사실이 인정되면 형법 제33조 본문에 의하여 횡령죄의 공범으로 처단할 수 있다.

② 물건의 소유자가 아닌 사람은 형법 제33조 본문에 따라 소유자의 권리행사방해 범행에 가담한 경우에 한하여 그의 공범이 될 수 있을 뿐이므로 권리행사방해죄의 공범으로 기소된 물건의 소유자에게 고의가 없는 등으로 범죄가 성립하지 않는다면 공동정범이 성립할 여지가 없다.

③ 병가중인 자는 직무유기죄의 주체로 될 수는 없으나 신분이 없는 자라 하더라도 신분이 있는 자의 행위에 가공하는 경우 직무유기죄의 공동정범이 성립하므로, 병가중인 피고인들과 나머지 피고인들 사이에 직무유기의 공범관계가 인정되면 병가중인 피고인들도 직무유기죄의 공동정범으로 처벌받아야 한다.

④ 비공무원이 공무원과 공동가공의 의사와 이를 기초로 한 기능적 행위지배를 통하여 공무원의 직무에 관하여 뇌물을 수수하는 범죄를 실행하였다면 공무원에게는 제3자뇌물수수죄가, 비공무원에게는 제3자뇌물수수방조죄가 각각 성립한다.

해설

④ [×] 비공무원이 공무원과 공동가공의 의사와 이를 기초로 한 기능적 행위지배를 통하여 공무원의 직무에 관하여 뇌물을 수수하는 범죄를 실행하였다면 공무원이 직접 뇌물을 받은 것과 동일하게 평가할 수 있으므로 공무원과 비공무원에게 형법 제129조 제1항에서 정한 뇌물수수죄의 공동정범이 성립한다(대법원 2019.8.29, 2018도13792 全合 국정농단 사건)(同旨 대법원 2019.8.29, 2018도2738 全合 국정농단 사건).

① [O] 타인의 재물 보관자의 지위가 인정되지 않는 자라고 하더라도 보관자의 지위에 있는 신분자와 공모하여 횡령 범행을 저지른 사실이 인정되면 형법 제33조 본문에 의하여 **횡령죄의 공범으로 처단할 수 있다**(대법원 2012.2.23, 2011도15857 국일호 금강산랜드 회장 사건).

② [O] 물건의 소유자가 아닌 사람은 형법 제33조 본문에 따라 소유자의 권리행사방해 범행에 가담한 경우에 한하여 그의 공범이 될 수 있을 뿐이므로 권리행사방해죄의 공범으로 기소된 **물건의 소유자에게 고의가 없는 등으로 범죄가 성립하지 않는다면 공동정범이 성립할 여지가 없다**(법원 2017.5.30, 2017도4578 에쿠스 담보제공 사건).

③ [O] 병가중인 자는 직무유기죄의 주체로 될 수는 없으나 신분이 없는 자라 하더라도 신분이 있는 자의 행위에 가공하는 경우 직무유기죄의 공동정범이 성립하므로, 병가중인 피고인들과 나머지 피고인들 사이에 직무유기의 공범관계가 인정되면 병가중인 피고인들도 **직무유기죄의 공동정범으로 처벌받아야 한다**(대법원 1997.4.22, 95도748 전국기관차협의회 파업 사건).

정답 | 220 ④ 221 ④

222 공범과 신분에 관한 다음 설명 중 옳지 않은 것은? (다툼이 있으면 판례에 의함) [core ★★]

1 2 3

① 피고인이 건축물조사 및 가옥대장 정리업무를 담당하는 지방행정서기를 교사하여 무허가건물을 허가받은 건축물인 것처럼 가옥대장 등에 등재하게 하였다면 허위공문서작성죄의 교사범으로 처단한 것은 정당하다.

② 피고인으로부터 교사를 받은 자가 피고인이 교사한대로 의사와 공모하여 허위진단서를 작성하였다면 형법 제33조에 의하여 피고인은 허위진단서작성의 교사죄의 죄책을 면할 길이 없다.

③ 甲이 A를 모해할 목적으로 乙에게 위증을 교사하였더라도 정범인 乙에게 모해의 목적이 없었다고 한다면 형법 제33조 본문의 규정에 의하여 甲을 모해위증교사죄가 아닌 위증교사죄로 처단하여야 한다.

④ 도박의 습벽이 있는 자가 타인의 도박을 방조하면 상습도박방조의 죄에 해당하는 것이며, 도박의 습벽이 있는 자가 도박을 하고 또 도박방조를 하였을 경우 상습도박방조의 죄는 무거운 상습도박의 죄에 포괄시켜 1죄로서 처단하여야 한다.

해설

③ [×] 甲이 A를 모해할 목적으로 乙에게 위증을 교사한 이상, 가사정범인 乙에게 모해의 목적이 없었다고 하더라도 형법 제33조 단서의 규정에 의하여 甲을 모해위증교사죄로 처단할 수 있다(대법원 1994.12.23, 93도1002 모해위증교사 사건).

① [○] 피고인이 건축물조사 및 가옥대장 정리업무를 담당하는 지방행정서기를 교사하여 무허가건물을 허가받은 건축물인 것처럼 가옥대장 등에 등재하게 하였다면 **허위공문서작성죄의 교사범으로 처단한 것은 정당하다**(대법원 1983.12.13, 83도1458).

② [○] 피고인으로부터 교사를 받은 자가 피고인이 교사한대로 의사와 공모하여 허위진단서를 작성하였다면 형법 제33조에 의하여 피고인은 **허위진단서작성의 교사죄의 죄책을 면할 길이 없다**(대법원 1967.1.24, 66도1586).

④ [○] 상습도박의 죄나 상습도박방조의 죄에 있어서의 상습성은 행위의 속성이 아니라 행위자의 속성으로서 도박을 반복해서 거듭하는 습벽을 말하는 것인바, 도박의 습벽이 있는 자가 타인의 도박을 방조하면 **상습도박방조의 죄에 해당하는 것이며,** 도박의 습벽이 있는 자가 도박을 하고 또 도박방조를 하였을 경우 **상습도박방조의 죄는 무거운 상습도박의 죄에 포괄시켜 1죄로서 처단하여야 한다**(대법원 1984.4.24, 84도195).

223 공범과 신분과 관련하여 ( ) 안에 들어갈 내용으로 옳은 것은? (다툼이 있으면 판례에 의함)

1 2 3

[core ★★]

㉠ '타인의 재물을 업무상 보관하는' 신분관계가 없는 자가 그러한 신분관계가 있는 자와 공모하여 횡령행위를 한 경우, 신분관계가 없는 자는 ( )
㉡ '업무상 타인의 사무를 처리하는' 신분관계가 없는 자가 그러한 신분관계가 있는 자와 공모하여 배임행위를 한 경우, 신분관계가 없는 자는 ( )

① ㉠ 단순횡령죄가 성립하고 또한 단순횡령죄에 정한 형으로 처단하여야 한다.
㉡ 단순배임죄가 성립하고 또한 단순배임죄에 정한 형으로 처단하여야 한다.
② ㉠ 업무상횡령죄가 성립하고 또한 업무상횡령죄에 정한 형으로 처단하여야 한다.
㉡ 업무상배임죄가 성립하고 또한 업무상배임죄에 정한 형으로 처단하여야 한다.
③ ㉠ 업무상횡령죄가 성립하지만, 단순횡령죄에 정한 형으로 처단하여야 한다.
㉡ 업무상배임죄가 성립하지만, 단순배임죄에 정한 형으로 처단하여야 한다.
④ ㉠ 단순횡령죄가 성립하지만, 업무상횡령죄에 정한 형으로 처단하여야 한다.
㉡ 단순배임죄가 성립하지만, 업무상배임죄에 정한 형으로 처단하여야 한다.

해설

③ 판례에 의할 때 형법 제33조 본문에 의하여 업무상횡령죄 또는 업무상배임죄가 성립하지만, 형법 제33조 단서에 의하여 단순횡령죄 또는 단순배임죄에서 정한 형으로 처단하여야 한다. 다만, 다수설에 의할 때는 ① 지문과 같이 처리한다.
㉠ 업무상횡령죄는 타인의 재물을 업무상 보관하는 자를 주체로 하는 신분범이므로, 그와 같은 신분관계가 없는 자가 신분관계가 있는 자와 공모하여 '업무상횡령죄를 저질렀다면' 신분관계가 없는 자에 대하여는 형법 제33조 단서에 의하여 '단순횡령죄에 정한 형으로 처단하여야 한다'(대법원 2015.2.26, 2014도15182).
㉡ 업무상배임죄는 타인의 사무를 처리하는 지위라는 점에서 보면 신분관계로 인하여 성립될 범죄이고, 업무상 타인의 사무를 처리하는 지위라는 점에서 보면 단순배임죄에 대한 가중규정으로서 신분관계로 인하여 형의 경중이 있는 경우라고 할 것이므로, 그와 같은 신분관계가 없는 자가 그러한 신분관계가 있는 자와 공모하여 '업무상배임죄를 저질렀다면' 그러한 신분관계가 없는 자에 대하여는 형법 제33조 단서에 의하여 '단순배임죄에 정한 형으로 처단하여야 한다'(대법원 2012.11.15, 2012도6676 Q22합금 특허 사건).

정답 | 222 ③ 223 ③

224 공범과 신분에 관한 다음 설명 중 옳지 않은 것은? (다툼이 있으면 판례에 의함) [core ★★]

1 2 3

① 실자(實子) 甲과 더불어 남편을 살해한 처(妻) 乙의 경우 존속살해죄가 성립한다.

② 면의 총무계장 乙이 체육대회성금을 업무상 보관 중인 면장(面長) 甲과 공모하여 업무상횡령죄를 저지른 경우 乙은 형법 제33조 단서에 의하여 단순횡령죄에서 정한 형으로 처단된다.

③ 은행원이 아닌 乙이 은행원 甲 등과 공모하여 업무상배임죄를 저지른 경우 乙은 형법 제33조 단서에 의하여 단순배임죄에서 정한 형으로 처단된다.

④ 국가정보원법은 국정원장 등의 직권남용죄에 대하여 형법 제123조에 비해 형을 가중하여 처벌하고 있는바, 국정원 직원의 신분이 없는 피고인 甲이 국정원 직원 乙과 공모하여 국정원 국익정보국장의 직권을 남용하여 사람으로 하여금 의무 없는 일을 하게 한 경우 국가정보원법에 정한 중한 형으로 처벌하여야 한다.

해설

④ [×] 국가정보원법은 국정원장 등의 직권남용죄에 대하여 형법 제123조에 비해 형을 가중하여 처벌하고 있는바, 국정원 직원의 신분이 없는 피고인 甲이 국정원 직원 乙과 공모하여 국정원 국익정보국장의 직권을 남용하여 사람으로 하여금 의무 없는 일을 하게 한 경우 국가정보원법위반죄가 성립하고, 다만 형법 제33조 단서에 따라 중한 형이 아닌 형법 제123조에 정한 형으로 처벌하여야 한다(대법원 2021.9.16, 2021도2748 민정수석 사건).

① [O] 실자(實子)와 더불어 남편을 살해한 처는 존속살해죄의 공동정범이다(대법원 1961.8.2, 61도284). 아들과 공모하여 남편을 살해한 경우, 형법 제33조 본문에 의하여 **존속살해죄가 성립하지만**, 제33조 단서에 의하여 **보통살인죄에서 정한 형으로 처단된다**는 취지의 판례이다.

② [O] 면장 甲이 면민들로부터 모금하여 개인명으로 예금하여 보관하고 있던 체육대회성금의 업무상 점유보관자는 甲뿐이므로, 면의 총무계장 乙이 甲과 공모하여 **업무상횡령죄를 저질렀다 하여도** 업무상 보관책임 있는 신분관계가 없는 乙에 대하여는 형법 제33조 단서에 의하여 **형법 제355조 제1항(단순횡령죄)에 따라 처단하여야 한다**(대법원 1989.10.10, 87도1901 체육대회성금 횡령 사건).

③ [O] 은행원이 아닌 자가 은행원들과 공모하여 **업무상배임죄를 저질렀다 하여도**, 이는 업무상 타인의 사무를 처리하는 신분관계로 인하여 형의 경중이 있는 경우이므로 그러한 신분관계가 없는 자에 대하여서는 형법 제33조 단서에 의하여 **형법 제355조 제2항(단순배임죄)에 따라 처단하여야 한다**(대법원 1986.10.28, 86도1517).

225 건설업자 甲과 뉴서울아파트 하자보수추진위원회 총무 乙은 공모하여, 丙으로 하여금 실제로는 1억 4천만원에 아파트의 하자보수공사를 하게 하였음에도 마치 3억원에 시공하게 한 것처럼 계약서를 작성하도록 하였고, 이후 실제의 공사대금을 제외한 나머지 1억원 상당을 甲, 乙의 개인적인 용도로 사용하고 아파트 주민들에게 같은 금액 상당의 손해를 가하였다. 甲, 乙의 죄책과 처벌은? (다툼이 있으면 판례에 의함) [Superlative ★★★]

1 2 3

① 甲 – 단순배임죄가 성립하고 단순배임죄로 처벌, 乙 – 단순배임죄가 성립하고 단순배임죄로 처벌

② 甲 – 단순배임죄가 성립하고 단순배임죄로 처벌, 乙 – 업무상배임죄가 성립하고 업무상배임죄로 처벌

③ 甲 – 업무상배임죄가 성립하지만 단순배임죄로 처벌, 乙 – 업무상배임죄가 성립하고 업무상배임죄로 처벌

④ 甲 – 업무상배임죄가 성립하고 업무상배임죄로 처벌, 乙 – 업무상배임죄가 성립하고 업무상배임죄로 처벌

해설

③ 업무상 타인의 사무를 처리하는 지위라는 점에서 보면 단순배임죄에 대한 가중규정으로서 신분관계로 인하여 형의 경중이 있는 경우라고 할 것이므로, 그와 같은 신분관계가 없는 자가 그러한 신분관계가 있는 자와 공모하여 업무상배임죄를 저질렀다면 그러한 신분관계가 없는 자에 대하여는 (업무상배임죄가 성립하지만) 형법 제33조 단서에 의하여 단순배임죄에 정한 형으로 처단하여야 한다(대법원 1999.4.27, 99도883). 설문의 경우 甲은 업무상배임죄가 성립하지만 단순배임죄로 처벌된다. 乙은 업무상배임죄가 성립하고 업무상배임죄로 처벌된다.

226 공범과 신분에 관한 다음 설명 중 옳지 않은 것은 모두 몇 개인가? (다툼이 있으면 판례에 의함)

1 2 3

[Superlative ★★★]

㉠ 의료인이 의료인이나 의료법인 아닌 자의 의료기관 개설행위에 공모하여 가공하면 의료법 제66조 제3호, 제30조 제2항 위반죄의 공동정범에 해당된다.

㉡ 의료인일지라도 의료인 아닌 자의 의료행위에 공모하여 가공하면 의료법 제25조 제1항[개정법 제27조 제1항]이 규정하는 무면허의료 행위의 공동정범으로서의 책임을 진다.

㉢ 치과의사인 乙이 비의료인인 甲에게 자신의 치과의사 명의를 대여하고 고용의사로 근무하여 甲의 乙 명의의 의료기관 개설 범행에 공모하여 가공한 경우 의료법이 제33조 제2항의 '비의료인의 의료기관 개설 범행'의 공동정범에 해당한다.

㉣ 치과의사가 환자의 대량유치를 위해 치과기공사들에게 내원환자들에게 진료행위를 하도록 지시하여 동인들이 각 단독으로 발치, 주사, 투약 등의 진료행위를 하였다면 무면허의료행위의 교사범에 해당한다.

① 0개 ② 1개
③ 2개 ④ 3개

해설

① 모든 항목이 옳다. 의료인과 같이 의료행위의 위법성이 조각되는 신분을 가진 자라고 하더라도, 간호사나 의료인이 아닌 자와 같이 위법성이 조각되지 않는 비신분자의 행위에 가담한 경우, 비신분자의 행위는 범죄를 구성하므로 신분자도 범죄가 성립한다는 취지이다.

㉠ 의료인이 의료인이나 의료법인 아닌 자의 의료기관 개설행위에 공모하여 가공하면 의료법 제66조 제3호, 제30조 제2항 위반죄의 공동정범에 해당된다(대법원 2007.7.26, 2005도5579 수원중앙병원 사건).

㉡ 의료인일지라도 의료인 아닌 자의 의료행위에 공모하여 가공하면 의료법 제25조 제1항[개정법 제27조 제1항]이 규정하는 무면허의료 행위의 공동정범으로서의 책임을 진다(대법원 1986.2.11, 85도448).

㉢ 치과의사인 乙이 비의료인인 甲에게 자신의 치과의사 명의를 대여하고 고용의사로 근무하여 甲의 乙 명의의 의료기관 개설 범행에 공모하여 가공한 경우 의료법 제33조 제2항의 '비의료인의 의료기관 개설 범행'의 공동정범에 해당한다(대법원 2018.11.29, 2018도10779 사무장 치과의원 사건).

㉣ 치과의사가 환자의 대량유치를 위해 치과기공사들에게 내원환자들에게 진료행위를 하도록 지시하여 동인들이 각 단독으로 발치, 주사, 투약 등의 진료행위를 하였다면 무면허의료행위의 교사범에 해당한다(대법원 1986.7.8, 86도749 엉터리 치과병원 사건).

정답 | 224 ④ 225 ③ 226 ①

227 부작위범에 관한 설명 중 가장 적절하지 않은 것은? (다툼이 있으면 판례에 의함) [core ★★]

1 2 3

① 진정부작위범과 부진정부작위범의 구별에 관한 학설 중 실질설은 거동범에 대하여는 부진정부작위범이 성립할 여지가 없다고 보는 반면에, 형식설은 결과범은 물론 거동범에 대하여도 부진정부작위범이 성립할 수 있다고 본다.

② 부작위에 의한 방조범이 보증인 지위에 있는 자로 한정되는 반면, 부작위범에 대한 교사범은 보증인 지위에 있는 자로 한정되지 않는다.

③ 보증인 지위와 보증인의무를 모두 부진정부작위범의 구성요건요소로 이해하는 견해에 따르면 부진정부작위범의 구성요건해당성이 지나치게 확대된다.

④ 하나의 행위가 작위범과 부작위범의 구성요건을 동시에 충족하는 경우도 있다.

해설

③ [×] '부진정부작위범의 구성요건해당성의 범위가 부당하게 확대될 우려가 있다'는 보증인지위와 보증인의무를 위법성요소로 보는 견해에 대한 비판이다.

① [○] (1) 실질설은 진정부작위범은 거동범의 형태로 규정되어 있고, 부진정부작위범은 결과범의 형태로 나타난다고 하므로, 거동범에 대하여는 부진정부작위범이 성립할 수 없다. (2) 형식설은 구성요건의 형식이 중요할 뿐 결과발생 여부 중점을 두지 않으므로(~을 하지 않은 자 또는 ~의 요구에 응하지 않은 자를 처벌한다면 진정부작위범이고, ~를 한 자를 처벌한다면 부진정부작위범이다), **결과범은 물론 거동범에 대하여도 부진정부작위범이 성립할 수 있다.**

② [○] 방조하는 자에게 **보증인지위가 인정되는 한 부작위에 의한 방조는 가능하다**(대법원 2006.4.28, 2003도4128 음란만화판매 방치 사건Ⅱ 참고). 정범인 부작위범에게 보증인지위가 인정되는 한 보증인지위가 없는 자도 교사범이 될 수 있다는 것이 통설의 입장이다.

④ [○] 하나의 행위가 **부작위범인 직무유기죄와 작위범인 허위공문서작성 · 행사죄의 구성요건을 동시에 충족**하는 경우, 공소제기권자는 재량에 의하여 작위범인 허위공문서작성 · 행사죄로 공소를 제기하지 않고 부작위범인 직무유기죄로만 공소를 제기할 수 있다(대법원 2008.2.14, 2005도4202).

228 부작위범에 관한 설명으로 옳은 것을 모두 고른 것은? (다툼이 있으면 판례에 의함) [Superlative ★★★]

1 2 3

> ㉠ 형법은 부작위범의 성립요건을 별도로 규정하고 있다.
> ㉡ 진정부작위범은 그 속성상 미수가 불가능하며, 형법도 진정부작위범의 미수에 대한 처벌규정을 두고 있지 않다.
> ㉢ 부진정부작위범의 구성요건인 보증인적 지위(작위의무)는 신의칙이나 조리에 의해서도 발생한다.
> ㉣ 부진정부작위범을 작위범과 동일하게 평가하기 위해서는 보증인적 지위 외에 부작위와 작위의 동가치성(상응성)을 요하며, 이는 형법이 명문으로 규정하고 있다.
> ㉤ 부작위범의 공동정범은 성립할 수 있으나, 부작위에 의한 교사범은 성립할 수 없다.

① ㉠㉡㉣ ② ㉠㉢㉤
③ ㉡㉢㉣ ④ ㉢㉣㉤

해설

② ㉠㉢㉤ 3항목이 옳다.

㉠ [O] 형법 제18조는 "부작위범"이라는 표제하에 "위험의 발생을 방지할 의무가 있거나 자기의 행위로 인하여 위험발생의 원인을 야기한 자가 그 위험발생을 방지하지 아니한 때에는 **그 발생된 결과에 의하여 처벌한다**"라고 규정하고 있다.

㉡ [×] 퇴거불응죄(제319조 제2항)와 집합명령위반죄(제145조 제2항)는 진정부작위범이지만 형법상 미수범 처벌규정이 존재한다(제322조, 제149조).

㉢ [O] 대법원 2015.11.12, 2015도6809 全合 세월호 사건

㉣ [×] 형법에는 부작위와 작위의 **동가치성(상응성)에 관한 규정이 없다.** 이는 학설과 아래와 같이 판례가 인정하고 있을 뿐이다.

※ 업무방해죄와 같이 작위를 내용으로 하는 범죄를 부작위에 의하여 범하는 부진정부작위범이 성립하기 위해서는 부작위를 실행행위로서의 작위와 동일시할 수 있어야 한다(대법원 2017.12.22, 2017도13211 건축자재 방치 사건).

㉤ [O] 부작위범 사이의 공동정범은 다수의 부작위범에게 **공통된 의무가 부여되어 있고 그 의무를 공통으로 이행할 수 있을 때에만 성립한다**(대법원 2009.2.12, 2008도9476 세경대학교 사건). 교사는 정범에게 범죄의 결의를 일으키게 하는 것이므로 부작위에 의한 교사범은 성립할 수 없다. 즉, 부작위범의 공동정범은 성립할 수 있지만, 부작위에 의한 교사범은 성립할 수 없다.

정답 | 227 ③ 228 ②

229 부작위범에 관한 다음 설명 중 옳지 않은 것은? (다툼이 있으면 판례에 의함) [core ★★]

1 2 3

① 살인죄와 같이 일반적으로 작위를 내용으로 하는 범죄를 부작위에 의하여 범하는 것을 이른바 부진정 부작위범이라고 한다.

② 신고의무 위반으로 인한 공중위생관리법 제20조 제1항 제1호 위반죄는 구성요건이 부작위에 의하여서만 실현될 수 있는 진정부작위범에 해당한다.

③ 정신질환자의 보호의무자 확인서류 등 수수의무 위반으로 인한 구 정신보건법위반죄는 작위를 내용으로 하는 범죄를 부작위에 의하여 범하는 것으로 부진정부작위범에 해당한다.

④ 일정한 기간 내에 잘못된 상태를 바로잡으라는 행정청의 지시를 이행하지 않았다는 것을 구성요건으로 하는 범죄는 이른바 진정부작위범으로서 그 의무이행 기간의 경과에 의하여 범행이 기수에 이름과 동시에 작위의무를 발생시킨 행정청의 지시 역시 그 기능을 다한 것으로 보아야 한다.

해설

③ [×] 정신질환자의 보호의무자 확인서류 등 수수의무 위반으로 인한 구 정신보건법위반죄는 구성요건이 부작위에 의해서만 실현될 수 있는 진정부작위범에 해당한다(대법원 2021.5.7, 2018도12973 보호의무자 확인서류 사건).

> **정신보건법(2015.5.18. 법률 제13323호로 일부개정된 것)**
>
> 제24조 【보호의무자에 의한 입원】 ① 정신의료기관등의 장은 정신질환자의 보호의무자 2인의 동의(보호의무자가 1인인 경우에는 1인의 동의로 한다)가 있고 정신건강의학과전문의가 입원등이 필요하다고 판단한 경우에 한하여 당해 정신질환자를 입원등을 시킬 수 있으며, 입원등을 할 때 당해 보호의무자로부터 보건복지부령으로 정하는 입원등의 동의서 및 보호의무자임을 확인할 수 있는 서류를 받아야 한다.
>
> 제57조 【벌칙】 다음 각 호의 어느 하나에 해당하는 자는 1년 이하의 징역 또는 1천만원 이하의 벌금에 처한다.
>
> 1. 〈생략〉
> 2. 제24조 제1항을 위반하여 입원동의서 또는 보호의무자임을 확인할 수 있는 서류를 받지 아니한 자

① [○] 살인죄와 같이 일반적으로 작위를 내용으로 하는 범죄를 부작위에 의하여 범하는 것을 이른바 **부진정 부작위범**이라고 한다(대법원 2015.11.12, 2015도6809 全合 세월호 사건).

② [○] 신고의무 위반으로 인한 공중위생관리법 제20조 제1항 제1호 위반죄는 구성요건이 부작위에 의하여서만 실현될 수 있는 **진정부작위범에 해당한다**(대법원 2009.2.12, 2008도9476 세경대학교 사건)(同旨 대법원 2008.3.27, 2008도89 피부관리샵 실장들 사건).

④ [○] 일정한 기간 내에 잘못된 상태를 바로잡으라는 행정청의 지시를 이행하지 않았다는 것을 구성요건으로 하는 범죄는 이른바 **진정부작위범**으로서 그 의무이행 기간의 경과에 의하여 범행이 기수에 이름과 동시에 작위의무를 발생시킨 행정청의 지시 역시 그 기능을 다한 것으로 보아야 한다(대법원 1994.4.26, 93도1731 관리소장 미교체 사건).

230 부작위범에 관한 다음 설명 중 옳지 않은 것은? (다툼이 있으면 판례에 의함) [Essential ★]

1 2 3

① 위험의 발생을 방지할 의무가 있거나 자기의 행위로 인하여 위험발생의 원인을 야기한 자가 그 위험발생을 방지하지 아니한 때에는 그 발생된 결과에 의하여 처벌한다.

② 형법 제18조에서 말하는 부작위는 법적 기대라는 규범적 가치판단 요소에 의하여 사회적 중요성을 가지는 사람의 행태가 되어 법적 의미에서 작위와 함께 행위의 기본 형태를 이루게 되는 것이다.

③ 특정한 행위를 하지 아니하는 부작위가 형법적으로 부작위로서의 의미를 가지기 위해서는 보호법익의 주체에게 해당 구성요건적 결과발생의 위험이 있는 상황에서 행위자가 구성요건의 실현을 회피하기 위하여 요구되는 행위를 현실적 · 물리적으로 행할 수 있었음에도 하지 아니하였다고 평가될 수 있어야 한다.

④ 어떠한 범죄가 작위에 의하여 이루어질 수 있음은 물론 부작위에 의하여도 실현될 수 있는 경우에, 행위자가 자신의 신체적 활동이나 물리적 · 화학적 작용을 통하여 적극적으로 타인의 법익 상황을 악화시킴으로써 결국 그 타인의 법익을 침해하기에 이르렀다면 이는 부작위에 의한 범죄로 봄이 원칙이다.

해설

④ [×] 어떠한 범죄가 적극적 작위에 의하여 이루어질 수 있음은 물론 결과의 발생을 방지하지 아니하는 소극적 부작위에 의하여도 실현될 수 있는 경우에, 행위자가 자신의 신체적 활동이나 물리적 · 화학적 작용을 통하여 적극적으로 타인의 법익 상황을 악화시킴으로써 결국 그 타인의 법익을 침해하기에 이르렀다면 이는 작위에 의한 범죄로 봄이 원칙이고, 작위에 의하여 악화된 법익 상황을 다시 되돌이키지 아니한 점에 주목하여 이를 부작위범으로 볼 것은 아니다(대법원 2004.6.24, 2002도995 보라매병원 사건)(同旨 대법원 2016.5.12, 2013도15616 정수장학회 비밀회동 사건).

① [○] 위험의 발생을 방지할 의무가 있거나 자기의 행위로 인하여 위험발생의 원인을 야기한 자가 **그 위험발생을 방지하지 아니한 때에는 그 발생된 결과에 의하여 처벌한다**(제18조).

②③ [○] 자연적 의미에서의 부작위는 거동성이 있는 작위와 본질적으로 구별되는 무(無)에 지나지 아니하지만, 형법 제18조에서 말하는 부작위는 법적 기대라는 규범적 가치판단 요소에 의하여 사회적 중요성을 가지는 사람의 행태가 되어 법적 의미에서 **작위와 함께 행위의 기본 형태를 이루게 되는 것이므로,** 특정한 행위를 하지 아니하는 부작위가 형법적으로 부작위로서의 의미를 가지기 위해서는 보호법익의 주체에게 해당 구성요건적 결과발생의 위험이 있는 상황에서 행위자가 구성요건의 실현을 회피하기 위하여 요구되는 행위를 **현실적 · 물리적으로 행할 수 있었음에도 하지 아니하였다고 평가될 수 있어야 한다**(대법원 2015.11.12, 2015도6809 순승 세월호 사건).

정답 | 229 ③ 230 ④

231 다음은 부작위에 의한 살인죄에 관한 설명이다. 옳지 않은 것은? (다툼이 있으면 판례에 의함)

1 2 3

[Essential ★]

① 살인죄가 성립하기 위하여는 보호법익의 주체가 그 법익에 대한 침해위협에 대처할 보호능력이 없고, 부작위행위자에게 그 침해위협으로부터 법익을 보호해 주어야 할 법적 작위의무가 있어야 한다.

② 법익을 보호해 주어야 할 법적 작위의무는 법령, 법률행위, 선행행위로 인한 경우는 물론, 신의성실의 원칙이나 사회상규 혹은 조리상 작위의무가 기대되는 경우에도 인정된다.

③ 살인죄가 성립하기 위하여는 부작위행위자가 보호적 지위에서 법익침해를 일으키는 사태를 지배하고 있으면 족하고, 그 작위의무의 이행으로 결과발생을 쉽게 방지할 수 있어야 할 필요까지는 없다.

④ 작위의무를 이행하였다면 그 결과가 발생하지 않았을 것이라는 관계가 인정될 경우에는 그 작위를 하지 않은 부작위와 사망의 결과 사이에 인과관계가 있는 것으로 보아야 한다.

해설

③ [×] 살인죄와 같이 일반적으로 작위를 내용으로 하는 범죄를 부작위에 의하여 범하는 이른바 부진정 부작위범의 경우에는 보호법익의 주체가 그 법익에 대한 침해위협에 대처할 보호능력이 없고, 부작위행위자에게 그 침해위협으로부터 법익을 보호해 주어야 할 법적 작위의무가 있을 뿐 아니라, 부작위행위자가 그러한 보호적 지위에서 법익침해를 일으키는 사태를 지배하고 있어 그 작위의무의 이행으로 결과발생을 쉽게 방지할 수 있어야 그 부작위로 인한 법익침해가 작위에 의한 법익침해와 동등한 형법적 가치가 있는 것으로서 범죄의 실행행위로 평가될 수 있다. 다만 여기서의 작위의무는 법령, 법률행위, 선행행위로 인한 경우는 물론, 신의성실의 원칙이나 사회상규 혹은 조리상 작위의무가 기대되는 경우에도 인정된다(대법원 2015.11.12, 2015도6809 全合 세월호 사건).

① [○] 살인죄와 같이 일반적으로 작위를 내용으로 하는 범죄를 부작위에 의하여 범하는 이른바 부진정 부작위범의 경우에는 보호법익의 주체가 그 법익에 대한 침해위협에 대처할 보호능력이 없고, 부작위행위자에게 그 침해위협으로부터 법익을 보호해 주어야 할 **법적 작위의무가 있어야 한다**(대법원 2015.11.12, 2015도6809 全合 세월호 사건).

② [○] 여기서의 작위의무는 법령, 법률행위, 선행행위로 인한 경우는 물론, **신의성실의 원칙이나 사회상규 혹은 조리상 작위의무가 기대되는 경우에도 인정된다**(대법원 2015.11.12, 2015도6809 全合 세월호 사건).

④ [○] 선박침몰 등과 같은 조난사고로 승객이나 다른 승무원들이 스스로 생명에 대한 위협에 대처할 수 없는 급박한 상황이 발생한 경우에는 선박의 운항을 지배하고 있는 선장이나 갑판 또는 선내에서 구체적인 구조행위를 지배하고 있는 선원들은 적극적인 구호활동을 통해 보호능력이 없는 승객이나 다른 승무원의 사망 결과를 방지하여야 할 작위의무가 있다 할 것이므로, 법익침해의 태양과 정도 등에 따라 요구되는 개별적·구체적인 구호의무를 이행함으로써 사망의 결과를 쉽게 방지할 수 있음에도 그에 이르는 사태의 핵심적 경과를 그대로 방관하여 사망의 결과를 초래하였다면, 그 부작위는 작위에 의한 살인행위와 동등한 형법적 가치를 가진다고 할 것이고, 이와 같이 작위의무를 이행하였다면 그 결과가 발생하지 않았을 것이라는 관계가 인정될 경우에는 그 작위를 하지 않은 **부작위와 사망의 결과 사이에 인과관계가 있는 것으로 보아야 한다**(대법원 2015.11.12, 2015도6809 全合 세월호 사건).

232 다음 중 부작위에 의한 살인죄가 성립하는 것은 모두 몇 개인가? (다툼이 있으면 판례에 의함)

1 2 3

[Superlative ★★★]

㉠ 보호자가 의학적 권고에도 불구하고 치료를 요하는 환자의 퇴원을 간청하여 피고인들인 담당 전문의와 주치의가 치료중단 및 퇴원을 허용하는 조치를 취함으로써 환자를 사망에 이르게 한 경우
㉡ 피고인이 조카인 피해자(10세)를 살해할 것을 마음먹고 저수지로 데리고 가서 미끄러지기 쉬운 제방 쪽으로 유인하여 함께 걷다가 피해자가 물에 빠지자 그를 구호하지 아니하여 피해자를 익사하게 한 경우
㉢ 피고인이 미성년자를 유인하여 포박, 감금한 후 감금상태가 계속된 어느 시점에서 살해의 범의가 생겨 피감금자에 대한 위험발생을 방지함이 없이 포박감금상태에 있던 피감금자를 그대로 방치함으로써 사망에 이르게 한 경우
㉣ 세월호가 침몰해 가는 상태에서 선장인 피고인이 선내 대기 중인 승객 등에 대한 퇴선조치 없이 갑판부 선원들과 함께 해경 경비정으로 퇴선하였을 뿐 아니라 퇴선 이후에도 아무런 조치를 취하지 아니하여 승객 등이 스스로 세월호에서 탈출하는 것이 불가능하게 되는 결과가 초래되어 많은 승객 등이 사망한 경우

① 1개　　② 2개
③ 3개　　④ 4개

해설

③ ㉡㉢㉣ 3항목의 경우 부작위범이 성립한다.

㉠ 환자의 보호자가 치료위탁계약을 해지하고 환자를 퇴원시켜 달라고 요구하여 이에 응하기 위하여 담당의사가 인공호흡장치를 제거한 결과 환자가 호흡곤란으로 사망하게 된 경우, 당해 의사는 작위에 의한 살인방조의 죄책을 진다(대법원 2004.6.24, 2002도995 보라매병원 사건).

㉡ 피해자가 물에 빠진 후에 피고인이 살해의 범의를 가지고 그를 구호하지 아니한 채 그가 익사하는 것을 용인하고 방관한 행위(부작위)는 피고인이 그를 직접 물에 빠뜨려 익사시키는 행위와 다름없다고 형법상 평가될 만한 살인의 실행행위라고 보는 것이 상당하다(대법원 1992.2.11, 91도2951 저수지 조카 살해 사건).

㉢ 감금상태가 계속된 어느 시점에서 피고인에게 살해의 범의가 생겨 피감금자에 대한 위험발생을 방지함이 없이 포박감금상태에 있던 피감금자를 그대로 방치함으로써 사망하게 하였다면 부작위에 의한 살인죄를 구성한다(대법원 1982.11.23, 82도2024 주교사 사건).

㉣ 피고인의 이러한 퇴선조치의 불이행은 승객 등을 적극적으로 물에 빠뜨려 익사시키는 행위와 다름이 없어 작위에 의한 살인의 실행행위와 동일하게 평가할 수 있고, 승객 등의 사망 또는 상해의 결과는 작위행위에 의해 결과가 발생한 것과 규범적으로 동일한 가치가 있다고 할 것이다(대법원 2015.11.12, 2015도6809 순승 세월호 사건). 세월호 선장만 살인죄가 성립하고, 항해사와 기관장 등은 유기치사죄가 성립한다.

정답 | 231 ③　232 ③

233 다음 중 부작위에 의한 ( ) 안 범죄가 성립하는 것은 모두 몇 개인가? (다툼이 있으면 판례에 의함)

1 2 3

[Superlative ★★★]

㉠ 피고인이 공사대금을 받을 목적으로 자신의 공사를 위하여 쌓아 두었던 건축자재를 공사 완료 후에 단순히 치우지 않은 경우 (업무방해죄)
㉡ 피고인이 모텔 방에 투숙하여 담뱃불이 완전히 꺼졌는지 여부를 확인하지 않은 채 휴지를 재떨이에 버리고 잠을 잔 과실로 담뱃불이 휴지와 침대시트에 옮겨 붙게 함으로써 화재가 발생하였고, 이후 모텔을 그대로 빠져나옴으로써 투숙객들이 사망하거나 다친 경우. 다만, 사건 당시 피고인이 화재를 용이하게 소화할 수 있었다고 보기 어려웠음 (현주건조물방화치사상죄)
㉢ 압류된 골프장시설을 보관하는 회사의 대표이사인 피고인이 압류시설의 사용 및 봉인의 훼손을 방지할 수 있는 적절한 조치 없이 골프장을 개장하게 하여 봉인이 훼손되게 한 경우 (공무상표시무효죄)
㉣ 법무사가 아닌 사람이 법무사로 소개되거나 호칭되는 데에도 자신이 법무사가 아니라는 사실을 밝히지 않은 채 법무사 행세를 계속하면서 등기위임장 및 근저당권설정계약서를 작성한 경우 (법무사법위반죄)

① 0개
② 1개
③ 2개
④ 3개

해설

③ ㉢㉣ 2항목의 경우 부작위범이 성립한다.

㉠ (1) 업무방해죄와 같이 작위를 내용으로 하는 범죄를 부작위에 의하여 범하는 부진정부작위범이 성립하기 위해서는 부작위를 실행행위로서의 작위와 동일시할 수 있어야 한다. (2) 피고인이 자신의 공사를 위하여 쌓아 두었던 건축자재를 공사 완료 후에 단순히 치우지 않은 행위는 위력으로써 피해자의 추가 공사 업무를 방해하는 업무방해죄의 실행행위로서 피해자의 업무에 대하여 하는 적극적인 방해행위와 동등한 형법적 가치를 가진다고 볼 수는 없다(대법원 2017.12.22, 2017도13211 건축자재 방치 사건).

㉡ 부작위에 의한 현주건조물방화치사상죄가 성립하기 위하여는, 피고인에게 법률상의 소화의무가 인정되는 외에 소화의 가능성 및 용이성이 있었음에도 이미 발생한 화력을 방치함으로써 소훼의 결과를 발생시켜야 하는 것인데, 피고인에게 화재를 소화할 법률상 의무는 있다 할 것이나 화재 발생 사실을 안 상태에서 모텔을 빠져나오면서도 모텔 주인이나 다른 투숙객들에게 이를 알리지 아니하였다는 사정만으로는 피고인이 화재를 용이하게 소화할 수 있었다고 보기 어려워 현주건조물방화치사상죄는 성립하지 아니한다(대법원 2010.1.14, 2009도12109 모텔 담뱃불 화재 사건).

㉢ 피고인의 부작위(조치의무 불이행)는 봉인을 훼손하고 압류시설을 사용함으로써 그 효용을 해하는 적극적 작위로서의 행위와 다름없다고 형법상 평가될 만한 공무상표시무효죄의 실행행위라고 볼 수 있다(대법원 2005.7.22, 2005도3034 경기컨트리클럽 사건).

㉣ 피고인은 자신이 법무사가 아님을 밝힐 계약상 또는 조리상의 법적인 작위의무가 있다고 할 것임에도, 이를 밝히지 아니한 채 법무사 행세를 하면서 등기위임장 및 근저당권설정계약서를 작성함으로써 자신이 법무사로 호칭되도록 계속 방치한 것은 작위에 의하여 법무사의 명칭을 사용한 경우와 동등한 형법적 가치가 있는 것으로 볼 수 있다(대법원 2008.2.28, 2007도9354 짝퉁 법무사 사건).

234 다음 중 형법상 존재하지 않는 범죄는? [Essential ★]

1 2 3

① 중실화죄
② 과실폭발성물건파열죄
③ 업무상과실교통방해죄
④ 과실장물취득죄

해설

④ 형법에는 업무상과실장물취득죄와 중과실장물취득죄만 있을 뿐, 과실장물취득죄는 없다.
① 제171조
② 제173조의2 제1항
③ 제189조 제2항

☑ 과실범의 정리

보통과실범	업무상과실범	중과실범
실화죄	업무상실화죄	중실화죄
과실일수죄	×	×
과실폭발성물건파열죄	업무상과실폭발성물건파열죄	중과실폭발성물건파열죄
과실가스 · 전기등방류죄	업무상과실가스 · 전기등방류죄	중과실가스 · 전기등방류죄
과실가스 · 전기등공급방해죄	업무상과실가스 · 전기등공급방해죄	중과실가스 · 전기등공급방해죄
과실교통방해죄	업무상과실교통방해죄	중과실교통방해죄
과실치상죄	업무상과실치상죄	중과실치상죄
과실치사죄	업무상과실치사죄	중과실치사죄
×	업무상과실장물죄	중과실장물죄

235 과실범에 관한 다음 설명 중 옳지 않은 것은? [Essential ★]

1 2 3

① 인식 있는 과실과 인식 없는 과실은 형법상 하나의 과실로 동일하게 평가된다.
② 중과실은 과실로 인하여 중한 결과가 발생한 경우를 말한다.
③ 형법상 과실범에는 침해범도 있고, 위험범도 있다.
④ 신뢰의 원칙은 행위자의 주의의무기준을 제한하는 기능을 한다.

해설

② [×] 중과실은 (중한 결과가 발생한 경우가 아니라) 주의의무를 현저히 태만히 하는 것, 즉 약간의 주의만 하였더라면 결과발생을 예견하거나 회피할 수 있었던 경우를 말한다(대법원 1997.4.22, 97도538 참고).
① [○] 인식 있는 과실과 인식 없는 과실은 형법상 같은 과실로 평가되고, 그 **불법이나 책임내용에 있어 차이가 없다.**
③ [○] **과실범은 침해범도 있고**(과실치사상죄 등), **위험범도 있다**(실화죄, 과실교통방해죄 등).
④ [○] 신뢰의 원칙이란 행위자가 스스로 규칙을 준수하면서 타인의 규칙준수를 신뢰하고 행위를 한 경우, 법익침해의 결과가 발생하더라도 과실범의 성립을 부정하는 것을 말한다(허용된 위험의 특수형태이다). 이는 **객관적 주의의무를 제한하는 원리로써 과실범의 구성요건해당성 배제사유에 해당한다.**

정답 | 233 ③ 234 ④ 235 ②

236 과실범에 관한 다음 설명 중 옳지 않은 것은? (다툼이 있으면 판례에 의함) [core ★★]

1 2 3

① 인식 있는 과실에 있어서 책임이 발생함은 물론 인식 없는 과실에 있어서도 그 결과발생을 인식하지 못하였다는 데에 대한 부주의 즉 규범적 실재로서의 과실책임이 있다.

② 결과발생을 예견할 수 있고 또 그것을 회피할 수 있음에도 불구하고 정상의 주의의무를 태만히 함으로써 결과발생을 야기하였다면 과실범의 죄책을 면할 수 없다.

③ 주의의무는 반드시 개별적인 법령에서 일일이 그 근거나 내용이 명시되어 있어야만 하는 것이 아니며, 결과발생에 즈음한 구체적인 상황에서 결과발생에 대한 예견 및 회피가능성을 기준으로 삼아 그 결과발생을 방지하여야 할 주의의무를 인정할 수 있다.

④ 법규나 내부지침 등에 나열되어 있는 사항을 형식적으로 이행하였다면, 원칙적으로 결과발생에 즈음한 구체적인 상황에서 요구되는 정상의 주의의무를 다하였다고 볼 수 있다.

해설

④ [×] 결과발생에 즈음한 구체적인 상황에서 요구되는 정상의 주의의무를 다하였다고 하기 위해서는 단순히 법규나 내부지침 등에 나열되어 있는 사항을 형식적으로 이행하였다는 것만으로는 부족하고, 구체적인 상황에서 결과발생을 회피하기 위하여 일반적으로 요구되는 합리적이고 적절한 조치를 한 것으로 평가할 수 있어야 한다(대법원 2009.4.23, 2008도11921 삼성1호-허베이호 충돌 기름유출 사건). 기상이 계속 악화되고 있는 상황에서 선박의 통항이 빈번한 차폐되지 않은 해상에 원유 약 302,640kl(약 263,994t)를 실은 단일선체 선박인 OOO호를 정박시킨 이상, 1등 항해사이자 사고 당시 당직사관이던 피고인 4로서는 육안 및 알파레이다 등 항해 장비를 이용하여 근접하여 진행하는 선박이 있는지를 잘 살펴 OOO호와의 충돌 위험성 등을 파악하고 교신을 통하여 상대 선박으로 하여금 충분한 거리를 두고 안전하게 통과하도록 하거나 상대 선박이 항해능력을 잃거나 심각하게 제한되어 있는 것으로 의심될 경우에는 신속히 OOO호의 기관을 가동하고 닻을 올려 정박 장소로부터 이동하는 등 충돌을 피할 수 있도록 즉시 선장을 호출하여야 함에도 이를 게을리한 과실이 있고, 선장인 피고인 3으로서는 정박 중에도 주기관을 준비상태에 두도록 조치하고 당직사관의 적절한 임무수행을 독려하며 호출을 받아 선교에 올라온 후에는 정확하게 상황을 파악하고 상대 선박과의 교신 등을 통하여 충돌을 막기 위하여 협력하여야 함은 물론, 상대 선박의 항해능력 장애로 인하여 충돌 위험이 발생한 때에는 신속히 강한 후진 기관을 사용하는 등 충돌을 피하기 위한 적극적 조치를 취하여야 함에도 이를 게을리한 과실이 있다.

① [○] 인식 있는 과실에 있어서 책임이 발생함은 물론 **인식 없는 과실에 있어서도** 그 결과발생을 인식하지 못하였다는데에 대한 부주의 즉 **규범적 실재로서의 과실책임이 있다**(대법원 1984.2.28, 83도3007 대구금호호텔 방화사건).

②③ [○] 결과발생을 예견할 수 있고 또 그것을 회피할 수 있음에도 불구하고 **정상의 주의의무를 태만히 함으로써 결과발생을 야기하였다면 과실범의 죄책을 면할 수 없고,** 위와 같은 주의의무는 반드시 개별적인 법령에서 일일이 그 근거나 내용이 명시되어 있어야만 하는 것이 아니며, 결과발생에 즈음한 구체적인 상황에서 이와 관련된 제반 사정들을 종합적으로 평가하여 결과 발생에 대한 예견 및 회피가능성을 기준으로 삼아 그 **결과발생을 방지하여야 할 주의의무를 인정할 수 있다**(대법원 2009.4.23, 2008도11921 삼성1호-허베이호 충돌 기름유출 사건).

237 업무상과실과 중과실에 관한 다음 설명 중 옳지 않은 것은? (다툼이 있으면 판례에 의함) [core ★★]

1 2 3

① 업무상과실치상죄에서 '업무'란 사람의 사회생활 면에서 하나의 지위로서 계속적으로 종사하는 사무를 말하고, 여기에는 수행하는 직무 자체가 위험성을 갖기 때문에 안전배려를 의무의 내용으로 하는 경우는 물론 사람의 생명 · 신체의 위험을 방지하는 것을 의무내용으로 하는 업무도 포함된다.

② 공휴일 또는 야간에는 소장을 대리하는 당직간부에게는 구치소에 수용된 수용자들의 생명 · 신체에 대한 위험을 방지할 법령상 내지 조리상의 의무가 있다고 할 것이고, 이와 같은 의무를 직무로서 수행하는 교도관들의 업무는 업무상과실치사죄에서 말하는 '업무'에 해당한다.

③ 건물의 소유자로서 건물을 비정기적으로 수리하거나 건물의 일부분을 임대하였다는 사정이 있는 경우, 이는 안전배려 내지 안전관리 사무에 계속적으로 종사하여 사회생활 면에서 하나의 지위로서의 계속성을 가진다고 볼 수 있으므로 업무상과실치상죄에 있어서의 '업무'에 해당한다.

④ 중과실은 행위자가 극히 근소한 주의를 함으로써 결과발생을 인식할 수 있음에도 불구하고 부주의로서 이를 인식하지 못한 경우를 말한다.

해설

③ [×] 안전배려 내지 안전관리 사무에 계속적으로 종사하여 사회생활 면에서 하나의 지위로서의 계속성을 가지지 아니한 채 단지 건물의 소유자로서 건물을 비정기적으로 수리하거나 건물의 일부분을 임대하였다는 사정만으로는 업무상과실치상죄에 있어서의 '업무'로 보기 어렵다(대법원 2009.5.28, 2009도1040 서예학원 화재 사건).

① [○] 업무상과실치상죄에서 '업무'란 사람의 사회생활 면에서 하나의 지위로서 계속적으로 종사하는 사무를 말하고, 여기에는 수행하는 직무 자체가 위험성을 갖기 때문에 안전배려를 의무의 내용으로 하는 경우는 물론 **사람의 생명 · 신체의 위험을 방지하는 것을 의무내용으로 하는 업무도 포함된다**(대법원 2009.5.28, 2009도1040 서예학원 화재 사건).

② [○] 공휴일 또는 야간에는 소장을 대리하는 당직간부에게는 구치소에 수용된 수용자들의 생명 · 신체에 대한 위험을 방지할 법령상 내지 조리상의 의무가 있다고 할 것이고, 이와 같은 의무를 직무로서 수행하는 **교도관들의 업무는 업무상과실치사죄에서 말하는 '업무'에 해당한다**(대법원 2007.5.31, 2006도3493 울산구치소 수용자 사망 사건).

④ [○] 중과실은 행위자가 **극히 근소한 주의를 함으로써** 결과발생을 인식할 수 있음에도 불구하고 **부주의로서 이를 인식하지 못한 경우를 말한다**(대법원 1960.3.9, 59도761).

정답 | 236 ④ 237 ③

238 의료과실에 관한 다음 설명 중 옳지 않은 것은? (다툼이 있으면 판례에 의함) [core ★★]

1 2 3

① 의료사고에 있어 의료종사자의 과실을 인정하기 위해서는 의료종사자가 결과발생을 예견할 수 있고 또 회피할 수 있었음에도 불구하고 이를 예견하거나 회피하지 못한 과실이 인정되어야 하고, 그러한 과실의 유무를 판단함에는 같은 업무와 직무에 종사하는 보통인의 주의 정도를 표준으로 하여야 하며, 이에는 사고 당시의 일반적인 의학의 수준과 의료 환경 및 조건, 의료행위의 특수성 등이 고려되어야 한다.

② 의사로서는 환자의 상태에 충분히 주의하고 진료 당시의 의학적 지식에 입각하여 그 치료방법의 효과와 부작용 등 모든 사정을 고려하여 최선의 주의를 기울여 그 치료를 실시하지 않으면 안 되는데, 이러한 주의의무의 기준은 진료 당시의 이른바 임상의학의 실천에 의한 의료수준에 의하여 결정되어야 하나, 그 의료수준은 당해 의사나 의료기관의 구체적 상황에 따라 판단하여야 하고 규범적으로 요구되는 수준으로 파악되어서는 아니 된다.

③ 의사는 당해 의료행위가 환자에게 위해가 미칠 위험이 있는 이상 간호사가 과오를 범하지 않도록 충분히 지도 · 감독을 하여 사고의 발생을 미연에 방지하여야 할 주의의무가 있고, 이를 소홀히 한 채 만연히 간호사를 신뢰하여 간호사에게 당해 의료행위를 일임함으로써 간호사의 과오로 환자에게 위해가 발생하였다면 의사는 그에 대한 과실책임을 면할 수 없다.

④ 일반적으로 대학병원의 진료체계상 과장은 병원행정상의 직급으로서 다른 교수나 전문의가 진료하고 있는 환자의 진료까지 책임지는 것은 아니므로, 환자를 담당한 의사가 아니어서 그 치료에 관한 것이 아님에도 불구하고 구강악안면외과 과장이라는 이유만으로 외래담당의사 및 담당 수련의들의 처치와 치료결과를 주시하고 적절한 수술방법을 지시하거나 담당의사 대신 직접 수술을 하고, 농배양을 지시 · 감독할 주의의무가 있다고 단정할 수 없다.

해설

② [×] 의사로서는 모든 사정을 고려하여 최선의 주의를 기울여 그 치료를 실시하지 않으면 안 되는데, 이러한 주의의무의 기준은 진료 당시의 이른바 임상의학의 실천에 의한 의료수준에 의하여 결정되어야 하나, 그 의료수준은 규범적으로 요구되는 수준으로 파악되어야 하고, 당해 의사나 의료기관의 구체적 상황에 따라 고려되어서는 안 된다(대법원 2010.10.28, 2008도8606 4회측정 무시 간호사들 사건).

① [○] 의료사고에 있어 의료종사자의 과실을 인정하기 위해서는 의료종사자가 결과발생을 예견할 수 있고 또 회피할 수 있었음에도 불구하고 이를 예견하거나 회피하지 못한 과실이 인정되어야 하고, 그러한 과실의 유무를 판단함에는 **같은 업무와 직무에 종사하는 보통인의 주의 정도를 표준으로 하여야 하며,** 이에는 **사고 당시의 일반적인 의학의 수준과 의료 환경 및 조건, 의료행위의 특수성 등이 고려되어야 한다**(대법원 2014.5.29, 2013도14079 프리어 파편 사건).

③ [○] 의사는 당해 의료행위가 환자에게 위해가 미칠 위험이 있는 이상 간호사가 과오를 범하지 않도록 충분히 지도 · 감독을 하여 사고의 발생을 미연에 방지하여야 할 주의의무가 있고, 이를 소홀히 한 채 만연히 간호사를 신뢰하여 간호사에게 당해 의료행위를 일임함으로써 **간호사의 과오로 환자에게 위해가 발생하였다면 의사는 그에 대한 과실책임을 면할 수 없다**(대법원 1998.2.27, 97도2812 B형 환자 A형 수혈 사건).

④ [○] 일반적으로 **대학병원의 진료체계상 과장은** 병원행정상의 직급으로서 다른 교수나 전문의가 진료하고 있는 환자의 진료까지 책임지는 것은 아니므로, 환자를 담당한 의사가 아니어서 그 치료에 관한 것이 아님에도 불구하고 구강악안면외과 과장이라는 이유만으로 외래담당의사 및 담당 수련의들의 처치와 치료결과를 주시하고 적절한 수술방법을 지시하거나 담당의사 대신 직접 수술을 하고, **농배양을 지시 · 감독할 주의의무가 있다고 단정할 수 없다**(대법원 1996.11.8, 95도2710 사랑니 사망 사건).

239 의료과실에 관한 다음 설명 중 옳지 않은 것은? (다툼이 있으면 판례에 의함) [core ★★]

1 2 3

① 환자의 수술과 같이 신체를 침해하는 진료행위를 하는 경우에 의사는 질병의 증상, 치료방법의 내용 및 필요성, 발생이 예상되는 위험 등에 관하여 당시의 의료수준에 비추어 상당하다고 생각되는 사항을 설명하여 당해 환자가 그 필요성이나 위험성을 충분히 비교해 보고 그 진료행위를 받을 것인지의 여부를 선택하도록 함으로써 그 진료행위에 대한 동의를 받아야 한다.

② 의사가 설명의무를 위반한 채 의료행위를 하였고 피해자에게 상해가 발생하였다고 하더라도, 의사가 업무상 과실로 인한 형사책임을 지기 위해서는 피해자의 상해와 의사의 설명의무 위반 내지 승낙취득 과정에서의 잘못 사이에 상당인과관계가 존재하여야 하고, 이는 한의사의 경우에도 마찬가지이다.

③ 의사는 진료를 행함에 있어 환자의 상황과 당시의 의료수준 그리고 자기의 지식경험에 따라 적절하다고 판단되는 진료방법을 선택할 상당한 범위의 재량을 가진다고 할 것이고, 그것이 합리적인 범위를 벗어난 것이 아닌 한 진료의 결과를 놓고 그중 어느 하나만이 정당하고 이와 다른 조치를 취한 것은 과실이 있다고 말할 수는 없다.

④ 환자의 명시적인 수혈 거부 의사가 존재하여 수혈하지 아니함을 전제로 환자의 승낙(동의)을 받아 수술하였는데 수술과정에서 수혈을 하지 않으면 생명에 위험이 발생할 수 있는 응급상태에 이른 경우에, 환자의 생명을 보존하기 위해 불가피한 수혈방법의 선택을 고려함이 원칙이므로 의사가 무수혈방식으로 수술하던 도중 과다출혈 등으로 환자가 사망한 경우 의사로서 진료상의 주의의무를 위반한 과실이 인정된다.

해설

④ [×] (1) 환자의 명시적인 수혈 거부 의사가 존재하여 수혈하지 아니함을 전제로 환자의 승낙(동의)을 받아 수술하였는데 수술과정에서 수혈을 하지 않으면 생명에 위험이 발생할 수 있는 응급상태에 이른 경우에, 환자의 생명을 보존하기 위해 불가피한 수혈방법의 선택을 고려함이 원칙이라 할 수 있지만, 한편으로 환자의 생명 보호에 못지않게 환자의 자기결정권을 존중하여야 할 의무가 대등한 가치를 가지는 것으로 평가되는 때에는 이를 고려하여 진료행위를 하여야 한다. (2) 환자의 생명과 자기결정권을 비교형량하기 어려운 특별한 사정이 있다고 인정되는 경우에 의사가 자신의 직업적 양심에 따라 환자의 양립할 수 없는 두 개의 가치 중 어느 하나를 존중하는 방향으로 행위하였다면 이러한 행위는 처벌할 수 없다(대법원 2014.6.26, 2009도14407 조대병원 여호와의 증인 사건).

① [○] 환자의 수술과 같이 신체를 침해하는 진료행위를 하는 경우에 의사는 질병의 증상, 치료방법의 내용 및 필요성, 발생이 예상되는 위험 등에 관하여 당시의 의료수준에 비추어 상당하다고 생각되는 사항을 설명하여 당해 환자가 그 필요성이나 위험성을 충분히 비교해 보고 그 **진료행위를 받을 것인지의 여부를 선택하도록 함으로써 그 진료행위에 대한 동의를 받아야 한다**(대법원 2014.6.26, 2009도14407 조대병원 여호와의 증인 사건).

② [○] 의사가 설명의무를 위반한 채 의료행위를 하였고 피해자에게 상해가 발생하였다고 하더라도, 의사가 업무상 과실로 인한 형사책임을 지기 위해서는 피해자의 상해와 의사의 설명의무 위반 내지 승낙취득 과정에서의 잘못 사이에 상당인과관계가 존재하여야 하고, 이는 **한의사의 경우에도 마찬가지이다**(대법원 2011.4.14, 2010도10104 봉침 사건).

③ [○] 의사는 진료를 행함에 있어 환자의 상황과 당시의 의료수준 그리고 자기의 지식경험에 따라 적절하다고 판단되는 진료방법을 선택할 상당한 범위의 재량을 가진다고 할 것이고, 그것이 합리적인 범위를 벗어난 것이 아닌 한 진료의 결과를 놓고 그중 어느 하나만이 정당하고 이와 **다른 조치를 취한 것은 과실이 있다고 말할 수는 없다**(대법원 2008.8.11, 2008도3090 쇄골하 중심정맥도관 삽입 사건).

정답 | 238 ② 239 ④

240 의료과실에 관한 다음 설명 중 옳지 않은 것은? (다툼이 있으면 판례에 의함) [core ★★]

1 2 3

① 의사인 피고인의 전원(轉院)지체 등의 과실(전원을 지체하여 피해자로 하여금 신속한 수혈 등의 조치를 받지 못하게 한 과실과 피해자가 고혈압환자이고 수술 후 대량출혈이 있었던 사정을 설명하지 않은 과실)로 피해자에 대한 신속한 수혈 등의 조치가 지연된 이상 피해자의 사망과 피고인의 과실 사이에는 인과관계를 부정하기 어렵다.

② 한의사인 피고인이 피해자에게 문진하여 과거 봉침을 맞고도 별다른 이상반응이 없었다는 답변을 듣고 알레르기 반응검사(skin test)를 생략한 채 봉침시술을 하였는데, 피해자가 시술 직후 쇼크반응을 나타내는 등 상해를 입은 경우, 피고인에게는 피해자를 상대로 다시 알레르기 반응검사를 실시할 의무가 있고 또한 알레르기 반응검사를 하지 않은 과실과 피해자의 상해 사이에 상당인과관계를 부정할 수 없다.

③ 의사인 피고인의 수술 후 복막염에 대한 진단과 처치 지연 등의 과실로 피해자가 제때 필요한 조치를 받지 못하였다면 피해자의 사망과 피고인의 과실 사이에는 인과관계가 인정되고, 비록 피해자가 피고인의 지시를 일부 따르지 않거나 퇴원한 적이 있더라도 그러한 사정만으로는 피고인의 과실과 피해자의 사망 사이에 인과관계가 단절된다고 볼 수 없다.

④ 간호사인 피고인이 베큐로니움의 약효 등을 확인하지 않음으로 인해 그 투약의 위험성을 인식하지 못함으로써 처방내용을 재확인할 기회를 놓친 채 그대로 이를 주사·투약하였다면, 의사의 처방을 기계적으로 실행하기에 앞서 당해 처방의 경위와 내용을 관련자에게 재확인함으로써 그 실행으로 인한 위험을 방지할 주의의무를 위반한 과실이 인정되고, 이를 투약함으로써 그 약효 내지 부작용으로 인하여 피해자에게 상해가 발생한 이상 그와 같은 결과는 피고인의 주의의무위반과 상당인과관계가 있다.

해설

② [×] 피고인에게 과거 알레르기 반응검사 및 약 12일 전 봉침시술에서도 이상반응이 없었던 피해자를 상대로 다시 알레르기 반응검사를 실시할 의무가 있다고 보기는 어렵고, 설령 그러한 의무가 있다고 하더라도 알레르기 반응검사를 하지 않은 과실과 피해자의 상해 사이에 상당인과관계를 인정하기 어렵다(대법원 2011.4.14, 2010도10104 봉침 사건).

① [○] 의사인 피고인의 전원(轉院)지체 등의 과실(전원을 지체하여 피해자로 하여금 신속한 수혈 등의 조치를 받지 못하게 한 과실과 피해자가 고혈압환자이고 수술 후 대량출혈이 있었던 사정을 설명하지 않은 과실)로 피해자에 대한 신속한 수혈 등의 조치가 지연된 이상 피해자의 사망과 피고인의 과실 사이에는 인과관계를 부정하기 어렵다(대법원 2010.4.29, 2009도7070 뒤늦은 전원 사건).

③ [○] 의사인 피고인의 수술 후 복막염에 대한 진단과 처치 지연 등의 과실로 피해자가 제때 필요한 조치를 받지 못하였다면 피해자의 사망과 피고인의 과실 사이에는 인과관계가 인정되고, 비록 피해자가 피고인의 지시를 일부 따르지 않거나 퇴원한 적이 있더라도 그러한 사정만으로는 피고인의 **과실과 피해자의 사망 사이에 인과관계가 단절된다고 볼 수 없다**(대법원 2018.5.11, 2018도2844 집도의 사건).

④ [○] 간호사인 피고인이 베큐로니움의 약효 등을 확인하지 않음으로 인해 그 투약의 위험성을 인식하지 못함으로써 처방내용을 재확인할 기회를 놓친 채 **그대로 이를 주사·투약하였다면,** 의사의 처방을 기계적으로 실행하기에 앞서 당해 처방의 경위와 내용을 관련자에게 재확인함으로써 그 실행으로 인한 위험을 방지할 주의의무를 위반한 과실이 인정되고, 이를 투약함으로써 그 약효 내지 부작용으로 인하여 **피해자에게 상해가 발생한 이상 그와 같은 결과는 피고인의 주의의무위반과 상당인과관계가 있다**(대법원 2009.12.24, 2005도8980 베큐로니움 투약 사건).

241 의료과실에 관한 다음 설명 중 옳지 않은 것은? (다툼이 있으면 판례에 의함) [core ★★]

1 2 3

① 약사가 의약품을 판매하거나 조제할 때 비록 그 의약품 포장으로 약사법 소정의 검인 합격품이고 부패·변질·변색되지 않고 유효기간이 경과하지 않은 제품임을 확인하였다고 하더라도, 관능시험이나 기기시험 없이 잘못 포장된 다른 성분을 사용하여 약을 조제한 경우 약사의 업무상과실을 인정할 수 있다.

② 병원내과 인턴인 피고인이 간호사에게 하여금 단독으로 환자 A에 대한 수혈을 하도록 내버려두었고, 간호사가 혈액봉지의 라벨을 확인하지 아니하여 B에게 수혈할 혈액봉지를 A에 대한 혈액봉지로 오인하고서, 혈액형이 비형인 A에 대하여 에이형 농축적혈구를 수혈함으로써 A가 수혈부작용 등으로 사망한 경우, 피고인은 과실책임을 면할 수 없다.

③ 피고인 甲이 피해자의 주치의 겸 병원 정형외과의 전공의로서, 같은 과의 수련의인 乙이 피고인 甲의 담당 환자인 피해자에 대하여 한 처방이 적절한 것인지의 여부를 확인하고 감독하여야 할 업무상주의의무가 있음에도 불구하고, 위 의무를 소홀히 한 나머지 피해자가 乙의 잘못된 처방으로 인하여 상해를 입게 되었다면, 피고인 甲은 업무상과실치상죄의 죄책을 져야 한다.

④ 내과의사가 신경과 전문의에 대한 협의진료 결과 피해자의 증세와 관련하여 신경과 영역에서 이상이 없다는 회신을 받았고, 그 회신 전후의 진료 경과에 비추어 그 회신 내용에 의문을 품을 만한 사정이 있다고 보이지 않자 그 회신을 신뢰하여 뇌혈관계통 질환의 가능성을 염두에 두지 않고 내과 영역의 진료 행위를 계속하다가 피해자의 증세가 호전되기에 이르자 퇴원하도록 조치한 경우, 내과의사인 피고인들이 피해자를 진료함에 있어서 지주막하출혈을 발견하지 못한 데 대하여 업무상과실이 있었다고 단정하기는 어렵다.

해설

① [×] 약사는 의약품을 판매하거나 조제함에 있어서 의약품이 표시 포장상에 있어서 약사법 소정의 검인 합격품이고 또한 부패 변질 변색되지 아니하고 유효기간이 경과되지 아니함을 확인하고 조제·판매한 경우에는 특별한 사정이 없는 한 관능시험 및 기기시험까지 할 주의의무가 없으므로 약의 표시를 신뢰하고 이를 사용한 경우에는 과실이 없다고 볼 수 있다(대법원 1976.2.10, 74도2046 금정약국 감기약 참사 사건).

② [○] 병원내과 인턴인 피고인이 간호사에게 하여금 단독으로 환자 A에 대한 수혈을 하도록 내버려두었고, 간호사가 혈액봉지의 라벨을 확인하지 아니하여 B에게 수혈할 혈액봉지를 A에 대한 혈액봉지로 오인하고서, 혈액형이 비형인 A에 대하여 에이형 농축적혈구를 수혈함으로써 A가 수혈부작용 등으로 사망한 경우, **피고인은 과실책임을 면할 수 없다**(대법원 1998.2.27, 97도2812 B형 환자 A형 수혈 사건).

③ [○] 피고인 甲이 피해자의 주치의 겸 병원 정형외과의 전공의로서, 같은 과의 수련의인 乙이 피고인 甲의 담당 환자인 피해자에 대하여 한 처방이 적절한 것인지의 여부를 확인하고 감독하여야 할 업무상주의의무가 있음에도 불구하고, 위 의무를 소홀히 한 나머지 피해자가 乙의 잘못된 처방으로 인하여 상해를 입게 되었다면, **피고인 甲은 업무상과실치상죄의 죄책을 져야 한다**(대법원 2007.2.22, 2005도9229).

④ [○] 내과의사가 신경과 전문의에 대한 협의진료 결과 피해자의 증세와 관련하여 신경과 영역에서 이상이 없다는 회신을 받았고, 그 회신 전후의 진료 경과에 비추어 그 회신 내용에 의문을 품을 만한 사정이 있다고 보이지 않자 그 회신을 신뢰하여 뇌혈관계통 질환의 가능성을 염두에 두지 않고 내과 영역의 진료 행위를 계속하다가 피해자의 증세가 호전되기에 이르자 퇴원하도록 조치한 경우, **내과의사**인 피고인들이 피해자를 진료함에 있어서 **지주막하출혈을 발견하지 못한 데 대하여 업무상과실이 있었다고 단정하기는 어렵다**(대법원 2003.1.10, 2001도3292 지주막하출혈 식물인간 사건).

정답 | 240 ② 241 ①

242 의료과실에 관한 다음 중 설명 중 옳은 것(○)과 옳지 않은 것(×)을 올바르게 조합한 것은? (다툼이 있으면 판례에 의함)

1 2 3 [core ★★]

㉠ 간호사에게 정맥주사를 주도록 처방한 의사는 직접 또는 간접적으로 간호사의 주사행위를 감독할 주의의무가 있으므로, 간호사가 의사의 처방에 의한 정맥주사(Side Injection 방식)를 의사의 입회 없이 간호실습생(간호학과 대학생)에게 실시하도록 하여 의료사고가 발생한 경우 의사에게도 업무상과실이 인정된다.

㉡ 마취회복업무를 담당하던 甲은 마취수술을 받은 환자 A에게 자발호흡이 있는 것만 확인하고 의식이 회복되었는지 분명하지도 않은 상태에서 간호사 그 누구에게도 확실한 인계조치나 구체적인 지시도 하지 않은 채 회복실을 떠났고, 결국 A는 무산소성으로 인한 뇌손상으로 사망한 경우(한편 회복실에는 간호사 乙이 있었으나 그는 마취회복실 담당 간호사도 아니고 또한 다른 환자 B에 대한 회복처치에 전념하고 있어 A의 이상증세를 인식하지 못하였다), 甲의 경우 업무상과실이 인정되지만, A를 감시하도록 업무를 인계받지 않은 乙의 경우 업무상과실이 인정되지 아니한다.

① ㉠ ○ ㉡ ○
② ㉠ ○ ㉡ ×
③ ㉠ × ㉡ ○
④ ㉠ × ㉡ ×

해설

③ 이 지문이 올바른 조합이다.

㉠ [×] (1) 간호사에게 정맥주사를 주도록 처방한 의사는 자신의 지시를 받은 간호사가 자신의 기대와는 달리 간호실습생에게 단독으로 주사하게 하리라는 사정을 예견할 수 없었고, 그 스스로 직접 주사를 하거나 또는 직접 주사하지 않더라도 현장에 입회하여 간호사의 주사행위를 직접 감독할 주의의무가 있다고 보기 어렵다. (2) 간호사가 의사의 처방에 의한 정맥주사(Side Injection 방식)를 의사의 입회 없이 간호실습생(간호학과 대학생)에게 실시하도록 하여 발생한 의료사고에 대하여 의사의 과실책임은 인정되지 아니한다(대법원 2003.8.19, 2001도3667 간호실습생 정맥주사 사건).

㉡ [○] 마취회복업무를 담당하던 甲은 마취수술을 받은 환자 A에게 자발호흡이 있는 것만 확인하고 의식이 회복되었는지 분명하지도 않은 상태에서 간호사 그 누구에게도 확실한 인계조치나 구체적인 지시도 하지 않은 채 회복실을 떠났고, 결국 A는 무산소성으로 인한 뇌손상으로 사망한 경우(한편 회복실에는 간호사 乙이 있었으나 그는 마취회복실 담당 간호사도 아니고 또한 다른 환자 B에 대한 회복처치에 전념하고 있어 A의 이상증세를 인식하지 못하였다), 甲의 경우 업무상과실이 인정되지만, A를 감시하도록 업무를 인계받지 않은 乙의 경우 **업무상과실이 인정되지 아니한다**(대법원 1994.4.26, 92도3283 마취회복실 간호사 사건).

243 신뢰의 원칙에 관한 다음 설명 중 옳지 않은 것은? (다툼이 있으면 판례에 의함) [Essential ★]

1 2 3

① 과실범에 관한 이른바 신뢰의 원칙은 상대방이 이미 비정상적인 행태를 보이고 있는 경우에는 적용될 여지가 없는 것이고, 이는 행위자가 경계의무를 게을리하는 바람에 상대방의 비정상적인 행태를 미리 인식하지 못한 경우에도 마찬가지이다.

② 황색중앙선 표시가 있는 일반도로와는 달리 중앙선이 표시되어 있지 아니한 비포장도로라고 한다면, 운전자로서는 마주 오는 차가 도로의 중앙이나 좌측부분으로 진행하여 올 것까지 예견하여 주의깊게 살피면서 속도를 줄여 피행하는 등 적절한 조치를 취함으로써 사고발생을 미연에 방지할 업무상 주의의무가 있다.

③ 피고인이 좌회전 금지구역에서 좌회전한 것은 잘못이나 이러한 경우에도 피고인으로서는 50여 m 후방에서 따라오던 후행차량이 중앙선을 넘어 피고인 운전차량의 좌측으로 돌진하는 등 극히 비정상적인 방법으로 진행할 것까지를 예상하여 사고발생 방지조치를 취하여야 할 업무상 주의의무가 있다고 할 수는 없다.

④ 사거리 교차로를 녹색등화에 따라 직진하는 차량의 운전자는 특별한 사정이 없는 한 다른 차량이 신호를 위반하고 직진하는 차량의 앞을 가로질러 직진할 경우까지 예상하여 그에 따른 사고발생을 미연에 방지할 주의의무는 없다고 할 것이므로, 피고인이 녹색등화에 따라 사거리 교차로를 통과할 무렵 제한속도를 초과하였더라도, 신호를 무시한 채 왼쪽도로에서 사거리 교차로로 가로 질러 진행한 피해자에 대한 업무상 과실치사의 책임이 없다.

해설

② [×] 중앙선이 표시되어 있지 아니한 비포장도로라고 하더라도 승용차가 넉넉히 서로 마주보고 진행할 수 있는 정도의 너비가 되는 도로를 정상적으로 진행하고 있는 자동차의 운전자로서는, 특별한 사정이 없는 한 마주 오는 차도 교통법규를 지켜 도로의 중앙으로부터 우측부분을 통행할 것으로 신뢰하는 것이 보통이므로 마주 오는 차가 도로의 중앙이나 좌측부분으로 진행하여 올 것까지 예상하여 특별한 조치를 강구하여야 할 업무상 주의의무는 없는 것이 원칙이다(대법원 1992.7.28, 92도1137).

① [O] 과실범에 관한 이른바 신뢰의 원칙은 상대방이 이미 비정상적인 행태를 보이고 있는 경우에는 적용될 여지가 없는 것이고, 이는 행위자가 경계의무를 게을리하는 바람에 **상대방의 비정상적인 행태를 미리 인식하지 못한 경우에도 마찬가지이다**(대법원 2009.4.23, 2008도11921 삼성1호-허베이호 충돌 기름유출 사건).

③ [O] 피고인이 좌회전 금지구역에서 좌회전한 것은 잘못이나 이러한 경우에도 피고인으로서는 **50여 m 후방에서** 따라오던 후행차량이 중앙선을 넘어 피고인 운전차량의 좌측으로 돌진하는 등 **극히 비정상적인 방법으로 진행할 것까지를 예상하여 사고발생 방지조치를 취하여야 할 업무상 주의의무가 있다고 할 수는 없다**(대법원 1996.5.28, 95도1200).

④ [O] 사거리 교차로를 녹색등화에 따라 직진하는 차량의 운전자는 특별한 사정이 없는 한 **다른 차량이 신호를 위반하고 직진하는 차량의 앞을 가로질러 직진할 경우까지 예상하여 그에 따른 사고발생을 미연에 방지할 주의의무는 없다**고 할 것이므로, 피고인이 녹색등화에 따라 사거리 교차로를 통과할 무렵 제한속도를 초과하였더라도, 신호를 무시한 채 왼쪽도로에서 사거리 교차로로 가로 질러 진행한 피해자에 대한 업무상 과실치사의 책임이 없다(대법원 1990.2.9, 89도1774).

정답 | 242 ③ 243 ②

244 신뢰의 원칙에 관한 다음 설명 중 옳지 않은 것은? (다툼이 있으면 판례에 의함) [Essential ★]

1 2 3

① 교차로를 녹색등화에 따라 직진하는 차량의 운전자는 특별한 사정이 없는 이상, 다른 차량이 신호를 위반하고 직진하는 차량의 앞을 가로 질러 좌회전할 경우까지를 예상하여 그에 따른 사고발생을 미연에 방지할 특별한 조치까지 강구할 업무상의 주의의무는 없다.

② 녹색등화에 따라 왕복 8차선의 간선도로를 직진하는 차량의 운전자는 접속도로에서 진행하여 오던 차량이 아예 허용되지 아니하는 좌회전을 감행하여 직진하는 자기 차량의 앞을 가로질러 진행하여 올 경우까지 예상하여 그에 따른 사고발생을 미리 방지하기 위하여 특별한 조치까지 강구할 주의의무는 없다.

③ 황색중앙선이 설치된 도로에서 자기 차선을 따라 운행하는 자동차운전수는 반대방향에서 오는 차량이 이미 중앙선을 침범하여 비정상적인 운행을 하고 있음을 목격한 경우에는 자기의 진행전방에 돌입할 가능성을 예견하여 그 차량의 동태를 주의깊게 살피면서 속도를 줄여 피행하는 등 적절한 조치를 취함으로써 사고발생을 미연에 방지할 업무상 주의의무가 있다.

④ (ㅏ)자형 삼거리의 교차로를 녹색등화에 따라 직진하는 차량의 운전자는 특별한 사정이 없는 한 대향차선 위의 다른 차량이 신호를 위반하고 직진하는 자기 차량의 앞을 가로질러 좌회전할 경우까지 예상하여 사고발생을 미리 방지하기 위한 주의의무는 없으나, 직진차량 운전자가 사고지점을 통과할 무렵 제한속도를 위반하여 과속운전한 잘못이 있었다고 한다면 그러한 잘못과 교통사고의 발생과의 사이에는 상당인과관계가 있다고 보아야 한다.

해설

④ [×] (ㅏ)자형 삼거리의 교차로를 녹색등화에 따라 직진하는 차량의 운전자는 특별한 사정이 없는 한, 대향차선 위의 다른 차량이 신호를 위반하고 직진하는 자기 차량의 앞을 가로질러 좌회전할 경우까지 예상하여 그에 따른 사고발생을 미리 방지하기 위한 주의의무는 없고, 직진차량 운전자가 사고지점을 통과할 무렵 제한속도를 위반하여 과속운전한 잘못이 있었다 하더라도 그러한 잘못과 교통사고의 발생과의 사이에 상당인과관계가 있다고 볼 수 없다(대법원 1993.1.15, 92도2579).

① [○] 교차로를 녹색등화에 따라 직진하는 차량의 운전자는 특별한 사정이 없는 이상, 다른 차량이 신호를 위반하고 직진하는 차량의 앞을 가로 질러 좌회전할 경우까지를 예상하여 그에 따른 **사고발생을 미연에 방지할 특별한 조치까지 강구할 업무상의 주의의무는 없다**(대법원 1985.1.22, 84도1493).

② [○] 녹색등화에 따라 왕복 8차선의 간선도로를 직진하는 차량의 운전자는 접속도로에서 진행하여 오던 차량이 아예 허용되지 아니하는 **좌회전을 감행하여 직진하는 자기 차량의 앞을 가로질러 진행하여 올 경우까지** 예상하여 그에 따른 사고발생을 미리 방지하기 위하여 **특별한 조치까지 강구할 주의의무는 없다**(대법원 1998.9.22, 98도1854).

③ [○] 황색중앙선이 설치된 도로에서 자기 차선을 따라 운행하는 자동차운전수는 반대방향에서 오는 차량이 **이미 중앙선을 침범하여 비정상적인 운행을 하고 있음을 목격한 경우에는** 자기의 진행전방에 돌입할 가능성을 예견하여 그 차량의 동태를 주의깊게 살피면서 속도를 줄여 피행하는 등 **적절한 조치를 취함으로써 사고발생을 미연에 방지할 업무상 주의의무가 있다**(대법원 1986.2.25, 85도2651).

245 신뢰의 원칙에 관한 다음 설명 중 옳지 않은 것은? (다툼이 있으면 판례에 의함) [Essential ★]

1 2 3

① 차량의 운전자로서는 횡단보도의 신호가 적색인 상태에서 반대차선상에 정지하여 있는 차량의 뒤로 보행자가 건너오지 않을 것이라고 신뢰하는 것이 당연하고 그렇지 아니할 사태까지 예상하여 그에 대한 주의의무를 다하여야 한다고는 할 수 없다.

② 심야이고 도로교통이 빈번한 대도시 육교 밑의 편도 4차선의 넓은 길 가운데 2차선 지점인 경우라면 자동차 운전자는 무단횡단자가 없을 것으로 믿고 운전해가면 되는 것이고 도로교통법규에 위반하여 그 자동차의 앞을 횡단하려고 하는 사람이 있을 것까지 예상하여 그 안전까지를 확인해가면서 운전하여야 할 의무는 없다.

③ 보행자 신호가 녹색신호에서 정지신호로 바뀔 무렵 전후에 횡단보도를 통과하는 자동차운전자로서는, 보행자가 교통신호를 준수할 것이라고 신뢰하면 족하고 좌우에서 이미 횡단보도에 진입한 보행자가 있는지 여부를 살펴보고 서행하는 등 보행자의 안전을 위해 어느 때라도 정지할 수 있는 태세를 갖추고 운전하여야 할 주의의무까지 있다고 할 수 없다.

④ 각종 차량의 내왕이 번잡하고 보행자의 횡단이 금지되어 있는 육교 밑 차도를 주행하는 자동차운전자가 전방 보도 위에 서 있는 피해자를 발견했다 하더라도 육교를 눈앞에 둔 동인이 특히 차도로 뛰어들 거동이나 기색을 보이지 않는 한 일반적으로 동인이 차도로 뛰어들어 오리라고 예견하기 어려운 것이므로, 이러한 경우 운전자로서는 불의에 뛰어드는 보행자를 예상하여 이를 사전에 방지해야 할 조치를 취할 업무상 주의의무는 없다.

해설

③ [×] 보행자 신호가 녹색신호에서 정지신호로 바뀔 무렵 전후에 횡단보도를 통과하는 자동차운전자는, 보행자가 교통신호를 철저히 준수할 것이라는 신뢰만으로 자동차를 운전할 것이 아니라 좌우에서 이미 횡단보도에 진입한 보행자가 있는지 여부를 살펴보고 서행하는 등 보행자의 안전을 위해 어느 때라도 정지할 수 있는 태세를 갖추고 자동차를 운전하여야 할 업무상의 주의의무가 있다(대법원 1986.5.27, 86도549).

① [○] 차량의 운전자로서는 횡단보도의 신호가 적색인 상태에서 반대차선상에 정지하여 있는 차량의 뒤로 보행자가 건너오지 않을 것이라고 신뢰하는 것이 당연하고 그렇지 아니할 사태까지 예상하여 그에 대한 **주의의무를 다하여야 한다고는 할 수 없다**(대법원 1993.2.23, 92도2077).

② [○] 심야이고 도로교통이 빈번한 대도시 육교 밑의 편도 4차선의 넓은 길 가운데 2차선 지점인 경우라면 자동차운전자는 무단횡단자가 없을 것으로 믿고 운전해가면 되는 것이고 도로교통법규에 위반하여 그 **자동차의 앞을 횡단하려고 하는 사람이 있을 것까지 예상하여 그 안전까지를 확인해가면서 운전하여야 할 의무는 없다**(대법원 1988.10.11, 88도1320).

④ [○] 각종 차량의 내왕이 번잡하고 보행자의 횡단이 금지되어 있는 육교 밑 차도를 주행하는 자동차운전자가 전방 보도위에 서 있는 피해자를 발견했다 하더라도 **육교**를 눈앞에 둔 동인이 특히 차도로 뛰어들 거동이나 기색을 보이지 않는 한 일반적으로 동인이 차도로 뛰어들어 오리라고 예견하기 어려운 것이므로, 이러한 경우 **운전자로서는 불의에 뛰어드는 보행자를 예상하여 이를 사전에 방지해야 할 조치를 취할 업무상 주의의무는 없다**(대법원 1985.9.10, 84도1572).

정답 | 244 ④ 245 ③

246 과실범에 있어 주의의무에 관한 다음 설명 중 옳지 않은 것은? (다툼이 있으면 판례에 의함)

1 2 3

[core ★★]

① 피고인이 사업 당시 공사현장감독인인 이상 그 공사의 원래의 발주자의 직원이 아니고 또 발주자에 의하여 현장감독에 임명된 것도 아니며, 건설업법상 요구되는 현장건설기술자의 자격도 없다는 등의 사유는 업무상과실책임을 물음에 아무런 영향도 미칠 수 없다.

② 건설회사가 건설공사 중 타워크레인의 설치작업을 전문업자에게 도급주어 타워크레인 설치작업을 하던 중 발생한 사고에 대하여 건설회사의 현장대리인에게 업무상과실치사상의 죄책을 물을 수 없다.

③ 도급인이 수급인에게 공사의 시공이나 개별 작업에 관하여 구체적으로 지시 · 감독하였더라도, 법령에 의하여 도급인에게 구체적인 관리 · 감독의무가 부여되어 있지 않다면 도급인에게는 수급인의 업무와 관련하여 사고방지에 필요한 안전조치를 해야 할 주의의무가 없다.

④ 시공회사의 상무이사인 현장소장이 현장에서의 공사감독을 전담하였고 사장은 그와 같은 감독을 하게 되어 있지 않았다면, 사장으로서는 공사의 진행에 관하여 직접적인 지휘 · 감독을 받지 않는 회사직원 혹은 고용한 노무자들이 공사시행상의 안전수칙을 위반하여 사고를 저지를지 모른다고 하여 이에 대비하여 각개의 개별 작업에 대하여 일일이 세부적인 안전대책을 강구하여야 하는 구체적이고 직접적인 주의의무가 있다고 하기 어렵다.

해설

③ [×] 도급계약의 경우 원칙적으로 도급인에게는 수급인의 업무와 관련하여 사고방지에 필요한 안전조치를 취할 주의의무가 없으나, 법령에 의하여 도급인에게 수급인의 업무에 관하여 구체적인 관리 · 감독의무 등이 부여되어 있거나 도급인이 공사의 시공이나 개별 작업에 관하여 구체적으로 지시 · 감독하였다는 등의 특별한 사정이 있는 경우에는 도급인에게도 수급인의 업무와 관련하여 사고방지에 필요한 안전조치를 취할 주의의무가 있다(대법원 2016.3.24, 2015도8621).

① [O] 피고인이 사업 당시 공사현장감독인인 이상 그 공사의 원래의 발주자의 직원이 아니고 또 발주자에 의하여 현장감독에 임명된 것도 아니며, 건설업법상 요구되는 현장건설기술자의 자격도 없다는 등의 사유는 **업무상과실책임을 물음에 아무런 영향도 미칠 수 없다**(대법원 1983.6.14, 82도2713 천제연 구름다리 붕괴 사건).

② [O] 건설회사가 건설공사 중 타워크레인의 설치작업을 전문업자에게 도급주어 타워크레인 설치작업을 하던 중 발생한 사고에 대하여 건설회사의 **현장대리인에게 업무상과실치사상의 죄책을 물을 수 없다**(대법원 2005.9.9, 2005도3108 타워크레인 설치 사건).

④ [O] 시공회사의 상무이사인 현장소장이 현장에서의 공사감독을 전담하였고 사장은 그와 같은 감독을 하게 되어 있지 않았다면, 사장으로서는 공사의 진행에 관하여 직접적인 지휘 · 감독을 받지 않는 회사직원 혹은 고용한 노무자들이 공사시행상의 안전수칙을 위반하여 사고를 저지를지 모른다고 하여 이에 대비하여 **각개의 개별작업에 대하여 일일이 세부적인 안전대책을 강구하여야 하는 구체적이고 직접적인 주의의무가 있다고 하기 어렵다**(대법원 1989.11.24, 89도1618).

247 과실범에 관한 다음 설명 중 옳지 않은 것은? (다툼이 있으면 판례에 의함) [Essential ★]

1 2 3

① 중앙선에 서서 도로횡단을 중단한 피해자의 팔을 갑자기 잡아끌고 도로를 횡단하게 하여 무단횡단을 하는 도중에 지나가는 차량에 충격당하여 피해자가 사망한 경우에는 과실치사죄가 성립한다.

② 야간에 2차선의 굽은 도로상에 미등과 차폭등을 켜지 않은 채 화물차를 주차시켜 놓음으로써 오토바이가 추돌하여 오토바이 운전자가 사망하게 된 경우라도 특별한 사정이 없는 한 화물차 운전자의 주차행위와 피해자의 사망 사이에 인과관계가 있다고 할 수 없다.

③ 차량정차 또는 서행 등을 해야 할 주의의무를 게을리 하여 음주운전단속을 위하여 정지신호를 보내오고 있는 경찰관을 발견하고도 피고인이 상당한 속도로 계속 진행하여, 정차를 시키기 위하여 차체를 치는 경찰관에게 상해를 입게 한 경우, 피고인에게는 업무상 주의의무를 다하지 못한 과실이 있다.

④ 골프장의 경기보조원인 피고인이 골프 카트에 피해자 등 승객들을 태우고 진행하기 전에 안전 손잡이를 잡도록 고지하지도 않고 또한 승객들이 안전 손잡이를 잡았는지 확인하지도 않은 상태에서 만연히 출발하였으며, 각도 70°가 넘는 우로 굽은 길을 속도를 충분히 줄이지 않고 급하게 우회전한 업무상과실로, 피해자를 골프 카트에서 떨어지게 하여 상해를 입게 하였다면 교통사고처리특례법위반죄가 성립한다.

해설

② [×] 야간에 2차선의 굽은 도로상에 미등과 차폭등을 켜지 않은 채 화물차를 주차시켜 놓음으로써 오토바이가 추돌하여 오토바이 운전자가 사망하게 된 경우, 화물차 운전자의 주차행위와 피해자의 사망 사이에 인과관계가 없다고 할 수 없다(대법원 1996.12.20, 96도2030 미등과 차폭등 사건).

① [○] 중앙선에 서서 도로횡단을 중단한 피해자의 팔을 갑자기 잡아끌고 도로를 횡단하게 하여 무단횡단을 하는 도중에 지나가는 차량에 충격당하여 피해자가 사망한 경우에는 **과실치사죄가 성립한다**(법원 2002.8.23, 2002도2800 대전 로드킬 사건).

③ [○] 차량정차 또는 서행 등을 해야 할 주의의무를 게을리 하여 음주운전단속을 위하여 정지신호를 보내오고 있는 경찰관을 발견하고도 피고인이 상당한 속도로 계속 진행하여, 정차를 시키기 위하여 차체를 치는 경찰관에게 상해를 입게 한 경우, 피고인에게는 **업무상 주의의무를 다하지 못한 과실이 있다**(대법원 1994.10.14, 94도2165).

④ [○] 골프장의 경기보조원인 피고인이 골프 카트에 피해자 등 승객들을 태우고 진행하기 전에 안전 손잡이를 잡도록 고지하지도 않고 또한 승객들이 안전 손잡이를 잡았는지 확인하지도 않은 상태에서 만연히 출발하였으며, 각도 70°가 넘는 우로 굽은 길을 속도를 충분히 줄이지 않고 급하게 우회전한 업무상과실로, 피해자를 **골프 카트에서 떨어지게 하여 상해를 입게 하였다면 교통사고처리특례법위반죄가 성립한다**(대법원 2010.7.22, 2010도1911 골프장카트 난폭운전 사건).

정답 | 246 ③ 247 ②

248 과실범에 관한 다음 중 설명 중 옳은 것(○)과 옳지 않은 것(×)을 올바르게 조합한 것은? (다툼이 있으면 판례에 의함)

1 2 3 [core ★★]

㉠ 선행차량에 이어 피고인 운전 차량이 피해자를 연속(轢過)하여 역과하는 과정에서 피해자가 사망한 경우, 피고인이 일으킨 후행 교통사고 당시에 피해자가 생존해 있었다는 증거가 없다면 설령 피고인에게 유죄의 의심이 있다고 하더라도 피고인의 이익으로 판단할 수밖에 없다.

㉡ 선행 교통사고와 후행 교통사고 중 어느 쪽이 원인이 되어 피해자가 사망에 이르게 되었는지 밝혀지지 않은 경우 후행 교통사고를 일으킨 사람의 과실과 피해자의 사망 사이에 인과관계가 인정되기 위해서는 후행 교통사고를 일으킨 사람이 주의의무를 게을리하지 않았다면 피해자가 사망에 이르지 않았을 것이라는 사실이 입증되어야 하고, 그 입증책임은 검사에게 있다.

① ㉠ ○ ㉡ ○
② ㉠ ○ ㉡ ×
③ ㉠ × ㉡ ○
④ ㉠ × ㉡ ×

해설

① 이 지문이 올바른 조합이다.

㉠ [○] 선행차량에 이어 피고인 운전 차량이 피해자를 연속(轢過)하여 역과하는 과정에서 피해자가 사망한 경우, 피고인이 일으킨 후행 교통사고 당시에 피해자가 생존해 있었다는 증거가 없다면 설령 피고인에게 유죄의 의심이 있다고 하더라도 피고인의 이익으로 판단할 수밖에 없다(대법원 2014.6.12, 2014도3163 피고인 나중 꽝 사건Ⅱ). 피고인 甲이, 乙이 운전하는 선행차량에 충격되어 도로에 쓰러져 있던 피해자 A를 다시 역과함으로써 사망에 이르게 하고도 필요한 조치를 취하지 않고 도주하였더라도, 피고인 甲 운전 차량이 2차로 A를 역과할 당시 아직 A가 생존해 있었다고 단정하기 어렵다면 후행 **교통사고와 피해자의 사망 사이의 인과관계를 인정하기 어렵다**고 판시한 판례이다.

㉡ [○] 선행 교통사고와 후행 교통사고 중 어느 쪽이 원인이 되어 피해자가 사망에 이르게 되었는지 밝혀지지 않은 경우 후행 교통사고를 일으킨 사람의 과실과 피해자의 사망 사이에 인과관계가 인정되기 위해서는 후행 교통사고를 일으킨 사람이 주의의무를 게을리하지 않았다면 피해자가 사망에 이르지 않았을 것이라는 사실이 입증되어야 하고, 그 **입증책임은 검사에게 있다**(대법원 2007.10.26, 2005도8822 선행사고 후행사고 사건).

249 과실범에 관한 다음 설명 중 옳지 않은 것은? (다툼이 있으면 판례에 의함) [core ★★]

1 2 3

① 피고인이 운행하던 자동차로 도로를 횡단하던 피해자를 충격하여 피해자로 하여금 반대차선의 1차선상에 넘어지게 하여 피해자가 반대차선을 운행하던 자동차에 역과(轢過)되어 사망하게 하였다면 피고인은 그와 같은 사고를 충분히 예견할 수 있었고 또한 피고인의 과실과 피해자의 사망 사이에는 인과관계가 있다고 할 것이다.

② 피고인이 야간에 오토바이를 운전하다가 도로를 무단횡단하던 피해자를 충격하여 도로상에 전도(顚倒)케 하고, 그로부터 약 40초 내지 60초 후에 타이탄트럭이 도로 위에 전도되어 있던 피해자를 역과하여 사망케 한 경우, 피고인이 전방좌우의 주시를 게을리한 과실로 피해자를 충격하였고 나아가 후속차량의 운전사들이 조금만 전방주시를 태만히 하여도 피해자를 역과할 수 있음이 당연히 예상되었던 경우라면 피고인의 과실행위는 피해자의 사망에 대한 직접적 원인을 이루는 것이어서 양자간에는 상당인과관계가 있다.

③ 피고인이 차량을 운전하고 편도 2차선 도로 중 2차로를 시속 약 60km의 속도로 선행차량과 약 30m가량의 간격을 유지한 채 진행하다가 선행차량에 역과(轢過)된 채 진행 도로상에 누워있는 피해자를 뒤늦게 발견하고 급제동을 할 겨를도 없이 이를 그대로 역과하여 피해자가 사망한 경우, 피고인에게 업무상 과실이 없다고 할 수 없고 피고인 차량의 역과와 피해자의 사망 사이에 인과관계가 인정된다.

④ 피고인이 1차로에서 2차로로 진로를 변경하여 고속버스를 추월한 직후에, 피해자 등이 30~40m 전방에서 고속도로를 무단횡단하기 위하여 2차로로 갑자기 뛰어들어 피해자 등을 충격하게 된 경우, 피고인이 피해자 등의 무단횡단을 미리 예상할 수 있었다고 할 수 없더라도, 피고인에게 고속버스와의 안전거리를 확보하지 아니한 채 진행하다가 제한최고속도를 시속 20km 초과하여 추월한 잘못이 있다면, 피고인의 위와 같은 잘못과 사고결과와의 사이에는 상당인과관계가 있다고 할 것이다.

해설

④ [×] 피고인이 피해자 등의 무단횡단을 미리 예상할 수 있었다고 할 수 없고, 피고인에게 고속버스와의 안전거리를 확보하지 아니한 채 진행하다가 고속버스의 우측으로 제한최고속도를 시속 20km 초과하여 추월한 잘못이 있더라도, 피고인의 위와 같은 잘못과 사고결과와의 사이에 상당인과관계가 있다고 할 수도 없다(대법원 2000.9.5, 2000도2671).

① [○] 피고인이 운행하던 자동차로 도로를 횡단하던 피해자를 충격하여 피해자로 하여금 반대차선의 1차선상에 넘어지게 하여 피해자가 반대차선을 운행하던 자동차에 역과(轢過)되어 사망하게 하였다면 피고인은 그와 같은 사고를 충분히 예견할 수 있었고 또한 피고인의 과실과 **피해자의 사망 사이에는 인과관계가 있다고 할 것이다**(대법원 1988.11.8, 88도928 피고인 먼저 꽝 사건Ⅰ).

② [○] 피고인이 야간에 오토바이를 운전하다가 도로를 무단횡단하던 피해자를 충격하여 도로상에 전도(顚倒)케 하고, 그로부터 약 40초 내지 60초 후에 타이탄트럭이 도로 위에 전도되어 있던 피해자를 역과하여 사망케 한 경우, 피고인이 전방좌우의 주시를 게을리한 과실로 피해자를 충격하였고 나아가 후속차량의 운전사들이 조금만 전방주시를 태만히 하여도 피해자를 역과할 수 있음이 당연히 예상되었던 경우라면 **피고인의 과실행위는 피해자의 사망에 대한 직접적 원인을 이루는 것이어서 양자간에는 상당인과관계가 있다**(대법원 1990.5.22, 90도580 피고인 먼저 꽝 사건Ⅱ).

③ [○] 피고인이 차량을 운전하고 편도 2차선 도로 중 2차로를 시속 약 60km의 속도로 선행차량과 약 30m가량의 간격을 유지한 채 진행하다가 선행차량에 역과(轢過)된 채 진행 도로상에 누워있는 피해자를 뒤늦게 발견하고 급제동을 할 겨를도 없이 이를 그대로 역과하여 피해자가 사망한 경우, **피고인에게 업무상 과실이 없다고 할 수 없고 피고인 차량의 역과와 피해자의 사망 사이에 인과관계가 인정된다**(대법원 2001.12.11, 2001도5005 피고인 나중에 꽝 사건Ⅰ).

정답 | 248 ① 249 ④

250 과실범에 관한 다음 설명 중 옳지 않은 것은? (다툼이 있으면 판례에 의함) [Essential ★]

1 2 3

① 피고인이 성냥불로 담배를 붙인 다음 그 성냥불이 꺼진 것을 확인하지 아니한 채 휴지가 들어 있는 플라스틱 휴지통에 던진 것을 중대한 과실이 있는 경우에 해당한다.

③ 임차인이 자신의 비용으로 설치 · 사용하던 가스설비의 휴즈콕크를 아무런 조치 없이 제거하고 이사를 간 후 가스공급을 개별적으로 차단할 수 있는 주밸브가 열려져 가스가 유입되어 폭발사고가 발생한 경우, 임차인의 과실과 가스폭발사고 사이의 상당인과관계가 인정된다.

③ 초지조성공사를 도급받은 수급인이 불경운작업(산불작업)을 하도급을 준 이후에 계속하여 그 작업을 감독하지 아니한 잘못이 있다면, 그 잘못과 하수급인의 과실로 인하여 발생한 산림실화 사이에는 상당인과관계가 있다.

④ 피해자가 횡단보도를 건너면서 강철빔에 부딪혀 상해를 입은 경우, 일부 도로 지점에서 기존의 횡단보도 표시선이 제대로 지워지지 않고 드러나 있었다거나 피고인이 라바콘을 3개만 설치하고 신호수 1명을 배치하는 외에 별다른 조치를 취하지 아니하였다고 하더라도 그것과 사고발생 사이에 상당인과관계에 있다고 보기 어렵다.

해설

③ [×] 초지조성공사를 도급받은 수급인(甲)이 불경운작업(산불작업)을 하도급을 준 이후에 계속하여 그 작업을 감독하지 아니한 잘못이 있다 하더라도 이는 도급자에 대한 도급계약상의 책임이지 하수급인(乙)의 과실로 인하여 발생한 산림실화에 상당인과관계가 있는 과실이라고는 할 수 없다(대법원 1987.4.28, 87도297 산불작업 사건). 하수급인(乙)은 산림법 제120조에 규정된 산림실화죄의 죄책을 지지만, 수급인(甲)은 산림실화죄의 죄책을 지지 아니한다.

① [○] 피고인이 성냥불로 담배를 붙인 다음 그 성냥불이 꺼진 것을 확인하지 아니한 채 휴지가 들어 있는 플라스틱 휴지통에 던진 것을 **중대한 과실이 있는 경우에 해당한다**(대법원 1993.7.27, 93도135).

② [○] 임차인이 자신의 비용으로 설치 · 사용하던 가스설비의 휴즈콕크를 아무런 조치 없이 제거하고 이사를 간 후 가스공급을 개별적으로 차단할 수 있는 주밸브가 열려져 가스가 유입되어 폭발사고가 발생한 경우, **임차인의 과실과 가스폭발사고 사이의 상당인과관계가 인정된다**(대법원 2001.6.1, 99도5086 대전 LPG 폭발 사건).

④ [○] 피해자가 횡단보도를 건너면서 강철빔에 부딪혀 상해를 입은 경우, 일부 도로 지점에서 기존의 횡단보도 표시선이 제대로 지워지지 않고 드러나 있었다거나 피고인이 **라바콘을 3개만 설치하고 신호수 1명을 배치하는 외에 별다른 조치를 취하지 아니하였다고 하더라도 그것과 사고발생 사이에 상당인과관계에 있다고 보기 어렵다**(대법원 2014.4.10, 2012도11361 차관아파트 교차로 사건).

251 과실범에 관한 다음 설명 중 옳지 않은 것은? (다툼이 있으면 판례에 의함) [core ★★]

1 2 3

① 피고인이 골프경기를 하던 중 골프공을 쳐서 아무도 예상하지 못한 자신의 등 뒤편으로 보내어 등 뒤에 있던 경기보조원(캐디)에게 상해를 입힌 경우에는 주의의무를 현저히 위반하여 사회적 상당성의 범위를 벗어난 행위로서 과실치상죄가 성립한다.

② 건축자재인 철판 수백 장의 운반을 의뢰한 자가 절단면이 날카롭고 무거운 철판을 묶기에 매우 부적합한 폴리에스터 끈을 사용하여 철판 묶음 작업을 하는 등의 과실로 철판 쏠림 현상이 발생하였고, 이로 인하여 철판을 차에서 내리는 과정에서 철판이 쏟아져 내려 화물차 운전자가 사망한 경우, 운반 의뢰인에게 업무상과실치사죄가 성립한다.

③ 피고인이 자신이 운영하는 식품가게 앞에서 포터 화물차의 적재함에 실려 있던 토마토 상자를 하역하여 가게 안으로 운반하던 중 화물차에 적재되어 있던 토마토 상자 일부가 무너져 내리도록 방치한 과실로 가게 앞을 지나가던 피해자의 머리 위로 상자가 떨어지게 하여 골절상 등을 입게 한 경우, 피고인은 교통사고처리특례법위반죄의 죄책을 진다.

④ 술을 마시고 찜질방에 들어온 피해자가 찜질방 직원 몰래 후문으로 나가 술을 더 마신 다음 후문으로 다시 들어와 발한실(發汗室)에서 잠을 자다가 사망한 경우, 찜질방 직원 및 영업주에게 손님이 몰래 후문으로 나가 술을 더 마시고 들어올 경우까지 예상하여 직원을 추가로 배치하거나 후문으로 출입하는 모든 자를 통제 · 관리하여야 할 업무상 주의의무가 있다고 보기 어렵다.

해설

③ [×] 화물차를 주차하고 적재함에 적재된 토마토 상자를 운반하던 중 적재된 상자 일부가 떨어지면서 지나가던 피해자에게 상해를 입힌 경우, 이는 '교통사고'에 해당하지 않아 교통사고처리특례법위반죄가 아니라 형법상 업무상과실치상죄가 성립한다(대법원 2009.7.9, 2009도2390 토마토상자 사건).

① [○] (1) 운동경기에 참가하는 자가 경기규칙을 준수하는 중에 또는 그 경기의 성격상 당연히 예상되는 정도의 경미한 규칙위반 속에 제3자에게 상해의 결과를 발생시킨 것으로서, 사회적 상당성의 범위를 벗어나지 아니하는 행위라면 과실치상죄가 성립하지 않는다. (2) 그러나 골프경기를 하던 중 골프공을 쳐서 아무도 예상하지 못한 자신의 등 뒤편으로 보내어 등 뒤에 있던 경기보조원(캐디)에게 상해를 입힌 경우에는 주의의무를 현저히 위반하여 사회적 상당성의 범위를 벗어난 행위로서 **과실치상죄가 성립한다**(대법원 2008.10.23, 2008도6940 골프공 캐디강타 사건).

② [○] 건축자재인 철판 수백 장의 운반을 의뢰한 자가 절단면이 날카롭고 무거운 철판을 묶기에 매우 부적합한 폴리에스터 끈을 사용하여 철판 묶음 작업을 하는 등의 과실로 철판 쏠림 현상이 발생하였고, 이로 인하여 철판을 차에서 내리는 과정에서 철판이 쏟아져 내려 화물차 운전자가 사망한 경우, 운반 의뢰인에게 **업무상과실치사죄가 성립한다**(대법원 2009.7.23, 2009도3219 철판 압사 사건).

④ [○] 술을 마시고 찜질방에 들어온 피해자가 찜질방 직원 몰래 후문으로 나가 술을 더 마신 다음 후문으로 다시 들어와 발한실(發汗室)에서 잠을 자다가 사망한 경우, 찜질방 직원 및 영업주에게 손님이 몰래 후문으로 나가 술을 더 마시고 들어올 경우까지 예상하여 직원을 추가로 배치하거나 후문으로 출입하는 모든 자를 통제 · 관리하여야 할 **업무상 주의의무가 있다고 보기 어렵다**(대법원 2010.2.11, 2009도9807 발한실 사건).

정답 | 250 ③ 251 ③

252 과실범에 관한 다음 설명 중 옳은 것은? (다툼이 있으면 판례에 의함) [Essential ★]

1 2 3

① 교사가 회초리로 학생들의 손바닥을 때리기 위해 회초리를 들어올리는 순간 이를 구경하기 위해 옆으로 고개를 돌려 일어나는 다른 학생의 눈을 찔러 우안실명의 상해를 입게 한 경우 교사는 업무상과실치상죄의 죄책을 진다.

② 경찰관인 피고인들이 동료 경찰관인 甲, 乙과 함께 술을 많이 마셔 취하여 있던 중 갑자기 甲이 총을 꺼내 乙과 러시안 룰렛 게임을 하다가 乙이 자신이 쏜 총에 맞아 사망한 경우, 피고인들이 러시안 룰렛 게임을 즉시 물리력으로 제지하지 못하였다면 甲과 더불어 중과실치사죄의 죄책을 진다.

③ A와 같은 내무반원인 피고인들이 곧 전역할 병사 甲을 손발을 붙잡아 헹가래를 쳐서 장남삼아 바다에 빠뜨리려고 하다가 그가 발버둥치자 동인의 발을 붙잡고 있던 A가 몸의 중심을 잃고 미끄러지면서 바다에 빠져 사망한 경우, A가 헹가래치려고 한 일행 중의 한 사람이었으므로 피고인들은 A의 사망에 대하여 과실책임을 지지 아니한다.

④ 파도수영장에서 물놀이하던 초등학교 6학년생이 수영장 안에 엎어져 있는 것을 수영장 안전요원이 발견하여 인공호흡을 실시한 뒤 의료기관에 후송하였으나 후송 도중 사망한 사고에 있어서 그 사망원인이 구체적으로 밝혀지지 아니한 경우, 수영장 안전요원과 수영장 관리책임자에게 업무상 주의의무를 게을리 한 과실이 있다거나 그 주의의무 위반으로 인하여 피해자가 사망하였다고 볼 수 없다.

해설

④ [O] 파도수영장에서 물놀이하던 초등학교 6학년생이 수영장 안에 엎어져 있는 것을 수영장 안전요원이 발견하여 인공호흡을 실시한 뒤 의료기관에 후송하였으나 후송 도중 사망한 사고에 있어서 그 사망원인이 구체적으로 밝혀지지 아니한 경우, **수영장 안전요원과 수영장 관리책임자에게 업무상 주의의무를 게을리 한 과실이 있다거나 그 주의의무 위반으로 인하여 피해자가 사망하였다고 볼 수 없다**(대법원 2002.4.9, 2001도6601 설악워터피아 사건).

① [×] 직접 징계당하는 학생의 옆에 있는 다른 학생이 징계 당하는 것을 구경하기 위하여 고개를 돌려 뒤에서 다가선다던가 옆자리에서 일어나는 것까지 예견할 수는 없다고 할 것이고 교사가 매질하는 경우에 반드시 한 사람씩 불러내어서 해야 할 주의의무가 있다고도 할 수 없어 교사의 행위를 업무상 과실치상죄에 문의할 수는 없다(대법원 1985.7.9, 84도822 회초리 실명 사건).

② [×] 경찰관이라는 신분상의 조건을 고려하더라도 피고인들이 러시안 룰렛 게임을 즉시 물리력으로 제지하지 못하였다 한들 그것만으로는 甲의 과실과 더불어 중과실치사죄의 형사상 책임을 지울 만한 위법한 주의의무위반이 있었다고 평가할 수 없다(대법원 1992.3.10, 91도3172 러시안 룰렛 사건).

③ [×] 甲을 붙들고 헹가래치려고 한 피고인들로서는 비록 A가 헹가래치려고 한 일행 중의 한 사람이었다고 하여도 A의 사망에 대하여 과실책임을 면할 수 없다(대법원 1990.11.13, 90도2106 바닷가 헹가래 사망사건).

253 다음 중 결과적 가중범이 아닌 것은 모두 몇 개인가? [Superlative ★★★]

1 2 3

㉠ 현주건조물방화치사죄(제164조 제2항)	㉡ 연소죄(제168조)
㉢ 교통방해치상죄(제188조)	㉣ 중상해죄(제258조 제1항)
㉤ 상해치사죄(제259조 제1항)	㉥ 과실치사죄(제267조)
㉦ 중감금죄(제277조 제1항)	㉧ 유사강간치상죄(제301조)

① 1개 ② 2개

③ 3개 ④ 4개

해설

② ㉥㉦ 2항목의 범죄는 결과적 가중범이 아니다.

㉠㉡㉢㉣㉤ 5항목의 범죄는 결과적 가중범이다. 연소죄는 자기 소유 일반건조물 또는 일반물건에 대한 방화가 확대되어 현주, 공용 또는 타인 소유 일반건조물 · 물건을 연소한 경우에 성립하는 결과적 가중범이다(제168조).

㉥ 과실치사죄는 과실로 인하여 사람을 사망에 이르게 한 때에 성립하는 과실범이다(제267조).

㉦ 중감금죄는 사람을 감금하여 가혹한 행위를 가한 때에 성립하는 고의범이자 결합범이다(제277조 제1항).

254 결과적 가중범에 관한 다음 설명 중 옳은 것은? [Superlative ★★★]

1 2 3

① 결과적 가중범은 중한 결과가 발생하여야 성립되는 범죄이므로 형법은 결과적 가중범의 미수를 처벌하는 규정을 두고 있지 않다.

② 결과적 가중범에 있어서 중한 결과가 발생하였지만 기본범죄가 미수에 그친 경우 결과적 가중범의 미수에 해당한다.

③ 부진정 결과적가중범은 중한 결과를 야기하는 기본범죄가 고의범인 경우뿐만 아니라 과실범인 경우에도 인정되는 개념이다.

④ 특수공무집행방해치상죄는 상해의 결과에 대한 고의가 있는 경우에도 성립하는 부진정 결과적 가중범이다.

해설

④ [○] 특수공무집행방해치상죄는 원래 결과적가중범이기는 하지만, 이는 중한 결과에 대하여 예견가능성이 있었음에 불구하고 예견하지 못한 경우에 벌하는 진정결과적 가중범이 아니라 그 결과에 대한 예견가능성이 있었음에도 불구하고 예견하지 못한 경우뿐만 아니라 고의가 있는 경우까지도 포함하는 **부진정결과적 가중범이다**(대법원 1995.1.20, 94도2842).

① [×] 형법에는 결과적 가중범인 인질치사상죄, 강도치사상죄와 해상강도치사상죄에 미수범을 처벌하는 규정을 두고 있다(제324조의5, 제342조).

② [×] 진정결과적 가중범은 고의와 과실의 결합형태의 범죄이므로 미수는 있을 수 없고 따라서 기본범죄가 미수에 그쳤지만 중한 결과가 발생하면 결과적가중범의 기수에 해당한다. 다만, 형법은 인질치사상죄, 강도치사상죄 및 해상강도치사상죄에 대한 미수범 처벌규정을 두고 있다(제324조의5, 제342조).

③ [×] 부진정결과적 가중범은 고의에 의한 기본범죄에 기하여 중한 결과를 과실뿐만 아니라 고의로 발생시킨 경우를 말한다(고의 + 과실 또는 고의 + 고의의 결합형태).

정답 | 252 ④ 253 ② 254 ④

255 다음 중 부진정결과적 가중범에 해당하는 것은 모두 몇 개인가? (다툼이 있으면 판례에 의함)

1 2 3

[Superlative ★★★]

㉠ 특수공무집행방해치상죄(제144조 제2항)	㉡ 현주건조물방화치사죄(제164조 제2항)
㉢ 상해치사죄(제259조 제1항)	㉣ 강간치상죄(제301조)

① 1개
② 2개
③ 3개
④ 4개

해설

② ㉠㉡ 2항목의 범죄는 부진정결과적 가중범이고, ㉢㉣ 2항목의 범죄는 (진정결과적 가중범이지) 부진정결과적 가중범이 아니다.

㉠ 특수공무집행방해치상죄는 원래 결과적 가중범이기는 하지만, 이는 중한 결과에 대하여 예견가능성이 있었음에 불구하고 예견하지 못한 경우에 벌하는 진정결과적 가중범이 아니라 그 결과에 대한 예견가능성이 있었음에도 불구하고 예견하지 못한 경우뿐만 아니라 고의가 있는 경우까지도 포함하는 부진정결과적 가중범이다(대법원 1995.1.20, 94도2842).

㉡ 현주건조물방화치사상죄는 과실이 있는 경우뿐만 아니라 고의가 있는 경우에도 포함된다고 볼 것이므로 사람을 살해할 목적으로 현주건조물에 방화하여 사망에 이르게 한 경우에는 현주건조물방화치사죄로 의율하여야 하고 이와 더불어 살인죄와의 상상적 경합범으로 의율할 것은 아니다(대법원 1996.4.26, 96도485 아버지 · 동생 방화살해 사건).

256 결과적 가중범에 관한 다음 설명 중 옳지 않은 것은? (다툼이 있으면 판례에 의함) [core ★★]

1 2 3

① 결과적 가중범은 행위자가 행위시에 그 결과의 발생을 예견할 수 없을 때에는 비록 그 행위와 결과 사이에 인과관계가 있다 하더라도 중한 죄로 벌할 수 없다.

② 결과적 가중범인 교통방해치사상죄에 있어 중한 결과에 대한 예견가능성은 행위자를 기준으로 판단되어야 한다.

③ 현주건조물방화치사상죄와 특수공무집행방해치상죄는 중한 결과에 대한 예견가능성이 있었음에도 불구하고 예견하지 못한 경우뿐만 아니라 고의가 있는 경우까지도 포함하는 부진정결과적 가중범이다.

④ 부진정결과적 가중범에 있어서, 고의로 중한 결과를 발생하게 한 행위가 별도의 구성요건에 해당하고 그 고의범에 대하여 결과적 가중범에 정한 형보다 더 무겁게 처벌하는 규정이 있는 경우에는 그 고의범과 결과적 가중범이 상상적 경합관계에 있다.

해설

② [×] 결과적 가중범인 교통방해치사상죄에 있어 중한 결과에 대한 예견가능성은 일반인을 기준으로 객관적으로 판단되어야 한다(대법원 2014.7.24, 2014도6206 고속도로 급제동 정차사건).

① [○] 결과적 가중범은 행위자가 행위시에 그 결과의 발생을 **예견할 수 없을 때에는** 비록 그 행위와 결과 사이에 인과관계가 있다 하더라도 **중한 죄로 벌할 수 없다**(대법원 1988.4.12, 88도178 이해할 수 없는 술집아가씨 사건).

③ [○] 현주건조물방화치사상죄와 특수공무집행방해치상죄는 중한 결과에 대한 예견가능성이 있었음에도 불구하고 예견하지 못한 경우뿐만 아니라 **고의가 있는 경우까지도 포함하는 부진정결과적 가중범이다**(대법원 1996.4.26, 96도485 아버지 · 동생 방화살해사건, 대법원 1996.4.12, 96도215 서울지방노동청 습격 사건).

④ [○] 부진정결과적 가중범에 있어서, 고의로 중한 결과를 발생하게 한 행위가 별도의 구성요건에 해당하고 그 고의범에 대하여 결과적 가중범에 정한 형보다 더 무겁게 처벌하는 규정이 있는 경우에는 그 고의범과 결과적 가중범이 **상상적 경합관계**에 있지만, 고의범에 대하여 더 무겁게 처벌하는 규정이 없는 경우에는 결과적 가중범이 고의범에 대하여 **특별관계**에 있다고 해석되므로 결과적 가중범만 성립하고 이와 법조경합의 관계에 있는 고의범에 대하여는 별도로 죄를 구성한다고 볼 수 없다(대법원 2008.11.27, 2008도7311 음주단속경찰관 치상 사건).

정답 | 255 ② 256 ②

257 죄수에 관한 다음 설명 중 옳지 않은 것은? (다툼이 있으면 판례에 의함) [core ★★]

1 2 3

① 법조경합은 1개의 행위가 외관상 여러 개의 죄의 구성요건에 해당하는 것처럼 보이지만 실질적으로는 1죄만을 구성하는 경우를 말하고, 실질적으로 1죄인가 또는 여러 죄인가는 구성요건적 평가와 보호법익의 측면에서 고찰하여 판단하여야 한다.

② 법조경합의 한 형태인 특별관계란 어느 구성요건이 다른 구성요건의 모든 요소를 포함하는 외에 다른 요소를 구비하여야 성립하는 경우로서, 일반법의 구성요건을 충족하는 행위는 특별법의 구성요건을 충족하지만 반대로 특별법의 구성요건을 충족하는 행위는 일반법의 구성요건을 충족하지 못한다.

③ '불가벌적 수반행위'란 법조경합의 한 형태인 흡수관계에 속하는 것으로서, 행위자가 특정한 죄를 범하면 비록 논리 필연적인 것은 아니지만 일반적 · 전형적으로 다른 구성요건을 충족하고 이때 그 구성요건의 불법이나 책임 내용이 주된 범죄에 비하여 경미하기 때문에 처벌이 별도로 고려되지 않는 경우를 말한다.

④ 피고인의 일련의 행위가 여러 개의 범죄에 해당되는 것 같지만 그 일련의 행위가 합쳐져서 하나의 사회적 사실관계를 구성하는 경우에 그에 대한 법률적 평가는 하나밖에 성립되지 않는 관계, 즉 일방의 범죄가 성립되는 때에는 타방의 범죄는 성립할 수 없고, 일방의 범죄가 무죄로 될 경우에만 타방의 범죄가 성립할 수 있는 비양립적인 관계가 있을 수 있다.

해설

② [×] 특별관계에서는 특별법의 구성요건을 충족하는 행위는 일반법의 구성요건을 충족하지만 반대로 일반법의 구성요건을 충족하는 행위는 특별법의 구성요건을 충족하지 못한다(대법원 2012.8.30, 2012도6503 성폭법 · 아청법 사건). 존속살해죄(특별법)의 구성요건을 충족하면 살인죄(일반법)의 구성요건을 충족하지만, 살인죄(일반법)의 구성요건을 충족하는 행위는 존속살해죄(특별법)의 구성요건을 충족하지 못한다.

① [○] 법조경합은 1개의 행위가 외관상 여러 개의 죄의 구성요건에 해당하는 것처럼 보이지만 실질적으로는 1죄만을 구성하는 경우를 말하고, 실질적으로 1죄인가 또는 여러 죄인가는 **구성요건적 평가와 보호법익의 측면에서 고찰**하여 판단하여야 한다(대법원 2014.6.12, 2014도1894 최루탄 투척 사건).

③ [○] '불가벌적 수반행위'란 법조경합의 한 형태인 흡수관계에 속하는 것으로서, 행위자가 특정한 죄를 범하면 비록 논리 필연적인 것은 아니지만 일반적 · 전형적으로 다른 구성요건을 충족하고 이때 그 구성요건의 불법이나 책임 내용이 주된 범죄에 비하여 경미하기 때문에 **처벌이 별도로 고려되지 않는 경우를 말한다**(대법원 2012.10.11, 2012도1895 화성택시연합회 사건).

④ [○] 피고인의 일련의 행위가 여러 개의 범죄에 해당되는 것 같지만 그 일련의 행위가 합쳐져서 하나의 사회적 사실관계를 구성하는 경우에 그에 대한 법률적 평가는 하나밖에 성립되지 않는 관계, 즉 **일방의 범죄가 성립되는 때에는 타방의 범죄는 성립할 수 없고, 일방의 범죄가 무죄로 될 경우에만 타방의 범죄가 성립할 수 있는 비양립적인 관계가 있을 수 있다**(대법원 2011.5.13, 2011도1442 사기 또는 횡령 사건)(同旨 대법원 2017.2.15, 2016도15226 사기 또는 배임 사건).

258 죄수와 관련하여 ( ) 안에 들어갈 알맞은 말은? (다툼이 있으면 판례에 의함) [Superlative ★★★]

1 2 3

(1) (㉠)은 1개의 행위가 실질적으로 여러 개의 구성요건을 충족하는 경우를 말하고, (㉡)은 1개의 행위가 외관상 여러 개의 죄의 구성요건에 해당하는 것처럼 보이나 실질적으로 1죄만을 구성하는 경우를 말한다.
(2) 실질적으로 구성요건과 보호법익을 달리하는 수 개의 죄가 법률상 1개의 행위로 평가되는 경우에는 (㉢)이 되고, 수 개의 행위로 평가되는 경우에는 (㉣)이 된다.
(3) 동일 죄명에 해당하는 수 개의 행위를 단일하고 계속된 범의로 일정기간 계속하여 행하고 그 피해법익도 동일한 경우에는 이들 각 행위를 통틀어 (㉤)(으)로 처단하여야 할 것이나, 수 개의 범행에서 범의의 단일성과 계속성이 인정되지 아니하거나 범행방법이 동일하지 않다면 각 범행은 (㉥)에 해당한다.

① ㉠ 상상적 경합 ㉡ 법조경합 ㉢ 포괄일죄 ㉣ 실체적 경합범 ㉤ 포괄일죄 ㉥ 실체적 경합범
② ㉠ 상상적 경합 ㉡ 법조경합 ㉢ 상상적 경합범 ㉣ 실체적 경합범 ㉤ 포괄일죄 ㉥ 실체적 경합범
③ ㉠ 법조경합 ㉡ 상상적 경합 ㉢ 상상적 경합범 ㉣ 실체적 경합범 ㉤ 포괄일죄 ㉥ 실체적 경합범
④ ㉠ 상상적 경합 ㉡ 법조경합 ㉢ 상상적 경합범 ㉣ 실체적 경합범 ㉤ 포괄일죄 ㉥ 상상적 경합범

해설

② 이 지문이 올바른 연결이다.

(1) (㉠ 상상적 경합)은 1개의 행위가 실질적으로 여러 개의 구성요건을 충족하는 경우를 말하고, (㉡ 법조경합)은 1개의 행위가 외관상 여러 개의 죄의 구성요건에 해당하는 것처럼 보이나 실질적으로 1죄만을 구성하는 경우를 말하며, 실질적으로 1죄인가 또는 수 죄인가는 구성요건적 평가와 보호법익의 측면에서 고찰하여 판단하여야 한다(대법원 2014.1.23, 2013도12064).

(2) 실질적으로 구성요건과 보호법익을 달리하는 수개의 죄가 법률상 1개의 행위로 평가되는 경우에는 형법 제40조의 (㉢ 상상적 경합범)이 되고, 수 개의 행위로 평가되는 경우에는 (㉣ 형법 제37조 전단의 경합범=실체적 경합범)이 된다(대법원 2011.12.8, 2011도9242 무자료 경유 사건).

(3) 동일 죄명에 해당하는 수 개의 행위를 단일하고 계속된 범의로 일정기간 계속하여 행하고 그 피해법익도 동일한 경우에는 이들 각 행위를 통틀어 (㉤ 포괄일죄)로 처단하여야 할 것이나, 수 개의 범행에서 범의의 단일성과 계속성이 인정되지 아니하거나 범행방법이 동일하지 않다면 각 범행은 (㉥ 실체적 경합범)에 해당한다(대법원 2013.11.28, 2013도10467 사설 HTS 개설 사건Ⅱ).

정답 | 257 ② 258 ②

259 상습범에 관한 다음 설명 중 옳지 않은 것은? (다툼이 있으면 판례에 의함) [core ★★]

1 2 3

① 상습범이란 어느 기본적 구성요건에 해당하는 행위를 한 자가 그 범죄행위를 반복하여 저지르는 습벽, 즉 상습성이라는 행위자적 속성을 갖추었다고 인정되는 경우에 이를 가중처벌 사유로 삼고 있는 범죄유형을 말한다.

② 상습성이 있는 자가 같은 종류의 죄를 반복하여 저질렀다고 한다면 비록 상습범을 별도의 범죄유형으로 처벌하는 규정이 없더라도 그 죄들을 포괄하여 일죄로 처벌하여야 한다.

③ 동종의 수 개의 행위에 상습성이 인정된다면 그중 형이 중한 죄에 나머지 행위를 포괄시켜 처단하는 것이 상당하고 상습범으로 인정하면서도 실질적인 경합범으로 보아 경합가중함은 위법하다.

④ 상습범은 같은 유형의 범행을 반복수행하는 습벽을 말하는 것인 바, 절도와 강도는 유형을 달리하는 범행이므로 각 별로 상습성의 유무를 가려야 한다.

해설

② [×] 상습성이 있는 자가 같은 종류의 죄를 반복하여 저질렀다 하더라도 상습범을 별도의 범죄유형으로 처벌하는 규정이 없는 한 그 각 죄는 원칙적으로 별개의 범죄로서 경합범으로 처단할 것이다(대법원 2012.5.10, 2011도12131 럭키폴더 사건).

① [○] 상습범이란 어느 기본적 구성요건에 해당하는 행위를 한 자가 그 범죄행위를 반복하여 저지르는 습벽, 즉 상습성이라는 **행위자적 속성을 갖추었다고 인정되는 경우에 이를 가중처벌 사유로 삼고 있는 범죄유형을 말한다**(대법원 2012.5.10, 2011도12131 럭키폴더 사건).

③ [○] 동종의 수 개의 행위에 상습성이 인정된다면 그중 형이 중한 죄에 나머지 행위를 포괄시켜 처단하는 것이 상당하고 상습범으로 인정하면서도 실질적인 **경합범으로 보아 경합가중함은 위법하다**(대법원 1982.9.28, 82도1669).

④ [○] 상습범은 같은 유형의 범행을 반복수행하는 습벽을 말하는 것인 바, **절도와 강도는 유형을 달리하는 범행이므로 각 별로 상습성의 유무를 가려야 한다**(대법원 1990.4.10, 90감도8).

260 상습범에 관한 다음 설명 중 옳지 않은 것은? (다툼이 있으면 판례에 의함) [core ★★]

1 2 3

① 범죄에 있어서의 상습이란 범죄자의 어떤 버릇, 범죄의 경향을 의미하는 것으로서 행위의 본질을 이루는 성질이 아니고 행위자의 특성을 이루는 성질을 의미한다.

② 절도행위의 전과가 여러 번 있었다고 하여 반드시 상습성이 인정된다고 볼 수 없고 그 여러 번의 전과사실과의 관계에서 절도습성의 발현이라고 인정될 수 있는 경우에만 상습성의 인정이 가능하다.

③ 상습성을 인정하는 자료에는 아무런 제한이 없으므로 과거에 소년법에 의한 보호처분을 받은 사실도 상습성 인정의 자료로 삼을 수 있다.

④ 상해죄 및 폭행죄의 상습범에 관한 형법 제264조에서 말하는 '상습'이란 제257조, 제258조, 제258조의 2, 제260조 또는 제261조에 열거된 상해 내지 폭행행위의 습벽을 말하지만, 위 규정에 열거되지 아니한 다른 유형의 범죄까지 고려하여 그 상습성의 유무를 결정할 수도 있다.

해설

④ [×] 상해죄 및 폭행죄의 상습범에 관한 형법 제264조에서 말하는 '상습'이란 제257조, 제258조, 제258조의2, 제260조 또는 제261조에 열거된 상해 내지 폭행행위의 습벽을 말하는 것이므로, 위 규정에 열거되지 아니한 다른 유형의 범죄까지 고려하여 상습성의 유무를 결정하여서는 아니 된다(대법원 2018.4.24, 2017도21663). 제264조의 '상습성' 유무를 판단할 때 상해나 폭행이 아닌 다른 범죄 예를 들어 주거침입이나 손괴의 전과나 습벽까지 고려해서는 안 된다는 취지의 판례이다.

① [○] 범죄에 있어서의 상습이란 범죄자의 어떤 버릇, 범죄의 경향을 의미하는 것으로서 **행위의 본질을 이루는 성질이 아니고 행위자의 특성을 이루는 성질을 의미한다**(대법원 2006.5.11, 2004도6176 7급공무원 부부싸움 사건).

② [○] 절도행위의 전과가 여러 번 있었다고 하여 반드시 상습성이 인정된다고 볼 수 없고 그 여러 번의 전과사실과의 관계에서 절도습성의 발현이라고 인정될 수 있는 경우에만 **상습성의 인정이 가능하다**(대법원 1984.3.27, 84도69).

③ [○] 상습성을 인정하는 자료에는 아무런 제한이 없으므로 과거에 **소년법에 의한 보호처분을 받은 사실도 상습성 인정의 자료로 삼을 수 있다**(대법원 1990.6.26, 90도887).

261 죄수와 관련하여 (　　) 안에 들어갈 알맞은 말은? (다툼이 있으면 판례에 의함) [Superlative ★★★]

1 2 3

> 부진정결과적 가중범에 있어서, 고의로 중한 결과를 발생하게 한 행위가 별도의 구성요건에 해당하고 그 고의범에 대하여 결과적 가중범에 정한 형보다 더 무겁게 처벌하는 규정이 있는 경우에는 그 고의범과 결과적 가중범이 (㉠)에 있지만, 고의범에 대하여 더 무겁게 처벌하는 규정이 없는 경우에는 결과적 가중범이 고의범에 대하여 (㉡)에 있다고 해석되므로 결과적 가중범만 성립하고 고의범에 대하여는 별도로 죄를 구성한다고 볼 수 없다.

① ㉠ 상상적 경합관계 ㉡ 특별관계
② ㉠ 실체적 경합관계 ㉡ 특별관계
③ ㉠ 상상적 경합관계 ㉡ 흡수관계
④ ㉠ 상상적 경합관계 ㉡ 포괄일죄의 관계

해설

① 이 지문이 올바른 연결이다.
부진정결과적 가중범에 있어서, 고의로 중한 결과를 발생하게 한 행위가 별도의 구성요건에 해당하고 그 고의범에 대하여 결과적 가중범에 정한 형보다 더 무겁게 처벌하는 규정이 있는 경우에는 그 고의범과 결과적 가중범이 (㉠ 상상적 경합관계)에 있지만, 고의범에 대하여 더 무겁게 처벌하는 규정이 없는 경우에는 결과적 가중범이 고의범에 대하여 (㉡ 특별관계)에 있다고 해석되므로 결과적 가중범만 성립하고 이와 법조경합의 관계에 있는 고의범에 대하여는 별도로 죄를 구성한다고 볼 수 없다(대법원 2008.11.27, 2008도7311 음주단속경찰관 치상 사건).

정답 | 259 ② 260 ④ 261 ①

262 죄수에 관한 다음 설명 중 옳지 않은 것은? (다툼이 있으면 판례에 의함) [Essential ★]

1 2 3

① 감금을 하기 위한 수단으로서 행사된 단순한 협박행위는 감금죄에 흡수되어 따로 협박죄를 구성하지 아니한다.

② 1개의 행위에 관하여 사기죄와 업무상배임죄의 각 구성요건이 모두 구비된 때에는 양 죄를 법조경합관계로 볼 것이 아니라 상상적 경합관계로 보아야 한다.

③ 명예훼손죄와 공직선거법 제251조의 후보자비방죄는 보호법익과 구성요건의 내용이 서로 다른 별개의 범죄로서 상상적 경합의 관계에 있다.

④ 아동 · 청소년이용음란물을 제작한 자가 그 음란물을 소지하게 되는 경우 청소년성보호법 위반(음란물소지)죄와 별도로 청소년성보호법 위반(음란물제작 · 배포등)죄가 성립한다.

해설

④ [×] 아동 · 청소년이용음란물을 제작한 자가 그 음란물을 소지하게 되는 경우 청소년성보호법 위반(음란물소지)죄는 청소년성보호법 위반(음란물제작 · 배포등)죄에 흡수된다고 봄이 타당하다. 다만 아동 · 청소년이용음란물을 제작한 자가 제작에 수반된 소지행위를 벗어나 사회통념상 새로운 소지가 있었다고 평가할 수 있는 별도의 소지행위를 개시하였다면 이는 청소년성보호법 위반(음란물제작 · 배포등)죄와 별개의 청소년성보호법 위반(음란물소지)죄에 해당한다(대법원 2021.7.8, 2021도2993 음란물 제작 및 소지 사건).

① [O] 감금을 하기 위한 수단으로서 행사된 단순한 **협박행위는 감금죄에 흡수되어 따로 협박죄를 구성하지 아니한다**(대법원 1982.6.22, 82도705 망우리 공동묘지까지 사건).

② [O] 1개의 행위에 관하여 사기죄와 업무상배임죄의 각 구성요건이 모두 구비된 때에는 양 죄를 법조경합관계로 볼 것이 아니라 **상상적 경합관계**로 보아야 하고, 나아가 업무상배임죄가 아닌 단순배임죄라고 하여 양 죄의 관계를 달리 보아야 할 이유도 없다(대법원 2002.7.18, 2002도669 全合 배사배사 사건).

③ [O] 명예훼손죄와 공직선거법 제251조의 후보자비방죄는 보호법익과 구성요건의 내용이 서로 다른 별개의 범죄로서 **상상적 경합**의 관계에 있다(대법원 1998.3.24, 97도2956 동작구청장 사건).

263 다음 중 밑줄 친 부분이 불가벌적 사후행위가 되는 것은 모두 몇 개인가? (다툼이 있으면 판례에 의함)

1 2 3

[core ★★]

㉠ 피고인이 절취한 대마를 흡입할 목적으로 소지한 경우
㉡ 피고인이 자동차를 절취한 후 자동차등록번호판을 떼어낸 경우
㉢ 피고인이 열차승차권을 절취한 후 그 매입금액을 환불받은 경우
㉣ 피고인이 신용카드를 절취한 후 물품을 구입하는 데 이를 사용한 경우

① 0개 ② 1개

③ 2개 ④ 3개

해설

② ⓒ 항목만 불가벌적 사후행위이다.
ⓐ 별도로 무허가대마소지죄가 성립한다(대법원 1999.4.13, 98도3619 대마 절취 사건).
ⓑ 별도로 자동차관리법위반죄가 성립한다(대법원 2007.9.6, 2007도4739).
ⓒ 열차승차권은 그 자체에 권리가 화체되어 있는 무기명증권이므로 이를 사용하여 승차하거나 권면가액으로 양도할 수 있고 매입금액의 환불을 받을 수 있는 것으로서, 열차승차권을 절취한 자가 환불을 받음에 있어 비록 기망행위가 수반한다 하더라도 절도죄 외에 따로 사기죄가 성립하지 아니한다(대법원 1975.8.29, 75도1996 열차승차권 사건).
ⓓ 별도로 신용카드부정사용죄가 성립한다(대법원 1996.7.12, 96도1181 BC카드 7번결제 사건).

264 다음 중 밑줄 친 부분이 불가벌적 사후행위가 되는 것은 모두 몇 개인가? (다툼이 있으면 판례에 의함)

1 2 3

[core ★★]

ㄱ 피고인이 영업비밀이 담겨 있는 CD를 절취한 후 <u>그 영업비밀을 사용한 경우</u>
ㄴ 피고인이 절취한 장물을 자기 것인 양 <u>제3자를 기망하여 금원을 편취한 경우</u>
ㄷ 피고인이 절취한 자기앞수표를 <u>음식대금으로 교부하고 거스름돈을 환불받은 경우</u>
ㄹ 피고인이 절취한 전당표를 제3자에게 교부하면서 자기 누님의 것이니 찾아 달라고 거짓말을 하여 이를 믿은 제3자가 <u>전당표를 제시하여 전당물을 교부받은 경우</u>

① 0개 ② 1개
③ 2개 ④ 3개

해설

② ⓒ 항목만 불가벌적 사후행위이다.
ⓐ 별도로 부정경쟁방지법위반죄가 성립한다(대법원 2008.9.11, 2008도5364 단가리스트 CD 사건).
ⓑ 별도로 사기죄가 성립한다(대법원 1980.11.25, 80도2310).
ⓒ 자기앞수표는 그 액면금을 즉시 지급받을 수 있어 현금에 대신하는 기능을 하고 있으므로 절취한 자기앞수표를 현금 대신으로 교부한 행위는 절도행위에 대한 가벌적 평가에 당연히 포함되는 것으로 봄이 상당하다 할 것이므로, 절취한 자기앞수표를 음식대금으로 교부하고 거스름돈을 환불받은 행위는 절도의 불가벌적 사후처분행위로서 사기죄가 되지 아니한다(대법원 1987.1.20, 86도1728).
ⓓ 별도로 사기죄가 성립한다(대법원 1980.10.14, 80도2155 전당표 사건).

정답 | 262 ④ 263 ② 264 ②

265 다음 중 밑줄 친 부분이 불가벌적 사후행위가 되는 것을 모두 고른 것은? (다툼이 있으면 판례에 의함)

1 2 3

[core ★★]

> ㉠ 피고인이 절취한 은행예금통장을 이용하여 은행원을 기망해서 진실한 명의인이 예금을 찾는 것으로 오신시켜 예금을 편취한 경우
>
> ㉡ 피고인이 강취한 은행예금통장을 이용하여 은행직원을 기망하여 진실한 명의인이 예금의 환급을 청구하는 것으로 오신시켜 예금을 환급받은 경우
>
> ㉢ 피고인이 예금통장과 인장을 갈취한 후 예금 인출에 관한 사문서를 위조한 후 이를 행사하여 예금을 인출한 경우

① 없음　　② ㉠

③ ㉡　　④ ㉠㉢

해설

① 모든 항목이 불가벌적 사후행위가 아니다.

㉠ 별도로 사기죄가 성립한다(대법원 1974.11.26, 74도2817). 사문서위조 및 동행사죄도 성립할 수 있고, 이는 ㉡㉢ 항목도 마찬가지이다.

㉡ 별도로 사기죄가 성립한다(대법원 1990.7.10, 90도1176).

㉢ 별도로 사기죄가 성립한다(대법원 1979.10.30, 79도489).

266 다음 중 밑줄 친 부분을 별도의 범죄로서 처벌할 수 있는 것은 모두 몇 개인가? (다툼이 있으면 판례에 의함)

1 2 3 [core ★★]

> ㉠ 피고인이 강취한 현금카드를 사용하여 현금자동지급기에서 예금을 인출한 경우
> ㉡ 피고인이 강취한 신용카드를 가지고 가맹점의 점주로부터 주류 등을 제공받은 경우
> ㉢ 피고인이 현금카드 소유자로부터 카드를 편취한 다음 현금자동지급기에서 예금을 여러 번 인출한 경우
> ㉣ 피고인이 현금카드 소유자를 협박하여 카드를 갈취한 다음 현금자동지급기에서 현금을 인출한 경우

① 0개 ② 1개

③ 2개 ④ 3개

해설

③ ㉠㉡ 2항목의 경우 별도의 범죄로 처벌할 수 있다.

㉠ 강취한 현금카드를 사용하여 현금자동지급기에서 예금을 인출한 행위는 피해자의 승낙에 기한 것이라고 할 수 없으므로 현금자동지급기 관리자의 의사에 반하여 그의 지배를 배제하고 그 현금을 자기의 지배하에 옮겨 놓는 것이 되어서 강도죄와는 별도로 절도죄를 구성한다(대법원 2007.5.10, 2007도1375 강취 현금카드 사건).

㉡ 피고인이 강취한 신용카드를 가지고 가맹점의 점주를 속이고 점주로부터 주류 등을 제공받아 이를 취득한 것이라면 신용카드부정사용죄와 별도로 사기죄가 성립한다(대법원 1997.1.21, 96도2715 강취 신용카드 술집결제 사건).

㉢ 현금카드 소유자로부터 카드를 편취하여 예금인출의 승낙을 받고 현금자동지급기에서 예금을 여러 번 인출한 행위들은 모두 현금카드 소유자의 예금을 편취하고자 하는 피고인의 단일하고 계속된 범의 아래에서 이루어진 일련의 행위로서 포괄하여 하나의 사기죄를 구성한다고 볼 것이지, 현금자동지급기에서 카드 소유자의 예금을 인출, 취득한 행위를 현금카드 편취행위와 분리하여 따로 절도죄로 처단할 수는 없다(대법원 2005.9.30, 2005도5869 혼인빙자 사기 사건).

㉣ 현금카드 소유자를 협박하여 카드를 갈취한 다음 피해자의 승낙에 의하여 현금카드를 사용할 권한을 부여받아 현금자동지급기에서 현금을 인출한 행위는 모두 피해자의 예금을 갈취하고자 하는 피고인의 단일하고 계속된 범의 아래에서 이루어진 일련의 행위로서 포괄하여 하나의 공갈죄를 구성하므로, 현금자동지급기에서 피해자의 예금을 인출한 행위를 현금카드 갈취행위와 분리하여 따로 절도죄로 처단할 수는 없다(대법원 1996.9.20, 95도1728 갈취 현금카드 사건).

정답 | 265 ① 266 ③

267 다음 중 밑줄 친 부분이 불가벌적 사후행위가 되는 것은 모두 몇 개인가? (다툼이 있으면 판례에 의함)

1 2 3

[Superlative ★★★]

> ㉠ 공동의 사기범행으로 인하여 얻은 돈을 공범자끼리 수수한 경우
> ㉡ 피고인이 약속어음을 편취한 후 제3자에게 그 편취사실을 숨기고 어음을 할인받은 경우
> ㉢ 전기통신금융사기(이른바 보이스피싱 범죄)를 범한 범인이 사기이용계좌에서 현금을 인출한 경우
> ㉣ 피고인이 피해자를 기망하여 약속어음을 교부받은 후, 이를 피해자에 대한 피고인의 채권의 충당한 경우
> ㉤ 대표이사인 피고인이 회사의 상가분양 사업을 수행하면서 수분양자들을 기망하여 편취한 분양대금을 보관하던 중 이를 횡령한 경우

① 1개 ② 2개

③ 3개 ④ 4개

해설

③ ㉠㉢㉣ 3항목이 불가벌적 사후행위이다.

㉠ 공동의 사기범행으로 인하여 얻은 돈을 공범자끼리 수수한 행위가 공동정범들 사이의 그 범행에 의하여 취득한 돈이나 재산상 이익의 내부적인 분배행위에 지나지 않는 것이라면 그 돈의 수수행위가 따로 배임수증재죄를 구성한다고 볼 수는 없다(대법원 2016.5.24, 2015도18795).

㉡ 제3자에게 편취사실을 숨기고 할인받는 행위는 당초의 어음 편취와는 별개의 새로운 법익을 침해하는 행위로서 새로운 사기죄를 구성한다(대법원 2005.9.30, 2005도5236).

㉢ 전기통신금융사기(이른바 보이스피싱 범죄)의 범인이 피해자의 자금을 점유하고 있다고 하여 피해자와의 어떠한 위탁관계나 신임관계가 존재한다고 볼 수 없을 뿐만 아니라, 사기이용계좌에서 현금을 인출하였다고 하더라도 이는 이미 성립한 사기범행이 예정하고 있던 행위에 지나지 아니하여 새로운 법익을 침해한다고 보기도 어려우므로, 위와 같은 인출행위는 사기의 피해자에 대하여 별도의 횡령죄를 구성하지 아니한다. 이러한 법리는 사기범행에 이용되리라는 사정을 알고서 자신 명의 계좌의 접근매체를 양도함으로써 사기범행을 방조한 종범이 사기이용계좌로 송금된 피해자의 자금을 임의로 인출한 경우에도 마찬가지로 적용된다(대법원 2017.5.31, 2017도3894 보이스피싱 사건Ⅱ)(同旨 대법원 2017.5.31, 2017도3045 보이스피싱 사건Ⅰ).

㉣ 피해자에 대한 채권의 변제에 충당하였다 하더라도 불가벌적 사후행위가 됨에 그칠 뿐, 별도로 횡령죄를 구성하지 않는다(대법원 1983.4.26, 82도3079).

㉤ 대표이사가 회사의 상가분양 사업을 수행하면서 수분양자들을 기망하여 편취한 분양대금은 회사의 소유로 귀속되는 것이므로 대표이사가 그 분양대금을 횡령하는 것은 회사를 피해자로 하는 별도의 횡령죄가 성립한다(대법원 2005.4.29, 2005도741 굿모닝시티 사건).

268 다음 중 밑줄 친 부분이 불가벌적 사후행위가 되는 것을 모두 고른 것은? (다툼이 있으면 판례에 의함)

1 2 3

[core ★★]

> ㉠ 사기죄의 피고인이 피해자에게 대가를 지급한 후, 피해자를 기망하여 그 대가를 다시 편취하거나 피해자로부터 그 대가를 위탁받아 보관 중 횡령한 경우
>
> ㉡ 주식회사의 대표이사인 피고인이 타인을 기망하여 회사가 발행하는 신주를 인수하게 한 다음, 그로부터 납입받은 신주인수대금을 보관하던 중 이를 횡령한 경우
>
> ㉢ 종친회 회장인 피고인이 위조한 종친회 규약 등을 공탁관에게 제출하는 방법으로 종친회를 피공탁자로 하여 공탁된 수용보상금을 출금받아 편취한 후, 종친회에 대하여 그 공탁금 반환을 거부한 경우

① 없음
② ㉢
③ ㉠㉢
④ ㉠㉡㉢

해설

② ㉢ 항목만 불가벌적 사후행위이다.

㉠ 이는 새로운 법익의 침해가 발생한 경우라고 할 것이어서 기존에 성립한 사기죄와는 별도의 새로운 사기죄나 횡령죄가 성립한다(대법원 2009.10.29, 2009도7052 현대금속 게임기 사건).

㉡ 주식회사의 대표이사가 납입받은 신주인수대금을 보관하던 중 횡령한 행위는 전혀 다른 새로운 보호법익을 침해하는 행위로서 별죄를 구성한다(대법원 2006.10.27, 2004도6503).

㉢ 종친회 회장인 피고인이 위조한 종친회 규약 등을 공탁관에게 제출하는 방법으로 종친회를 피공탁자로 하여 공탁된 수용보상금을 출금받아 편취한 경우 종친회를 피해자로 한 사기죄가 성립하고, 그 후 종친회에 대하여 공탁금 반환을 거부한 행위는 새로운 법익의 침해를 수반하지 않는 불가벌적 사후행위에 해당할 뿐 별도의 횡령죄가 성립하지 않는다(대법원 2015.9.10, 2015도8592 종친회 수용보상금 편취 사건).

정답 | 267 ③ 268 ②

269 다음 중 밑줄 친 부분이 불가벌적 사후행위가 되는 것은 모두 몇 개인가? 모두 부동산 실권리자명의 등기에 관한 법률에 위반되지 않는 유효한 명의신탁임을 전제로 한다. (다툼이 있으면 판례에 의함)

1 2 3

[Superlative ★★★]

㉠ 타인의 부동산을 보관 중인 피고인이 그 부동산에 근저당권설정등기를 경료한 후, 해당 부동산을 매각한 경우

㉡ 타인의 부동산을 보관 중인 피고인이 그 부동산에 근저당권설정등기를 경료한 후, 같은 부동산에 별개의 근저당권을 설정해 준 경우

㉢ 명의수탁자인 피고인이 신탁받은 부동산의 일부에 대한 토지수용보상금 중 일부를 소비하고, 이어 수용되지 않은 나머지 부동산 전체에 대한 반환을 거부한 경우

㉣ 피고인이 명의신탁받아 보관 중이던 토지를 임의로 매각하여 이를 횡령한 후 그 매각대금을 이용하여 다른 토지를 취득하였다가 이를 제3자에게 담보로 제공한 경우

㉤ 공동상속인 중 1인인 피고인이 상속재산인 임야를 보관 중 다른 상속인들로부터 매도 후 분배 또는 소유권 이전등기를 요구받고도 그 반환을 거부한 후, 그 임야에 관하여 제3자 앞으로 근저당권설정등기를 경료해 준 경우

① 1개 ② 2개

③ 3개 ④ 4개

해설

② ㉣㉤ 2항목이 불가벌적 사후행위이다.

※ (1) 횡령죄는 다른 사람의 재물에 관한 소유권 등 본권을 그 보호법익으로 하고 그 법익침해의 위험이 있으면 그 침해의 결과가 발생되지 아니하더라도 성립하는 위험범이다. (2) 그리고 일단 특정한 처분행위(선행 처분행위)로 인하여 법익침해의 위험이 발생함으로써 횡령죄가 기수에 이른 후 종국적인 법익침해의 결과가 발생하기 전에 새로운 처분행위(후행 처분행위)가 이루어졌을 때 후행 처분행위가 선행 처분행위에 의하여 발생한 위험을 현실적인 법익침해로 완성하는 수단에 불과하거나 그 과정에서 당연히 예상될 수 있는 것으로서 새로운 위험을 추가하는 것이 아니라면 후행 처분행위에 의해 발생한 위험은 선행 처분행위에 의하여 이미 성립된 횡령죄에 의해 평가된 위험에 포함되는 것이므로 후행 처분행위는 이른바 불가벌적 사후행위에 해당한다. (3) 그러나 후행 처분행위가 이를 넘어서서, 선행 처분행위로 예상할 수 없는 새로운 위험을 추가함으로써 법익침해에 대한 위험을 증가시키거나 선행 처분행위와는 무관한 방법으로 법익침해의 결과를 발생시키는 경우라면, 이는 선행 처분행위에 의하여 이미 성립된 횡령죄에 의해 평가된 위험의 범위를 벗어나는 것이므로 특별한 사정이 없는 한 별도로 횡령죄를 구성한다(대법원 2013.2.21, 2010도10500 全合 종중회의 총무 횡령 사건).

㉠ 근저당권으로 인해 당연히 예상될 수 있는 범위를 넘어 새로운 법익침해의 위험을 추가시키거나 법익침해의 결과를 발생시킨 것이므로 불가벌적 사후행위로 볼 수 없고 별도로 횡령죄를 구성한다(대법원 2013.2.21, 2010도10500 全合 종중회의 총무 횡령 사건).

㉡ 근저당권으로 인해 당연히 예상될 수 있는 범위를 넘어 새로운 법익침해의 위험을 추가시키거나 법익침해의 결과를 발생시킨 것이므로 특별한 사정이 없는 한 불가벌적 사후행위로 볼 수 없고, 별도로 횡령죄를 구성한다(대법원 2015.1.29, 2014도12022).

㉢ 금원 횡령죄가 성립된 이후에 수용되지 않은 나머지 부동산 전체에 대한 반환을 거부한 것은 새로운 법익의 침해가 있는 것으로서 별개의 횡령죄가 성립한다(대법원 2001.11.27, 2000도3463).

㉣ 피고인이 명의신탁받아 보관 중이던 토지를 임의로 매각하여 이를 횡령한 경우에 그 매각대금을 이용하여 다른 토지를 취득하였다가 이를 제3자에게 담보로 제공하였다고 하더라도 이는 횡령한 물건을 처분한 대가로 취득한 물건을 이용한 것에 불과할 뿐이어서 명의신탁 토지에 대한 횡령죄와 별개의 횡령죄를 구성하지 않는다(대법원 2006.10.13, 2006도4034).

㉤ 임야에 관하여 다시 제3자 앞으로 근저당권설정등기를 경료해 준 행위는 불가벌적 사후행위로서 별도의 횡령죄를 구성하지 않는다(대법원 2010.2.25, 2010도93 반환거부후 근저당 사건).

270 다음 중 밑줄 친 부분이 불가벌적 사후행위가 되는 것은 모두 몇 개인가? (다툼이 있으면 판례에 의함)

1 2 3

[Superlative ★★★]

㉠ 1인 회사의 주주인 피고인이 자신의 개인채무를 담보하기 위하여 회사 소유의 부동산에 대하여 근저당권 설정등기를 마쳐 주어 배임죄가 성립한 이후에 그 부동산에 대하여 새로운 담보권을 설정해 준 경우

㉡ 주식회사 대표이사인 피고인 甲이 자신의 채권자 乙에게 차용금에 대한 담보로 회사 명의 정기예금에 질권을 설정해 준 후, 乙이 피고인 甲의 동의하에 정기예금 계좌에 입금되어 있던 회사 자금을 전액 인출한 경우

㉢ 금융기관의 임직원인 피고인이 대출상대방과 공모하여 대출상대방에게 담보로 제공되는 부동산의 담보가치보다 훨씬 초과하는 금원을 대출하여 주고 대출금 중 일부를 되돌려 받기로 한 다음 그에 따라 약정된 금품을 수수한 경우

㉣ 회사에 대한 관계에서 타인의 사무를 처리하는 피고인이 회사로 하여금 자신의 채무에 관하여 연대보증채무를 부담하게 함으로써 배임죄가 성립한 다음, 회사의 금전을 보관하는 자의 지위에서 회사의 자금을 임의로 인출한 후 개인채무의 변제에 사용한 경우

㉤ 회사에 대한 관계에서 타인의 사무를 처리하는 피고인이 회사로 하여금 회사가 펀드 운영사에 지급하여야 할 펀드출자금을 정해진 시점보다 선지급하도록 하여 배임죄를 범한 다음, 그와 같이 선지급된 펀드출자금을 보관하는 자와 공모하여 펀드출자금을 임의로 인출한 후 자신의 투자금으로 사용하기 위하여 임의로 송금한 경우

① 1개
② 2개
③ 3개
④ 4개

해설

② ㉡㉢ 2항목이 불가벌적 사후행위이다.

㉠ 부동산에 대하여 새로운 담보권을 설정해 주는 행위는 선순위 근저당권의 담보가치를 공제한 나머지 담보가치 상당의 재산상 이익을 침해하는 행위로서 별도의 배임죄가 성립한다(대법원 2005.10.28, 2005도4915).

㉡ 피고인의 예금인출 동의행위는 이미 배임행위로써 이루어진 질권설정행위의 사후조처에 불과하여 불가벌적 사후행위에 해당하고 따라서 별도의 횡령죄를 구성하지 않는다(대법원 2012.11.29, 2012도10980 예금통장 질권 사건).

㉢ 약정된 금품을 수수하는 것은 부실대출로 인한 업무상배임죄의 공동정범들 사이의 내부적인 이익분배에 불과한 것이고, 별도로 그러한 금품 수수행위에 관하여 특경법 위반(수재등)죄가 성립하는 것은 아니다(대법원 2013.10.24, 2013도7201 한주저축은행 사건).

㉣ 피고인이 회사의 금전을 보관하는 자의 지위에서 회사의 자금을 임의로 인출한 후 개인채무의 변제에 사용한 행위는 연대보증채무 부담으로 인한 배임죄와 다른 새로운 보호법익을 침해하는 행위로서 배임 범행의 불가벌적 사후행위가 되는 것이 아니라 별죄인 횡령죄를 구성한다고 보아야 하며, 횡령행위로 인출한 자금이 선행 임무위배행위로 인하여 회사가 부담하게 된 연대보증채무의 변제에 사용되었다 하더라도 달리 볼 것은 아니다(대법원 2011.4.14, 2011도277).

㉤ 선지급된 펀드출자금을 보관하는 자와 공모하여 펀드출자금을 임의로 인출한 후 자신의 투자금으로 사용하기 위하여 임의로 송금하도록 한 행위는 펀드출자금 선지급으로 인한 배임죄와는 다른 새로운 보호법익을 침해하는 행위로서 배임 범행의 불가벌적 사후행위가 되는 것이 아니라 별죄로서 횡령죄를 구성한다(대법원 2014.12.11, 2014도10036 김원홍 SK횡령 가담 사건).

정답 | 269 ② 270 ②

271 다음 중 밑줄 친 부분이 불가벌적 사후행위가 되는 것을 모두 고른 것은? (다툼이 있으면 판례에 의함)

1 2 3

[core ★★]

> ㉠ 피고인이 장물을 취득한 후 마치 장물이 아닌 것처럼 매수인을 기망하여 이를 매도한 경우
> ㉡ 절도범인으로부터 장물보관 의뢰를 받은 피고인이 이를 인도받아 보관하고 있다가 임의로 처분한 경우
> ㉢ 피고인이 절도범인으로부터 정을 알면서 자기앞수표를 교부받아 이를 음식대금으로 지급하고 거스름돈을 환불받은 경우

① 없음　　② ㉢
③ ㉡㉢　　④ ㉠㉡㉢

해설

③ ㉡㉢ 2항목이 불가벌적 사후행위이다.

㉠ 매수인에 대한 기망행위는 새로운 법익의 침해로 보아야 하므로, 위와 같은 기망행위가 장물취득 범행의 불가벌적 사후행위가 되는 것은 아니다(대법원 2011.4.28, 2010도15350 횡령 자동차 밀수 사건).

㉡ 장물보관죄가 성립하는 때에는 이미 그 소유자의 소유물 추구권을 침해하였으므로 그 후의 횡령행위는 불가벌적 사후행위에 불과하여 별도로 횡령죄가 성립하지 않는다(대법원 2004.4.9, 2003도8219 고려청자 사건).

㉢ 자기앞수표는 그 액면금을 즉시 지급받을 수 있는 점에서 현금에 대신하는 기능을 가지고 있어서 장물인 자기앞수표를 취득한 후 이를 현금 대신 교부한 행위는 장물취득에 대한 가벌적 평가에 당연히 포함되는 불가벌적 사후행위로서 별도의 범죄를 구성하지 아니한다(대법원 1993.11.23, 93도213).

272 죄수에 관한 다음 설명 중 옳지 않은 것을 모두 고른 것은? (다툼이 있으면 판례에 의함) [core ★★]

1 2 3

> ㉠ 살해의 목적으로 일시·장소를 달리하여 수차에 걸쳐 예비행위를 하거나 공격을 가하였으나 미수에 그치다가 드디어 그 목적을 달성한 경우에는 살인예비 내지 미수죄와 살인기수죄의 경합범으로 처단하여야 한다.
> ㉡ 피고인이 단일한 범의로 동일한 장소에서 동일한 방법으로 시간적으로 접착된 상황에서 처와 자식들을 살해하였다고 하더라도 휴대하고 있던 권총에 실탄 6발을 장전하여 처와 자식들의 머리에 각기 1발씩 순차로 발사하여 살해하였다면 피해자들의 수에 따라 수 개의 살인죄를 구성한다.
> ㉢ 피고인이 생활고에 못 이겨 가족을 모두 죽이고 자신도 자살할 생각으로 쇠망치로 잠자고 있는 피고인의 처 A, 장녀 B, 장남 C의 차례로 머리를 강타하여 즉사하게 한 경우, 동일한 장소에서 동일한 방법에 의하여 시간적으로 접착된 행위라고 하더라도 이를 포괄적인 일죄라고는 할 수 없다.

① 없음　　② ㉠
③ ㉡㉢　　④ ㉠㉡㉢

해설

② ㉠ 항목만 옳지 않다.

㉠ [×] 살해의 목적을 달성할 때까지의 행위는 모두 실행행위의 일부로서 이를 포괄적으로 보고 단순한 한 개의 살인기수죄로 처단할 것이지 살인예비 내지 미수죄와 동 기수죄의 경합죄로 처단할 수는 없다(대법원 1965.9.28, 65도695 친형 살해 사건).

㉡ [○] 피해자들의 수에 따라 **수 개의 살인죄를 구성한다**(대법원 1991.8.27, 91도1637 강현태 경장 사건).

㉢ [○] 동일한 장소에서 동일한 방법에 의하여 시간적으로 접착된 행위라고 하더라도 이를 **포괄적인 일죄라고는 할 수 없다**(대법원 1969.12.30, 69도2062 생활고비관 가족 살해 사건).

273 1 2 3 죄수에 관한 다음 설명 중 옳지 않은 것은 모두 몇 개인가? (다툼이 있으면 판례에 의함) [core ★★]

㉠ 두 사람에 대하여 각기 칼을 휘둘러 한 사람을 사망에 이르게 하고 또 한 사람에 대하여는 상처를 입게 한 경우에는 상해치사죄와 상해죄의 두 죄가 성립한다.

㉡ 상해를 입힌 행위가 동일한 일시, 장소에서 동일한 목적으로 저질러진 것이라 하더라도 피해자를 달리하고 있으면 피해자별로 각각 별개의 상해죄를 구성한다.

㉢ 단순폭행, 존속폭행의 범행이 동일한 폭행 습벽의 발현에 의한 것으로 인정되는 경우, 그중 법정형이 더 중한 상습존속폭행죄에 나머지 행위를 포괄하여 하나의 죄만이 성립한다.

㉣ 직계존속인 피해자를 폭행하고, 상해를 가한 것이 존속에 대한 동일한 폭력습벽의 발현에 의한 것으로 인정되는 경우, 그중 법정형이 중한 상습존속상해죄에 나머지 행위들을 포괄시켜 하나의 죄만이 성립한다.

① 0개　　② 1개

③ 2개　　④ 3개

해설

① 모든 항목이 옳다.

㉠ 두 사람에 대하여 각기 칼을 휘둘러 한 사람을 사망에 이르게 하고 또 한 사람에 대하여는 상처를 입게 한 경우에는 상해치사죄와 상해죄의 두 죄가 성립한다(대법원 1981.5.26, 81도811).

㉡ 상해를 입힌 행위가 동일한 일시, 장소에서 동일한 목적으로 저질러진 것이라 하더라도 피해자를 달리하고 있으면 피해자별로 각각 별개의 상해죄를 구성한다(대법원 1983.4.26, 83도524).

㉢ 단순폭행, 존속폭행의 범행이 동일한 폭행 습벽의 발현에 의한 것으로 인정되는 경우, 그중 법정형이 더 중한 상습존속폭행죄에 나머지 행위를 포괄하여 하나의 죄만이 성립한다(대법원 2018.4.24, 2017도10956 계부 친모 폭행 사건).

㉣ 직계존속인 피해자를 폭행하고, 상해를 가한 것이 존속에 대한 동일한 폭력습벽의 발현에 의한 것으로 인정되는 경우, 그중 법정형이 중한 상습존속상해죄에 나머지 행위들을 포괄시켜 하나의 죄만이 성립한다(대법원 2003.2.28, 2002도7335 망나니 아들 사건 I).

정답 | 271 ③　272 ②　273 ①

274 죄수에 관한 다음 설명 중 옳지 않은 것을 모두 고른 것은? (다툼이 있으면 판례에 의함) [core ★★]

1 2 3

> ㉠ 공갈죄의 수단으로서 한 협박은 공갈죄에 흡수될 뿐 별도로 협박죄를 구성하지 않는다.
> ㉡ 도박행위가 공갈죄의 수단이 되었다 하여 그 도박행위가 공갈죄에 흡수되어 별도의 범죄를 구성하지 않는다고 할 수 없다.
> ㉢ 업무방해의 과정에서 행하여진 재물손괴나 손괴의 행위는 이른바 '불가벌적 수반행위'에 해당하여 업무방해죄만 성립할 뿐 별도의 손괴죄는 성립하지 아니한다.

① 없음
② ㉢
③ ㉡㉢
④ ㉠㉡㉢

해설

② ㉢ 항목만 옳지 않다.

㉠ [O] 공갈죄의 수단으로서 한 협박은 **공갈죄에 흡수될 뿐 별도로 협박죄를 구성하지 않는다**(대법원 1996.9.24, 96도2151).

㉡ [O] 공갈죄와 도박죄는 그 구성요건과 보호법익을 달리하고 있고, 공갈죄의 성립에 일반적·전형적으로 도박행위를 수반하는 것은 아니며, 도박행위가 공갈죄에 비하여 별도로 고려되지 않을 만큼 경미한 것이라고 할 수도 없으므로 도박행위가 공갈죄의 수단이 되었다 하여 그 **도박행위가 공갈죄에 흡수되어 별도의 범죄를 구성하지 않는다고 할 수 없다**(대법원 2014.3.13, 2014도212). 실체적 경합관계

㉢ [X] 업무방해의 과정에서 행하여진 재물손괴나 손괴의 행위가 업무방해의 죄에 대하여 별도로 고려되지 않을 만큼 경미한 것이라고 할 수 없고, 그들 행위가 이른바 '불가벌적 수반행위'에 해당하여 처벌대상이 되지 않는다고 할 수 없다(대법원 2009.10.29, 2009도10340).

275 죄수에 관한 다음 설명 중 옳지 않은 것은 모두 몇 개인가? (다툼이 있으면 판례에 의함) [core ★★]

1 2 3

> ㉠ 피고인의 협박행위가 상해사실과 같은 시간 같은 장소에서 동일한 피해자에게 가해진 경우에는 특별한 사정이 없는 한 상해의 단일범의 하에서 이루어진 하나의 폭언에 불과하여 상해죄에 포함되는 행위라고 봄이 상당하다.
> ㉡ 감금을 하기 위한 수단으로서 행사된 단순한 협박행위는 감금죄에 흡수되어 따로 협박죄를 구성하지 아니한다.
> ㉢ 피해자에 대한 폭행행위가 동일한 피해자에 대한 업무방해죄의 수단이 되었다고 한다면 그러한 폭행행위는 이른바 '불가벌적 수반행위'에 해당하여 업무방해죄만 성립한다.
> ㉣ 피고인이 투자금의 회수를 위해 피해자를 강요하여 물품대금을 횡령하였다는 자인서를 받아낸 뒤 이를 근거로 돈을 갈취한 경우 강요죄와 공갈죄가 각 성립한다.

① 0개
② 1개
③ 2개
④ 3개

해설

③ ⓒⓔ 2항목이 옳지 않다.

㉠ [○] 피고인의 협박행위가 상해사실과 같은 시간 같은 장소에서 동일한 피해자에게 가해진 경우에는 특별한 사정이 없는 한 상해의 단일범의 하에서 이루어진 하나의 폭언에 불과하여 **상해죄에 포함되는 행위라고 봄이 상당하다**(대법원 1976. 12.14, 76도3375).

㉡ [○] 감금을 하기 위한 수단으로서 행사된 **단순한 협박행위는 감금죄에 흡수되어 따로 협박죄를 구성하지 아니한다**(대법원 1982.6.22, 82도705 망우리 공동묘지까지 사건).

㉢ [×] 업무방해죄와 폭행죄는 구성요건과 보호법익을 달리하고 있고, 업무방해죄의 성립에 일반적 · 전형적으로 사람에 대한 폭행행위를 수반하는 것은 아니며, 폭행행위가 업무방해죄에 비하여 별도로 고려되지 않을 만큼 경미한 것이라고 할 수도 없으므로, 설령 피해자에 대한 폭행행위가 동일한 피해자에 대한 업무방해죄의 수단이 되었다고 하더라도 그러한 폭행행위가 이른바 '불가벌적 수반행위'에 해당하여 업무방해죄에 대하여 흡수관계에 있다고 볼 수는 없다(대법원 2012.10.11, 2012도1895 화성택시연합회 사건). 업무방해죄와 폭행죄는 상상적 경합범의 관계에 있다.

㉣ [×] 피고인의 주된 범의가 피해자로부터 돈을 갈취하는 데에 있었던 것이라면 피고인은 단일한 공갈의 범의하에 갈취의 방법으로 일단 자인서를 작성케 한 후 이를 근거로 계속하여 갈취행위를 한 것으로 보아야 할 것이므로 위 행위는 포괄하여 공갈의 일죄만을 구성한다(대법원 1985.6.25, 84도2083 횡령 자인서 사건).

276 죄수에 관한 다음 설명 중 옳지 않은 것은 모두 몇 개인가? (다툼이 있으면 판례에 의함) [core ★★]

1 2 3

㉠ 감금행위가 강간죄나 강도죄의 수단이 된 경우에도 감금죄는 강간죄나 강도죄에 흡수되지 아니하고 별죄를 구성한다.

㉡ 감금행위가 강간미수죄의 목적을 달하려고 일정한 장소에 인치하기 위한 수단이 되었다 하여 감금행위가 강간미수죄에 흡수되어 범죄를 구성하지 않는다고 할 수 없다.

㉢ 미성년자를 유인한 자가 계속하여 미성년자를 불법하게 감금하였을 때에는 포괄하여 미성년자유인죄만 성립한다.

㉣ 감금행위가 단순히 강도상해 범행의 수단이 되는 데 그치지 아니하고 강도상해의 범행이 끝난 뒤에도 계속된 경우에는 강도상해죄와 감금죄는 상상적 경합범의 관계에 있다.

① 0개　　② 1개

③ 2개　　④ 3개

해설

③ ⓒⓔ 2항목이 옳지 않다.

㉠ [○] 감금행위가 강간죄나 강도죄의 수단이 된 경우에도 **감금죄는 강간죄나 강도죄에 흡수되지 아니하고 별죄를 구성한다**(대법원 1997.1.21, 96도2715 강취 신용카드 술집결제 사건). 상상적 경합범으로 해석된다.

㉡ [○] 감금행위가 강간미수죄의 목적을 달하려고 일정한 장소에 인치하기 위한 수단이 되었다 하여 **감금행위가 강간미수죄에 흡수되어 범죄를 구성하지 않는다고 할 수 없다**(대법원 1984.8.21, 84도1550). 상상적 경합범으로 해석된다.

㉢ [×] 미성년자를 유인한 자가 계속하여 미성년자를 불법하게 감금하였을 때에는 미성년자유인죄 이외에 감금죄가 별도로 성립한다(대법원 1998.5.26, 98도1036 완전한 사육 사건).

㉣ [×] 감금행위가 단순히 강도상해 범행의 수단이 되는 데 그치지 아니하고 강도상해의 범행이 끝난 뒤에도 계속된 경우에는 감금죄와 강도상해죄는 형법 제37조의 경합범 관계에 있다(대법원 2003.1.10, 2002도4380 월드컵경기장까지 사건).

정답 | 274 ②　275 ③　276 ③

277 죄수에 관한 다음 설명 중 옳지 않은 것을 모두 고른 것은? (다툼이 있으면 판례에 의함) [Essential ★]

1 2 3

> ㉠ 미성년자의제강간죄 또는 미성년자의제강제추행죄는 행위시마다 1개의 범죄가 성립한다.
> ㉡ 피해자를 위협하여 항거불능케 한 후 1회 간음하고 200m 쯤 오다가 다시 1회 간음한 경우 실체적 경합범에 해당한다.
> ㉢ 피해자를 1회 강간하여 상처를 입게 한 후 약 1시간 후에 장소를 옮겨 같은 피해자를 다시 1회 강간한 행위는 실체적 경합범에 해당한다.

① ㉡ ② ㉢

③ ㉡㉢ ④ ㉠㉢

해설

① ㉡ 항목만 옳지 않다.

㉠ [O] 미성년자의제강간죄 또는 미성년자의제강제추행죄는 **행위시마다 1개의 범죄가 성립한다**(대법원 1982.12.14, 82도2442).

㉡ [X] 피해자를 위협하여 항거불능케 한 후 1회 간음하고 2백m 쯤 오다가 다시 1회 간음한 경우 강간죄의 단순일죄가 성립한다(대법원 1970.9.29, 70도1516 연달아 한번더 사건).

㉢ [O] 피해자를 1회 강간하여 상처를 입게 한 후 약 1시간 후에 장소를 옮겨 같은 피해자를 다시 1회 강간한 행위는 그 범행시간과 장소를 달리하고 있을 뿐만 아니라 별개의 범의에서 이루어진 행위로서 실체적 경합범에 해당한다(대법원 1987.5.12, 87도694 1시간뒤 한번더 사건).

278 죄수에 관한 다음 설명 중 옳지 않은 것은 모두 몇 개인가? (다툼이 있으면 판례에 의함)

1 2 3

[Superlative ★★★]

㉠ 허위사실을 유포한 1개의 행위가 허위사실 유포에 의한 업무방해죄뿐 아니라 허위사실적시에 의한 명예훼손죄에도 해당하는 경우 그 2개의 죄는 상상적 경합관계에 있다.
㉡ 피고인이 철제울타리를 설치하여 작업도로를 사용하지 못하게 함으로써 피해자들 각자의 경작업무를 방해한 경우, 각 업무방해죄는 상상적 경합관계에 있다.
㉢ 방송작가협회 회원이 타인의 명의를 도용하여 협회 교육원장을 비방하는 내용의 호소문을 작성한 후 이를 협회 회원들에게 우편으로 송달한 경우 사문서위조죄와 명예훼손죄가 성립하고 이는 실체적 경합관계에 있다.
㉣ 피고인이 슈퍼마켓사무실에서 식칼을 들고 피해자를 협박하고 식칼을 들고 매장을 돌아다니며 손님을 내쫓아 영업을 방해한 경우, 협박행위는 업무방해죄에 흡수되어 별도의 협박죄는 성립하지 아니한다.

① 0개 ② 1개
③ 2개 ④ 3개

해설

② ㉣ 항목만 옳지 않다.
㉠ [O] 허위사실을 유포한 1개의 행위가 허위사실 유포에 의한 **업무방해죄뿐 아니라 허위사실적시에 의한 명예훼손죄에도 해당하는 경우 그 2개의 죄는 상상적 경합관계에 있다**(대법원 2007.11.15, 2007도7140 병원 비방 사건).
㉡ [O] 피고인이 철제울타리를 설치하여 작업도로를 사용하지 못하게 함으로써 피해자들 각자의 경작업무를 방해한 경우, **각 업무방해죄는 상상적 경합관계에 있다**(대법원 2005.10.27, 2005도5432 철제울타리 사건).
㉢ [O] 방송작가협회 회원이 타인의 명의를 도용하여 협회 교육원장을 비방하는 내용의 호소문을 작성한 후 이를 협회 회원들에게 우편으로 송달한 경우, **사문서위조죄와 명예훼손죄가 성립하고 이는 실체적 경합관계에 있다**(대법원 2009.4.23, 2008도8527 방송작가협회 사건).
㉣ [×] 피고인이 슈퍼마켓사무실에서 식칼을 들고 피해자를 협박한 행위와 식칼을 들고 매장을 돌아다니며 손님을 내쫓아 그의 영업을 방해한 행위는 별개의 행위이다(대법원 1991.1.29, 90도2445 슈퍼마켓 사건).

정답 | 277 ① 278 ②

279 죄수에 관한 다음 설명 중 옳지 않은 것은 모두 몇 개인가? (다툼이 있으면 판례에 의함) [core ★★]

1 2 3

㉠ 강도가 시간적으로 접착된 상황에서 가족을 이루는 수 인에게 폭행·협박을 가하여 집안에 있는 재물을 탈취한 경우 그 재물은 가족의 공동점유 아래 있는 것으로서 이를 탈취하는 행위는 그 소유자가 누구인지에 불구하고 단일한 강도죄의 죄책을 진다.

㉡ 강도가 한 개의 강도범행을 하는 기회에 수 명의 피해자에게 폭행을 가하여 각 상해를 입힌 경우에는 피해자별로 수 개의 강도상해죄가 성립하며 이들은 상상적 경합범의 관계에 있다.

㉢ 절도범이 체포를 면탈할 목적으로 체포하려는 여러 명의 피해자에게 같은 기회에 폭행을 가하여 그중 1인에게만 상해를 가하였다면 이러한 행위는 포괄하여 하나의 강도상해죄만 성립한다.

㉣ 절도범인이 체포를 면탈할 목적으로 경찰관에게 폭행·협박을 가한 때에는 준강도죄와 공무집행방해죄를 구성하고 양죄는 상상적 경합관계에 있으나, 강도범인이 체포를 면탈할 목적으로 경찰관에게 폭행을 가한 때에는 강도죄와 공무집행방해죄는 실체적 경합관계에 있고 상상적 경합관계에 있는 것이 아니다.

① 0개 ② 1개

③ 2개 ④ 3개

해설

② ㉡ 항목만 옳지 않다.

㉠ [O] 강도가 시간적으로 접착된 상황에서 가족을 이루는 수 인에게 폭행·협박을 가하여 집안에 있는 재물을 탈취한 경우 그 재물은 가족의 공동점유 아래 있는 것으로서 이를 탈취하는 행위는 그 **소유자가 누구인지에 불구하고 단일한 강도죄의 죄책을 진다**(대법원 1996.7.30, 96도1285).

㉡ [×] 피해자별로 수 개의 강도상해죄가 성립하며 이들은 실체적 경합범의 관계에 있다(대법원 1987.5.26, 87도527).

㉢ [O] 절도범이 체포를 면탈할 목적으로 체포하려는 여러 명의 피해자에게 같은 기회에 폭행을 가하여 그중 1인에게만 상해를 가하였다면 이러한 행위는 **포괄하여 하나의 강도상해죄만 성립한다**(대법원 2001.8.21, 2001도3447 평화빌라 주차장 사건).

㉣ [O] 절도범인이 체포를 면탈할 목적으로 경찰관에게 폭행·협박을 가한 때에는 준강도죄와 공무집행방해죄를 구성하고 양 죄는 **상상적 경합관계**에 있으나, 강도범인이 체포를 면탈할 목적으로 경찰관에게 폭행을 가한 때에는 강도죄와 공무집행방해죄는 **실체적 경합관계**에 있고 상상적 경합관계에 있는 것이 아니다(대법원 1992.7.28, 92도917 절도상경 강도실경 사건).

280 죄수에 관한 다음 설명 중 옳지 않은 것을 모두 고른 것은? (다툼이 있으면 판례에 의함) [core ★★]

1 2 3

㉠ 형법 제331조 제2항의 특수절도에 있어서 주거침입은 그 구성요건이 아니므로 절도범인이 그 범행수단으로 주거침입을 한 경우에 주거침입행위는 절도죄에 흡수되지 아니하고 별개로 주거침입죄를 구성하여 절도죄와는 실체적 경합의 관계에 있다.

㉡ 형법 제330조에 규정된 야간주거침입절도죄 및 형법 제331조 제1항에 규정된 특수절도(야간손괴침입절도)죄를 제외하고 일반적으로 주거침입은 절도죄의 구성요건이 아니므로 절도범인이 그 범행수단으로 주거침입을 한 경우에 주거침입행위는 절도죄에 흡수되지 아니하고 별개로 주거침입죄를 구성하여 절도죄와는 실체적 경합의 관계에 서는 것이 원칙이다.

㉢ 형법 제332조에 규정된 상습절도죄를 범한 범인이 그 범행의 수단으로 주간에 주거침입을 한 경우 그 주간 주거침입행위는 상습절도죄와 별개로 주거침입죄를 구성하지 않지만, 형법 제332조에 규정된 상습절도죄를 범한 범인이 그 범행 외에 상습적인 절도의 목적으로 주간에 주거침입을 하였다가 절도에 이르지 아니하고 주거침입에 그친 경우에는 그 주간 주거침입행위는 상습절도죄와 별개로 주거침입죄를 구성한다.

① ㉡ ② ㉢

③ ㉡㉢ ④ ㉠㉢

해설

② ㉢ 항목만 옳지 않다.

㉠ [○] 형법 제331조 제2항의 특수절도에 있어서 주거침입은 그 구성요건이 아니므로 절도범인이 그 범행수단으로 주거침입을 한 경우에 주거침입행위는 절도죄에 흡수되지 아니하고 **별개로 주거침입죄를 구성하여 절도죄와는 실체적 경합의 관계에 있다**(대법원 2009.12.24, 2009도9667 아파트 출입문 손괴 사건).

㉡ [○] 형법 제330조에 규정된 야간주거침입절도죄 및 형법 제331조 제1항에 규정된 특수절도(야간손괴침입절도)죄를 제외하고 일반적으로 주거침입은 절도죄의 구성요건이 아니므로 절도범인이 그 범행수단으로 주거침입을 한 경우에 주거침입행위는 절도죄에 흡수되지 아니하고 **별개로 주거침입죄를 구성하여 절도죄와는 실체적 경합의 관계에 서는 것이 원칙이다**(대법원 2015.10.15, 2015도8169).

㉢ [×] 형법 제332조에 규정된 상습절도죄를 범한 범인이 그 범행의 수단으로 주간에 주거침입을 한 경우 그 주간 주거침입행위는 상습절도죄와 별개로 주거침입죄를 구성한다. 또 형법 제332조에 규정된 상습절도죄를 범한 범인이 그 범행 외에 상습적인 절도의 목적으로 주간에 주거침입을 하였다가 절도에 이르지 아니하고 주거침입에 그친 경우에도 그 주간 주거침입행위는 상습절도죄와 별개로 주거침입죄를 구성한다(대법원 2015.10.15, 2015도8169).

정답 | 279 ② 280 ②

281 1 2 3 죄수에 관한 다음 설명 중 옳지 않은 것은 모두 몇 개인가? (다툼이 있으면 판례에 의함) [core ★★]

㉠ 단순절도와 야간주거침입절도를 상습적으로 범한 경우에는 그중 법정형이 중한 상습야간주거침입절도죄에 나머지 행위들을 포괄시켜 하나의 죄만이 성립된다.
㉡ 3번의 특수절도사실, 2번의 특수절도미수사실, 1번의 야간주거침입절도사실, 1번의 절도사실들이 상습적으로 반복된 것으로 볼 수 있다면 그중 법정형이 가장 중한 상습특수절도의 죄에 나머지의 행위를 포괄시켜 하나의 죄만이 성립된다.
㉢ 상습절도 등의 범행을 한 자가 추가로 자동차등불법사용의 범행을 한 경우에 그것이 절도 습벽의 발현이라고 보여지더라도 상습절도 등의 죄와 별도로 자동차등불법사용죄가 성립한다.
㉣ 상습강도죄를 범한 범인이 그 범행 외에 상습적인 강도의 목적으로 강도예비를 하였다가 강도예비에 그친 경우에도 그것이 강도상습성의 발현이라고 보여지는 경우에는 강도예비행위는 상습강도죄에 흡수되어 상습강도죄의 일죄만을 구성한다.

① 0개 ② 1개
③ 2개 ④ 3개

해설

② ㉢ 항목만 옳지 않다.

㉠ [O] 단순절도와 야간주거침입절도를 상습적으로 범한 경우에는 그중 법정형이 중한 상습야간주거침입절도죄에 나머지 행위들을 **포괄시켜 하나의 죄만이 성립된다**(대법원 1979.12.11, 79도2371).

㉡ [O] 3번의 특수절도사실, 2번의 특수절도미수사실, 1번의 야간주거침입절도사실, 1번의 절도사실들이 상습적으로 반복된 것으로 볼 수 있다면 그중 법정형이 가장 중한 **상습특수절도의 죄에 나머지의 행위를 포괄시켜 하나의 죄만이 성립된다**(대법원 1975.5.27, 75도1184).

㉢ [×] 상습절도 등의 범행을 한 자가 추가로 자동차등불법사용의 범행을 한 경우에 그것이 절도 습벽의 발현이라고 보이는 이상 자동차등불법사용의 범행은 상습절도 등의 죄에 흡수되어 1죄만이 성립하고 이와 별개로 자동차등불법사용죄는 성립하지 않는다(대법원 2002.4.26, 2002도429).

㉣ [O] 상습강도죄를 범한 범인이 그 범행 외에 상습적인 강도의 목적으로 강도예비를 하였다가 강도예비에 그친 경우에도 그것이 강도상습성의 발현이라고 보여지는 경우에는 강도예비행위는 상습강도죄에 흡수되어 상습강도죄의 1죄만을 구성한다(대법원 2003.3.28, 2003도665).

282 죄수에 관한 다음 설명 중 옳지 않은 것은 모두 몇 개인가? (다툼이 있으면 판례에 의함)

1 2 3

[Superlative ★★★]

㉠ 강도가 피해자에게 상해를 입혔으나 재물의 강취에는 이르지 못하고 그 자리에서 항거불능 상태에 빠진 피해자를 간음한 경우에는 강도상해죄와 강도강간죄만 성립하고, 그 실행행위의 일부인 강도미수 행위는 위 각 죄에 흡수되어 별개의 범죄를 구성하지 않는다.

㉡ 강도가 재물강취의 뜻을 재물의 부재로 이루지 못한 채 미수에 그쳤으나 그 자리에서 항거불능의 상태에 빠진 피해자를 간음할 것을 결의하고 실행에 착수했으나 역시 미수에 그쳤더라도 반항을 억압하기 위한 폭행으로 피해자에게 상해를 입힌 경우에는 강도강간미수죄와 강도치상죄가 성립되고 이는 상상적 경합관계가 성립된다.

㉢ 피고인이 여관에 들어가 1층 안내실에 있던 여관의 관리인을 칼로 찔러 상해를 가하고 그로부터 금품을 강취한 다음, 각 객실에 들어가 투숙객들로부터 금품을 강취하였다면, 이들 행위들은 시간적으로 접착된 상황에서 동일한 방법으로 이루어진 것이므로 포괄하여 1개의 강도상해죄만 구성한다.

㉣ 피고인이 여관에서 종업원을 칼로 찔러 상해를 가하고 객실로 끌고 들어가는 등 폭행 · 협박을 하고 있던 중, 마침 다른 방에서 나오던 여관의 주인도 같은 방에 밀어 넣은 후 주인으로부터 금품을 강취하고, 1층 안내실에서 종업원 소유의 현금을 꺼내 갔다면, 여관 종업원과 주인에 대한 각 강도행위가 각별로 강도죄를 구성하되 2죄는 상상적 경합범 관계에 있다.

① 0개 ② 1개

③ 2개 ④ 3개

해설

② ㉢ 항목만 옳지 않다.

㉠ [O] 강도가 피해자에게 상해를 입혔으나 재물의 강취에는 이르지 못하고 그 자리에서 항거불능 상태에 빠진 피해자를 간음한 경우에는 강도상해죄와 강도강간죄만 성립하고, 그 실행행위의 일부인 **강도미수 행위는 위 각 죄에 흡수되어 별개의 범죄를 구성하지 않는다**(대법원 2010.4.29, 2010도1099).

㉡ [O] 강도가 재물강취의 뜻을 재물의 부재로 이루지 못한 채 미수에 그쳤으나 그 자리에서 항거불능의 상태에 빠진 피해자를 간음할 것을 결의하고 실행에 착수했으나 역시 미수에 그쳤더라도 반항을 억압하기 위한 폭행으로 피해자에게 상해를 입힌 경우에는 **강도강간미수죄와 강도치상죄가 성립되고 이는 상상적 경합관계**가 성립된다(대법원 1988.6.28, 88도820 되는게 없는 하루 사건).

㉢ [×] 피고인의 행위는 비록 시간적으로 접착된 상황에서 동일한 방법으로 이루어지기는 하였으나 포괄하여 1개의 강도상해죄만을 구성하는 것이 아니라 실체적 경합범의 관계에 있다(대법원 1991.6.25, 91도643 이태원 성지장 강도 사건).

㉣ [O] 피고인이 여관에서 종업원을 칼로 찔러 상해를 가하고 객실로 끌고 들어가는 등 폭행 · 협박을 하고 있던 중, 마침 다른 방에서 나오던 여관의 주인도 같은 방에 밀어 넣은 후 주인으로부터 금품을 강취하고, 1층 안내실에서 종업원 소유의 현금을 꺼내 갔다면, 여관 종업원과 주인에 대한 각 **강도행위가 각별로 강도죄를 구성하되 2죄는 상상적 경합범 관계에 있다**(대법원 1991.6.25, 91도643 서대문 화성장 강도 사건).

정답 | 281 ② 282 ②

283 죄수에 관한 다음 설명 중 옳지 않은 것은 모두 몇 개인가? (다툼이 있으면 판례에 의함)

1 2 3

[Superlative ★★★]

㉠ 사기죄에 있어서 동일한 피해자에 대하여 수회에 걸쳐 기망행위를 하여 금원을 편취한 경우, 그 범의가 단일하고 범행방법이 동일하다면 사기죄의 포괄일죄만이 성립한다.

㉡ 사기죄에 있어서 동일한 피해자에 대하여 수회에 걸쳐 기망행위를 하여 금원을 편취한 경우, 범의의 단일성과 계속성이 인정되지 아니하거나 범행방법이 동일하지 아니하다면 각 범행은 실체적 경합범에 해당한다.

㉢ 사기죄에 있어서 수인의 피해자에 대하여 각 피해자별로 기망행위를 하여 각각 재물을 편취한 경우에 그 범의가 단일하고 범행방법이 동일하다고 하더라도 포괄일죄가 성립하는 것이 아니라 피해자별로 1개씩의 죄가 성립한다.

㉣ 1개의 기망행위에 의하여 다수의 피해자로부터 각각 재산상 이익을 편취한 경우에는 피해자별로 수 개의 사기죄가 성립하고, 그 사이에는 상상적 경합의 관계에 있다.

㉤ 다수의 피해자에 대하여 각별로 기망행위를 하여 각각 재산상 이익을 편취한 경우에는 범의가 단일하고 범행방법이 동일하더라도 이를 포괄일죄로 파악할 수 없고 피해자별로 독립한 사기죄가 성립하고, 이는 피해자들이 하나의 동업체를 구성하는 등으로 피해 법익이 동일하다고 볼 수 있는 사정이 있는 경우에도 마찬가지이다.

① 0개　　② 1개

③ 2개　　④ 3개

해설

② ㉤ 항목이 옳지 않다.

㉠ [O] 사기죄에 있어서 동일한 피해자에 대하여 수회에 걸쳐 기망행위를 하여 금원을 편취한 경우, 그 범의가 단일하고 범행 방법이 동일하다면 **사기죄의 포괄일죄**만이 성립한다(대법원 2010.5.27, 2007도10056 신용장 사기 사건).

㉡ [O] 사기죄에 있어서 동일한 피해자에 대하여 수회에 걸쳐 기망행위를 하여 금원을 편취한 경우, 범의의 단일성과 계속성이 인정되지 아니하거나 범행방법이 동일하지 아니하다면 각 범행은 **실체적 경합범에 해당한다**(대법원 2000.2.11, 99도4862).

㉢ [O] 사기죄에 있어서 수 인의 피해자에 대하여 각 피해자별로 기망행위를 하여 각각 재물을 편취한 경우에 그 범의가 단일하고 범행방법이 동일하다고 하더라도 포괄일죄가 성립하는 것이 아니라 **피해자별로 1개씩의 죄가 성립한다**(대법원 2013.1.24, 2012도10629 박연호 부산저축은행 회장 사건).

㉣ [O] 1개의 기망행위에 의하여 다수의 피해자로부터 각각 재산상 이익을 편취한 경우에는 **피해자별로 수 개의 사기죄가 성립하고, 그 사이에는 상상적 경합의 관계에 있다**(대법원 2015.4.23, 2014도16980 파주시 만우리 임야 사건).

㉤ [×] 피해자들이 하나의 동업체를 구성하는 등으로 피해 법익이 동일하다고 볼 수 있는 사정이 있는 경우에는 피해자가 복수이더라도 이들에 대한 사기죄를 포괄하여 1죄로 볼 수도 있다(대법원 2015.4.23, 2014도16980 파주시 만우리 임야 사건).

284 죄수에 관한 다음 설명 중 옳지 않은 것은 모두 몇 개인가? (다툼이 있으면 판례에 의함)

1 2 3

[Superlative ★★★]

㉠ 사기도박에 있어 1개의 기망행위에 의하여 여러 피해자로부터 각각 재물을 편취한 경우에는 피해자별로 수 개의 사기죄가 성립하고, 그 사이에는 상상적 경합의 관계에 있다.

㉡ 법원을 기망하여 승소판결을 받고 그 확정판결에 의하여 소유권이전등기를 경료한 경우에는 사기죄만 성립하고 별도로 공정증서원본부실기재죄는 성립하지 아니한다.

㉢ 단일하고 계속된 범의 아래 같은 장소에서 반복하여 여러 사람으로부터 계불입금을 편취한 소위는 피해자별로 포괄하여 1개의 사기죄가 성립하고 이들 포괄일죄 상호간은 실체적 경합범관계에 있다.

㉣ 사기의 수단으로 발행한 수표가 지급거절된 경우 부정수표단속법위반죄와 사기죄는 그 행위의 태양과 보호법익을 달리하므로 실체적 경합범의 관계에 있다.

㉤ 1개의 행위에 관하여 사기죄와 업무상배임죄의 각 구성요건이 모두 구비된 때에는 양 죄를 상상적 경합관계로 보아야 하고, 나아가 업무상배임죄가 아닌 단순배임죄라고 하여 양 죄의 관계를 달리 보아야 할 이유도 없다.

① 0개 ② 1개

③ 2개 ④ 3개

해설

③ ㉡㉢ 2항목이 옳지 않다.

㉠ [○] 사기도박에 있어 1개의 기망행위에 의하여 여러 피해자로부터 각각 재물을 편취한 경우에는 피해자별로 수 개의 사기죄가 성립하고, 그 사이에는 **상상적 경합의 관계에 있다**(대법원 2011.1.13, 2010도9330 보령 사기도박 사건).

㉡ [×] 법원을 기망하여 승소판결을 받고 그 확정판결에 의하여 소유권이전등기를 경료한 경우에는 사기죄와 별도로 공정증서원본부실기재죄가 성립하고 양죄는 실체적 경합범 관계에 있다(대법원 1983.4.26, 83도188).

㉢ [×] 단일하고 계속된 범의 아래 같은 장소에서 반복하여 여러 사람으로부터 계불입금을 편취한 소위는 피해자별로 포괄하여 1개의 사기죄가 성립하고 이들 포괄일죄 상호간은 상상적 경합관계에 있다(대법원 1990.1.25, 89도252).

㉣ [○] 사기의 수단으로 발행한 수표가 지급거절된 경우 **부정수표단속법위반죄와 사기죄는 그 행위의 태양과 보호법익을 달리하므로 실체적 경합범의 관계에 있다**(대법원 2004.6.25, 2004도1751 성형사출기 사건).

㉤ [○] 1개의 행위에 관하여 사기죄와 업무상배임죄의 각 구성요건이 모두 구비된 때에는 양 죄를 **상상적 경합관계로 보아야 하고,** 나아가 업무상배임죄가 아닌 단순배임죄라고 하여 양 죄의 관계를 달리 보아야 할 이유도 없다(대법원 2002.7.18, 2002도669 순송 배사배사 사건).

정답 | 283 ② 284 ③

285 죄수에 관한 다음 설명 중 옳지 않은 것은 모두 몇 개인가? (다툼이 있으면 판례에 의함)

1 2 3

[Superlative ★★★]

㉠ 피고인이 대금결제의 의사와 능력이 없으면서도 카드회사를 기망하고 카드회사는 카드사용을 허용해 줌으로써 피고인이 자동지급기를 통한 현금대출도 받고 가맹점을 통한 물품구입대금 대출도 받아 카드발급회사로 하여금 같은 액수 상당의 피해를 입게 한 경우, 모두가 카드회사의 기망당한 의사표시에 따른 카드발급에 터잡아 이루어지는 사기의 포괄일죄이다.

㉡ 피고인이 피해자 명의의 신용카드를 부정사용하여 현금자동인출기에서 현금을 인출하고 그 현금을 취득까지 한 행위는 신용카드 부정사용죄에 해당할 뿐 아니라 별도로 절도죄를 구성하고, 양 죄는 상상적 경합관계에 있다.

㉢ 피고인이 가맹점에 타인의 신용카드를 제시하고 매출표에 서명하여 이를 교부하는 일련의 행위를 한 경우, 신용카드 부정사용죄 외에도 별도로 사문서위조 및 동행사죄가 성립한다.

㉣ 피고인이 절취한 카드로 가맹점들로부터 물품을 구입하겠다는 단일한 범의를 가지고 신용카드 부정사용행위를 동일한 방법으로 반복한 경우, 신용카드를 부정사용한 결과가 사기죄의 구성요건에 해당하고 각 사기죄가 실체적 경합관계에 해당하므로 신용카드 부정사용행위도 각 실체적 경합관계에 해당한다.

① 0개 ② 1개

③ 2개 ④ 3개

해설

④ ㉡㉢㉣ 3항목이 옳지 않다.

㉠ [O] 피고인이 대금결제의 의사와 능력이 없으면서도 카드회사를 기망하고 카드회사는 카드사용을 허용해 줌으로써 피고인이 자동지급기를 통한 현금대출도 받고 가맹점을 통한 물품구입대금 대출도 받아 카드발급회사로 하여금 같은 액수 상당의 피해를 입게 한 경우, 모두가 카드회사의 기망당한 의사표시에 따른 **카드발급에 터잡아 이루어지는 사기의 포괄일죄이다**(대법원 1996.4.9, 95도2466 처음부터 마구잡이 카드사용 사건).

㉡ [×] 신용카드 부정사용죄 외에 별도로 절도죄를 구성하고 양 죄는 실체적 경합관계에 있다(대법원 1995.7.28, 95도997 옆집 신용카드 사건).

㉢ [×] 신용카드 부정사용죄의 구성요건적 행위인 '신용카드의 사용'이라 함은 가맹점에 신용카드를 제시하고 매출표에 서명하여 이를 교부하는 일련의 행위를 가리키고 단순히 신용카드를 제시하는 행위만을 가리키는 것이 아니므로, 사문서위조 및 동행사의 죄는 신용카드 부정사용죄에 흡수되어 신용카드 부정사용죄의 1죄만이 성립하고 별도로 사문서위조 및 동행사의 죄는 성립하지 않는다(대법원 1992.6.9, 92도77 세종회관 사건).

㉣ [×] 피고인이 단일한 범의를 가지고 신용카드 부정사용행위를 동일한 방법으로 반복한 경우 신용카드를 부정사용한 행위는 포괄하여 일죄에 해당하고, 신용카드를 부정사용한 결과가 사기죄의 구성요건에 해당하고 각 사기죄가 실체적 경합관계에 해당한다고 하여도 신용카드 부정사용행위를 포괄일죄로 취급하는 데 아무런 지장이 없다(대법원 1996.7.12, 96도1181 BC카드 7번결제 사건).

286 죄수에 관한 다음 설명 중 옳지 않은 것은 모두 몇 개인가? (다툼이 있으면 판례에 의함)

1 2 3

[Superlative ★★★]

㉠ 수 개의 업무상횡령 행위라 하더라도 피해법익이 단일하고 범죄의 태양이 동일하며, 단일 범의의 발현에 기인하는 일련의 행위라고 인정되는 경우에는 포괄하여 1개의 범죄라고 할 것이지만, 피해자가 수 인인 경우에는 그 피해법익이 단일하다고 할 수 없으므로 포괄일죄의 성립을 인정하기 어렵다.

㉡ 횡령 교사를 한 후 그 횡령한 물건을 취득한 때에는 횡령교사죄만 성립하고 별도로 장물취득죄는 성립하지 아니한다.

㉢ 여러 개의 위탁관계에 의하여 보관하던 여러 개의 재물을 1개의 행위에 의하여 횡령한 경우 위탁관계별로 수 개의 횡령죄가 성립하고 그 사이에는 상상적 경합의 관계가 있다.

㉣ 회사의 대표이사가 회사 자금을 빼돌려 횡령한 다음 그중 일부를 더 많은 장비 납품 등의 계약을 체결할 수 있도록 해달라는 취지의 묵시적 청탁과 함께 배임증재에 공여한 경우, 횡령의 범행과 배임증재의 범행은 서로 범의 및 행위의 태양과 보호법익을 달리하는 별개의 행위이다.

㉤ 채권자들에 의한 복수의 강제집행이 예상되는 경우 재산을 은닉 또는 허위양도함으로써 채권자들을 해하였다면 채권자별로 각각 강제집행면탈죄가 성립하는 것이 아니라, 포괄하여 1개의 강제집행면탈죄만 성립한다.

① 0개 ② 1개

③ 2개 ④ 3개

해설

③ ㉡㉤ 2항목이 옳지 않다.

㉠ [O] 수 개의 업무상횡령 행위라 하더라도 피해법익이 단일하고 범죄의 태양이 동일하며, 단일 범의의 발현에 기인하는 일련의 행위라고 인정되는 경우에는 **포괄하여 1개의 범죄라고 할 것이지만,** 피해자가 수 인인 경우에는 그 피해법익이 단일하다고 할 수 없으므로 **포괄일죄의 성립을 인정하기 어렵다**(대법원 2011.2.24, 2010도13801 광명건설 운영자 사건).

㉡ [×] 횡령교사를 한 후 그 횡령한 물건을 취득한 때에는 횡령교사죄와 장물취득죄의 경합범이 성립된다(대법원 1969.6.24, 69도692).

㉢ [O] 여러 개의 위탁관계에 의하여 보관하던 여러 개의 재물을 1개의 행위에 의하여 횡령한 경우 위탁관계별로 수 개의 횡령죄가 성립하고, 그 사이에는 **상상적 경합의 관계가 있다**(대법원 2013.10.31, 2013도10020 렌탈 컴퓨터 횡령 사건).

㉣ [O] 회사의 대표이사가 회사 자금을 빼돌려 횡령한 다음 그중 일부를 더 많은 장비 납품 등의 계약을 체결할 수 있도록 해달라는 취지의 묵시적 청탁과 함께 배임증재에 공여한 경우, 횡령의 범행과 배임증재의 범행은 서로 범의 및 행위의 태양과 보호법익을 달리하는 **별개의 행위이다**(대법원 2010.5.13, 2009도13463 교통량 조사장비 납품 사건).

㉤ [×] 채권자들에 의한 복수의 강제집행이 예상되는 경우 재산을 은닉 또는 허위양도함으로써 채권자들을 해하였다면 채권자별로 각각 강제집행면탈죄가 성립하고, 상호 상상적 경합범의 관계에 있다(대법원 2011.12.8, 2010도4129 계약명의신탁부동산 강제집행면탈 사건).

정답 | 285 ④ 286 ③

287 죄수에 관한 다음 설명 중 옳지 않은 것은 모두 몇 개인가? (다툼이 있으면 판례에 의함)

1 2 3

[Superlative ★★★]

㉠ 수 개의 업무상 배임행위가 있더라도 피해법익이 단일하고 범죄의 태양이 동일할 뿐만 아니라 그 수 개의 배임행위가 단일한 범의에 기한 일련의 행위라고 볼 수 있는 경우에는 그 수 개의 배임행위는 포괄하여 일죄를 구성한다.

㉡ 본인에 대한 배임행위가 본인 이외의 제3자에 대한 사기죄를 구성한다 하더라도 그로 인하여 본인에게 손해가 생긴 때에는 사기죄와 함께 배임죄가 성립한다.

㉢ 타인의 사무를 처리하는 자가 동일인으로부터 부정한 청탁을 받고 여러 차례에 걸쳐 금품을 수수한 경우, 그것이 단일하고도 계속된 범의 아래 일정기간 반복하여 이루어진 것이고 그 피해법익도 동일한 때에는 이를 포괄일죄로 보아야 한다.

㉣ 타인의 사무를 처리하는 자가 여러 사람으로부터 각각 부정한 청탁을 받고 그들로부터 각각 금품을 수수한 경우, 그 청탁이 동종의 것이라고 한다면 단일하고 계속된 범의 아래 이루어진 범행으로 볼 수 있어 그 전체를 포괄일죄로 처벌하여야 한다.

① 0개
② 1개
③ 2개
④ 3개

해설

② ㉣ 항목만 옳지 않다.

㉠ [○] 수 개의 업무상 배임행위가 있더라도 피해법익이 단일하고 범죄의 태양이 동일할 뿐만 아니라, 그 수 개의 배임행위가 단일한 범의에 기한 일련의 행위라고 볼 수 있는 경우에는 그 **수 개의 배임행위는 포괄하여 일죄를 구성한다**(대법원 2014.6.26, 2014도753 김찬경 미래저축은행 회장 사건).

㉡ [○] 본인에 대한 배임행위가 본인 이외의 제3자에 대한 사기죄를 구성한다 하더라도 그로 인하여 본인에게 손해가 생긴 때에는 **사기죄와 함께 배임죄가 성립한다**(대법원 2010.11.11, 2010도10690 월세 대신 전세 사건).

㉢ [○] 타인의 사무를 처리하는 자가 동일인으로부터 부정한 청탁을 받고 여러 차례에 걸쳐 금품을 수수한 경우, 그것이 단일하고도 계속된 범의 아래 일정기간 반복하여 이루어진 것이고 그 **피해법익도 동일한 때에는 이를 포괄일죄로 보아야 한다**(대법원 2008.12.11, 2008도6987 주말부킹권 부정판매 사건).

㉣ [×] 타인의 사무를 처리하는 자가 여러 사람으로부터 각각 부정한 청탁을 받고 그들로부터 각각 금품을 수수한 경우에는 비록 그 청탁이 동종의 것이라고 하더라도 단일하고 계속된 범의 아래 이루어진 범행으로 보기 어려워 그 전체를 포괄일죄로 볼 수 없다(대법원 2008.12.11, 2008도6987 주말부킹권 부정판매 사건).

288 죄수에 관한 다음 설명 중 옳지 않은 것은 모두 몇 개인가? (다툼이 있으면 판례에 의함) [core ★★]

1 2 3

㉠ 피고인이 사람을 살해할 목적으로 현주건조물에 방화하여 사망에 이르게 한 경우에는 현주건조물방화치사죄로 의율하여야 하고 이와 더불어 살인죄와의 상상적 경합범으로 의율할 것은 아니다.
㉡ 피고인이 직계존속을 살해할 목적으로 현주건조물에 방화하여 사망에 이르게 한 경우에는 존속살해죄와 현주건조물방화치사죄가 성립하고 이들은 실체적 경합범 관계에 있다.
㉢ 피고인들이 피해자들의 재물을 강취한 후 그들을 살해할 목적으로 현주건조물에 방화하여 사망에 이르게 한 경우, 강도살인죄와 현주건조물방화죄에 모두 해당하고 두 죄는 상상적 경합범 관계에 있다.
㉣ 피고인이 현주건조물에 불을 놓은 후 그곳에서 빠져 나오려는 피해자들을 막아 소사(燒死)하게 한 경우 현주건조물방화죄와 살인죄가 성립하고 이들은 상상적 경합범의 관계에 있다.

① 0개　　② 1개
③ 2개　　④ 3개

해설

④ ㉡㉢㉣ 3항목이 옳지 않다.
㉠ [O] 피고인이 사람을 살해할 목적으로 현주건조물에 방화하여 사망에 이르게 한 경우에는 **현주건조물방화치사죄로 의율하여야 하고** 이와 더불어 살인죄와의 상상적 경합범으로 의율할 것은 아니다(대법원 1996.4.26, 96도485 아버지 · 동생 방화살해 사건).
㉡ [×] 피고인이 직계존속을 살해할 목적으로 현주건조물에 방화하여 사망에 이르게 한 경우에는 존속살인죄와 현주건조물방화치사죄는 상상적 경합범 관계에 있으므로 법정형이 중한 존속살인죄로 의율함이 타당하다(대법원 1996.4.26, 96도485 아버지 · 동생 방화살해 사건).
㉢ [×] 피고인들의 행위는 강도살인죄와 현주건조물방화치사죄에 모두 해당하고 두 죄는 상상적 경합범관계에 있다(대법원 1998.12.8, 98도3416 강도 방화살인 사건).
㉣ [×] 불을 놓은 집에서 빠져 나오려는 피해자들을 막아 소사(燒死)케 한 행위는 1개의 행위가 수 개의 죄명에 해당하는 경우라고 볼 수 없고, 방화행위와 살인행위는 법률상 별개의 범의에 의하여 별개의 법익을 해하는 별개의 행위라고 할 것이니 현주건조물방화죄와 살인죄는 실체적 경합관계에 있다(대법원 1983.1.18, 82도2341 은봉암 사건).

정답 | 287 ② 288 ④

289 죄수에 관한 다음 설명 중 옳지 않은 것은 모두 몇 개인가? (다툼이 있으면 판례에 의함)

1 2 3

[Superlative ★★★]

㉠ 통화에 관한 죄가 언제나 문서에 관한 죄에 대하여 특별관계에 있다고 할 수 없으므로 통화에 관한 죄가 성립하는 때에도 문서에 관한 죄가 별도로 성립할 수 있다.

㉡ 위조통화를 행사하여 재물을 불법영득한 때에는 위조통화행사죄와 사기죄의 양 죄가 성립하고 이들은 상상적 경합범 관계에 있다.

㉢ 유가증권위조죄의 죄수는 원칙적으로 위조된 유가증권의 매수를 기준으로 정할 것이므로, 약속어음 2매의 위조행위는 포괄일죄가 아니라 경합범이다.

㉣ 타인의 인장을 위조하고 그 위조한 인장을 사용하여 타인의 사문서를 위조한 경우에는 인장위조죄는 사문서위조죄에 흡수되고 따로 인장위조죄가 성립하지 아니한다.

㉤ 2인 이상의 연명(連名)으로 된 문서를 위조한 때에는 작성명의인의 수대로 수 개의 문서위조죄가 성립하는 것이 아니라 포괄하여 1개의 문서위조죄가 성립할 뿐이다.

① 0개

② 1개

③ 2개

④ 3개

해설

④ ㉠㉡㉤ 3항목이 옳지 않다.

㉠ [×] 통화에 관한 죄는 문서에 관한 죄에 대하여 특별관계에 있으므로 통화에 관한 죄가 성립하는 때에는 문서에 관한 죄는 별도로 성립하지 않는다(대법원 2013.12.12, 2012도2249 10만 파운드화 사건).

㉡ [×] (1) 위조통화의 행사라고 함은 위조통화를 유통과정에서 진정한 통화로서 사용하는 것을 말하고 그것이 유상인가 무상인가는 묻지 않는 것이므로 진정한 통화라고 하여 위조통화를 다른 사람에게 증여하는 경우에도 위조통화행사죄가 성립되고 이런 경우에는 그 행사자(증여자)는 아무런 재산의 불법영득이 없는 것이어서 위조통화의 행사에 언제나 재물의 영득이 수반되는 것이라고 할 수 없다. (2) 위조통화를 행사하여 재물을 불법영득한 때에는 위조통화행사죄와 사기죄의 양죄가 성립되는 것이다(대법원 1979.7.10, 79도840). 양 죄는 실체적 경합범의 관계에 있다.

㉢ [○] 유가증권위조죄의 죄수는 원칙적으로 위조된 **유가증권의 매수를 기준**으로 정할 것이므로, 약속어음 2매의 위조행위는 포괄일죄가 아니라 **경합범이다**(대법원 1983.4.12, 82도2938).

㉣ [○] 타인의 인장을 위조하고 그 위조한 인장을 사용하여 타인의 사문서를 위조한 경우에는 **인장위조죄는 사문서위조죄에 흡수되고 따로 인장위조죄가 성립하지 아니한다**(대법원 1978.9.26, 78도1787).

㉤ [×] 2인 이상의 연명으로 된 문서를 위조한 때에는 작성명의인의 수대로 수 개의 문서위조죄가 성립하고 이 수 개의 문서위조죄는 상상적 경합범에 해당한다(대법원 1987.7.21, 87도564).

290 죄수에 관한 다음 설명 중 옳지 않은 것은 모두 몇 개인가? (다툼이 있으면 판례에 의함)

1 2 3

[Superlative ★★★]

㉠ 뇌물을 여러 차례에 걸쳐 수수함으로써 그 행위가 여러 개이더라도 그것이 단일하고 계속적 범의에 의하여 이루어지고 동일법익을 침해한 때에는 포괄일죄로 처벌함이 상당하다.

㉡ 수뢰죄에 있어서 단일하고도 계속된 범의 아래 동종의 범행을 일정기간 반복하여 행하고 그 피해법익도 동일한 것이라도, 돈을 받은 일자가 상당한 기간에 걸쳐 있고 돈을 받은 일자 사이에 상당한 기간이 끼어 있다고 한다면 이들 범행을 포괄일죄로 볼 수 없다.

㉢ 뇌물을 수수함에 있어서 공여자를 기망한 점이 있다 하여도 뇌물수수죄, 뇌물공여죄의 성립에는 영향이 없고, 이 경우 뇌물을 수수한 공무원에 대하여는 한 개의 행위가 뇌물죄와 사기죄의 각 구성요건에 해당하므로 상상적 경합으로 처단하여야 한다.

㉣ 수뢰후부정처사죄에 있어서 공무원이 수뢰 후 행한 부정행위가 공도화변조 및 동행사죄의 구성요건을 충족하는 경우에는 수뢰후부정처사죄 외에 별도로 공도화변조 및 동행사죄가 성립하고 이들 죄와 수뢰후부정처사죄는 각각 실체적 경합 관계에 있다.

㉤ 공무원이 직무관련자에게 제3자와 계약을 체결하도록 요구하여 그 계약 체결을 하게 한 행위가 제3자뇌물수수죄의 구성요건과 직권남용죄의 구성요건에 모두 해당하는 경우에는 제3자뇌물수수죄와 직권남용죄가 각각 성립하고, 두 죄는 상상적 경합관계에 있게 된다.

① 0개
② 1개
③ 2개
④ 3개

해설

③ ㉡㉣ 2항목이 옳지 않다.

㉠ [○] 뇌물을 여러 차례에 걸쳐 수수함으로써 그 행위가 여러 개이더라도 그것이 단일하고 계속적 범의에 의하여 이루어지고 동일법익을 침해한 때에는 **포괄일죄로 처벌함이 상당하다**(대법원 1999.1.29, 98도3584 서울대교수 수뢰 사건).

㉡ [×] 수뢰죄에 있어서 단일하고도 계속된 범의 아래 동종의 범행을 일정기간 반복하여 행하고 그 피해법익도 동일한 것이라면, 돈을 받은 일자가 상당한 기간에 걸쳐 있고 돈을 받은 일자 사이에 상당한 기간이 끼어 있다 하더라도 각 범행을 통틀어 포괄일죄로 볼 것이다(대법원 2009.10.29, 2009도8069).

㉢ [○] 뇌물을 수수함에 있어서 공여자를 기망한 점이 있다 하여도 뇌물수수죄, 뇌물공여죄의 성립에는 영향이 없고, 이 경우 뇌물을 수수한 공무원에 대하여는 한 개의 행위가 **뇌물죄와 사기죄의 각 구성요건에 해당하므로 상상적 경합으로 처단하여야 한다**(대법원 2015.10.29, 2015도12838 돈을 빌려달라 사건).

㉣ [×] 수뢰후부정처사죄에 있어서 공무원이 수뢰 후 행한 부정행위가 공도화변조 및 동행사죄와 같이 보호법익을 달리하는 별개 범죄의 구성요건을 충족하는 경우에는 수뢰후부정처사죄 외에 별도로 공도화변조 및 동행사죄가 성립하고 이들 죄와 수뢰후부정처사죄는 각각 상상적 경합관계에 있다(대법원 2001.2.9, 2000도1216 도시계획도 변조 사건).

㉤ [○] 공무원이 직무관련자에게 제3자와 계약을 체결하도록 요구하여 그 계약체결을 하게 한 행위가 제3자뇌물수수죄의 구성요건과 직권남용죄의 구성요건에 모두 해당하는 경우에는 제3자뇌물수수죄와 직권남용죄가 각각 성립하고, 두 죄는 상상적 경합관계에 있게 된다(대법원 2017.3.15, 2016도19659 이천시 건축 담당 공무원 사건).

정답 | 289 ④ 290 ③

291 죄수에 관한 다음 중 설명 중 옳은 것(O)과 옳지 않은 것(×)을 올바르게 조합한 것은? (다툼이 있으면 판례에 의함)

1 2 3

[core ★★]

㉠ 피고인이 동일한 공무를 집행하는 여럿의 공무원에 대하여 폭행·협박 행위를 한 경우에는 공무를 집행하는 공무원의 수에 따라 여럿의 공무집행방해죄가 성립하는 것이 아니라 포괄하여 1개의 공무집행방해죄만 성립한다.

㉡ 피고인이 승용차를 운전하던 중 음주단속을 피하기 위하여 위험한 물건인 승용차로 단속 경찰관을 들이받아 경찰관의 공무집행을 방해하고 경찰관에게 상해를 입게 한 경우 특수공무집행방해치상죄와 특수상해죄가 성립하고, 이들은 상상적 경합범의 관계에 있다.

① ㉠ O ㉡ O
② ㉠ O ㉡ ×
③ ㉠ × ㉡ O
④ ㉠ × ㉡ ×

해설

④ 이 지문이 올바른 조합이다.

㉠ [×] 동일한 공무를 집행하는 여럿의 공무원에 대하여 폭행·협박 행위를 한 경우에는 공무를 집행하는 공무원의 수에 따라 여럿의 공무집행방해죄가 성립하고 이들은 상상적 경합의 관계에 있다(대법원 2009.6.25, 2009도3505 경찰관 2명 폭행 사건).

㉡ [×] 피고인이 승용차로 단속 경찰관을 들이받아 경찰관의 공무집행을 방해하고 경찰관에게 상해를 입게 한 경우, 특수공무집행방해치상죄만 성립할 뿐 이와는 별도로 폭처법위반(집단·흉기등상해)죄[22년 현재 특수상해죄]를 구성하지 않는다(대법원 2008.11.27, 2008도7311 음주단속경찰관 치상 사건).

292 죄수에 관한 다음 설명 중 옳지 않은 것을 모두 고른 것은? (다툼이 있으면 판례에 의함) [core ★★]

1 2 3

㉠ 하나의 사건에 관하여 한 번 선서한 증인이 같은 기일에 여러 가지 사실에 관하여 허위의 진술을 한 경우 이는 하나의 범죄의사에 의하여 계속하여 허위의 진술을 한 것으로서 포괄하여 1개의 위증죄를 구성한다.
㉡ 행정소송사건의 같은 심급에서 변론기일을 달리하여 수 차 증인으로 나가 수 개의 허위진술을 하였다면, 비록 최초 한 선서의 효력을 유지시킨 후 증언을 한 것이라도 수 개의 위증죄가 성립하고, 포괄하여 1개의 위증죄가 성립한다고 할 수 없다.
㉢ 하나의 소송사건에서 동일한 선서하에 감정인이 동일한 감정명령사항에 대하여 수차례에 걸쳐 허위의 감정보고서를 제출하는 경우에는 것으로서 포괄하여 1개의 허위감정죄를 구성한다.

① ㉠ ② ㉡
③ ㉡㉢ ④ ㉠㉢

해설

② ㉡ 항목만 옳지 않다.
㉠ [○] 하나의 사건에 관하여 한 번 선서한 증인이 같은 기일에 여러 가지 사실에 관하여 허위의 진술을 한 경우 이는 하나의 범죄의사에 의하여 계속하여 허위의 진술을 한 것으로서 **포괄하여 1개의 위증죄를 구성한다**(대법원 2007.3.15, 2006도9463).
㉡ [×] 행정소송사건의 같은 심급에서 변론기일을 달리하여 수 차 증인으로 나가 수 개의 허위진술을 하더라도 최초 한 선서의 효력을 유지시킨 후 증언한 이상 1개의 위증죄를 구성함에 그친다(대법원 2007.3.15, 2006도9463).
㉢ [○] 하나의 소송사건에서 동일한 선서하에 감정인이 동일한 감정명령사항에 대하여 수차례에 걸쳐 허위의 감정보고서를 제출하는 경우에는 것으로서 **포괄하여 1개의 허위감정죄를 구성한다**(대법원 2000.11.28, 2000도1089 장미타워맨션 감정 사건).

정답 | 291 ④ 292 ②

293 다음 중 ( ) 안 범죄가 실체적 경합범에 해당하는 것은 모두 몇 개인가? (다툼이 있으면 판례에 의함)

1 2 3

[Superlative ★★★]

㉠ 피고인들이 단란주점 앞길에서 주점 종업원 A를 승용차에 태우고 가다가 현금 35만원 등이 들어 있는 가방을 빼앗아 강취하고 약 2주간의 치료를 요하는 상해를 가한 후, 계속하여 단란주점에서 약 15km 떨어진 월드컵주경기장 부근까지 운행한 경우 (강도상해죄와 감금죄)

㉡ 피고인 甲 등이 법무사 사무실에서, 부동산의 3분의 1 지분을 소유하고 있는 공유자 A, B, C를 만나 부동산에 관한 매매계약을 체결한 후 그 매매계약의 내용에 따라 乙과 임야 전체에 관하여 채권채고액을 7억원으로 하는 하나의 근저당권설정계약을 체결하여 재산상 이익을 편취한 경우 (3개의 사기죄)

㉢ 피고인이 한국렌탈과 렌탈(임대차)계약을 체결하고 컴퓨터 본체 24대, 모니터 1대를 받아 보관하였고, 대원씨티에스와 사이에 리스(임대차)계약을 체결하고 컴퓨터 본체 13대, 모니터 41대, 그래픽카드 13개, 마우스 11개를 보관하다가 성명불상의 업체에 이를 한꺼번에 처분한 경우 (2개의 횡령죄)

㉣ 건물관리인인 피고인이 건물주로부터 월세임대차계약 체결업무를 위임받고도 임차인들을 속여 전세임대차계약을 체결하고 그 보증금을 편취한 경우 (사기죄와 업무상배임죄)

㉤ 피고인 甲이 주말부킹권을 제공해 달라는 부정한 청탁을 받고 乙로부터 110회에 걸쳐 합계 5억 29,710,000원의, 丙으로부터 46회에 걸쳐 2억 89,025,000원의 각 금품을 수수한 경우 (2개의 배임수재죄)

㉥ 경찰관 A와 B가 피고인에 대하여 접수된 피해 신고를 받고 함께 출동하여 신고 처리 및 수사 업무를 집행중이었는데, 피고인이 욕설을 하면서 먼저 경찰관 A를 폭행하고 곧이어 이를 제지하는 경찰관 B를 폭행한 경우 (2개의 공무집행방해죄)

① 1개
② 2개
③ 3개
④ 4개

해설

③ ㉠㉣㉤ 3항목은 실체적 경합범이고, ㉡㉢㉥ 3항목은 상상적 경합범이다.

㉠ 감금행위가 단순히 강도상해 범행의 수단이 되는 데 그치지 아니하고 강도상해의 범행이 끝난 뒤에도 계속된 경우에는 1개의 행위가 감금죄와 강도상해죄에 해당하는 경우라고 볼 수 없고, 이 경우 감금죄와 강도상해죄는 경합범 관계에 있다 (대법원 2003.1.10, 2002도4380 월드컵경기장까지 사건).

㉡ 1개의 기망행위에 의하여 다수의 피해자로부터 각각 재산상 이익을 편취한 경우에는 피해자별로 수 개의 사기죄가 성립하고, 그 사이에는 상상적 경합의 관계에 있다(대법원 2015.4.23, 2014도16980 파주시 만우리 임야 사건).

㉢ 여러 개의 위탁관계에 의하여 보관하던 여러 개의 재물을 1개의 행위에 의하여 횡령한 경우 위탁관계별로 수 개의 횡령죄가 성립하고, 그 사이에는 상상적 경합의 관계가 있다(대법원 2013.10.31, 2013도10020 렌탈 컴퓨터 횡령 사건).

㉣ 본인에 대한 배임행위가 본인 이외의 제3자에 대한 사기죄를 구성한다 하더라도 그로 인하여 본인에게 손해가 생긴 때에는 사기죄와 함께 배임죄가 성립한다(대법원 2010.11.11, 2010도10690 월세 대신 전세 사건).

㉤ 여러 사람으로부터 각각 부정한 청탁을 받고 그들로부터 각각 금품을 수수한 경우에는 비록 그 청탁이 동종의 것이라고 하더라도 단일하고 계속된 범의 아래 이루어진 범행으로 보기 어려워 그 전체를 포괄일죄로 볼 수 없다(대법원 2008.12.11, 2008도6987 주말부킹권 부정판매 사건). 실체적 경합범에 해당한다.

㉥ 동일한 공무를 집행하는 여럿의 공무원에 대하여 폭행·협박 행위를 한 경우에는 공무를 집행하는 공무원의 수에 따라 여럿의 공무집행방해죄가 성립하고, 위와 같은 폭행·협박 행위가 동일한 장소에서 동일한 기회에 이루어진 것으로서 사회관념상 1개의 행위로 평가되는 경우에는 여럿의 공무집행방해죄는 상상적 경합의 관계에 있다(대법원 2009.6.25, 2009도3505 경찰관 2명 폭행 사건).

294 죄수에 관한 다음 설명 중 옳지 않은 것은 모두 몇 개인가? (다툼이 있으면 판례에 의함)

1 2 3

[Superlative ★★★]

㉠ 운전자가 타차량을 들이받아 차량을 손괴하고 동시에 차량에 타고 있던 승객에게 상해를 입힌 경우, 이는 동일한 업무상과실로 발생한 수 개의 결과로서 상상적 경합관계에 있다.
㉡ 혈중알콜농도 0.05% 이상[22년 현재 0.03% 이상]의 음주상태로 동일한 차량을 일정기간 계속하여 운전하다가 1회 음주측정을 받았다면 음주운전으로 인한 도로교통법위반의 포괄일죄에 해당한다.
㉢ 계속적으로 무면허운전을 할 의사를 가지고 여러 날에 걸쳐 무면허운전행위를 반복한 경우 무면허운전으로 인한 도로교통법위반의 포괄일죄에 해당한다.
㉣ 무면허인데다가 술이 취한 상태에서 오토바이를 운전하였다는 것은 별개의 행위라 할 것이므로 두 죄(무면허운전죄와 음주운전죄)는 실체적 경합관계에 있다.
㉤ 운전자가 호흡측정기에 의한 음주측정을 거부하여 음주측정거부죄가 기수에 도달한 후 채혈 등을 통하여 음주수치(0.05% 이상[22년 현재 0.03% 이상])가 밝혀진 경우, 음주측정거부로 인한 도로교통법위반죄만 성립하고, 주취운전으로 인한 도로교통법위반죄는 별도로 성립하지 아니한다.

① 0개 ② 1개
③ 2개 ④ 3개

해설

④ ㉢㉣㉤ 3항목이 옳지 않다.

㉠ [○] 운전자가 타차량을 들이받아 차량을 손괴하고 동시에 차량에 타고 있던 승객에게 상해를 입힌 경우, 이는 동일한 업무상과실로 발생한 수 개의 결과로서 **상상적 경합관계에 있다**(대법원 1986.2.11, 85도2658).

㉡ [○] 혈중알콜농도 0.05% 이상[22년 현재 0.03% 이상]의 음주상태로 동일한 차량을 일정기간 계속하여 운전하다가 1회 음주측정을 받았다면 음주운전으로 인한 **도로교통법위반의 포괄일죄에 해당한다**(대법원 2007.7.26, 2007도4404 목포 음주운전 사건).

㉢ [×] 무면허운전으로 인한 도로교통법위반죄에 있어서는 운전한 날을 기준으로 운전한 날마다 1개의 운전행위가 있다고 보는 것이 상당하므로 운전한 날마다 무면허운전으로 인한 도로교통법위반의 1죄가 성립한다고 보아야 하고, 비록 계속적으로 무면허운전을 할 의사를 가지고 여러 날에 걸쳐 무면허운전행위를 반복하였다 하더라도 이를 포괄하여 일죄로 볼 수는 없다(대법원 2002.7.23, 2001도6281 이틀 무면허운전 사건).

㉣ [×] 무면허인데다가 술이 취한 상태에서 오토바이를 운전하였다는 것은 1개의 운전행위라 할 것이므로 두 죄(무면허운전죄와 음주운전죄)는 상상적 경합관계에 있다(대법원 1987.2.24, 86도2731 술먹고 면허없이 사건).

㉤ [×] 주취운전은 술에 '취한' 자가 행위의 주체인 반면, 음주측정거부는 술에 취한 상태에서 자동차 등을 운전하였다고 인정할 만한 상당한 이유가 있는 자가 행위의 주체인 것이어서, 결국 양자가 반드시 동일한 법익을 침해하는 것이라거나 주취운전의 불법과 책임내용이 일반적으로 음주측정거부의 그것에 포섭되는 것이라고는 단정할 수 없으므로, 결국 주취운전과 음주측정거부의 각 도로교통법위반죄는 실체적 경합관계에 있다(대법원 2004.11.12, 2004도5257).

정답 | 293 ③ 294 ④

295 죄수에 관한 다음 설명 중 옳지 않은 것을 모두 고른 것은? (다툼이 있으면 판례에 의함)

1 2 3

[Superlative ★★★]

㉠ 음주로 인한 특가법위반(위험운전치사상)죄와 도로교통법 위반(음주운전)죄는 별개의 범죄로서 양 죄가 모두 성립하는 경우 두 죄는 상상적 경합범의 관계에 있다.

㉡ 음주로 인한 특가법위반(위험운전치사상)죄가 성립하는 때에는 차의 운전자가 업무상과실치사상죄를 범한 것을 내용으로 하는 교통사고처리특례법 위반죄는 그 죄에 흡수되어 별죄를 구성하지 아니한다.

㉢ 음주 또는 약물의 영향으로 정상적인 운전이 곤란한 상태에서 자동차를 운전하여 사람을 상해에 이르게 함과 동시에 다른 사람의 재물을 손괴한 때에는 특가법위반(위험운전치사상)죄 외에 업무상과실 재물손괴로 인한 도로교통법위반죄가 성립하고, 두 죄는 상상적 경합관계에 있다.

① 없음　　② ㉠

③ ㉡㉢　　④ ㉠㉢

해설

② ㉠ 항목만 옳지 않다.

㉠ [×] 음주로 인한 특가법위반(위험운전치사상)죄와 도로교통법 위반(음주운전)죄가 모두 성립하는 경우 두 죄는 실체적 경합관계에 있다(대법원 2008.11.13, 2008도7143 음주 택시운전 사건).

㉡ [○] 음주로 인한 특가법위반(위험운전치사상)죄가 성립하는 때에는 차의 운전자가 업무상과실치사상죄를 범한 것을 내용으로 하는 교통사고처리특례법 위반죄는 그 죄에 **흡수되어 별죄를 구성하지 아니한다**(대법원 2008.12.11, 2008도9182 봉천동 음주교통사고 사건).

㉢ [○] 음주 또는 약물의 영향으로 정상적인 운전이 곤란한 상태에서 자동차를 운전하여 사람을 상해에 이르게 함과 동시에 다른 사람의 재물을 손괴한 때에는 특가법위반(위험운전치사상)죄 외에 업무상과실재물손괴로 인한 도로교통법위반죄가 성립하고, 두 죄는 **상상적 경합관계에 있다**(대법원 2010.1.14, 2009도10845 영주 휴천동 사고 사건).

296 죄수에 관한 다음 설명 중 옳지 않은 것은 모두 몇 개인가? (다툼이 있으면 판례에 의함)

1 2 3

[Superlative ★★★]

㉠ 변호사가 아닌 사람이 각기 다른 법률사건에 관한 법률사무를 취급하여 저지르는 변호사법 제109조 제1항 위반의 범행은 특별한 사정이 없는 한 포괄일죄가 되는 것이지 실체적 경합범이 되는 것이 아니다.

㉡ 공무원이 취급하는 사건에 관하여 청탁 또는 알선을 할 의사와 능력이 없음에도 청탁 또는 알선을 한다고 기망하고 이에 속은 피해자로부터 청탁자금 명목으로 금품을 받았다면, 사기죄와 변호사법 제111조 위반죄에 각 해당하고 두 죄는 상상적 경합의 관계에 있다.

㉢ 피고인이 금융회사 등의 임직원의 직무에 속하는 사항에 관하여 알선할 의사와 능력이 없음에도 알선을 한다고 기망하고 피해자로부터 금품 등을 수수하였다면, 사기죄와 특경법 제7조(알선수재) 위반죄에 각 해당하고 두 죄는 상상적 경합의 관계에 있다.

㉣ 피고인이 피해자를 협박함으로써 금원을 갈취하고 이로 인하여 법정 중개수수료 상한을 초과한 금품을 받은 경우, 공갈죄와 부동산중개업법위반죄가 각 성립하고 이들은 실체적 경합범의 관계에 있다.

㉤ 국회의원 선거에서 정당의 공천을 받게 하여 줄 의사나 능력이 없음에도 이를 해 줄 수 있는 것처럼 기망하여 공천과 관련하여 금품을 받은 경우 공직선거법상 공천관련 금품수수죄와 사기죄가 모두 성립하고 양자는 상상적 경합의 관계에 있다.

① 0개 ② 1개

③ 2개 ④ 3개

해설

③ ㉠㉣ 2항목이 옳지 않다.

㉠ [×] 변호사가 아닌 사람이 각기 다른 법률사건에 관한 법률사무를 취급하여 저지르는 변호사법 제109조 제1항 위반의 범행은 특별한 사정이 없는 한 실체적 경합범이 되는 것이지 포괄일죄가 되는 것이 아니다(대법원 2015.1.15, 2011도14198 사무장 2550건 수임 사건).

㉡ [○] 공무원이 취급하는 사건에 관하여 청탁 또는 알선을 할 의사와 능력이 없음에도 청탁 또는 알선을 한다고 기망하고 이에 속은 피해자로부터 청탁자금 명목으로 금품을 받았다면, **사기죄와 변호사법 제111조 위반죄에 각 해당하고 두 죄는 상상적 경합의 관계에 있다**(대법원 2007.5.10, 2007도2372).

㉢ [○] 피고인이 금융회사 등의 임직원의 직무에 속하는 사항에 관하여 알선할 의사와 능력이 없음에도 알선을 한다고 기망하고 피해자로부터 금품 등을 수수하였다면, **사기죄와 특경법 제7조(알선수재) 위반죄에 각 해당하고 두 죄는 상상적 경합의 관계에 있다**(대법원 2012.6.28, 2012도3927 금융자문 사기 사건).

㉣ [×] 피고인이 피해자를 협박함으로써 금원을 갈취하고 이로 인하여 법정 중개수수료 상한을 초과한 금품을 받은 것은 1개의 행위가 수 개의 죄(공갈죄와 부동산중개업법위반죄)에 해당하는 상상적 경합의 경우에 해당한다(대법원 1996.10.15, 96도1301 중개수수료 2억 5천만원 사건).

㉤ [○] 국회의원 선거에서 정당의 공천을 받게 하여 줄 의사나 능력이 없음에도 이를 해 줄 수 있는 것처럼 기망하여 공천과 관련하여 금품을 받은 경우 **공직선거법상 공천관련 금품수수죄와 사기죄가 모두 성립하고 양자는 상상적 경합의 관계에 있다**(대법원 2013.9.26, 2013도7876 민주통합당 공천비리 사건).

정답 | 295 ② 296 ③

297 죄수에 관한 다음 설명 중 옳지 않은 것을 모두 고른 것은? (다툼이 있으면 판례에 의함)

1 2 3

[Superlative ★★★]

> ㉠ 폭처법 제4조의 범죄단체를 구성하거나 이에 가입한 자가 더 나아가 구성원으로 활동하는 경우, 범죄단체 가입의 점과 범죄단체 구성원으로서의 활동의 점은 실체적 경합범에 해당한다.
> ㉡ 폭처법 제4조의 범죄단체 구성원으로서 활동하는 행위와 집단감금 또는 집단상해행위는 각각 별개의 범죄구성요건을 충족하는 독립된 행위라고 보아야 한다.
> ㉢ 피고인이 보이스피싱 사기 범죄단체에 가입한 후 사기범죄의 피해자들로부터 돈을 편취하는 등 그 구성원으로서 활동한 경우, 형법 제114조의 범죄단체조직죄만 성립할 뿐 법조경합 관계에 있는 별도로 사기죄는 성립하지 아니한다.

① 없음 ② ㉠
③ ㉠㉢ ④ ㉠㉡㉢

해설

③ ㉠㉢ 2항목이 옳지 않다.

㉠ [×] 범죄단체의 구성이나 가입은 범죄행위의 실행 여부와 관계없이 범죄단체 구성원으로서의 활동을 예정하는 것이고, 범죄단체 구성원으로서의 활동은 범죄단체의 구성이나 가입을 당연히 전제로 하는 것이므로 범죄단체를 구성하거나 이에 가입한 자가 더 나아가 구성원으로 활동하는 경우 이는 포괄일죄의 관계에 있다(대법원 2015.9.10, 2015도7081). 따라서 이 경우 범죄단체 구성원으로서의 활동이 종료한 때로부터 공소시효가 진행한다.

㉡ [○] 폭처법 제4조의 범죄단체 구성원으로서 활동하는 행위와 집단감금 또는 집단상해행위는 **각각 별개의 범죄구성요건을 충족하는 독립된 행위라고 보아야 한다**(대법원 2008.5.29, 2008도1857 국제피제이파 사건).

㉢ [×] 범죄단체 가입행위 또는 범죄단체 구성원으로서 활동하는 행위와 사기행위는 각각 별개의 범죄구성요건을 충족하는 독립된 행위이고 서로 보호법익도 달라 법조경합 관계로 목적된 범죄인 사기죄만 성립하는 것은 아니다(대법원 2017.10.26, 2017도8600 보이스피싱 조직 사건). 양 범죄는 실체적 경합범의 관계에 있는 것으로 해석된다.

298 죄수에 관한 다음 설명 중 옳지 않은 것을 모두 고른 것은? (다툼이 있으면 판례에 의함) [core ★★]

1 2 3

> ㉠ '영업으로 성매매를 알선한 행위'와 '영업으로 성매매에 제공되는 건물을 제공하는 행위'는 당해 행위 사이에서 각각 포괄일죄를 구성할 뿐, 서로 독립된 가벌적 행위로서 별개의 죄를 구성한다.
> ㉡ 허가 없이 판매의 목적으로 의약품을 제조하여 이를 판매한 경우에도 그 제조행위와 판매행위는 각각 독립된 행위로서 별개의 죄를 구성하고 위 판매행위가 판매목적의 제조행위에 흡수되는 불가벌적 사후행위는 아니다.
> ㉢ 컴퓨터로 음란 동영상을 제공한 제1범죄행위로 서버컴퓨터가 압수된 이후 다시 장비를 갖추어 동종의 제2범죄행위를 하고 제2범죄행위로 인하여 약식명령을 받아 확정된 경우, 피고인에게 범의의 갱신이 있어 제1범죄행위는 약식명령이 확정된 제2범죄행위와 실체적 경합관계에 있다.

① 없음　　② ㉠

③ ㉠㉢　　④ ㉡㉢

해설

① 모든 항목이 옳다.

㉠ '영업으로 성매매를 알선한 행위'와 '영업으로 성매매에 제공되는 건물을 제공하는 행위'는 당해 행위 사이에서 각각 포괄일죄를 구성할 뿐, 서로 독립된 가벌적 행위로서 별개의 죄를 구성한다(대법원 2011.5.26, 2010도6090 나이스 스포츠마사지 사건).

㉡ 허가 없이 판매의 목적으로 의약품을 제조하여 이를 판매한 경우에도 그 제조행위와 판매행위는 각각 독립된 행위로서 별개의 죄를 구성하고 위 판매행위가 판매목적의 제조행위에 흡수되는 불가벌적 사후행위는 아니다(대법원 1984.10.23, 84도1945).

㉢ 컴퓨터로 음란 동영상을 제공한 제1범죄행위로 서버컴퓨터가 압수된 이후 다시 장비를 갖추어 동종의 제2범죄행위를 하고 제2범죄행위로 인하여 약식명령을 받아 확정된 경우, 피고인에게 범의의 갱신이 있어 제1범죄행위는 약식명령이 확정된 제2범죄행위와 실체적 경합관계에 있다(대법원 2005.9.30, 2005도4051 라이브클럽 PC방 사건).

정답 | 297 ③　298 ①

299 경합범의 처벌에 관한 다음 설명 중 옳지 않은 것은 모두 몇 개인가? (다툼이 있으면 판례에 의함)

1 2 3

[Superlative ★★★]

㉠ 한 개의 행위가 여러 개의 죄에 해당하는 경우에는 가장 무거운 죄에 정한 형의 장기 또는 다액의 2분의 1까지 가중한다.

㉡ 판결이 확정되지 아니한 수 개의 죄 또는 벌금 이상의 형에 처한 판결이 확정된 죄와 그 판결확정 전에 범한 죄를 경합범으로 한다.

㉢ 경합범을 동시에 판결할 때에 가장 무거운 죄에 대하여 정한 형이 사형, 무기징역, 무기금고인 경우에는 가장 무거운 죄에 대하여 정한 형으로 처벌한다.

㉣ 경합범을 동시에 판결할 때에 각 죄에 대하여 정한 형이 사형, 무기징역, 무기금고 외의 같은 종류의 형인 경우에는 가장 무거운 죄에 대하여 정한 형의 장기 또는 다액에 그 2분의 1까지 가중하되 각 죄에 대하여 정한 형의 장기 또는 다액을 합산한 형기 또는 액수를 초과할 수 없다. 다만, 과료와 과료, 몰수와 몰수는 병과할 수 있다.

㉤ 경합범 중 판결을 받지 아니한 죄가 있는 때에는 그 죄와 판결이 확정된 죄를 동시에 판결할 경우와 형평을 고려하여 그 죄에 대하여 형을 선고한다. 이 경우 그 형을 감경 또는 면제한다.

① 0개 ② 1개

③ 2개 ④ 3개

해설

④ ㉠㉡㉤ 3항목이 옳지 않다.

㉠ [×] 한 개의 행위가 여러 개의 죄에 해당하는 경우에는 가장 무거운 죄에 대하여 정한 형으로 처벌한다(제40조).

㉡ [×] 판결이 확정되지 아니한 수 개의 죄 또는 금고 이상의 형에 처한 판결이 확정된 죄와 그 판결확정 전에 범한 죄를 경합범으로 한다(제37조).

㉢ [○] 경합범을 동시에 판결할 때에 가장 무거운 죄에 대하여 정한 형이 **사형, 무기징역, 무기금고인 경우에는 가장 무거운 죄에 대하여 정한 형으로 처벌한다**(제38조 제1항 제1호).

㉣ [○] 경합범을 동시에 판결할 때에 각 죄에 대하여 정한 형이 사형, 무기징역, 무기금고 외의 같은 종류의 형인 경우에는 가장 무거운 죄에 대하여 정한 형의 장기 또는 다액에 그 **2분의 1까지 가중**하되 각 죄에 대하여 정한 형의 **장기 또는 다액을 합산한 형기 또는 액수를 초과할 수 없다**. 다만, 과료와 과료, 몰수와 몰수는 병과할 수 있다(제38조 제1항 제2호).

㉤ [×] 경합범 중 판결을 받지 아니한 죄가 있는 때에는 그 죄와 판결이 확정된 죄를 동시에 판결할 경우와 형평을 고려하여 그 죄에 대하여 형을 선고한다. 이 경우 그 형을 감경 또는 면제할 수 있다(제39조 제1항).

300 甲은 순차로 강도죄(3년 이상의 유기징역에 처한다)와 공인위조죄(5년 이하의 징역에 처한다)를 범하여, 법원이 이를 동시에 판결하려고 할 때 그 처단형으로 옳은 것은? 다른 형의 가중 · 감경 사유는 없는 것으로 간주한다. [Superlative ★★★]

1 2 3

① 5년 이상 45년 이하 징역
② 3년 이상 45년 이하 징역
③ 3년 이상 35년 이하 징역
④ 5년 이상 35년 이하 징역

해설

③ 강도죄의 법정형은 3년 이상 30년 이하의 징역이고, 공인위조죄의 법정형은 1월 이상 5년 이하의 징역이므로 이를 경합범 가중을 하면 처단형은 3년 이상 35년 이하의 징역이 된다.

(1) 징역은 무기 또는 유기로 하고 유기는 1개월 이상 30년 이하로 한다. 단, 유기징역에 대하여 형을 가중하는 때에는 50년까지로 한다(제42조). (2) 경합범을 동시에 판결할 때에는 각 죄에 정한 형이 사형 또는 무기징역이나 무기금고 이외의 동종의 형인 때에는 가장 중한 죄에 정한 장기 또는 다액에 그 2분의 1까지 가중하되 각 죄에 정한 형의 장기 또는 다액을 합산한 형기 또는 액수를 초과할 수 없다(제38조 제1항 제2호).

301 甲은 순차로 강도죄(3년 이상의 유기징역에 처한다)와 사문서위조죄(5년 이하의 징역 또는 1,000만원 이하의 벌금에 처한다)를 범하여, 법원이 이를 동시에 판결하려고 할 때 다음 중 선고할 수 없는 형벌은? 다른 형의 가중 · 감경 사유는 없는 것으로 간주한다. [Superlative ★★★]

1 2 3

① 징역 20년
② 징역 7년 및 벌금 1,500만원
③ 징역 5년 및 벌금 700만원
④ 징역 3년 및 벌금 500만원

해설

② 사문서위조죄의 법정형 중 '5년 이하의 징역'을 선택하면 처단형은 3년 이상 35년 이하의 징역이 되고, 사문서위조죄의 법정형 중 '1,000만원 이하의 벌금'을 선택하면 처단형은 3년 이상 30년 이하 징역 및 1,000만원 이하의 벌금이 된다. '벌금 1,500만원'은 법원이 선고할 수 없다.

(1) 징역은 무기 또는 유기로 하고 유기는 1개월 이상 30년 이하로 한다. 단, 유기징역에 대하여 형을 가중하는 때에는 50년까지로 한다(제42조). (2) 경합범을 동시에 판결할 때에는 각 죄에 정한 형이 사형 또는 무기징역이나 무기금고 이외의 동종의 형인 때에는 가장 중한 죄에 정한 장기 또는 다액에 그 2분의 1까지 가중하되 각 죄에 정한 형의 장기 또는 다액을 합산한 형기 또는 액수를 초과할 수 없다(제38조 제1항 제2호). (3) 경합범을 동시에 판결할 때에 각 죄에 정한 형이 무기징역이나 무기금고 이외의 이종의 형인 때에는 병과한다(제38조 제1항 제3호).

정답 | 299 ④ 300 ③ 301 ②

302 1 2 3 경합범의 처벌에 관한 다음 설명 중 옳지 않은 것은? (다툼이 있으면 판례에 의함) [Superlative ★★★]

① 상상적 경합범은 '가장 중한 죄에 정한 형으로 처벌한다'라고 규정하고 있으므로 중한 죄의 하한이 다른 죄의 하한의 형보다 경한 경우라도, 중한 죄의 하한이 처단형의 하한이 된다.

② 실체적 경합범에 있어 가장 중한 죄 아닌 죄에 정한 형의 단기가 가장 중한 죄에 정한 형의 단기보다 중한 때에는 그 중한 단기를 처단형의 하한으로 하여야 한다.

③ 공도화변조죄와 동행사죄가 수뢰후부정처사죄와 각각 상상적 경합범 관계에 있을 때에는 공도화변조죄와 동행사죄 상호간은 실체적 경합범 관계에 있다고 할지라도 상상적 경합범 관계에 있는 수뢰후부정처사죄와 대비하여 가장 중한 죄에 정한 형으로 처단하면 족하고 따로 경합범 가중을 할 필요가 없다.

④ 허위공문서작성죄와 동행사죄가 수뢰후부정처사죄와 각각 상상적 경합관계에 있을 때에는 허위공문서작성죄와 동행사죄 상호간은 실체적 경합범관계에 있다고 할지라도 상상적 경합범 관계에 있는 수뢰후부정처사죄와 대비하여 가장 중한 죄에 정한 형으로 처단하면 족하고 따로 경합범 가중을 할 필요가 없다.

해설

① [×] 형법 제40조가 규정하는 1개의 행위가 수 개의 죄에 해당하는 경우에는 '가장 중한 죄에 정한 형으로 처벌한다'함은 그 수 개의 죄명 중 가장 중한 형을 규정한 법조에 의하여 처단한다는 취지와 함께 다른 법조의 최하한의 형보다 가볍게 처단할 수는 없다는 취지 즉, 각 법조의 상한과 하한을 모두 중한 형의 범위 내에서 처단한다는 것을 포함하는 것으로 새겨야 한다(대법원 2012.6.28, 2012도3927 금융자문 사기 사건).

② [○] 실체적 경합범에 있어 가장 중한 죄 아닌 죄에 정한 형의 단기가 가장 중한 죄에 정한 형의 단기보다 중한 때에는 **그 중한 단기를 처단형의 하한으로 하여야 한다**(대법원 1985.4.23, 84도2890).

③ [○] 공도화변조죄와 동행사죄가 수뢰후부정처사죄와 각각 상상적 경합범 관계에 있을 때에는 공도화변조죄와 동행사죄 상호간은 실체적 경합범 관계에 있다고 할지라도 상상적 경합범 관계에 있는 수뢰후부정처사죄와 대비하여 가장 중한 죄에 정한 형으로 처단하면 족하고 따로 **경합범 가중을 할 필요가 없다**(대법원 2001.2.9, 2000도1216 도시계획도 변조사건).

④ [○] 허위공문서작성죄와 동행사죄가 수뢰후부정처사죄와 각각 상상적 경합관계에 있을 때에는 허위공문서작성죄와 동행사죄 상호간은 실체적 경합범 관계에 있다고 할지라도 상상적 경합범 관계에 있는 수뢰후부정처사죄와 대비하여 가장 중한 죄에 정한 형으로 처단하면 족하고 따로 **경합범 가중을 할 필요가 없다**(대법원 1983.7.26, 83도1378 예비군중대장 사건).

303 1 2 3 甲은 사기죄 및 변호사법위반죄의 상상적 경합범으로 기소가 되었는 바, 다른 가중 · 감면 사유가 없는 경우 처단형의 범위로서 옳은 것은? 사기죄의 법정형은 10년 이하의 징역 또는 2천만원 이하의 벌금이고, 변호사법위반죄의 법정형은 5년 이하의 징역 또는 1천만원 이하의 벌금이며 금품 기타 이익을 필요적으로 몰수 · 추징한다. (다툼이 있으면 판례에 의함) [Superlative ★★★]

① 10년 이하 징역 또는 2천만원 이하 벌금

② 15년 이하 징역 또는 3천만원 이하 벌금

③ 10년 이하 징역 또는 2천만원 이하 벌금 및 금품 기타 이익 몰수 · 추징

④ 15년 이하 징역 또는 3천만원 이하 벌금 및 금품 기타 이익 몰수 · 추징

해설

③ 처단형의 범위는 10년 이하 징역 또는 2천만원 이하 벌금 및 금품 기타 이익 몰수 · 추징이 된다.
(1) 형법 제40조가 규정하는 1개의 행위가 수 개의 죄에 해당하는 경우에는 '가장 중한 죄에 정한 형으로 처벌한다'함은 그 수 개의 죄명 중 가장 중한 형을 규정한 법조에 의하여 처단한다는 취지와 함께 다른 법조의 최하한의 형보다 가볍게 처단할 수는 없다는 취지 즉, 각 법조의 상한과 하한을 모두 중한 형의 범위 내에서 처단한다는 것을 포함하는 것으로 새겨야 할 것이다. (2) 원심이 같은 취지에서 상상적 경합의 관계에 있는 사기죄와 변호사법위반죄에 대하여 형이 더 무거운 사기죄에 정한 형으로 처벌하기로 하면서도 판시의 금품은 공무원이 취급하는 사건에 관하여 청탁을 한다는 명목으로 받은 것으로서 몰수할 수 없으므로 구 변호사법 제116조, 제111조에 의하여 그 상당액을 추징한 것은 옳다(대법원 2006.1.27, 2005도8704).

304 1 2 3 예비군 중대장 甲은 乙로부터 100만원을 교부받고 乙이 예비군훈련에 참석한 것처럼 예비군 중대학급 편성부에 허위로 '참(參)'이라는 도장을 찍고 그 편성부를 예비군중대 사무실에 비치하였다. 甲의 죄책과 처단에 관한 설명 중 옳은 것은? (다툼이 있으면 판례에 의함) [Superlative ★★★]

① 허위공문서작성죄, 동행사죄, 수뢰후부정처사죄 모두 상상적 경합(가장 형이 중한 수뢰후부정처사죄에 정한 형으로 처단)

② 허위공문서작성죄, 동행사죄, 수뢰후부정처사죄 모두 실체적 경합(가장 형이 중한 수뢰후부정처사죄에 정한 형의 장기 1/2을 가중하여 처단)

③ 허위공문서작성죄 및 동행사죄와 수뢰후부정처사죄와는 각각 실체적 경합, 허위공문서작성죄와 동행사죄 상호간은 상상적 경합(가장 형이 중한 수뢰후부정처사죄에 정한 형으로 처단)

④ 허위공문서작성죄 및 동행사죄와 수뢰후부정처사죄와는 각각 상상적 경합, 허위공문서작성죄와 동행사죄 상호간은 실체적 경합(가장 형이 중한 수뢰후부정처사죄에 정한 형으로 처단)

해설

④ 이 지문이 옳은 지문이다.
(1) 예비군 중대장이 그 소속예비군으로부터 금원을 교부받고 그 예비군이 예비군훈련에 불참하였음에도 불구하고 참석한 것처럼 허위내용의 중대학급편성명부를 작성, 행사한 경우라면 수뢰후부정처사죄 외에 별도로 허위공문서작성 및 동행사죄가 성립하고 이들 죄와 수뢰후부정처사죄는 각각 상상적 경합관계에 있다. (2) 허위공문서작성죄와 동행사죄가 수뢰후부정처사죄와 각각 상상적 경합관계에 있을 때에는 허위공문서작성죄와 동행사죄 상호간은 실체적 경합범 관계에 있다고 할지라도 상상적 경합범 관계에 있는 수뢰후부정처사죄와 대비하여 가장 중한 죄에 정한 형으로 처단하면 족한 것이고 따로이 경합가중을 할 필요가 없다(대법원 1983.7.26, 83도1378 예비군중대장 사건). 처벌에 있어 연결효과에 의한 상상적 경합을 인정한 듯한 판례다.

정답 | 302 ① 303 ③ 304 ④

305 형법 제37조의 경합범에 관한 다음 설명 중 옳지 않은 것은? (다툼이 있으면 판례에 의함) [core ★★]

1 2 3

① 피고인이 벌금형의 확정 전후에 범한 각 죄는 형법 제37조 후단의 경합범 관계에 있으므로 그에 대하여 각각의 형을 선고하여야 한다.

② 수 개의 마약법위반(향정)죄의 중간에 확정판결이 존재하여 확정판결 전후의 범죄가 서로 경합범 관계에 있지 않게 된 경우, 형법 제39조 제1항에 따라 2개의 주문으로 형을 선고하여야 한다.

③ 상습사기의 범행이 단순사기죄의 확정판결의 전후에 걸쳐서 행하여진 경우에는 그 죄는 두 죄로 분리되지 않고 확정판결 후인 최종의 범죄행위시에 완성되는 것이다.

④ 포괄일죄로 되는 개개의 범죄행위가 다른 종류의 죄의 확정판결의 전후에 걸쳐서 행하여진 경우에는 그 죄는 2죄로 분리되지 않고 확정판결 후인 최종의 범죄행위시에 완성되는 것이다.

해설

① [×] (1) 판결이 확정되지 아니한 수 개의 죄 또는 금고 이상의 형에 처한 판결이 확정된 죄와 그 판결확정전에 범한 죄를 경합범으로 한다(제37조). (2) 피고인이 벌금형의 확정 전후에 범한 각 죄는 형법 제37조 전단의 경합범 관계에 있으므로 그에 대하여 하나의 형을 선고하여야 한다(대법원 2005.7.14, 2003도1166).

② [○] 수 개의 마약법위반(향정)죄의 중간에 확정판결이 존재하여 확정판결 전후의 범죄가 서로 경합범 관계에 있지 않게 된 경우, 형법 제39조 제1항에 따라 **2개의 주문으로 형을 선고하여야 한다**(대법원 2010.11.25, 2010도10985).

③ [○] 상습사기의 범행이 단순사기죄의 확정판결의 전후에 걸쳐서 행하여진 경우에는 그 죄는 두 죄로 분리되지 않고 **확정판결 후인 최종의 범죄행위시에 완성되는 것이다**(대법원 2010.7.8, 2010도1939). 상습사기죄가 아닌 단순사기죄로 유죄판결이 확정된 경우 그 기판력은 나머지 범죄에 미치지 아니한다(대법원 2004.9.16, 2001도3206 全合). 피고인이 상습사기에 해당하는 ⓐ, ⓑ, ⓒ죄를 범했고 ⓒ죄로 유죄판결이 확정된 후 다시 ⓓ, ⓔ죄를 범한 경우(ⓐ부터 ⓔ죄는 모두 사기의 포괄일죄의 관계에 있음), ⓐⓑⓓⓔ의 상습사기죄는 ⓒ죄에 대한 판결확정 후의 범죄이므로 형법 제37조 후단의 경합범이 아니라는 취지의 판례이다.

④ [○] 포괄일죄로 되는 개개의 범죄행위가 다른 종류의 죄의 확정판결의 전후에 걸쳐서 행하여진 경우에는 그 **죄는 2죄로 분리되지 않고 확정판결 후인 최종의 범죄행위시에 완성되는 것이다**(대법원 2015.9.10, 2015도7081). 피고인이 상습사기에 해당하는 ⓐ, ⓑ, ⓒ죄를 범했고 강간죄로 유죄판결이 확정된 후 다시 ⓓ, ⓔ죄를 범한 경우(ⓐ부터 ⓔ죄는 모두 사기의 포괄일죄의 관계에 있음), ⓐⓑⓒⓓⓔ의 상습사기죄는 강간죄에 대한 판결확정 후의 범죄이므로 형법 제37조 후단의 경합범이 아니라는 취지의 판례이다.

306 형법 제37조 후단의 경합범에 관한 다음 설명 중 옳지 않은 것은? (다툼이 있으면 판례에 의함)

1 2 3

[Superlative ★★★]

① 형법 제37조 후단의 경합범 즉 '판결이 확정된 죄와 그 판결확정 전에 범한 죄'에 있어서 '판결확정 전'의 의미는 판결이 상소등 통상의 불복방법에 의하여 다툴 수 없게 된 상태를 말한다.

② 형법 제37조 후단의 경합범에 있어서 '판결에 확정된 죄'라 함은 수 개의 독립한 죄 중의 어느 죄에 대하여 확정판결이 있었던 사실 자체를 의미하므로, 집행유예를 선고한 확정판결에 의한 형의 선고가 그 효력을 잃었다 하더라도 이는 형법 제37조 후단의 판결이 확정된 죄에 해당한다.

③ 형법 제37조 후단의 경합범에 있어서 '판결이 확정된 죄'라 함은 수 개의 독립된 죄 중의 어느 죄에 대하여 확정판결이 있었던 사실 자체를 의미하므로 사면됨으로써 형의 선고의 효력이 상실되었다고 하더라도 이는 형법 제37조 후단의 판결이 확정된 죄에 해당한다.

④ 재심대상판결을 받은 사람이 그 후 별개의 후행범죄를 저질렀는데 재심대상판결에 대한 재심판결이 후행범죄 판결보다 먼저 확정되는 경우에, 후행범죄와 재심판결이 확정된 재심사건 범죄 사이에 후단 경합범이 성립한다.

해설

④ [×] 유죄의 확정판결을 받은 사람이 그 후 별개의 후행범죄를 저질렀는데 유죄의 확정판결에 대하여 재심이 개시된 경우, 후행범죄가 그 재심대상판결에 대한 재심판결 확정 전에 범하여졌다 하더라도 (아직 판결을 받지 아니한 후행범죄는 재심심판절차에서 재심대상이 된 선행범죄와 함께 심리하여 동시에 판결할 수 없었으므로) 아직 판결을 받지 아니한 후행범죄와 재심판결이 확정된 선행범죄 사이에는 형법 제37조 후단 경합범이 성립하지 않는다(대법원 2019.6.20, 2018도20698 全合 재심판결의 확정력 사건).

① [○] 형법 제37조 후단의 경합범 즉 '판결이 확정된 죄와 그 판결확정 전에 범한 죄'에 있어서 '판결확정 전'의 의미는 판결이 **상소등 통상의 불복방법에 의하여 다툴 수 없게 된 상태를 말한다**(대법원 1983.7.12, 83도1200). 문맥이 약간 어색한데 이는 "'판결확정'의 의미는 판결이 상소등 통상의 불복방법에 의하여 다툴 수 없게 된 상태를 말한다"라고 해석하여야 한다.

② [○] 형법 제37조 후단의 경합범에 있어서 '판결에 확정된 죄'라 함은 수개의 독립한 죄 중의 어느 죄에 대하여 확정판결이 있었던 사실 자체를 의미하므로, 집행유예를 선고한 확정판결에 의한 형의 선고가 그 효력을 잃었다 하더라도 이는 **형법 제37조 후단의 판결이 확정된 죄에 해당한다**(대법원 1984.8.21, 84모1297).

③ [○] 형법 제37조 후단의 경합범에 있어서 '판결이 확정된 죄'라 함은 수개의 독립된 죄 중의 어느 죄에 대하여 확정판결이 있었던 사실 자체를 의미하므로, 사면됨으로써 형의 선고의 효력이 상실되었다고 하더라도 이는 **형법 제37조 후단의 판결이 확정된 죄에 해당한다**(대법원 1996.3.8, 95도2114).

정답 | 305 ① 306 ④

307 형법 제37조 후단의 경합범에 관한 다음 설명 중 옳은 것은? (다툼이 있으면 판례에 의함) [core ★★]

1 2 3

① 아직 판결을 받지 아니한 죄가 이미 판결이 확정된 죄와 동시에 판결할 수 없었던 경우에는 형법 제39조 제1항에 따라 동시에 판결할 경우와 형평을 고려하여 형을 선고하거나 그 형을 감경 또는 면제할 수 없다.

② 형법 제37조 후단 경합범에 대하여 형법 제39조 제1항에 의하여 형을 감경할 때에 법률상 감경에 관한 형법 제55조 제1항이 적용되지 않으므로 법률상 감경한 형의 하한인 '그 형기의 2분의 1'보다 낮은 형으로도 감경할 수 있다.

③ 형법 제37조의 후단 경합범에 대하여 심판하는 법원은 그 죄와 판결이 확정된 죄에 대한 선고형의 총합이 두 죄에 대하여 형법 제38조를 적용하여 산출한 처단형의 범위 내에 속하도록 후단 경합범에 대한 형을 정하여야 한다.

④ 무기징역에 처하는 판결이 확정된 죄와 형법 제37조의 후단 경합범의 관계에 있는 죄에 대하여 공소가 제기된 경우, 형법 제38조 제1항 제1호가 형법 제37조의 전단 경합범 중 가장 중한 죄에 정한 처단형이 무기징역인 때에는 흡수주의를 취하고 있으므로 법원은 뒤에 공소제기된 후단 경합범에 대한 형을 필요적으로 면제하여야 한다.

해설

① [○] 아직 판결을 받지 아니한 죄가 이미 판결이 확정된 죄와 **동시에 판결할 수 없었던 경우에는** 형법 제39조 제1항에 따라 동시에 판결할 경우와 형평을 고려하여 형을 선고하거나 그 **형을 감경 또는 면제할 수 없다**(대법원 2014.5.16, 2013도12003 해태건설 대표 사건).

② [×] 형법 제37조 후단 경합범에 대하여 형법 제39조 제1항에 의하여 형을 감경할 때에도 법률상 감경에 관한 형법 제55조 제1항이 적용되어 유기징역을 감경할 때에는 그 형기의 2분의 1 미만으로는 감경할 수 없다(대법원 2019.4.18, 2017도14609 全合 제39조 제1항 감경 사건).

③ [×] 형법 제39조 제1항은 '경합범 중 판결을 받지 아니한 죄가 있는 때에는 그 죄와 판결이 확정된 죄를 동시에 판결할 경우와 형평을 고려하여 그 죄에 대하여 형을 선고한다. 이 경우 그 형을 감경 또는 면제할 수 있다'고 정하고 있으므로, 형법 제37조의 후단 경합범에 대하여 형을 감경 또는 면제할 것인지는 원칙적으로 그 죄에 대하여 심판하는 법원이 재량에 따라 판단할 수 있고, 판결이 확정된 죄와 후단 경합범의 죄에 대한 선고형의 총합이 두 죄에 대하여 형법 제38조를 적용하여 산출한 처단형의 범위 내에 속하도록 후단 경합범에 대한 형을 정하여야 하는 제한을 받는 것은 아니다(대법원 2011.9.29, 2008도9109 탈영병 강도 사건).

④ [×] 무기징역에 처하는 판결이 확정된 죄와 형법 제37조의 후단 경합범의 관계에 있는 죄에 대하여 공소가 제기된 경우, 법원은 두 죄를 동시에 판결할 경우와 형평을 고려하여 후단 경합범에 대한 처단형의 범위 내에서 후단 경합범에 대한 선고형을 정할 수 있고, 형법 제38조 제1항 제1호가 형법 제37조의 전단 경합범 중 가장 중한 죄에 정한 처단형이 무기징역인 때에는 흡수주의를 취하였다고 하여 뒤에 공소제기된 후단 경합범에 대한 형을 필요적으로 면제하여야 하는 것은 아니다(대법원 2008.9.11, 2006도8376).

308 형벌에 관한 다음 설명 중 옳지 않은 것은?

1 2 3 [Essential ★]

① 징역 또는 금고는 무기 또는 유기로 하고 유기는 1개월 이상 30년 이하로 한다. 단, 유기징역 또는 유기금고에 대하여 형을 가중하는 때에는 50년까지로 한다.

② 형법 제43조에 기재한 자격의 전부 또는 일부에 대한 정지는 1년 이상 25년 이하로 한다.

③ 벌금은 5만원 이상으로 한다. 다만, 감경하는 경우에는 5만원 미만으로 할 수 있다.

④ 구류는 1일 이상 30일 미만으로 한다.

해설

② [×] 형법 제43조에 기재한 자격의 전부 또는 일부에 대한 정지는 1년 이상 15년 이하로 한다(제44조 제1항).

① [○] 징역 또는 금고는 무기 또는 유기로 하고 유기는 1개월 이상 30년 이하로 한다. 단, 유기징역 또는 유기금고에 대하여 형을 가중하는 때에는 50년까지로 한다(제42조).

③ [○] 벌금은 5만원 이상으로 한다. 다만, 감경하는 경우에는 5만원 미만으로 할 수 있다(제45조).

④ [○] 구류는 1일 이상 30일 미만으로 한다(제46조).

309 형벌에 관한 다음 설명 중 옳지 않은 것은?

1 2 3 [core ★★]

① 벌금과 과료는 판결확정일로부터 30일 내에 납입하여야 한다. 단, 벌금을 선고할 때에는 동시에 그 금액을 완납할 때까지 노역장에 유치할 것을 명할 수 있다.

② 벌금을 납입하지 아니한 자는 1월 이상 3년 이하, 과료를 납입하지 아니한 자는 1일 이상 30일 미만의 기간 노역장에 유치하여 작업에 복무하게 한다.

③ 벌금이나 과료를 선고할 때에는 이를 납입하지 아니하는 경우의 노역장 유치기간을 정하여 동시에 선고하여야 한다.

④ 선고하는 벌금이 1억원 이상 5억원 미만인 경우에는 300일 이상, 5억원 이상 50억원 미만인 경우에는 500일 이상, 50억원 이상인 경우에는 1천일 이상의 노역장 유치기간을 정하여야 한다.

해설

② [×] 벌금을 납입하지 아니한 자는 1일 이상 3년 이하, 과료를 납입하지 아니한 자는 1일 이상 30일 미만의 기간 노역장에 유치하여 작업에 복무하게 한다(제69조 제2항).

① [○] 벌금과 과료는 판결확정일로부터 30일 내에 납입하여야 한다. 단, 벌금을 선고할 때에는 동시에 그 금액을 완납할 때까지 노역장에 유치할 것을 명할 수 있다(제69조 제1항).

③ [○] 벌금이나 과료를 선고할 때에는 이를 납입하지 아니하는 경우의 노역장 유치기간을 정하여 동시에 선고하여야 한다(제70조 제1항).

④ [○] 선고하는 벌금이 1억원 이상 5억원 미만인 경우에는 300일 이상, 5억원 이상 50억원 미만인 경우에는 500일 이상, 50억원 이상인 경우에는 1천일 이상의 노역장 유치기간을 정하여야 한다(제70조 제2항).

정답 | 307 ① 308 ② 309 ②

310 몰수 · 추징에는 임의적 몰수 · 추징과 필요적 몰수 · 추징이 있다. 다음 중 필요적 몰수 · 추징의 대상인 것은 모두 몇 개인가? [Superlative ★★★]

1 2 3

> ㉠ 뇌물수수죄에 있어 범인이 받은 뇌물
> ㉡ 아편흡식죄에 있어 범인이 사용한 아편흡식기구
> ㉢ 유가증권위조죄에 있어 범인이 위조된 유가증권
> ㉣ 도박죄에 있어 범인이 도금(賭金)으로 제공한 금전
> ㉤ 살인죄에 있어 범인이 사용한 흉기
> ㉥ 배임수재죄에 있어 범인이 취득한 재물

① 1개 ② 2개

③ 3개 ④ 4개

해설

③ ㉠㉡㉥ 3항목이 필요적 몰수 · 추징의 대상이다(㉠ 제134조 ㉡ 제206조 ㉥ 제357조 제3항). ㉢㉣㉤ 3항목은 형법 총칙상 임의적 몰수 · 추징의 대상이다(제48조).

311 몰수 · 추징에 관한 다음 설명 중 옳지 않은 것은? (다툼이 있으면 판례에 의함) [Essential ★]

1 2 3

① 몰수는 타형에 부가하여 과한다. 단, 행위자에게 유죄의 재판을 아니할 때에도 몰수의 요건이 있는 때에는 몰수만을 선고할 수 있다.

② 형법 제49조 단서는 '행위자에게 유죄의 재판을 하지 아니할 때에도 몰수의 요건이 있는 때에는 몰수만을 선고할 수 있다'라고 규정하고 있으므로 법원은 실체판단에 들어가 공소사실을 인정하는 경우가 아닌 면소의 경우에도 몰수를 선고할 수 있다.

③ 몰수나 추징을 선고하기 위하여서는 몰수나 추징의 요건이 공소가 제기된 공소사실과 관련되어 있어야 하고, 공소사실이 인정되지 않는 경우에 이와 별개의 공소가 제기되지 아니한 범죄사실을 법원이 인정하여 그에 관하여 몰수나 추징을 선고하는 것은 불고불리의 원칙에 위반되어 불가능하다.

④ 몰수나 추징이 공소사실과 관련이 있다 하더라도 그 공소사실에 관하여 이미 공소시효가 완성되어 유죄의 선고를 할 수 없는 경우에는 몰수나 추징도 할 수 없다.

해설

② [×] 우리 법제상 공소의 제기 없이 별도로 몰수만을 선고할 수 있는 제도가 마련되어 있지 아니하므로 실체판단에 들어가 공소사실을 인정하는 경우가 아닌 면소의 경우에는 원칙적으로 몰수도 할 수 없다(대법원 2007.7.26, 2007도4556).

① [○] 몰수는 타형에 부가하여 과한다. 단, 행위자에게 유죄의 재판을 아니할 때에도 **몰수의 요건이 있는 때에는 몰수만을 선고할 수 있다**(제49조).

③④ [○] 형법 제49조 단서는 행위자에게 유죄의 재판을 하지 아니할 때에도 몰수의 요건이 있는 때에는 몰수만을 선고할 수 있다고 규정하고 있으므로 몰수뿐만 아니라 몰수에 갈음하는 추징도 위 규정에 근거하여 선고할 수 있다고 할 것이나 우리 법제상 공소의 제기 없이 별도로 몰수나 추징만을 선고할 수 있는 제도가 마련되어 있지 아니하므로 위 규정에 근거하여 몰수나 추징을 선고하기 위하여서는 몰수나 추징의 요건이 공소가 제기된 공소사실과 관련되어 있어야 하고, 공소사실이 인정되지 않는 경우에 이와 **별개의 공소가 제기되지 아니한 범죄사실을 법원이 인정하여 그에 관하여 몰수나 추징을 선고하는 것은 불고불리의 원칙에 위반되어 불가능**하며, 몰수나 추징이 공소사실과 관련이 있다 하더라도 그 공소사실에 관하여 **이미 공소시효가 완성되어 유죄의 선고를 할 수 없는 경우에는 몰수나 추징도 할 수 없다**(대법원 1992.7.28, 92도700 바이올린 밀수 사건).

312 몰수 · 추징에 관한 다음 설명 중 옳지 않은 것은? (다툼이 있으면 판례에 의함) [core ★★]

1 2 3

① 몰수는 반드시 압수되어 있는 물건에 대하여만 하는 것이 아니므로 몰수대상 물건이 압수되어 있는가 하는 점 및 적법한 절차에 의하여 압수되었는가 하는 점은 몰수의 요건이 아니다.

② 예금통장이 몰수되었다고 하여 그 예금반환채권까지 몰수된 것으로 볼 수 없다.

③ 피고인 이외의 제3자의 소유에 속하는 물건에 대하여 몰수를 선고한 판결의 효력은 유죄의 판결을 받은 피고인에 대해서는 물론 재판을 받지 아니한 제3자의 소유권에 행사에도 영향을 미쳐 그 제3자에 대해서도 그 물건을 소지하지 못하게 하는 효력이 있다.

④ 추징은 몰수할 물건의 전부 또는 일부를 몰수하지 못할 때 몰수에 갈음하여 그 가액의 납부를 명하는 처분으로서 실질적으로 볼 때 몰수와 표리관계에 있어 차이가 없다.

해설

③ [×] 피고인 이외의 제3자의 소유에 속하는 물건에 대하여 몰수를 선고한 판결의 효력은 원칙적으로 몰수의 원인이 된 사실에 관하여 유죄의 판결을 받은 피고인에 대한 관계에서 그 물건을 소지하지 못하게 하는 데 그치고 그 사건에서 재판을 받지 아니한 제3자의 소유권에 어떤 영향을 미치는 것이 아니다(대법원 2006.11.23, 2006도5586 이사 매수 실패 사건).

① [○] 몰수는 반드시 압수되어 있는 물건에 대하여만 하는 것이 아니므로 **몰수대상 물건이 압수되어 있는가 하는 점 및 적법한 절차에 의하여 압수되었는가 하는 점은 몰수의 요건이 아니다**(대법원 2014.9.4, 2014도3263).

② [○] 예금통장이 몰수되었다고 하여 그 **예금반환채권까지 몰수된 것으로 볼 수 없다**(대법원 1997.11.14, 97다34235).

④ [○] **추징은** 몰수할 물건의 전부 또는 일부를 몰수하지 못할 때 몰수에 갈음하여 그 가액의 납부를 명하는 처분으로서, **실질적으로 볼 때 몰수와 표리관계에 있어 차이가 없다**(대법원 2005.10.28, 2005도5822).

정답 | 310 ③ 311 ② 312 ③

313 몰수·추징에 관한 다음 설명 중 옳지 않은 것은? (다툼이 있으면 판례에 의함)

1 2 3 [core ★★]

① 형법 제48조 제1항에 의한 몰수는 임의적이므로 그 몰수의 요건에 해당되는 물건이라도 이를 몰수할 것인지 여부는 법원의 재량에 맡겨져 있다.

② 형법 제48조 제1항 제1호, 제2항에 의한 추징은 임의적인 것이므로 그 추징의 요건에 해당되는 물건이라도 이를 추징할 것인지의 여부는 법원의 재량에 맡겨져 있다.

③ 형법 제48조 제1항 제1호에 의한 몰수는 임의적인 것이므로 몰수의 요건에 해당하는 물건이라도 이를 몰수할 것인지의 여부는 형벌 일반에 적용되는 비례의 원칙에 의한 제한을 받는 외에는 법원의 재량에 맡겨져 있다.

④ 형벌은 공범자 전원에 대하여 별도로 선고하여야 한다 할지라도 법원이 乙로부터 부동산의 몰수를 명한 후 다시 그와 공범관계에 있는 甲으로부터도 그 부동산의 몰수를 명한 것은 위법하다.

해설

④ [×] (1) 형벌은 공범자 전원에 대하여 각기 별도로 선고하여야 할 것이므로 공범자 중 1인 소유에 속하는 물건에 대한 부가형인 몰수에 관하여도 개별적으로 선고하여야 한다. (2) 원심은, 피고인 甲이 자신과 공동정범 관계에 있는 乙에게 명의신탁한 부동산을 성매매알선 행위에 제공하였다는 이유로 乙로부터 부동산의 몰수를 명한 것과는 별도로, 공동정범인 피고인 甲에 대하여도 몰수를 명한 것은 위법하지 않다(대법원 2013.5.24, 2012도15805 안마시술소 건물 몰수 사건Ⅱ).

① [○] 형법 제48조 제1항에 의한 몰수는 임의적이므로 그 몰수의 요건에 해당되는 물건이라도 이를 몰수할 것인지 여부는 **법원의 재량에 맡겨져 있다**(대법원 2013.2.15, 2010도3504 전교조 통일학교 사건).

② [○] 형법 제48조 제1항 제1호, 제2항에 의한 추징은 임의적인 것이므로 그 추징의 요건에 해당되는 물건이라도 이를 추징할 것인지의 여부는 **법원의 재량에 맡겨져 있다**(대법원 2002.9.4, 2000도515).

③ [○] 형법 제48조 제1항 제1호에 의한 몰수는 임의적인 것이므로 몰수의 요건에 해당하는 물건이라도 이를 몰수할 것인지의 여부는 형벌 일반에 적용되는 비례의 원칙에 의한 제한을 받는 외에는 **법원의 재량에 맡겨져 있다**(대법원 2013.5.24, 2012도15805 안마시술소 건물 몰수 사건Ⅱ).

314 몰수에 관한 다음 설명 중 옳지 않은 것은? (다툼이 있으면 판례에 의함)

1 2 3 [Essential ★]

① 범인 이외의 자의 소유에 속하지 아니하거나 범죄 후 범인 이외의 자가 정을 알면서 취득한 범죄행위에 제공하였거나 제공하려고 한 물건은 전부 또는 일부를 몰수할 수 있다.

② 형벌은 공범자 전원에 대하여 각기 별도로 선고하여야 할 것이므로 공범자 중 1인 소유에 속하는 물건에 대한 부가형인 몰수에 관하여도 개별적으로 선고하여야 한다.

③ 형법 제48조 제1항의 '범인'에는 공범자도 포함되므로 피고인의 소유물은 물론 공범자의 소유물도 그 공범자의 소추 여부를 불문하고 몰수할 수 있는 것이고, 여기에서의 공범자에는 공동정범, 교사범, 방조범에 해당하는 자는 물론 필요적 공범관계에 있는 자도 포함된다.

④ 형법 제48조 제1항의 '범인'에 해당하는 공범자는 유죄의 죄책을 지는 자에 국한된다고 보아야 하고, 단지 공범에 해당하는 행위를 한 자이면 족하다고 해석할 수 없다.

해설

④ [×] 형법 제48조 제1항의 '범인'에 해당하는 공범자는 반드시 유죄의 죄책을 지는 자에 국한된다고 볼 수 없고 공범에 해당하는 행위를 한 자이면 족하다고 할 것이어서, 이러한 자의 소유물도 형법 제48조 제1항의 '범인 이외의 자의 소유에 속하지 아니하는 물건'으로서 이를 피고인으로부터 몰수할 수 있다(대법원 2006.11.23, 2006도5586 이사 매수 실패 사건).

① [○] 범인 이외의 자의 소유에 속하지 아니하거나 **범죄 후 범인 이외의 자가 정을 알면서 취득한 범죄행위에 제공하였거나 제공하려고 한 물건은 전부 또는 일부를 몰수할 수 있다**(제48조 제1항).

② [○] (1) 형벌은 공범자 전원에 대하여 각기 별도로 선고하여야 할 것이므로 공범자 중 1인 소유에 속하는 물건에 대한 부가형인 **몰수에 관하여도 개별적으로 선고하여야 한다.** (2) 원심은, 피고인 甲이 자신과 공동정범 관계에 있는 乙에게 명의신탁한 부동산을 성매매알선 행위에 제공하였다는 이유로 乙로부터 부동산의 몰수를 명한 것과는 별도로, 공동정범인 피고인 甲에 대하여도 몰수를 명한 것은 위법하지 않다(대법원 2013.5.24, 2012도15805 안마시술소 건물 몰수 사건Ⅱ).

③ [○] 형법 제48조 제1항의 **'범인'에는 공범자도 포함되므로** 피고인의 소유물은 물론 공범자의 소유물도 그 공범자의 소추 여부를 불문하고 몰수할 수 있는 것이고, 여기에서의 **공범자에는 공동정범, 교사범, 방조범에 해당하는 자는 물론 필요적 공범관계에 있는 자도 포함된다**(대법원 2006.11.23, 2006도5586 이사 매수 실패 사건).

315 1 2 3 甲, 乙은 2021.4.18. 공동으로 乙의 여동생을 강간한 A를 부엌칼로 찔러 사망에 이르게 하였다. 이후 乙은 도망을 가고 甲만 검거되어 재판을 받고 있었는 바, 이 경우 압수된 '乙의 소유인 부엌칼'에 대한 법원의 조치로서 옳은 것은? (다툼이 있으면 판례에 의함) [core ★★]

① 甲으로부터 부엌칼을 몰수할 수 있다.

② 甲으로부터 부엌칼을 몰수하여야 한다.

③ 甲으로부터 부엌칼의 가액을 추징할 수 있다.

④ 甲으로부터 부엌칼을 몰수하거나 그 가액을 추징할 수 없다.

해설

① 형법 제48조 제1항의 '범인'에는 공범자도 포함된다고 해석되므로 범인 자신의 소유물은 물론 공범자의 소유물에 대하여도 이를 몰수할 수 있다(대법원 2000.5.12, 2000도745). 형법 제48조 제1항의 몰수는 임의적 몰수이므로 ② 지문은 옳지 않다.

정답 | 313 ④ 314 ④ 315 ①

316 몰수에 관한 다음 설명 중 옳지 않은 것은? (다툼이 있으면 판례에 의함)

1 2 3

[Essential ★]

① 범인 이외의 자의 소유에 속하지 아니하거나 범죄 후 범인 이외의 자가 정을 알면서 취득한 범죄행위에 제공하였거나 제공하려고 한 물건은 전부 또는 일부를 몰수할 수 있다.

② '범죄행위에 제공한 물건'은 범죄의 실행행위 자체에 사용한 물건에 한정되는 것이므로 실행행위의 착수 전의 행위 또는 실행행위의 종료 후의 행위에 사용한 물건이라면 원칙적으로 '범죄행위에 제공한 물건'에 포함되지 아니한다.

③ '범죄행위에 제공하려고 한 물건'이란 범죄행위에 사용하려고 준비하였으나 실제 사용하지 못한 물건을 의미한다.

④ 어떠한 물건을 '범죄행위에 제공하려고 한 물건'으로서 몰수하기 위하여는 그 물건이 유죄로 인정되는 당해 범죄행위에 제공하려고 한 물건임이 인정되어야 한다.

해설

② [×] '범죄행위에 제공한 물건'은 범죄의 실행행위 자체에 사용한 물건에만 한정되는 것이 아니며, 실행행위의 착수 전의 행위 또는 실행행위의 종료 후의 행위에 사용한 물건이더라도 그것이 범죄행위의 수행에 실질적으로 기여하였다고 인정되는 한 범죄행위에 제공한 물건에 포함된다(대법원 2006.9.14, 2006도4075 장물운반 소나타 몰수 사건).

① [○] 범인 이외의 자의 소유에 속하지 아니하거나 **범죄 후 범인 이외의 자가 정을 알면서 취득한 범죄행위에 제공하였거나 제공하려고 한 물건은 전부 또는 일부를 몰수할 수 있다**(제48조 제1항).

③④ [○] '범죄행위에 제공하려고 한 물건'이란 **범죄행위에 사용하려고 준비하였으나 실제 사용하지 못한 물건을 의미**하는바, 어떠한 물건을 '범죄행위에 제공하려고 한 물건'으로서 몰수하기 위하여는 **그 물건이 유죄로 인정되는 당해 범죄행위에 제공하려고 한 물건임이 인정되어야 한다**(대법원 2008.2.14, 2007도10034 송금못한 수표 · 현금 사건).

317 다음 중 몰수의 대상이 되지 않는 것은? (다툼이 있으면 판례에 의함)

1 2 3

[Essential ★]

① 피고인이 60회에 걸쳐 대형할인매장에서 절취한 상품들을 싣고 가는 데 이용된 '승용차'

② 피고인이 피해자로 하여금 사기도박에 참여하도록 유인하기 위하여 제시해 보인 '고액의 수표'

③ 피고인이 손님들에게 도박 기타 사행행위를 하게 한 것에 사용한 사행성 게임기(황금성)의 '기판을 포함한 본체 전체'

④ 피고인이 체포될 당시 중국 교통은행의 계좌로 송금하려고 하였으나 미처 송금하지 못하고 소지하고 있던 '자기앞수표 또는 현금'. 다만 이 수표 또는 현금에 대해서 피고인은 외국환거래법위반으로 기소가 되지 않았음

해설

④ 체포될 당시에 미처 송금하지 못하고 소지하고 있던 자기앞수표나 현금은 장차 실행하려고 한 외국환거래법 위반의 범행에 제공하려는 물건일 뿐, 그 이전에 범해진 외국환거래법 위반의 '범죄행위에 제공하려고 한 물건'으로는 볼 수 없으므로 몰수할 수 없다(대법원 2008.2.14, 2007도10034 송금못한 수표 · 현금 사건).

① 승용차는 단순히 범행장소에 도착하는 데 사용한 교통수단을 넘어서 장물의 운반에 사용한 자동차라고 보아야 할 것이며, 따라서 형법 제48조 제1항 제1호 소정의 범죄행위에 제공한 물건이라고 볼 수 있다(대법원 2006.9.14, 2006도4075 장물운반 소나타 몰수 사건).

② 피해자로 하여금 사기도박에 참여하도록 유인하기 위하여 고액의 수표를 제시해 보인 경우, 수표가 직접적으로 도박자금으로 사용되지 아니하였다 할지라도, 수표가 피해자로 하여금 사기도박에 참여하도록 만들기 위한 수단으로 사용된 이상 이를 몰수할 수 있다(대법원 2002.9.24, 2002도3589 8천만원 수표 몰수 사건).

③ 사행성 게임기는 기판과 본체가 서로 물리적으로 결합되어야만 비로소 그 기능을 발휘할 수 있는 기계로서, 당국으로부터 적법하게 등급심사를 받은 것이라고 하더라도 본체를 포함한 그 전부가 범죄행위에 제공된 물건으로서 몰수의 대상이 된다(대법원 2006.12.8, 2006도6400 황금성 게임기 사건).

318 몰수 · 추징에 관한 다음 설명 중 옳지 않은 것은? (다툼이 있으면 판례에 의함) [Superlative ★★★]

1 2 3

① 뇌물죄에서의 수뢰액의 인정과 그것이 몰수, 추징의 대상이 되는지 여부나 추징액의 인정은 엄격한 증명을 필요로 하지 아니하다.

② 몰수할 수 없는 때에 추징하여야 할 가액은 범인이 그 물건을 보유하고 있다가 몰수의 선고를 받았더라면 잃었을 이득상당액을 의미한다고 보아야 하므로 다른 특별한 사정이 없는 한 그 가액산정은 재판선고시의 가격을 기준으로 하여야 한다.

③ 피고인이 범죄행위로 취득한 주식이, 판결선고 전에 그 발행회사가 다른 회사에 합병됨으로써 판결선고시의 주가를 알 수 없을 뿐만 아니라 무상증자받은 주식과 다시 매입한 주식까지 섞어서 처분되어 그 처분가액을 정확히 알 수 없는 경우 주식의 시가가 가장 낮을 때를 기준으로 산정한 가액을 추징하여야 한다.

④ 몰수는 특정된 물건에 대한 것이고 추징은 본래 몰수할 수 있었음을 전제로 하는 것임에 비추어 뇌물에 공할 금품이 특정되지 않았던 것은 몰수할 수 없고 그 가액을 추징할 수도 없다.

해설

① [×] (1) 뇌물죄에서의 수뢰액은 그 다과에 따라 범죄구성요건이 되므로 엄격한 증명의 대상이 되고, 수뢰액을 특정할 수 없는 경우에는 그 가액을 추징할 수 없다(대법원 2011.5.26, 2009도2453 해운정책과 과장 수뢰 사건). (2) 몰수, 추징의 대상이 되는지 여부나 추징액의 인정은 엄격한 증명을 필요로 하지 아니하다(대법원 2015.4.23, 2015도1233).

② [○] 몰수할 수 없는 때에 추징하여야 할 가액은 범인이 그 물건을 보유하고 있다가 몰수의 선고를 받았더라면 잃었을 이득상당액을 의미한다고 보아야 하므로 다른 특별한 사정이 없는 한 그 **가액산정은 재판선고시의 가격을 기준으로 하여야 한다**(대법원 2020.6.11, 2020도2883 국정농단 사건Ⅱ).

③ [○] 피고인이 범죄행위로 취득한 주식이, 판결선고 전에 그 발행회사가 다른 회사에 합병됨으로써 판결선고시의 주가를 알 수 없을 뿐만 아니라 무상증자 받은 주식과 다시 매입한 주식까지 섞어서 처분되어 그 처분가액을 정확히 알 수 없는 경우, **주식의 시가가 가장 낮을 때를 기준으로 산정한 가액을 추징하여야 한다**(대법원 2005.7.15, 2003도4293).

④ [○] 몰수는 특정된 물건에 대한 것이고 추징은 본래 몰수할 수 있었음을 전제로 하는 것임에 비추어 **뇌물에 공할 금품이 특정되지 않았던 것은 몰수할 수 없고 그 가액을 추징할 수도 없다**(대법원 1996.5.8, 96도221).

정답 | 316 ② 317 ④ 318 ①

319 몰수 · 추징에 관한 다음 설명 중 옳지 않은 것은 모두 몇 개인가? (다툼이 있으면 판례에 의함)

1 2 3

[Superlative ★★★]

㉠ 수뢰자가 뇌물을 그대로 보관하였다가 증뢰자에게 반환한 때에는 증뢰자로부터 몰수 · 추징할 것이므로 수뢰자로부터 추징함은 위법하다.

㉡ 수뢰자가 일단 수수한 뇌물을 소비하여 몰수하기 불능하게 되었을 때에는 그 후에 동액의 금원을 증뢰자에게 반환하였다 하여도 수뢰자로부터 그 가액을 추징하여야 한다.

㉢ 수뢰자가 자기앞수표를 뇌물로 받아 이를 소비한 후 자기앞수표 상당액을 증뢰자에게 반환하였다 하더라도 수뢰자로부터 그 가액을 추징하여야 한다.

㉣ 수뢰자가 뇌물로 받은 돈을 은행에 예금한 후 같은 액수의 돈을 증뢰자에게 반환한 경우라면 증뢰자로부터 그 가액을 추징하여야 한다.

㉤ 수뢰자가 뇌물로 받은 돈을 그 후 다른 사람에게 다시 뇌물로 공여하였다면 수뢰자로부터 뇌물로 공여한 액수를 제외한 나머지만 액수만을 추징하여야 한다.

① 0개 ② 1개

③ 2개 ④ 3개

해설

③ ㉣㉤ 2항목이 옳지 않다.

㉠ [O] 수뢰자가 뇌물을 그대로 보관하였다가 증뢰자에게 반환한 때에는 **증뢰자로부터 몰수 · 추징할 것**이므로 수뢰자로부터 추징함은 위법하다(대법원 1984.2.28, 83도2783).

㉡ [O] 수뢰자가 일단 수수한 뇌물을 소비하여 몰수하기 불능하게 되었을 때에는 그 후에 동액의 금원을 증뢰자에게 반환하였다 하여도 **수뢰자로부터 그 가액을 추징하여야 한다**(대법원 1986.10.14, 86도1189).

㉢ [O] 수뢰자가 자기앞수표를 뇌물로 받아 이를 소비한 후 자기앞수표 상당액을 증뢰자에게 반환하였다 하더라도 **수뢰자로부터 그 가액을 추징하여야 한다**(대법원 1999.1.29, 98도3584 서울대교수 수뢰 사건).

㉣ [×] 뇌물로 받은 돈을 은행에 예금한 경우 그 예금행위는 뇌물의 처분행위에 해당하므로 그 후 수뢰자가 같은 액수의 돈을 증뢰자에게 반환하였다 하더라도 수뢰자로부터 그 가액을 추징하여야 한다(대법원 1996.10.25, 96도2022).

㉤ [×] 피고인들이 뇌물로 받은 돈을 그 후 다른 사람에게 다시 뇌물로 공여하였다 하더라도 그 수뢰한 돈을 다른 사람에게 공여한 것은 수뢰한 돈을 소비하는 방법에 지나지 아니하므로 피고인들로부터 그 수뢰액 전부를 각 추징하여야 한다(대법원 1986.11.25, 86도1951).

320 몰수 · 추징에 관한 다음 설명 중 옳지 않은 것을 모두 고른 것은? (다툼이 있으면 판례에 의함)

1 2 3

[core ★★]

㉠ 뇌물을 수수한 자가 공동수수자가 아닌 교사범 또는 종범에게 뇌물 중의 일부를 사례금 등의 명목으로 교부하였다면 뇌물수수자로부터 수뢰액 전부를 추징할 것이 아니라 개별적으로 추징하여야 하며, 수수금품을 개별적으로 알 수 없을 때에는 평등하게 추징하여야 한다.

㉡ 수재자가 공무원의 직무에 속한 사항의 알선에 관하여 금품을 받음에 있어 타인의 동의하에 그 타인 명의의 예금계좌로 입금받는 방식을 취하였다고 한다면 그 타인으로부터 그 가액을 추징하여야 한다.

㉢ 피고인이 주식회사의 대표이사로서 특경법 제7조(알선수재)에 해당하는 행위를 하고 당해 행위로 인한 대가로 수수료를 받은 경우, 만약 수수료에 대한 권리가 회사에 귀속된다고 한다면 행위자인 피고인으로부터 수수료로 받은 금품을 몰수 또는 그 가액을 추징할 수 없다.

① 없음 ② ㉠

③ ㉠㉢ ④ ㉠㉡㉢

해설

④ 모든 항목이 옳지 않다.

㉠ [×] 뇌물을 수수한 자가 공동수수자가 아닌 교사범 또는 종범에게 뇌물 중의 일부를 사례금 등의 명목으로 교부하였다면 이는 뇌물을 수수하는 데에 따르는 부수적 비용의 지출 또는 뇌물의 소비행위에 지나지 아니하므로 뇌물수수자로부터 그 수뢰액 전부를 추징하여야 한다(대법원 2011.11.24, 2011도9585 정비사업전문관리업체 비리 사건).

㉡ [×] 공무원의 직무에 속한 사항의 알선에 관하여 금품을 받음에 있어 타인의 동의하에 그 타인 명의의 예금계좌로 입금받는 방식을 취하였다고 하더라도 이는 범인이 받은 금품을 관리하는 방법의 하나에 지나지 아니하므로, 그 가액 역시 범인으로부터 추징하지 않으면 안 된다(대법원 2006.10.27, 2006도4659 오포비리 사건).

㉢ [×] 수수료에 대한 권리가 회사에 귀속된다 하더라도 행위자인 피고인으로부터 수수료로 받은 금품을 몰수 또는 그 가액을 추징할 수 있고, 이는 피고인이 개인적으로 실제 사용한 금품이 없다고 하더라도 마찬가지이다(대법원 2015.1.15, 2012도7571 100억 대출알선 사건).

정답 | 319 ③ 320 ④

321 몰수 · 추징에 관한 다음 설명 중 옳지 않은 것은? (다툼이 있으면 판례에 의함) [Essential ★]

1 2 3

① 여러 사람이 공동으로 뇌물을 수수한 경우에 그 가액을 추징하려면 실제로 분배받은 금품만을 개별적으로 추징하여야 하고 수수금품을 개별적으로 알 수 없을 때에는 평등하게 추징하여야 하며 공동정범뿐 아니라 교사범 또는 종범도 뇌물의 공동수수자에 해당할 수 있다.

② 수 인이 공모하여 뇌물을 수수한 경우에 몰수불능으로 그 가액을 추징하려면 어디까지나 개별적으로 추징할 것이며, 수수금품을 개별적으로 알 수 없을 때에는 평등하게 추징할 것이지 피고인 전원으로부터 수수한 금품의 가액을 공동으로 추징할 수 없다.

③ 피고인이 증뢰자와 함께 향응을 하고 증뢰자가 금원을 지출한 경우 '피고인의 접대에 요한 비용'과 '증뢰자가 소비한 비용'을 가릴 필요 없어 향응에 소용된 비용 전액을 수뢰액으로 보아 피고인으로부터 그 가액을 추징하여야 한다.

④ 피고인이 향응을 제공받는 자리에 피고인 스스로 제3자를 초대하여 함께 접대를 받은 경우에는, 그 제3자가 피고인과는 별도의 지위에서 접대를 받는 공무원이라는 등의 특별한 사정이 없는 한 그 제3자의 접대에 요한 비용도 피고인의 접대에 요한 비용에 포함시켜 피고인의 수뢰액으로 보아야 한다.

해설

③ [×] 피고인이 증뢰자와 함께 향응을 하고 증뢰자가 금원을 지출한 경우 '피고인의 접대에 요한 비용'과 '증뢰자가 소비한 비용'을 가려내어 전자의 수액을 가지고 피고인의 수뢰액으로 하여야 하고, 만일 각자에 요한 비용액이 불명일 때에는 이를 평등하게 분할한 액을 가지고 피고인의 수뢰액으로 인정하여야 한다(대법원 2005.11.10, 2004도42 기무부대장 수뢰 사건).

① [○] 여러 사람이 공동으로 뇌물을 수수한 경우에 그 가액을 추징하려면 실제로 분배받은 금품만을 **개별적으로 추징**하여야 하고 수수금품을 개별적으로 알 수 없을 때에는 **평등하게 추징**하여야 하며 **공동정범뿐 아니라 교사범 또는 종범도 뇌물의 공동수수자에 해당할 수 있다**(법원 2011.11.24, 2011도9585 정비사업전문관리업체 비리 사건).

② [○] 수인이 공모하여 뇌물을 수수한 경우에 몰수불능으로 그 가액을 추징하려면 어디까지나 **개별적으로 추징**할 것이며, 수수금품을 개별적으로 알 수 없을 때에는 **평등하게 추징**할 것이지 **피고인 전원으로부터 수수한 금품의 가액을 공동으로 추징할 수 없다**(대법원 1975.4.22, 73도1963).

④ [○] 피고인이 향응을 제공받는 자리에 피고인 스스로 제3자를 초대하여 함께 접대를 받은 경우에는, 그 제3자가 피고인과는 별도의 지위에서 접대를 받는 공무원이라는 등의 특별한 사정이 없는 한 그 **제3자의 접대에 요한 비용도 피고인의 접대에 요한 비용에 포함시켜 피고인의 수뢰액으로 보아야 한다**(대법원 2001.10.12, 99도5294).

322 나주세무서 직세과 법인세계 공무원 甲은 같은 부서에 근무하는 공무원 乙 · 丙 · 丁과 공동하여 A로부터 뇌물 5,000만원 수수한 다음, 乙에게 이를 전달하였다가 나중에 1,000만원을 분배받아 이를 소비하였다. 甲에 대한 몰수 · 추징에 관한 다음 설명 중 옳은 것은? (다툼이 있으면 판례에 의함)

[core ★★]

① 甲으로부터 1,000만원을 몰수하여야 한다.
② 甲으로부터 1,000만원을 추징하여야 한다.
③ 甲으로부터 5,000만원을 몰수하여야 한다.
④ 甲으로부터 5,000만원을 추징하여야 한다.

해설

② 판례의 취지에 의할 때 甲으로부터 1,000만원을 추징하여야 한다.
(1) 수인이 공동하여 수수한 뇌물을 분배한 경우에는 각자로부터 실제로 분배받은 금품만을 개별적으로 몰수하거나 그 가액을 추징하여야 한다. (2) 甲이 나주세무서 직세과 법인세계에 근무할 당시 계장인 丙, 차석인 乙, 계원인 丁 등과 공동하여 합계 금 700만원의 뇌물을 수수한 다음 乙에게 이를 전달하였다가 나중에 금 200만원만을 분배받아 소비한 사실을 인정할 수 있으므로 甲으로부터 추징하여야 할 금액은 금 200만원뿐이라고 할 것이다(대법원 1993.10.12, 93도2056).

323 공무원 甲은 2021.5.9. 乙로부터 뇌물 1,000만원을 교부받아 이를 자기 처 丙 명의로 은행에 예금해 두었다가 그 후 문제가 발생하자 2021.12.11. 같은 액수의 금원을 乙에게 반환하였다. 이 경우 몰수 · 추징에 관한 다음 설명 중 옳은 것은? (다툼이 있으면 판례에 의함) [core ★★]

① 甲으로부터 1,000만원을 몰수하여야 한다.
② 甲으로부터 1,000만원을 추징하여야 한다.
③ 乙로부터 1,000만원을 몰수하여야 한다.
④ 丙으로부터 1,000만원을 추징하여야 한다.

해설

② 설문의 경우 甲으로부터 1,000만원을 추징하여야 한다.
뇌물로 받은 돈을 은행에 예금한 경우 그 예금행위는 뇌물의 처분행위에 해당한다 할 것이므로 그 후 수뢰자가 같은 액수의 돈을 증뢰자에게 반환하였다 하더라도 이를 뇌물자체의 반환이라고 볼 수 없으므로 이러한 경우에는 수뢰자로부터 그 가액을 추징하여야 한다(대법원 1985.9.10, 85도1350).

정답 | 321 ③ 322 ② 323 ②

324 몰수 · 추징에 관한 다음 설명 중 옳은 것은? (다툼이 있으면 판례에 의함) [core ★★]

1 2 3

① 뇌물을 받는 주체가 아닌 자가 수고비로 받은 부분이나 뇌물을 받기 위하여 형식적으로 체결된 용역계약에 따른 비용으로 사용된 부분은 뇌물의 가액과 추징액에서 공제할 항목에 해당한다.

② 공무원이 뇌물을 받음에 있어서 그 취득을 위하여 상대방에게 뇌물의 가액에 상당하는 금원의 일부를 비용의 명목으로 출연하거나 그 밖에 경제적 이익을 제공하였다 하더라도, 공무원으로부터 그 받은 뇌물 자체를 몰수하여야 하고, 위와 같은 지출을 공제한 나머지 가액에 상당한 이익만을 몰수 · 추징할 것은 아니다.

③ 피고인이 특경법 제5조 제1항(수재)의 범죄에 의하여 주식 4,000주를 취득하면서 그 대가를 지급하였다고 한다면 주식 4,000주에서 그 대가로 지급한 금원을 뺀 나머지를 몰수하거나 추징하여야 한다.

④ 공직자가 업무처리 중 알게 된 비밀을 이용하여 재물을 취득하면서 그 대가를 지급하였다고 한다면 재물을 취득하기 위한 대가로 지급한 금원 등을 뺀 나머지만을 추징하여야 한다.

해설

② [O] 공무원이 뇌물을 받음에 있어서 그 취득을 위하여 상대방에게 뇌물의 가액에 상당하는 금원의 일부를 비용의 명목으로 출연하거나 그 밖에 경제적 이익을 제공하였다 하더라도, **공무원으로부터 그 받은 뇌물 자체를 몰수하여야 하고,** 위와 같은 지출을 공제한 나머지 가액에 상당한 이익만을 몰수 · 추징할 것은 아니다(대법원 1999.10.8, 99도1638).

① [×] 공무원이 뇌물을 받는 데에 필요한 경비를 지출한 경우 그 경비는 뇌물수수의 부수적 비용에 불과하여 뇌물의 가액과 추징액에서 공제할 항목에 해당하지 않는다. 뇌물을 받는 주체가 아닌 자가 수고비로 받은 부분이나 뇌물을 받기 위하여 형식적으로 체결된 용역계약에 따른 비용으로 사용된 부분은 뇌물수수의 부수적 비용에 지나지 않는다(대법원 2017.3.22, 2016도21536). 국회의원인 피고인이 가장 용역계약의 대금 명목으로 7,000만원을 송금받았는데, 이 중 5,500만원은 자기가 직접 전달받고 나머지 1,500만원은 부수적 비용으로 지출한 경우, 1,500만원도 뇌물의 가액과 추징의 대상에서 제외할 수 없다는 취지의 판례이다.

③ [×] 피고인이 주식 4,000주를 취득하면서 그 대가를 지급하였다고 하더라도 범죄행위로 취득한 것은 주식 4,000주 자체이고 이는 몰수되어야 할 것이나, 이미 처분되어 없으므로 그 가액 상당을 추징할 것이고, 그 가액에서 이를 취득하기 위한 대가로 지급한 금원을 뺀 나머지를 추징해야 하는 것은 아니다(대법원 2005.7.15, 2003도4293).

④ [×] 공직자가 업무처리 중 알게 된 비밀을 이용하여 재물을 취득하면서 그 대가를 지급하였다고 하더라도 범죄행위로 취득한 재물 자체를 몰수하고 몰수가 불가능하다면 그 가액 상당을 추징하는 것이며, 재물을 취득하기 위한 대가로 지급한 금원 등을 뺀 나머지를 추징해야 하는 것은 아니다(대법원 2009.3.26, 2007도7725 남양주시 건축녹지과장 사건).

325 다음 중 형의 감경 또는 면제사유에 관한 설명 중 옳지 않은 것은 모두 몇 개인가? [Superlative ★★★]

1 2 3

㉠ 심신미약 – 필요적 감경	㉡ 청각 및 언어 장애인 – 필요적 감경
㉢ 과잉방위 – 임의적 감경 또는 면제	㉣ 장애미수 – 임의적 감경
㉤ 중지미수 – 필요적 면제	㉥ 불능미수 – 임의적 감경 또는 면제

① 0개 ② 1개

③ 2개 ④ 3개

해설

③ ㉠㉤ 2항목이 옳지 않다.
- ㉠ [×] 임의적 감경이다(제10조 제2항).
- ㉡ [○] 제11조
- ㉢ [○] 제21조 제2항
- ㉣ [○] 제25조 제1항 · 제2항
- ㉤ [×] 필요적 감경 또는 면제이다(제26조).
- ㉥ [○] 제27조

326 1 2 3 다음 중 형의 감경 또는 면제사유에 관한 설명 중 옳지 않은 것은 모두 몇 개인가? [Superlative ★★★]

㉠ 외국에서의 형집행 – 필요적 감경 또는 면제
㉡ 방조범 – 임의적 감경
㉢ 사후적 경합범 – 임의적 감경
㉣ 형법 총칙상 자수 – 임의적 감경 또는 면제
㉤ 형법 총칙상 자복 – 임의적 감경 또는 면제
㉥ 내란예비 · 음모죄에서의 자수 – 필요적 면제

① 1개　② 2개
③ 3개　④ 4개

해설

④ ㉠㉡㉢㉥ 4항목이 옳지 않다.
- ㉠ [×] 죄를 지어 외국에서 형의 전부 또는 일부가 집행된 사람에 대해서는 그 집행된 형의 전부 또는 일부를 선고하는 형에 산입한다(제7조).
- ㉡ [×] 필요적 감경이다(제32조 제1항 · 제2항).
- ㉢ [×] 임의적 감경 또는 면제이다(제39조 제1항).
- ㉣ [○] 제52조 제1항
- ㉤ [○] 제52조 제2항
- ㉥ [×] 필요적 감경 또는 면제이다(제90조 제1항).

정답 | 324 ② 325 ③ 326 ④

327 다음 중 형의 가중, 감경 또는 면제사유에 관한 설명 중 옳지 않은 것은 모두 몇 개인가?

1 2 3

[Superlative ★★★]

> ㉠ 범죄단체조직죄 – 임의적 감경 또는 면제
> ㉡ 약취 · 유인죄에서 약취 · 유인된 피해자 석방 – 임의적 감경
> ㉢ 감금죄에 감금된 피해자 석방 – 임의적 감경
> ㉣ 절도죄에서 피해자와 범인이 근친인 때 – 필요적 면제
> ㉤ 장물죄에서 피해자와 장물범이 근친인 때 – 필요적 면제
> ㉥ 장물죄에서 본범과 장물범이 근친인 때 – 필요적 감경 또는 면제

① 1개 ② 2개
③ 3개 ④ 4개

해설

② ㉠㉢ 2항목이 옳지 않다.
㉠ [×] 임의적 감경이다(제114조).
㉡ [○] 제295조의2
㉢ [×] 이는 임의적 감경사유가 아니다.
㉣ [○] 제328조 제1항, 제344조
㉤ [○] 제365조 제1항
㉥ [○] 제365조 제2항

328 일정한 범죄의 경우 관련 재판 또는 징계처분이 확정되기 전에 자백 또는 자수한 때에는 형을 감경 또는 면제한다. 다음 중 이러한 범죄에 해당하는 것은 모두 몇 개인가?

1 2 3

[Superlative ★★★]

> ㉠ 범인도피 · 은닉죄(제151조 제1항) ㉡ 위증죄(제152조 제1항)
> ㉢ 허위감정죄(제154조) ㉣ 증거인멸죄(제155조 제1항)
> ㉤ 증인도피죄(제155조 제2항) ㉥ 무고죄(제156조)

① 2개 ② 3개
③ 4개 ④ 5개

해설

② ㉡㉢㉥ 3항목 범죄의 경우 관련 재판 또는 징계처분이 확정되기 전에 자백 또는 자수한 때에는 형을 감경 또는 면제한다.
㉡㉢ 제152조 제1항, 제153조, 제154조
㉥ 제153조, 제157조

329 형의 양정에 관한 다음 설명 중 옳지 않은 것은? 다만 형법 총칙상 조문에 한한다. [Essential ★]

1 2 3

① 죄를 지은 후 수사기관에 자수한 경우에는 형을 감경하거나 면제할 수 있다.

② 피해자의 의사에 반하여 처벌할 수 없는 범죄의 경우에는 피해자에게 죄를 자복(自服)하였을 때에도 형을 감경하거나 면제할 수 있다.

③ 범죄의 정상(情狀)에 참작할 만한 사유가 있는 경우에는 그 형을 감경할 수 있다.

④ 한 개의 죄에 정한 형이 여러 종류인 때에는 먼저 형을 감경한 후 적용할 형을 정한다.

해설

④ [×] 한 개의 죄에 정한 형이 여러 종류인 때에는 먼저 적용할 형을 정하고 그 형을 감경한다(제54조).

① [○] 죄를 지은 후 수사기관에 자수한 경우에는 **형을 감경하거나 면제할 수 있다**(제52조 제1항).

② [○] 피해자의 의사에 반하여 처벌할 수 없는 범죄의 경우에는 피해자에게 죄를 자복(自服)하였을 때에도 **형을 감경하거나 면제할 수 있다**(제52조 제2항).

③ [○] 범죄의 정상(情狀)에 참작할 만한 사유가 있는 경우에는 그 **형을 감경할 수 있다**(제53조).

330 형의 양정에 관한 다음 설명 중 옳지 않은 것은? (다툼이 있으면 판례에 의함) [core ★★]

1 2 3

① 형법 제55조 제1항 제3호에 의하여 형기를 감경할 경우 여기서의 '형기'라 함은 장기와 단기를 모두 포함하는 것이다.

② 유기징역형에 대한 법률상 감경을 하는 경우 장기 또는 단기 중 어느 하나만을 2분의 1로 감경하는 방식이나 2분의 1보다 넓은 범위의 감경을 하는 방식 등도 허용된다.

③ 형법 제55조 제1항 제6호의 벌금을 감경할 때의 '다액'의 2분의 1이라는 문구는 '금액'의 2분의 1이라고 해석하여 그 상한과 함께 하한도 2분의 1로 내려가는 것으로 해석하여야 한다.

④ 법률상 감경사유가 있을 때에는 작량감경보다 우선하여 하여야 할 것이고, 작량감경은 법률상 감경을 다하고도 그 처단형보다 낮은 형을 선고하고자 할 때에 하는 것이 옳다.

해설

② [×] 유기징역형에 대한 법률상 감경을 하면서 형법 제55조 제1항 제3호에서 정한 것과 같이 장기와 단기를 모두 2분의 1로 감경하는 것이 아닌 장기 또는 단기 중 어느 하나만을 2분의 1로 감경하는 방식이나 2분의 1보다 넓은 범위의 감경을 하는 방식 등은 죄형법정주의 원칙상 허용될 수 없다(대법원 2021.1.21, 2018도5475 全合 임의적 감경 새로운 해석론 사건).

① [○] 형법 제55조 제1항 제3호에 의하여 형기를 감경할 경우 여기서의 '형기'라 함은 **장기와 단기를 모두 포함하는 것이다**(대법원 1983.11.8, 83도2370).

③ [○] 형법 제55조 제1항 제6호의 벌금을 감경할 때의 '다액'의 2분의 1이라는 문구는 '금액'의 2분의 1이라고 해석하여 그 **상한과 함께 하한도 2분의 1로 내려가는 것으로 해석하여야 한다**(대법원 1978.4.25, 78도246 全合).

④ [○] **법률상 감경사유가 있을 때에는 작량감경보다 우선하여 하여야 할 것**이고, 작량감경은 법률상 감경을 다하고도 그 처단형보다 낮은 형을 선고하고자 할 때에 하는 것이 옳다(대법원 1994.3.8, 93도3608).

정답 | 327 ② 328 ② 329 ④ 330 ②

331 형의 양정에 관한 다음 설명 중 옳지 않은 것은? (다툼이 있으면 판례에 의함) [core ★★]

1 2 3

① 작량감경의 방법도 형법 제55조의 감경(법률상 감경)의 방법에 의하여야 한다.

② 하나의 죄에 대하여 징역형과 벌금형을 병과하는 경우 특별한 규정이 없는 한 징역형에만 작량감경을 하고 벌금형에는 작량감경을 하지 않는 것은 위법하다.

③ 형법 제38조 제1항 제3호에 의하여 징역형과 벌금형을 병과하는 경우 징역형에만 작량감경을 하고 벌금형에는 작량감경을 하지 아니하였다면 이는 위법하다.

④ 작량감경은 범죄의 모든 정상을 종합적으로 관찰하여 형을 감경함이 상당하다고 인정될 때에 1회에 한하여 적용되는 것이고, 정상 하나하나에 거듭 작량감경할 수 있음을 규정한 취지가 아니다.

해설

③ [×] 형법 제38조 제1항 제3호에 의하여 징역형과 벌금형을 병과하는 경우에는 각 형에 대한 범죄의 정상에 차이가 있을 수 있으므로 징역형에만 작량감경을 하고 벌금형에는 작량감경을 하지 아니하였다고 하여 이를 위법하다고 할 수 없다(대법원 2006.3.23, 2006도1076). 이는 일죄가 아니라 '실체적 경합범'에 대한 것이다.

① [○] **작량감경의 방법도 형법 제55조의 감경(법률상 감경)의 방법에 의하여야 한다**(대법원 1964.10.28, 64도454). 작량감경은 2022년 현재 '정상참작감경'이다.

② [○] **하나의 죄**에 대하여 징역형과 벌금형을 병과하는 경우 특별한 규정이 없는 한 **징역형에만 작량감경을 하고 벌금형에는 작량감경을 하지 않는 것은 위법하다**(대법원 2011.5.26, 2011도3161). 이는 '일죄'에 대한 것이다.

④ [○] 작량감경은 범죄의 모든 정상을 종합적으로 관찰하여 형을 감경함이 상당하다고 인정될 때에 1회에 한하여 적용되는 것이고, 정상 하나하나에 **거듭 작량감경할 수 있음을 규정한 취지가 아니다**(대법원 1964.4.7, 63도410).

332 누범에 관한 다음 설명 중 밑줄 친 부분이 옳지 않은 모두 몇 개인가? [Superlative ★★★]

1 2 3

㉠ 금고 이상의 형을 선고받아 그 집행이 종료되거나 면제된 후 ㉡ 3년 내에 ㉢ 금고 이상에 해당하는 죄를 지은 사람은 누범(累犯)으로 처벌한다. 누범의 형은 그 죄에 대하여 정한 ㉣ 형의 장기의 2배까지 가중한다.

① 0개
② 1개
③ 2개
④ 3개

해설

① 모든 항목이 옳다.
제35조 제1항 · 제2항

333 1 2 3 누범에 관한 다음 설명 중 옳지 않은 것은? (다툼이 있으면 판례에 의함) [Superlative ★★★]

① 누범을 가중 처벌하는 이유는 전범에 대한 형벌에 의하여 주어진 기왕의 경고를 무시하고 다시 범죄를 저질렀다는 점에서 비난가능성 및 책임이 높기 때문이지 전범에 대하여 처벌을 받았음에도 다시 범행을 하는 경우에 전범도 후범과 일괄하여 다시 처벌한다는 것은 아니다.

② 누범에 해당한다고 하여 반드시 상습범이 되는 것이 아니며, 반대로 상습범에 해당한다고 하여 반드시 누범이 되는 것도 아니고 또한 행위책임에 형벌가중의 본질이 있는 상습범과 행위자책임에 형벌가중의 본질이 있는 누범을 단지 평면적으로 비교하여 그 경중을 가릴 수는 없다.

③ 폭처법 제3조 제4항에 해당하여 처벌하는 경우에도 형법 제35조의 누범가중 규정의 적용은 면할 수 없다고 할 것이므로, 그것이 동일한 행위에 대한 이중처벌로서 헌법상의 인간의 존엄과 가치, 행복추구권을 침해하는 것이라고는 볼 수 없다.

④ 특가법 제5조의4 제5항 제1호는 형법 제35조(누범) 규정과는 별개로 '형법 제329조부터 제331조까지의 죄(미수범 포함)를 범하여 세 번 이상 징역형을 받은 사람이 그 누범 기간 중에 다시 해당 범죄를 저지른 경우에 형법보다 무거운 법정형으로 처벌한다'는 내용의 새로운 구성요건을 창설한 것이므로 특가법 제5조의4 제5항 제1호에 정한 형에 다시 형법 제35조의 누범가중한 형기범위 내에서 처단형을 정하여야 한다.

해설

② [×] 행위자책임에 형벌가중의 본질이 있는 상습범과 행위책임에 형벌가중의 본질이 있는 누범을 단지 평면적으로 비교하여 그 경중을 가릴 수는 없다(대법원 2007.8.23, 2007도4913).

① [O] 누범을 가중 처벌하는 이유는 전범에 대한 형벌에 의하여 주어진 기왕의 경고를 무시하고 **다시 범죄를 저질렀다는 점에서 비난가능성 및 책임이 높기 때문**이지 전범에 대하여 처벌을 받았음에도 다시 범행을 하는 경우에 전범도 후범과 일괄하여 다시 처벌한다는 것은 아니다(대법원 2014.7.10, 2014도5868 음주 삼진아웃 사건Ⅱ).

③ [O] 폭처법 제3조 제4항에 해당하여 처벌하는 경우에도 형법 제35조의 누범가중 규정의 적용은 면할 수 없다고 할 것이므로, 그것이 동일한 행위에 대한 **이중처벌로서 헌법상의 인간의 존엄과 가치, 행복추구권을 침해하는 것이라고는 볼 수 없다**(대법원 2007.8.23, 2007도4913).

④ [O] 특가법 제5조의4 제5항 제1호는 형법 제35조(누범) 규정과는 별개로 '형법 제329조부터 제331조까지의 죄(미수범 포함)를 범하여 세 번 이상 징역형을 받은 사람이 그 누범 기간 중에 다시 해당 범죄를 저지른 경우에 형법보다 무거운 법정형으로 처벌한다'는 내용의 새로운 구성요건을 창설한 것이므로 **특가법 제5조의4 제5항 제1호에 정한 형에 다시 형법 제35조의 누범가중한 형기범위 내에서 처단형을 정하여야 한다**(대법원 2020.5.14, 2019도18947 특가법가중 + 누범가중 사건).

정답 | 331 ③ 332 ① 333 ②

334 누범에 관한 다음 설명 중 옳지 않은 것은 모두 몇 개인가? (다툼이 있으면 판례에 의함)

1 2 3

[Superlative ★★★]

㉠ 법정형 중 벌금형을 선택한 경우에도 누범가중을 할 수 있다.
㉡ 누범에 있어서는 형의 장기는 물론 단기도 2배까지 가중할 수 있다.
㉢ 포괄일죄의 일부 범행이 누범기간 내에 이루어진 이상 나머지 범행이 누범기간 경과 후에 이루어졌더라도 그 범행 전부가 누범에 해당한다.
㉣ 누범에 있어 '다시 금고 이상에 해당하는 죄를 범하였는지 여부'는 그 범죄의 기수시기를 기준으로 결정하여야 하고 실행의 착수시기를 기준으로 결정할 수는 없다.
㉤ 형법 제35조가 누범에 해당하는 전과사실과 새로이 범한 범죄 사이에 일정한 상관관계가 있다고 인정되는 경우에 한하여 적용되는 것으로 제한하여 해석하여야 할 아무런 이유나 근거가 없다.

① 1개
② 2개
③ 3개
④ 4개

해설

③ ㉠㉡㉣ 3항목이 옳지 않다.
㉠ [×] 형법 제35조 제1항에 규정된 '금고 이상에 해당하는 죄'라 함은 유기금고형이나 유기징역형으로 처단할 경우에 해당하는 죄를 의미하는 것으로서 법정형 중 벌금형을 선택한 경우에는 누범가중을 할 수 없다(대법원 1982.9.14, 82도1702).
㉡ [×] 누범가중을 함에 있어서는 그 죄에 정한 형의 장기 2배까지 가중할 수 있는 것이고 단기에 관하여도 2배로 가중하는 것은 아니다(대법원 1969.8.19, 69도1129).
㉢ [○] 포괄일죄의 일부 범행이 누범기간 내에 이루어진 이상 나머지 범행이 누범기간 경과 후에 이루어졌더라도 그 **범행 전부가 누범에 해당한다**(대법원 2012.3.29, 2011도14135).
㉣ [×] 누범에 있어 '다시 금고 이상에 해당하는 죄를 범하였는지 여부'는 그 범죄의 실행행위를 하였는지 여부를 기준으로 결정하여야 하므로 3년의 기간 내에 실행의 착수가 있으면 족하고, 그 기간 내에 기수에까지 이르러야 되는 것은 아니다(대법원 2006.4.7, 2005도9858 全合 탄현면 임야 편취 사건).
㉤ [○] 형법 제35조가 누범에 해당하는 전과사실과 새로이 범한 범죄 사이에 **일정한 상관관계가 있다고 인정되는 경우에 한하여 적용되는 것으로 제한하여 해석하여야 할 아무런 이유나 근거가 없다**(대법원 2008.12.24, 2006도1427).

335 누범에 관한 다음 설명 중 옳지 않은 것은? (다툼이 있으면 판례에 의함)

[core ★★]

1 2 3

① 금고 이상의 형을 받고 그 형의 집행유예기간 중에 금고 이상에 해당하는 죄를 범하였다 하더라도 이는 누범가중의 요건을 충족시킨 것이라 할 수 없다.
② 집행유예의 판결을 받고 그 기간경과 후 다시 범죄를 저지른 행위는 집행유예된 범죄와의 사이에 누범관계가 성립하지 아니한다.
③ 실형(징역)을 선고받아 복역하다가 특별사면으로 출소한 후 3년 이내에 다시 범죄를 저지른 자에 대한 누범가중은 정당하다.
④ 피고인이 징역 8월을 선고받아 판결이 확정되어 그 집행을 종료한 후 3년 내에 상해죄 등을 범한 경우라면, 비록 피고인이 재심을 청구하여 재심심판절차에서 징역 8월을 선고한 재심판결이 확정되었더라도 상해죄 등은 누범에 해당한다.

해설

④ [×] 피고인이 징역 8월을 선고받아 판결이 확정되어 그 집행을 종료한 후 3년 내에 상해죄 등을 범하였더라도, 피고인이 확정판결에 대해 재심을 청구하여 재심개시결정이 이루어져 재심심판절차에서 징역 8월을 선고한 재심판결이 확정됨으로써 그 전의 확정판결이 효력을 상실한 경우 더 이상 상해죄 등은 확정판결에 의한 형의 집행이 끝난 후 3년 내에 이루어진 것이 아니다(누범이 아니다)(대법원 2017.9.21, 2017도4019).

① [○] 금고 이상의 형을 받고 그 형의 **집행유예기간 중에 금고 이상에 해당하는 죄를 범하였다 하더라도 이는 누범가중의 요건을 충족시킨 것이라 할 수 없다**(대법원 1983.8.23, 83도1600).

② [○] 집행유예의 판결을 받고 그 기간경과 후 다시 범죄를 저지른 행위는 **집행유예된 범죄와의 사이에 누범관계가 성립하지 아니한다**(대법원 1970.9.22, 70도1627).

③ [○] 실형(징역)을 선고받아 복역하다가 **특별사면으로 출소한 후 3년 이내에 다시 범죄를 저지른 자에 대한 누범가중은 정당하다**(대법원 1986.11.11, 86도2004).

336 누범에 관한 다음 설명 중 옳지 않은 것은? (다툼이 있으면 판례에 의함) [core ★★]

1 2 3

① 일반사면이 있더라도 형선고의 효력만 상실될 뿐 그 선고가 있었다는 기왕의 사실은 존재하는 것이므로 사면된 전과사실도 누범전과에 해당한다.

② 복권(復權)은 형의 언도의 효력으로 인하여 상실 또는 정지된 자격을 회복시킴에 지나지 아니하는 것이므로 복권이 있었다고 하더라도 그 전과사실은 누범가중사유에 해당한다.

③ 가석방기간 중일 때에는 형 집행 종료라고 볼 수 없기 때문에 가석방기간 중에 재범에 대하여는 그 가석방된 전과사실 때문에 누범가중 처벌되지 아니한다.

④ 누범가중의 사유가 되는 전과에 적용된 법률조항에 대하여 위헌결정이 있어 재심이 가능하다는 이유만으로 그 전과의 법률적 효력에 영향이 있다고 할 수 없다.

해설

① [×] 일반사면령에 의하여 형의 선고의 효력이 상실된 범죄를 누범가중 사유로 하여 처벌하였음은 위법이다(대법원 1964.3.31, 64도34).

② [○] **복권(復權)은** 형의 언도의 효력으로 인하여 상실 또는 정지된 자격을 회복시킴에 지나지 아니하는 것이므로 복권이 있었다고 하더라도 그 **전과사실은 누범가중사유에 해당한다**(대법원 1981.4.14, 81도543).

③ [○] 가석방기간 중일 때에는 형 집행 종료라고 볼 수 없기 때문에 가석방기간 중에 재범에 대하여는 그 **가석방된 전과사실 때문에 누범가중 처벌되지 아니한다**(대법원 1976.9.14, 76도2071).

④ [○] 누범가중의 사유가 되는 전과에 적용된 법률조항에 대하여 위헌결정이 있어 **재심이 가능하다는 이유만으로 그 전과의 법률적 효력에 영향이 있다고 할 수 없다**(대법원 2017.3.22, 2016도9032).

정답 | 334 ③ 335 ④ 336 ①

337 형의 가중 또는 감경에 관한 다음 설명 중 옳지 않은 것은? (다툼이 있으면 판례에 의함)

1 2 3

[Essential ★]

① 형법 제264조는 상습으로 특수상해죄를 범한 때에는 그 죄에 정한 형의 2분의 1까지 가중한다고 규정하고 있는데, 이 경우 장기만 가중할 수 있고 단기는 가중할 수 없다.

② 누범가중을 함에 있어서는 그 죄에 정한 형의 장기 2배까지 가중할 수 있는 것이고 단기에 관하여도 2배로 가중하는 것은 아니다.

③ 형법 제55조 제1항 제3호(유기징역 또는 유기금고를 감경할 때에는 그 형기의 2분의 1로 한다)에 의하여 형기를 감경할 경우, 장기는 물론 단기도 감경하여야 한다.

④ 형법 제55조 제1항 제6호의 벌금을 감경할 때의 '다액'의 2분의 1이라는 문구는 '금액'의 2분의 1이라고 해석하여 그 상한과 함께 하한도 2분의 1로 내려가는 것으로 해석하여야 한다.

해설

① [×] 형법은 제264조에서 상습으로 제258조의2의 죄를 범한 때에는 그 죄에 정한 형의 2분의 1까지 가중한다고 규정하고 있으므로, 상습특수상해죄(형법 제264조)를 범한 때에 특수상해죄(형법 제258조의2 제1항)에서 정한 법정형(1년 이상 10년 이하의 징역)의 단기와 장기를 모두 가중하여 1년 6개월 이상 15년 이하의 징역에 처하여야 한다(대법원 2017.6.29, 2016도18194). 이는 상습특수상해죄 외에 다른 상습범의 경우에도 그대로 적용될 수 있다.

② [○] 누범가중을 함에 있어서는 그 죄에 정한 형의 **장기 2배까지 가중할 수 있는 것이고 단기에 관하여도 2배로 가중하는 것은 아니다**(대법원 1969.8.19, 69도1129).

③ [○] 형법 제55조 제1항 제3호(유기징역 또는 유기금고를 감경할 때에는 그 형기의 2분의 1로 한다)에 의하여 형기를 감경할 경우, **장기는 물론 단기도 감경하여야 한다**(대법원 1983.11.8, 83도2370).

④ [○] 형법 제55조 제1항 제6호의 벌금을 감경할 때의 '다액'의 2분의 1이라는 문구는 '금액'의 2분의 1이라고 해석하여 그 **상한과 함께 하한도 2분의 1로 내려가는 것으로 해석하여야 한다**(대법원 1978.4.25, 78도246 숭숩).

338 선고유예에 관한 다음 설명 중 옳지 않은 것은 모두 몇 개인가?

1 2 3

[Superlative ★★★]

㉠ 1년 이하의 징역이나 금고, 자격정지, 벌금 또는 구류의 형을 선고할 경우에 제51조의 사항을 고려하여 뉘우치는 정상이 뚜렷할 때에는 그 형의 선고를 유예할 수 있다. 다만, 자격정지 이상의 형을 받은 전과가 있는 사람에 대해서는 예외로 한다.

㉡ 형을 병과할 경우에도 형의 전부 또는 일부에 대하여 선고를 유예할 수 있다.

㉢ 형의 선고를 유예하는 경우에 재범방지를 위하여 지도 및 원호가 필요한 때에는 보호관찰을 받을 것을 명할 수 있다. 보호관찰의 기간은 1년으로 한다.

㉣ 형의 선고유예를 받은 날로부터 1년을 경과한 때에는 면소된 것으로 간주한다.

㉤ 형의 선고유예를 받은 자가 유예기간 중 자격정지 이상의 형에 처한 판결이 확정되거나 자격정지 이상의 형에 처한 전과가 발견된 때에는 유예한 형을 선고한다.

① 0개 ② 1개
③ 2개 ④ 3개

해설

③ ㉠㉣ 2항목이 옳지 않다.

㉠ [×] 1년 이하의 징역이나 금고, 자격정지 또는 벌금의 형을 선고할 경우에 형법 제51조의 사항을 고려하여 뉘우치는 정상이 뚜렷할 때에는 그 형의 선고를 유예할 수 있다. 다만, 자격정지 이상의 형을 받은 전과가 있는 사람에 대해서는 예외로 한다(제59조 제1항). 구류에 대하여는 선고유예를 할 수 없다.

㉡ [○] 형을 병과할 경우에도 형의 **전부 또는 일부에 대하여 선고를 유예할 수 있다**(제59조 제2항).

㉢ [○] 형의 선고를 유예하는 경우에 재범방지를 위하여 지도 및 원호가 필요한 때에는 보호관찰을 받을 것을 명할 수 있다. **보호관찰의 기간은 1년으로 한다**(제59조의2 제1항 · 제2항).

㉣ [×] 형의 선고유예를 받은 날로부터 2년을 경과한 때에는 면소된 것으로 간주한다(제60조).

㉤ [○] 형의 선고유예를 받은 자가 유예기간 중 **자격정지 이상의 형에 처한 판결이 확정**되거나 **자격정지 이상의 형에 처한 전과가 발견된 때에는 유예한 형을 선고한다**(제61조 제1항).

339 선고유예에 관한 다음 설명 중 옳지 않은 것은? (다툼이 있으면 판례에 의함) [core ★★]

1 2 3

① 1년 이하의 징역이나 금고, 자격정지 또는 벌금의 형을 선고할 경우에 제51조의 사항을 참작하여 개전의 정상이 현저한 때에는 그 선고를 유예할 수 있다. 단, 자격정지 이상의 형을 받은 전과가 있는 자에 대하여는 예외로 한다.

② 형의 선고를 유예할 수 있는 경우는 선고할 형이 1년 이하의 징역이나 금고, 자격정지 또는 벌금의 형인 경우에 한하고 구류형에 대하여는 선고를 유예할 수 없다.

③ 선고유예의 요건 중 '개전의 정상이 현저한 때'라고 함은 형법 제51조가 규정하는 양형의 조건을 종합적으로 참작하여 볼 때 형을 선고하지 않더라도 피고인이 다시 범행을 저지르지 않으리라는 사정이 현저하게 기대되는 경우를 가리킨다.

④ 피고인이 죄를 깊이 뉘우치지 않거나 범죄사실을 자백하지 않고 부인할 경우에는 '개전의 정상이 현저한 때'라고 할 수 없어 원칙적으로 선고유예를 할 수 없다.

해설

④ [×] '개전의 정상이 현저한 때'가 반드시 피고인이 죄를 깊이 뉘우치는 경우만을 뜻하는 것으로 제한하여 해석하거나 피고인이 범죄사실을 자백하지 않고 부인할 경우에는 언제나 선고유예를 할 수 없다고 해석할 것은 아니다(대법원 2003.2.20, 2001도6138 全合).

① [○] **1년** 이하의 징역이나 금고, 자격정지 또는 벌금의 형을 선고할 경우에 제51조의 사항을 참작하여 개전의 정상이 현저한 때에는 그 **선고를 유예할 수 있다**. 단, 자격정지 이상의 형을 받은 전과가 있는 자에 대하여는 예외로 한다(제59조 제1항).

② [○] 형의 선고를 유예할 수 있는 경우는 선고할 형이 1년 이하의 징역이나 금고, 자격정지 또는 벌금의 형인 경우에 한하고 **구류형에 대하여는 선고를 유예할 수 없다**(대법원 1993.6.22, 93오1 구류3일 선고유예 사건).

③ [○] 선고유예의 요건 중 '개전의 정상이 현저한 때'라고 함은 형법 제51조가 규정하는 양형의 조건을 종합적으로 참작하여 볼 때 형을 선고하지 않더라도 피고인이 **다시 범행을 저지르지 않으리라는 사정이 현저하게 기대되는 경우를 가리킨다**(대법원 2003.2.20, 2001도6138 全合).

정답 | 337 ① 338 ③ 339 ④

340 선고유예에 관한 다음 설명 중 옳지 않은 것은? (다툼이 있으면 판례에 의함) [core ★★]

1 2 3

① 1년 이하의 징역이나 금고, 자격정지 또는 벌금의 형을 선고할 경우에 제51조의 사항을 참작하여 개전의 정상이 현저한 때에는 그 선고를 유예할 수 있다. 단, 자격정지 이상의 형을 받은 전과가 있는 자에 대하여는 예외로 한다.

② 형의 집행유예를 선고받은 사람이 그 선고가 실효 또는 취소됨이 없이 정해진 유예기간을 무사히 경과하여 형의 선고가 효력을 잃게 되었더라도, 그는 선고유예 결격사유인 '자격정지 이상의 형을 받은 전과가 있는 자'에 해당한다.

③ 형법 제39조 제1항에 의하여 형법 제37조 후단 경합범 중 판결을 받지 아니한 죄에 대하여 형을 선고하는 경우에 있어서 형법 제37조 후단에 규정된 금고 이상의 형에 처한 판결이 확정된 죄의 형은 선고유예 결격사유인 '자격정지 이상의 형을 받은 전과'에 포함되지 아니한다.

④ 일단 자격정지 이상의 형을 선고받은 이상 그 형이 형실효법 제7조에 따라 추후 실효되었다 하여도 이는 선고유예 결격사유인 '자격정지 이상의 형을 받은 전과'가 있는 경우에 해당한다.

해설

③ [×] 형법은 선고유예의 예외사유를 '자격정지 이상의 형을 받은 전과'라고만 규정하고 있을 뿐 그 전과를 범행 이전의 것으로 제한하거나 형법 제37조 후단 경합범 규정상의 금고 이상의 형에 처한 판결에 의한 전과를 제외하고 있지 아니한 점 등을 종합하여 보면, 형법 제39조 제1항에 의하여 형법 제37조 후단 경합범 중 판결을 받지 아니한 죄에 대하여 형을 선고하는 경우에 있어서 형법 제37조 후단에 규정된 금고 이상의 형에 처한 판결이 확정된 죄의 형도 형법 제59조 제1항 단서에서 정한 '자격정지 이상의 형을 받은 전과'에 포함된다(대법원 2010.7.8, 2010도931 떡복이 장사 방해 사건).

① [○] **1년** 이하의 징역이나 금고, 자격정지 또는 벌금의 형을 선고할 경우에 제51조의 사항을 참작하여 개전의 정상이 현저한 때에는 그 선고를 유예할 수 있다. 단, 자격정지 이상의 형을 받은 전과가 있는 자에 대하여는 예외로 한다(제59조 제1항).

② [○] 형의 **집행유예**를 선고받은 사람이 그 선고가 실효 또는 취소됨이 없이 정해진 유예기간을 무사히 경과하여 형의 선고가 효력을 잃게 되었더라도, 그는 선고유예 결격사유인 **'자격정지 이상의 형을 받은 전과가 있는 자'에 해당한다**(대법원 2012. 6.28, 2011도10570).

④ [○] 일단 자격정지 이상의 형을 선고받은 이상 그 형이 **형실효법 제7조에 따라 추후 실효되었다 하여도** 이는 선고유예 결격사유인 **'자격정지 이상의 형을 받은 전과'가 있는 경우에 해당한다**(대법원 2004.10.15, 2004도4869 주택재개발조합 투표함 사건).

341 甲은 폭력행위등처벌에관한법률위반죄로 징역 8월에 집행유예 1년을 선고 · 확정받고 그 집행유예의 선고가 실효 또는 취소됨이 없이 유예기간을 경과한 자이다. 이후 甲은 업무상배임죄로 기소되었는 바, 이 경우 법원의 선고유예 허용 여부에 관한 설명 중 가장 옳은 것은? (다툼이 있으면 판례에 의함)

1 2 3

[core ★★]

① 법원이 업무상배임죄의 법정형 중 벌금형을 선택한 경우에 한하여 선고유예를 할 수 있다.

② 법원은 업무상배임죄에 대해서 甲이 죄를 깊이 뉘우치는 경우에 한하여 선고유예를 할 수 있다.

③ 甲은 집행유예기간을 무사한 경과한 자로서 선고유예 결격사유자가 아니므로 법원은 선고유예를 할 수 있다.

④ 甲은 선고유예 결격사유인 자격정지 이상의 형을 받은 전과가 있는 자에 해당하므로 법원은 선고유예를 할 수 없다.

해설

④ 설문의 경우 甲은 선고유예 결격자로서 법원은 선고유예를 할 수 없다.
(1) 형법 제59조 제1항 단서에서 정한 '자격정지 이상의 형을 받은 전과'라 함은 자격정지 이상의 형을 선고받은 범죄경력 자체를 의미하는 것이고, 그 형의 효력이 상실된 여부는 묻지 않는 것으로 해석함이 상당하다. (2) 따라서 형의 집행유예를 선고받은 자는 형법 제65조에 의하여 그 선고가 실효 또는 취소됨이 없이 정해진 유예기간을 무사히 경과하여 형의 선고가 효력을 잃게 되었다고 하더라도 형의 선고의 법률적 효과가 없어진다는 것일 뿐, 형의 선고가 있었다는 기왕의 사실 자체까지 없어지는 것은 아니므로 형법 제59조 제1항 단서에서 정한 선고유예 결격사유인 '자격정지 이상의 형을 받은 전과가 있는 자'에 해당한다고 보아야 한다(대법원 2007.5.11, 2005도5756).

342 선고유예에 관한 다음 설명 중 옳지 않은 것은 모두 몇 개인가? (다툼이 있으면 판례에 의함)

1 2 3

[Superlative ★★★]

㉠ 징역형과 벌금형을 병과하면서 징역형에 대하여 집행을 유예하고 벌금형에 대하여 선고를 유예하여도 위법이 아니다.
㉡ 주형에 대하여 선고를 유예하는 경우에는 그 부가할 몰수·추징에 대하여도 선고를 유예할 수 있다.
㉢ 필요적 몰수의 경우라면 주형에 대하여 선고유예를 하더라도 몰수나 추징은 선고유예를 할 수 없다.
㉣ 주형에 대하여 선고유예를 하는 경우에도 몰수나 추징을 선고할 수 있다.
㉤ 주형에 대하여 선고유예를 하지 않는 경우에도 몰수·추징에 대하여만 선고유예를 할 수 있다.

① 0개 ② 1개
③ 2개 ④ 3개

해설

③ ㉢㉤ 2항목이 옳지 않다.
㉠ [O] 징역형과 벌금형을 병과하면서 **징역형에 대하여 집행을 유예하고 벌금형에 대하여 선고를 유예하여도 위법이 아니다**(대법원 1976.6.8, 74도1266).
㉡ [O] 주형에 대하여 선고를 유예하는 경우에는 그 **부가할 몰수·추징에 대하여도 선고를 유예할 수 있다**(대법원 1988.6.21, 88도551 범양상선 사건).
㉢ [×] 필요적 몰수의 경우라도 주형을 선고유예하는 경우에는 몰수나 또는 몰수에 가름하는 추징도 선고유예를 할 수 있다(대법원 1978.4.25, 76도2262).
㉣ [O] 주형에 대하여 선고유예를 하는 경우에도 **몰수나 추징을 선고할 수 있다**(대법원 1973.12.11, 73도1133 全合, 대법원 1990.4.27, 89도2291).
㉤ [×] 주형에 대하여 선고를 유예하지 아니하면서 이에 부가할 몰수·추징에 대하여서만 선고를 유예할 수는 없다(대법원 1988.6.21, 88도551 범양상선 사건).

정답 | 340 ③ 341 ④ 342 ③

343 선고유예에 관한 다음 설명 중 옳지 않은 것은? (다툼이 있으면 판례에 의함) [Superlative ★★★]

1 2 3

① 선고유예 판결에서도 그 판결이유에서는 선고형을 정해 놓아야 하고 그 형이 벌금형일 경우에는 벌금액뿐만 아니라 환형유치처분까지 해 두어야 한다.

② 선고유예 실효사유인 '자격정지 이상의 형에 처한 전과가 발견된 때'란 선고유예의 판결이 확정된 후에 비로소 위와 같은 전과가 발견된 경우를 말하고 그 판결확정 전에 이러한 전과가 발견된 경우에는 이를 취소할 수 없으며, 이때 판결확정 전에 발견되었다고 함은 검사가 명확하게 그 결격사유를 안 경우만을 말하고 당연히 그 결격사유를 알 수 있는 객관적 상황이 존재함에도 부주의로 알지 못한 경우는 이에 포함되지 아니한다.

③ 선고유예의 판결이 확정된 후 2년을 경과한 때에는 면소된 것으로 간주되고, 그와 같이 유예기간이 경과함으로써 면소된 것으로 간주된 후에는 실효시킬 선고유예의 판결이 존재하지 아니하므로 선고유예 실효의 결정(선고유예된 형을 선고하는 결정)을 할 수 없다.

④ 성폭법상 등록대상자의 신상정보 제출의무는 법원이 별도로 부과하는 것이 아니라 등록대상 성범죄로 유죄판결이 확정되면 성폭법의 규정에 따라 당연히 발생하는 것이고 유죄판결에서 선고유예 판결이 제외된다고 볼 수 없다.

해설

② [×] 판결확정 전에 발견되었다고 함은 검사가 명확하게 그 결격사유를 안 경우만을 말하는 것이 아니라 당연히 그 결격사유를 알 수 있는 객관적 상황이 존재함에도 부주의로 알지 못한 경우도 포함한다(대법원 2008.2.14, 2007모845 사기전과 간과 사건).

① [O] 선고유예 판결에서도 그 **판결이유에서는 선고형을 정해 놓아야 하고 그 형이 벌금형일 경우에는 벌금액뿐만 아니라 환형유치처분까지 해 두어야 한다**(대법원 2015.1.29, 2014도15120).

③ [O] 선고유예의 판결이 확정된 후 2년을 경과한 때에는 면소된 것으로 간주되고, 그와 같이 유예기간이 경과함으로써 면소된 것으로 간주된 후에는 실효시킬 선고유예의 판결이 존재하지 아니하므로 **선고유예 실효의 결정(선고유예된 형을 선고하는 결정)을 할 수 없다**(대법원 2007.6.28, 2007모348 선고유예 실효결정 사건).

④ [O] 성폭법상 등록대상자의 신상정보 제출의무는 법원이 별도로 부과하는 것이 아니라 **등록대상 성범죄로 유죄판결이 확정되면 성폭법의 규정에 따라 당연히 발생하는 것이고 유죄판결에서 선고유예 판결이 제외된다고 볼 수 없다**(대법원 2015.1.29, 2014도15120).

344 집행유예와 관련하여 밑줄 친 부분이 옳지 않은 것은 모두 몇 개인가? [Superlative ★★★]

1 2 3

㉠ <u>3년 이하의 징역이나 금고 또는 300만원 이하의 벌금의 형을 선고할 경우에</u> 형법 제51조의 사항을 참작하여 그 정상에 참작할 만한 사유가 있는 때에는 ㉡ <u>1년 이상 5년 이하의 기간</u> 형의 집행을 유예할 수 있다. 다만, ㉢ <u>금고 이상의 형을 선고한 판결이 확정된 때부터</u> 그 집행을 종료하거나 면제된 후 ㉣ <u>5년까지의 기간에 범한 죄에 대하여</u> 형을 선고하는 경우에는 그러하지 아니하다.

① 0개 ② 1개

③ 2개 ④ 3개

해설

③ ㉠㉣ 2항목이 옳지 않다.

㉠㉣ [×] 3년 이하의 징역이나 금고 또는 500만원 이하의 벌금의 형을 선고할 경우에 형법 제51조의 사항을 참작하여 그 정상에 참작할 만한 사유가 있는 때에는 1년 이상 5년 이하의 기간 형의 집행을 유예할 수 있다. 다만, 금고 이상의 형을 선고한 판결이 확정된 때부터 그 집행을 종료하거나 면제된 후 3년까지의 기간에 범한 죄에 대하여 형을 선고하는 경우에는 그러하지 아니하다(제62조 제1항).

㉡㉢ [○] 3년 이하의 징역이나 금고 또는 500만원 이하의 벌금의 형을 선고할 경우에 형법 제51조의 사항을 참작하여 그 정상에 참작할 만한 사유가 있는 때에는 **1년 이상 5년 이하의 기간** 형의 집행을 유예할 수 있다. 다만, **금고 이상의 형을 선고한 판결이 확정된 때부터** 그 집행을 종료하거나 면제된 후 3년까지의 기간에 범한 죄에 대하여 형을 선고하는 경우에는 그러하지 아니하다(제62조 제1항).

345 선고유예와 집행유예와 관련하여 밑줄 친 부분이 옳지 않은 것은 모두 몇 개인가? [Superlative ★★★]

1 2 3

(1) ㉠ 1년 이하의 징역이나 금고, 자격정지 또는 벌금의 형을 선고할 경우에 형법 제51조의 사항을 참작하여 개전의 정상이 현저한 때에는 그 선고를 유예할 수 있다. 단, ㉡ 벌금 이상의 형을 받은 전과가 있는 자에 대하여는 예외로 한다.

(2) ㉢ 3년 이하의 징역이나 금고 또는 500만원 이하의 벌금의 형을 선고할 경우에 형법 제51조의 사항을 참작하여 그 정상에 참작할 만한 사유가 있는 때에는 ㉣ 1년 이상 5년 이하의 기간 형의 집행을 유예할 수 있다. 다만, ㉤ 금고 이상의 형을 선고한 판결이 확정된 때부터 그 집행을 종료하거나 면제된 후 ㉥ 3년까지의 기간에 범한 죄에 대하여 형을 선고하는 경우에는 그러하지 아니하다.

① 0개
② 1개
③ 2개
④ 3개

해설

② ㉡ 항목만 옳지 않다.

㉠ [○](1) **1년 이하의 징역이나 금고, 자격정지 또는 벌금의 형을 선고할 경우에** 형법 제51조의 사항을 참작하여 개전의 정상이 현저한 때에는 그 선고를 유예할 수 있다. 단, 자격정지 이상의 형을 받은 전과가 있는 자에 대하여는 예외로 한다(제59조 제1항).

㉡ [×](1) 1년 이하의 징역이나 금고, 자격정지 또는 벌금의 형을 선고할 경우에 형법 제51조의 사항을 참작하여 개전의 정상이 현저한 때에는 그 선고를 유예할 수 있다. 단, 자격정지 이상의 형을 받은 전과가 있는 자에 대하여는 예외로 한다(제59조 제1항).

㉢㉣㉤㉥ [○] (2) **3년 이하의 징역이나 금고 또는 500만원 이하의 벌금의 형을 선고할 경우에** 형법 제51조의 사항을 참작하여 그 정상에 참작할 만한 사유가 있는 때에는 **1년 이상 5년 이하의 기간** 형의 집행을 유예할 수 있다. 다만, 금고 이상의 형을 선고한 판결이 확정된 때부터 그 집행을 종료하거나 면제된 후 **3년까지의 기간에 범한 죄에 대하여** 형을 선고하는 경우에는 그러하지 아니하다(제62조 제1항).

정답 | 343 ② 344 ③ 345 ②

346 집행유예에 관한 다음 설명 중 옳지 않은 것은?

1 2 3 [Essential ★]

① 3년 이하의 징역이나 금고 또는 500만원 이하의 벌금의 형을 선고할 경우에 형법 제51조의 사항을 참작하여 그 정상에 참작할 만한 사유가 있는 때에는 1년 이상 5년 이하의 기간 형의 집행을 유예할 수 있다. 다만, 금고 이상의 형을 선고한 판결이 확정된 때부터 그 집행을 종료하거나 면제된 후 3년까지의 기간에 범한 죄에 대하여 형을 선고하는 경우에는 그러하지 아니하다.

② 형의 집행을 유예하는 경우에는 보호관찰을 받을 것을 명하거나 사회봉사 또는 수강을 명할 수 있다.

③ 보호관찰의 기간은 2년으로 한다.

④ 사회봉사명령 또는 수강명령은 집행유예기간 내에 이를 집행한다.

해설

③ [×] 보호관찰의 기간은 집행을 유예한 기간으로 한다. 다만, 법원은 유예기간의 범위내에서 보호관찰기간을 정할 수 있다(제62조의2 제2항).

① [○] **3년** 이하의 징역이나 금고 또는 **500만원** 이하의 벌금의 형을 선고할 경우에 형법 제51조의 사항을 참작하여 그 정상에 참작할 만한 사유가 있는 때에는 **1년** 이상 **5년** 이하의 기간 형의 집행을 유예할 수 있다. 다만, 금고 이상의 형을 선고한 판결이 확정된 때부터 그 집행을 종료하거나 면제된 후 **3년**까지의 기간에 범한 죄에 대하여 형을 선고하는 경우에는 그러하지 아니하다(제62조 제1항).

② [○] 형의 집행을 유예하는 경우에는 보호관찰을 받을 것을 명하거나 **사회봉사 또는 수강을 명할 수 있다**(제62조의2 제1항).

④ [○] 사회봉사명령 또는 수강명령은 **집행유예기간내에 이를 집행한다**(제62조의2 제3항).

347 집행유예에 관한 다음 설명 중 옳지 않은 것은?

1 2 3 [core ★★]

① 집행유예의 선고를 받은 자가 유예기간 중 고의 또는 과실로 범한 죄로 금고 이상의 실형을 선고받아 그 판결이 확정된 때에는 집행유예의 선고는 효력을 잃는다.

② 집행유예의 선고를 받은 후 제62조 단행의 사유(집행유예 결격사유)가 발각된 때에는 집행유예의 선고를 취소한다.

③ 보호관찰이나 사회봉사 또는 수강을 명한 집행유예를 받은 자가 준수사항이나 명령을 위반하고 그 정도가 무거운 때에는 집행유예의 선고를 취소할 수 있다.

④ 집행유예의 선고를 받은 후 그 선고의 실효 또는 취소됨이 없이 유예기간을 경과한 때에는 형의 선고는 효력을 잃는다.

해설

① [×] 집행유예의 선고를 받은 자가 유예기간 중 고의로 범한 죄로 금고 이상의 실형을 선고받아 그 판결이 확정된 때에는 집행유예의 선고는 효력을 잃는다(제63조).

② [○] 집행유예의 선고를 받은 후 제62조 단행의 사유(집행유예 결격사유)가 **발각된 때에는 집행유예의 선고를 취소한다**(제64조 제1항).

③ [○] 보호관찰이나 사회봉사 또는 수강을 명한 집행유예를 받은 자가 준수사항이나 명령을 위반하고 그 정도가 무거운 때에는 **집행유예의 선고를 취소할 수 있다**(제64조 제2항).

④ [○] 집행유예의 선고를 받은 후 그 선고의 실효 또는 취소됨이 없이 유예기간을 경과한 때에는 **형의 선고는 효력을 잃는다**(제65조).

348 집행유예에 관한 다음 설명 중 옳지 않은 것은? (다툼이 있으면 판례에 의함) [core ★★]

1 2 3

① 3년 이하의 징역이나 금고 또는 500만원 이하의 벌금의 형을 선고할 경우에 1년 이상 5년 이하의 기간 형의 집행을 유예할 수 있다. 다만, 금고 이상의 형을 선고한 판결이 확정된 때부터 그 집행을 종료하거나 면제된 후 3년까지의 기간에 범한 죄에 대하여 형을 선고하는 경우에는 그러하지 아니하다.

② 형법 제37조의 경합범 관계에 있는 수 죄가 별개로 기소되어 별개의 절차에서 재판을 받게 된 결과 어느 하나의 사건에서 먼저 집행유예가 선고되어 그 형이 확정된 경우, 그 집행유예기간이 아직 도과되지 않았다면 나중에 기소된 범죄사실에 대하여 집행유예를 선고할 수 없다.

③ 집행유예기간 중에 범한 범죄라고 할지라도 집행유예가 실효 또는 취소됨이 없이 그 유예기간이 경과한 경우에는 이에 대해 다시 집행유예의 선고가 가능하다.

④ 집행유예기간 중에 범한 범죄에 대하여 형을 선고함에 있어, 피고인이 그 집행유예기간이 경과하기 전에 보호관찰준수사항 위반 등의 이유로 이미 집행유예의 취소결정이 확정된 상태라면, 이는 집행유예의 결격사유에 해당된다고 할 것이어서 집행유예를 선고할 수 없다.

해설

② [×] 형법 제37조의 경합범 관계에 있는 수 죄가 별개로 기소되어 별개의 절차에서 재판을 받게 된 결과 어느 하나의 사건에서 먼저 집행유예가 선고되어 그 형이 확정된 경우, 그 집행유예기간의 도과 여부를 불문하고 나중에 기소된 범죄사실에 대하여 형의 집행유예를 선고할 수 있다(대법원 2007.12.27, 2007도5313).

① [○] **3년** 이하의 징역이나 금고 또는 **500만원** 이하의 벌금의 형을 선고할 경우에 **1년 이상 5년 이하**의 기간 형의 집행을 유예할 수 있다. 다만, 금고 이상의 형을 선고한 판결이 확정된 때부터 그 집행을 종료하거나 면제된 후 **3년**까지의 기간에 범한 죄에 대하여 형을 선고하는 경우에는 그러하지 아니하다(제62조 제1항).

③④ [○] 집행유예기간 중에 범한 죄에 대하여 형을 선고할 때에 (1) 집행유예의 결격사유를 정하는 형법 제62조 제1항 단서 소정의 요건에 해당하는 경우란 **이미 집행유예가 실효 또는 취소된 경우와 그 선고 시점에 미처 유예기간이 경과하지 아니하여 형 선고의 효력이 실효되지 아니한 채로 남아 있는 경우로 국한**되고 (2) 집행유예가 실효 또는 취소됨이 없이 유예기간을 경과한 때에는 위 단서 소정의 요건에 해당하지 않는다고 할 것이므로 집행유예기간 중에 범한 범죄라고 할지라도 집행유예가 실효 또는 취소됨이 없이 그 유예기간이 경과한 경우에는 이에 대해 **다시 집행유예의 선고가 가능하다**(대법원 2007.7.27, 2007도768 연달아 집행유예 사건Ⅱ).

정답 | 346 ③ 347 ① 348 ②

349 집행유예에 관한 다음 설명 중 옳지 않은 것은? (다툼이 있으면 판례에 의함) [Essential ★]

1 2 3

① 형을 병과할 경우에는 그 형의 일부에 대하여 집행을 유예할 수 있다.

② 하나의 자유형 중 일부에 대해서는 실형을, 나머지에 대해서는 집행유예를 선고하는 것은 허용되지 않는다.

③ 형법 제37조 후단의 경합범 관계에 있는 두 개의 범죄에 대하여 하나의 판결로 두 개의 자유형을 선고하는 경우 그 두 개의 자유형은 각각 별개의 형이므로 각 자유형에 대하여 각각 집행유예를 선고할 수 있는 것이고 또 두 개의 징역형 중 하나의 징역형에 대하여는 실형을 선고하면서 다른 징역형에 대하여 집행유예를 선고하는 것도 허용된다.

④ 형법 제37조 후단의 경합범 관계에 있는 죄에 대하여 두 개의 징역형을 선고하면서, 하나의 징역형에 대하여만 집행유예를 선고하고 그 집행유예기간의 시기(始期)를 다른 하나의 징역형의 집행종료일로 하는 것도 허용된다.

해설

④ [×] (1) 집행유예를 함에 있어 그 집행유예기간의 시기는 집행유예를 선고한 판결확정일로 하여야 하고 법원이 판결 확정일 이후의 시점을 임의로 선택할 수는 없다. (2) 형법 제37조 후단의 경합범 관계에 있는 죄에 대하여 두 개의 징역형을 선고하면서 하나의 징역형에 대하여만 집행유예를 선고하고 그 집행유예기간의 시기를 다른 하나의 징역형의 집행종료일로 한 것은 위법하다(대법원 2002.2.26, 2000도4637).

① [○] 형을 병과할 경우에는 그 **형의 일부에 대하여 집행을 유예할 수 있다**(제62조 제2항).

② [○] **하나의 자유형 중 일부에 대해서는 실형을, 나머지에 대해서는 집행유예를 선고하는 것은 허용되지 않는다**(대법원 2007.2.22, 2006도8555). 이는 '일죄'에 대한 것이다.

③ [○] **형법 제37조 후단의 경합범 관계**에 있는 두 개의 범죄에 대하여 하나의 판결로 두 개의 자유형을 선고하는 경우 그 두 개의 자유형은 각각 별개의 형이므로 각 자유형에 대하여 각각 집행유예를 선고할 수 있는 것이고 또 **두 개의 징역형 중 하나의 징역형에 대하여는 실형을 선고하면서 다른 징역형에 대하여 집행유예를 선고하는 것도 허용된다**(대법원 2002.2.26, 2000도4637).

350 집행유예와 사회봉사에 관한 다음 설명 중 옳지 않은 것은? (다툼이 있으면 판례에 의함) [core ★★]

1 2 3

① 법원이 형의 집행을 유예하는 경우 명할 수 있는 사회봉사는 자유형의 집행을 대체하기 위한 것으로서 500시간 내에서 시간 단위로 부과될 수 있는 일 또는 근로활동을 의미하는 것으로 해석된다.

② 일정액의 금전을 출연하는 것을 주된 내용으로 하는 사회공헌약속 이행을 명하는 것은 500시간 내에서 시간 단위로 부과될 수 있는 일 또는 근로활동이 아닌 일정한 금원을 출연할 것을 명하는 것이어서 사회봉사명령으로 허용될 수 없다.

③ 법원이 피고인에게 유죄로 인정된 범죄행위를 뉘우치거나 그 범죄행위를 공개하는 취지의 말이나 글을 발표하도록 하는 내용의 사회봉사를 명하고 이를 위반할 경우 집행유예의 선고를 취소할 수 있도록 함으로써 그 이행을 강제하는 것은 허용될 수 없다.

④ 법원이 사회봉사명령의 특별준수사항으로 피고인에게 범행에 대한 원상회복을 명하는 것은 보호관찰 등에 관한 법률의 해석상 허용되므로 이를 두고 죄형법정주의 또는 보안처분 법률주의에 위배된다고 할 수 없다.

해설

④ [×] 형법과 보호관찰법 및 보호관찰법 시행령은 시간 단위로 부과될 수 있는 일 또는 근로활동만을 사회봉사명령의 방법으로 정하고 있고, 사회봉사명령에 부수하여 부과할 수 있는 특별준수사항도 사회봉사명령 대상자의 교화·개선 및 자립을 유도하기 위한 보안처분적인 것만을 규정하고 있을 뿐이며, 사회봉사명령이나 그 특별준수사항으로 범죄에 대한 응보 및 원상회복을 도모하기 위한 것은 허용하지 않고 있다. 따라서 법원이 사회봉사명령의 특별준수사항으로 피고인에게 범행에 대한 원상회복을 명하는 것은 법률이 허용하지 아니하는 피고인의 권리와 법익에 대한 제한과 침해에 해당하므로 죄형법정주의 또는 보안처분 법률주의에 위배된다(대법원 2020.11.5, 2017도18291 건축물 원상회복 사회봉사명령 사건).

① [○] 법원이 형의 집행을 유예하는 경우 명할 수 있는 사회봉사는 자유형의 집행을 대체하기 위한 것으로서 500시간 내에서 **시간 단위로 부과될 수 있는 일 또는 근로활동을 의미하는 것으로 해석된다**(대법원 2008.4.11, 2007도8373).

② [○] 일정액의 금전을 출연하는 것을 주된 내용으로 하는 사회공헌약속 이행을 명하는 것은 500시간 내에서 시간 단위로 부과될 수 있는 일 또는 근로활동이 아닌 **일정한 금원을 출연할 것을 명하는 것이어서 사회봉사명령으로 허용될 수 없다**(대법원 2008.4.11, 2007도8373).

③ [○] 법원이 피고인에게 유죄로 인정된 범죄행위를 뉘우치거나 그 범죄행위를 공개하는 취지의 말이나 글을 발표하도록 하는 내용의 사회봉사를 명하고 이를 위반할 경우 집행유예의 선고를 취소할 수 있도록 함으로써 그 이행을 강제하는 것은, 헌법이 보호하는 피고인의 **양심의 자유, 명예 및 인격에 대한 심각하고 중대한 침해에 해당하므로 허용될 수 없다**(대법원 2008.4.11, 2007도8373).

정답 | 349 ④ 350 ④

351 집행유예의 효과에 관한 다음 설명 중 옳지 않은 것은? (다툼이 있으면 판례에 의함) [Essential ★]

1 2 3

① 형의 집행유예를 선고받은 사람이 그 선고가 실효 또는 취소됨이 없이 정해진 유예기간을 무사히 경과하여 형의 선고가 효력을 잃게 되었더라도, 그는 선고유예 결격사유인 '자격정지 이상의 형을 받은 전과가 있는 자'에 해당한다.

② 집행유예기간 중에 범한 범죄라고 할지라도 집행유예가 실효 또는 취소됨이 없이 그 유예기간이 경과한 경우에는 이에 대해 다시 집행유예의 선고가 가능하다.

③ 집행유예의 선고를 받은 후 그 선고의 실효 또는 취소됨이 없이 유예기간을 경과한 때에는 형의 선고는 효력을 잃는 것이고, 형의 선고가 효력을 잃은 후에는 형법 제62조 단행의 사유(집행유예 결격사유)가 발각되었다고 하더라도 집행유예를 취소할 수 없고 그대로 유예기간경과의 효과가 발생한다.

④ 집행유예의 효과에 관한 형법 제65조에서 '형의 선고가 효력을 잃는다'는 의미는 형실효법에 의한 형의 실효와 같이 형의 선고에 의한 법적 효과가 장래에 향하여 소멸한다는 취지이므로, 위 규정에 따라 형의 선고가 효력을 잃는 경우에도 그 전과는 특가법 제5조의4 제5항에서 정한 '징역형을 받은 경우'에 해당한다.

해설

④ [×] 집행유예의 효과에 관한 형법 제65조에서 '형의 선고가 효력을 잃는다'는 의미는 형실효법에 의한 형의 실효와 같이 형의 선고에 의한 법적 효과가 장래에 향하여 소멸한다는 취지이므로, 위 규정에 따라 형의 선고가 효력을 잃는 경우에는 그 전과는 특가법 제5조의4 제5항에서 정한 '징역형을 받은 경우'로 볼 수 없다(대법원 2014.9.4, 2014도7088).

① [O] 형의 집행유예를 선고받은 사람이 그 선고가 실효 또는 취소됨이 없이 정해진 유예기간을 무사히 경과하여 형의 선고가 효력을 잃게 되었더라도, 그는 **선고유예 결격사유인 '자격정지 이상의 형을 받은 전과가 있는 자'에 해당한다**(대법원 2012.6.28, 2011도10570).

② [O] 집행유예기간 중에 범한 범죄라고 할지라도 집행유예가 실효 또는 취소됨이 없이 **그 유예기간이 경과한 경우에는 이에 대해 다시 집행유예의 선고가 가능하다**(대법원 2007.7.27, 2007도768 연달아 집행유예 사건 II).

③ [O] 집행유예의 선고를 받은 후 그 선고의 실효 또는 취소됨이 없이 유예기간을 경과한 때에는 형의 선고는 효력을 잃는 것이고, **형의 선고가 효력을 잃은 후에는** 형법 제62조 단행의 사유(집행유예 결격사유)가 발각되었다고 하더라도 집행유예를 취소할 수 없고 **그대로 유예기간경과의 효과가 발생한다**(대법원 1999.1.12, 98모151).

352 선고유예와 집행유예에 관한 다음 설명 중 옳지 않은 것은? (다툼이 있으면 판례에 의함) [core ★★]

1 2 3

① 병역법위반으로 집행유예를 선고받은 B가 그 집행유예기간 중에 다시 병역법위반죄를 저질러 공소가 제기되어 재판 중 집행유예기간이 도과되었다면 법원은 B에 대하여 다시 집행유예를 선고할 수 있다.

② 상해죄를 범한 D에 대하여 법원은 징역 1년 6월을 선고하면서 위 1년 6월의 형 중 일부인 징역 6월만 실형을 선고하고 나머지 징역 1년에 대하여는 집행유예를 선고할 수 없다.

③ 강간죄로 징역 3년을 선고받고 교도소에서 출소한 다음 날 또다시 강제추행죄를 범한 D에 대하여 법원은 집행유예를 선고할 수 없다.

④ 상해죄로 집행유예를 선고받은 C가 그 집행유예기간 중에 범한 업무상과실치사죄에 대하여 법원에서 집행유예기간 중에 금고형의 실형을 선고받아 확정되었다면 C가 상해죄로 선고받은 집행유예 선고는 그 효력을 잃는다.

해설

④ [×] 집행유예의 선고를 받은 자가 유예기간 중 고의로 범한 죄로 금고 이상의 실형을 선고받아 그 판결이 확정된 때에는 집행유예의 선고는 효력을 잃는다(제63조). 고의범이 아닌 업무상과실치사죄로 금고형의 실형을 선고받아 확정되었더라도 상해죄로 선고받은 집행유예 선고는 그 효력을 잃지 않는다.

① [○] 집행유예기간 중에 범한 죄에 대하여 형을 선고할 때에 (1) 집행유예의 결격사유를 정하는 형법 제62조 제1항 단서 소정의 요건에 해당하는 경우란 이미 집행유예가 실효 또는 취소된 경우와 그 선고 시점에 미처 유예기간이 경과하지 아니하여 형 선고의 효력이 실효되지 아니한 채로 남아 있는 경우로 국한되고 (2) 집행유예가 실효 또는 취소됨이 없이 유예기간을 경과한 때에는 위 단서 소정의 요건에 해당하지 않는다고 할 것이므로 **집행유예기간 중에 범한 범죄라고 할지라도 집행유예가 실효 또는 취소됨이 없이 그 유예기간이 경과한 경우에는 이에 대해 다시 집행유예의 선고가 가능하다**(대법원 2007.7.27, 2007도768 연달아 집행유예 사건Ⅱ). 법원은 다시 범한 병역법위반죄에 대하여 집행유예 판결을 선고할 수 있다.

② [○] 형법 제62조 제1항이 '형'의 집행을 유예할 수 있다고만 규정하고 있다고 하더라도 이는 하나의 형의 전부에 대한 집행유예에 관한 규정이라 할 것이고 또한 하나의 자유형에 대한 일부 집행유예에 관하여 그 인정을 위해서는 별도의 근거규정이 필요하므로 **하나의 자유형 중 일부에 대해서는 실형을, 나머지에 대해서는 집행유예를 선고하는 것은 허용되지 않는다**(대법원 2007.2.22, 2006도8555). 법원은 징역 1년 6월을 선고하면서 1년 6월의 형 중 일부인 징역 6월만 실형을 선고하고 나머지 징역 1년에 대하여는 집행유예를 선고할 수 없다.

③ [○] 3년 이하의 징역 또는 금고의 형을 선고할 경우에 제51조의 사항을 참작하여 그 정상에 참작할 만한 사유가 있는 때에는 1년 이상 5년 이하의 기간 형의 집행을 유예할 수 있다. 다만, **금고 이상의 형을 선고한 판결이 확정된 때부터 그 집행을 종료하거나 면제된 후 3년까지의 기간에 범한 죄에 대하여 형을 선고하는 경우에는 그러하지 아니하다**(제62조 제1항). D는 강간죄로 징역 3년을 선고받고 교도소에서 출소한 다음 날 또다시 강제추행죄를 범했으므로 강제추행죄에 대하여 집행유예 판결을 선고할 수 없다.

정답 | 351 ④ 352 ④

353 가석방에 관한 다음 설명 중 옳지 않은 것은 모두 몇 개인가? [Superlative ★★★]

1 2 3

> ㉠ 징역이나 금고의 집행 중에 있는 사람이 행상(行狀)이 양호하여 뉘우침이 뚜렷한 때에는 무기형은 10년, 유기형은 형기의 3분의 1이 지난 후 행정처분으로 가석방을 할 수 있다.
> ㉡ 가석방의 기간은 무기형에 있어서는 20년으로 하고, 유기형에 있어서는 남은 형기로 하되, 그 기간은 20년을 초과할 수 없다.
> ㉢ 가석방된 자는 가석방기간 중 보호관찰을 받는다. 다만, 가석방을 허가한 행정관청이 필요가 없다고 인정한 때에는 그러하지 아니하다.
> ㉣ 가석방기간 중 고의로 지은 죄로 금고 이상의 형을 선고받아 그 판결이 확정된 경우에 가석방 처분은 효력을 잃는다.
> ㉤ 가석방의 처분을 받은 자가 감시에 관한 규칙을 위배하거나 보호관찰의 준수사항을 위반하고 그 정도가 무거운 때에는 가석방처분을 취소할 수 있다.
> ㉥ 가석방의 처분을 받은 후 그 처분이 실효 또는 취소되지 아니하고 가석방기간을 경과한 때에는 형선고는 효력을 잃는다.

① 0개 ② 1개
③ 2개 ④ 3개

해설

④ ㉠㉡㉥ 3항목이 옳지 않다.

㉠ [×] 징역이나 금고의 집행 중에 있는 사람이 행상(行狀)이 양호하여 뉘우침이 뚜렷한 때에는 무기형은 20년, 유기형은 형기의 3분의 1이 지난 후 행정처분으로 가석방을 할 수 있다(제72조 제1항).

㉡ [×] 가석방의 기간은 무기형에 있어서는 10년으로 하고, 유기형에 있어서는 남은 형기로 하되, 그 기간은 10년을 초과할 수 없다(제73조의2 제1항).

㉢ [○] 가석방된 자는 **가석방기간 중 보호관찰을 받는다.** 다만, 가석방을 허가한 행정관청이 필요가 없다고 인정한 때에는 그러하지 아니하다(제73조의2 제2항).

㉣ [○] 가석방기간 중 **고의**로 지은 죄로 금고 이상의 형을 선고받아 그 판결이 확정된 경우에 **가석방 처분은 효력을 잃는다**(제74조).

㉤ [○] 가석방의 처분을 받은 자가 감시에 관한 규칙을 위배하거나 보호관찰의 준수사항을 위반하고 그 정도가 무거운 때에는 **가석방처분을 취소할 수 있다**(제75조).

㉥ [×] 가석방의 처분을 받은 후 그 처분이 실효 또는 취소되지 아니하고 가석방기간을 경과한 때에는 형의 집행을 종료한 것으로 본다(제76조 제1항).

354 가석방에 관한 다음 설명 중 옳지 않은 것은? (다툼이 있으면 판례에 의함) [core ★★]

1 2 3

① 징역이나 금고의 집행 중에 있는 사람이 행상(行狀)이 양호하여 뉘우침이 뚜렷한 때에는 무기형은 20년, 유기형은 형기의 3분의 1이 지난 후 행정처분으로 가석방을 할 수 있다.

② 사형이 무기징역으로 특별감형된 경우 사형집행대기 기간을 처음부터 무기징역을 받은 경우와 동일하게 가석방요건 중의 하나인 형의 집행기간에 산입할 수 있다.

③ 가석방의 처분을 받은 후 그 처분이 실효 또는 취소되지 아니하고 가석방기간을 경과한 때에는 형의 집행을 종료한 것으로 본다.

④ 가석방기간 중에 범행을 저질렀다면 이를 형집행 종료 후에 죄를 범한 경우에 해당한다고 볼 수 없으므로 여기에 누범가중을 할 수 없다.

해설

② [×] 사형집행을 위한 구금은 미결구금도 아니고 형의 집행기간도 아니며 특별감형은 형을 변경하는 효과만 있을 뿐이고 이로 인하여 형의 선고에 의한 기성의 효과는 변경되지 아니하므로 사형이 무기징역으로 특별감형된 경우, 사형집행대기 기간을 처음부터 무기징역을 받은 경우와 동일하게 가석방요건 중의 하나인 형의 집행기간에 다시 산입할 수는 없다(대법원 1991. 3.4, 90모59).

① [○] 징역이나 금고의 집행 중에 있는 사람이 행상(行狀)이 양호하여 뉘우침이 뚜렷한 때에는 **무기형은 20년**, 유기형은 형기의 **3분의 1이 지난 후 행정처분으로 가석방을 할 수 있다**(제72조 제1항).

③ [○] 가석방의 처분을 받은 후 그 처분이 실효 또는 취소되지 아니하고 가석방기간을 경과한 때에는 **형의 집행을 종료한 것으로 본다**(제76조 제1항).

④ [○] 가석방기간 중에 범행을 저질렀다면 이를 형집행 종료후에 죄를 범한 경우에 해당한다고 볼 수 없으므로 여기에 **누범가중을 할 수 없다**(대법원 1976.9.14, 76도2071).

정답 | 353 ④ 354 ②

355 형의 시효에 관한 다음 설명 중 옳지 않은 것은? [core ★★]

1 2 3

① 형을 선고받은 사람에 대해서는 시효가 완성되면 면소된 것으로 간주한다.

② 시효는 형의 집행의 유예나 정지 또는 가석방 기타 집행할 수 없는 기간은 진행되지 아니한다.

③ 시효는 형이 확정된 후 그 형의 집행을 받지 아니한 자가 형의 집행을 면할 목적으로 국외에 있는 기간 동안은 진행되지 아니한다.

④ 시효는 사형, 징역, 금고와 구류에 있어서는 수형자를 체포함으로, 벌금, 과료, 몰수와 추징에 있어서는 강제처분을 개시함으로 인하여 중단된다.

해설

① [×] 형을 선고받은 사람에 대해서는 시효가 완성되면 그 집행이 면제된다(제77조).
② [○] 시효는 형의 집행의 유예나 정지 또는 가석방 기타 **집행할 수 없는 기간은 진행되지 아니한다**(제79조 제1항).
③ [○] 시효는 형이 확정된 후 그 형의 집행을 받지 아니한 자가 형의 집행을 면할 목적으로 **국외에 있는 기간 동안은 진행되지 아니한다**(제79조 제2항).
④ [○] 시효는 사형, 징역, 금고와 구류에 있어서는 **수형자를 체포**함으로, **벌금, 과료, 몰수와 추징에 있어서는 강제처분을 개시함으로 인하여 중단된다**(제80조).

356 형의 시효기간의 연결이 옳지 않은 것은 모두 몇 개인가? [Superlative ★★★]

1 2 3

㉠ 사형은 25년
㉡ 무기의 징역 또는 금고는 20년
㉢ 10년 이상의 징역 또는 금고는 15년
㉣ 3년 이상의 징역이나 금고 또는 10년 이상의 자격정지는 10년
㉤ 3년 미만의 징역이나 금고 또는 5년 이상의 자격정지는 7년
㉥ 5년 미만의 자격정지, 벌금, 몰수 또는 추징은 5년

① 0개
② 1개
③ 2개
④ 3개

해설

② ㉠ 항목만 옳지 않다.
㉠ [×] 사형은 30년이다(제78조 제1호).
㉡㉢㉣㉤㉥ 제78조 제2호부터 제6호

357 1 2 3 형법에 있어 기간에 관한 다음 설명 중 옳지 않은 것은? [Superlative ★★★]

① 연(年) 또는 월(月)로 정한 기간은 연 또는 월 단위로 계산한다.

② 형기는 판결이 확정된 날로부터 기산한다. 징역, 금고, 구류와 유치에 있어서는 구속되지 아니한 일수는 형기에 산입하지 아니한다.

③ 형의 집행과 시효기간의 초일은 형기나 시효기간에 산입하지 아니한다.

④ 석방은 형기종료일에 하여야 한다.

해설

③ [×] 형의 집행과 시효기간의 초일은 시간을 계산함이 없이 1일로 산정한다(제85조).

① [○] 연(年) 또는 월(月)로 정한 기간은 **연 또는 월 단위로 계산한다**(제83조).

② [○] 형기는 판결이 **확정된 날로부터 기산한다.** 징역, 금고, 구류와 유치에 있어서는 구속되지 아니한 일수는 형기에 산입하지 아니한다(제84조 제1항 · 제2항).

④ [○] 석방은 **형기종료일에 하여야 한다**(제86조).

정답 | 355 ① 356 ② 357 ③

제2편

형법 각론

358 다음은 생명과 신체에 관한 죄에 대한 설명이다. 옳지 않은 것은? (다툼이 있으면 판례에 의함)

1 2 3

[Essential ★]

① 사람의 생명과 신체의 안전을 보호법익으로 하고 있는 형법의 해석으로는 규칙적인 진통을 동반하면서 분만이 개시된 때(소위 진통설 또는 분만개시설)가 사람의 시기(始期)라고 봄이 타당하다.

② 제왕절개 수술의 경우 '의학적으로 제왕절개 수술이 가능하였고 규범적으로 수술이 필요하였던 시기(時期)'는 판단하는 사람 및 상황에 따라 다를 수 있어 분만개시 시점 즉, 사람의 시기(始期)도 불명확하게 되므로 이 시점을 분만의 시기(始期)로 볼 수는 없다.

③ 조산원인 피고인이 임산부의 해산을 조력함에 있어 업무상 과실로 분만 중의 태아를 질식사에 이르게 한 경우 업무상과실치사죄가 성립한다.

④ 조산사인 피고인이 자연분만을 실시한다는 명목으로 (아직 주기적인 진통이 시작되지 않은) 임산부를 입원실에 방치한 업무상 과실로 거대아로 성장한 태아를 자궁 내에서 저산소성 손상으로 인한 심폐정지로 사망하게 한 경우, 태아에 대한 업무상과실치사죄는 성립하지 않지만, 임산부에 대한 업무상과실치상죄는 성립한다.

해설

④ [×] (1) 산모에게 분만의 개시라고 할 수 있는 규칙적인 진통이 시작된 바 없었으므로 태아는 아직 업무상과실치사죄의 객체인 '사람'이 되었다고 볼 수 없다는 이유 등으로 업무상과실치사죄의 공소사실에 관하여 무죄를 선고한 원심의 판단은 정당하다. (2) 태아를 사망에 이르게 하는 행위가 임산부 신체의 일부를 훼손하는 것이라거나 태아의 사망으로 인하여 그 태아를 양육, 출산하는 임산부의 생리적 기능이 침해되어 임산부에 대한 상해가 된다고 볼 수 없다는 이유로 업무상과실치상죄의 공소사실에 관하여 무죄를 선고한 원심의 판단은 정당하다(대법원 2007.6.29, 2005도3832 무리한 자연분만 사건).

① [○] 사람의 생명과 신체의 안전을 보호법익으로 하고 있는 형법의 해석으로는 **규칙적인 진통을 동반하면서 분만이 개시된 때(소위 진통설 또는 분만개시설)가 사람의 시기(始期)라고 봄이 타당하다**(대법원 2007.6.29, 2005도3832 무리한 자연분만 사건).

② [○] 제왕절개 수술의 경우 **'의학적으로 제왕절개 수술이 가능하였고 규범적으로 수술이 필요하였던 시기(時期)'**는 판단하는 사람 및 상황에 따라 다를 수 있어 분만개시 시점 즉, 사람의 시기(始期)도 불명확하게 되므로 이 시점을 **분만의 시기(始期)로 볼 수는 없다**(대법원 2007.6.29, 2005도3832 무리한 자연분만 사건).

③ [○] 원심이 **분만 중의** 태아를 질식사에 이르게 한 소위를 형법 제268조의 **업무상과실치사죄로 다스린 제1심 판결을 지지하였음은 정당하다**(대법원 1982.10.12, 81도2621 분만중 태아 질식사 사건). '분만 중의 태아'는 이미 태아의 단계를 지나 '사람'이 된 것이므로 업무상과실치사죄가 성립한다.

359 살인죄에 관한 다음 설명 중 옳지 않은 것은? (다툼이 있으면 판례에 의함) [Essential ★]

1 2 3

① 살인의 범의는 반드시 살해의 목적이나 계획적인 살해의 의도가 있어야 인정되는 것은 아니고, 자기의 행위로 인하여 타인의 사망이라는 결과를 발생시킬 만한 가능성 또는 위험이 있음을 인식하거나 예견하면 족한 것이며 그 인식이나 예견은 확정적인 것은 물론 불확정적인 것이라도 이른바 미필적 고의로 인정된다.

② 피고인이 범행 당시 살인의 고의는 없었고 단지 상해 또는 폭행의 고의만 있었을 뿐이라고 다투는 경우에, 피고인에게 살인의 고의가 있었는지는 피고인이 범행에 이르게 된 경위, 범행의 동기, 준비된 흉기의 유무 · 종류 · 용법, 공격의 부위와 반복성, 사망의 결과발생가능성 정도, 범행 후 결과 회피행동의 유무 등 범행 전후의 객관적인 사정을 종합하여 판단할 수밖에 없다.

③ 살인의 실행행위와 피해자의 사망과의 사이에 다른 사실이 개재되어 그 사실이 치사의 직접적인 원인이 되었다고 하더라도 그와 같은 사실이 통상 예견할 수 있는 것에 지나지 않는다면 살인의 실행행위와 피해자의 사망과의 사이에 인과관계가 있는 것으로 보아야 한다.

④ 독립행위가 사망의 결과에 원인이 된 것이 분명한 경우에는 각 행위를 모두 기수범으로 처벌할 수 있으나, 이미 총격을 받은 피해자에 대한 확인사살의 경우 인과관계가 분명하지 않아 살인미수로 처벌할 수는 있어도 살인기수로는 처벌할 수 없다.

해설

④ [×] 독립행위가 사망의 결과에 원인이 된 것이 분명한 경우에는 각 행위를 모두 기수범으로 처벌한다고 하여 어떤 모순이 있을 수 없으므로 이미 총격을 받은 피해자에 대한 확인사살도 살인죄를 구성한다(대법원 1980.5.20, 80도306 순숨 10 · 26 사건).

① [O] 살인의 범의는 반드시 살해의 목적이나 계획적인 살해의 의도가 있어야 인정되는 것은 아니고, 자기의 행위로 인하여 타인의 사망이라는 결과를 발생시킬 만한 가능성 또는 위험이 있음을 인식하거나 예견하면 족한 것이며 그 인식이나 예견은 확정적인 것은 물론 불확정적인 것이라도 이른바 **미필적 고의로 인정된다**(대법원 2008.3.27, 2008도507 애인 토막살해 사건).

② [O] 피고인이 범행 당시 살인의 고의는 없었고 단지 상해 또는 폭행의 고의만 있었을 뿐이라고 다투는 경우에, 피고인에게 살인의 고의가 있었는지는 피고인이 범행에 이르게 된 경위, 범행의 동기, 준비된 흉기의 유무 · 종류 · 용법, 공격의 부위와 반복성, 사망의 결과발생가능성 정도, 범행 후 결과 회피행동의 유무 등 범행 전후의 **객관적인 사정을 종합하여 판단할 수밖에 없다**(대법원 2015.10.29, 2015도5355 윤일병 사망 사건).

③ [O] 살인의 실행행위와 피해자의 사망과의 사이에 다른 사실이 개재되어 그 사실이 치사의 직접적인 원인이 되었다고 하더라도 그와 같은 사실이 통상 예견할 수 있는 것에 지나지 않는다면 살인의 실행행위와 피해자의 사망과의 사이에 **인과관계가 있는 것으로 보아야 한다**(대법원 1994.3.22, 93도3612 콜라김밥 사건).

정답 | 358 ④ 359 ④

360 다음 중 살인의 고의가 인정되는 것은 모두 몇 개인가? (다툼이 있으면 판례에 의함) [core ★★]

1 2 3

> ㉠ 피고인이 낫으로 피해자의 가슴, 배, 등, 뒤통수, 목, 왼쪽 허벅지 부위 등을 10여 차례 찔러 피해자로 하여금 다발성 자상에 의한 기흉(氣胸) 등으로 사망하게 한 경우
> ㉡ 피고인이 길이 39cm의 식도로 피해자의 하복부를 찔러 직경 5cm, 깊이 15cm 이상의 자창을 입혀 복강내 출혈로 인한 혈복증으로 피해자를 의식불명에 이르게 한 경우
> ㉢ 피고인들이 피해자의 머리나 가슴 등 치명적인 부위가 아닌 허벅지나 종아리 부위 등을 주로 찔렀다고 하더라도 칼로 피해자를 20여 회나 힘껏 찔러 그로 인하여 피해자가 과다 실혈로 사망하게 된 경우
> ㉣ 피고인이 예리한 칼로 피해자의 팔꿈치 부분에 길이 13cm, 허리 부분에 길이 3cm, 왼쪽 가슴부분에 길이 6cm의 상처가 나도록 찔렀고 그 가슴의 상처깊이가 무려 17cm나 되어 곧바로 좌측 심낭(心囊)까지 절단된 경우

① 1개 ② 2개

③ 3개 ④ 4개

해설

④ 모든 항목의 경우 살인의 고의가 인정된다.

㉠ 피고인에게 범행 당시 적어도 살인의 미필적 고의는 있었다고 한 원심의 판단은 옳다(대법원 2007.4.26, 2007도1794).

㉡ 피고인에게 살인의 결과에 대한 확정적 고의는 없다 치더라도 미필적 인식은 있었다고 보기 어렵지 아니하므로 살인죄로 의율한 원심의 조치는 위법이 있다고 할 수 없다(대법원 1982.12.28, 82도2525).

㉢ 피고인들에게 살인의 범의가 있었다고 본 원심의 판단은 정당하다(대법원 2002.10.25, 2002도4089 병신을 만들어라 사건).

㉣ 피고인에게 살인의 고의가 있었다고 본 원심의 판단은 수긍이 된다(대법원 1991.10.22, 91도2174 병신새끼 사건).

361 다음 중 살인의 고의가 인정되는 것은 모두 몇 개인가? (다툼이 있으면 판례에 의함) [core ★★]

1 2 3

> ㉠ 피고인이 7세, 3세 남짓된 어린 자식들에 대하여 함께 죽자고 권유하여 물속에 따라 들어오게 하여 결국 익사하게 한 경우
> ㉡ 피고인이 베개로 피해자의 머리 부분을 약 3분간 누르던 중 피해자가 저항을 멈추고 사지가 늘어졌음에도 계속하여 누른 경우
> ㉢ 피고인이 무술교관출신으로서 인체의 급소를 잘 알고 있으면서도 무술의 방법으로 피해자의 울대(聲帶, 성대 부분)를 가격하여 피해자를 사망하게 한 경우
> ㉣ 피고인이 9세의 여자 어린이에 불과하여 항거를 쉽게 제압할 수 있는 피해자의 목을 양말로 약 4분 동안 감아서 졸라 실신시킨 후 그 곳을 떠나버린 경우
> ㉤ 피고인은 건장한 체격의 군인으로서 키 150cm, 몸무게 42kg의 왜소한 피해자를 상대로 폭력을 행사하였고 특히 급소인 목을 15초 내지 20초 동안 세게 졸라 피해자의 설골(舌骨)이 부러질 정도였던 경우

① 2개 ② 3개
③ 4개 ④ 5개

해설

④ 모든 항목의 경우 살인의 고의가 인정된다.

㉠ 자살의 의미를 이해할 능력이 없고 피고인의 말이라면 무엇이나 복종하는 어린 자식들을 권유하여 익사하게 한 이상 살인죄의 범의는 있었음이 분명하다(대법원 1987.1.20, 86도2395 어린 자식들 사건).

㉡ 범행 당시 피고인이 단순히 위협할 목적으로 피해자의 몸을 누르고 있었다고 볼 수는 없고, 살해의 고의가 있었다고 판단된다(대법원 2002.2.8, 2001도6425 손중위 사건).

㉢ 살인의 범의가 있다고 판단하여 살인의 점에 관한 공소사실을 유죄로 인정한 원심의 조치는 정당하다(대법원 2000.8.18, 2000도2231 무술교관출신 사건).

㉣ 피고인이 자신의 가해행위로 인하여 피해자가 사망에 이를 수도 있다는 사실을 인식하지 못하였다고 볼 수 없으므로 범행 당시에는 피고인에게 살인의 범의가 있었다 할 것이다(대법원 1994.12.22, 94도2511 의붓딸 살해미수 사건).

㉤ 범행 당시 피고인에게 최소한 살인의 미필적 고의는 있었다고 판단하여 살인의 공소사실을 유죄로 인정한 원심의 판단은 정당하다(대법원 2001.3.9, 2000도5590 맥카시 상병 사건).

정답 | 360 ④ 361 ④

362 살인죄에 관한 다음 설명 중 옳지 않은 것은? (다툼이 있으면 판례에 의함) [Essential ★]

1 2 3

① 피고인의 행위가 피해자를 사망하게 한 직접적 원인은 아니었다 하더라도 이로부터 발생된 다른 간접적 원인이 결합되어 사망의 결과를 발생하게 한 경우라도 그 행위와 사망간에는 인과관계가 있다.

② 살인의 실행행위와 피해자의 사망과의 사이에 다른 사실이 개재되어 그 사실이 치사의 직접적인 원인이 되었다고 하더라도 그와 같은 사실이 통상 예견할 수 있는 것에 지나지 않는다면 살인의 실행행위와 피해자의 사망 사이에는 인과관계가 있는 것으로 보아야 한다.

③ 피해자가 피고인의 범행으로 부상한 후 1개월이 지난 후에 패혈증 등으로 사망하였다 하더라도 그 패혈증이 위 자창(刺創)으로 인한 과다한 출혈과 상처의 감염 등에 연유한 것인 이상 피고인의 행위와 피해자의 사망과의 사이에 인과관계의 존재를 부정할 수 없다.

④ 피해자는 피고인들의 범행으로 입은 자상(刺傷)으로 인하여 급성신부전증이 발생하였는데, 피해자가 이와 같은 사실을 모르고 콜라와 김밥 등을 함부로 먹은 탓으로 체내에 수분저류가 발생하여 합병증(폐렴, 범발성 혈액응고장애 등)이 유발됨으로써 사망하게 된 경우, 피고인들의 범행과 피해자 사망 사이에는 인과관계가 인정되지 아니한다.

해설

④ [×] 피고인들의 범행이 피해자를 사망하게 한 직접적인 원인이 된 것은 아니지만 그 범행으로 인하여 피해자에게 급성신부전증이 발생하였고 또 그 합병증으로 피해자의 직접 사인이 된 패혈증 등이 유발된 이상, 비록 그 직접사인의 유발에 피해자 자신의 과실이 개재되었다고 하더라도 이와 같은 사실은 통상 예견할 수 있는 것으로 인정되므로 피고인들의 범행과 피해자의 사망과의 사이에는 인과관계가 있다고 보지 않을 수 없다(대법원 1994.3.22, 93도3612 콜라김밥 사건).

① [○] 피고인의 행위가 피해자를 사망하게 한 직접적 원인은 아니었다 하더라도 이로부터 발생된 다른 간접적 원인이 결합되어 사망의 결과를 발생하게 한 경우라도 **그 행위와 사망간에는 인과관계가 있다**(대법원 1982.12.28, 82도2525).

② [○] 살인의 실행행위가 피해자의 사망이라는 결과를 발생하게 한 유일한 원인이거나 직접적인 원인이어야만 되는 것은 아니므로 살인의 실행행위와 피해자의 사망과의 사이에 다른 사실이 개재되어 그 사실이 치사의 직접적인 원인이 되었다고 하더라도 그와 같은 사실이 **통상 예견할 수 있는 것에 지나지 않는다면 살인의 실행행위와 피해자의 사망과의 사이에 인과관계가 있는 것으로 보아야 한다**(대법원 1994.3.22, 93도3612 김밥콜라 사건).

③ [○] 피해자가 피고인의 범행으로 부상한 후 1개월이 지난 후에 패혈증 등으로 사망하였다 하더라도 그 패혈증이 자창(刺創)으로 인한 과다한 출혈과 상처의 감염 등에 연유한 것인 이상 **피고인의 행위와 피해자의 사망과의 사이에 인과관계의 존재를 부정할 수 없다**(대법원 1982.12.28, 82도2525).

363 다음 중 살인죄의 실행의 착수가 인정되는 것(○)과 인정되지 않는 것(×)을 올바르게 조합한 것은? (다툼이 있으면 판례에 의함)

1 2 3 [Essential ★]

> ㉠ 피고인이 그 소속 중대장을 살해 보복할 목적으로 수류탄의 안전핀을 빼고 그 사무실로 들어간 경우
> ㉡ 피고인이 격분하여 피해자를 살해할 것을 마음먹고 밖으로 나가 낫을 들고 피해자에게 다가서려고 하였으나 제3자 이를 제지하여 그 틈을 타서 피해자가 도망함으로써 살인의 목적을 이루지 못한 경우

① ㉠ ○ ㉡ ○
② ㉠ ○ ㉡ ×
③ ㉠ × ㉡ ○
④ ㉠ × ㉡ ×

해설

① 이 지문이 올바른 조합이다.

㉠ [○] 피고인이 그 소속 중대장을 살해 보복할 목적으로 수류탄의 안전핀을 빼고 그 사무실로 들어갔다고 하면 이는 **상관살인미수죄에 해당한다**(대법원 1970.6.30, 70도861).

㉡ [○] 피고인이 격분하여 피해자를 살해할 것을 마음먹고 밖으로 나가 낫을 들고 피해자에게 다가서려고 하였으나 제3자 이를 제지하여 그 틈을 타서 피해자가 도망함으로써 살인의 목적을 이루지 못한 경우 **살인미수에 해당한다**(대법원 1986.2.25, 85도2773).

THE CRIMINAL LAW 2편 형법 각론

정답 | 362 ④ 363 ①

364 존속살해죄 또는 영아살해죄에 관한 다음 설명 중 옳지 않은 것은? (다툼이 있으면 판례에 의함)

1 2 3

[Essential ★]

① 피고인 甲은 호적부상 부(父) A와 모(母) B 사이에 태어난 친생자로 등재되어 있으나 A가 집을 떠난 사이 B가 타인과 정교관계를 맺어 甲을 출산하였다면 甲과 A 사이에는 친자관계가 없으므로 존속상해죄는 성립될 수 없다.

② 피해자 A가 남편 B와 피고인 甲을 입양할 의사로 친생자로 출생신고를 하고 양육하여 오다가 B가 사망한 후에도 계속하여 甲을 양육하여 온 경우, 위 출생신고는 입양신고로서 효력이 있으므로 甲이 A를 살해하였다면 존속살해죄가 성립한다.

③ A가 그의 문전에 버려진 영아인 피고인 甲을 주어다 기르고 그 부(夫)와의 친생자인 것처럼 출생신고를 하였으나 입양요건을 갖추지 아니하였다면 甲과의 사이에 모자관계가 성립될 리 없으므로 甲이 A를 살해하였다고 하여도 존속살인죄로 처벌할 수 없다.

④ 남녀가 사실상 동거한 관계가 있고 그 사이에 영아가 분만되었다 하여도 그 남자와 영아와의 사이에 법률상 직계존속, 비속의 관계는 없으나 그 남자가 영아를 살해한 경우 형법 제33조에 의하여 영아살해죄가 성립한다.

해설

④ [×] 남녀가 사실상 동거한 관계가 있고 그 사이에 영아가 분만되었다 하여도 그 남자와 영아와의 사이에 법률상 직계존속, 비속의 관계가 있다 할 수 없으므로 그 남자가 영아를 살해한 경우에는 보통살인죄에 해당한다(대법원 1970.3.10, 69도2285).

① [○] 피고인 甲은 호적부상 부(父) A와 모(母) B 사이에 태어난 친생자로 등재되어 있으나 A가 집을 떠난 사이 B가 타인과 정교관계를 맺어 甲을 출산하였다면 甲과 A 사이에는 **친자관계가 없으므로 존속상해죄는 성립될 수 없다**(대법원 1983.6.28, 83도996).

② [○] 피해자 A가 남편 B와 피고인 甲을 입양할 의사로 친생자로 출생신고를 하고 양육하여 오다가 B가 사망한 후에도 계속하여 甲을 양육하여 온 경우, 위 출생신고는 입양신고로서 효력이 있으므로 甲이 A를 살해하였다면 **존속살해죄가 성립한다**(대법원 2007.11.29, 2007도8333 양모 살해 사건).

③ [○] A가 그의 문전에 버려진 영아인 피고인 甲을 주어다 기르고 그 부(夫)와의 친생자인 것처럼 출생신고를 하였으나 **입양요건을 갖추지 아니하였다면** 甲과의 사이에 모자관계가 성립될 리 없으므로 甲이 A를 살해하였다고 하여도 **존속살인죄로 처벌할 수 없다**(대법원 1981.10.13, 81도2466).

365 다음 중 존속에 대한 가중처벌 범죄가 아닌 것은 모두 몇 개인가? [Superlative ★★★]

1 2 3

㉠ 존속살해죄	㉡ 존속상해죄
㉢ 존속폭행죄	㉣ 존속유기죄, 존속학대죄
㉤ 존속약취 · 유인죄	㉥ 존속체포 · 감금죄
㉦ 존속협박죄	㉧ 존속강요죄

① 1개
② 2개
③ 3개
④ 4개

해설

② ㉤㉧ 2항목의 범죄는 존속에 대한 가중처벌 범죄가 아니다.
㉠ 제250조 제2항 ㉡ 제257조 제2항
㉢ 제260조 제2항 ㉣ 제271조 제2항, 제273조 제2항
㉥ 제276조 제2항 ㉦ 제283조 제2항

366 다음 중 존속에 대한 '가중'처벌 규정과 영아에 대한 '감경'처벌 규정이 모두 있는 범죄가 모두 몇 개인가? [Superlative ★★★]

1 2 3

㉠ 살해	㉡ 상해
㉢ 폭행	㉣ 유기
㉤ 학대	㉥ 체포 · 감금
㉦ 협박	㉧ 약취 · 유인

① 1개
② 2개
③ 3개
④ 4개

해설

② ㉠㉣ 2항목 범죄의 경우 존속에 대한 '가중'처벌 규정과 영아에 대한 '감경'처벌 규정이 모두 있다.
㉠ 제250조 제2항, 제251조
㉣ 제271조 제2항, 제272조

정답 | 364 ④ 365 ② 366 ②

367 자살방조죄에 관한 다음 설명 중 옳지 않은 것은? (다툼이 있으면 판례에 의함) [Essential ★]

1 2 3

① 자살방조죄는 자살하려는 사람의 자살행위를 도와주어 용이하게 실행하도록 함으로써 성립한다.

② 자살방조죄가 성립하기 위해서는 그 방조 상대방의 구체적인 자살의 실행을 원조하여 이를 용이하게 하는 행위의 존재와 그 점에 대한 행위자의 인식이 요구된다.

③ 피해자가 피고인과 말다툼을 하다가 '죽고 싶다' 또는 '같이 죽자'고 하며 피고인에게 기름을 사오라고 하자 피고인이 휘발유 1병을 사다주었는데 피해자가 몸에 휘발유를 뿌리고 불을 붙여 자살한 경우 자살방조죄가 성립한다.

④ 피고인이 인터넷 사이트 내 자살 관련 카페 게시판에 청산염 등 자살용 유독물의 판매광고를 한 경우, 그것이 비록 금원 편취 목적의 사기행각의 일환으로 이루어졌고 변사자들이 다른 경로로 입수한 청산염을 이용하여 자살한 사정이 있더라도 피고인의 행위는 정신적 방법에 의한 자살방조에 해당한다.

해설

④ [×] 피고인들의 행위가 변사자들이 실행한 자살행위를 원조하여 이를 용이하게 한 방조행위에 해당한다고 보기 어렵다 할 것이고, 나아가 단지 가짜 청산염 판매광고의 수법으로 금원을 편취하고자 한 피고인들에게 변사자들의 구체적 자살행위에 관한 방조의 범의가 있다고 보기도 어렵다(대법원 2005.6.10, 2005도1373 자살에 관하여 카페 사건).

①② [○] 자살방조죄는 자살하려는 사람의 자살행위를 도와주어 용이하게 실행하도록 함으로써 성립되는 것으로서, 이러한 자살방조죄가 성립하기 위해서는 그 **방조 상대방의 구체적인 자살의 실행을 원조하여 이를 용이하게 하는 행위의 존재와 그 점에 대한 행위자의 인식이 요구된다**(대법원 2010.4.29, 2010도2328 휘발유 자살방조 사건).

③ [○] 피해자가 피고인과 말다툼을 하다가 '죽고 싶다' 또는 '같이 죽자'고 하며 피고인에게 기름을 사오라고 하자 피고인이 휘발유 1병을 사다주었는데 피해자가 몸에 휘발유를 뿌리고 불을 붙여 자살한 경우 **자살방조죄가 성립한다**(대법원 2010.4.29, 2010도2328 휘발유 자살방조 사건).

368 상해죄에 관한 다음 설명 중 옳지 않은 것은? (다툼이 있으면 판례에 의함) [Essential ★]

1 2 3

① 상해죄의 성립에는 상해의 원인인 폭행에 대한 인식이 있으면 충분하고 상해를 가할 의사의 존재까지는 필요하지 않다.

② 상해는 피해자의 신체의 완전성을 훼손하거나 생리적 기능에 장애를 초래하는 것으로 반드시 외부적인 상처가 있어야만 하는 것이 아니고, 여기서의 생리적 기능에는 육체적 기능뿐만 아니라 정신적 기능도 포함된다.

③ 피해자가 입은 상처가 극히 경미하여 굳이 치료할 필요가 없고 치료를 받지 않더라도 일상생활을 하는 데 아무런 지장이 없으며 시일이 경과함에 따라 자연적으로 치유될 수 있는 정도라면 상해에 해당한다고 할 수 없다.

④ 피해자 신체의 외모에 변화가 생겼다고 한다면 비록 신체의 생리적 기능에 장애를 초래하지 않았더라도 상해에 해당한다.

해설

④ [×] 강제추행치상죄에 있어서의 '상해'는 피해자의 신체의 건강상태가 불량하게 변경되고 생활기능에 장애가 초래되는 것을 말하는 것으로서, 신체의 외모에 변화가 생겼다고 하더라도 신체의 생리적 기능에 장애를 초래하지 아니하는 이상 상해에 해당한다고 할 수 없다(대법원 2000.3.23, 99도3099).

① [○] 상해죄의 성립에는 상해의 원인인 **폭행에 대한 인식이 있으면 충분하고 상해를 가할 의사의 존재까지는 필요하지 않다**(대법원 2000.7.4, 99도4341 인천 신흥동 뺑소니 사건).

② [○] 상해는 피해자의 신체의 완전성을 훼손하거나 생리적 기능에 장애를 초래하는 것으로 반드시 외부적인 상처가 있어야만 하는 것이 아니고, 여기서의 생리적 기능에는 육체적 기능뿐만 아니라 **정신적 기능도 포함된다**(대법원 1999.1.26, 98도3732 외상 후 스트레스장애 사건). 불안, 불면, 악몽, 자책감, 우울감정, 대인관계 회피, 일상생활에 대한 무관심, 흥미상실 등의 증상(외상후 스트레스 장애)도 상해에 해당할 수 있다는 취지의 판례이다.

③ [○] 피해자가 입은 상처가 극히 경미하여 굳이 치료할 필요가 없고 치료를 받지 않더라도 일상생활을 하는 데 아무런 지장이 없으며 시일이 경과함에 따라 **자연적으로 치유될 수 있는 정도라면 상해에 해당한다고 할 수 없다**(대법원 2004.10.28, 2004도4437).

369 다음 중 ( ) 안 범죄의 상해에 해당하는 것을 모두 고른 것은? (다툼이 있으면 판례에 의함)

1 2 3

[core ★★]

㉠ 피해자가 오랜 시간 동안의 협박과 폭행을 이기지 못하고 실신하여 범인들이 불러온 구급차 안에서야 정신을 차리게 된 경우 (상해죄)
㉡ 피고인이 피해자의 병명을 자궁근종으로 오진하고 피해자에게 자궁적출술의 불가피성만을 강조하여, 피해자로부터 수술 승낙을 받아 그의 자궁을 적출한 경우 (업무상과실치상죄)
㉢ 피고인이 자연분만을 실시한다는 명목으로 임산부를 입원실에 방치한 업무상과실로 거대아로 성장한 태아를 자궁 내에서 심폐정지로 사망하게 한 경우 (임산부에 대한 업무상과실치상죄)

① 없음 ② ㉠
③ ㉠㉡ ④ ㉠㉡㉢

해설

③ ㉠㉡ 2항목이 상해에 해당한다.

㉠ 피해자가 범인들이 불러온 구급차 안에서야 정신을 차리게 되었다면 생리적 기능에 훼손을 입어 신체에 대한 상해가 있었다고 봄이 상당하다(대법원 1996.12.10, 96도2529 거목초밥집 사건).

㉡ 난소의 제거로 이미 임신불능 상태에 있는 피해자의 자궁을 적출했다 하더라도 그 경우 자궁을 제거한 것이 신체의 완전성을 해한 것이 아니라거나 생활기능에 아무런 장애를 주는 것이 아니라거나 건강상태를 불량하게 변경한 것이 아니라고 할 수 없고 이는 업무상 과실치상죄에 있어서의 상해에 해당한다(대법원 1993.7.27, 92도2345 자궁적출 사건).

㉢ 태아를 사망에 이르게 하는 행위가 임산부 신체의 일부를 훼손하는 것이라거나 태아의 사망으로 인하여 그 태아를 양육, 출산하는 임산부의 생리적 기능이 침해되어 임산부에 대한 상해가 된다고 볼 수 없다는 이유로 업무상과실치상죄의 공소사실에 관하여 무죄를 선고한 원심의 판단은 정당하다(대법원 2007.6.29, 2005도3832 무리한 자연분만 사건).

정답 | 367 ④ 368 ④ 369 ③

370 다음 중 강간치상죄 등에 있어 상해에 해당하는 것은 모두 몇 개인가? (다툼이 있으면 판례에 의함)

1 2 3

[core ★★]

㉠ 피해자가 성경험을 가진 여자로서 특이체질로 인해 새로 형성된 처녀막이 파열된 경우
㉡ 피고인이 피해자의 신체에 폭행을 가하여 보행불능, 수면장애, 식욕감퇴 등 기능의 장해를 일으킨 경우
㉢ 피고인이 강간 도중 흥분하여 피해자의 왼쪽 어깨를 입으로 빨아서 동전 크기 정도의 반상출혈상이 생긴 경우
㉣ 미성년자에 대한 추행행위로 인하여 피해자의 외음부 부위에 약간의 발적(發赤)과 경도(頸道)의 염증이 생긴 경우
㉤ 피해자가 좌족관절부좌상으로 인하여 왼쪽 발목이 부었고, 병원에서 보름 정도 맛사지와 찜질치료를 받고 약을 먹기도 한 경우

① 2개 ② 3개
③ 4개 ④ 5개

해설

③ ㉠㉡㉣㉤ 4항목이 상해에 해당한다.
㉠ 비록 피해자가 성경험을 가진 여자로서 특이체질로 인해 새로 형성된 처녀막이 파열되었다 하더라도 그것이 강간치상죄를 구성하는 상처에 해당되는 것에는 틀림이 없다(대법원 1995.7.25, 94도1351 처녀막 파열 사건).
㉡ 외관상 상처가 없더라도 형법상 상해를 입힌 경우에 해당한다(대법원 1969.3.11, 69도161).
㉢ 인체의 생활기능에 장해를 주고 건강상태를 불량하게 변경하는 것이 아니어서 강간치상죄의 상해에 해당한다 할 수 없다(대법원 1986.7.8, 85도2042).
㉣ 피해자 신체의 건강상태가 불량하게 변경되고 생활기능에 장애가 초래된 것이 아니라고 볼 수 없으니, 이러한 상해는 미성년자의제강제추행치상죄의 상해의 개념에 해당한다(대법원 1996.11.22, 96도1395).
㉤ 피해자는 상해로 인하여 신체의 건강상태가 불량하게 변경되고 생활기능에 장애가 초래되었다 할 것이므로 피해자가 입은 상해는 강간치상죄에 있어서의 상해에 해당한다(대법원 2003.5.30, 2003도1256 아빠야 사건).

371 다음 중 강간치상죄 등에 있어 상해에 해당하지 않는 것은? (다툼이 있으면 판례에 의함) [Essential ★]

1 2 3

① 피고인이 피해자의 음모의 모근(毛根) 부분을 남기고 모간(毛幹) 부분만을 일부 잘라냄으로써 음모의 전체적인 외관에 변형이 생긴 경우

② 피해자의 상해부위가 우측 슬관절 부위 찰과상 및 타박상, 우측 주관절 부위 찰과상이고, 예상치료기간은 수상일로부터 2주이며, 입원 및 향후 치료(정신과적 치료를 포함)가 필요할 수도 있는 경우

③ 피해자가 피고인으로부터 왼쪽 젖가슴을 꽉 움켜잡힘으로 인하여 왼쪽 젖가슴에 약 10일간의 치료를 요하는 좌상을 입고, 심한 압통과 약간의 종창이 있어 병원에서 주사를 맞고 3일간 투약을 한 사실이 있는 경우

④ 피해자가 13회에 걸쳐 피고인으로부터 졸피뎀(Zolpidem) 성분의 수면제가 섞인 커피를 받아 마실 때마다 잠이 든 이후의 상황에 대해서 제대로 기억하지 못하였고, 가끔 정신이 희미하게 든 경우도 있었으나 자신의 의지대로 생각하거나 행동하지 못한 채 곧바로 기절하다시피 다시 깊은 잠에 빠졌고, 결국 반복된 약물 투약과 그에 따른 강간 또는 강제추행 범행으로 외상 후 스트레스 장애까지 입은 것으로 보이는 경우

해설

① [×] 음모의 전체적인 외관에 변형만이 생겼다면 피해자의 신체의 건강상태가 불량하게 변경되거나 생활기능에 장애가 초래되었다고 할 수는 없을 것이므로 강제추행치상죄의 상해에 해당한다고 할 수 없다(대법원 2000.3.23, 99도3099).

② [○] 피해자가 입은 상해의 정도가 일상생활에 지장이 없고 단기간 내에 자연치유가 가능한 극히 경미한 상처라고 할 수 없고, 그러한 정도의 상처로 인하여 피해자의 **신체의 건강상태가 불량하게 변경되고 생활기능에 장애가 초래된 것이 아니라고 단정하기도 어렵다**(대법원 2005.5.26, 2005도1039 군인 여중생 강간 사건).

③ [○] 피해자는 상처로 인하여 신체의 건강상태가 불량하게 변경되고 생활기능에 장애가 초래되었다 할 것이어서 이는 강제추행치상죄에 있어서의 **상해의 개념에 해당한다**(대법원 2000.2.11, 99도4794 젖가슴grab 사건).

④ [○] 강간치상죄나 강제추행치상죄에서 말하는 **상해에 해당한다**(대법원 2017.6.29, 2017도3196 졸피뎀 수면제 사건 I)(同旨 대법원 2017.7.11, 2015도3939 졸피뎀 수면제 사건 II).

정답 | 370 ③ 371 ①

372 상해죄에 관한 다음 설명 중 옳지 않은 것은? (다툼이 있으면 판례에 의함)

1 2 3 [Essential ★]

① 피고인이 피해자를 협박하여 그로 하여금 자상(自傷)케 한 경우에 피고인에게 상해의 결과에 대한 인식이 있고 또 그 협박의 정도가 피해자의 의사결정의 자유를 상실케 함에 족한 것인 이상 상해죄를 구성한다.

② 사람의 신체를 상해하여 생명에 대한 위험을 발생하게 하거나 신체의 상해로 인하여 불구 또는 불치나 난치의 질병에 이르게 한 경우 중상해죄가 성립한다.

③ 면도칼로 콧등을 길이 2.5cm, 깊이 0.56cm 절단하므로서 전치 3개월을 요하는 상처를 입혀 안면부 불구가 되게 한 경우 중상해죄에 해당한다.

④ 1~2개월간 입원할 정도로 다리가 부러지는 상해 또는 3주간의 치료를 요하는 우측흉부자상은 중상해에 해당한다.

해설

④ [×] 1~2개월간 입원할 정도로 다리가 부러지는 상해 또는 3주간의 치료를 요하는 우측흉부자상은 중상해에 해당하지 아니한다(대법원 2005.12.9, 2005도7527 아파트재건축조합 알력 사건).

①③ [○] (1) 피고인이 피해자를 협박하여 그로 하여금 자상(自傷)케 한 경우에 피고인에게 상해의 결과에 대한 인식이 있고 또 그 협박의 정도가 피해자의 의사결정의 자유를 상실케 함에 족한 것인 이상 상해죄를 구성한다. (2) 면도칼로 콧등을 길이 2.5cm, 깊이 0.56cm 절단하므로서 전치 3개월을 요하는 상처를 입혀 안면부 불구가 되게 한 경우 **중상해죄에 해당한다**(대법원 1970.9.22, 70도1638).

② [○] 사람의 신체를 상해하여 **생명에 대한 위험**을 발생하게 하거나 신체의 상해로 인하여 불구 또는 불치나 난치의 질병에 이르게 한 경우 **중상해죄가 성립한다**(제258조 제1항 · 제2항).

373 각종 '중(重)죄'에 있어 그 연결이 옳지 않은 것은 모두 몇 개인가?

1 2 3 [Superlative ★★★]

㉠ 중상해죄 – 생명에 대한 위험 발생, 불구 또는 불치나 난치의 질병
㉡ 중유기죄 – 생명 또는 신체에 대한 위험 발생
㉢ 중감금죄 – 생명 또는 신체에 대한 위험 발생
㉣ 중권리행사방해죄 – 생명에 대한 위험 발생
㉤ 중손괴죄 – 생명 또는 신체에 대한 위험 발생

① 0개
② 1개
③ 2개
④ 3개

해설

③ ㉡㉢ 2항목이 옳지 않다.
- ㉠ [O] 제258조 제1항 · 제2항
- ㉡ [×] 중유기죄는 유기죄를 범하여 사람의 생명에 대한 위험을 발생하게 한 때에 성립한다(제271조 제3항).
- ㉢ [×] 중감금죄는 사람을 감금하여 가혹한 행위를 가한 때에 성립한다(제277조 제1항).
- ㉣ [O] 제326조
- ㉤ [O] 제368조 제1항

☑ '중(重)죄' 정리

범죄	의미	비고
중상해죄(제258조) 특수중상해죄(제258조의2)	- 생명에 대한 위험 발생 - 불구 또는 불치나 난치의 질병	구체적 위험범, 부진정 결과적 가중범, 미수처벌 ×
중유기죄(제271조 제3항 · 제4항) 중권리행사방해죄(제326조)	생명에 대한 위험 발생	
중손괴죄(제368조)	생명 또는 신체에 대한 위험 발생	
중체포 · 감금죄(제277조)	가혹한 행위	결과적 가중범 ×, 미수처벌 ○

374 다음 중 형법에 존재하지 않는 상습범은 모두 몇 개인가? [Superlative ★★★]

1 2 3

㉠ 상습도박죄　㉡ 상습상해죄
㉢ 상습폭행죄　㉣ 상습감금죄
㉤ 상습협박죄　㉥ 상습강간죄
㉦ 상습주거침입죄　㉧ 상습강요죄

① 0개　② 1개
③ 2개　④ 3개

해설

③ ㉦㉧ 2항목의 상습범은 형법에 존재하지 않는다.
- ㉠ 제246조 제2항　㉡㉢ 제264조
- ㉣ 제279조　㉤ 제285조
- ㉥ 제305조의2

정답 | 372 ④　373 ③　374 ③

375 다음 중 형법에 존재하지 않는 상습범은 모두 몇 개인가? [Superlative ★★★]

1 2 3

㉠ 상습절도죄	㉡ 상습강도죄
㉢ 상습사기죄	㉣ 상습컴퓨터등사용사기죄
㉤ 상습공갈죄	㉥ 상습횡령죄
㉦ 상습점유이탈물횡령죄	㉧ 상습배임죄
㉨ 상습장물취득죄	㉩ 상습손괴죄

① 2개
② 3개
③ 4개
④ 5개

해설

③ ㉥㉦㉧㉩ 4항목의 상습범은 형법에 존재하지 않는다.
㉠ 제332조 ㉡ 제341조
㉢㉣㉤ 제351조 ㉨ 제363조

376 상습범은 '형의 2분의 1까지 가중하여 처벌하는 경우'와 '별도의 형을 정하여 처벌하는 경우'가 있다. 다음 중 후자에 해당하는 상습범은 모두 몇 개인가? [Superlative ★★★]

1 2 3

㉠ 상습도박죄	㉡ 상습상해죄
㉢ 상습폭행죄	㉣ 상습감금죄
㉤ 상습협박죄	㉥ 상습강간죄

① 0개
② 1개
③ 2개
④ 3개

해설

② ㉠ 항목의 범죄만 별도의 형을 정하여 처벌한다.
㉠ 상습으로 도박의 죄를 범한 사람은 3년 이하의 징역 또는 2천만원 이하의 벌금에 처한다(제246조 제2항).
㉡㉢㉣㉤㉥ 모두 그 죄에 정한 형의 2분의 1까지 가중하여 처벌한다(㉡㉢ 제264조 ㉣ 제278조, 제279조 ㉤ 제285조 ㉥ 제305조의2).

377 1 2 3 상습범은 '형의 2분의 1까지 가중하여 처벌하는 경우'와 '별도의 형을 정하여 처벌하는 경우'가 있다. 다음 중 후자에 해당하는 상습범은 모두 몇 개인가? [Superlative ★★★]

㉠ 상습절도죄	㉡ 상습자동차불법사용죄
㉢ 상습강도죄	㉣ 상습사기죄
㉤ 상습공갈죄	㉥ 상습장물취득죄

① 0개
② 1개
③ 2개
④ 3개

해설

③ ㉢㉥ 2항목의 범죄가 별도의 형을 정하여 처벌한다.
㉠㉡㉣㉤ 모두 그 죄에 정한 형의 2분의 1까지 가중하여 처벌한다(㉠㉡ 제332조 ㉣㉤ 제351조).
㉢ 상습으로 강도의 죄를 범한 자는 무기 또는 10년 이상의 징역에 처한다(제341조).
㉥ 상습으로 장물취득의 죄를 범한 자는 1년 이상 10년 이하의 징역에 처한다(제363조 제1항).

정답 | 375 ③ 376 ② 377 ③

378 다음 중 상해치사죄가 성립하는 것은 모두 몇 개인가? (다툼이 있으면 판례에 의함) [Superlative ★★★]

1 2 3

> ㉠ 피고인의 강타로 인하여 임신 7개월의 피해자가 지상에 넘어져서 4일 후에 낙태하고 위 낙태로 유발된 심근경색증으로 죽음에 이르게 된 경우
> ㉡ 피고인이 피해자에게 다시 동거할 것을 요구하며 말다툼을 하다가 주먹으로 얼굴과 가슴을 수없이 때리고 머리채를 휘어잡아 방벽에 여러차례 부딪치는 폭행을 가하여 두개골결손, 뇌경막하출혈 등으로 2일 후 피해자를 사망하게 한 경우
> ㉢ 피고인이 피해자의 뺨을 1회 때리고 목을 쳐 피해자로 하여금 뒤로 넘어지면서 머리를 땅바닥에 부딪치게 하여 두개골 골절, 외상성 지주막하 출혈, 외상성 경막하 출혈 등의 상해를 가하였고, 이를 치료하는 과정에서 직접 사인(死因)이 된 합병증인 폐렴, 패혈증이 유발되고 피해자의 기왕의 간경화 등 질환이 영향을 미쳐 피해자가 사망한 경우
> ㉣ 피고인이 피해자를 폭행을 하므로 피해자는 이를 모면하기 위하여 도로 건너편의 추어탕 집으로 도망가 도움을 요청하였으나, 피고인이 뒤따라 도로를 건너간 다음 폭행을 가하였고, 이에 피해자가 다시 도로를 건너 도망하자 피고인이 쫓아가 폭행을 가하여 전치 10일간의 흉부피하출혈상 등을 가하였고, 피해자가 계속되는 피고인의 폭행을 피하려고 다시 도로를 건너 도주하다가 차량에 치여 사망한 경우

① 1개　　② 2개
③ 3개　　④ 4개

해설

④ 모든 항목의 경우 상해치사죄가 성립한다.
㉠ 피고인의 구타행위와 피해자의 사망간에는 인과관계가 있다(대법원 1972.3.28, 72도296).
㉡ 원심이 피고인에게 피해자의 사망의 결과에 대한 예견가능성이 있었던 것으로 인정하여 상해치사죄로 의율한 조치는 정당하다(대법원 1984.12.11, 84도2183).
㉢ 비록 직접 사인(死因)의 유발에 피해자의 기왕의 간경화 등 질환이 영향을 미쳤다고 하더라도 피고인의 범행과 피해자의 사망과의 사이에 인과관계의 존재를 부정할 수는 없고, 사망의 결과에 대한 예견가능성이 있었다고 볼 여지가 충분하다(대법원 2012.3.15, 2011도17648 아스팔트 두개골 골절 사건).
㉣ 피해자가 계속되는 피고인의 폭행을 피하려고 다시 도로를 건너 도주하다가 차량에 치여 사망한 경우 피고인의 상해행위와 피해자의 사망 사이에는 상당인과관계가 있다(대법원 1996.5.10, 96도529 절교녀 로드킬 사건).

379 폭행죄에 관한 다음 설명 중 옳지 않은 것은? (다툼이 있으면 판례에 의함) [Essential ★]

1 2 3

① 폭행죄에서 말하는 '폭행'이란 사람의 신체에 대하여 육체적 · 정신적으로 고통을 주는 유형력을 행사함을 뜻하는 것으로서 반드시 피해자의 신체에 접촉함을 필요로 하는 것은 아니다.

② 폭행죄는 사람의 신체에 대한 유형력의 행사를 가리키며 그 유형력의 행사는 신체적 고통을 주는 물리력의 작용을 의미하므로 신체의 청각기관을 직접적으로 자극하는 음향도 경우에 따라서는 유형력에 포함될 수 있다.

③ 피해자에게 근접하여 욕설을 하면서 때릴 듯이 손발이나 물건을 휘두르거나 던지는 행위를 하였더라도 직접 피해자의 신체에 접촉하지 않았다고 한다면 불법한 유형력의 행사로서 폭행에 해당한다고 할 수 없다.

④ 거리상 멀리 떨어져 있는 사람에게 전화기를 이용하여 전화하면서 고성을 내거나 그 전화 대화를 녹음 후 듣게 하는 경우에는 특별한 사정이 없는 한 신체에 대한 유형력의 행사를 한 것으로 보기 어렵다.

해설

③ [×] 피해자에게 근접하여 욕설을 하면서 때릴 듯이 손발이나 물건을 휘두르거나 던지는 행위는 직접 피해자의 신체에 접촉하지 않았다고 하여도 피해자에 대한 불법한 유형력의 행사로서 폭행에 해당한다(대법원 1990.2.13, 89도1406).

① [○] 폭행죄에서 말하는 '폭행'이란 사람의 신체에 대하여 육체적 · 정신적으로 고통을 주는 유형력을 행사함을 뜻하는 것으로서 **반드시 피해자의 신체에 접촉함을 필요로 하는 것은 아니다**(대법원 2016.10.27, 2016도9302 조금씩 전진 사건).

② [○] 폭행죄는 사람의 신체에 대한 유형력의 행사를 가리키며 그 유형력의 행사는 신체적 고통을 주는 물리력의 작용을 의미하므로 신체의 **청각기관을 직접적으로 자극하는 음향도 경우에 따라서는 유형력에 포함될 수 있다**(대법원 2003.1.10, 2000도5716 심수봉 사건).

④ [○] 거리상 멀리 떨어져 있는 사람에게 전화기를 이용하여 전화하면서 고성을 내거나 그 전화 대화를 녹음 후 듣게 하는 경우에는 특수한 방법으로 수화자의 청각기관을 자극하여 그 수화자로 하여금 고통스럽게 느끼게 할 정도의 음향을 이용하였다는 등의 특별한 사정이 없는 한 신체에 대한 **유형력의 행사를 한 것으로 보기 어렵다**(대법원 2003.1.10, 2000도5716 심수봉 사건).

정답 | 378 ④ 379 ③

380 폭행죄에 관한 다음 설명 중 옳지 않은 것은? (다툼이 있으면 판례에 의함) [Essential ★]

1 2 3

① 피고인이 피해자 A에게 욕설을 한 것만을 가지고는 당연히 폭행을 한 것이라고 할 수는 없고, 피해자 B 집의 대문을 발로 찬 것이 막바로 또는 당연히 피해자 A의 신체에 대하여 유형력을 행사한 경우에 해당한다고 할 수도 없다.

② 다방종업원이 피고인을 만나주지 않는다는 이유로 시정된 탁구장문과 주방문을 부수고 주방으로 들어가 폭언하면서 시정된 방문을 수회 발로 찬 피고인의 행위는 신체에 대한 유형력의 행사로는 볼 수 없다.

③ 피고인이 자신의 차를 가로막고 서 있는 피해자를 향해 차(車)를 조금씩 전진시키고 피해자가 뒤로 물러나면 다시 차를 전진시키는 방식의 운행을 반복하였더라도 차로 피해자를 부딪친 것이 아니라고 한다면 신체에 대한 유형력의 행사라고 할 수 없어 폭행죄는 성립하지 아니한다.

④ 상대방의 시비를 만류하면서 조용히 얘기나 하자며 그의 팔을 2, 3회 끌은 사실만 가지고는 사람의 신체에 대한 불법한 공격이라고 볼 수 없다.

해설

③ [×] (1) 자신의 차를 가로막는 피해자를 부딪친 것은 아니라고 하더라도, 피해자를 부딪칠 듯이 차를 조금씩 전진시키는 것을 반복하는 행위 역시 피해자에 대해 위법한 유형력을 행사한 것이라고 보아야 한다. (2) 피고인이 자신의 차를 가로막고 서 있는 피해자를 향해 차를 조금씩 전진시키고 피해자가 뒤로 물러나면 다시 차를 전진시키는 방식의 운행을 반복하였는데, 이는 그 자체로 피해자에 대한 유형력의 행사에 해당한다(대법원 2016.10.27, 2016도9302 조금씩 전진 사건). 지문의 경우 특수폭행죄가 성립한다.

① [○] 피고인이 피해자 A에게 욕설을 한 것만을 가지고는 당연히 폭행을 한 것이라고 할 수는 없고, 피해자 B 집의 대문을 발로 찬 것이 막바로 또는 당연히 피해자 **A의 신체에 대하여 유형력을 행사한 경우에 해당한다고 할 수도 없다**(대법원 1991.1.29, 90도2153).

② [○] 다방종업원이 피고인을 만나주지 않는다는 이유로 시정된 탁구장문과 주방문을 부수고 주방으로 들어가 폭언하면서 시정된 방문을 수회 발로 찬 피고인의 행위는 **신체에 대한 유형력의 행사로는 볼 수 없다**(법원 1984.2.14, 83도3186 녹원다방 사건).

④ [○] 상대방의 시비를 만류하면서 조용히 얘기나 하자며 그의 팔을 2, 3회 끌은 사실만 가지고는 **사람의 신체에 대한 불법한 공격이라고 볼 수 없다**(대법원 1986.10.14, 86도1796).

381 다음 중 폭행치사죄가 성립하지 않는 것은? (다툼이 있으면 판례에 의함) [Essential ★]

1 2 3

① 피고인이 주먹으로 피해자의 복부를 1회 강타하여 장파열로 인한 복막염으로 사망하게 한 경우. 다만, 의사의 수술지연 등 과실이 피해자의 사망의 공동원인이 되었음

② 피고인이 빚 독촉을 하다가 시비 중 멱살을 잡고 대드는 A의 손을 뿌리치고 그를 뒤로 밀어 넘어트려 뒹굴게 하여 등에 업힌 그 딸 B에게 두개골절 등 상해를 입혀 사망하게 한 경우

③ 동료 사이에 말다툼을 하던 중 피고인이 삿대질하는 것을 피하고자 피해자 자신이 두어걸음 뒷걸음치다가 회전 중이던 십자형 스빙기계 철받침대에 걸려 넘어지면서 머리를 바닥에 부딪쳐 두개골절로 사망한 경우

④ 피고인들이 공동하여 피해자를 폭행하여 당구장 3층에 있는 화장실에 숨어 있던 피해자를 다시 폭행하려고 피고인 甲은 화장실을 지키고, 피고인 乙은 당구치는 기구로 문을 내려쳐 부수자 위협을 느낀 피해자가 화장실 창문 밖으로 숨으려다가 실족하여 떨어짐으로써 사망한 경우

해설

③ 동료 사이에 말다툼을 하던 중 피고인이 삿대질하는 것을 피하고자 피해자 자신이 두어걸음 뒷걸음치다가 회전 중이던 십자형 스빙기계 철받침대에 걸려 넘어진 정도라면, 당시 바닥에 위와 같은 장애물이 있어서 뒷걸음치면 장애물에 걸려 넘어질 수 있다는 것까지는 예견할 수 있었다고 하더라도 그 정도로 넘어지면서 머리를 바닥에 부딪쳐 두개골절로 사망한다는 것은 이례적인 일이어서 통상적으로 일반인이 예견하기 어려운 결과라고 하지 않을 수 없으므로 피고인에게 폭행치사죄의 책임을 물을 수 없다(대법원 1990.9.25, 90도1596 삿대질 사건).

① 피고인의 행위가 사망의 결과에 대한 유력한 원인이 된 이상 그 폭력행위와 치사의 결과간에는 인과관계가 있다(대법원 1984.6.26, 84도831).

② 피고인이 폭행을 가한 대상자와 그 폭행의 결과 사망한 대상자는 서로 다른 인격자라 할지라도 어린애를 업은 사람을 밀어 넘어트리면 그 어린애도 따라서 필연적으로 넘어질 것임은 피고인도 예견하였을 것이므로 어린애를 업은 사람을 넘어트린 행위는 그 어린애에 대해서도 역시 폭행이 된다 할 것이고, 따라서 원심이 피고인을 폭행치사죄로 인정한 조처에는 인과관계를 오인한 위법이 없다(대법원 1972.11.28, 72도2201).

④ 피고인들에게는 폭행치사죄의 공동정범이 성립된다(대법원 1990.10.16, 90도1786 당구장 사건).

정답 | 380 ③ 381 ③

382 다음 중 폭행치사죄가 성립하지 않는 것은? (다툼이 있으면 판례에 의함) [Essential ★]

1 2 3

① 피고인이 피해자를 떠밀어 땅에 엉덩방아를 찧고 주저 앉게 하였는데, 피해자가 그 충격에 심장마비로 사망한 경우. 다만, 피해자는 외관상 건강하여 전혀 병약한 흔적이 없던 자인데 사실은 관상동맥경화 및 협착증세를 가진 특수체질자이었음

② 피고인이 피해자를 2회에 걸쳐 두 손으로 힘껏 밀어 땅바닥에 넘어뜨리는 폭행을 가함으로써 그 충격으로 인한 쇼크성 심장마비로 사망하게 한 경우. 다만, 피해자에게 심관성동맥경화 및 심근섬유화 증세 등의 심장질환의 지병이 있었고 음주로 만취된 상태였으며 그것이 피해자가 사망함에 있어 영향을 주었음

③ 피고인이 피해자의 멱살을 잡아 흔들고 주먹으로 가슴과 얼굴을 구타하고 멱살을 붙들고 넘어뜨리는 등 신체 여러 부위에 외상이 생길 정도로 심하게 폭행을 가함으로써 평소에 오른쪽 관상동맥폐쇄 및 심실의 허혈성심근섬유화증세 등의 심장질환을 앓고 있던 피해자의 심장에 더욱 부담을 주어 나쁜 영향을 초래하여 피해자가 관상동맥부전과 허혈성심근경색 등으로 사망한 경우

④ 피고인이 피해자의 뺨을 2회 때리고 두손으로 어깨를 잡아 땅바닥에 넘어뜨리고 머리를 시멘트벽에 부딪치게 하여서, 피해자가 머리에 통증이 있었고 의사인에게 진료를 받을 때에 혈압이 매우 높았고 몹시 머리가 아프다고 호소하였으며 그 후 병세가 계속 악화되어 결국 뇌손상(뇌좌상)으로 사망한 경우. 다만, 피해자가 평소 고혈압과 좌측전고동맥류의 증세가 있었고 피고인의 폭행으로 피해자가 사망함에 있어 위와 같은 지병이 사망결과에 영향을 주었음

해설

① 피고인의 폭행 정도가 서로 시비하다가 피해자를 떠밀어 땅에 엉덩방아를 찧고 주저앉게 한 정도에 지나지 않은 것이었고 또 피해자는 외관상 건강하여 전혀 병약한 흔적이 없던 자인데 사실은 관상동맥경화 및 협착증세를 가진 특수체질자이었기 때문에 위와 같은 정도의 폭행에 의한 충격에도 심장마비를 일으켜 사망하게 된 것이라면 피고인에게 사망의 결과에 대한 예견가능성이 있었다고는 보기 어렵다(대법원 1985.4.3, 85도303).

② 피고인의 폭행과 피해자의 사망간에 상당인과관계가 없다고 할 수 없다(대법원 1986.9.9, 85도2433).

③ 비록 피해자가 관상동맥부전과 허혈성심근경색 등으로 사망하였더라도 피고인의 폭행과 피해자의 사망간에 상당인과관계가 있었다고 볼 수 있다(대법원 1989.10.13, 89도556).

④ 피고인의 폭행으로 피해자가 사망함에 있어 지병이 사망결과에 영향을 주었다고 해서 피고인의 폭행과 피해자의 사망간에 상당인과관계가 없다고 할 수 없다(대법원 1983.1.18, 82도697 뇌손상 사망 사건).

383 다음 중 위험한 물건을 휴대하면 '특수'죄로 가중처벌되는 범죄는 모두 몇 개인가? [Superlative ★★★]

1 2 3

㉠ 공무집행방해죄	㉡ 상해죄
㉢ 폭행죄	㉣ 체포 · 감금죄
㉤ 협박죄	㉥ 강요죄
㉦ 공갈죄	㉧ 손괴죄

① 5개　② 6개
③ 7개　④ 8개

해설

④ 모든 항목의 범죄가 위험한 물건을 휴대하면 '특수(特殊)죄'가 되면서 가중처벌된다.
㉠ 제144조　㉡ 제258조의2
㉢ 제261조　㉣ 제278조
㉤ 제284조　㉥ 제324조 제2항
㉦ 제350조의2　㉧ 제369조

384 다음 중 2인 이상이 합동하여 범할 때 성립하는 '합동범'이라고 할 수 없는 범죄는? [core ★★]

1 2 3

① 특수도주죄　② 특수상해죄
③ 특수절도죄　④ 특수강도죄

해설

② 단체 또는 다중의 위력을 보이거나 위험한 물건을 휴대하여 상해의 죄를 범한 때에 특수상해죄가 성립한다(제258조의2 제1항). 특수상해죄는 합동범이라고 할 수 없다.
① 수용설비 또는 기구를 손괴하거나 사람에게 폭행 또는 협박을 가하거나 2인 이상이 합동하여 도주의 죄를 범한 때에 특수도주죄가 성립한다(제146조).
③ 야간에 문이나 담 그 밖의 건조물의 일부를 손괴하고 주거 등에 침입하여 타인의 재물을 절취하거나 흉기를 휴대하거나 2인 이상이 합동하여 타인의 재물을 절취한 때에 특수절도죄가 성립한다(제331조 제1항 · 제2항).
④ 야간에 사람의 주거 등에 침입하여 강도의 죄를 범하거나 흉기를 휴대하거나 2인 이상이 합동하여 강도의 죄를 범한 때에 특수강도죄가 성립한다(제334조 제1항 · 제2항).

정답 | 382 ①　383 ④　384 ②

385 1 2 3 특수폭행죄 등에 있어 '위험한 물건의 휴대'에 관한 다음 설명 중 옳지 않은 것은? (다툼이 있으면 판례에 의함)

[Essential ★]

① '위험한 물건'은 흉기는 아니라고 하더라도 널리 사람의 생명, 신체에 해를 가하는 데 사용할 수 있는 일체의 물건을 포함한다.

② 본래 살상용 · 파괴용으로 만들어진 것뿐만 아니라 다른 목적으로 만들어진 물건도 그것이 사람의 생명 · 신체에 해를 가하는 데 사용되면 '위험한 물건'이다.

③ '위험한 물건'에 해당하는지 여부는 구체적인 사안에서 사회통념에 비추어 그 물건을 사용하면 상대방이나 제3자가 생명 또는 신체에 위험을 느낄 수 있는지 여부에 따라 판단하여야 한다.

④ '흉기 기타 위험한 물건을 휴대하여'라고 함은 범행현장에서 범행에 사용할 의도하에 이를 소지하거나 몸에 지니는 경우를 말하는 것으로, 이를 '널리 이용한다'는 뜻까지 포함되어 있다고 해석할 수 없다.

해설

④ [×] 위험한 물건을 '휴대하여'라는 말은 소지뿐만 아니라 널리 이용한다는 뜻도 포함하고 있다(대법원 2002.9.6, 2002도2812).

①② [○] '위험한 물건'은 **흉기는 아니라고 하더라도 널리 사람의 생명, 신체에 해를 가하는 데 사용할 수 있는 일체의 물건을 포함한다**고 할 것이므로, 본래 살상용 · 파괴용으로 만들어진 것뿐만 아니라 다른 목적으로 만들어진 물건도 그것이 **사람의 생명 · 신체에 해를 가하는 데 사용되면 '위험한 물건'이라 할 것이다**(대법원 2014.6.12, 2014도1894 최루탄 투척 사건).

③ [○] '위험한 물건'에 해당하는지 여부는 구체적인 사안에서 사회통념에 비추어 그 물건을 사용하면 **상대방이나 제3자가 생명 또는 신체에 위험을 느낄 수 있는지 여부에 따라 판단하여야 한다**(대법원 2014.6.12, 2014도1894최루탄 투척 사건).

386 1 2 3 특수폭행죄 등에 있어 '위험한 물건의 휴대'에 관한 다음 설명 중 옳지 않은 것은? (다툼이 있으면 판례에 의함)

[Essential ★]

① 피고인이 과도를 범행현장에서 호주머니 속에 지니고 있었던 이상 이는 위험한 물건을 휴대한 경우에 해당한다.

② '흉기 기타 위험한 물건을 휴대하여 그 죄를 범한 자'란 범행현장에서 사용하려는 의도 아래 흉기 기타 위험한 물건을 소지하거나 몸에 지니는 경우를 가리키는 것이고, 그 범행과는 전혀 무관하게 우연히 이를 소지하게 된 경우까지를 포함하는 것은 아니다.

③ 범행현장에서 범행에 사용하려는 의도 아래 흉기 등 위험한 물건을 소지하거나 몸에 지녔더라도 그 사실을 피해자가 인식하거나 실제로 범행에 사용하지 않았다면 '흉기 기타 위험한 물건을 휴대'한 것으로 볼 수 없다.

④ 수인이 흉기를 휴대하여 타인의 건조물에 침입하기로 공모한 후 그중 일부는 밖에서 망을 보고 나머지 일부만이 건조물 안으로 들어갔을 경우에 있어서 특수주거침입죄의 구성요건이 충족되었다고 볼 수 있는지의 여부는 직접 건조물에 들어간 범인을 기준으로 하여 그 범인이 흉기를 휴대하였다고 볼 수 있느냐의 여부에 따라 결정되어야 한다.

해설

③ [×] 범행현장에서 범행에 사용하려는 의도 아래 흉기 등 위험한 물건을 소지하거나 몸에 지닌 이상 그 사실을 피해자가 인식하거나 실제로 범행에 사용하였을 것까지 요구되는 것은 아니다(대법원 2007.3.30, 2007도914 꽃농원 싸움 사건).

① [○] 피고인이 과도를 범행현장에서 호주머니 속에 지니고 있었던 이상 이는 **위험한 물건을 휴대한 경우에 해당한다**(대법원 1984.4.10, 84도353).

② [○] '흉기 기타 위험한 물건을 휴대하여 그 죄를 범한 자'란 범행현장에서 사용하려는 의도 아래 흉기 기타 위험한 물건을 소지하거나 몸에 지니는 경우를 가리키는 것이고, 그 **범행과는 전혀 무관하게 우연히 이를 소지하게 된 경우까지를 포함하는 것은 아니다**(대법원 2007.3.30, 2007도914 꽃농원 싸움 사건).

④ [○] 수인이 흉기를 휴대하여 타인의 건조물에 침입하기로 공모한 후 그중 일부는 밖에서 망을 보고 나머지 일부만이 건조물 안으로 들어갔을 경우에 있어서 특수주거침입죄의 구성요건이 충족되었다고 볼 수 있는지의 여부는 **직접 건조물에 들어간 범인을 기준으로 하여 그 범인이 흉기를 휴대하였다고 볼 수 있느냐의 여부에 따라 결정되어야 한다**(대법원 1994.10.11, 94도1991 승용차안 흉기 사건).

387 유기죄에 관한 다음 설명 중 옳지 않은 것은? (다툼이 있으면 판례에 의함) [Essential ★]

1 2 3

① 유기죄가 성립하기 위해서는 행위자가 '노유, 질병 기타 사정으로 인하여 부조를 요하는 자를 보호할 법률상 또는 계약상 의무 있는 자'에 해당하여야 하는데, 여기서 '법률상 보호의무'에는 민법 제826조 제1항에 근거한 부부간의 부양의무도 포함된다.

② 유기죄가 성립하기 위하여는 요부조자에 대한 보호책임의 발생원인이 된 사실이 존재한다는 것을 인식하고, 이에 기한 부조의무를 해태한다는 의식이 있음을 요한다.

③ 유기행위는 부조를 요하는 자를 보호 없는 상태로 둠으로써 생명 · 신체를 위태롭게 하는 것이므로 작위에 의해서만 성립할 뿐 부작위에 의해서는 성립할 수 없다.

④ 유기를 당한 사람의 생명 · 신체에 위험을 발생하게 할 가능성이 있으면 유기행위의 요건은 충족되고 반드시 보호의 가능성이 전혀 없을 것을 요하는 것은 아니다.

해설

③ [×] 유기행위는 부조를 요하는 자를 보호 없는 상태로 둠으로써 생명 · 신체를 위태롭게 하는 것이므로 작위뿐만 아니라 부작위에 의하여도 성립한다(대법원 2015.11.12, 2015도6809 순숨 세월호 사건).

① [○] 유기죄가 성립하기 위해서는 행위자가 '노유, 질병 기타 사정으로 인하여 부조를 요하는 자를 보호할 법률상 또는 계약상 의무 있는 자'에 해당하여야 하는데, 여기서 **'법률상 보호의무'에는 민법 제826조 제1항에 근거한 부부간의 부양의무도 포함된다**(대법원 2018.5.11, 2018도4018 알콜중독 와이프 방치 사건). 민법 제826조 제1항은 '부부는 동거하며 서로 부양하고 협조하여야 한다'라고 규정하고 있다. 2022년 현재 유기죄의 구성요건은 "나이가 많거나 어림, 질병 그 밖의 사정으로 도움이 필요한 사람을 법률상 또는 계약상 보호할 의무가 있는 자가 유기한 경우"이다.

② [○] 유기죄가 성립하기 위하여는 **요부조자에 대한 보호책임의 발생원인이 된 사실이 존재한다는 것을 인식**하고, 이에 기한 부조의무를 해태한다는 의식이 있음을 요한다(대법원 2008.2.14, 2007도3952 필로폰에 쩔은 내연녀 사건).

④ [○] 유기를 당한 사람의 생명 · 신체에 위험을 발생하게 할 가능성이 있으면 유기행위의 요건은 충족되고 **반드시 보호의 가능성이 전혀 없을 것을 요하는 것은 아니다**(대법원 2015.11.12, 2015도6809 순숨 세월호 사건).

정답 | 385 ④ 386 ③ 387 ③

388 유기죄에 관한 다음 설명 중 옳지 않은 것은? (다툼이 있으면 판례에 의함) [core ★★]

1 2 3

① 유기죄의 죄책을 인정하려면 구성요건이 요구하는 법률상 또는 계약상 보호의무를 밝혀야 하고 설혹 동행자가 구조를 요하게 되었다 하여도 일정거리를 동행한 사실만으로서는 피고인에게 법률상 계약상의 보호의무가 있다고 할 수 없다.

② 유기죄에 관한 형법 제271조 제1항의 '계약상 의무'는 간호사나 보모와 같이 계약에 기한 주된 급부의무가 부조를 제공하는 것인 경우에 반드시 한정되지 아니하며, 계약의 해석상 계약관계의 목적이 달성될 수 있도록 상대방의 신체 또는 생명에 대하여 주의와 배려를 한다는 부수적 의무의 한 내용으로 상대방을 부조하여야 하는 경우를 배제하는 것은 아니다.

③ 단지 부수의무로서의 민사적 부조의무 또는 보호의무가 인정된다고 해서 형법 제271조 소정의 계약상 의무가 당연히 긍정된다고는 말할 수 없고, 제반 사정을 고려하여 계약상의 부조의무의 유무를 신중하게 판단하여야 한다.

④ 법률상 부부는 아니지만 사실혼 관계에 있는 경우에도 형법 제271조 제1항에서 말하는 법률상 보호의무의 존재를 긍정하여야 하므로, 단순한 동거 또는 간헐적인 정교관계를 맺고 있는 사람에 대하여도 특별한 사정이 없는 한 유기죄에 있어 법률상 보호의무가 인정된다.

해설

④ [×] 형법 제271조 제1항에서 말하는 법률상 보호의무 가운데는 민법 제826조 제1항에 근거한 부부간의 부양의무도 포함되며, 나아가 법률상 부부는 아니지만 사실혼 관계에 있는 경우에도 위와 같은 법률상 보호의무의 존재를 긍정하여야 하지만, 사실혼에 해당하여 법률혼에 준하는 보호를 받기 위하여는 단순한 동거 또는 간헐적인 정교관계를 맺고 있다는 사정만으로는 부족하고, 그 당사자 사이에 주관적으로 혼인의 의사가 있고 객관적으로도 사회관념상 가족질서적인 면에서 부부공동생활을 인정할 만한 혼인생활의 실체가 존재하여야 한다(대법원 2008.2.14, 2007도3952 필로폰에 쩔은 내연녀 사망 사건).

① [○] 유기죄의 죄책을 인정하려면 구성요건이 요구하는 법률상 또는 계약상 보호의무를 밝혀야 하고 설혹 동행자가 구조를 요하게 되었다 하여도 **일정거리를 동행한 사실만으로서는 피고인에게 법률상 계약상의 보호의무가 있다고 할 수 없다**(대법원 1977.1.11, 76도3419 일정거리 동행 사건).

②③ [○] (1) 유기죄에 관한 형법 제271조 제1항의 '계약상 의무'는 간호사나 보모와 같이 계약에 기한 주된 급부의무가 부조를 제공하는 것인 경우에 반드시 한정되지 아니하며, 계약의 해석상 계약관계의 목적이 달성될 수 있도록 상대방의 신체 또는 생명에 대하여 주의와 배려를 한다는 **부수적 의무의 한 내용으로 상대방을 부조하여야 하는 경우를 배제하는 것은 아니다.** (2) 그러나 단지 위와 같은 부수의무로서의 **민사적 부조의무 또는 보호의무가 인정된다고 해서 형법 제271조 소정의 '계약상 의무'가 당연히 긍정된다고는 말할 수 없고,** 당해 계약관계의 성질과 내용, 계약당사자 기타 관련자들 사이의 관계 및 그 전개양상, 그들의 경제적 · 사회적 지위, 부조가 필요하기에 이른 전후의 경위, 필요로 하는 부조의 대체가능성을 포함하여 그 부조의 종류와 내용, 달리 부조를 제공할 사람 또는 설비가 있는지 여부 기타 제반 사정을 고려하여 '계약상의 부조의무'의 유무를 **신중하게 판단하여야 한다**(대법원 2011.11.24, 2011도12302 돈에 눈먼 술집여주인 사건).

389 유기죄에 관한 다음 설명 중 옳지 않은 것은? (다툼이 있으면 판례에 의함) [Essential ★]

1 2 3

① 피고인의 강간미수행위로 인하여 상해를 입고 의식불명이 된 피해자를 그곳에 그대로 방치한 피고인의 소위는 강간치상죄만이 성립하고 별도로 유기죄는 성립하지 아니한다.

② 피고인이 자신이 운영하는 주점에 손님으로 와서 수일 동안 식사는 한 끼도 하지 않은 채 계속하여 술을 마시고 만취한 피해자를 주점 내에 그대로 방치하여 저체온증 등으로 사망한 경우 유기치사죄가 성립한다.

③ 피고인이 의사들이 당시의 의료기술상 최선의 치료방법이라고 하면서 권유하는 수혈을 자신이 믿는 종교인 여호와의 증인의 교리에 어긋난다는 이유로 시종일관 완강히 거부하는 언동을 하여 결국 그의 딸이 사망하였다면 피고인은 유기치사죄의 죄책을 진다.

④ 피고인과 피해자가 술에 취하여 도로 위에서 실족하여 2m 아래 개울로 미끄러 떨어져 약 5시간 가량 잠을 자다가 술과 잠에서 깨어난 피고인과 피해자는 도로 위로 올라가려 하였으나 길을 발견하지 못하여 헤매던 중 피해자는 후두부 타박상을 입어서 정상적으로 움직이기가 어려워 사망하고 피고인만 혼자 도로위로 올라온 경우 피고인은 유기치사죄의 죄책을 진다.

해설

④ [×] 유기죄의 죄책을 인정하려면 구성요건이 요구하는 법률상 또는 계약상보호의무를 밝혀야 하고 설혹 동행자가 구조를 요하게 되었다 하여도 일정거리를 동행한 사실만으로서는 피고인에게 법률상 계약상의 보호의무가 있었다고 할 수 없으니 유기죄의 주체가 될 수 없다(대법원 1977.1.11, 76도3419 일정거리 동행 사건).

① [○] 피고인의 강간미수행위로 인하여 상해를 입고 의식불명이 된 피해자를 그곳에 그대로 방치한 피고인의 소위는 강간치상죄만이 성립하고 **별도로 유기죄는 성립하지 아니한다**(대법원 1980.6.24, 80도726 강간피해자 떡실신 사건).

② [○] 피고인이 자신이 운영하는 주점에 손님으로 와서 수일 동안 식사는 한 끼도 하지 않은 채 계속하여 술을 마시고 만취한 피해자를 주점 내에 그대로 방치하여 저체온증 등으로 사망한 경우 **유기치사죄가 성립한다**(대법원 2011.11.24, 2011도12302 돈에 눈먼 술집여주인 사건).

③ [○] 피고인이 의사들이 당시의 의료기술상 최선의 치료방법이라고 하면서 권유하는 수혈을 자신이 믿는 종교인 여호와의 증인의 교리에 어긋난다는 이유로 시종일관 완강히 거부하는 언동을 하여 결국 그의 딸이 사망하였다면 피고인은 **유기치사죄의 죄책을 진다**(대법원 1980.9.24, 79도1387 여호와의 증인 사건).

정답 | 388 ④ 389 ④

390 학대죄에 관한 다음 설명 중 옳지 않은 것은? (다툼이 있으면 판례에 의함) [core ★★]

1 2 3

① '학대'라 함은 육체적으로 고통을 주거나 정신적으로 차별대우를 하는 행위를 가리키고, 이러한 학대행위는 단순히 상대방의 인격에 대한 반인륜적 침해만으로는 부족하고 적어도 유기에 준할 정도에 이르러야 한다.

② 학대죄는 육체적으로 고통을 주거나 정신적으로 차별대우를 하는 행위가 있음과 동시에 범죄가 완성되는 상태범 또는 즉시범이라 할 것이고 비록 수십 회에 걸쳐서 계속되는 일련의 폭행행위가 있었다 하더라도 그중 친권자로서의 징계권의 범위에 속하여 위법성이 조각되는 부분이 있다면 그 부분을 따로 떼어 무죄의 판결을 할 수 있다.

③ 4세인 아들이 대소변을 가리지 못한다고 닭장에 가두고 전신을 구타한 경우 학대죄가 성립한다.

④ 피고인과 피해자간의 비정상적 성관계가 단순 일과성에 그친 것이 아니라 장장 8년간에 걸쳐 지속되어 왔다면 학대죄가 성립한다.

해설

④ [×] 피고인이 피해자와 성관계를 가진 행위를 가리켜 학대행위에 해당한다고 보기는 어렵다 하겠고, 피고인과 피해자간의 비정상적 관계가 단순 일과성에 그친 것이 아니라 장장 8년간에 걸쳐 지속되어 왔다는 등의 사정들은 위 판단을 좌우할 만한 결정적인 것은 되지 못한다(대법원 2000.4.25, 2000도223 장장 8년간 사건).

① [○] '학대'라 함은 육체적으로 고통을 주거나 정신적으로 차별대우를 하는 행위를 가리키고, 이러한 학대행위는 단순히 상대방의 인격에 대한 반인륜적 침해만으로는 부족하고 **적어도 유기에 준할 정도에 이르러야 한다**(대법원 2000.4.25, 2000도223 장장 8년간 사건).

② [○] 학대죄는 육체적으로 고통을 주거나 정신적으로 차별대우를 하는 행위가 있음과 동시에 범죄가 완성되는 **상태범 또는 즉시범**이라 할 것이고 비록 수십 회에 걸쳐서 계속되는 일련의 폭행행위가 있었다 하더라도 그중 친권자로서의 징계권의 범위에 속하여 위법성이 조각되는 부분이 있다면 그 부분을 따로 떼어 무죄의 판결을 할 수 있다(대법원 1986.7.8, 84도2922).

③ [○] 4세인 아들이 대소변을 가리지 못한다고 닭장에 가두고 전신을 구타한 경우 **학대죄가 성립한다**(법원 1969.2.4, 68도1793).

391 협박죄에 관한 다음 설명 중 옳지 않은 것은? (다툼이 있으면 판례에 의함) [Superlative ★★★]

1 2 3

① 협박이라 함은 일반적으로 보아 사람으로 하여금 공포심을 일으킬 정도의 해악을 고지하는 것을 의미하며, 그 고지되는 해악의 내용, 즉 침해하겠다는 법익의 종류나 법익의 향유 주체 등에는 아무런 제한이 없다.

② 협박죄가 성립하기 위하여는 적어도 발생 가능한 것으로 생각될 수 있는 정도의 구체적인 해악의 고지가 있어야 한다.

③ 협박이라 함은 일반적으로 보아 사람으로 하여금 공포심을 일으킬 수 있는 정도의 해악을 고지하는 것을 의미하고, 그 주관적 구성요건으로서의 고의는 행위자가 그러한 정도의 해악을 고지한다는 것을 인식·인용하는 것을 그 내용으로 한다.

④ 협박죄가 성립하려면 고지된 해악의 내용이 일반적으로 사람으로 하여금 공포심을 일으키게 하기에 충분한 것이어야 하고 또한 상대방이 그에 의하여 현실적으로 공포심을 일으켜야 한다.

해설

④ [×] 협박죄가 성립하려면 고지된 해악의 내용이 여러 사정을 종합하여 볼 때에 일반적으로 사람으로 하여금 공포심을 일으키게 하기에 충분한 것이어야 하지만, 상대방이 그에 의하여 현실적으로 공포심을 일으킬 것까지 요구되는 것은 아니다(대법원 2011.1.27, 2010도14316 회칼 2자루 사건).

① [○] 협박이라 함은 일반적으로 보아 **사람으로 하여금 공포심을 일으킬 정도의 해악을 고지하는 것을 의미**하며, 그 고지되는 해악의 내용, 즉 침해하겠다는 법익의 종류나 법익의 향유 주체 등에는 아무런 제한이 없다(대법원 2010.7.15, 2010도1017 회사를 아작내겠다 사건).

② [○] 협박죄가 성립하기 위하여는 적어도 발생 가능한 것으로 생각될 수 있는 정도의 **구체적인 해악의 고지가 있어야 한다**(대법원 2011.5.26, 2011도2412 사채업자 협박 사건).

③ [○] 협박이라 함은 일반적으로 보아 사람으로 하여금 공포심을 일으킬 수 있는 정도의 해악을 고지하는 것을 의미하고, 그 주관적 구성요건으로서의 고의는 행위자가 그러한 정도의 **해악을 고지한다는 것을 인식 · 인용하는 것을 그 내용으로 한다**(대법원 2008.5.29, 2006도6347 상관 협박 · 무고 사건).

392 협박죄에 관한 다음 설명 중 옳지 않은 것은? (다툼이 있으면 판례에 의함) [Essential ★]

1 2 3

① 협박이라 함은 일반적으로 보아 사람으로 하여금 공포심을 일으킬 수 있는 정도의 해악을 고지하는 것을 의미한다.

② 협박죄의 고의는 사람으로 하여금 공포심을 일으킬 수 있는 정도의 해악을 고지한다는 것을 인식, 인용하는 것을 그 내용으로 하고 또한 고지한 해악을 실제로 실현할 의도나 욕구가 있어야 한다.

③ 행위자의 언동이 단순한 감정적인 욕설 내지 일시적 분노의 표시에 불과하여 주위사정에 비추어 가해의 의사가 없음이 객관적으로 명백한 때에는 협박행위 내지 협박의 의사를 인정할 수 없다.

④ 해악의 고지가 있다 하더라도 그것이 사회의 관습이나 윤리관념 등에 비추어 용인할 수 있는 정도의 것이라면 협박죄가 성립하지 아니한다.

해설

② [×] 협박죄의 고의는 행위자가 그러한 정도의 해악을 고지한다는 것을 인식, 인용하는 것을 그 내용으로 하고 고지한 해악을 실제로 실현할 의도나 욕구는 필요로 하지 아니한다(대법원 2006.8.25, 2006도546 쥐도 새도 모르게 사건).

① [○] 협박이라 함은 일반적으로 보아 사람으로 하여금 공포심을 일으킬 수 있는 정도의 **해악을 고지하는 것을 의미한다**(대법원 2008.5.29, 2006도6347 상관 협박 · 무고 사건).

③ [○] 행위자의 언동이 단순한 감정적인 욕설 내지 일시적 분노의 표시에 불과하여 주위사정에 비추어 가해의 의사가 없음이 객관적으로 명백한 때에는 **협박행위 내지 협박의 의사를 인정할 수 없다**(대법원 2006.8.25, 2006도546 쥐도 새도 모르게 사건).

④ [○] 해악의 고지가 있다 하더라도 그것이 사회의 관습이나 윤리관념 등에 비추어 용인할 수 있는 정도의 것이라면 **협박죄가 성립하지 아니한다**(대법원 2010.7.15, 2010도1017 회사를 아작내겠다 사건).

정답 | 390 ④ 391 ④ 392 ②

393 협박죄에 관한 다음 설명 중 옳지 않은 것은? (다툼이 있으면 판례에 의함) [Essential ★]

1 2 3

① 협박죄는 사람의 의사결정의 자유를 보호법익으로 하는 범죄로서 법인도 협박죄의 객체가 될 수 있다.

② 피해자 본인이나 그 친족뿐만 아니라 그 밖의 제3자에 대한 법익 침해를 내용으로 하는 해악을 고지하는 것이라고 하더라도 피해자 본인과 제3자가 밀접한 관계에 있어 그 해악의 내용이 피해자 본인에게 공포심을 일으킬 만한 정도의 것이라면 협박죄가 성립할 수 있고 이때 '제3자'에는 자연인뿐만 아니라 법인도 포함된다.

③ 사람으로 하여금 공포심을 일으키게 하기에 충분한 정도의 해악을 고지함으로써 상대방이 그 의미를 인식한 이상, 상대방이 현실적으로 공포심을 일으켰는지 여부와 관계없이 그로써 구성요건은 충족되어 협박죄의 기수에 이른다.

④ 형법 제286조의 협박죄의 미수범 처벌조항은 해악의 고지가 현실적으로 상대방에게 도달하지 아니한 경우나 도달은 하였으나 전혀 지각하지 못한 경우 혹은 고지된 해악의 의미를 상대방이 인식하지 못한 경우 등에 적용된다.

해설

① [×] 협박죄는 사람의 의사결정의 자유를 보호법익으로 하는 범죄로서 자연인만을 그 대상으로 예정하고 있을 뿐 법인은 협박죄의 객체가 될 수 없다(대법원 2010.7.15, 2010도1017 회사를 아작내겠다 사건).

② [○] 피해자 본인이나 그 친족뿐만 아니라 그 밖의 제3자에 대한 법익 침해를 내용으로 하는 해악을 고지하는 것이라고 하더라도 피해자 본인과 제3자가 밀접한 관계에 있어 그 해악의 내용이 피해자 본인에게 공포심을 일으킬 만한 정도의 것이라면 협박죄가 성립할 수 있고 이때 **'제3자'에는 자연인뿐만 아니라 법인도 포함된다**(대법원 2010.7.15, 2010도1017 회사를 아작내겠다 사건).

③ [○] 사람으로 하여금 공포심을 일으키게 하기에 충분한 정도의 해악을 고지함으로써 상대방이 그 의미를 인식한 이상, 상대방이 현실적으로 공포심을 일으켰는지 여부와 관계없이 그로써 구성요건은 충족되어 **협박죄의 기수에 이른다**(대법원 2011.1.27, 2010도14316 회칼 2자루 사건).

④ [○] 형법 제286조의 **협박죄의 미수범 처벌조항**은 해악의 고지가 현실적으로 상대방에게 도달하지 아니한 경우나 도달은 하였으나 전혀 지각하지 못한 경우 혹은 고지된 해악의 의미를 상대방이 인식하지 못한 경우 등에 적용된다(대법원 2007.9.28, 2007도606 순승 정보과 형사 협박 사건).

394 협박죄에 관한 다음 설명 중 옳지 않은 것을 모두 고른 것은? (다툼이 있으면 판례에 의함)

1 2 3

[core ★★]

㉠ 협박죄에서 해악을 고지하는 행위는 언어에 의하는 것이므로 거동으로 해악을 고지하는 것은 폭행죄에 해당할 수는 있어도 협박죄에는 해당하지 아니한다.
㉡ 협박죄에 있어서의 협박이라 함은 사람으로 하여금 공포심을 일으킬 수 있을 정도의 해악을 고지하는 것을 의미하고, 행위자가 직접 해악을 가하겠다고 고지하는 것은 물론 제3자로 하여금 해악을 가하도록 하겠다는 방식으로도 해악의 고지는 가능하다.
㉢ 고지자가 제3자의 행위를 사실상 지배하거나 제3자에게 영향을 미칠 수 있는 지위에 있는 것으로 믿게 하는 명시적·묵시적 언동을 하였거나 제3자의 행위가 고지자의 의사에 의하여 좌우될 수 있는 것으로 상대방이 인식한 경우에는 고지자가 직접 해악을 가하겠다고 고지한 것과 마찬가지의 행위로 평가할 수 있다.

① 없음　　② ㉠
③ ㉠㉢　　④ ㉠㉡㉢

해설

② ㉠ 항목만 옳지 않다.

㉠ [×] 협박죄에서 해악을 고지하는 행위는 통상 언어에 의하는 것이나 경우에 따라서는 거동으로 해악을 고지할 수도 있다(대법원 2011.1.27, 2010도14316 회칼 2자루 사건).

㉡㉢ [○] 협박죄에 있어서의 협박이라 함은 사람으로 하여금 공포심을 일으킬 수 있을 정도의 해악을 고지하는 것을 의미하고, 행위자가 직접 해악을 가하겠다고 고지하는 것은 물론 **제3자로 하여금 해악을 가하도록 하겠다는 방식으로도 해악의 고지는 가능**한 바, 고지자가 제3자의 행위를 사실상 지배하거나 제3자에게 영향을 미칠 수 있는 지위에 있는 것으로 믿게 하는 명시적·묵시적 언동을 하였거나 제3자의 행위가 고지자의 의사에 의하여 좌우될 수 있는 것으로 상대방이 인식한 경우에는 **고지자가 직접 해악을 가하겠다고 고지한 것과 마찬가지의 행위로 평가할 수 있다**(대법원 2007.6.1, 2006도1125 세무조사로 망하게 하겠다 사건).

정답 | 393 ① 394 ②

395 다음 중 협박죄가 성립하는 것을 모두 고른 것은? (다툼이 있으면 판례에 의함) [core ★★]

1 2 3

㉠ 피고인이 공중전화를 이용하여 경찰서에 여러 차례 전화를 걸어 전화를 받은 각 경찰관에게 "경찰서 관할 구역 내에 있는 한나라당의 당사를 폭파하겠다"라고 말한 경우

㉡ 피고인이 피해자의 장모가 있는 자리에서 "요구를 들어주지 않으면 서류를 세무서로 보내 세무조사를 받게 하여 피해자를 망하게 하겠다"라고 말하여 피해자의 장모로 하여금 피해자에게 위와 같은 사실을 전하게 하고, 그 다음 날 피해자의 처에게 전화를 하여 "며칠 있으면 국세청에서 조사가 나올 것이니 그렇게 아시오"라고 말한 경우

㉢ 채권추심업체의 지사장으로 근무하던 피고인이 회사로부터 횡령행위에 대한 민 · 형사상 책임을 추궁당할 지경에 이르자 이를 모면하기 위하여 회사 본사에 '회사의 내부비리 등을 금융감독원 등 관계 기관에 고발하겠다'는 취지의 서면을 보내는 한편, 회사 대표이사의 처남으로서 경영지원 본부장이자 상무이사였던 A에게 전화를 걸어 자신의 횡령행위를 문제삼지 말라고 요구하면서 위 서면의 내용과 같은 취지로 발언한 경우

① 없음　② ㉠
③ ㉡㉢　④ ㉠㉡㉢

해설

③ ㉡㉢ 2항목의 경우 협박죄가 성립한다.

㉠ 한나라당 정당에 대한 해악의 고지가 각 경찰관 개인에게 공포심을 일으킬 만큼 서로 밀접한 관계에 있다고 보기 어려우므로 각 경찰관에 대한 협박죄를 구성한다고 할 수 없다(대법원 2012.8.17, 2011도10451 한나라당 경기당사 폭파협박 사건).

㉡ 피고인의 각 행위는 협박죄에 있어서의 해악의 고지에 해당한다(대법원 2007.6.1, 2006도1125 세무조사로 망하게 하겠다 사건).

㉢ 피고인에게 협박의 고의가 있었음을 충분히 인정할 수 있으며, 피해자를 상대로 그와 무관한 회사의 내부 비리 등을 고발하겠다는 내용의 해악을 고지한 것은 사회통념에 비추어 용인할 수 있는 정도의 것이라고는 볼 수 없다(대법원 2010.7.15, 2010도1017 회사를 아작내겠다 사건).

396 다음 중 협박죄가 성립하는 것을 모두 고른 것은? (다툼이 있으면 판례에 의함) [core ★★]

1 2 3

㉠ 정보보안과 소속 경찰관이 자신의 지위를 내세우면서 타인의 민사분쟁에 개입하여 "빨리 채무를 변제하지 않으면 상부에 보고하여 문제를 삼겠다"고 말한 경우

㉡ 피고인이 피해자의 비위 등을 기록한 내용을 피해자에게 제시하면서 피해자가 피고인에게 폭언한 사실을 인정하지 아니하면 그 내용을 상부기관에 제출하겠다고 한 경우

㉢ 사채업자인 피고인이 피해자에게, 채무를 변제하지 않으면 피해자가 숨기고 싶어하는 과거의 행적과 사채를 쓴 사실 등을 남편과 시댁에 알리겠다는 등의 문자메시지를 발송한 경우

① 없음　② ㉠
③ ㉡㉢　④ ㉠㉡㉢

해설

④ 모든 항목의 경우 협박죄가 성립한다.
- ㉠ 객관적으로 상대방이 공포심을 일으키기에 충분한 정도의 해악의 고지에 해당하므로 현실적으로 피해자가 공포심을 일으키지 않았다 하더라도 협박죄의 기수에 이른 것이다(대법원 2007.9.28, 2007도606 全合 정보과 형사 협박 사건).
- ㉡ 사람으로 하여금 공포심을 일으키게 하기에 충분한 정도의 해악의 고지에 해당한다고 할 것이므로 피해자가 그 취지를 인식하였음이 명백한 이상 설령 피해자가 현실적으로 공포심을 느끼지 못하였다 하더라도 상관협박죄의 기수에 이른 것이다(대법원 2008.12.11, 2008도8922 상관 협박 · 무고 사건).
- ㉢ 피해자에게 공포심을 일으키기에 충분하다고 보아야 한다(대법원 2011.5.26, 2011도2412 사채업자 협박 사건).

397 다음 중 협박죄가 성립하지 않는 것은? (다툼이 있으면 판례에 의함) [Essential ★]

1 2 3

① 피고인이 피해자와 시비하다가 동인이 자기 집으로 돌아가자 그 집 마당까지 가서 가위를 목에 겨누면서 찌를 것처럼 한 경우

② 피고인이 자신의 동거남과 성관계를 가진 바 있던 피해자에게 "사람을 사서 쥐도 새도 모르게 파묻어버리겠다. 너까지 것 쉽게 죽일 수 있다"라고 말한 경우

③ 피고인이 피해자와 횟집에서 술을 마시던 중 피해자가 모래 채취에 관하여 항의하는 데에 화가 나서, 횟집 주방에 있던 회칼 2자루를 들고 나와 죽어버리겠다며 자해하려고 한 경우

④ 피고인이 누나의 집에서 온몸에 연소성이 높은 고무놀을 바르고 라이타 불을 켜는 동작을 하면서 가위, 송곳을 휘두르면서 "방에 불을 지르겠다, 가족 전부를 죽여 버리겠다"라고 소리친 경우

해설

② 말다툼으로 흥분한 나머지 단순히 감정적인 욕설 내지 일시적 분노의 표시를 한 것에 불과하고 해악을 고지한다는 인식을 갖고 한 것이라고 보기 어렵다(대법원 2006.8.25, 2006도546 쥐도 새도 모르게 사건).

① 가위를 목에 겨누면서 찌를 것처럼 하였다면 신체에 대하여 위해를 가할 고지로 못 볼 바 아니다(대법원 1975.10.7, 74도2727 가위 사건).

③ 피고인의 행위는 단순한 자해행위 시늉에 불과한 것이 아니라 피고인의 요구에 응하지 않으면 피해자에게 어떠한 해악을 가할 듯한 위세를 보인 행위로서 협박에 해당한다고도 볼 수 있다(대법원 2011.1.27, 2010도14316 회칼 2자루 사건).

④ 피고인의 행위는 공포심을 일으키기에 충분할 정도의 해악을 고지한 것에 해당한다(대법원 1991.5.10, 90도2102 고무놀 사건).

정답 | 395 ③ 396 ④ 397 ②

398 강요죄에 관한 다음 설명 중 옳지 않은 것은? (다툼이 있으면 판례에 의함) [core ★★]

1 2 3

① 강요죄에서 '의무 없는 일'이라 함은 법령, 계약 등에 기하여 발생하는 법률상 의무 없는 일을 말하므로 법률상 의무 있는 일을 하게 한 경우에는 강요죄가 성립할 여지가 없다.

② 강요죄에서 폭행은 사람에 대한 직접적인 유형력의 행사를 의미할 뿐 간접적인 유형력의 행사까지 포함된다고 해석할 수 없다.

③ 강요죄에서 협박은 객관적으로 사람의 의사결정의 자유를 제한하거나 의사실행의 자유를 방해할 정도로 겁을 먹게 할 만한 해악을 고지하는 것을 말한다.

④ 공무원인 행위자가 상대방에게 어떠한 이익 등의 제공을 요구한 경우 그것이 객관적으로 사람의 의사결정의 자유를 제한하거나 의사실행의 자유를 방해할 정도로 겁을 먹게 할 만한 해악의 고지로 인정될 수 없다면 직권남용이나 뇌물요구 등이 될 수는 있어도 협박을 요건으로 하는 강요죄가 성립하기는 어렵다.

해설

② [×] 강요죄에서 폭행은 사람에 대한 직접적인 유형력의 행사뿐만 아니라 간접적인 유형력의 행사도 포함하며, 반드시 사람의 신체에 대한 것에 한정되지 않는다. 사람에 대한 간접적인 유형력의 행사를 강요죄의 폭행으로 평가하기 위해서는 피고인이 유형력을 행사한 의도와 방법, 피고인의 행위와 피해자의 근접성, 유형력이 행사된 객체와 피해자의 관계 등을 종합적으로 고려해야 한다(대법원 2021.11.25, 2018도1346 주차방해 사건).

① [O] 강요죄는 폭행 또는 협박으로 사람의 권리행사를 방해하거나 의무 없는 일을 하게 하는 것을 말하고, 여기에서 '의무 없는 일'이라 함은 법령, 계약 등에 기하여 발생하는 법률상 의무 없는 일을 말하므로 **법률상 의무 있는 일을 하게 한 경우에는 강요죄가 성립할 여지가 없다**(대법원 2012.11.29, 2010도1233 업무일지작성 지시 사건).

③ [O] 강요죄에서 협박은 객관적으로 사람의 의사결정의 자유를 제한하거나 **의사실행의 자유를 방해할 정도로 겁을 먹게 할 만한 해악을 고지하는 것을 말한다**(대법원 2008.11.27, 2008도7018 사직 권유 사건).

④ [O] 공무원인 행위자가 상대방에게 어떠한 이익 등의 제공을 요구한 경우 그것이 객관적으로 사람의 의사결정의 자유를 제한하거나 의사실행의 자유를 방해할 정도로 겁을 먹게 할 만한 해악의 고지로 인정될 수 없다면 **직권남용이나 뇌물요구 등이 될 수는 있어도 협박을 요건으로 하는 강요죄가 성립하기는 어렵다**(대법원 2020.2.13, 2019도5186 화이트리스트 사건).

399 다음 중 강요죄가 성립하는 것은? (다툼이 있으면 판례에 의함) [Essential ★]

1 2 3

① 피고인이 자신의 전답의 점유를 실력으로 회수하려는 자에게 폭행을 가한 경우

② 직장에서 상사가 범죄행위를 저지른 부하직원에게 징계절차에 앞서 자진하여 사직할 것을 단순히 권유한 경우

③ 피고인이 피해자의 해외도피를 방지하기 위하여 피해자를 협박하고 이에 피해자가 겁을 먹고 있는 상태를 이용하여 동인 소유의 여권을 교부하게 하여 해외여행을 하지 못하게 한 경우

④ 상관이 직무수행을 태만히 하거나 지시사항을 불이행하고 허위보고 등을 한 부하에게 근무태도를 교정하고 직무수행을 감독하기 위하여 직무수행의 내역을 일지 형식으로 기재하여 보고하도록 명령한 경우

해설

③ 피해자의 해외여행의 권리행사를 방해하였다면 강요죄의 기수에 해당한다(대법원 1993.7.27, 93도901).
① 전답의 점유를 침탈당한 자라도 이를 실력으로 회수할 수 없는 것이니 그에게 폭행을 가하였다면 이는 단순폭행죄에 해당한다 할 것이고 강요죄에 해당하지 아니한다(대법원 1961.11.9, 61도357).
② 사직할 것을 단순히 권유하였다고 하여 이를 강요죄에서의 협박에 해당한다고 볼 수는 없다(대법원 2008.11.27, 2008도7018 사직 권유 사건).
④ 직무권한 범위 내에서 내린 정당한 명령이므로 강요죄를 구성한다고 볼 수 없다(대법원 2012.11.29, 2010도1233 업무일지작성 지시 사건).

400 다음 중 강요죄가 성립하지 않는 것은? (다툼이 있으면 판례에 의함) [Essential ★]

1 2 3

① 골프시설의 운영자가 골프회원에게 불리하게 변경된 내용의 회칙에 대하여 동의한다는 내용의 등록신청서를 제출하지 아니하면 회원으로 대우하지 아니하겠다고 통지한 경우
② 환경단체 소속 회원들이 축산 농가들의 폐수 배출 단속활동을 벌이면서 폐수 배출현장을 사진촬영하거나 지적하는 한편 폐수 배출사실을 확인하는 내용의 사실확인서를 징구하는 과정에서 서명하지 아니할 경우 법에 저촉된다고 겁을 준 경우
③ 피고인 甲이 피해자 A로 하여금 주차장을 이용하지 못하게 할 의도로 乙 차량을 A 주택 대문 앞에 주차하였으나 주차 당시 甲과 A 사이에 물리적 접촉이 있거나 甲이 A에게 어떠한 유형력을 행사했다고 볼만한 사정이 없었던 경우
④ 피고인이 광동제약에 대하여 불매운동을 하겠다고 하면서 조선일보, 중앙일보, 동아일보 등 언론사에 대한 광고를 중단할 것과 한겨레신문, 경향신문에 조선일보 등과 동등하게 광고를 집행할 것을 요구하고 광동제약의 인터넷 홈페이지에 '광동제약은 앞으로 특정 언론사에 편중하지 않고 동등한 광고 집행을 하겠다'는 내용의 팝업창을 띄우게 한 경우

해설

③ 피고인 甲이 피해자 A로 하여금 주차장을 이용하지 못하게 할 의도로 乙 차량을 A 주택 대문 앞에 주차하였으나 주차 당시 甲과 A 사이에 물리적 접촉이 있거나 甲이 A에게 어떠한 유형력을 행사했다고 볼만한 사정이 없다면 비록 甲의 행위로 A에게 주택 외부에 있던 A 차량을 주택 내부의 주차장에 출입시키지 못하는 불편이 발생하였더라도 A는 차량을 용법에 따라 정상적으로 사용할 수 있었으므로 甲이 A를 폭행하여 차량 운행에 관한 권리행사를 방해하였다고 평가하기 어렵다(대법원 2021.11.25, 2018도1346 주차방해 사건).
① 재산상 불이익이라는 해악을 고지하는 방법으로 회원들을 협박하여 회원권이라는 재산적 권리의 행사를 제한하고 변경된 회칙을 승낙하도록 강요한 경우에 해당한다(대법원 2003.9.26, 2003도763 리베라컨트리클럽 사건).
② 피고인들의 일련의 행위는 협박에 의한 강요행위에 해당한다(대법원 2010.4.29, 2007도7064 환경감시단 사건).
④ 광동제약의 의사결정권자로 하여금 그 요구를 수용하지 아니할 경우 불매운동이 지속되어 영업에 타격을 입게 될 것이라는 겁을 먹게 하여 그 의사결정 및 의사실행의 자유를 침해한 것으로 강요죄나 공갈죄의 수단으로서의 협박에 해당한다(대법원 2013.4.11, 2010도13774 언소주 광동제약 불매운동 사건).

정답 | 398 ② 399 ③ 400 ③

401 체포 · 감금죄에 관한 다음 설명 중 옳지 않은 것은? (다툼이 있으면 판례에 의함) [core ★★]

1 2 3

① 체포죄에서 말하는 '체포'는 사람의 신체에 대하여 직접적이고 현실적인 구속을 가하여 신체활동의 자유를 박탈하는 행위를 의미하는 것으로서 그 수단과 방법을 불문한다.

② 감금죄는 사람의 행동의 자유를 그 보호법익으로 하여 사람이 특정한 구역에서 나가는 것을 불가능하게 하거나 또는 심히 곤란하게 하는 죄이다.

③ 체포죄는 계속범으로서 체포의 행위에 확실히 사람의 신체의 자유를 구속한다고 인정할 수 있을 정도의 시간적 계속이 있어야 하나, 체포의 고의로써 타인의 신체적 활동의 자유를 현실적으로 침해하는 행위를 개시한 때 체포죄의 실행에 착수하였다고 볼 것이다.

④ 감금의 본질은 사람의 행동의 자유를 구속하는 것으로 행동의 자유를 구속하는 그 수단과 방법에는 아무런 제한이 없지만, 감금된 특정구역 내부에서 일정한 생활의 자유가 허용되어 있었다 한다면 감금죄는 성립하지 아니한다.

해설

④ [×] 감금의 본질은 사람의 행동의 자유를 구속하는 것으로 행동의 자유를 구속하는 그 수단과 방법에는 아무런 제한이 없으므로 그 수단과 방법에는 유형적인 것이거나 무형적인 것이거나를 가리지 아니하며, 감금에 있어서의 사람의 행동의 자유의 박탈은 반드시 전면적이어야 할 필요가 없으므로 감금된 특정구역 내부에서 일정한 생활의 자유가 허용되어 있었다고 하더라도 감금죄의 성립에는 아무 소장이 없다(대법원 2011.9.29, 2010도5962 도박장 감금 사건).

① [○] 체포죄에서 말하는 '체포'는 사람의 신체에 대하여 **직접적이고 현실적인 구속을 가하여 신체활동의 자유를 박탈하는 행위를 의미하는 것으로서 그 수단과 방법을 불문한다**(대법원 2018.2.28, 2017도21249 강간 · 체포 모두 미수 사건).

② [○] 감금죄는 사람의 행동의 자유를 그 보호법익으로 하여 사람이 **특정한 구역에서 나가는 것을 불가능하게 하거나 또는 심히 곤란하게 하는 죄이다**(대법원 2011.9.29, 2010도5962 도박장 감금 사건).

③ [○] 체포죄는 계속범으로서 체포의 행위에 확실히 사람의 신체의 자유를 구속한다고 인정할 수 있을 정도의 시간적 계속이 있어야 하나, 체포의 고의로써 타인의 신체적 활동의 자유를 **현실적으로 침해하는 행위를 개시한 때 체포죄의 실행에 착수하였다고 볼 것이다**(대법원 2018.2.28, 2017도21249 강간 · 체포 모두 미수 사건).

402 감금죄에 관한 다음 설명 중 옳지 않은 것은? (다툼이 있으면 판례에 의함) [Essential ★]

1 2 3

① 정신병자도 감금죄의 객체가 될 수 있다.

② 감금죄는 사람의 행동의 자유를 그 보호법익으로 하여 사람이 특정한 구역으로 들어가는 것을 불가능하게 하거나 또는 심히 곤란하게 하는 죄이다.

③ 사람이 특정한 구역에서 나가는 것을 불가능하게 하거나 심히 곤란하게 하는 그 장애는 물리적 · 유형적 장애뿐만 아니라 심리적 · 무형적 장애에 의해서도 가능하고 또 행동의 자유를 구속하는 수단과 방법에는 아무런 제한이 없다.

④ 감금에 있어서의 사람의 행동의 자유의 박탈은 반드시 전면적이어야 할 필요가 없으므로 감금된 특정구역 내부에서 일정한 생활의 자유가 허용되어 있었다고 하더라도 감금죄의 성립에는 아무 소장이 없다.

해설

② [×] 감금죄는 사람의 행동의 자유를 그 보호법익으로 하여 사람이 특정한 구역에서 나가는 것을 불가능하게 하거나 또는 심히 곤란하게 하는 죄이다(대법원 2011.9.29, 2010도5962 도박장 감금 사건).

① [○] **정신병자도 감금죄의 객체가 될 수 있다**(대법원 2002.10.11, 2002도4315 정신병자 감금치사 사건).

③④ [○] 사람이 특정한 구역에서 나가는 것을 불가능하게 하거나 심히 곤란하게 하는 그 장애는 물리적 · 유형적 장애뿐만 아니라 심리적 · 무형적 장애에 의하여서도 가능하고 또 감금의 본질은 사람의 행동의 자유를 구속하는 것으로 행동의 자유를 구속하는 그 수단과 방법에는 아무런 제한이 없으므로 그 수단과 방법에는 **유형적인 것이거나 무형적인 것이거나를 가리지 아니하며,** 감금에 있어서의 사람의 행동의 자유의 박탈은 반드시 전면적이어야 할 필요가 없으므로 감금된 특정구역 내부에서 **일정한 생활의 자유가 허용되어 있었다고 하더라도 감금죄의 성립에는 아무 소장이 없다**(대법원 2011.9.29, 2010도5962 도박장 감금 사건).

403 감금죄에 관한 다음 설명 중 옳지 않은 것은? (다툼이 있으면 판례에 의함) [core ★★]

1 2 3

① 피고인들이 대한상이군경회원 80여 명과 공동으로 호텔 출입문을 봉쇄하며 피해자들의 출입을 방해하였다면 감금죄에 해당한다.

② 피해자가 만약 도피하는 경우에는 생명 · 신체에 심한 해를 당할지도 모른다는 공포감에서 도피하기를 단념하고 있는 상태하에서 피고인이 그를 호텔로 데리고 가서 함께 유숙한 후 그와 함께 항공기로 국외에 나간 행위는 감금죄를 구성한다.

③ 피고인이 약 2일간 피해자를 체포 · 감금하였으나 피해자가 감금되었다는 기간 중에 다른 사람들과 술집에서 술을 마시고 아는 사람들이나 검찰청에 전화를 걸고 새벽에 한증막에 갔다가 잠을 자고 돌아오기도 하였다면 감금죄는 성립하지 아니한다.

④ 피고인의 협박과 폭행행위로 말미암아 야기된 공포심으로 피해자가 사무실 밖으로 나가지 못한 것이라면 가사 피해자가 처음에 위 장소에 간 것이 자발적인 것이고 또 위 장소에 시정장치 등 출입에 물리적인 장애사유가 없었다고 하여도 감금죄가 성립한다.

해설

③ [×] 피해자가 감금되었다는 기간 중에 동성로파 사람들과 술집에서 술을 마시고, 아는 사람들이나 검찰청에 전화를 걸고 새벽에 한증막에 갔다가 잠을 자고 돌아오기도 하였지만 피해자는 피고인들이나 그 하수인들과 같은 장소에 있거나 감시되어 행동의 자유가 구속된 상태였음을 인정할 수 있으므로 감금죄 성립에는 영향이 없다(대법원 2000.3.24, 2000도102 신동성로파 사건).

① [○] 피고인들이 대한상이군경회원 80여 명과 공동으로 호텔 출입문을 봉쇄하며 피해자들의 출입을 방해하였다면 **감금죄에 해당한다**(대법원 1983.9.13, 80도277 대구 상이군경 난동 사건).

② [○] 피해자가 만약 도피하는 경우에는 생명 · 신체에 심한 해를 당할지도 모른다는 공포감에서 도피하기를 단념하고 있는 상태하에서 피고인이 그를 호텔로 데리고 가서 함께 유숙한 후 그와 함께 **항공기로 국외에 나간 행위는 감금죄를 구성한다**(대법원 1991.8.27, 91도1604).

④ [○] 피고인의 협박과 폭행행위로 말미암아 야기된 공포심으로 피해자가 사무실 밖으로 나가지 못한 것이라면 가사 피해자가 처음에 위 장소에 간 것이 **자발적인 것이고 또 위 장소에 시정장치등 출입에 물리적인 장애사유가 없었다고 하여도 감금죄가 성립한다**(대법원 1985.6.25, 84도2083 횡령 자인서 사건).

정답 | 401 ④ 402 ② 403 ③

404 감금죄 등에 관한 다음 설명 중 옳지 않은 것은? (다툼이 있으면 판례에 의함) [Essential ★]

1 2 3

① 미성년자를 유인한 자가 계속하여 미성년자를 불법하게 감금하였을 때에는 미성년자유인죄 이외에 감금죄가 별도로 성립한다.

② 피고인이 거의 탈진 상태에 이른 피해자의 손과 발을 17시간 이상 묶어 두고 좁은 차량 속에서 움직이지 못하게 감금한 결과 묶인 부위의 혈액 순환에 장애가 발생하여 혈전이 형성되고 그 혈전이 폐동맥을 막아 피해자가 사망한 경우 감금치사죄가 성립한다.

③ 피고인이 승용차로 피해자를 가로막아 승차하게 한 후 피해자의 하차 요구를 무시한 채 당초 목적지가 아닌 다른 장소를 향하여 약 60km 내지 70km의 속도로 진행하였고, 피해자가 감금상태를 벗어날 목적으로 차량을 빠져 나오려다가 길바닥에 떨어져 상해를 입고 그 결과 사망한 경우 감금치사죄가 성립한다.

④ 피고인이 아파트 안방문에 못질을 하여 동거하던 피해자가 술집에 나갈 수 없게 감금하고, 피해자를 때리고 옷을 벗기는 등 가혹한 행위를 하여 피해자가 이를 피하기 위하여 창문을 통해 밖으로 뛰어 내리려 하자 피고인이 이를 제지한 후, 피고인이 거실로 나오는 사이에 갑자기 안방 창문을 통하여 아파트 아래 잔디밭에 뛰어 내리다가 사망한 경우, 피고인의 중감금행위와 피해자의 사망 사이에 인과관계를 인정할 수 없어 중감금죄만 성립한다.

해설

④ [×] 피고인의 중감금행위와 피해자의 사망 사이에는 인과관계가 있어 피고인은 중감금치사죄의 죄책을 진다(대법원 1991.10.25, 91도2085 북문파 두목 사건).

① [○] 미성년자를 유인한 자가 계속하여 미성년자를 불법하게 감금하였을 때에는 **미성년자유인죄 이외에 감금죄가 별도로 성립한다**(대법원 1998.5.26, 98도1036 완전한 사육 사건).

② [○] 피고인이 거의 탈진 상태에 이른 피해자의 손과 발을 17시간 이상 묶어 두고 좁은 차량 속에서 움직이지 못하게 감금한 결과 묶인 부위의 혈액 순환에 장애가 발생하여 혈전이 형성되고 그 혈전이 폐동맥을 막아 피해자가 사망한 경우 **감금치사죄가 성립한다**(대법원 2002.10.11, 2002도4315 정신병자 감금치사 사건).

③ [○] 피고인이 승용차로 피해자를 가로막아 승차하게 한 후 피해자의 하차 요구를 무시한 채 당초 목적지가 아닌 다른 장소를 향하여 약 60km 내지 70km의 속도로 진행하였고, 피해자가 감금상태를 벗어날 목적으로 차량을 빠져 나오려다가 길바닥에 떨어져 상해를 입고 그 결과 사망한 경우 **감금치사죄가 성립한다**(대법원 2000.2.11, 99도5286).

405 약취 · 유인죄에 관한 다음 설명 중 옳지 않은 것은? (다툼이 있으면 판례에 의함) [core ★★]

1 2 3

① 미성년자를 보호 · 감독하는 사람이라고 하더라도 다른 보호감독자의 보호 · 양육권을 침해하거나 자신의 보호 · 양육권을 남용하여 미성년자 본인의 이익을 침해하는 때에는 미성년자약취죄의 주체가 될 수 있다.

② 부모가 이혼하였거나 별거하는 상황에서 미성년의 자녀를 부모의 일방이 평온하게 보호 · 양육하고 있는데, 상대방 부모가 폭행, 협박 또는 불법적인 사실상의 힘을 행사하여 자기 또는 제3자의 사실상 지배하에 옮긴 경우 특별한 사정이 없는 한 미성년자약취죄를 구성한다.

③ 미성년의 자녀를 부모가 함께 동거하면서 보호 · 양육하여 오던 중 부모의 일방이 어떠한 폭행, 협박이나 불법적인 사실상의 힘을 행사함이 없이 그 자녀를 데리고 종전의 거소를 벗어나 다른 곳으로 옮겨 보호 · 양육을 계속하였다면 곧바로 미성년자약취죄의 성립을 인정할 수 없다.

④ 피고인들이 미성년자인 피해자를 보호 · 감독하고 있던 그 아버지의 감호권을 침해하여 그녀를 자신들의 사실상 지배하로 옮긴 이상 미성년자약취죄가 성립하지만, 약취행위에 피해자의 동의가 있었다면 위법성이 조각되어 본죄는 성립하지 아니한다.

해설

④ [×] 피고인들이 피해자를 자신들의 사실상 지배하로 옮긴 이상 미성년자약취죄가 성립하고, 약취행위에 피해자의 동의가 있었다 하더라도 본죄의 성립에는 변함이 없다(대법원 2003.2.11, 2002도7115).

① [○] **미성년자를 보호 · 감독하는 사람이라고 하더라도** 다른 보호감독자의 보호 · 양육권을 침해하거나 자신의 보호 · 양육권을 남용하여 미성년자 본인의 이익을 침해하는 때에는 **미성년자에 대한 약취죄의 주체가 될 수 있다**(대법원 2017.12.13, 2015도10032 아이들과 함께 한국으로 사건).

②③ [○] (1) 부모가 이혼하였거나 별거하는 상황에서 미성년의 자녀를 부모의 일방이 평온하게 보호 · 양육하고 있는데, **상대방 부모가 폭행, 협박 또는 불법적인 사실상의 힘을 행사하여** 그 보호 · 양육 상태를 깨뜨리고 자녀를 탈취하여 자기 또는 제3자의 사실상 지배하에 옮긴 경우, 그와 같은 행위는 특별한 사정이 없는 한 **미성년자에 대한 약취죄를 구성한다고 볼 수 있다.** (2) 그러나 미성년의 자녀를 부모가 함께 동거하면서 보호 · 양육하여 오던 중 부모의 일방이 상대방 부모나 그 자녀에게 어떠한 폭행, 협박이나 **불법적인 사실상의 힘을 행사함이 없이** 그 자녀를 데리고 종전의 거소를 벗어나 다른 곳으로 옮겨 자녀에 대한 보호 · 양육을 계속하였다면, 그 행위가 보호 · 양육권의 남용에 해당한다는 등 특별한 사정이 없는 한 설령 이에 관하여 법원의 결정이나 상대방 부모의 동의를 얻지 아니하였다고 하더라도 곧바로 **미성년자에 대한 약취죄의 성립을 인정할 수는 없다**(대법원 2013.6.20, 2010도14328 숫송 베트남 엄마 사건).

정답 | 404 ④ 405 ④

406 약취 · 유인죄에 관한 다음 설명 중 옳지 않은 것은? (다툼이 있으면 판례에 의함) [Essential ★]

1 2 3

① 간음목적약취유인죄에 있어서 약취행위란 피해자를 그 의사에 반하여 자유로운 생활관계 또는 보호관계로부터 범인이나 제3자의 사실상 지배하에 옮기는 행위를 말한다.

② 간음목적으로 약취행위를 함에 있어 폭행 또는 협박을 수단으로 사용하는 경우에 그 폭행 또는 협박의 정도는 상대방의 반항을 억압하거나 현저히 곤란하게 할 정도의 것이어야 한다.

③ 미성년자약취유인죄에 있어서 약취행위에는 미성년자를 장소적으로 이전시키는 경우뿐만 아니라 장소적 이전 없이 기존의 자유로운 생활관계 또는 부모와의 보호관계로부터 이탈시켜 범인이나 제3자의 사실상 지배하에 두는 경우도 포함된다.

④ 미성년자유인죄라 함은 기망 또는 유혹을 수단으로 하여 미성년자를 꾀어 현재의 보호상태로부터 이탈케 하여 자기 또는 제3자의 사실적 지배하로 옮기는 행위를 말하고, 여기서의 유혹이라 함은 기망의 정도에는 이르지 아니하나 감언이설로써 상대방을 현혹시켜 판단의 적정을 그르치게 하는 것이므로 반드시 그 유혹의 내용이 허위일 것을 요하지는 않는다.

해설

② [×] 폭행 또는 협박을 수단으로 사용하는 경우에 그 폭행 또는 협박의 정도는 상대방을 실력적 지배하에 둘 수 있을 정도이면 족하고 반드시 상대방의 반항을 억압할 정도의 것임을 요하지 않는다(대법원 2009.7.9, 2009도3816 우리집에 자러가자 사건).

① [○] 간음목적약취유인죄에 있어서 **약취행위란** 피해자를 그 의사에 반하여 자유로운 생활관계 또는 보호관계로부터 **범인이나 제3자의 사실상 지배하에 옮기는 행위를 말한다**(대법원 2009.7.9, 2009도3816 우리집에 자러가자 사건).

③ [○] 미성년자약취유인죄에 있어서 약취행위에는 미성년자를 장소적으로 이전시키는 경우뿐만 아니라 **장소적 이전 없이** 기존의 자유로운 생활관계 또는 부모와의 보호관계로부터 이탈시켜 **범인이나 제3자의 사실상 지배하에 두는 경우도 포함된다**(대법원 2008.1.17, 2007도8485 광주 인질강도 사건).

④ [○] 미성년자유인죄라 함은 기망 또는 유혹을 수단으로 하여 미성년자를 꾀어 현재의 보호상태로부터 이탈케 하여 자기 또는 제3자의 사실적 지배하로 옮기는 행위를 말하고, 여기서의 **유혹이라 함은** 기망의 정도에는 이르지 아니하나 감언이설로써 상대방을 현혹시켜 판단의 적정을 그르치게 하는 것이므로 반드시 **그 유혹의 내용이 허위일 것을 요하지는 않는다**(대법원 1996.2.27, 95도2980).

407 1 2 3 다음 중 (간음목적 등 포함)약취 · 유인죄(또는 그 미수죄)가 성립하는 것을 모두 고른 것은? (다툼이 있으면 판례에 의함) [core ★★]

> ㉠ 피고인이 초등학교 5학년 여학생인 피해자의 소매를 잡아끌면서 "우리 집에 같이 자러가자"라고 한 경우
> ㉡ 피고인이 11세에 불과한 어린 나이의 피해자를 유혹하여 모텔 앞길에서부터 모텔 301호실까지 데리고 간 경우
> ㉢ 피고인이 미성년자 혼자 머무는 주거에 침입하여 강도 범행을 하는 과정에서 미성년자와 그 부모에게 폭행 · 협박을 가하여 일시적으로 부모와의 보호관계가 사실상 침해 · 배제된 경우

① 없음 ② ㉠
③ ㉠㉡ ④ ㉠㉡㉢

해설

③ ㉠㉡ 2항목의 경우 (간음목적 등 포함)약취 · 유인죄(또는 그 미수죄)가 성립한다.

㉠ 약취행위의 수단으로서 폭행에 충분히 해당한다고 할 것이고 또한 약취의 의사도 인정된다고 할 것이므로 약취행위에 해당하는 실행행위가 있다고 보아야 한다(대법원 2009.7.9, 2009도3816 우리집에 자러가자 사건).

㉡ 피해자를 유혹하여 모텔 앞길에서부터 모텔 301호실까지 데리고 간 이상 이로써 간음목적유인죄의 기수에 이른 것으로 보아야 한다(대법원 2007.5.11, 2007도2318 11세 여아를 모텔로 사건).

㉢ 미성년자가 기존의 생활관계로부터 완전히 이탈되었다거나 새로운 생활관계가 형성되었다고 볼 수 없고 범인의 의도도 위와 같은 생활관계의 이탈이 아니라 단지 금품 강취를 위한 반항 억압에 있는 것이므로 미성년자약취죄는 성립하지 아니한다(대법원 2008.1.17, 2007도8485 광주 인질강도 사건).

정답 | 406 ② 407 ③

408 다음 중 약취 · 유인죄가 성립하지 않는 것은? (다툼이 있으면 판례에 의함) [Essential ★]

1 2 3

① 베트남 국적 여성인 피고인이 남편의 의사에 반하여 생후 약 13개월 된 아들을 주거지에서 데리고 나와 베트남으로 떠난 경우

② 부모의 별거 상황에서 일방 배우자인 피고인이 면접교섭권을 행사하기 위하여 프랑스에서 타방 배우자와 함께 생활하고 있던 만 5세인 피해아동을 대한민국으로 데려온 후 면접교섭 기간이 종료하였음에도 프랑스로 데려다 주지 않은 채 피해아동이 친모를 제대로 만나지도 못하게 한 경우

③ 피고인이 미성년자인 자신의 딸을 그의 외조부에게 양육을 맡겨 왔으나 이후 분쟁이 발생하자 자신이 직접 양육하기로 마음먹고, 학교에서 귀가하는 딸을 강제로 차에 태우고 고아원에 데려가 수용문제를 상담하고 개사육장에서 잠을 재운 후 다른 아동복지상담소에 데리고 가는 등으로 사실상 지배한 경우

④ 피해자(女, 15세)가 스스로 가출하여 피고인 등의 한국복음전도회 부산 및 마산 지관에 입관할 것을 호소하였다고 하더라도 피고인들의 독자적인 교리설교에 의하여 하자 있는 의사로 가출하게 된 것이고, 피해자의 보호감독권자의 보호관계로부터 이탈시키고 피고인들의 지배하에서 그들 교리에서 말하는 소위 '주의 일(껌팔이 등 행상)'을 하도록 도모한 경우

해설

① 피고인이 아들을 데리고 베트남으로 떠난 행위는 어떠한 실력을 행사하여 아들을 평온하던 종전의 보호 · 양육 상태로부터 이탈시킨 것이라기보다 친권자인 모(母)로서 출생 이후 줄곧 맡아왔던 아들에 대한 보호 · 양육을 계속 유지한 행위에 해당하여, 이를 폭행, 협박 또는 불법적인 사실상의 힘을 사용하여 아들을 자기 또는 제3자의 지배하에 옮긴 약취행위로 볼 수는 없으므로 국외이송약취죄나 피약취자국외이송죄는 성립하지 아니한다(대법원 2013.6.20, 2010도14328 全合 베트남 엄마 사건).

② 부모의 별거 상황에서 일방 배우자인 피고인이 면접교섭권을 행사하기 위하여 프랑스에서 타방 배우자와 함께 생활하고 있던 만 5세인 피해아동을 대한민국으로 데려온 후 면접교섭 기간이 종료하였음에도 프랑스로 데려다 주지 않은 채 피해아동이 친모를 제대로 만나지도 못하게 한 경우 불법적인 사실상의 힘을 행사하여 피해아동을 약취한 것으로 볼 수 있다(대법원 2021.9.9, 2019도16421 아이 프랑스 인도 거부 사건).

③ (1) 미성년자를 보호감독하는 자라 하더라도 다른 보호감독자의 감호권을 침해하거나 자신의 감호권을 남용하여 미성년자 본인의 이익을 침해하는 경우에는 미성년자 약취 · 유인죄의 주체가 될 수 있다. (2) 아동복지상담소에 데리고 가는 등으로 사실상 지배함으로써 피해자를 약취하였다고 인정한 원심의 판단은 정당하다(대법원 2008.1.31, 2007도8011 내가 딸을 키우겠다 사건).

④ 피해자(女, 15세)가 스스로 가출하여 피고인 등의 한국복음전도회 부산 및 마산 지관에 입관할 것을 호소하였다고 하더라도 피고인들의 독자적인 교리설교에 의하여 하자 있는 의사로 가출하게 된 것이고, 피해자의 보호감독권자의 보호관계로부터 이탈시키고 피고인들의 지배하에서 그들 교리에서 말하는 소위 '주의 일(껌팔이 등 행상)'을 하도록 도모한 이상 미성년자유인죄의 성립에 소장이 없다(대법원 1982.4.27, 82도186 복음전도회 사건).

409 강간죄에 관한 다음 설명 중 옳지 않은 것은? (다툼이 있으면 판례에 의함) [Essential ★]

1 2 3

① 강간죄가 성립하려면 가해자의 폭행 · 협박은 피해자의 항거를 불가능하게 하거나 현저히 곤란하게 할 정도의 것이어야 한다.

② 가해자가 폭행을 수반함이 없이 오직 협박만을 수단으로 피해자를 간음한 경우에도 그 협박의 정도가 피해자의 항거를 불가능하게 하거나 현저히 곤란하게 할 정도의 것이라면 강간죄가 성립한다.

③ 강간죄가 성립하기 위한 가해자의 폭행 · 협박이 있었는지 여부는 피해자가 성교 당시 처하였던 구체적인 상황을 기준으로 판단하여야 하지만, 사후적으로 보아 피해자가 성교 전에 범행 현장을 벗어날 수 있었다거나 피해자가 사력을 다하여 반항하지 않았다는 사정이 있다면 가해자의 폭행 · 협박이 피해자의 항거를 현저히 곤란하게 할 정도에 이르지 않았다고 보아야 한다.

④ 혼인관계가 파탄된 경우뿐만 아니라 혼인관계가 실질적으로 유지되고 있는 경우에도 남편이 반항을 불가능하게 하거나 현저히 곤란하게 할 정도의 폭행이나 협박을 가하여 아내를 간음한 경우에는 강간죄가 성립한다.

해설

③ [×] 강간죄가 성립하기 위한 가해자의 폭행 · 협박이 있었는지 여부는 피해자가 성교 당시 처하였던 구체적인 상황을 기준으로 판단하여야 하며, 사후적으로 보아 피해자가 성교 전에 범행 현장을 벗어날 수 있었다거나 피해자가 사력을 다하여 반항하지 않았다는 사정만으로 가해자의 폭행 · 협박이 피해자의 항거를 현저히 곤란하게 할 정도에 이르지 않았다고 섣불리 단정하여서는 안 된다(대법원 2012.7.12, 2012도4031 밴드동호회 회원 강간 사건).

① [O] 강간죄가 성립하려면 가해자의 폭행 · 협박은 피해자의 **항거를 불가능하게 하거나 현저히 곤란하게 할 정도의 것이어야 한다**(대법원 2010.11.11, 2010도9633 4번중 2번만 강간 사건).

② [O] 가해자가 폭행을 수반함이 없이 오직 협박만을 수단으로 피해자를 간음한 경우에도 그 **협박의 정도가 피해자의 항거를 불가능하게 하거나 현저히 곤란하게 할 정도의 것이라면 강간죄가 성립한다**(대법원 2007.1.25, 2006도5979 1인 2역 강간 사건).

④ [O] 혼인관계가 파탄된 경우뿐만 아니라 혼인관계가 실질적으로 유지되고 있는 경우에도 남편이 반항을 불가능하게 하거나 현저히 곤란하게 할 정도의 폭행이나 협박을 가하여 **아내를 간음한 경우에는 강간죄가 성립한다**(대법원 2013.5.16, 2012도14788 全合 안산 와이프 강간 사건).

정답 | 408 ① 409 ③

410 강간죄에 관한 다음 설명 중 옳지 않은 것은? (다툼이 있으면 판례에 의함) [core ★★]

1 2 3

① 강간죄는 항거를 불능하게 하거나 현저히 곤란하게 할 정도의 폭행 또는 협박을 가하여, 피해자가 실제로 항거가 불능하게 되거나 현저히 곤란하게 되어야 그 실행의 착수가 있다고 볼 수 있다.

② 피고인이 강간할 목적으로 피해자의 집에 침입하였다 하더라도 안방에 들어가 누워 자고 있는 피해자의 가슴과 엉덩이를 만지면서 간음을 기도하였다는 사실만으로는 강간의 수단으로 피해자에게 폭행이나 협박을 개시하였다고 하기는 어렵다.

③ 피고인이 침대에서 일어나 나가려는 피해자의 팔을 낚아채어 일어나지 못하게 하고 갑자기 입술을 빨고 계속하여 저항하는 피해자의 유방과 엉덩이를 만지면서 피해자의 팬티를 벗기려고 한 경우, 피해자의 반항을 억압하거나 현저하게 곤란하게 할 정도의 유형력의 행사를 개시하였다고 보아야 한다.

④ 피고인이 여자를 간음할 목적으로 그 방문 앞에 가서 피해자가 방문을 열어주지 않으면 부수고 들어갈 듯한 기세로 방문을 두드리고 피해자가 위험을 느끼고 창문에 걸터앉아 가까이 오면 뛰어내리겠다고 하는데도 베란다를 통하여 창문으로 침입하려고 하였다면 강간의 수단으로서의 폭행에 착수하였다고 할 수 있다.

해설

① [×] 강간죄는 피해자의 항거를 불능하게 하거나 현저히 곤란하게 할 정도의 폭행 또는 협박을 개시한 때에 그 실행의 착수가 있다고 보아야 할 것이고, 실제로 그와 같은 폭행 또는 협박에 의하여 피해자의 항거가 불능하게 되거나 현저히 곤란하게 되어야만 실행의 착수가 있다고 볼 것은 아니다(대법원 2000.6.9, 2000도1253 내연녀 딸 강간미수 사건).

② [○] 피고인이 강간할 목적으로 피해자의 집에 침입하였다 하더라도 안방에 들어가 누워 자고 있는 피해자의 **가슴과 엉덩이를 만지면서 간음을 기도하였다는 사실만으로는 강간의 수단으로 피해자에게 폭행이나 협박을 개시하였다고 하기는 어렵다**(대법원 1990.5.25, 90도607 가슴 · 엉덩이 사건).

③ [○] 피고인이 침대에서 일어나 나가려는 피해자의 팔을 낚아채어 일어나지 못하게 하고 갑자기 입술을 빨고 계속하여 저항하는 피해자의 유방과 엉덩이를 만지면서 피해자의 팬티를 벗기려고 한 경우, **피해자의 반항을 억압하거나 현저하게 곤란하게 할 정도의 유형력의 행사를 개시하였다고 보아야 한다**(대법원 2000.6.9, 2000도1253 내연녀 딸 강간미수 사건).

④ [○] 피고인이 여자를 간음할 목적으로 그 방문 앞에 가서 피해자가 방문을 열어주지 않으면 부수고 들어갈 듯한 기세로 방문을 두드리고 피해자가 위험을 느끼고 창문에 걸터앉아 가까이 오면 뛰어내리겠다고 하는데도 베란다를 통하여 창문으로 침입하려고 하였다면 **강간의 수단으로서의 폭행에 착수하였다고 할 수 있다**(대법원 1991.4.9, 91도288 옆집 아저씨 사건).

411 다음 각 사례에서 甲의 죄책에 관한 (   ) 안의 내용이 옳은 것은? (다툼이 있으면 판례에 의함)

1 2 3

[core ★★]

① 남편인 피고인 甲이 혼인관계가 실질적으로 유지되고 있는 상태에서 반항을 불가능하게 하거나 현저히 곤란하게 할 정도의 폭행이나 협박을 가하여 아내인 피해자 A를 간음한 경우 (강간죄 불성립)

② 피고인 甲이 피해자 A, B를 협박하여 겁을 먹은 A, B로 하여금 어쩔 수 없이 나체나 속옷만 입은 상태가 되게 하여 스스로를 촬영하게 하거나 성기에 이물질을 삽입하거나 자위를 하는 등의 행위를 하게 한 경우 (강제추행죄 불성립)

③ 피고인 甲이 동거하던 피해자 A의 집에서 성관계를 요구하였는데 A가 생리 중이라는 등의 이유로 이를 거부하자, 성기삽입을 하지 않기로 약속하고 엎드리게 한 후 A 뒤에서 자위행위를 하다가 A의 팔과 함께 몸을 세게 끌어안은 채 가슴으로 등을 세게 눌러 움직이지 못하도록 반항을 억압한 다음 기습적으로 자신의 성기를 A의 성기에 삽입한 경우 (강간죄 불성립)

④ 피고인 甲이 폭행 · 협박으로 피해자 A(女, 20세)의 반항을 억압한 채 A를 억지로 끌고 술집 여자화장실로 들어가게 한 뒤에 유사강간을 하려고 하였으나 실패한 경우 (성폭력범죄의 처벌 등에 관한 특례법 제3조 제1항의 주거침입유사강간미수죄 불성립)

해설

④ [○] 성폭법위반(주거침입유사강간)죄는 먼저 주거침입죄를 범한 후 유사강간 행위에 나아갈 때 비로소 성립되는데, **피고인은 여자화장실에 들어가기 전에 이미 유사강간죄의 실행행위를 착수하였다.** 결국 피고인이 그 실행행위에 착수할 때에는 성폭력위반(주거침입유사강간)죄를 범할 수 있는 지위 즉, **'주거침입죄를 범한 자'에 해당되지 아니한다**(대법원 2021.8.12, 2020도17796 주점화장실 유사강간 사건). 甲은 피해자 A(女, 20세)의 반항을 억압한 채 A를 억지로 끌고 술집 여자화장실로 들어가게 한 뒤에 유사강간을 하려고 하였다. "주거(여자화장실) 침입 ⇨ 유사강간 시도"가 아니라 "유사강간 실행의 착수 ⇨ 주거(여자화장실) 침입 ⇨ 유사강간 시도"이므로 성립하는 범죄는 형법상 '유사강간미수죄와 주거침입죄의 실체적 경합범'이지 성폭법 제3조 제1항의 '주거침입유사강간미수죄'가 아니다.

① [×] (1) 강간죄의 객체인 '부녀'에는 법률상 처가 포함되고 혼인관계가 파탄된 경우뿐만 아니라 혼인관계가 실질적으로 유지되고 있는 경우에도 남편이 반항을 불가능하게 하거나 현저히 곤란하게 할 정도의 폭행이나 협박을 가하여 아내를 간음한 경우에는 강간죄가 성립한다. (2) 다만 남편의 아내에 대한 폭행 또는 협박이 피해자의 반항을 불가능하게 하거나 현저히 곤란하게 할 정도에 이른 것인지 여부는, 부부 사이의 성생활에 대한 국가의 개입은 가정의 유지라는 관점에서 최대한 자제하여야 한다는 전제에서, 그 폭행 또는 협박의 내용과 정도가 아내의 성적 자기결정권을 본질적으로 침해하는 정도에 이른 것인지 여부, 남편이 유형력을 행사하게 된 경위, 혼인생활의 형태와 부부의 평소 성행, 성교 당시와 그 후의 상황 등 모든 사정을 종합하여 신중하게 판단하여야 한다(대법원 2013.5.16, 2012도14788 순습 안산 와이프 강간 사건).

② [×] (1) 강제추행죄는 사람의 성적 자유 내지 성적 자기결정의 자유를 보호하기 위한 죄로서 정범 자신이 직접 범죄를 실행하여야 성립하는 자수범이라고 볼 수 없으므로 처벌되지 아니하는 타인을 도구로 삼아 피해자를 강제로 추행하는 간접정범의 형태로도 범할 수 있다. 여기서 강제추행에 관한 간접정범의 의사를 실현하는 도구로서의 타인에는 피해자도 포함될 수 있다고 봄이 타당하므로, 피해자를 도구로 삼아 피해자의 신체를 이용하여 추행행위를 한 경우에도 강제추행죄의 간접정범에 해당할 수 있다. (2) 피고인의 행위는 피해자들을 도구로 삼아 피해자들의 신체를 이용하여 그 성적 자유를 침해한 행위로서 일반적이고도 평균적인 사람으로 하여금 성적 수치심이나 혐오감을 일으키게 하고 선량한 성적 도덕관념에 반하는 행위라고 볼 여지가 충분하다(대법원 2018.2.8, 2016도17733 셀프추행 강요 사건). 피해자 A, B를 도구로 삼아 행하는 강제추행죄의 간접정범에 해당한다.

③ [×] (1) 강간죄에서의 폭행 · 협박과 간음 사이에는 인과관계가 있어야 하나, 폭행 · 협박이 반드시 간음행위보다 선행되어야 하는 것은 아니다. (2) 피고인이 피해자의 반항을 억압한 다음 기습적으로 자신의 성기를 피해자의 성기에 삽입하였다면 비록 간음행위를 시작할 때 폭행 · 협박이 없었다고 하더라도 간음행위와 거의 동시 또는 그 직후에 피해자를 폭행하여 간음한 것으로 볼 수 있어 강간죄를 구성한다(대법원 2017.10.12, 2016도16948 기습 삽입 사건).

정답 | 410 ① 411 ④

412 강제추행죄에 관한 다음 설명 중 옳지 않은 것은? (다툼이 있으면 판례에 의함) [Essential ★]

1 2 3

① 추행은 객관적으로 일반인에게 성적 수치심이나 혐오감을 일으키게 하고 선량한 성적 도덕관념에 반하는 행위로서 피해자의 성적 자유를 침해하는 것이다.

② 강제추행죄의 성립에 필요한 주관적 구성요건으로 성욕을 자극 · 흥분 · 만족시키려는 주관적 동기나 목적이 있어야 하는 것은 아니다.

③ 강제추행죄는 상대방에 대하여 폭행 또는 협박을 가하여 항거를 곤란하게 한 뒤에 추행행위를 하는 경우뿐만 아니라 폭행행위 자체가 추행행위라고 인정되는 경우도 포함된다.

④ 강제추행죄에 있어 '폭행'은 강간죄에 있어 폭행과 마찬가지로 피해자의 항거를 불가능하게 하거나 현저히 곤란하게 할 정도의 것이어야 한다.

해설

④ [×] (1) 강제추행죄는 폭행 또는 협박을 가하여 사람을 추행함으로써 성립하는 것으로서 폭행 또는 협박이 항거를 곤란하게 할 정도일 것을 요한다(대법원 2012.7.26, 2011도8805 길거리 성기노출 사건). (2) 강제추행죄에 있어 폭행은 반드시 상대방의 의사를 억압할 정도의 것임을 요하지 않고 상대방의 의사에 반하는 유형력의 행사가 있는 이상 그 힘의 대소강약을 불문한다(대법원 2012.6.14, 2012도3893 여아들 음부 터치 사건).

① [○] 추행은 객관적으로 일반인에게 성적 수치심이나 혐오감을 일으키게 하고 선량한 성적 도덕관념에 반하는 행위로서 **피해자의 성적 자유를 침해하는 것이다**(대법원 2015.9.10, 2015도6980 기습추행 미수 사건).

② [○] 강제추행죄의 성립에 필요한 주관적 구성요건으로 **성욕을 자극 · 흥분 · 만족시키려는 주관적 동기나 목적이 있어야 하는 것은 아니다**(대법원 2013.9.26, 2013도5856 내연녀 패대기 추행 사건).

③ [○] 강제추행죄는 상대방에 대하여 폭행 또는 협박을 가하여 항거를 곤란하게 한 뒤에 추행행위를 하는 경우뿐만 아니라 **폭행행위 자체가 추행행위라고 인정되는 경우도 포함된다**(대법원 2012.6.14, 2012도3893 여아들 음부 터치 사건).

413 1 2 3 다음 중 강제추행죄가 성립하지 않는 것은? (다툼이 있으면 판례에 의함) [core ★★]

① 피고인이, 알고 지내던 여성인 피해자가 자신의 머리채를 잡아 폭행을 가하자 보복의 의미에서 피해자의 입술, 귀, 유두, 가슴 등을 입으로 깨무는 등의 행위를 한 경우

② 피고인이 처가 경영하는 식당의 지하실에서 종업원들인 피해자 A(女, 35세) 및 B와 노래를 부르며 놀던 중 B가 노래를 부르는 동안 A를 뒤에서 껴안고 부루스를 추면서 유방을 만진 경우

③ 피고인이 컨트리클럽 내 식당에서 여종업원인 피해자들에게 함께 술을 마실 것을 요구하였다가 거절당하였음에도 불구하고, 컨트리클럽의 회장과의 친분관계를 내세워 피해자들에게 신분상의 불이익을 가할 것처럼 협박하여 피해자들로 하여금 이른바 러브샷의 방법으로 술을 마시게 한 경우

④ 피고인이 자신의 지인과 분쟁이 있던 피해자(女, 48세)를 따라가서 말을 걸었으나 피해자가 이를 무시하고 사람 및 차량의 왕래가 빈번한 도로에 주차해 둔 피해자의 차량 쪽으로 걸어가자, 피해자에게 "내가 오늘 너를 잡아 죽인다"는 내용의 욕설을 하면서 직접적인 신체 접촉 없이 바지를 벗어 자신의 성기를 보여준 경우

해설

④ 비록 객관적으로 일반인에게 성적 수치심이나 혐오감을 일으키게 하는 행위라고 할 수 있을지 몰라도 폭행 또는 협박으로 '추행'을 하였다고 볼 수 없다(대법원 2012.7.26, 2011도8805 길거리 성기노출 사건).

① 객관적으로 여성인 피해자의 입술, 귀, 유두, 가슴을 입으로 깨무는 행위는 일반적이고 평균적인 사람으로 하여금 성적 수치심이나 혐오감을 일으키게 하고 선량한 성적 도덕관념에 반하는 행위이므로 강제추행죄의 '추행'에 해당한다(대법원 2013.9.26, 2013도5856 내연녀 패대기 추행 사건).

② 피해자와 춤을 추면서 유방을 만진 행위가 순간적인 행위에 불과하더라도 피해자의 의사에 반하여 행하여진 유형력의 행사에 해당하고 피해자의 성적 자유를 침해할 뿐만 아니라 일반인의 입장에서도 추행행위라고 평가될 수 있는 것으로서 폭행행위 자체가 추행행위라고 인정되어 강제추행에 해당된다(대법원 2002.4.26, 2001도2417).

③ 피해자들로 하여금 목 뒤로 팔을 감아 돌림으로써 얼굴이나 상체가 밀착되어 서로 포옹하는 것과 같은 신체접촉이 있게 되는 이른바 러브샷의 방법으로 술을 마시게 한 경우, 강제추행에 해당하고 이때 피해자들의 유효한 승낙이 있었다고 볼 수 없다(대법원 2008.3.13, 2007도10050 러브샷 사건).

정답 | 412 ④ 413 ④

414 강제추행죄에 관한 다음 설명 중 옳지 않은 것은? (다툼이 있으면 판례에 의함) [Essential ★]

1 2 3

① 피고인은 처음 보는 여성인 피해자(女, 18세)의 뒤로 몰래 접근하여 성기를 드러내고 피해자를 향한 자세에서 피해자의 등쪽에 소변을 보았는바, 그 행위는 객관적으로 일반인에게 성적 수치심이나 혐오감을 일으키게 하고 선량한 성적 도덕관념에 반하는 행위로서 피해자의 성적 자기결정권을 침해하는 추행행위에 해당한다고 볼 여지가 있다.

② 피고인이 여성인 피해자가 성적 수치심이나 혐오감을 느낄 수 있는 부위인 허벅지를 쓰다듬은 행위는, 피해자의 의사에 반하여 이루어진 것인 한 피해자의 성적 자유를 침해하는 유형력의 행사에 해당할 뿐 아니라 일반인에게도 성적 수치심이나 혐오감을 일으키게 하는 추행행위라고 보아야 한다.

③ 직장 상사인 피고인(男, 40세)은 부하 직원인 피해자(女, 28세)를 포함한 동료 직원들과 함께 밤늦게 회식을 마친 후 피해자와 단둘이 남게 되자 모텔에 가고 싶다면서 피해자의 손목을 잡아끌었는 바, 그 정도의 행위만으로는 성적 수치심이나 혐오감을 일으키게 할 수 있는 추행행위라고 볼 수 없다.

④ 회사 대표이사인 피고인이 회식자리에서 갑자기 왼팔로 회사 직원인 피해자(女, 27세)의 목과 머리를 감싸안고 피고인의 가슴 쪽으로 끌어당겨 피해자의 머리가 피고인의 가슴에 닿게 하는 등의 행위를 하였고 이후에도 계속적으로 욕설을 하며 피해자의 머리카락을 잡고 흔들고 어깨를 수회 치는 등의 행위를 한 경우 이는 피해자의 성적 자유를 침해하는 행위이다.

해설

③ [×] 직장 상사인 피고인(男, 40세)은 부하 직원인 피해자(女, 28세)를 포함한 동료 직원들과 함께 밤늦게 회식을 마친 후 피해자와 단둘이 남게 되자 모텔에 가고 싶다면서 피해자의 손목을 잡아끌었는 바, 이는 피해자의 의사에 반하여 이루어진 것일 뿐만 아니라 피해자의 성적 자유를 침해하는 유형력의 행사에 해당하고, 일반인에게도 성적 수치심이나 혐오감을 일으키게 할 수 있는 추행행위로 볼 수 있다(대법원 2020.7.23, 2019도15421 모텔에 가자며 손목을 사건). 형법상 강제추행죄 성립

① [○] 피고인은 처음 보는 여성인 피해자(女, 18세)의 뒤로 몰래 접근하여 성기를 드러내고 피해자를 향한 자세에서 피해자의 등 쪽에 소변을 보았는바, 그 행위는 객관적으로 일반인에게 성적 수치심이나 혐오감을 일으키게 하고 선량한 성적 도덕관념에 반하는 행위로서 피해자의 성적 자기결정권을 침해하는 추행행위에 해당한다고 볼 여지가 있다. 피고인의 행위가 객관적으로 추행행위에 해당한다면 그로써 행위의 대상이 된 피해자의 성적 자기결정권은 침해되었다고 보아야 할 것이고, **행위 당시에 피해자가 이를 인식하지 못하였다고 하여 추행에 해당하지 않는다고 볼 것은 아니다**(대법원 2021.10.28, 2021도7538 여학생 등에다 소변 사건).

② [○] 피고인이 여성인 피해자가 성적 수치심이나 혐오감을 느낄 수 있는 부위인 **허벅지를 쓰다듬은 행위는,** 피해자의 의사에 반하여 이루어진 것인 한 피해자의 성적 자유를 침해하는 유형력의 행사에 해당할 뿐 아니라 일반인에게도 성적 수치심이나 혐오감을 일으키게 하는 **추행행위라고 보아야 한다**(대법원 2020.3.26, 2019도15994 허벅지 터치 사건).

④ [○] 회사 대표이사인 피고인이 회식자리에서 갑자기 왼팔로 회사 직원인 피해자(女, 27세)의 **목과 머리를 감싸안고** 피고인의 가슴 쪽으로 끌어당겨 피해자의 머리가 피고인의 가슴에 닿게 하는 등의 행위를 하였고 이후에도 계속적으로 욕설을 하며 피해자의 머리카락을 잡고 흔들고 어깨를 수회 치는 등의 행위를 한 경우 이는 객관적으로 일반인에게 성적 수치심이나 혐오감을 일으키게 하고 선량한 성적 도덕관념에 반하는 행위에 해당하고 그로 인하여 피해자의 **성적 자유를 침해하였다고 봄이 타당하다**(대법원 2020.12.24, 2020도7981 여직원 헤드락 사건).

415 다음 중 (　　) 안 범죄가 성립하는 것은 모두 몇 개인가? (다툼이 있으면 판례에 의함)

1 2 3

[Superlative ★★★]

㉠ 피고인이 공터에서 피해자들(만 7세와 8세의 여아들)이 놀고 있는 것을 발견하고 다가가 피해자들을 끌어안고 손으로 피해자들의 음부 부위를 갑자기 1회 만진 경우 (성폭법 제7조 제3항의 강제추행죄)

㉡ 피고인이 아파트 엘리베이터 내에 피해자(女, 11세)와 단둘이 탄 다음 피해자를 향하여 성기를 꺼내어 잡고 여러 방향으로 움직이다가 이를 보고 놀란 피해자 쪽으로 가까이 다가간 경우 (성폭법 제7조 제5항의 위력추행죄)

㉢ 피고인이 엘리베이터라는 폐쇄된 공간에서 피해자들을 칼로 위협하는 등으로 꼼짝하지 못하도록 하고 자신의 자위행위 모습을 보여 주고 피해자들로 하여금 이를 외면하거나 피할 수 없게 한 경우 (성폭법 제4조 제2항의 특수강제추행죄)

㉣ 피고인이 혼자 걸어가는 피해자(女, 17세)를 발견하고 200m 정도 뒤따라 간 후, 인적이 없고 외진 곳에 이르러 피해자에게 약 1m 간격으로 접근하여 양팔을 높이 들어 피해자를 껴안으려고 하였으나 피해자가 뒤돌아보면서 "왜 이러세요?"라고 소리치자, 그 상태로 몇 초 동안 피해자를 쳐다보다가 다시 오던 길로 되돌아 온 경우 (아청법 제7조 제3항의 아동·청소년강제추행미수죄)

① 1개　　② 2개

③ 3개　　④ 4개

해설

④ 모든 항목의 경우 (　　) 안 범죄가 성립한다.

㉠ 순간적인 행위이지만 피해자들의 의사에 반하여 행하여진 유형력의 행사로서 일반인에게 성적 수치심이나 혐오감을 불러일으키고 선량한 성적 도덕관념에 반하는 행위에 해당하므로 강제추행행위에 해당한다(대법원 2012.6.14, 2012도3893 여아들 음부 터치 사건).

㉡ 피고인이 피해자에 대하여 한 행위는 피해자의 성적 자유의사를 제압하기에 충분한 세력에 의하여 추행행위에 나아간 것으로서 위력에 의한 추행행위에 해당한다(대법원 2013.1.16, 2011도7164 엘리베이터 자위 사건 II).

㉢ 피고인이 엘리베이터라는 폐쇄된 공간에서 피해자들을 칼로 위협하는 등으로 꼼짝하지 못하도록 자신의 실력적인 지배하에 둔 다음 피해자들에게 성적 수치심과 혐오감을 일으키는 자신의 자위행위 모습을 보여 주고 피해자들로 하여금 이를 외면하거나 피할 수 없게 한 행위는 강제추행죄의 추행에 해당한다(대법원 2010.2.25, 2009도13716 엘리베이터 자위 사건 I).

㉣ 피고인이 혼자 걸어가는 피해자(女, 17세)를 발견하고 마스크를 착용한 채 200m 정도 뒤따라 간 후, 인적이 없고 외진 곳에 이르러 피해자에게 약 1m 간격으로 접근하여 양팔을 높이 들어 피해자를 껴안으려고 하였으나 피해자가 뒤돌아보면서 '왜 이러세요?'라고 소리치자, 그 상태로 몇 초 동안 피해자를 쳐다보다가 다시 오던 길로 되돌아 온 경우, 양팔을 높이 들어 뒤에서 피해자를 껴안으려는 행위는 피해자의 의사에 반하는 유형력의 행사로서 폭행행위에 해당하고, 그때에 이른바 '기습추행'에 관한 실행의 착수가 있다고 볼 수 있으므로 아동·청소년에 대한 강제추행미수죄에 해당한다(대법원 2015.9.10, 2015도6980 기습추행 미수 사건).

정답 | 414 ③　415 ④

416 준강간죄에 관한 다음 설명 중 옳지 않은 것은? (다툼이 있으면 판례에 의함) [core ★★]

1 2 3

① 준강간죄는 사람의 심신상실 또는 항거불능의 상태를 이용하여 간음함으로써 성립하는 범죄로서 정신적·신체적 사정으로 인하여 성적인 자기방어를 할 수 없는 사람의 성적 자기결정권을 보호법익으로 한다.

② 준강간죄에서 '항거불능의 상태'라 함은 심신상실이 원인이 되어 심리적 또는 물리적으로 반항이 절대적으로 불가능하거나 현저히 곤란한 경우를 의미한다.

③ 피해자가 깊은 잠에 빠져 있거나 술·약물 등에 의해 일시적으로 의식을 잃은 상태 또는 완전히 의식을 잃지는 않았더라도 그와 같은 사유로 정상적인 판단능력과 대응·조절능력을 행사할 수 없는 상태에 있었다면 준강간죄 또는 준강제추행죄에서의 심신상실 또는 항거불능 상태에 해당한다.

④ 준강간의 고의는 피해자가 심신상실 또는 항거불능의 상태에 있다는 것과 그러한 상태를 이용하여 간음한다는 구성요건적 결과 발생의 가능성을 인식하고 그러한 위험을 용인하는 내심의 의사를 말한다.

해설

② [×] 준강간죄에서 '항거불능의 상태'라 함은 심신상실 이외의 원인 때문에 심리적 또는 물리적으로 반항이 절대적으로 불가능하거나 현저히 곤란한 경우를 의미한다(대법원 2012.6.28, 2012도2631 고대생 성추행 사건).

① [O] 준강간죄는 사람의 심신상실 또는 항거불능의 상태를 이용하여 간음함으로써 성립하는 범죄로서 정신적·신체적 사정으로 인하여 성적인 자기방어를 할 수 없는 사람의 **성적 자기결정권을 보호법익으로 한다**(대법원 2019.3.28, 2018도16002 술승 만취한 것으로 오해 사건).

③ [O] 피해자가 깊은 잠에 빠져 있거나 술·약물 등에 의해 일시적으로 의식을 잃은 상태 또는 완전히 의식을 잃지는 않았더라도 그와 같은 사유로 정상적인 판단능력과 대응·조절능력을 행사할 수 없는 상태에 있었다면 준강간죄 또는 준강제추행죄에서의 **심신상실 또는 항거불능 상태에 해당한다**(대법원 2021.2.4, 2018도9781 알코올 블랙아웃 or 알코올 패싱아웃 사건).

④ [O] 준강간의 고의는 피해자가 **심신상실 또는 항거불능의 상태에 있다는 것과 그러한 상태를 이용하여 간음한다는 구성요건적 결과 발생의 가능성을 인식**하고 그러한 위험을 용인하는 내심의 의사를 말한다(대법원 2019.3.28, 2018도16002 술승 만취한 것으로 오해 사건).

417 다음은 준강간죄 등에 관한 대법원 판례 내용의 일부이다. (   ) 안에 들어갈 알맞은 말은?

1 2 3

[core ★★]

음주 후 준강간 또는 준강제추행을 당하였음을 호소한 피해자의 경우 범행 당시 알코올이 기억형성의 실패만을 야기한 (㉠) 상태였다면 피해자는 기억장애 외에 인지기능이나 의식 상태의 장애에 이르렀다고 인정하기 어렵지만, 이에 비하여 피해자가 술에 취해 수면상태에 빠지는 등 의식을 상실한 (㉡) 상태였다면 심신상실의 상태에 있었음을 인정할 수 있다. 또한 피해자가 의식상실 상태에 빠져 있지는 않지만 알코올의 영향으로 의사를 형성할 능력이나 성적 자기결정권 침해행위에 맞서려는 저항력이 현저하게 저하된 상태였다면 '항거불능'에 해당하여, 이러한 피해자에 대한 성적 행위 역시 준강간죄 또는 준강제추행죄를 구성할 수 있다.

① ㉠ 알코올 코마(coma) ㉡ 패싱아웃(passing out)
② ㉠ 알코올 블랙아웃(black out) ㉡ 최면(hypnosis)
③ ㉠ 알코올 블랙아웃(black out) ㉡ 패싱아웃(passing out)
④ ㉠ 패싱아웃(passing out) ㉡ 알코올 블랙아웃(black out)

해설

③ 이 지문이 올바른 연결이다.
음주 후 준강간 또는 준강제추행을 당하였음을 호소한 피해자의 경우 범행 당시 알코올이 기억형성의 실패만을 야기한 (㉠ 알코올 블랙아웃(black out)) 상태였다면 피해자는 기억장애 외에 인지기능이나 의식 상태의 장애에 이르렀다고 인정하기 어렵지만, 이에 비하여 피해자가 술에 취해 수면상태에 빠지는 등 의식을 상실한 (㉡ 패싱아웃(passing out)) 상태였다면 심신상실의 상태에 있었음을 인정할 수 있다. 또한 피해자가 의식상실 상태에 빠져 있지는 않지만 알코올의 영향으로 의사를 형성할 능력이나 성적 자기결정권 침해행위에 맞서려는 저항력이 현저하게 저하된 상태였다면 '항거불능'에 해당하여, 이러한 피해자에 대한 성적 행위 역시 준강간죄 또는 준강제추행죄를 구성할 수 있다(대법원 2021.2.4, 2018도9781 알코올 블랙아웃 or 알코올 패싱아웃 사건). 알코올 블랙아웃(black out)은 알코올 성분이 외부 자극에 대하여 기록하고 해석하는 인코딩 과정(기억형성에 관여하는 뇌의 특정 기능)에 영향을 미침으로써 행위자가 일정한 시점에 진행되었던 어떤 사실을 기억하지 못하는 것을 말하고, 알코올 패싱아웃(passing out)은 알코올의 최면진정작용으로 인하여 수면에 빠지는 의식상실 상태를 말한다. 전자는 '심신상실'에 해당하지 않지만(다만, 경우에 따라 '항거불능'에는 해당할 수 있다), 후자는 '심신상실'에 해당한다. 甲(男, 28세)은 빌딩 1층 엘리베이터 앞에서 술에 취한 A(女, 18세)를 보고 그를 모텔에 데리고 가 추행을 하였다. 원심인 수원지방법원은 A가 단순한 알코올 블랙아웃(black out) 상태이었지 심신상실 상태가 아니었다는 이유로 준강제추행죄의 공소사실에 대하여 무죄를 선고하였으나, 대법원은 A가 알코올 블랙아웃(black out) 상태를 넘어 알코올 패싱아웃(passing out) 상태였다고 판단하여 준강제추행죄가 성립한다는 취지로 원심판결을 파기하고 사건으로 원심으로 환송하였다.

정답 | 416 ② 417 ③

418 준강간죄에 관한 다음 설명 중 옳지 않은 것은? (다툼이 있으면 판례에 의함) [core ★★]

1 2 3

① 피고인이 피해자와 성관계를 할 의사로 술에 취하여 모텔 침대에 잠들어 있는 피해자의 속바지를 벗기다가 피해자가 깨어나자 중단한 경우, 피고인이 피해자의 속바지를 벗기려던 행위는 간음의 의도를 가지고 간음의 수단이라고 할 수 있는 행동을 시작한 것으로서 준강간죄의 실행에 착수한 것으로 보아야 한다.

② 피고인이 피해자가 잠을 자는 사이에 피해자의 바지와 팬티를 발목까지 벗기고 웃옷을 가슴 위까지 올린 다음 가슴, 엉덩이, 음부 등을 만지고 성기를 음부에 삽입하려고 하였으나 피해자가 잠에서 깨어 거부하는 듯한 기색을 보이자 더 이상 간음행위에 나아가는 것을 포기한 경우 준강간죄의 실행에 착수하였다고 보아야 한다.

③ 피고인이 피해자가 심신상실 또는 항거불능의 상태에 있다고 인식하고 그러한 상태를 이용하여 간음하였으나 피해자가 실제로는 심신상실 또는 항거불능의 상태에 있지 않았다면 준강간죄의 불능미수가 성립한다.

④ 피고인이 술에 취하여 안방에서 잠을 자고 있던 피해자를 발견하고 피해자의 옆에 누워 몸을 더듬다가 바지를 벗기려는 순간 피해자가 어렴풋이 잠에서 깨어났으나 피해자가 잠결에 자신의 바지를 벗기려는 피고인을 자신의 애인으로 착각하여 반항하지 않고 응함에 따라 피해자를 1회 간음한 경우 준강간죄가 성립한다.

해설

④ [×] 피해자가 잠결에 자신의 바지를 벗기려는 피고인을 자신의 애인으로 착각하여 반항하지 않고 응함에 따라 피해자를 1회 간음한 경우(피고인이 안방에 들어오자 피고인을 자신의 애인으로 잘못 알고 불을 끄라고 말하였고, 피고인이 자신을 애무할 때 누구냐고 물었으며, 피고인이 여관으로 가자고 제의하자 그냥 빨리 하라고 말하기도 하였음), 피해자의 의식상태를 심신상실의 상태에 이르렀다고 보기 어렵다(대법원 2000.2.25, 98도4355 그냥 빨리해라 사건).

① [○] 피고인이 피해자와 성관계를 할 의사로 술에 취하여 모텔 침대에 잠들어 있는 피해자의 속바지를 벗기다가 피해자가 깨어나자 중단한 경우, 피고인이 피해자의 **속바지를 벗기려던 행위는** 간음의 의도를 가지고 간음의 수단이라고 할 수 있는 행동을 시작한 것으로서 **준강간죄의 실행에 착수한 것으로 보아야 한다**(대법원 2019.2.14, 2018도19295 잠 깬 피해자 사건 II).

② [○] 피고인이 피해자가 잠을 자는 사이에 피해자의 바지와 팬티를 발목까지 벗기고 웃옷을 가슴 위까지 올린 다음 가슴, 엉덩이, 음부 등을 만지고 **성기를 음부에 삽입하려고 하였으나** 피해자가 잠에서 깨어 거부하는 듯한 기색을 보이자 더 이상 간음행위에 나아가는 것을 포기한 경우, **준강간죄의 실행에 착수하였다고 보아야 한다**(대법원 2000.1.14, 99도5187 잠에서 깬 피해자 사건 I).

③ [○] 피고인이 피해자가 심신상실 또는 항거불능의 상태에 있다고 인식하고 그러한 상태를 이용하여 간음하였으나 피해자가 실제로는 심신상실 또는 항거불능의 상태에 있지 않았다면 **준강간죄의 불능미수가 성립한다**(대법원 2019.3.28, 2018도16002 술숨 만취한 것으로 오해 사건).

419 다음은 형법 제305조 제2항에 의제강간죄에 관한 조문이다. (   ) 안에 들어갈 숫자의 합은?

1 2 3

[Superlative ★★★]

(㉠)세 이상 (㉡)세 미만의 사람에 대하여 간음 또는 추행을 한 (㉢)세 이상의 자는 형법 제297조, 제297조의2, 제298조, 제301조 또는 제301조의2의 예에 의한다.

① 46
② 47
③ 48
④ 49

해설

③ ㉠ 13 ㉡ 16 ㉢ 19로 숫자의 합은 48이다(제305조 제2항).

THE CRIMINAI LAW 2편 형법 각론

정답 | 418 ④ 419 ③

420 미성년자의제강간 · 강제추행죄(형법 제305조 제1항)에 관한 다음 설명 중 옳지 않은 것은? (다툼이 있으면 판례에 의함)

1 2 3

[Superlative ★★★]

① 형법 제305조 소정의 미성년자에 대한 강간죄는 13세미만의 부녀라는 사실을 알고 간음을 하면 성립되는 것이고 간음을 함에 있어서 피해자에게 폭행, 협박을 가하거나 피해자의 의사에 반하여야 하는 것은 아니다.

② 형법 제305조에 규정된 13세 미만 부녀에 대한 의제강간 · 추행죄는 그 성립에 있어 위계 또는 위력이나 폭행 또는 협박의 방법에 의함을 요하지 아니하며 피해자의 동의가 있었다고 하여도 성립하는 것이다.

③ 미성년자의제강간 · 강제추행죄를 규정한 형법 제305조에서 규정한 형법 제297조와 제298조의 '예에 의한다'는 의미는 미성년자의제강간 · 강제추행죄의 처벌에 있어 그 법정형뿐만 아니라 미수범에 관하여도 강간죄와 강제추행죄의 예에 따른다는 취지로 해석된다.

④ 초등학교 4학년 담임교사(남자)인 피고인이 교실에서 자신이 담당하는 반의 남학생인 피해자의 성기를 4회에 걸쳐 만진 경우, 피고인의 각 행위는 교육적인 의도에서 비롯된 것으로 볼 수 있어 사회상규에 위배되지 않는 것으로 미성년자의제강제추행죄가 성립하지 아니한다.

해설

④ [×] 피고인의 각 행위는 비록 교육적인 의도에서 비롯된 것이라 하여도 교육방법으로서는 적정성을 갖추고 있다고 볼 수 없고, 그로 인하여 정신적 · 육체적으로 미숙한 피해자의 심리적 성장 및 성적 정체성의 형성에 부정적 영향을 미쳤으며, 현재의 사회환경과 성적 가치기준 · 도덕관념에 부합되지 아니하므로 형법 제305조에서 말하는 '추행'에 해당한다(대법원 2006.1.13, 2005도6791).

① [○] 형법 제305조 소정의 미성년자에 대한 강간죄는 13세 미만의 부녀라는 사실을 알고 간음을 하면 성립되는 것이고 간음을 함에 있어서 피해자에게 폭행, 협박을 가하거나 **피해자의 의사에 반하여야 하는 것은 아니다**(대법원 1975.5.13, 75도855).

② [○] 형법 제305조에 규정된 13세미만 부녀에 대한 의제강간 · 추행죄는 그 성립에 있어 위계 또는 위력이나 폭행 또는 협박의 방법에 의함을 요하지 아니하며 **피해자의 동의가 있었다고 하여도 성립하는 것이다**(대법원 1982.10.12, 82도2183).

③ [○] 미성년자의제강간 · 강제추행죄를 규정한 형법 제305조에서 규정한 형법 제297조와 제298조의 '예에 의한다'는 의미는 미성년자의제강간 · 강제추행죄의 처벌에 있어 그 **법정형뿐만 아니라 미수범에 관하여도 강간죄와 강제추행죄의 예에 따른다는 취지로 해석된다**(대법원 2007.3.15, 2006도9453 의제강간 미수 사건).

421 강간치사상죄 등에 관한 다음 설명 중 옳지 않은 것은? (다툼이 있으면 판례에 의함) [Essential ★]

1 2 3

① 강간이 미수에 그친 경우라도 그로 인하여 피해자가 상해를 입었으면 강간치상죄가 성립하는 것이고, 강간치상죄에 있어 상해의 결과는 강간의 수단으로 사용한 폭행으로부터 발생한 경우뿐만 아니라 간음행위 그 자체로부터 발생한 경우나 강간에 수반하는 행위에서 발생한 경우도 포함된다.

② 성폭법 제9조 제1항[개정법 제8조]에 의하면 특수강간의 죄를 범한 자뿐만 아니라 특수강간이 미수에 그쳤다고 하더라도 그로 인하여 피해자가 상해를 입었으면 특수강간치상죄가 성립한다.

③ 폭행이나 협박을 가하여 간음을 하려는 행위와 이에 극도의 흥분을 느끼고 공포심에 사로잡혀 이를 피하려다 사상에 이르게 된 사실과는 이른바 상당인과관계가 있어 강간치사상죄로 다스릴 수 있다.

④ 상해를 가한 부분을 고의범인 상해죄로 처벌하면서 이를 다시 결과적 가중범인 강제추행치상죄의 상해로 인정하여 처벌하더라도 이중처벌이라고 할 수 없다.

해설

④ [×] 강제추행치상죄에서 상해의 결과는 강제추행의 수단으로 사용한 폭행이나 추행행위 그 자체 또는 강제추행에 수반하는 행위로부터 발생한 것이어야 한다. 따라서 상해를 가한 부분을 고의범인 상해죄로 처벌하면서 이를 다시 결과적 가중범인 강제추행치상죄의 상해로 인정하여 이중으로 처벌할 수는 없다(대법원 2009.7.23, 2009도1934 술집종업원 추행, 폭행 사건).

① [○] 강간이 미수에 그친 경우라도 그로 인하여 피해자가 상해를 입었으면 강간치상죄가 성립하는 것이고, 강간치상죄에 있어 상해의 결과는 강간의 수단으로 사용한 폭행으로부터 발생한 경우뿐만 아니라 간음행위 그 자체로부터 발생한 경우나 **강간에 수반하는 행위에서 발생한 경우도 포함된다**(대법원 2003.5.30, 2003도1256 아빠야 사건).

② [○] 성폭법 제9조 제1항[개정법 제8조]에 의하면 특수강간의 죄를 범한 자뿐만 아니라 **특수강간이 미수에 그쳤다고 하더라도 그로 인하여 피해자가 상해를 입었으면 특수강간치상죄가 성립한다**(대법원 2008.4.24, 2007도10058 호원대 강의실 사건).

③ [○] 폭행이나 협박을 가하여 간음을 하려는 행위와 이에 극도의 흥분을 느끼고 공포심에 사로잡혀 이를 피하려다 사상에 이르게 된 사실과는 이른바 **상당인과관계가 있어 강간치사상죄로 다스릴 수 있다**(대법원 1995.5.12, 95도425 속셈학원 원장 사건).

정답 | 420 ④ 421 ④

422 다음 중 강간치사상죄가 성립하는 것은 모두 몇 개인가? (다툼이 있으면 판례에 의함) [core ★★]

1 2 3

㉠ 강간을 당한 피해자가 수치심과 장래에 대한 절망감 등 때문에 집에 돌아가 음독자살한 경우
㉡ 피고인들이 의도적으로 피해자를 술에 취하도록 유도하고 수차례 강간한 후 의식불명 상태에 빠진 피해자를 비닐창고로 옮겨 놓아 피해자가 저체온증으로 사망한 경우
㉢ 피고인과 피해자가 여관에 투숙하여 별다른 저항이나 마찰 없이 성행위를 한 후, 피고인이 잠시 방 밖으로 나간 사이에 피해자가 방문을 잠그고 여관종업원에게 구조요청까지 한 후 피고인의 방문 흔드는 소리에 겁을 먹고 3층에서 창문을 넘어 탈출하다가 상해를 입은 경우
㉣ 피고인이 속셈학원의 강사로 피해자를 채용하고 학습교재를 설명하겠다는 구실로 유인하여 호텔 객실에 감금한 후 강간하려 하자, 피해자가 완강히 반항하던 중 피고인이 대실시간 연장을 위해 전화하는 사이에 객실 창문을 통해 탈출하려다가 지상에 추락하여 사망한 경우

① 1개 ② 2개
③ 3개 ④ 4개

해설

② ㉡㉣ 2항목의 경우 강간치사죄가 성립한다.

㉠ 자살행위가 바로 강간행위로 인하여 생긴 당연의 결과라고 볼 수는 없으므로 강간행위와 피해자의 자살행위 사이에 인과관계를 인정할 수는 없다(대법원 1982.11.23, 82도1446 강간피해자 자살 사건).

㉡ 피해자의 사망과 피고인들의 강간 및 그 수반행위와의 인과관계 그리고 피해자의 사망에 대한 피고인들의 예견가능성이 인정되므로 강간치사죄가 성립한다(대법원 2008.2.29, 2007도10120 진접읍 집단강간 사건).

㉢ 일반경험칙상 피해자가 피고인의 방문 흔드는 소리에 겁을 먹고 강간을 모면하기 위하여 3층에서 창문을 넘어 탈출하다가 상해를 입을 것이라고 예견할 수는 없다고 볼 것이므로 강간치상죄로 처단할 수 없다(대법원 1985.10.8, 85도1537 미군부대 동료 사건).

㉣ 피고인의 강간미수행위와 피해자의 사망과의 사이에 상당인과관계가 있으므로 강간치사죄가 성립한다(대법원 1995.5.12, 95도425 속셈학원 원장 사건).

423 다음 각 사례에서 ( ) 안의 설명이 옳지 않은 것은? (다툼이 있으면 판례에 의함) [core ★★]

1 2 3

① 36세의 남성인 피고인이 자신을 고등학교 2학년으로 가장하여 14세의 피해자와 온라인으로 교제하던 중, 교제를 지속하고 스토킹하는 여자를 떼어내려면 자신의 선배와 성관계하여야 한다는 취지로 거짓말을 하고 이에 응한 피해자를 그 선배로 가장하여 간음한 경우 (아동 · 청소년의 성보호에 관한 법률 제7조 제5항의 위계에 의한 아동 · 청소년간음죄 성립)

② 편의점 업주인 피고인이 아르바이트 구인 광고를 보고 연락한 피해자를 채용을 빌미로 주점으로 불러내 의사를 확인하는 등 면접을 하고, 이어서 피해자를 피고인의 집으로 유인하여 피해자의 성기를 만지고 피해자에게 피고인의 성기를 만지게 한 행위를 한 경우 (성폭력범죄의 처벌 등에 관한 특례법 제10조 제1항의 업무상 위력에 의한 추행죄 성립)

③ 피고인이 레깅스 바지를 입고 피고인과 같은 버스에 승차하고 있던 피해자의 엉덩이 부위 등 하반신을 약 8초 동안 피해자 몰래 동영상 촬영한 경우(대체로 피해자의 엉덩이를 포함한 하반신을 위주로 촬영이 이루어졌고 피해자의 엉덩이를 포함한 하체 뒷부분의 굴곡이 그대로 동영상에 선명하게 담겨져 있었음) (성폭력범죄의 처벌 등에 관한 특례법 제14조 제1항의 카메라등이용촬영죄 불성립)

④ 피고인이 카메라 기능이 설치된 휴대전화를 피해자의 치마 밑으로 들이밀거나 피해자가 용변을 보고 있는 화장실 칸 밑 공간 사이로 집어넣는 등 카메라 등 이용 촬영 범행에 밀접한 행위를 개시한 경우 (성폭력범죄의 처벌 등에 관한 특례법 제14조 제1항의 카메라등이용촬영죄의 실행의 착수 인정)

해설

③ [×] (1) 카메라등이용촬영죄의 대상이 되는 신체가 반드시 노출된 부분으로 한정되는 것은 아니다. 의복이 몸에 밀착하여 엉덩이와 허벅지 부분의 굴곡이 드러나는 경우에도 성적 욕망 또는 수치심을 유발할 수 있는 신체에 해당할 수 있다. (2) 피고인은 성적 욕망 또는 수치심을 유발할 수 있는 신체를 피해자의 의사에 반하여 촬영하였다고 봄이 타당하다(대법원 2020.12.24, 2019도16258 레깅스 촬영 사건).

① [○] (1) 행위자가 간음의 목적으로 피해자에게 오인, 착각, 부지를 일으키고 피해자의 그러한 심적 상태를 이용하여 간음의 목적을 달성하였다면 위계와 간음행위 사이의 인과관계를 인정할 수 있고 따라서 위계에 의한 간음죄가 성립한다. 이 경우 피해자가 오인, 착각, 부지에 빠지게 되는 대상은 간음행위 자체일 수도 있고, 간음행위에 이르게 된 동기이거나 간음행위와 결부된 금전적 · 비금전적 대가와 같은 요소일 수도 있다. (2) 피해자가 오인한 상황은 피해자가 피고인과의 성행위를 결심하게 된 중요한 동기가 된 것으로 보이고 이를 자발적이고 진지한 성적 자기결정권의 행사에 따른 것이라고 보기 어려우므로 이러한 **피고인의 간음행위는 위계에 의한 것이라고 평가할 수 있다**(대법원 2020.8.27, 2015도9436 순수 선배랑 한번 해라 사건).

② [○] 피고인은 채용 권한을 가지고 있는 지위를 이용하여 피해자의 자유의사를 제압하여 **피해자를 추행한 것에 해당한다**(대법원 2020.7.9, 2020도5646 편의점 알바 지원자 추행 사건).

④ [○] 카메라등이용촬영죄의 **실행에 착수하였다고 볼 수 있다**(대법원 2021.8.12, 2021도7035 편의점 몰카 미수사건)(同旨 대법원 2021.3.25, 2021도749 용변칸 넘어로 사건).

정답 | 422 ② 423 ③

424 명예훼손죄에 관한 다음 설명 중 옳지 않은 것은? (다툼이 있으면 판례에 의함) [Essential ★]

1 2 3

① 불미스러운 소문의 진위를 확인하고자 질문을 하는 과정에서 타인의 명예를 훼손하는 발언을 하였다면 이러한 경우에는 그 동기에 비추어 명예훼손의 고의를 인정하기 어렵다.

② 명예훼손 사실을 발설한 것이 정말이냐는 질문에 대답하는 과정에서 타인의 명예를 훼손하는 사실을 발설하게 된 것이라면 그 발설내용과 동기에 비추어 명예훼손의 범의를 인정할 수 없다.

③ 새로 목사로서 부임한 피고인이 전임목사에 관한 교회 내의 불미스러운 소문의 진위를 확인하기 위하여 이를 교회집사들에게 물어본 경우 이는 단순한 확인에 지나지 않는 것이라고 볼 수 없어 명예훼손의 미필적 고의를 인정할 수 있다.

④ 행위자가 허위라는 것을 인식하였는지 여부는 여러 객관적 사정을 종합하여 판단할 수밖에 없으며 허위사실 적시에 의한 명예훼손죄 역시 미필적 고의에 의하여도 성립하고, 위와 같은 법리는 사자명예훼손죄의 판단에서도 마찬가지로 적용된다.

해설

③ [×] 새로 목사로서 부임한 피고인이 전임목사에 관한 교회 내의 불미스러운 소문의 진위를 확인하기 위하여 이를 교회집사들에게 물어보았다면 이는 명예훼손의 고의 없는 단순한 확인에 지나지 아니하여 사실의 적시라고 할 수 없다 할 것이므로 이 점에서 피고인에게 명예훼손의 고의 또는 미필적 고의가 있을 수 없다고 할 수밖에 없다(대법원 1985.5.28, 85도588 전임목사 소문 확인 사건).

① [○] 불미스러운 소문의 진위를 확인하고자 질문을 하는 과정에서 타인의 명예를 훼손하는 발언을 하였다면 이러한 경우에는 그 동기에 비추어 **명예훼손의 고의를 인정하기 어렵다**(대법원 2018.6.15, 2018도4200 입점비 확인 사건).

② [○] 명예훼손 사실을 발설한 것이 정말이냐는 질문에 대답하는 과정에서 타인의 명예를 훼손하는 사실을 발설하게 된 것이라면 그 발설내용과 동기에 비추어 **명예훼손의 범의를 인정할 수 없다**(대법원 2010.10.28, 2010도2877 삼성아파트 자치회의 사건).

④ [○] 행위자가 허위라는 것을 인식하였는지 여부는 여러 객관적 사정을 종합하여 판단할 수밖에 없으며 허위사실 적시에 의한 명예훼손죄 역시 **미필적 고의에 의하여도 성립**하고, 위와 같은 법리는 **사자명예훼손죄의 판단에서도 마찬가지로 적용된다**(대법원 2014.3.13, 2013도12430 전경찰청장 사건).

425 명예훼손죄에 관한 다음 설명 중 옳지 않은 것은? (다툼이 있으면 판례에 의함) [Essential ★]

1 2 3

① 전파가능성을 이유로 명예훼손죄의 공연성을 인정하는 경우에는 범죄구성요건의 주관적 요소로서 적어도 미필적 고의가 필요하므로 전파가능성에 관한 인식이 있음은 물론 나아가 그 위험을 용인하는 내심의 의사가 있어야 한다.

② 피고인이 개인 블로그의 비공개 대화방에서 상대방으로부터 비밀을 지키겠다는 말을 듣고 일대일로 대화하였다고 하더라도 대화 상대방이 대화내용을 불특정 또는 다수에게 전파할 가능성이 없다고 할 수 없으므로 공연성을 인정할 여지가 있다.

③ 어느 사람에게 귀엣말 등 그 사람만 들을 수 있는 방법으로 '그 사람 본인'의 사회적 가치 내지 평가를 떨어뜨릴 만한 사실을 이야기하였더라도 위와 같은 이야기가 불특정 또는 다수인에게 전파될 가능성이 없지 않으므로 공연성이 인정될 수 있다.

④ 기자를 통해 사실을 적시하는 경우에는 기사화되어 보도되어야만 적시된 사실이 외부에 공표된다고 보아야 할 것이므로 기자가 취재를 한 상태에서 아직 기사화하여 보도하지 아니한 경우에는 전파가능성이 없다고 할 것이어서 공연성이 없다.

해설

③ [×] (1) 어느 사람에게 귀엣말 등 그 사람만 들을 수 있는 방법으로 그 사람 본인의 사회적 가치 내지 평가를 떨어뜨릴 만한 사실을 이야기하였다면, 위와 같은 이야기가 불특정 또는 다수인에게 전파될 가능성이 있다고 볼 수 없어 명예훼손의 구성요건인 공연성을 충족하지 못하는 것이며, 그 사람이 들은 말을 스스로 다른 사람들에게 전파하였더라도 위와 같은 결론에는 영향이 없다. (2) 피고인 甲이 피해자 A만 들을 수 있도록 귀엣말로 피해자 A가 B와 부적절한 성적 관계를 맺었다는 취지의 이야기를 한 경우, 그것만으로는 명예훼손의 구성요건요소인 공연성을 인정할 수 없다(대법원 2005.12.9, 2004도2880 귀엣말 사건).

① [O] 전파가능성을 이유로 명예훼손죄의 공연성을 인정하는 경우에는 범죄구성요건의 주관적 요소로서 적어도 미필적 고의가 필요하므로 전파가능성에 관한 인식이 있음은 물론 나아가 그 위험을 **용인하는 내심의 의사가 있어야 한다**(대법원 2010.10.28, 2010도2877 삼성아파트 자치회의 사건).

② [O] 피고인이 **개인 블로그**의 비공개 대화방에서 상대방으로부터 비밀을 지키겠다는 말을 듣고 일대일로 대화하였다고 하더라도 대화 상대방이 대화내용을 불특정 또는 다수에게 전파할 가능성이 없다고 할 수 없으므로 **공연성을 인정할 여지가 있다**(대법원 2008.2.14, 2007도8155 블로그 비밀대화 사건).

④ [O] 기자를 통해 사실을 적시하는 경우에는 기사화되어 보도되어야만 적시된 사실이 외부에 공표된다고 보아야 할 것이므로 기자가 취재를 한 상태에서 아직 **기사화하여 보도하지 아니한 경우에는 전파가능성이 없다고 할 것이어서 공연성이 없다**(대법원 2000.5.16, 99도5622 주간지 인터뷰 사건).

정답 | 424 ③ 425 ③

426 다음 중 명예훼손죄에 있어 공연성이 인정되는 것은 모두 몇 개인가? (다툼이 있으면 판례에 의함)

1 2 3

[Superlative ★★★]

㉠ 이혼소송 계속 중인 피고인 甲이 남편의 친구 B에게 서신을 보내면서 남편 A의 명예를 훼손하는 문구가 기재된 서신을 동봉한 경우

㉡ 피고인 甲이 평소 A가 자신의 일에 간섭하는 것에 기분이 나쁘다는 이유로 乙로부터 취득한 A의 범죄경력기록을 같은 아파트에 거주하는 丙에게 보여주면서 "전과자이고 나쁜 년"이라고 말한 경우

㉢ 피고인 甲이 "A는 전과 6범으로 교사직을 팔아가며 이웃을 해치고 고발을 일삼는 악덕교사이다"라는 취지의 진정서를 A가 교사로 근무하고 있는 동도중학교의 학교법인 이사장 乙 앞으로 제출한 경우

㉣ 피고인이 명예훼손 또는 후보자비방의 범행 당시 피고인의 말을 들은 사람은 한 사람씩에 불과하였으나 그들은 피고인과 특별한 친분관계가 있는 자가 아니었고 결과적으로 그 사실이 피해자에게 전파되어 고소를 제기하기에 이른 경우

㉤ 피고인 甲이 자신의 아들 등에게 폭행을 당하여 입원한 피해자 A의 병실로 찾아가 그의 모(母) B와 대화하던 중 B의 이웃 C 및 피고인의 일행 乙 등이 있는 자리에서 "학교에 알아보니 A에게 원래 정신병이 있었다고 하더라"라고 말한 경우

㉥ 피고인 甲이 업무집행정지 가처분이의사건 재판부에 '피해자가 전과 13범으로 관리단규약에 의하여 선량한 관리인으로서의 자격이 없다'는 내용을 담은 준비서면을 제출하고, 그 준비서면을 상가 관리단 감사 乙에게 팩스로 전송하였으며, 그 후 가처분이의사건 심문기일에서 피해자의 전과 사실을 진술함으로써 당시 법정에서 심문을 방청하던 상가의 상인들이 이러한 사실을 듣게 된 경우

① 1개 ② 2개

③ 3개 ④ 4개

해설

② ㉣㉥ 2항목의 경우 공연성이 인정된다.

㉠ 처와 남편의 친구와의 관계에 비추어 보아 처가 적시한 사실은 불특정 또는 다수인에게 전파될 가능성이 있다고 볼 수는 없다(대법원 2000.2.11, 99도4579 남편 친구에게 사건).

㉡ 피고인이 유포한 사실이 불특정 또는 다수인에게 전파될 가능성이 없다는 이유로 명예훼손의 공소사실에 대하여 무죄라고 판단한 원심은 정당하다(대법원 2010.11.11, 2010도8265 전과자이고 나쁜년 사건).

㉢ 진정서의 내용과 진정서의 수취인인 학교법인 이사장과 교사의 관계 등에 비추어 볼 때, 이사장이 진정서 내용을 타에 전파할 가능성이 있다고 보기 어려우므로 공연성이 있다고 보기 어렵다(대법원 1983.10.25, 83도2190 악덕교사 사건).

㉣ 피고인의 말을 들은 사람은 한 사람씩에 불과하였으나 그들은 피고인과 특별한 친분관계가 있는 자가 아니며, 그 범행의 내용도 지방의회 의원선거를 앞둔 시점에 현역 시의회 의원이면서 다시 그 후보자가 되고자 하는 자를 비방한 것이어서 피고인이 적시한 사실이 전파될 가능성이 많을 뿐만 아니라 인정된다(대법원 1996.7.12, 96도1007).

㉤ 불특정 또는 다수인이 인식할 수 있는 상태라고 할 수 없고 또 그 자리에 있던 사람들의 관계 등에 비추어 피고인의 발언이 불특정 또는 다수인에게 전파될 가능성이 있다고 보기도 어렵다(대법원 2011.9.8, 2010도7497 정신병이 있었다 하더라 사건).

㉥ 명예훼손죄의 구성요건인 공연성을 충족한다고 할 것이다(대법원 2008.10.23, 2008도6515 전과13범이다 사건).

427 명예훼손죄에 관한 다음 설명 중 옳지 않은 것은? (다툼이 있으면 판례에 의함) [Essential ★]

1 2 3

① 명예훼손죄가 성립하기 위하여는 사실의 적시가 있어야 하고 적시된 사실은 이로써 특정인의 사회적 가치 내지 평가가 침해될 가능성이 있을 정도로 구체성을 띠어야 한다.

② 명예훼손죄에 있어서의 '사실의 적시'란 가치판단이나 평가를 내용으로 하는 의견표현에 대치되는 개념으로서 시간과 공간적으로 구체적인 과거 또는 현재의 사실관계에 관한 보고 내지 진술을 의미하는 것이며 그 표현내용이 증거에 의한 입증이 가능한 것을 말한다.

③ 명예훼손죄에 있어서의 사실의 적시는 그 사실의 적시자가 스스로 실험한 것으로 적시하던 타인으로부터 전문한 것으로 적시하던 불문한다.

④ 이미 사회의 일부에 잘 알려진 사실이라고 한다면 비록 이를 적시하여 사람의 사회적 평가를 저하시킬 만한 행위를 한 경우라도 명예훼손죄는 성립하지 아니한다.

해설

④ [×] 명예훼손죄가 성립하기 위하여는 반드시 숨겨진 사실을 적발하는 행위만에 한하지 아니하고 이미 사회의 일부에 잘 알려진 사실이라고 하더라도 이를 적시하여 사람의 사회적 평가를 저하시킬 만한 행위를 한 때에는 명예훼손죄를 구성한다(대법원 1994.4.12, 93도3535).

① [○] 명예훼손죄가 성립하기 위하여는 사실의 적시가 있어야 하고 적시된 사실은 이로써 특정인의 사회적 가치 내지 평가가 침해될 가능성이 있을 정도로 **구체성을 띠어야 한다**(대법원 2007.5.10, 2007도1307).

② [○] 명예훼손죄에 있어서의 '사실의 적시'란 가치판단이나 평가를 내용으로 하는 의견표현에 대치되는 개념으로서 시간과 공간적으로 구체적인 과거 또는 현재의 사실관계에 관한 보고 내지 진술을 의미하는 것이며 그 **표현내용이 증거에 의한 입증이 가능한 것을 말한다**(대법원 2011.9.2, 2010도17237 PD수첩 광우병 보도 사건).

③ [○] 명예훼손죄에 있어서의 사실의 적시는 그 사실의 적시자가 **스스로 실험한 것으로 적시하던 타인으로부터 전문한 것으로 적시하던 불문한다**(대법원 1985.4.23, 85도431).

정답 | 426 ② 427 ④

428 명예훼손죄에 관한 다음 설명 중 옳지 않은 것은? (다툼이 있으면 판례에 의함) [Essential ★]

1 2 3

① 명예훼손죄에 있어서의 사실의 적시는 사람의 사회적 가치 내지 평가를 저하시키는 구체적 사실의 적시를 요하며 단지 모욕적 언사를 사용하는 것은 모욕죄에 해당할 뿐 명예훼손죄에 해당하지는 않는다.

② 가치중립적인 표현을 사용하였다고 한다면 비록 사회통념상 그로 인하여 특정인의 사회적 평가가 저하되었다고 판단되는 경우에도 명예훼손죄는 성립할 수 없다.

③ 비록 허위의 사실을 적시하였더라도 그 허위의 사실이 특정인의 사회적 가치 내지 평가를 침해할 수 있는 내용이 아니라면 형법 제307조 소정의 명예훼손죄는 성립하지 않는다.

④ 사회 평균인의 입장에서 허위의 사실을 적시한 발언을 들었을 경우와 비교하여 오히려 진실한 사실을 듣는 경우에 피해자의 사회적 가치 내지 평가가 더 크게 침해될 것으로 예상되거나 양자 사이에 별다른 차이가 없을 것이라고 보는 것이 합리적인 경우라면 형법 제307조 제2항의 허위사실 적시에 의한 명예훼손죄로 처벌할 수는 없다.

해설

② [×] 어떤 표현이 명예훼손적인지 여부는 그 표현에 대한 사회통념에 따른 객관적 평가에 의하여 판단하여야 하고, 가치중립적인 표현을 사용하였다 하여도 사회통념상 그로 인하여 특정인의 사회적 평가가 저하되었다고 판단된다면 명예훼손죄가 성립할 수 있다(대법원 2008.11.27, 2008도6728 처음처럼 홍보맨 사건).

① [O] 명예훼손죄에 있어서의 사실의 적시는 사람의 사회적 가치 내지 평가를 저하시키는 구체적 사실의 적시를 요하며 단지 모욕적 언사를 사용하는 것은 **모욕죄에 해당할 뿐 명예훼손죄에 해당하지는 않는다**(대법원 1989.3.14, 88도1397 똥꼬다리 사건).

③ [O] 비록 허위의 사실을 적시하였더라도 그 허위의 사실이 특정인의 사회적 가치 내지 평가를 침해할 수 있는 내용이 아니라면 형법 제307조 소정의 **명예훼손죄는 성립하지 않는다**(대법원 2009.9.24, 2009도6687 선거법위반으로 고발 사건).

④ [O] 사회 평균인의 입장에서 허위의 사실을 적시한 발언을 들었을 경우와 비교하여 오히려 진실한 사실을 듣는 경우에 피해자의 사회적 가치 내지 평가가 더 크게 침해될 것으로 예상되거나 양자 사이에 별다른 차이가 없을 것이라고 보는 것이 합리적인 경우라면 형법 제307조 제2항의 **허위사실 적시에 의한 명예훼손죄로 처벌할 수는 없다**(대법원 2014.9.4, 2012도13718 한국기독교이단상담소협회장 사건). OOOO교회 세계복음선교협회의 창시자인 A가 신도들과 함께 점심식사로 국수를 먹은 직후 지병인 뇌출혈이 발병하여 병원으로 이송되어 다음 날 사망하였음에도 피고인 甲이 "A는 식당에서 냉면을 먹다가 갑자기 그 자리에서 쓰러져 사망하였다"라고 말한 경우 양자가 큰 차이가 없어 이를 허위사실 적시라고 할 수 없다고 판시한 판례이다.

429 명예훼손죄에 관한 다음 설명 중 옳지 않은 것은? (다툼이 있으면 판례에 의함)

1 2 3 [core ★★]

① 명예훼손죄에 있어서의 사실의 적시는 사실을 직접적으로 표현한 경우에 한정될 것은 아니고 간접적이고 우회적인 표현에 의하더라도 그와 같은 사실의 존재를 암시하고 또 이로써 특정인의 사회적 가치 내지 평가가 침해될 가능성이 있을 정도의 구체성이 있으면 충분하다.

② 객관적으로 피해자의 사회적 평가를 저하시키는 사실에 관한 보도내용이 소문이나 제3자의 말, 보도를 인용하는 방법으로 단정적인 표현이 아닌 전문 또는 추측한 것을 기사화한 형태로 표현되었지만, 그 표현 전체의 취지로 보아 그 사실이 존재할 수 있다는 것을 암시하는 이상 '사실의 적시'가 있는 것이다.

③ 명예훼손죄에 있어 사회적 가치나 평가를 저하시키기에 충분한 구체적인 사실의 적시가 있다고 하기 위해서는, 반드시 그러한 구체적인 사실이 직접적으로 명시되어 있을 것을 요구하는 것은 아니지만, 적어도 적시된 내용 중의 특정 문구에 의하여 그러한 사실이 곧바로 유추될 수 있을 정도는 되어야 한다.

④ 명예훼손죄에 있어 적시의 대상이 되는 사실이란 현실적으로 발생하고 증명할 수 있는 과거 또는 현재의 사실을 말하므로, 장래의 일을 적시한 경우 비록 그것이 과거 또는 현재의 사실을 기초로 하거나 이에 대한 주장을 포함하는 경우라도 명예훼손죄는 성립하지 아니한다.

해설

④ [×] 장래의 일을 적시하더라도 그것이 과거 또는 현재의 사실을 기초로 하거나 이에 대한 주장을 포함하는 경우에는 명예훼손죄가 성립한다(대법원 2003.5.13, 2002도7420 구속영장이 떨어진다 사건).

① [○] 명예훼손죄에 있어서의 사실의 적시는 사실을 직접적으로 표현한 경우에 한정될 것은 아니고 간접적이고 우회적인 표현에 의하더라도 그와 같은 사실의 존재를 암시하고 또 이로써 특정인의 사회적 가치 내지 평가가 침해될 가능성이 있을 정도의 **구체성이 있으면 충분하다**(대법원 2008.11.13, 2006도7915).

② [○] 객관적으로 피해자의 사회적 평가를 저하시키는 사실에 관한 보도내용이 소문이나 제3자의 말, 보도를 인용하는 방법으로 단정적인 표현이 아닌 전문 또는 추측한 것을 기사화한 형태로 표현되었지만, 그 **표현 전체의 취지로 보아 그 사실이 존재할 수 있다는 것을 암시하는 이상 '사실의 적시'가 있는 것이다**(대법원 2008.11.27, 2007도5312).

③ [○] 명예훼손죄에 있어 사회적 가치나 평가를 저하시키기에 충분한 구체적인 사실의 적시가 있다고 하기 위해서는, 반드시 그러한 **구체적인 사실이 직접적으로 명시되어 있을 것을 요구하는 것은 아니지만,** 적어도 적시된 내용 중의 특정 문구에 의하여 그러한 사실이 **곧바로 유추될 수 있을 정도는 되어야 한다**(대법원 2011.8.18, 2011도6904 군수 보좌관 구속 사건).

정답 | 428 ② 429 ④

430 다음 중 명예훼손죄에 있어 '사실의 적시'에 해당하지 않는 것은? (다툼이 있으면 판례에 의함)

1 2 3

[core ★★]

① 피고인이 총신대학교 신학대학원 100주년 기념관 채플실에서 1,200여 명의 학생들이 모인 가운데 "A는 이단 중에 이단이다"라고 설교한 경우

② 피고인 甲이 경찰관 A를 상대로 진정한 사건이 혐의인정되지 않아 내사종결 처리되었음에도 불구하고 공연히 "사건을 조사한 경찰관이 내일부로 검찰청에서 구속영장이 떨어진다"라고 말한 경우

③ A가 운영하는 성형외과에서 턱부위 고주파시술을 받았다가 그 결과에 불만을 품은 피고인이 네이버의 지식검색 질문 · 답변 게시판에 "아, A씨가 가슴전문이라 눈이랑 턱은 그렇게 망쳐놨구나. 몰랐네", "내 눈은 지방제거를 잘못 했다고 모양도 이상하다고 다른 병원에서 그러던데. 인생 망쳤음...ㅠ.ㅠ"이라는 글을 각 게시한 경우

④ 피고인은 인터넷 포탈사이트의 피해자 A에 대한 기사란에 A가 재벌과 사이에 아이를 낳거나 아이를 낳아준 대가로 수십억원을 받은 사실이 없음에도 불구하고 그러한 사실이 있는 것처럼 댓글이 붙어 있던 상황에서, 추가로 "지고지순이 뜻이 뭔지나 아니? 모 재벌님하고의 관계는 끝났나?"라는 내용의 댓글을 게시한 경우

해설

① 어느 교리가 정통 교리이고 어느 교리가 여기에 배치되는 교리인지 여부는 교단을 구성하는 대다수의 목회자나 신도들이 평가하는 관념에 따라 달라지는 것이므로 사실을 적시한 것으로 보기 어렵다(대법원 2008.10.9., 2007도1220 이단비판 사건).

② "사건을 조사한 경찰관이 내일부로 검찰청에서 구속영장이 떨어진다"고 말한 것은 현재의 사실을 기초로 하거나 이에 대한 주장을 포함하여 장래의 일을 적시한 것으로 볼 수 있어 사실의 적시에 해당한다(대법원 2003.5.13, 2002도7420 구속영장이 떨어진다 사건).

③ 각 표현물은 '피고인이 피해자로부터 눈, 턱을 수술받았으나 수술 후 결과가 좋지 못하다, 피고인이 A 운영의 성형외과에서 눈 수술을 받았으나 지방제거를 잘못하여 모양이 이상해졌고, 다른 병원에서도 모두 이를 인정한다'라는 취지의 피해자의 명예를 훼손할 만한 구체적인 사실을 적시한 것에 해당한다(대법원 2009.5.28, 2008도8812 성형수술 후기 사건). 다만, 피고인에게 비방의 목적이 있었다고 인정하기 어려워 명예훼손죄는 성립하지 않았다.

④ 피고인의 행위는 간접적이고 우회적인 표현을 통하여 허위 사실의 존재를 구체적으로 암시하는 방법으로 사실을 적시한 경우에 해당한다(대법원 2008.7.10, 2008도2422 악플 사건).

431 명예훼손죄에 관한 다음 설명 중 옳지 않은 것은? (다툼이 있으면 판례에 의함) [Essential ★]

1 2 3

① 명예훼손죄가 성립하려면 반드시 사람의 성명을 명시하여 허위의 사실을 적시하여야만 하는 것은 아니므로 사람의 성명을 명시하지 않은 허위사실의 적시행위도 그것이 어느 특정인을 지목하는 것인가를 알아차릴 수 있는 경우에는 그 특정인에 대한 명예훼손죄를 구성한다.

② 명예훼손에 의한 불법행위가 성립하려면 피해자가 특정되어 있어야 하지만, 그 특정을 할 때 반드시 사람의 성명이나 단체의 명칭을 명시해야만 하는 것은 아니고, 사람의 성명을 명시하지 않거나 두문자(頭文字)나 이니셜만 사용한 경우라도 그 표시가 피해자를 지목하는 것을 알아차릴 수 있을 정도이면 피해자가 특정되었다고 할 것이다.

③ 명예훼손 또는 모욕을 당한 피해자의 인터넷 아이디(ID)만을 알 수 있을 뿐 그와 같은 인터넷 아이디(ID)를 가진 사람이 피해자라고 알아차리기 어렵고 달리 이를 추지(推知)할 수 있을 만한 아무런 자료가 없는 경우에는 피해자가 특정되었다고 볼 수 없으므로 명예훼손죄 또는 모욕죄는 성립하지 아니한다.

④ 서울시민 또는 경기도민 등과 같은 집합적 명사를 쓴 경우에도 원칙적으로 명예훼손죄가 성립한다.

해설

④ [×] 서울시민 또는 경기도민이라 함과 같은 막연한 표시에 의해서는 명예훼손죄를 구성하지 아니한다 할 것이지만, 집합적 명사를 쓴 경우에도 그것에 의하여 그 범위에 속하는 특정인을 가리키는 것이 명백하면, 이를 각자의 명예를 훼손하는 행위라고 볼 수 있다(대법원 2000.10.10, 99도5407 3·19 동지회 사건).

① [○] 명예훼손죄가 성립하려면 반드시 사람의 성명을 명시하여 허위의 사실을 적시하여야만 하는 것은 아니므로 사람의 성명을 명시하지 않은 허위사실의 적시행위도 그것이 어느 특정인을 지목하는 것인가를 알아차릴 수 있는 경우에는 그 **특정인에 대한 명예훼손죄를 구성한다**(대법원 2014.3.27, 2011도11226 전경사칭 강사 사건).

② [○] 명예훼손에 의한 불법행위가 성립하려면 피해자가 특정되어 있어야 하지만, 그 특정을 할 때 반드시 사람의 성명이나 단체의 명칭을 명시해야만 하는 것은 아니고, 사람의 성명을 명시하지 않거나 두문자(頭文字)나 이니셜만 사용한 경우라도 그 표시가 피해자를 지목하는 것을 알아차릴 수 있을 정도이면 **피해자가 특정되었다고 할 것이다**(대법원 2009.2.26, 2008다27769 A변호사 B사무장 사건).

③ [○] 명예훼손 또는 모욕을 당한 피해자의 인터넷 아이디(ID)만을 알 수 있을 뿐 그와 같은 인터넷 아이디(ID)를 가진 사람이 피해자라고 알아차리기 어렵고 달리 이를 추지(推知)할 수 있을 만한 아무런 자료가 없는 경우에는 피해자가 특정되었다고 볼 수 없으므로 **명예훼손죄 또는 모욕죄는 성립하지 아니한다**(헌법재판소 2008.6.26, 2007헌마461 네이버 댓글 사건).

정답 | 430 ① 431 ④

432 명예훼손죄에 관한 다음 설명 중 옳지 않은 것은? (다툼이 있으면 판례에 의함) 

1 2 3

① 형법 제309조 제1항 소정의 '비방할 목적'이란 가해의 의사 내지 목적을 요하는 것으로서 공공의 이익을 위한 것과는 행위자의 주관적 의도의 방향에 있어 서로 상반되는 관계에 있다고 할 것이므로 적시한 사실이 공공의 이익에 관한 것인 경우에는 특별한 사정이 없는 한 비방할 목적은 부인된다.

② 공공의 이익에 관한 것이란 널리 국가·사회 기타 일반 다수인의 이익에 관한 것을 말할 뿐, 특정한 사회집단이나 그 구성원 전체의 관심과 이익에 관한 것은 이에 포함되지 아니한다.

③ 행위자의 주요한 동기 내지 목적이 공공의 이익을 위한 것이라면 부수적으로 다른 사익적 목적이나 동기가 내포되어 있더라도 비방할 목적이 있다고 보기는 어렵다.

④ 공공의 이익에 관한 것인지 여부는 당해 명예훼손적 표현으로 인한 피해자가 공무원 내지 공적 인물과 같은 공인(公人)인지 아니면 사인(私人)에 불과한지, 그 표현이 객관적으로 국민이 알아야 할 공공성·사회성을 갖춘 공적 관심 사안에 관한 것으로 사회의 여론형성 내지 공개토론에 기여하는 것인지 아니면 순수한 사적인 영역에 속하는 것인지, 피해자가 그와 같은 명예훼손적 표현의 위험을 자초한 것인지 그리고 그 표현에 의하여 훼손되는 명예의 성격과 침해의 정도, 그 표현의 방법과 동기 등의 여러 사정에 비추어 판단하여야 한다.

해설

② [×] 공공의 이익에 관한 것에는 널리 국가·사회 기타 일반 다수인의 이익에 관한 것 뿐만 아니라 특정한 사회집단이나 그 구성원 전체의 관심과 이익에 관한 것도 포함하는 것이다(대법원 2006.8.25, 2006도648 조아세 사건).

① [○] 형법 제309조 제1항 소정의 '비방할 목적'이란 가해의 의사 내지 목적을 요하는 것으로서 공공의 이익을 위한 것과는 행위자의 주관적 의도의 방향에 있어 서로 상반되는 관계에 있다고 할 것이므로 적시한 사실이 **공공의 이익에 관한 것인 경우에는 특별한 사정이 없는 한 비방할 목적은 부인된다**(대법원 2005.4.29, 2003도2137 한국여성의전화 사건).

③ [○] 행위자의 주요한 동기 내지 목적이 공공의 이익을 위한 것이라면 **부수적으로 다른 사익적 목적이나 동기가 내포되어 있더라도 비방할 목적이 있다고 보기는 어렵다**(대법원 2006.8.25, 2006도648 조아세 사건).

④ [○] **공공의 이익에 관한 것인지 여부는** 당해 명예훼손적 표현으로 인한 피해자가 공무원 내지 공적 인물과 같은 공인(公人)인지 아니면 사인(私人)에 불과한지, 그 표현이 객관적으로 국민이 알아야 할 공공성·사회성을 갖춘 공적 관심 사안에 관한 것으로 사회의 여론형성 내지 공개토론에 기여하는 것인지 아니면 순수한 사적인 영역에 속하는 것인지, 피해자가 그와 같은 명예훼손적 표현의 위험을 자초한 것인지 그리고 그 표현에 의하여 훼손되는 명예의 성격과 침해의 정도, 그 **표현의 방법과 동기 등의 여러 사정에 비추어 판단하여야 한다**(대법원 2009.6.11, 2009도156 KAL858 소설 <배후> 사건).

433 명예훼손죄의 위법성조각사유인 형법 제310조에 관한 다음 설명 중 옳지 않은 것은 모두 몇 개인가? (다툼이 있으면 판례에 의함)

1 2 3

[Superlative ★★★]

> ㉠ 형법 제310조에 따라 위법성이 조각되는 경우는 형법 제307조 제1항의 행위가 진실한 사실로서 오로지 공공의 이익에 관한 때에 한한다.
> ㉡ 형법 제307조 제2항의 허위사실 적시에 의한 명예훼손죄에 해당하는 행위에 대하여는 위법성조각에 관한 형법 제310조는 적용될 여지가 없다.
> ㉢ 형법 제309조 제1항의 출판물 등에 의한 명예훼손행위는 그것이 오로지 공공의 이익을 위한 행위였다고 하더라도 위법성이 조각되지 않음은 형법 제310조의 규정에 비추어 명백하다.
> ㉣ 사람을 비방할 목적으로 출판물에 의하여 허위의 사실을 적시하여 사람의 명예를 훼손한 형법 제309조 제2항 위반죄에는 위법성조각에 관한 형법 제310조는 적용될 여지가 없다.
> ㉤ 모욕죄의 경우 그것이 오로지 공공의 이익에 관한 것이라면 형법 제310조를 유추적용하여 위법성이 조각될 수 있다.

① 0개 ② 1개
③ 2개 ④ 3개

해설

② ㉤ 항목만 옳지 않다.

㉠ [O] 형법 제310조에 따라 위법성이 조각되는 경우는 형법 제307조 제1항의 행위가 **진실한 사실로서 오로지 공공의 이익에 관한 때에 한한다**(대법원 2004.8.20, 2003도4732 삼천포종합시장 사건).

㉡ [O] **형법 제307조 제2항**의 허위사실 적시에 의한 명예훼손죄에 해당하는 행위에 대하여는 위법성조각에 관한 **형법 제310조는 적용될 여지가 없다**(대법원 2015.7.9, 2013도4786).

㉢ [O] **형법 제309조 제1항**의 출판물 등에 의한 명예훼손행위는 그것이 오로지 공공의 이익을 위한 행위였다고 하더라도 위법성이 조각되지 않음은 **형법 제310조의 규정에 비추어 명백하다**(대법원 1995.6.30, 95도1010).

㉣ [O] 사람을 비방할 목적으로 출판물에 의하여 허위의 사실을 적시하여 사람의 명예를 훼손한 **형법 제309조 제2항** 위반죄에는 위법성조각에 관한 **형법 제310조는 적용될 여지가 없다**(대법원 2005.6.10, 2005도2316 상업계 교장 사건).

㉤ [×] 모욕죄에 대해서는 형법 제310조에 의하여 위법성이 조각될 여지가 없다(대법원 2004.6.25, 2003도4934).

정답 | 432 ② 433 ②

434 명예훼손죄의 위법성조각사유인 형법 제310조에 관한 다음 설명 중 옳지 않은 것은? (다툼이 있으면 판례에 의함)

1 2 3

[core ★★]

① 형법 제310조에 따라서 처벌되지 않기 위하여는 적시된 사실이 객관적으로 볼 때 공공의 이익에 관한 것으로서 행위자도 공공의 이익을 위하여 그 사실을 적시한 것이어야 될 뿐만 아니라, 그 적시된 사실이 진실한 것이거나 적어도 행위자가 그 사실을 진실한 것으로 믿었고 또 그렇게 믿을 만한 상당한 이유가 있어야 한다.

② 형법 제310조에서 '진실한 사실'이란 그 내용 전체의 취지를 살펴볼 때 중요한 부분이 객관적 사실과 합치되는 사실이라는 의미로서 세부에 있어 진실과 약간 차이가 나거나 다소 과장된 표현이 있더라도 무방하다.

③ 형법 제310조에서 '공공의 이익'에는 널리 국가 · 사회 기타 일반 다수인의 이익에 관한 것뿐만 아니라 특정한 사회집단이나 그 구성원 전체의 관심과 이익에 관한 것도 포함되는 것으로서, 행위자의 주요한 동기 내지 목적이 공공의 이익을 위한 것이라면 부수적으로 다른 사익적 목적이나 동기가 내포되어 있더라도 형법 제310조의 적용을 배제할 수 없다.

④ 형법 제310조의 규정에 해당하지 않는다는 점, 즉 적시한 사실이 진실이 아니고 또한 공공의 이익에 관한 것이 아니라는 점은 검사가 증명하여야 한다.

해설

④ [×] 공연히 사실을 적시하여 사람의 명예를 훼손한 행위가 형법 제310조의 규정에 따라서 위법성이 조각되어 처벌대상이 되지 않기 위하여는 그것이 진실한 사실로서 오로지 공공의 이익에 관한 때에 해당된다는 점을 행위자가 증명하여야 한다(대법원 2007.5.10, 2006도8544 광주MBC 납품업체 보도 사건).

① [○] 형법 제310조에 따라서 처벌되지 않기 위하여는 적시된 사실이 객관적으로 볼 때 공공의 이익에 관한 것으로서 행위자도 공공의 이익을 위하여 그 사실을 적시한 것이어야 될 뿐만 아니라, 그 적시된 사실이 진실한 것이거나 적어도 행위자가 그 사실을 **진실한 것으로 믿었고 또 그렇게 믿을 만한 상당한 이유가 있어야 한다**(대법원 2006.4.27, 2003도4735).

② [○] 형법 제310조에서 '진실한 사실'이란 그 내용 전체의 취지를 살펴볼 때 중요한 부분이 객관적 사실과 합치되는 사실이라는 의미로서 세부에 있어 **진실과 약간 차이가 나거나 다소 과장된 표현이 있더라도 무방하다**(대법원 2007.12.14, 2006도2074 부산 택시운송조합 사건).

③ [○] 형법 제310조에서 '공공의 이익'에는 널리 국가 · 사회 기타 일반 다수인의 이익에 관한 것뿐만 아니라 특정한 사회집단이나 그 구성원 전체의 관심과 이익에 관한 것도 포함되는 것으로서, 행위자의 주요한 동기 내지 목적이 공공의 이익을 위한 것이라면 **부수적으로 다른 사익적 목적이나 동기가 내포되어 있더라도 형법 제310조의 적용을 배제할 수 없다**(대법원 2008.11.13, 2008도6342 반포프라자 사건).

435 다음 중 형법 제310조에 의하여 위법성이 조각되는 것은 모두 몇 개인가? (다툼이 있으면 판례에 의함)

1 2 3

[core ★★]

㉠ 건물관리회 회장인 피고인 甲이 건물관리회 결산보고 회의실에서 'A와 B가 甲을 폭행한 사건의 형사재판에서 벌금 30만원의 유죄판결이 확정되었다'는 내용이 기재된 결산보고서를 참석 회원들에게 배포한 경우
㉡ 피고인들이 학원 이사장 A의 아파트 앞에서 A의 집 주소와 '교육을 빙자한 장사꾼'이라는 내용이 적힌 플래카드와 '유령동창회비 어디 갔나, 장학기금 바람과 함께 사라졌다' 등이 적힌 피켓 등을 들고 시위를 하고, 학원 산하 고등학교 교장 B의 집 앞에서 B의 집 주소와 '재단의 꼭두각시'라는 내용이 적힌 플래카드와 '학생복지 외면하는 교장, 합의정신 묵살하는 교장' 등이 적힌 피켓 등을 들고 시위를 한 경우
㉢ 피고인이 시의원들이 학교에서 교사들에게 무례한 행동을 한 것을 알리고 이에 대하여 항의함으로써 교사의 권익을 지킨다는 취지에서 '시의원이 여교사를 아가씨라고 부르며 차를 달라고 한 것, 교감 책상에 앉아 있는 시의원에게 항의한 교사에게 일부 시의원이 고함을 지르는 등 무례한 행동을 한 것, 해운대교육구청이 시의원의 추궁을 받고 교사들에게 경위서를 제출하도록 한 것' 등의 내용이 들어 있는 보도자료를 만들어 배포한 경우

① 0개 ② 1개
③ 2개 ④ 3개

해설

③ ㉠㉢ 2항목의 경우 형법 제310조에 의하여 위법성이 조각된다.
㉠ 주된 동기가 업무집행에 대한 회원들 신뢰를 확보하고 단체의 내부 질서를 바로 잡아 회원들의 단합을 도모하고자 하는 공공의 이익을 위한 것으로 볼 수 있어 명예훼손죄는 성립하지 아니한다(대법원 2008.11.13, 2008도6342 반포프라자 사건).
㉡ 피고인들이 아파트 앞에서 A, B의 주소까지 명시하여 A, B의 명예를 훼손한 것을 두고 오로지 공공의 이익에 관한 것이라고 보기는 어렵다(대법원 2008.3.14, 2006도6049 주소명시 피켓 사건).
㉢ 전체적으로 그 기재 내용이 진실하고 공공의 이익을 위한 것이라면 명예훼손죄의 위법성이 조각된다(대법원 2001.10.9, 2001도3594 해운대초등학교 사건).

정답 | 434 ④ 435 ③

436 명예훼손죄에 관한 다음 설명 중 옳지 않은 것은? (다툼이 있으면 판례에 의함) [Essential ★]

1 2 3

① 기자를 통해 사실을 적시하는 경우에는 기사화되어 보도되어야만 적시된 사실이 외부에 공표된다고 보아야 할 것이므로 기자가 취재를 한 상태에서 아직 기사화하여 보도하지 아니한 경우에는 전파가능성이 없다고 할 것이어서 공연성이 없다.

② 타인을 비방할 목적으로 허위사실인 기사의 재료를 신문기자에게 제공하였더라도 기사를 신문지상에 게재하느냐의 여부는 신문 편집인의 권한에 속하므로 기사 재료의 제공행위를 형법 제309조 제2항의 출판물에 의한 명예훼손죄로 처벌할 수 없다.

③ 출판물에 의한 명예훼손죄는 간접정범에 의하여 범하여질 수도 있으므로 타인을 비방할 목적으로 허위의 기사 재료를 그 정을 모르는 기자에게 제공하여 신문 등에 보도되게 한 경우에도 성립할 수 있다.

④ 제보자가 기사의 취재 · 작성과 직접적인 연관이 없는 자에게 허위의 사실을 알렸을 뿐인 경우에는, 제보자가 피제보자에게 그 알리는 사실이 기사화되도록 특별히 부탁하였다거나 피제보자가 이를 기사화할 것이 고도로 예상되는 등의 특별한 사정이 없는 한, 피제보자가 언론에 공개하거나 기자들에게 취재됨으로써 그 사실이 신문에 게재되어 일반 공중에게 배포되더라도 제보자에게 출판 · 배포된 기사에 관하여 출판물에 의한 명예훼손죄의 책임을 물을 수는 없다.

해설

② [×] 타인을 비방할 목적으로 허위사실인 기사의 재료를 신문기자에게 제공한 경우에 기사를 신문지상에 게재하느냐의 여부는 신문 편집인의 권한에 속한다고 할 것이나, 이를 편집인이 신문지상에 게재한 이상 기사의 게재는 기사 재료를 제공한 자의 행위에 기인한 것이므로 기사 재료의 제공행위는 형법 제309조 제2항 소정의 출판물에 의한 명예훼손죄의 죄책을 면할 수 없다(대법원 2004.5.14, 2003도5370 아파트동대표 기사제공 사건).

① [○] 기자를 통해 사실을 적시하는 경우에는 기사화되어 보도되어야만 적시된 사실이 외부에 공표된다고 보아야 할 것이므로 기자가 취재를 한 상태에서 아직 **기사화하여 보도하지 아니한 경우에는 전파가능성이 없다고 할 것이어서 공연성이 없다**(대법원 2000.5.16, 99도5622 주간지 인터뷰 사건).

③ [○] **출판물에 의한 명예훼손죄는 간접정범에 의하여 범하여질 수도 있으므로** 타인을 비방할 목적으로 허위의 기사 재료를 그 정을 모르는 기자에게 제공하여 신문 등에 보도되게 한 경우에도 성립할 수 있다(대법원 2002.6.28, 2000도3045 메디슨사 비리 제보 사건).

④ [○] 제보자가 기사의 취재 · 작성과 직접적인 연관이 없는 자에게 허위의 사실을 알렸을 뿐인 경우에는, **제보자가 피제보자에게 그 알리는 사실이 기사화되도록 특별히 부탁하였다거나 피제보자가 이를 기사화할 것이 고도로 예상되는 등의 특별한 사정이 없는 한,** 피제보자가 언론에 공개하거나 기자들에게 취재됨으로써 그 사실이 신문에 게재되어 일반 공중에게 배포되더라도 제보자에게 출판 · 배포된 기사에 관하여 출판물에 의한 **명예훼손죄의 책임을 물을 수는 없다**(대법원 2002.6.28, 2000도3045 메디슨사 비리 제보 사건).

437 1 2 3 모욕죄에 관한 다음 설명 중 옳지 않은 것은? (다툼이 있으면 판례에 의함) [Essential ★]

① 모욕죄는 피해자의 외부적 명예를 저하시킬 만한 추상적 판단이나 경멸적 감정을 공연히 표시함으로써 성립하는 것이므로 피해자의 외부적 명예가 현실적으로 침해되거나 구체적 · 현실적으로 침해될 위험이 발생하여야 하는 것은 아니다.

② 어떠한 표현이 상대방의 인격적 가치에 대한 사회적 평가를 저하시킬 만한 것이 아니라면 설령 그 표현이 다소 무례하고 저속한 방법으로 표시되었다 하더라도 이를 모욕죄의 구성요건에 해당한다고 볼 수 없다.

③ 모욕죄는 사회적 평가를 저하시킬 만한 경멸적 감정을 표현함으로써 성립하는 것이므로 그 피해자가 반드시 특정될 필요는 없다.

④ 이른바 집단표시에 의한 모욕은, 모욕의 내용이 그 집단에 속한 특정인에 대한 것이라고는 해석되기 힘들고, 집단표시에 의한 비난이 개별구성원에 이르러서는 비난의 정도가 희석되어 구성원 개개인의 사회적 평가에 영향을 미칠 정도에 이르지 아니한 경우에는 구성원 개개인에 대한 모욕이 성립되지 않는다고 봄이 원칙이고, 그 비난의 정도가 희석되지 않아 구성원 개개인의 사회적 평가를 저하시킬 만한 것으로 평가될 경우에는 예외적으로 구성원 개개인에 대한 모욕이 성립할 수 있다.

해설

③ [×] 모욕죄는 특정한 사람 또는 인격을 보유하는 단체에 대하여 사회적 평가를 저하시킬 만한 경멸적 감정을 표현함으로써 성립하는 것이므로 그 피해자는 특정되어야 한다(대법원 2014.3.27, 2011도15631).

① [○] **모욕죄는 피해자의 외부적 명예를 저하시킬 만한 추상적 판단이나 경멸적 감정을 공연히 표시함으로써 성립**하는 것이므로 피해자의 외부적 명예가 현실적으로 침해되거나 구체적 · 현실적으로 침해될 위험이 발생하여야 하는 것은 아니다(대법원 2016.10.13, 2016도9674 순경새끼 씨발 개새끼 사건).

② [○] 어떠한 표현이 상대방의 인격적 가치에 대한 사회적 평가를 저하시킬 만한 것이 아니라면 설령 그 표현이 다소 무례하고 저속한 방법으로 표시되었다 하더라도 이를 **모욕죄의 구성요건에 해당한다고 볼 수 없다**(대법원 2015.12.24, 2015도6622 아이 씨발 사건).

④ [○] 이른바 집단표시에 의한 모욕은, 모욕의 내용이 그 집단에 속한 특정인에 대한 것이라고는 해석되기 힘들고, 집단표시에 의한 비난이 개별구성원에 이르러서는 비난의 정도가 희석되어 구성원 개개인의 사회적 평가에 영향을 미칠 정도에 이르지 아니한 경우에는 구성원 개개인에 대한 모욕이 성립되지 않는다고 봄이 원칙이고, 그 **비난의 정도가 희석되지 않아 구성원 개개인의 사회적 평가를 저하시킬 만한 것으로 평가될 경우에는 예외적으로 구성원 개개인에 대한 모욕이 성립할 수 있다**(대법원 2014.3.27, 2011도15631).

정답 | 436 ② 437 ③

438 다음 중 모욕죄가 성립하는 것은 모두 몇 개인가? (다툼이 있으면 판례에 의함) [core ★★]

1 2 3

㉠ 甲이 아파트 앞 주차장 부근에서 A에게 영어로 "you are fucking crazy"라고 말한 경우
㉡ 피고인 甲이 택시 기사와 요금 문제로 시비가 벌어져 112 신고를 하였는데, 경찰관인 A가 신고 장소를 빨리 찾지 못하고 늦게 도착한 데에 항의하면서 A에게 "아이 씨발"이라고 말한 경우
㉢ 지구대 앞길에서 경찰관인 피해자가 피고인에게 "손님, 요금을 지불하고 귀가하세요"라고 말하자 피고인이 택시 기사와 동료 경찰관들이 듣고 있는 가운데 피해자를 향해 "뭐야. 개새끼야, 뭐 하는 거야. 새끼들아, 씨팔놈들아. 개새끼야"라고 큰소리로 욕설을 한 경우
㉣ 피고인이 식당에서 영업 업무를 방해하고 식당 주인을 폭행하던 중 식당 주인 부부, 손님, 인근 상인들이 있는 공개된 식당 앞 노상에서 112신고를 받고 출동한 경찰관인 피해자를 향해 "젊은 놈의 새끼야, 순경새끼, 개새끼야", "씨발 개새끼야, 좆도 아닌 젊은 새끼는 꺼져 새끼야"라는 욕설을 한 경우

① 0개 ② 1개
③ 2개 ④ 3개

해설

③ ㉢㉣ 2항목의 경우 모욕죄가 성립한다.

㉠ 甲이 아파트 앞 주차장 부근에서 A에게 영어로 "you are fucking crazy"라고 말했더라도 이는 '당신 정말 어처구니가 없다', '당신 정말 말도 안 된다' 정도의 의미로서, 甲에게 A를 모욕할 의사가 있었다거나 위 표현이 A의 사회적 평가를 저하시킬 만한 경멸적인 표현에 해당한다고 단정하기 어렵다(헌법재판소 2017.5.25, 2017헌마1 fucking crazy 사건).

㉡ 甲의 이 발언은 구체적으로 상대방을 지칭하지 않은 채 단순히 발언자 자신의 불만이나 분노한 감정을 표출하기 위하여 흔히 쓰는 말로서 상대방을 불쾌하게 할 수 있는 무례하고 저속한 표현이기는 하지만 직접적으로 A를 특정하여 그의 인격적 가치에 대한 사회적 평가를 저하시킬 만한 경멸적 감정을 표현한 모욕적 언사에 해당한다고 단정하기는 어렵다(대법원 2015.12.24, 2015도6622 아이 씨발 사건).

㉢㉣ 피고인은 법집행을 하려는 경찰관 개인을 향하여 경멸적 표현을 담은 욕설을 함으로써 경찰관 개인의 인격적 가치에 대한 평가를 저하시킬 위험이 있는 모욕행위를 하였다고 볼 것이고, 이를 단순히 당시 상황에 대한 분노의 감정을 표출하거나 무례한 언동을 한 정도에 그친 것으로 평가하기는 어렵다(㉢ 대법원 2017.4.13, 2016도15264 뭐야 개새끼야 사건 ㉣ 대법원 2016.10.13, 2016도9674 순경새끼 사건).

439 다음 중 甲에 대하여 모욕죄가 성립하는 것은 모두 몇 개인가? (다툼이 있으면 판례에 의함)

1 2 3

[core ★★]

> ㉠ 아파트 입주자대표회의 감사인 피고인 甲이 아파트 관리소장 A와 언쟁을 하는 과정에서 "나이 처먹은 게 무슨 자랑이냐"라고 말한 경우
> ㉡ 피고인 甲이 인터넷 포털 사이트 ○○의 카페에 접속하여 '자칭 타칭 A하면 떠오르는 키워드!!!'라는 제목의 게시글에 '공황장애 ㅋ'라는 댓글을 게시한 경우
> ㉢ 피고인 甲이 노사 관계자 140여 명이 있는 가운데 큰 소리로 甲보다 15세 연장자인 A(회사 부사장겸 공장장으로 이름은 '○○'이다)를 향해 "야 ○○아, ○○아, ○○이 여기 있네, 너 이름이 ○○이 아냐, 반말? 니 이름이 ○○이잖아, ○○아 좋지 ○○아 나오니까 좋지?"라고 여러 차례 말한 경우
> ㉣ 제품의 안정성에 논란이 많은 가운데 인터넷 신문사 소속 기자 乙이 인터넷 포탈 사이트의 '핫이슈'난에 제품을 옹호하는 기사를 게재하자 그 기사를 읽은 상당수의 독자들이 '네티즌 댓글'창에 乙을 비판하는 댓글을 달고 있는 상황에서 甲이 "이런걸 기레기라고 하죠?"라는 댓글을 게시한 경우

① 0개　　② 1개

③ 2개　　④ 3개

해설

① 모든 항목의 경우 모욕죄는 성립하지 아니한다.

㉡ 甲의 발언은 상대방을 불쾌하게 할 수 있는 무례하고 저속한 표현이기는 하지만 객관적으로 A의 인격적 가치에 대한 사회적 평가를 저하시킬 만한 모욕적 언사에 해당한다고 보기는 어렵다(대법원 2015.9.10, 2015도2229 나이 처먹은게 자랑이냐 사건).

㉡ 그 표현은 상대방을 불쾌하게 할 수 있는 무례한 표현이기는 하나 상대방의 인격적 가치에 대한 사회적 평가를 저하시킬 만한 표현에 해당한다고 보기는 어렵다(대법원 2018.5.30, 2016도20890 공황장애 사건).

㉢ 甲의 발언은 상대방을 불쾌하게 할 수 있는 무례하고 예의에 벗어난 표현이기는 하지만 객관적으로 A의 인격적 가치에 대한 사회적 평가를 저하시킬 만한 모욕적 언사에 해당한다고 보기는 어렵다(대법원 2018.11.29, 2017도2661 반말 사건).

㉣ '기레기'는 '기자'와 '쓰레기'의 합성어로서 자극적인 제목이나 내용 등으로 홍보성 기사를 작성하는 행위 등을 하는 기자들 또는 기자들의 행태를 비하한 용어이므로 기자인 피해자의 사회적 평가를 저하시킬 만한 추상적 판단이나 경멸적 감정을 표현한, 모욕적 표현에 해당하기는 한다. 그러나 피고인이 작성한 "이런걸 기레기라고 하죠?"라는 댓글은 그 전후에 게시된 다른 댓글들과 같은 견지에서 방송 내용 등을 근거로 기사의 제목과 내용, 이를 작성한 피해자의 행위나 태도를 비판하는 의견을 강조하거나 압축하여 표현한 것이라고 평가할 수 있다. 또한 '기레기'는 기사 및 기자의 행태를 비판하는 글에서 비교적 폭넓게 사용되는 단어이고, 기사에 대한 다른 댓글들의 논조 및 내용과 비교해 볼 때 댓글의 표현이 지나치게 악의적이라고 하기도 어려워 피고인의 행위는 사회상규에 위배되지 않는 행위로서 형법 제20조에 의하여 위법성이 조각된다(대법원 2021.3.25, 2017도17643 이런걸 기레기라고 하죠 사건). 모욕죄의 구성요건에는 해당하지만 위법성이 조각된다는 점을 주의하여야 한다.

정답 | 438 ③　439 ①

440 다음 중 모욕죄가 성립하는 것은? (다툼이 있으면 판례에 의함) [core ★★]

1 2 3

① 중학교 교사인 피고인이 교무실에서 "부모가 그런 식이니 자식도 그런 것이다"라는 말을 한 경우

② 피고인이 자신의 인터넷 블로그에 '듣보잡', '함량미달', '함량이 모자라도 창피한 줄 모를 정도로 멍청하게 충성할 사람', '싼 맛에 갖다 쓰는 거죠' 등이라고 쓴 경우

③ 피고인이 골프클럽 경기보조원들의 구직편의를 위해 제작된 인터넷 사이트 내 회원 게시판에 특정 골프클럽의 운영상 불합리성을 비난하는 글을 게시하면서 클럽담당자에 대하여 "한심하고 불쌍한 인간"이라는 등 경멸적 표현을 한 경우

④ 임대아파트의 분양전환과 관련하여 임차인인 피고인이 아파트 관리사무소의 방송시설을 이용하여 임차인대표회의의 전임회장 A를 비판하며 "전 회장(A)의 개인적인 의사에 의하여 주택공사의 일방적인 견해에 놀아나고 있기 때문에"라고 표현한 경우

해설

② 피해자를 비하하여 사회적 평가를 저하시킬만한 추상적 판단이나 경멸적 감정을 표현한 것으로 모욕죄에 해당한다(대법원 2011.12.22, 2010도10130).

① 상대방의 기분이 다소 상할 수 있다고 하더라도 그 내용이 너무나 막연하여 그것만으로 곧 상대방의 명예감정을 해하여 모욕죄를 구성한다고 보기는 어렵다(대법원 2007.2.22, 2006도8915 부모가 그런 식이니 사건).

③ 게시의 동기와 경위, 모욕적 표현의 정도와 비중 등에 비추어 사회상규에 위배되지 않는다고 봄이 상당하다(대법원 2008.7.10, 2008도1433 다음카페 캐디세상 사건).

④ 이런 표현은 직접적으로 A를 겨냥하여 그의 사회적 평가를 저하시킬 만한 추상적 판단이나 그에 대한 경멸적 감정을 표현한 것으로 보기 어려워 모욕죄의 '모욕'에 해당하지 않는다(대법원 2008.12.11, 2008도8917 배들주공아파트 사건).

441 업무방해죄에 관한 다음 설명 중 옳지 않은 것은? (다툼이 있으면 판례에 의함) [core ★★]

1 2 3

① 위계에 의한 업무방해죄에서 '위계'란 행위자가 행위목적을 달성하기 위하여 상대방에게 오인, 착각 또는 부지를 일으키게 하여 이를 이용하는 것을 말한다.

② 인터넷 자유게시판 등에 실제의 객관적인 사실을 게시하는 행위는 설령 그로 인하여 피해자의 업무가 방해된다고 하더라도 '위계'에 해당하지 않는다.

③ 컴퓨터 등 정보처리장치에 정보를 입력하는 등의 행위를 하였다면 비록 그 입력된 정보 등을 바탕으로 업무를 담당하는 사람의 오인, 착각 또는 부지를 일으킬 목적이었다고 하더라도 이는 업무를 담당하는 사람을 직접적인 대상으로 이루어진 것이 아니므로 위계에 해당하지 아니한다.

④ 상대방으로부터 신청을 받아 상대방이 일정한 자격요건 등을 갖춘 경우에 한하여 그에 대한 수용 여부를 결정하는 업무에 있어서는 신청서에 기재된 사유가 사실과 부합하지 않을 수 있음을 전제로 그 자격요건 등을 심사 · 판단하는 것이므로, 업무담당자가 사실을 충분히 확인하지 아니한 채 신청인이 제출한 허위의 신청사유나 허위의 소명자료를 가볍게 믿고 이를 수용하였다면 이는 업무담당자의 불충분한 심사에 기인한 것으로서 신청인의 위계가 업무방해의 위험성을 발생시켰다고 할 수 없어 위계에 의한 업무방해죄를 구성하지 않는다.

해설

③ [×] 컴퓨터 등 정보처리장치에 정보를 입력하는 등의 행위가 그 입력된 정보 등을 바탕으로 업무를 담당하는 사람의 오인, 착각 또는 부지를 일으킬 목적으로 행해진 경우에는 그 행위가 업무를 담당하는 사람을 직접적인 대상으로 이루어진 것이 아니라고 하여 위계가 아니라고 할 수는 없다(대법원 2013.11.28, 2013도5117 통합진보당 대리투표 사건Ⅱ).

① [○] 위계에 의한 업무방해죄에서 '위계'란 행위자가 행위목적을 달성하기 위하여 상대방에게 **오인, 착각 또는 부지를 일으키게 하여 이를 이용하는 것을 말한다**(대법원 2013.11.28, 2013도5117 통합진보당 대리투표 사건Ⅱ).

② [○] 인터넷 자유게시판 등에 **실제의 객관적인 사실을 게시하는 행위는** 설령 그로 인하여 피해자의 업무가 방해된다고 하더라도 **'위계'에 해당하지 않는다**(대법원 2007.6.29, 2006도3839 다음카페 전국감리원모임 사건).

④ [○] 상대방으로부터 신청을 받아 상대방이 일정한 자격요건 등을 갖춘 경우에 한하여 그에 대한 수용 여부를 결정하는 업무에 있어서는 신청서에 기재된 사유가 사실과 부합하지 않을 수 있음을 전제로 그 자격요건 등을 심사 · 판단하는 것이므로, 업무담당자가 사실을 충분히 확인하지 아니한 채 신청인이 제출한 허위의 신청사유나 허위의 소명자료를 가볍게 믿고 이를 수용하였다면 이는 업무담당자의 **불충분한 심사에 기인한 것으로서** 신청인의 위계가 업무방해의 위험성을 발생시켰다고 할 수 없어 **위계에 의한 업무방해죄를 구성하지 않는다**(대법원 2008.6.26, 2008도2537 김옥랑 동숭아트센터대표 사건).

442 업무방해죄에 관한 다음 설명 중 옳지 않은 것은? (다툼이 있으면 판례에 의함) [Essential ★]

1 2 3

① 업무방해죄에 있어서의 행위의 객체는 타인의 업무이고, 여기서 타인이라 함은 범인 이외의 자연인과 법인 및 법인격 없는 단체를 가리킨다.

② 업무방해죄의 보호대상이 되는 '업무'라 함은 직업 기타 사회생활상의 지위에 기하여 계속적으로 종사하는 사무 또는 사업을 말한다.

③ 업무방해죄에 있어서 '업무'가 주된 것이든 부수적인 것이든 가리지 아니하나 경제적 · 영리적인 사무에 한정되고 정신적 · 문화적인 사무는 이에 포함되지 아니한다.

④ 형법이 업무방해죄와는 별도로 공무집행방해죄를 규정하고 있는 것은 사적 업무와 공무를 구별하여 공무에 관해서는 공무원에 대한 폭행, 협박 또는 위계의 방법으로 그 집행을 방해하는 경우에 한하여 처벌하겠다는 취지라고 보아야 할 것이고, 따라서 공무원이 직무상 수행하는 공무를 방해하는 행위에 대해서는 업무방해죄로 의율할 수는 없다.

해설

③ [×] 업무방해죄에 있어서 '업무'란 경제적 · 영리적인 사무에 한정되지 아니하고 정신적 · 문화적인 사무도 이에 포함된다(대법원 2008.5.29, 2007도5037 중고차매매단지 분양 사건).

① [○] 업무방해죄에 있어서의 행위의 객체는 타인의 업무이고, 여기서 **타인이라 함은 범인 이외의 자연인과 법인 및 법인격 없는 단체를 가리킨다**(대법원 2007.12.27, 2005도6404 서울시농수산물공사 사건).

② [○] 업무방해죄의 보호대상이 되는 '업무'라 함은 직업 기타 사회생활상의 지위에 기하여 **계속적으로 종사하는 사무 또는 사업을 말한다**(대법원 2013.6.14, 2013도3829 대흥초교 사건).

④ [○] 형법이 업무방해죄와는 별도로 공무집행방해죄를 규정하고 있는 것은 사적 업무와 공무를 구별하여 공무에 관해서는 공무원에 대한 폭행, 협박 또는 위계의 방법으로 그 집행을 방해하는 경우에 한하여 처벌하겠다는 취지라고 보아야 할 것이고, 따라서 **공무원이 직무상 수행하는 공무를 방해하는 행위에 대해서는 업무방해죄로 의율할 수는 없다**(대법원 2011.7.28, 2009도11104 마산시장 기자회견 방해 사건).

정답 | 440 ② 441 ③ 442 ③

443 다음 중 업무방해죄의 보호대상이 되는 '업무'에 해당하는 것을 모두 고른 것은? (다툼이 있으면 판례에 의함)

1 2 3

[core ★★]

> ㉠ 주주로서 주주총회에서 의결권 등을 행사하는 행위
> ㉡ 종중 정기총회를 주재하는 종중 회장의 의사진행 행위
> ㉢ 초등학생들이 학교에 등교하여 교실에서 수업을 듣는 행위

① ㉠ ② ㉡

③ ㉡㉢ ④ ㉠㉡㉢

해설

② ㉡ 항목만 업무에 해당한다.

㉠ 주주로서 주주총회에서 의결권 등을 행사하는 것은 주식의 보유자로서 그 자격에서 권리를 행사하는 것에 불과할 뿐 그것이 직업 기타 사회생활상의 지위에 기하여 계속적으로 종사하는 사무 또는 사업에 해당한다고 할 수 없다(대법원 2004.10.28, 2004도1256 주주총회 개인주주 방해 사건).

㉡ 종중 회장의 의사진행업무 자체는 1회성을 갖는 것이라고 하더라도 그것이 사회적인 지위에서 계속적으로 행하여 온 종중 업무수행의 일환으로 행하여진 것이라면 업무방해죄에 의하여 보호되는 업무에 해당된다(대법원 1995.10.12, 95도1589 종중총회 방해 사건).

㉢ 초등학생들이 학교에 등교하여 교실에서 수업을 듣는 것은 학생들 본인의 권리를 행사하는 것이거나 국가 내지 부모들의 의무를 이행하는 것에 불과할 뿐 그것이 직업 기타 사회생활상의 지위에 기하여 계속적으로 종사하는 사무 또는 사업에 해당한다고 할 수 없다(대법원 2013.6.14, 2013도3829 대흥초교 사건).

444 1 2 3 다음 중 업무방해죄의 보호대상이 되는 '업무'에 해당하는 것은 모두 몇 개인가? (다툼이 있으면 판례에 의함) [core ★★]

> ㉠ 성매매알선 행위
> ㉡ 의료법인이 아닌 자가 의료기관을 개설하여 운영하는 행위
> ㉢ 법원의 직무집행정지 가처분결정에 의하여 직무집행이 정지된 자가 법원의 결정에 반하여 수행하는 직무
> ㉣ 공인중개사의 명의로 등록되어 있으나 실제로는 공인중개사가 아닌 자가 주도적으로 운영하는 형식 중개사무소 운영 행위

① 0개 ② 1개
③ 2개 ④ 3개

해설

① 모든 항목이 보호대상인 업무에 해당하지 아니한다.

㉠ 성매매알선 등 행위는 형사처벌의 대상이 되는 중대한 범죄행위일 뿐 아니라 반사회성을 띠는 경우에 해당하므로 이는 업무방해죄의 보호대상이 되는 업무라고 볼 수 없으므로 폭력조직 간부인 피고인이 조직원들과 공모하여 성매매업소 앞에 속칭 '병풍'을 치거나 차량을 주차해 놓는 등 위력으로써 그를 방해하였더라도 업무방해죄가 성립하지 아니한다(대법원 2011.10.13, 2011도7081 수원역전파 사건).

㉡ 의료법인이 아닌 자가 의료기관을 개설하여 운영하는 행위는 그 위법의 정도가 중하여 사회생활상 도저히 용인될 수 없는 정도로 반사회성을 띠고 있으므로 업무방해죄의 보호대상이 되는 업무에 해당하지 않는다(대법원 2001.11.30, 2001도2015).

㉢ 법원의 결정에 반하여 직무를 수행함으로써 업무를 계속 행하고 있다면, 비록 그 업무가 반사회성을 띠는 경우라고까지는 할 수 없다고 하더라도 법의 보호를 받을 가치를 상실하였다고 하지 않을 수 없다(대법원 2002.8.23, 2001도5592 직무집행정지가처분 조합장 사건).

㉣ 피해자의 중개업은 형사처벌의 대상이 되는 범죄행위에 해당하는 것으로서 업무방해죄의 보호대상이 되는 업무라고 볼 수 없다(대법원 2007.1.12, 2006도6599 공인중개사무소 폐업 사건).

정답 | 443 ② 444 ①

445 다음 중 업무방해죄가 성립하는 것은 모두 몇 개인가? (다툼이 있으면 판례에 의함) [Superlative ★★★]

1 2 3

> ㉠ 공사(公社)의 사장으로 신규직원 채용권한을 갖고 있는 피고인 甲의 지시에 따라 신규직원 채용시험업무 담당자인 乙 등이 응시자 丙의 필기시험 성적을 조작하고 응시자 丁을 면접대상자에 포함시킬 수 있도록 응시자격 요건을 변경한 경우
> ㉡ 부산시 수협의 신규직원 채용에 응시한 乙, 丙이 필기시험에서 합격선에 미치지 못하는 점수를 받게 되자, 조합장인 피고인 甲의 지시에 따라 채점업무 담당자들이 점수조작행위를 통하여 乙, 丙을 필기시험에 합격시키고 면접시험에 응시할 수 있도록 한 경우
> ㉢ 객관적으로 보아 당해 출제교사가 출제할 것이라고 예측되는 순수한 예상문제를 선정하여 수험생이나 그 교습자에게 주거나 출제위원이 문제를 선정하여 시험실시자에게 제출하기 전에 이를 유출하였으나 그 유출된 문제가 시험실시자에게 제출되지 않은 경우
> ㉣ 피고인 甲이 출제교수들로부터 대학원신입생전형시험문제를 제출받아 알게 된 것을 틈타서 피고인 乙, 丙 등에게 그 시험문제를 알려주었고 그렇게 알게 된 乙, 丙 등이 답안쪽지를 작성한 다음 이를 답안지에 그대로 베껴써서 정을 모르는 시험감독관에게 제출한 경우

① 1개 ② 2개
③ 3개 ④ 4개

해설

② ㉡㉣ 2항목의 경우 업무방해죄가 성립한다.

㉠ 신규직원 채용권한을 갖고 있는 피고인 甲 및 시험업무 담당자들이 모두 공모 내지 양해하에 위와 같은 부정한 행위를 한 것이므로 법인인 공사에게 신규직원 채용업무와 관련하여 오인·착각 또는 부지를 일으키게 하였다고 볼 수 없으므로(공사의 신규직원 채용업무와 관련하여 오인·착각 또는 부지를 일으킨 상대방이 있다고 할 수 없으므로) 위계에 의한 업무방해죄에 있어서의 '위계'에 해당한다고 할 수 없다(대법원 2007.12.27, 2005도6404 서울시농수산물공사 사건). 면접위원들도 점수조작 행위에 공모 또는 양해를 하였기 때문에 ㉡ 항목의 판례와 결론을 달리한다는 점을 주의하여야 한다.

㉡ 점수조작행위는 면접위원으로 하여금 면접시험 응시자의 정당한 자격 유무에 관하여 오인·착각 또는 부지를 일으키게 하는 위계에 해당하고, 그 위계에 의하여 면접업무의 적정성 또는 공정성이 저해되었다고 보아야 한다(대법원 2010.3.25, 2009도8506 부산수협 필기점수 조작 사건).

㉢ 순수한 예상문제를 선정하여 수험생이나 그 교습자에게 주는 행위를 가지고 시험실시 업무를 방해하는 행위라고 할 수 없고 또한 유출된 문제가 시험실시자에게 제출되지도 아니하였다면 그러한 문제유출로 인하여 시험실시 업무가 방해될 추상적인 위험조차도 있다고 할 수 없으므로 업무방해죄가 성립한다고 할 수 없다(대법원 1999.12.10, 99도3487 보성고 문제유출 사건).

㉣ 乙, 丙 등이 답안쪽지를 작성한 다음 이를 답안지에 그대로 베껴써서 정을 모르는 시험감독관에게 제출하였다면 이는 위계로써 입시감독업무를 방해한 것이다(대법원 1991.11.12, 91도2211 조선대 대학원 입시비리 사건).

446 다음 중 업무방해죄가 성립하는 것은 모두 몇 개인가? (다툼이 있으면 판례에 의함) [Superlative ★★★]

1 2 3

> ㉠ 골프장에서 전국여성노동조합 88CC분회장으로 일하던 피고인이 경기보조원들(캐디)의 출장 순서를 임의로 바꾼 사측에 불만을 품고 경기보조원 18명에게 경기에 나서지 말 것을 지시한 경우
>
> ㉡ 전국철도노동조합이 파업을 예고한 상황에서 파업 예정일 하루 전에 사용자인 한국철도공사 측 교섭위원이 산하 차량정비단 직원들을 상대로 설명회 등 특별교육을 실시하려고 하자, 노동조합 간부인 피고인들이 직원들의 교육장 진입을 막는 등 위력으로 이를 방해한 경우
>
> ㉢ 인터넷카페의 운영진인 피고인들이 카페 회원들과 공모하여, 특정 신문들에 광고를 게재하는 광고주들에게 불매운동의 일환으로 지속적 · 집단적으로 항의전화를 하거나 광고주들의 홈페이지에 항의글을 게시하는 등의 방법으로 광고중단을 압박한 경우 (광고주에 대한 업무방해죄 성립 여부)
>
> ㉣ 인터넷카페의 운영진인 피고인들이 카페 회원들과 공모하여, 특정 신문들에 광고를 게재하는 광고주들에게 불매운동의 일환으로 지속적 · 집단적으로 항의전화를 하거나 광고주들의 홈페이지에 항의글을 게시하는 등의 방법으로 광고중단을 압박한 경우 (신문사에 대한 업무방해죄 성립 여부)
>
> ㉤ 쌍용자동차 주식회사 임원인 피고인 甲이 자동차 판매수수료율과 관련하여 대리점 사업자들과 회사 사이에 의견대립이 고조되자, 대리점 사업자 A가 일정액의 사용료를 지급하고 판매정보 교환 등에 이용해 오던 회사의 내부전산망(Cubic-Net) 전체 및 고객관리시스템(SPMS) 중 자유게시판에 대한 접속권한을 차단한 경우

① 2개 ② 3개

③ 4개 ④ 5개

해설

② ㉡㉢㉤ 3항목의 경우 업무방해죄가 성립한다.

㉠ 피고인의 행위가 사회통념상 허용되는 범위를 넘어 골프장 운영자의 자유의사를 제압 · 혼란케 할 정도의 위력에 해당한다고 보기에 부족하다(대법원 2013.5.23, 2011도12440 캐디 출장거부 지시 사건).

㉡ 피고인들이 특별교육을 부당노동행위로 오인하였더라도 이는 정당한 이유가 있다고 할 없어 업무방해죄가 성립한다(대법원 2013.1.31, 2012도3475 한국철도공사 특별교육 방해 사건Ⅱ).

㉢ 피고인들의 행위는 광고주들의 자유의사를 제압할 만한 세력으로서 위력에 해당한다(대법원 2013.3.14, 2010도410 언소주 소비자불매운동 사건).

㉣ 업무방해죄의 위력은 원칙적으로 피해자에게 행사되어야 하고 제3자를 향한 위력의 행사는 이를 피해자에 대한 직접적인 위력의 행사와 동일시할 수 있는 예외적 사정이 인정되는 경우에만 업무방해죄의 구성요건인 위력의 행사로 볼 수 있으므로, 피고인들의 행위만으로는 특정 신문사들에 대한 직접적인 위력의 행사가 있었다고 보기에 부족하다(대법원 2013.3.14, 2010도410 언소주 소비자불매운동 사건).

㉤ 위력으로 A의 업무를 방해한 것에 해당한다(대법원 2012.5.24, 2009도4141 큐빅넷 차단 사건).

정답 | 445 ② 446 ②

447 다음 중 업무방해죄가 성립하는 것은 모두 몇 개인가? (다툼이 있으면 판례에 의함) [Superlative ★★★]

1 2 3

㉠ 대부업체 직원인 피고인이 대출금을 회수하기 위하여 소액의 지연이자를 문제삼아 법적 조치를 거론하면서 소규모 간판업자인 채무자의 휴대전화로 수백 회에 이르는 전화공세를 한 경우

㉡ 회계자료열람권을 가진 피고인이 협회 사무실에서 회계서류 등의 열람을 요구하는 과정에서 협회 직원들을 불러 모아 상당한 시간 동안 이야기를 하거나 피고인의 요구를 거부하는 직원에게 다소 언성을 높여 "책임을 지게 될 수 있다"고 이야기한 경우

㉢ 임대인이 임차인의 물건을 임의로 철거·폐기할 수 있다는 임대차계약 조항에 따라 임대인인 피고인이 간판업자를 동원하여 임차인인 피해자가 영업 중인 식당 점포의 간판을 철거하고 출입문을 봉쇄한 경우

㉣ 임대인 A로부터 건물을 임차하여 학원을 운영하던 피고인 甲이 건물을 인도한 이후에도 자신 명의로 된 학원설립등록을 말소하지 않고 휴원신고를 연장함으로써 새로운 임차인 B가 그 건물에서 학원설립등록을 하지 못하도록 한 경우

㉤ 피고인 甲이 인천광역시로부터 임차한 건물의 2층에서 甲은 음악학원을 운영하고 피해자 A는 1층에서 미술학원을 운영하되, A가 운영하는 미술학원의 등록 명의도 甲으로 하기로 약정한 후 각자 학원을 운영하여 오던 중, 지하실의 사용 문제와 관련하여 분쟁이 발생하자 甲이 일방적으로 자신의 요구사항을 주장하다가 A가 자신의 통제를 받지 않는다는 이유로 임의로 폐원신고를 하여 A가 미술학원 영업을 할 수 없게 한 경우

① 1개 ② 2개

③ 3개 ④ 4개

해설

③ ㉠㉢㉤ 3항목의 경우 업무방해죄가 성립한다.

㉠ 사회통념상 허용한도를 벗어난 채권추심행위로서 위력에 의한 업무방해죄를 구성한다(대법원 2005.5.27, 2004도8447 퍼스트머니 사건).

㉡ 회계자료열람권을 가진 피고인이 협회 사무실에서 회계서류 등의 열람을 요구하는 과정에서 협회 직원들을 불러 모아 상당한 시간 동안 이야기를 하거나 피고인의 요구를 거부하는 직원에게 다소 언성을 높여 "책임을 지게 될 수 있다"고 이야기한 사정 등만으로는 업무방해 행위에 해당하지 않는다(대법원 2021.7.8, 2021도3805 회계서류를 보여달라 사건).

㉢ 임대인의 행위는 위력을 사용하여 피해자의 업무를 방해한 행위에 해당한다(대법원 2005.3.10, 2004도341).

㉣ 甲의 휴원연장신고와 B가 학원설립등록을 하지 못한 점 사이에 인과관계가 있다고 단정하기 어렵고, 甲의 행위가 B의 자유의사를 제압·혼란케 할 정도의 위력에 해당한다고 보기 어렵다(대법원 2010.11.25, 2010도9186 휴원기간 연장 사건).

㉤ A가 운영하고 있는 학원이 자신의 명의로 등록되어 있는 지위를 이용하여 임의로 폐원신고를 함으로써 A의 업무를 위력으로써 방해하였다고 봄이 상당하다(대법원 2005.3.25, 2003도5004 미술학원 폐원신고 사건).

448 다음 중 컴퓨터등장애업무방해죄가 성립하는 것을 모두 고른 것은? (다툼이 있으면 판례에 의함)

1 2 3

[core ★★]

㉠ 피고인이 후임자에게 메인 컴퓨터의 비밀번호를 알려주지 않은 경우
㉡ 전보발령으로 웹서버를 관리, 운영할 권한이 없는 피고인이 웹서버에 접속하여 홈페이지 관리자의 비밀번호를 무단으로 변경한 경우
㉢ 주택재건축조합 조합장인 피고인이 조합의 감사 A가 자신을 탄핵하는 것을 저지하기 위하여 경리 여직원 B가 사용하던 컴퓨터에 자신만이 아는 비밀번호를 설정하고, 조합업무 담당자 C가 사용하던 컴퓨터의 하드디스크를 분리하여 사무실 금고에 보관한 경우

① 없음 ② ㉠
③ ㉡㉢ ④ ㉠㉡㉢

해설

③ ㉡㉢ 2항목의 경우 컴퓨터등장애업무방해죄가 성립한다.
㉠ 피고인이 단순히 메인 컴퓨터의 비밀번호를 알려주지 아니한 것만으로는 정보처리장치의 작동에 직접 영향을 주어 그 사용목적에 부합하는 기능을 하지 못하게 하거나 사용목적과 다른 기능을 하게 하였다고 볼 수 없어 컴퓨터등장애업무방해죄로 의율할 수 없다(대법원 2004.7.9, 2002도631).
㉡ 피고인이 홈페이지 관리자의 비밀번호를 무단으로 변경한 행위는 정당한 행위라고 할 수 없고, 그로 인하여 정보처리장치에 현실적인 장애를 발생시킴으로써 대학 측에 대하여 업무방해의 위험을 초래한 행위에 해당하여 컴퓨터등장애업무방해죄를 구성한다(대법원 2007.3.16, 2006도6663 신성대학교 사건).
㉢ 피고인이 함부로 컴퓨터에 비밀번호를 설정한 행위는 '허위의 정보 또는 부정한 명령의 입력'에 해당하고 컴퓨터의 하드디스크를 분리 · 보관한 행위는 '손괴'에 해당하므로 컴퓨터등장애업무방해죄가 성립한다(대법원 2012.5.24, 2011도7943 조합장 감사 방해 사건).

정답 | 447 ③ 448 ③

449 쟁의행위에 관한 다음 설명 중 옳지 않은 것은? (다툼이 있으면 판례에 의함) [core ★★]

1 2 3

① 쟁의행위에서 추구되는 목적이 여러 가지이고 그중 일부가 정당하지 못한 경우에는 주된 목적 내지 진정한 목적의 당부에 의하여 그 쟁의목적의 당부를 판단하여야 할 것이고, 부당한 요구사항을 제외하였다면 쟁의행위를 하지 않았을 것이라고 인정되는 경우에는 그 쟁의행위 전체가 정당성을 갖지 못한다고 보아야 한다.

② 정리해고나 사업조직의 통폐합 등 기업의 구조조정 실시 여부는 경영주체의 고도의 경영상 결단에 속하는 사항으로서 원칙적으로 단체교섭의 대상이 될 수 없으나, 노동조합이 실질적으로 그 실시 자체를 반대하기 위하여 쟁의행위로 나아가더라도 그러한 구조조정의 실시가 근로자들의 지위나 근로조건의 변경을 필연적으로 수반한다고 한다면 그 쟁의행위는 목적의 정당성을 인정할 수 있다.

③ 근로자가 쟁의행위를 함에 있어서는 조합원의 직접 · 비밀 · 무기명투표에 의한 찬성결정이라는 절차를 거쳐야 하고, 위의 절차를 위반한 쟁의행위는 그 절차를 따를 수 없는 객관적인 사정이 인정되지 아니하는 한 정당성이 상실된다.

④ 노동쟁의는 특별한 사정이 없는 한 그 절차에 있어 조정절차를 거쳐야 하는 것이지만, 이는 반드시 노동위원회가 조정결정을 한 뒤에 쟁의행위를 하여야만 그 절차가 정당한 것은 아니라고 할 것이고, 노동조합이 노동위원회에 노동쟁의 조정신청을 하여 조정절차가 마쳐지거나 조정이 종료되지 아니한 채 조정기간이 끝나면 조정절차를 거친 것으로서 쟁의행위를 할 수 있는 것이다.

해설

② [×] 정리해고나 사업조직의 통폐합 등 기업의 구조조정 실시 여부는 경영주체의 고도의 경영상 결단에 속하는 사항으로서 원칙적으로 단체교섭의 대상이 될 수 없어, 그것이 긴박한 경영상의 필요나 합리적 이유 없이 불순한 의도로 추진된다는 등의 특별한 사정이 없음에도 노동조합이 실질적으로 그 실시 자체를 반대하기 위하여 쟁의행위로 나아간다면, 비록 그러한 구조조정의 실시가 근로자들의 지위나 근로조건의 변경을 필연적으로 수반한다 하더라도 그 쟁의행위는 목적의 정당성을 인정할 수 없다(대법원 2014.11.13, 2011도393 한국가스공사 파업사건).

① [O] 쟁의행위에서 추구되는 목적이 여러 가지이고 그중 일부가 정당하지 못한 경우에는 주된 목적 내지 진정한 목적의 당부에 의하여 그 쟁의목적의 당부를 판단하여야 할 것이고, **부당한 요구사항을 제외하였다면 쟁의행위를 하지 않았을 것이라고 인정되는 경우에는 그 쟁의행위 전체가 정당성을 갖지 못한다고 보아야 한다**(대법원 2014.11.13, 2011도393 한국가스공사 파업 사건).

③ [O] 근로자가 쟁의행위를 함에 있어서는 조합원의 직접 · 비밀 · 무기명투표에 의한 **찬성결정이라는 절차를 거쳐야 하고,** 위의 절차를 위반한 쟁의행위는 그 절차를 따를 수 없는 객관적인 사정이 인정되지 아니하는 한 정당성이 상실된다(대법원 2007.5.11, 2005도8005 서울대병원지부 사건).

④ [O] 노동쟁의는 특별한 사정이 없는 한 그 절차에 있어 조정절차를 거쳐야 하는 것이지만, 이는 반드시 노동위원회가 조정결정을 한 뒤에 쟁의행위를 하여야만 그 절차가 정당한 것은 아니라고 할 것이고, 노동조합이 노동위원회에 **노동쟁의 조정신청을 하여 조정절차가 마쳐지거나 조정이 종료되지 아니한 채 조정기간이 끝나면 조정절차를 거친 것으로서 쟁의행위를 할 수 있는 것이다**(대법원 2003.12.26, 2001도1863).

450 쟁의행위에 관한 다음 설명 중 옳지 않은 것은? (다툼이 있으면 판례에 의함) [Essential ★]

1 2 3

① 쟁의행위로서의 파업은 근로자가 사용자에게 압력을 가하여 그 주장을 관철하고자 집단적으로 노무제공을 중단하는 실력행사여서 업무방해죄에서의 위력으로 볼 만한 요소를 포함하고 있다.

② 근로자에게는 원칙적으로 헌법상 보장된 기본권으로서 근로조건 향상을 위한 자주적인 단결권 · 단체교섭권 및 단체행동권이 있으므로 파업이 언제나 업무방해죄의 구성요건을 충족한다고 할 것은 아니다.

③ 근로자들이 집단적으로 근로의 제공을 거부하여 사용자의 정상적인 업무 운영을 저해하고 손해를 발생하게 한 행위는 당연히 업무방해죄의 위력에 해당되고 노동관계 법령에 따른 정당한 쟁의행위로서 위법성이 조각되는 경우가 아닌 한 업무방해죄로 처벌된다.

④ 근로자가 쟁의행위를 함에 있어서는 조합원의 직접 · 비밀 · 무기명투표에 의한 찬성결정이라는 절차를 거쳐야 하고, 위의 절차를 위반한 쟁의행위는 그 절차를 따를 수 없는 객관적인 사정이 인정되지 아니하는 한 정당성이 상실된다.

해설

③ [×] 쟁의행위로서의 파업은 근로자가 사용자에게 압력을 가하여 그 주장을 관철하고자 집단적으로 노무제공을 중단하는 실력행사여서 업무방해죄에서의 위력으로 볼 만한 요소를 포함하고 있지만, 근로자에게는 원칙적으로 헌법상 보장된 기본권으로서 근로조건 향상을 위한 자주적인 단결권 · 단체교섭권 및 단체행동권이 있으므로, 이러한 파업이 언제나 업무방해죄의 구성요건을 충족한다고 할 것은 아니며, 전후 사정과 경위 등에 비추어 전격적으로 이루어져 사용자의 사업운영에 심대한 혼란 내지 막대한 손해를 초래할 위험이 있는 등의 사정으로 사용자의 사업계속에 관한 자유의사가 제압 · 혼란될 수 있다고 평가할 수 있는 경우 비로소 그러한 집단적 노무제공의 거부도 위력에 해당하여 업무방해죄를 구성한다고 보는 것이 타당하다(대법원 2014.11.13, 2011도393 한국가스공사 파업사건). 이 판례는 파업이 사용자가 어느 정도 예측할 수 있었던 경우라면 업무방해죄를 구성하지 않지만, 파업이 전격적이고 기습적으로 이루어져서 사용자에게 막대한 혼란과 타격을 준다면 업무방해죄를 구성한다는 취지이다. 정당한 쟁의행위는 위법성조각사유가 아니라 구성요건해당성 배제사유라는 의미로 판례변경하였다.

① [○] **쟁의행위로서의 파업은** 근로자가 사용자에게 압력을 가하여 그 주장을 관철하고자 집단적으로 노무제공을 중단하는 실력행사여서 **업무방해죄에서의 위력으로 볼 만한 요소를 포함하고 있다**(대법원 2014.11.13, 2011도393 한국가스공사 파업 사건).

② [○] 근로자에게는 원칙적으로 헌법상 보장된 기본권으로서 근로조건 향상을 위한 자주적인 단결권 · 단체교섭권 및 단체행동권이 있으므로, **이러한 파업이 언제나 업무방해죄의 구성요건을 충족한다고 할 것은 아니다**(대법원 2014.11.13, 2011도393 한국가스공사 파업 사건).

④ [○] 근로자가 쟁의행위를 함에 있어서는 조합원의 직접 · 비밀 · 무기명투표에 의한 **찬성결정이라는 절차를 거쳐야 하고,** 위의 절차를 위반한 쟁의행위는 그 절차를 따를 수 없는 객관적인 사정이 인정되지 아니하는 한 정당성이 상실된다(대법원 2007.5.11, 2005도8005 서울대병원지부 사건).

정답 | 449 ② 450 ③

451 쟁의행위에 관한 다음 설명 중 옳지 않은 것은? (다툼이 있으면 판례에 의함) [core ★★]

1 2 3

① 근로자들의 직장 또는 사업장시설의 점거의 범위가 직장 또는 사업장시설의 일부분이고 사용자 측의 출입이나 관리지배를 배제하지 않는 병존적인 점거에 지나지 않을 때에는 정당한 쟁의행위로 볼 수 있으나, 직장 또는 사업장시설을 전면적 · 배타적으로 점거하여 조합원 이외의 자의 출입을 저지하거나 사용자 측의 관리지배를 배제하여 업무의 중단 또는 혼란을 야기케 하는 것과 같은 행위는 정당성의 한계를 벗어난 것이라고 볼 수밖에 없다.

② 사용자가 제3자와 공동으로 관리 · 사용하는 공간을 사용자에 대한 쟁의행위를 이유로 관리자의 의사에 반하여 침입 · 점거한 경우 그 공간의 점거가 사용자에 대한 관계에서 정당한 쟁의행위로 평가될 여지가 있다면 특별한 사정이 없는 한 이를 공동으로 관리 · 사용하는 제3자에 대하여도 정당행위에 해당하므로 주거침입죄의 위법성이 조각된다.

③ 적법하게 직장폐쇄를 단행한 사용자로부터 퇴거요구를 받고도 불응한 채 직장점거를 계속한 행위는 퇴거불응죄를 구성하지만, 사용자의 직장폐쇄가 정당한 쟁의행위로 인정되지 아니하는 때에는 사업장을 점거 중인 근로자들이 사용자로부터 퇴거 요구를 받고 이에 불응한 채 직장점거를 계속하더라도 퇴거불응죄를 구성하지 아니한다.

④ 사용자의 직장폐쇄가 정당한 쟁의행위로 인정되지 아니하는 때에는 다른 특별한 사정이 없는 한 근로자가 평소 출입이 허용되는 사업장 안에 들어가는 행위는 주거침입죄를 구성하지 아니한다.

해설

② [×] 2인 이상이 하나의 공간에서 공동생활을 하고 있는 경우에는 각자 주거의 평온을 누릴 권리가 있으므로 사용자가 제3자와 공동으로 관리 · 사용하는 공간을 사용자에 대한 쟁의행위를 이유로 관리자의 의사에 반하여 침입 · 점거한 경우 비록 그 공간의 점거가 사용자에 대한 관계에서 정당한 쟁의행위로 평가될 여지가 있다 하여도 이를 공동으로 관리 · 사용하는 제3자의 명시적 또는 추정적인 승낙이 없는 이상 제3자에 대하여서까지 이를 정당행위라고 하여 주거침입의 위법성이 조각된다고 볼 수 없다(대법원 2010.3.11, 2009도5008 코스콤 한국거래소 로비 점거 사건).

① [O] 근로자들의 직장 또는 사업장시설의 점거의 범위가 직장 또는 사업장시설의 일부분이고 사용자 측의 출입이나 관리지배를 배제하지 않는 병존적인 점거에 지나지 않을 때에는 정당한 쟁의행위로 볼 수 있으나, 직장 또는 사업장시설을 전면적 · 배타적으로 점거하여 조합원 이외의 자의 출입을 저지하거나 사용자 측의 관리지배를 배제하여 업무의 중단 또는 혼란을 야기케 하는 것과 같은 행위는 **정당성의 한계를 벗어난 것이라고 볼 수밖에 없다**(대법원 2012.5.24, 2010도9963 쌍용자동차 파업현장 방문 사건).

③ [O] 적법하게 직장폐쇄를 단행한 사용자로부터 퇴거요구를 받고도 불응한 채 직장점거를 계속한 행위는 퇴거불응죄를 구성하지만, 사용자의 **직장폐쇄가 정당한 쟁의행위로 인정되지 아니하는 때에는** 사업장을 점거 중인 근로자들이 사용자로부터 퇴거 요구를 받고 이에 불응한 채 직장점거를 계속하더라도 **퇴거불응죄를 구성하지 아니한다**(대법원 2005.6.9, 2004도7218 군산축협 파업사건, 대법원 2007.12.28, 2007도5204 서울시건축사회 회의실 점거 사건).

④ [O] 사용자의 **직장폐쇄가 정당한 쟁의행위로 인정되지 아니하는 때에는** 다른 특별한 사정이 없는 한 근로자가 평소 출입이 허용되는 사업장 안에 들어가는 행위는 **주거침입죄를 구성하지 아니한다**(대법원 2002.9.24, 2002도2243 남서울대학교 사건).

452 주거침입죄와 퇴거불응죄에 관한 다음 설명 중 옳지 않은 것은? (다툼이 있으면 판례에 의함)

1 2 3

[Essential ★]

① 주거침입죄와 퇴거불응죄는 그 법정형이 동일하다.

② 주거침입죄와 퇴거불응죄 모두 미수범 처벌규정이 있다.

③ 불법하게 주거에 침입한 자에게 퇴거요구를 받고 응하지 않으면 별도로 퇴거불응죄가 성립한다.

④ 주거침입죄에서의 침입이 신체적 침해로서 행위자의 신체가 주거에 들어가야 함을 의미하는 것과 마찬가지로 퇴거불응죄의 퇴거 역시 행위자의 신체가 주거에서 나감을 의미한다.

해설

③ [×] 주거에 침입한 자가 퇴거요구를 받고 불응한 때에는 (주거침입의 위법상태가 계속 이어지는 것이므로) 퇴거불응죄는 별도로 성립하지 않는다.

① [○] 주거침입죄와 퇴거불응죄는 그 법정형이 **3년 이하의 징역 또는 500만원 이하의 벌금으로써 동일하다**(제319조).

② [○] 주거침입죄와 퇴거불응죄 모두 **미수범 처벌규정이 있다**(제322조).

④ [○] 주거침입죄에서의 침입이 신체적 침해로서 행위자의 신체가 주거에 들어가야 함을 의미하는 것과 마찬가지로 퇴거불응죄의 퇴거 역시 행위자의 신체가 주거에서 나감을 의미한다. 정당한 퇴거요구를 받고 건물에서 나가면서 **가재도구 등을 남겨둔 경우 퇴거불응죄를 구성하지 않는다**(대법원 2007.11.15, 2007도6990 가재도구 방치 사건).

THE CRIMINAL LAW

2편

형법 각론

정답 | 451 ② 452 ③

453 주거침입죄에 관한 다음 설명 중 옳지 않은 것은? (다툼이 있으면 판례에 의함) [Essential ★]

1 2 3

① 건조물침입죄는 건조물의 사실상 평온을 보호법익으로 하고 있으므로 건조물 관리자의 의사에 반하여 건조물에 침입함으로써 성립한다.

② 외부인이 공동거주자의 일부가 부재중에 주거 내에 현재하는 거주자의 현실적인 승낙을 받아 통상적인 출입방법에 따라 공동주거에 들어간 경우라도 그것이 부재중인 다른 거주자의 추정적 의사에 반하는 경우라면 주거침입죄가 성립한다.

③ 주거침입죄는 사실상의 주거의 평온을 보호법익으로 하는 것이므로 그 거주자 또는 관리자가 건조물 등에 거주 또는 관리할 권한을 가지고 있는가 여부는 범죄의 성립을 좌우하는 것이 아니다.

④ 점유할 권리 없는 자의 점유라 하더라도 그 주거의 평온은 보호되어야 할 것이므로 권리자가 그 권리를 실행함에 있어 법에 정하여진 절차에 의하지 아니하고 그 건조물 등에 침입한 경우에는 주거침입죄가 성립한다.

해설

② [×] 외부인이 공동거주자의 일부가 부재중에 주거 내에 현재하는 거주자의 현실적인 승낙을 받아 통상적인 출입방법에 따라 공동주거에 들어간 경우라면 그것이 부재중인 다른 거주자의 추정적 의사에 반하는 경우에도 주거침입죄가 성립하지 않는다(대법원 2021.9.9, 2020도12630 全合 유부녀 아파트에서 간통 사건).

① [○] 건조물침입죄는 건조물의 사실상 평온을 보호법익으로 하고 있으므로 **건조물 관리자의 의사에 반하여 건조물에 침입함으로써 성립한다**(대법원 2021.1.14, 2017도21323 아파트 지하주차장 세차영업 사건).

③ [○] 주거침입죄는 사실상의 주거의 평온을 보호법익으로 하는 것이므로 그 거주자 또는 관리자가 건조물 등에 **거주 또는 관리할 권한을 가지고 있는가 여부는 범죄의 성립을 좌우하는 것이 아니다**(대법원 2007.8.23, 2007도2595 쿨하지 못한 동거남 사건).

④ [○] 점유할 권리 없는 자의 점유라 하더라도 그 주거의 평온은 보호되어야 할 것이므로 권리자가 그 권리를 실행함에 있어 **법에 정하여진 절차에 의하지 아니하고 그 건조물 등에 침입한 경우에는 주거침입죄가 성립한다**(대법원 2008.5.8, 2007도11322 주택 무단입주 사건).

454 주거침입죄에 관한 다음 설명 중 옳지 않은 것을 모두 고른 것은? (다툼이 있으면 판례에 의함)

1 2 3

[core ★★]

㉠ 피고인이 주택에 무단 침입한 범죄사실로 이미 유죄판결을 받고 그 판결이 확정되었음에도 퇴거하지 아니한 채 계속해서 주택에 거주한 경우 판결이 확정된 이후로도 피고인의 주거침입행위 및 그로 인한 위법상태가 계속되고 있으므로 별도의 주거침입죄가 성립한다.

㉡ 건물에 대한 경락허가결정이 무효라고 한다면 비록 이에 기한 인도명령의 집행으로서 건물의 점유가 피고인 甲으로부터 조흥은행을 거쳐 A에게 이전된 상태에서 피고인이 함부로 다시 건물에 들어갔더라도 주거침입죄는 성립하지 아니한다.

㉢ 비닐하우스의 소유권이 피고인 甲에게 있다 하더라도 A가 B로부터 비닐하우스를 인도받아 점유하고 있는 이상 피고인이 함부로 비닐하우스의 열쇠를 손괴하고 그 안에 들어간 행위는 재물손괴죄 및 주거침입죄에 해당한다.

① ㉠ ② ㉡

③ ㉡㉢ ④ ㉠㉢

해설

② ㉡ 항목만 옳지 않다.

㉠ [O] 피고인이 주택에 무단 침입한 범죄사실로 이미 유죄판결을 받고 그 판결이 확정되었음에도 퇴거하지 아니한 채 계속해서 주택에 거주한 경우 판결이 확정된 이후로도 피고인의 주거침입행위 및 그로 인한 위법상태가 계속되고 있으므로 **별도의 주거침입죄가 성립한다**(대법원 2008.5.8, 2007도11322 주택 무단입주 사건).

㉡ [×] (1) 주거침입죄는 사실상의 주거의 평온을 보호법익으로 하는 것이므로 그 주거자 또는 간수자가 건조물 등에 거주 또는 간수할 권리를 가지고 있는가의 여부는 범죄의 성립을 좌우하는 것이 아니다. (2) 건물에 대한 경락허가결정이 무효라고 하더라도 이에 기한 인도명령의 집행으로서 건물의 점유가 피고인 甲으로부터 조흥은행을 거쳐 A에게 이전된 이상 함부로 다시 건물에 들어간 피고인 甲의 소위는 주거침입죄에 해당한다(대법원 1987.11.10, 87도1760).

㉢ [O] 비닐하우스의 소유권이 피고인 甲에게 있다 하더라도 A가 B로부터 비닐하우스를 인도받아 점유하고 있는 이상 피고인이 함부로 비닐하우스의 열쇠를 손괴하고 그 안에 들어간 행위는 **재물손괴죄 및 주거침입죄에 해당한다**(대법원 2007.3.15, 2006도7044 비닐하우스 침입 사건).

정답 | 453 ② 454 ②

455 주거침입죄 등에 관한 다음 설명 중 옳지 않은 것은? (다툼이 있으면 판례에 의함) [core ★★]

1 2 3

① 주거침입죄에 있어서 침입행위의 객체인 건조물은 주위벽 또는 기둥과 지붕 또는 천정으로 구성된 구조물로서 사람이 기거하거나 출입할 수 있는 장소를 말한다.

② 야간주거침입절도죄에 있어서 침입행위의 객체인 건조물은 주위벽 또는 기둥과 지붕 또는 천정으로 구성된 구조물로서 사람이 기거하거나 출입할 수 있는 장소를 말하며 반드시 영구적인 구조물일 것을 요하지 않는다.

③ 건조물침입죄의 객체인 관리하는 건조물은 주위벽, 기둥과 지붕 또는 천정으로 구성된 구조물로서 사람이 기거하거나 출입할 수 있는 장소를 말하므로 물탱크시설은 이에 해당하지 않는다.

④ 주거침입죄에 있어서 '주거'라 함은 가옥 자체만을 말하는 것으로 그 위요지(圍繞地)는 이에 포함되지 아니한다.

해설

④ [×] (1) 주거침입죄에 있어서 주거라 함은 단순히 가옥 자체만을 말하는 것이 아니라 그 정원 등 위요지를 포함한다(대법원 2009.9.10, 2009도4335 엘리베이터 폭행, 계단 강간 사건). (2) 퇴거불응죄에 있어서 건조물이라 함은 단순히 건조물 그 자체만을 말하는 것이 아니고 위요지를 포함한다(대법원 2010.3.11, 2009도12609 전남대병원 시위 사건).

① [○] 주거침입죄에 있어서 침입행위의 객체인 건조물은 주위벽 또는 기둥과 지붕 또는 천정으로 구성된 구조물로서 **사람이 기거하거나 출입할 수 있는 장소를 말한다**(대법원 2005.10.7, 2005도5351 타워크레인 점거농성 사건).

② [○] 야간주거침입절도죄에 있어서 침입행위의 객체인 건조물은 주위벽 또는 기둥과 지붕 또는 천정으로 구성된 구조물로서 사람이 기거하거나 출입할 수 있는 장소를 말하며 **반드시 영구적인 구조물일 것을 요하지 않는다**(대법원 1989.2.28, 88도2430 담배점포 사건).

③ [○] 건조물침입죄의 객체인 관리하는 건조물은 주위벽, 기둥과 지붕 또는 천정으로 구성된 구조물로서 사람이 기거하거나 출입할 수 있는 장소를 말하므로 **물탱크시설은 이에 해당하지 않는다**(대법원 2007.12.13, 2007도7247 김제 양돈장 사건).

456 주거침입죄 등에 관한 다음 설명 중 옳지 않은 것은? (다툼이 있으면 판례에 의함) [Essential ★]

1 2 3

① 화단의 설치, 수목의 식재 등으로 담장의 설치를 대체하는 경우에도 건조물에 인접한 그 주변 토지가 건물, 화단, 수목 등으로 둘러싸여 건조물의 이용에 제공되었다는 것이 명확히 드러난다면 위요지가 될 수 있다.

② 건조물의 이용에 기여하는 인접의 부속 토지라고 한다면 인적 또는 물적 설비 등에 의한 구획 내지 통제가 없어 통상의 보행으로 그 경계를 쉽사리 넘을 수 있는 정도라고 하더라도 특별한 사정이 없는 한 이 역시 주거침입죄의 객체에 속한다.

③ 다가구용 단독주택이나 다세대주택 · 연립주택 · 아파트 등 공동주택의 내부에 있는 엘리베이터, 공용 계단과 복도는 특별한 사정이 없는 한 주거침입죄의 객체인 '사람의 주거'에 해당한다.

④ 사드기지는 더 이상 골프장으로 사용되고 있지 않을 뿐만 아니라 이미 사드발사대 2대가 반입되어 이를 운용하기 위한 병력이 골프장으로 이용될 당시의 클럽하우스, 골프텔 등의 건축물에 주둔하고 있었고, 군 당국은 외부인 출입을 엄격히 금지하기 위하여 사드기지의 경계에 외곽 철조망과 내곽 철조망을 2중으로 설치하여 외부인의 접근을 철저하게 통제하고 있었으므로 사드기지의 부지는 기지 내 건물의 위요지에 해당한다.

해설

② [×] 건조물의 이용에 기여하는 인접의 부속 토지라고 하더라도 인적 또는 물적 설비 등에 의한 구획 내지 통제가 없어 통상의 보행으로 그 경계를 쉽사리 넘을 수 있는 정도라고 한다면 일반적으로 외부인의 출입이 제한된다는 사정이 객관적으로 명확하게 드러났다고 보기 어려우므로 이는 다른 특별한 사정이 없는 한 주거침입죄의 객체에 속하지 아니한다(대법원 2010.4.29, 2009도14643 과천축산 사건).

① [O] 화단의 설치, 수목의 식재 등으로 담장의 설치를 대체하는 경우에도 건조물에 인접한 그 주변 토지가 건물, 화단, 수목 등으로 둘러싸여 건조물의 이용에 제공되었다는 것이 **명확히 드러난다면 위요지가 될 수 있다**(대법원 2010.3.11, 2009도12609 전남대병원 시위 사건).

③ [O] 다가구용 단독주택이나 다세대주택 · 연립주택 · 아파트 등 공동주택의 내부에 있는 **엘리베이터, 공용 계단과 복도는** 특별한 사정이 없는 한 **주거침입죄의 객체인 '사람의 주거'에 해당한다**(대법원 2009.9.10, 2009도4335 엘리베이터 폭행, 계단 강간 사건).

④ [O] 사드기지는 더 이상 골프장으로 사용되고 있지 않을 뿐만 아니라 이미 사드발사대 2대가 반입되어 이를 운용하기 위한 병력이 골프장으로 이용될 당시의 클럽하우스, 골프텔 등의 건축물에 주둔하고 있었고, 군 당국은 외부인 출입을 엄격히 금지하기 위하여 사드기지의 경계에 외곽 철조망과 내곽 철조망을 2중으로 설치하여 외부인의 접근을 철저하게 통제하고 있었으므로 **사드기지의 부지는 기지 내 건물의 위요지에 해당한다**(대법원 2020.3.12, 2019도16484 사드기지 부지 침입 사건).

정답 | 455 ④ 456 ②

457 주거침입죄 등에 관한 다음 설명 중 옳지 않은 것은? (다툼이 있으면 판례에 의함) [core ★★]

1 2 3

① 이미 수일 전에 2차례에 걸쳐 피해자를 강간하였던 피고인이 대문을 몰래 열고 들어와 담장과 피해자가 거주하던 방 사이의 좁은 통로에서 창문을 통하여 방안을 엿보았다면, 피해자의 주거에 대한 사실상 평온상태가 침해된 것으로 주거침입죄가 성립한다.

② 피고인이 강간할 목적으로 피해자를 따라 아파트 내부의 엘리베이터에 탄 다음 그 안에서 폭행을 가하여 반항을 억압한 후 계단으로 끌고 가 강간하고 상해를 입힌 경우, 피고인은 주거침입범의 신분을 가지게 되었다고 할 수 없어 형법상 강간상해죄가 성립할 뿐이다.

③ 피고인이 빌라의 시정되지 않은 대문을 열고 들어가 계단으로 빌라 3층까지 올라가서 그곳의 문을 두드려 본 후 다시 1층으로 내려온 경우, 피고인이 빌라의 대문을 열고 계단으로 들어간 이상 피해자의 주거에 들어간 것이고 이와 같이 행위가 거주자의 의사에 반한 것이라면 주거에 침입한 것이라고 보아야 한다.

④ 차량 통행이 빈번한 도로에 바로 접하여 있고, 도로에서 주거용 건물, 축사 4동 및 비닐하우스 2동으로 이루어진 시설로 들어가는 입구 등에 출입을 통제하는 문이나 담 기타 인적·물적 설비가 전혀 없고 노폭 5m 정도의 통로를 통하여 누구나 축사 앞 공터에 이르기까지 자유롭게 드나들 수 있는 경우, 피고인이 차를 몰고 위 통로로 진입하여 축사 앞 공터까지 들어간 행위는 주거침입에 해당하지 아니한다.

해설

② [×] (1) 다가구용 단독주택이나 다세대주택·연립주택·아파트 등 공동주택의 내부에 있는 엘리베이터, 공용 계단과 복도는 특별한 사정이 없는 한 주거침입죄의 객체인 '사람의 주거'에 해당한다. (2) 피고인은 성폭법 제5조 제1항[개정법 제3조 제1항]에 정한 주거침입범의 신분을 가지게 되었으므로 같은 법 제9조 제1항[개정법 제8조 제1항]의 강간등상해죄가 성립한다(대법원 2009.9.10, 2009도4335 엘리베이터 폭행, 계단 강간 사건).

① [○] 이미 수일 전에 2차례에 걸쳐 피해자를 강간하였던 피고인이 대문을 몰래 열고 들어와 담장과 피해자가 거주하던 방 사이의 좁은 통로에서 창문을 통하여 방안을 엿보았다면, 피해자의 주거에 대한 사실상 평온상태가 침해된 것으로 **주거침입죄가 성립한다**(대법원 2001.4.24, 2001도1092 좁은 통로에서 사건).

③ [○] 피고인이 빌라의 시정되지 않은 대문을 열고 들어가 계단으로 빌라 3층까지 올라가서 그곳의 문을 두드려 본 후 다시 1층으로 내려온 경우, 피고인이 빌라의 대문을 열고 계단으로 들어간 이상 피해자의 주거에 들어간 것이고 이와 같이 행위가 거주자의 의사에 반한 것이라면 **주거에 침입한 것이라고 보아야 한다**(대법원 2009.8.20, 2009도3452 빌라 계단 사건).

④ [○] 차량 통행이 빈번한 도로에 바로 접하여 있고, 도로에서 주거용 건물, 축사 4동 및 비닐하우스 2동으로 이루어진 시설로 들어가는 입구 등에 출입을 통제하는 문이나 담 기타 인적·물적 설비가 전혀 없고 노폭 5m 정도의 통로를 통하여 **누구나 축사 앞 공터에 이르기까지 자유롭게 드나들 수 있는 경우**, 피고인이 차를 몰고 위 통로로 진입하여 축사 앞 공터까지 들어간 행위는 **주거침입에 해당하지 아니한다**(대법원 2010.4.29, 2009도14643 과천축산 사건).

458 주거침입죄에 관한 다음 설명 중 옳지 않은 것은? (다툼이 있으면 판례에 의함) [Superlative ★★★]

1 2 3

① 주거침입죄의 범의는 반드시 신체의 전부가 타인의 주거 안으로 들어간다는 인식이 있어야만 하는 것이 아니라 신체의 일부라도 타인의 주거 안으로 들어간다는 인식이 있으면 족하다.

② 주거침입죄의 실행의 착수는 주거자, 관리자, 점유자 등의 의사에 반하여 주거나 관리하는 건조물 등에 들어가는 행위, 즉 구성요건의 일부를 실현하는 행위까지 요구하는 것은 아니고 범죄구성요건의 실현에 이르는 현실적 위험성을 포함하는 행위를 개시하는 것으로 족하다.

③ 주거침입죄의 경우 주거침입의 범의로써 예컨대, 주거로 들어가는 문의 시정장치를 부수거나 문을 여는 등 침입을 위한 구체적 행위를 시작하였다면 주거침입죄의 실행의 착수는 있었다고 보아야 한다.

④ 주거침입죄는 신체의 전부가 타인의 주거 안으로 들어가야만 성립하는 것이므로 비록 사실상의 주거의 평온을 해할 수 있는 정도에 이르렀다고 하더라도 신체의 일부만 타인의 주거 안으로 들어갔다고 한다면 주거침입의 기수에 이르렀다고 할 수 없다.

해설

④ [×] 주거침입죄는 반드시 행위자의 신체의 전부가 범행의 목적인 타인의 주거 안으로 들어가야만 성립하는 것이 아니라 신체의 일부만 타인의 주거 안으로 들어갔다고 하더라도 거주자가 누리는 사실상의 주거의 평온을 해할 수 있는 정도에 이르렀다면 범죄구성요건을 충족하는 것이고, 신체의 극히 일부분이 주거 안으로 들어갔지만 사실상 주거의 평온을 해하는 정도에 이르지 아니하였다면 주거침입죄의 미수에 그친다(대법원 1995.9.15, 94도2561 창문 얼굴 사건).

① [○] 주거침입죄의 범의는 반드시 신체의 전부가 타인의 주거 안으로 들어간다는 인식이 있어야만 하는 것이 아니라 **신체의 일부라도 타인의 주거 안으로 들어간다는 인식이 있으면 족하다**(대법원 1995.9.15, 94도2561 창문 얼굴 사건).

② [○] 주거침입죄의 실행의 착수는 주거자, 관리자, 점유자 등의 의사에 반하여 주거나 관리하는 건조물 등에 들어가는 행위, **즉 구성요건의 일부를 실현하는 행위까지 요구하는 것은 아니고** 범죄구성요건의 실현에 이르는 **현실적 위험성을 포함하는 행위를 개시하는 것으로 족하다**(대법원 2008.4.10, 2008도1464 초인종 사건).

③ [○] 주거침입죄의 경우 주거침입의 범의로써 예컨대, 주거로 들어가는 문의 시정장치를 부수거나 문을 여는 등 침입을 위한 구체적 행위를 시작하였다면 **주거침입죄의 실행의 착수는 있었다고 보아야 한다**(대법원 2003.10.24, 2003도4417 202호 유리창문 사건).

정답 | 457 ② 458 ④

459 다음 중 주거침입죄 또는 야간주거침입절도죄의 실행의 착수가 인정되는 것은 모두 몇 개인가? (다툼이 있으면 판례에 의함)

1 2 3 [core ★★]

> ㉠ 피고인이 침입 대상인 아파트에 사람이 있는지를 확인하기 위해 그 집의 초인종을 누른 경우
> ㉡ 피고인이 야간에 아파트 202호에 침입하여 물건을 훔칠 의도하에 아파트 202호의 베란다 철제난간까지 올라가 유리창문을 열려고 시도한 경우
> ㉢ 피고인이 야간에 출입문이 열려 있는 집에 들어가 재물을 절취하기로 마음먹고 다세대주택에 들어가 여러 세대의 출입문을 손으로 당겨보았는데 문이 잠겨 있었던 경우
> ㉣ 피고인이 다세대주택 2층의 불이 꺼져 있는 것을 보고 물건을 절취하기 위하여 가스배관을 타고 올라가다가, 발은 1층 방범창을 딛고 두 손은 1층과 2층 사이에 있는 가스배관을 잡고 있던 상태에서 순찰 중이던 경찰관에게 발각되자 그대로 뛰어내린 경우

① 1개　　② 2개

③ 3개　　④ 4개

해설

② ㉡㉢ 2항목의 경우 실행의 착수가 인정된다.

㉠ 피고인이 초인종을 누른 행위만으로는 침입의 현실적 위험성을 포함하는 행위를 시작하였다거나 주거의 사실상의 평온을 침해할 객관적인 위험성을 포함하는 행위를 한 것으로 볼 수 없다(대법원 2008.4.10, 2008도1464 초인종 사건).

㉡ 피고인이 유리창문을 열려고 시도하였다면 주거의 사실상의 평온을 침해할 객관적 위험성을 포함하는 구체적인 행위를 한 것으로 볼 수 있다(대법원 2003.10.24, 2003도4417 202호 유리창문 사건).

㉢ 피고인이 여러 세대의 출입문을 손으로 당겨보았는데 문이 잠겨 있었던 경우 바로 주거의 사실상의 평온을 침해할 객관적인 위험성을 포함하는 행위를 한 것으로 볼 수 있어 그것으로 주거침입의 실행에 착수가 있었고, 단지 그 출입문이 잠겨 있었다는 외부적 장애요소로 인하여 뜻을 이루지 못한 데 불과하다(대법원 2006.9.14, 2006도2824 빌라 출입문 사건).

㉣ 피고인의 이러한 행위만으로는 주거의 사실상의 평온을 침해할 현실적 위험성이 있는 행위를 개시한 때에 해당한다고 보기 어렵다(대법원 2008.3.27, 2008도917 가스배관 잡고있다 적발사건).

460 다음 각 항목의 죄책이 옳은 것은? (다툼이 있으면 판례에 의함) [core ★★]

1 2 3

> ㉠ 피고인이 피해자를 강간하기 위하여 피해자의 집 담벽에 발을 딛고 창문을 열고 안으로 얼굴을 들이미는 등의 행위를 한 경우
> ㉡ 이미 수일 전에 2차례에 걸쳐 피해자를 강간하였던 피고인이 대문을 몰래 열고 들어와 담장과 피해자가 거주하던 방 사이의 좁은 통로에서 창문을 통하여 방안을 엿본 경우

① ㉠㉡ 무죄
② ㉠㉡ 주거침입미수죄
③ ㉠ 주거침입미수죄 ㉡ 주거침입죄
④ ㉠㉡ 주거침입죄

해설

④ 이 지문이 옳은 연결이다.

㉠ 피고인이 자신의 신체의 일부가 집 안으로 들어간다는 인식하에 하였더라도 주거침입죄의 범의는 인정되고 또한 비록 신체의 일부만이 집 안으로 들어갔다고 하더라도 사실상 주거의 평온을 해하였다면 주거침입죄는 기수에 이르렀다고 할 것이다(대법원 1995.9.15, 94도2561 창문 얼굴 사건).

㉡ 피해자의 주거에 대한 사실상 평온상태가 침해된 것으로 주거침입죄가 성립한다(대법원 2001.4.24, 2001도1092 좁은 통로에서 사건).

정답 | 459 ② 460 ④

461 주거침입죄 등에 관한 다음 설명 중 옳지 않은 것은 모두 몇 개인가? (다툼이 있으면 판례에 의함)

1 2 3

[Superlative ★★★]

㉠ 주거침입죄에 있어서 침입이라 함은 거주자 또는 간수자의 의사에 반하여 들어가는 것을 말하므로 침입 당시 거주자 등의 저항을 받는 것을 요한다.

㉡ 건조물침입죄는 사실상의 주거의 평온을 그 보호법익으로 하는 것이므로 사람이 관리하는 건조물에 그 관리자의 명시적 · 묵시적 의사에 반하여 들어가는 경우에는 건조물침입죄가 성립한다.

㉢ 타인의 주거에 거주자의 의사에 반하여 들어가는 경우는 주거침입죄가 성립하며 이때 거주자의 의사라 함은 명시적인 경우뿐만 아니라 묵시적인 경우도 포함되고 주변사정에 따라서는 거주자의 반대의사가 추정될 수도 있다.

㉣ 평소 건조물에 출입이 허용된 사람이라고 한다면 비록 주거에 들어간 행위가 거주자나 관리자의 명시적 또는 추정적 의사에 반함에도 불구하고 감행된 것이라도 주거침입죄는 성립하지 아니한다.

㉤ 일반적으로 개방되어 있는 장소라 하더라도 관리자가 필요에 따라 그 출입을 제한할 수 있는 것이므로 관리자의 출입제지에도 불구하고 다중이 고함이나 소란을 피우면서 건조물에 출입하는 것은 건조물침입죄를 구성한다.

① 1개　　② 2개
③ 3개　　④ 4개

해설

② ㉠㉣ 2항목이 옳지 않다.

㉠ [×] 주거침입죄에 있어서 침입이라 함은 거주자 또는 간수자의 의사에 반하여 들어가면 족한 것이고 어떤 저항을 받는 것을 요하지 않는다(대법원 1983.3.8, 82도1363 월정사 난동 사건).

㉡ [○] 건조물침입죄는 사실상의 주거의 평온을 그 보호법익으로 하는 것이므로 사람이 관리하는 건조물에 그 관리자의 명시적 · 묵시적 의사에 반하여 들어가는 경우에는 **건조물침입죄가 성립한다**(대법원 2012.5.24, 2010도9963 쌍용자동차 파업현장 방문 사건).

㉢ [○] 타인의 주거에 거주자의 의사에 반하여 들어가는 경우는 주거침입죄가 성립하며 이때 거주자의 의사라 함은 명시적인 경우뿐만 아니라 묵시적인 경우도 포함되고 **주변사정에 따라서는 거주자의 반대의사가 추정될 수도 있다**(대법원 2003.5.30, 2003도1256 아빠야 사건).

㉣ [×] 평소 건조물에 출입이 허용된 사람이라 하더라도 주거에 들어간 행위가 거주자나 관리자의 명시적 또는 추정적 의사에 반함에도 불구하고 감행된 것이라면 주거침입죄는 성립하며, 출입문을 통한 정상적인 출입이 아닌 경우 특별한 사정이 없는 한 그 침입 방법 자체에 의하여 위와 같은 의사에 반하는 것으로 보아야 한다(대법원 2007.8.23, 2007도2595 쿨하지 못한 동거남 사건).

㉤ [○] 일반적으로 개방되어 있는 장소라 하더라도 관리자가 필요에 따라 그 출입을 제한할 수 있는 것이므로 관리자의 **출입제지에도 불구하고 다중이 고함이나 소란을 피우면서 건조물에 출입하는 것은 건조물침입죄를 구성한다**(대법원 1996.5.10, 96도419 한국통신 파업 사건).

462 다음 중 주거침입죄가 성립하지 않는 것은? (다툼이 있으면 판례에 의함) [core ★★]

1 2 3

① 피고인이 고모의 아들인 A의 집에 잠시 들어가 있는 동안에 A에게 돈을 갚기 위하여 찾아온 A의 이질(姨姪) B의 돈을 절취한 경우

② 피고인이 피해자와 이웃 사이여서 평소 그 주거에 무상출입하던 관계에 있었다 하더라도 범죄(절도)의 목적으로 피해자의 승낙 없이 그 주거에 들어간 경우

③ 피고인 甲이 A와 결별하고 사실상 회사를 퇴사한 이후 사무실에 나타나지 않다가 약 20일이 지나서 회사의 명시적인 의사에 반하여 비정상적인 방법으로 사무실에 들어간 경우

④ 피고인이 회사의 경영진과의 불화로 한 달 가까이 결근하다가 오전 6:48경에 피고인의 출입카드가 정지되어 있음에도 경비원으로부터 출입증을 받아 컴퓨터 하드디스크를 절취하기 위해 회사 감사실에 침입한 경우

해설

① 피고인이 당초부터 불법목적을 가지고 A의 집에 들어갔거나 그의 의사에 반하여 그의 집에 들어간 것이 아니어서 주거침입죄가 성립하지 아니한다(대법원 1984.2.14, 83도2897). 이질(姨姪)은 언니나 여동생의 아들딸을 의미하고, 아내의 자매의 아들딸을 의미한다.

② 주거침입죄가 성립된다(대법원 1983.7.12, 83도1394).

③ 방실침입죄에 해당한다(대법원 2007.8.23, 2007도2595 쿨하지 못한 동거남 사건).

④ 방실침입죄가 성립한다(대법원 2011.8.18, 2010도9570 하드디스크 절취 사건).

정답 | 461 ② 462 ①

463 다음 중 주거침입죄가 성립하는 것을 모두 고른 것은? (다툼이 있으면 판례에 의함) [Superlative ★★★]
1 2 3

> ㉠ 피고인들이 촉석루(矗石樓) 내 의기사(義妓祠)에 보관 중이던 논개영정을 적법한 권한 없이 강제로 철거할 목적으로 의기사에 들어간 경우
> ㉡ 대학교가 교내에서의 집회를 허용하지 아니하고 집회와 관련된 외부인의 출입을 금지하였는데도 피고인들이 집회를 위하여 그 대학교에 들어간 경우
> ㉢ 피고인들이 조찬모임에서의 대화내용을 도청하기 위한 도청용 송신기를 설치할 목적으로 손님을 가장하여 음식점에 들어간 경우

① 없음
② ㉠
③ ㉡㉢
④ ㉠㉡㉢

해설

> ④ 모든 항목의 경우 주거침입죄가 성립한다.
> ㉠ 건조물침입죄가 성립한다(대법원 2007.3.15, 2006도7079 논개영정 사건).
> ㉡ 비록 대학교에 들어갈 때 구체적으로 제지를 받지 아니하였다고 하더라도 대학교 관리자의 의사에 반하여 건조물에 들어간 것으로서 건조물침입죄가 성립한다(대법원 2005.4.15, 2003도2960 공정위직원 전공노집회 참가 사건).
> ㉢ 영업자인 피해자가 출입을 허용하지 않았을 것으로 보는 것이 경험칙에 부합한다 할 것이므로 피고인들은 주거침입죄의 죄책을 면할 수 없다(대법원 1997.3.28, 95도2674 초원복집 사건).

464 다음 중 甲에 대하여 주거침입죄가 성립하는 것(○)과 성립하지 않는 것(×)을 올바르게 조합한 것은? (다툼이 있으면 판례에 의함) [core ★★]
1 2 3

> ㉠ 甲(男)이 A(男)의 부재중에 A의 처 B(女)와 혼외 성관계를 가질 목적으로 B가 열어 준 현관 출입문을 통하여 A와 B가 공동으로 생활하는 아파트에 들어간 경우
> ㉡ 아파트에 대한 공동거주자의 지위를 계속 유지하고 있던 甲이 아파트에 출입하는 과정에서 정당한 이유 없이 이를 금지하는 B(甲의 처 A의 동생, 즉 甲의 처제)의 조치에 대항하여 아파트의 출입문에 설치된 체인형 걸쇠를 손괴하고 아파트에 들어간 경우

① ㉠ ○ ㉡ ○
② ㉠ ○ ㉡ ×
③ ㉠ × ㉡ ○
④ ㉠ × ㉡ ×

해설

④ 이 지문이 올바른 조합이다.

㉠ [×] 甲은 B로부터 현실적인 승낙을 받아 통상적인 출입방법에 따라 주거에 들어갔으므로 주거의 사실상 평온상태를 해치는 행위태양으로 주거에 들어간 것이 아니어서 주거에 침입한 것으로 볼 수 없고, 설령 甲의 주거 출입이 부재중인 A의 의사에 반하는 것으로 추정되더라도 그것이 사실상 주거의 평온을 보호법익으로 하는 주거침입죄의 성립 여부에 영향을 미치지 않는다(대법원 2021.9.9, 2020도12630 全合 유부녀 아파트에서 간통 사건).

㉡ [×] (1) 공동거주자 중 한 사람이 법률적인 근거 기타 정당한 이유 없이 다른 공동거주자가 공동생활의 장소에 출입하는 것을 금지한 경우 다른 공동거주자가 이에 대항하여 공동생활의 장소에 들어갔더라도 이는 사전 양해된 공동주거의 취지 및 특성에 맞추어 공동생활의 장소를 이용하기 위한 방편에 불과할 뿐 그의 출입을 금지한 공동거주자의 사실상 주거의 평온이라는 법익을 침해하는 행위라고는 볼 수 없으므로 주거침입죄는 성립하지 않는다. 설령 그 공동거주자가 공동생활의 장소에 출입하기 위하여 출입문의 잠금장치를 손괴하는 등 다소간의 물리력을 행사하여 그 출입을 금지한 공동거주자의 사실상 평온상태를 해쳤더라도 그러한 행위 자체를 처벌하는 별도의 규정에 따라 처벌될 수 있음은 별론으로 하고 주거침입죄가 성립하지 아니함은 마찬가지이다. (2) 아파트에 대한 공동거주자의 지위를 계속 유지하고 있던 甲이 아파트에 출입하는 과정에서 정당한 이유 없이 이를 금지하는 B(甲의 처 A의 동생, 즉 甲의 처제)의 조치에 대항하여 아파트의 출입문에 설치된 체인형 걸쇠를 손괴하고 아파트에 들어간 경우 주거침입죄가 성립한다고 볼 수는 없다(대법원 2021.9.9, 2020도6085 全合 공동아파트침입 사건).

465 1 2 3 친족상도례에 관한 다음 설명 중 옳은 것은? [Essential ★]

① 친족상도례가 적용되기 위하여는 친족관계가 원칙적으로 범행 당시에 존재하여야 한다.

② 친족상도례가 적용되기 위하여는 친족관계가 객관적으로 존재하여야 하고 또한 행위자가 이를 인식하고 있어야 한다.

③ 친족이 아닌 사람의 물건으로 알고 절취하였다면 비록 그것이 친족의 물건이라고 하더라도 친족상도례는 적용되지 않는다.

④ 공범 중 1명에 대하여 친족상도례가 적용되면 친족관계가 없는 다른 공범에 대하여도 친족상도례가 적용된다.

해설

① [○] 친족상도례에 있어 친족관계는 원칙적으로 범행 당시에 존재하여야 하는 것이지만, 부(父)가 혼인 외의 출생자를 인지하는 경우에 있어서는 그 자(子)의 **출생시에 소급하여 인지의 효력이 생기는 것이며,** 이와 같은 인지의 소급효는 친족상도례에 관한 규정의 적용에도 미친다고 보아야 할 것이므로, 인지가 범행 후에 이루어진 경우라고 하더라도 **친족상도례의 규정이 적용된다**(대법원 1997.1.24, 96도1731 인지의 소급효 사건).

② [×] 친족상도례가 적용되기 위하여는 친족관계가 객관적으로 존재하면 족하고, 행위자가 이를 인식하고 있어야 할 필요는 없다.

③ [×] 친족관계의 존부에 대한 착오는 친족상도례 적용에 영향이 없으므로 친족이 아닌 사람의 물건으로 알고 절취했더라도 그것이 친족의 물건이라면 친족상도례가 적용된다.

④ [×] 신분관계가 없는 공범에 대하여는 친족상도례가 적용되지 않는다(제328조 제3항).

정답 | 463 ④ 464 ④ 465 ①

466 친족상도례에 관한 다음 설명 중 옳지 않은 것을 모두 고른 것은? (다툼이 있으면 판례에 의함)

1 2 3

[core ★★]

㉠ 형법상 사기죄의 성질은 특경법 제3조 제1항에 의해 가중처벌되는 경우에도 그대로 유지되어 친족상도례에 관한 규정이 그대로 적용된다.

㉡ 형법상 횡령죄의 성질은 특경법 제3조 제1항에 의해 가중처벌되는 경우에도 그대로 유지되고 친족상도례에 관한 규정이 그대로 적용된다.

㉢ 흉기 기타 위험한 물건을 휴대하고 공갈죄를 범하여 특수공갈죄가 성립하는 경우에도 친족상도례가 적용된다.

① 없음 ② ㉠

③ ㉡㉢ ④ ㉠㉡㉢

해설

① 모든 항목이 옳다.

㉠ [O] 형법상 사기죄의 성질은 **특경법 제3조 제1항에 의해 가중처벌되는 경우에도 그대로 유지**되어 친족상도례에 관한 규정이 그대로 적용된다(대법원 2010.2.11, 2009도12627 다단계사기 사건).

㉡ [O] 형법상 횡령죄의 성질은 **특경법 제3조 제1항에 의해 가중처벌되는 경우에도 그대로 유지**되고 친족상도례에 관한 규정이 그대로 적용된다(대법원 2013.9.13, 2013도7754).

㉢ [O] 형법 제354조, 제328조의 규정에 의하면, 직계혈족, 배우자, 동거친족, 동거가족 또는 그 배우자간의 공갈죄는 그 형을 면제하여야 하고 그 외의 친족간에는 고소가 있어야 공소를 제기할 수 있는바, **흉기 기타 위험한 물건을 휴대하고 공갈죄**를 범하여 '폭력행위 등 처벌에 관한 법률' 제3조 제1항, 제2조 제1항 제3호에 의하여 가중처벌되는 경우에도 형법상 공갈죄의 성질은 그대로 유지되는 것이고, 특별법인 위 법률에 친족상도례에 관한 형법 제354조, 제328조의 적용을 배제한다는 명시적인 규정이 없으므로, 형법 제354조는 ' 폭력행위 등 처벌에 관한 법률 제3조 제1항 위반죄'에도 **그대로 적용된다**(대법원 2010.7.29, 2010도5795).

467 다음 중 친족상도례에 관한 다음 설명 중 옳지 않은 것은? (다툼이 있으면 판례에 의함) [Essential ★]

1 2 3

① 피고인의 딸과 피해자의 아들이 혼인관계에 있어 피고인과 피해자가 사돈지간이라고 하더라도 이를 민법상 친족으로 볼 수 없다.

② 부(父)가 혼인 외의 출생자를 인지하는 경우에 있어서는 그 자(子)의 출생시에 소급하여 인지의 효력이 생기는 것이며, 이와 같은 인지의 소급효는 친족상도례에 관한 규정의 적용에도 미친다.

③ 사기죄를 범하는 자가 금원을 편취하기 위한 수단으로 피해자와 혼인신고를 한 것이라고 하더라도 그 혼인이 반드시 무효라고 할 수 없어, 그러한 편취행위는 배우자간의 범죄이므로 그 범인에 대하여는 형을 면제하여야 한다.

④ 형법 제354조, 제328조 제1항은 '직계혈족, 배우자, 동거친족, 동거가족 또는 그 배우자간의 제323조의 죄는 그 형을 면제한다'고 규정하고 있는바, 여기서 '그 배우자'는 동거가족의 배우자만을 의미하는 것이 아니라 직계혈족, 동거친족, 동거가족 모두의 배우자를 의미하므로 피고인이 피해자의 직계혈족의 배우자라면 상습사기의 점에 관한 공소사실에 대하여 형을 면제하여야 한다.

해설

③ [×] (1) 사기죄를 범하는 자가 금원을 편취하기 위한 수단으로 피해자와 혼인신고를 한 것이어서 그 혼인이 무효인 경우라면, 그러한 피해자에 대한 사기죄에서는 친족상도례를 적용할 수 없다. (2) 피고인이 피해자와 혼인신고를 하고 금원을 편취한 후 잠적할 때까지 함께 동거하지도 않았고 거주할 집이나 가재도구 등을 알아보거나 마련한 바도 없었다면, 비록 혼인신고가 되어 있었다고 하더라도 그들 사이의 혼인은 '당사자 사이에 혼인의 합의가 없는 때'에 해당하여 무효이므로 피고인의 사기 범행에 대하여는 친족상도례를 적용할 수 없다(대법원 2015.12.10, 2014도11533 혼인신고 ⇨ 사기 ⇨ 잠적 사건).

① [○] (1) 민법 제767조는 '배우자, 혈족 및 인척을 친족으로 한다'고 규정하고 있고, 민법 제769조는 혈족의 배우자, 배우자의 혈족, 배우자의 혈족의 배우자만을 인척으로 규정하고 있을 뿐, 구 민법 제769조에서 인척으로 규정하였던 '혈족의 배우자의 혈족'을 인척에 포함시키지 않고 있다. (2) 피고인의 딸과 피해자의 아들이 혼인관계에 있어 피고인과 피해자가 **사돈지간이라고 하더라도 이를 민법상 친족으로 볼 수 없다**(대법원 2011.4.28, 2011도2170 사돈 사기 사건).

② [○] 부(父)가 혼인 외의 출생자를 인지하는 경우에 있어서는 그 자(子)의 출생시에 소급하여 인지의 효력이 생기는 것이며, 이와 같은 **인지의 소급효는 친족상도례에 관한 규정의 적용에도 미친다**(대법원 1997.1.24, 96도1731 인지의 소급효 사건).

④ [○] 형법 제354조, 제328조 제1항은 '직계혈족, 배우자, 동거친족, 동거가족 또는 그 배우자 간의 제323조의 죄는 그 형을 면제한다'고 규정하고 있는바, 여기서 '그 배우자'는 동거가족의 배우자만을 의미하는 것이 아니라 **직계혈족, 동거친족, 동거가족 모두의 배우자를 의미하므로** 피고인이 피해자의 직계혈족의 배우자라면 상습사기의 점에 관한 공소사실에 대하여 형을 면제하여야 한다(대법원 2011.5.13, 2011도1765).

정답 | 466 ① 467 ③

468 친족상도례에 관한 다음 설명 중 옳지 않은 것은? (다툼이 있으면 판례에 의함)

1 2 3

[Essential ★]

① 절도죄에 있어 친족상도례 규정은 범인과 피해물건의 소유자 및 점유자 쌍방간에 친족관계가 있는 경우에만 적용되는 것이며, 단지 절도범인과 피해물건의 소유자간에만 친족관계가 있거나 절도범인과 피해물건의 점유자간에만 친족관계가 있는 경우에는 그 적용이 없다.

② 횡령죄에 있어 친족상도례 규정은 범인과 피해물건의 소유자 및 위탁자 쌍방 사이에 친족관계가 있는 경우에만 적용되는 것이고, 단지 횡령범인과 피해물건의 소유자간에만 친족관계가 있거나 횡령범인과 피해물건의 위탁자간에만 친족관계가 있는 경우에는 그 적용이 없다.

③ 법원을 기망하여 제3자로부터 재물을 편취한 경우에 피기망자인 법원은 피해자가 될 수 없고 재물을 편취당한 제3자가 피해자라고 할 것이므로 피해자인 제3자와 사기죄를 범한 자가 직계혈족의 관계에 있을 때에는 그 범인에 대하여는 형을 면제하여야 한다.

④ 손자가 할아버지 소유 농업협동조합 예금통장을 절취하여 이를 현금자동지급기에 넣고 조작하는 방법으로 예금 잔고를 자신의 거래 은행 계좌로 이체한 경우 친족상도례가 적용되어 손자의 컴퓨터등사용사기 범행 부분에 대해서는 형을 면제하여야 한다.

해설

④ [×] 손자가 할아버지 소유 농업협동조합 예금통장을 절취하여 이를 현금자동지급기에 넣고 조작하는 방법으로 예금 잔고를 자신의 거래 은행 계좌로 이체한 경우, (농협은 할아버지에 대한 예금반환 채무를 여전히 부담하면서도 다른 금융기관에 대하여 자금이체로 인한 이체자금 상당액 결제채무를 추가 부담하게 됨으로써 이체된 예금 상당액의 채무를 이중으로 지급해야 할 위험에 처하게 되므로) 농업협동조합이 컴퓨터등사용사기 범행 부분의 피해자이므로 친족상도례를 적용할 수 없다(대법원 2007.3.15, 2006도2704 꼴통 손자 사건).

① [○] 절도죄에 있어 친족상도례 규정은 범인과 피해물건의 소유자 및 점유자 쌍방간에 친족관계가 있는 경우에만 적용되는 것이며, 단지 절도범인과 피해물건의 소유자간에만 친족관계가 있거나 **절도범인과 피해물건의 점유자간에만 친족관계가 있는 경우에는 그 적용이 없다**(대법원 2014.9.25, 2014도8984 와이프 명의 봉고차 사건).

② [○] 횡령죄에 있어 친족상도례 규정은 범인과 피해물건의 소유자 및 위탁자 쌍방 사이에 친족관계가 있는 경우에만 적용되는 것이고, 단지 횡령범인과 피해물건의 소유자간에만 친족관계가 있거나 **횡령범인과 피해물건의 위탁자간에만 친족관계가 있는 경우에는 그 적용이 없다**(대법원 2008.7.24, 2008도3438 소유자만 친족 사건).

③ [○] 법원을 기망하여 제3자로부터 재물을 편취한 경우에 피기망자인 법원은 피해자가 될 수 없고 재물을 편취당한 제3자가 피해자라고 할 것이므로 **피해자인 제3자와 사기죄를 범한 자가 직계혈족의 관계에 있을 때에는 그 범인에 대하여는 형을 면제하여야 한다**(대법원 2014.9.26, 2014도8076 노모 사기 사건).

469 甲은 한미은행 중부지점장 乙의 도움으로 이미 사망한 甲의 사실상의 부(父) A의 대여금고에 들어있는 양도성예금증서를 다른 공동상속인들 몰래 처분하기 위하여 이를 절취하였다. 다만, 甲은 범행 후에 A를 상대로 하는 재판상 인지(認知)의 확정판결을 받았다. 甲의 죄책은? (다툼이 있으면 판례에 의함)

1 2 3

[core ★★]

① 무죄

② 절도죄가 성립하지만 친족상도례에 의하여 甲에 대하여 형을 면제한다.

③ 절도죄가 성립하지만 친족상도례에 의하여 이 절도죄는 고소가 있어야 논할 수 있다.

④ 절도죄가 성립하고 또한 친족상도례가 적용되지 않으므로 甲은 처벌된다.

해설

② 인지(認知)가 범행 후에 이루어진 경우라고 하더라도 그 소급효에 따라 형성되는 친족관계를 기초로 하여 친족상도례의 규정이 적용되어야 한다고 할 것이다. 범행 후 피고인이 재판상 인지의 확정판결을 받음으로써 피해자(A)와의 사이에 형법 제328조 제1항의 친족관계가 소급하여 발생하였다고 하여 피고인에 대한 형을 면제한 제1심판결을 유지한 원심의 조치는 정당하다(대법원 1997.1.24, 96도1731 인지의 소급효 사건). 설문의 경우 甲의 범죄는 절도죄이지만 甲과 A는 이른바 근친(近親)이므로 형을 면제한다.

정답 | 468 ④ 469 ②

470 다음 중 친족상도례가 적용되는 것은 모두 몇 개인가? (다툼이 있으면 판례에 의함) [core ★★]

1 2 3

㉠ 피고인 甲이 생질(甥姪) 乙이 A로부터 가공의뢰를 받아 보관 중이던 A 소유의 다이아몬드를 절취한 경우
㉡ 피고인 甲이, 조카 乙로부터 "A에게 전달해 달라"는 부탁과 함께 200만원을 교부받은 B에게 "A에게 전달해 주겠다"며 위 금원을 받아 보관하던 중 횡령한 경우
㉢ 피고인 甲의 처 乙이 A에게 매도한 봉고 화물자동차(乙 명의로 등록되었지만 피고인 甲이 소유하기로 약정하였음)를 A가 인도받아 이를 노상에 주차해 두었음에도, 피고인 甲이 이를 발견하고 임의로 운전하여 간 경우
㉣ 피고인이 A, B 및 C와 부동산매매계약을 체결하고 소유권을 이전받은 다음 잔금을 지급하지 않아 같은 금액 상당의 재산상 이익을 편취한 경우. 다만, A는 피고인의 8촌 혈족, B는 피고인의 부친이나 부동산은 A, B, C의 합유로 등기되어 있었음

① 0개 ② 1개
③ 2개 ④ 3개

해설

① 모든 항목의 경우 친족상도례는 적용되지 아니한다.
㉠ 절도범인과 피해물건의 점유자간에만 친족관계가 있는 경우이므로 친족상도례 규정은 적용되지 않는다(대법원 1980.11.11, 80도131 점유자만 친족 사건).
㉡ 횡령범인과 피해물건의 소유자간에만 친족관계가 있는 경우이므로 친족상도례 규정은 적용되지 않는다(대법원 2008.7.24, 2008도3438 소유자만 친족 사건).
㉢ 제3자인 A와의 관계에서는 자동차의 소유자는 乙이므로 친족상도례 규정은 적용되지 않는다(대법원 2014.9.25, 2014도8984 와이프 명의 봉고차 사건).
㉣ A는 피고인의 8촌 혈족, B는 피고인의 부친이나 부동산이 A, B, C의 합유로 등기되어 있다면 친족상도례 규정이 적용되지 않는다(대법원 2015.6.11, 2015도3160 합유 부동산 사기 사건).

471 다음 중 절도죄의 객체가 될 수 있는 것은 모두 몇 개인가? (다툼이 있으면 판례에 의함)

1 2 3

[Superlative ★★★]

㉠ 위조된 유가증권
㉡ 부동산매매계약서 사본
㉢ 컴퓨터에 저장되어 있는 정보
㉣ 법원으로부터 송달된 심문기일소환장
㉤ 발행자가 회수하여 세 조각으로 찢어버린 약속어음
㉥ 전기통신사업자에 의하여 가능하게 된 전화기의 음향송수신기능

① 3개 ② 4개
③ 5개 ④ 6개

해설

② ㉠㉡㉣㉤ 4항목이 재물에 해당한다.

㉠ 위조된 약속어음이라고 하더라도 절차에 따라 몰수되기까지는 그 소지자의 점유를 보호하여야 한다는 점에서 절도죄의 객체가 된다(대법원 1998.11.24, 98도2967 무주리조트 사건).

㉡ 절도죄의 객체인 재물에 해당한다(대법원 2007.8.23, 2007도2595 쿨하지 못한 동거남 사건).

㉢ 컴퓨터에 저장되어 있는 '정보' 그 자체는 유체물이라고 볼 수도 없고 물질성을 가진 동력도 아니므로 재물이 될 수 없다(대법원 2002.7.12, 2002도745 설계도면 파일 사건).

㉣ 심문기일소환장은 재산적 가치가 있는 물건으로서 재물에 해당한다(대법원 2000.2.25, 99도5775).

㉤ 타인에 의하여 조합되어 새로운 어음으로 이용되지 않는 것에 대하여 소극적인 경제적 가치를 가지는 것이므로 피고인이 이를 가져갔다면 절도죄가 성립한다(대법원 1976.1.27, 74도3442 세조각 약속어음 사건).

㉥ 무형적인 이익에 불과하고 물리적 관리의 대상이 될 수 없어 재물이 아니라고 할 것이므로 절도죄의 객체가 되지 아니한다(대법원 1998.6.23, 98도700 전화 무단사용 사건 I).

정답 | 470 ① 471 ②

472 절도죄에 관한 다음 설명 중 옳지 않은 것은? (다툼이 있으면 판례에 의함) [Essential ★]

1 2 3

① 형법상 절취란 타인이 점유하고 있는 자기 이외의 자의 소유물을 점유자의 의사에 반하여 그 점유를 배제하고 자기 또는 제3자의 점유로 옮기는 것을 말한다.

② 어떤 물건이 타인의 점유하에 있다고 할 것인지의 여부는 객관적인 요소로서의 관리범위 내지 사실적 관리가능성 외에 주관적 요소로서의 지배의사를 참작하여 결정하되 궁극적으로는 당해 물건의 형상과 그 밖의 구체적인 사정에 따라 사회통념에 비추어 규범적 관점에서 판단하여야 한다.

③ 절도죄란 재물에 대한 타인의 점유를 침해함으로써 성립하는 것으로 여기서의 '점유'라고 함은 현실적으로 어떠한 재물을 지배하는 순수한 사실상의 관계를 말하는 것으로서 민법상의 점유와 반드시 일치하는 것이 아니다.

④ 재물을 점유하는 소유자로부터 이를 상속받아 그 소유권을 취득하였다고 한다면 비록 상속인이 그 재물에 관하여 사실상의 지배를 가지게 되지 않았더라도 상속인에 대한 절도죄가 성립할 수 있다.

해설

④ [×] 종전 점유자의 점유가 그의 사망으로 인한 상속에 의하여 당연히 그 상속인에게 이전된다는 민법 제193조는 절도죄의 요건으로서의 '타인의 점유'와 관련하여서는 적용의 여지가 없고, 재물을 점유하는 소유자로부터 이를 상속받아 그 소유권을 취득하였다고 하더라도 상속인이 그 재물에 관하여 사실상의 지배를 가지게 되어야만 이를 점유하는 것으로서 그때부터 비로소 상속인에 대한 절도죄가 성립할 수 있다(대법원 2012.4.26, 2010도6334 사망 동거남 가방 사건).

① [○] 형법상 절취란 타인이 점유하고 있는 자기 이외의 자의 **소유물을 점유자의 의사에 반하여 그 점유를 배제하고 자기 또는 제3자의 점유로 옮기는 것을 말한다**(대법원 2014.9.25, 2014도8984 와이프 명의 봉고차 사건).

② [○] 어떤 물건이 타인의 점유하에 있다고 할 것인지의 여부는 객관적인 요소로서의 관리범위 내지 사실적 관리가능성 외에 주관적 요소로서의 지배의사를 참작하여 결정하되 궁극적으로는 당해 물건의 형상과 그 밖의 구체적인 사정에 따라 사회통념에 비추어 **규범적 관점에서 판단하여야 한다**(대법원 2008.7.10, 2008도3252 냉장고 사건).

③ [○] 절도죄란 재물에 대한 타인의 점유를 침해함으로써 성립하는 것으로 여기서의 '점유'라고 함은 현실적으로 어떠한 재물을 지배하는 순수한 사실상의 관계를 말하는 것으로서 **민법상의 점유와 반드시 일치하는 것이 아니다**(대법원 2012.4.26, 2010도6334 사망 동거남 가방 사건).

473 다음 중 절도죄가 성립하는 것을 모두 고른 것은? (다툼이 있으면 판례에 의함) [core ★★]

1 2 3

㉠ 피고인이 피해자가 가지고 있는 책을 잠깐 보겠다고 하며 동인이 있는 자리에서 보는 척 하다가 가져간 경우

㉡ 피해자가 결혼예식장에서 신부측 축의금 접수인인 것처럼 행세하는 피고인에게 축의금을 내어 놓자 이를 교부받아 가로챈 경우

㉢ 피고인이 금방에서 마치 귀금속을 구입할 것처럼 가장하여 피해자로부터 순금목걸이 등을 건네받은 다음 화장실에 갔다 오겠다는 핑계를 대고 도주한 경우

① 없음 ② ㉠

③ ㉡㉢ ④ ㉠㉡㉢

해설

④ 모든 항목의 경우 절도죄가 성립한다.

㉠ 책은 아직 피해자의 점유하에 있었다고 할 것이므로 절도죄가 성립한다(대법원 1983.2.22, 82도3115).

㉡ 하객의 축의금은 신부 측에 전달하려는 것이지 피고인에게 그 처분권을 주는 것이 아니므로 이를 피고인에게 교부한 것이라 볼 수 없고 단지 신부 측 접수대에 교부하는 취지에 불과하므로 피고인이 그 돈을 가져간 것은 신부 측 접수처의 점유를 침탈하여 범한 절취행위라고 보는 것이 정당하다(대법원 1996.10.15, 96도2227 결혼식 축의금 사건).

㉢ 순금목걸이 등은 도주하기 전까지는 아직 피해자의 점유하에 있었다고 할 것이므로 절도죄가 성립한다(대법원 1994.8.12, 94도1487 금목걸이 사건).

474 1 2 3 다음 중 절도죄가 성립하는 것은 모두 몇 개인가? (다툼이 있으면 판례에 의함) [core ★★]

㉠ 피고인이 강간을 당한 피해자가 도피하면서 현장에 놓아두고 간 손가방 안에 들어 있는 돈을 꺼낸 경우
㉡ 피해자를 살해한 방에서 사망한 피해자 곁에 4시간 30분쯤 있다가 그곳 피해자의 자취방 벽에 걸려 있던 피해자가 소지하는 물건들을 영득의 의사로 가지고 나온 경우
㉢ 피고인이 피해자의 주거에 침입할 당시 피해자는 이미 사망한 상태였고 피고인은 그 사망과는 관련이 없으며 정확한 사망시기도 밝혀지지 않아 피고인이 주거에 있던 재물을 가지고 나올 때까지 사망 이후 얼마나 시간이 경과되었는지도 분명하지 않은 경우

① 없음 ② ㉠
③ ㉠㉡ ④ ㉠㉡㉢

해설

③ ㉠㉡ 2항목의 경우 절도죄가 성립한다.

㉠ 피해자가 도피하면서 현장에 놓아두고 간 손가방은 점유이탈물이 아니라 사회통념상 피해자의 지배하에 있는 물건이라고 보아야 할 것이므로 절도죄에 해당한다(대법원 1984.2.28, 84도38).

㉡ 피해자가 생전에 가진 점유는 사망 후에도 여전히 계속되는 것으로 보아야 하므로 피고인의 행위는 피해자의 점유를 침탈한 것으로서 절도죄에 해당한다(대법원 1993.9.28, 93도2143 자취방 살인 사건).

㉢ 성폭법 제3조 제1항의 야간주거침입'절도' 후 준강제추행미수의 죄는 성립하지 아니한다(대법원 2013.7.11, 2013도5355).

정답 | 472 ④ 473 ④ 474 ③

475 다음 중 절도죄가 성립하는 것을 모두 고른 것은? (다툼이 있으면 판례에 의함) [core ★★]

1 2 3

㉠ 임차인이 임대계약 종료 후 식당건물에서 퇴거하면서 종전부터 사용하던 냉장고의 전원을 켜 둔 채 그대로 두었다가 약 1개월 후 철거해 가는 바람에 그 기간 동안 전기가 소비된 경우

㉡ 피고인 甲이 乙과 아파트에서 동거하다가, 乙의 사망으로 그의 상속인인 A 및 B 소유에 속하게 된 부동산 등기권리증 등 서류들이 들어 있는 가방을 아파트에서 가지고 나온 경우. 다만, 乙의 자식인 A 및 B는 아파트에서 전혀 거주한 일이 없이 다른 곳에서 거주·생활하였고, 乙 사망 후 甲이 가방을 가지고 가기까지 아파트 또는 그곳에 있던 가방의 인도 등을 요구한 일이 전혀 없었음

㉢ 육지로부터 멀리 떨어진 섬에서 광산을 개발하기 위하여 발전기, 경운기 엔진을 섬으로 반입하였다가 광업권 설정이 취소됨으로써 광산개발이 불가능하게 되자 육지로 그 물건들을 반출하는 것을 포기하고 그대로 유기하여 둔 채 섬을 떠난 후 10년 동안 그 물건들을 관리하지 않은 상태에서, 피고인이 소유자가 섬을 떠난지 7년이 경과한 뒤 노후된 물건들을 피고인 집 가까이에 옮겨 놓은 경우

① 없음 ② ㉠

③ ㉠㉡ ④ ㉠㉡㉢

해설

① 모든 항목의 경우 절도죄가 성립하지 아니한다.

㉠ 임차인이 퇴거 후에도 냉장고에 관한 점유·관리를 그대로 보유하고 있었다고 보아야 하므로 냉장고를 통하여 전기를 계속 사용하였다고 하더라도 이는 당초부터 자기의 점유·관리하에 있던 전기를 사용한 것일 뿐 타인의 점유·관리하에 있던 전기가 아니어서 절도죄가 성립하지 않는다(대법원 2008.7.10, 2008도3252 냉장고 사건).

㉡ 피고인 甲이 가방을 들고 나온 시점에 A 및 B가 아파트에 있던 가방을 사실상 지배하여 점유하고 있었다고 볼 수 없어 절도죄가 성립하지 아니한다(대법원 2012.4.26, 2010도6334 사망 동거남 가방 사건).

㉢ 원소유자나 그 상속인이 그 물건들을 점유할 의사로 사실상 지배하고 있었다고는 볼 수 없으므로 그 물건들은 절도죄의 객체인 타인이 점유하는 물건으로 볼 수 없다(대법원 1994.10.11, 94도1481 내파수도 사건).

476 절도죄에 관한 다음 설명 중 옳지 않은 것을 모두 고른 것은? (다툼이 있으면 판례에 의함)

1 2 3

[core ★★]

> ㉠ A가 굴 양식면허를 받은 구역 내에서 피고인들이 자연서식의 반지락을 채취하였다고 하더라도 수산업법 위반이 됨은 별론으로 하고 절도죄를 구성한다고는 할 수 없다.
> ㉡ 피고인 甲이 어업권을 행사하는 A의 양식장에서 모시조개를 채취한 경우라도 그 채취한 모시조개가 자연 번식하는 것이 아니라 A가 양식하는 것으로서 A의 소유라는 증명이 없는 한 절도죄는 성립하지 아니한다.
> ㉢ 타인의 토지상에 권원 없이 식재한 수목의 소유권은 토지소유자에게 귀속하고 권원에 의하여 식재한 경우에는 그 소유권이 식재한 자에게 있으므로 권원 없이 식재한 감나무에서 감을 수확한 것은 절도죄에 해당한다.

① 없음 ② ㉠
③ ㉠㉡ ④ ㉠㉡㉢

해설

① 모든 항목이 옳다.

㉠ A가 굴 양식면허를 받은 구역 내에서 피고인들이 자연서식의 반지락을 채취하였다고 하더라도 수산업법위반이 됨은 별론으로 하고 절도죄를 구성한다고는 할 수 없다(대법원 1983.2.8, 82도696 바지락 사건).

㉡ 피고인 甲이 어업권을 행사하는 A의 양식장에서 모시조개를 채취한 경우라도 그 채취한 모시조개가 자연 번식하는 것이 아니라 A가 양식하는 것으로서 A의 소유라는 증명이 없는 한 절도죄는 성립하지 아니한다(대법원 2010.4.8, 2009도11827 모시조개 사건).

㉢ 타인의 토지상에 권원 없이 식재한 수목의 소유권은 토지소유자에게 귀속하고 권원에 의하여 식재한 경우에는 그 소유권이 식재한 자에게 있으므로, 권원 없이 식재한 감나무에서 감을 수확한 것은 절도죄에 해당한다(대법원 1998.4.24, 97도3425 감나무 사건). 민법상 타인의 토지상에 권원 없이 식재한 '수목'의 소유권은 토지소유자에게 귀속하지만, 권원 없이 식재한 '농작물'의 소유권은 토지소유자가 아니라 경작자에게 귀속한다는 점을 주의하여야 한다.

정답 | 475 ① 476 ①

477 절도죄에 관한 다음 설명 중 옳지 않은 것은? (다툼이 있으면 판례에 의함) [core ★★]

1 2 3

① 당사자 사이에 자동차의 소유권을 그 등록명의자 아닌 자가 보유하기로 약정한 경우, 그 약정 당사자 사이의 내부관계에서는 등록명의자 아닌 자가 소유권을 보유하게 된다고 하더라도 제3자에 대한 관계에서는 어디까지나 그 등록명의자가 자동차의 소유자라고 할 것이다.

② 자동차에 대한 소유권의 득실변경은 등록을 함으로써 그 효력이 생기고 등록이 없는 한 대외적 관계에서는 물론 당사자의 대내적 관계에서도 소유권을 취득할 수 없는 것이 원칙이지만, 당사자 사이에 소유권을 등록명의자 아닌 자가 보유하기로 약정하였다는 등의 특별한 사정이 있는 경우에는 그 내부관계에 있어서는 등록명의자 아닌 자가 소유권을 보유하게 된다.

③ 동산에 관하여 양도담보계약이 이루어지고 채권자가 점유개정의 방법으로 인도를 받은 후, 양도담보권자인 채권자가 제3자에게 담보목적물을 매각하고 목적물반환청구권을 양도받는 방법으로도 제3자에게 처분하고 그 제3자로 하여금 그 목적물을 취거하게 한 경우 채무자의 소유물을 절취한 것에 해당하여 절도죄가 성립한다.

④ 금전채무를 담보하기 위하여 채무자가 그 소유의 동산을 채권자에게 양도하되 점유개정의 방법으로 인도하고 채무자가 이를 계속 점유하기로 약정한 경우, 채권자와 채무자 사이의 대내적 관계에서는 채무자가 소유권을 보유하나 대외적인 관계에서의 채무자는 동산의 소유권을 이미 채권자에게 양도한 무권리자가 되는 것이어서 다시 다른 채권자와 사이에 양도담보설정계약을 체결하고 점유개정의 방법으로 인도하더라도 선의취득이 인정되지 않는 한 나중에 설정계약을 체결한 채권자로서는 양도담보권을 취득할 수 없다.

해설

③ [×] (1) 동산에 관하여 양도담보계약이 이루어지고 채권자가 점유개정의 방법으로 인도를 받았다면, 그 정산절차를 마치기 전이라도 양도담보권자인 채권자는 제3자에 대한 관계에 있어서는 담보목적물의 소유자로서 그 권리를 행사할 수 있다. (2) 양도담보권자인 채권자가 제3자에게 담보목적물을 매각한 경우, 제3자는 채권자와 채무자 사이의 정산절차 종결 여부와 관계없이 양도담보 목적물을 인도받음으로써 소유권을 취득하게 되는 것이고, 양도담보의 설정자가 담보목적물을 점유하고 있는 경우 그 목적물의 인도는 채권자로부터 목적물반환청구권을 양도받는 방법으로도 가능한 것인바, 채권자가 양도담보 목적물을 위와 같은 방법으로 제3자에게 처분하여 그 목적물의 소유권을 취득하게 한 다음 그 제3자로 하여금 그 목적물을 취거하게 한 경우 그 제3자로서는 자기의 소유물을 취거한 것에 불과하므로 사안에 따라 권리행사방해죄를 구성할 여지가 있음은 별론으로 하고, 절도죄를 구성할 여지는 없다(대법원 2008.11.27, 2006도4263 통발어구 사건).

① [○] 당사자 사이에 자동차의 소유권을 그 등록명의자 아닌 자가 보유하기로 약정한 경우, 그 약정 당사자 사이의 **내부관계에서는** 등록명의자 아닌 자가 소유권을 보유하게 된다고 하더라도 제3자에 대한 관계에서는 어디까지나 그 **등록명의자가 자동차의 소유자라고 할 것이다**(대법원 2014.9.25, 2014도8984 와이프 명의 봉고차 사건).

② [○] 자동차에 대한 소유권의 득실변경은 등록을 함으로써 그 효력이 생기고 등록이 없는 한 대외적 관계에서는 물론 당사자의 대내적 관계에서도 소유권을 취득할 수 없는 것이 원칙이지만, 당사자 사이에 소유권을 등록명의자 아닌 자가 보유하기로 약정하였다는 등의 특별한 사정이 있는 경우에는 그 **내부관계에 있어서는 등록명의자 아닌 자가 소유권을 보유하게 된다**(대법원 2013.2.28, 2012도15303 위자료 자동차 사건).

④ [○] 금전채무를 담보하기 위하여 채무자가 그 소유의 동산을 채권자에게 양도하되 점유개정의 방법으로 인도하고 채무자가 이를 계속 점유하기로 약정한 경우, 채권자와 채무자 사이의 대내적 관계에서는 채무자가 소유권을 보유하나 대외적인 관계에서의 채무자는 동산의 소유권을 이미 채권자에게 양도한 무권리자가 되는 것이어서 다시 **다른 채권자와 사이에 양도담보설정계약을 체결하고 점유개정의 방법으로 인도하더라도 선의취득이 인정되지 않는 한 나중에 설정계약을 체결한 채권자로서는 양도담보권을 취득할 수 없다**(대법원 2007.2.22, 2006도8649 돼지 반출 사건).

478 다음 설명 중 옳지 않은 것을 모두 고른 것은? (다툼이 있으면 판례에 의함) [core ★★]

1 2 3

㉠ 피고인 甲이 자신의 모(母) 乙 명의로 구입 · 등록하여 乙에게 명의신탁한 자동차를 A에게 담보로 제공한 후 이를 A 몰래 가져간 경우, A에 대한 관계에서 자동차의 소유자는 乙이고 甲이 소유자가 아니므로 절도죄가 성립한다.

㉡ 피고인 甲이 자신의 명의로 등록된 자동차를 사실혼 관계에 있던 A에게 증여하여 A만이 이를 운행 · 관리하여 오다가 서로 별거하면서 재산분할 내지 위자료 명목으로 A가 소유하기로 하였는데도 甲이 이를 임의로 운전해 간 경우, 자동차등록명의상 甲이 소유권자이므로 권리행사방해죄가 성립한다.

㉢ A가 승용차를 구입한 실질적인 소유자이고, 다만 장애인 면세혜택 등의 적용을 받기 위해 피고인 甲의 어머니 乙의 명의를 빌려 등록한 상태라면, 피고인 甲이 乙로부터 승용차를 가져가 매도할 것을 허락받고 그녀의 인감증명 등을 교부받은 뒤에 A 몰래 승용차를 가져간 경우 甲과 乙은 횡령죄의 공모공동정범이 성립된다.

① 없음
② ㉠
③ ㉡㉢
④ ㉠㉡㉢

해설

③ ㉡㉢ 2항목이 옳지 않다.

㉠ [○] 제3자인 A에 대한 관계에서 자동차의 소유자는 乙이고 甲이 소유자가 아니므로 **절도죄가 성립한다**(대법원 2012.4.26, 2010도11771 어머니 명의 그랜저 사건).

㉡ [×] 자동차 등록명의와 관계없이 甲과 A 사이에서는 A를 소유자로 보아야 하므로 절도죄가 성립한다(대법원 2013.2.28, 2012도15303 위자료 자동차 사건).

㉢ [×] A가 승용차를 구입한 실질적인 소유자이고 (甲과 A 사이에서는 A가 소유자이므로) 甲과 乙은 절도죄의 공모공동정범이 성립된다(대법원 2007.1.11, 2006도4498 어머니 명의 매그너스 사건).

정답 | 477 ③ 478 ③

479 절도죄에 관한 다음 설명 중 옳지 않은 것은? (다툼이 있으면 판례에 의함)

1 2 3 [Essential ★]

① 절도죄의 성립에 필요한 불법영득의 의사란 권리자를 배제하고 타인의 물건을 자기의 소유물과 같이 이용·처분할 의사를 말하고 영구적으로 물건의 경제적 이익을 보유할 의사임은 요하지 않는다.

② 절도죄에 있어서의 불법영득의 의사는 영구적으로 그 물건의 경제적 이익을 보유할 의사가 필요치 아니하여도 소유권 또는 이에 준하는 본권을 침해하는 의사, 즉 목적물의 물질을 영득할 의사나 물질의 가치만을 영득할 의사라도 영득의 의사가 있다고 할 것이다.

③ 일시 사용의 목적으로 타인의 점유를 침탈한 경우에도 사용으로 인하여 물건 자체가 가지는 경제적 가치가 상당한 정도로 소모되었거나 상당한 장시간 점유하고 있었다면 불법영득의 의사가 있었다고 할 것이지만, 본래의 장소와 다른 곳에 유기하는 경우에는 불법영득의 의사가 있었다고 할 수 없다.

④ 피고인이 현금 등이 들어 있는 피해자의 지갑을 가져갈 당시에 피해자의 승낙을 받지 않았다면 가사 피고인이 후일 변제할 의사가 있었다고 하더라도 불법영득의사가 있었다고 할 것이다.

해설

③ [×] 일시 사용의 목적으로 타인의 점유를 침탈한 경우에도 사용으로 인하여 물건 자체가 가지는 경제적 가치가 상당한 정도로 소모되거나 또는 상당한 장시간 점유하고 있거나 본래의 장소와 다른 곳에 유기하는 경우에는 이를 일시 사용하는 경우라고는 볼 수 없으므로 영득의 의사가 없다고 할 수 없다(대법원 2014.8.20, 2012도12828).

① [○] 절도죄의 성립에 필요한 불법영득의 의사란 권리자를 배제하고 타인의 물건을 자기의 소유물과 같이 이용·처분할 의사를 말하고 **영구적으로 물건의 경제적 이익을 보유할 의사임은 요하지 않는다**(법원 2014.8.20, 2012도12828).

② [○] 절도죄에 있어서의 불법영득의 의사는 영구적으로 그 물건의 경제적 이익을 보유할 의사가 필요치 아니하여도 소유권 또는 이에 준하는 본권을 침해하는 의사, 즉 목적물의 물질을 **영득할 의사나 물질의 가치만을 영득할 의사라도 영득의 의사가 있다고 할 것이다**(대법원 2011.8.18, 2010도9570 하드디스크 절취 사건).

④ [○] 피고인이 현금 등이 들어 있는 피해자의 지갑을 가져갈 당시에 피해자의 승낙을 받지 않았다면 가사 피고인이 후일 변제할 의사가 있었다고 하더라도 **불법영득의사가 있었다고 할 것이다**(대법원 1999.4.9, 99도519 문신을 보여주며 사건).

480 절도죄에 관한 다음 설명 중 옳지 않은 것은? (다툼이 있으면 판례에 의함) [Essential ★]

1 2 3

① 일시 사용의 목적으로 타인의 점유를 침탈한 경우에도 사용으로 인하여 물건 자체가 가지는 경제적 가치가 상당한 정도로 소모되거나 또는 상당한 장시간 점유하고 있거나 본래의 장소와 다른 곳에 유기하는 경우에는 이를 일시 사용하는 경우라고는 볼 수 없으므로 영득의 의사가 없다고 할 수 없다.

② 타인의 재물을 승낙 없이 무단 사용하는 경우에 있어서 그 사용으로 인한 가치의 소모가 무시할 수 있을 정도로 경미하고 또한 사용 후 곧 반환한 것과 같은 때에는 불법영득의 의사가 있다고 인정할 수 없다.

③ 어떠한 물건을 점유자의 의사에 반하여 취거하는 행위가 결과적으로 소유자의 이익으로 된다는 사정 또는 소유자의 추정적 승낙이 있다고 볼 만한 사정이 있다면 다른 특별한 사정이 없는 한 불법영득의 의사가 있었다고 할 수는 없다.

④ 비록 약정에 기한 인도 등의 청구권이 인정된다고 하더라도 취거 당시에 점유 이전에 관한 점유자의 명시적 · 묵시적인 동의가 있었던 것으로 인정되지 않는 한, 점유자의 의사에 반하여 점유를 배제하는 행위를 함으로써 절도죄는 성립하는 것이고, 그러한 경우에 특별한 사정이 없는 한 불법영득의 의사가 없었다고 할 수는 없다.

해설

③ [×] 어떠한 물건을 점유자의 의사에 반하여 취거하는 행위가 결과적으로 소유자의 이익으로 된다는 사정 또는 소유자의 추정적 승낙이 있다고 볼 만한 사정이 있다고 하더라도, 다른 특별한 사정이 없는 한 그러한 사유만으로 불법영득의 의사가 없다고 할 수는 없다(대법원 2014.2.21, 2013도14139 리스 BMW 사건).

① [O] 일시 사용의 목적으로 타인의 점유를 침탈한 경우에도 사용으로 인하여 물건 자체가 가지는 경제적 가치가 상당한 정도로 소모되거나 또는 상당한 장시간 점유하고 있거나 본래의 장소와 다른 곳에 유기하는 경우에는 이를 **일시 사용하는 경우라고는 볼 수 없으므로 영득의 의사가 없다고 할 수 없다**(대법원 2014.8.20, 2012도12828).

② [O] 타인의 재물을 승낙 없이 무단 사용하는 경우에 있어서 그 사용으로 인한 가치의 소모가 무시할 수 있을 정도로 경미하고 또한 사용 후 곧 반환한 것과 같은 때에는 **불법영득의 의사가 있다고 인정할 수 없다**(대법원 2006.3.9, 2005도7819 직불카드 잠시사용 사건).

④ [O] 비록 약정에 기한 인도 등의 청구권이 인정된다고 하더라도 취거 당시에 점유 이전에 관한 점유자의 명시적 · 묵시적인 동의가 있었던 것으로 인정되지 않는 한, 점유자의 의사에 반하여 점유를 배제하는 행위를 함으로써 절도죄는 성립하는 것이고, 그러한 경우에 특별한 사정이 없는 한 **불법영득의 의사가 없었다고 할 수는 없다**(대법원 2001.10.26, 2001도4546 굴삭기 무단회수 사건).

정답 | 479 ③ 480 ③

481 절도죄에 관한 다음 설명 중 옳지 않은 것은? (다툼이 있으면 판례에 의함) [core ★★]

1 2 3

① 예금통장은 예금채권을 표창하는 유가증권이 아니고 그 자체에 예금액 상당의 경제적 가치가 화체되어 있는 것도 아니므로, 타인의 예금통장을 무단사용하여 예금을 인출한 후 바로 반환한 경우에는 예금통장이 가지고 있는 가치가 인출된 예금액만큼 소모되었다고 할 수 없으므로 그에 대한 불법영득의 의사를 인정할 수 없다.

② 현금카드를 사용하여 현금자동지급기에서 현금을 인출하였다 하더라도 그 현금카드 자체가 가지는 경제적 가치가 인출된 예금액만큼 소모되었다고 할 수 없으므로 이를 일시 사용하고 반환한 경우에는 불법영득의 의사를 인정할 수 없다.

③ 타인의 신용카드를 사용하여 현금자동지급기에서 현금을 인출하였다 하더라도 신용카드 자체가 가지는 경제적 가치가 인출된 예금액만큼 소모되었다고 할 수 없으므로 이를 일시 사용하고 곧 반환한 경우에는 불법영득의 의사가 없다고 보아야 한다.

④ 직불카드를 사용하여 타인의 예금계좌에서 자기의 예금계좌로 돈을 이체시켰다 하더라도 직불카드 자체가 가지는 경제적 가치가 계좌이체된 금액만큼 소모되었다고 할 수는 없으므로 이를 일시 사용하고 곧 반환한 경우에는 그에 대한 불법영득의 의사는 없다고 보아야 한다.

해설

① [×] 타인의 예금통장을 무단사용하여 예금을 인출한 후 바로 예금통장을 반환하였다 하더라도 예금통장 자체가 가지는 예금액 증명기능의 경제적 가치에 대한 불법영득의 의사를 인정할 수 있으므로 절도죄가 성립한다(대법원 2010.5.27, 2009도9008 회사 예금통장 사건).

② [○] 현금카드를 사용하여 현금자동지급기에서 현금을 인출하였다 하더라도 그 현금카드 자체가 가지는 경제적 가치가 인출된 예금액만큼 소모되었다고 할 수 없으므로 이를 일시 사용하고 반환한 경우에는 **불법영득의 의사를 인정할 수 없다**(대법원 1998.11.10, 98도2642 현금카드 잠시사용 사건).

③ [○] 타인의 신용카드를 사용하여 현금자동지급기에서 현금을 인출하였다 하더라도 신용카드 자체가 가지는 경제적 가치가 인출된 예금액만큼 소모되었다고 할 수 없으므로 이를 일시 사용하고 곧 반환한 경우에는 **불법영득의 의사가 없다고 보아야 한다**(대법원 1999.7.9, 99도857 신용카드 잠시사용 사건).

④ [○] 직불카드를 사용하여 타인의 예금계좌에서 자기의 예금계좌로 돈을 이체시켰다 하더라도 직불카드 자체가 가지는 경제적 가치가 계좌이체된 금액만큼 소모되었다고 할 수는 없으므로 이를 일시 사용하고 곧 반환한 경우에는 그에 대한 **불법영득의 의사는 없다고 보아야 한다**(대법원 2006.3.9, 2005도7819 직불카드 잠시사용 사건).

482 다음 중 (   ) 안 대상에 대한 절도죄가 성립하는 것은? (다툼이 있으면 판례에 의함) [Essential ★]

1 2 3

① 피고인이 회사의 사무실에서 회사 명의의 농협 통장을 몰래 가지고 나와 예금 1,000만원을 인출한 후 다시 통장을 제자리에 갖다 놓은 경우 (예금통장)

② 피고인이 피해자로부터 지갑을 잠시 건네받아 멋대로 피해자 소유의 현금카드를 꺼내어 현금자동지급기에서 70만원의 현금을 인출한 후 현금카드를 곧바로 피해자에게 반환한 경우 (현금카드)

③ 피고인 甲이 종업원으로 일하던 만화천국 가게에서 주인 A의 핸드백에서 신용카드 1장을 꺼내어 약 50m 떨어진 현금자동지급기에서 50만원을 현금서비스 받고, 다시 가게로 돌아와서 A의 핸드백 안에 신용카드를 넣어 둔 경우 (신용카드)

④ 피고인 甲이 A의 핸드백에서 B 소유의 직불카드를 꺼내어 간 뒤 광주은행 광산지점에서 직불카드를 사용하여 B의 예금계좌에서 피고인의 계좌로 1,700만원을 이체시킨 다음 A와 헤어진 뒤로부터 3시간 가량 지난 무렵에 A에게 전화로 위와 같은 사실을 말하고 A를 만나 즉시 직불카드를 반환한 경우 (직불카드)

해설

① 통장 자체가 가지는 예금액 증명기능의 경제적 가치는 통장을 무단사용하여 예금 1,000만원을 인출함으로써 상당한 정도로 소모되었다고 할 수 있으므로 피고인이 그 사용 후 바로 통장을 제자리에 갖다 놓았다 하더라도 그 소모된 가치에 대한 불법영득의 의사가 인정된다(대법원 2010.5.27, 2009도9008 회사 예금통장 사건).

② 은행이 발행한 현금카드를 사용하여 현금자동지급기에서 현금을 인출하였다 하더라도 그 현금카드 자체가 가지는 경제적 가치가 인출된 예금액만큼 소모되었다고 할 수는 없다(대법원 1998.11.10, 98도2642 현금카드 잠시사용 사건).

③ 신용카드를 이용하여 현금자동지급기에서 현금을 인출하였다 하더라도 그 카드 자체가 가지는 경제적 가치가 인출된 예금액만큼 소모되었다고 할 수 없을 뿐만 아니라 사용 후 바로 원래의 위치에 넣어 둔 점에 비추어 불법영득의 의사가 있다고 보기 어렵다(대법원 1999.7.9, 99도857 신용카드 잠시사용 사건).

④ 피고인에게 직불카드에 대한 불법영득의 의사가 있었다고 볼 수 없다(대법원 2006.3.9, 2005도7819 직불카드 잠시사용 사건).

정답 | 481 ① 482 ①

483 다음 중 절도죄의 불법영득의사가 인정되는 것은 모두 몇 개인가? (다툼이 있으면 판례에 의함)

1 2 3

[core ★★]

> ㉠ 회사 감사인 피고인이 회사 경영진과의 불화로 한 달 가까이 결근하다가 회사 감사실에 침입하여 자신이 사용하던 컴퓨터에서 하드디스크를 떼어간 후 4개월 가까이 지난 시점에 반환한 경우
> ㉡ 피고인 甲이 A의 영업점 내에 있는 A 소유의 휴대전화를 허락 없이 가지고 나와 이를 이용하여 통화를 하고 문자메시지를 주고받은 다음 약 1~2시간 후 A에게 아무런 말을 하지 않고 영업점 정문 옆 화분에 놓아두고 간 경우
> ㉢ 쇄석장비들에 관하여 점유개정의 방법에 의한 양도담보부 금전소비대차계약을 체결한 후 채무자 A가 변제기일이 지나도 채무를 변제하지 아니하자 채권자 甲이 채무자의 의사에 반하여 쇄석장비들을 임의로 분해하여 가지고 간 경우
> ㉣ 피고인 甲은 현대캐피탈로부터 애인 乙 명의로 승용차를 리스하여 운행하던 중 사채업자 A로부터 1,300만원을 빌리면서 승용차를 인도하였고, 甲이 차용금을 변제하지 못하자 A가 승용차를 매도하여 B가 승용차를 매수하여 점유하게 되었는 바, 甲이 승용차를 회수하기 위해서 B와 만나기로 약속을 한 다음 약속장소에 주차되어 있던 승용차를 임의로 가져가 乙을 통하여 캐피탈에 반납한 경우

① 1개 ② 2개
③ 3개 ④ 4개

해설

④ 모든 항목의 경우 불법영득의사가 인정된다.

㉠ 피고인이 하드디스크를 일시 보관 후 반환하였다고 평가하기 어려워 불법영득의사를 인정할 수 있다(대법원 2011.8.18, 2010도9570 하드디스크 절취 사건).

㉡ 피고인 甲은 휴대전화를 자신의 소유물과 같이 이용하다가 본래의 장소와 다른 곳에 유기한 것에 다름 아니므로 불법영득의 의사가 있었다고 할 것이다(대법원 2012.7.12, 2012도1132 뉴욕스포츠피부 휴대폰 사건).

㉢ 채권자 甲이 채무자의 의사에 반하여 쇄석장비들을 임의로 분해하여 가지고 간 경우 불법영득의사가 있었다고 보아야 한다(대법원 2005.6.24, 2005도2861).

㉣ 甲의 행위는 '절취'에 해당함은 분명하고 또한 甲이 승용차를 임의로 가져간 것이 소유자인 현대캐피탈의 의사에 반하는 것이라고는 보기 어렵고 실제로 현대캐피탈에 반납된 사정을 감안한다고 하더라도 甲에게 불법영득의 의사가 없다고 할 수도 없다(대법원 2014.2.21, 2013도14139 리스 BMW 사건).

484 다음 중 절도죄의 불법영득의사가 인정되는 것을 모두 고른 것은? (다툼이 있으면 판례에 의함)

1 2 3

[core ★★]

> ㉠ 피고인이 동네 선배로부터 차량을 빌렸다가 반환하지 아니한 보조열쇠를 이용하여 그 후 3차례에 걸쳐 위 차량을 2~3시간 정도 운행한 후 원래 주차된 곳에 갖다 놓아 반환한 경우
> ㉡ 피고인들이 친구의 근무처인 세차장에 들렀다가 승용차를 발견하고는 아는 여자를 만나러 가기 위해 차를 운행하여 갔다가 세차장으로 되돌아오던 중 방범대원에게 검문을 당하여 입건된 경우
> ㉢ 피고인이 강도상해 등의 범행을 저지르고 도주하기 위하여 피고인이 근무하던 인천 중구 항동7가 소재 연안아파트 상가 중국집 앞에 세워져 있는 오토바이를 소유자의 승낙 없이 타고 가서 신흥동 소재 뉴스타 호텔 부근에 버린 다음 버스를 타고 광주로 가버린 경우

① ㉠
② ㉢
③ ㉠㉡
④ ㉠㉡㉢

해설

② ㉢ 항목의 경우에만 불법영득의사가 인정된다.
㉠ 피고인들에게 불법영득의 의사가 있었다고 볼 수 없다(대법원 1992.4.24, 92도118 선배차 잠시사용 사건).
㉡ 피고인들이 검거장소까지 운행한 거리가 약 2km 정도로서 그에 소요된 시간이 약 10분 정도라면 피고인들에게 불법영득의 의사가 있다고 보기 어렵다(대법원 1984.4.24, 84도311).
㉢ 피고인에게 오토바이를 불법영득할 의사가 없었다고 할 수 없다(대법원 2002.9.6, 2002도3465 중국집 배달원 사건).

정답 | 483 ④ 484 ②

485 다음 중 절도죄의 불법영득의사가 인정되는 것은 모두 몇 개인가? (다툼이 있으면 판례에 의함)

1 2 3

[core ★★]

㉠ 피고인이 피해자의 전화번호를 알아두기 위하여 피해자가 떨어뜨린 전화요금 영수증을 습득한 후 돌려주지 않은 경우
㉡ 피고인이 피해자의 승낙 없이 혼인신고서를 작성하기 위하여 피해자의 도장을 몰래 꺼내어 사용한 후 곧바로 제자리에 갖다 놓은 경우
㉢ 피고인이 피해자의 도장과 인감도장을 그의 책상서랍에서 몰래 꺼내어 가서 그것을 차용금증서의 연대보증인란에 찍고 난 후 곧 제자리에 넣어 둔 경우
㉣ 피고인 甲이 A와의 내연관계를 회복시켜 볼 목적으로 A의 물건을 가져와 보관한 후 이를 찾으러 오면 그때 그 물건을 반환하면서 잘 타일러 다시 내연관계를 지속시킬 생각으로 그 물건을 가져온 경우

① 0개
② 1개
③ 2개
④ 3개

해설

① 모든 항목의 경우 불법영득의사가 인정되지 아니한다.
㉠ 불법영득의 의사가 있다고 인정하기 어렵다(대법원 1989.11.28, 89도1679 전화요금 영수증 사건).
㉡ 도장에 대한 불법영득의 의사가 있었다고 볼 수 없다(대법원 2000.3.28, 2000도493 도장 잠시사용 사건).
㉢ 도장에 대한 불법영득의 의사가 있었다고 인정할 수 없다(대법원 1987.12.8, 87도1959).
㉣ 내연관계를 지속시킬 생각으로 그 물건을 가져온 것이라면 불법영득의 의사가 있다고 할 수 없다(대법원 1992.5.12, 92도280 찌질한 내연남 사건).

486 절도죄의 실행의 착수시기와 기수시기에 관한 다음 설명 중 옳지 않은 것은? (다툼이 있으면 판례에 의함)

1 2 3

[Essential ★]

① 절도죄의 실행의 착수시기는 재물에 대한 타인의 사실상의 지배를 침해하는 데 밀접한 행위가 개시된 때이다.
② 2인 이상이 합동하여 야간이 아닌 주간에 절도의 목적으로 타인의 주거에 침입하였다면 아직 절취할 물건의 물색행위를 시작하기 전이라면 특수절도죄의 실행에 착수한 것으로 보아야 한다.
③ 야간에 타인의 재물을 절취할 목적으로 사람의 주거에 침입한 경우에는 주거에 침입한 단계에서 이미 야간주거침입절도죄라는 범죄행위의 실행에 착수한 것이라고 보아야 한다.
④ 입목을 절취하기 위하여 이를 캐낸 때에는 그 시점에서 이미 소유자의 입목에 대한 점유가 침해되어 범인의 사실적 지배하에 놓이게 됨으로써 범인이 그 점유를 취득하게 되는 것이므로 이때 절도죄는 기수에 이르렀다고 할 것이고, 이를 운반하거나 반출하는 등의 행위는 필요로 하지 않는다.

해설

② [×] 2인 이상이 합동하여 야간이 아닌 주간에 절도의 목적으로 타인의 주거에 침입하였다 하여도 아직 절취할 물건의 물색행위를 시작하기 전이라면 특수절도죄의 실행에는 착수한 것으로 볼 수 없는 것이어서 그 미수죄가 성립하지 않는다(대법원 2009.12.24, 2009도9667 아파트 출입문 손괴 사건).

① [○] 절도죄의 실행의 착수시기는 재물에 대한 타인의 **사실상의 지배를 침해하는 데 밀접한 행위가 개시된 때이다**(대법원 1986.12.23, 86도2256 자동차 손잡이 사건 I).

③ [○] 야간에 타인의 재물을 절취할 목적으로 사람의 주거에 침입한 경우에는 주거에 침입한 단계에서 이미 야간주거침입절도죄라는 범죄행위의 **실행에 착수한 것이라고 보아야 한다**(대법원 2006.9.14, 2006도2824 빌라 출입문 사건).

④ [○] 입목을 절취하기 위하여 이를 캐낸 때에는 그 시점에서 이미 소유자의 입목에 대한 점유가 침해되어 범인의 사실적 지배하에 놓이게 됨으로써 범인이 그 점유를 취득하게 되는 것이므로 이때 **절도죄는 기수에 이르렀다**고 할 것이고, 이를 운반하거나 반출하는 등의 행위는 필요로 하지 않는다(법원 2008.10.23, 2008도6080 영산홍 사건).

THE CRIMINAL LAW

2편 형법 각론

487 1 2 3 다음 중 절도죄와 특수절도죄(흉기휴대절도죄 또는 합동절도죄)의 실행의 착수가 인정되는 것은? (다툼이 있으면 판례에 의함) [core ★★]

① 피고인들이 주간에 피해자의 아파트 출입문 시정장치를 손괴하다가 마침 귀가하던 피해자에게 발각되어 도주한 경우

② 피고인이 절도의 목적으로 피해자의 집 현관을 통하여 마루 위에 올라서서 창고문 쪽으로 향하다가 피해자에게 발각, 체포된 경우

③ 피고인 甲과 乙이 함께 담을 넘어 회사 마당에 들어가 그중 1명이 그곳에 있는 구리를 찾기 위하여 담에 붙어 걸어가다가 잡힌 경우

④ 피고인이 아파트 신축공사 현장 안에 있는 건축자재 등을 훔칠 생각으로 공범과 함께 위 공사현장 안으로 들어간 후 창문을 통하여 신축 중인 아파트의 지하실 안쪽을 살핀 경우

해설

③ 절취 대상품에 대한 물색행위가 없었다고 할 수 없다(대법원 1989.9.12, 89도1153).

① 특수절도미수죄는 성립하지 아니한다(대법원 2009.12.24, 2009도9667 아파트 출입문 손괴 사건).

② 아직 절도행위의 실행에 착수하였다고 볼 수 없다(대법원 1986.10.28, 86도1753).

④ 특수절도죄의 실행의 착수에 해당하지 않는다(대법원 2010.4.29, 2009도14554 동파이프 사건).

정답 | 485 ① 486 ② 487 ③

488 다음 중 절도죄와 특수절도죄(흉기휴대절도죄 또는 합동절도죄)의 실행의 착수가 인정되는 것을 모두 고른 것은? (다툼이 있으면 판례에 의함) [core ★★]

1 2 3

> ㉠ 피고인이 피해자 소유 자동차 안에 들어 있는 밍크코트를 발견하고 이를 절취할 생각으로 공범이 차 옆에서 망을 보는 사이 차 오른쪽 앞문을 열려고 앞문손잡이를 잡아당기다가 피해자에게 발각된 경우
> ㉡ 피고인이 노상에 세워 놓은 자동차 안에 있는 물건을 훔칠 생각으로 자동차의 유리창을 통하여 그 내부를 손전등으로 비추어 본 경우. 다만, 피고인은 유리창을 따기 위해 면장갑을 끼고 있었고 칼을 소지하고 있었음
> ㉢ 피고인이 야간에 소지하고 있던 손전등과 박스 포장용 노끈을 이용하여 도로에 주차된 차량의 문을 열고 그 안에 들어있는 현금 등을 절취할 것을 마음먹고, 승합차량의 문이 잠겨 있는지 확인하기 위해 양손으로 운전석 문의 손잡이를 잡고 열려고 하던 중 경찰관에게 발각된 경우

① 없음 ② ㉠
③ ㉠㉢ ④ ㉡㉢

해설

③ ㉠㉢ 2항목의 경우 실행의 착수가 인정된다.
㉠ 절도의 실행에 착수하였다고 봄이 상당하다(대법원 1986.12.23, 86도2256 자동차 손잡이 사건 I).
㉡ 절도의 예비행위로 볼 수는 있겠으나 타인의 재물에 대한 지배를 침해하는 데 밀접한 행위를 한 것이라고는 볼 수 없어 절취행위의 착수에 이른 것이었다고 볼 수 없다(대법원 1985.4.23, 85도464 손전등 사건).
㉢ 차량 내에 있는 재물에 대한 사실상의 지배를 침해하는 데에 밀접한 행위가 개시된 것으로 보아 절도죄의 실행에 착수한 것으로 봄이 상당하다(대법원 2009.9.24, 2009도5595 자동차 손잡이 사건 II).

489 다음 중 절도죄와 특수절도죄(흉기휴대절도죄 또는 합동절도죄)의 실행의 착수가 인정되는 것은 모두 몇 개인가? (다툼이 있으면 판례에 의함) [core ★★]

1 2 3

> ㉠ 피고인이 금품을 절취하기 위하여 고속버스 선반 위에 놓여진 손가방의 한쪽 걸쇠만 연 경우
> ㉡ 소매치기가 피해자의 양복상의 주머니로부터 금품을 절취하려고 그 호주머니에 손을 뻗쳐 그 겉을 더듬은 경우
> ㉢ 피고인이 평소 잘 아는 피해자에게 전화채권을 사주겠다고 하면서 골목길로 유인하여 돈을 절취하려고 기회를 엿본 경우
> ㉣ 피고인이 소를 흥정하고 있는 피해자의 뒤에 접근하여 가방으로 돈이 들어 있는 피해자의 하의 왼쪽 주머니를 스치면서 지나간 경우

① 1개 ② 2개
③ 3개 ④ 4개

해설

② ㉠㉡ 2항목의 경우 실행의 착수가 인정된다.

㉠ 절도범행의 실행에 착수하였다 할 것이다(대법원 1983.10.25, 83도2432).

㉡ 절도의 범행은 예비단계를 지나 실행에 착수하였다고 봄이 상당하다(대법원 1984.12.11, 84도2524).

㉢ 돈을 절취하려고 기회를 엿본 행위만으로는 절도의 예비행위는 될지언정 타인의 재물에 대한 사실상 지배를 침해하는 데 밀접한 행위가 개시되었다고 단정할 수 없다(대법원 1983.3.8, 82도2944).

㉣ 단지 피해자의 주의력을 흐트려 주머니 속에 들은 금원을 절취하기 위한 예비단계의 행위에 불과한 것이고 이로써 실행의 착수에 이른 것이라고는 볼 수 없다(대법원 1986.11.11, 86도1109).

490 1 2 3 다음 중 야간주거침입절도죄의 실행의 착수가 인정되는 것을 모두 고른 것은? (다툼이 있으면 판례에 의함)

[Superlative ★★★]

㉠ 피고인이 야간에 아파트 202호에 침입하여 물건을 훔칠 의도하에 아파트 202호의 베란다 철제난간까지 올라가 유리창문을 열려고 시도한 경우

㉡ 피고인이 야간에 출입문이 열려 있는 집에 들어가 재물을 절취하기로 마음먹고 다세대주택에 들어가 여러 세대의 출입문을 손으로 당겨보았는데 문이 잠겨 있었던 경우

㉢ 피고인이 다세대주택 2층의 불이 꺼져 있는 것을 보고 물건을 절취하기 위하여 가스배관을 타고 올라가다가, 발은 1층 방범창을 딛고 두 손은 1층과 2층 사이에 있는 가스배관을 잡고 있던 상태에서 순찰 중이던 경찰관에게 발각되자 그대로 뛰어내린 경우

① 없음
② ㉠
③ ㉠㉡
④ ㉠㉡㉢

해설

③ ㉠㉡ 2항목의 경우 실행의 착수가 인정된다.

㉠ 피고인이 유리창문을 열려고 시도하였다면 주거의 사실상의 평온을 침해할 객관적 위험성을 포함하는 구체적인 행위를 한 것으로 볼 수 있다(대법원 2003.10.24, 2003도4417 202호 유리창문 사건).

㉡ 피고인이 여러 세대의 출입문을 손으로 당겨보았는데 문이 잠겨 있었던 경우 바로 주거의 사실상의 평온을 침해할 객관적인 위험성을 포함하는 행위를 한 것으로 볼 수 있어 그것으로 주거침입의 실행에 착수가 있었고, 단지 그 출입문이 잠겨 있었다는 외부적 장애요소로 인하여 뜻을 이루지 못한 데 불과하다(대법원 2006.9.14, 2006도2824 빌라 출입문 사건).

㉢ 피고인의 이러한 행위만으로는 주거의 사실상의 평온을 침해할 현실적 위험성이 있는 행위를 개시한 때에 해당한다고 보기 어렵다(대법원 2008.3.27, 2008도917 가스배관 잡고있다 적발사건).

정답 | 488 ③ 489 ② 490 ③

491 다음 중 (　　) 안의 특수절도죄가 성립하는 것은? (다툼이 있으면 판례에 의함) [Essential ★]

1 2 3

① 피고인이 절도 범행을 함에 있어서 드라이버를 사용하여 택시 운전석 창문을 파손한 경우 (흉기휴대절도)

② 피고인 甲이 피해자 A의 형인 乙과 범행을 모의하고 乙이 A의 집에서 절취행위를 하는 동안 甲은 그 집 안의 가까운 곳에 대기하고 있다가 절취품을 가지고 같이 나온 경우 (합동절도)

③ 피고인 甲이 乙, 丙과 전축을 절취하기로 모의한 후 甲의 집으로 가서 모의한 바에 따라 전축을 절취하러 가자고 하자 甲은 자신이 없다고 하여 그 범행을 포기하고 이후 乙, 丙만이 전축을 절취한 경우 (甲에 대한 합동절도 성립 여부)

④ 피고인 甲이 乙, 丙과 함께 창고에 들어가 피혁을 훔치기로 약속하였으나 甲은 마음이 내키지 아니하고 처벌이 두려워 만나기로 한 시간에 약속장소로 가지 아니하고 포장마차에서 술을 마신 후 인근 여관에서 잠을 자는 바람에, 乙과 丙이 그들끼리 모의된 범행을 결행하기로 하여 乙은 망을 보고 丙은 창고에 침입하여 가죽 약 1만평을 절취한 경우 (甲에 대한 합동절도 성립 여부)

해설

② 시간적, 장소적으로 협동관계가 있었다고 보아야 하므로 특수절도죄가 성립한다(대법원 1996.3.22, 96도313 동생집 절취 사건).

① (1) 형법 제331조 제2항의 특수절도죄에서 규정한 흉기는 본래 살상용 · 파괴용으로 만들어진 것이거나 이에 준할 정도의 위험성을 가진 것으로 봄이 상당하다. (2) 피고인이 사용한 드라이버는 일반적인 드라이버와 동일한 것으로 특별히 개조된 바는 없는 것으로 보이고, 그 크기와 모양 등 제반 사정에 비추어 보더라도 피고인의 범행이 흉기를 휴대하여 타인의 재물을 절취한 경우에 해당한다고 보기는 어렵다(대법원 2012.6.14, 2012도4175 드라이버 사용 절도 사건).

③ 乙, 丙만의 실행행위는 甲과는 전연 무관한 것이므로 실행행위의 분담까지 모의하였다고 볼 수 없는 甲에 대하여 특수절도죄(합동범)가 성립할 수 없다(대법원 1975.10.7, 75도2635 전축 절취 사건).

④ 피고인 甲은 특수절도의 공동정범이 성립될 수 없음은 물론 다른 공모자들이 실행행위에 이르기 이전에 그 공모관계로부터 이탈한 것이 분명하므로 乙, 丙의 절도행위에 관하여도 공동정범으로서 책임을 지지 아니한다(대법원 1989.3.14, 88도837 가죽 절취 사건).

492 절도죄에 관한 다음 설명 중 옳지 않은 것은? (다툼이 있으면 판례에 의함) [core ★★]

1 2 3

① 피고인이 물건을 창고에서 밖으로 들고 나와 운반해 가다가 방범대원들에게 발각되어 체포되었다면 절도의 기수에 해당한다.

② 피고인이 피해자 경영의 까페에서 야간에 아무도 없는 그곳 내실에 침입하여 장식장 안에 들어 있던 정기적금통장 등을 꺼내 들고 까페로 나오던 중 발각되어 돌려 준 경우 야간주거침입절도의 기수에 해당한다.

③ 피고인 甲이 절취할 목적으로 영산홍을 땅에서 캐낸 후에, 남편인 피고인 乙에게 전화를 걸어 그곳으로 오게 한 후 함께 영산홍을 甲의 승용차까지 운반한 경우, 甲과 乙은 특수절도죄가 성립한다.

④ 피고인이 자동차를 절취할 생각으로 차 안의 기기를 이것저것 만지다가 핸드브레이크를 풀게 되었는데 그 장소가 내리막길인 관계로 시동이 걸리지 않은 상태에서 약 10m 전진하다가 가로수를 들이받는 바람에 멈추게 되었다면 절도의 기수에 해당한다고 볼 수 없다.

해설

③ [×] 피고인 甲이 영산홍을 땅에서 캐낸 그 시점에서 이미 절취행위는 기수에 이르렀다고 할 것이므로 그 이후에 피고인 乙이 영산홍을 甲과 함께 승용차까지 운반하였다고 하더라도 그러한 행위가 다른 죄에 해당하는지의 여부는 별론으로 하고, 乙이 甲과 합동하여 영산홍 절취행위를 하였다고 볼 수 없다(대법원 2008.10.23, 2008도6080 영산홍 사건).

① [O] 피고인이 물건을 창고에서 밖으로 들고 나와 운반해 가다가 방범대원들에게 발각되어 체포되었다면 **절도의 기수에 해당한다**(대법원 1984.2.14, 83도3242).

② [O] 일단 피고인 자신의 지배 내에 옮겼다고 볼 수 있으니 절도의 미수에 그친 것이 아니라 **야간주거침입절도의 기수라고 할 것이다**(대법원 1991.4.23, 91도476).

④ [O] 피고인이 자동차를 절취할 생각으로 차 안의 기기를 이것저것 만지다가 핸드브레이크를 풀게 되었는데 그 장소가 내리막길인 관계로 시동이 걸리지 않은 상태에서 약 10m 전진하다가 가로수를 들이받는 바람에 멈추게 되었다면 **절도의 기수에 해당한다고 볼 수 없다**(대법원 1994.9.9, 94도1522).

493 강도죄에 관한 다음 설명 중 옳지 않은 것은? (다툼이 있으면 판례에 의함)

1 2 3 [Essential ★]

① 강도죄에 있어서 폭행과 협박의 정도는 사회통념상 객관적으로 상대방의 반항을 억압하거나 항거불능케 할 정도의 것이라야 한다.

② 타인에 대하여 폭행 또는 협박을 가하여 재물을 탈취한 경우에 그것이 강도죄가 되느냐 공갈죄가 되느냐는 그 폭행 또는 협박이 사회통념상 일반적으로 피해자의 반항을 억압할 수 있는 척도의 것인가 아닌가를 기준으로 하여 정한다.

③ 강도죄는 재물탈취의 방법으로 폭행, 협박을 사용하는 행위를 처벌하는 것이므로 폭행, 협박으로 타인의 재물을 탈취한 이상 피해자가 우연히 재물탈취 사실을 알지 못하였다고 하더라도 강도죄는 성립하고, 폭행, 협박당한 자가 탈취당한 재물의 소유자 또는 점유자일 것을 요하지도 아니한다.

④ 강간범인이 부녀를 강간할 목적으로 폭행, 협박에 의하여 반항을 억압한 후 반항억압 상태가 계속 중임을 이용하여 재물을 탈취하는 경우, 재물탈취를 위한 새로운 폭행, 협박이 없었다고 한다면 강도죄는 성립하지 아니한다.

해설

④ [×] 강간범인이 부녀를 강간할 목적으로 폭행, 협박에 의하여 반항을 억압한 후 반항억압 상태가 계속 중임을 이용하여 재물을 탈취하는 경우에는 재물탈취를 위한 새로운 폭행, 협박이 없더라도 강도죄가 성립한다(대법원 2010.12.9, 2010도9630 강간 ⇨ 강도 ⇨ 강간 사건).

① [O] 강도죄에 있어서 폭행과 협박의 정도는 사회통념상 객관적으로 **상대방의 반항을 억압하거나 항거불능케 할 정도의 것이라야 한다**(대법원 2004.10.28, 2004도4437).

② [O] 타인에 대하여 폭행 또는 협박을 가하여 재물을 탈취한 경우에 그것이 강도죄가 되느냐 공갈죄가 되느냐는 그 폭행 또는 협박이 사회통념상 일반적으로 **피해자의 반항을 억압할 수 있는 척도의 것인가 아닌가를 기준으로 하여 정한다**(대법원 1956.5.8, 56도50 M1총 강취 사건).

③ [O] 강도죄는 재물탈취의 방법으로 폭행, 협박을 사용하는 행위를 처벌하는 것이므로 폭행, 협박으로 타인의 재물을 탈취한 이상 피해자가 **우연히 재물탈취 사실을 알지 못하였다고 하더라도 강도죄는 성립하고, 폭행, 협박당한 자가 탈취당한 재물의 소유자 또는 점유자일 것을 요하지도 아니한다**(법원 2010.12.9, 2010도9630 강간 ⇨ 강도 ⇨ 강간 사건).

정답 | 491 ② 492 ③ 493 ④

494 강도죄에 관한 다음 설명 중 옳지 않은 것을 모두 고른 것은? (다툼이 있으면 판례에 의함)

1 2 3

[core ★★]

㉠ 날치기와 같이 강력적으로 재물을 절취하는 행위는 때로는 피해자를 전도(顚倒)시키거나 부상케 하는 경우가 있고, 구체적인 상황에 따라서는 이를 강도로 인정하여야 할 때가 있다 할 것이나 그와 같은 결과가 피해자의 반항억압을 목적으로 함이 없이 점유탈취의 과정에서 우연히 가해진 경우라면 이는 절도에 불과하다.

㉡ 피고인이 강도의 범의 없이 공범들과 함께 피해자의 반항을 억압함에 충분한 정도로 폭행하던 중 공범들이 피해자를 계속하여 폭행하는 사이에 피해자의 재물을 취거한 경우에는 위 폭행에 의한 반항억압의 상태와 재물의 탈취가 시간적으로 극히 밀접하여 전체적·실질적으로 재물 탈취의 범의를 실현한 행위로 평가할 수 있으므로 강도죄의 성립을 인정할 수 있다.

㉢ 피고인이 타인에 대하여 반항을 억압함에 충분한 정도의 폭행 또는 협박을 가한 사실이 있다고 한다면 그 타인이 재물 취거의 사실을 알지 못하는 사이에 그 틈을 이용하여 피고인이 우발적으로 타인의 재물을 취거한 경우, 양자가 시간적으로 극히 밀접되어 있는 등 전체적·실질적으로 단일한 재물 탈취의 범의의 실현행위로 평가할 수 있는 경우에 해당하지 않더라도 강도죄의 성립을 인정하여야 한다.

① ㉡ ② ㉢

③ ㉠㉡ ④ ㉠㉡㉢

해설

② ㉢ 항목만 옳지 않다.

㉠ [O] 날치기와 같이 강력적으로 재물을 절취하는 행위는 때로는 피해자를 전도(顚倒)시키거나 부상케 하는 경우가 있고, 구체적인 상황에 따라서는 이를 강도로 인정하여야 할 때가 있다 할 것이나 그와 같은 결과가 피해자의 반항억압을 목적으로 함이 없이 점유탈취의 과정에서 우연히 가해진 경우라면 이는 **절도에 불과하다**(대법원 2003.7.25, 2003도2316 부천 날치기 사건).

㉡ [O] 피고인이 강도의 범의 없이 공범들과 함께 피해자의 반항을 억압함에 충분한 정도로 폭행하던 중 공범들이 피해자를 계속하여 폭행하는 사이에 피해자의 재물을 취거한 경우에는 위 폭행에 의한 반항억압의 상태와 재물의 탈취가 시간적으로 극히 밀접하여 전체적·실질적으로 재물 탈취의 범의를 실현한 행위로 평가할 수 있으므로 **강도죄의 성립을 인정할 수 있다**(대법원 2013.12.12, 2013도11899 장지갑 강취 사건).

㉢ [X] 폭행이나 협박이 재물 탈취의 방법으로 사용된 것이 아님은 물론, 폭행 또는 협박으로 조성된 피해자의 반항억압의 상태를 이용하여 재물을 취득하는 경우에도 해당하지 아니하여 양자 사이에 인과관계가 존재하지 아니한다 할 것이므로, 폭행 또는 협박에 의한 반항억압의 상태가 처음부터 재물 탈취의 계획하에 이루어졌다거나 양자가 시간적으로 극히 밀접되어 있는 등 전체적·실질적으로 단일한 재물 탈취의 범의의 실현행위로 평가할 수 있는 경우에 해당하지 아니하는 한 강도죄의 성립을 인정하여서는 안 될 것이다(대법원 2009.1.30, 2008도10308 과격한 성교 사건).

495 날치기 범행에 관한 다음 중 설명 중 옳은 것(○)과 옳지 않은 것(×)을 올바르게 조합한 것은? (다툼이 있으면 판례에 의함)

1 2 3 [core ★★]

> ㉠ 피고인 甲이 승용차를 운전하고 乙, 丙이 승용차에 승차하여 범행 대상을 물색하던 중, 마침 그곳을 지나가는 피해자 A에게 접근한 후 甲이 창문으로 손을 내밀어 손가방 1개를 낚아채었으나 A가 가방을 꽉 붙잡고 이를 탈환하려고 하자, 乙이 가방을 붙잡은 채 甲이 승용차를 운전하여 갔고 이 과정에서 A로 하여금 약 4주간의 치료를 요하는 상해를 입게 한 경우, 강도치상죄가 성립한다.
>
> ㉡ 피고인 甲과 乙이 날치기를 공모한 후 피해자 A를 뒤따라 가다가 손가방의 끈을 잡아당겼으나 A가 가방을 놓지 않으려고 버티다가 바닥으로 넘어지게 되었고, 이후 甲이 가방 끈을 잡고 계속 당기자 A가 "내 가방, 사람 살려"라고 소리치면서 약 5m 가량 끌려가다가 가방을 놓쳤으나, 이 과정에서 A가 무릎이 조금 긁히고 왼쪽 어깨부위에 견관절 염좌상을 입은 경우, 강도치상죄가 성립한다.

① ㉠ ○ ㉡ ○
② ㉠ ○ ㉡ ×
③ ㉠ × ㉡ ○
④ ㉠ × ㉡ ×

THE CRIMINAL LAW 2편 형법 각론

해설

③ 이 지문이 올바른 조합이다.

㉠ [×] A의 상해는 날치기 수법의 절도시 점유탈취의 과정에서 우연히 가해진 것에 불과하고 그에 수반된 강제력 행사도 A의 반항을 억압하기 위한 목적 또는 정도의 것도 아니었던 것으로 보이므로 강도치상의 점을 인정하기에 부족하다(대법원 2003.7.25, 2003도2316 부천 날치기 사건).

㉡ [○] 피해자의 반항을 억압하기 위한 목적으로 가해진 강제력으로서 그 반항을 억압할 정도에 해당하므로 **강도치상죄가 성립한다**(대법원 2007.12.13, 2007도7601 대구 날치기 사건).

정답 | 494 ② 495 ③

496 강도죄에 관한 다음 설명 중 옳지 않은 것은? (다툼이 있으면 판례에 의함) [Essential ★]

1 2 3

① 피고인 甲이 채권자 乙로부터 채무자 A에 대한 외상물품 대금채권의 회수를 의뢰받았다 하더라도 A의 반항을 억압할 정도의 폭행과 협박을 가하여 재물 및 재산상 이득을 취득한 이상 강도상해죄가 성립함에는 아무런 지장이 없다.

② 피고인이 공범들과 함께 피해자를 추적하여 폭행을 하던 중 바닥에 쓰러진 피해자의 바지 뒷주머니에서 장지갑을 꺼내갔는데, 그동안 공범들은 계속하여 피해자를 폭행한 사실이 있는 경우 강도상해죄가 성립한다.

③ 피고인 甲이 1994.4.2. 01:00경 A의 집과 여관에서 폭행, 협박을 한 후 상당한 시간이 경과한 후인 같은 날 19:00경 다른 장소에서 A로부터 금원을 교부받은 경우, 의사억압 상태가 계속된다고 보기는 어려우므로 피고인을 특수강도죄의 미수로 처벌할 수는 있을지언정 특수강도죄의 기수로 처벌할 수 없다.

④ 피고인이 모텔에서 주점 도우미인 피해자와 성관계를 하던 중에 피해자가 성교행위가 너무 과격하다는 이유로 성교를 중단하는 바람에 말다툼이 벌어져 화가 난 피고인이 피해자에 대한 폭행을 시작하면서 피해자가 이불을 뒤집어쓴 후에도 계속해서 주먹과 발로 피해자를 구타한 후 이불 속에 들어 있는 피해자를 두고 옷을 입고 방을 나가다가 탁자 위의 피해자 손가방 안에서 현금 20만원 등이 든 키홀더를 우발적으로 가져간 경우, 강도죄가 성립한다.

해설

④ [×] 피고인의 재물 취거행위가 피해자가 전혀 인식하지 못한 가운데 이루어진데다가 그 원인이 되었던 폭행행위도 그와는 전혀 무관한 윤락행위 도중의 시비 끝에 발생하게 된 것이므로 강도죄의 성립을 인정하기에 부족하다(대법원 2009.1.30, 2008도10308 과격한 성교 사건).

① [○] 피고인 甲이 채권자 乙로부터 채무자 A에 대한 외상물품 대금채권의 회수를 의뢰받았다 하더라도 A의 반항을 억압할 정도의 폭행과 협박을 가하여 재물 및 재산상 이득을 취득한 이상 **강도상해죄가 성립**함에는 아무런 지장이 없다(대법원 1995.12.12, 95도2385).

② [○] 피고인이 공범들과 함께 피해자를 추적하여 폭행을 하던 중 바닥에 쓰러진 피해자의 바지 뒷주머니에서 장지갑을 꺼내갔는데, 그동안 공범들은 계속하여 피해자를 폭행한 사실이 있는 경우 **강도상해죄가 성립한다**(대법원 2013.12.12, 2013도11899 장지갑 강취 사건).

③ [○] 피고인 甲이 1994.4.2, 01:00경 A의 집과 여관에서 폭행, 협박을 한 후 상당한 시간이 경과한 후인 같은 날 19:00경 다른 장소에서 A로부터 금원을 교부받은 경우, 의사억압 상태가 계속된다고 보기는 어려우므로 피고인을 특수강도죄의 미수로 처벌할 수는 있을지언정 **특수강도죄의 기수로 처벌할 수 없다**(대법원 1995.3.28, 95도91 꼬치마당 사건).

497 특수강도죄(합동강도죄)에 관한 다음 설명 중 옳지 않은 것은? (다툼이 있으면 판례에 의함)

1 2 3

[core ★★]

① 형법 제334조 제2항에 규정된 합동범은 주관적 요건으로서 공모가 있어야 하고 객관적 요건으로서 현장에서의 실행행위의 분담이라는 협동관계가 있어야 한다.

② 형법 제334조 제2항의 특수강도죄에 있어 실행행위의 분담은 반드시 동시에 동일장소에서 실행행위를 특정하여 분담하는 것만을 뜻하는 것이 아니라 시간적으로나 장소적으로 서로 협동관계에 있다고 볼 수 있으면 충분하다.

③ 특수강도의 범행을 모의한 이상 범행의 실행에 가담하지 아니하고 공모자들이 강취해 온 장물의 처분을 알선만 하였다 하더라도 특수강도의 공동정범이 된다 할 것이므로 장물알선죄로 의율할 것이 아니다.

④ 피고인이 다른 피고인들과 택시강도를 하기로 모의한 일이 있다고 한다면 비록 다른 피고인들이 피해자에 대한 폭행에 착수하기 전에 겁을 먹고 미리 현장에서 도주해 버렸다고 하더라도 피고인을 특수강도의 합동범으로 다스릴 수 있다.

해설

④ [×] 피고인이 다른 피고인들이 피해자에 대한 폭행에 착수하기 전에 겁을 먹고 미리 현장에서 도주해 버렸다면 다른 피고인들과의 사이에 강도의 실행행위를 분담한 협동관계가 있었다고 보기는 어려우므로 피고인을 특수강도의 합동범으로 다스릴 수는 없다(대법원 1985.3.26, 84도2956 마음약한 택시강도 사건).

① [○] 형법 제334조 제2항에 규정된 **합동범은 주관적 요건으로서 공모가 있어야 하고 객관적 요건으로서 현장에서의 실행행위의 분담이라는 협동관계가 있어야 한다**(대법원 1985.3.26, 84도2956 마음약한 택시강도 사건).

② [○] 형법 제334조 제2항의 특수강도죄에 있어 실행행위의 분담은 반드시 동시에 동일장소에서 실행행위를 특정하여 분담하는 것만을 뜻하는 것이 아니라 **시간적으로나 장소적으로 서로 협동관계에 있다고 볼 수 있으면 충분하다**(대법원 1992.7.28, 92도917 절도상경 강도실경 사건).

③ [○] 특수강도의 범행을 모의한 이상 범행의 실행에 가담하지 아니하고 공모자들이 강취해 온 장물의 처분을 알선만 하였다 하더라도 **특수강도의 공동정범이 된다 할 것이므로 장물알선죄로 의율할 것이 아니다**(대법원 1983.2.22, 82도3103).

정답 | 496 ④ 497 ④

498 준강도죄에 관한 다음 설명 중 옳지 않은 것은? (다툼이 있으면 판례에 의함)

1 2 3

[Superlative ★★★]

① '절도'가 재물의 탈환을 항거하거나 체포를 면탈하거나 죄적을 인멸한 목적으로 폭행 또는 협박을 가한 때에 준강도가 성립한다고 규정하고 있으므로 준강도죄의 주체는 절도범인이고, 절도죄의 객체는 재물이다.

② 준강도의 주체는 절도 즉 절도범인으로, 절도의 실행에 착수한 이상 미수이거나 기수이거나 불문한다.

③ 준강도는 절도범인이 절도의 기회에 재물탈환의 항거 등의 목적으로 폭행 또는 협박을 가함으로써 성립되는 것으로서, 여기서 절도의 기회라고 함은 절도범인과 피해자 측이 절도의 현장에 있는 경우와 절도에 잇달아 또는 절도의 시간 · 장소에 접착하여 피해자 측이 범인을 체포할 수 있는 상황, 범인이 죄적인멸에 나올 가능성이 높은 상황에 있는 경우를 말한다.

④ 피해자 측이 추적태세에 있는 경우에 재물탈환의 항거 등의 목적으로 폭행 또는 협박을 가하면 준강도죄가 성립하지만, 범인이 일단 체포되었다면 비록 아직 신병확보가 확실하다고 할 수 없는 상태라도 재물탈환의 항거 등의 목적으로 폭행 또는 협박을 가한 경우 준강도죄는 성립하지 아니한다.

해설

④ [×] 피해자 측이 추적태세에 있는 경우나 범인이 일단 체포되어 아직 신병확보가 확실하다고 할 수 없는 경우에는 절도의 기회에 해당한다(준강도죄가 성립한다)(대법원 2009.7.23, 2009도5022).

① [○] '절도'가 재물의 탈환을 항거하거나 체포를 면탈하거나 죄적을 인멸한 목적으로 폭행 또는 협박을 가한 때에 준강도가 성립한다고 규정하고 있으므로 준강도죄의 주체는 **절도범인이고, 절도죄의 객체는 재물이다**(대법원 2014.5.16, 2014도2521 술값 안내려고 폭행 사건).

② [○] 준강도의 주체는 절도 즉 절도범인으로, 절도의 실행에 착수한 이상 **미수이거나 기수이거나 불문한다**(대법원 2003.10.24, 2003도4417 202호 유리창문 사건).

③ [○] **준강도는 절도범인이 절도의 기회에 재물탈환의 항거 등의 목적으로 폭행 또는 협박을 가함으로써 성립**되는 것으로서, 여기서 절도의 기회라고 함은 절도범인과 피해자 측이 절도의 현장에 있는 경우와 절도에 잇달아 또는 절도의 시간 · 장소에 접착하여 피해자 측이 범인을 체포할 수 있는 상황, 범인이 죄적인멸에 나올 가능성이 높은 상황에 있는 경우를 말한다(대법원 2009.7.23, 2009도5022).

499 다음 중 준강도죄(또는 강도상해죄)가 성립하는 것은 모두 몇 개인가? (다툼이 있으면 판례에 의함)

1 2 3

[core ★★]

㉠ 피고인 甲이 술집 운영자 A로부터 술값의 지급을 요구받자 A를 유인 · 폭행하고 도주함으로써 술값의 지급을 면하고 A에게 상해를 가한 경우

㉡ 피고인이 절도행위가 발각되어 도주하다가 곧바로 뒤쫓아 온 보안요원 A에게 붙잡혀 보안사무실로 인도되어 A로부터 그 경위를 확인받던 중 체포된 상태를 벗어나기 위해서 A를 폭행하여 상해를 가한 경우

㉢ 피고인이 피해자의 집에서 절도범행을 마친지 10분 가량 지나 피해자의 집에서 200m 가량 떨어진 버스정류장이 있는 곳에서 피고인을 절도범인이라고 의심하고 뒤쫓아 온 피해자에게 붙잡혀 피해자의 집으로 돌아왔을 때 비로소 피해자를 폭행한 경우

① 0개 ② 1개

③ 2개 ④ 3개

해설

② ㉡ 항목의 경우에만 준강도죄(강도상해죄)가 성립한다.

㉠ 甲이 절도의 실행에 착수하였다는 내용이 포함되어 있지 않은 이상 준강도죄는 성립하지 아니한다(대법원 2014.5.16, 2014도2521 술값 안내려고 폭행사건).

㉡ 피고인이 일단 체포되었다고는 하지만 아직 신병확보가 확실하다고 할 수 없는 단계에서 체포된 상태를 면하기 위해서 A를 폭행하여 상해를 가한 것이므로 강도상해죄에 해당한다(대법원 2001.10.23, 2001도4142 보안사무실에서 사건).

㉢ 피해자에게 붙잡혀 피해자의 집으로 돌아왔을 때 비로소 피해자를 폭행한 것은 사회통념상 절도범행이 이미 완료된 이후라 할 것이므로 준강도죄가 성립할 수 없다(대법원 1999.2.26, 98도3321 버스정류장에서 붙잡혀 사건).

500 준강도죄에 관한 다음 설명 중 옳지 않은 것은? (다툼이 있으면 판례에 의함) [Essential ★]

1 2 3

① 피해자에 대한 폭행·협박을 수단으로 하여 재물을 탈취하고자 하였으나 그 목적을 이루지 못한 자가 강도미수죄로 처벌되는 것과 마찬가지로, 절도미수범인이 폭행·협박을 가한 경우에도 강도미수에 준하여 처벌해야 한다.

② 절도범인이 처음에는 흉기를 휴대하지 아니하였으나 체포를 면탈할 목적으로 폭행 또는 협박을 가할 때에 비로소 흉기를 휴대사용하게 된 경우에는 특수강도의 준강도가 되는 것으로 해석하여야 한다.

③ 2인 이상이 합동하여 절도를 한 경우 범인 중의 1인이 체포를 면탈할 목적으로 폭행을 하여 상해를 가한 경우, 나머지 범인에게는 폭행이나 상해에 대한 기능적 행위지배가 없었으므로 강도상해죄나 강도치상죄의 공동정범이 성립할 수 없다.

④ 절도범인이 체포를 면탈할 목적으로 경찰관에게 폭행·협박을 가한 때에는 준강도죄와 공무집행방해죄를 구성하고 양 죄는 상상적 경합관계에 있으나, 강도범인이 체포를 면탈할 목적으로 경찰관에게 폭행을 가한 때에는 강도죄와 공무집행방해죄는 실체적 경합관계에 있고 상상적 경합관계에 있는 것이 아니다.

해설

③ [×] 2인 이상이 합동하여 절도를 한 경우 범인 중의 1인이 체포를 면탈할 목적으로 폭행을 하여 상해를 가한 때에는 나머지 범인도 이를 예기하지 못한 것으로 볼 수 없으면 강도상해죄의 죄책을 면할 수 없다(대법원 1988.2.9, 87도2460 대성서점 사건).

① [O] 피해자에 대한 폭행·협박을 수단으로 하여 재물을 탈취하고자 하였으나 그 목적을 이루지 못한 자가 강도미수죄로 처벌되는 것과 마찬가지로, **절도미수범인이 폭행·협박을 가한 경우에도 강도미수에 준하여 처벌해야 한다**(대법원 2004.11.18, 2004도5074 술숨 양주절취 미수 사건).

② [O] 절도범인이 처음에는 흉기를 휴대하지 아니하였으나 체포를 면탈할 목적으로 폭행 또는 협박을 가할 때에 비로소 흉기를 휴대사용하게 된 경우에는 **특수강도의 준강도가 되는 것으로 해석하여야 한다**(대법원 1973.11.13, 73도1553 술숨 특수강도의 준강도 사건).

④ [O] 절도범인이 체포를 면탈할 목적으로 경찰관에게 폭행·협박을 가한 때에는 **준강도죄와 공무집행방해죄를 구성하고 양 죄는 상상적 경합관계**에 있으나, 강도범인이 체포를 면탈할 목적으로 경찰관에게 폭행을 가한 때에는 **강도죄와 공무집행방해죄는 실체적 경합관계**에 있고 상상적 경합관계에 있는 것이 아니다(대법원 1992.7.28, 92도917 절도상경 강도실경 사건).

정답 | 498 ④ 499 ② 500 ③

501 甲은 2021.3.2. 21:00경 금품을 절취할 목적으로 부천시 소재 ○○아파트 1909동 202호 아파트의 철제난간 부분까지 올라가 그 철제난간을 잡고 유리창을 열려고 시도하다가 아파트 경비원 A(男, 58세)에게 발각되어 베란다에서 뛰어내려 도주하다가 체포를 면탈할 목적으로 휴대하던 칼을 A의 얼굴에 들이대면서 "너 잡지마, ×발 놈아. 잡으면 죽여."라고 협박하였다. 甲의 죄책은? (다툼이 있으면 판례에 의함)

1 2 3

[core ★★]

① 특수주거침입미수죄 및 특수협박죄

② 야간주거침입절도미수죄 및 특수협박죄

③ 준특수강도미수죄

④ 준특수강도죄

해설

③ 설문의 경우 야간주거침입절도죄의 실행의 착수는 하였으나 기수에 이르지 못한 상태에서 위험한 물건을 휴대하여 A를 협박을 가한 것이므로 甲은 준특수강도미수죄의 죄책을 진다.

(1) 야간에 타인의 재물을 절취할 목적으로 사람의 주거에 침입한 경우에는 주거에 침입한 단계에서 이미 형법 제330조에서 규정한 야간주거침입절도죄라는 범죄행위의 실행에 착수한 것이라고 보아야 하며 (중략) 야간에 아파트에 침입하여 물건을 훔칠 의도하에 아파트의 베란다 철제난간까지 올라가 유리창문을 열려고 시도하였다면 야간주거침입절도죄의 실행에 착수한 것으로 보아야 한다(대법원 2003.10.24, 2003도4417 202호 유리창문 사건). (2) 준강도죄의 기수 여부는 절도행위의 기수 여부를 기준으로 하여 판단하여야 한다고 봄이 상당하다(대법원 2004.11.18, 2004도5074 술숨 양주절취 미수 사건).

502 강도상해죄 또는 강도치상죄에 관한 다음 설명 중 옳지 않은 것은? (다툼이 있으면 판례에 의함)

1 2 3

[core ★★]

① 강도범이 강도의 기회에 사람을 상해하여 상해의 결과가 발생하면 강도상해죄의 기수가 되는 것이고 거기에 반드시 재물탈취의 목적달성을 필요로 하는 것은 아니다.

② 강도상해죄는 강도범인이 그 강도의 기회에 상해행위를 함으로써 성립하는 것이므로 강도범행의 실행 중이거나 그 실행 직후 또는 실행의 범의를 포기한 직후로서 사회통념상 범죄행위가 완료되지 아니하였다고 볼 수 있는 단계에서 상해가 행하여짐을 요건으로 한다.

③ 강도범행 이후에 피해자를 계속 끌고 다니거나 차량에 태우고 함께 이동하는 등으로 강도범행으로 인한 피해자의 심리적 저항불능 상태가 해소되지 않은 상태에서 강도범인의 상해행위가 있었다면 강취행위와 상해행위 사이에 인과관계를 인정할 수 없어 강도죄와 상해죄의 경합범이 성립한다.

④ 폭행 또는 협박으로 타인의 재물을 강취하려는 행위와 이에 극도의 흥분을 느끼고 공포심에 사로잡혀 이를 피하려다 상해에 이르게 된 사실과는 상당인과관계가 있다 할 것이고 이 경우 강취 행위자가 상해의 결과의 발생을 예견할 수 있었다면 이를 강도치상죄로 다스릴 수 있다.

해설

③ [×] 강도상해죄는 반드시 강도범행의 수단으로 한 폭행에 의하여 상해를 입힐 것을 요하는 것은 아니고 상해행위가 강도가 기수에 이르기 전에 행하여져야만 하는 것은 아니므로, 강도범행 이후에도 피해자를 계속 끌고 다니거나 차량에 태우고 함께 이동하는 등으로 강도범행으로 인한 피해자의 심리적 저항불능 상태가 해소되지 않은 상태에서 강도범인의 상해행위가 있었다면 강취행위와 상해행위 사이에 다소의 시간적 · 공간적 간격이 있었다는 것만으로는 강도상해죄의 성립에 영향이 없다(대법원 2014.9.26, 2014도9567 강릉 택시강도 사건).

① [○] 강도범이 강도의 기회에 사람을 상해하여 상해의 결과가 발생하면 강도상해죄의 기수가 되는 것이고 거기에 반드시 **재물탈취의 목적달성을 필요로 하는 것은 아니다**(대법원 1988.2.9, 87도2492).

② [○] 강도상해죄는 강도범인이 그 강도의 기회에 상해행위를 함으로써 성립하는 것이므로 강도범행의 실행 중이거나 그 **실행 직후 또는 실행의 범의를 포기한 직후로서 사회통념상 범죄행위가 완료되지 아니하였다고 볼 수 있는 단계에서 상해가 행하여짐을 요건으로 한다**(대법원 2014.9.26, 2014도9567 강릉 택시강도 사건).

④ [○] 폭행 또는 협박으로 타인의 재물을 강취하려는 행위와 이에 극도의 흥분을 느끼고 공포심에 사로잡혀 이를 피하려다 상해에 이르게 된 사실과는 상당인과관계가 있다 할 것이고 이 경우 **강취 행위자가 상해의 결과의 발생을 예견할 수 있었다면 이를 강도치상죄로 다스릴 수 있다**(대법원 1996.7.12, 96도1142 도박돈 강취 사건).

정답 | 501 ③ 502 ③

503 다음 중 강도살인죄가 성립하지 않는 것은? (다툼이 있으면 판례에 의함) [Essential ★]

1 2 3

① 피고인이 택시를 무임승차하고 택시요금을 요구하는 피해자의 추급을 벗어나고자 동인을 살해한 직후 피해자의 주머니에서 택시 열쇠와 돈 8,000원을 꺼내어 택시를 운전하고 현장을 벗어난 경우

② 피고인들이 채무를 면탈할 의사로 채권자인 피해자를 살해한 경우. 다만, 피고인의 피해자에 대한 채무의 존재가 명백할 뿐만 아니라 피해자의 상속인이 존재하고 그 상속인에게 채권의 존재를 확인할 방법이 확보되어 있었음

③ 피고인 甲이 피해자 A 경영의 소주방에서 35,000원 상당의 술과 안주를 시켜 먹은 후 A가 甲에게 술값을 지급할 것을 요구하며 도망가지 못하게 하자 甲이 술값을 면할 목적으로 A를 살해하고, 곧바로 A가 소지하고 있던 현금 75,000원을 꺼내어 간 경우

④ 강도범행 직후 신고를 받고 출동한 경찰관이 범행 현장으로부터 약 150m 지점에서, 화물차를 타고 도주하는 피고인을 발견하고 격투 끝에 붙잡았으나, 수갑도 채우지 못한 채 순찰차에 억지로 밀어 넣고서 파출소로 연행하고자 하였는데 그 순간 피고인이 과도로써 경찰관을 찔러 사망하게 한 경우

해설

② 비록 피고인들이 채무를 면탈할 의사로 채권자인 피해자를 살해하였다고 하더라도 일시적으로 채권자 측의 추급을 면한 것에 불과하고 재산상 이익의 지배가 채권자측으로부터 피고인 앞으로 이전되었다고 볼 수 없어 강도살인죄가 성립할 수 없다 (대법원 2010.9.30, 2010도7405 무주 채권자 살인 사건).

① 피고인은 채무면탈의 목적으로 피해자를 살해하고 피해자의 반항능력이 완전히 상실된 것을 이용하여 즉석에서 재물까지 탈취한 것이므로 강도살인죄가 성립한다(대법원 1985.10.22, 85도1527 군인 택시기사 살해 사건).

③ 甲이 술값을 면할 목적으로 A를 살해하고, 곧바로 A가 소지하고 있던 현금 75,000원을 꺼내어 갔다면 강도살인죄가 성립한다(대법원 1999.3.9, 99도242 소주방 여주인 살해 사건).

④ 피고인이 체포를 면하기 위하여 과도로써 옆에 앉아 있던 경찰관을 찔러 사망케 하였다면 강도살인죄가 성립한다(대법원 1996.7.12, 96도1108 안산 경찰관 살해 사건).

504 강도죄 등에 관한 다음 설명 중 옳지 않은 것을 모두 고른 것은? (다툼이 있으면 판례에 의함)

1 2 3

[core ★★]

> ㉠ 2인 이상이 합동하여 절도를 한 경우 범인 중의 1인이 체포를 면탈할 목적으로 폭행을 하여 상해를 가한 때에는 나머지 범인도 이를 예기하지 못한 것으로 볼 수 없으면 강도상해죄의 죄책을 면할 수 없다.
> ㉡ 강도의 공범자 중의 한 사람이 강도의 기회에 피해자에게 폭행을 가하여 상해를 입힌 경우 다른 공범자도 재물강취의 수단으로 폭행을 가할 것이라는 점에 관하여 상호의사의 연락이 있었던 것이므로 구체적으로 상해에 관하여는 공모하지 않았다 하더라도 폭행으로 생긴 결과에 대한 공범으로서 강도상해 및 강도치상의 책임을 진다.
> ㉢ 강도의 공범자 중 1인이 강도의 기회에 피해자에게 폭행 또는 상해를 가하여 살해한 경우, 다른 공모자가 살인의 공모를 하지 아니하였다고 하여도 그 살인행위나 치사의 결과를 예견할 수 없었던 경우가 아니면 강도치사죄의 죄책을 면할 수 없다.

① 없음　　② ㉠

③ ㉠㉡　　④ ㉠㉡㉢

해설

① 모든 항목이 옳다.

㉠ 2인 이상이 합동하여 절도를 한 경우 범인 중의 1인이 체포를 면탈할 목적으로 폭행을 하여 상해를 가한 때에는 나머지 범인도 이를 예기하지 못한 것으로 볼 수 없으면 강도상해죄의 죄책을 면할 수 없다(대법원 1988.2.9, 87도2460).

㉡ 강도의 공범자 중의 한 사람이 강도의 기회에 피해자에게 폭행을 가하여 상해를 입힌 경우 다른 공범자도 재물강취의 수단으로 폭행을 가할 것이라는 점에 관하여 상호의사의 연락이 있었던 것이므로 구체적으로 상해에 관하여는 공모하지 않았다 하더라도 폭행으로 생긴 결과에 대한 공범으로서 강도상해 및 강도치상의 책임을 진다(대법원 1990.12.26, 90도2362).

㉢ 강도의 공범자 중 1인이 강도의 기회에 피해자에게 폭행 또는 상해를 가하여 살해한 경우, 다른 공모자가 살인의 공모를 하지 아니하였다고 하여도 그 살인행위나 치사의 결과를 예견할 수 없었던 경우가 아니면 강도치사죄의 죄책을 면할 수 없다(대법원 1991.11.12, 91도2156 퍽치기 살해 사건).

정답 | 503 ②　504 ①

505 사기죄에 관한 다음 설명 중 옳지 않은 것은? (다툼이 있으면 판례에 의함) [Essential ★]

1 2 3

① 사기죄의 객체는 타인이 점유하는 타인의 재물 또는 재산상의 이익이므로 행위자(범인)의 입장에서 살펴보아 그것이 재물인지 아니면 재산상의 이익인지 구별하여야 한다.

② 사기죄는 타인이 점유하는 재물을 그의 처분행위에 의하여 취득함으로써 성립하는 죄이므로 자기가 점유하는 타인의 재물에 대하여는 이것을 영득함에 기망행위를 한다 하여도 사기죄는 성립하지 아니하고 횡령죄만을 구성한다.

③ 범인이 기망행위에 의해 스스로 재물을 취득하지 않고 제3자로 하여금 재물의 교부를 받게 한 경우에 사기죄가 성립하려면 그 제3자가 범인과 사이에 정을 모르는 도구 또는 범인의 이익을 위해 행동하는 대리인의 관계에 있거나 그렇지 않다면 적어도 불법영득의사와의 관련상 범인에게 그 제3자로 하여금 재물을 취득하게 할 의사가 있어야 한다.

④ 피해자 법인이나 단체의 대표자 또는 실질적으로 의사결정을 하는 최종결재권자 등 기망의 상대방이 기망행위자와 동일인이거나 기망행위자와 공모하는 등 기망행위를 알고 있었던 경우에는 기망의 상대방에게 기망행위로 인한 착오가 있다고 볼 수 없고, 기망의 상대방이 재물을 교부하는 등의 처분을 했다고 하더라도 기망행위와 인과관계가 있다고 보기 어려워 사기죄가 성립한다고 보기 어렵다.

해설

① [×] 사기죄의 객체는 타인이 점유하는 '타인의' 재물 또는 재산상의 이익이므로 피해자와의 관계에서 살펴보아 그것이 피해자 소유의 재물인지 아니면 피해자가 보유하는 재산상의 이익인지에 따라 재물이 객체인지 아니면 재산상의 이익이 객체인지 구별하여야 한다(대법원 2010.12.9, 2010도6256 대포통장 현금 인출 사건Ⅱ). 범인이 피해자를 기망하여 피해자가 현금을 범인의 예금계좌로 송금한 경우, 범인의 입장에서는 재산상 이익일지 몰라도 피해자의 입장에서는 재물에 해당하는 현금을 교부받는 방법이 예금계좌로 송금하는 형식으로 이루어진 것에 불과하므로, 그것을 범인이 인출한 경우 '장물'에 해당한다는 취지의 판례이다.

② [○] 사기죄는 타인이 점유하는 재물을 그의 처분행위에 의하여 취득함으로써 성립하는 죄이므로, 자기가 점유하는 타인의 재물에 대하여는 이것을 영득함에 기망행위를 한다 하여도 **사기죄는 성립하지 아니하고 횡령죄만을 구성한다**(대법원 1987.12.22, 87도2168 횡사횡 사건Ⅱ).

③ [○] 범인이 기망행위에 의해 스스로 재물을 취득하지 않고 제3자로 하여금 재물의 교부를 받게 한 경우에 사기죄가 성립하려면, 그 제3자가 범인과 사이에 정을 모르는 도구 또는 범인의 이익을 위해 행동하는 대리인의 관계에 있거나 그렇지 않다면 적어도 불법영득의사와의 관련상 **범인에게 그 제3자로 하여금 재물을 취득하게 할 의사가 있어야 한다**(대법원 2012.5.24, 2011도15639).

④ [○] 피해자 법인이나 단체의 **대표자 또는 실질적으로 의사결정을 하는 최종결재권자 등 기망의 상대방이 기망행위자와 동일인이거나 기망행위자와 공모하는 등 기망행위를 알고 있었던 경우에는** 기망의 상대방에게 기망행위로 인한 착오가 있다고 볼 수 없고, 기망의 상대방이 재물을 교부하는 등의 처분을 했다고 하더라도 기망행위와 인과관계가 있다고 보기 어려워 **사기죄가 성립한다고 보기 어렵다**(대법원 2017.8.29, 2016도18986).

506 다음 중 사기죄의 객체인 '재물'에 해당하는 것은 모두 몇 개인가? (다툼이 있으면 판례에 의함)

1 2 3

[core ★★]

㉠ 인감증명서
㉡ 주권포기각서
㉢ 백지어음용지
㉣ 보험가입사실증명원
㉤ 발행인의 자금부족으로 지급장소에서 지급되지 않는 약속어음

① 2개
② 3개
③ 4개
④ 5개

해설

③ ㉠㉡㉢㉤ 4항목이 사기죄의 객체인 재물에 해당한다.

㉠ 인감증명서는 피해자 측이 발급받아 소지하게 된 피해자 명의의 것으로서 재물성이 인정된다 할 것인데, 피고인이 피해자 측을 기망하여 이를 교부받은 이상 재물에 대한 편취행위가 성립한다(대법원 2011.11.10, 2011도9919 아파트분양권 사기 사건).

㉡ 주권포기각서는 물론 심문기일소환장도 재산적 가치가 있는 물건으로서 형법상 재물에 해당한다(대법원 1996.9.10, 95도2747 주권포기각서 편취 사건).

㉢ 백지어음용지는 그 자체가 재산적 가치를 지닌 것으로서 재물성이 있으므로 피고인들이 백지 어음용지를 기망에 의하여 피해자로부터 교부받은 이상 사기죄가 성립한다(대법원 1996.5.31, 94도2119).

㉣ 보험가입사실증명원은 교통사고를 일으킨 차가 보험에 가입하였음을 보험회사가 증명하는 내용의 문서일 뿐이고 거기에 재물이나 재산상의 이익의 처분에 관한 사항을 포함하고 있는 것은 아니므로 보험가입사실증명원은 사기죄의 객체가 되지 아니한다(대법원 1997.3.28, 96도2625 보험가입사실증명원 사건).

㉤ 약속어음은 그 자체가 재산적 가치를 지닌 유가증권으로서 만기에 지급장소에서 어음금이 지급되지 아니하는 때라도 소지인은 배서인, 발행인 기타 어음채무자에 대하여 소구권을 행사할 수 있어서 그 효용이 소멸된 것이 아니므로 발행인의 자금부족으로 지급장소에서 지급되지 아니하는 약속어음이라도 사기죄의 객체가 된다(대법원 1985.3.9, 85도951).

정답 | 505 ① 506 ③

507 사기죄에 있어 '재산상 이익'에 관한 다음 설명 중 옳지 않은 것은? (다툼이 있으면 판례에 의함)

1 2 3

[Essential ★]

① 채무이행을 연기받는 것도 사기죄에 있어서 재산상의 이익이 된다.

② 채무자의 기망행위로 인하여 채권자가 채무를 확정적으로 소멸 내지 면제시키는 특약 등의 처분행위를 한 경우에는 채무의 면제라고 하는 재산상 이익에 관한 사기죄가 성립하지만, 후에 그 재산적 처분행위가 사기를 이유로 민법에 따라 취소될 수 있다고 한다면 그러하지 아니하다.

③ 임차권등기의 기초가 되는 임대차계약이 통정허위표시로서 무효라 하더라도 사기죄의 객체인 재산상 이익에 해당한다.

④ 피전부채권(被轉付債權)이 법률상으로 유효하지 않고 전부명령(轉付命令)이 효력을 발생할 수 없다고 하여도 피전부채권이나 전부명령이 외형상 존재하는 한 재산상 이익취득으로 보아 사기죄로 인정할 수 있다.

해설

② [×] 채무자의 기망행위로 인하여 채권자가 채무를 확정적으로 소멸 내지 면제시키는 특약 등의 처분행위를 한 경우에는 채무의 면제라고 하는 재산상 이익에 관한 사기죄가 성립되고, 후에 그 재산적 처분행위가 사기를 이유로 민법에 따라 취소될 수 있다고 하여 달리 볼 것은 아니다(대법원 2012.4.13, 2012도1101 파주시 부동산 사기 사건).

① [○] 채무이행을 연기받는 것도 사기죄에 있어서 재산상의 이익이 된다(대법원 2007.3.30, 2005도5972 양주대금 지급유예 사건).

③ [○] 사기죄에서 말하는 재산상 이익 취득은 그 재산상의 이익을 법률상 유효하게 취득함을 필요로 하지 아니하고 그 이익 취득이 법률상 무효라 하여도 외형상 취득한 것이면 족한 것이다. 임차권등기의 기초가 되는 임대차계약이 통정허위표시로서 무효라 하더라도 장차 피신청인의 이의신청 또는 취소신청에 의한 법원의 재판을 거쳐 그 임차권등기가 말소될 때까지는 신청인은 외형상으로 우선변제권 있는 임차인으로서 부동산 담보권에 유사한 권리를 취득하게 된다 할 것이니, 이러한 이익은 재산적 가치가 있는 구체적 이익으로서 사기죄의 객체인 **재산상 이익에 해당한다**(대법원 2012.5.24, 2010도12732 임차권등기명령 신청 사건).

④ [○] 사기죄의 재산상 이익처분은 그 재산상의 이익을 법률상 유효하게 취득함을 필요로 하지 아니하고 그 이익 취득이 법률상 무효라고 하여도 외형상 취득한 것이면 충분하므로 피전부채권(被轉付債權)이 법률상으로 유효하지 않고 전부명령(轉付命令)이 효력을 발생할 수 없다고 하여도 피전부채권이나 전부명령이 **외형상 존재하는 한 재산상 이익취득으로 보아 사기죄로 인정할 수 있다**(대법원 2015.2.12, 2014도10086 등기청구권 압류신청 사건).

508 사기죄 등에 관한 다음 설명 중 옳지 않은 것은? (다툼이 있으면 판례에 의함) [Essential ★]

1 2 3

① 사기죄의 보호법익은 재산권이므로 기망행위에 의하여 국가적 또는 공공적 법익이 침해되었다는 사정만으로 사기죄가 성립한다고 할 수 없다.

② 기망행위에 의하여 조세를 포탈하거나 조세의 환급·공제를 받은 경우에는 조세범처벌법 위반죄 외에도 사기죄가 성립할 수 있다.

③ 피고인이 담당 공무원을 기망하여 납부의무가 있는 농지보전부담금을 면제받아 재산상 이익을 취득한 경우라도 사기죄는 성립하지 아니한다.

④ 강제집행면탈죄가 적용되는 강제집행은 민사집행법의 적용대상인 강제집행 또는 가압류·가처분 등의 집행을 가리키는 것이므로 국세징수법에 의한 체납처분을 면탈할 목적으로 재산을 은닉하는 등의 행위는 위 죄의 규율대상에 포함되지 않는다.

해설

② [×] 기망행위에 의하여 조세를 포탈하거나 조세의 환급·공제를 받은 경우에는 조세범처벌법 제9조에서 이러한 행위를 처벌하는 규정을 별도로 두고 있을 뿐만 아니라, 조세를 강제적으로 징수하는 국가 또는 지방자치단체의 직접적인 권력작용을 사기죄의 보호법익인 재산권과 동일하게 평가할 수 없는 것이므로 기망행위에 의하여 조세를 포탈하거나 조세의 환급·공제를 받은 경우에는 조세범처벌법 위반죄가 성립함은 별론으로 하고 형법상 사기죄는 성립할 수 없다(대법원 2008.11.27, 2008도7303 면세유 사건 I).

① [○] 사기죄의 보호법익은 재산권이므로 기망행위에 의하여 **국가적 또는 공공적 법익이 침해되었다는 사정만으로 사기죄가 성립한다고 할 수 없다.** 따라서 도급계약 당시 관련 영업 또는 업무를 규제하는 행정법규나 입찰 참가자격, 계약절차 등에 관한 규정을 위반한 사정이 있더라도 그러한 사정만으로 도급계약을 체결한 행위가 기망행위에 해당한다고 단정해서는 안 되고, 그 위반으로 말미암아 계약 내용대로 이행되더라도 일의 완성이 불가능하였다고 평가할 수 있을 만큼 그 위법이 일의 내용에 본질적인 것인지 여부를 심리·판단하여야 한다(대법원 2021.10.14, 2016도16343 안전진단 용역 하도급 사건).

③ [○] 중앙행정기관의 장, 지방자치단체의 장 등 법률에 따라 금전적 부담의 부과권한을 부여받은 자(이하 '부과권자'라 한다)가 재화 또는 용역의 제공과 관계없이 특정 공익사업과 관련하여 권력작용으로 부담금을 부과하는 것은 일반 국민의 재산권을 제한하는 침해행정에 속하고, 이러한 침해행정 영역에서 일반 국민이 담당 공무원을 기망하여 권력작용에 의한 재산권 제한을 면하는 경우에는 부과권자의 직접적인 권력작용을 사기죄의 보호법익인 재산권과 동일하게 평가할 수 없는 것이므로 행정법규에서 그러한 행위에 대한 처벌규정을 두어 처벌함은 별론으로 하고, **사기죄는 성립할 수 없다**(대법원 2019.12.24, 2019도2003 농지보전부담금 사건).

④ [○] 강제집행면탈죄가 적용되는 강제집행은 민사집행법의 적용대상인 강제집행 또는 가압류·가처분 등의 집행을 가리키는 것이므로 **국세징수법에 의한 체납처분을 면탈할 목적으로 재산을 은닉하는 등의 행위는 위 죄의 규율대상에 포함되지 않는다**(대법원 2012.4.26, 2010도5693 국고보조금 반환명령 사건).

정답 | 507 ② 508 ②

509 사기의 죄에 대한 다음 설명 중 가장 옳지 않은 것은? (다툼이 있으면 판례에 의함) [Essential ★]

1 2 3

① 의사가 전화를 이용하여 진찰한 것임에도 내원 진찰인 것처럼 가장하여 국민건강보험관리공단에 요양급여비용을 청구하여 진찰료를 수령한 경우 사기죄가 성립하지 않는다.

② 甲은 전매금지된 택지분양권을 A에게 매도한 뒤 이를 다시 B에게 매도한 다음 이중매도한 사실을 고지하지 아니한 채 B가 C에게 이 분양권을 전매하는 매매계약에 형식적인 매도인으로 관여하면서 직접 매매대금을 수령하지 않고 C로 하여금 B에게 매매대금을 교부하게 한 경우 甲에게 사기죄가 성립한다.

③ 토지에 대하여 도시계획이 입안되어 있어 장차 협의매수되거나 수용될 것이라는 사정을 매수인에게 고지하지 아니한 행위가 부작위에 의한 사기죄를 구성한다.

④ 발행인의 자금부족으로 지급이 거절된 약속어음도 사기죄의 객체가 된다.

해설

① [×] 보건복지부장관의 고시는 내원을 전제로 한 진찰만을 요양급여의 대상으로 정하고 있고 전화 진찰이나 이에 기한 약제 등의 지급은 요양급여의 대상으로 정하고 있지 아니하므로 (중략) 전화 진찰을 내원 진찰인 것으로 하여 요양급여비용을 청구한 것은 기망행위로서 사기죄를 구성한다(대법원 2013.4.26, 2011도10797 전화진찰 사건 Ⅱ).

② [○] (1) 범인이 기망행위에 의해 스스로 재물을 취득하지 않고 제3자로 하여금 재물의 교부를 받게 한 경우에 사기죄가 성립하려면, 그 제3자가 범인과 사이에 정을 모르는 도구 또는 범인의 이익을 위해 행동하는 대리인의 관계에 있거나, 그렇지 않다면 적어도 불법영득의사와의 관련상 범인에게 그 제3자로 하여금 재물을 취득하게 할 의사가 있어야 한다. (2) 재물편취를 내용으로 하는 사기죄에 있어서는 기망으로 인한 재물교부가 있으면 그 자체로써 피해자의 재산침해가 되어 곧 사기죄는 성립하는 것이고, 그로 인한 이익이 결과적으로 누구에게 귀속하는지는 사기죄의 성부에 아무런 영향이 없다. (3) 甲에게는 매매계약에 있어 실질적 매도인인 B로 하여금 매매대금을 취득하게 할 의사가 있었다고 볼 여지가 충분하고(B로 하여금 매매대금을 불법영득시킬 의사가 있었다고 볼 수 있고), **이는 매매대금 상당의 경제적 이익이 궁극적으로 피고인에게 연결되지 않았다 하여 달리 볼 것도 아니다**(대법원 2009.1.30, 2008도9985 택지분양권 전전매도 사건). 지문의 경우 사기죄가 성립한다.

③ [○] 피고인이 토지에 대하여 도시계획이 입안되어 있어 장차 토지가 정주시(井州市)에 의하여 협의매수되거나 수용될 것이라는 점을 알고 있었으므로 이러한 사정을 모르고 토지를 매수하려는 피해자에게 위와 같은 사정을 고지할 신의칙상 의무가 있고, 따라서 이러한 사정을 고지하지 아니한 피고인의 행위는 **부작위에 의한 사기죄를 구성한다**(대법원 1993.7.13, 93도14 토지수용예정 묵비 사건).

④ [○] 약속어음은 그 자체가 재산적 가치를 지닌 유가증권으로서 만기에 지급장소에서 어음금이 지급되지 아니하는 때라도 소지인은 배서인, 발행인 기타 어음채무자에 대하여 소구권을 행사할 수 있어서 그 효용이 소멸된 것이 아니므로 발행인의 자금부족으로 지급장소에서 지급되지 아니하는 약속어음이라도 **사기죄의 객체가 된다**(대법원 1985.3.9, 85도951).

510 사기죄에 관한 다음 설명 중 옳지 않은 것은? (다툼이 있으면 판례에 의함) [core ★★]

1 2 3

① 사기죄는 타인을 기망하여 착오에 빠뜨리고 그 처분행위를 유발하여 재물을 교부받거나 재산상 이익을 얻음으로써 성립하는 것으로서 기망, 착오, 재산적 처분행위 사이에 인과관계가 있어야 한다.

② 사기죄가 성립하기 위해서는 기망행위와 상대방의 착오 및 재물의 교부 또는 재산상의 이익의 공여와의 사이에 순차적인 인과관계가 있어야 하지만, 착오에 빠진 원인 중에 피기망자 측에 과실이 있는 경우에도 사기죄가 성립한다.

③ 재물편취를 내용으로 하는 사기죄에 있어서 기망으로 인한 재물교부가 있으면 그 자체로써 피해자의 재산침해가 되어 사기죄가 성립하는 것이나, 상당한 대가가 지급되었다거나 피해자의 전체 재산상에 손해가 없다고 한다면 사기죄는 성립하지 아니한다.

④ 재물편취를 내용으로 하는 사기죄에 있어서는 기망으로 인한 재물교부가 있으면 그 자체로써 피해자의 재산침해가 되어 곧 사기죄는 성립하는 것이고, 그로 인한 이익이 결과적으로 누구에게 귀속하는지는 사기죄의 성부에 아무런 영향이 없다.

해설

③ [×] (1) 상당한 대가가 지급되었다거나 피해자의 전체 재산상에 손해가 없다 하여도 사기죄의 성립에는 영향이 없다(대법원 2010.12.9, 2010도12928). (2) 사기죄는 타인을 기망하여 그로 인한 하자 있는 의사에 기하여 재물의 교부를 받거나 재산상의 이익을 취득함으로써 성립하는 범죄로서 그 본질은 기망에 의한 재물이나 재산상 이익의 취득에 있는 것이고 상대방에게 현실적으로 재산상 손해가 발생할 필요는 없다(대법원 2014.10.15, 2014도9099 골든볼 사건).

① [○] 사기죄는 타인을 기망하여 착오에 빠뜨리고 그 처분행위를 유발하여 재물을 교부받거나 재산상 이익을 얻음으로써 성립하는 것으로서 기망, 착오, 재산적 처분행위 사이에 **인과관계가 있어야 한다**(대법원 2014.2.27, 2013도9669 과천시민회관 카페 사건).

② [○] 사기죄가 성립하기 위해서는 기망행위와 상대방의 착오 및 재물의 교부 또는 재산상의 이익의 공여와의 사이에 순차적인 인과관계가 있어야 하지만, 착오에 빠진 원인 중에 **피기망자 측에 과실이 있는 경우에도 사기죄가 성립한다**(대법원 2009.6.23, 2008도1697 대부업자 새마을금고 기망 사건).

④ [○] 재물편취를 내용으로 하는 사기죄에 있어서는 기망으로 인한 재물교부가 있으면 그 자체로써 피해자의 재산침해가 되어 곧 사기죄는 성립하는 것이고, 그로 인한 이익이 결과적으로 누구에게 귀속하는지는 **사기죄의 성부에 아무런 영향이 없다**(대법원 2009.1.30, 2008도9985 택지분양권 전전매도 사건).

정답 | 509 ① 510 ③

511 사기죄에 관한 다음 설명 중 옳지 않은 것은? (다툼이 있으면 판례에 의함) [core ★★]

1 2 3

① 사기죄는 사람을 기망하여 착오에 빠뜨리고 그로 인한 처분행위로 재물의 교부를 받거나 재산상 이익을 얻는 것으로서, 기망행위가 있었다고 하여도 그로 인한 처분행위가 없을 때에는 사기죄가 성립하지 않는다.

② 사기죄는 타인을 기망하여 착오에 빠뜨리고 처분행위를 유발하여 재물, 재산상의 이득을 얻음으로써 성립하는 것이므로, 여기서 '처분행위'라고 하는 것은 재산적 처분행위로서 주관적으로 피기망자가 처분의사 즉 처분결과를 인식하고 객관적으로는 이러한 의사에 지배된 행위가 있을 것을 요한다.

③ 사기죄에서 처분행위라 함은 범인 등에게 재물을 교부하거나 재산상의 이익을 부여하는 재산적 처분행위를 의미하며, 그것은 피기망자가 처분의사를 가지고 그 의사에 지배된 행위를 하여야 하고, 피기망자는 재물 또는 재산상의 이익에 대한 처분행위를 할 권한이 있는 자이어야 한다.

④ 피해자를 위하여 재산을 처분할 수 있는 권능이나 지위라 함은 반드시 사법상의 위임이나 대리권의 범위와 일치하여야 하는 것은 아니고 피해자의 의사에 기하여 재산을 처분할 수 있는 서류 등이 교부된 경우에는 피기망자의 처분행위가 설사 피해자의 진정한 의도와 어긋나는 경우라고 할지라도 위와 같은 권능을 갖거나 그 지위에 있는 것으로 보아야 한다.

해설

② [×] (1) 사기죄에서 처분행위는 행위자의 기망행위에 의한 피기망자의 착오와 행위자 등의 재물 또는 재산상 이익의 취득이라는 최종적 결과를 중간에서 매개·연결하는 한편, 착오에 빠진 피해자의 행위를 이용하여 재산을 취득하는 것을 본질적 특성으로 하는 사기죄와 피해자의 행위에 의하지 아니하고 행위자가 탈취의 방법으로 재물을 취득하는 절도죄를 구분하는 역할을 한다. 처분행위가 갖는 이러한 역할과 기능을 고려하면, 피기망자의 의사에 기초한 어떤 행위를 통해 행위자 등이 재물 또는 재산상의 이익을 취득하였다고 평가할 수 있는 경우라면 사기죄에서 말하는 처분행위가 인정된다. (2) 비록 피기망자가 처분행위의 의미나 내용을 인식하지 못하였다고 하더라도, 피기망자의 작위 또는 부작위가 직접 재산상 손해를 초래하는 재산적 처분행위로 평가되고, 이러한 작위 또는 부작위를 피기망자가 인식하고 한 것이라면 처분행위에 상응하는 처분의사는 인정된다. 다시 말하면 피기망자가 자신의 작위 또는 부작위에 따른 결과까지 인식하여야 처분의사를 인정할 수 있는 것은 아니다(대법원 2017.2.16, 2016도13362 全合 서명사취 사건). 이 전원합의체 판결에 의하여 "사기죄에서 말하는 처분행위가 인정되려면 피기망자에게 처분결과에 대한 인식이 있어야 한다"라고 지문과 같이 판시한 대법원 1987.10.26, 87도1042, 대법원 1999.7.9, 99도1326, 대법원 2011.4.14, 2011도769 등은 폐기되었다.

① [○] 사기죄는 사람을 기망하여 착오에 빠뜨리고 그로 인한 처분행위로 재물의 교부를 받거나 재산상 이익을 얻는 것으로서, 기망행위가 있었다고 하여도 그로 인한 **처분행위가 없을 때에는 사기죄가 성립하지 않는다**(대법원 2013.11.28, 2013도459 건축허가명의자 경매신청사건).

③ [○] 사기죄에서 처분행위라 함은 범인 등에게 재물을 교부하거나 재산상의 이익을 부여하는 재산적 처분행위를 의미하며, 그것은 피기망자가 처분의사를 가지고 그 의사에 지배된 행위를 하여야 하고, **피기망자는 재물 또는 재산상의 이익에 대한 처분행위를 할 권한이 있는 자이어야 한다**(대법원 2012.6.28, 2012도4773 화이트관광호텔 사건).

④ [○] 피해자를 위하여 재산을 처분할 수 있는 권능이나 지위라 함은 **반드시 사법상의 위임이나 대리권의 범위와 일치하여야 하는 것은 아니고 피해자의 의사에 기하여 재산을 처분할 수 있는 서류 등이 교부된 경우에는 피기망자의 처분행위가 설사 피해자의 진정한 의도와 어긋나는 경우라고 할지라도 위와 같은 권능을 갖거나 그 지위에 있는 것으로 보아야 한다**(대법원 1994.10.11, 94도1575 토지매각용 인감도장 사건).

512 다음 사례에서 밑줄 친 부분의 죄책이 옳은 것은? (다툼이 있으면 판례에 의함)

1 2 3 [core ★★]

甲은 <u>토지거래허가 등에 필요한 서류라고 속여서 토지의 매도인인 A로 하여금 근저당권설정계약서 등에 서명 · 날인하게 하고</u>, A의 인감증명서를 교부받은 다음, 이를 이용하여 A 소유의 토지에 관하여 甲을 채무자로 하여 채권최고액 합계 10억 5,000만원인 근저당권을 乙에게 설정하여 주고, 7억원을 차용하였다.

① 무죄 ② 사기죄

③ 사서명위조죄 ④ 사문서위조죄

해설

② (1) 피기망자가 행위자의 기망행위로 인하여 착오에 빠진 결과 내심의 의사와 다른 효과를 발생시키는 내용의 처분문서에 서명 또는 날인함으로써 처분문서의 내용에 따른 재산상 손해가 초래되었다면 그와 같은 처분문서에 서명 또는 날인을 한 피기망자의 행위는 사기죄에서 말하는 처분행위에 해당한다. 아울러 비록 피기망자가 처분결과, 즉 문서의 구체적 내용과 그 법적 효과를 미처 인식하지 못하였다고 하더라도, 어떤 문서에 스스로 서명 또는 날인함으로써 그 처분문서에 서명 또는 날인하는 행위에 관한 인식이 있었던 이상 피기망자의 처분의사 역시 인정된다. (2) A가 착오에 빠져 근저당권설정계약서 등에 서명 또는 날인한 것은 사기죄에서 말하는 처분행위에 해당하고, 아울러 서명 또는 날인하는 행위에 관한 인식이 있었던 이상 처분의사도 인정된다. 이와 달리 A에게 근저당권을 설정하여 줄 의사가 없었다는 이유만을 들어 A의 처분행위가 있었다고 할 수 없다고 판단한 원심판결에는 사기죄에서 말하는 처분행위에 관한 법리를 오해하여 판결에 영향을 미친 잘못이 있다(대법원 2017.2.16, 2016도13362 全合 서명사취 사건).

513 다음 각 항목의 죄책이 옳은 것은? (다툼이 있으면 판례에 의함)

1 2 3 [core ★★]

㉠ 매도인이 매매잔금을 교부받기 전 또는 교부받던 중에 '매수인이 착오에 빠져 지급해야 할 금액을 초과하는 돈을 교부하는 것'을 알았으면서도 그 사실을 말하지 않고 이를 그대로 수령한 경우

㉡ 매도인이 매매잔금을 건네주고 받는 행위를 끝마친 후에야 비로소 '매수인이 착오에 빠져 지급해야 할 금액을 초과하는 돈을 교부한 것'을 알게 되었고, 이후 그 사실을 말하지 않고 이를 계속 가지고 있는 경우

① ㉠㉡ 무죄 ② ㉠ 사기죄 ㉡ 무죄

③ ㉠ 사기죄 ㉡ 횡령죄 ④ ㉠ 사기죄 ㉡ 점유이탈물횡령죄

해설

④ 매수인이 매도인에게 매매잔금을 지급함에 있어 착오에 빠져 지급해야 할 금액을 초과하는 돈을 교부하는 경우 매도인이 사실대로 고지하였다면 매수인이 그와 같이 초과하여 교부하지 아니하였을 것임은 경험칙상 명백하므로 ㉠ 매도인이 매매잔금을 교부받기 전 또는 교부받던 중에 그 사실을 알게 되었을 경우에는 (중략) 매수인이 건네주는 돈을 그대로 수령한 경우에는 사기죄에 해당될 것이지만 ㉡ 그 사실을 미리 알지 못하고 매매잔금을 건네주고 받는 행위를 끝마친 후에야 비로소 알게 되었을 경우에는 (중략) 교부하는 돈을 그대로 받은 행위는 점유이탈물횡령죄가 될 수 있음은 별론으로 하고 사기죄를 구성할 수는 없다(대법원 2004.5.27, 2003도4531 잔돈사기 사건).

정답 | 511 ② 512 ② 513 ④

514 다음 각 항목에 대한 ( ) 안의 내용이 옳지 않은 것을 모두 고른 것은? (다툼이 있으면 판례에 의함)

1 2 3

[core ★★]

㉠ 피고인이 타인의 일반전화를 무단으로 이용하여 전화통화를 한 경우 (절도죄나 사기죄 불성립)
㉡ 피고인이 타인의 전화카드(한국통신의 후불식 통신카드)를 절취하여 전화통화에 이용한 경우 (편의시설부정이용죄나 사문서부정행사죄 불성립)
㉢ 피고인이 사용이 정지되거나 사용할 수 없게 된 휴대전화를 구입한 후 이른바 '대포폰'으로 유통시켜 사용하도록 하거나 '유심칩(USIM Chip) 읽기'를 통하여 해당 휴대전화의 문자발송제한을 해제하고 광고성 문자를 대량 발송하는 방법으로 이동통신회사들로부터 이용대금 상당의 재산상 이득을 취득한 경우 (사기죄 성립)

① ㉠
② ㉡
③ ㉡㉢
④ ㉠㉡㉢

해설

③ ㉡㉢ 2항목이 옳지 않다.

㉠ [○] (1) 타인의 전화기를 무단으로 사용하여 **전화통화를 하는 행위는 전기통신사업자에 의하여 가능하게 된 전화기의 음향송수신기능을 부당하게 이용하는 것으로,** 이러한 내용의 역무는 무형적인 이익에 불과하고 물리적 관리의 대상이 될 수 없어 재물이 아니라고 할 것이므로 **절도죄의 객체가 되지 아니한다**(대법원 1998.6.23, 98도700 전화 무단사용 사건Ⅰ). (2) 한국전기통신공사가 일반전화 가입자인 타인에게 통신을 매개하여 주는 역무를 부당하게 이용하는 것에 불과하여 한국전기통신공사에 대한 기망행위에 해당한다고 볼 수 없을 뿐만 아니라, 이에 따라 제공되는 역무도 일반전화 가입자와 한국전기통신공사 사이에 체결된 서비스이용계약에 따라 제공되는 것으로서 한국전기통신공사가 착오에 빠져 처분행위를 한 것이라고 볼 수 없으므로 사기죄를 구성하지 아니한다(대법원 1999.6.25, 98도3891 전화 무단사용 사건Ⅱ).

㉡ [×] (1) 타인의 전화카드를 절취하여 전화통화에 이용한 경우에는 통신카드서비스 이용계약을 한 피해자가 통신요금을 납부할 책임을 부담하게 되므로 이러한 경우에는 피고인이 '대가를 지급하지 아니하고' 공중전화를 이용한 경우에 해당한다고 볼 수 없어 편의시설부정이용의 죄를 구성하지 않는다(대법원 2001.9.25, 2001도3625 절취 전화카드 사용 사건Ⅰ). (2) 절취한 전화카드를 공중전화기에 넣어 사용한 것은 권리의무에 관한 타인의 사문서를 부정행사한 경우에 해당한다(대법원 2002.6.25, 2002도461 절취 전화카드 사용 사건Ⅱ).

㉢ [×] 피고인의 행위는 '사람을 기망하여 재산상 이득을 취득한 경우'에 해당한다고 볼 수 없으므로 사기죄는 성립하지 아니한다(대법원 2011.7.28, 2011도5299 스팸문자의 달인 사건).

515 다음 각 항목에 대한 죄책의 설명으로 옳은 것은? (다툼이 있으면 판례에 의함) [core ★★]

1 2 3

> ㉠ 피고인 甲이 피해자 A에게 "당신의 처가 정신분열병에 걸린 것은 귀신이 들린 것이니 내가 기도를 하여 낫게 해줄 수 있다", "당신의 아들에 액운이 있으니 내가 골프공에 당신의 아들 이름을 적어 골프채로 쳐서 액운을 몰아내야 한다", "당신의 딸과 가족들에게 귀신이 씌었다"는 등의 말을 하며 돈을 요구하여 기도비와 차용금 명목으로 합계 1억 889만원을 송금받은 경우
>
> ㉡ 피고인 甲 등이 피해자 A에게 "작은 아들이 교통사고가 나 크게 다치거나 죽거나 하게 된다. 조상천도를 하면 교통사고를 막을 수 있고 보살도 아픈 곳이 낫고 사업도 잘 되고 모든 것이 잘 풀려 나간다"라고 말하여 A로부터 795,500원을 건네받고, 피해자 B에게 "아들이 형편없이 빗나가 학교에도 다니지 못하게 되고 부부가 이별하게 되고 하는 사업이 망하고 집도 다른 사람에게 넘어가게 된다. 조상천도를 하면 모든 것이 다 잘 된다"라고 말하여 B로부터 예금계좌로 835,000원을 송금받은 경우

① ㉠ 사기죄 불성립 ㉡ 공갈죄 불성립
② ㉠ 사기죄 불성립 ㉡ 공갈죄 성립
③ ㉠ 사기죄 성립 ㉡ 공갈죄 불성립
④ ㉠ 사기죄 성립 ㉡ 공갈죄 성립

해설

③ 이 지문이 옳은 연결이다.

㉠ (1) 피고인이 피해자에게 불행을 고지하거나 길흉화복에 관한 어떠한 결과를 약속하고 기도비 등의 명목으로 대가를 교부받은 경우에 전통적인 관습 또는 종교행위로서 허용될 수 있는 한계를 벗어났다면 사기죄에 해당한다. (2) 피고인은 행위는 전통적인 관습 또는 종교행위로서 허용될 수 있는 한계를 벗어난 것으로서 사기죄가 성립한다(대법원 2017.11.9, 2016도12460 귀신쫓는 기도비 사건).

㉡ 해악의 고지는 길흉화복이나 천재지변의 예고로서 피고인 甲에 의하여 직접, 간접적으로 좌우될 수 없는 것이고 가해자가 현실적으로 특정되어 있지도 않으며 해악의 발생가능성이 합리적으로 예견될 수 있는 것이 아니므로 협박으로 평가될 수 없다(대법원 2002.2.8, 2000도3245 조상천도제 사건).

정답 | 514 ③ 515 ③

516 다음 중 사기죄가 성립하는 것은 모두 몇 개인가? (다툼이 있으면 판례에 의함) [Superlative ★★★]

1 2 3

> ㉠ 피고인이 자신의 여관건물에 관하여 법원의 경매절차가 이미 진행 중이라는 사실을 묵비하고 임대차 계약을 체결한 경우
> ㉡ 부동산매매에 있어서 매매목적물에 관하여 소유권귀속에 관한 분쟁이 있어 재심소송이 계속중에 있음에도 피고인이 이를 묵비하고 부동산을 매도한 경우
> ㉢ 제3자가 매도인인 피고인을 상대로 대지 및 지상건물에 대한 명도소송을 제기하여 계속중이고 점유이전금지가처분까지 되어 있음에도 피고인이 이를 묵비하고 그 부동산을 매도한 경우
> ㉣ 피고인이 자신의 토지에 대하여 도시계획이 입안되어 있어 장차 토지가 정주시(井州市)에 의하여 협의매수되거나 수용될 것이라는 점을 알고 있으면서도 이를 묵비하고 토지를 매도한 경우

① 1개 ② 2개
③ 3개 ④ 4개

해설

④ 모든 항목의 경우 사기죄가 성립한다.

㉠ 피고인이 여관건물에 관하여 법원의 경매절차가 이미 진행중이라는 사실을 묵비하고 임대차 계약을 체결한 경우 사기죄가 성립하고, 이는 피해자 스스로 그 건물에 관한 등기부를 확인 또는 열람하는 것이 가능하다고 하여 결론을 달리 할 것은 아니다(대법원 1998.12.8, 98도3263 경매진행 묵비 사건).

㉡ 매도인이 매수인에게 소송계속사실을 숨기고 매도하여 대금을 교부받았다면 이는 사기죄를 구성한다(대법원 1986.9.9, 86도956 재심소송 묵비 사건).

㉢ 신의성실의 원칙에 따라 매도인은 위와 같은 소송관계를 매수인에게 고지할 법률상 의무가 있고 따라서 매도인의 이러한 불고지는 기망행위에 해당한다(대법원 1985.3.26, 84도301 명도소송 묵비 사건).

㉣ 피고인이 토지에 대하여 도시계획이 입안되어 있어 장차 토지가 정주시(井州市)에 의하여 협의매수되거나 수용될 것이라는 점을 알고 있었으므로 이러한 사정을 모르고 토지를 매수하려는 피해자에게 위와 같은 사정을 고지할 신의칙상 의무가 있고 따라서 이러한 사정을 고지하지 아니한 피고인의 행위는 부작위에 의한 사기죄를 구성한다(대법원 1993.7.13, 93도14 토지수용예정 묵비 사건).

517 다음 중 사기죄가 성립하는 것은? (다툼이 있으면 판례에 의함)

1 2 3 [Essential ★]

① 피고인이 자신이 진정한 소유자가 아니라 부동산 또는 자동차의 명의수탁자에 불과함에도 자신이 소유자라고 속이고 부동산이나 자동차를 매도한 경우

② 부동산의 이중매매에 있어서 매도인인 피고인이 제1의 매매계약을 일방적으로 해제할 수 없는 처지에 있음에도, 이를 묵비하고 제2의 매수인에게 부동산을 매도한 경우

③ 피고인이 비록 토지의 소유자로 등기되어 있다고 하더라도 자신이 진정한 소유자가 아님을 알면서, 이를 묵비한 채 수용보상금으로 공탁된 공탁금의 출급을 신청하여 이를 수령한 경우

④ 피고인 甲 등이 피해자 A, B에게 자동차를 매도하면서 그 자동차를 인도하고 소유권이전등록에 필요한 일체의 서류를 교부하였으나 자동차에 미리 부착해 놓은 GPS로 위치를 추적하여 그 자동차를 절취한 경우

해설

③ 피고인이 비록 토지의 소유자로 등기되어 있다고 하더라도 자신이 진정한 소유자가 아닌 사실을 알게 된 이상, 토지를 수용한 기업자나 공탁공무원에게 그러한 사실을 고지하여야 할 의무가 있다고 보아야 할 것이고, 이러한 사실을 고지하지 아니한 채 수용보상금으로 공탁된 공탁금의 출급을 신청하여 이를 수령한 이상 기망행위가 없다고 할 수 없고, 토지수용의 법리상 기업자가 토지의 소유권을 취득한다고 하더라도 사기죄의 성립에는 영향이 없다(대법원 1994.10.14, 94도1911 수용보상금 부당수령 사건).

① 부동산의 명의수탁자가 부동산을 제3자에게 매도하고 매매를 원인으로 한 소유권이전등기까지 마쳐 준 경우, 명의신탁의 법리상 대외적으로 수탁자에게 그 부동산의 처분권한이 있는 것임이 분명하고, 제3자로서도 자기 명의의 소유권이전등기가 마쳐진 이상 무슨 실질적인 재산상의 손해가 있을 리 없으므로 그 제3자에 대한 사기죄가 성립될 여지가 없고, 나아가 그 처분시 매도인(명의수탁자)의 소유라는 말을 하였다고 하더라도 역시 사기죄가 성립되지 않으며, 이는 자동차의 명의수탁자가 처분한 경우에도 마찬가지이다(대법원 2007.1.11, 2006도4498 어머니 명의 매그너스 사건).

② 부동산의 이중매매에 있어서 매도인이 제1의 매매계약을 일방적으로 해제할 수 없는 처지에 있었다는 사정만으로는, 바로 제2의 매매계약의 효력이나 그 매매계약에 따르는 채무의 이행에 장애를 가져오는 것이라고 할 수 없음은 물론, 제2의 매수인의 매매목적물에 대한 권리의 실현에 장애가 된다고 볼 수도 없는 것이므로 매도인이 제2의 매수인에게 그와 같은 사정을 고지하지 아니하였다고 하여 제2의 매수인을 기망한 것이라고 평가할 수 없다(대법원 2012.1.26, 2011도15179 용원메이져 상가건물 사건).

④ 자동차를 인도하고 소유권이전등록에 필요한 일체의 서류를 교부함으로써 A, B가 언제든지 소유권이전등록을 마칠 수 있게 된 이상, 甲 등에게 자동차의 소유권을 이전하여 줄 의사가 없었다고 볼 수는 없고 또한 자동차를 매도할 당시 곧바로 다시 절취할 의사를 가지고 있으면서도 이를 숨긴 것을 기망이라고 할 수도 없어 특수절도죄만 성립할 뿐 사기죄는 성립하지 아니한다(대법원 2016.3.24, 2015도17452 자동차 매도 후 절취 사건).

정답 | 516 ④ 517 ③

518 다음 사례에서 甲의 '현금인출 부분'에 대한 죄책이 옳은 것은? 특별법위반의 점은 별론으로 한다. (다툼이 있으면 판례에 의함)

1 2 3 [core ★★]

> 甲은 자신의 명의로 된 통장, 현금카드 등을 乙에게 건네주었고, 이후 乙에게 기망당한 피해자 A가 위 통장으로 금원을 입금하자 甲은 乙 모르게 이를 바로 인출하였다. 甲은 자신의 명의로 된 통장, 현금카드 등이 乙의 보이스피싱 범죄에 이용되리라는 점을 알았기 때문에 사기방조죄가 성립한다.

① 무죄
② 사기죄
③ 장물취득죄
④ 횡령죄

해설

① 甲은 (대포통장 매매로 인하여 처벌받는 것은 별론으로 하고) 현금 인출과 관련해서는 사기죄, 장물취득죄 또는 횡령죄의 죄책을 지지 아니한다. 현금인출 부분에 대해서는 무죄이다.

(1) 송금의뢰인이 수취인의 예금계좌에 계좌이체 등을 한 이후, 수취인이 은행에 대하여 예금반환을 청구함에 따라 은행이 수취인에게 그 예금을 지급하는 행위는 계좌이체금액 상당의 예금계약의 성립 및 그 예금채권 취득에 따른 것으로서 은행이 착오에 빠져 처분행위를 한 것이라고 볼 수 없으므로 결국 이러한 행위는 은행을 피해자로 한 사기죄에 해당하지 않는다(대법원 2010.5.27, 2010도3498 대포통장 현금 인출 사건Ⅰ).

(2) 본범의 사기행위는 피고인이 예금계좌를 개설하여 본범에게 양도한 방조행위가 가공되어 본범에게 편취금이 귀속되는 과정 없이 피고인이 피해자로부터 피고인의 예금계좌로 돈을 송금받아 취득함으로써 종료되는 것이고, 그 후 피고인이 자신의 예금계좌에서 돈을 인출하였다 하더라도 이는 예금명의자로서 은행에 예금반환을 청구한 결과일 뿐 본범으로부터 돈에 대한 점유를 이전받아 사실상 처분권을 획득한 것은 아니므로, 피고인의 위와 같은 인출행위를 장물'취득'죄로 벌할 수는 없다(대법원 2010.12.9, 2010도6256 대포통장 현금 인출 사건Ⅱ).

(3) 전기통신금융사기(이른바 보이스피싱 범죄)의 범인이 피해자의 자금을 점유하고 있다고 하여 피해자와의 어떠한 위탁관계나 신임관계가 존재한다고 볼 수 없을 뿐만 아니라, 사기이용계좌에서 현금을 인출하였다고 하더라도 이는 이미 성립한 사기범행이 예정하고 있던 행위에 지나지 아니하여 새로운 법익을 침해한다고 보기도 어려우므로, 위와 같은 인출행위는 사기의 피해자에 대하여 별도의 횡령죄를 구성하지 아니한다. 이러한 법리는 사기범행에 이용되리라는 사정을 알고서 자신 명의 계좌의 접근매체를 양도함으로써 사기범행을 방조한 종범이 사기이용계좌로 송금된 피해자의 자금을 임의로 인출한 경우에도 마찬가지로 적용된다(대법원 2017.5.31, 2017도3894 보이스피싱 사건Ⅱ)(同旨 대법원 2017.5.31, 2017도3045 보이스피싱 사건Ⅰ).

519 다음 사례에서 甲의 '현금인출 부분'에 대한 죄책이 옳은 것은? 특별법위반의 점은 별론으로 한다. (다툼이 있으면 판례에 의함)

1 2 3 [core ★★]

> 甲은 자신의 명의로 된 통장, 현금카드 등을 乙에게 건네주었고, 이후 乙에게 기망당한 피해자 A가 위 통장으로 금원을 입금하자 甲은 乙 모르게 이를 바로 인출하였다. 다만 甲은 자신의 명의로 된 통장, 현금카드 등이 乙의 보이스피싱 범죄에 이용되리라는 점을 전혀 몰랐기 때문에 사기방조죄는 성립하지 않는다.

① 무죄
② 乙에 대한 횡령죄
③ A에 대한 횡령죄
④ 장물취득죄

해설

③ (계좌명의인이 개설한 예금계좌가 전기통신금융사기 범행에 이용되어 그 계좌에 피해자가 사기피해금을 송금·이체한 경우) 계좌명의인은 피해자와 사이에 아무런 법률관계 없이 송금·이체된 사기피해금 상당의 돈을 피해자에게 반환하여야 하므로, 피해자를 위하여 사기피해금을 보관하는 지위에 있다고 보아야 하고, 만약 계좌명의인이 그 돈을 영득할 의사로 인출하면 피해자에 대한 횡령죄가 성립한다. 이때 계좌명의인이 사기의 공범이라면 자신이 가담한 범행의 결과 피해금을 보관하게 된 것일 뿐이어서 피해자와 사이에 위탁관계가 없고, 그가 송금·이체된 돈을 인출하더라도 이는 자신이 저지른 사기범행의 실행행위에 지나지 아니하여 새로운 법익을 침해한다고 볼 수 없으므로 사기죄 외에 별도로 횡령죄를 구성하지 않는다(대법원 2018.7.19, 2017도17494 全合).

520 다음 중 사기죄가 성립하는 것은? (다툼이 있으면 판례에 의함) [Essential ★]

1 2 3

① 피고인이 피해자 명의의 등기서류를 위조하여 등기공무원에게 제출함으로써 피고인 명의로 부동산에 대한 소유권이전등기를 마친 경우

② 피고인이 피해자에게 부동산매도용인감증명 및 등기의무자본인확인서면의 진실한 용도를 속이고 그 서류들을 교부받아 피고인 등 명의로 부동산에 관한 소유권이전등기를 경료한 경우

③ 피고인 甲이 일본 동경도 소재 특허청 민원실에서 민원실 담당 직원에게 위조된 양도증서 6장 및 위임장 6장을 교부하여 이에 속은 특허청 담당 직원으로 하여금 피해자 A 명의의 특허의 출원자를 甲 명의로 변경하도록 한 경우

④ 피고인들이 출판부수의 1/3 정도만 기재한 출고현황표를 피해자 A에게 송부함으로써 A로 하여금 출고현황표에 기재된 부수가 실제 출판부수에 해당한다고 믿게 한 다음 실제 출판부수의 1/3 정도에 해당하는 인세만을 지급하고 그 차액을 지급하지 않은 경우

해설

④ 비록 A가 이미 지급받은 인세를 초과하는 부분의 나머지 인세지급청구권을 명시적으로 포기하거나 또는 출판사의 채무를 면제하지는 아니하였다 하더라도, A는 피고인들의 기망행위에 의하여 그 청구권의 존재 자체를 알지 못하는 착오에 빠진 결과 이를 행사하지 못하는 상태에 이른 만큼 이는 부작위에 의한 처분행위에 해당하여 사기죄가 성립한다(대법원 2007.7.12, 2005도9221 인세 사건).

① 피해자의 처분행위가 없을 뿐 아니라 등기공무원에게는 부동산의 처분권한이 있다고 볼 수 없어 사기죄는 성립하지 않는다(대법원 1981.7.28, 81도529).

② 피해자의 부동산에 관한 처분행위가 있었다고 할 수 없으므로 사기죄를 구성하지 않는다(대법원 2001.7.13, 2001도1289).

③ A의 특허를 받을 수 있는 권리에 관한 처분행위가 있었다고 할 수 없을 뿐만 아니라 일본국 특허청 공무원에게 특허를 받을 수 있는 권리의 처분권한이 있다고도 볼 수 없으므로 사기죄를 구성한다고 보기 어렵다(대법원 2007.11.16, 2007도3475 특허출원자 명의 변경 사건).

정답 | 518 ① 519 ③ 520 ④

521 다음 중 사기죄가 성립하는 것을 모두 고른 것은? (다툼이 있으면 판례에 의함) [core ★★]

1 2 3

> ㉠ 피고인 甲이 피해자 A를 기망하여 乙을 상대로 한 배당이의 소송의 제1심 패소판결에 대한 항소를 취하하게 한 경우
> ㉡ 회사의 대표 甲이 피해자 A가 회사 소유의 대지를 가압류하여 회사의 분양사업이 무산될 위험에 처하자, A에게 "가압류를 해제해 달라. 그러면 1,000만원을 지불하겠다"라고 거짓말하여, A로부터 가압류해제신청에 필요한 서류를 교부받아 가압류를 해제한 경우
> ㉢ 피고인이 피해자가 가등기를 먼저 말소해 주더라도 농지의 소유권을 이전해 줄 의사가 없었음에도 불구하고, 마치 피해자의 요구가 있으면 언제든지 농지의 소유권을 이전해 줄 것처럼 행세하면서 가등기의 말소를 요청하여 피해자로부터 가등기를 말소받은 경우

① 없음
② ㉠
③ ㉠㉡
④ ㉠㉡㉢

해설

④ 모든 항목의 경우 사기죄가 성립한다.

㉠ 배당이의 소송의 제1심에서 패소판결을 받고 항소한 자가 그 항소를 취하하면 즉시 제1심판결이 확정되고 상대방이 배당금을 수령할 수 있는 이익을 얻게 되는 것이므로 항소를 취하하는 것 역시 사기죄에서 말하는 재산적 처분행위에 해당한다(대법원 2002.11.22, 2000도4419 배당이의 항소취하 사건).

㉡ 부동산에 관한 가압류집행까지 마친 자가 가압류를 해제하면 가압류의 부담이 없는 부동산을 소유하게 되는 이익을 얻게 되는 것이므로 가압류를 해제하는 것 역시 사기죄에서 말하는 재산적 처분행위에 해당하고, 그 이후 가압류의 피보전채권이 존재하지 않는 것으로 밝혀졌다고 하더라도 가압류 해제로 인한 재산상의 이익이 없었던 것으로 볼 수 없다(대법원 2007.9.20, 2007도5507 가압류 해제 사건Ⅱ).

㉢ 부동산 위에 소유권이전청구권 보전의 가등기를 마친 자가 가등기를 말소하면 부동산 소유자는 가등기의 부담이 없는 부동산을 소유하게 되는 이익을 얻게 되는 것이므로 가등기를 말소하는 것 역시 사기죄에서 말하는 재산적 처분행위에 해당하고, 설령 그 후 가등기에 의하여 보전하고자 하였던 소유권이전청구권이 존재하지 않아 가등기가 무효임이 밝혀졌다고 하더라도 가등기의 말소로 인한 재산상의 이익이 없었던 것으로 볼 수 없다(법원 2008.1.24, 2007도9417 가등기 말소 사건).

522 다음 중 사기죄의 실행의 착수가 인정되는 것은 모두 몇 개인가? (다툼이 있으면 판례에 의함)

1 2 3

[Superlative ★★★]

㉠ 피고인이 보험금을 편취할 목적으로 타인의 사망을 보험사고로 하는 생명보험계약을 체결함에 있어 제3자가 피보험자인 것처럼 가장한 경우
㉡ 피고인이 장해보상금 지급청구자인 피해자에게 보상금을 찾아주겠다고 거짓말을 하여 동인을 보상금 지급기관인 노동청 부산지방 중부사무소까지 유인한 경우
㉢ (구리시의 보조금 지급 여부 및 그 금액이 전년도 정산보고서와 별도로 보조금 신청서를 제출받아 이를 심사하여 결정하게 되어 있는 경우) 피고인이 구리시에 허위의 보조금 정산보고서를 제출한 경우
㉣ (태풍 피해복구보조금 지원절차가 행정당국에 의한 실사를 거쳐 피해자로 확인된 경우에 한하여 보조금 지원신청을 할 수 있도록 되어 있는 경우) 피고인이 실제로 태풍에 의한 피해발생이 없었으면서도 마치 피해가 있는 것처럼 관할면장에게 피해신고를 한 경우

① 0개 ② 1개
③ 2개 ④ 3개

해설

① 모든 항목이 실행의 착수한 것에 해당하지 아니한다.

㉠ 하자 있는 보험계약을 체결한 행위만으로는 미필적으로라도 보험금을 편취하려는 의사에 의한 기망행위의 실행에 착수한 것으로 볼 것은 아니다. 그러므로 기망행위의 실행의 착수로 인정할 수 없는 경우에 피보험자 본인임을 가장하는 등으로 보험계약을 체결한 행위는 단지 장차의 보험금 편취를 위한 예비행위에 지나지 않는다(대법원 2013.11.14, 2013도7494 대처승 보험사기 사건). 보험사기의 경우 일반적으로 보험금을 청구할 때가 실행의 착수 시기이므로, 보험계약을 체결하는 것은 아직 사기예비 행위에 불과하다.

㉡ 사기죄에 있어서의 기망행위의 착수에 이르렀다고 보기 어렵다(대법원 1980.5.13, 78도2259).

㉢ 보조금 정산보고서는 구리시가 다음 해에 보조금의 지원 여부 및 그 금액을 결정함에 있어 하나의 참고자료에 불과할 뿐 그 지원 여부 및 금액을 좌우하는 직접적인 서류라고 할 수는 없으므로 피고인이 허위의 정산보고서를 제출한 것만으로는 기망의 실행의 착수가 있다고 보기 어렵다(대법원 2003.6.13, 2003도1279 장애인복지회 사건).

㉣ 피해신고는 국가가 피해복구보조금의 지원 여부 및 정도를 결정을 함에 있어 그 직권조사를 개시하기 위한 참고자료에 불과한 것일 뿐이고 그 지원 여부 등을 좌우할 수는 있는 것은 아니므로, 피고인이 마치 피해가 있는 것처럼 관할면장에게 피해신고를 하였다는 것만 가지고는 보조금 편취범행의 실행에 착수한 것이라고 할 수 없다(대법원 1999.3.12, 98도3443 태풍피해보조금 사건).

정답 | 521 ④ 522 ①

523 소송사기죄에 관한 다음 설명 중 옳지 않은 것은? (다툼이 있으면 판례에 의함) [Essential ★]

1 2 3

① 소송사기에 있어서 피기망자인 법원의 재판은 피해자의 처분행위에 갈음하는 내용과 효력이 있는 것이어야 하고, 그렇지 아니하는 경우에는 착오에 의한 재물의 교부행위가 있다고 할 수 없어서 사기죄는 성립되지 아니한다.

② 실재하고 있지 아니한 자에 대하여 판결이 선고되더라도 그 판결은 피해자의 처분행위에 갈음하는 내용과 효력을 인정할 수 없고 따라서 착오에 의한 재물의 교부행위를 상정할 수 없는 것이므로 사기죄의 성립을 시인할 수 없다.

③ 피고인의 제소가 사망한 자를 상대로 한 것이라면 이와 같은 사망한 자에 대한 판결은 그 내용에 따른 효력이 생기지 아니하여 상속인에게 그 효력이 미치지 아니하고 따라서 사기죄를 구성한다고는 할 수 없다.

④ 피고인이 타인과 공모하여 그 공모자를 상대로 제소하여 의제자백의 판결을 받아 이에 기하여 부동산의 소유권이전등기를 하였다면 이는 법원을 기망하여 재산상 이익을 취득한 것이므로 사기죄가 성립한다.

해설

④ [×] 피고인이 타인과 공모하여 그 공모자를 상대로 제소하여 의제자백의 판결을 받아 이에 기하여 부동산의 소유권이전등기를 하였다고 하더라도 이는 소송 상대방의 의사에 부합하는 것으로서 착오에 의한 재산적 처분행위가 있다고 할 수 없어 동인으로부터 부동산을 편취한 것이라고 볼 수 없고, 또 그 부동산의 진정한 소유자가 따로 있다고 하더라도 피고인이 의제자백 판결에 기하여 진정한 소유자로부터 소유권을 이전받은 것이 아니므로 그 소유자로부터 부동산을 편취한 것이라고 볼 여지도 없다(대법원 1997.12.23, 97도2430).

① [○] 소송사기에 있어서 피기망자인 **법원의 재판은 피해자의 처분행위에 갈음하는 내용과 효력이 있는 것이어야 하고,** 그렇지 아니하는 경우에는 착오에 의한 재물의 교부행위가 있다고 할 수 없어서 사기죄는 성립되지 아니한다(대법원 2012.5.24, 2010도12732 임차권등기명령 신청 사건).

② [○] 실재하고 있지 아니한 자에 대하여 판결이 선고되더라도 그 판결은 피해자의 처분행위에 갈음하는 내용과 효력을 인정할 수 없고 따라서 착오에 의한 재물의 교부행위를 상정할 수 없는 것이므로 **사기죄의 성립을 시인할 수 없다**(대법원 1992.12.11, 92도743 상조회 상대 제소 사건).

③ [○] 피고인의 제소가 사망한 자를 상대로 한 것이라면 이와 같은 사망한 자에 대한 판결은 그 내용에 따른 효력이 생기지 아니하여 상속인에게 그 효력이 미치지 아니하고 따라서 **사기죄를 구성한다고는 할 수 없다**(대법원 2002.1.11, 2000도1881 전원사망 피고들 사건).

524 1 2 3 소송사기죄에 관한 다음 설명 중 옳지 않은 것은? (다툼이 있으면 판례에 의함) [core ★★]

① 소송에서 주장하는 권리가 존재하지 않는 사실을 알고 있으면서도 법원을 기망한다는 인식을 가지고 소를 제기하면 소송사기의 실행의 착수가 있었다고 할 것이지만, 만약 소장이 유효하게 송달되지 않았다고 한다면 그러하지 아니한다.

② 피고인이 특정 권원에 기하여 민사소송을 진행하던 중 법원에 조작된 증거를 제출하면서 종전에 주장하던 특정 권원과 별개의 허위의 권원을 추가로 주장한 경우, 가사 나중에 법원이 종전의 특정 권원을 인정하여 피고인에게 승소판결을 선고하였다고 하더라도 피고인의 이러한 행위는 특별한 사정이 없는 한 소송사기의 실행의 착수에 해당된다.

③ 허위의 채권을 피보전권리로 삼아 가압류를 하였다고 하더라도 그 채권에 관하여 현실적으로 청구의 의사표시를 한 것이라고는 볼 수 없으므로 본안소송을 제기하지 아니한 채 가압류를 한 것만으로는 사기죄의 실행에 착수하였다고 할 수 없다.

④ 방어적인 위치에 있는 피고의 경우 적극적인 방법으로 법원을 기망할 의사를 가지고 허위내용의 서류를 증거로 제출하거나 그에 따른 주장을 담은 답변서나 준비서면을 제출한 경우에 사기죄의 실행의 착수가 있다고 볼 것이다.

해설

① [×] 법원을 기망한다는 인식을 가지고 소를 제기하면 이로써 실행의 착수가 있었다고 할 것이고, 소장의 유효한 송달을 요하지 아니한다고 할 것인바, 이러한 법리는 제소자가 상대방의 주소를 허위로 기재함으로써 그 허위주소로 소송서류가 송달되어 그로 인하여 상대방 아닌 다른 사람이 그 서류를 받아 소송이 진행된 경우에도 마찬가지로 적용된다(대법원 2006.11.10, 2006도5811).

② [○] 피고인이 특정 권원에 기하여 민사소송을 진행하던 중 법원에 조작된 증거를 제출하면서 종전에 주장하던 특정 권원과 별개의 허위의 권원을 추가로 주장한 경우, 가사 나중에 법원이 종전의 특정 권원을 인정하여 피고인에게 승소판결을 선고하였다고 하더라도 피고인의 이러한 행위는 특별한 사정이 없는 한 **소송사기의 실행의 착수에 해당된다**(대법원 2004.6.25, 2003도7124 보관금 ⇨ 연대보증 사건).

③ [○] 허위의 채권을 피보전권리로 삼아 가압류를 하였다고 하더라도 그 채권에 관하여 현실적으로 청구의 의사표시를 한 것이라고는 볼 수 없으므로 본안소송을 제기하지 아니한 채 **가압류를 한 것만으로는 사기죄의 실행에 착수하였다고 할 수 없다** (대법원 1988.9.13, 88도55).

④ [○] 방어적인 위치에 있는 피고의 경우 적극적인 방법으로 법원을 기망할 의사를 가지고 허위내용의 서류를 증거로 제출하거나 그에 따른 주장을 담은 **답변서나 준비서면을 제출한 경우에 사기죄의 실행의 착수가 있다고 볼 것이다**(대법원 1998.2.27, 97도2786).

정답 | 523 ④ 524 ①

525 소송사기죄에 관한 다음 설명 중 옳지 않은 것은? (다툼이 있으면 판례에 의함) [core ★★]

1 2 3

① 법원을 기망한다는 인식을 가지고 소를 제기하면 이로써 실행의 착수가 있었다고 할 것이고, 소장의 유효한 송달을 요하지 아니한다.

② 지급명령을 신청한 때에 소를 제기한 것으로 보게 되는 것이지만, 상대방이 이의를 제기하여 지급명령이 이의의 범위 안에서 그 효력을 잃게 되었다면 이미 실행에 착수한 사기의 범행 자체가 없었던 것으로 보아야 한다.

③ 강제집행절차를 통한 소송사기는 집행절차의 개시신청을 한 때 또는 진행 중인 집행절차에 배당신청을 한 때에 실행에 착수하였다고 볼 것이다.

④ 소송사기의 경우 당해 소송의 판결이 확정된 때에 범행이 기수에 이른다.

해설

② [×] 지급명령신청에 대해 상대방이 이의를 하면 지급명령은 이의의 범위 안에서 그 효력을 잃게 되고 지급명령을 신청한 때에 소를 제기한 것으로 보게 되는 것이지만 이로써 이미 실행에 착수한 사기의 범행 자체가 없었던 것으로 되는 것은 아니다(대법원 2004.6.24, 2002도4151 보복 지급명령 신청 사건).

① [○] 법원을 기망한다는 인식을 가지고 소를 제기하면 이로써 **실행의 착수가 있었다고 할 것이고,** 소장의 유효한 송달을 요하지 아니한다(대법원 2006.11.10, 2006도5811).

③ [○] 강제집행절차를 통한 소송사기는 집행절차의 개시신청을 한 때 또는 진행 중인 집행절차에 **배당신청을 한 때에 실행에 착수하였다고 볼 것이다**(대법원 2015.2.12, 2014도10086 등기청구권 압류신청 사건).

④ [○] 소송사기의 경우 당해 소송의 **판결이 확정된 때에 범행이 기수에 이른다**(대법원 1997.7.11, 95도1874).

526 다음 중 소송사기죄의 실행의 착수가 인정되는 것을 모두 고른 것은? (다툼이 있으면 판례에 의함)

1 2 3

[core ★★]

㉠ 피고인이 진정한 임차권자가 아니면서 허위의 임대차계약서를 법원에 제출하여 임차권등기명령을 신청한 경우
㉡ 부동산등기부상 소유자로 등기된 적이 있는 피고인이 자신 이후에 소유권이전등기를 경료한 등기명의인들을 상대로 허위의 사실을 주장하면서 그들 명의의 소유권이전등기의 말소를 구하는 소송을 제기한 경우
㉢ 피고인 甲이 乙이 부동산을 매수한 일이 없음에도 매수한 것처럼 허위의 사실을 주장하여 부동산에 대한 소유권이전등기를 거친 사람을 상대로 그 이전등기의 원인무효를 내세워 이전등기의 말소를 구하는 소송을 乙 명의로 제기한 경우

① 없음
② ㉠
③ ㉠㉡
④ ㉠㉡㉢

해설

③ ㉠㉡ 2항목의 경우 실행의 착수가 인정된다.

㉠ 법원의 임차권등기명령은 피신청인의 재산상의 지위 또는 상태에 영향을 미칠 수 있는 행위로서 피신청인의 처분행위에 갈음하는 내용과 효력이 있다고 보아야 하고, 따라서 진정한 임차권자가 아니면서 허위의 임대차계약서를 법원에 제출하여 임차권등기명령을 신청하면 그로써 소송사기의 실행행위에 착수한 것으로 보아야 하고, 나아가 그 임차보증금 반환채권에 관하여 현실적으로 청구의 의사표시를 하여야만 사기죄의 실행의 착수가 있다고 볼 것은 아니다(대법원 2012.5.24, 2010도12732 임차권등기명령 신청 사건).

㉡ 피고인이 승소한다면 등기명의인들의 등기가 말소됨으로써 그 소송을 제기한 자의 등기명의가 회복되는 것이므로 이는 법원을 기망하여 재물이나 재산상 이익을 편취한 것이라고 할 것이고 따라서 등기명의인들 전부 또는 일부를 상대로 하는 말소등기청구 소송의 제기는 사기의 실행에 착수한 것이라고 보아야 한다(대법원 2003.7.22, 2003도1951 7개 중 5개 등기말소 사건).

㉢ 소송의 결과 원고로 된 乙이 승소한다고 가정하더라도, 그 피고(소유권이전등기를 거친 사람)의 등기가 말소될 뿐이고 이것만으로 피고인 甲이 부동산에 관한 어떠한 권리를 취득하거나 의무를 면하는 것은 아니므로 법원을 기망하여 재물이나 재산상 이익을 편취한 것이라고 보기 어렵고, 따라서 위 소제기행위를 가리켜 사기의 실행에 착수한 것이라고 할 수 없다(대법원 2009.4.9, 2009도128 예고등기를 위해 사건).

정답 | 525 ② 526 ③

527 다음 중 소송사기죄의 실행의 착수가 인정되는 것은 모두 몇 개인가? (다툼이 있으면 판례에 의함)

1 2 3

[core ★★]

㉠ 피고인들이 부동산 경매절차에서 허위로 유치권 신고를 한 경우
㉡ 피고인이 피담보채권인 공사대금 채권을 실제와 달리 허위로 크게 부풀려 유치권에 의한 경매를 신청할 경우
㉢ 피고인이 허위 채권에 기한 공정증서를 집행권원으로 하여 채무자의 소유권이전등기청구권에 대하여 압류신청을 경우
㉣ X회사 운영자인 피고인 甲이 'X회사의 A에 대한 채권'이 존재하지 않는다는 사실을 알면서 그 사실을 모르는 채권자 乙에게 'X회사의 A에 대한 채권'의 압류 및 전부(추심)명령을 신청하게 하여 그 명령을 받게 한 경우. 다만, 아직 乙은 A를 상대로 전부(추심)금 소송을 제기하지 않았음

① 1개 ② 2개
③ 3개 ④ 4개

해설

② ㉡㉢ 2항목의 경우 실행의 착수가 인정된다.

㉠ 유치권자가 경매절차에서 유치권을 신고하는 경우 법원은 이를 매각물건명세서에 기재하고 그 내용을 매각기일공고에 적시하나, 이는 경매목적물에 대하여 유치권 신고가 있음을 입찰예정자들에게 고지하는 것에 불과할 뿐 처분행위로 볼 수는 없고 또한 유치권자는 권리신고 후 이해관계인으로서 경매절차에서 이의신청권 등 몇 가지 권리를 얻게 되지만 이는 법률의 규정에 따른 것으로서 재물 또는 재산상 이득을 취득하는 것으로 볼 수 없으므로, 부동산 경매절차에서 피고인들이 허위로 유치권 신고를 하였더라도 이를 소송사기 실행의 착수가 있다고 볼 수는 없다(대법원 2009.9.24, 2009도5900 허위 유치권 신고 사건).

㉡ 유치권에 의한 경매를 신청한 유치권자는 일반채권자와 마찬가지로 피담보채권액에 기초하여 배당을 받게 되는 결과 피담보채권인 공사대금 채권을 실제와 달리 허위로 크게 부풀려 유치권에 의한 경매를 신청할 경우 정당한 채권액에 의하여 경매를 신청한 경우보다 더 많은 배당금을 받을 수도 있으므로 소송사기죄의 실행의 착수에 해당한다(대법원 2012.11.15, 2012도9603 유치권 경매신청 사건).

㉢ 소유권이전등기청구권에 대한 압류는 당해 부동산에 대한 경매의 실시를 위한 사전 단계로서의 의미를 가지나, 전체로서의 강제집행절차를 위한 일련의 시작행위라고 할 수 있으므로 허위 채권에 기한 공정증서를 집행권원으로 하여 채무자의 소유권이전등기청구권에 대하여 압류신청을 한 시점에 소송사기의 실행에 착수하였다고 볼 것이다(대법원 2015.2.12, 2014도10086 등기청구권 압류신청 사건).

㉣ X회사 운영자인 피고인 甲이 채권자 乙에게 'X회사의 A에 대한 채권'의 압류 및 전부(추심)명령을 신청하게 하여 그 명령을 받게 한 경우라도 乙이 X회사에 대하여 진정한 채권을 가지고 있는 이상, 위와 같은 사정만으로는 법원을 기망하였다고 볼 수 없고, 乙이 A를 상대로 전부(추심)금 소송을 제기하지 않은 이상 소송사기의 실행에 착수하였다고 볼 수도 없다(대법원 2009.12.10, 2009도9982 존재하지 않는 채권 사건).

528 다음 중 소송사기죄가 성립하지 않는 것은? (다툼이 있으면 판례에 의함) [core ★★]

1 2 3

① 주권을 교부한 자가 이를 분실하였다고 허위로 공시최고신청을 하여 제권판결(除權判決)을 선고받아 확정된 경우

② 가계수표발행인이 가계수표를 타인이 교부받아 소지하고 있는 사실을 알면서도 허위의 분실사유를 들어 공시최고 신청을 하고 이에 따라 제권판결(除權判決)을 받음으로써 수표상의 채무를 면한 경우

③ 채무자가 강제집행을 승낙한 취지의 기재가 있는 약속어음 공정증서에 있어서 그 약속어음의 원인관계가 소멸하였음에도 불구하고, 약속어음 공정증서 정본을 소지하고 있음을 기화로 이를 근거로 하여 강제집행을 한 경우

④ A가 금융기관에 피고인 甲 명의로 예금을 하면서 자신만이 이를 인출할 수 있게 해달라고 요청하여 금융기관 직원 B가 예금관련 전산시스템에 'A가 예금, 인출 예정'이라고 입력하였고 피고인 甲도 이의를 제기하지 않았는데, 그 후 甲이 금융기관을 상대로 예금지급을 구하는 소를 제기하였다가 금융기관의 변제공탁으로 패소한 경우

해설

④ 금융기관과 A 사이에 '실명확인 절차를 거쳐 서면으로 이루어진 甲 명의의 예금계약을 부정하여 예금명의자인 甲의 예금반환 청구권을 배제하고 A에게 이를 귀속시키겠다'는 명확한 의사의 합치가 있었다고 인정할 수 없다면 예금주는 여전히 甲이므로 사기미수죄는 성립하지 아니한다(대법원 2011.5.13, 2009도5386 예금명의자 예금인출 사건).

① 제권판결의 적극적 효력에 의해 그 자는 그 주권을 소지하지 않고도 주권을 소지한 자로서의 권리를 행사할 수 있는 지위를 취득하였다고 할 것이므로 사기죄에 있어서의 재산상 이익을 취득한 것으로 보기에 충분하다(대법원 2007.5.31, 2006도8488).

② 법원으로부터 제권판결을 받음으로써 수표상의 채무를 면하여 그 수표금 상당의 재산상 이득을 취득하였다면 이러한 행위는 사기죄에 해당한다(대법원 1999.4.9, 99도364).

③ 약속어음의 원인관계가 소멸하였음에도 불구하고 약속어음 공정증서 정본을 소지하고 있음을 기화로 이를 근거로 하여 강제집행을 하였다면 사기죄를 구성한다(대법원 1999.12.10, 99도2213).

정답 | 527 ② 528 ④

529 다음 중 컴퓨터등사용사기죄가 성립하는 것을 모두 고른 것은? (다툼이 있으면 판례에 의함)

1 2 3

[core ★★]

> ㉠ 외환은행 지점 직원인 피고인 甲과 농협 지소장인 피고인이 乙이 다른 공범들의 지시에 따라 은행지점 또는 농협지소에 설치된 컴퓨터 단말기를 이용하여 특정계좌에 거액의 돈을 입금한 경우
> ㉡ 금융기관 직원이 전산단말기를 이용하여 다른 공범들이 지정한 특정계좌에 돈이 입금된 것처럼 허위의 정보를 입력하는 방법으로 위 계좌로 입금되도록 한 경우. 다만, 그 후 입금이 취소되어 현실적으로 인출하지 못하였음
> ㉢ 피고인 甲이 인터넷사이트 한국신용정보 주식회사에 A 명의로 접속하여 그의 신용정보 조회를 하면서 마치 A인 것처럼 자신이 부정발급받은 A 명의의 삼성스카이패스 카드의 카드번호와 비밀번호 등을 입력하고 그 사용료 2,000원을 지급하도록 한 경우

① 없음 ② ㉠
③ ㉠㉡ ④ ㉠㉡㉢

해설

④ 모든 항목의 경우 컴퓨터등사용사기죄가 성립한다.

㉠ 금융기관 직원이 다른 공범들이 지정한 특정계좌에 무자원 송금의 방식으로 거액을 입금한 것은 컴퓨터등사용사기죄에서의 '권한 없이 정보를 입력하여 정보처리를 하게 한 경우'에 해당한다고 할 것이고, 이는 그 직원이 평상시 금융기관의 여·수신업무를 처리할 권한이 있었다고 하여도 마찬가지이다(대법원 2006.1.26, 2005도8507).

㉡ 입금절차를 완료함으로써 장차 그 계좌에서 이를 인출하여 갈 수 있는 재산상 이익의 취득이 있게 되었다고 할 것이므로 컴퓨터등사용사기죄는 기수에 이르렀다고 할 것이고, 그 후 그러한 입금이 취소되어 현실적으로 인출되지 못하였다고 하더라도 이미 성립한 컴퓨터등사용사기죄에 어떤 영향이 있다고 할 수는 없다(대법원 2006.9.14, 2006도4127 봉평농협 사건).

㉢ (1) 권한 없는 자에 의한 명령 입력행위를 '명령을 부정하게 입력하는 행위' 또는 '부정한 명령을 입력하는 행위'에 포함된다고 해석하는 것이 그 문언의 통상적인 의미를 벗어나는 것이라고 할 수도 없다. (2) 피고인 甲이 마치 A인 것처럼 자신이 부정발급받은 A 명의의 삼성스카이패스 카드의 카드번호와 비밀번호 등을 입력하고 그 사용료 2,000원을 지급하도록 부정한 명령을 입력하여 정보처리를 하게 하고 그 금액 상당의 재산상 이익을 취득한 경우 컴퓨터등사용사기죄가 성립한다(대법원 2003.1.10, 2002도2363 신용정보 조회 사건).

530 다음 중 밑줄 친 부분이 절도죄, 사기죄 및 컴퓨터등사용사기죄에 해당하는 것은 각각 몇 개인가? 신용카드부정사용죄 성립 여부는 별론으로 한다. (다툼이 있으면 판례에 의함) [Superlative ★★★]

1 2 3

㉠ 피고인이 타인의 명의를 모용하여 발급받은 신용카드를 사용하여 현금자동지급기에서 현금대출을 받은 경우(현금서비스를 받은 경우임)
㉡ 피고인이 타인의 명의를 모용하여 발급받은 신용카드의 번호와 그 비밀번호를 이용하여 ARS 전화서비스나 인터넷 등을 통하여 신용대출을 받은 경우
㉢ 피고인이 절취한 신용카드를 이용하여 현금자동지급기에서 현금을 인출한 경우(예금을 인출한 경우임)
㉣ 피고인이 절취한 신용카드를 사용하여 현금자동인출기에서 현금을 인출한 경우(현금서비스를 받은 경우임)
㉤ 피고인이 절취한 신용카드를 이용하여 현금지급기에서 자신의 계좌로 계좌이체를 한 후에 자신의 신용카드나 현금카드를 이용하여 현금을 인출한 경우
㉥ 피고인이 강취한 신용카드를 가지고 가맹점의 점주로부터 주류 등을 제공받은 경우

① 절도죄 2개, 사기죄 3개, 컴퓨터등사용사기죄 1개
② 절도죄 3개, 사기죄 1개, 컴퓨터등사용사기죄 1개
③ 절도죄 3개, 사기죄 1개, 컴퓨터등사용사기죄 2개
④ 절도죄 4개, 사기죄 1개, 컴퓨터등사용사기죄 1개

해설

② ㉠㉢㉣ 절도죄 3개, ㉥ 사기죄 1개, ㉡ 컴퓨터등사용사기죄 1개 성립한다.

㉠ 피고인이 타인의 명의를 모용하여 발급받은 신용카드를 사용하여 현금자동지급기에서 현금대출을 받는 행위는 카드회사에 의하여 미리 포괄적으로 허용된 행위가 아니라, 현금자동지급기의 관리자의 의사에 반하여 그의 지배를 배제한 채 그 현금을 자기의 지배하에 옮겨 놓는 행위로서 절도죄에 해당한다(대법원 2006.7.27, 2006도3126 전처명의 신용카드 사건).

㉡ 피고인이 타인의 명의를 모용하여 발급받은 신용카드의 번호와 그 비밀번호를 이용하여 ARS 전화서비스나 인터넷 등을 통하여 신용대출을 받는 방법으로 재산상 이익을 취득하는 행위는 카드회사에 의하여 미리 포괄적으로 허용된 행위가 아니라, 컴퓨터 등 정보처리장치에 권한 없이 정보를 입력하여 정보처리를 하게 함으로써 재산상 이익을 취득하는 행위로서 컴퓨터등사용사기죄에 해당한다(대법원 2006.7.27, 2006도3126 전처명의 신용카드 사건).

㉢ 피고인이 절취한 신용카드를 이용하여 현금자동지급기에서 현금을 인출한 경우, 현금자동지급기 관리자의 의사에 반하여 그의 지배를 배제하고 그 현금을 자기의 지배하에 옮겨 놓는 것이 되어 절도죄를 구성한다(대법원 2008.6.12, 2008도2440 동거녀 신용카드 사건).

㉣ 피고인이 절취한 신용카드를 사용하여 현금자동인출기에서 현금을 인출한 경우, 이는 신용카드부정사용죄에 해당할 뿐 아니라 현금자동인출기 관리자의 의사에 반하여 그의 지배를 배제하고 현금을 자기의 지배하에 옮겨 놓는 것이 되므로 별도로 절도죄를 구성한다(대법원 1995.7.28, 95도997 옆집 신용카드 사건).

㉤ 피고인이 절취한 타인의 신용카드를 이용하여 현금지급기에서 계좌이체를 한 행위는 컴퓨터등사용사기죄에서 컴퓨터 등 정보처리장치에 권한 없이 정보를 입력하여 정보처리를 하게 한 행위에 해당함은 별론으로 하고 이를 절취행위라고 볼 수는 없고, 한편 위 계좌이체 후 현금지급기에서 현금을 인출한 행위는 자신의 신용카드나 현금카드를 이용한 것이어서 이러한 현금인출이 현금지급기 관리자의 의사에 반한다고 볼 수 없어 절도죄를 구성하지 않는다(대법원 2008.6.12, 2008도2440 동거녀 신용카드 사건).

㉥ 피고인이 강취한 신용카드를 가지고 가맹점의 점주로부터 주류 등을 제공받아 이를 취득한 것이라면 신용카드부정사용죄와 별도로 사기죄가 성립한다(대법원 1997.1.21, 96도2715 강취 신용카드 술집결제 사건).

정답 | 529 ④ 530 ②

531 현금카드 사용범죄에 관한 다음 설명 중 옳지 않은 것은? (다툼이 있으면 판례에 의함) [Essential ★]

1 2 3

① 피고인이 피해자로부터 그 소유의 현금카드로 2만원을 인출하여 오라는 부탁과 함께 현금카드를 건네받게 된 것을 기화로 현금자동지급기에 현금카드를 넣고 5만원을 인출한 후 2만원만 피해자에게 건네주어 3만원은 취득한 경우, 피고인이 인출된 현금에 대한 점유를 취득함으로써 인출한 현금 총액 중 인출을 위임받은 금액을 넘는 부분의 비율에 상당하는 재산상 이익을 취득한 것으로 볼 수 있으므로 그 차액 상당액에 관하여 컴퓨터등사용사기죄가 성립한다.

② 피고인이 예금주인 현금카드 소유자로부터 그 카드를 편취하여 비록 하자 있는 의사표시이기는 하지만 현금카드 소유자의 승낙에 의하여 사용권한을 부여받은 이상, 이를 사용하여 현금자동지급기에서 예금을 여러 번 인출한 행위들은 포괄하여 하나의 사기죄를 구성한다고 볼 것이지, 현금자동지급기에서 카드 소유자의 예금을 인출, 취득한 행위를 현금카드 편취행위와 분리하여 따로 절도죄로 처단할 수 없다.

③ 피고인이 예금주인 현금카드 소유자를 협박하여 그 카드를 갈취한 후 하자 있는 의사표시이기는 하지만 피해자의 승낙에 의하여 현금카드를 사용할 권한을 부여받아 이를 이용하여 현금을 인출한 경우, 이는 포괄하여 하나의 공갈죄를 구성한다고 볼 것이지, 현금지급기에서 피해자의 예금을 취득한 행위를 현금카드 갈취행위와 분리하여 따로 절도죄로 처단할 수 없다.

④ 피고인이 피해자로부터 강취한 현금카드를 사용하여 현금자동지급기에서 예금을 인출한 경우, 비록 반항이 억압된 상태에서의 의사표시이기는 하지만 현금카드 소유자로부터 사용권한을 부여받은 것이므로 현금자동지급기에서 카드 소유자의 예금을 인출, 취득한 행위를 현금카드 강취행위와 분리하여 따로 절도죄로 처단할 수 없다.

해설

④ [×] 피고인이 피해자로부터 강취한 현금카드를 사용하여 현금자동지급기에서 예금을 인출한 행위는 피해자의 승낙에 기한 것이라고 할 수 없으므로 현금자동지급기 관리자의 의사에 반하여 그의 지배를 배제하고 그 현금을 자기의 지배하에 옮겨 놓는 것이 되어서 강도죄와는 별도로 절도죄를 구성한다(대법원 2007.5.10, 2007도1375 강취 현금카드 사건).

① [○] 피고인이 인출된 현금에 대한 점유를 취득함으로써 **인출한 현금 총액 중 인출을 위임받은 금액을 넘는 부분의 비율에 상당하는 재산상 이익을 취득한 것으로 볼 수 있으므로** 그 차액 상당액에 관하여 컴퓨터등사용사기죄가 성립한다(대법원 2006.3.24, 2005도3516 5만원 인출 사건).

② [○] 피고인이 예금주인 현금카드 소유자로부터 그 **카드를 편취하여** 비록 하자 있는 의사표시이기는 하지만 현금카드 소유자의 승낙에 의하여 사용권한을 부여받은 이상, 이를 사용하여 현금자동지급기에서 예금을 여러 번 인출한 행위들은 포괄하여 하나의 사기죄를 구성한다고 볼 것이지, 현금자동지급기에서 카드 소유자의 예금을 인출, 취득한 행위를 현금카드 편취행위와 분리하여 **따로 절도죄로 처단할 수 없다**(대법원 2005.9.30, 2005도5869 편취 현금카드 사건.

③ [○] 피고인이 예금주인 현금카드 소유자를 협박하여 그 **카드를 갈취한 후** 하자 있는 의사표시이기는 하지만 피해자의 승낙에 의하여 현금카드를 사용할 권한을 부여받아 이를 이용하여 현금을 인출한 경우, 이는 포괄하여 하나의 공갈죄를 구성한다고 볼 것이지, 현금지급기에서 피해자의 예금을 취득한 행위를 현금카드 갈취행위와 분리하여 **따로 절도죄로 처단할 수 없다**(대법원 1996.9.20, 95도1728 갈취 현금카드 사건).

532 신용카드부정사용죄에 관한 다음 설명 중 옳지 않은 것은? (다툼이 있으면 판례에 의함) [core ★★]

1 2 3

① 피고인이 절취한 신용카드를 제시하고 카드회사의 승인까지 받았으나 나아가 매출전표에 서명을 하지 않았고 카드가 없어진 사실을 알게 된 피해자에 의해 거래가 취소되어 최종적으로 매출취소로 거래가 종결된 경우 피고인의 행위는 신용카드 부정사용의 미수행위에 불과하다 할 것인데 여신전문금융업법에서 위와 같은 미수행위를 처벌하는 규정을 두고 있지 아니한 이상 피고인을 위 법률위반죄로 처벌할 수 없다.

② 신용카드부정사용죄의 구성요건적 행위인 신용카드의 사용이라 함은 신용카드를 제시하고 매출표에 서명하여 이를 교부하는 일련의 행위를 가리키고 단순히 신용카드를 제시하는 행위만을 가리키는 것은 아니므로, 매출표의 서명 및 교부가 별도로 사문서위조 및 동행사죄의 구성요건을 충족한다고 하여도 사문서위조 및 동행사죄는 신용카드부정사용죄에 흡수되어 신용카드부정사용죄의 1죄만이 성립하고 별도로 사문서위조 및 동행사죄는 성립하지 않는다.

③ 유흥주점 업주가 과다한 술값 청구에 항의하는 피해자들을 폭행 또는 협박하여 피해자들로부터 일정 금액을 지급받기로 합의한 다음, 피해자들이 결제하라고 건네준 신용카드로 합의에 따라 현금서비스를 받거나 물품을 구입한 경우, 여신전문금융업법상 신용카드 부정사용죄가 성립한다.

④ 피고인이 '기업구매전용카드'를 이용하여 물품판매 또는 용역제공을 가장하여 거래하는 방법으로 자금을 융통하였다고 하더라도 이를 여신전문금융업법 제70조 제2항[개정법 제3항] 제2호 (가)목에서 정한 '신용카드에 의한 거래'로 보기는 어렵다.

해설

③ [×] (1) 여신전문금융업법 제70조 제1항 제4호에서 '부정사용'이라 함은 강취, 횡령, 기망 또는 공갈로 취득한 신용카드나 직불카드를 사용하는 경우를 말하는 것이고, 강취, 횡령, 기망 또는 공갈로 취득한 신용카드라 함은 소유자 또는 점유자의 의사에 기하지 않고 그의 점유를 이탈하거나 그의 의사에 반하여 점유가 배제된 신용카드를 가리킨다. (2) 유흥주점 업주가 과다한 술값 청구에 항의하는 피해자들을 폭행 또는 협박하여 피해자들로부터 일정 금액을 지급받기로 합의한 다음, 피해자들이 결제하라고 건네준 신용카드로 합의에 따라 현금서비스를 받거나 물품을 구입한 경우, 신용카드에 대한 피해자들의 점유가 피해자들의 의사에 기하지 않고 이탈하였거나 배제되었다고 보기 어려워 여신전문금융업법상의 신용카드 부정사용에 해당하지 않는다(대법원 2006.7.6, 2006도654 역삼동 유흥주점 사건).

① [○] 신용카드의 사용이라 함은 가맹점에 신용카드를 제시하고 매출전표에 서명하여 이를 교부하는 일련의 행위를 가리키므로 피고인이 절취한 신용카드를 제시하고 카드회사의 승인까지 받았으나 나아가 매출전표에 서명을 하지 않았고, 카드가 없어진 사실을 알게 된 피해자에 의해 거래가 취소되어 최종적으로 매출취소로 거래가 종결된 경우, 피고인의 행위는 신용카드 부정사용의 미수행위에 불과하다 할 것인데 여신전문금융업법에서 위와 같은 미수행위를 처벌하는 규정을 두고 있지 아니한 이상 피고인을 위 **법률위반죄로 처벌할 수 없다**(대법원 2008.2.14, 2007도8767 서명 직전 발각 사건).

② [○] 신용카드부정사용죄의 구성요건적 행위인 신용카드의 사용이라 함은 신용카드를 제시하고 매출표에 서명하여 이를 교부하는 일련의 행위를 가리키고 단순히 신용카드를 제시하는 행위만을 가리키는 것은 아니므로, 매출표의 서명 및 교부가 별도로 사문서위조 및 동행사죄의 구성요건을 충족한다고 하여도 **사문서위조 및 동행사죄는 신용카드부정사용죄에 흡수되어 신용카드부정사용죄의 1죄만이 성립하고** 별도로 사문서위조 및 동행사죄는 성립하지 않는다(대법원 1992.6.9, 92도77 세종회관 사건).

④ [○] 피고인이 **'기업구매전용카드'**를 이용하여 물품판매 또는 용역제공을 가장하여 거래하는 방법으로 자금을 융통하였다고 하더라도 (기업구매전용카드는 신용카드처럼 실물 형태의 '증표'가 발행되는 것이 아니라 단지 구매기업이 이용할 수 있는 카드번호만 부여될 뿐이고, 거래방법도 구매기업이 판매기업에 기업구매전용카드를 '제시'할 것이 요구되지 않으며, 구매기업이 카드회사에 인터넷 등을 통하여 구매 사실을 통보하면 카드회사가 판매기업에 물품대금을 지급하는 온라인거래 방식으로 결제가 이루어지는 수단을 지칭하는 데 지나지 않으므로) 이를 여신전문금융업법 제70조 제2항[개정법 제3항] 제2호 (가)목에서 정한 **'신용카드에 의한 거래'로 보기는 어렵다**(대법원 2013.7.26, 2012도4438 기업구매카드 사건Ⅱ)(同旨 대법원 2013.7.25, 2011도14687 기업구매카드 사건Ⅰ).

정답 | 531 ④ 532 ③

533 공갈죄에 관한 다음 설명 중 옳지 않은 것은? (다툼이 있으면 판례에 의함) [Essential ★]

1 2 3

① 공갈의 상대방은 재산상의 피해자와 같아야 할 필요는 없고, 피공갈자의 하자 있는 의사에 기하여 이루어지는 재물의 교부 자체가 공갈죄에서의 재산상 손해에 해당하므로 반드시 피해자의 전체 재산의 감소가 요구되는 것도 아니다.

② 공갈죄에 있어서 공갈의 상대방은 재산상의 피해자와 동일함을 요하지는 아니하나 공갈의 목적이 된 재물 기타 재산상의 이익을 처분할 수 있는 사실상 또는 법률상의 권한을 갖거나 그러한 지위에 있음을 요한다.

③ 재산상 이익의 취득으로 인한 공갈죄가 성립하려면 공갈행위로 인하여 피공갈자가 재산상 이익을 공여하는 처분행위가 있어야 하고, 그러한 처분행위는 반드시 작위에 한하지 아니하고 부작위로도 족하여서 피공갈자가 외포심을 일으켜 묵인하고 있는 동안에 공갈자가 직접 재산상의 이익을 탈취한 경우에도 공갈죄가 성립할 수 있다.

④ 폭행의 상대방이 처분행위를 한 바 없고, 단지 행위자가 법적으로 의무 있는 재산상 이익의 공여를 면하기 위하여 상대방을 폭행하고 현장에서 도주함으로써 상대방이 행위자로부터 원래라면 얻을 수 있었던 재산상 이익의 실현에 장애가 발생한 경우에도 그 행위자에게 공갈죄의 죄책을 물을 수 있다.

해설

④ [×] 폭행의 상대방이 처분행위를 한 바 없고, 단지 행위자가 법적으로 의무 있는 재산상 이익의 공여를 면하기 위하여 상대방을 폭행하고 현장에서 도주함으로써 상대방이 행위자로부터 원래라면 얻을 수 있었던 재산상 이익의 실현에 장애가 발생한 것에 불과하다면 그 행위자에게 공갈죄의 죄책을 물을 수 없다(대법원 2012.1.27, 2011도16044 택시기사 폭행 · 도주 사건).

① [○] 공갈의 상대방은 재산상의 피해자와 같아야 할 필요는 없고, 피공갈자의 하자 있는 의사에 기하여 이루어지는 재물의 교부 자체가 공갈죄에서의 재산상 손해에 해당하므로 **반드시 피해자의 전체 재산의 감소가 요구되는 것도 아니다**(대법원 2013.4.11, 2010도13774 언소주 광동제약 불매운동 사건).

② [○] 공갈죄에 있어서 공갈의 상대방은 재산상의 피해자와 동일함을 요하지는 아니하나 공갈의 목적이 된 재물 기타 재산상의 이익을 처분할 수 있는 **사실상 또는 법률상의 권한을 갖거나 그러한 지위에 있음을 요한다**(대법원 2005.9.29, 2005도4738 랑데부 룸살롱 사건).

③ [○] 재산상 이익의 취득으로 인한 공갈죄가 성립하려면 공갈행위로 인하여 피공갈자가 재산상 이익을 공여하는 처분행위가 있어야 하고, 그러한 처분행위는 반드시 작위에 한하지 아니하고 부작위로도 족하여서 피공갈자가 외포심을 일으켜 묵인하고 있는 동안에 **공갈자가 직접 재산상의 이익을 탈취한 경우에도 공갈죄가 성립할 수 있다**(대법원 2012.1.27, 2011도16044 택시기사 폭행 · 도주 사건).

534 1 2 3 다음 중 공갈죄가 성립하는 것(○)과 성립하지 않는 것(×)을 올바르게 조합한 것은? (다툼이 있으면 판례에 의함) [core ★★]

> ㉠ A가 乙의 돈을 절취한 다음 다른 금전과 섞거나 교환하지 않고 쇼핑백 등에 넣어 자신의 집에 숨겨두었는데 피고인 甲이 乙의 지시로 폭력조직원 丙과 함께 A에게 겁을 주어 쇼핑백 등에 들어 있던 절취된 돈을 교부받은 경우
>
> ㉡ 피고인이 피해자가 운전하는 택시를 타고 간 후 목적지에 이르러 택시요금의 지급을 면할 목적으로 다른 장소에 가자고 하면서 택시에서 내린 다음 택시요금 지급을 요구하는 피해자를 때리고 달아난 경우

① ㉠ ○ ㉡ ○ ② ㉠ ○ ㉡ ×
③ ㉠ × ㉡ ○ ④ ㉠ × ㉡ ×

해설

④ 이 지문이 올바른 조합이다.

㉠ [×] (1) 공갈죄의 대상이 되는 재물은 타인의 재물을 의미하므로 사람을 공갈하여 자기의 재물을 교부받는 경우에는 공갈죄가 성립하지 아니한다. (2) 피고인 등이 A에게서 되찾은 돈은 절취 대상인 당해 금전이라고 구체적으로 특정할 수 있어 객관적으로 A의 다른 재산과 구분됨이 명백하므로 이를 타인인 A의 재물이라고 볼 수 없어 공갈죄가 성립된다고 볼 수 없다(대법원 2012.8.30, 2012도6157 절취당한 40억 회수 사건).

㉡ [×] 피해자가 폭행을 당하여 외포심을 일으켜 수동적·소극적으로라도 택시요금 지급을 면하는 것을 용인하여 이익을 공여하는 처분행위를 하였다고 할 수 없으므로 공갈죄는 성립하지 아니한다(대법원 2012.1.27, 2011도16044 택시기사 폭행·도주 사건).

정답 | 533 ④ 534 ④

535 공갈죄에 관한 다음 설명 중 옳지 않은 것은? (다툼이 있으면 판례에 의함) [Essential ★]

1 2 3

① 공갈죄의 수단으로서의 협박은 사람의 의사결정의 자유를 제한하거나 의사실행의 자유를 방해할 정도로 겁을 먹게 할 만한 해악을 고지하는 것을 말하고 여기에서 고지된 해악의 실현은 그 자체가 위법한 것임을 요한다.

② 해악의 고지는 반드시 명시적인 방법이 아니더라도 말이나 행동을 통해서 상대방으로 하여금 어떠한 해악에 이르게 할 것이라는 인식을 갖게 하는 것이면 족하고, 피공갈자 이외의 제3자를 통해서 간접적으로 할 수도 있다.

③ 공갈죄의 수단으로서의 협박은 사람의 의사결정의 자유를 제한하거나 의사실행의 자유를 방해할 정도로 겁을 먹게 할 만한 해악을 고지하는 것을 말하고, 해악의 고지는 반드시 명시의 방법에 의할 것을 요하지 않고 언어나 거동에 의하여 상대방으로 하여금 어떠한 해악에 이르게 할 것이라는 인식을 가지게 하는 것이면 족하다.

④ 피고인이 피해자에 대하여 채권이 있다고 하더라도 그 권리행사를 빙자하여 사회통념상 용인되기 어려운 정도를 넘는 협박을 수단으로 상대방을 외포케 하여 재물의 교부 또는 재산상의 이익을 받았다면 공갈죄가 되는 것이다.

해설

① [×] 공갈죄의 수단으로서의 협박은 사람의 의사결정의 자유를 제한하거나 의사실행의 자유를 방해할 정도로 겁을 먹게 할 만한 해악을 고지하는 것을 말하고 여기에서 고지된 해악의 실현은 반드시 그 자체가 위법한 것임을 요하지 아니한다(대법원 2007.10.11, 2007도6406 옵셔널캐피탈 사건).

② [○] 해악의 고지는 반드시 명시적인 방법이 아니더라도 말이나 행동을 통해서 상대방으로 하여금 어떠한 해악에 이르게 할 것이라는 인식을 갖게 하는 것이면 족하고, **피공갈자 이외의 제3자를 통해서 간접적으로 할 수도 있다**(대법원 2013.4.11, 2010도13774 언소주 광동제약 불매운동 사건).

③ [○] 공갈죄의 수단으로서의 협박은 사람의 의사결정의 자유를 제한하거나 의사실행의 자유를 방해할 정도로 겁을 먹게 할 만한 해악을 고지하는 것을 말하고, 해악의 고지는 반드시 명시의 방법에 의할 것을 요하지 않고 **언어나 거동에 의하여 상대방으로 하여금 어떠한 해악에 이르게 할 것이라는 인식을 가지게 하는 것이면 족하다**(대법원 2013.9.13, 2013도6809 게임머니 환전사업자 사건).

④ [○] 피고인이 피해자에 대하여 **채권이 있다고 하더라도** 그 권리행사를 빙자하여 사회통념상 용인되기 어려운 정도를 넘는 협박을 수단으로 상대방을 외포케 하여 재물의 교부 또는 재산상의 이익을 받았다면 **공갈죄가 되는 것이다**(대법원 2000.2.25, 99도4305).

536 다음 중 공갈죄(또는 그 미수죄)가 성립하지 않는 것은? (다툼이 있으면 판례에 의함) [core ★★]

1 2 3

① X지역신문의 발행인 겸 편집자인 피고인이 시정(市政)에 관한 비판기사 및 사설을 보도하고 시(市) 관련 공무원에게 광고의뢰 및 직보배정을 Y지역신문이나 Z지역신문과 같은 수준으로 높게 해달라고 요청한 경우

② 피고인이 광동제약에 대하여 불매운동을 하겠다고 하면서 조선일보, 중앙일보, 동아일보 등 언론사에 대한 광고를 중단할 것을 요구하고 한겨레신문, 경향신문에 조선일보 등과 동등하게 광고를 집행할 것을 요구한 경우

③ 신문사 사주 및 광고국장인 피고인들이 보도자제를 요청하는 건설업체 대표에게 자사 신문에 사과광고를 싣지 않으면 그 건설업체의 신용을 해치는 기사가 계속 게재될 것 같다는 기자들의 분위기를 전달하는 방식으로 사과광고를 게재하도록 하면서 과다한 광고료를 받은 경우

④ 방송기자인 피고인이 피해자에게 피해자 경영의 건설회사가 건축한 아파트의 진입도로미비 등 공사하자에 관하여 방송으로 계속 보도할 것 같은 태도를 보임으로써 피해자가 아파트 건축사업이 큰 타격을 받고 회사의 신용에 커다란 손실을 입게 될 것을 우려하여 방송을 하지 말아 달라는 취지로 200만원을 교부한 경우

해설

① 피고인의 행위만으로는 상대방을 협박하였다고 볼 수 없다(대법원 2002.12.10, 2001도7095 삼척신문 사건).
② 피고인의 행위는 모두 광동제약의 의사결정권자로 하여금 그 요구를 수용하지 아니할 경우 불매운동이 지속되어 영업에 타격을 입게 될 것이라는 겁을 먹게 하여 그 의사결정 및 의사실행의 자유를 침해한 것으로 강요죄나 공갈죄의 수단으로서의 협박에 해당한다(대법원 2013.4.11, 2010도13774 언소주 광동제약 불매운동 사건).
③ 피고인의 행위는 상대방에게 공포심을 일으킬 목적으로 해악을 통고한 것에 해당한다(대법원 1997.2.14, 96도1959 한라일보 사건).
④ 공갈죄의 구성요건이 충족되고 또 인과관계도 인정된다(대법원 1991.5.28, 91도80 부산KBS 기자 사건).

정답 | 535 ① 536 ①

537 다음 중 공갈죄(또는 그 미수죄)가 성립하는 것을 모두 고른 것은? (다툼이 있으면 판례에 의함)

1 2 3

[core ★★]

㉠ 피고인이 가출자의 가족에 대하여 가출자의 소재를 알려주는 조건으로 보험가입을 요구한 경우
㉡ 토지매도인이 매매대금을 지급받기 위하여 매수인을 상대로 하여 당해 토지에 관한 소유권이전등기말소청구소송을 제기하고 위 대금을 변제받지 못하면 소송을 취하하지 아니하고 예고등기도 말소하지 않겠다는 취지로 말한 경우
㉢ (피고인이 그 소유 건물에 인접한 대지 위에 건축허가조건에 위반되게 건물을 신축, 사용하는 피해자로부터 일조권 침해 등으로 인한 손해를 받고 있는 상태에서) 피고인이 신축건물에 세들어 영업을 하고 있는 사람들이나 중재에 나선 사람에게 자신의 애로점을 호소하거나 다소 과격한 언사를 쓰고, 나아가 진정취하를 조건으로 피해자로부터 그 요구금액 전액을 받아낸 경우

① 없음 ② ㉠
③ ㉠㉡ ④ ㉠㉡㉢

해설

① 모든 항목의 경우 공갈죄(또는 그 미수죄)는 성립하지 아니한다.
㉠ 피고인의 소위는 도의상 비난할 수 있을지언정 그로 인하여 가족들에 새로운 외포심을 일으키게 되거나 외포심이 더하여 진다고는 볼 수 없으므로 이를 공갈죄에 있어서의 협박이라고 단정할 수 없다(대법원 1976.4.27, 75도2818 보험가입조건 사건).
㉡ 민사소송에 있어 부당한 제소나 그 소송의 유지가 있다 하더라도 상대방은 이에 응소하여 방어권을 충분히 행사할 수 있는 것이고 소의 취하는 상대방이 이를 강제할 수 없는 것이므로 피고인의 행위를 공갈행위라고 단정할 수는 없다(대법원 1989.2.28, 87도690).
㉢ 피고인의 금원요구 행위나 수령행위를 가리켜 권리행사를 빙자하였다거나 사회통념상 권리행사의 수단, 방법으로서 용인되는 범위를 넘는 공갈행위가 있었다고 단정할 수는 없다(대법원 1990.8.14, 90도114 신축건물과의 분쟁 사건).

538 공갈죄에 관한 다음 설명 중 옳지 않은 것은? (다툼이 있으면 판례에 의함) [Essential ★]

1 2 3

① 피고인이 피해자들을 공갈하여 피해자들로 하여금 지정한 예금구좌에 돈을 입금케 한 이상, 돈은 범인이 자유로히 처분할 수 있는 상태에 놓인 것으로서 공갈죄는 이미 기수에 이르렀다 할 것이다.

② 부동산에 대한 공갈죄는 그 부동산에 관하여 소유권이전등기에 필요한 서류를 교부받은 때에 기수가 되는 것이지 소유권이전등기를 경료받거나 또는 인도를 받은 때에 비로소 기수가 되는 것은 아니다.

③ 피고인의 주된 범의가 피해자로부터 돈을 갈취하는 데에 있었던 것이라면 피고인은 단일한 공갈의 범의 하에 갈취의 방법으로 일단 자인서를 작성하게 한 후 이를 근거로 계속하여 갈취행위를 한 것이므로 공갈죄 일죄만을 구성한다.

④ 공무원이 직무집행의 의사 없이 또는 직무처리와 대가적 관계없이 타인을 공갈하여 재물을 교부하게 한 경우에는 공갈죄만이 성립하고, 이러한 경우 재물의 교부자는 공갈죄의 피해자가 될 것이고 뇌물공여죄는 성립될 수 없다.

해설

② [×] 부동산에 대한 공갈죄는 그 부동산에 관하여 소유권이전등기를 경료받거나 또는 인도를 받은 때에 기수로 되는 것이고, 소유권이전등기에 필요한 서류를 교부받은 때에 기수로 되어 그 범행이 완료되는 것은 아니다(대법원 1992.9.14, 92도1506).

① [○] 피고인이 피해자들을 공갈하여 피해자들로 하여금 지정한 예금구좌에 돈을 입금케 한 이상, 돈은 범인이 자유로히 처분할 수 있는 상태에 놓인 것으로서 공갈죄는 **이미 기수에 이르렀다 할 것이다**(대법원 1985.9.24, 85도1687 제과회사 독극물 협박 사건).

③ [○] 피고인의 주된 범의가 피해자로부터 돈을 갈취하는 데에 있었던 것이라면 피고인은 단일한 공갈의 범의하에 갈취의 방법으로 일단 자인서를 작성하게 한 후 이를 근거로 계속하여 갈취행위를 한 것이므로 **공갈죄 일죄만을 구성한다**(대법원 1985.6.25, 84도2083 횡령 자인서 사건).

④ [○] 공무원이 직무집행의 의사 없이 또는 직무처리와 대가적 관계없이 타인을 공갈하여 재물을 교부하게 한 경우에는 공갈죄만이 성립하고, 이러한 경우 재물의 교부자는 **공갈죄의 피해자가 될 것이고 뇌물공여죄는 성립될 수 없다**(대법원 1994.12.22, 94도2528 탈세묵인 세무공무원 사건).

정답 | 537 ① 538 ②

539 다음 중 횡령죄가 성립하는 것은 모두 몇 개인가? (다툼이 있으면 판례에 의함) [core ★★]

1 2 3

㉠ 공유자 중의 1인이 공유물 매각대금을 보관하던 중 임의로 소비한 경우
㉡ 매도인이 매수인으로부터 물건납품을 위한 선매대금을 교부받은 후, 이를 임의로 소비한 경우
㉢ 채권을 양도한 자가 채권양도 통지를 하기 전에 채무자로부터 채권을 추심하여 금전을 수령한 후 이를 임의로 소비한 경우
㉣ 채권자가 그 채권의 지급을 담보하기 위하여 채무자로부터 수표를 발행·교부받아 이를 소지하고 있다가 임의로 소비한 경우

① 1개 ② 2개
③ 3개 ④ 4개

해설

② ㉠㉢ 2항목의 경우 횡령죄가 성립한다.

㉠ 공유물의 매각대금도 정산하기까지는 각 공유자의 공유에 귀속한다고 할 것이므로 공유자 1인이 그 매각대금을 임의로 소비하였다면 횡령죄가 성립한다(대법원 1983.8.23, 80도1161).

㉡ 물건납품을 위한 선매대금은 매수인으로부터 매도인에게 교부되면 그 소유권이 매도인에게 이전되는 것이므로 매도인이 그 대금으로 교부받은 돈을 임의로 소비하였다 하더라도 횡령죄를 구성하지 아니한다(대법원 1986.6.24, 86도631 감자 선매대금 사건).

㉢ (1) 양도인이 채권양도 통지를 하기 전에 채무자로부터 채권을 추심하여 금전을 수령한 경우, 그 금전을 자신에게 귀속시키기 위하여 수령할 수는 없는 것이고 오로지 양수인에게 전달해 주기 위하여서만 수령할 수 있을 뿐이어서, 양도인이 수령한 금전은 양도인과 양수인 사이에서 양수인의 소유에 속하고 양도인은 이를 양수인을 위하여 보관하는 관계에 있다고 보아야 한다. (2) 채권양도인인 피고인 甲이 채권양도 통지를 하기 전에 채무자 乙로부터 지급받은 임차보증금 2,500만원 중 1,150만원은 채권양수인인 피해자 A의 소유에 속하므로, 甲이 A에게 돌려주지 아니하고 처분한 행위는 횡령죄를 구성한다(대법원 1999.4.15, 97도666 全合 임차보증금 양도 사건).

㉣ 채권자가 그 채권의 지급을 담보하기 위하여 채무자로부터 수표를 발행·교부받아 이를 소지한 경우에는 그 수표상의 권리가 채권자에게 유효하게 귀속되고, 채권자와 채무자 사이의 수표 반환에 관한 약정은 원인관계상의 인적 항변사유에 불과하므로 채권자는 횡령죄의 주체인 타인의 재물을 보관하는 자의 지위에 있다고 볼 수 없다(대법원 2000.2.11, 99도4979 담보 가계수표 사건).

540 甲은 A로부터 사업자금 명목으로 17억원 상당을 차용하고 이 차용금 채무의 담보 목적으로 A에게 X주식회사의 Y주식회사에 대한 22억원 상당의 금전채권을 양도하였다. 이후 甲은 채권양도의 통지를 하지 아니한 채 Y주식회사에 위 금전채권 중 11억원의 변제를 요구하여 이를 변제받아 임의로 사용하였다. 甲의 죄책은? (다툼이 있으면 판례에 의함) [core ★★]

1 2 3

① 무죄
② 횡령죄
③ 배임죄
④ 권리행사방해죄

해설

① (1) 채무자가 채권 양도담보계약에 따라 담보 목적 채권의 담보가치를 유지·보전할 의무는 계약에 따른 자신의 채무에 불과하고, 채권자와 채무자 사이에 채무자가 채권자를 위하여 담보가치의 유지·보전사무를 처리함으로써 채무자의 사무처리를 통해 채권자가 담보 목적을 달성한다는 신임관계가 존재한다고 볼 수 없다. 그러므로 채무자가 제3채무자에게 채권양도 통지를 하지 않은 채 자신이 사용할 의도로 제3채무자로부터 변제를 받아 변제금을 수령한 경우, 이는 단순한 민사상 채무불이행에 해당할 뿐 채무자가 채권자와의 위탁신임관계에 의하여 채무자를 위해 위 변제금을 보관하는 지위에 있다고 볼 수 없고, 채무자가 이를 임의로 소비하더라도 횡령죄는 성립하지 않는다(대법원 2021.2.25, 2020도12927 채권 양도담보 사건). (2) 채권양도담보계약에 따라 채무자가 부담하는 '담보 목적 채권의 담보가치를 유지·보전할 의무' 등은 담보목적을 달성하기 위한 것에 불과하며, 채권양도담보계약의 체결에도 불구하고 당사자 관계의 전형적·본질적 내용은 여전히 피담보채권인 금전채권의 실현에 있다. 따라서 채무자가 채권양도담보계약에 따라 부담하는 '담보 목적 채권의 담보가치를 유지·보전할 의무'를 이행하는 것은 채무자 자신의 사무에 해당할 뿐이고, 채무자가 통상의 계약에서의 이익대립관계를 넘어서 채권자와의 신임관계에 기초하여 채권자의 사무를 맡아 처리한다고 볼 수 없으므로 이 경우 채무자는 채권자에 대한 관계에서 '타인의 사무를 처리하는 자'에 해당한다고 할 수 없다(대법원 2021.7.15, 2015도5184 요양급여채권 포괄근담보 사건).

정답 | 539 ② 540 ①

541 다음 중 횡령죄가 성립하는 것은 모두 몇 개인가? (다툼이 있으면 판례에 의함)

1 2 3 [Superlative ★★★]

㉠ 조합장이 조합으로부터 공무원에게 뇌물로 전달하여 달라고 금원을 교부받았음에도 이를 전달하지 않고 타에 소비한 경우
㉡ 피고인 甲이 乙로부터 제3자에 대한 뇌물공여 또는 배임증재의 목적으로 전달하여 달라고 교부받은 금전을 제3자에게 전달하지 않고 임의로 소비한 경우
㉢ 포주가 윤락녀와 사이에 윤락녀가 받은 화대(花代)를 포주가 보관하였다가 절반씩 분배하기로 약정하고도 보관 중인 화대를 임의로 소비한 경우
㉣ 피고인이 병원을 대신하여 제약회사들로부터 의약품을 공급받는 대가로 그 의약품 매출액에 비례하여 기부금 명목의 금원을 제공받은 다음 병원을 위하여 보관하던 중, 이를 병원에게 반환하지 않고 개인적인 용도로 사용한 경우
㉤ 피고인 甲이 A로부터 범죄수익(불법 금융다단계 유사수신행위에 의한 사기범행을 통하여 취득한 범죄수익 등)에 해당하는 19억원 가량의 수표를 현금으로 교환해 달라는 부탁을 받은 후, 그 일부를 현금으로 교환한 상태에서 아직 교환하지 않은 수표와 교환한 현금 중 18억원 가량을 임의로 사용한 경우

① 1개 ② 2개
③ 3개 ④ 4개

해설

② ㉢㉣ 2항목의 경우 횡령죄가 성립한다.

㉠ 조합장이 교부받은 것은 불법원인으로 인하여 지급받은 것으로서 이를 뇌물로 전달하지 않고 타에 소비하였다고 해서 타인의 물건을 보관 중 횡령하였다고 볼 수는 없다(대법원 1988.9.20, 86도628 조합장 뇌물 임의소비 사건).

㉡ 피고인 甲이 乙로부터 교부받은 금전은 불법원인급여물에 해당하여 그 소유권은 甲에게 귀속되는 것으로서 甲이 금전을 제3자에게 전달하지 않고 임의로 소비하였다고 하더라도 횡령죄가 성립하지 않는다(대법원 1999.6.11, 99도275 경찰청 정보과 경감 사건).

㉢ 포주의 불법성이 윤락녀의 불법성보다 현저히 크므로 (화대의 소유권은 여전히 윤락녀에게 속하므로) 횡령죄를 구성한다(대법원 1999.9.17, 98도2036 인천 학익동 포주 사건).

㉣ 특별한 사정이 없는 한 선량한 풍속 기타 사회질서에 반하는 행위로서 불법원인급여에 해당한다고 보기 어려우므로 피고인이 이를 병원에게 반환하지 않고 개인적인 용도로 사용하였다면 업무상 횡령죄가 성립한다(대법원 2008.10.9, 2007도2511 제약회사 리베이트 반환거부 사건).

㉤ 甲이 교부받은 수표는 불법의 원인으로 급여한 물건에 해당하여 그 소유권이 甲에게 귀속되므로 횡령죄가 성립하지 않는다(대법원 2017.4.26, 2016도18035 범죄수익 수표 임의소비 사건).

542 다음 중 횡령죄가 성립하지 않는 것은? (다툼이 있으면 판례에 의함) [Essential ★]

1 2 3

① 피고인 명의의 계좌에 추가로 송금된 3억 2,000만원이 피해자 측에서 착오로 송금한 것임에도 피고인이 그 금액을 다른 계좌로 이체하는 등 임의로 사용한 경우

② 피고인이 송금 절차의 착오로 인하여 피고인 명의의 은행 계좌에 입금된 돈을 임의로 인출하여 소비한 경우. 다만, 송금인과 피고인 사이에는 별다른 거래관계가 없었음

③ 임차인이 이사하면서 그가 소유하거나 타인으로부터 위탁받아 보관 중이던 물건들을 임대인의 방해로 옮기지 못하고 그 임차공장 내에 그대로 두었는데, 임대인이 이를 임의로 매각하거나 반환을 거부한 경우

④ 타인 소유의 토지에 대한 보관자의 지위에 있지 않은 피고인이 자신 앞으로 원인무효의 소유권이전등기가 되어 있음을 이용하여 토지소유자에게 지급될 보상금을 수령한 경우

해설

④ 타인 소유의 토지에 대한 보관자의 지위에 있지 않은 사람이 그 앞으로 원인무효의 소유권이전등기가 되어 있음을 이용하여 토지소유자에게 지급될 보상금을 수령하였더라도 보상금에 대한 점유 취득은 진정한 토지소유자의 위임에 따른 것이 아니므로 보상금에 대하여 어떠한 보관관계가 성립하지 않는다(대법원 2021.6.30, 2018도18010 참칭소유자 수용보상금 수령 사건).

① 피고인이 착오로 송금된 금액을 다른 계좌로 이체하는 등 임의로 사용한 경우 횡령죄가 성립한다(대법원 2005.10.28, 2005도5975 3억2천 송금착오 사건).

② 어떤 예금계좌에 돈이 착오로 잘못 송금되어 입금된 경우에는 그 예금주와 송금인 사이에 신의칙상 보관관계가 성립한다고 할 것이고, 이는 송금인과 피고인 사이에 별다른 거래관계가 없다고 하더라도 마찬가지이다(대법원 2010.12.9, 2010도891 300만달러 송금착오 사건).

③ 임대인은 사무관리 또는 조리상 당연히 임차인을 위하여 위 물건들을 보관하는 지위에 있다 할 것이므로 임대인이 이를 임의로 매각하거나 반환을 거부하였다면 횡령죄를 구성한다(대법원 1985.4.9, 84도300 비닐공장 이전 방해 사건).

정답 | 541 ② 542 ④

543 횡령죄에 관한 다음 설명 중 옳지 않은 것은? (다툼이 있으면 판례에 의함) [Essential ★]

1 2 3

① 부동산에 관한 횡령죄에 있어서 타인의 재물을 보관하는 자의 지위는 동산의 경우와는 달리 부동산에 대한 점유의 여부가 아니라 법률상 부동산을 제3자에게 처분할 수 있는 지위에 있는지 여부를 기준으로 판단하여야 한다.

② 부동산의 보관은 원칙적으로 등기부상의 소유명의인에 대하여 인정되는 것이므로 등기부상의 명의인이 아니라면 횡령죄의 성립에 있어 부동산을 보관하는 자라고 할 수 없다.

③ 미등기의 건물에 대하여는 위탁관계에 의하여 현실로 부동산을 관리 · 지배하는 자가 보관자라고 할 수 있으므로 피고인이 미등기건물의 관리를 위임받아 그곳에서 거주하고 있다면 건물의 보관자의 지위에 있는 것이다.

④ 원인무효인 소유권이전등기의 명의자는 횡령죄의 주체인 타인의 재물을 보관하는 자에 해당한다고 할 수 없다.

해설

② [×] 등기부상의 명의인이 아니라도 소유자의 위임에 의거해서 실제로 타인의 부동산을 관리 · 지배하면서 제3자에게 유효하게 처분할 수 있는 지위에 있는 자는 그 부동산에 대한 지배력을 가지고 있는 자로서 횡령죄의 성립에 있어 부동산을 보관하는 자에 해당한다고 보아야 할 것이므로, 등기부상 소유명의인의 배우자로서 소유명의인의 위임에 의하여 그 부동산의 실질적인 지배 · 관리권 및 대외적인 처분권을 갖고 있는 경우에는 그 부동산의 보관자에 해당한다(대법원 2010.1.28, 2009도1884).

① [○] **부동산에 관한 횡령죄에 있어서** 타인의 재물을 보관하는 자의 지위는 동산의 경우와는 달리 부동산에 대한 점유의 여부가 아니라 **법률상 부동산을 제3자에게 처분할 수 있는 지위에 있는지 여부를 기준으로 판단하여야 한다**(대법원 2005.6.24, 2005도2413 종중임야 횡령 사건).

③ [○] 미등기의 건물에 대하여는 위탁관계에 의하여 현실로 부동산을 관리 · 지배하는 자가 보관자라고 할 수 있으므로 피고인이 **미등기건물의 관리를 위임받아 그곳에서 거주하고 있다면 건물의 보관자의 지위에 있는 것이다**(대법원 1993.3.9, 92도2999 미등기건물 관리자 사건).

④ [○] **원인무효**인 소유권이전등기의 명의자는 횡령죄의 주체인 **타인의 재물을 보관하는 자에 해당한다고 할 수 없다**(대법원 2010.6.24, 2009도9242 플라스틱회사 농지취득 사건).

544 다음 중 횡령죄가 성립하는 것을 모두 고른 것은? (다툼이 있으면 판례에 의함) [core ★★]

1 2 3

> ㉠ 부동산의 공유자 중 1인이 다른 공유자의 지분을 임의로 처분하거나 임대한 경우
> ㉡ 부동산을 공동으로 상속한 자들 중 1인이 부동산을 혼자 점유하던 중 다른 공동상속인의 상속지분을 임의로 처분한 경우
> ㉢ 물품제조 회사가 농지를 매수하여 피고인 명의로 소유권이전등기를 마침으로써 소유명의를 신탁하여 두었는데 피고인이 그 후 이를 타인에게 처분한 경우

① 없음 ② ㉠
③ ㉠㉡ ④ ㉠㉡㉢

해설

① 모든 항목의 경우 횡령죄가 성립하지 아니한다.
㉠ 부동산의 공유자 중 1인이 다른 공유자의 지분을 임의로 처분하거나 임대하여도 그에게는 처분권능이 없어 횡령죄가 성립하지 아니한다(대법원 2004.5.27, 2003도6988 주차장 무단처분 사건).
㉡ 부동산을 공동으로 상속한 자들 중 1인이 부동산을 혼자 점유하던 중 다른 공동상속인의 상속지분을 임의로 처분하여도 그에게는 처분권능이 없어 횡령죄가 성립하지 아니한다(대법원 2000.4.11, 2000도565 계모 상속재산 매도 사건).
㉢ 물품제조 회사는 농지의 소유권을 취득할 수 없어 피고인은 원인무효인 소유권이전등기의 명의자에 불과하므로 횡령죄가 성립하지 아니한다(대법원 2010.6.24, 2009도9242 플라스틱회사 농지취득 사건).

정답 | 543 ② 544 ①

545 다음 중 횡령죄가 성립하는 것은 모두 몇 개인가? (다툼이 있으면 판례에 의함) [Superlative ★★★]

1 2 3

㉠ 사용자가 근로자의 임금에서 원천공제한 기여금을 국민연금관리공단에 납부하지 않고 이를 개인적 용도로 소비한 경우
㉡ 타인의 금전을 위탁받아 보관하는 자가 금융기관에 자신의 명의로 이를 예치하였다가 이후 함부로 인출하여 소비하거나 반환요구를 받았음에도 이를 거부한 경우
㉢ 발행인으로부터 일정한 금액의 범위 내에서 액면을 보충·할인하여 달라는 의뢰를 받고 액면 백지인 약속어음을 교부받아 보관 중이던 자가 합의에 의하여 정해진 보충권의 한도를 넘어 보충한 후에, 이를 자신의 채무변제조로 제3자에게 교부하여 임의로 사용한 경우
㉣ 지입회사에 소유권이 있는 차량에 대하여 지입회사로부터 운행관리권을 위임받은 지입차주가 지입회사의 승낙 없이 그 보관 중인 차량을 사실상 처분하거나 지입차주로부터 차량 보관을 위임받은 사람이 지입차주의 승낙 없이 보관 중인 차량을 사실상 처분한 경우
㉤ 건물에 대한 과반수 지분을 가진 공유자들이 과반수 지분권에 기하여 건물의 사용·수익에 대한 결정에 따라 건물의 임대수익을 분배하면서 피해자를 제외한 경우

① 2개 ② 3개
③ 4개 ④ 5개

해설

② ㉠㉡㉣ 3항목의 경우 횡령죄가 성립한다.

㉠ 사용자는 매월 임금에서 국민연금 보험료 중 근로자가 부담할 기여금을 원천공제하여 근로자를 위하여 보관하고, 국민연금관리공단에 보험료를 납부하여야 할 업무상 임무를 부담하게 되므로, 사용자가 이를 개인적 용도로 소비하였다면 업무상횡령죄의 책임을 면할 수 없다(대법원 2011.2.10, 2010도13284 원천징수 국민연금보험료 사건).

㉡ (1) 타인의 금전을 위탁받아 보관하는 자는 보관방법으로 이를 은행 등의 금융기관에 예치한 경우에도 보관자의 지위를 갖는다. (2) 타인의 금전을 위탁받아 보관하는 자가 보관방법으로 금융기관에 자신의 명의로 예치한 경우, 금융실명거래 및 비밀보장에 관한 긴급재정경제명령이 시행된 이후라도 위탁자가 그 위탁한 금전의 반환을 구할 수 없는 것은 아니므로 수탁자가 이를 소비하거나 영득할 의사로 반환을 거부하는 경우에는 횡령죄가 성립한다(대법원 2015.2.12, 2014도11244).

㉢ 보충권의 남용행위로 인하여 생겨난 새로운 약속어음에 대하여는 발행인과의 관계에서 보관자의 지위에 있다 할 수 없으므로, 설사 그 약속어음을 임의로 사용하였다고 하더라도 배임죄가 성립될 수 있음은 별론으로 하고 보관자의 지위에 있음을 전제로 횡령죄가 성립될 수는 없다(대법원 1995.1.20, 94도2760).

㉣ (1) 소유권의 취득에 등록이 필요한 타인 소유의 차량을 인도받아 보관하고 있는 사람이 이를 사실상 처분하면 횡령죄가 성립하며, 그 보관 위임자나 보관자가 차량의 등록명의자일 필요는 없다. (2) 지입회사에 소유권이 있는 차량에 대하여 지입회사로부터 운행관리권을 위임받은 지입차주가 지입회사의 승낙 없이 그 보관 중인 차량을 사실상 처분하거나 지입차주로부터 차량 보관을 위임받은 사람이 지입차주의 승낙 없이 보관 중인 차량을 사실상 처분한 경우 횡령죄가 성립한다(대법원 2015.6.25, 2015도1944 全合).

㉤ 피고인들이 피해자에게 지분 상당액을 배분하지 않고 다른 공유자들에게 배분한 것은 공유자의 과반수로써 적법하게 결정된 건물의 사용·수익방법에 따른 것으로서, 지분 상당액은 배분받은 다른 공유자들에게 귀속되는 것일 뿐, 피해자에게 곧바로 귀속된다고 보기 어려우므로 피고인들이 피해자를 위하여 지분 상당액을 보관하는 지위에 있었다고 볼 수 없어 횡령죄는 성립하지 아니한다(대법원 2009.6.11, 2009도2461 임대수입 미지급 사건).

546 다음 중 횡령죄가 성립하는 것은 모두 몇 개인가? (다툼이 있으면 판례에 의함) [Superlative ★★★]

1 2 3

> ㉠ 이른바 '프랜차이즈 계약'에 있어 가맹점주들이 판매하여 보관 중인 물품판매 대금을 임의로 소비한 경우
> ㉡ 피고인이 다른 동업자들과 공동으로 토지를 매수하여 편의상 피고인 이름으로 소유권이전등기를 경료하여 두고서 관리하여 오던 중 피고인의 개인용도를 위하여 이를 임의로 처분한 경우
> ㉢ 오피스텔 등 신축 · 분양사업의 시행사인 X회사와 시공사인 Y회사가 동업계약을 체결하여 조합을 구성하였는데, X회사의 대표이사인 피고인이 조합 사업과 관련된 부가가치세를 납부한 후 돌려받은 환급금을 공동 운영계좌에 입금하지 않고 임의로 소비한 경우
> ㉣ 피고인 甲이 A와 토지를 매수하여 전매한 후 전매이익금을 정산하기로 약정한 다음 A가 조달한 돈 등을 합하여 토지를 매수하고 소유권이전등기는 甲 등의 명의로 마쳐 두었는데, 이후 위 토지를 제3자에게 임의로 매도한 후 A에게 전매이익금 반환을 거부한 경우. 다만, A는 토지의 매수 및 전매를 甲에게 전적으로 일임하고 그 과정에 전혀 관여하지 않았음

① 1개 ② 2개
③ 3개 ④ 4개

해설

② ㉡㉢ 2항목의 경우 횡령죄가 성립한다.

㉠ 프랜차이즈(가맹점) 계약을 동업계약 관계로는 볼 수 없어 가맹점주들이 판매하여 보관 중인 물품판매 대금은 그들의 소유라 할 것이어서 이를 임의 소비한 행위는 채무불이행에 지나지 아니하므로 횡령죄는 성립하지 아니한다(대법원 1998.4.14, 98도292 미니스톱 사건).

㉡ 이는 업무상횡령죄에 해당한다(대법원 1987.12.8, 87도1690).

㉢ 부가가치세 환급금은 동업재산이므로 피고인이 이를 임의로 사용하였다면 X회사와 Y회사의 이익분배비율과 관계없이 그 전액에 대하여 횡령죄의 죄책을 부담한다(대법원 2011.5.26, 2011도1904 오피스텔분양 동업 사건).

㉣ 비록 A가 토지의 전매차익을 얻을 목적으로 일정 금원을 출자하였더라도 이후 업무감시권 등에 근거하여 업무집행에 관여한 적이 전혀 없을 뿐만 아니라 甲이 아무런 제한 없이 재산을 처분할 수 있었음이 분명하므로 (甲과 A 사이의 약정은 조합 또는 내적 조합에 해당하는 것이 아니라 익명조합과 유사한 무명계약에 해당하므로) 횡령죄는 성립하지 아니한다(대법원 2011.11.24, 2010도5014 전매이익금 미정산 사건).

정답 | 545 ② 546 ②

547 횡령죄에 관한 다음 설명 중 옳지 않은 것은? (다툼이 있으면 판례에 의함) [Essential ★]

1 2 3

① 금전의 수수를 수반하는 사무처리를 위임받은 자가 그 행위에 기하여 위임자를 위하여 제3자로부터 수령한 금전은, 목적이나 용도를 한정하여 위탁된 금전과 마찬가지로 달리 특별한 사정이 없는 한 그 수령과 동시에 위임자의 소유에 속하고, 위임을 받은 자는 이를 위임자를 위하여 보관하는 관계에 있다.

② 위탁매매에 있어서 위탁품의 소유권은 위임자에게 있고 그 판매대금은 이를 수령함과 동시에 위탁자에게 귀속한다 할 것이므로 특별한 사정이 없는 한 위탁매매인이 위탁품이나 그 판매대금을 임의로 사용 · 소비한 때에는 횡령죄가 성립한다.

③ 타인으로부터 용도가 엄격히 제한된 자금을 위탁받아 집행하면서 그 제한된 용도 이외의 목적으로 자금을 사용하는 것은, 그 사용이 개인적인 목적에서 비롯된 경우는 물론 결과적으로 자금을 위탁한 본인을 위하는 면이 있더라도 그 사용행위 자체로서 불법영득의 의사를 실현한 것이 되어 횡령죄가 성립한다.

④ 타인으로부터 용도가 엄격히 제한된 자금을 위탁받아 보관하는 자가 그 자금을 제한된 용도 이외의 목적으로 사용하는 것은 횡령죄가 되는 것이지만, 그 보관 도중에 특정의 용도나 목적이 소멸되었다고 한다면 위탁자가 이를 임의소비하거나 반환을 거부한 경우라도 배임죄가 성립하는 것은 별론으로 하고 횡령죄는 성립하지 않는다.

해설

④ [×] 타인으로부터 용도가 엄격히 제한된 자금을 위탁받아 보관하는 자가 그 자금을 제한된 용도 이외의 목적으로 사용하는 것은 횡령죄가 되는 것이고, 이와 같이 용도나 목적이 특정되어 보관된 금전은 그 보관 도중에 특정의 용도나 목적이 소멸되었다고 하더라도 위탁자가 이를 반환받거나 그 임의소비를 승낙하기까지는 횡령죄의 적용에 있어서는 여전히 위탁자의 소유물이라고 할 것이다(대법원 2002.11.22, 2002도4291). 횡령죄가 성립한다.

① [○] 금전의 수수를 수반하는 사무처리를 위임받은 자가 그 행위에 기하여 위임자를 위하여 제3자로부터 수령한 금전은, 목적이나 용도를 한정하여 위탁된 금전과 마찬가지로 달리 특별한 사정이 없는 한 그 수령과 동시에 위임자의 소유에 속하고, **위임을 받은 자는 이를 위임자를 위하여 보관하는 관계에 있다**(대법원 2015.6.11, 2015도1504 영각사재단 사건).

② [○] 위탁매매에 있어서 위탁품의 소유권은 위임자에게 있고 그 판매대금은 이를 수령함과 동시에 위탁자에게 귀속한다 할 것이므로 특별한 사정이 없는 한 **위탁매매인이 위탁품이나 그 판매대금을 임의로 사용 · 소비한 때에는 횡령죄가 성립한다**(대법원 2013.3.28, 2012도16191 금매매 위탁 사건).

③ [○] 타인으로부터 용도가 엄격히 제한된 자금을 위탁받아 집행하면서 그 제한된 용도 이외의 목적으로 자금을 사용하는 것은, 그 사용이 개인적인 목적에서 비롯된 경우는 물론 결과적으로 자금을 위탁한 본인을 위하는 면이 있더라도 그 사용행위 자체로서 **불법영득의 의사를 실현한 것이 되어 횡령죄가 성립한다**(대법원 2014.8.28, 2014도6286).

548 다음 중 횡령죄가 성립하는 것은 모두 몇 개인가? (다툼이 있으면 판례에 의함) [core ★★]

1 2 3

㉠ 할인을 위하여 약속어음을 교부받은 피고인이 위탁된 약속어음을 자신의 채무변제에 충당한 경우
㉡ 타인에 대한 채무의 변제를 위하여 금원을 위탁받은 피고인이 함부로 자신의 위탁자에 대한 채권에 충당한 경우
㉢ 환전하여 달라는 부탁과 함께 교부받은 돈을 그 목적과 용도에 사용하지 않고 마음대로 피고인의 위탁자에 대한 채권에 상계충당한 경우
㉣ 금은방을 운영하는 피고인이, 피해자가 맡긴 금을 시세에 따라 사고파는 방법으로 운용하여 매달 일정한 이익금을 지급하는 한편 피해자의 요청이 있으면 언제든지 보관 중인 금과 현금을 반환하기로 약정하였음에도 그 후 경제사정이 악화되자 이를 자신의 개인채무 변제 등에 사용한 경우

① 1개 ② 2개
③ 3개 ④ 4개

해설

④ 모든 항목의 경우 횡령죄가 성립한다.
㉠ 수탁자의 행위는 위탁의 취지에 반하는 것으로서 횡령죄를 구성한다(대법원 2004.5.28, 2003도7509).
㉡ 금원위탁의 취지에 위반되는 것으로서 횡령죄를 구성한다고 볼 것이고, 위탁자에 대한 채권의 존재는 횡령죄의 성립에 영향을 미치는 것이 아니다(대법원 1984.11.13, 84도1199).
㉢ 당초 위탁한 취지에 반하는 것으로서 횡령죄를 구성한다고 볼 것이고 위탁자에 대한 채권의 존재는 횡령죄의 성립에 영향을 미치는 것이 아니며, 또한 상계할 수 있는 반대채권이 있어 그에 상계충당하였다는 것만으로는 용도 내지 목적을 특정하여 위탁한 돈의 반환을 거절할 정당한 사유가 되지 못한다(대법원 1997.9.26, 97도1520).
㉣ 위탁매매에 있어서 위탁품의 소유권은 위임자에게 있고 그 판매대금은 이를 수령함과 동시에 위탁자에게 귀속한다 할 것이므로, 특별한 사정이 없는 한 위탁매매인이 위탁품이나 그 판매대금을 임의로 사용·소비한 때에는 횡령죄가 성립한다(대법원 2013.3.28, 2012도16191 금매매 위탁 사건).

정답 | 547 ④ 548 ④

549 다음 중 횡령죄가 성립하는 것은 모두 몇 개인가? (다툼이 있으면 판례에 의함) [Superlative ★★★]

1 2 3

> ㉠ 임대인 회사 대표이사가 임차인으로부터 수도요금 등 납부라는 특정한 목적으로 위탁받은 돈을 은행대출이자 용도 등으로 임의소비한 경우
> ㉡ 피고인이 업무상 보관 중이던 공사비를 그 용도 외에 다른 용도로 사용한 경우. 다만, 피고인은 과거 마을을 위하여 개인 돈을 지출한 사실이 있었음
> ㉢ 피고인들이 특별수선충당금(빌딩의 노후화로 인하여 필연적으로 발생하는 주요설비 등의 교체 및 보수에 사용하도록 특정된 자금)을 그 제한된 용도 이외의 목적으로 임의 사용한 경우
> ㉣ 보험회사가 보험계약을 유치하는 영업활동을 독려 · 지원하기 위해서 일정한 보험상품에 관해 모집수당 이외에 추가로 시책비를 지급하였는데, 피고인들이 그 시책비를 임의소비한 경우
> ㉤ 피고인이 주상복합상가의 매수인들로부터 받은 우수상인유치비(상권의 조기 정착 및 영업활성화를 위한 우수상인유치라는 용도에 사용하도록 특정된 금원)를 상가의 분양실적에 따라 상인협의회에 지급한 경우

① 2개 ② 3개
③ 4개 ④ 5개

해설

③ ㉠㉡㉢㉤ 4항목의 경우 횡령죄가 성립한다.

㉠ 수도요금 등 납부라는 특정한 목적으로 위탁받은 돈을 은행대출이자 용도 등으로 임의소비한 경우 횡령죄가 성립한다(대법원 2008.10.9, 2008도3787 수도요금 횡령 사건).

㉡ 피고인이 업무상 보관 중이던 공사비를 그 용도 외에 다른 용도로 사용한 이상 횡령죄는 성립하고, 피고인이 과거 마을을 위하여 개인 돈을 지출하였다고 하여 이에 충당할 수는 없다(대법원 2010.9.30, 2010도7012 마을이장 공사비 횡령 사건).

㉢ 피고인들이 그 제한된 용도 이외의 목적으로 자금을 임의 사용하였다면 횡령죄가 성립한다(대법원 2004.5.27, 2003도6988 특별수선충당금 횡령 사건).

㉣ 피고인들이 소비한 금전이 모두 통상적인 실적급여로서의 성격을 가진 시책비에 해당하여 그 목적이나 용도가 특정되어 위탁된 금전이라고 보기 어렵다면 횡령죄는 성립하지 아니한다(대법원 2006.3.9, 2003도6733 시책비 사건).

㉤ 우수상인유치비는 상권의 조기 정착 및 영업활성화를 위한 우수상인유치라는 용도에 사용하도록 특정된 금원임에도, 피고인이 상가의 분양실적에 따라 상인협의회에 우수상인유치비 할당 금원을 지급한 경우 횡령죄가 성립한다(대법원 2002.8.23, 2002도366 우수상인유치비 사건).

550 다음 중 설명 중 옳지 않은 것을 모두 고른 것은? (다툼이 있으면 판례에 의함) [core ★★]

1 2 3

㉠ 횡령 범행으로 취득한 돈을 공범자끼리 수수한 행위가 공동정범들 사이의 범행에 의하여 취득한 돈을 공모에 따라 내부적으로 분배한 것에 지나지 않는다면 별도로 그 돈의 수수행위에 관하여 뇌물죄가 성립하는 것은 아니다.

㉡ 수의계약을 체결하는 공무원이 해당 공사업자와 적정한 금액 이상으로 계약금액을 부풀려서 계약하고 부풀린 금액을 자신이 되돌려 받기로 사전에 약정한 다음 그에 따라 수수한 돈은 성격상 횡령금이 아니라 뇌물에 해당한다.

㉢ 타인을 위하여 금전 등을 보관·관리하는 자가 개인적 용도로 사용할 자금을 마련하기 위하여, 적정한 금액보다 과다하게 부풀린 금액으로 공사계약을 체결하기로 공사업자 등과 사전에 약정하고 그에 따라 과다지급된 공사대금 중의 일부를 공사업자로부터 되돌려받는 행위는 그 타인에 대한 관계에서 배임에 해당한다.

① 없음 ② ㉠
③ ㉡㉢ ④ ㉠㉡㉢

해설

③ ㉡㉢ 2항목이 옳지 않다.

㉠ [O] 횡령 범행으로 취득한 돈을 공범자끼리 수수한 행위가 공동정범들 사이의 범행에 의하여 취득한 돈을 공모에 따라 내부적으로 분배한 것에 지나지 않는다면 별도로 그 돈의 수수행위에 관하여 뇌물죄가 성립하는 것은 아니다. 그와 같이 수수한 돈의 성격을 뇌물로 볼 것인지 횡령금의 분배로 볼 것인지 여부는 돈을 공여하고 수수한 당사자들의 의사, 수수된 돈의 액수, 횡령 범행과 수수행위의 시간적 간격, **수수한 돈이 횡령한 그 돈인지 여부, 수수한 장소와 방법 등을 종합적으로 고려하여 객관적으로 평가하여 판단하여야 한다**(대법원 2019.11.28, 2019도11766 국정원 특수활동비 사건). 박OO 전대통령이 국정원장들에게 지시하여 2013년 5월부터 2016년 7월까지 국가정보원의 특별사업비(특수활동비) 33억원을 교부받았는 바, 이는 횡령에 해당하고 박OO 전대통령은 횡령죄의 공범이므로 별도의 뇌물죄는 성립하지 않는다는 취지의 판례이다.

㉡ [×] 수의계약을 체결하는 공무원이 수수한 돈은 성격상 뇌물이 아니고 횡령금에 해당한다(대법원 2007.10.12, 2005도7112 부풀린 계약금 사건).

㉢ [×] 과다지급된 공사대금 중의 일부를 공사업자로부터 되돌려받는 행위는 그 타인에 대한 관계에서 횡령에 해당한다(대법원 2015.12.10, 2013도13444 장종현 백석대 총장 횡령 사건)(同旨 대법원 2010.5.27, 2010도3399 지덕사 사건).

정답 | 549 ③ 550 ③

551 횡령죄에 관한 다음 설명 중 옳지 않은 것은? (다툼이 있으면 판례에 의함) [Essential ★]

1 2 3

① 특별한 사정이 없는 한 단체의 대표자 개인이 당사자가 된 민·형사사건의 변호사 비용은 단체의 비용으로 지출할 수 없으나, 당해 법적 분쟁이 단체와 업무적인 관련이 깊고 단체의 이익을 위하여 소송을 수행하거나 고소에 대응하여야 할 특별한 필요성이 있는 경우에는 단체의 비용으로 변호사 선임료를 지출할 수 있다.

② 법인의 이사를 상대로 한 이사직무집행정지가처분결정이 된 경우, 법인으로서는 이사 자격의 부존재가 객관적으로 명백하여 항쟁의 여지가 없는 경우가 아닌 한 가처분에 대항하여 항쟁할 필요가 있다고 할 것이고, 이와 같이 필요한 한도 내에서 법인의 대표자가 법인 경비에서 당해 가처분 사건의 피신청인인 이사의 소송비용을 지급하더라도 법인의 경비를 횡령한 것이라고는 볼 수 없다.

③ 회사 운영자나 대표 등이 그 내부 절차를 거쳐 고문 등을 위촉하고 급여를 지급한 행위가 업무상횡령으로 인정되기 위해서는 고문 등을 위촉할 필요성이나 정당성이 명백히 결여되거나 그 지급되는 급여가 합리적인 수준을 현저히 벗어나는 경우이어야 한다.

④ 주식회사의 설립업무 또는 증자업무를 담당한 사람과 주식인수인이 사전 공모하여 주금납입취급은행 이외의 제3자로부터 납입금에 해당하는 금액을 차입하여 주금을 납입하고 납입취급은행으로부터 납입금보관증명서를 교부받아 회사의 설립등기절차 또는 증자등기절차를 마친 직후 이를 인출하여 차용금채무의 변제에 사용하는 경우, 상법상 가장납입죄 외에도 업무상횡령죄가 성립한다.

해설

④ [×] 실질적으로 회사의 자본을 증가시키는 것이 아니고 등기를 위하여 납입을 가장하는 편법에 불과하여 주금의 납입 및 인출의 전 과정에서 회사의 자본금에는 실제 아무런 변동이 없다고 보아야 할 것이므로 그들에게 회사의 돈을 임의로 유용한다는 불법영득의 의사가 있다고 보기 어렵다 할 것이고, 따라서 회사 자본이 실질적으로 증가함을 전제로 한 업무상횡령죄가 성립한다고 할 수 없다(대법원 2013.4.11, 2012도15585 보홍 대표 사건). 가장납입(假裝納入)이란 회사를 설립하거나 증자를 함에 있어 주금(株金)이 납입되지 않았음에도 불구하고 마치 납입된 것처럼 가장하는 것을 말한다. 가장납입의 경우 가장납입죄(상법 제628조)와 공정증서원본부실기재죄(형법 제228조)만 성립할 뿐, 회사의 재산은 결국 변한 것이 없으므로 횡령죄나 배임죄는 성립하지 아니한다.

① [○] 특별한 사정이 없는 한 단체의 대표자 개인이 당사자가 된 민·형사사건의 변호사 비용은 단체의 비용으로 지출할 수 없으나, 당해 법적 분쟁이 단체와 업무적인 관련이 깊고 단체의 이익을 위하여 소송을 수행하거나 고소에 대응하여야 할 **특별한 필요성이 있는 경우에는 단체의 비용으로 변호사 선임료를 지출할 수 있다**(대법원 2013.6.13, 2011도524 신준호 푸르밀 회장 사건).

② [○] 법인의 이사를 상대로 한 이사직무집행정지가처분결정이 된 경우, 법인으로서는 이사 자격의 부존재가 객관적으로 명백하여 항쟁의 여지가 없는 경우가 아닌 한 가처분에 대항하여 항쟁할 필요가 있다고 할 것이고, 이와 같이 필요한 한도 내에서 법인의 대표자가 법인 경비에서 당해 **가처분 사건의 피신청인인 이사의 소송비용을 지급하더라도 법인의 경비를 횡령한 것이라고는 볼 수 없다**(법원 2009.3.12, 2008도10826).

③ [○] 회사 운영자나 대표 등이 그 내부 절차를 거쳐 고문 등을 위촉하고 급여를 지급한 행위가 업무상횡령으로 인정되기 위해서는 고문 등을 위촉할 필요성이나 정당성이 명백히 결여되거나 그 지급되는 급여가 **합리적인 수준을 현저히 벗어나는 경우이어야 한다**(대법원 2013.6.27, 2012도4848 청호나이스 고문료 사건).

552 횡령죄에 관한 다음 설명 중 옳지 않은 것은? (다툼이 있으면 판례에 의함) [Superlative ★★★]

1 2 3

① 피고인이 교부받아 보관하던 약속어음을 현금으로 할인한 자체가 불법영득의사의 실현인 경우, 횡령액은 어음을 할인한 현금액이 아니라 횡령한 약속어음의 액면금 상당액이다.

② 피고인이 근저당권설정등기를 마치는 방법으로 부동산을 횡령함으로 인하여 취득한 구체적인 이득액은 부동산의 시가 상당액에서 범행 전에 설정된 피담보채무액을 공제한 잔액이라고 보아야 한다.

③ 채권을 추심하여 채권자들의 채권액에 비례하여 분배하기로 한 채권자단의 단장이 채무자로부터 채권자들에게 분배해 달라는 취지로 받은 금원을 보관 중 자신의 채권액에 모두 충당한 경우, 자기의 채권비율에 따른 분배액을 초과한 금액만을 횡령하였다고 보아야 한다.

④ 피고인 甲이 피해자 A에게 부동산의 1/2 지분에 대하여 소유권이전등기절차를 이행할 임무가 있음에도 불구하고 부동산 전체에 대하여 乙에게 채권최고액 6,000만원의 근저당권설정등기를 경료하였다면, A가 입게 될 손해는 채권최고액 전액이 아니라 채권최고액 중 그 지분에 상응하는 3,000만원에 한정된다.

해설

② [×] 피고인이 구체적인 이득액은 부동산의 시가 상당액에서 범행 전에 설정된 피담보채무액을 공제한 잔액이 아니라 부동산을 담보로 제공한 피담보채무액 내지 그 채권최고액이라고 봄이 상당하다(대법원 2013.5.9, 2013도2857).

① [○] 피고인이 교부받아 보관하던 약속어음을 현금으로 할인한 자체가 불법영득의사의 실현인 경우, 횡령액은 어음을 할인한 현금액이 아니라 **횡령한 약속어음의 액면금 상당액이다**(대법원 1983.11.8, 83도2346).

③ [○] 채권을 추심하여 채권자들의 **채권액에 비례하여 분배하기로 한** 채권자단의 단장이 채무자로부터 채권자들에게 분배해 달라는 취지로 받은 금원을 보관 중 자신의 채권액에 모두 충당한 경우, 자기의 **채권비율에 따른 분배액을 초과한 금액만을 횡령하였다고 보아야 한다**(대법원 1985.2.13, 84도2521).

④ [○] 피고인 甲이 피해자 A에게 부동산의 1/2 지분에 대하여 소유권이전등기절차를 이행할 임무가 있음에도 불구하고 부동산 전체에 대하여 乙에게 채권최고액 6,000만원의 근저당권설정등기를 경료하였다면, A가 입게 될 손해는 채권최고액 전액이 아니라 **채권최고액 중 그 지분에 상응하는 3,000만원에 한정된다**(대법원 1990.3.27, 89도1083).

정답 | 551 ④ 552 ②

553 횡령죄에 관한 다음 중 설명 중 옳은 것(○)과 옳지 않은 것(×)을 올바르게 조합한 것은? (다툼이 있으면 판례에 의함) [core ★★]

1 2 3

> ㉠ 타인의 재물을 보관하는 자가 보관하고 있는 재물을 영득할 의사로 이를 은닉하였다면 횡령죄를 구성하는 것이고 더 나아가 채권자들의 강제집행을 면탈하는 결과까지 초래하였다면 별도로 강제집행면탈죄를 구성하며, 이 양죄는 상상적 경합관계에 있다.
> ㉡ 수 개의 회사 소유 자금을 지분 비율을 알 수 없는 상태로 구분없이 함께 보관하던 사람이 그 자금 중 일부를 횡령한 경우 수 개의 회사는 횡령된 자금에 대하여 지분 비율을 알 수 없는 공동 소유자의 지위에 있다고 할 것이니, 수 개의 회사는 모두 횡령죄의 피해자에 해당한다.

① ㉠ ○ ㉡ ○
② ㉠ ○ ㉡ ×
③ ㉠ × ㉡ ○
④ ㉠ × ㉡ ×

해설

③ 이 지문이 올바른 조합이다.

㉠ [×] 타인의 재물을 보관하는 자가 보관하고 있는 '재물을 영득할 의사로' 이를 은닉하였다면 이는 횡령죄를 구성하는 것이고 채권자들의 강제집행을 면탈하는 결과를 가져온다 하여 이와 별도로 강제집행면탈죄를 구성하는 것은 아니다(대법원 2000.9.8, 2000도1447 홍보성 해강 대표 사건).

㉡ [○] 수 개의 회사 소유 자금을 지분 비율을 알 수 없는 상태로 구분없이 함께 보관하던 사람이 그 자금 중 일부를 횡령한 경우 수 개의 회사는 횡령된 자금에 대하여 지분 비율을 알 수 없는 공동 소유자의 지위에 있다고 할 것이니, **수개의 회사는 모두 횡령죄의 피해자에 해당한다**(대법원 2007.6.1, 2006도1813 전윤수 성원건설 회장 사건).

554 다음 중 횡령죄가 성립하는 것은 모두 몇 개인가? 다만, 모두 부동산 실권리자명의 등기에 관한 법률에 위반되는 명의신탁이다. (다툼이 있으면 판례에 의함) [Superlative ★★★]

1 2 3

> ㉠ 신탁자가 그 소유 부동산을 피고인(수탁자)에게 명의신탁하였는데, 이후 피고인이 그 부동산을 임의로 처분한 경우 (2자간명의신탁)
> ㉡ 신탁자가 부동산을 그 소유자로부터 매수한 후 자기 명의로 소유권이전등기를 하지 않고 피고인(수탁자)과 맺은 명의신탁약정에 따라 매도인으로부터 바로 피고인에게 소유권이전등기를 경료하였는데, 이후 피고인이 그 부동산을 임의로 처분한 경우 (중간생략형명의신탁)
> ㉢ 신탁자와 피고인(수탁자)이 명의신탁약정을 맺고 이에 따라 피고인이 당사자가 되어 명의신탁 약정이 있다는 사실을 알지 못하는 소유자와 부동산매매계약을 체결한 후 당해 부동산의 소유권이전등기를 피고인 명의로 경료하였는데, 이후 피고인이 그 부동산을 임의로 처분한 경우 (매도인 선의 계약명의신탁)
> ㉣ 신탁자와 피고인(수탁자)이 명의신탁약정을 맺고 이에 따라 피고인이 당사자가 되어 명의신탁 약정이 있다는 사실을 알고 있는 소유자와 부동산매매계약을 체결한 후 당해 부동산의 소유권이전등기를 피고인 명의로 경료하였는데, 이후 피고인이 그 부동산을 임의로 처분한 경우 (매도인 악의 계약명의신탁)

① 0개
② 1개
③ 2개
④ 3개

해설

① 모든 항목의 경우 횡령죄는 성립하지 않는다.

㉠ (1) 부동산실명법에 위반하여 명의신탁자가 그 소유인 부동산의 등기명의를 명의수탁자에게 이전하는 이른바 양자간 명의신탁의 경우 계약인 명의신탁약정과 그에 부수한 위임약정, 명의신탁약정을 전제로 한 명의신탁 부동산 및 그 처분대금 반환약정은 모두 무효이다. 나아가 명의신탁자와 명의수탁자 사이에 무효인 명의신탁약정 등에 기초하여 존재한다고 주장될 수 있는 사실상의 위탁관계라는 것은 부동산실명법에 반하여 범죄를 구성하는 불법적인 관계에 지나지 아니할 뿐 이를 형법상 보호할 만한 가치 있는 신임에 의한 것이라고 할 수 없다. (2) 명의수탁자가 명의신탁자에 대하여 소유권이전등기말소의무를 부담하게 되나, 위 소유권이전등기는 처음부터 원인무효여서 명의수탁자는 명의신탁자가 소유권에 기한 방해배제청구로 말소를 구하는 것에 대하여 상대방으로서 응할 처지에 있음에 불과하다. 명의수탁자가 제3자와 한 처분행위가 부동산실명법 제4조 제3항에 따라 유효하게 될 가능성이 있다고 하더라도 이는 거래상대방인 제3자를 보호하기 위하여 명의신탁약정의 무효에 대한 예외를 설정한 취지일 뿐 명의신탁자와 명의수탁자 사이에 위 처분행위를 유효하게 만드는 어떠한 위탁관계가 존재함을 전제한 것이라고는 볼 수 없다. 따라서 말소 등기의무의 존재나 명의수탁자에 의한 유효한 처분가능성을 들어 명의수탁자가 명의신탁자에 대한 관계에서 '타인의 재물을 보관하는 자'의 지위에 있다고 볼 수도 없다. (3) 이러한 법리는, 부동산 명의신탁이 부동산실명법 시행 전에 이루어졌고 같은 법이 정한 유예기간 이내에 실명등기를 하지 아니함으로써 그 명의신탁약정 및 이에 따라 행하여진 등기에 의한 물권변동이 무효로 된 후에 처분행위가 이루어진 경우에도 마찬가지로 적용된다(대법원 2021.2.18, 2016도18761 全合 양자간 명의신탁 사건). 이 전원합의체판결로 "부동산실명법에 위반한 양자간 명의신탁을 한 경우, 명의수탁자가 명의신탁자에 대한 관계에서 '타인의 재물을 보관하는 자'의 지위에 있다고 보아 명의수탁자가 그 명의로 신탁된 부동산을 임의로 처분하면 명의신탁자에 대한 횡령죄가 성립한다"고 판시한 대법원 1999.10.12, 99도3170, 대법원 2000.2.22, 99도5227, 대법원 2000.4.25, 99도1906, 대법원 2003.12.26, 2003도4893, 대법원 2009.8.20, 2008도12009, 대법원 2009.11.26, 2009도5547, 대법원 2011.1.27, 2010도12944 등은 폐기되었다.

㉡ 명의신탁자가 매수한 부동산에 관하여 명의수탁자와 맺은 명의신탁약정에 따라 매도인으로부터 바로 명의수탁자 명의로 소유권이전등기를 마친 이른바 중간생략등기형 명의신탁을 한 경우, 명의신탁자는 신탁부동산의 소유권을 가지지 아니하고, 명의신탁자와 명의수탁자 사이에 위탁신임관계를 인정할 수도 없어 명의수탁자가 명의신탁자의 재물을 보관하는 자라고 할 수 없으므로 명의수탁자가 신탁받은 부동산을 임의로 처분하여도 명의신탁자에 대한 관계에서 횡령죄가 성립하지 아니한다(대법원 2016.5.19, 2014도6992 全合 중간생략명의신탁 사건Ⅰ)(同旨 대법원 2016.5.26, 2015도89 중간생략명의신탁 사건Ⅱ).

㉢ (1) 소유권이전등기에 의한 당해 부동산에 관한 물권변동은 유효하지만 신탁자와 수탁자 사이의 명의신탁약정은 무효이므로, 수탁자는 전 소유자인 매도인뿐만 아니라 신탁자에 대한 관계에서도 유효하게 당해 부동산의 소유권을 취득한 것으로 보아야 하고 따라서 그 수탁자는 타인의 재물을 보관하는 자라고 할 수 없다(대법원 2010.11.11, 2008도7451 매도인 선의 계약명의신탁 사건Ⅰ). (2) 수탁자는 신탁자에 대한 관계에서도 신탁 부동산의 소유권을 완전히 취득하고 단지 신탁자에 대하여 명의신탁약정의 무효로 인한 부당이득 반환의무만을 부담할 뿐인바, 그와 같은 부당이득 반환의무는 명의신탁약정의 무효로 인하여 수탁자가 신탁자에 대하여 부담하는 통상의 채무에 불과할 뿐 아니라 신탁자와 수탁자간의 명의신탁약정이 무효인 이상, 특별한 사정이 없는 한 신탁자와 수탁자간에 명의신탁약정과 함께 이루어진 부동산 매입의 위임 약정 역시 무효라고 할 것이므로 수탁자가 신탁자와의 신임관계에 기하여 신탁자를 위하여 신탁 부동산을 관리한다거나 신탁자의 허락 없이 이를 처분하여서는 아니 되는 의무를 부담하는 등으로 타인의 사무를 처리하는 자의 지위에 있다고 볼 수 없다(대법원 2008.3.27, 2008도455 매도인 선의 계약명의신탁 사건Ⅱ).

㉣ (1) 부동산실명법 제4조 제2항 본문에 의하여 수탁자 명의의 소유권이전등기는 무효이고 당해 부동산의 소유권은 매도인이 그대로 보유하게 되므로, 명의수탁자는 부동산 취득을 위한 계약의 당사자도 아닌 명의신탁자에 대한 관계에서 횡령죄에서의 '타인의 재물을 보관하는 자'의 지위에 있다고 볼 수 없고, 또한 명의수탁자가 명의신탁자에 대하여 매매대금 등을 부당이득으로서 반환할 의무를 부담한다고 하더라도 이를 두고 배임죄에서의 '타인의 사무를 처리하는 자'의 지위에 있다고 보기도 어렵다. (2) 한편 명의수탁자는 매도인에 대하여 소유권이전등기말소의무를 부담하게 되나, 위 소유권이전등기는 처음부터 원인무효여서 명의수탁자는 매도인이 소유권에 기한 방해배제청구로 그 말소를 구하는 것에 대하여 상대방으로서 응할 처지에 있음에 불과하고, 그가 제3자와 사이에 한 처분행위가 부동산실명법 제4조 제3항에 따라 유효하게 될 가능성이 있다고 하더라도 이는 거래의 상대방인 제3자를 보호하기 위하여 명의신탁 약정의 무효에 대한 예외를 설정한 취지일 뿐 매도인과 명의수탁자 사이에 위 처분행위를 유효하게 만드는 어떠한 신임관계가 존재함을 전제한 것이라고는 볼 수 없으므로, 말소등기의무의 존재나 명의수탁자에 의한 유효한 처분가능성을 들어 명의수탁자가 매도인에 대한 관계에서 횡령죄에서의 '타인의 재물을 보관하는 자' 또는 배임죄에서의 '타인의 사무를 처리하는 자'의 지위에 있다고 볼 수도 없다(대법원 2012.11.29, 2011도7361 매도인 악의 계약명의신탁 사건).

정답 | 553 ③ 554 ①

555 A는 2020.3.4. 자신의 소유로 등기가 되어 있던 아파트를 甲에게 명의신탁을 해 두었다. 甲은 2021.4.20. 명의신탁 사실을 모르는 B에게 이를 3억원에 매도하고 소유권이전등기를 해 주었다. 甲의 죄책은? 이 명의신탁은 부동산 실권리자명의 등기에 관한 법률에 위반된다. (다툼이 있으면 판례에 의함)

1 2 3

[core ★★]

① 무죄

② A에 대한 횡령죄

③ A에 대한 횡령죄와 B에 대한 사기죄의 상상적 경합

④ A에 대한 횡령죄와 B에 대한 사기죄의 실체적 경합

해설

① 관련 판례의 취지에 의할 때 甲은 무죄이다.

(1) 부동산실명법에 위반하여 명의신탁자가 그 소유인 부동산의 등기명의를 명의수탁자에게 이전하는 이른바 양자간 명의신탁의 경우 계약인 명의신탁약정과 그에 부수한 위임약정, 명의신탁약정을 전제로 한 명의신탁 부동산 및 그 처분대금 반환약정은 모두 무효이다. 나아가 명의신탁자와 명의수탁자 사이에 무효인 명의신탁약정 등에 기초하여 존재한다고 주장될 수 있는 사실상의 위탁관계라는 것은 부동산실명법에 반하여 범죄를 구성하는 불법적인 관계에 지나지 아니할 뿐 이를 형법상 보호할 만한 가치 있는 신임에 의한 것이라고 할 수 없다. 명의수탁자가 명의신탁자에 대하여 소유권이전등기말소의무를 부담하게 되나, 위 소유권이전등기는 처음부터 원인무효여서 명의수탁자는 명의신탁자가 소유권에 기한 방해배제청구로 말소를 구하는 것에 대하여 상대방으로서 응할 처지에 있음에 불과하다. 명의수탁자가 제3자와 한 처분행위가 부동산실명법 제4조 제3항에 따라 유효하게 될 가능성이 있다고 하더라도 이는 거래상대방인 제3자를 보호하기 위하여 명의신탁약정의 무효에 대한 예외를 설정한 취지일 뿐 명의신탁자와 명의수탁자 사이에 위 처분행위를 유효하게 만드는 어떠한 위탁관계가 존재함을 전제한 것이라고는 볼 수 없다. 따라서 말소 등기의무의 존재나 명의수탁자에 의한 유효한 처분가능성을 들어 명의수탁자가 명의신탁자에 대한 관계에서 '타인의 재물을 보관하는 자'의 지위에 있다고 볼 수도 없다(대법원 2021.2.18, 2016도18761 순수 양자간 명의신탁 사건). (2) 동산의 명의수탁자가 부동산을 제3자에게 매도하고 매매를 원인으로 한 소유권이전등기까지 마쳐 준 경우, 명의신탁의 법리상 대외적으로 수탁자에게 그 부동산의 처분권한이 있는 것임이 분명하고, 제3자로서도 자기 명의의 소유권이전등기가 마쳐진 이상 무슨 실질적인 재산상의 손해가 있을 리 없으므로 그 명의신탁 사실과 관련하여 신의칙상 고지의무가 있다거나 기망행위가 있었다고 볼 수도 없어서 그 제3자에 대한 사기죄가 성립될 여지가 없다(대법원 2007.1.11, 2006도4498 어머니 명의 매그너스 사건).

556 1 2 3 횡령죄에 관한 다음 설명 중 옳지 않은 것은? 모두 부동산 실권리자명의 등기에 관한 법률에 위반되지 않는 유효한 명의신탁임을 전제로 한다. (다툼이 있으면 판례에 의함) [core ★★]

① 부동산의 명의수탁자가 명의신탁자의 승낙 없이 이를 제3자에게 양도 또는 담보제공함으로써 횡령죄가 성립하는 경우에 그것을 양수하거나 담보제공받는 자는 비록 그와 같은 사정을 알고 있다 하더라도 처음부터 수탁자와 짜고 이를 불법영득하기로 공모하지 아니한 이상 횡령죄의 공동정범이 될 수 없다.

② 명의수탁부동산인 점을 알고 있으면서 수탁자와 공모하여 이를 타에 처분하였을 경우에는 횡령죄의 공동정범이 된다.

③ 부동산소개업자로서 부동산의 등기명의수탁자가 명의신탁자의 승낙 없이 이를 제3자에게 매각하여 불법영득하려고 하는 점을 알면서도 그 범행을 도와주기 위하여 수탁자에게 매수할 자를 소개하여 주는 등의 방법으로 그 횡령행위를 용이하게 하였다면 횡령죄의 방조범에 해당한다.

④ 부동산의 명의수탁자가 부동산을 자신의 소유라고 속이고 제3자에게 매도한 후 매매를 원인으로 한 소유권이전등기까지 마쳐 준 경우 신탁자에 대한 횡령죄 외에 그 제3자에 대한 사기죄가 성립하고 이는 실체적 경합관계에 있다.

해설

④ [×] 부동산의 명의수탁자가 부동산을 제3자에게 매도하고 매매를 원인으로 한 소유권이전등기까지 마쳐 준 경우, 명의신탁의 법리상 대외적으로 수탁자에게 그 부동산의 처분권한이 있는 것임이 분명하고, 제3자로서도 자기 명의의 소유권이전등기가 마쳐진 이상 무슨 실질적인 재산상의 손해가 있을 리 없으므로 그 명의신탁 사실과 관련하여 신의칙상 고지의무가 있다거나 기망행위가 있었다고 볼 수도 없어서 그 제3자에 대한 사기죄가 성립될 여지가 없고, 나아가 그 처분시 매도인(명의수탁자)의 소유라는 말을 하였다고 하더라도 역시 사기죄가 성립되지 않으며, 이는 자동차의 명의수탁자가 처분한 경우에도 마찬가지이다(대법원 2007.1.11, 2006도4498 어머니 명의 매그너스 사건).

① [○] 부동산의 명의수탁자가 명의신탁자의 승낙 없이 이를 제3자에게 양도 또는 담보제공함으로써 횡령죄가 성립하는 경우에 그것을 양수하거나 담보제공받는 자는 비록 그와 같은 사정을 알고 있다 하더라도 처음부터 수탁자와 짜고 이를 불법영득하기로 공모하지 아니한 이상 **횡령죄의 공동정범이 될 수 없다**(대법원 1985.6.25, 85도1077).

② [○] 명의수탁부동산인 점을 알고 있으면서 수탁자와 공모하여 이를 타에 처분하였을 경우에는 **횡령죄의 공동정범이 된다**(대법원 1990.8.10, 90도414).

③ [○] 부동산소개업자로서 부동산의 등기명의수탁자가 명의신탁자의 승낙 없이 이를 제3자에게 매각하여 불법영득하려고 하는 점을 알면서도 그 범행을 도와주기 위하여 수탁자에게 매수할 자를 소개하여 주는 등의 방법으로 그 횡령행위를 용이하게 하였다면 **횡령죄의 방조범에 해당한다**(대법원 1988.3.22, 87도2585).

정답 | 555 ① 556 ④

557 배임죄에 관한 다음 설명 중 옳지 않은 것은? (다툼이 있으면 판례에 의함) [Essential ★]

1 2 3

① 배임죄는 진정신분범이므로 배임죄의 성립을 인정하기 위해서는 피고인의 행위가 타인의 신뢰를 위반한 것인지, 그로 인한 피해가 어느 정도인지를 따지기에 앞서 당사자 관계의 본질을 살펴 그가 '타인의 사무를 처리하는 자'에 해당하는지를 판단하여야 한다.

② 배임죄의 주체로서 '타인의 사무를 처리하는 자'라고 하려면 타인의 재산관리에 관한 사무의 전부 또는 일부를 타인을 위하여 대행하는 경우와 같이 당사자 관계의 전형적 · 본질적 내용이 통상의 계약에서의 이익대립관계를 넘어서 그들 사이의 신임관계에 기초하여 타인의 재산을 보호 또는 관리하는 데에 있어야 한다.

③ 통상의 계약관계에서 채무자의 성실한 급부이행에 의해 상대방이 계약상 권리의 만족 내지 채권의 실현이라는 이익을 얻게 되는 관계에 있다거나 계약을 이행함에 있어 상대방을 보호하거나 배려할 부수적인 의무가 있다는 것만으로는 채무자를 타인의 사무를 처리하는 자라고 할 수 없고, 위임 등과 같이 계약의 전형적 · 본질적인 급부의 내용이 상대방의 재산상 사무를 일정한 권한을 가지고 맡아 처리하는 경우에 해당하여야 한다.

④ 금전채권채무 관계에서 금전채무의 이행은 채무자가 자신의 급부의무의 이행으로서 행하는 것이므로 채무자를 채권자에 대한 관계에서 '타인의 사무를 처리하는 자'에 해당한다고 할 수 없지만, 채무자가 금전채무를 담보하기 위하여 그 소유의 동산을 채권자에게 양도하기로 약정하거나 양도담보로 제공한 경우에는 그 양도담보계약에 따라 채무자는 '타인의 사무를 처리하는 자'에 해당한다.

해설

④ [×] 금전채권채무 관계에서 채권자가 채무자의 급부이행에 대한 신뢰를 바탕으로 금전을 대여하고 채무자의 성실한 급부이행에 의해 채권의 만족이라는 이익을 얻게 된다 하더라도 채권자가 채무자에 대한 신임을 기초로 그의 재산을 보호 또는 관리하는 임무를 부여하였다고 할 수 없고, 금전채무의 이행은 어디까지나 채무자가 자신의 급부의무의 이행으로서 행하는 것이므로 이를 두고 채권자의 사무를 맡아 처리하는 것으로 볼 수 없어 채무자를 채권자에 대한 관계에서 '타인의 사무를 처리하는 자'에 해당한다고 할 수 없다. 이는 채무자가 금전채무를 담보하기 위하여 그 소유의 동산을 채권자에게 양도하기로 약정하거나 양도담보로 제공한 경우에도 마찬가지이다(대법원 2020.2.20, 2019도9756 全合 크러셔 양도담보 사건).

① [O] 배임죄는 진정신분범이므로 배임죄의 성립을 인정하기 위해서는 피고인의 행위가 타인의 신뢰를 위반한 것인지, 그로 인한 피해가 어느 정도인지를 따지기에 앞서 당사자 관계의 본질을 살펴 그가 **'타인의 사무를 처리하는 자'에 해당하는지를 판단하여야 한다**(대법원 2020.2.20, 2019도9756 全合 크러셔 양도담보 사건).

② [O] 배임죄의 주체로서 '타인의 사무를 처리하는 자'라고 하려면 타인의 재산관리에 관한 사무의 전부 또는 일부를 타인을 위하여 대행하는 경우와 같이 당사자 관계의 전형적 · 본질적 내용이 통상의 계약에서의 이익대립관계를 넘어서 그들 사이의 신임관계에 기초하여 **타인의 재산을 보호 또는 관리하는 데에 있어야 한다**(대법원 2020.2.20, 2019도9756 全合 크러셔 양도담보 사건).

③ [O] 통상의 계약관계에서 채무자의 성실한 급부이행에 의해 상대방이 계약상 권리의 만족 내지 채권의 실현이라는 이익을 얻게 되는 관계에 있다거나 계약을 이행함에 있어 상대방을 보호하거나 배려할 부수적인 의무가 있다는 것만으로는 **채무자를 타인의 사무를 처리하는 자라고 할 수 없고,** 위임 등과 같이 계약의 전형적 · 본질적인 급부의 내용이 상대방의 재산상 사무를 일정한 권한을 가지고 맡아 처리하는 경우에 해당하여야 한다(대법원 2020.2.20, 2019도9756 全合 크러셔 양도담보 사건).

558 배임죄에 관한 다음 설명 중 옳지 않은 것은? (다툼이 있으면 판례에 의함) [core ★★]

1 2 3

① 배임죄의 주체로서 '타인의 사무를 처리하는 자'라 함은 양자간의 신임관계에 기초를 둔 타인의 재산보호 내지 관리의무가 있음을 그 본질적 내용으로 하는 것이므로 배임죄의 성립에 있어 행위자가 대외관계에서 타인의 재산을 처분할 적법한 대리권이 있음을 요하지 아니한다.

② 배임죄에 있어서 '타인의 사무를 처리하는 자'란 고유의 권한으로서 그 처리를 하는 자에 한하지 않고 그 자의 보조기관으로서 직접 또는 간접으로 그 처리에 관한 사무를 담당하는 자도 포함한다.

③ 배임죄의 주체로서 '타인의 사무를 처리하는 자'라고 하려면 당사자 관계의 본질적 내용이 단순한 채권관계상의 의무를 넘어서 신임관계에 기초하여 타인의 재산을 보호 내지 관리하는 데 있어야 하고, 그 사무가 타인의 사무가 아니고 자기의 사무라도 그 사무의 처리가 타인에게 이익이 되어 타인에 대하여 이를 처리할 의무를 부담하는 경우라면 역시 타인의 사무를 처리하는 자에 해당한다.

④ 배임죄에 있어서 '임무에 위배하는 행위'라 함은 처리하는 사무의 내용, 성질 등에 비추어 법률의 규정, 계약의 내용 혹은 신의칙상 당연히 할 것으로 기대되는 행위를 하지 않거나 당연히 하지 않아야 할 것으로 기대되는 행위를 함으로써 본인과의 신임관계를 저버리는 일체의 행위를 포함한다.

해설

③ [×] 배임죄의 주체로서 '타인의 사무를 처리하는 자'라고 하려면 당사자 관계의 본질적 내용이 단순한 채권관계상의 의무를 넘어서 그들간의 신임관계에 기초하여 타인의 재산을 보호 내지 관리하는 데 있어야 하고, 그 사무가 타인의 사무가 아니고 자기의 사무라면 그 사무의 처리가 타인에게 이익이 되어 타인에 대하여 이를 처리할 의무를 부담하는 경우라도 그는 타인의 사무를 처리하는 자에 해당하지 아니한다(대법원 2011.1.20, 2008도10479 숯숨 인쇄기 이중매매 사건).

① [O] 배임죄의 주체로서 '타인의 사무를 처리하는 자'라 함은 양자간의 신임관계에 기초를 둔 타인의 재산보호 내지 관리의무가 있음을 그 본질적 내용으로 하는 것이므로 배임죄의 성립에 있어 행위자가 대외관계에서 **타인의 재산을 처분할 적법한 대리권이 있음을 요하지 아니한다**(대법원 1999.9.17, 97도3219).

② [O] 배임죄에 있어서 '타인의 사무를 처리하는 자'란 고유의 권한으로서 그 처리를 하는 자에 한하지 않고 그 자의 **보조기관으로서 직접 또는 간접으로 그 처리에 관한 사무를 담당하는 자도 포함한다**(법원 2007.6.1, 2005도9288 밀양댐주변정리사업 사건).

④ [O] 배임죄에 있어서 '임무에 위배하는 행위'라 함은 처리하는 사무의 내용, 성질 등에 비추어 법률의 규정, 계약의 내용 혹은 신의칙상 당연히 할 것으로 기대되는 행위를 하지 않거나 당연히 하지 않아야 할 것으로 기대되는 행위를 함으로써 **본인과의 신임관계를 저버리는 일체의 행위를 포함한다**(법원 2015.11.26, 2014도17180 파고다아카데미 대표 사건).

정답 | 557 ④ 558 ③

559 배임죄에 관한 다음 설명 중 옳지 않은 것은? (다툼이 있으면 판례에 의함) [core ★★]

1 2 3

① 배임죄에 있어서 '재산상의 손해를 가한 때'라 함은 총체적으로 보아 본인의 재산 상태에 손해를 가하는 경우를 말하고, 현실적인 손해를 가한 경우뿐만 아니라 재산상 손해발생의 위험을 초래한 경우도 포함된다.

② 배임죄에 있어서 재산상 손해에는 재산의 처분 등 직접적인 재산의 감소, 보증이나 담보제공 등 채무부담으로 인한 재산의 감소와 같은 적극적 손해를 야기한 경우는 물론, 객관적으로 보아 취득할 것이 충분히 기대되는데도 임무위배행위로 말미암아 이익을 얻지 못한 경우, 즉 소극적 손해를 야기한 경우도 포함된다.

③ 배임죄에 있어서 재산상 손해의 유무에 대한 판단은 본인의 전 재산 상태와의 관계에서 법률적 · 경제적 관점에서 파악하여야 하므로 법률적 판단에 의하여 당해 배임행위가 무효라고 한다면 비록 경제적 관점에서 파악하여 본인에게 재산상 실해 발생의 위험을 초래하였다고 하더라도 배임죄는 성립하지 않는다.

④ 배임죄에 있어서 '재산상의 손해를 가한다' 함은 총체적으로 보아 본인의 재산상태에 손해를 가하는 경우, 즉 본인의 전체적 재산가치의 감소를 가져오는 것을 말하므로 재산상의 손실을 야기한 임무위배행위가 동시에 그 손실을 보상할 만한 재산상의 이익을 준 경우, 예컨대 그 배임행위로 인한 급부와 반대급부가 상응하고 다른 재산상 손해(현실적인 손해 또는 재산상 실해 발생의 위험)도 없는 때에는 전체적 재산가치의 감소, 즉 재산상 손해가 있다고 할 수 없다.

해설

③ [×] 재산상 손해의 유무에 대한 판단은 법률적 판단에 의하지 아니하고 경제적 관점에서 파악하여야 하므로 법률적 판단에 의하여 당해 배임행위가 무효라 하더라도 경제적 관점에서 파악하여 배임행위로 인하여 본인에게 현실적인 손해를 가하였거나 재산상 실해 발생의 위험을 초래한 경우에는 재산상의 손해를 가한 때에 해당되어 배임죄를 구성한다(대법원 2014. 2.13, 2011도16763 고운농장 부동산 임의처분 사건).

① [○] 배임죄에 있어서 '재산상의 손해를 가한 때'라 함은 총체적으로 보아 본인의 재산 상태에 손해를 가하는 경우를 말하고, 현실적인 손해를 가한 경우뿐만 아니라 **재산상 손해발생의 위험을 초래한 경우도 포함된다**(대법원 2015.11.26, 2014도17180 파고다아카데미 대표 사건).

② [○] 배임죄에 있어서 재산상 손해에는 재산의 처분 등 직접적인 재산의 감소, 보증이나 담보제공 등 채무 부담으로 인한 재산의 감소와 같은 적극적 손해를 야기한 경우는 물론, 객관적으로 보아 취득할 것이 충분히 기대되는데도 임무위배행위로 말미암아 이익을 얻지 못한 경우, 즉 **소극적 손해를 야기한 경우도 포함된다**(대법원 2013.4.26, 2011도6798 금형제작 · 납품 사건).

④ [○] 배임죄에 있어서 '재산상의 손해를 가한다' 함은 총체적으로 보아 본인의 재산상태에 손해를 가하는 경우, 즉 본인의 전체적 재산가치의 감소를 가져오는 것을 말하므로 재산상의 손실을 야기한 임무위배행위가 동시에 그 손실을 보상할 만한 재산상의 이익을 준 경우, 예컨대 그 **배임행위로 인한 급부와 반대급부가 상응하고 다른 재산상 손해(현실적인 손해 또는 재산상 실해 발생의 위험)도 없는 때에는 전체적 재산가치의 감소, 즉 재산상 손해가 있다고 할 수 없다**(대법원 2013.9.26, 2013도5214).

560 배임죄에 관한 다음 설명 중 옳지 않은 것은? (다툼이 있으면 판례에 의함) [core ★★]

1 2 3

① 직무발명에 대한 특허를 받을 수 있는 권리 등을 사용자 등에게 승계한다는 취지를 정한 약정 또는 근무규정의 적용을 받는 종업원 등이, 직무발명을 완성하고도 그 사실을 사용자 등에게 알리지 않은 채 그 발명에 대한 특허를 받을 수 있는 권리를 제3자에게 이중으로 양도하여 제3자가 특허권 등록까지 마치도록 하는 등으로 그 발명의 내용이 공개되도록 하였다면 배임죄를 구성한다.

② 영업비밀을 사외로 유출하지 않을 것을 서약한 회사의 직원이 경제적인 대가를 얻기 위하여 경쟁업체에 영업비밀을 유출하는 행위는 회사와의 신임관계를 저버리는 행위로서 업무상배임죄를 구성한다.

③ 회사직원이 영업비밀을 경쟁업체에 유출하거나 스스로의 이익을 위하여 이용할 목적으로 무단으로 반출한 때 업무상배임죄의 기수에 이르렀다고 할 것이고, 그 이후에 직원과 접촉하여 영업비밀을 취득하려고 한 자는 업무상배임죄의 공동정범이 될 수 없다.

④ 회사직원이 영업비밀 등을 적법하게 반출하여 그 반출행위가 업무상배임죄에 해당하지 않는 경우라도, 퇴사시에 그 영업비밀 등을 회사에 반환하거나 폐기할 의무가 있음에도 경쟁업체에 유출하거나 스스로의 이익을 위하여 이용할 목적으로 이를 반환하거나 폐기하지 아니하였다면 유출시 또는 반환하거나 폐기하지 아니한 시점에 업무상배임죄의 기수가 된다.

해설

④ [×] (1) 회사직원이 재직 중에 영업비밀 또는 영업상 주요한 자산을 경쟁업체에 유출하거나 스스로의 이익을 위하여 이용할 목적으로 무단으로 반출하였다면 타인의 사무를 처리하는 자로서 그 업무상의 임무에 위배하여 유출 또는 반출한 것이어서 유출 또는 반출시에 업무상배임죄의 기수가 된다. (2) 회사직원이 영업비밀 등을 적법하게 반출하여 그 반출행위가 업무상배임죄에 해당하지 않는 경우라도, 퇴사시에 그 영업비밀 등을 회사에 반환하거나 폐기할 의무가 있음에도 경쟁업체에 유출하거나 스스로의 이익을 위하여 이용할 목적으로 이를 반환하거나 폐기하지 아니하였다면, 이러한 행위는 퇴사시에 업무상배임죄의 기수가 된다(대법원 2017.6.29, 2017도3808 소스코드 기술 유출 사건).

① [○] 직무발명에 대한 특허를 받을 수 있는 권리 등을 사용자 등에게 승계한다는 취지를 정한 약정 또는 근무규정의 적용을 받는 종업원 등이, **직무발명을 완성하고도 그 사실을 사용자 등에게 알리지 않은 채** 그 발명에 대한 특허를 받을 수 있는 권리를 **제3자에게 이중으로 양도하여 제3자가 특허권 등록까지 마치도록 하는 등으로 그 발명의 내용이 공개되도록 하였다면 배임죄를 구성한다**(법원 2012.11.15, 2012도6676 Q22합금 특허 사건).

② [○] 영업비밀을 사외로 유출하지 않을 것을 서약한 회사의 직원이 경제적인 대가를 얻기 위하여 경쟁업체에 영업비밀을 유출하는 행위는 회사와의 신임관계를 저버리는 행위로서 **업무상배임죄를 구성한다**(대법원 2006.10.27, 2004도6876).

③ [○] 회사직원이 영업비밀을 경쟁업체에 유출하거나 스스로의 이익을 위하여 이용할 목적으로 무단으로 반출한 때 업무상배임죄의 기수에 이르렀다고 할 것이고, 그 **이후에 직원과 접촉하여 영업비밀을 취득하려고 한 자는 업무상배임죄의 공동정범이 될 수 없다**(대법원 2003.10.30, 2003도4382 삼성전자 영업비밀 유출 사건).

정답 | 559 ③ 560 ④

561 다음 중 배임죄가 성립하는 것(○)과 성립하지 않는 것(×)을 올바르게 조합한 것은? (다툼이 있으면 판례에 의함)

1 2 3

[core ★★]

㉠ 피고인이 피해자로부터 금전을 차용하면서 피고인이 국민건강보험공단에 대하여 가지는 요양급여채권을 피해자에게 포괄근담보로 제공하는 채권양도담보계약을 체결하였음에도 그 채권을 친형의 채권자에게 이중으로 양도하고 국민건강보험공단으로부터 6억원을 지급받게 한 경우

㉡ 피고인이 피해자에게 3억 5,000만원을 차용하면서 담보 목적으로 전세보증금반환채권 5억원 중 2억 2,000만원을 양도해 주기로 약정하였음에도 그 양도의 통지를 하기 전에 제3자에게 채권최고액을 2억 3,500만원으로 하는 전세권근저당권을 설정해 준 경우

① ㉠ ○ ㉡ ○
② ㉠ ○ ㉡ ×
③ ㉠ × ㉡ ○
④ ㉠ × ㉡ ×

해설

④ 이 지문이 올바른 조합이다.

㉠ [×] (1) 채권양도담보계약에 따라 채무자가 부담하는 '담보 목적 채권의 담보가치를 유지·보전할 의무' 등은 담보 목적을 달성하기 위한 것에 불과하며, 채권양도담보계약의 체결에도 불구하고 당사자 관계의 전형적·본질적 내용은 여전히 피담보채권인 금전채권의 실현에 있다. 따라서 채무자가 채권양도담보계약에 따라 부담하는 '담보 목적 채권의 담보가치를 유지·보전할 의무'를 이행하는 것은 채무자 자신의 사무에 해당할 뿐이고, 채무자가 통상의 계약에서의 이익대립관계를 넘어서 채권자와의 신임관계에 기초하여 채권자의 사무를 맡아 처리한다고 볼 수 없으므로 이 경우 채무자는 채권자에 대한 관계에서 '타인의 사무를 처리하는 자'에 해당한다고 할 수 없다. (2) 피고인이 피해자로부터 금전을 차용하면서 피고인이 국민건강보험공단에 대하여 가지는 요양급여채권을 피해자에게 포괄근담보로 제공하는 채권양도담보계약을 체결하였음에도 그 채권을 친형인 공소외인의 채권자에게 이중으로 양도하고 국민건강보험공단으로부터 696,978,160원을 지급받게 한 경우, 피고인의 담보가치 유지·보전에 관한 사무가 채권양도담보계약에 따른 채무의 한 내용임을 넘어 피해자의 담보 목적 달성을 위한 신임관계에 기초한 타인의 사무에 해당한다고 볼 수 없어 배임죄는 성립하지 않는다(대법원 2021.7.15, 2015도5184 요양급여채권 포괄근담보 사건).

㉡ [×] (1) 해설 ㉠ (1)과 동일 (2) ~피고인이 피해자에게 3억 5,000만원을 차용하면서 담보 목적으로 전세보증금반환채권 5억원 중 2억 2,000만원을 양도해 주기로 약정하였음에도 그 양도의 통지를 하기 전에 제3자에게 채권최고액을 2억 3,500만원으로 하는 전세권근저당권을 설정해 준 경우, 피고인의 담보가치 유지·보전에 관한 사무가 채권양도담보계약에 따른 채무의 한 내용임을 넘어 피해자의 담보 목적 달성을 위한 신임관계에 기초한 타인의 사무에 해당한다고 볼 수 없어 배임죄는 성립하지 않는다(대법원 2021.7.15, 2020도3514 채권양도담보계약 불이행 사건).

562 배임죄에 관한 다음 설명 중 옳지 않은 것은? (다툼이 있으면 판례에 의함) [core ★★]

1 2 3

① 계주가 계원들로부터 월불입금을 모두 징수하였음에도 불구하고 정당한 사유 없이 이를 지정된 계원에게 지급하지 아니하였다면 다른 특별한 사정이 없는 한 배임죄를 구성한다.

② 계가 정상적으로 운영되고 있음에도 불구하고 계주가 성실하게 계불입금을 지급하여 온 계원에게 계가 깨졌다는 등의 거짓말을 하여 그 계원이 계에 참석하여 낙찰받아 계금을 탈 수 있는 기회를 박탈하여 손해를 가하였다면 배임죄를 구성한다.

③ 계원이 계불입금을 성실히 지급하지 않음으로써 계의 기본약정을 파기하였다면 계주가 그에게 계금을 주어야 할 의무는 없고 다만 그들 사이에는 정산문제만 남게 될 뿐이므로 계주가 위 계원에 대하여 계금을 지급하지 아니하였다고 하더라도 배임죄는 성립하지 않는다.

④ 계주가 계원들로부터 계불입금을 징수하지 아니하였다면 그러한 상태에서 부담하는 계금지급의무는 단순한 채권관계상의 의무에 불과하여 배임죄가 성립하지 아니하나, 계주가 계원들과의 약정을 위반하여 계불입금을 징수하지 아니한 것이라면 이는 임무위반행위로서 배임죄가 성립한다.

해설

④ [×] (1) 계주가 계원들로부터 계불입금을 징수하지 아니하였다면 그러한 상태에서 부담하는 계금지급의무는 단순한 채권관계상의 의무에 불과하여 타인의 사무에 속하지 아니하고, 이는 계주가 계원들과의 약정을 위반하여 계불입금을 징수하지 아니한 경우라 하여 달리 볼 수 없다. (2) 계주인 피고인들이 낙찰계를 조직·운영하다가 9회차 곗날에 계원들로부터 계불입금을 징수하지 아니하고 잠적함으로써 계가 파계된 경우, 피고인들이 계금을 아직 낙찰받지 못한 계원들에 대한 관계에서 타인의 사무로서 계금을 지급할 임무는 없으므로 배임죄는 성립하지 아니한다(대법원 2009.8.20, 2009도3143 계주 잠적사건).

① [○] 계주가 계원들로부터 **월불입금을 모두 징수하였음에도** 불구하고 정당한 사유 없이 이를 지정된 계원에게 지급하지 아니하였다면 다른 특별한 사정이 없는 한 **배임죄를 구성한다**(대법원 1994.3.8, 93도2221).

② [○] 계가 정상적으로 운영되고 있음에도 불구하고 계주가 성실하게 계불입금을 지급하여 온 계원에게 계가 깨졌다는 등의 거짓말을 하여 그 계원이 계에 참석하여 낙찰받아 계금을 탈 수 있는 기회를 박탈하여 손해를 가하였다면 **배임죄를 구성한다**(대법원 1995.9.29, 95도1176).

③ [○] **계원이 계불입금을 성실히 지급하지 않음으로써 계의 기본약정을 파기**하였다면 계주가 그에게 계금을 주어야 할 의무는 없고 다만 그들 사이에는 정산문제만 남게 될 뿐이므로 계주가 위 계원에 대하여 **계금을 지급하지 아니하였다고 하더라도 배임죄는 성립하지 않는다**(대법원 1987.6.23, 86도2343).

정답 | 561 ④ 562 ④

563 배임죄에 관한 다음 설명 중 옳지 않은 것은? (다툼이 있으면 판례에 의함) [core ★★]

1 2 3

① 회사의 대표이사가 대표권을 남용하여 회사 명의의 약속어음을 발행하였다면, 비록 상대방이 그 남용의 사실을 알았거나 중대한 과실로 알지 못하여 회사가 상대방에 대하여는 채무를 부담하지 아니한다 하더라도 약속어음이 제3자에게 유통될 경우 회사가 소지인에 대하여 어음금채무를 부담할 위험은 이미 발생하였다 할 것이므로, 그 약속어음의 실제 유통 여부를 불문하고 업무상배임죄는 기수에 이른 것이다.

② 회사의 대표이사인 피고인이 자신의 채권자들에게 회사 명의의 금전소비대차 공정증서와 약속어음 공정증서를 작성해 준 경우, 상대방들도 피고인이 그 권한을 남용하여 공정증서를 작성해 준다는 것을 알았거나 충분히 알 수 있었을 것이어서 피고인이 한 행위는 모두 무효에 해당하므로 회사에 재산상 손해가 발생하였다거나 재산상 실해 발생의 위험이 초래되었다고 볼 수 없어 업무상배임죄는 성립하지 아니한다.

③ 회사의 대표이사인 피고인이 대표권을 남용하여 자신의 개인채무에 대하여 회사 명의의 차용증을 작성하여 주었고, 그 상대방도 이와 같은 진의를 알았거나 알 수 있었던 경우라면, 무효인 차용증을 작성하여 준 것만으로는 회사에 재산상 손해가 발생하였다거나 재산상 실해 발생의 위험이 초래되었다고 볼 수 없어 업무상배임죄는 성립하지 않는다.

④ 회사의 대표이사인 피고인이 개인의 차용금 채무에 관하여 개인 명의로 작성하여 교부한 차용증에 추가로 회사의 법인 인감을 날인하였다고 경우, 회사가 차용증에 기한 차용금 채무를 부담하게 되는 것이 아님은 물론이고, 나아가 금원의 대여자는 위와 같은 행위가 적법한 대표행위가 아님을 알았거나 알 수 있었다 할 것이어서 회사가 대여자에 대하여 사용자책임이나 법인의 불법행위 등에 따른 손해배상의무도 부담할 여지가 없으므로, 결국 회사에 재산상 손해가 발생하였다거나 재산상 실해 발생의 위험이 초래되었다고 볼 수 없어 업무상배임죄는 성립하지 아니한다.

해설

① [×] 주식회사의 대표이사가 대표권을 남용하는 등 그 임무에 위배하여 약속어음을 발행한 경우 어음법상 발행인은 종전의 소지인에 대한 인적 관계로 인한 항변으로써 소지인에게 대항하지 못하므로, (1) 어음발행이 무효라 하더라도 그 어음이 실제로 제3자에게 유통되었다면 회사로서는 어음채무를 부담할 위험이 구체적 · 현실적으로 발생하였다고 보아야 하고, 따라서 그 어음채무가 실제로 이행되기 전이라도 배임죄의 기수범이 된다. (2) 그러나 약속어음 발행이 무효일 뿐만 아니라 그 어음이 유통되지도 않았다면 회사는 어음발행의 상대방에게 어음채무를 부담하지 않기 때문에 특별한 사정이 없는 한 회사에 현실적으로 손해가 발생하였다거나 실해 발생의 위험이 발생하였다고도 볼 수 없으므로, 이때에는 배임죄의 기수범이 아니라 배임미수죄로 처벌하여야 한다(대법원 2017.7.20, 2014도1104 全合 29억 약속어음 사건). 어음발행이 유효하면 배임기수죄가 된다. 어음발행이 (상대방이 대표권 남용 사실을 알았거나 중대한 과실로 알지 못하여) 무효인 경우에도 이것이 유통되었다면 배임기수죄가 되고, 아직 유통되지 않았다면 배임미수죄가 된다는 취지의 판례이다. 이 판례에 의하여 ① 지문과 같이 어음발행이 무효이고 아직 유통되지 않았어도 '유통되지 아니한다는 특별한 사정이 없는 한' 배임기수죄가 된다고 판시한 판례(대법원 2013.2.14, 2011도10302, 대법원 2012.12.27, 2012도10822)는 폐기되었다.

② [○] 회사의 대표이사인 피고인이 자신의 채권자들에게 회사 명의의 금전소비대차 공정증서와 약속어음 공정증서를 작성해 준 경우, 상대방들도 피고인이 그 권한을 남용하여 공정증서를 작성해 준다는 것을 알았거나 충분히 알 수 있었을 것이어서 피고인이 한 행위는 모두 무효에 해당하므로 회사에 재산상 손해가 발생하였다거나 재산상 실해 발생의 위험이 초래되었다고 볼 수 없어 **업무상배임죄는 성립하지 아니한다**(법원 2012.5.24, 2012도2142 동두천기독교협동조합 사건).

③ [○] 회사의 대표이사인 피고인이 대표권을 남용하여 자신의 개인채무에 대하여 회사 명의의 차용증을 작성하여 주었고, 그 상대방도 이와 같은 진의를 알았거나 알 수 있었던 경우라면, 무효인 차용증을 작성하여 준 것만으로는 회사에 재산상 손해가 발생하였다거나 재산상 실해 발생의 위험이 초래되었다고 볼 수 없어 **업무상배임죄는 성립하지 않는다**(대법원 2010.5.27, 2010도1490 회사명의 차용증 사건).

④ [○] 회사의 대표이사인 피고인이 개인의 차용금 채무에 관하여 개인 명의로 작성하여 교부한 차용증에 추가로 회사의 법인인감을 날인하였다고 경우, 회사가 차용증에 기한 차용금 채무를 부담하게 되는 것이 아님은 물론이고, 나아가 금원의 대여자는 위와 같은 행위가 적법한 대표행위가 아님을 알았거나 알 수 있었다 할 것이어서 회사가 대여자에 대하여 사용자책임이나 법인의 불법행위 등에 따른 손해배상의무도 부담할 여지가 없으므로, 결국 회사에 재산상 손해가 발생하였다거나 재산상 실해 발생의 위험이 초래되었다고 볼 수 없어 **업무상배임죄는 성립하지 아니한다**(대법원 2004.4.9, 2004도771 법인인감 날인 사건).

정답 | **563 ①**

564 배임죄에 관한 다음 설명 중 옳지 않은 것은? (다툼이 있으면 판례에 의함) [core ★★]

1 2 3

① 부실대출에 의한 업무상배임죄가 성립하는 경우에는 담보물의 가치를 초과하여 대출한 금액 또는 실제로 회수가 불가능하게 된 금액만을 손해액으로 볼 것은 아니고 재산상 권리의 실행이 불가능하게 될 염려가 있거나 손해발생의 위험이 있는 대출금 전액을 손해액으로 보아야 한다.

② 금융기관이 금원을 대출함에 있어 대출금 중 선이자를 공제한 나머지만 교부하거나 약속어음을 할인함에 있어 만기까지의 선이자를 공제한 경우, 배임행위로 인하여 금융기관이 입는 손해는 선이자를 공제한 금액이지 선이자로 공제한 금원을 포함한 대출금 전액이나 약속어음 액면금 상당액이라고 볼 수 없다.

③ 주식의 실질가치가 0인 회사가 발행하는 신주를 액면가격으로 인수하는 경우 그로 인한 손해액은 그 신주 인수대금 전액 상당으로 보아야 한다.

④ 회사의 대표이사 등이 회사로 하여금 다른 회사의 주식을 고가로 매수하게 한 경우 회사에 가한 손해액은 통상 그 주식의 매매대금과 적정가액으로서의 시가 사이의 차액 상당이라고 봄이 상당하다.

해설

② [×] 금융기관으로서는 대출금채무의 변제기나 약속어음의 만기에 선이자로 공제한 금원을 포함한 대출금 전액이나 약속어음 액면금 상당액을 취득할 것이 기대된다 할 것이므로, 배임행위로 인하여 금융기관이 입는 손해는 선이자를 공제한 금액이 아니라 선이자로 공제한 금원을 포함한 대출금 전액이나 약속어음 액면금 상당액이다(대법원 2003.10.10, 2003도3516 보성인터내셔널 사건).

① [○] 부실대출에 의한 업무상배임죄가 성립하는 경우에는 담보물의 가치를 초과하여 대출한 금액 또는 실제로 회수가 불가능하게 된 금액만을 손해액으로 볼 것은 아니고 재산상 권리의 실행이 불가능하게 될 염려가 있거나 **손해발생의 위험이 있는 대출금 전액을 손해액으로 보아야 한다**(대법원 2014.6.26, 2014도753 미래저축은행 회장 사건).

③ [○] 주식의 실질가치가 0인 회사가 발행하는 신주를 액면가격으로 인수하는 경우 그로 인한 손해액은 그 **신주 인수대금 전액 상당으로 보아야 한다**(대법원 2012.6.28, 2012도2623 변재신 C&우방 대표 사건).

④ [○] 회사의 대표이사 등이 회사로 하여금 다른 회사의 주식을 고가로 매수하게 한 경우 회사에 가한 손해액은 **통상 그 주식의 매매대금과 적정가액으로서의 시가 사이의 차액 상당이라고 봄이 상당하다**(대법원 2014.2.27, 2013도12155 최태원 SK 그룹회장 사건).

565 배임죄에 관한 다음 설명 중 옳지 않은 것은? (다툼이 있으면 판례에 의함) [Essential ★]

1 2 3

① 이중매매에 있어서 매도인이 매수인의 사무를 처리하는 자로서 배임죄의 주체가 되기 위하여는 매도인이 계약금을 받은 것만으로는 부족하고 적어도 중도금을 받는 등 매도인이 더 이상 임의로 계약을 해제할 수 없는 상태에 이르러야 한다.

② 매도인이 다시 제3자와 사이에 매매계약을 체결하고 계약금과 중도금까지 수령한 것은 제1차 매수인에 대한 소유권이전등기 협력임무의 위배와 밀접한 행위로서 배임죄의 실행착수라고 보아야 한다.

③ 부동산의 매도인이 매수인 앞으로의 소유권이전등기에 협력할 의무가 있음에도 불구하고 같은 부동산을 매수인 이외의 자에게 이중으로 매도하여 소유권이전등기를 마친 경우에는 1차 매수인에 대한 소유권이전등기의무는 이행불능이 되고 이로써 1차 매수인에게 부동산의 소유권을 취득할 수 없는 손해가 발생하는 것이므로 부동산의 이중매매에 있어서 배임죄의 기수시기는 2차 매수인 앞으로 소유권이전등기를 마친 때이다.

④ 부동산을 이중으로 매도한 경우에 매도인이 다시 선매수인에게 소유권이전의무를 이행하였다고 한다면 이는 후매수인에 대한 관계에서 임무를 위배한 것에 해당하여 배임죄가 성립한다.

해설

④ [×] 부동산을 이중으로 매도한 경우에 매도인이 선매수인에게 소유권이전의무를 이행하였다고 하여 후매수인에 대한 관계에서 그가 임무를 위법하게 위배한 것이라고 할 수 없다(대법원 2010.4.29, 2009도14427).

① [○] 이중매매에 있어서 매도인이 매수인의 사무를 처리하는 자로서 배임죄의 주체가 되기 위하여는 매도인이 계약금을 받은 것만으로는 부족하고 **적어도 중도금을 받는 등 매도인이 더 이상 임의로 계약을 해제할 수 없는 상태에 이르러야 한다**(대법원 2007.6.14, 2007도379 과도한 계약금 사건).

② [○] 매도인이 다시 **제3자와 사이에 매매계약을 체결하고 계약금과 중도금까지 수령한 것은** 제1차 매수인에 대한 소유권이전등기 협력임무의 위배와 밀접한 행위로서 **배임죄의 실행착수라고 보아야 한다**(대법원 1983.10.11, 83도2057).

③ [○] 부동산의 매도인이 매수인 앞으로의 소유권이전등기에 협력할 의무가 있음에도 불구하고 같은 부동산을 매수인 이외의 자에게 이중으로 매도하여 소유권이전등기를 마친 경우에는 1차 매수인에 대한 소유권이전등기의무는 이행불능이 되고 이로써 1차 매수인에게 부동산의 소유권을 취득할 수 없는 손해가 발생하는 것이므로 부동산의 이중매매에 있어서 **배임죄의 기수시기는 2차 매수인 앞으로 소유권이전등기를 마친 때이다**(대법원 1984.11.27, 83도1946).

정답 | 564 ② 565 ④

566 배임죄에 관한 다음 설명 중 옳지 않은 것은? (다툼이 있으면 판례에 의함) [core ★★]

1 2 3

① 주권발행 전 주식에 대한 양도계약에서의 양도인이 제3자에 대한 대항요건을 갖추어 주지 아니하고 이를 타에 처분하였다 하더라도 배임죄가 성립하는 것은 아니다.

② 채무자가 저당권설정계약에 따라 채권자에게 저당권을 설정할 의무를 이행하는 것은 채무자 자신의 사무에 해당할 뿐이고 채무자를 채권자에 대한 관계에서 '타인의 사무를 처리하는 자'라고 할 수 없으므로 채무자가 제3자에게 먼저 담보물에 관한 저당권을 설정하거나 담보물을 양도하는 등으로 담보가치를 감소 또는 상실시켜 채권자의 채권실현에 위험을 초래하더라도 배임죄가 성립한다고 할 수 없다. 위와 같은 법리는, 채무자가 금전채무에 대한 담보로 부동산에 관하여 양도담보설정계약을 체결하고 이에 따라 채권자에게 소유권이전등기를 해 줄 의무가 있음에도 제3자에게 부동산을 처분한 경우에도 적용된다.

③ 채무자가 채권 담보를 위한 대물변제예약에 따라 부동산에 관한 소유권이전등기절차를 이행할 의무는 신임관계에 기초하여 채권자의 재산을 보호 또는 관리하여야 하는 '타인의 사무'에 해당한다고 할 것이므로 채권 담보를 위한 대물변제예약 사안에서 채무자가 대물로 변제하기로 한 부동산을 제3자에게 처분하였다고 한다면 배임죄가 성립한다.

④ 매매의 목적물이 동산일 경우 매도인에게는 동산인도채무 외에 별도로 매수인의 재산의 보호 내지 관리행위에 협력할 의무가 있다고 할 수 없으므로 매도인이 목적물을 매수인에게 인도하지 아니하고 이를 타에 처분하였다 하더라도 배임죄가 성립하는 것은 아니다.

해설

③ [×] 대물변제예약의 궁극적 목적은 차용금반환채무의 이행 확보에 있고, 채무자가 대물변제예약에 따라 부동산에 관한 소유권이전등기절차를 이행할 의무는 그 궁극적 목적을 달성하기 위해 채무자에게 요구되는 부수적 내용이어서 이를 가지고 배임죄에서 말하는 신임관계에 기초하여 채권자의 재산을 보호 또는 관리하여야 하는 '타인의 사무'에 해당한다고 볼 수는 없다. 그러므로 채권 담보를 위한 대물변제예약 사안에서 채무자가 대물로 변제하기로 한 부동산을 제3자에게 처분하였다고 하더라도 형법상 배임죄가 성립하는 것은 아니다(대법원 2014.8.21, 2014도3363 全合 대물변제예약 부동산 매도 사건).

① [○] 주권발행 전 주식의 양도는 양도인과 양수인의 의사표시만으로 효력이 발생하고 주식양수인은 특별한 사정이 없는 한 양도인의 협력을 받을 필요 없이 단독으로 자신이 주식을 양수한 사실을 증명함으로써 회사에 대하여 그 명의개서를 청구할 수 있다. 따라서 양도인이 양수인으로 하여금 회사 이외의 제3자에게 대항할 수 있도록 확정일자 있는 증서에 의한 양도통지 또는 승낙을 갖추어 주어야 할 채무를 부담한다 하더라도 이는 자기의 사무라고 보아야 하고, 이를 양수인과의 신임관계에 기초하여 양수인의 사무를 맡아 처리하는 것으로 볼 수 없어 **주권발행 전 주식에 대한 양도계약에서의 양도인이 제3자에 대한 대항요건을 갖추어 주지 아니하고 이를 타에 처분하였다 하더라도 배임죄가 성립하는 것은 아니다**(대법원 2020.6.4, 2015도6057 주식 이중양도 사건).

※ **수분양권 매도인이 수분양권 매매계약에 따라 매수인에게 수분양권을 이전할 의무는 자신의 사무에 해당할 뿐이므로, 매수인에 대한 관계에서 '타인의 사무를 처리하는 자'라고 할 수 없다.** 그러므로 수분양권 매도인이 위와 같은 의무를 이행하지 아니하고 수분양권 또는 이에 근거하여 향후 소유권을 취득하게 될 목적물을 미리 제3자에게 처분하였더라도 형법상 배임죄가 성립하는 것은 아니다(대법원 2021.7.8, 2014도12104). 분양권 이중매매도 배임죄에 해당하지 않는다.

② [○] **채무자**가 저당권설정계약에 따라 채권자에게 저당권을 설정할 의무를 이행하는 것은 채무자 자신의 사무에 해당할 뿐이고 채무자를 채권자에 대한 관계에서 **'타인의 사무를 처리하는 자'라고 할 수 없으므로** 채무자가 제3자에게 먼저 담보물에 관한 저당권을 설정하거나 담보물을 양도하는 등으로 담보가치를 감소 또는 상실시켜 채권자의 채권실현에 위험을 초래하더라도 **배임죄가 성립한다고 할 수 없다.** 위와 같은 법리는, **채무자**가 금전채무에 대한 담보로 부동산에 관하여 양도담보설정계약을 체결하고 이에 따라 채권자에게 소유권이전등기를 해 줄 의무가 있음에도 제3자에게 **부동산을 처분한 경우에도 적용된다**(대법원 2020.6.18, 2019도14340 全合 아파트 이중저당 사건).

④ [○] 매매의 목적물이 **동산일 경우** 매도인에게는 동산인도채무 외에 별도로 매수인의 재산의 보호 내지 관리 행위에 협력할 의무가 있다고 할 수 없으므로 매도인이 목적물을 매수인에게 인도하지 아니하고 이를 타에 처분하였다 하더라도 **배임죄가 성립하는 것은 아니다**(대법원 2011.1.20, 2008도10479 全合 인쇄기 이중매매 사건).

567 다음 중 배임죄가 성립하는 것은? (다툼이 있으면 판례에 의함)

1 2 3 [core ★★]

① 피고인 甲이 A 등과 상가점포 매매계약을 체결하고 계약 당일 계약금 2억원, 이후 중도금 6억원을 지급받았음에도 다시 乙 등에게 매매대금 15억원에 상가점포를 매도하고 소유권이전등기를 마쳐준 경우

② 피고인 甲이 피해자 A로부터 18억원을 차용하면서 아파트에 4순위 근저당권을 설정해 주기로 약정하였음에도 제3자 乙에게 채권최고액을 12억원으로 하는 4순위 근저당권을 설정해 준 경우

③ 피고인 甲이 A에게 차용금 3억원을 변제하지 못할 경우 甲의 어머니 소유의 부동산에 대한 유증상속분을 대물변제하기로 약정하였고, 그 후 甲이 유증(遺贈)을 원인으로 부동산에 관한 소유권이전등기를 마쳤음에도 이를 누나와 자형에게 매도한 경우

④ 피고인 甲이 인쇄기를 A에게 양도하기로 하여 계약금 및 중도금 명목으로 원단을 제공받아 이를 수령하였음에도 불구하고, 인쇄기를 자신의 채권자인 乙에게 기존 채무의 변제에 갈음하여 양도한 경우

해설

① 부동산 매매계약에서 중도금이 지급되는 등 계약이 본격적으로 이행되는 단계에 이른 때에는 계약이 취소되거나 해제되지 않는 한 매도인은 매수인에게 부동산의 소유권을 이전해 줄 의무에서 벗어날 수 없으므로 매도인은 매수인에 대하여 매수인의 재산보전에 협력하여 재산적 이익을 보호·관리할 신임관계에 있게 되어(매도인은 배임죄에서 말하는 '타인의 사무를 처리하는 자'에 해당한다), 매도인이 그 부동산을 제3자에게 처분하고 제3자 앞으로 그 처분에 따른 등기를 마쳐준 행위는 매수인의 부동산 취득 또는 보전에 지장을 초래하는 행위이므로 배임죄가 성립한다(대법원 2018.5.17, 2017도4027 全合 상가 이중매매 사건).

② 채무자가 저당권설정계약에 따라 채권자에게 저당권을 설정할 의무를 이행하는 것은 채무자 자신의 사무에 해당할 뿐이고 채무자를 채권자에 대한 관계에서 '타인의 사무를 처리하는 자'라고 할 수 없으므로 채무자가 제3자에게 먼저 담보물에 관한 저당권을 설정하거나 담보물을 양도하는 등으로 담보가치를 감소 또는 상실시켜 채권자의 채권실현에 위험을 초래하더라도 배임죄가 성립한다고 할 수 없다. 위와 같은 법리는, 채무자가 금전채무에 대한 담보로 부동산에 관하여 양도담보설정계약을 체결하고 이에 따라 채권자에게 소유권이전등기를 해 줄 의무가 있음에도 제3자에게 부동산을 처분한 경우에도 적용된다(대법원 2020.6.18, 2019도14340 全合 아파트 이중저당 사건)

③ 채무자가 채권자에 대하여 소비대차 등으로 인한 채무를 부담하고 이를 담보하기 위하여 장래에 부동산의 소유권을 이전하기로 하는 내용의 대물변제예약에서, 그 약정의 내용에 좇은 이행을 하여야 할 채무는 특별한 사정이 없는 한 '자기의 사무'에 해당하는 것이 원칙이다. 대물변제예약의 궁극적 목적은 차용금반환채무의 이행 확보에 있고, 채무자가 대물변제예약에 따라 부동산에 관한 소유권이전등기절차를 이행할 의무는 그 궁극적 목적을 달성하기 위해 채무자에게 요구되는 부수적 내용이어서 이를 가지고 배임죄에서 말하는 신임관계에 기초하여 채권자의 재산을 보호 또는 관리하여야 하는 '타인의 사무'에 해당한다고 볼 수는 없다. 그러므로 채권 담보를 위한 대물변제예약 사안에서 채무자가 대물로 변제하기로 한 부동산을 제3자에게 처분하였다고 하더라도 형법상 배임죄가 성립하는 것은 아니다(법원 2014.8.21, 2014도3363 全合 대물변제예약 부동산 매도 사건).

④ 매매의 목적물이 동산일 경우, 매도인은 매수인에게 계약에 정한 바에 따라 그 목적물인 동산을 인도함으로써 계약의 이행을 완료하게 되고 그때 매수인은 매매목적물에 대한 권리를 취득하게 되는 것이므로, 매도인에게 자기의 사무인 동산인도채무 외에 별도로 매수인의 재산의 보호 내지 관리 행위에 협력할 의무가 있다고 할 수 없다. 동산매매계약에서의 매도인은 매수인에 대하여 그의 사무를 처리하는 지위에 있지 아니하므로, 매도인이 목적물을 매수인에게 인도하지 아니하고 이를 타에 처분하였다 하더라도 형법상 배임죄가 성립하는 것은 아니다(대법원 2011.1.20, 2008도10479 全合 인쇄기 이중매매 사건).

정답 | 566 ③ 567 ①

568 배임죄에 관한 다음 설명 중 옳은 것은? (다툼이 있으면 판례에 의함) [Essential ★]

1 2 3

① 피고인이 내연의 처와의 불륜관계를 지속하는 대가로서 부동산에 관한 소유권이전등기를 경료해 주기로 약정하였음에도 그 등기의무를 이행하지 않고 부동산을 제3자에게 처분하였다면 배임죄가 성립한다.

② 증여자가 구두의 증여계약에 따라 수증자에 대하여 증여 목적물의 소유권을 이전하여 줄 의무를 부담한다고 한다면 증여자는 타인의 사무를 처리하는 자의 지위에 있으므로 그에 위반하여 목적물을 제3자에게 처분한 경우 배임죄가 성립한다.

③ 서면으로 부동산 증여의 의사를 표시한 증여자가 수증자에게 증여계약에 따라 부동산의 소유권을 이전하지 않고 부동산을 제3자에게 처분하여 등기를 하는 행위는 수증자와의 신임관계를 저버리는 행위로서 배임죄가 성립한다.

④ 규제지역 내 토지의 매매에 대하여 토지거래허가를 받은 바 없다고 하더라도 그 매매계약은 유동적 무효 상태에 있는 것이고 또한 매도인에게는 토지거래허가를 받도록 협력할 의무가 있는 것이므로 매도인은 배임죄의 주체인 타인의 사무를 처리하는 자에 해당하여 그 토지를 이중으로 매매한 경우 배임죄가 성립한다.

해설

③ [○] **서면으로 부동산 증여의 의사를 표시한 증여자**가 수증자에게 증여계약에 따라 부동산의 소유권을 이전하지 않고 부동산을 제3자에게 처분하여 등기를 하는 행위는 수증자와의 신임관계를 저버리는 행위로서 **배임죄가 성립한다**(대법원 2018.12.13, 2016도19308 목장 증여 사건).

① [×] 피고인이 내연의 처와의 불륜관계를 지속하는 대가로서 부동산에 관한 소유권이전등기를 경료해 주기로 약정한 경우 부동산 증여계약은 선량한 풍속과 사회질서에 반하는 것으로 무효이어서 위 증여로 인한 소유권이전등기의무가 인정되지 아니하는 이상, 피고인이 비록 등기의무를 이행하지 않는다 하더라도 배임죄를 구성하지 않는다(대법원 1986.9.9, 86도1382).

② [×] 서면에 의하지 아니한 증여계약이 행하여진 경우 당사자는 그 증여가 이행되기 전까지는 언제든지 이를 해제할 수 있으므로 증여자가 구두의 증여계약에 따라 수증자에 대하여 증여 목적물의 소유권을 이전하여 줄 의무를 부담한다고 하더라도 증여자는 수증자의 사무를 처리하는 자의 지위에 있다고 할 수 없다(대법원 2005.12.9, 2005도5962 느티나무 증여 사건).

> **민법(2021.1.26. 법률 제17905호로 일부개정된 것)**
> 제555조【서면에 의하지 아니한 증여와 해제】 증여의 의사가 서면으로 표시되지 아니한 경우에는 각 당사자는 이를 해제할 수 있다.

④ [×] 국토이용관리법 소정의 규제지역 내 토지의 매매에 대하여 토지거래허가를 받은 바 없다면 그 매매계약은 채권적 효력도 없는 것이어서 매도인에게 그 매수인에 대한 소유권이전등기에 협력할 의무가 생겼다고 볼 수 없고 따라서 매도인은 배임죄의 주체인 타인의 사무를 처리하는 자에 해당하지 아니하며, 매도인이 토지거래허가를 받도록 협력할 의무가 있다 하더라도 이는 아직 타인의 사무로 볼 수 없다(대법원 1995.1.20, 94도697).

569 1 2 3 부동산 양도담보에 관한 다음 설명 중 옳지 않은 것은? (다툼이 있으면 판례에 의함) [core ★★]

① 양도담보의 채무자는 피담보채무를 변제하여 목적물을 도로 찾아올 수 있고 양도담보의 피담보채권이 채무자의 변제 등에 의하여 소멸하면 양도담보권자는 담보목적물의 소유자이었던 담보설정자에게 그 권리를 회복시켜 줄 의무를 부담하게 함으로, 그 이행은 타인의 재산을 보전하는 배임죄에 있어 타인의 사무라고 할 것이다.

② 채권의 담보를 목적으로 부동산의 소유권이전등기를 경료받은 채권자는 채무자가 변제기일까지 그 채무를 변제하면 채무자에게 그 소유명의를 환원하여 주기 위하여 그 소유권이전등기를 이행할 의무가 있으므로 변제기일 이전에 이를 제3자에게 처분하였다면 변제기일까지 채무자의 변제가 없었다 하더라도 배임죄가 성립한다.

③ 부동산 양도담보에 있어 담보권자가 변제기 경과 후에 담보권을 실행하여 채권원리금과 담보권 실행비용 등의 변제에 충당하고 환가대금 또는 평가액의 나머지가 있어 이를 담보제공자에게 반환할 의무는 자기의 사무인 동시에 타인인 채무자의 사무처리에 속하는 것이므로 그 정산의무를 이행하지 않았다고 한다면 배임죄를 구성한다.

④ 부동산 양도담보에 있어 담보권자가 변제기 경과 후에 담보권을 실행하기 위하여 담보목적물을 처분함에 있어 시가에 따른 적절한 처분을 하여야 할 형법상 의무가 있는 것이 아니므로 그에 위반한 경우라도 배임죄는 성립하지 않는다.

해설

③ [×] 담보권자가 변제기 경과 후에 담보권을 실행하여 그 환가대금 또는 평가액을 채권원리금과 담보권 실행비용 등의 변제에 충당하고 환가대금 또는 평가액의 나머지가 있어 이를 담보제공자에게 반환할 의무는 자기의 사무처리에 속하는 것이라 할 것이고 이를 부동산매매에 있어서의 매도인의 등기의무와 같이 타인인 채무자의 사무처리에 속하는 것이라고 볼 수는 없어 그 정산의무를 이행하지 아니한 소위는 배임죄를 구성하지 않는다(대법원 1985.11.26, 85도1493 全合).

① [○] **부동산양도담보**의 채무자는 피담보채무를 변제하여 목적물을 도로 찾아올 수 있고 양도담보의 피담보채권이 채무자의 변제 등에 의하여 소멸하면 **양도담보권자는** 담보목적물의 소유자이었던 담보설정자에게 그 권리를 회복시켜 줄 의무를 부담하게 함으로, 그 이행은 타인의 재산을 보전하는 **배임죄에 있어 타인의 사무라고 할 것이다**(대법원 1988.12.13, 88도184).

② [○] 채권의 담보를 목적으로 부동산의 소유권이전등기를 경료받은 채권자는 채무자가 변제기일까지 그 채무를 변제하면 채무자에게 그 소유명의를 환원하여 주기 위하여 그 소유권이전등기를 이행할 의무가 있으므로 **변제기일 이전에 이를 제3자에게 처분하였다면 변제기일까지 채무자의 변제가 없었다 하더라도 배임죄가 성립한다**(대법원 2007.1.25, 2005도7559).

④ [○] 담보권자가 **변제기 경과 후**에 담보목적물을 처분하는 행위는 담보계약에 따라 담보권자에게 주어진 권능이어서 자기의 사무처리에 속하는 것이지 타인인 채무자의 사무처리에 속하는 것이라고 할 수 없으므로, 담보권자가 담보권을 실행하기 위하여 담보목적물을 처분함에 있어 시가에 따른 적절한 처분을 하여야 할 의무는 담보계약상의 **민사채무일 뿐 그와 같은 형법상의 의무가 있는 것은 아니므로 그에 위반한 경우 배임죄가 성립된다고 할 수 없다**(대법원 1997.12.23, 97도2430).

정답 | 568 ③ 569 ③

570 동산 양도담보에 관한 다음 설명 중 옳지 않은 것은? (다툼이 있으면 판례에 의함) [core ★★]

1 2 3

① 금전채무를 담보하기 위하여 채무자가 그 소유의 동산을 채권자에게 양도하되 점유개정에 의하여 채무자가 이를 계속 점유하기로 한 경우, 특별한 사정이 없는 한 동산의 소유권은 신탁적으로 이전되고, 채권자와 채무자 사이의 대내적 관계에서 채무자는 의연히 소유권을 보유하나 대외적인 관계에 있어서 채무자는 동산의 소유권을 이미 채권자에게 양도한 무권리자가 된다.

② 채무자가 채권자에게 동산을 양도담보로 제공하고 점유개정의 방법으로 점유하고 있는 경우에는 그 동산의 소유권은 여전히 채무자에게 유보되어 있는 것이어서 채무자는 자기의 물건을 보관하고 있는 셈이 되므로, 양도담보의 목적물을 제3자에게 처분하거나 담보로 제공하였다 하더라도 횡령죄를 구성하지 아니한다.

③ 금전채무를 담보하기 위하여 채무자가 그 소유의 동산을 채권자에게 점유개정에 의하여 양도한 경우, 채무자는 채권자(양도담보권자)가 담보의 목적을 달성할 수 있도록 이를 보관할 의무를 지게 되어 채권자에 대하여 그의 사무를 처리하는 자의 지위에 있게 된다 할 것이니, 채무자가 양도담보된 동산을 처분하는 등 부당히 그 담보가치를 감소시키는 행위를 한 경우에는 배임죄가 성립된다.

④ 채무자가 채무이행의 담보를 위하여 동산에 관한 양도담보계약을 체결하고 점유개정의 방법으로 여전히 동산을 점유하는 경우 별단의 사정이 없는 한 그 동산의 소유권은 여전히 채무자에게 남아 있고, 채권자는 단지 양도담보물권을 취득하는 데 지나지 않으므로 동산을 다른 사유에 의하여 보관하게 된 채권자는 타인 소유의 물건을 보관하는 자로서 횡령죄의 주체가 될 수 있다.

해설

③ [×] 채무자가 금전채무를 담보하기 위하여 동산을 채권자에게 양도담보로 제공함으로써 채권자인 양도담보권자에 대하여 담보물의 담보가치를 유지·보전할 의무 내지 담보물을 타에 처분하거나 멸실·훼손하는 등으로 담보권 실행에 지장을 초래하는 행위를 하지 않을 의무를 부담하게 되었더라도, 이를 들어 채무자가 통상의 계약에서의 이익대립관계를 넘어서 채권자와의 신임관계에 기초하여 채권자의 사무를 맡아 처리하는 것으로 볼 수 없으므로 채무자를 배임죄의 주체인 '타인의 사무를 처리하는 자'에 해당한다고 할 수 없어, 그가 담보물을 제3자에게 처분하는 등으로 담보가치를 감소 또는 상실시켜 채권자의 담보권 실행이나 이를 통한 채권실현에 위험을 초래하더라도 배임죄가 성립한다고 할 수 없다(대법원 2020.2.20, 2019도9756 全合 크러셔 양도담보 사건). 대법원 다수의견(10명)은 "양도담보로 제공된 동산을 채무자가 임의로 처분한 경우 배임죄가 성립한다"라는 종전 대법원 판례(대법원 2010.11.25, 2010도11293, 대법원 2010.2.25, 2009도13187, 대법원 1998.11.10, 98도2526, 대법원 1989.7.25, 89도350, 대법원 1983.3.8, 82도1829 등)를 폐기하고 "배임죄가 성립하지 않는다"라고 판시하였다.

① [○] 금전채무를 담보하기 위하여 채무자가 그 소유의 동산을 채권자에게 양도하되 점유개정에 의하여 채무자가 이를 계속 점유하기로 한 경우, 특별한 사정이 없는 한 동산의 소유권은 신탁적으로 이전되고, 채권자와 채무자 사이의 대내적 관계에서 채무자는 의연히 소유권을 보유하나 대외적인 관계에 있어서 **채무자는 동산의 소유권을 이미 채권자에게 양도한 무권리자가 된다**(대법원 2008.11.27, 2006도4263 통발어구 사건).

② [○] 채무자가 채권자에게 동산을 양도담보로 제공하고 점유개정의 방법으로 점유하고 있는 경우에는 그 동산의 소유권은 여전히 채무자에게 유보되어 있는 것이어서 채무자는 자기의 물건을 보관하고 있는 셈이 되므로, **양도담보의 목적물을 제3자에게 처분하거나 담보로 제공하였다 하더라도 횡령죄를 구성하지 아니한다**(대법원 2009.2.12, 2008도10971 쇼트기 사건).

④ [○] 채무자가 채무이행의 담보를 위하여 동산에 관한 양도담보계약을 체결하고 점유개정의 방법으로 여전히 동산을 점유하는 경우 별단의 사정이 없는 한 그 동산의 소유권은 여전히 채무자에게 남아 있고, 채권자는 단지 양도담보물권을 취득하는 데 지나지 않으므로 동산을 다른 사유에 의하여 보관하게 된 채권자는 **타인 소유의 물건을 보관하는 자로서 횡령죄의 주체가 될 수 있다**(대법원 1989.4.11, 88도906 양도담보 포목 사건).

571 다음 중 (업무상)배임죄가 성립하는 경우를 모두 고른 것은? (다툼이 있으면 판례에 의함) [core ★★]

1 2 3

㉠ 피고인 甲이 피해자 A로부터 18억원을 차용하면서 아파트에 4순위 근저당권을 설정해 주기로 약정하였음에도 이후 제3자 乙에게 채권최고액을 12억원으로 하는 4순위 근저당권을 설정해 준 경우

㉡ X회사의 대표이사인 피고인 甲이 Y은행으로부터 대출을 받으면서 X회사 소유의 레이저가공기 2대를 포함한 기계 17대에 대하여 동산·채권 등의 담보에 관한 법률상 동산담보설정계약을 체결하였음에도 이후 그 레이저가공기 등을 제3자 乙에게 임의로 처분한 경우

㉢ X회사를 운영하는 피고인 甲이 Y은행으로부터 1억 5,000만원을 대출받으면서 대출금을 완납할 때까지 골재생산기기인 크러셔를 양도담보로 제공하기로 하는 계약을 체결하였음에도 이후 그 크러셔를 제3자 乙에게 임의로 처분한 경우

① 없음 ② ㉠

③ ㉠㉡ ④ ㉠㉡㉢

해설

① 모든 항목의 배임죄가 성립하지 아니한다.

㉠ 피고인을 피해자와의 신임관계에 기초하여 피해자의 사무를 맡아 처리하는 것으로 볼 수 없으므로 배임죄가 성립하지 않는다(대법원 2020.6.18, 2019도14340 全合 아파트 이중저당 사건).

㉡ 양도담보계약에서 X회사와 Y은행간 당사자 관계의 전형적·본질적 내용은 대출금 채무의 변제와 이를 위한 담보에 있고, X회사를 통상의 계약에서의 이익대립관계를 넘어서 Y은행과의 신임관계에 기초하여 그 사무를 맡아 처리하는 것으로 볼 수 없는 이상 X회사를 운영하는 甲을 Y은행에 대한 관계에서 '타인의 사무를 처리하는 자'에 해당한다고 할 수 없다(대법원 2020.2.20, 2019도9756 全合 크러셔 양도담보 사건).

㉢ X회사나 甲이 신임관계에 기초하여 Y은행의 사무를 맡아 처리하는 것으로 볼 수 없는 이상 甲을 Y은행에 대한 관계에서 타인의 사무를 처리하는 자에 해당한다고 할 수 없어 甲이 그 기계를 임의로 처분하였더라도 배임죄가 성립하지 아니한다(대법원 2020.8.27, 2019도14770 全合 레이저가공기 동산담보 사건).

정답 | 570 ③ 571 ①

572 배임죄와 배임수재죄에 관한 다음 설명 중 옳지 않은 것은? (다툼이 있으면 판례에 의함)

1 2 3

[Superlative ★★★]

① 배임수재죄는 타인의 사무를 처리하는 자가 그 임무에 관하여 부정한 청탁을 받고 재물 또는 재산상의 이익을 취득한 후에 그 청탁에 따른 일정한 행위를 현실적으로 행할 때 성립한다.

② 배임수재죄는 타인의 사무를 처리하는 자가 그 임무에 관하여 부정한 청탁을 받고 재물 또는 재산상의 이익을 현실적으로 취득한 경우에 성립하고, 배임증재죄는 재물 또는 이익을 공여한 경우에 성립하는 것이며, 타인인 본인에게 손해가 발생하였는지 여부는 배임수재죄의 성립에 아무런 영향이 없다.

③ 배임수재죄는 타인의 사무를 처리하는 자가 그 임무에 관하여 부정한 청탁을 받고 재물 등을 취득함으로써 성립하는 것이고, 배임죄는 타인의 사무를 처리하는 자가 그 임무에 위배하는 행위가 있어야 하고 그 행위로서 본인에게 손해를 가함으로써 성립하는 것으로 양 죄는 일반법과 특별법관계가 아닌 별개의 독립된 범죄이다.

④ 배임수재죄와 배임증재죄는 통상 필요적 공범의 관계에 있기는 하나, 이것은 반드시 수재자와 증재자가 같이 처벌받아야 하는 것을 의미하는 것은 아니고 증재자에게는 정당한 업무에 속하는 청탁이라도 수재자에게는 부정한 청탁이 될 수도 있다.

해설

① [×] 배임수증재죄는 타인의 사무를 처리하는 자가 그 임무에 관하여 부정한 청탁을 받고 재물 또는 재산상의 이익을 취득하는 경우에 성립하는 것이고, 청탁에 따른 일정한 행위가 현실적으로 행하여 질 것을 요하지는 아니한다(대법원 1991.8.27, 91도61 부산항운노조 사건).

② [○] 배임수재죄는 타인의 사무를 처리하는 자가 그 임무에 관하여 부정한 청탁을 받고 재물 또는 재산상의 이익을 **현실적으로 취득한 경우에 성립**하고, 배임증재죄는 재물 또는 이익을 공여한 경우에 성립하는 것이며, **타인인 본인에게 손해가 발생하였는지 여부는 배임수재죄의 성립에 아무런 영향이 없다**(대법원 2008.7.10, 2007도7760 신우 · 삼천리주택조합장 수재 사건).

③ [○] 배임수재죄는 타인의 사무를 처리하는 자가 그 임무에 관하여 부정한 청탁을 받고 재물 등을 취득함으로써 성립하는 것이고, 배임죄는 타인의 사무를 처리하는 자가 그 임무에 위배하는 행위가 있어야 하고 그 행위로서 본인에게 손해를 가함으로써 성립하는 것으로 양 죄는 **일반법과 특별법관계가 아닌 별개의 독립된 범죄이다**(대법원 1984.11.27, 84도1906 조흥은행 금융부정 사건).

④ [○] 배임수재죄와 배임증재죄는 통상 필요적 공범의 관계에 있기는 하나, 이것은 반드시 수재자와 증재자가 같이 처벌받아야 하는 것을 의미하는 것은 아니고 **증재자에게는 정당한 업무에 속하는 청탁이라도 수재자에게는 부정한 청탁이 될 수도 있다**(대법원 2011.10.27, 2010도7624 가처분 취하 사건).

573 장물죄에 관한 다음 설명 중 옳지 않은 것은? (다툼이 있으면 판례에 의함) [core ★★]

1 2 3

① '장물'이라 함은 재산죄인 범죄행위에 의하여 영득된 물건을 말하는 것으로서 절도 · 강도 · 사기 · 공갈 · 횡령 등 영득죄에 의하여 취득된 물건이어야 하고, 여기에서의 범죄행위는 절도죄 등 본범의 구성요건에 해당하는 위법한 행위일 것을 요한다.

② 장물이 되기 위하여는 본범이 절도, 강도, 사기, 공갈, 횡령 등 재산죄에 의하여 영득한 물건이면 족하고, 그중 어느 범죄에 의하여 영득한 것인지를 구체적으로 명시할 것을 요하지 않는다.

③ 재산범죄를 저지른 이후에 별도의 재산범죄의 구성요건에 해당하는 사후행위가 있었더라도 그 행위가 불가벌적 사후행위로서 처벌의 대상이 되지 않는다면 그 사후행위로 인하여 취득한 물건은 장물이 될 수 없다.

④ 본범의 행위에 관한 법적 평가는 그 행위에 대하여 우리 형법이 적용되지 아니하는 경우에도 우리 형법을 기준으로 하여야 하고 또한 이로써 충분하므로, 본범의 행위가 우리 형법에 비추어 절도죄 등의 구성요건에 해당하는 위법한 행위라고 인정되는 이상 이에 의하여 영득된 재물은 장물에 해당한다.

해설

③ [×] 재산범죄를 저지른 이후에 별도의 재산범죄의 구성요건에 해당하는 사후행위가 있었다면 비록 그 행위가 불가벌적 사후행위로서 처벌의 대상이 되지 않는다 할지라도 그 사후행위로 인하여 취득한 물건은 재산범죄로 인하여 취득한 물건으로서 장물이 될 수 있다(대법원 2004.4.16, 2004도353 컴사기 현금인출 사건).

① [○] '장물'이라 함은 재산죄인 범죄행위에 의하여 영득된 물건을 말하는 것으로서 절도 · 강도 · 사기 · 공갈 · 횡령 등 영득죄에 의하여 취득된 물건이어야 하고, 여기에서의 범죄행위는 **절도죄 등 본범의 구성요건에 해당하는 위법한 행위일 것을 요한다**(대법원 2011.4.28, 2010도15350 횡령 자동차 밀수 사건).

② [○] 장물이 되기 위하여는 본범이 절도, 강도, 사기, 공갈, 횡령 등 재산죄에 의하여 영득한 물건이면 족하고, 그중 어느 범죄에 의하여 영득한 것인지를 **구체적으로 명시할 것을 요하지 않는다**(대법원 2000.3.24, 99도5275).

④ [○] 본범의 행위에 관한 법적 평가는 그 행위에 대하여 우리 형법이 적용되지 아니하는 경우에도 우리 형법을 기준으로 하여야 하고 또한 이로써 충분하므로, 본범의 행위가 우리 형법에 비추어 절도죄 등의 **구성요건에 해당하는 위법한 행위라고 인정되는 이상 이에 의하여 영득된 재물은 장물에 해당한다**(대법원 2011.4.28, 2010도15350 횡령 자동차 밀수 사건).

정답 | 572 ① 573 ③

574 장물죄에 관한 다음 설명 중 옳지 않은 것은? (다툼이 있으면 판례에 의함) [Essential ★]

1 2 3

① 본범이 피고인에게 금원을 교부한 행위 자체가 횡령행위라고 하더라도 이러한 경우 본범의 업무상 횡령죄가 기수에 달하는 것과 동시에 그 금원은 장물이 된다.

② 피고인이 리프트탑승권 발매기를 전산조작하여 위조한 탑승권을 발매기에서 뜯어 간 행위는 탑승권 위조행위와 위조탑승권 절취행위가 결합된 것이므로 위조탑승권은 장물성에 해당하고, 나아가 위조된 리프트탑승권을 판매하는 행위는 위조된 리프트탑승권을 행사하는 행위임과 동시에 절취한 장물인 위조 리프트탑승권의 처분행위에 해당한다.

③ 장물인 현금 또는 수표를 금융기관에 예금의 형태로 보관하였다가 이를 반환받기 위하여 동일한 액수의 현금 또는 수표를 인출한 경우에 예금계약의 성질상 그 인출된 현금 또는 수표는 당초의 현금 또는 수표와 물리적인 동일성은 상실되었지만 액수에 의하여 표시되는 금전적 가치에는 아무런 변동이 없으므로 장물로서의 성질은 그대로 유지된다.

④ 피고인이 권한 없이 회사의 아이디와 패스워드를 입력하여 인터넷뱅킹에 접속한 다음 위 회사의 예금계좌로부터 자신의 예금계좌로 합계 1억 8천만원을 이체하는 내용의 정보를 입력하여 자신의 예금액을 증액시킴으로서 컴퓨터등사용사기죄의 범행을 저지른 다음 자신의 현금카드를 사용하여 현금자동지급기에서 현금을 인출한 경우, 그 인출된 현금은 재산범죄에 의하여 취득한 재물로서 장물에 해당한다.

해설

④ [×] 피고인이 자기의 현금카드를 사용하여 현금을 인출한 경우에는 그것이 비록 컴퓨터등사용사기죄의 범행으로 취득한 예금채권을 인출한 것이라 할지라도 현금카드 사용권한 있는 자의 정당한 사용에 의한 것으로서 현금자동지급기 관리자의 의사에 반하거나 기망행위 및 그에 따른 처분행위도 없었으므로 별도로 절도죄나 사기죄의 구성요건에 해당하지 않는다 할 것이고, 그 결과 인출된 현금은 재산범죄에 의하여 취득한 재물이 아니므로 장물이 될 수 없다(대법원 2004.4.16, 2004도353 컴사기 현금인출 사건).

① [○] 본범이 피고인에게 금원을 교부한 행위 자체가 횡령행위라고 하더라도 이러한 경우 **본범의 업무상 횡령죄가 기수에 달하는 것과 동시에 그 금원은 장물이 된다**(대법원 2004.12.9, 2004도5904 횡령과 동시에 장물 사건).

② [○] 피고인이 리프트탑승권 발매기를 전산조작하여 위조한 탑승권을 발매기에서 뜯어 간 행위는 탑승권 위조행위와 위조탑승권 절취행위가 결합된 것이므로 위조탑승권은 장물성에 해당하고, 나아가 위조된 리프트탑승권을 판매하는 행위는 위조된 리프트탑승권을 행사하는 행위임과 동시에 **절취한 장물인 위조 리프트탑승권의 처분행위에 해당한다**(대법원 1998.11.24, 98도2967 무주리조트 사건).

③ [○] 장물인 현금 또는 수표를 금융기관에 예금의 형태로 보관하였다가 이를 반환받기 위하여 동일한 액수의 현금 또는 수표를 인출한 경우에 예금계약의 성질상 그 인출된 현금 또는 수표는 **당초의 현금 또는 수표**와 물리적인 동일성은 상실되었지만 액수에 의하여 표시되는 금전적 가치에는 아무런 변동이 없으므로 **장물로서의 성질은 그대로 유지된다**(대법원 2004.4.16, 2004도353 컴사기 현금인출 사건).

575 장물죄에 관한 다음 설명 중 옳지 않은 것은? (다툼이 있으면 판례에 의함) [Essential ★]

1 2 3

① 장물죄에 있어서 장물의 인식은 확정적 인식임을 요하지 않으며 장물일지도 모른다는 의심을 가지는 정도의 미필적 인식으로서도 충분하다.

② 장물취득죄는 취득 당시 장물인 정을 알면서 재물을 취득하여야 성립하는 것이므로 피고인이 재물을 인도받은 후에 비로소 장물이 아닌가 하는 의구심을 가졌다고 하여 그 재물수수행위가 장물취득죄를 구성한다고 할 수 없다.

③ 장물인 정을 모르고 보관하던 중 장물인 정을 알게 되었고, 장물을 반환하는 것이 불가능하지 않음에도 불구하고 계속 보관함으로써 피해자의 정당한 반환청구권 행사를 어렵게 하여 위법한 재산상태를 유지시킨 경우에는 장물보관죄에 해당한다.

④ 장물인 정을 모르고 장물을 보관하였다가 그 후에 장물인 정을 알게 되었음에도 이를 계속하여 보관하는 행위는 장물죄를 구성하는 것이고, 이는 점유할 권한이 있어 계속하여 보관한 경우에도 마찬가지이다.

해설

④ [×] 장물인 정을 모르고 장물을 보관하였다가 그 후에 장물인 정을 알게 된 경우 그 정을 알고서도 이를 계속하여 보관하는 행위는 장물죄를 구성하는 것이나, 이 경우에도 점유할 권한이 있는 때에는 이를 계속하여 보관하더라도 장물보관죄가 성립한다고 할 수 없다(대법원 2006.10.13, 2004도6084 보석담보 사건).

① [○] 장물죄에 있어서 장물의 인식은 확정적 인식임을 요하지 않으며 장물일지도 모른다는 의심을 가지는 정도의 **미필적 인식으로서도 충분하다**(대법원 2011.5.13, 2009도3552).

② [○] 장물취득죄는 취득 당시 장물인 정을 알면서 재물을 취득하여야 성립하는 것이므로 피고인이 재물을 **인도받은 후에** 비로소 장물이 아닌가 하는 의구심을 가졌다고 하여 그 재물수수행위가 **장물취득죄를 구성한다고 할 수 없다**(대법원 2006.10.13, 2004도6084 보석담보 사건).

③ [○] 장물인 정을 모르고 보관하던 중 장물인 정을 알게 되었고, **장물을 반환하는 것이 불가능하지 않음에도 불구하고 계속 보관함으로써** 피해자의 정당한 반환청구권 행사를 어렵게 하여 위법한 재산상태를 유지시킨 경우에는 **장물보관죄에 해당한다**(대법원 1987.10.13, 87도1633 도난 수표 보관 사건).

정답 | 574 ④ 575 ④

576 장물죄에 관한 다음 설명 중 옳지 않은 것은? (다툼이 있으면 판례에 의함) [Essential ★]

1 2 3

① 장물취득죄에 있어서 '취득'이라 함은 장물의 점유를 이전받음으로써 그 장물에 대하여 사실상 처분권을 획득하는 것을 의미한다.

② 단순히 보수를 받고 본범을 위하여 장물을 일시 사용하거나 그와 같이 사용할 목적으로 장물을 건네받은 것만으로는 장물을 취득한 것으로 볼 수 없다.

③ 장물알선죄에 있어서 '알선'이란 장물을 취득 · 양도 · 운반 · 보관하려는 당사자 사이에 서서 이를 중개하거나 편의를 도모하는 것을 의미한다.

④ 장물을 취득 · 양도 · 운반 · 보관하려는 당사자 사이에 서서 서로를 연결하여 장물의 취득 등의 행위를 중개하거나 편의를 도모하였더라도, 그에 의하여 당사자 사이에 실제로 장물의 취득 등에 관한 계약이 성립하지 않았거나 장물의 점유가 현실적으로 이전되지 않았다면 장물알선죄는 성립하지 아니한다.

해설

④ [×] 장물의 취득 등의 행위를 중개하거나 편의를 도모하였다면 그 알선에 의하여 당사자 사이에 실제로 장물의 취득 등에 관한 계약이 성립하지 아니하였거나 장물의 점유가 현실적으로 이전되지 아니한 경우라도 장물알선죄가 성립한다(대법원 2009.4.23, 2009도1203 장물 알선 사건).

① [○] 장물취득죄에 있어서 **'취득'이라 함은** 장물의 점유를 이전받음으로써 그 장물에 대하여 **사실상 처분권을 획득하는 것을 의미한다**(대법원 2010.12.9, 2010도6256 대포통장 현금인출 사건Ⅱ).

② [○] 단순히 보수를 받고 본범을 위하여 장물을 일시 사용하거나 그와 같이 사용할 목적으로 장물을 건네받은 것만으로는 **장물을 취득한 것으로 볼 수 없다**(대법원 2003.5.13, 2003도1366 신용카드 심부름 사건).

③ [○] 장물알선죄에 있어서 '알선'이란 장물을 취득 · 양도 · 운반 · 보관하려는 당사자 사이에 서서 이를 **중개하거나 편의를 도모하는 것을 의미한다**(대법원 2009.4.23, 2009도1203 장물 알선 사건).

577 다음 중 '甲에 대한' ( ) 안의 죄책이 옳지 않은 것은 모두 몇 개인가? (다툼이 있으면 판례에 의함)

1 2 3

[Superlative ★★★]

㉠ 甲이 미등록 상태였던 수입자동차를 취득한 후 최초 등록이 마쳐진 수입자동차가 장물일지도 모른다고 생각하면서도 乙에게 양도한 경우 (장물양도죄)

㉡ 대한민국 국민 또는 외국인이 미국 캘리포니아주에서 미국 리스회사와 미국 캘리포니아주의 법에 따라 차량 이용에 관한 리스계약을 체결하였는데, 이후 자동차수입업자인 甲이 리스기간 중 리스이용자들이 임의로 처분한 차량들을 수입한 경우 (장물취득죄)

㉢ 乙이 습득한 신용카드 2장으로 물건을 구입하여 줄 것을 甲에게 부탁하였고, 甲이 그 부탁을 받아들여 신용카드 2장을 교부받은 경우 (장물취득죄)

㉣ 甲이 자신의 명의로 된 통장, 현금카드 등을 乙에게 건네주었고, 이후 乙에게 기망당한 피해자 A가 위 통장으로 금원을 입금하자 乙 모르게 이를 바로 인출한 경우 (장물취득죄)

㉤ 甲이 乙이 절취한 차량이라는 정을 알면서도 乙 등으로부터 그들이 차량을 이용하여 강도를 하려 함에 있어 차량을 운전해 달라는 부탁을 받고 차량을 운전해 준 경우 (장물운반죄)

㉥ 피고인 甲이 乙 등으로부터 절취하여 온 귀금속을 매도하여 달라는 부탁을 받고 귀금속을 매수하기로 한 丙에게 전화하여 노래연습장에서 만나기로 약속한 후, 乙 등으로부터 건네받은 귀금속을 가지고 노래연습장에 들어갔다가 경찰관에 의하여 체포된 경우 (무죄)

① 1개 ② 2개

③ 3개 ④ 4개

해설

③ ㉢㉣㉥ 3항목이 옳지 않다.

㉠ [○] (1) 피고인이 미등록 상태였던 수입자동차를 취득한 후 최초 등록이 마쳐진 수입자동차가 장물일지도 모른다고 생각하면서도 乙에게 양도한 경우 **장물양도죄가 성립한다.** (2) 장물인 수입자동차를 신규등록하였다고 하여 그 최초 등록명의인이 해당 수입자동차를 원시취득하게 된다거나 그 장물양도행위가 범죄가 되지 않는다고 볼 수는 없다(대법원 2011.5.13, 2009도3552).

㉡ [○] 자동차수입업자인 피고인이 리스기간 중 리스이용자들이 임의로 처분한 차량들을 수입한 경우 **장물취득죄가 성립한다**(대법원 2011.4.28, 2010도15350 횡령 자동차 밀수 사건).

㉢ [×] (1) 단순히 보수를 받고 본범을 위하여 장물을 일시 사용하거나 그와 같이 사용할 목적으로 장물을 건네받은 것만으로는 장물을 취득한 것으로 볼 수 없다. (2) 乙의 부탁을 받아들여 신용카드 2장을 교부받은 甲의 행위는 장물을 보관한 경우에 해당한다(대법원 2003.5.13, 2003도1366 신용카드 심부름 사건).

㉣ [×] 본범의 사기행위는 피고인이 예금계좌를 개설하여 본범에게 양도한 방조행위가 가공되어 본범에게 편취금이 귀속되는 과정 없이 피고인이 피해자로부터 피고인의 예금계좌로 돈을 송금받아 취득함으로써 종료되는 것이고, 그 후 피고인이 자신의 예금계좌에서 돈을 인출하였다 하더라도 이는 예금명의자로서 은행에 예금반환을 청구한 결과일 뿐 본범으로부터 돈에 대한 점유를 이전받아 사실상 처분권을 획득한 것은 아니므로, 피고인의 위와 같은 인출행위를 장물'취득'죄로 벌할 수는 없다(대법원 2010.12.9, 2010도6256 대포통장 현금인출 사건 Ⅱ).

㉤ [○] 피고인은 강도예비와 아울러 **장물운반의 고의를 가지고 위와 같은 행위를 하였다고 봄이 상당하다**(대법원 1999.3.26, 98도3030).

㉥ [×] 甲이 귀금속을 매도하려는 乙 등과 이를 매수하려는 丙 사이를 연결하여 귀금속의 매매를 중개함으로써 장물알선죄는 성립하고, 실제로 매매계약이 성립하지 않았다거나 귀금속의 점유가 丙에게 현실적으로 이전되지 아니하였다 하더라도 장물알선죄의 성립은 방해받지 않는다(대법원 2009.4.23, 2009도1203 장물 알선 사건).

정답 | 576 ④ 577 ③

578 손괴죄에 관한 다음 설명 중 옳지 않은 것은? (다툼이 있으면 판례에 의함) [core ★★]

1 2 3

① 재물손괴죄에서 '재물의 효용을 해한다'고 함은 사실상으로나 감정상으로 그 재물을 본래의 사용목적에 공할 수 없게 하는 상태로 만드는 것을 말하며 일시적으로 그 재물을 이용할 수 없는 상태로 만드는 것도 여기에 포함된다.

② 문서손괴죄에서 '문서의 효용을 해한다'고 함은 그 문서를 본래의 사용목적에 제공할 수 없게 하는 상태로 만드는 것은 물론 일시적으로 그것을 이용할 수 없는 상태로 만드는 것도 포함한다.

③ 건조물의 벽면에 낙서를 하거나 게시물을 부착하는 행위 또는 오물을 투척하는 행위 등이 건조물의 효용을 해하는 것에 해당하는지 여부는 제반 사정을 종합하여 사회통념에 따라 판단하여야 한다.

④ 어느 문서에 대한 종래의 사용상태가 문서 소유자의 의사에 반하여 또는 문서 소유자의 의사와 무관하게 이루어진 것이라도 그 종래의 사용상태를 제거하거나 변경시켰다면 비록 문서 소유자의 그 문서 사용에 지장을 초래하지 않았더라도 문서에 대한 사용가치를 일시적으로도 해하였다고 할 것이어서 문서손괴죄가 성립한다.

해설

④ [×] (1) 소유자의 의사에 따라 어느 장소에 게시 중인 문서를 소유자의 의사에 반하여 떼어내는 것과 같이 소유자의 의사에 따라 형성된 종래의 이용상태를 변경시켜 종래의 상태에 따른 이용을 일시적으로 불가능하게 하는 경우에도 문서손괴죄가 성립할 수 있다. (2) 그러나 어느 문서에 대한 종래의 사용상태가 문서 소유자의 의사에 반하여 또는 문서 소유자의 의사와 무관하게 이루어진 것일 경우에 단순히 그 종래의 사용상태를 제거하거나 변경시키는 것에 불과하고 이를 손괴, 은닉하는 등으로 새로이 문서 소유자의 그 문서 사용에 지장을 초래하지 않는 경우에는 문서의 효용, 즉 문서 소유자의 문서에 대한 사용가치를 일시적으로도 해하였다고 할 수 없어서 문서손괴죄가 성립하지 아니한다(대법원 2015.11.27, 2014도13083 회신문서 제거 사건).

① [○] 재물손괴죄에서 '재물의 효용을 해한다'고 함은 사실상으로나 감정상으로 그 재물을 본래의 사용목적에 공할 수 없게 하는 상태로 만드는 것을 말하며 **일시적으로 그 재물을 이용할 수 없는 상태로 만드는 것도 여기에 포함된다**(대법원 2007.6.28, 2007도2590 스프레이 유죄 계란 무죄 사건).

② [○] 문서손괴죄에서 '문서의 효용을 해한다'고 함은 그 문서를 본래의 사용목적에 제공할 수 없게 하는 상태로 만드는 것은 물론 **일시적으로 그것을 이용할 수 없는 상태로 만드는 것도 포함한다**(대법원 2015.11.27, 2014도13083 회신문서 제거 사건).

③ [○] 건조물의 벽면에 낙서를 하거나 게시물을 부착하는 행위 또는 오물을 투척하는 행위 등이 건조물의 효용을 해하는 것에 해당하는지 여부는 **제반 사정을 종합하여 사회통념에 따라 판단하여야 한다**(대법원 2007.6.28, 2007도2590 스프레이 유죄 계란 무죄 사건).

579 다음 중 손괴죄가 성립하는 것은 모두 몇 개인가? (다툼이 있으면 판례에 의함) [Superlative ★★★]

1 2 3

> ㉠ 해고당한 피고인이 회사에서 집회를 개최하던 중 계란 수십 개를 회사 건물에 투척한 경우
> ㉡ 해고당한 피고인이 회사에서 집회를 개최하던 중 래커 스프레이를 이용하여 회사 건물 외벽과 1층 벽면, 식당 계단 천장 및 벽면에 '자본똥개, 원직복직, 결사투쟁' 등의 내용으로 낙서를 한 경우
> ㉢ 피고인이 피해자가 홍보를 위해 설치한 광고판(홍보용 배너와 거치대)을 그 장소에서 제거하여 컨테이너로 된 창고로 옮긴 경우
> ㉣ 피고인들이 유색 페인트와 래커 스프레이를 이용하여 회사 소유의 도로 바닥에 직접 문구를 기재하거나 도로 위에 놓인 현수막 천에 문구를 기재하여 페인트가 바닥으로 배어나와 도로에 배게 하는 방법으로 도로 바닥에 여러 문구를 써놓은 경우
> ㉤ 피고인 甲이 A로부터 자동문 설치공사를 도급받아 그 공사를 마쳤음에도 잔금을 지급받지 못하자 2014.1.10.경 추가로 자동문의 번호키 설치공사를 도급받아 시공한 후 자동문의 자동작동중지 예약기능을 이용하여 2014.1.20.부터 자동문이 자동으로 여닫히지 않도록 설정한 경우

① 2개 ② 3개

③ 4개 ④ 5개

해설

② ㉡㉢㉤ 3항목의 경우 손괴죄가 성립한다.

㉠ 50만원 정도의 비용이 드는 청소가 필요한 상태가 되었고 또 유리문이나 유리창 등 건물 내부에서 외부를 관망하는 역할을 수행하는 부분 중 일부가 불쾌감을 줄 정도로 더럽혀졌다는 점을 고려해 보더라도 건물의 효용을 해하는 정도의 것에 해당하지 않는다(대법원 2007.6.28, 2007도2590 스프레이 유죄 계란 무죄 사건).

㉡ 낙서를 함으로써 이를 제거하는 데 약 341만원 상당이 들도록 한 행위는 건물의 미관을 해치는 정도와 건물 이용자들의 불쾌감 및 원상회복의 어려움 등에 비추어 건물의 효용을 해한 것에 해당한다(대법원 2007.6.28, 2007도2590 스프레이 유죄 계란 무죄 사건).

㉢ 비록 물질적인 형태의 변경이나 멸실, 감손을 초래하지 않은 채 그대로 옮겼다고 하더라도 광고판은 그 본래적 역할을 할 수 없는 상태로 되었다고 보아야 하므로 재물의 효용을 해하는 행위에 해당한다(대법원 2018.7.24, 2017도18807 광고판 제거 사건).

㉣ 도로의 효용을 해하는 정도에 이른 것이라고 보기 어렵다(대법원 2020.3.27, 2017도20455 도로 바닥 페인트 · 스프레이 사건).

㉤ 자동문을 자동으로 작동하지 않고 수동으로만 개폐가 가능하게 하여 자동잠금장치로서 역할을 할 수 없도록 한 것이므로 재물손괴죄가 성립한다(대법원 2016.11.25, 2016도9219 자동문 작동중지 사건).

정답 | 578 ④ 579 ②

580 다음 중 손괴죄가 성립하지 않는 것은? (다툼이 있으면 판례에 의함) [Essential ★]

1 2 3

① 피고인이 이미 타인(타기관)에 접수되어 있는 자기 명의의 문서를 함부로 무효화시켜 그 용도에 사용하지 못하게 한 경우

② 피고인이 피해자로부터 전세금 200만원을 받고 영수증을 작성·교부한 뒤에 피해자에게 전세금을 반환하겠다고 말하여 영수증을 교부받고 나서 전세금을 반환하기도 전에 이를 찢어버린 경우

③ 약속어음의 수취인이 차용금의 지급담보를 위하여 은행에 보관시킨 약속어음을 은행지점장이 발행인의 부탁을 받고 그 지급기일란의 일자를 지움으로써 그 효용을 해한 경우

④ 아파트 관리사무소장이 아파트 입주자들의 소유에 속하는 문서(생활쓰레기 자동집하시설 공사 반대 탄원에 따른 회신 문서)를 그들의 의사에 따르지 않고 엘리베이터 벽면에 임의로 게시하자, 쓰레기 자동집하시설 건립 반대를 위한 비상대책위원회 위원장인 피고인이 이를 떼어낸 경우

해설

④ (1) 어느 문서에 대한 종래의 사용상태가 문서 소유자의 의사에 반하여 또는 문서 소유자의 의사와 무관하게 이루어진 것일 경우에 단순히 그 종래의 사용상태를 제거하거나 변경시키는 것에 불과하고 이를 손괴, 은닉하는 등으로 새로이 문서 소유자의 그 문서 사용에 지장을 초래하지 않는 경우에는 문서의 효용, 즉 문서 소유자의 문서에 대한 사용가치를 일시적으로도 해하였다고 할 수 없어서 문서손괴죄가 성립하지 아니한다. (2) 피고인이 회신문서를 떼어낸 경우라도 그 문서의 효용을 해하였음이 인정되지 않는 이상 문서손괴죄가 성립하는 것은 아니다(대법원 2015.11.27, 2014도13083 회신문서 제거 사건).

① 비록 자기 명의의 문서라 할지라도 이미 타인(타기관)에 접수되어 있는 문서에 대하여 함부로 이를 무효화시켜 그 용도에 사용하지 못하게 하였다면 일응 문서손괴죄를 구성한다(대법원 1987.4.14, 87도177).

② (1) 문서손괴죄의 객체는 타인 소유의 문서이며 피고인 자신의 점유하에 있는 문서라고 할지라도 타인 소유인 이상 이를 손괴하는 행위는 문서손괴죄에 해당한다. (2) 피고인이 영수증을 교부받고 나서 전세금을 반환하기도 전에 이를 찢어버렸다면 문서손괴죄가 성립한다(대법원 1984.12.26, 84도2290).

③ 은행지점장이 발행인의 부탁을 받고 약속어음 지급기일란의 일자를 지움으로써 그 효용을 해한 경우에는 문서손괴죄가 성립한다(대법원 1982.7.27, 82도223).

581 권리행사방해죄에 관한 다음 설명 중 옳지 않은 것은? (다툼이 있으면 판례에 의함) [core ★★]

1 2 3

① 권리행사방해죄는 타인의 점유 또는 권리의 목적이 된 자기의 물건을 취거, 은닉 또는 손괴하여 타인의 권리행사를 방해함으로써 성립하는 것이므로 그 취거, 은닉 또는 손괴한 물건이 자기의 물건이 아니라면 권리행사방해죄가 성립할 여지가 없다.

② 권리행사방해죄의 구성요건 중 타인의 '권리'란 반드시 제한물권만을 의미하는 것은 아니지만 물건에 대하여 점유를 수반하지 아니하는 채권까지 이에 포함된다고 할 수 없다.

③ 권리행사방해죄에 있어서의 '타인의 점유'라 함은 권원으로 인한 점유, 즉 정당한 원인에 기하여 물건을 점유하는 것을 의미하지만, 반드시 본권에 기한 점유만을 말하는 것이 아니라 유치권 등에 기한 점유도 여기에 해당한다.

④ 권리행사방해죄에서의 보호대상인 '타인의 점유'는 반드시 점유할 권원에 기한 점유만을 의미하는 것은 아니고, 일단 적법한 권원에 기하여 점유를 개시하였으나 사후에 점유권원을 상실한 경우의 점유, 점유권원의 존부가 외관상 명백하지 아니하여 법정절차를 통하여 권원의 존부가 밝혀질 때까지의 점유, 권원에 기하여 점유를 개시한 것은 아니나 동시이행항변권 등으로 대항할 수 있는 점유 등과 같이 법정절차를 통한 분쟁해결시까지 잠정적으로 보호할 가치있는 점유는 모두 포함된다.

해설

② [×] 권리행사방해죄의 구성요건 중 타인의 '권리'란 반드시 제한물권만을 의미하는 것이 아니라 물건에 대하여 점유를 수반하지 아니하는 채권도 이에 포함된다(대법원 1991.4.26, 90도1958 원목 인도청구권 사건).

① [○] 권리행사방해죄는 타인의 점유 또는 권리의 목적이 된 자기의 물건을 취거, 은닉 또는 손괴하여 타인의 권리행사를 방해함으로써 성립하는 것이므로 그 취거, 은닉 또는 손괴한 물건이 **자기의 물건이 아니라면 권리행사방해죄가 성립할 여지가 없다**(대법원 2010.2.25, 2009도5064 리스 덤프트럭 사건).

③ [○] 권리행사방해죄에 있어서의 '타인의 점유'라 함은 권원으로 인한 점유, 즉 정당한 원인에 기하여 물건을 점유하는 것을 의미하지만, 반드시 본권에 기한 점유만을 말하는 것이 아니라 **유치권 등에 기한 점유도 여기에 해당한다**(대법원 2011.5.13, 2011도2368 유치권 주택 사건).

④ [○] 권리행사방해죄에서의 보호대상인 '타인의 점유'는 반드시 점유할 권원에 기한 점유만을 의미하는 것은 아니고, 일단 적법한 권원에 기하여 점유를 개시하였으나 사후에 점유권원을 상실한 경우의 점유, 점유권원의 존부가 외관상 명백하지 아니하여 법정절차를 통하여 권원의 존부가 밝혀질 때까지의 점유, 권원에 기하여 점유를 개시한 것은 아니나 동시이행항변권 등으로 대항할 수 있는 점유 등과 같이 **법정절차를 통한 분쟁해결시까지 잠정적으로 보호할 가치있는 점유는 모두 포함된다**(대법원 2010.10.14, 2008도6578 지입차량 무단취거 사건).

정답 | 580 ④ 581 ②

582 권리행사방해죄에 관한 다음 설명 중 옳은 것(○)과 옳지 않은 것(×)을 올바르게 조합한 것은? (다툼이 있으면 판례에 의함)

1 2 3

[core ★★]

> ㉠ 권리행사방해죄에 있어서 '취거'라 함은 타인의 점유 또는 권리의 목적이 된 자기의 물건을 그 점유자의 의사에 반하여 그 점유자의 점유로부터 자기 또는 제3자의 점유로 옮기는 것과 점유자의 의사나 그의 하자 있는 의사에 기하여 점유가 이전되는 것을 말한다.
> ㉡ 권리행사방해죄에 있어 '은닉'이란 타인의 점유 또는 권리의 목적이 된 자기 물건 등의 소재를 발견하기 불가능하게 하거나 또는 현저히 곤란한 상태에 두는 것을 말하고, 그로 인하여 권리행사가 방해될 우려가 있는 상태에 이르면 권리행사방해죄가 성립하고 현실로 권리행사가 방해되었을 것까지 필요로 하는 것은 아니다.

① ㉠ ○ ㉡ ○ ② ㉠ ○ ㉡ ×
③ ㉠ × ㉡ ○ ④ ㉠ × ㉡ ×

해설

③ 이 지문이 올바른 조합이다.
㉠ [×] 권리행사방해죄에 있어서 '취거'라 함은 타인의 점유 또는 권리의 목적이 된 자기의 물건을 점유자의 의사에 반하여 그 점유자의 점유로부터 자기 또는 제3자의 점유로 옮기는 것을 말하므로 점유자의 의사나 그의 하자있는 의사에 기하여 점유가 이전된 경우에는 여기에서 말하는 취거로 볼 수 없다(대법원 1988.2.23, 87도1952 맥콜 사건).
㉡ [○] 권리행사방해죄에 있어 '은닉'이란 타인의 점유 또는 권리의 목적이 된 자기 물건 등의 소재를 발견하기 불가능하게 하거나 또는 현저히 곤란한 상태에 두는 것을 말하고, 그로 인하여 권리행사가 방해될 우려가 있는 상태에 이르면 권리행사방해죄가 성립하고 **현실로 권리행사가 방해되었을 것까지 필요로 하는 것은 아니다**(대법원 2017.5.17, 2017도2230 렌트카를 대포차로 사건).

583 다음 중 권리행사방해죄가 성립하는 것을 모두 고른 것은? (다툼이 있으면 판례에 의함)

1 2 3

[Superlative ★★★]

> ㉠ 피고인이 공장근저당권이 설정된 선반기계 등을 이중담보로 제공하기 위하여 이를 다른 장소로 옮긴 경우
> ㉡ 피고인이 근저당권자인 대한화재해상보험으로부터 허락을 받거나 피담보채무를 변제하지 않은 채, 저당권의 목적물인 자신의 회사 소유 빌딩 내부철거공사를 시행하여 빌딩을 손괴한 경우
> ㉢ 렌트카 회사인 X회사의 대표이사와 사내이사인 피고인들이 Y회사 등의 명의로 저당권등록이 되어 있는 다수의 차량들을 사들여 X회사 소유의 영업용 차량으로 등록한 후 차량 구입자들 또는 지입차주들로 하여금 차량을 관리 · 처분하도록 함으로써 그 차량들의 소재를 파악할 수 없게 하고, 나아가 자동차대여사업자등록이 취소되어 그 차량들에 대한 저당권등록마저 직권말소되도록 한 경우

① 없음 ② ㉠
③ ㉠㉡ ④ ㉠㉡㉢

해설

④ 모든 항목의 경우 권리행사방해죄가 성립한다.
㉠ 공장저당권의 행사가 방해가 될 우려가 있는 행위로서 권리행사방해죄에 해당한다(대법원 1994.9.27, 94도1439).
㉡ 저당권의 목적물인 자신의 회사 소유 빌딩 내부철거공사를 시행하여 빌딩을 손괴한 경우, 권리행사방해죄가 성립한다(대법원 2005.4.29, 2005도741 굿모닝시티 사건).
㉢ 저당권의 목적이 된 자동차의 소재를 파악하는 것을 현저하게 곤란하게 하거나 불가능하게 하는 행위에 해당한다(대법원 2017.5.17, 2017도2230 렌트카를 대포차로 사건).

584 1 2 3 다음 중 권리행사방해죄가 성립하는 것을 모두 고른 것은? (다툼이 있으면 판례에 의함) [core ★★]

㉠ 피고인 甲이 이른바 중간생략등기형 명의신탁 또는 계약명의신탁의 방식으로 자신의 처 乙에게 등기명의를 신탁하여 놓은 점포에 자물쇠를 채워 점포의 임차인 A를 출입하지 못하게 한 경우
㉡ 피고인 甲이 피해자 A에게 교부한 약속어음이 부도나 A로부터 원금에 대한 변제독촉을 받자 BMW 차량을 A에게 담보로 제공하였음에도 불구하고 A의 승낙 없이 보조키를 이용하여 이를 운전하여 간 경우. 다만, 당시 차량은 자동차등록원부에 BMW파이낸셜서비스코리아 명의로 등록되어 있었음
㉢ 렌트카 회사의 공동대표이사 중 1인인 乙이 A에 대한 개인적인 채무의 담보 명목으로 회사가 보유 중이던 승용차를 A에게 넘겨주었고, 회사 직원 丙의 승용차 반환요구에 대하여 A가 乙에 대한 채권 등을 이유로 거절하자, 회사 공동대표이사 중 1인인 피고인 甲이 A 사무실 부근에 주차되어 있는 승용차를 몰래 회수하도록 한 경우. 다만, 승용차는 회사가 구입하여 보유 중이나 아직 회사나 피고인 甲 명의로 신규등록 절차를 마치지 않은 미등록 상태이었음

① 없음 ② ㉠
③ ㉠㉡ ④ ㉠㉡㉢

해설

① 모든 항목의 경우 권리행사방해죄는 성립하지 아니한다. 모두 자기 소유의 물건이 아니기 때문이다.
㉠ (1) 명의신탁이 무효로 되는 경우에는 말할 것도 없고, 유효한 명의신탁이 되는 경우에도 제3자인 부동산의 임차인에 대한 관계에서는 명의신탁자는 소유자가 될 수 없으므로, 어느 모로 보나 신탁한 부동산이 권리행사방해죄에서 말하는 '자기의 물건'이라 할 수 없다. (2) 피고인 甲이 자신의 처 乙에게 등기명의를 신탁하여 놓은 점포에 자물쇠를 채워 점포의 임차인 A를 출입하지 못하게 한 경우, 그 점포는 권리행사방해죄의 객체인 자기의 물건에 해당하지 않으므로 권리행사방해죄는 성립되지 아니한다(대법원 2005.9.9, 2005도626 명의신탁 빌딩 출입방해 사건).
㉡ BMW 차량은 자동차등록원부에 BMW파이낸셜서비스코리아 명의로 등록되어 있어 甲의 소유가 아니므로 권리행사방해죄는 성립하지 아니한다(대법원 2005.11.10, 2005도6604 BMW 임의취거 사건).
㉢ A의 승용차에 대한 점유는 법정절차를 통하여 점유 권원의 존부가 밝혀짐으로써 분쟁이 해결될 때까지 잠정적으로 보호할 가치 있는 점유에 포함되지만, 승용차가 미등록 상태이므로 아직 회사나 혹은 甲의 소유물이라고 할 수 없어 권리행사방해죄는 성립되지 아니한다(대법원 2006.3.23, 2005도4455 렌터카 공동대표 사건).

정답 | 582 ③ 583 ④ 584 ①

585 강제집행면탈죄에 관한 다음 설명 중 옳지 않은 것은? (다툼이 있으면 판례에 의함) [core ★★]

1 2 3

① 강제집행면탈죄는 강제집행을 실시하려는 자에 대하여 재산의 발견을 불능 또는 곤란케 하는 은닉 등의 행위를 통하여 채권자를 해할 위험상태에 이름으로써 성립하는 위태범이다.

② 강제집행면탈죄는 위태범으로서 채권자가 본안 또는 보전소송을 제기하거나 제기할 태세를 보이고 있는 상태에서 주관적으로 강제집행을 면탈하려는 목적으로 재산을 은닉, 손괴, 허위양도하거나 허위의 채무를 부담하여 채권자를 해할 위험이 있으면 성립하고, 반드시 채권자를 해하는 결과가 야기되거나 행위자가 어떤 이득을 취하여야 범죄가 성립하는 것은 아니다.

③ 강제집행면탈죄는 위태범으로서 반드시 채권자를 해하는 결과가 야기되거나 이로 인하여 행위자가 어떤 이득을 취하여야 범죄가 성립하는 것은 아니나, 허위양도한 부동산의 시가액보다 그 부동산에 의하여 담보된 채무액이 더 많다고 한다면 특별한 사정이 없는 한 그 허위양도로 인하여 채권자를 해할 위험이 있다고 할 수 없다.

④ 현실적으로 강제집행을 받을 우려가 있는 상태에서 강제집행을 면탈할 목적으로 허위채무를 부담하는 등의 행위를 하는 경우에는 달리 특별한 사정이 없는 한 채권자를 해할 위험이 있다고 보아야 할 것이고, 채무자에게 약간의 다른 재산이 있다 하여 채권자를 해할 우려가 없다고 할 수 없다.

해설

③ [×] 허위양도한 부동산의 시가액보다 그 부동산에 의하여 담보된 채무액이 더 많다고 하여 그 허위양도로 인하여 채권자를 해할 위험이 없다고 할 수 없다(대법원 1999.2.12, 98도2474).

① [○] **강제집행면탈죄는** 강제집행을 실시하려는 자에 대하여 재산의 발견을 불능 또는 곤란케 하는 은닉 등의 행위를 통하여 채권자를 해할 위험상태에 이름으로써 성립하는 **위태범이다**(대법원 2007.6.1, 2006도1813 전윤수 성원건설 회장 사건).

② [○] 강제집행면탈죄는 위태범으로서 채권자가 본안 또는 보전소송을 제기하거나 제기할 태세를 보이고 있는 상태에서 주관적으로 강제집행을 면탈하려는 목적으로 재산을 은닉, 손괴, 허위양도하거나 허위의 채무를 부담하여 **채권자를 해할 위험이 있으면 성립하고,** 반드시 채권자를 해하는 결과가 야기되거나 행위자가 어떤 이득을 취하여야 범죄가 성립하는 것은 아니다(대법원 2012.6.28, 2012도3999 송달 · 양도 동일날짜 사건).

④ [○] 현실적으로 강제집행을 받을 우려가 있는 상태에서 강제집행을 면탈할 목적으로 허위채무를 부담하는 등의 행위를 하는 경우에는 달리 특별한 사정이 없는 한 **채권자를 해할 위험이 있다고 보아야 할 것이고,** 채무자에게 약간의 다른 재산이 있다 하여 채권자를 해할 우려가 없다고 할 수 없다(대법원 2008.4.24, 2007도4585 로데오타운 사건).

586 강제집행면탈죄에 관한 다음 설명 중 옳지 않은 것은? (다툼이 있으면 판례에 의함) [Essential ★]

1 2 3

① 강제집행의 기본이 되는 채권자의 권리, 즉 채권의 존재는 강제집행면탈죄의 성립요건으로서 채권의 존재가 인정되지 않을 때에는 강제집행면탈죄는 성립하지 않는다.

② 채권이 존재하는 경우에도 채무자의 재산은닉 등 행위시를 기준으로 채무자에게 채권자의 집행을 확보하기에 충분한 다른 재산이 있었다면 채권자를 해하였거나 해할 우려가 있다고 쉽사리 단정할 것이 아니다.

③ 상계의 의사표시가 있는 경우에는 각 채무는 상계할 수 있는 때에 소급하여 대등액에 관하여 소멸한 것으로 보게 되므로, 상계로 인하여 소멸한 것으로 보게 되는 채권에 관하여는 그 상계의 효력이 발생하는 시점 이후에는 채권의 존재가 인정되지 않으므로 강제집행면탈죄가 성립하지 않는다.

④ 집행할 채권이 조건부 채권이라 하여도 이를 피보전권리로 하여 보전처분을 함에는 법률상 아무런 장해가 없으므로 이와 같은 보전처분을 면할 목적으로 형법 제327조 소정의 행위를 한 이상 강제집행면탈죄가 성립되지만, 그 후 그 조건의 불성취로 채권이 소멸되었다 한다면 강제집행면탈죄는 성립하지 아니한다.

해설

④ [×] 보전처분을 면할 목적으로 형법 제327조 소정의 행위를 한 이상 강제집행면탈죄는 성립되며 그 후 그 조건의 불성취로 채권이 소멸되었다 하여도 일단 성립한 범죄에는 영향을 미칠 수 없다(대법원 1984.6.12, 82도1544).

① [○] 강제집행의 기본이 되는 채권자의 권리, 즉 채권의 존재는 강제집행면탈죄의 성립요건으로서 **채권의 존재가 인정되지 않을 때에는 강제집행면탈죄는 성립하지 않는다**(대법원 2011.9.8, 2011도5165 사실혼 해소 사건).

② [○] 채권이 존재하는 경우에도 채무자의 재산은닉 등 행위시를 기준으로 채무자에게 채권자의 집행을 확보하기에 **충분한 다른 재산이 있었다면 채권자를 해하였거나 해할 우려가 있다고 쉽사리 단정할 것이 아니다**(대법원 2011.9.8, 2011도5165 사실혼 해소 사건).

③ [○] 상계의 의사표시가 있는 경우에는 각 채무는 상계할 수 있는 때에 소급하여 대등액에 관하여 소멸한 것으로 보게 되므로, 상계로 인하여 소멸한 것으로 보게 되는 채권에 관하여는 그 상계의 효력이 발생하는 시점 이후에는 **채권의 존재가 인정되지 않으므로 강제집행면탈죄가 성립하지 않는다**(대법원 2012.8.30, 2011도2252 보증금으로 상계 사건).

정답 | 585 ③ 586 ④

587 강제집행면탈죄에 관한 다음 설명 중 옳지 않은 것은? (다툼이 있으면 판례에 의함) [core ★★]

1 2 3

① 강제집행면탈죄에서 말하는 강제집행이란 소위 광의의 강제집행인 소유권이전등기 절차이행의 청구의 소 제기도 포함된다.

② 강제집행면탈죄는 국가의 강제집행권이 발동될 단계에 있는 채권자의 권리를 보호하기 위한 범죄로서, 여기서의 강제집행에는 광의의 강제집행인 의사의 진술에 갈음하는 판결의 강제집행도 포함된다.

③ 강제집행면탈죄가 적용되는 강제집행에는 민사집행법 제2편의 적용 대상인 '강제집행' 또는 가압류 · 가처분 등의 집행 외에도 민사집행법 제3편의 적용 대상인 '담보권 실행 등을 위한 경매'도 포함된다.

④ 강제집행면탈죄가 적용되는 강제집행은 민사집행법의 적용 대상인 강제집행 또는 가압류 · 가처분 등의 집행을 가리키는 것이므로 국세징수법에 의한 체납처분을 면탈할 목적으로 재산을 은닉하는 등의 행위는 위 죄의 규율대상에 포함되지 않는다.

해설

③ [×] 강제집행면탈죄가 적용되는 강제집행은 민사집행법 제2편의 적용 대상인 '강제집행' 또는 가압류 · 가처분 등의 집행을 가리키는 것이고, 민사집행법 제3편의 적용 대상인 '담보권 실행 등을 위한 경매'를 면탈할 목적으로 재산을 은닉하는 등의 행위는 위 죄의 규율 대상에 포함되지 않는다(대법원 2015.3.26, 2014도14909).

① [○] 강제집행면탈죄에서 말하는 강제집행이란 소위 광의의 강제집행인 **소유권이전등기 절차이행의 청구의 소 제기도 포함된다**(대법원 1983.10.25, 82도808).

② [○] 강제집행면탈죄는 국가의 강제집행권이 발동될 단계에 있는 채권자의 권리를 보호하기 위한 범죄로서, 여기서의 강제집행에는 광의의 강제집행인 **의사의 진술에 갈음하는 판결의 강제집행도 포함된다**(대법원 2015.9.15, 2015도9883 명의신탁 교회토지 사건).

④ [○] 강제집행면탈죄가 적용되는 강제집행은 민사집행법의 적용 대상인 강제집행 또는 가압류 · 가처분 등의 집행을 가리키는 것이므로 **국세징수법에 의한 체납처분을 면탈할 목적으로 재산을 은닉하는 등의 행위는 위 죄의 규율대상에 포함되지 않는다**(대법원 2012.4.26, 2010도5693 국고보조금 반환명령 사건).

588 강제집행면탈죄에 관한 다음 설명 중 옳지 않은 것은? (다툼이 있으면 판례에 의함) [core ★★]

1 2 3

① 강제집행면탈죄에 있어서 재산에는 동산 · 부동산뿐만 아니라 재산적 가치가 있어 민사소송법에 의한 강제집행 또는 보전처분이 가능한 특허 내지 실용신안 등을 받을 수 있는 권리도 포함된다.

② 장래의 권리라고 한다면 비록 채무자와 제3채무자 사이에 채무자의 장래청구권이 충분하게 표시되었거나 결정된 법률관계가 존재한다고 하더라도 강제집행면탈죄에서 말하는 재산에 해당한다고 할 수 없다.

③ '보전처분 단계에서의 가압류채권자의 지위' 자체는 원칙적으로 민사집행법상 강제집행 또는 보전처분의 대상이 될 수 없어 강제집행면탈죄의 객체에 해당한다고 볼 수 없고, 이는 가압류채무자가 가압류해방금을 공탁한 경우에도 마찬가지이다.

④ 명의신탁자와 명의수탁자가 이른바 계약명의신탁 약정을 맺고 명의수탁자가 당사자가 되어 명의신탁 약정이 있다는 사실을 알지 못하는 소유자와 부동산에 관한 매매계약을 체결한 후 그 매매계약에 따라 당해 부동산의 소유권이전등기를 명의수탁자 명의로 마친 경우, 명의신탁자는 그 매매계약에 의해서는 당해 부동산의 소유권을 취득하지 못하게 되어, 결국 그 부동산은 명의신탁자에 대한 강제집행이나 보전처분의 대상이 될 수 없다.

해설

② [×] 장래의 권리라도 채무자와 제3채무자 사이에 채무자의 장래청구권이 충분하게 표시되었거나 결정된 법률관계가 존재한다면 재산에 해당하는 것으로 보아야 한다(대법원 2011.7.28, 2011도6115 배당금지급채권 사건).

① [○] 강제집행면탈죄에 있어서 재산에는 동산 · 부동산뿐만 아니라 재산적 가치가 있어 민사소송법에 의한 강제집행 또는 보전처분이 가능한 **특허 내지 실용신안 등을 받을 수 있는 권리도 포함된다**(대법원 2001.11.27, 2001도4759 전력기술회사 사건).

③ [○] **'보전처분 단계에서의 가압류채권자의 지위' 자체는 원칙적으로 민사집행법상 강제집행 또는 보전처분의 대상이 될 수 없어** 강제집행면탈죄의 객체에 해당한다고 볼 수 없고, 이는 **가압류채무자가 가압류해방금을 공탁한 경우에도 마찬가지이다**(대법원 2008.9.11, 2006도8721 가압류집행해제 사건).

④ [○] 명의신탁자와 명의수탁자가 이른바 계약명의신탁 약정을 맺고 명의수탁자가 당사자가 되어 명의신탁 약정이 있다는 사실을 알지 못하는 소유자와 부동산에 관한 매매계약을 체결한 후 그 매매계약에 따라 당해 부동산의 소유권이전등기를 명의수탁자 명의로 마친 경우, 명의신탁자는 그 매매계약에 의해서는 **당해 부동산의 소유권을 취득하지 못하게 되어, 결국 그 부동산은 명의신탁자에 대한 강제집행이나 보전처분의 대상이 될 수 없다**(대법원 2011.12.8, 2010도4129).

정답 | 587 ③ 588 ②

589 강제집행면탈죄에 관한 다음 설명 중 옳지 않은 것은? (다툼이 있으면 판례에 의함) [core ★★]

1 2 3

① 강제집행면탈죄에서 재산의 '은닉'이란 강제집행을 실시하는 자에 대하여 재산의 발견을 불능 또는 곤란케 하는 것을 말하는 것으로서 재산의 소재를 불명케 하는 경우는 물론 그 소유관계를 불명하게 하는 경우도 포함한다.

② 채무자가 제3자 명의로 되어 있던 사업자등록을 또 다른 제3자 명의로 변경하였다는 사정만으로는 그 변경이 채권자의 입장에서 볼 때 사업장 내 유체동산에 관한 소유관계를 종전보다 더 불명하게 하여 채권자에게 손해를 입게 할 위험성을 야기한다고 단정할 수 없다.

③ 진의에 의하여 재산을 양도하였더라도 그것이 강제집행을 면탈할 목적으로 이루어진 것이고 또한 채권자의 불이익을 초래하는 결과가 되었다고 한다면 강제집행면탈죄가 성립한다.

④ 채무자가 가압류채권자의 지위에 있으면서 가압류집행해제를 신청함으로써 그 지위를 상실하는 행위는 '은닉, 손괴, 허위양도 또는 허위채무부담' 등 강제집행면탈행위의 어느 유형에도 포함되지 않는 것이므로 이러한 행위를 처벌대상으로 삼을 수 없다.

해설

③ [×] 강제집행면탈죄에 있어서의 허위양도라 함은 진실한 양도가 아님에도 불구하고 표면상 진실한 양도인 것처럼 가장하여 재산의 명의를 변경하는 것을 말하므로, 진실한 양도라면 그것이 강제집행을 면탈할 목적으로 된 것으로서 채권자를 해할 우려가 있는 행위라고 할지라도 위 허위양도에는 해당하지 않는다(대법원 1983.9.27, 83도1869).

① [O] 강제집행면탈죄에서 재산의 '은닉'이란 강제집행을 실시하는 자에 대하여 재산의 발견을 불능 또는 곤란케 하는 것을 말하는 것으로서 재산의 소재를 불명케 하는 경우는 물론 그 **소유관계를 불명하게 하는 경우도 포함한다**(대법원 2014.6.12, 2012도2732 편의점 사업자등록명의 변경 사건).

② [O] 채무자가 제3자 명의로 되어 있던 사업자등록을 또 다른 제3자 명의로 변경하였다는 사정만으로는 그 변경이 채권자의 입장에서 볼 때 사업장 내 유체동산에 관한 **소유관계를 종전보다 더 불명하게 하여 채권자에게 손해를 입게 할 위험성을 야기한다고 단정할 수 없다**(대법원 2014.6.12, 2012도2732 편의점 사업자등록명의 변경 사건).

④ [O] 채무자가 가압류채권자의 지위에 있으면서 **가압류집행해제를 신청함으로써** 그 지위를 상실하는 행위는 '은닉, 손괴, 허위양도 또는 허위채무부담' 등 **강제집행면탈행위의 어느 유형에도 포함되지 않는 것이므로 이러한 행위를 처벌대상으로 삼을 수 없다**(대법원 2008.9.11, 2006도8721 가압류집행해제 사건).

590 범죄단체조직죄에 관한 다음 설명 중 옳지 않은 것은? (다툼이 있으면 판례에 의함) [Essential ★]

1 2 3

① 사형, 무기 또는 장기 4년 이상의 징역에 해당하는 범죄를 목적으로 하는 단체 또는 집단을 조직하거나 이에 가입 또는 그 구성원으로 활동한 사람은 그 목적한 죄에 정한 형으로 처벌한다. 다만, 형을 감경할 수 있다.

② 형법 제114조 제1항 소정의 '범죄를 목적으로 하는 단체'라 함은 특정다수인이 일정한 범죄를 수행한다는 공동목적 아래 이루어진 계속적인 결합체로서 그 단체를 주도하는 최소한의 통솔체제를 갖추고 있음을 요한다.

③ 폭처법 제4조 소정의 범죄를 목적으로 하는 단체는 위 법 소정의 범죄를 한다는 공동의 목적 아래 특정다수인에 의하여 이루어진 계속적인 결합체로서 그 단체를 주도하거나 내부의 질서를 유지하는 최소한의 통솔체계를 갖추면 되는 것이다.

④ 범죄단체 또는 집단의 수괴나 간부 등 상위 구성원으로부터 모임에 참가하라는 등의 지시나 명령을 받고 이에 단순히 응하는 데 그치거나 구성원 사이의 사적이고 의례적인 회식이나 경조사 모임 등을 개최하거나 참석하는 경우 등도 범죄단체의 존속·유지를 지향하는 행위이므로 폭처법 제4조 소정의 '활동'에 해당한다.

해설

④ [×] 다수의 구성원이 관여되었다고 하더라도 범죄단체 또는 집단의 존속·유지를 목적으로 하는 조직적, 집단적 의사결정에 의한 것이 아니거나, 범죄단체 또는 집단의 수괴나 간부 등 상위 구성원으로부터 모임에 참가하라는 등의 지시나 명령을 소극적으로 받고 이에 단순히 응하는 데 그친 경우, 구성원 사이의 사적이고 의례적인 회식이나 경조사 모임 등을 개최하거나 참석하는 경우 등은 **폭처법 제4조 소정의 '활동'에 해당한다고 볼 수 없다**(대법원 2015.5.28, 2014도18006 칠성파 사건).

① [○] 사형, 무기 또는 **장기 4년 이상**의 징역에 해당하는 범죄를 목적으로 하는 단체 또는 집단을 조직하거나 이에 가입 또는 그 구성원으로 활동한 사람은 그 목적한 죄에 정한 형으로 처벌한다. 다만, **형을 감경할 수 있다**(제114조).

② [○] 형법 제114조 제1항 소정의 **'범죄를 목적으로 하는 단체'라 함은** 특정다수인이 일정한 범죄를 수행한다는 공동목적 아래 이루어진 계속적인 결합체로서 그 단체를 주도하는 **최소한의 통솔체제를 갖추고 있음을 요한다**(대법원 1985.10.8, 85도1515 4인 어음사기 공모 사건).

③ [○] 폭처법 제4조 소정의 범죄를 목적으로 하는 단체는 위 법 소정의 범죄를 한다는 공동의 목적 아래 특정다수인에 의하여 이루어진 계속적인 결합체로서 그 단체를 주도하거나 내부의 질서를 유지하는 **최소한의 통솔체계를 갖추면 되는 것이다**(대법원 2005.9.29, 2005도4205 연합새마을파 사건).

정답 | 589 ③ 590 ④

591 방화죄에 관한 다음 설명 중 옳지 않은 것은? (다툼이 있으면 판례에 의함) [Essential ★]

1 2 3

① 방화죄는 공공의 안전을 제1차적인 보호법익으로 하지만 제2차적으로는 개인의 재산권을 보호하는 것이다.

② 방화죄의 객체인 건조물은 토지에 정착되고 벽 또는 기둥과 지붕 또는 천장으로 구성되어 사람이 내부에 기거하거나 출입할 수 있는 공작물을 말하고, 반드시 사람의 주거용이어야 하는 것은 아니라도 사람이 사실상 기거 · 취침에 사용할 수 있는 정도는 되어야 한다.

③ 범인이 매개물에 불을 켜서 붙였거나 범인의 행위로 인하여 매개물에 불이 붙게 됨으로써 연소작용이 계속될 수 있는 상태에 이르렀다면 그것이 곧바로 진화되는 등의 사정으로 인하여 목적물인 건조물 자체에는 불이 옮겨 붙지 못하였다고 하더라도, 방화죄의 실행의 착수가 있었다고 보아야 한다.

④ 현주건조물방화죄는 화력(火力)에 의하여 목적물의 중요부분이 소실하여 그 본래의 효용을 상실한 때에 기수가 된다.

해설

④ [×] 현주건조물방화죄는 화력이 매개물을 떠나 목적물인 건조물 스스로 연소할 수 있는 상태에 이름으로써 기수가 된다 (대법원 2007.3.16, 2006도9164 강간살인 ⇨ 방화사건).

① [○] 방화죄는 **공공의 안전을 제1차적인 보호법익**으로 하지만 **제2차적으로는 개인의 재산권을 보호하는 것이다**(대법원 2009.10.15, 2009도7421 재활용품 · 쓰레기 방화사건).

② [○] 방화죄의 객체인 건조물은 토지에 정착되고 벽 또는 기둥과 지붕 또는 천장으로 구성되어 사람이 내부에 기거하거나 출입할 수 있는 공작물을 말하고, 반드시 사람의 주거용이어야 하는 것은 아니라도 **사람이 사실상 기거 · 취침에 사용할 수 있는 정도는 되어야 한다**(대법원 2013.12.12, 2013도3950 영종도 폐가 방화사건).

③ [○] 범인이 매개물에 불을 켜서 붙였거나 범인의 행위로 인하여 **매개물에 불이 붙게 됨으로써** 연소작용이 계속될 수 있는 상태에 이르렀다면 그것이 곧바로 진화되는 등의 사정으로 인하여 목적물인 건조물 자체에는 불이 옮겨 붙지 못하였다고 하더라도, **방화죄의 실행의 착수가 있었다고 보아야 한다**(대법원 2002.3.26, 2001도6641 마산 두척동 방화사건).

592 다음 각 항목의 죄책이 옳은 것은? (다툼이 있으면 판례에 의함) [core ★★]

1 2 3

㉠ 피고인이 (지붕과 문짝, 창문이 없고 담장과 일부 벽체가 붕괴된 철거 대상 건물로서 사실상 기거 · 취침에 사용할 수 없는 상태의) 폐가(廢家)의 내부와 외부에 쓰레기를 모아놓고 태워 불길이 폐가 주변 수목 4~5그루를 태우고 폐가의 벽을 일부 그을리게 한 경우

㉡ 피고인이 노상에서 전봇대 주변에 놓인 무주물(無主物)인 재활용품과 쓰레기 등을 발견하고 라이터를 이용하여 불을 붙인 다음 가연물을 집어넣어 화염을 키움으로써 공공의 위험을 발생하게 한 경우

	㉠	㉡
①	형법 제167조 제2항의 자기소유일반물건방화죄	형법 제167조 제2항의 자기소유일반물건방화죄
②	무죄	형법 제167조 제1항의 타인소유일반물건방화죄
③	무죄	형법 제167조 제2항의 자기소유일반물건방화죄
④	형법 제164조 제1항의 현주건조물방화미수죄	형법 제167조 제2항의 자기소유일반물건방화죄

해설

③ 이 지문이 올바른 죄책이다.

㉠ (1) 지붕과 문짝, 창문이 없고 담장과 일부 벽체가 붕괴된 철거 대상 건물로서 사실상 기거 · 취침에 사용할 수 없는 상태의 폐가(廢家)는 형법 제166조의 건조물이 아닌 형법 제167조의 물건에 해당한다. (2) 피고인이 폐가 주변 수목 4~5그루를 태우고 폐가의 벽을 일부 그을리게 하는 정도만으로는 (공공이 위험을 발생하게 한 것이 아니어서) 방화죄의 기수에 이르렀다고 보기 어렵고, 일반물건방화죄에 관하여는 미수범의 처벌 규정이 없으므로 피고인은 무죄다(대법원 2013.12.12, 2013도3950 영종도 폐가 방화사건).

㉡ (1) 불을 놓아 무주물을 소훼하여 공공의 위험을 발생하게 한 경우에는 '무주물'을 '자기 소유의 물건'에 준하는 것으로 보아 형법 제167조 제2항을 적용하여 처벌하여야 한다. (2) 피고인이 재활용품과 쓰레기 등을 발견하고 라이터를 이용하여 불을 붙인 다음 가연물을 집어넣어 화염을 키움으로써 공공의 위험을 발생하게 한 경우 형법 제167조 제2항에 정한 일반물건방화죄가 성립한다(대법원 2009.10.15, 2009도7421 재활용품 · 쓰레기 방화사건).

정답 | 591 ④ 592 ③

593 방화죄에 관한 다음 설명 중 옳지 않은 것은? (다툼이 있으면 판례에 의함) [Essential ★]

1 2 3

① 피고인 甲이 동거하던 乙과 가정불화가 악화되어 헤어지기로 작정하고 홧김에 죽은 동생의 유품으로 보관하던 서적 등을 뒷마당에 내어 놓고 불태워 버리려 했던 점이 인정될 뿐, 甲이 乙 소유의 가옥을 불태워 버리겠다고 결의하여 불을 놓았다고 볼 수 없다면 방화의 범의가 있었다고 할 수 없다.

② 피고인 甲이 친형 A가 거주하고 있는 가옥을 소훼할 목적으로 가옥의 일부로 되어 있는 우사(牛舍)에 점화를 한 경우, 우사에 대한 점화는 역시 '사람의 주거에 사용하거나 사람이 현존하는 건조물'에 대한 방화에 해당된다.

③ 피고인이 피해자의 사체 위에 옷가지 등을 올려놓고 불을 붙인 천조각을 던져 불길이 방안을 태우면서 천정에까지 옮겨 붙었다면 설령 그 불이 완전연소에 이르지 못하고 도중에 진화되었다고 하더라도 현주건조물방화죄는 기수에 이른 것이다.

④ 피고인이 휘발유가 주택주변과 피해자의 몸에 적지 않게 살포되어 있는 사정을 알면서도 라이터를 켜 불꽃을 일으킴으로써 피해자의 몸에 불이 붙었더라도, 그 불이 방화 목적물인 주택 자체에 옮겨 붙지 않았다고 한다면 현존건조물방화죄의 실행의 착수가 있었다고 볼 수 없고, 따라서 이로 인하여 피고인을 만류하던 피해자로 하여금 약 4주간의 치료를 요하는 화상을 입게 한 경우라도 현존건조물방화치상죄가 성립한다고 할 수 없다.

해설

④ [×] 피해자의 몸에 불이 붙은 경우, 비록 외부적 사정에 의하여 불이 방화 목적물인 주택 자체에 옮겨 붙지는 아니하였다 하더라도 현존건조물방화죄의 실행의 착수가 있었다고 봄이 상당하고, 이로 인하여 피고인을 만류하던 피해자로 하여금 약 4주간의 치료를 요하는 화상을 입게 한 경우 현존건조물방화치상죄가 성립한다(대법원 2002.3.26, 2001도6641 마산 두척동 방화사건).

① [○] 피고인 甲이 동거하던 乙과 가정불화가 악화되어 헤어지기로 작정하고 홧김에 죽은 동생의 유품으로 보관하던 서적 등을 뒷마당에 내어 놓고 불태워 버리려 했던 점이 인정될 뿐, 甲이 乙 소유의 가옥을 불태워 버리겠다고 결의하여 불을 놓았다고 볼 수 없다면 **방화의 범의가 있었다고 할 수 없다**(대법원 1984.7.24, 84도1245).

② [○] 피고인 甲이 친형 A가 거주하고 있는 가옥을 소훼할 목적으로 가옥의 일부로 되어 있는 우사(牛舍)에 점화를 한 경우, **우사에 대한 점화는 역시 '사람의 주거에 사용하거나 사람이 현존하는 건조물'에 대한 방화에 해당된다**(대법원 1967.8.29, 67도925 우사 방화사건).

③ [○] 불길이 방안을 태우면서 **천정에까지 옮겨 붙었다면** 설령 그 불이 완전연소에 이르지 못하고 도중에 진화되었다고 하더라도 **현주건조물방화죄는 기수에 이르렀다**(대법원 2007.3.16, 2006도9164 강간살인 ⇨ 방화사건).

594 방화죄 등의 죄수판단에 관한 다음 설명 중 옳지 않은 것은? (다툼이 있으면 판례에 의함) [core ★★]

1 2 3

① 피고인이 불을 놓은 집에서 빠져나오려는 피해자들을 막아 소사하게 한 경우 (현주건조물방화죄와 살인죄의 실체적 경합)

② 피고인이 집에서 잠을 자고 있는 동생을 살해할 목적으로 그 집에 방화하여 소사하게 한 경우 (현주건조물방화치사죄)

③ 피고인이 집에서 잠을 자고 있는 아버지를 살해할 목적으로 그 집에 방화하여 소사하게 한 경우 (현주건조물방화치사죄와 존속살해죄의 실체적 경합)

④ 피고인이 재물을 강취한 후 피해자를 살해할 목적으로 현주건조물에 방화하여 소사하게 한 경우 (현주건조물방화치사죄와 강도살인죄의 상상적 경합)

해설

③ [×] 사람을 살해할 목적으로 현주건조물에 방화하여 사망에 이르게 한 경우에는 현주건조물방화치사죄로 의율하여야 하고 이와 더불어 살인죄와의 상상적 경합범으로 의율할 것은 아니라고 할 것이고, 다만 존속살인죄와 현주건조물방화치사죄는 상상적 경합범 관계에 있으므로 법정형이 중한 존속살인죄로 의율함이 타당하다(대법원 1996.4.26, 96도485 아버지 · 동생 방화살해사건).

① [○] 불을 놓은 집에서 빠져 나오려는 피해자들을 막아 소사(燒死)케 한 행위는 1개의 행위가 수 개의 죄명에 해당하는 경우라고 볼 수 없고, 방화행위와 살인행위는 법률상 별개의 범의에 의하여 별개의 법익을 해하는 별개의 행위라고 할 것이니 **현주건조물방화죄와 살인죄는 실체적 경합관계에 있다**(대법원 1983.1.18, 82도2341 은봉암 사건).

② [○] 사람을 살해할 목적으로 현주건조물에 방화하여 사망에 이르게 한 경우에는 **현주건조물방화치사죄로 의율하여야 하고 이와 더불어 살인죄와의 상상적 경합범으로 의율할 것은 아니다**(대법원 1996.4.26, 96도485 아버지 · 동생 방화살해사건).

④ [○] 피고인들이 피해자들의 재물을 강취한 후 그들을 살해할 목적으로 현주건조물에 방화하여 사망에 이르게 한 경우, 피고인들의 행위는 강도살인죄와 현주건조물방화치사죄에 모두 해당하고 두 죄는 **상상적 경합범관계에 있다**(대법원 1998.12.8, 98도3416 강도 방화살인사건).

정답 | 593 ④ 594 ③

595 교통방해죄에 관한 다음 설명 중 옳지 않은 것은? (다툼이 있으면 판례에 의함) [Essential ★]

1 2 3

① 일반교통방해죄는 이른바 구체적 위험범으로서 교통이 불가능하거나 또는 현저히 곤란한 상태가 되어 교통방해의 결과가 현실적으로 발생하여야 기수가 된다.

② 일반교통방해죄에서 '육로'라 함은 일반공중의 왕래에 공용된 장소, 즉 불특정 다수인 또는 차마가 자유롭게 통행할 수 있는 공공성을 지닌 장소를 말하고, 육로로 인정되는 이상 그 부지의 소유관계나 통행권리관계 또는 통행인의 많고 적음 등을 가리지 않는다.

③ 일반교통방해죄에서 교통방해 행위는 계속범의 성질을 가지는 것이어서 교통방해의 상태가 계속되는 한 위법상태는 계속 존재하므로, 교통방해를 유발한 집회에 참가한 경우 참가 당시 이미 다른 참가자들에 의해 교통의 흐름이 차단된 상태였다고 하더라도 교통방해를 유발한 다른 참가자들과 암묵적 · 순차적으로 공모하여 교통방해의 위법상태를 지속시켰다고 평가할 수 있다면 일반교통방해죄가 성립한다.

④ 교통방해치사상죄에서 교통방해 행위가 피해자의 사상이라는 결과를 발생하게 한 유일하거나 직접적인 원인이 된 경우만이 아니라, 그 행위와 결과 사이에 피해자나 제3자의 과실 등 다른 사실이 개재된 때에도 그와 같은 사실이 통상 예견될 수 있는 것이라면 상당인과관계를 인정할 수 있다.

해설

① [×] 일반교통방해죄는 이른바 추상적 위험범으로서 교통이 불가능하거나 또는 현저히 곤란한 상태가 발생하면 바로 기수가 되고 교통방해의 결과가 현실적으로 발생하여야 하는 것은 아니다(대법원 2007.12.14, 2006도4662 소공동 포장마차 사건).

② [○] 일반교통방해죄에서 '육로'라 함은 일반공중의 왕래에 공용된 장소, 즉 불특정 다수인 또는 차마가 자유롭게 통행할 수 있는 공공성을 지닌 장소를 말하고, 육로로 인정되는 이상 그 **부지의 소유관계나 통행권리관계 또는 통행인의 많고 적음 등을 가리지 않는다**(대법원 2005.8.19, 2005도1697 토석 적치 사건).

③ [○] 일반교통방해죄에서 교통방해 행위는 계속범의 성질을 가지는 것이어서 교통방해의 상태가 계속되는 한 위법상태는 계속 존재하므로, 교통방해를 유발한 집회에 참가한 경우 참가 당시 이미 다른 참가자들에 의해 교통의 흐름이 차단된 상태였다고 하더라도 교통방해를 유발한 **다른 참가자들과 암묵적 · 순차적으로 공모하여 교통방해의 위법상태를 지속시켰다고 평가할 수 있다면 일반교통방해죄가 성립한다**(대법원 2018.5.11, 2017도9146 세월호 1주기 추모제 사건)(同旨 대법원 2018.1.24, 2017도11408 2015년 민중총궐기대회 사건).

④ [○] 교통방해치사상죄에서 교통방해 행위가 피해자의 사상이라는 결과를 발생하게 한 유일하거나 직접적인 원인이 된 경우만이 아니라, 그 행위와 결과 사이에 피해자나 제3자의 과실 등 다른 사실이 개재된 때에도 그와 같은 사실이 통상 예견될 수 있는 것이라면 **상당인과관계를 인정할 수 있다**(법원 2014.7.24, 2014도6206 고속도로 급제동 정차 사건).

596 교통방해죄에 관한 다음 설명 중 옳지 않은 것은? (다툼이 있으면 판례에 의함) [Essential ★]

1 2 3

① 목장 소유자가 목장운영을 위해 목장용지 내에 임도(林道)를 개설하고 차량 출입을 통제하면서 인근 주민들의 일부 통행을 부수적으로 묵인한 경우라면, 위 임도는 공공성을 지닌 장소에 해당하여 '육로'에 해당한다.

② 토지의 소유자가 자신의 토지의 한쪽 부분을 일시 공터로 두었을 때 인근주민들이 위 토지의 동서쪽에 있는 도로에 이르는 지름길로 일시 이용한 적이 있다 하여도 이를 일반공중의 내왕에 공용되는 도로하고 할 수 없으므로 교통방해죄에 있어 '육로'로 볼 수 없다.

③ 공로에 출입할 수 있는 다른 도로가 있는 상태에서 토지 소유자로부터 일시적인 사용승낙을 받아 통행하거나 토지 소유자가 개인적으로 사용하면서 부수적으로 타인의 통행을 묵인한 장소에 불과한 도로는 '육로'에 해당하지 않는다.

④ 피고인 소유 토지가 오래 전부터 차들이 지나다님으로서 사실상 도로화되었고 또한 아스팔트 포장까지 되어 왕복 2차로의 일부로 되었는 바, 이후 구리시가 위 토지를 포함한 구도로 옆으로 신도로를 개통하였으나 구도로가 여전히 일반인 및 차량이 통행하고 있었다면 이는 '육로'에 해당한다.

해설

① [×] 목장 소유자가 목장운영을 위해 목장용지 내에 임도(林道)를 개설하고 차량 출입을 통제하면서 인근 주민들의 일부 통행을 부수적으로 묵인한 경우, 위 임도는 공공성을 지닌 장소가 아니어서 '육로'에 해당하지 않는다(대법원 2007.10.11, 2005도7573 목장내 임도 사건).

② [○] 토지의 소유자가 자신의 토지의 한쪽 부분을 일시 공터로 두었을 때 인근주민들이 위 토지의 동서쪽에 있는 도로에 이르는 **지름길로 일시 이용한 적이 있다 하여도** 이를 일반공중의 내왕에 공용되는 도로하고 할 수 없으므로 교통방해죄에 있어 **'육로'로 볼 수 없다**(대법원 1984.11.13, 84도2192 지름길 통행 사건).

③ [○] 공로에 출입할 수 있는 다른 도로가 있는 상태에서 토지 소유자로부터 일시적인 사용승낙을 받아 통행하거나 토지 소유자가 개인적으로 사용하면서 부수적으로 **타인의 통행을 묵인한 장소에 불과한 도로는 '육로'에 해당하지 않는다**(대법원 2017.4.7, 2016도12563 농로 사건).

④ [○] 피고인 소유 토지가 오래 전부터 차들이 지나다님으로서 사실상 도로화되었고 또한 아스팔트 포장까지 되어 왕복 2차로의 일부로 되었는 바, 이후 구리시가 위 토지를 포함한 구도로 옆으로 신도로를 개통하였으나 **구도로가 여전히 일반인 및 차량이 통행하고 있었다면 이는 '육로'에 해당한다**(대법원 1999.7.27, 99도1651 구도로 신도로 사건).

정답 | 595 ① 596 ①

597 1 2 3 다음 중 교통방해죄가 성립하는 것은 모두 몇 개인가? (다툼이 있으면 판례에 의함) [core ★★]

> ㉠ 피고인이 도로의 일부가 자신의 소유라 하더라도 적법한 절차에 의하여 문제를 해결하려고 하지 아니하고 도로의 중간에 바위를 놓아두거나 이를 파헤침으로써 차량의 통행을 못하게 한 경우
> ㉡ 피고인 甲 소유의 대지 및 인접한 乙의 집 사이의 폭 2m의 골목길이 주민들에 의하여 공로로 통하는 유일한 통행로로 오랫동안 이용되어 왔음에도, 甲이 건축물을 재축하면서 폭 50 내지 75cm 가량만 남겨두고 담장을 설치하여 주민들의 통행을 현저히 곤란하게 한 경우
> ㉢ (농가의 영농을 위한 경운기나 리어카 등의 통행을 위한 농로로 개설되었으나 이후 그 도로가 사실상 일반 공중의 왕래에 공용되는 도로가 된 상황에서) 피고인이 도로에 말뚝을 박고 철조망까지 쳐서 노폭을 현저하게 제한함으로써 경운기 이외의 다른 차량 등의 통행을 불가능하게 한 경우
> ㉣ 토지에 대하여 사실상의 지배권을 가지고 소유자를 대신하여 토지를 실질적으로 관리하고 있던 피고인 甲이 토지에 철주를 세우고 철망을 설치하고 포장된 아스팔트를 걷어내는 등의 방법으로 건물의 통행로로 이용하지 못하게 하는 등 피해자 A의 상가임대업무 및 B, C 등의 상가영업업무를 방해한 경우

① 1개　　② 2개
③ 3개　　④ 4개

해설

④ 모든 항목의 경우 교통방해죄가 성립한다.
㉠ 도로의 중간에 바위를 놓아두거나 이를 파헤침으로써 차량의 통행을 못하게 한 경우 일반교통방해죄가 성립한다(대법원 2002.4.26, 2001도6903 바위 사건).
㉡ 담장을 설치하여 주민들의 통행을 현저히 곤란하게 하였다면 일반교통방해죄가 성립한다(대법원 1994.11.4, 94도2112 담장 설치 사건).
㉢ 도로에 말뚝을 박고 철조망까지 쳐서 노폭을 현저하게 제한함으로써 경운기 이외의 다른 차량 등의 통행을 불가능하게 하였다면 일반교통방해죄가 성립한다(대법원 1995.9.15, 95도1475 말뚝 · 철조망 사건).
㉣ 건물의 통행로로 이용하지 못하게 하는 등 피해자 A의 상가임대업무 및 B, C 등의 상가영업업무를 방해한 경우 일반교통방해죄와 업무방해죄가 성립한다(대법원 2007.12.28, 2007도7717 아스팔트 제거 사건).

598 교통방해죄에 관한 다음 설명 중 옳지 않은 것을 모두 고른 것은? (다툼이 있으면 판례에 의함)

1 2 3

[core ★★]

㉠ 피고인이 도로에 트랙터를 세워두거나 철책 펜스를 설치하여 노폭을 현저하게 제한함으로써 종전에는 통행이 가능하던 차량의 통행을 불가능하게 하거나 도로를 가로막고 앉아서 차량의 통행을 일시적으로 방해한 행위는 모두 일반교통방해죄를 구성한다.

㉡ 피고인들이 2, 3대의 차량과 간이테이블 수십 개를 이용하여 서울 중구 소공동 소재 조선호텔 방면 편도 3개 차로 중 길가 쪽 2개 차로를 차지하는 포장마차 영업을 하여 차량통행이 현저하게 곤란하게 되었다면 일반교통방해죄와 도로교통법위반죄가 성립한다.

㉢ 피고인이 공항여객터미널 버스정류장 앞 도로 중 공항리무진 버스 외의 다른 차의 주차가 금지된 구역에서 밴 차량을 40분간 불법주차하고 호객행위를 하였더라도, 주차한 장소의 옆 차로를 통하여 다른 차량들이 충분히 통행할 수 있었고, 공항리무진 버스가 출발할 때 후진을 하여 차로를 바꾸어 진출해야 하는 불편을 겪기는 하였지만 통행이 불가능하거나 현저하게 곤란하지는 않았던 경우 일반교통방해죄를 구성하지 않는다.

① 없음 ② ㉠
③ ㉠㉡ ④ ㉡㉢

해설

② ㉠ 항목만 옳지 않다.

㉠ [×] 피고인이 도로에 트랙터를 세워두거나 철책 펜스를 설치하여 노폭을 현저하게 제한함으로써 종전에는 통행이 가능하던 차량의 통행을 불가능하게 한 행위는 일반교통방해죄를 구성하지만, 나아가 피고인이 도로를 가로막고 앉아서 차량의 통행을 일시적으로 방해한 행위는 교통을 방해하여 통행을 불가능하게 하거나 현저하게 곤란하게 하는 행위라고 보기 어려워 일반교통방해죄를 구성하지 아니한다(대법원 2009.1.30, 2008도10560 트랙터 · 철책펜스 사건).

㉡ [○] 피고인들이 2, 3대의 차량과 간이테이블 수십 개를 이용하여 서울 중구 소공동 소재 조선호텔 방면 편도 3개 차로 중 길가 쪽 2개 차로를 차지하는 포장마차 영업을 하여 차량통행이 현저하게 곤란하게 되었다면 **일반교통방해죄와 도로교통법위반죄가 성립한다**(대법원 2007.12.14, 2006도4662 소공동 포장마차 사건).

㉢ [○]피고인이 공항여객터미널 버스정류장 앞 도로 중 공항리무진 버스 외의 다른 차의 주차가 금지된 구역에서 밴 차량을 40분간 불법주차하고 **호객행위를 하였더라도,** 주차한 장소의 옆 차로를 통하여 다른 차량들이 충분히 통행할 수 있었고, 공항리무진 버스가 출발할 때 후진을 하여 차로를 바꾸어 진출해야 하는 불편을 겪기는 하였지만 통행이 불가능하거나 현저하게 곤란하지는 않았던 경우 **일반교통방해죄를 구성하지 않는다**(대법원 2009.7.9, 2009도4266 인천국제공항 불법주차 사건).

THE CRIMINAl LAW 2편 형법 각론

정답 | 597 ④ 598 ②

599 통화위조죄 등에 관한 다음 설명 중 옳지 않은 것은? (다툼이 있으면 판례에 의함) [Essential ★]

1 2 3

① 형법 제207조 소정의 '행사할 목적'이란 유가증권위조의 경우와 달리, 위조, 변조한 통화를 진정한 통화로서 유통에 놓겠다는 목적을 말하므로 자신의 신용력을 증명하기 위하여 타인에게 보일 목적으로 통화를 위조한 경우에는 행사할 목적이 있다고 할 수 없다.

② 통화위조죄와 위조통화행사죄의 객체인 위조통화는 그 유통과정에서 일반인이 진정한 통화로 오인할 정도의 외관을 갖추어야 한다.

③ 진정한 통화에 대한 가공행위로 인하여 기존 통화의 명목가치나 실질가치가 변경되었다거나 객관적으로 보아 일반인으로 하여금 기존 통화와 다른 진정한 화폐로 오신하게 할 정도의 새로운 물건을 만들어 낸 것으로 볼 수 없다면 통화가 변조되었다고 볼 수 없다.

④ 위조통화임을 알고 있는 자에게 그 위조통화를 교부한 경우라면 피교부자가 이를 유통시키리라는 것을 예상 내지 인식하면서 교부하였더라도 통화에 대한 공공의 신용 또는 거래의 안전을 해할 위험이 있다고 할 수 없으므로 위조통화행사죄는 성립하지 아니한다.

해설

④ [×] 위조통화임을 알고 있는 자에게 그 위조통화를 교부한 경우에 피교부자가 이를 유통시키리라는 것을 예상 내지 인식하면서 교부하였다면, 그 교부행위 자체가 통화에 대한 공공의 신용 또는 거래의 안전을 해할 위험이 있으므로 위조통화행사죄가 성립한다(대법원 2003.1.10, 2002도3340 스위스화 이라크화 사건).

① [○] 형법 제207조 소정의 '행사할 목적'이란 **유가증권위조의 경우와 달리,** 위조, 변조한 통화를 진정한 통화로서 유통에 놓겠다는 목적을 말하므로 **자신의 신용력을 증명하기 위하여 타인에게 보일 목적으로 통화를 위조한 경우에는 행사할 목적이 있다고 할 수 없다**(대법원 2012.3.29, 2011도7704 5만원권 앞면만 복사 사건).

② [○] 통화위조죄와 위조통화행사죄의 객체인 위조통화는 그 유통과정에서 **일반인이 진정한 통화로 오인할 정도의 외관을 갖추어야 한다**(대법원 2012.3.29, 2011도7704 5만원권 앞면만 복사 사건).

③ [○] 진정한 통화에 대한 가공행위로 인하여 기존 통화의 명목가치나 실질가치가 변경되었다거나 객관적으로 보아 일반인으로 하여금 기존 통화와 다른 진정한 화폐로 오신하게 할 정도의 **새로운 물건을 만들어 낸 것으로 볼 수 없다면 통화가 변조되었다고 볼 수 없다**(대법원 2004.3.26, 2003도5640 1달러 2달러 사건).

600 통화위조죄 등에 관한 다음 설명 중 옳지 않은 것은? (다툼이 있으면 판례에 의함) [core ★★]

1 2 3

① 행사할 목적으로 '내국에서 유통하는' 외국의 화폐 등을 위조하면 형법 제207조 제2항의 외국통화위조죄가 성립하고, 행사할 목적으로 '외국에서 통용하는' 외국의 화폐 등을 위조하면 형법 제207조 제3항의 외국통화위조죄가 성립한다.

② 형법 제207조 제2항 소정의 내국에서 '유통하는'이란, 같은 조 제1항, 제3항 소정의 '통용하는'과 달리 강제통용력이 없이 사실상 거래 대가의 지급수단이 되고 있는 상태를 가리킨다.

③ 형법 제207조 제3항에서 '외국에서 통용한다'고 함은 그 외국에서 강제통용력을 가지는 것을 의미하는 것이므로 외국에서 통용하지 아니하는 즉, 강제통용력을 가지지 아니하는 지폐는 그것이 비록 일반인의 관점에서 통용할 것이라고 오인할 가능성이 있다고 하더라도 외국에서 통용하는 외국의 지폐에 해당한다고 할 수 없다.

④ 위조된 외국의 화폐, 지폐 또는 은행권이 강제통용력을 가지지 않는 경우에는 형법 제207조 제3항에서 정한 '외국에서 통용하는 외국의 화폐 등'에 해당하지 않고, 나아가 그 화폐 등이 국내에서 사실상 거래 대가의 지급수단이 되고 있지 않는 경우에는 형법 제207조 제2항에서 정한 '내국에서 유통하는 외국의 화폐 등'에도 해당하지 않으므로, 그 화폐 등을 행사하더라도 형법 제207조 제4항에서 정한 위조통화행사죄를 구성하지 않는다고 할 것이고 또한 이러한 경우에는 형법 제234조에서 정한 위조사문서행사죄 또는 위조사도화행사죄로도 의율할 수 없다.

해설

④ [×] (1) 통화에 관한 죄는 문서에 관한 죄에 대하여 특별관계에 있으므로 통화에 관한 죄가 성립하는 때에는 문서에 관한 죄는 별도로 성립하지 않는다. (2) (중략) 그 화폐 등을 행사하더라도 형법 제207조 제4항에서 정한 위조통화행사죄를 구성하지 않는다고 할 것이고 따라서 이러한 경우에는 형법 제234조에서 정한 위조사문서행사죄 또는 위조사도화행사죄로 의율할 수 있다(대법원 2013.12.12, 2012도2249 10만 파운드화 사건).

① [O] 행사할 목적으로 '내국에서 유통하는' 외국의 화폐 등을 위조하면 형법 제207조 제2항의 외국통화위조죄가 성립하고, 행사할 목적으로 **'외국에서 통용하는' 외국의 화폐 등을 위조하면 형법 제207조 제3항의 외국통화위조죄가 성립한다**(제207조 제2항 · 제3항).

② [O] 형법 제207조 제2항 소정의 내국에서 **'유통하는'이란**, 같은 조 제1항, 제3항 소정의 '통용하는'과 달리 강제통용력이 없이 **사실상 거래 대가의 지급수단이 되고 있는 상태를 가리킨다**(대법원 2003.1.10, 2002도3340 스위스화 이라크화 사건).

③ [O] 형법 제207조 제3항에서 '외국에서 통용한다'고 함은 그 외국에서 강제통용력을 가지는 것을 의미하는 것이므로 외국에서 통용하지 아니하는 즉, **강제통용력을 가지지 아니하는 지폐는** 그것이 비록 일반인의 관점에서 통용할 것이라고 오인할 가능성이 있다고 하더라도 **외국에서 통용하는 외국의 지폐에 해당한다고 할 수 없다**(대법원 2004.5.14, 2003도3487 10만 달러 100만달러 사건).

정답 | 599 ④ 600 ④

601 다음 각 항목에 대한 (　　) 안의 내용이 옳지 않은 것은? (다툼이 있으면 판례에 의함) [Essential ★]

1 2 3

① 피고인이 한국은행발행 1만원권 지폐의 앞뒷면을 전자복사기로 복사하여 비슷한 크기로 자른 경우 (통화위조죄 불성립)

② 피고인이 한국은행권 10원짜리 주화의 표면에 하얀 약칠을 하여 100원짜리 주화와 유사한 색채를 갖도록 변경한 경우 (통화변조죄 불성립)

③ 피고인들이 (500원짜리 주화의 표면을 깎아내어 일본국의 500￥짜리 주화의 무게와 같도록 하면 일본국의 자동판매기 등에 투입하여 500￥짜리 주화처럼 사용할 수 있다는 점을 착안하여) 한국은행발행 500원짜리 주화 앞면의 학(鶴) 문양 부분을 선반으로 일부 깎은 경우 (통화변조죄 불성립)

④ 피고인이 미화 1달러권 지폐와 2달러권 지폐를 화폐수집가들이 골드라고 부르며 수집하는 희귀화폐인 것처럼 만들기 위하여 발행연도 1995.을 1928.으로 빨간색으로 고치고, 발행번호와 미국 재무부를 상징하는 문양 및 재무부장관의 사인 부분을 지운 후 빨간색으로 다시 가공한 경우 (통화변조죄 성립)

해설

④ [×] 기존 통화의 명목가치나 실질가치가 변경되었다거나 객관적으로 보아 일반인으로 하여금 기존 통화와 다른 진정한 화폐로 오신하게 할 정도의 새로운 물건을 만들어 낸 것으로 보기는 어렵다(대법원 2004.3.26, 2003도5640 1달러 2달러 사건).

① [○] **객관적으로 진정한 통화로 오인할 정도에 이르지 못하여** 통화위조죄 및 위조통화행사죄의 객체가 될 수 없다(대법원 1986.3.25, 86도255).

② [○] 이는 일반인으로 하여금 **진정한 통화로 오신케 할 정도의 새로운 화폐를 만들어 낸 것이라고 볼 수 없다**(대법원 1979.8.28, 79도639).

③ [○] 기존의 500원짜리 주화의 **명목가치나 실질가치가 변경되었다거나** 객관적으로 보아 일반인으로 하여금 **일본국의 500￥짜리 주화로 오신케 할 정도의 새로운 화폐를 만들어 낸 것이라고 볼 수 없다**(대법원 2002.1.11, 2000도3950 500원 동전 사건).

602 다음 설명 중 옳지 않은 것은? (다툼이 있으면 판례에 의함) [Essential ★]

1 2 3

① 위조통화임을 알고 있는 자에게 그 위조통화를 교부한 경우에 피교부자가 이를 유통시키리라는 것을 예상 내지 인식하면서 교부하였다면, 그 교부행위 자체가 통화에 대한 공공의 신용 또는 거래의 안전을 해할 위험이 있으므로 위조통화행사죄가 성립한다.

② 위조유가증권임을 알고 있는 자에게 교부하였더라도 피교부자가 이를 유통시킬 것임을 인식하고 교부하였다면, 그 교부행위 그 자체가 유가증권의 유통질서를 해할 우려가 있어 처벌의 이유와 필요성이 충분히 있다고 할 것이므로 위조유가증권행사죄가 성립한다.

③ 위조우표행사죄에 규정된 '행사할 목적'에는 위조된 우표를 그 정을 알고 있는 자에게 교부하더라도 교부받은 사람이 그 우표를 진정하게 발행된 우표로서 사용할 것이라는 정을 인식하면서 이를 교부하는 경우도 해당된다.

④ 위조문서행사죄에 있어서 행사의 상대방에는 아무런 제한이 없으나, 다만 문서가 위조된 것임을 이미 알고 있는 공범자 등이나 위조된 문서의 작성 명의인에게 행사하는 경우에는 위조문서행사죄가 성립될 수 없다.

해설

④ [×] 위조문서행사죄에 있어서 행사의 상대방에는 아무런 제한이 없고 위조된 문서의 작성 명의인이라고 하여 행사의 상대방이 될 수 없는 것은 아니며, 다만 문서가 위조된 것임을 이미 알고 있는 공범자 등에게 행사하는 경우에는 위조문서행사죄가 성립될 수 없다(대법원 2005.1.28, 2004도4663 입점자각서 송부 사건).

① [○] 위조통화임을 **알고 있는 자에게 그 위조통화를 교부한 경우에 피교부자가 이를 유통시키리라는 것을 예상 내지 인식하면서 교부하였다면**, 그 교부행위 자체가 통화에 대한 공공의 신용 또는 거래의 안전을 해할 위험이 있으므로 위조**통화행사죄가 성립한다**(대법원 2003.1.10, 2002도3340 스위스화 이라크화 사건).

② [○] 위조유가증권임을 **알고 있는 자에게 교부하였더라도 피교부자가 이를 유통시킬 것임을 인식하고 교부하였다면**, 그 교부행위 그 자체가 유가증권의 유통질서를 해할 우려가 있어 처벌의 이유와 필요성이 충분히 있다고 할 것이므로 **위조유가증권행사죄가 성립한다**(대법원 2010.12.9, 2010도12553 수표대여 연출 사건).

③ [○] 위조우표행사죄에 규정된 '행사할 목적'에는 **위조된 우표를 그 정을 알고 있는 자에게 교부하더라도 교부받은 사람이 그 우표를 진정하게 발행된 우표로서 사용할 것이라는 정을 인식하면서 이를 교부하는 경우도 해당된다**(대법원 1989.4.11, 88도1105).

정답 | 601 ④ 602 ④

603 유가증권위조죄 등에 관한 다음 설명 중 옳지 않은 것은? (다툼이 있으면 판례에 의함) [core ★★]

1 2 3

① 유가증권이란 증권상에 표시된 재산상의 권리의 행사와 처분에 그 증권의 점유를 필요로 하는 것을 총칭하는 것으로서 재산권이 증권에 화체된다는 것과 그 권리의 행사와 처분에 증권의 점유를 필요로 한다는 두 가지 요소를 갖추면 족하지 반드시 유통성을 가질 필요는 없다.

② 외형상 일반인으로 하여금 진정하게 작성된 유가증권이라고 오신케 할 수 있을 정도로 작성된 것이라면 발행명의인이 가령 실재하지 않은 사자 또는 허무인이라 하더라도 유가증권위조죄가 성립된다.

③ 위조유가증권행사죄에 있어서의 유가증권이라 함은 위조된 유가증권의 원본은 물론 전자복사기, 모사전송기 기타 이와 유사한 기기를 사용하여 복사한 사본도 이에 포함된다.

④ 부정수표단속법 제5조는 '수표를 위조 또는 변조한 자는 1년 이상의 유기징역과 수표금액의 10배 이하의 벌금에 처한다'라고 규정하고 있는바, 이는 유가증권 중 수표의 위 · 변조행위에 관하여는 범죄성립요건을 완화하여 초과주관적 구성요건인 '행사할 목적'을 요구하지 아니하는 한편, 형법 제214조 제1항 위반에 해당하는 다른 유가증권위조 · 변조행위보다 그 형을 가중하여 처벌하려는 취지의 규정이라고 해석하여야 한다.

해설

③ [×] 위조유가증권행사죄에 있어서의 유가증권이라 함은 위조된 유가증권의 원본을 말하는 것이지 전자복사기 등을 사용하여 기계적으로 복사한 사본은 이에 해당하지 않는다(대법원 2010.5.13, 2008도10678 선하증권 사본 사건).

① [○] 유가증권이란 증권상에 표시된 재산상의 권리의 행사와 처분에 그 **증권의 점유**를 필요로 하는 것을 총칭하는 것으로서 **재산권이 증권에 화체**된다는 것과 그 권리의 행사와 처분에 증권의 점유를 필요로 한다는 두 가지 요소를 갖추면 족하지 **반드시 유통성을 가질 필요는 없다**(대법원 2001.8.24, 2001도2832 문방구 약속어음 사건).

② [○] 외형상 일반인으로 하여금 진정하게 작성된 유가증권이라고 오신케 할 수 있을 정도로 작성된 것이라면 발행명의인이 가령 실재하지 않은 **사자 또는 허무인이라 하더라도 유가증권위조죄가 성립된다**(대법원 2011.7.14, 2010도1025).

④ [○] **부정수표단속법** 제5조는 '수표를 위조 또는 변조한 자는 1년 이상의 유기징역과 수표금액의 10배 이하의 벌금에 처한다'라고 규정하고 있는바, 이는 유가증권 중 수표의 위 · 변조행위에 관하여는 범죄성립요건을 완화하여 **초과주관적 구성요건인 '행사할 목적'을 요구하지 아니하는** 한편, 형법 제214조 제1항 위반에 해당하는 다른 유가증권위조 · 변조행위보다 그 형을 가중하여 처벌하려는 취지의 규정이라고 해석하여야 한다(대법원 2008.2.14, 2007도10100).

604 유가증권위조죄 등에 관한 다음 설명 중 옳지 않은 것은? (다툼이 있으면 판례에 의함) [Essential ★]

1 2 3

① 찢어서 폐지로 된 타인발행 명의의 약속어음 파지면을 이용하여 이를 조합하여 어음의 외형을 갖춘 경우에는 새로운 약속어음을 작성한 것으로서 유가증권위조죄가 성립한다.

② 백지어음에 대하여 취득자가 발행자와의 합의에 의하여 정하여진 보충권의 한도를 넘어 보충을 한 경우에는 발행인의 서명날인 있는 기존의 약속 어음용지를 이용하여 새로운 약속어음을 발행하는 것에 해당하므로 유가증권위조죄를 구성한다.

③ 이미 타인에 의하여 위조된 약속어음의 액면금액을 권한 없이 변경하더라도 유가증권변조죄나 유가증권위조죄는 성립하지 아니한다.

④ 타인이 위조한 액면과 지급기일이 백지로 된 약속어음을 그것이 위조 약속어음인 정을 알고도 구입하여 액면란에 금액을 기입하여 어음을 완성하더라도, 유가증권변조죄나 유가증권위조죄는 성립하지 아니한다.

해설

④ [×] 타인이 위조한 액면과 지급기일이 백지로 된 약속어음을 구입하여 액면란에 금액을 기입하여 어음위조를 완성하는 행위는 백지어음 형태의 위조행위와는 별개의 유가증권위조죄를 구성한다(대법원 1982.6.22, 82도677).

① [○] 찢어서 폐지로 된 타인발행 명의의 약속어음 파지면을 이용하여 이를 조합하여 어음의 외형을 갖춘 경우에는 새로운 약속어음을 작성한 것으로서 **유가증권위조죄가 성립한다**(대법원 1976.1.27, 74도3442 세조각 약속어음 사건).

② [○] 백지어음에 대하여 취득자가 발행자와의 합의에 의하여 정하여진 **보충권의 한도를 넘어 보충을 한 경우에는** 발행인의 서명날인 있는 기존의 약속 어음용지를 이용하여 새로운 약속어음을 발행하는 것에 해당하므로 **유가증권위조죄를 구성한다**(대법원 1989.12.12, 89도1264).

③ [○] 이미 타인에 의하여 **위조된 약속어음의 액면금액을 권한 없이 변경하더라도 유가증권변조죄나 유가증권위조죄는 성립하지 아니한다**(대법원 2006.1.26, 2005도4764).

정답 | 603 ③ 604 ④

605 다음 중 밑줄 친 부분이 유가증권변조죄에 해당하는 것은 모두 몇 개인가? (다툼이 있으면 판례에 의함)

1 2 3

[Superlative ★★★]

> ㉠ 피고인이 타인에게 속한 자기 명의의 유가증권에 무단히 변경을 가한 경우
> ㉡ 피고인이 약속어음의 지급기일을 변조한 다음, 그 후 변조된 부분을 피고인이 재차 및 삼차 변경한 경우
> ㉢ 권한 없이 보충됨으로써 위조된 약속어음에 대하여 피고인이 그 위조행위자와 공모하여 금액란을 임의로 변경한 경우
> ㉣ 발행인으로부터 어음금액이 백지인 약속어음의 할인을 위임받은 피고인이 위임 범위 내에서 어음금액을 기재한 후 할인을 받으려고 하다가 그 목적을 이루지 못하자, 약속어음을 원상태대로 발행인에게 반환하기 위하여 어음금액의 기재를 삭제한 경우

① 0개 ② 1개
③ 2개 ④ 3개

해설

① 모든 항목의 경우 유가증권변조죄는 성립하지 아니한다.

㉠ 타인에게 속한 자기 명의의 유가증권에 무단히 변경을 가하였다 하더라도 문서손괴죄나 허위유가증권작성죄에 해당되는 경우가 있음은 별론으로 하고 유가증권변조죄를 구성하는 것은 아니다(대법원 1978.11.14, 78도1904).

㉡ (1) 유가증권의 내용 중 권한 없는 자에 의하여 이미 변조된 부분을 다시 권한 없이 변경하였다고 하더라도 유가증권변조죄는 성립하지 않는다. (2) 피고인이 약속어음의 지급기일을 변조한 다음, 그 후 변조된 부분을 피고인이 재차 및 삼차 변경하였다고 하더라도 유가증권변조죄는 성립하지 아니한다(대법원 2012.9.27, 2010도15206).

㉢ (1) 이미 타인에 의하여 위조된 약속어음의 기재사항을 권한 없이 변경하였다고 하더라도 유가증권변조죄는 성립하지 아니하고, 위조된 약속어음의 액면금액을 권한 없이 변경하는 것이 당초의 위조와는 별개의 새로운 유가증권위조로 된다고 할 수도 없다. (2) 권한 없이 보충됨으로써 위조되었다고 평가되는 약속어음에 있어서 그 위조행위자와 공모하여 금액란을 임의로 변경한 피고인의 행위는 유가증권변조에 해당하지 아니한다(대법원 2008.12.24, 2008도9494).

㉣ 피고인의 권한 범위 내에 속한다고 할 것이므로 이를 유가증권변조라고 볼 수 없다(대법원 2006.1.13, 2005도6267).

606 다음 중 허위유가증권작성죄가 성립하는 것은? (다툼이 있으면 판례에 의함)

1 2 3

[core ★★]

① 피고인이 약속어음 배서인의 주소를 허위로 기재한 경우
② 자기앞수표의 발행인인 피고인이 수표의뢰인으로부터 수표자금을 입금받지 아니한 채 자기앞수표를 발행한 경우
③ 피고인이 약속어음 작성권자의 승낙 내지 위임을 받아 약속어음을 작성함에 있어서 발행인 명의 아래 피고인의 인장을 날인한 경우
④ 은행을 통하여 지급이 이루어지는 약속어음의 발행인인 피고인이 은행에 신고된 것이 아닌 피고인의 다른 인장을 날인한 경우

해설

③ 발행인 명의 아래 진실에 반하는 내용인 피고인의 인장을 날인하여 일견 유효한 듯한 약속어음의 발행은 허위유가증권작성 및 동행사죄에 해당한다(대법원 1975.6.10, 74도2594).
① 배서인의 주소기재는 배서의 요건이 아니므로 약속어음 배서인의 주소를 허위로 기재하였다고 하더라도 약속어음상의 권리관계에 아무런 영향을 미치지 않으므로 허위유가증권작성죄에 해당되지 않는다(대법원 1986.6.24, 84도547).
② 자기앞수표의 발행인이 수표의뢰인으로부터 수표자금을 입금받지 아니한 채 자기앞수표를 발행하더라도 그 수표의 효력에는 아무런 영향이 없으므로 허위유가증권작성죄가 성립하지 아니한다(대법원 2005.10.27, 2005도4528).
④ 은행에 신고된 것이 아닌 발행인의 다른 인장을 날인하였다 하더라도 그것이 발행인의 인장인 이상 그 어음의 효력에는 아무런 영향이 없으므로 허위유가증권작성죄가 성립하지 아니한다(대법원 2000.5.30, 2000도883).

607 위조유가증권행사죄 등에 관한 다음 설명 중 옳지 않은 것은? (다툼이 있으면 판례에 의함)

1 2 3

[core ★★]

① 위조유가증권행사죄에 있어서의 유가증권이라 함은 위조된 유가증권의 원본을 말하는 것이지 전자복사기 등을 사용하여 기계적으로 복사한 사본은 이에 해당하지 않는다.
② 위조유가증권임을 알고 있는 자에게 교부하였더라도 피교부자가 이를 유통시킬 것임을 인식하고 교부하였다면, 그 교부행위 그 자체가 유가증권의 유통질서를 해할 우려가 있어 처벌의 이유와 필요성이 충분히 있다고 할 것이므로 위조유가증권행사죄가 성립한다.
③ 위조유가증권의 교부자와 피교부자가 서로 유가증권위조를 공모하였거나 위조유가증권을 타에 행사하여 그 이익을 나누어 가질 것을 공모한 공범의 관계에 있더라도, 그들 사이의 위조유가증권 교부행위는 유가증권에 대한 공공의 신용 또는 거래의 안전을 해할 위험이 있으므로 위조유가증권행사죄가 성립한다.
④ 위조우표행사죄에 규정된 '행사할 목적'에는 위조된 우표를 그 정을 알고 있는 자에게 교부하더라도 교부받은 사람이 그 우표를 진정하게 발행된 우표로서 사용할 것이라는 정을 인식하면서 이를 교부하는 경우도 해당된다.

해설

③ [×] 위조유가증권의 교부자와 피교부자가 서로 유가증권위조를 공모하였거나 위조유가증권을 타에 행사하여 그 이익을 나누어 가질 것을 공모한 공범의 관계에 있다면, 그들 사이의 위조유가증권 교부행위는 그들 이외의 자에게 행사함으로써 범죄를 실현하기 위한 전단계의 행위에 불과한 것으로서 위조유가증권은 아직 범인들의 수중에 있다고 볼 것이지 행사되었다고 볼 수는 없다(대법원 2010.12.9, 2010도12553 수표대여 연출 사건).
① [○] 위조유가증권행사죄에 있어서의 유가증권이라 함은 위조된 유가증권의 원본을 말하는 것이지 전자복사기 등을 사용하여 기계적으로 **복사한 사본은 이에 해당하지 않는다**(대법원 2010.5.13, 2008도10678 선하증권 사본 사건).
② [○] 위조유가증권임을 **알고 있는 자에게 교부하였더라도** 피교부자가 이를 유통시킬 것임을 인식하고 교부하였다면, 그 교부행위 그 자체가 유가증권의 유통질서를 해할 우려가 있어 처벌의 이유와 필요성이 충분히 있다고 할 것이므로 **위조유가증권행사죄가 성립한다**(대법원 2010.12.9, 2010도12553 수표대여 연출 사건).
④ [○] 위조우표행사죄에 규정된 '행사할 목적'에는 위조된 우표를 그 정을 **알고 있는 자에게 교부하더라도** 교부받은 사람이 그 우표를 진정하게 발행된 우표로서 사용할 것이라는 정을 인식하면서 이를 **교부하는 경우도 해당된다**(대법원 1989.4.11, 88도1105).

정답 | 605 ① 606 ③ 607 ③

608 문서에 관한 죄에 대한 다음 설명 중 옳지 않은 것을 모두 고른 것은? (다툼이 있으면 판례에 의함)

1 2 3

[core ★★]

㉠ 피고인이 컴퓨터 스캔 작업을 통하여 만들어낸 공인중개사 자격증의 이미지 파일은 문서에 관한 죄에 있어서의 '문서'로 보기 어렵다.

㉡ 피고인 甲이 컴퓨터로 '미애', '701226'을 작성하여 출력한 다음 甲의 주민등록증 성명란 '길자'라는 글자 위에 '미애'라는 글자를, 주민등록번호란 '640209'라는 글자 위에 '701226'이라는 글자를 각 오려붙인 다음, 이를 스캔하여 이미지 파일을 생성한 후 이를 乙에게 보냈다고 하더라도 공문서위조 및 동행사죄는 성립하지 아니한다.

㉢ 피고인 甲이 이미 자신이 위조한 휴대전화 신규 가입신청서를 스캐너로 읽어 들여 이미지화한 다음 그 이미지 파일을 乙에게 이메일로 전송하여 컴퓨터 화면상에서 보게 한 경우, 스캐너로 읽어 들여 이미지화한 것은 문서에 관한 죄에 있어서의 '문서'에 해당하지 않으므로 위조문서행사죄가 성립하지 아니한다.

① 없음
② ㉢
③ ㉠㉡
④ ㉠㉡㉢

해설

② ㉢ 항목만 옳지 않다.

㉠ [O] 공인중개사 자격증의 이미지 파일은 전자기록으로서 전자기록 장치에 전자적 형태로서 고정되어 계속성이 있다고 볼 수는 있으나, **그러한 형태는 그 자체로서 시각적 방법에 의해 이해할 수 있는 것이 아니어서 이를 문서에 관한 죄에 있어서의 '문서'로 보기 어렵다**(대법원 2008.4.10, 2008도1013 공인중개사자격증 이미지 사건).

㉡ [O] **컴퓨터 모니터 화면에 나타나는 이미지는 문서에 해당되지 않아** 공문서위조 및 동행사죄는 성립하지 아니한다(대법원 2007.11.29, 2007도7480 미애 사건). 컴퓨터로 파일만을 만든 것이므로 공문서위조가 아니고, 위조된 공문서가 없으므로 그 행사죄도 성립하지 아니한다.

㉢ [X] 스캐너로 읽어 들여 이미지화한 것은 문서에 관한 죄에 있어서의 '문서'에 해당하지 않는다고 하더라도, 자신이 이미 위조한 휴대전화 신규 가입신청서를 행사한 것에 해당하여 위조문서행사죄가 성립한다(대법원 2008.10.23, 2008도5200 휴대폰가입신청서 스캔 · 전송 사건).

609 문서에 관한 죄에 대한 다음 설명 중 옳지 않은 것은? (다툼이 있으면 판례에 의함) [Essential ★]

1 2 3

① 금융위원회법 제29조, 제69조 제1항에서 정한 금융감독원 집행간부인 금융감독원장 명의의 문서를 위조, 행사한 행위는 사문서위조죄, 위조사문서행사죄에 해당하는 것이 아니라 공문서위조죄, 위조공문서행사죄에 해당한다.

② 지방자치단체의 장 또는 계약담당자가, 검사(지방자치단체를 당사자로 하는 계약의 이행완료에 관한 검사)를 위임받아 수행한 전문기관으로부터 검사결과를 검사조서로 작성 · 보고받고 이를 확인하여 승인하는 의미로 검사조서에 결재하였다면 그와 같이 결재된 검사조서는 허위공문서작성죄의 객체인 공문서에 해당한다.

③ 공립학교 교사가 작성하는 교원의 인적사항과 전출희망사항 등을 기재하는 부분과 학교장이 작성하는 학교장의견란 등으로 구성되어 있는 교원실태조사카드의 경우, 학교장의 작성 명의 부분은 공문서라고 할 수 있으나 작성자가 교사 명의로 된 부분은 개인적으로 전출을 희망하는 의사표시를 한 것에 지나지 아니하여 이것을 가리켜 공문서라고 할 수는 없다.

④ 가정법원의 서기관 등이 이혼의사확인서등본을 작성한 뒤 이를 이혼의사확인신청 당사자 쌍방에게 교부하면서 이혼신고서를 확인서등본 뒤에 첨부하여 그 직인을 간인하였는데, 당사자가 간인으로 연결된 이혼신고서를 떼어내고 원래 이혼신고서의 내용과는 다른 이혼신고서를 작성하여 이혼의사확인서등본과 함께 호적관서에 제출하였다면 공문서변조 및 동행사죄가 성립한다.

해설

④ [×] 가정법원의 서기관 등이 이혼신고서를 확인서등본 뒤에 첨부하여 그 직인을 간인하였다고 하더라도 이혼신고서가 공문서인 이혼의사확인서등본의 일부가 되었다고 볼 수 없으므로, 당사자가 이혼신고서를 떼어내고 원래 이혼신고서의 내용과는 다른 이혼신고서를 작성하여 이혼의사확인서등본과 함께 호적관서에 제출하였다고 하더라도 공문서변조 및 동행사죄는 성립하지 아니한다(대법원 2009.1.30, 2006도7777 이혼신고서 교체 사건).

① [O] 금융위원회법 제29조, 제69조 제1항에서 정한 금융감독원 집행간부인 **금융감독원장 명의**의 문서를 위조, 행사한 행위는 사문서위조죄, 위조사문서행사죄에 해당하는 것이 아니라 **공문서위조죄, 위조공문서행사죄에 해당한다**(대법원 2021.3.11, 2020도14666 금융감독원 대출정보내역 사건).

② [O] 지방자치단체의 장 또는 계약담당자가, 검사(지방자치단체를 당사자로 하는 계약의 이행완료에 관한 검사)를 위임받아 수행한 전문기관으로부터 검사결과를 검사조서로 작성 · 보고받고 이를 확인하여 승인하는 의미로 검사조서에 결재하였다면 그와 같이 결재된 **검사조서는 허위공문서작성죄의 객체인 공문서에 해당한다**(대법원 2010.4.29, 2010도875 자생식물원 준공검사조서 사건).

③ [O] 공립학교 교사가 작성하는 교원의 인적사항과 전출희망사항 등을 기재하는 부분과 학교장이 작성하는 학교장의견란 등으로 구성되어 있는 **교원실태조사카드**의 경우, 학교장의 작성 명의 부분은 공문서라고 할 수 있으나 작성자가 교사 명의로 된 부분은 개인적으로 전출을 희망하는 의사표시를 한 것에 지나지 아니하여 이것을 가리켜 **공문서라고 할 수는 없다**(대법원 1991.9.24, 91도1733 교원실태조사카드 사건).

정답 | 608 ② 609 ④

610 다음 중 문서위조 · 변조 또는 동행사죄가 성립하는 것은 모두 몇 개인가? (다툼이 있으면 판례에 의함)

1 2 3

[Superlative ★★★]

> ㉠ 피고인이 타인의 주민등록증사본의 사진란에 피고인의 사진을 붙여 이를 복사하여 주민등록증사본을 창출시킨 경우
> ㉡ 피고인이 타인의 주민등록증을 이용하여 주민등록증상 이름과 사진을 하얀 종이로 가린 후 복사기로 복사를 하고, 다시 컴퓨터를 이용하여 위조하고자 하는 당사자의 인적사항과 주소, 발급일자를 기재한 후 덮어쓰기를 하여 이를 다시 복사하는 방식으로 주민등록증사본을 창출시킨 경우
> ㉢ 피고인 甲이 사무실전세계약서 원본을 스캐너로 복사하여 컴퓨터 화면에 띄운 후 포토샵을 이용하여 보증금액 '일천만원, 10,000,000원'을 지워 보증금액을 공란으로 만든 후 프린터로 출력하고, 보증금액 공란에 '삼천만원, 30,000,000원'으로 기재한 후 乙에게 팩스로 송부한 경우
> ㉣ 변호사인 피고인이 저작권법위반의 형사고소사건을 위임받은 후 네이버 아이디(ID) 불상의 피고소인 30명을 각 형사고소하기 위하여 고소장을 개별적으로 수사관서에 제출하면서도 하나의 고소위임장에만 서울지방변호사회로부터 발급받은 진정한 경유증표 원본을 첨부한 후 이를 일체로 하여 컬러복사기로 20장 또는 10장의 고소위임장을 각 복사하여 각 고소장에 첨부하여 의정부지방검찰청 수사과에 접수한 경우

① 1개 ② 2개

③ 3개 ④ 4개

해설

④ 모든 항목의 경우 문서위조 · 변조 또는 동행사죄가 성립한다.

㉠㉡ (1) 진정한 문서의 사본을 전자복사기를 이용하여 복사하면서 일부 조작을 가하여 그 사본 내용과 전혀 다르게 만드는 행위는 공공의 신용을 해할 우려가 있는 별개의 문서사본을 창출하는 행위로서 문서위조행위에 해당한다. (2) 피고인이 전혀 별개의 주민등록증사본을 창출시킨 것이므로 공문서위조죄가 성립한다(㉠ 대법원 2000.9.5, 2000도2855 ㉡ 대법원 2004.10.28, 2004도5183). 주민등록증에서 사진을 교체한 것은 그 주민등록증의 동일성을 해한 것으로 볼 수 있으므로 변조가 아니라 위조임을 주의하여야 한다.

㉢ 피고인 甲이 사무실전세계약서 원본을 스캐너로 복사하여 컴퓨터 화면에 띄운 후 포토샵을 이용하여 보증금액 '일천만원, 10,000,000원'을 지워 보증금액을 공란으로 만든 후 프린터로 출력하고, 보증금액 공란에 '삼천만원, 30,000,000원'으로 기재한 후 乙에게 팩스로 송부한 경우, 사문서변조 및 동행사죄가 성립한다(대법원 2011.11.10, 2011도10468 전세계약서 변조 사건). '컴퓨터 모니터 화면상의 이미지'를 변조한 것이 아니라 '프린터로 출력된 사무실전세계약서'를 변조한 것이므로 사문서변조 및 동행사죄가 성립한다는 것을 주의하여야 한다.

㉣ 사문서위조 및 동행사죄에 해당한다(대법원 2016.7.14, 2016도2081 경유증표 컬러복사 사건).

611 문서에 관한 죄에 대한 다음 설명 중 옳지 않은 것은? (다툼이 있으면 판례에 의함) [core ★★]

1 2 3

① 문서에 작성명의인이 명시되어 있지는 아니하더라도 문서의 내용, 형식, 체제 등에 비추어 그 문서 자체에 의하여 그 작성명의인을 판별할 수 있다면 사문서위조죄의 객체가 되는 문서로 볼 수 있다.

② 작성된 문서가 일반인으로 하여금 당해 명의인의 권한 내에서 작성된 문서라고 믿게 할 수 있는 정도의 형식과 외관을 갖추고 있으면 문서위조죄가 성립하는 것이고, 위와 같은 요건을 구비한 이상 그 명의인이 실재하지 않는 허무인이거나 또는 문서의 작성일자 전에 이미 사망하였다고 하더라도 문서위조죄가 성립한다고 봄이 상당하며, 이는 공문서뿐만 아니라 사문서의 경우에도 마찬가지이다.

③ 작성된 문서가 일반인으로 하여금 당해 명의인의 권한 내에서 작성된 문서라고 믿게 할 수 있는 정도의 형식과 외관을 갖추고 있으면 문서위조죄가 성립하는 것이고, 위와 같은 요건을 구비한 이상 그 명의인이 실재하지 않는 허무인이거나 또는 문서의 작성일자 전에 이미 사망하였다고 하더라도 공문서와 사문서를 가리지 아니하고 문서위조죄가 성립한다고 봄이 상당하며 이러한 법리는 법률적, 사회적으로 자연인과 같이 활동하는 법인 또는 단체에도 그대로 적용된다.

④ 실제의 본명 대신 가명(假名)이나 위명(僞名)을 사용하여 사문서를 작성한 경우에 그 문서의 작성명의인과 실제 작성자 사이에 인격의 동일성이 그대로 유지되는 때에는 위조죄가 성립하지만, 명의인과 작성자의 인격이 상이할 때에는 위조죄가 성립할 수 없다.

해설

④ [×] 실제의 본명 대신 가명이나 위명을 사용하여 사문서를 작성한 경우에 그 문서의 작성명의인과 실제 작성자 사이에 인격의 동일성이 그대로 유지되는 때에는 위조가 되지 않으나, 명의인과 작성자의 인격이 상이할 때에는 위조죄가 성립할 수 있다(대법원 2010.11.11, 2010도1835 가명 현금보관증 사건).

① [○] 문서에 **작성명의인이 명시되어 있지는 아니하더라도** 문서의 내용, 형식, 체제 등에 비추어 그 문서 자체에 의하여 그 **작성명의인을 판별할 수 있다면 사문서위조죄의 객체가 되는 문서로 볼 수 있다**(대법원 2009.3.26, 2008도6895).

② [○] 작성된 문서가 일반인으로 하여금 당해 명의인의 권한 내에서 작성된 문서라고 믿게 할 수 있는 정도의 형식과 외관을 갖추고 있으면 문서위조죄가 성립하는 것이고, 위와 같은 요건을 구비한 이상 그 **명의인이 실재하지 않는 허무인이거나 또는 문서의 작성일자 전에 이미 사망하였다고 하더라도 문서위조죄가 성립한다**고 봄이 상당하며, 이는 공문서뿐만 아니라 사문서의 경우에도 마찬가지이다(대법원 2005.2.24, 2002도18 全合 임상경력증명서 사건).

③ [○] 작성된 문서가 일반인으로 하여금 당해 명의인의 권한 내에서 작성된 문서라고 믿게 할 수 있는 정도의 형식과 외관을 갖추고 있으면 문서위조죄가 성립하는 것이고, 위와 같은 요건을 구비한 이상 그 **명의인이 실재하지 않는 허무인이거나 또는 문서의 작성일자 전에 이미 사망하였다고 하더라도 공문서와 사문서를 가리지 아니하고 문서위조죄가 성립한다**고 봄이 상당하며 이러한 법리는 법률적, 사회적으로 자연인과 같이 활동하는 법인 또는 단체에도 그대로 적용된다(대법원 2005.3.25, 2003도4943 삼성종합건설 사건).

정답 | 610 ④ 611 ④

612 문서에 관한 죄에 대한 다음 설명 중 옳지 않은 것은? (다툼이 있으면 판례에 의함) [core ★★]

1 2 3

① 문서의 위조는 작성권한 없는 자가 타인 명의를 모용하여 문서를 작성하는 행위를 말하는 것이므로 사문서를 작성함에 있어 그 명의자의 명시적이거나 묵시적인 승낙 또는 위임이 있었다면 사문서위조에 해당한다고 할 수 없다.

② 사문서를 작성 · 수정함에 있어 그 명의자의 명시적이거나 묵시적인 승낙이 있었다면 사문서의 위 · 변조죄에 해당하지 않고, 한편 행위 당시 명의자의 현실적인 승낙은 없었지만 행위 당시의 모든 객관적 사정을 종합하여 명의자가 행위 당시 그 사실을 알았다면 당연히 승낙했을 것이라고 추정되는 경우 역시 사문서의 위 · 변조죄가 성립하지 않는다.

③ 문서명의인이 이미 사망하였다면 그 명의인의 현실적인 승낙을 받을 수 없으므로 비록 문서명의인이 생존하고 있다는 점이 문서의 중요한 내용을 이루거나 그 점을 전제로 문서가 작성되었더라도 그러한 내용의 문서에 관하여는 사망한 명의자의 승낙이 추정되므로 사문서위조죄는 성립하지 않는다.

④ 명의자의 명시적인 승낙이나 동의가 없다는 것을 알고 있으면서도 명의자가 문서작성 사실을 알았다면 승낙하였을 것이라고 기대하거나 예측한 것만으로는 그 승낙이 추정된다고 단정할 수 없다.

해설

③ [×] 문서명의인이 이미 사망하였는데도 문서명의인이 생존하고 있다는 점이 문서의 중요한 내용을 이루거나 그 점을 전제로 문서가 작성되었다면 이미 그 문서에 관한 공공의 신용을 해할 위험이 발생하였다 할 것이므로, 그러한 내용의 문서에 관하여 사망한 명의자의 승낙이 추정된다는 이유로 사문서위조죄의 성립을 부정할 수는 없다(대법원 2011.9.29, 2011도6223 아버지 갑자기 사망 사건).

① [○] 문서의 위조는 작성권한 없는 자가 타인 명의를 모용하여 문서를 작성하는 행위를 말하는 것이므로 사문서를 작성함에 있어 그 명의자의 명시적이거나 묵시적인 **승낙 또는 위임이 있었다면 사문서위조에 해당한다고 할 수 없다**(대법원 2015.6.11, 2012도1352).

② [○] 사문서를 작성 · 수정함에 있어 그 명의자의 명시적이거나 묵시적인 승낙이 있었다면 사문서의 위 · 변조죄에 해당하지 않고, 한편 행위 당시 명의자의 **현실적인 승낙은 없었지만 행위 당시의 모든 객관적 사정을 종합하여 명의자가 행위 당시 그 사실을 알았다면 당연히 승낙했을 것이라고 추정되는 경우 역시 사문서의 위 · 변조죄가 성립하지 않는다**(대법원 2011.9.29, 2010도14587 통장 입금자명의 삭제 사건).

④ [○] 명의자의 명시적인 승낙이나 동의가 없다는 것을 알고 있으면서도 명의자가 문서작성 사실을 알았다면 **승낙하였을 것이라고 기대하거나 예측한 것만으로는 그 승낙이 추정된다고 단정할 수 없다**(대법원 2011.9.29, 2010도14587 통장 입금자명의 삭제 사건).

613 문서에 관한 죄에 대한 다음 설명 중 옳지 않은 것은? (다툼이 있으면 판례에 의함) [core ★★]

1 2 3

① 사문서변조에 있어서 그 변조 당시 명의인의 명시적, 묵시적 승낙 없이 한 것이라도 변조된 문서가 명의인에게 유리하여 결과적으로 그 의사에 합치한다고 한다면 사문서변조죄는 성립하지 아니한다.

② 공문서인 기안문서의 작성권한자가 직접 이에 서명하지 않고 피고인에게 지시하여 자기의 서명을 흉내내어 기안문서의 결재란에 대신 서명케 한 경우라면 피고인의 기안문서 작성행위는 작성권자의 지시 또는 승낙에 의한 것으로서 공문서위조죄의 구성요건해당성이 조각된다.

③ 피고인이 X은행 발행의 피고인 명의 예금통장 기장내용 중 특정 일자에 Y회사로부터 지급받은 월급여의 입금자 부분을 화이트테이프로 지우고 복사한 후 그 통장사본을 법원에 증거로 제출한 경우, X은행장이 행위 당시 그러한 사실을 알았다면 이를 당연히 승낙했을 것으로 추정된다고 볼 수 없으므로 사문서변조 및 동행사죄가 성립한다.

④ 피고인 甲이 자신의 부(父) 乙에게서 乙 소유 부동산의 매매에 관한 권한 일체를 위임받아 이를 매도하였는데, 그 후 乙이 갑자기 사망하자 부동산 소유권 이전에 사용할 목적으로 乙이 자신에게 인감증명서 발급을 위임한다는 취지의 인감증명 위임장을 작성한 후 주민센터 담당직원에게 제출한 경우, 甲이 명의자 乙이 승낙하였을 것이라고 기대하거나 예측한 것만으로는 사망한 乙의 승낙이 추정된다고 단정할 수 없어 사문서위조죄가 성립한다.

해설

① [×] 사문서변조에 있어서 그 변조 당시 명의인의 명시적, 묵시적 승낙 없이 한 것이면 변조된 문서가 명의인에게 유리하여 결과적으로 그 의사에 합치한다 하더라도 사문서변조죄의 구성요건을 충족한다(대법원 1985.1.22, 84도2422).

② [○] 공문서인 기안문서의 작성권한자가 직접 이에 서명하지 않고 피고인에게 지시하여 자기의 서명을 흉내내어 기안문서의 결재란에 대신 서명케 한 경우라면 피고인의 기안문서 작성행위는 작성권자의 지시 또는 승낙에 의한 것으로서 **공문서위조죄의 구성요건해당성이 조각된다**(대법원 1983.5.24, 82도1426 대신 서명하라 사건).

③ [○] 피고인이 X은행 발행의 피고인 명의 예금통장 기장내용 중 특정 일자에 Y회사로부터 지급받은 월급여의 입금자 부분을 화이트테이프로 지우고 복사한 후 그 통장사본을 법원에 증거로 제출한 경우, **X은행장이 행위 당시 그러한 사실을 알았다면 이를 당연히 승낙했을 것으로 추정된다고 볼 수 없으므로 사문서변조 및 동행사죄가 성립한다**(대법원 2011.9.29, 2010도14587 통장 입금자명의 삭제 사건).

④ [○] 피고인 甲이 자신의 부(父) 乙에게서 乙 소유 부동산의 매매에 관한 권한 일체를 위임받아 이를 매도하였는데, 그 후 乙이 갑자기 사망하자 부동산 소유권 이전에 사용할 목적으로 乙이 자신에게 인감증명서 발급을 위임한다는 취지의 인감증명 위임장을 작성한 후 주민센터 담당직원에게 제출한 경우, 甲이 명의자 乙이 승낙하였을 것이라고 기대하거나 예측한 것만으로는 **사망한 乙의 승낙이 추정된다고 단정할 수 없어 사문서위조죄가 성립한다**(대법원 2011.9.29, 2011도6223 아버지 갑자기 사망 사건).

정답 | 612 ③ 613 ①

614 문서에 관한 죄에 대한 다음 설명 중 옳지 않은 것은? (다툼이 있으면 판례에 의함) [Essential ★]

1 2 3

① 사문서를 작성함에 있어 그 명의자의 명시적이거나 묵시적인 승낙 내지 위임이 있었다면 이는 사문서위조에 해당한다고 할 수 없다.

② 문서 작성권한의 위임이 있는 경우라고 하더라도 그 위임을 받은 자가 그 위임받은 권한을 초월하여 문서를 작성한 경우는 사문서위조죄가 성립하고, 단지 위임받은 권한의 범위 내에서 이를 남용하여 문서를 작성한 것에 불과하다면 사문서위조죄가 성립하지 아니한다.

③ 공문서 작성권자로부터 일정한 요건이 구비되었는지의 여부를 심사하여 그 요건이 구비되었음이 확인될 경우에 한하여 작성권자의 직인을 사용하여 작성권자 명의의 공문서를 작성하라는 포괄적인 권한을 수여받은 업무보조자인 공무원이, 그 위임의 취지에 반하여 공문서 용지에 허위내용을 기재하고 작성권자의 직인을 날인하였다면 허위공문서작성죄가 성립한다.

④ 작성권자의 직인 등을 보관하는 담당자는 일반적으로 작성권자의 결재가 있는 때에 한하여 보관 중인 직인 등을 날인할 수 있을 뿐이므로, 다른 공무원 등이 작성권자의 결재를 받지 않고 직인 등을 보관하는 담당자를 기망하여 작성권자의 직인을 날인하도록 하여 공문서를 완성한 경우 공문서위조죄가 성립한다.

해설

③ [×] 업무보조자인 공무원이 위임의 취지에 반하여 공문서 용지에 허위내용을 기재하고 작성권자의 직인을 날인하였다면 공문서위조죄가 성립한다(대법원 1996.4.23, 96도424). 공무원이 '위임의 취지에 반하여' 작성한 것은 작성권한이 없는 경우이므로 허위공문서작성죄가 아니라 공문서위조죄가 성립한다.

① [○] 사문서를 작성함에 있어 그 **명의자의 명시적이거나 묵시적인 승낙 내지 위임이 있었다면 이는 사문서위조에 해당한다고 할 수 없다**(대법원 2012.6.28, 2010도690 월드코아 영업부장 사건).

② [○] 문서 작성권한의 위임이 있는 경우라고 하더라도 그 위임을 받은 자가 그 **위임받은 권한을 초월하여 문서를 작성한 경우는 사문서위조죄가 성립하고,** 단지 **위임받은 권한의 범위 내에서 이를 남용하여 문서를 작성한 것에 불과하다면 사문서위조죄가 성립하지 아니한다**(대법원 2012.6.28, 2010도690 월드코아 영업부장 사건).

④ [○] 작성권자의 직인 등을 보관하는 담당자는 일반적으로 작성권자의 결재가 있는 때에 한하여 보관 중인 직인 등을 날인할 수 있을 뿐이므로, 다른 공무원 등이 작성권자의 결재를 받지 않고 **직인 등을 보관하는 담당자를 기망하여 작성권자의 직인을 날인하도록 하여 공문서를 완성한 경우 공문서위조죄가 성립한다**(대법원 2017.5.17, 2016도13912 전투비행단 관리사장 사건).

615 다음 중 (　　) 안의 범죄가 성립하는 것은? (다툼이 있으면 판례에 의함) [core ★★]

1 2 3

① X회사의 아산지점 지배인인 피고인 甲이 자신을 X회사의 대표이사로 표시하여 'X회사는 Y회사의 1억원 차용금 채무에 대하여 연대보증한다'는 취지의 차용증을 작성 · 교부한 경우 (사문서위조죄)

② 피고인 甲이 X회사의 공동대표이사로 새로 선임된 乙의 제안에 따라, X회사의 다른 공동대표이사 丙의 법인인감과 인감증명서를 乙에게 전달하였고 이후 乙이 약속어음의 발행인 성명란에 'X회사 대표이사 丙' 등으로 기재하고 법인인감을 날인한 경우 (유가증권위조죄)

③ X회사의 적법한 대표이사로 선임된 피고인 甲이 'X회사 대표이사 乙'로 표시하여 회사 명의 문서를 작성한 경우. 乙은 이미 퇴임한 전 대표이사이고 그 문서 내용 중 일부가 허위였을 뿐만 아니라, 회사의 운영을 실질적으로 장악 · 통제하고 있던 1인 주주인 丙의 구체적인 위임 또는 승낙을 받지도 않았음 (사문서위조죄)

④ 은행의 지배인으로 등기되어 있는 피고인이 인감관리자의 결재도 받지 않고 지급보증의 성질이 있는 은행 명의의 대출채권양수도약정서와 사용인감계를 작성한 경우. 다만, 은행의 내부규정에 지급보증 등 여신에 관하여 금액 규모 등에 따라 전결권자를 구분하고 나아가 여신 결재가 이루어진 것을 전제로 인감관리자의 결재를 받아 사용인감계를 작성하도록 하는 등으로 지급보증 등의 의사결정 권한을 상위 결재권자에게 부여하고 있었음 (사문서위조죄)

해설

④ 은행의 내부규정에 지급보증 등 여신에 관하여 금액 규모 등에 따라 전결권자를 구분하고 나아가 여신 결재가 이루어진 것을 전제로 인감관리자의 결재를 받아 사용인감계를 작성하도록 하는 등으로 지급보증 등의 의사결정 권한을 상위 결재권자에게 부여하고 있다면, 위와 같은 문서작성 행위는 제한된 지배인의 대리권한을 넘는 경우에 해당하여 사문서위조죄가 성립한다(대법원 2012.9.27, 2012도7467 경남은행 지배인 사건).

① 甲은 X회사의 적법한 지배인이므로 X회사 명의 문서를 작성하는 행위가 사문서위조에 해당할 수는 없는 것이고, 가사 甲이 자신을 X회사의 대표이사로 표시하는 등 일부 허위 내용이 포함되거나 연대보증행위가 X회사의 이익에 반하는 것이라 하더라도 같은 결론에 이른다(대법원 2010.5.13, 2010도1040 황강산업 지배인 사건). 주식회사의 지배인은 회사의 영업에 관하여 재판상 또는 재판 외의 모든 행위를 할 권한이 있기 때문이다. 지문은 사문서의 무형위조에 해당한다.

② 乙은 丙과 함께 X회사의 대표이사이므로 특별한 사정이 없는 한 단독 대표이사와 마찬가지로 X회사의 영업에 관하여 재판상 또는 재판외의 모든 행위를 단독으로 할 권한이 있고 따라서 乙이 X회사 명의의 약속어음을 작성한 것은 그의 적법한 권한에 따른 것이므로 설령 丙이 X회사를 대표하여 약속어음을 발행한 것처럼 기재한 점에 허위가 있다고 하더라도 유가증권위조죄가 성립하지 아니한다(대법원 2015.11.27, 2014도17894 공동대표이사 명의 약속어음 사건).

③ 甲은 X회사의 적법한 대표이사이므로 乙이 이미 퇴임한 전 대표이사이거나 그 문서 내용 중 일부가 진실에 반하는 허위라고 하더라도 그리고 1인 주주인 丙의 구체적인 위임 또는 승낙을 받지 않았다고 하더라도 위조행위에 해당하지 않는다(대법원 2008.11.27, 2006도9194 대평레미콘 대표 사건).

정답 | 614 ③ 615 ④

616 문서에 관한 죄에 대한 다음 설명 중 옳지 않은 것은? (다툼이 있으면 판례에 의함) [core ★★]

1 2 3

① 피고인이 국립경찰병원장 명의의 진단서에 직인과 계인을 날인하고 환자의 성명과 병명 및 향후치료의 소견을 기재하였다고 하더라도 진단서 발행번호나 의사의 서명 · 날인이 없었다면 이는 공문서로서 형식과 외관을 구비하였다고 할 수 없어 공문서위조죄는 성립하지 아니한다.

② 피고인이 위조하였다는 국제운전면허증이 그 유효기간을 경과하여 본래의 용법에 따라 사용할 수는 없게 되었다고 하더라도, 유효기간을 쉽게 알 수 없도록 되어 있거나 피고인이 명의자로부터 국제운전면허를 받은 것으로 오신하기에 충분한 정도의 형식과 외관을 갖추고 있다면 문서위조죄가 성립한다.

③ 피고인이 위조한 우리은행 명의의 통장사본이 우리은행 통장을 참조하여 컴퓨터 그래픽 프로그램을 이용하여 우리은행 통장을 작성한 후 우리은행 명의의 문자 및 기호상표를 새겨 넣은 것으로서 일반인이 진정한 통장사본으로 오신하기에 충분한 정도라고 한다면 사문서위조 및 동행사죄가 성립한다.

④ 피고인 甲이 다른 서류에 찍혀 있던 乙의 직인을 칼로 오려내어 풀로 붙인 후 이를 복사하는 방법으로 乙 명의의 추천서와 경력증명서를 작성 · 행사한 경우, 위 문서가 일반적으로 문서가 갖추어야 할 형식을 다 구비하고 있고, 주의 깊게 관찰하지 아니하면 외관에 비정상적인 부분이 있음을 알아차리기가 어려울 정도라면 사문서위조 및 동행사죄가 성립한다.

해설

① [×] 공문서로서 형식과 외관을 구비하였다 할 것이므로 공문서위조죄가 성립한다(대법원 1987.9.22, 87도1443 국립경찰병원장 진단서 사건).

② [○] 피고인이 위조하였다는 **국제운전면허증**이 그 유효기간을 경과하여 본래의 용법에 따라 사용할 수는 없게 되었다고 하더라도, 유효기간을 쉽게 알 수 없도록 되어 있거나 피고인이 명의자로부터 국제운전면허를 받은 것으로 오신하기에 충분한 정도의 형식과 외관을 갖추고 있다면 **문서위조죄가 성립한다**(대법원 1998.4.10, 98도164 유효기간경과 국제운전면허증 사건). 우리나라에서 발행한 국제운전면허증이라면 공문서이고, 외국에서 발행한 국제운전면허증이라면 사문서에 해당한다. 위 국제운전면허증은 홍콩에서 발행했으므로 사문서에 해당한다.

③ [○] 피고인이 위조한 우리은행 명의의 통장사본이 우리은행 통장을 참조하여 컴퓨터 그래픽 프로그램을 이용하여 우리은행 통장을 작성한 후 우리은행 명의의 문자 및 기호상표를 새겨 넣은 것으로서 **일반인이 진정한 통장사본으로 오신하기에 충분한 정도라고 한다면 사문서위조 및 동행사죄가 성립한다**(대법원 2011.11.10, 2011도10539 영남에어 대표 사건).

④ [○] 피고인 甲이 다른 서류에 찍혀 있던 乙의 **직인을 칼로 오려내어 풀로 붙인 후 이를 복사하는 방법으로** 乙 명의의 추천서와 경력증명서를 작성 · 행사한 경우, 위 문서가 일반적으로 문서가 갖추어야 할 형식을 다 구비하고 있고, 주의 깊게 관찰하지 아니하면 **외관에 비정상적인 부분이 있음을 알아차리기가 어려울 정도라면 사문서위조 및 동행사죄가 성립한다**(대법원 2011.2.10, 2010도8361 직인 오려붙이기 사건).

617 문서에 관한 죄에 대한 다음 설명 중 옳지 않은 것은? (다툼이 있으면 판례에 의함) [Essential ★]

1 2 3

① 사문서변조죄는 권한 없는 자가 이미 진정하게 성립된 타인 명의의 문서내용에 대하여 동일성을 해하지 않을 정도로 변경을 가하여 새로운 증명력을 작출케 함으로써 공공적 신용을 해할 위험성이 있을 때 성립한다.

② 공문서변조라 함은 권한없이 이미 진정하게 성립된 공무원 또는 공무소 명의의 문서내용에 대하여 그 동일성을 해하지 아니할 정도로 변경을 가하는 것을 말한다 할 것이므로, 이미 허위로 작성된 공문서는 공문서변조죄의 객체가 되지 아니한다.

③ 공문서변조죄에 있어서 행사할 목적이란 변조된 공문서를 진정한 문서인 것처럼 사용할 목적, 즉 상대방에게 문서의 진정에 대한 착오를 일으킬 목적이어야 하고 또한 변조 전의 그 문서의 본래의 용도에 사용할 목적이어야 한다.

④ 기존의 진정문서를 이용하여 문서를 변개하는 경우에도 문서의 중요 부분에 변경을 가하여 새로운 증명력을 가지는 별개의 문서를 작성하는 것은 문서의 변조가 아닌 위조에 해당한다.

해설

③ [×] 공문서변조죄에 있어서 행사할 목적이란 변조된 공문서를 진정한 문서인 것처럼 사용할 목적 즉 행사의 상대방이 누구이든지간에 그 상대방에게 문서의 진정에 대한 착오를 일으킬 목적이면 충분한 것이지 반드시 변조 전의 그 문서의 본래의 용도에 사용할 목적에 한정되는 것은 아니다(대법원 1995.3.24, 94도1112).

① [○] 사문서변조죄는 권한 없는 자가 **이미 진정하게 성립된 타인 명의의 문서내용에 대하여 동일성을 해하지 않을 정도로 변경**을 가하여 새로운 증명력을 작출케 함으로써 공공적 신용을 해할 위험성이 있을 때 성립한다(대법원 2011.9.29, 2010도14587 통장 입금자명의 삭제사건).

② [○] 공문서변조라 함은 권한없이 **이미 진정하게 성립된 공무원 또는 공무소 명의의 문서내용에 대하여 그 동일성을 해하지 아니할 정도로 변경**을 가하는 것을 말한다 할 것이므로, 이미 허위로 작성된 공문서는 공문서변조죄의 객체가 되지 아니한다(*대법원 1986.11.11, 86도1984 허위 폐품반납서 사건).

④ [○] 기존의 진정문서를 이용하여 문서를 변개하는 경우에도 **문서의 중요 부분에 변경을 가하여 새로운 증명력을 가지는 별개의 문서를 작성하는 것은 문서의 변조가 아닌 위조에 해당한다**(대법원 2003.9.26, 2003도3729).

정답 | 616 ① 617 ③

618 다음 중 문서'변조'죄가 성립하는 것은 모두 몇 개인가? (다툼이 있으면 판례에 의함)

1 2 3 [core ★★]

> ㉠ 피고인이 임의로 인감증명서의 사용용도란의 기재를 고쳐 쓴 경우
> ㉡ 피고인들이 공문서인 자동차등록증 '비고'란을 임의로 변경하고 이를 행사한 경우
> ㉢ 피고인이 행사할 목적으로 등기사항전부증명서의 열람일시를 삭제하여 복사한 경우
> ㉣ 피고인이 타인의 주민등록증에 붙어있는 사진을 떼어내고 그 자리에 피고인의 사진을 붙인 경우

① 1개　　② 2개
③ 3개　　④ 4개

해설

② ㉡㉢ 2항목의 경우 문서변조죄가 성립한다.

㉠ 인감증명서의 사용용도란의 기재는 증명청인 동장이 작성한 증명문구에 의하여 증명되는 부분과는 아무런 관계가 없다고 할 것이므로, 피고인이 임의로 인감증명서의 사용용도란의 기재를 고쳐 썼다고 하더라도 공무원 또는 공무소의 문서 내용에 대하여 변경을 가하여 새로운 증명력을 작출한 경우라고 볼 수 없으므로 공문서변조죄나 이를 전제로 하는 변조공문서행사죄가 성립되지는 않는다(대법원 2004.8.20, 2004도2767 인감증명서 사용용도란 사건).

㉡ (1) 피고인들이 자동차등록증 '비고'란을 임의로 변경하고 이를 행사한 행위는 공문서변조죄 및 변조공문서행사죄에 해당한다. (2) 피고인들이 일반화물차의 자동차등록증 사본 비고란에 불상의 특수화물차의 자동차등록증 사본 비고란에 기재된 특수용도형 차량임을 식별할 수 있는 '세이프티로더' 부분을 오려 붙인 후 이를 복사한 다음 서울화물협회 대폐차 업무 담당 직원에게 제출한 경우 공문서변조 및 동행사죄가 성립한다(대법원 2016.3.24, 2014도6287 자동차등록증 비고란 사건).

㉢ 피고인이 등기사항전부증명서의 열람일시를 삭제하여 복사한 행위는 변경 전 등기사항전부증명서가 나타내는 관리·사실관계와 다른 새로운 증명력을 가진 문서를 만든 것에 해당하고 그로 인하여 공공적 신용을 해할 위험성도 발생하였다고 판단된다(대법원 2021.2.25, 2018도19043 등기부 열람일시 삭제 사건).

㉣ 피고인이 타인의 주민등록증에 붙어있는 사진을 떼어내고 그 자리에 피고인의 사진을 붙였다면 이는 기존 공문서의 본질적 또는 중요 부분에 변경을 가하여 새로운 증명력을 가지는 별개의 공문서를 작성한 경우에 해당하므로 공문서위조죄를 구성한다(대법원 1991.9.10, 91도1610 민증 사진 교체 사건).

619 다음 중 자격모용문서작성죄가 성립하지 않는 것은? (다툼이 있으면 판례에 의함) [core ★★]

1 2 3

① X구청장인 피고인이 Y구청장으로 전보된 후 X구청장의 권한에 속하는 건축허가에 관한 기안용지의 결재란에 서명을 한 경우

② 부동산중개사무소를 대표하거나 대리할 권한이 없는 피고인 甲이 부동산매매계약서의 공인중개사란에 '○○부동산 대표 甲'이라고 기재한 경우

③ 토지매수권한을 위임받은 대리인이 매도인 측 대표자와 공모하여 매매대금 일부를 착복하기로 하고 위임받은 특정 매매금액보다 낮은 금액을 허위로 기재한 매매계약서를 작성한 경우

④ 피고인이 임대인을 대표하거나 대리할 권한 없이 임차인과 임대차계약을 체결하면서 임대차계약서의 임대인란에 피모용자의 상호를 기재하고 대표 또는 대리관계의 표시 없이 그 옆의 괄호 안에 피고인의 이름을 기재한 후 피고인의 도장을 날인한 경우

해설

③ 작성권한을 남용한 경우로 볼 수 있을 뿐 자격모용사문서작성죄를 구성하지 않는다(대법원 2007.10.11, 2007도5838 토지매매 대리인들 사건).

① 피고인이 Y구청장으로 전보된 후 X구청장의 권한에 속하는 건축허가에 관한 기안용지의 결재란에 서명을 한 것은 자격모용공문서작성죄를 구성한다(대법원 1993.4.27, 92도2688 남동구청장 ⇨ 동래구청장 사건).

② 작성명의인으로 기재된 'OO부동산'은 단순히 상호를 가리키는 것이 아니라 독립한 사회적 지위를 갖고 활동하고 있는 존재로 취급될 수 있다 할 것이므로 피고인의 행위는 자격모용사문서작성에 해당된다(대법원 2008.2.14, 2007도9606 부동산 자격사칭 사건).

④ 임대차계약서는 일반인이 피모용자의 대표자 또는 대리인의 자격을 가진 피고인에 의해 작성된 문서라고 믿게 할 수 있는 정도의 형식과 외관을 갖추고 있다고 보이므로 자격모용사문서작성죄가 성립한다(대법원 2017.12.22, 2017도14560 오피스텔 임대인 행세 사건).

정답 | 618 ② 619 ③

620 전자기록위작 · 변작죄에 관한 다음 설명 중 옳지 않은 것은? (다툼이 있으면 판례에 의함)

1 2 3

[Superlative ★★★]

① 사전자기록위작 · 변작죄에서 말하는 권리의무 또는 사실증명에 관한 타인의 전자기록 등 특수매체기록이라 함은 일정한 저장매체에 전자방식이나 자기방식에 의하여 저장된 기록을 의미한다.

② 공전자기록위작 · 변작죄나 사전자기록위작 · 변작죄에서 '사무처리를 그르치게 할 목적'이란 위작 또는 변작된 전자기록이 사용됨으로써 시스템을 설치 · 운용하는 주체의 사무처리를 잘못되게 하는 것을 말한다.

③ 공전자기록위작죄에서 전자기록의 '위작'이란 전자기록의 생성에 관여할 권한이 없는 사람이 전자기록을 작출하거나 전자기록의 생성에 필요한 단위 정보의 입력을 하는 경우는 물론이고, 시스템의 설치 · 운영 주체로부터 각자의 직무 범위에서 개개의 단위 정보의 입력 권한을 부여받은 사람이 그 권한을 남용하여 허위의 정보를 입력함으로써 시스템 설치 · 운영 주체의 의사에 반하는 전자기록을 생성하는 경우도 포함한다.

④ 시스템을 설치 · 운영하는 주체와의 관계에서 전자기록의 생성에 관여할 권한이 없는 사람이 전자기록을 작출하거나 전자기록의 생성에 필요한 단위 정보의 입력을 하는 경우는 물론 시스템의 설치 · 운영 주체로부터 각자의 직무 범위에서 개개의 단위 정보의 입력 권한을 부여받은 사람이 그 권한을 남용하여 허위의 정보를 입력함으로써 시스템 설치 · 운영 주체의 의사에 반하는 전자기록을 생성하는 경우도 공전자기록등위작죄에서 말하는 전자기록의 '위작'에 포함되지만, 위 법리는 사전자기록등위작죄에서 행위의 태양으로 규정한 '위작'에 대해서는 적용되지 아니한다.

해설

④ [×] 시스템을 설치 · 운영하는 주체와의 관계에서 전자기록의 생성에 관여할 권한이 없는 사람이 전자기록을 작출하거나 전자기록의 생성에 필요한 단위 정보의 입력을 하는 경우는 물론 시스템의 설치 · 운영 주체로부터 각자의 직무 범위에서 개개의 단위 정보의 입력 권한을 부여받은 사람이 그 권한을 남용하여 허위의 정보를 입력함으로써 시스템 설치 · 운영 주체의 의사에 반하는 전자기록을 생성하는 경우도 공전자기록등위작죄에서 말하는 전자기록의 '위작'에 포함되고, 위 법리는 사전자기록등위작죄에서 행위의 태양으로 규정한 '위작'에 대해서도 마찬가지로 적용된다(대법원 2020.8.27, 2019도11294 全合 가상화폐거래량 허위입력 사건).

① [○] 사전자기록위작 · 변작죄에서 말하는 권리의무 또는 사실증명에 관한 타인의 전자기록 등 특수매체기록이라 함은 일정한 저장매체에 전자방식이나 자기방식에 의하여 저장된 기록을 의미하고, 비록 컴퓨터의 기억장치 중 하나인 램(RAM)이 임시기억장치 또는 임시저장매체이기는 하지만, 위 **램에 올려진 전자기록 역시 사전자기록위작 · 변작죄에서 말하는 전자기록 등 특수매체기록에 해당한다**(대법원 2003.10.9, 2000도4993 금호산업 허위실적증명 사건).

② [○] 공전자기록위작 · 변작죄에서 '사무처리를 그르치게 할 목적'이란 위작 또는 변작된 전자기록이 사용됨으로써 시스템을 설치 · 운용하는 주체의 **사무처리를 잘못되게 하는 것을 말한다**(대법원 2013.11.28, 2013도9003 광주 총인처리시설 입찰비리 사건).

③ [○] 공전자기록위작죄에서 전자기록의 '위작'이란 전자기록에 관한 시스템을 설치 · 운영하는 주체와의 관계에서 **전자기록의 생성에 관여할 권한이 없는 사람이 전자기록을 작출하거나 전자기록의 생성에 필요한 단위 정보의 입력을 하는 경우는 물론이고,** 시스템의 설치 · 운영 주체로부터 각자의 직무 범위에서 개개의 단위 정보의 입력 권한을 부여받은 사람이 그 **권한을 남용하여 허위의 정보를 입력함으로써 시스템 설치 · 운영 주체의 의사에 반하는 전자기록을 생성하는 경우도 포함한다**(대법원 2013.11.28, 2013도9003 광주 총인처리시설 입찰비리 사건).

621 1 2 3 다음 중 전자기록위작 · 변작죄가 성립하지 않는 것은? (다툼이 있으면 판례에 의함) [core ★★]

① 피고인이 인터넷 포털사이트에 개설한 카페의 설치 · 운영 주체로부터 글쓰기 권한을 부여받아 카페에 접속하여 자신의 아이디로 허위내용의 글을 작성 · 게시한 경우

② 코미드(KOMID)라는 상호의 가상화폐 거래소의 대표이사와 사내이사인 피고인들이 거래소 은행계좌 등에 원화 등의 실제 입금 없이 거래시스템에서 생성한 차명계정에 원화 포인트 등을 입력한 경우

③ 경찰서 조사계 소속 경찰관인 피고인 甲이 사실은 A에 대한 고소사건을 처리하지 아니하였음에도 불구하고, 정을 모르는 乙을 통하여 경찰범죄정보시스템에 그 사건을 검찰에 송치한 것으로 허위사실을 입력한 경우

④ 乙이 체비지 현장에 출장을 나간 사실이 없고 피고인 甲만이 체비지 현장에 출장을 나갔음에도 불구하고, 마치 乙이 직접 출장을 나간 것처럼 행정지식관리시스템에 허위의 정보를 입력하여 출장복명서를 생성한 후 이를 도시과장에게 전송한 경우

해설

① 피고인이 카페에 접속하여 자신의 아이디로 허위내용의 글을 작성 · 게시한 경우, 그러한 점만으로 피고인에게 카페나 사이트의 설치 · 운영 주체의 사무처리를 그르치게 할 목적이 있었다고 단정하기 어렵다(대법원 2008.4.24, 2008도294 북한산 월드메르디앙 사건).

② 코미드(KOMID)라는 상호의 가상화폐 거래소의 대표이사와 사내이사인 피고인들이 거래소 은행계좌 등에 원화 등의 실제 입금 없이 거래시스템에서 생성한 차명계정에 원화 포인트 등을 입력한 행위는 거래시스템을 설치 · 운영하는 코미드와의 관계에서 그 권한을 남용하여 허위의 정보를 입력함으로써 코미드의 의사에 반하는 전자기록을 생성한 경우로서 사전자기록등위작죄에서 정한 '위작'에 해당한다(대법원 2020.8.27, 2019도11294 全合 가상화폐거래량 허위입력 사건).

③ 경찰범죄정보시스템에 사건을 검찰에 송치한 것으로 허위사실을 입력한 경우 공전자기록위작죄가 성립한다(대법원 2005.6.9, 2004도6132 허위 검찰송치 입력 사건).

④ 피고인 甲이 그의 업무를 보조하는 乙이 체비지 현장에 출장을 나간 사실이 없고 甲만이 체비지 현장에 출장을 나갔음에도 불구하고, 마치 乙이 직접 출장을 나간 것처럼 부천시청 행정지식관리시스템에 허위의 정보를 입력하여 출장복명서를 생성한 후 이를 도시과장에게 전송한 경우, 공전자기록등위작 및 동행사죄가 성립한다(대법원 2007.7.27, 2007도3798 부천시 허위출장복명서 사건).

정답 | 620 ④ 621 ①

622 문서에 관한 죄에 대한 다음 설명 중 옳지 않은 것은? (다툼이 있으면 판례에 의함) [Essential ★]

1 2 3

① 허위공문서작성죄에서 '허위'라 함은 표시된 내용과 진실이 부합하지 아니하여 그 문서에 대한 공공의 신용을 위태롭게 하는 경우를 말하는 것이고, 허위공문서작성죄는 허위공문서를 작성함에 있어 그 내용이 허위라는 사실을 인식하면 성립한다.

② 허위진단서작성죄가 성립하기 위하여는 진단서의 내용이 실질상 진실에 반하는 기재여야 할 뿐 아니라 그 내용이 허위라는 의사의 주관적 인식이 필요하다.

③ 의사가 주관적으로 진찰을 소홀히 한다던가 착오를 일으켜 오진한 결과로 객관적으로 진실에 반한 진단서를 작성하였다면 허위진단서작성에 대한 인식이 있다고 할 수 없으므로 허위진단서작성죄가 성립하지 아니한다.

④ 공무원인 의사가 공무소의 명의로 허위진단서를 작성한 경우에는 허위공문서작성죄와 허위진단서작성죄가 모두 성립하고 이 죄들은 상상적 경합관계에 있다.

해설

④ [×] 허위진단서작성죄의 대상은 공무원이 아닌 의사가 사문서로서 진단서를 작성한 경우에 한정되고, 공무원인 의사가 공무소의 명의로 허위진단서를 작성한 경우에는 허위공문서작성죄만이 성립하고 허위진단서작성죄는 별도로 성립하지 않는다(대법원 2004.4.9, 2003도7762 국립병원 내과과장 사건).

① [○] 허위공문서작성죄에서 '허위'라 함은 표시된 내용과 진실이 부합하지 아니하여 그 문서에 대한 공공의 신용을 위태롭게 하는 경우를 말하는 것이고, 허위공문서작성죄는 **허위공문서를 작성함에 있어 그 내용이 허위라는 사실을 인식하면 성립한다**(대법원 2013.10.24, 2013도5752 시흥시 허위출장복명서 사건).

②③ [○] 허위진단서작성죄가 성립하기 위하여는 진단서의 내용이 실질상 진실에 반하는 기재여야 할 뿐 아니라 그 내용이 **허위라는 의사의 주관적 인식이 필요하고, 의사가 주관적으로 진찰을 소홀히 한다던가 착오를 일으켜 오진한 결과로 객관적으로 진실에 반한 진단서를 작성하였다면 허위진단서작성에 대한 인식이 있다고 할 수 없으므로 허위진단서작성죄가 성립하지 아니한다**(대법원 2006.3.23, 2004도3360 장애진단서 사건).

623 다음 중 허위공문서작성죄가 성립하는 것을 모두 고른 것은? (다툼이 있으면 판례에 의함) [core ★★]

1 2 3

> ㉠ 공무원이 여러 차례의 출장반복의 번거로움을 회피하고 민원사무를 신속히 처리한다는 방침에 따라 사전에 출장조사한 다음 출장조사 내용이 변동없다는 확신하에 출장복명서를 작성하고 다만 그 출장일자를 작성일자로 기재한 경우
>
> ㉡ 피고인 甲이 실제로 현장확인을 하지 않고 동료 청원경찰인 乙에게 원상복구 여부에 대한 현장확인을 부탁한 다음, 乙이 작성한 출장복명서가 진실한 것인지를 제대로 알지도 못하면서 자신이 직접 현장확인을 하여 보니 원상복구가 완료되었다는 내용의 출장복명서에 자신의 서명을 한 경우
>
> ㉢ 피고인이 현장출장복명서를 작성하면서 불법농지전용사실은 일체 기재하지 아니한 채 복명자 의견란에 '농지에 출장하여 확인 조사한 결과 경지지역 내에 석산개발을 위한 진입로를 시설코자 하는바, 허가하여 줌이 타당하다고 사료되어 허가코자 한다'라는 취지로 기재하고, 심사의견서를 작성하면서 종합의견란에 '적합하다'는 표시를 하고 그 이유로서 복명서와 같은 취지로 기재한 경우

① 없음　　② ㉠

③ ㉡㉢　　④ ㉠㉡㉢

해설

③ ㉡㉢ 2항목의 경우 허위공문서작성죄가 성립한다.
㉠ 허위공문서작성의 범의가 있었다고 볼 수 없다(대법원 2001.1.5, 99도4101 제주 영농보조금 편법지급사건).
㉡ 허위공문서작성 및 동행사죄에 해당한다(대법원 2013.10.24, 2013도5752 시흥시 허위출장복명서 사건).
㉢ 허위공문서작성죄가 성립한다(대법원 1993.12.24, 92도3334 당진군 허위출장복명서 사건).

624 다음 중 허위공문서작성죄가 성립하는 것을 모두 고른 것은? (다툼이 있으면 판례에 의함) [core ★★]
1 2 3

㉠ 피고인이 준공검사조서를 작성함에 있어서 정산설계서를 확인하고 준공검사를 한 것이 아님에도 마치 한 것처럼 준공검사용지에 '정산설계서에 의하여 준공검사'를 하였다는 내용을 기입한 경우
㉡ 피고인이 농지취득자격증명 신청인에게 농업경영능력이나 영농의사가 없음을 알거나 이를 제대로 알지 못하면서도 농지취득자격에 아무런 문제가 없다는 내용으로 농지취득자격증명통보서를 작성한 경우
㉢ 공무원이 건축허가신청서를 접수·처리함에 있어 건축법상의 요건을 갖추지 못하고 설계된 사실을 알면서도 건축허가통보서를 작성하여 건축허가서의 작성명의인인 군수의 결재를 받아 건축허가서를 작성한 경우

① 없음 ② ㉠
③ ㉠㉡ ④ ㉠㉡㉢

해설

③ ㉠㉡ 2항목의 경우 허위공문서작성죄가 성립한다.
㉠ 허위공문서작성의 범의가 있었음이 명백하여 그것만으로 허위공문서작성죄가 성립하고, 준공검사조서의 내용이 객관적으로 정산설계서 초안이나 그 후에 작성된 정산설계서 원본의 내용과 일치한다거나 공사현장의 준공상태에 부합한다 하더라도 그 성립에 아무런 영향을 미치지 못한다(대법원 1983.12.27, 82도3063).
㉡ 신청인에게 농업경영능력이나 영농의사가 없음을 알거나 이를 제대로 알지 못하면서도 농지취득자격에 아무런 문제가 없다는 내용으로 농지취득자격증명통보서를 작성하였다면 허위공문서작성죄가 성립한다(대법원 2007.1.25, 2006도3996 J프로젝트 땅투기 사건).
㉢ 건축허가서는 군수가 건축허가신청에 대하여 이를 관계 법령에 따라 허가한다는 내용에 불과하고 건축허가신청서와 그 첨부서류에 기재된 내용(건축물의 건축계획)이 건축법의 규정에 적합하다는 사실을 확인하거나 증명하는 것은 아니라 할 것이므로 군수가 건축허가통보서에 결재하여 건축허가신청을 허가하였다면 건축허가서에 표현된 허가의 의사표시 내용 자체에 어떠한 허위가 있다고 볼 수 없으므로, 위 건축허가서를 작성한 행위를 허위공문서작성죄로 처벌할 수는 없다(대법원 2000.6.27, 2000도1858 씨랜드 화재사건).

정답 | 622 ④ 623 ③ 624 ③

625 다음 중 허위공문서작성죄가 성립하는 것을 모두 고른 것은? (다툼이 있으면 판례에 의함) [core ★★]

1 2 3

> ㉠ 공무원이 인감증명서를 발행함에 있어 본인이 아닌 대리인에 의한 신청임에도 그 증명서의 본인란에 ㅇ표를 한 경우
> ㉡ 인감증명서 발급업무를 담당하는 공무원이 발급을 신청한 본인이 직접 출두한 바 없음에도 불구하고 본인이 직접 신청하여 발급받은 것처럼 인감증명서에 기재한 경우
> ㉢ 공증인이 사서증서 인증서를 작성함에 있어서, 당사자가 공증인의 면전에서 서명 또는 날인을 하거나 당사자 본인이나 그 대리인으로 하여금 서명 또는 날인이 본인의 것임을 확인하게 한 바가 없음에도 불구하고, 당사자가 공증인의 면전에서 사서증서에 서명 또는 날인을 하거나 본인이나 그 대리인이 사서증서의 서명 또는 날인이 본인의 것임을 확인한 양 인증서에 기재한 경우

① 없음
② ㉠
③ ㉠㉡
④ ㉠㉡㉢

해설

④ 모든 항목의 경우 허위공문서작성죄가 성립한다.

㉠ 작성권한 있는 공무원이 인감증명서를 발행함에 있어 인감증명서의 인적사항과 인감 및 그 용도를 일치하게 기재하였어도 본인이 아닌 대리인에 의한 신청임에도 그 증명서의 본인란에 O표를 하였다면 그 사항에 관하여는 허위기재한 것으로 보아야 한다(대법원 1985.6.25, 85도758 본인O 인감증명서 사건).

㉡ 인감증명서 발급업무를 담당하는 공무원이 발급을 신청한 본인이 직접 출두한 바 없음에도 불구하고 본인이 직접 신청하여 발급받은 것처럼 인감증명서에 기재하였다면 이는 공문서위조죄가 아닌 허위공문서작성죄를 구성한다(대법원 1997.7.11, 97도1082 본인출두 인감증명서 사건).

㉢ 허위공문서작성죄의 죄책을 면할 수 없다(대법원 2007.1.25, 2006도3844 투자증서 허위인증 사건).

626 허위진단서작성죄에 관한 다음 설명 중 옳지 않은 것은? (다툼이 있으면 판례에 의함) [core ★★]

1 2 3

① 허위진단서작성죄에서 '진단서'라고 함은 의사가 진찰의 결과에 관한 판단을 표시하여 사람의 건강상태를 증명하기 위하여 작성하는 문서를 말한다.

② 비록 명칭이 '소견서'로 되어 있다 하더라도 그 내용이 의사가 진찰한 결과 알게 된 병명이나 상처의 부위 정도 또는 치료기간 등의 건강상태를 증명하기 위하여 작성된 것이라면 진단서에 해당한다.

③ 피고인이 환자들에게 작성하여 교부한 '입퇴원확인서'는 환자들의 입원 여부 및 입원기간의 증명은 물론 환자의 건강상태를 증명하기 위한 서류라고 볼 수 있으므로 이는 허위진단서작성죄에서 규율하는 진단서에 해당한다.

④ 사체검안의가 빙초산의 성상이나 이를 마시고 사망하는 경우의 소견에 대하여 알지 못함에도 불구하고 변사자가 '약물음독', '빙초산을 먹고 자살하였다'는 취지로 사체검안서를 작성한 경우 검안서작성에 있어 허위성에 대한 인식이 있었다고 보아야 한다.

해설

③ [×] '입퇴원확인서'는 문언의 제목, 내용 등에 비추어 의사의 전문적 지식에 의한 진찰이 없더라도 확인 가능한 환자들의 입원 여부 및 입원기간의 증명이 주된 목적인 서류로서 환자의 건강상태를 증명하기 위한 서류라고 볼 수 없어 허위진단서작성죄에서 규율하는 진단서로 보기 어렵다(대법원 2013.12.12, 2012도3173 입퇴원확인서 사건).

① [O] 허위진단서작성죄에서 '진단서'라고 함은 의사가 진찰의 결과에 관한 판단을 표시하여 **사람의 건강상태를 증명하기 위하여 작성하는 문서를 말한다**(대법원 2013.12.12, 2012도3173 입퇴원확인서 사건).

② [O] 비록 명칭이 **'소견서'로 되어 있다 하더라도** 그 내용이 의사가 진찰한 결과 알게 된 병명이나 상처의 부위정도 또는 치료기간 등의 건강상태를 증명하기 위하여 작성된 것이라면 **진단서에 해당한다**(대법원 1990.3.27, 89도2083 소견서 사건).

④ [O] 사체검안의가 빙초산의 성상이나 이를 마시고 사망하는 경우의 소견에 대하여 알지 못함에도 불구하고 변사자가 '약물음독', '빙초산을 먹고 자살하였다'는 취지로 사체검안서를 작성한 경우 **검안서작성에 있어 허위성에 대한 인식이 있었다고 보아야 한다**(대법원 2001.6.29, 2001도1319 대구 장애인 변사 사건).

627 1 2 3 다음 중 공정증서원본등부실기재죄에 있어 '공정증서원본 또는 등록증'에 해당하는 것은 모두 몇 개인가? (다툼이 있으면 판례에 의함) [core ★★]

> ㉠ 토지대장
> ㉡ 자동차운전면허대장
> ㉢ 공증인이 인증한 사서증서
> ㉣ 세무서장이 교부하는 사업자등록증
> ㉤ 민사조정법상 조정절차에서 작성되는 조정조서

① 0개 ② 1개
③ 2개 ④ 3개

해설

① 모든 항목의 경우 공정증서원본에 해당하지 아니한다.

㉠ 토지대장에 일정한 사항을 등재하는 것은 행정사무 집행의 편의와 사실증명의 자료로 삼기 위한 것이며, 어떠한 권리가 부여된다거나 변동 또는 상실되는 효력이 생기는 것은 아니므로 토지대장은 공정증서원본이라고는 할 수 없다(대법원 1988.5.24, 87도2696 토지대장 사건).

㉡ 자동차운전면허대장은, 그에 대한 기재를 통해 당해 운전면허 취득자에게 어떠한 권리의무를 부여하거나 변동 또는 상실시키는 효력을 발생하게 하는 것으로 볼 수 없으므로 공정증서원본이라고 볼 수 없다(대법원 2010.6.10, 2010도1125 자동차운전면허대장 사건). 다만, 운전면허증에 부실한 사실을 기재하게 하면 형법 제228조 제2항의 죄는 성립한다.

㉢ 공증인이 인증한 사서증서는 형법 제228조에서 말하는 공정증서원본이 될 수 없다(대법원 1984.10.23, 84도1217).

㉣ 사업자등록증은 단순한 사업사실의 등록을 증명하는 증서에 불과하고 그에 의하여 사업을 할 수 있는 자격이나 요건을 갖추었음을 인정하는 것은 아니므로 형법 제228조 제2항 소정의 등록증에 해당하지 않는다(대법원 2005.7.15, 2003도6934 사업자등록증 사건).

㉤ 민사조정법상 조정제도는 원칙적으로 조정신청인의 신청 취지에 구애됨이 없이 조정담당판사 등이 당사자들에게 상호 양보하여 합의하도록 권유 · 주선함으로써 화해에 이르게 하는 제도인 점에 비추어, 조정절차에서 작성되는 조정조서는 허위신고에 의해 부실한 사실이 그대로 기재될 수 있는 공문서로 볼 수 없어 공정증서원본에 해당하는 것으로 볼 수 없다(대법원 2010.6.10, 2010도3232 임야분할 조정조서 사건).

정답 | 625 ④ 626 ③ 627 ①

628 공정증서원본등부실기재죄에 관한 다음 설명 중 옳지 않은 것은? (다툼이 있으면 판례에 의함)

1 2 3

[core ★★]

① 공정증서원본등부실기재죄에서 '부실의 사실'이라 함은 권리의무 관계에 중요한 의미를 갖는 사항이 객관적인 진실에 반하는 것을 말한다.

② 공정증서원본에 기재된 사항이 외관상 존재하는 사실이라 하더라도 이에 무효나 부존재에 해당되는 흠이 있다면 그 기재는 부실기재에 해당되나, 그것이 객관적으로 존재하는 사실이고 이에 취소사유에 해당되는 하자가 있을 뿐인 경우에는 공정증서원본부실기재죄를 구성하지 않는다.

③ 소유권보존등기나 소유권이전등기에 절차상 하자가 있거나 등기원인이 실제와 다르다 하더라도 그 등기가 실체적 권리관계에 부합하게 하기 위한 것이거나 실체적 권리관계에 부합하는 유효한 등기인 경우에는 공정증서원본부실기재 및 동행사죄가 성립되지 않는다.

④ 등기 경료 당시에는 실체권리관계에 부합하지 아니한 등기인 경우라도 사후에 이해관계인들의 동의 또는 추인 등의 사정으로 실체권리관계에 부합하게 되었다고 한다면 공정증서원본부실기재 및 동행사죄는 성립하지 않는다.

해설

④ [×] 등기 경료 당시에는 실체권리관계에 부합하지 아니한 등기인 경우에는 사후에 이해관계인들의 동의 또는 추인 등의 사정으로 실체권리관계에 부합하게 된다 하더라도 공정증서원본부실기재 및 동행사죄의 성립에는 아무런 영향이 없다(대법원 2001.11.9, 2001도3959).

① [○] 공정증서원본등부실기재죄에서 '부실의 사실'이라 함은 **권리의무 관계에 중요한 의미를 갖는 사항이 객관적인 진실에 반하는 것을 말한다**(대법원 2013.1.24, 2012도12363).

② [○] 공정증서원본에 기재된 사항이 외관상 존재하는 사실이라 하더라도 이에 **무효나 부존재에 해당되는 흠이 있다면 그 기재는 부실기재에 해당되나,** 그것이 객관적으로 존재하는 사실이고 이에 **취소사유에 해당되는 하자가 있을 뿐인 경우에는 공정증서원본부실기재죄를 구성하지 않는다**(대법원 2009.2.12, 2008도10248 감사변경등기 사건).

③ [○] 소유권보존등기나 소유권이전등기에 절차상 하자가 있거나 등기원인이 실제와 다르다 하더라도 그 등기가 실체적 권리관계에 부합하게 하기 위한 것이거나 **실체적 권리관계에 부합하는 유효한 등기인 경우에는 공정증서원본부실기재 및 동행사죄가 성립되지 않는다**(대법원 2001.11.9, 2001도3959).

629 다음 중 공정증서원본등부실기재죄가 성립하는 것을 모두 고른 것은? (다툼이 있으면 판례에 의함)

1 2 3

[core ★★]

㉠ 피고인이 종중의 적법한 대표자가 아닌데도 자신이 종중 대표자인 것처럼 허위의 종중 규약과 회의록을 작성한 후 이를 근거로 토지들에 대하여 소유권보존등기를 경료한 경우
㉡ 피고인이 부동산의 거래당사자가 거래가액을 시장 등에게 거짓으로 신고하여 신고필증을 받은 뒤 이를 기초로 사실과 다른 내용의 거래가액이 부동산등기부에 등재되도록 한 경우
㉢ 피고인 甲이 乙과 사이에 토지거래 허가구역 안에 있는 토지에 관하여 실제로는 매매계약을 체결하고서도 처음부터 토지거래허가를 잠탈하려는 목적으로 등기원인을 실제와 달리 '증여'로 한 乙 명의의 소유권이전등기를 경료한 경우

① 없음 ② ㉠
③ ㉠㉢ ④ ㉠㉡㉢

해설

③ ㉠㉢ 2항목의 경우 공정증서원본등부실기재죄가 성립한다.
㉠ 종중 대표자의 기재는 당해 부동산의 처분권한과 관련된 중요한 부분의 기재로서 이를 허위로 등재한 경우에는 공정증서원본부실기재죄의 대상이 되는 부실의 기재에 해당한다(대법원 2006.1.13, 2005도4790 종중대표자 허위등기 사건).
㉡ 부동산등기부에 기재되는 거래가액은 당해 부동산의 권리의무관계에 중요한 의미를 갖는 사항에 해당한다고 볼 수 없어, 공인중개사법에 따른 과태료의 제재를 받게 됨은 별론으로 하고 형법상의 공전자기록등부실기재 및 동행사죄는 성립하지는 아니한다(대법원 2013.1.24, 2012도12363 거래가액 허위신고사건).
㉢ 토지거래계약은 확정적 무효이고 이에 터 잡은 소유권이전등기는 실체관계에 부합하지 아니하며, 비록 甲과 乙 사이에 토지에 관하여 실제의 원인과 달리 '증여'를 원인으로 한 소유권이전등기를 경료시킬 의사의 합치가 있더라도 공정증서원본에 부실의 사실을 기재하게 한 때에 해당한다(대법원 2007.11.30, 2005도9922 토지거래허가 잠탈목적 사건).

정답 | 628 ④ 629 ③

630 다음 중 공정증서원본등부실기재죄가 성립하는 것은? (다툼이 있으면 판례에 의함) [Essential ★]

1 2 3

① 피고인이 부동산에 관하여 가장매매를 원인으로 소유권이전등기를 경료한 경우

② 계약 당사자의 합의에 의하여 편의상 진정한 채무자가 아닌 제3자를 채무자로 등기부상 등재하게 한 경우

③ 부동산을 관리보존하는 방법으로 이를 타에 신탁하는 의사로서 소유권이전등기를 함에 있어 그 원인을 매매로 가장한 경우

④ 실제로는 채권 · 채무관계가 존재하지 않는데도 허위의 채무를 가장하고 이를 담보한다는 명목으로 허위의 근저당권설정등기를 마친 경우

해설

④ 등기공무원에게 허위신고를 하여 등기부에 불실의 사실을 기재하게 한 때에 해당하므로 공정증서원본 등의 부실기재죄 및 부실기재공정증서원본 등의 행사죄가 성립한다(대법원 2017.2.15, 2014도2415).

① 당사자 사이에는 소유권이전등기를 경료시킬 의사는 있었다고 할 것이므로 공정증서원본부실기재 및 동행사죄는 성립하지 않는다(대법원 2011.7.14, 2010도1025 아파트 가장증여 사건).

② 계약당사자간의 합의에 의하여 이루어진 것이라면 당사자 사이에 이와 같은 등기를 경료하게 할 의사가 있었던 것이므로 공정증서원본부실기재죄는 성립되지 않는다(대법원 1985.10.8, 84도2461).

③ 부동산을 관리보존하는 방법으로 이를 타에 신탁하는 의사로서 그 소유권이전등기를 한 경우에는 그 원인을 매매로 가장하였다 하더라도 공정증서원본부실기재죄에 해당하지 아니한다(대법원 2011.7.14, 2010도1025 아파트 가장증여 사건).

631 다음 중 공정증서원본등부실기재죄가 성립하는 것을 모두 고른 것은? (다툼이 있으면 판례에 의함)

1 2 3

[core ★★]

㉠ 공동상속인 중의 1인이 다른 공동상속인들과의 합의 없이 법정상속분에 따른 공동상속등기를 마친 경우

㉡ 피고인이 이미 사망한 사람의 문서를 함부로 작성하여 등기공무원에게 제출하여 그로 하여금 사망한 사람 명의로 소유권보존등기의 사유를 기재하게 한 경우

㉢ 피고인이 사망한 부동산등기 명의인을 상대로 매매를 원인으로 하는 소유권이전등기절차 이행청구의 소를 제기하여 승소판결을 받고 피고인 명의로 소유권이전등기를 경료한 경우. 다만, 그 등기는 실체적 권리관계에 부합하는 유효한 등기이었음

① ㉠ ② ㉡

③ ㉠㉡ ④ ㉠㉡㉢

해설

② ㉡ 항목의 경우에만 공정증서원본등부실기재죄가 성립한다.

㉠ 그것이 실체적 권리관계에 부합되는 것이라면 이를 부실의 등기라고는 할 수 없다(대법원 1995.11.7, 95도898 계모로부터 법정상속분 확보 사건).

㉡ 사망한 사람이 권리의무의 주체가 될 수 없고 따라서 사망자 앞으로의 소유권보존등기가 실체관계에 부합되는 유효한 등기로 볼 수 없으므로 공정증서원본부실기재죄가 성립한다(대법원 1969.1.28, 68도1596).

㉢ 등기가 실체적 권리관계에 부합하는 유효한 등기라면 그 등기원인이 다르다 하여도 부실의 등기라고 할 수 없다(대법원 1982.1.12, 81도1702).

632 다음 중 공정증서원본등부실기재죄가 성립하는 것을 모두 고른 것은? (다툼이 있으면 판례에 의함)

1 2 3

[Superlative ★★★]

㉠ 양도인이 허위의 채권에 관하여 그 정을 모르는 양수인과 채권양도의 법률행위를 하고, 공증인에게 그러한 채권양도의 법률행위에 관한 공정증서를 작성하게 한 경우

㉡ 실제로는 채권 · 채무관계가 존재하지 아니함에도 공증인에게 허위신고를 하여 가장된 금전채권에 대하여 집행력이 있는 공정증서원본을 작성하고 이를 비치하게 한 경우

㉢ 발행인과 수취인 사이에 통정허위표시로서 무효인 어음발행행위를 공증인에게는 마치 진정한 어음발행행위가 있는 것처럼 허위로 신고함으로써 공증인으로 하여금 그 어음발행행위에 대하여 집행력 있는 어음공정증서원본을 작성하고 이를 비치하게 한 경우

① 없음 ② ㉠

③ ㉡㉢ ④ ㉠㉡㉢

해설

③ ㉡㉢ 2항목의 경우 공정증서원본등부실기재죄가 성립한다.

㉠ 공증인이 채권양도의 법률행위에 관한 공정증서를 작성한 경우 그 공정증서가 증명하는 사항은 채권양도의 법률행위가 진정으로 이루어졌다는 것일 뿐 그 공정증서가 나아가 양도되는 채권이 진정하게 존재한다는 사실까지 증명하는 것으로 볼 수는 없으므로 양도인이 허위의 채권에 관하여 그 정을 모르는 양수인과 실제로 채권양도의 법률행위를 한 이상, 그 공정증서가 증명하는 사항에 관하여는 부실의 사실을 기재하게 하였다고 볼 것은 아니다(대법원 2004.1.27, 2001도5414 허위채권 양도 공증 사건).

㉡ 실제로는 채권 · 채무관계가 존재하지 아니함에도 공증인에게 허위신고를 하여 가장된 금전채권에 대하여 집행력이 있는 공정증서원본을 작성하고 이를 비치하게 한 것이라면 공정증서원본부실기재 및 동행사죄가 성립한다(대법원 2008.12.24, 2008도7836 우영종합건설 대표 사건).

㉢ 발행인과 수취인 사이에 통정허위표시로서 무효인 어음발행행위를 공증인에게는 마치 진정한 어음발행행위가 있는 것처럼 허위로 신고함으로써 공증인으로 하여금 그 어음발행행위에 대하여 집행력 있는 어음공정증서원본을 작성케 하고 이를 비치하게 하였다면 공정증서원본부실기재 및 동행사죄가 성립한다(대법원 2012.4.26, 2009도5786 무효 어음발행 공증 사건).

정답 | 630 ④ 631 ② 632 ③

633 위조등문서행사죄에 관한 다음 설명 중 옳지 않은 것은? (다툼이 있으면 판례에 의함) [Essential ★]

1 2 3

① 위조문서행사죄에 있어 행사의 상대방에는 아무런 제한이 없고 위조된 문서의 작성 명의인이라고 하여 행사의 상대방이 될 수 없는 것은 아니며, 다만 문서가 위조된 것임을 이미 알고 있는 공범자 등에게 행사하는 경우에는 위조문서행사죄가 성립될 수 없다.

② 위조된 문서를 제시 또는 교부하거나 비치하여 열람할 수 있게 두거나 우편물로 발송하여 도달하게 하는 등 위조된 문서를 진정한 문서인 것처럼 사용하는 한 위조문서행사의 방법에 제한이 없다.

③ 위조된 문서 그 자체를 직접 상대방에게 제시하거나 이를 기계적인 방법으로 복사하여 그 복사본을 제시하는 경우에는 위조문서행사죄가 성립하지만, 컴퓨터에 연결된 스캐너(scanner)로 읽어 들여 이미지화한 다음 이를 전송하여 컴퓨터 화면상에서 보게 하는 경우에는 위조문서행사죄는 성립하지 아니한다.

④ 위조문서행사죄에 있어서의 행사는 상대방으로 하여금 위조된 문서를 인식할 수 있는 상태에 둠으로써 기수가 되고 상대방이 실제로 그 내용을 인식하여야 하는 것은 아니므로, 위조된 문서를 우송한 경우에는 그 문서가 상대방에게 도달한 때에 기수가 되고 상대방이 실제로 그 문서를 보아야 하는 것은 아니다.

해설

③ [×] 위조된 문서를 컴퓨터에 연결된 스캐너(scanner)로 읽어 들여 이미지화한 다음 이를 전송하여 컴퓨터 화면상에서 보게 하는 경우도 행사에 해당하여 위조문서행사죄가 성립한다(대법원 2008.10.23, 2008도5200 휴대폰가입신청서 스캔 · 전송 사건).

① [○] 위조문서행사죄에 있어 행사의 상대방에는 아무런 제한이 없고 **위조된 문서의 작성 명의인이라고 하여 행사의 상대방이 될 수 없는 것은 아니며**, 다만 문서가 **위조된 것임을 이미 알고 있는 공범자 등에게 행사하는 경우에는 위조문서행사죄가 성립될 수 없다**(대법원 2005.1.28, 2004도4663 입점자각서 송부 사건).

② [○] 위조된 문서를 제시 또는 교부하거나 비치하여 열람할 수 있게 두거나 우편물로 발송하여 도달하게 하는 등 위조된 문서를 진정한 문서인 것처럼 사용하는 한 **위조문서행사의 방법에 제한이 없다**(대법원 2008.10.23, 2008도5200 휴대폰가입신청서 스캔 · 전송 사건).

④ [○] 위조문서행사죄에 있어서의 행사는 상대방으로 하여금 위조된 문서를 인식할 수 있는 상태에 둠으로써 기수가 되고 상대방이 실제로 그 내용을 인식하여야 하는 것은 아니므로, **위조된 문서를 우송한 경우에는 그 문서가 상대방에게 도달한 때에 기수가 되고 상대방이 실제로 그 문서를 보아야 하는 것은 아니다**(대법원 2005.1.28, 2004도4663 입점자각서 송부 사건).

634 다음 중 문서부정행사죄가 성립하는 것은 모두 몇 개인가? (다툼이 있으면 판례에 의함)

1 2 3

[Superlative ★★★]

> ㉠ 피고인이 제3자로부터 신분확인을 위하여 신분증명서의 제시를 요구받고 다른 사람의 운전면허증을 제시한 경우
> ㉡ 자동차 등의 운전자인 피고인이 경찰공무원에게 다른 사람의 운전면허증 자체가 아니라 이를 촬영한 이미지파일을 휴대전화 화면 등을 통하여 보여준 경우
> ㉢ 자동차를 임차함에 있어 자동차 대여업체의 직원들로부터 운전면허증의 제시 요구를 받자, 피고인들이 타인의 운전면허증을 제시한 경우
> ㉣ 피고인이 기왕에 습득한 타인의 주민등록증을 피고인 가족의 것이라고 제시하면서 그 주민등록증상의 명의 또는 가명으로 이동전화 가입신청을 한 경우
> ㉤ 피고인이 어떤 선박이 사고를 낸 것처럼 허위로 사고신고를 하면서 그 선박의 선박국적증서와 선박검사증서를 함께 제출한 경우

① 1개 ② 2개
③ 3개 ④ 4개

해설

② ㉠㉢ 2항목의 경우 문서부정행사죄가 성립한다.

㉠ 운전면허증의 사용목적에 따른 행사로서 공문서부정행사죄에 해당한다(대법원 2001.4.19, 2000도1985 순숨 타인 운전면허증 제시 사건).

㉡ 운전면허증의 특정된 용법에 따른 행사라고 볼 수 없는 것이어서 그로 인하여 경찰공무원이 그릇된 신용을 형성할 위험이 있다고 할 수 없으므로 이러한 행위는 공문서부정행사죄를 구성하지 아니한다(대법원 2019.12.12, 2018도2560 운전면허 촬영사진 제시 사건).

㉢ 단순히 신분확인을 위한 것이라고는 할 수 없고 운전면허증의 본래의 용도에 따른 사용행위라고 할 것이므로 공문서부정행사죄에 해당한다(대법원 1998.8.21, 98도1701 렌트용 운전면허증 제시 사건).

㉣ 타인의 주민등록증을 본래의 사용용도인 신분확인용으로 사용한 것이라고 볼 수 없어 공문서부정행사죄가 성립하지 않는다(대법원 2003.2.26, 2002도4935 엄마허락 누나심부름 사건).

㉤ (1) 선박국적증서는 한국선박으로서 등록하는 때에 선박번호, 국제해사기구에서 부여한 선박식별번호, 호출부호, 선박의 종류, 명칭, 선적항 등을 수록하여 발급하는 문서이고, 선박검사증서는 선박정기검사 등에 합격한 선박에 대하여 항해구역·최대승선인원 및 만재흘수선의 위치 등을 수록하여 발급하는 문서이다. (2) 따라서 어떤 선박이 사고를 낸 것처럼 허위로 사고신고를 하면서 그 선박의 선박국적증서와 선박검사증서를 함께 제출하였다고 하더라도 선박국적증서와 선박검사증서는 선박의 국적과 항행할 수 있는 자격을 증명하기 위한 용도로 사용된 것일 뿐 그 본래의 용도를 벗어나 행사된 것으로 보기는 어려우므로 공문서부정행사죄에 해당하지 않는다(대법원 2009.2.26, 2008도10851 선박국적·검사증서 사건).

정답 | 633 ③ 634 ②

635 사인위조죄 등에 관한 다음 설명 중 옳지 않은 것은? (다툼이 있으면 판례에 의함) [core ★★]

1 2 3

① 사인위조죄는 그 명의인의 의사에 반하여 위법하게 행사할 목적으로 권한 없이 타인의 인장을 위조한 경우에 성립하므로 타인의 인장을 조각할 당시에 그 명의자로부터 명시적이거나 묵시적인 승낙 내지 위임을 받았다면 인장위조죄가 성립하지 않는다.

② 사인위조죄 또는 사서명등위조죄가 성립하기 위해서는 그 인장 또는 서명 등이 일반인으로 하여금 특정인의 진정한 인장으로 오신하게 할 정도에 이르러야 한다.

③ 어떤 문서에 권한 없는 자가 타인의 서명 등을 거재하였다고 하더라도 그 문서가 완성되기 전이라고 한다면 서명등위조죄는 성립하지 아니한다.

④ 위조인장행사죄에 있어서 '행사'라 함은 위조된 인장을 진정한 것처럼 용법에 따라 사용하는 행위를 말한다 할 것이므로 위조된 인영(印影)을 타인에게 열람할 수 있는 상태에 두든지, 인과(印顆)의 경우에는 날인하여 일반인이 열람할 수 있는 상태에 두면 그것으로 행사가 되는 것이다.

해설

③ [×] 어떤 문서에 권한 없는 자가 타인의 서명 등을 기재하는 경우에는 그 문서가 완성되기 전이라도 일반인으로서는 그 문서에 기재된 타인의 서명 등을 그 명의인의 진정한 서명 등으로 오신할 수도 있으므로 일단 서명 등이 완성된 이상 문서가 완성되지 아니한 경우에도 서명등위조죄는 성립한다(대법원 2011.3.10, 2011도503 피신조서 타인서명 사건).

① [○] 사인위조죄는 그 명의인의 의사에 반하여 위법하게 행사할 목적으로 권한 없이 타인의 인장을 위조한 경우에 성립하므로 타인의 인장을 조각할 당시에 그 명의자로부터 **명시적이거나 묵시적인 승낙 내지 위임을 받았다면 인장위조죄가 성립하지 않는다**(대법원 2014.9.26, 2014도9213 공대출 사건).

② [○] 사인위조죄 또는 사서명등위조죄가 성립하기 위해서는 그 인장 또는 서명 등이 **일반인으로 하여금 특정인의 진정한 인장으로 오신하게 할 정도에 이르러야 한다**(대법원 2010.1.14, 2009도5929 고대 교무처장직인 사건)(同旨 대법원 2011.3.10, 2011도503 피신조서 타인서명 사건).

④ [○] 위조인장행사죄에 있어서 '행사'라 함은 위조된 인장을 진정한 것처럼 용법에 따라 사용하는 행위를 말한다 할 것이므로 **위조된 인영(印影)을 타인에게 열람할 수 있는 상태에 두든지, 인과(印顆)의 경우에는 날인하여 일반인이 열람할 수 있는 상태에 두면 그것으로 행사가 되는 것이다**(대법원 1984.2.28, 84도90 위조인장 교부 사건).

636 다음 중 사서명위조죄가 성립하는 것을 모두 고른 것은? (다툼이 있으면 판례에 의함) [core ★★]

1 2 3

㉠ 피고인 甲이 음주운전으로 단속되자 동생 乙의 이름을 대며 조사를 받다가 휴대용정보단말기(PDA)에 표시된 음주운전단속결과통보 중 운전자 '乙의 서명란'에 乙의 이름 대신 의미를 알 수 없는 부호((서명))를 기재한 경우

㉡ 피고인 甲이 A로 행세하면서 피의자로서 조사를 받은 다음 신분이 탄로 나기 전에 이미 경찰관에 의하여 작성된 피의자신문조서의 말미에 A의 서명 및 무인을 하고 A의 이름이 기재된 수사과정확인서에 무인을 한 경우

㉢ 피고인 甲이 A로 행세하면서 피의자로서 조사를 받은 다음 신분이 탄로 나기 이전에 피의자신문조서의 말미에 A의 서명을 기재한 경우. 다만, 이후 甲의 간인이나 조사 경찰관의 서명 · 날인 등이 완료되기 전에 조사 경찰관에 의하여 그 서명이 위조된 사실이 발각되었음

① 없음　　② ㉠

③ ㉠㉡　　④ ㉠㉡㉢

해설

④ 모든 항목의 경우 사서명위조죄가 성립한다.

㉠ 피고인 甲이 음주운전으로 단속되자 동생 乙의 이름을 대며 조사를 받다가 휴대용정보단말기(PDA)에 표시된 음주운전단속결과통보 중 운전자 '乙의 서명란'에 乙의 이름 대신 의미를 알 수 없는 부호((서명))를 기재한 행위는 乙의 서명을 위조한 것에 해당한다(대법원 2020.12.30, 2020도14045 PDA 동생서명 사건).

㉡㉢ 수사대상자의 진술을 기재한 후 진술자로 하여금 그의 면전에서 조서의 말미에 서명 등을 하도록 한 후 그 자리에서 바로 회수하는 수사서류의 경우에는 진술자가 그 문서에 서명 등을 하는 순간 바로 수사기관이 열람할 수 있는 상태에 놓이게 되는 것이므로 진술자가 마치 타인인 양 행세하며 타인의 서명 등을 기재한 경우 서명 등을 수사기관이 열람하기 전에 즉시 파기하였다는 등의 특별한 사정이 없는 이상 서명 등 기재와 동시에 위조사서명 등 행사죄가 성립하는 것이며, 그와 같이 위조사서명 등 행사죄가 성립된 직후에 수사기관이 서명 등이 위조된 것임을 알게 되었다고 하더라도 이미 성립한 위조사서명 등 행사죄를 부정할 수 없다(㉡ 대법원 2011.3.10, 2011도503 피신조서 타인서명 사건 ㉢ 대법원 2005.12.23, 2005도4478 피신조서 조카서명 사건).

정답 | 635 ③　636 ④

637 다음 중 공연음란죄가 성립하지 않는 것은? (다툼이 있으면 판례에 의함) [Essential ★]

1 2 3

① 피고인이 다수의 사람들이 통행하고 있었던 참전비 앞길에서 바지와 팬티를 내리고 성기와 엉덩이를 노출한 채 참전비 앞에 서 있거나 그 주위를 서성거린 경우

② 피고인 甲이 A와 말다툼을 한 후 이를 항의하기 위하여 A가 경영하는 상점으로 찾아가서, 상점 카운터를 지키고 있던 A의 딸인 B를 보고 소리를 지르다가 등을 돌려 엉덩이가 드러날 만큼 바지와 팬티를 내린 다음 엉덩이를 들이밀며 "똥구멍으로 어떻게 술을 먹느냐, 똥구멍에 술을 부어 보아라"라고 말한 경우

③ 요구르트 제품의 홍보를 위하여 전라의 여성 누드모델들이 일반 관람객과 기자 등 수십 명이 있는 자리에서, 알몸에 밀가루를 바르고 무대에 나와 분무기로 요구르트를 몸에 뿌려 밀가루를 벗겨내는 방법으로 알몸을 완전히 드러낸 채 음부 및 유방 등이 노출된 상태에서 무대를 돌며 관람객들을 향하여 요구르트를 던진 경우

④ 피고인 甲이 고속도로에서 승용차를 운전하여 가던 중 A 운전의 승용차가 진로를 비켜주지 않는다는 이유로 그 차를 추월하여 정차하게 한 다음 행패를 부리다가 신고를 받고 출동한 경찰관이 이를 제지하려고 하자, 시위조로 주위에 운전자 등 사람이 많이 있는 가운데 옷을 모두 벗어 알몸의 상태로 바닥에 드러눕거나 돌아다닌 경우

해설

② 피고인의 행위는 보는 사람에게 부끄러운 느낌이나 불쾌감을 주는 정도에 불과하다고 보여지고, 일반 보통인의 성욕을 자극하여 성적 흥분을 유발하거나 정상적인 성적 수치심을 해할 정도에 해당한다고 보기 어려워 공연음란죄는 성립하지 아니한다(대법원 2004.3.12, 2003도6514 똥구멍에 술을 부어라 사건).

① 비록 성행위를 묘사하거나 성적인 의도를 표출한 것은 아니라고 하더라도 공연히 음란한 행위를 한 것에 해당한다(대법원 2020.1.16, 2019도14056 참전비 성기 노출 사건).

③ 요구르트 제품의 홍보를 위하여 전라의 여성 누드모델들이 일반 관람객과 기자 등 수십명이 있는 자리에서, 알몸에 밀가루를 바르고 무대에 나와 분무기로 요구르트를 몸에 뿌려 밀가루를 벗겨내는 방법으로 알몸을 완전히 드러낸 채 음부 및 유방 등이 노출된 상태에서 무대를 돌며 관람객들을 향하여 요구르트를 던진 행위는 공연음란죄에 해당한다(대법원 2006.1.13, 2005도1264 요구르트 홍보 사건).

④ 피고인이 불특정 또는 다수인이 알 수 있는 상태에서 옷을 모두 벗고 알몸이 되어 성기를 노출하였다면 그 행위는 일반적으로 보통인의 정상적인 성적 수치심을 해하여 성적 도의관념에 반하는 음란한 행위라고 할 것이다(대법원 2000.12.22, 2000도4372 고속도로 나체쇼 사건).

638 이른바 '사기도박'에 관한 다음 설명 중 옳지 않은 것은 모두 몇 개인가? (다툼이 있으면 판례에 의함)

1 2 3

[core ★★]

㉠ 사기도박과 같이 도박당사자의 일방이 사기의 수단으로써 승패의 수를 지배하는 경우에는 도박에서의 우연성이 결여되어 사기죄만 성립하고 도박죄는 성립하지 아니한다.
㉡ 사기죄는 편취의 의사로 기망행위를 개시한 때에 실행에 착수한 것으로 보아야 하므로, 사기도박에서도 사기적인 방법으로 도금을 편취하려고 하는 자가 상대방에게 도박에 참가할 것을 권유하는 등 기망행위를 개시한 때에 실행의 착수가 있는 것으로 보아야 한다.
㉢ 피고인 등이 사기도박을 숨기기 위하여 얼마간 정상적인 도박을 하였다고 한다면 피해자들에 대한 사기죄 외에도 도박죄가 따로 성립한다.
㉣ 피고인 등이 2010.2.18. 21:20경부터 다음 날 02:10경까지 사기도박을 통해 여러 피해자로부터 각각 재물을 편취한 경우에는 피해자별로 수 개의 사기죄가 성립하고, 그 사이에는 실체적 경합의 관계에 있다.

① 0개
② 1개
③ 2개
④ 3개

해설

③ ㉢㉣ 2항목이 옳지 않다.

㉠ [O] 사기도박과 같이 도박당사자의 일방이 사기의 수단으로써 승패의 수를 지배하는 경우에는 도박에서의 우연성이 결여되어 **사기죄만 성립하고 도박죄는 성립하지 아니한다**(대법원 2011.1.13, 2010도9330 보령 사기도박사건).

㉡ [O] 사기죄는 편취의 의사로 기망행위를 개시한 때에 실행에 착수한 것으로 보아야 하므로, 사기도박에서도 사기적인 방법으로 도금을 편취하려고 하는 자가 상대방에게 **도박에 참가할 것을 권유하는 등 기망행위를 개시한 때에 실행의 착수가 있는 것으로 보아야 한다**(대법원 2011.1.13, 2010도9330 보령 사기도박사건).

㉢ [×] 피고인 등이 사기도박에 필요한 준비를 갖추고 그러한 의도로 피해자들에게 도박에 참가하도록 권유한 때 또는 늦어도 그 정을 알지 못하는 피해자들이 도박에 참가한 때에는 이미 사기죄의 실행에 착수하였다고 할 것이므로, 피고인 등이 그 후에 사기도박을 숨기기 위하여 얼마간 정상적인 도박을 하였더라도 이는 사기죄의 실행행위에 포함되는 것이어서 피고인에 대하여는 피해자들에 대한 사기죄만이 성립하고 도박죄는 따로 성립하지 아니한다(대법원 2011.1.13, 2010도9330 보령 사기도박사건).

㉣ [×] 사기도박에 있어 1개의 기망행위에 의하여 여러 피해자로부터 각각 재물을 편취한 경우에는 피해자별로 수 개의 사기죄가 성립하고, 그 사이에는 상상적 경합의 관계에 있다(대법원 2011.1.13, 2010도9330 보령 사기도박사건).

정답 | 637 ② 638 ③

639 도박장소등개설죄(도박개장죄)에 관한 다음 설명 중 옳지 않은 것은? (다툼이 있으면 판례에 의함)

1 2 3

[Essential ★]

① 도박장소등개설죄는 영리의 목적으로 도박을 하는 장소나 공간을 개설한 경우에 성립한다.

② 도박개장죄는 영리의 목적으로 스스로 주재자가 되어 그 지배하에 도박장소를 개설함으로써 성립하는 것으로서 도박죄와는 별개의 독립된 범죄이다.

③ 도박개장죄에서 '영리의 목적'이란 도박개장의 대가로 불법한 재산상의 이익을 얻으려는 의사를 의미하는 것으로 반드시 도박개장의 직접적 대가가 아니라 도박개장을 통하여 간접적으로 얻게 될 이익을 위한 경우에도 영리의 목적이 인정되지만, 현실적으로 그 이익을 얻지 못했을 경우에는 도박개장죄는 성립하지 아니한다.

④ 도박개장죄는 영리의 목적으로 도박을 개장하면 기수에 이르고 현실로 도박이 행하여졌음은 묻지 않는바, 영리의 목적으로 인터넷 도박게임 사이트를 개설하여 운영하는 경우 게임이용자들과 게임회사 사이에 있어서 재물이 오고갈 수 있는 상태에 있으면 게임이용자가 도박게임 사이트에 접속하여 실제 게임을 하였는지 여부와 관계없이 도박개장죄의 기수에 이른다.

해설

③ [×] 도박개장죄에서 '영리의 목적'이란 도박개장의 대가로 불법한 재산상의 이익을 얻으려는 의사를 의미하는 것으로, 반드시 도박개장의 직접적 대가가 아니라 도박개장을 통하여 간접적으로 얻게 될 이익을 위한 경우에도 영리의 목적이 인정되고 또한 현실적으로 그 이익을 얻었을 것을 요하지는 않는다(대법원 2008.10.23, 2008도3970 PC방 아마존게임 사건).

① [○] 도박장소등개설죄는 **영리의 목적**으로 도박을 하는 장소나 공간을 개설한 경우에 성립한다(제247조).

② [○] 도박개장죄는 영리의 목적으로 **스스로 주재자가 되어** 그 지배하에 도박장소를 개설함으로써 성립하는 것으로서 도박죄와는 별개의 독립된 범죄이다(대법원 2013.11.28, 2013도10467 사설 HTS 개설 사건 Ⅱ).

④ [○] 도박개장죄는 **영리의 목적으로 도박을 개장하면 기수**에 이르고 현실로 도박이 행하여졌음은 묻지 않는바, 영리의 목적으로 인터넷 도박게임 사이트를 개설하여 운영하는 경우 게임이용자들과 게임회사 사이에 있어서 재물이 오고갈 수 있는 상태에 있으면 게임이용자가 도박게임 사이트에 접속하여 **실제 게임을 하였는지 여부와 관계없이 도박개장죄의 기수에 이른다**(대법원 2009.12.10, 2008도5282 머니머니썬 PC방 사건).

640 다음 중 도박장소등개설죄(도박개장죄)가 성립하는 것을 모두 고른 것은? (다툼이 있으면 판례에 의함)

1 2 3

[core ★★]

㉠ 피고인이 가맹점을 모집하여 인터넷 도박게임이 가능하도록 시설 등을 설치하고 도박게임 프로그램을 가동하던 중 문제가 발생하여 더 이상의 영업으로 나가지 못한 경우. 나아가 피고인이 모집한 PC방의 업주들은 그곳을 찾은 이용자들에게 피고인이 개설한 도박게임 사이트에 접속하여 도박을 하게 하지 않았음

㉡ 피고인이 성인PC방에서 손님들을 상대로 도박에 사용되는 손님 아이디로 현금을 충전해 주고, 현금을 충전받은 손님들이 이를 이용해 게임머니를 구입하여 '아마존' 도박게임을 이용하게 하고, 게임종료 후 남은 게임머니를 환전 사이트에서 환전을 받게 하며, 손님들이 게임머니를 구입한 금액의 5%를 수수료 명목으로 지급받아 이익을 취한 경우

㉢ 피고인이 실내낚시터를 운영하면서, 물고기 1,700여 마리를 구입하여 그중 600마리의 등지느러미에 1번부터 600번까지의 번호표를 달고 나머지는 번호표를 달지 않은 채 대형 수조에 넣고, 손님들로부터 시간당 3만원 내지 5만원의 요금을 받고 낚시를 하게 한 후, 손님들이 낚은 물고기에 부착된 번호가 시상번호와 일치하는 경우 손님들에게 5천원 내지 3백만원 상당의 문화상품권이나 주유상품권을 지급하는 방식으로 영업한 경우

① 없음　　② ㉠
③ ㉠㉡　　④ ㉠㉡㉢

해설

④ 모든 항목의 경우 도박장소등개설죄(도박개장죄)가 성립한다.

㉠ 피고인이 가맹점을 모집하여 인터넷 도박게임이 가능하도록 시설 등을 설치하고 도박게임 프로그램을 가동하던 중 문제가 발생하여 더 이상의 영업으로 나아가지 못한 것으로 볼 여지가 있다면 이로써 도박개장죄는 이미 '기수'에 이르렀다고 볼 수 있고, 나아가 PC방의 업주들이 그곳을 찾은 이용자들에게 피고인이 개설한 도박게임 사이트에 접속하여 도박을 하게 한 사실이 없다고 하여 도박개장죄의 성립이 부정된다고 할 수 없다(대법원 2009.12.10, 2008도5282 머니머니썬 PC방 사건).

㉡ 피고인이 손님들이 게임머니를 구입한 금액의 5%를 수수료 명목으로 지급받아 이익을 취한 경우 도박개장죄가 성립한다(대법원 2008.10.23, 2008도3970 PC방 아마존게임 사건).

㉢ 손님들이 내는 입장료는 낚시터에 입장하기 위한 대가로서의 성격과 경품을 타기 위해 미리 거는 금품으로서의 성격을 아울러 지니고 있다고 볼 수 있고, 손님들에게 경품을 제공하기로 한 것은 '재물을 거는 행위'로 볼 수 있으므로 피고인은 영리의 목적으로 도박장소인 낚시터를 개설하였다고 봄이 상당하다(대법원 2009.2.26, 2008도10582 경품낚시터 사건).

정답 | 639 ③　640 ④

641 사체유기죄 등에 관한 다음 설명 중 옳지 않은 것은? (다툼이 있으면 판례에 의함) [core ★★]

1 2 3

① 사람을 살해한 자가 그 사체를 다른 장소로 옮겨 유기하였을 때에는 별도로 사체유기죄가 성립하고, 이와 같은 사체유기를 불가벌적 사후행위로 볼 수는 없다.

② 사체의 발견이 불가능 또는 심히 곤란하게 하려는 의사로 인적이 드문 장소로 피해자를 유인하거나 실신한 피해자를 끌고 가서 그곳에서 살해하고 사체를 그대로 둔 채 도주한 경우, 살인죄 외에 별도로 사체은닉죄가 성립한다.

③ 피고인이 관리하는 과수원에서 노무자로서 종사하던 자가 자살한 경우에 의당 관할관서에의 신고 또는 그 유가족에의 통보 연락 등 상당한 조처를 취하였어야 할 조리상의 의무를 기대할 수 있는 것인 바, 피고인이 이에 반하여 임의로 사체를 지하에 매몰한 행위는 사체유기죄가 성립한다.

④ 변사체검시방해죄에 있어 '변사자'라 함은 부자연한 사망으로서 그 사인(死因)이 분명하지 않은 자를 의미하고 그 사인이 명백한 경우는 변사자라 할 수 없으므로 범죄로 인하여 사망한 것이 명백한 자의 사체는 변사체검시방해죄의 객체가 될 수 없다.

해설

② [×] 살인, 강도살인 등의 목적으로 사람을 살해한 자가 그 살해의 목적을 수행함에 있어 사후 사체의 발견이 불가능 또는 심히 곤란하게 하려는 의사로 인적이 드문 장소로 피해자를 유인하거나 실신한 피해자를 끌고 가서 그곳에서 살해하고 사체를 그대로 둔 채 도주한 경우에는 비록 결과적으로 사체의 발견이 현저하게 곤란을 받게 되는 사정이 있다 하더라도 별도로 사체은닉죄가 성립되지 아니한다(대법원 1986.6.24, 86도891 만경산 강도살인 사건).

① [○] 사람을 살해한 자가 그 사체를 다른 장소로 옮겨 유기하였을 때에는 별도로 사체유기죄가 성립하고, 이와 같은 **사체유기를 불가벌적 사후행위로 볼 수는 없다**(대법원 1997.7.25, 97도1142 페스카마호 사건).

③ [○] 피고인이 관리하는 과수원에서 노무자로서 종사하던 자가 자살한 경우에 의당 관할관서에의 신고 또는 그 유가족에의 통보 연락 등 상당한 조처를 취하였어야 할 조리상의 의무를 기대할 수 있는 것인 바, 피고인이 이에 반하여 임의로 **사체를 지하에 매몰한 행위는 사체유기죄가 성립한다**(대법원 1961.1.18, 60도859).

④ [○] 변사체검시방해죄에 있어 '변사자'라 함은 부자연한 사망으로서 그 사인(死因)이 분명하지 않은 자를 의미하고 그 사인이 명백한 경우는 변사자라 할 수 없으므로 범죄로 인하여 **사망한 것이 명백한 자의 사체는 변사체검시방해죄의 객체가 될 수 없다**(대법원 2003.6.27, 2003도1331).

642 내란음모 · 선동죄에 관한 다음 설명 중 옳지 않은 것은? (다툼이 있으면 판례에 의함) [core ★★]

1 2 3

① 내란음모죄에 해당하는 합의가 있다고 하기 위해서는 단순히 내란에 관한 범죄결심을 외부에 표시 · 전달하는 것만으로는 부족하고 객관적으로 내란범죄의 실행을 위한 합의라는 것이 명백히 인정되고, 그러한 합의에 실질적인 위험성이 인정되어야 한다.

② 내란선동죄는 내란이 실행되는 것을 목표로 선동함으로써 성립하는 독립한 범죄이고, 선동으로 말미암아 피선동자들에게 범죄의 결의가 발생할 것을 그 요건으로 한다.

③ 내란선동이라 함은 내란이 실행되는 것을 목표로 하여 피선동자들에게 내란행위를 결의, 실행하도록 충동하고 격려하는 일체의 행위를 말한다.

④ 내란을 실행시킬 목표를 가지고 있다 하여도 단순히 특정한 정치적 사상이나 추상적인 원리를 옹호하거나 교시하는 것만으로는 내란선동이 될 수 없고, 그 내용이 내란에 이를 수 있을 정도의 폭력적인 행위를 선동하는 것이어야 하고, 나아가 피선동자에게 내란 결의를 유발하거나 증대시킬 위험성이 인정되어야만 내란선동으로 볼 수 있다.

해설

② [×] 내란선동죄는 내란이 실행되는 것을 목표로 선동함으로써 성립하는 독립한 범죄이고, 선동으로 말미암아 피선동자들에게 반드시 범죄의 결의가 발생할 것을 요건으로 하지 않는다(대법원 2015.1.22, 2014도10978 全合 내란 선동 사건).

① [○] 내란음모죄에 해당하는 합의가 있다고 하기 위해서는 단순히 내란에 관한 범죄결심을 외부에 표시 · 전달하는 것만으로는 부족하고 객관적으로 내란범죄의 실행을 위한 합의라는 것이 명백히 인정되고, 그러한 **합의에 실질적인 위험성이 인정되어야 한다**(대법원 2015.1.22, 2014도10978 全合 내란 선동 사건).

③④ [○] (1) 내란선동이라 함은 내란이 실행되는 것을 목표로 하여 피선동자들에게 내란행위를 결의, 실행하도록 충동하고 격려하는 일체의 행위를 말한다. 내란을 실행시킬 목표를 가지고 있다 하여도 단순히 특정한 정치적 사상이나 추상적인 원리를 옹호하거나 교시하는 것만으로는 내란선동이 될 수 없고, 그 내용이 내란에 이를 수 있을 정도의 폭력적인 행위를 선동하는 것이어야 하고, 나아가 피선동자의 구성 및 성향, 선동자와 피선동자의 관계 등에 비추어 피선동자에게 **내란 결의를 유발하거나 증대시킬 위험성이 인정되어야만 내란선동으로 볼 수 있다.** (2) 다만 선동행위는 선동자에 의하여 일방적으로 행해지고, 그 이후 선동에 따른 범죄의 결의 여부 및 그 내용은 선동자의 지배영역을 벗어나 피선동자에 의하여 결정될 수 있으며, 내란선동을 처벌하는 근거가 선동행위 자체의 위험성과 불법성에 있다는 점 등을 전제하면, 내란선동에 있어 시기와 장소, 대상과 방식, 역할분담 등 내란 실행행위의 주요 내용이 선동 단계에서 구체적으로 제시되어야 하는 것은 아니고, 또 선동에 따라 피선동자가 내란의 실행행위로 나아갈 개연성이 있다고 인정되어야만 내란선동의 위험성이 있는 것으로 볼 수도 없다(대법원 2015.1.22, 2014도10978 全合 내란 선동 사건).

정답 | 641 ② 642 ②

643 간첩죄에 관한 다음 설명 중 옳지 않은 것은? (다툼이 있으면 판례에 의함) [core ★★]

1 2 3

① 형법 제98조 제1항에서 간첩이라 함은 적국에 제보하기 위하여 은밀한 방법으로 우리나라의 군사상은 물론 정치, 경제, 사회, 문화, 사상 등 기밀에 속한 사항 또는 도서, 물건을 탐지 · 수집하는 것을 말한다.

② 북괴의 지령사주 기타의 의사의 연락 없이 단편적으로 지득하였던 군사상의 기밀사항을 북괴에 납북된 상태하에서 제보한 행위는 간첩죄에 해당하지 아니한다.

③ 국가보안법 제4조 제1항 제2호 나목에 규정된 '국가기밀'은 그 기밀이 정치, 경제, 사회, 문화 등 각 방면에서 반국가단체에 대하여 비밀로 하거나 확인되지 아니함이 대한민국의 이익이 되는 모든 사실, 물건 또는 지식을 말한다.

④ 국내에서 적법한 절차 등을 거쳐 이미 일반인에게 널리 알려진 공지의 사실, 물건 또는 지식에 속한 것이라도 그 내용이 누설되는 경우 국가의 안전에 위험을 초래할 우려가 있다면 국가기밀에 해당한다.

해설

④ [×] '국가기밀'이란 국내에서 적법한 절차 등을 거쳐 이미 일반인에게 널리 알려진 공지의 사실, 물건 또는 지식에 속하지 아니한 것이어야 하고 또 그 내용이 누설되는 경우 국가의 안전에 위험을 초래할 우려가 있어 기밀로 보호할 실질가치를 갖춘 것이어야 한다(대법원 2013.7.26, 2013도2511 왕재산 간첩단 사건).

① [○] 형법 제98조 제1항에서 간첩이라 함은 적국에 제보하기 위하여 은밀한 방법으로 우리나라의 **군사상은 물론 정치, 경제, 사회, 문화, 사상 등 기밀에 속한 사항 또는 도서, 물건을 탐지 · 수집하는 것을 말한다**(대법원 2011.1.20, 2008재도11 순승 진보당 재심 사건).

② [○] 북괴의 지령사주 기타의 의사의 연락없이 **단편적으로 지득하였던 군사상의 기밀사항을 북괴에 납북된 상태하에서 제보한 행위는 간첩죄에 해당하지 아니한다**(대법원 1975.9.23, 75도1773).

③ [○] 국가보안법 제4조 제1항 제2호 나목에 규정된 '국가기밀'은 그 기밀이 정치, 경제, 사회, 문화 등 각 방면에서 반국가단체에 대하여 비밀로 하거나 확인되지 아니함이 **대한민국의 이익이 되는 모든 사실, 물건 또는 지식을 말한다**(대법원 2013.7.26, 2013도2511 왕재산 간첩단 사건).

644 간첩죄에 관한 다음 설명 중 옳지 않은 것은? (다툼이 있으면 판례에 의함) [core ★★]

1 2 3

① 형법 제98조 제1항의 간첩이라 함은 적국을 위하여 적국의 지령 사주 기타 의사의 연락하에 군사상 기밀사항 또는 도서물건을 탐지 모집하는 것을 의미한다.

② 간첩의 목적으로 외국 또는 북한에서 국내에 침투 또는 월남하는 경우에는 기밀탐지가 가능한 국내에 침투 상륙함으로써 간첩죄의 실행의 착수가 있다고 할 것이다.

③ 간첩행위는 기밀에 속한 사항 또는 도서, 물건을 탐지 · 수집하여 타인에게 보고 · 누설할 때에 기수가 된다.

④ 직무에 관하여 군사상 기밀을 지득한 자가 이를 적국에 누설한 경우에는 형법 제98조 제2항에, 직무와 관계없이 지득한 군사상 기밀을 적국에 누설한 경우에는 형법 제99조에 각 해당한다.

해설

③ [×] 간첩행위는 기밀에 속한 사항 또는 도서, 물건을 탐지 · 수집한 때에 기수가 되는 것이므로 간첩이 이미 탐지 · 수집하여 지득하고 있는 사항을 타인에게 보고 · 누설하는 행위는 간첩의 사후행위로서 간첩행위 자체라고 할 수 없다(대법원 2011.1.20, 2008재도11 순숨 진보당 재심 사건).

① [○] 형법 제98조 제1항의 간첩이라 함은 적국을 위하여 **적국의 지령 사주 기타 의사의 연락하에 군사상 기밀사항 또는 도서물건을 탐지 모집하는 것을 의미한다**(대법원 1975.9.23, 75도1773).

② [○] 간첩의 목적으로 외국 또는 북한에서 국내에 침투 또는 월남하는 경우에는 기밀탐지가 가능한 **국내에 침투 상륙함으로써 간첩죄의 실행의 착수가 있다고 할 것이다**(대법원 1984.9.11, 84도1381 간첩 하원차랑 사건).

④ [○] **직무에 관하여 군사상 기밀을 지득한 자**가 이를 적국에 누설한 경우에는 **형법 제98조 제2항**에, **직무와 관계없이 지득한 군사상 기밀을 적국에 누설한 경우에는 형법 제99조에 각 해당한다**(대법원 1982.11.23, 82도2201 유학위장간첩 사건).

645 직무유기죄에 관한 다음 설명 중 옳지 않은 것은? (다툼이 있으면 판례에 의함) [Essential ★]

1 2 3

① 직무유기죄는 구체적으로 그 직무를 수행하여야 할 작위의무가 있는데도 불구하고 이러한 직무를 저버린다는 인식하에 그 작위의무를 수행하지 아니함으로써 성립한다.

② 직무유기죄에서 '직무를 유기한 때'란 공무원이 법령, 내규 등에 의한 추상적 성실의무를 태만히 하는 일체의 경우에 성립하는 것이 아니라 직장의 무단이탈, 직무의 의식적인 포기 등과 같이 국가의 기능을 저해하고 국민에게 피해를 야기시킬 가능성이 있는 경우를 말한다.

③ 공무원이 태만 · 분망 또는 착각 등으로 인하여 직무를 성실히 수행하지 아니한 경우나 형식적으로 또는 소홀히 직무를 수행한 탓으로 적절한 직무수행에 이르지 못한 것에 불과한 경우에는 직무유기죄는 성립하지 아니한다.

④ 직무집행의 의사로 자신의 직무를 수행한 경우라도 그 직무집행의 내용이 위법한 것으로 평가된다고 한다면 직무유기죄가 성립할 수 있다.

해설

④ [×] 직무집행의 의사로 자신의 직무를 수행한 경우에는 그 직무집행의 내용이 위법한 것으로 평가된다는 점만으로 직무유기죄의 성립을 인정할 것은 아니다(대법원 2014.4.10, 2013도229 전북교육감 사건).

① [○] 직무유기죄는 구체적으로 그 직무를 수행하여야 할 작위의무가 있는데도 불구하고 이러한 직무를 저버린다는 인식하에 **그 작위의무를 수행하지 아니함으로써 성립한다**(대법원 2010.1.14, 2009도9963 평창 보전산지 ⇨ 준보전산지 사건).

② [○] 직무유기죄에서 '직무를 유기한 때'란 공무원이 법령, 내규 등에 의한 **추상적 성실의무를 태만히 하는 일체의 경우에 성립하는 것이 아니라 직장의 무단이탈, 직무의 의식적인 포기 등과 같이 국가의 기능을 저해하고 국민에게 피해를 야기시킬 가능성이 있는 경우를 말한다**(대법원 2014.4.10, 2013도229 전북교육감 사건).

③ [○] 공무원이 태만 · 분망 또는 착각 등으로 인하여 **직무를 성실히 수행하지 아니한 경우나 형식적으로 또는 소홀히 직무를 수행한 탓으로 적절한 직무수행에 이르지 못한 것에 불과한 경우에는 직무유기죄는 성립하지 아니한다**(대법원 2014.4.10, 2013도229 전북교육감 사건).

정답 | 643 ④ 644 ③ 645 ④

646 다음 중 직무유기죄가 성립하는 것을 모두 고른 것은? (다툼이 있으면 판례에 의함) [core ★★]

1 2 3

> ㉠ 지방자치단체장인 피고인이 전국공무원노동조합이 주도한 파업에 참가한 소속 공무원들에 대하여 관할 인사위원회에 징계의결요구를 하지 아니하고 가담 정도의 경중을 가려 자체 인사위원회에 징계의결요구를 하거나 훈계처분을 하도록 지시한 경우
> ㉡ 경기도 교육감인 피고인이 수사기관으로부터 시국선언을 주도한 전국교직원노동조합 경기지부 집행부 14명에 대한 범죄처분결과를 통보받고도 시국선언 행위가 위법인지 여부가 법원에 의하여 최종 확인되기까지는 징계요구를 유보하겠다는 방침을 표명한 경우
> ㉢ 시국선언에 참여한 교사들에 대한 형사재판의 진행 경과 및 시국선언 참여행위의 정당성 여부에 관한 찬반양론이 대립하였고, 전임 교육감이 재직 당시 교사들에 대한 징계의결의 집행 유보를 선언하였던 사정 등이 있어, 전라북도 교육감인 피고인이 교사 시국선언에 적극 참여한 전라북도 소속 3명의 교사에 대한 징계의결서의 통보를 받고도 법정 시한이 지나도록 징계를 유보한 경우

① 없음
② ㉠
③ ㉠㉡
④ ㉠㉡㉢

해설

① 모든 항목의 경우 직무유기죄는 성립하지 아니한다.

㉠ 피고인의 직무집행행위가 위법하게 평가되는 것은 별론으로 하고 직장의 무단이탈이나 직무의 의식적인 포기에 준하는 것으로 평가할 수는 없다(대법원 2007.7.12, 2006도1390 울산북구청장 사건).

㉡ 경기도 교육감인 피고인이 수사기관으로부터 시국선언을 주도한 전국교직원노동조합 경기지부 집행부 14명에 대한 범죄처분결과를 통보받고도 시국선언 행위가 위법인지 여부가 법원에 의하여 최종 확인되기까지는 징계요구를 유보하겠다는 방침을 표명한 경우 직무유기죄는 성립하지 아니한다(대법원 2013.6.27, 2011도797 경기교육감 사건).

㉢ 교육기관 · 교육행정기관 · 지방자치단체 또는 교육연구기관의 장이 징계의결을 집행하지 못할 법률상 · 사실상의 장애가 없는데도 징계의결서를 통보받은 날로부터 법정 시한이 지나도록 집행을 유보하는 모든 경우에 직무유기죄가 성립하는 것은 아니고, 그러한 유보가 직무에 관한 의식적인 방임이나 포기에 해당한다고 볼 수 있는 경우에 한하여 직무유기죄가 성립한다고 보아야 한다(대법원 2014.4.10, 2013도229 전북교육감 사건Ⅰ).

647 다음 중 직무유기죄가 성립하는 것은 모두 몇 개인가? (다툼이 있으면 판례에 의함) [Superlative ★★★]

1 2 3

㉠ 경찰관인 피고인 甲이 벌금미납자로 지명수배되어 있던 乙을 세 차례에 걸쳐 만나고도 그를 검거하여 검찰청에 신병을 인계하는 등의 필요한 조치를 취하지 않은 경우

㉡ 경찰관이 여러 번 오토바이를 오토바이 상회 운영자에게 보관시키고도 스스로 소유자를 찾아 반환하도록 처리하거나 상회 운영자에게 반환 여부를 확인한 일이 전혀 없고, 상회 운영자로부터 오토바이를 보내준 대가 또는 그 처분대가로 돈까지 받은 경우

㉢ 피고인 甲이 국방부 합동조사단장으로부터 乙의 병무비리사건과 관련하여 뇌물수수 등의 혐의로 수배 중인 丙을 체포하도록 임무를 부여받았음에도, 丙과 여러 차례에 걸쳐 전화통화를 하고 나아가 丙을 위하여 서류를 전달해 주는 한편 그의 예금통장까지 개설해 주고도 그와 같은 사실을 보고조차 하지 않은 경우

㉣ 파출소 부소장인 피고인 甲이 순찰 중이던 경찰관들로 하여금 호프집에 있던 불법체류자 5명을 파출소로 연행해 오도록 하였음에도 평소 친하게 지내오던 乙의 전화부탁을 받은 후, 연행된 자들의 신병을 출입국관리사무소에 인계하거나 경찰서 외사계에 보고하지 않은 채, 근무일지에 단지 '손님 3명, 여자 2명을 조사한 바 꼬치구이 종업원으로 혐의점 없어 귀가시킴'이라고 허위의 사실을 기재하고 이들을 훈방한 경우

① 1개 ② 2개

③ 3개 ④ 4개

해설

④ 모든 항목의 경우 직무유기죄가 성립한다.

㉠ 직무유기죄가 성립한다(대법원 2011.9.8, 2009도13371 지명수배자 미검거 사건).

㉡ 직무를 의식적으로 방임 내지 포기하고 정당한 사유 없이 직무를 수행하지 아니한 경우에 해당한다(대법원 2002.5.17, 2001도6170 오토바이 무단처분 사건).

㉢ 직무유기죄가 성립한다(대법원 1999.11.26, 99도1904).

㉣ 직무유기죄에 해당한다(대법원 2008.2.14, 2005도4202 불법체류 조선족 훈방사건).

정답 | 646 ① 647 ④

648 직무유기죄에 관한 다음 설명 중 옳지 않은 것을 모두 고른 것은? (다툼이 있으면 판례에 의함)

1 2 3

[core ★★]

㉠ 공무원이 어떠한 위법사실을 발견하고도 직무상 의무에 따른 적절한 조치를 취하지 아니하고 위법사실을 적극적으로 은폐할 목적으로 허위공문서를 작성·행사한 경우에는 작위범인 허위공문서작성 및 그 행사죄만이 성립하고 부작위범인 직무유기죄는 따로 성립하지 아니한다.

㉡ 공무원인 피고인이 어떠한 위법사실을 발견하고도 직무상 의무에 따른 적절한 조치를 취하지 아니한 후, 그 위법사실을 은폐할 목적이 아닌 다른 목적으로 허위공문서를 작성, 행사한 경우 허위공문서작성, 동행사죄 외에도 별도의 직무유기죄가 성립한다.

㉢ 하나의 행위가 부작위범인 직무유기죄와 작위범인 범인도피죄의 구성요건을 동시에 충족하는 경우 작위범인 범인도피죄만 성립하므로 검사는 부작위범인 직무유기죄로만 공소를 제기할 수 없다.

① ㉠　　② ㉢

③ ㉠㉡　　④ ㉠㉡㉢

해설

② ㉢ 항목만 옳지 않다.

㉠ [O] 공무원이 어떠한 위법사실을 발견하고도 직무상 의무에 따른 적절한 조치를 취하지 아니하고 위법사실을 적극적으로 은폐할 목적으로 허위공문서를 작성·행사한 경우에는 **작위범인 허위공문서작성 및 그 행사죄만이 성립하고 부작위범인 직무유기죄는 따로 성립하지 아니한다**(대법원 2010.6.24, 2008도11226 김해 도박단 봐주기 사건).

㉡ [O] 공무원인 피고인이 어떠한 위법사실을 발견하고도 직무상 의무에 따른 적절한 조치를 취하지 아니한 후, 그 위법사실을 은폐할 목적이 아닌 다른 목적으로 허위공문서를 작성, 행사한 경우 **허위공문서작성, 동행사죄 외에도 별도의 직무유기죄가 성립한다**(대법원 1993.12.24, 92도3334 당진군 허위출장복명서 사건).

㉢ [×] (1) 하나의 행위가 부작위범인 직무유기죄와 작위범인 범인도피죄의 구성요건을 동시에 충족하는 경우 공소제기권자는 재량에 의하여 작위범인 범인도피죄로 공소를 제기하지 않고 부작위범인 직무유기죄로만 공소를 제기할 수도 있다(대법원 1999.11.26, 99도1904). (2) 하나의 행위가 부작위범인 직무유기죄와 작위범인 허위공문서작성·행사죄의 구성요건을 동시에 충족하는 경우, 공소제기권자는 재량에 의하여 작위범인 허위공문서작성·행사죄로 공소를 제기하지 않고 부작위범인 직무유기죄로만 공소를 제기할 수 있다(대법원 2008.2.14, 2005도4202 불법체류 조선족 훈방 사건).

649 다음 중 (   ) 안의 범죄 외에 별도로 직무유기죄가 성립하는 것은 모두 몇 개인가? (다툼이 있으면 판례에 의함)
1 2 3

[Superlative ★★★]

㉠ 경찰관인 피고인들이 적발한 도박범행을 은폐하는 데 행사할 목적으로 근무일지를 허위로 작성·행사한 경우 (허위공문서작성 및 동행사죄) ㉡ 세무공무원이 범칙사건을 수사하고 관계서류를 작성함에 있어 그 혐의 사실을 고의로 은폐하기 위하여 내용허위의 전말서나 진술조서 등을 작성한 경우 (허위공문서작성 및 동행사죄) ㉢ 예비군 중대장이 예비군대원의 훈련불참사실을 고의로 은폐할 목적으로 당해 예비군대원이 훈련에 참석한 양 허위내용의 학급편성명부를 작성·행사한 경우 (허위공문서작성 및 동행사죄) ㉣ 경찰공무원이 지명수배 중인 범인을 발견하고도 직무상 의무에 따른 적절한 조치를 취하지 아니하고 오히려 범인을 도피하게 한 경우 (범인도피죄)

① 0개　　② 1개
③ 2개　　④ 3개

해설

① 모든 항목의 경우 별도의 직무유기죄가 성립하지 아니한다.

㉠㉡㉢ 직무위배의 위법상태는 공문서를 허위로 작성할 당시부터 그 속에 포함되어 있는 것이므로 허위공문서작성 및 동행사죄만이 성립하고 직무유기죄는 따로 성립하지 아니한다(㉠ 대법원 1999.12.24, 99도2240 도박범행 묵인사건 ㉡ 대법원 1971.8.31, 71도1176 ㉢ 대법원 1982.12.28, 82도2210).

㉣ 직무위배의 위법상태는 범인도피행위 속에 포함되어 있다고 보아야 할 것이므로 작위범인 범인도피죄만이 성립하고 부작위범인 직무유기죄는 따로 성립하지 아니한다(대법원 2017.3.15, 2015도1456 조폭 도피 경찰관 사건).

정답 | 648 ②　649 ①

650 다음 중 (　　) 안의 범죄 외에 별도로 직무유기죄가 성립하는 것을 모두 고른 것은? (다툼이 있으면 판례에 의함) [core ★★]

1 2 3

> ㉠ 보령경찰서 형사인 피고인 甲이 검사로부터 乙을 검거하라는 지시를 받고서도 乙에게 전화를 걸어 "형사들이 나갔으니 무조건 튀라"라고 도피하라고 권유하여 그를 도피하게 한 경우 (범인도피죄)
> ㉡ 전라북도 수산과 계장인 피고인 甲이 출원인인 乙이 어업허가를 받을 수 없는 자라는 사실을 알면서도 오히려 부하직원 丙으로 하여금 어업허가 처리기안문을 작성하게 한 다음 甲 스스로 중간결재를 하는 등 위계로써 농수산국장의 최종결재를 받은 경우 (위계공무집행방해죄)
> ㉢ 경찰서 방범과장이 부하직원으로부터 음비법위반 혐의로 오락실을 단속하여 증거물로 오락기의 변조 기판을 압수하여 보관 중임을 보고받았음에도, 압수물을 수사계에 인계하고 검찰에 송치하여 범죄 혐의의 입증에 사용하도록 하는 등의 적절한 조치를 취하지 않고, 오히려 부하직원에게 압수한 변조 기판을 돌려주라고 지시하여 오락실 업주에게 이를 돌려준 경우 (증거인멸죄)

① 없음　　② ㉠
③ ㉠㉡　　④ ㉠㉡㉢

해설

① 모든 항목의 경우 별도의 직무유기죄가 성립하지 아니한다.
㉠ 직무위배의 위법상태가 범인도피행위 속에 포함되어 있는 것으로 보아야 하므로 작위범인 범인도피죄만이 성립하고 부작위범인 직무유기죄는 따로 성립하지 아니한다(대법원 1996.5.10, 96도51 무조건 튀어라 사건).
㉡ 직무위배의 위법상태가 위계에 의한 공무집행방해행위 속에 포함되어 있는 것이라고 보아야 할 것이므로, 작위범인 위계에 의한 공무집행방해죄만이 성립하고 부작위범인 직무유기죄는 따로 성립하지 아니한다(대법원 1997.2.28, 96도2825 이상한 어업허가 사건).
㉢ 작위범인 증거인멸죄만이 성립하고 부작위범인 직무유기(거부)죄는 따로 성립하지 아니한다(대법원 2006.10.19, 2005도3909 숫솜 변조기판 환부 사건).

651 직권남용죄에 관한 다음 설명 중 옳지 않은 것은? (다툼이 있으면 판례에 의함) [core ★★]

1 2 3

① 직권남용죄는 공무원이 그 일반적 직무권한에 속하는 사항에 관하여 직권의 행사에 가탁(假託)하여 실질적, 구체적으로 위법·부당한 행위를 한 경우에 성립한다.
② 직권남용죄에서 공무원의 일반적 직무권한은 반드시 법률상의 강제력을 수반하는 것임을 요하지 아니하며, 그것이 남용될 경우 직권행사의 상대방으로 하여금 법률상 의무 없는 일을 하게 하거나 정당한 권리행사를 방해하기에 충분한 것이면 된다.
③ 공무원이 그의 일반적 권한에 속하지 않는 행위를 하는 경우, 즉 지위를 이용하여 불법행위를 하는 경우에도 직권남용죄가 성립할 수 있다.
④ 공무원이 직무와는 상관없이 단순히 개인적인 친분에 근거하여 문화예술 활동에 대한 지원을 권유하거나 협조를 의뢰한 것에 불과한 경우까지 직권남용에 해당한다고 할 수는 없다.

해설

③ [×] 직권남용죄에서 '직권남용'이란 공무원이 그 일반적 권한에 속하는 사항에 관하여 그것을 불법하게 행사하는 것, 즉 형식적 · 외형적으로는 직무집행으로 보이나 실질적으로는 정당한 권한 외의 행위를 하는 경우를 의미하고, 공무원이 그의 일반적 권한에 속하지 않는 행위를 하는 경우인 지위를 이용한 불법행위와는 구별된다(대법원 2014.12.24, 2012도4531 해병대 사령관 음해 사건).

① [○] 직권남용죄는 공무원이 그 일반적 직무권한에 속하는 사항에 관하여 직권의 행사에 가탁(假託)하여 실질적, 구체적으로 위법 · 부당한 행위를 한 경우에 성립한다(대법원 2015.3.26, 2013도2444 용산구청장 사건).

② [○] 직권남용죄에서 공무원의 일반적 직무권한은 반드시 법률상의 강제력을 수반하는 것임을 요하지 아니하며, 그것이 남용될 경우 직권행사의 상대방으로 하여금 법률상 의무 없는 일을 하게 하거나 정당한 권리행사를 방해하기에 충분한 것이면 된다(대법원 2015.3.26, 2013도2444 용산구청장 사건).

④ [○] 공무원이 직무와는 상관없이 단순히 개인적인 친분에 근거하여 문화예술 활동에 대한 지원을 권유하거나 협조를 의뢰한 것에 불과한 경우까지 직권남용에 해당한다고 할 수는 없다(대법원 2009.1.30, 2008도6950).

652 직권남용죄에 관한 다음 설명 중 옳지 않은 것은? (다툼이 있으면 판례에 의함) [core ★★]

1 2 3

① 직권남용죄에서 '권리'는 법률에 명기된 권리에 한하지 않고 법령상 보호되어야 할 이익이면 족한 것으로서 공법상의 권리인지 사법상의 권리인지를 묻지 않으므로, 경찰관의 범죄수사권도 직권남용죄에서 말하는 '권리'에 해당한다.

② 공무원의 직권남용행위가 있었다면 현실적으로 권리행사의 방해라는 결과가 발생하지 않았다고 하더라도 직권남용죄의 기수에 해당한다.

③ 직권남용죄에서 말하는 '의무'란 법률상 의무를 가리키고, 단순한 심리적 의무감 또는 도덕적 의무는 이에 해당하지 아니한다.

④ 직무집행의 기준과 절차가 법령에 구체적으로 명시되어 있고 실무 담당자에게도 직무집행의 기준을 적용하고 절차에 관여할 고유한 권한과 역할이 부여되어 있다면 실무 담당자로 하여금 그러한 기준과 절차를 위반하여 직무집행을 보조하게 한 경우에는 '의무 없는 일을 하게 한 때'에 해당한다.

해설

② [×] 직권남용죄에서 '권리행사를 방해한다' 함은 법령상 행사할 수 있는 권리의 정당한 행사를 방해하는 것을 말한다고 할 것이므로 이에 해당하려면 구체화된 권리의 현실적인 행사가 방해된 경우라야 할 것이고, 따라서 공무원의 직권남용행위가 있었다 할지라도 현실적으로 권리행사의 방해라는 결과가 발생하지 아니하였다면 본죄의 기수를 인정할 수 없다(대법원 2008.12.24, 2007도9287 포항 폐기물처리장부지 사건).

① [○] 직권남용죄에서 '권리'는 법률에 명기된 권리에 한하지 않고 법령상 보호되어야 할 이익이면 족한 것으로서 공법상의 권리인지 사법상의 권리인지를 묻지 않으므로, **경찰관의 범죄수사권도 직권남용죄에서 말하는 '권리'에 해당한다**(대법원 2010.1.28, 2008도7312).

③ [○] 직권남용죄에서 말하는 '의무'란 **법률상 의무를 가리키고**, 단순한 심리적 의무감 또는 도덕적 의무는 이에 해당하지 아니한다(대법원 2009.1.30, 2008도6950).

④ [○] 직무집행의 기준과 절차가 법령에 구체적으로 명시되어 있고 **실무 담당자에게도** 직무집행의 기준을 적용하고 **절차에 관여할 고유한 권한과 역할이 부여되어 있다면 실무 담당자로 하여금 그러한 기준과 절차를 위반하여 직무집행을 보조하게 한 경우에는 '의무 없는 일을 하게 한 때'에 해당한다**(대법원 2012.1.27, 2010도11884 용인시 근평 조작 사건).

정답 | 650 ① 651 ③ 652 ②

653 다음 중 직권남용죄가 성립하지 않는 것은? (다툼이 있으면 판례에 의함) [Essential ★]

1 2 3

① 전(前)경찰청장인 피고인 甲이 남대문경찰서장 乙과 공모하여 남대문경찰서의 수사를 중단시키고, 丙 등과 공모하여 광역수사대의 수사를 중단시키고 남대문경찰서에 이첩시킨 경우

② 법무부 검찰국장이던 피고인 甲이 검사인사담당 검사 A에게 2015년 하반기 검사인사에서 부치지청인 '수원지방검찰청 여주지청'에서 근무하고 있던 경력검사 B를 다시 부치지청인 '창원지방검찰청 통영지청'에 배치하는 인사안을 작성하게 한 경우

③ 대검찰청 차장검사 혹은 검찰총장인 피고인 甲이 평소 친분관계가 있는 乙의 부탁을 받고 면담 혹은 전화 통화 등의 방법으로 울산지방검찰청 검사장 A에게 X회사에 대한 내사보류와 종결을 지시하여, 담당 검사 B로 하여금 X회사 내지 丙 시장에 대한 내사를 중도에서 그만두고 종결처리토록 한 경우

④ 대통령비서실장인 피고인이 대통령의 뜻에 따라 수석비서관실과 문화체육관광부에 문화예술진흥기금 등 정부의 지원을 신청한 개인·단체의 이념적 성향이나 정치적 견해 등을 이유로 한국문화예술위원회·영화진흥위원회·한국출판문화산업진흥원이 수행한 각종 사업에서 좌파 등에 대한 지원배제, 책임심의위원 선정과정 개입을 지시한 경우

해설

② [×] 법령에서 정한 검사 전보인사의 원칙과 기준을 위반하여 직권남용죄에서 말하는 '의무 없는 일을 하게 한 때'에 해당한다고 볼 수는 없다(대법원 2020.1.9, 2019도11698 검찰국장 사건).

① [○] 일단 '부하 경찰관들의 수사권 행사를 방해한 것'에 해당함과 아울러 '부하 경찰관들로 하여금 수사를 중단하거나 사건을 다른 경찰관서로 이첩할 의무가 없음에도 불구하고 수사를 중단하게 하거나 사건을 이첩하게 한 것'에도 해당된다고 볼 여지가 있다. 위 두 가지 행위 태양에 모두 해당하는 것으로 기소된 경우, **권리행사를 방해함으로 인한 직권남용권리행사방해죄만 성립하고** 의무 없는 일을 하게 함으로 인한 직권남용권리행사방해죄는 따로 성립하지 아니하는 것으로 봄이 상당하다(대법원 2010.1.28, 2008도7312).

③ [○] 피고인의 행위는 직권을 남용하여 담당 검사 B로 하여금 의무 없는 일을 하게 한 행위에 해당하여 **직권남용죄가 성립한다**(대법원 2007.6.14, 2004도5561).

④ [○] 피고인의 행위는 모두 위원들의 독립성을 침해하고 자율적인 절차진행과 운영을 훼손하는 것으로서 **한국문화예술위원회·영화진흥위원회·한국출판문화산업진흥원 직원들이 준수해야 하는 법령상 의무에 위배되므로 '의무 없는 일을 하게 한 때'에 해당한다**(대법원 2020.1.30, 2018도2236 全合 문화계 블랙리스트 사건).

654 공무상비밀누설죄에 관한 다음 설명 중 옳지 않은 것은? (다툼이 있으면 판례에 의함) [Essential ★]

1 2 3

① '법령에 의한 직무상 비밀'이란 반드시 법령에 의하여 비밀로 규정되었거나 비밀로 분류 명시된 사항에 한하지 아니한다.

② 비밀이란 실질적으로 그것을 비밀로서 보호할 가치가 있다고 인정할 수 있는 것이어야 할 것이다.

③ 정치, 군사, 외교, 경제, 사회적 필요에 따라 비밀로 된 사항은 물론 정부나 공무소 또는 국민이 객관적, 일반적인 입장에서 외부에 알려지지 않는 것에 상당한 이익이 있는 사항도 '법령에 의한 직무상 비밀'에 포함된다.

④ 공무상비밀누설죄는 비밀의 누설에 의하여 위협받는 국가의 기능을 보호하기 위한 것이 아니라, 기밀 그 자체를 보호하는 위한 것이다.

해설

④ [×] 공무상비밀누설죄는 기밀 그 자체를 보호하는 것이 아니라 공무원의 비밀엄수의무의 침해에 의하여 위험하게 되는 이익, 즉 비밀의 누설에 의하여 위협받는 국가의 기능을 보호하기 위한 것이다(대법원 2012.3.15, 2010도14734 차량소유정보 사건).

①②③ [○] 공무상비밀누설죄에서 '법령에 의한 직무상 비밀'이란 **반드시 법령에 의하여 비밀로 규정되었거나 비밀로 분류 명시된 사항에 한하지 아니하고,** 정치, 군사, 외교, 경제, 사회적 필요에 따라 비밀로 된 사항은 물론 정부나 공무소 또는 국민이 객관적, 일반적인 입장에서 외부에 알려지지 않는 것에 상당한 이익이 있는 사항도 포함하는 것이나, **실질적으로 그것을 비밀로서 보호할 가치가 있다고 인정할 수 있는 것이어야 하고,** 본죄는 **비밀 그 자체를 보호하는 것이 아니라** 공무원의 비밀엄수의무의 침해에 의하여 위험하게 되는 이익, 즉 **비밀의 누설에 의하여 위협받는 국가의 기능을 보호하기 위한 것이다**(대법원 2012.3.15, 2010도14734 차량소유정보 사건).

655 뇌물죄에 관한 다음 설명 중 옳지 않은 것은? (다툼이 있으면 판례에 의함) [Essential ★]

1 2 3

① 공무원이라 함은 법령의 근거에 기하여 국가 또는 지방자치단체 및 이에 준하는 공법인의 사무에 종사하는 자로서 그 노무의 내용이 단순한 기계적 · 육체적인 것에 한정되어 있지 않은 자를 지칭하는 것이다.

② 법령에 기한 임명권자에 의하여 임용되어 공무에 종사하여 온 사람이 나중에 임용결격자이었음이 밝혀져 당초의 임용행위가 무효인 경우, 그는 형법 제129조에서 규정한 공무원으로 볼 수 없어 그가 직무에 관하여 뇌물을 수수한 때에도 수뢰죄로 처벌할 수 없다.

③ 뇌물의 수수 등을 할 당시 이미 공무원의 지위를 떠난 경우에는 제129조 제1항의 수뢰죄로는 처벌할 수 없고 사후수뢰죄의 요건에 해당할 경우에 한하여 그 죄로 처벌할 수 있을 뿐이다.

④ 공무원이 직무와 관련하여 뇌물수수를 약속하고 퇴직 후 이를 수수하는 경우에는 뇌물약속과 뇌물수수가 시간적으로 근접하여 연속되어 있다고 하더라도 뇌물약속죄 및 사후수뢰죄가 성립할 수 있음은 별론으로 하고 뇌물수수죄는 성립하지 않는다.

해설

② [×] 법령에 기한 임명권자에 의하여 임용되어 공무에 종사하여 온 사람이 나중에 그가 임용결격자이었음이 밝혀져 당초의 임용행위가 무효라고 하더라도, 그가 임용행위라는 외관을 갖추어 실제로 공무를 수행한 이상 형법 제129조에서 규정한 공무원으로 봄이 상당하고, 그가 그 직무에 관하여 뇌물을 수수한 때에는 수뢰죄로 처벌할 수 있다(대법원 2014.3.27, 2013도11357 태백시청 과장 수뢰 사건).

① [○] 공무원이라 함은 법령의 근거에 기하여 국가 또는 지방자치단체 및 이에 준하는 공법인의 사무에 종사하는 자로서 그 노무의 내용이 **단순한 기계적 · 육체적인 것에 한정되어 있지 않은 자를 지칭하는 것이다**(대법원 2012.8.23, 2011도12639 서울시 구내식당 종업원 사건).

③ [○] 뇌물의 수수 등을 할 당시 이미 공무원의 지위를 떠난 경우에는 제129조 제1항의 수뢰죄로는 처벌할 수 없고 **사후수뢰죄의 요건에 해당할 경우에 한하여 그 죄로 처벌할 수 있을 뿐이다**(대법원 2013.11.28, 2013도10011 부산 하수슬러지 뇌물 사건).

④ [○] 공무원이 직무와 관련하여 뇌물수수를 약속하고 퇴직 후 이를 수수하는 경우에는 뇌물약속과 뇌물수수가 시간적으로 근접하여 연속되어 있다고 하더라도 **뇌물약속죄 및 사후수뢰죄가 성립할 수 있음은 별론으로 하고 뇌물수수죄는 성립하지 않는다**(대법원 2010.10.14, 2010도387 외환은행 매각 사건).

정답 | 653 ② 654 ④ 655 ②

656 뇌물죄에 관한 다음 설명 중 옳지 않은 것은? (다툼이 있으면 판례에 의함)

1 2 3 [Essential ★]

① 뇌물수수죄에서 말하는 '수수'란 받는 것, 즉 뇌물을 취득하는 것이고 여기에서 취득이란 뇌물에 대한 사실상의 처분권을 획득하는 것을 의미하고, 뇌물인 물건의 법률상 소유권까지 취득하여야 하는 것은 아니다.

② 공무원이 뇌물공여자로 하여금 그 공무원과 공동정범 관계에 있는 비공무원에게 뇌물을 공여하게 한 경우 공무원과 비공무원은 제3자뇌물수수죄의 공동정범으로서의 죄책을 진다.

③ 뇌물수수죄의 공범들 사이에 직무와 관련하여 금품이나 이익을 수수하기로 하는 명시적 또는 암묵적 공모관계가 성립하고 공모 내용에 따라 공범 중 1인이 금품이나 이익을 주고받았다면, 특별한 사정이 없는 한 이를 주고받은 때 그 금품이나 이익 전부에 관하여 뇌물수수죄의 공동정범이 성립한다.

④ 금품이나 이익 전부에 관하여 뇌물수수죄의 공동정범이 성립한 이후에 뇌물이 실제로 공동정범인 공무원 또는 비공무원 중 누구에게 귀속되었는지는 이미 성립한 뇌물수수죄에 영향을 미치지 않는다.

해설

② [×] 공무원이 뇌물공여자로 하여금 공무원과 뇌물수수죄의 공동정범 관계에 있는 비공무원에게 뇌물을 공여하게 한 경우에는 공동정범의 성질상 공무원 자신에게 뇌물을 공여하게 한 것으로 볼 수 있고, 공무원과 공동정범 관계에 있는 비공무원은 제3자뇌물수수죄에서 말하는 제3자가 될 수 없으므로 공무원과 공동정범 관계에 있는 비공무원이 뇌물을 받은 경우에는 공무원과 함께 뇌물수수죄의 공동정범이 성립하고 제3자뇌물수수죄는 성립하지 않는다(대법원 2019.8.29, 2018도13792 全合 국정농단 사건)(同旨 대법원 2019.8.29, 2018도2738 全合 국정농단 사건). 제3자뇌물수수죄가 아니라 형법 제129조 제1항의 뇌물수수죄의 공동정범이 성립한다는 취지의 판례이다.

①③④ [○] (1) 뇌물수수죄에서 말하는 '수수'란 받는 것, 즉 뇌물을 취득하는 것이고 여기에서 취득이란 뇌물에 대한 사실상의 처분권을 획득하는 것을 의미하고, 뇌물인 **물건의 법률상 소유권까지 취득하여야 하는 것은 아니다.** 뇌물수수자가 법률상 소유권 취득의 요건을 갖추지는 않았더라도 뇌물로 제공된 물건에 대한 점유를 취득하고 뇌물공여자 또는 법률상 소유자로부터 반환을 요구받지 않는 관계에 이른 경우에는 그 물건에 대한 실질적인 사용·처분권한을 갖게 되어 그 물건 자체를 뇌물로 받은 것으로 보아야 한다. (2) 뇌물수수죄의 공범들 사이에 직무와 관련하여 금품이나 이익을 수수하기로 하는 명시적 또는 암묵적 공모관계가 성립하고 공모 내용에 따라 공범 중 1인이 금품이나 이익을 주고받았다면, 특별한 사정이 없는 한 이를 주고받은 때 **금품이나 이익 전부에 관하여 뇌물수수죄의 공동정범이 성립**하고, 금품이나 이익의 규모나 정도 등에 대하여 사전에 서로 의사의 연락이 있거나 금품 등의 구체적 금액을 공범이 알아야 공동정범이 성립하는 것은 아니다. (3) 금품이나 이익 전부에 관하여 뇌물수수죄의 공동정범이 성립한 이후에 뇌물이 실제로 공동정범인 **공무원 또는 비공무원 중 누구에게 귀속되었는지는 이미 성립한 뇌물수수죄에 영향을 미치지 않는다**(대법원 2019.8.29, 2018도13792 全合 국정농단 사건 I). ① 비록 말 패스포트(passport)에 정유라가 타고 다니던 말 3마리 중 1마리(살시도)의 마주(馬主)가 형식적으로 '삼성전자'로 기재되어 있었고, 나머지 말 2마리(비타나, 라우싱)의 마주가 (삼성전자가 매수한 것임에도 불구하고) 여전히 '종전 마주'로 기재되어 있었다고 하더라도 최OO이 이와 상관없이 말 3마리를 마음대로 사용, 처분할 수 있었으므로 즉, 이에 대한 사실상 처분권을 획득한 것으로 볼 수 있으므로 뇌물수수를 인정한 것이다. ③④ 최OO가 이OO 부회장으로부터 말 3마리를 뇌물로 받아 사실상의 처분권을 획득한 것이지 박OO 전대통령이 사실상의 처분권을 획득한 것이 아니라도 최OO과 박OO 전대통령이 그와 같은 범죄를 공모를 한 이상, 박OO 전대통령도 말 3마리에 대한 뇌물수수죄의 공동정범이 성립한다는 취지의 판례이다.

657 뇌물죄에 관한 다음 설명 중 옳지 않은 것을 모두 고른 것은? (다툼이 있으면 판례에 의함)

1 2 3

[core ★★]

㉠ 형법 제129조 제2항(사전수뢰죄)에 정한 '공무원 또는 중재인이 될 자'란 공무원채용시험에 합격하여 발령을 대기하고 있는 자 또는 선거에 의해 당선이 확정된 자 등 공무원 또는 중재인이 될 것이 예정되어 있는 자를 말하므로, 어느 정도의 공직취임의 개연성을 갖춘 자까지 포함된다고 할 수 없다.
㉡ 배임수재자가 배임증재자에게서 그가 무상으로 빌려준 물건을 인도받아 사용하고 있던 중에 공무원이 되었고, 배임증재자가 배임수재자에게 앞으로 물건은 공무원의 직무에 관하여 빌려주는 것이라고 하면서 뇌물공여의 뜻을 밝히고 물건을 계속하여 배임수재자가 사용할 수 있는 상태로 둔 경우, 이는 종전에 제공한 이익을 뇌물로 전환시킨 경우에 해당하므로 뇌물공여죄가 성립한다.
㉢ 정비사업조합의 임원이 그 임원의 지위를 상실하거나 임기가 만료된 정비사업조합의 임원이 후임자가 선임되어 그 직무수행권을 상실한 경우라면, 비록 그 조합 임원이 그 후에도 조합의 법인 등기부에 임원으로 등기되어 있는 상태에서 계속하여 실질적으로 조합 임원으로서의 직무를 수행하여 왔더라도 도시정비법 제84조에 따른 형법 제129조 내지 제132조의 적용에 있어서 더 이상 공무원으로 볼 수 없다.

① 없음
② ㉠
③ ㉠㉡
④ ㉠㉡㉢

해설

④ 모든 항목이 옳지 않다.

㉠ [×] 형법 제129조 제2항에 정한 '공무원 또는 중재인이 될 자'란 공직취임의 가능성이 확실하지는 않더라도 어느 정도의 개연성을 갖춘 자를 포함한다(대법원 2010.5.13, 2009도7040 조합장 선출확실 사건).

㉡ [×] 이는 종전에 이미 제공한 이익을 나중에 와서 뇌물로 하겠다는 것에 불과할 뿐 새롭게 뇌물로 제공되는 이익이 없어 뇌물공여죄가 성립하지 않는다(대법원 2015.10.15, 2015도6232 제주 판타스틱아트시티 비리 사건).

㉢ [×] 그 조합 임원이 조합의 법인 등기부에 임원으로 등기되어 있는 상태에서 계속하여 실질적으로 조합 임원으로서의 직무를 수행하여 왔다면 그 조합 임원은 임원의 지위 상실이나 직무수행권의 상실에도 불구하고 도시정비법 제84조에 따라 형법 제129조 내지 제132조의 적용에 있어서 공무원으로 보아야 한다(대법원 2016.1.14, 2015도15798 지위 상실 주택재개발조합 임원 사건).

정답 | 656 ② 657 ④

658 뇌물죄에 관한 다음 설명 중 옳지 않은 것은? (다툼이 있으면 판례에 의함) [Essential ★]

1 2 3

① 뇌물의 내용인 이익이라 함은 금전, 물품 기타의 재산적 이익뿐만 아니라 사람의 수요 · 욕망을 충족시키기에 족한 일체의 유형 · 무형의 이익을 포함하며 제공된 것이 성적 욕구의 충족이라고 하여 달리 볼 것이 아니다.

② 투기적 사업에 참여할 기회를 얻는 것도 뇌물에 해당하지만, 경제사정의 변동 등으로 인하여 당초의 예상과는 달리 그 사업 참여로 아무런 이득을 얻지 못한 경우에는 뇌물수수죄는 성립하지 아니한다.

③ 일차진급 평정권자인 피고인 甲이 평정업무와 관련하여 乙로 하여금 甲의 은행대출금채무에 연대보증하게 한 행위는 뇌물을 받은 것에 해당된다.

④ 공무원이 다른 사람으로부터 주식 등의 재산을 시가보다 싼 가격에 취득함으로써 장차 이를 시가에 처분할 수 있는 이익을 얻은 때에는 그 자체가 뇌물수수가 된다.

해설

② [×] 공무원이 뇌물로 투기적 사업에 참여할 기회를 제공받은 경우 뇌물수수죄의 기수 시기는 투기적 사업에 참여하는 행위가 종료된 때로 보아야 하며, 그 행위가 종료된 후 경제사정의 변동 등으로 인하여 당초의 예상과는 달리 그 사업 참여로 아무런 이득을 얻지 못한 경우라도 뇌물수수죄의 성립에는 영향이 없다(대법원 2002.11.26, 2002도3539 조합아파트 분양 뇌물 사건).

① [○] 뇌물의 내용인 이익이라 함은 금전, 물품 기타의 재산적 이익뿐만 아니라 사람의 수요 · 욕망을 충족시키기에 족한 일체의 유형 · 무형의 이익을 포함하며 제공된 것이 **성적 욕구의 충족이라고 하여 달리 볼 것이 아니다**(대법원 2014.1.29, 2013도13937 피의자와 성관계 검사 사건).

③ [○] 일차진급 평정권자인 피고인 甲이 평정업무와 관련하여 乙로 하여금 甲의 은행대출금채무에 연대보증하게 한 행위는 뇌물을 받은 것에 해당된다(대법원 2001.1.5, 2000도4714 연대보증 뇌물 사건).

④ 공무원이 다른 사람으로부터 주식 등의 재산을 시가보다 싼 가격에 취득함으로써 장차 이를 시가에 처분할 수 있는 이익을 얻은 때에는 **그 자체가 뇌물수수가 된다**(대법원 1995.6.30, 94도993).

659 뇌물죄에 관한 다음 설명 중 옳지 않은 것은? (다툼이 있으면 판례에 의함) [core ★★]

1 2 3

① 뇌물죄에 있어서 금품을 수수한 장소가 공개된 장소이고, 금품을 수수한 공무원이 이를 부하직원들을 위하여 소비하였을 뿐 자신의 사리를 취한 바 없다 하더라도 그 뇌물성이 부인되지 않는다.

② 자동차를 뇌물로 제공한 경우 자동차등록원부에 뇌물수수자가 그 소유자로 등록되지 않았다고 하더라도 자동차의 사실상 소유자로서 자동차에 대한 실질적인 사용 및 처분권한이 있다면 자동차 자체를 뇌물로 취득한 것으로 보아야 한다.

③ 피고인 乙이 장차 개발이익이 발생할 것으로 생각되는 임야의 매입 기회를 제공하고, 이에 따라 피고인 甲 등이 임야를 매수한 경우, 비록 그 후 예상과는 달리 임야에 아무런 개발이익이 생기지 않았다 하더라도 뇌물수수죄는 기수에 이른 것이다.

④ 피고인이 그 소유의 안성 토지와 상대방 소유의 강화 토지를 교환하는 계약을 체결한 경우 비록 오랫동안 처분을 하지 못하고 있던 안성 토지를 처분하는 한편, 매수를 희망하였던 전원주택지로 앞으로 개발이 되면 가격이 많이 상승할 강화 토지를 매수하게 되었더라도 안성 토지의 시가가 강화 토지의 시가보다 비싸다고 한다면 뇌물약속죄는 성립하지 아니한다.

해설

④ [×] 안성 토지의 시가가 강화 토지의 시가보다 비싸다고 하더라도 피고인으로서는 오랫동안 처분을 하지 못하고 있던 안성 토지를 처분하는 한편, 매수를 희망하였던 전원주택지로 앞으로 개발이 되면 가격이 많이 상승할 강화 토지를 매수하게 되는 무형의 이익을 얻었다면 뇌물약속죄가 성립한다(대법원 2001.9.18, 2000도5438 안성토지 강화토지 사건).

① [○] 뇌물죄에 있어서 금품을 수수한 장소가 공개된 장소이고, 금품을 수수한 공무원이 이를 부하직원들을 위하여 소비하였을 뿐 자신의 사리를 취한 바 없다 하더라도 그 **뇌물성이 부인되지 않는다**(대법원 1996.6.14, 96도865 부산 주차관리공단 과장 사건).

② [○] 자동차를 뇌물로 제공한 경우 자동차등록원부에 뇌물수수자가 그 소유자로 등록되지 않았다고 하더라도 자동차의 사실상 소유자로서 자동차에 대한 실질적인 사용 및 처분권한이 있다면 **자동차 자체를 뇌물로 취득한 것으로 보아야 한다**(대법원 2006.5.26, 2006도1716 뇌물 BMW 사건Ⅱ).

③ [○] 피고인 乙이 장차 개발이익이 발생할 것으로 생각되는 임야의 매입 기회를 제공하고, 이에 따라 피고인 甲 등이 임야를 매수한 경우, 비록 그 후 예상과는 달리 임야에 아무런 개발이익이 생기지 않았다 하더라도 **뇌물수수죄는 기수에 이른 것이다**(대법원 2002.5.10, 2000도2251 성주군의회 의장선거 사건).

정답 | 658 ② 659 ④

660 뇌물죄에 관한 다음 설명 중 옳지 않은 것은? (다툼이 있으면 판례에 의함) [core ★★]

1 2 3

① 뇌물죄에서 직무라 함은 공무원이 법령상 관장하는 직무 그 자체뿐만 아니라 그 직무와 밀접한 관계가 있는 행위 또는 관례상이나 사실상 소관하는 직무행위 및 결정권자를 보좌하거나 영향을 줄 수 있는 직무행위도 포함된다.

② 뇌물죄에서 직무라 함은 공무원이 그 지위에 수반하여 공무로서 처리하는 일체의 직무를 말하며, 과거에 담당하였거나 또는 장래 담당할 직무 및 사무분장에 따라 현실적으로 담당하지 않는 직무라고 하더라도 법령상 일반적인 직무권한에 속하는 직무 등 공무원이 그 직위에 따라 공무로 담당할 일체의 직무를 말한다.

③ 공무원의 직무와 금원의 수수가 전체적으로 대가관계에 있으면 뇌물수수죄가 성립하고, 특별히 청탁의 유무, 개개의 직무행위의 대가적 관계를 고려할 필요는 없으나 그 직무행위는 특정된 것임을 요한다.

④ 뇌물죄는 직무에 관한 청탁이나 부정한 행위를 필요로 하는 것은 아니기 때문에 수수된 금품의 뇌물성을 인정하는 데 특별한 청탁이 있어야만 하는 것은 아니며, 또한 금품이 직무에 관하여 수수된 것으로 족하고 개개의 직무행위와 대가적 관계에 있을 필요는 없다.

해설

③ [×] 공무원의 직무와 금원의 수수가 전체적으로 대가관계에 있으면 뇌물수수죄가 성립하고, 특별히 청탁의 유무, 개개의 직무행위의 대가적 관계를 고려할 필요는 없으며 또한 그 직무행위가 특정된 것일 필요도 없다(대법원 2011.12.8, 2010도15628 서울시의회 부위원장 수뢰 사건).

① [O] 뇌물죄에서 직무라 함은 공무원이 법령상 관장하는 직무 그 자체뿐만 아니라 그 직무와 밀접한 관계가 있는 행위 또는 **관례상이나 사실상 소관하는 직무행위 및 결정권자를 보좌하거나 영향을 줄 수 있는 직무행위도 포함된다**(대법원 2011.6.10, 2011도4260 수방사 공사담당관 사건).

② [O] 뇌물죄에서 직무라 함은 공무원이 그 지위에 수반하여 공무로서 처리하는 일체의 직무를 말하며, 과거에 담당하였거나 또는 장래 담당할 직무 및 사무분장에 따라 **현실적으로 담당하지 않는 직무라고 하더라도 법령상 일반적인 직무권한에 속하는 직무 등 공무원이 그 직위에 따라 공무로 담당할 일체의 직무를 말한다**(대법원 2013.11.28, 2013도10011 부산 하수슬러지 뇌물 사건).

④ [O] 뇌물죄는 직무에 관한 청탁이나 부정한 행위를 필요로 하는 것은 아니기 때문에 수수된 금품의 뇌물성을 인정하는 데 **특별한 청탁이 있어야만 하는 것은 아니며**, 또한 **금품이 직무에 관하여 수수된 것으로 족하고 개개의 직무행위와 대가적 관계에 있을 필요는 없다**(대법원 2014.10.15, 2014도8113 조합장 겸 보험설계사 수뢰 사건).

661 다음 중 직무관련성이 인정되지 않아 뇌물죄가 성립하지 않는 것은? (다툼이 있으면 판례에 의함)

1 2 3

[Essential ★]

① 경찰관 甲이 재건축조합 직무대행자인 A에 대한 진정사건을 수사하면서 진정인 측에 의하여 재건축 설계업체로 선정되기를 희망하던 건축사사무소 대표 乙로부터 금원을 수수한 경우

② 경찰서 경비과 교통지도계 경찰관인 피고인 甲이 피단속자인 乙로부터 운전면허가 취소되지 않도록 하여 달라는 청탁을 받고 금원을 교부받은 경우. 다만, 운전면허취소업무는 甲이 현실적으로 담당하지 않은 직무이었음

③ 경찰청 정보과에 근무하는 경찰관(경감)인 피고인 甲이 乙로부터 그가 경영하는 회사가 중소기업협동조합중앙회 회장인 丙에 의하여 외국인산업연수생에 대한 국내관리업체로 선정되는 데 힘써 달라는 부탁을 받고 금전 및 각종 향응을 받은 경우

④ 경찰관인 피고인이 도박장개설 및 도박범행을 묵인하고 편의를 봐주는 데 대한 사례비 명목으로 금품을 수수하고 나아가 이를 단속하지 않은 경우. 다만, 피고인은 경찰서 교통계에 근무하고 있어 도박범행의 수사 등에 관한 구체적인 사무를 담당하고 있지 않았음

해설

③ [×] 피고인 甲이 직무를 통하여 위 국내관리업체 선정에 어떠한 영향을 준다고는 할 수 없으므로 중소기업협동조합중앙회장의 국내관리업체 선정은 甲의 직무와 관련성이 있다고 할 수 없다(대법원 1999.6.11, 99도275 경찰청 정보과 경감 사건).

① [○] 乙이 甲에게 금원을 교부한 데에는 진정인 측으로부터 설계용역을 수주받을 수 있는 유리한 방향으로 A에 대한 사건처리를 해 달라는 취지가 전제 내지 포함되었다고 보아야 할 것이므로 **금원의 수수와 甲의 진정사건 수사와의 관련성을 배척할 수 없다**(대법원 2007.4.27, 2005도4204 재건축조합 진정 사건).

② [○] 운전면허취소업무가 甲이 현실적으로 담당하지 않은 직무라거나 금원의 수수시기가 甲이 단속에 관하여 작성한 서류를 인계한 후라고 하더라도 **직무와의 관련성을 부정할 수 없다**(대법원 1999.11.9, 99도2530 면허취소 관련 수뢰 사건).

④ [○] **경찰관으로서 직무에 위배되는 부정한 행위를 한 것이라 할 것이고,** 비록 피고인이 경찰서 교통계에 근무하고 있어 도박범행의 수사 등에 관한 구체적인 사무를 담당하고 있지 아니하였다 하여도 달리 볼 것은 아니다(대법원 2003.6.13, 2003도1060 교통계 경찰 도박범행 묵인 사건).

정답 | 660 ③ 661 ③

662 다음 중 직무관련성이 인정되어 뇌물죄가 성립하는 것은 모두 몇 개인가? (다툼이 있으면 판례에 의함)
1 2 3

[core ★★]

㉠ 군의회 의장선거에서의 투표권을 가지고 있는 군의원들이 이와 관련하여 금품 등을 수수한 경우
㉡ 문교부 편수국(編修局) 공무원인 피고인들이 교과서의 내용검토 및 개편수정 작업을 의뢰받고 그에 소요되는 비용을 받은 경우
㉢ 국회의원인 피고인 甲이 치과의사협회장인 乙로부터 의과병원의 비급여율과 관련된 의료보수표의 제공을 부탁받고 후원금 명목으로 1,000만원을 지급받은 경우
㉣ 대한민국 국적선사의 선박에 관한 업무를 처리하는 해운정책과 소속 공무원인 피고인 甲이 乙 등으로부터 중국 국적 선사인 단동국제항운 유한공사의 선박에 대한 운항허가를 받을 수 있도록 노력해 달라는 부탁을 받고 금원을 수수한 경우

① 0개 ② 1개
③ 2개 ④ 3개

해설

③ ㉠㉢ 2항목의 뇌물죄가 성립한다.
㉠ 군의원으로서의 직무와 관련된 것이라 할 것이므로 뇌물죄가 성립한다(대법원 2002.5.10, 2000도2251 성주군의회 의장선거 사건).
㉡ 교과서의 내용검토 및 개편수정은 발행자나 저작자의 책임에 속하는 것이고 이를 문교부 편수국 공무원인 피고인들의 직무에 속한다고 할 수 없으므로 직무에 관한 뇌물로써 부정하게 수수한 것이라고 볼 수 없다(대법원 1979.5.22, 78도296).
㉢ 1,000만원은 피고인의 직무권한 행사에 대한 대가로서의 실체를 가진다(대법원 2009.5.14, 2008도8852).
㉣ 해운정책과의 업무는 대한민국 국적선사의 선박에 관한 것일 뿐 외국 국적선사의 선박에 대한 행정처분에 관한 것은 포함되어 있지 않고 또한 외국 국적선사의 선박에 대한 구체적인 행정처분은 해운정책과 소속 공무원에게 이를 좌우할 수 있는 어떠한 영향력이 있다고 할 수도 없으므로, 직무관련성이 없어 수뢰죄는 성립하지 아니한다(대법원 2011.5.26, 2009도2453 해운정책과 과장 수뢰 사건).

663 뇌물죄에 관한 다음 설명 중 옳지 않은 것은? (다툼이 있으면 판례에 의함)

1 2 3 [core ★★]

① 뇌물은 직무에 관한 행위의 대가로서의 불법한 이익을 말하므로 직무와 관련 없이 단순히 사교적인 예의로서 하는 증여는 뇌물이라고 할 수 없으나, 직무행위와의 대가관계가 인정되는 경우에는 비록 사교적 예의의 명목을 빌더라도 뇌물성을 부정할 수 없다.

② 공무원이 그 직무의 대상이 되는 사람으로부터 금품 기타 이익을 받은 때에는 그것이 그 사람이 종전에 공무원으로부터 접대 또는 수수받은 것을 갚는 것으로서 의례상의 대가에 불과한 것이라고 여겨지거나 개인적인 친분관계가 있어서 교분상의 필요에 의한 것이라고 명백하게 인정할 수 있는 경우 등 특별한 사정이 없는 한 직무와의 관련성이 없는 것으로 볼 수 없다.

③ 정치자금 · 선거자금 등의 명목으로 이루어진 금품의 수수라 하더라도 그것이 정치인인 공무원의 직무행위에 대한 대가로서의 실체를 가지는 한 뇌물로서의 성격을 잃지 않는다.

④ 공무원이 수수한 이익에 직무행위에 대한 대가로서의 성질과 직무 외의 행위에 대한 사례로서의 성질이 불가분적으로 결합되어 있는 경우라면 그 전부를 직무행위에 대한 대가로서의 성질을 가진 것으로는 볼 수 없다.

해설

④ [×] 공무원이 수수한 이익에 직무행위에 대한 대가로서의 성질과 직무 외의 행위에 대한 사례로서의 성질이 불가분적으로 결합되어 있는 경우에는 그 전부가 직무행위에 대한 대가로서의 성질을 가진다(대법원 2013.4.11, 2012도16277).

① [○] 뇌물은 직무에 관한 행위의 대가로서의 불법한 이익을 말하므로 직무와 관련 없이 단순히 사교적인 예의로서 하는 증여는 뇌물이라고 할 수 없으나, 직무행위와의 대가관계가 인정되는 경우에는 비록 **사교적 예의의 명목을 빌더라도 뇌물성을 부정할 수 없다**(대법원 1999.7.23, 99도390 한국컴퓨터산업중앙회 이사 사건).

② [○] 공무원이 그 직무의 대상이 되는 사람으로부터 금품 기타 이익을 받은 때에는 그것이 그 사람이 종전에 공무원으로부터 접대 또는 수수받은 것을 갚는 것으로서 **의례상의 대가에 불과한 것이라고 여겨지거나 개인적인 친분관계가 있어서 교분상의 필요에 의한 것이라고 명백하게 인정할 수 있는 경우 등 특별한 사정이 없는 한 직무와의 관련성이 없는 것으로 볼 수 없다**(대법원 2014.12.24, 2014도10199 한수원 원전 납품비리 사건).

③ [○] 정치자금 · 선거자금 등의 명목으로 이루어진 금품의 수수라 하더라도 그것이 **정치인인 공무원의 직무행위에 대한 대가로서의 실체를 가지는 한 뇌물로서의 성격을 잃지 않는다**(대법원 2011.10.13, 2011도9584 여수시장 사건).

THE CRIMINAl LAW 2편 형법 각론

정답 | 662 ③ 663 ④

664 뇌물죄에 관한 다음 설명 중 옳지 않은 것은? (다툼이 있으면 판례에 의함) [core ★★]

1 2 3

① 뇌물을 수수한다는 것은 영득의 의사로 받는 것을 말하므로 영득의 의사가 없으면 뇌물을 수수하였다고 할 수 없다.

② 뇌물을 수수한다는 것은 영득의 의사로 받는 것을 말하고 후일 기회를 보아서 반환할 의사로서 일단 받아둔 데 불과하다면 뇌물의 수수라고 할 수 없다.

③ 피고인이 일단 영득의 의사로 뇌물을 수수하였지만 그 액수가 너무 많아서 나중에 반환할 의사로 보관하였다면 뇌물죄는 성립하지 아니한다.

④ 피고인이 먼저 뇌물을 요구하여 증뢰자가 제공하는 돈을 받았다면 피고인에게는 받은 돈 전부에 대한 영득의 의사가 인정된다고 하지 않을 수 없고, 뇌물을 수령한 이상 그 액수가 피고인이 예상한 것보다 너무 많은 액수여서 후에 이를 반환하였다고 하더라도 뇌물죄의 성립에는 영향이 없다.

해설

③ [×] 피고인이 일단 영득의 의사로 뇌물을 수수하였지만 그 액수가 너무 많아서 나중에 반환할 의사로 보관하였다 하더라도 뇌물죄의 성립에는 영향이 없고 또한 뇌물을 수수한 후 자신의 편의에 따라 그중 일부를 타인에게 교부하였어도 뇌물 전액을 수수하였다고 보아야 한다(대법원 1992.2.28, 91도3364 수서택지 특혜분양 사건).

① [○] 뇌물을 수수한다는 것은 영득의 의사로 받는 것을 말하므로 **영득의 의사가 없으면 뇌물을 수수하였다고 할 수 없다**(대법원 2012.2.23, 2011도7282 1억 무이자 차용 사건).

② [○] 뇌물을 수수한다는 것은 영득의 의사로 받는 것을 말하고 후일 기회를 보아서 **반환할 의사로서 일단 받아둔 데 불과하다면 뇌물의 수수라고 할 수 없다**(대법원 1989.7.25, 89도126 책상설합 돈봉투 사건).

④ [○] 피고인이 먼저 뇌물을 요구하여 증뢰자가 제공하는 돈을 받았다면 피고인에게는 받은 돈 전부에 대한 영득의 의사가 인정된다고 하지 않을 수 없고, 뇌물을 수령한 이상 그 액수가 피고인이 **예상한 것보다 너무 많은 액수여서 후에 이를 반환하였다고 하더라도 뇌물죄의 성립에는 영향이 없다**(대법원 2007.3.29, 2006도9182 손가락 하나 사건).

665 뇌물죄에 관한 다음 설명 중 옳지 않은 것은? (다툼이 있으면 판례에 의함) [core ★★]

1 2 3

① 뇌물수수죄(제129조 제1항)는 공무원이 직무에 관하여 뇌물을 수수하면 성립되는 것이고 별도로 뇌물을 요구 또는 약속이 있어야만 하는 것은 아니다.

② 뇌물약속죄에 있어서 뇌물의 '약속'은 양 당사자 사이의 뇌물수수의 합의를 말하고, 여기에서 '합의'란 그 방법에 아무런 제한이 없고 명시적일 필요도 없을 뿐만 아니라, 장래 공무원의 직무와 관련하여 뇌물을 주고받겠다는 양 당사자의 의사표시가 확정적으로 합치할 필요도 없다.

③ 뇌물약속죄에 있어서 뇌물의 목적물인 이익은 약속 당시에 현존할 필요는 없고 약속 당시에 예기할 수 있는 것이라도 무방하며, 뇌물의 목적물이 이익인 경우에는 그 가액이 확정되어 있지 않아도 뇌물약속죄가 성립하는 데는 영향이 없다.

④ 공무원이 직접 뇌물을 받지 아니하고 증뢰자로 하여금 다른 사람에게 뇌물을 공여하도록 한 경우라도 다른 사람이 공무원의 사자(使者) 또는 대리인으로서 뇌물을 받은 경우 등과 같이 사회통념상 다른 사람이 뇌물을 받은 것을 공무원이 직접 받은 것과 같이 평가할 수 있는 관계가 있는 경우에는 형법 제130조의 제3자뇌물제공죄가 아니라 형법 제129조 제1항의 뇌물수수죄가 성립한다.

해설

② [×] 뇌물약속죄에 있어서 뇌물의 '약속'은 양 당사자 사이의 뇌물수수의 합의를 말하고, 여기에서 '합의'란 그 방법에 아무런 제한이 없고 명시적일 필요도 없지만, 장래 공무원의 직무와 관련하여 뇌물을 주고받겠다는 양 당사자의 의사표시가 확정적으로 합치하여야 한다(대법원 2012.11.15, 2012도9417 스파힐스 골프장 사건).

① [○] 뇌물수수죄(제129조 제1항)는 공무원이 직무에 관하여 뇌물을 수수하면 성립되는 것이고 별도로 뇌물을 요구 또는 약속이 있어야만 하는 것은 아니다(대법원 1986.11.25, 86도1433).

③ [○] 뇌물약속죄에 있어서 뇌물의 목적물인 **이익은 약속 당시에 현존할 필요는 없고** 약속 당시에 예기할 수 있는 것이라도 무방하며, 뇌물의 목적물이 이익인 경우에는 그 **가액이 확정되어 있지 않아도 뇌물약속죄가 성립하는 데는 영향이 없다**(대법원 2001.9.18, 2000도5438 안성토지 강화토지 사건).

④ [○] 공무원이 직접 뇌물을 받지 아니하고 증뢰자로 하여금 다른 사람에게 뇌물을 공여하도록 한 경우라도 다른 사람이 **공무원의 사자(使者) 또는 대리인으로서 뇌물을 받은 경우 등과 같이 사회통념상 다른 사람이 뇌물을 받은 것을 공무원이 직접 받은 것과 같이 평가할 수 있는 관계가 있는 경우에는** 형법 제130조의 제3자뇌물제공죄가 아니라 **형법 제129조 제1항의 뇌물수수죄가 성립한다**(대법원 2011.11.24, 2011도9585 정비사업전문관리업체 비리사건).

666 1 2 3 경기도청 △△국 과장 甲은 관련 업체의 사장인 乙로부터 "선물을 할 사람이 있으면 새우젓을 보내 주겠다."라는 말을 듣고 이를 승낙한 뒤 새우젓을 보내고자 하는 사람들의 명단을 乙에게 보내 주고 乙로 하여금 위 사람들에게 甲의 이름을 적어 마치 甲이 선물을 하는 것처럼 새우젓을 보내도록 하였다. 甲의 죄책은? 다른 예외적인 사정은 고려하지 않는다. (다툼이 있으면 판례에 의함) [Essential ★]

① 형법 제129조 제1항의 뇌물수수죄
② 형법 제129조 제2항의 사전뇌물수수죄
③ 형법 제130조의 제3자뇌물수수죄
④ 형법 제133조 제2항의 제3자뇌물취득죄

해설

① 위 사례는 乙이 甲에게 새우젓(뇌물)을 주고, 甲이 지인들에게 그 새우젓을 준 경우와 사실상 같다. 위와 같은 중간과정을 생략하고 곧장 乙이 甲이 지정하는 지인들에게 새우젓을 보낸 것이므로 뇌물수수죄와 뇌물공여죄가 성립한다.

乙이, 공무원 甲이 제공한 명단 기재 대상자들(329명)에게 택배를 이용하여 '甲의 명의로' 총 11,186,000원 상당의 새우젓을 선물로 발송한 경우, 乙은 배송업무를 대신하여 주었을 뿐이고 새우젓을 받은 사람들은 새우젓을 보낸 사람을 乙이 아닌 甲으로 인식하였으며 한편 甲과 乙 사이에 새우젓 제공에 관한 의사의 합치가 존재하고 위와 같은 제공방법에 관하여 甲이 양해하였다고 보이므로 乙의 새우젓 출연에 의한 甲의 영득의사가 실현되어 형법 제129조 제1항의 뇌물공여죄 및 뇌물수수죄가 성립한다(대법원 2020.9.24, 2017도12389 새우젓 선물 사건).

정답 | 664 ③ 665 ② 666 ①

667 뇌물죄에 관한 다음 설명 중 옳지 않은 것은? (다툼이 있으면 판례에 의함) [core ★★]

1 2 3

① 공무원인 지방자치단체의 장이 그 직무에 관하여 부정한 청탁을 받고 지방자치단체에 금품을 제공하게 하였다면, 그 공무원은 단체를 대표하는 지위에 있어 사실상 공무원 개인이 금품을 취득한 경우와 동일시할 수 있으므로 형법 제130조의 제3자뇌물제공죄가 아니라 형법 제129조 제1항의 뇌물수수죄가 성립한다.

② 형법 제130조 뇌물죄에 있어서의 뇌물성은 직무와의 관련성이 있으면 인정되는 것이고 그 뇌물을 받는 제3자가 뇌물임을 인식할 것을 요하지 아니하며, 그 뇌물을 제3자에게 공여하게 한 동기를 묻지 아니하므로 어떤 금품이 공무원의 직무행위와 관련하여 교부된 것이라면 그것이 시주(施主)의 형식으로 교부되었고 또 불심에서 우러나온 것이라 하더라도 뇌물임을 면할 수 없다.

③ 제3자뇌물공여죄에 있어서 '부정한 청탁'이라 함은, 그 청탁이 위법하거나 부당한 직무집행을 내용으로 하는 경우는 물론, 비록 청탁의 대상이 된 직무집행 그 자체는 위법 · 부당한 것이 아니라 하더라도 당해 직무집행을 어떤 대가관계와 연결시켜 그 직무집행에 관한 대가의 교부를 내용으로 하는 청탁이라면 이는 의연 '부정한 청탁'에 해당한다.

④ 제3자뇌물제공죄에서 '부정한 청탁'은 명시적 의사표시에 의해서뿐만 아니라 묵시적 의사표시에 의해서도 가능하지만, 묵시적 의사표시에 의한 부정한 청탁이 있다고 하려면 청탁의 대상이 되는 직무집행의 내용과 제3자에게 제공되는 이익이 그 직무집행에 대한 대가라는 점에 대하여 공무원과 이익 제공자 사이에 공통의 인식이나 양해가 있어야 하므로 그러한 인식이나 양해 없이 막연히 선처하여 줄 것이라는 기대나 직무집행과는 무관한 다른 동기에 의하여 제3자에게 금품을 공여한 경우에는 묵시적 의사표시에 의한 부정한 청탁이 있다고 볼 수 없다.

해설

① [×] 공무원인 지방자치단체의 장이 그 직무에 관하여 부정한 청탁을 받고 지방자치단체에 금품을 제공하게 하였다면 공무원 개인이 그러한 금품을 취득한 경우와 동일시할 수는 없고 이는 그 공무원이 단체를 대표하는 지위에 있는 경우에도 마찬가지라고 할 것이므로 이러한 경우에는 제3자뇌물제공죄가 성립할 수 있다(대법원 2011.4.14, 2010도12313 누각 기부채납 사건).

② [○] 형법 제130조 뇌물죄에 있어서의 뇌물성은 직무와의 관련성이 있으면 인정되는 것이고 그 뇌물을 받는 제3자가 뇌물임을 인식할 것을 요하지 아니하며, 그 뇌물을 제3자에게 공여하게 한 동기를 묻지 아니하므로 어떤 금품이 공무원의 직무행위와 관련하여 교부된 것이라면 그것이 **시주(施主)의 형식으로 교부되었고 또 불심에서 우러나온 것이라 하더라도 뇌물임을 면할 수 없다**(대법원 2006.6.15, 2004도3424).

③ [○] 제3자뇌물공여죄에 있어서 '부정한 청탁'이라 함은, 그 청탁이 위법하거나 부당한 직무집행을 내용으로 하는 경우는 물론, 비록 청탁의 대상이 된 직무집행 그 자체는 위법 · 부당한 것이 아니라 하더라도 당해 직무집행을 어떤 대가관계와 연결시켜 그 직무집행에 관한 대가의 교부를 내용으로 하는 청탁이라면 이는 의연 **'부정한 청탁'에 해당한다**(대법원 2006.6.15, 2004도3424).

④ [○] 제3자뇌물제공죄에서 '부정한 청탁'은 명시적 의사표시에 의해서뿐만 아니라 **묵시적 의사표시에 의해서도 가능하지만,** 묵시적 의사표시에 의한 부정한 청탁이 있다고 하려면 청탁의 대상이 되는 직무집행의 내용과 제3자에게 제공되는 이익이 그 직무집행에 대한 대가라는 점에 대하여 공무원과 이익 제공자 사이에 **공통의 인식이나 양해가 있어야 하므로** 그러한 인식이나 양해 없이 막연히 선처하여 줄 것이라는 기대나 직무집행과는 무관한 다른 동기에 의하여 제3자에게 금품을 공여한 경우에는 묵시적 의사표시에 의한 부정한 청탁이 있다고 볼 수 없다(대법원 2014.9.4, 2011도14482 서울시 도시계획위원 사건).

668 뇌물죄에 관한 다음 설명 중 옳지 않은 것은? (다툼이 있으면 판례에 의함) [core ★★]

1 2 3

① 알선수뢰죄에서 '공무원이 그 지위를 이용하여'라 함은 당해 직무를 처리하는 공무원과 직접, 간접의 연관관계를 가지고 법률상 또는 사실상 영향력을 미칠 수 있는 지위에 있는 공무원이 그 지위를 이용하는 경우를 말한다고 할 것이고 단지 공무원의 신분만 있으면 족하다고는 할 수 없다.

② 알선수뢰죄에서 '공무원이 그 지위를 이용하여'라 함은 친구, 친족관계 등 사적인 관계를 이용하는 경우에는 이에 해당한다고 할 수 없으나, 다른 공무원이 취급하는 사무의 처리에 법률상이거나 사실상으로 영향을 줄 수 있는 관계에 있는 공무원이 그 지위를 이용하는 경우에는 이에 해당하고, 그 사이에 상하관계, 협동관계, 감독권한 등의 특수한 관계가 있음을 요하지 않는다.

③ 공무원이 예전에 자신의 부하로 근무한 자의 직무에 관한 사항에 대해 알선하고 그 대가로 일정한 이익을 취득한 경우 그 부하가 취급하는 업무처리에 사실상 영향력을 행사할 수 있는 지위에 있다면 그 부하가 이미 부서를 옮겨 가서 상하관계나 협동관계에 있지 않더라도 공무원에게 알선수뢰죄가 성립한다.

④ 알선수뢰죄에서 '다른 공무원의 직무에 속한 사항의 알선에 관하여 뇌물을 수수한다'고 함은 다른 공무원의 직무에 속한 사항을 알선한다는 명목으로 뇌물을 수수하는 행위로서, 반드시 알선의 상대방인 다른 공무원이나 그 직무의 내용이 구체적으로 특정될 필요까지는 없지만, 뇌물을 수수할 당시 상대방에게 알선에 의하여 해결을 도모하여야 할 현안은 존재하여야 한다.

해설

④ [×] 알선행위는 장래의 것이라도 무방하므로 알선뇌물수수죄가 성립하기 위하여는 뇌물을 수수할 당시 반드시 상대방에게 알선에 의하여 해결을 도모하여야 할 현안이 존재하여야 할 필요가 없다(대법원 2013.4.11, 2012도16277).

① [○] 알선수뢰죄에서 '공무원이 그 지위를 이용하여'라 함은 당해 직무를 처리하는 공무원과 직접, 간접의 연관관계를 가지고 법률상 또는 사실상 영향력을 미칠 수 있는 지위에 있는 **공무원이 그 지위를 이용하는 경우를 말한다고 할 것이고 단지 공무원의 신분만 있으면 족하다고는 할 수 없다**(대법원 1983.8.23, 82도956 경북 사회체육과 보건계 ⇨ 경북 보건과 식품위생계 사건).

② [○] 알선수뢰죄에서 '공무원이 그 지위를 이용하여'라 함은 친구, 친족관계 등 **사적인 관계를 이용하는 경우에는 이에 해당한다고 할 수 없으나,** 다른 공무원이 취급하는 사무의 처리에 법률상이거나 사실상으로 영향을 줄 수 있는 관계에 있는 공무원이 그 지위를 이용하는 경우에는 이에 해당하고, 그 사이에 **상하관계, 협동관계, 감독권한 등의 특수한 관계가 있음을 요하지 않는다**(대법원 2006.4.27, 2006도735 광주시 의원 ⇨ 광주시 의원과 공무원 사건).

③ [○] 공무원이 예전에 자신의 부하로 근무한 자의 직무에 관한 사항에 대해 알선하고 그 대가로 일정한 이익을 취득한 경우 그 부하가 취급하는 업무처리에 **사실상 영향력을 행사할 수 있는 지위에 있다면** 그 부하가 이미 부서를 옮겨 가서 상하관계나 협동관계에 있지 않더라도 공무원에게 **알선수뢰죄가 성립한다**(대법원 1994.10.21, 94도852 광명세무서장 ⇨ 중부지방국세청 조사담당관 사건).

정답 | 667 ① 668 ④

669 뇌물죄에 관한 다음 설명 중 옳지 않은 것은? (다툼이 있으면 판례에 의함) [Essential ★]

1 2 3

① 형법 제133조 제2항의 증뇌물전달죄의 주체는 비공무원을 예정한 것이나 공무원일지라도 직무와 관계되지 않는 범위 내에서는 본죄의 주체에 해당될 수 있다.

② 형법 제133조 제2항의 증뇌물전달죄는 증뢰자나 수뢰자가 아닌 제3자가 증뢰자로부터 수뢰할 사람에게 전달될 금품이라는 정을 알면서 그 금품을 받은 때에 성립한다.

③ 증뇌물전달행위에 공할 목적으로 제3자에게 금품을 교부한 경우에 그 후 수뢰할 사람이 전달받은 그 금품을 곧바로 증뢰자에게 반환하였다 하더라도 제3자뇌물교부죄의 성립에는 영향이 없다.

④ 제3자가 증뢰자로부터 교부받은 금품을 수뢰할 사람에게 전달한 경우, 증뇌물전달죄 외에 별도로 뇌물공여죄가 성립한다.

해설

④ [×] 형법 제133조 제2항의 제3자의 증뇌물전달죄는 제3자가 증뢰자로부터 교부받은 금품을 수뢰할 사람에게 전달하였는지의 여부에 관계없이 제3자가 그 정을 알면서 금품을 교부받음으로써 성립하는 것이며, 나아가 제3자가 그 교부받은 금품을 수뢰할 사람에게 전달하였다고 하여 증뇌물전달죄 외에 별도로 뇌물공여죄가 성립하는 것은 아니다(대법원 1997.9.5, 97도1572).

① [○] 형법 제133조 제2항의 증뇌물전달죄의 주체는 비공무원을 예정한 것이나 공무원일지라도 **직무와 관계되지 않는 범위 내에서는 본죄의 주체에 해당될 수 있다**(대법원 2007.7.27, 2007도3798 부천시 허위출장복명서 사건).

② [○] 형법 제133조 제2항의 증뇌물전달죄는 증뢰자나 수뢰자가 아닌 제3자가 증뢰자로부터 수뢰할 사람에게 전달될 금품이라는 **정을 알면서 그 금품을 받은 때에 성립한다**(대법원 2008.3.14, 2007도10601).

③ [○] 증뇌물전달행위에 공할 목적으로 제3자에게 금품을 교부한 경우에 그 후 수뢰할 사람이 전달받은 그 금품을 곧바로 증뢰자에게 반환하였다 하더라도 **제3자뇌물교부죄의 성립에는 영향이 없다**(대법원 1983.6.28, 82도3129).

670 甲은 乙로부터 "공무원 丙에게 전달해 주라"는 취지로 500만원을 교부받았지만 이후 그 금원을 丙에게 전달해 주지 않고 자신이 임의로 소비하였다. 甲, 乙의 죄책은? (다툼이 있으면 판례에 의함)

1 2 3

[Superlative ★★★]

① 甲 – 횡령죄, 乙 – 무죄

② 甲 – 횡령죄, 乙 – 제3자뇌물교부죄

③ 甲 – 제3자뇌물취득죄, 乙 – 제3자뇌물교부죄

④ 甲 – 횡령죄 및 제3자뇌물취득죄, 乙 – 제3자뇌물교부죄

해설

③ 설문의 경우 甲은 제3자뇌물취득죄, 乙은 제3자뇌물교부죄의 죄책을 진다.
(1) 증뇌물전달의 죄는 증뢰자나 수뢰자가 아닌 제3자가 증뢰자로부터 수뢰할 사람에게 전달될 금품이라는 정을 알면서 그 금품을 받으면 그 때 위 죄가 성립하고 그 금품을 그 후 전달하였는지의 여부는 위 죄의 성립에 영향이 없다(대법원 1965.10.26, 65도785). (2) 甲이 乙로부터 제3자에 대한 뇌물공여 또는 배임증재의 목적으로 전달하여 달라고 교부받은 금전은 불법원인급여물에 해당하여 그 소유권은 甲에게 귀속되는 것으로서 甲이 위 금전을 제3자에게 전달하지 않고 임의로 소비하였다고 하더라도 횡령죄가 성립하지 않는다(대법원 1999.6.11, 99도275 경찰청 정보과 경감 사건).

671 공무집행방해죄에 관한 다음 설명 중 옳지 않은 것은? (다툼이 있으면 판례에 의함) [Essential ★]

1 2 3

① 공무집행방해죄는 집행하는 공무원에 대하여 폭행 또는 협박을 하는 경우에 성립한다.

② 공무집행방해죄에 있어서 '직무를 집행하는'이라 함은 공무원이 직무수행에 직접 필요한 행위를 현실적으로 행하고 있는 때만을 가리키는 것이 아니라 공무원이 직무수행을 위하여 근무중인 상태에 있는 때를 포괄한다.

③ 직무의 성질에 따라서는 그 직무수행의 과정을 개별적으로 분리하여 부분적으로 각각의 개시와 종료를 논하는 것이 부적절하거나 여러 종류의 행위를 포괄하여 일련의 직무수행으로 파악함이 상당한 경우도 있다.

④ 현실적으로 구체적인 업무를 처리하고 있지 않다고 한다면, 자기 자리에 앉아 있는 것만으로도 업무의 집행으로 볼 수 있을 경우라도 직무집행 중에 있는 것이라고 할 수 없다.

해설

④ [×] 현실적으로 구체적인 업무를 처리하고 있지는 않다 하더라도 자기 자리에 앉아 있는 것만으로도 업무의 집행으로 볼 수 있을 때에는 직무집행 중에 있는 것으로 보아야 하고, 직무 자체의 성질이 부단히 대기하고 있을 것을 필요로 하는 것일 때에는 대기 자체를 곧 직무행위로 보아야 할 경우도 있다(대법원 2002.4.12, 2000도3485 근로감독관 폭행사건).

① [○] 공무집행방해죄는 집행하는 공무원에 대하여 폭행 또는 협박을 하는 경우에 성립한다(제136조 제1항).

② [○] 공무집행방해죄에 있어서 '직무를 집행하는'이라 함은 공무원이 직무수행에 직접 필요한 행위를 현실적으로 행하고 있는 때만을 가리키는 것이 아니라 **공무원이 직무수행을 위하여 근무 중인 상태에 있는 때를 포괄한다**(대법원 2009.1.15, 2008도9919 야간당직 청원경찰 폭행사건).

③ [○] 직무의 성질에 따라서는 그 직무수행의 과정을 개별적으로 분리하여 부분적으로 각각의 개시와 종료를 논하는 것이 부적절하거나 여러 종류의 행위를 포괄하여 **일련의 직무수행으로 파악함이 상당한 경우도 있다**(대법원 2009.1.15, 2008도9919 야간당직 청원경찰 폭행사건).

정답 | 669 ④ 670 ③ 671 ④

672 다음 중 공무집행방해죄가 성립하는 것을 모두 고른 것은? (다툼이 있으면 판례에 의함) [core ★★]
1 2 3

㉠ 야간 당직 근무 중인 청원경찰이 불법주차 단속요구에 응하여 현장을 확인만 하고 주간 근무자에게 전달하여 단속하겠다고 했다는 이유로 민원인인 피고인이 청원경찰을 폭행한 경우
㉡ 피고인이, 노동조합 관계자들과 사용자 측 사이의 다툼을 수습하려 하였으나 노동조합 측이 지시에 따르지 않자 경비실 밖으로 나와 회사의 노사분규 동향을 파악하거나 파악하기 위해 대기 또는 준비 중이던 근로감독관을 폭행한 경우
㉢ 불법주차단속원 A가 피고인 甲의 차량에 불법주차 스티커를 붙였으나 甲이 휠체어를 탄 장애인이라는 것을 알고서 그 스티커를 다시 떼어 냈음에도, 甲이 과태료 스티커를 붙였다는 이유로 A의 치마를 양손으로 잡아당겨 찢고 휠체어로 다리를 부딪치게 하여 상해를 가한 경우

① 없음
② ㉠
③ ㉠㉡
④ ㉠㉡㉢

해설

④ 모든 항목의 경우 공무집행방해죄가 성립한다.
㉠ 야간 당직 근무자는 불법주차 단속권한은 없지만 민원 접수를 받아 다음 날 관련 부서에 전달하여 처리하고 있으므로 불법주차 단속업무는 야간 당직 근무자들의 민원업무이자 경비업무로서 공무집행방해죄의 '직무집행'에 해당하여 공무집행방해죄가 성립한다(대법원 2009.1.15, 2008도9919 야간당직 청원경찰 폭행사건).
㉡ 경비실 밖으로 나와 회사의 노사분규 동향을 파악하거나 파악하기 위해 대기 또는 준비 중이던 근로감독관을 폭행한 행위는 공무집행방해죄를 구성한다(대법원 2002.4.12, 2000도3485 근로감독관 폭행사건).
㉢ 甲의 폭행 당시 A는 일련의 직무수행을 위하여 근무 중인 상태에 있었다고 봄이 상당하다(대법원 1999.9.21, 99도383 주차단속원 폭행사건).

673 공무집행방해죄에 관한 다음 설명 중 옳지 않은 것은? (다툼이 있으면 판례에 의함) [Essential ★]
1 2 3

① 공무집행방해죄는 공무원의 직무집행이 적법한 경우에 한하여 성립한다.
② 적법성이 결여된 직무행위를 하는 공무원에게 대항하여 폭행이나 협박을 가하였다고 하더라도 이를 공무집행방해죄로 다스릴 수는 없다.
③ 적법한 공무집행이라 함은 그 행위가 공무원의 추상적 권한에 속할 뿐 아니라 구체적 직무집행에 관한 법률상 요건과 방식을 갖춘 경우를 가리킨다.
④ 공무원의 어떠한 공무집행이 적법한지 여부는 행위 당시의 구체적 상황에 기하여 객관적 · 합리적으로 판단할 것이 아니라 사후적으로 순수한 객관적 기준에서 판단하여야 한다.

해설

④ [×] 공무원의 어떠한 공무집행이 적법한지 여부는 행위 당시의 구체적 상황에 기하여 객관적 · 합리적으로 판단하여야 하고 사후적으로 순수한 객관적 기준에서 판단할 것은 아니다. 마찬가지로 현행범 체포의 적법성은 체포 당시의 구체적 상황을 기초로 객관적으로 판단하여야 하고, 사후에 범인으로 인정되었는지에 의할 것은 아니다(대법원 2013.8.23, 2011도4763 화전민식당 사건).

①②③ [○] 공무집행방해죄는 공무원의 직무집행이 **적법한 경우에 한하여 성립하는 것으로,** 이러한 **적법성이 결여된 직무행위를 하는 공무원에게 대항하여 폭행이나 협박을 가하였다고 하더라도 이를 공무집행방해죄로 다스릴 수는 없고,** 이때 적법한 공무집행이라 함은 그 행위가 공무원의 **추상적 권한에 속할 뿐 아니라 구체적 직무집행에 관한 법률상 요건과 방식을 갖춘 경우를 가리킨다**(대법원 2017.9.26, 2017도9458 파주 형집행장 불제시 사건).

674 1 2 3 공무집행방해죄에 관한 다음 설명 중 옳지 않은 것은? (다툼이 있으면 판례에 의함) [core ★★]

① 공무집행방해죄에서 '폭행'은 사람에 대한 유형력의 행사로 족하고 반드시 그 신체에 대한 것임을 요하지 아니하며 또한 추상적 위험범으로서 구체적으로 직무집행의 방해라는 결과발생을 요하지도 아니한다.

② 공무원의 직무 수행에 대한 비판이나 시정 등을 요구하는 집회 · 시위 과정에서 합리적 범위를 넘어서 고통을 줄 의도로 음향을 이용하였다고 하더라도 이를 공무집행방해죄에서 말하는 폭행이라고 할 수 없다.

③ 공무집행방해죄에서 협박이라 함은 상대방에게 공포심을 일으킬 목적으로 해악을 고지하는 행위를 의미한다.

④ 협박이 경미하여 상대방이 전혀 개의치 않을 정도인 경우에는 공무집행방해죄에서 말하는 협박에 해당하지 않는다.

해설

② [×] (1) 음향으로 상대방의 청각기관을 직접적으로 자극하여 육체적 · 정신적 고통을 주는 행위도 유형력의 행사로서 폭행에 해당할 수 있다. (2) 공무원의 직무 수행에 대한 비판이나 시정 등을 요구하는 집회 · 시위 과정에서 일시적으로 상당한 소음이 발생하였다는 사정만으로는 이를 공무집행방해죄에서의 음향으로 인한 폭행이 있었다고 할 수는 없을 것이나, 그와 같은 의사전달수단으로서 합리적 범위를 넘어서 상대방에게 고통을 줄 의도로 음향을 이용하였다면 이를 폭행으로 인정할 수 있다(대법원 2009.10.29, 2007도3584 용산구청앞 시위사건).

① [○] 공무집행방해죄에서 '폭행'은 사람에 대한 유형력의 행사로 족하고 반드시 그 신체에 대한 것임을 요하지 아니하며 또한 추상적 위험범으로서 구체적으로 **직무집행의 방해라는 결과발생을 요하지도 아니한다**(대법원 2018.3.29, 2017도21537 주차장 행패 사건).

③④ [○] 공무집행방해죄에서 협박이라 함은 상대방에게 공포심을 일으킬 목적으로 해악을 고지하는 행위를 의미하는 것으로서 고지하는 해악의 내용이 그 경위, 행위 당시의 주위 상황, 행위자의 성향, 행위자와 상대방과의 친숙함의 정도, 지위 등의 상호관계 등 행위 당시의 여러 사정을 종합하여 객관적으로 상대방으로 하여금 공포심을 느끼게 하는 것이어야 하고, 그 협박이 경미하여 **상대방이 전혀 개의치 않을 정도인 경우에는 협박에 해당하지 않는다**(대법원 2011.2.10, 2010도15986 김상현 목포수협조합장 사건).

정답 | 672 ④ 673 ④ 674 ②

675 공무집행방해죄에 관한 다음 설명 중 옳지 않은 것은? (다툼이 있으면 판례에 의함) [core ★★]

1 2 3

① 공무집행방해죄에 있어서의 범의는 상대방이 직무를 집행하는 공무원이라는 사실 그리고 이에 대하여 폭행 또는 협박을 가하여 그 직무집행을 방해한다는 인식과 의사를 그 내용으로 한다.

② 위계에 의한 공무집행방해죄가 성립되려면 자기의 위계행위로 인하여 공무집행을 방해하려는 의사가 있을 경우에 한한다고 보는 것이 상당하다.

③ 의무경찰이 직진하여 오는 택시의 운전자에게 좌회전 지시를 하였음에도 운전자가 계속 직진하여 와서 택시를 세우고는 항의하므로 그 의무경찰이 택시 약 30cm 전방에 서서 이유를 설명하고 있는데, 운전자가 신경질적으로 갑자기 좌회전하는 바람에 택시 우측 앞 범퍼부분으로 의무경찰의 무릎을 들이받은 경우, 공무집행방해죄의 즉 미필적 고의가 있었다고 봄이 경험칙상 당연하다.

④ 자가용차를 운전하다가 교통사고를 낸 사람이 경찰관서에 신고함에 있어 가해차량이 자가용일 경우 피해자와 합의하는 데 불리하다고 생각하여 영업용택시를 운전하다가 사고를 내었다고 허위신고를 하였다 하더라도 이 사실만으로 공무원의 직무집행을 방해할 의사가 있었다고 단정하기 어려우므로 위계로 인한 공무집행방해죄가 성립하지 않는다.

해설

① [×] 공무집행방해죄에 있어서의 범의는 상대방이 직무를 집행하는 공무원이라는 사실, 그리고 이에 대하여 폭행 또는 협박을 한다는 사실을 인식하는 것을 그 내용으로 하고, 그 인식은 불확정적인 것이라도 소위 미필적 고의가 있다고 보아야 하며, 그 직무집행을 방해할 의사를 필요로 하지 아니하다(대법원 2012.5.24, 2010도11381 망원 송전탑 + 이화여대 사건).

② [○] 위계에 의한 공무집행방해죄가 성립되려면 자기의 위계행위로 인하여 공무집행을 **방해하려는 의사가 있을 경우에 한한다**고 보는 것이 상당하다(대법원 1970.1.27, 69도2260).

③ [○] 의무경찰이 직진하여 오는 택시의 운전자에게 좌회전 지시를 하였음에도 운전자가 계속 직진하여 와서 택시를 세우고는 항의하므로 그 의무경찰이 택시 약 30cm 전방에 서서 이유를 설명하고 있는데, 운전자가 신경질적으로 갑자기 좌회전하는 바람에 택시 우측 앞 범퍼부분으로 의무경찰의 무릎을 들이받은 경우, **공무집행방해죄의 즉 미필적 고의가 있었다고 봄이 경험칙상 당연하다**(대법원 1995.1.24, 94도1949 신경질적인 좌회전 사건).

④ [○] 자가용차를 운전하다가 교통사고를 낸 사람이 경찰관서에 신고함에 있어 가해차량이 자가용일 경우 피해자와 합의하는 데 불리하다고 생각하여 영업용택시를 운전하다가 사고를 내었다고 **허위신고를 하였다 하더라도 이 사실만으로 공무원의 직무집행을 방해할 의사가 있었다고 단정하기 어려우므로 위계로 인한 공무집행방해죄가 성립하지 않는다**(대법원 1974.12.10, 74도2841).

676 공무집행방해죄에 관한 다음 설명 중 옳지 않은 것은? (다툼이 있으면 판례에 의함) [Essential ★]

1 2 3

① 체포장소와 시간, 체포사유 등 경찰관의 현행범인 체포경위 및 그에 대한 현행범인체포서와 범죄사실의 기재에 다소 차이가 있다고 하더라도 경찰관의 현행범인 체포행위를 부적법한 공무집행이라고는 할 수 없다.

② 불심검문에 있어 검문하는 사람이 경찰관이고 검문하는 이유가 범죄행위에 관한 것임을 피고인이 충분히 알고 있었다고 보이는 경우라도 검문시 신분증을 제시하지 않았다고 한다면 그 불심검문은 위법한 공무집행에 해당한다.

③ 경찰관 등이 형집행장을 소지하지도 아니한 채 피고인을 구인할 목적으로 피고인의 주거지를 방문하여 임의동행의 형식으로 데리고 가다가 피고인이 임의동행을 거부하면서 다른 곳으로 가려는 것을 제지하면서 체포·구인하려고 한 것은 적법한 공무집행행위라고 할 수 없다.

④ 인근에서 자전거를 이용한 날치기 사건이 발생한 직후 검문을 하던 경찰관들이 날치기 사건의 범인과 흡사한 인상착의인 피고인을 발견하고 앞을 가로막으며 진행을 제지한 행위는 목적 달성에 필요한 최소한의 범위 내에서 사회통념상 용인될 수 있는 상당한 방법에 의한 것으로 적법한 공무집행에 해당한다.

해설

② [×] 불심검문에 있어 검문하는 사람이 경찰관이고 검문하는 이유가 범죄행위에 관한 것임을 피고인이 충분히 알고 있었다고 보이는 경우에는 신분증을 제시하지 않았다고 하여 그 불심검문이 위법한 공무집행이라고 할 수 없다(대법원 2014.12.11, 2014도7976 카페 불심검문 사건).

① [○] 체포장소와 시간, 체포사유 등 경찰관의 현행범인 체포경위 및 그에 대한 현행범인체포서와 범죄사실의 기재에 **다소 차이가 있다고 하더라도 경찰관의 현행범인 체포행위를 부적법한 공무집행이라고는 할 수 없다**(대법원 2008.10.9, 2008도3640 내성지구대 사건).

③ [○] 경찰관 등이 형집행장을 소지하지도 아니한 채 피고인을 구인할 목적으로 피고인의 주거지를 방문하여 임의동행의 형식으로 데리고 가다가 피고인이 임의동행을 거부하면서 다른 곳으로 가려는 것을 제지하면서 체포·구인하려고 한 것은 **적법한 공무집행행위라고 할 수 없다**(대법원 2010.10.14, 2010도8591 울산 형집행장 불제시 사건).

④ [○] 인근에서 자전거를 이용한 날치기 사건이 발생한 직후 검문을 하던 경찰관들이 날치기 사건의 범인과 흡사한 인상착의인 피고인을 발견하고 앞을 **가로막으며 진행을 제지한 행위는** 목적 달성에 필요한 최소한의 범위 내에서 사회통념상 용인될 수 있는 상당한 방법에 의한 것으로 **적법한 공무집행에 해당한다**(대법원 2012.9.13, 2010도6203 인천 부평 불심검문 사건).

정답 | 675 ① 676 ②

677 위계공무집행방해죄에 관한 다음 설명 중 옳지 않은 것은? (다툼이 있으면 판례에 의함)

1 2 3

[Superlative ★★★]

① 위계에 의한 공무집행방해죄에서 공무원의 직무집행이란 공권력의 행사를 내용으로 하는 권력적 작용을 말하고 사경제주체로서의 활동을 비롯한 비권력적 작용까지 이에 포함된다고 할 수 없다.

② 위계에 의한 공무집행방해죄는 행위목적을 이루기 위하여 상대방에게 오인, 착각, 부지를 일으키게 하여 이를 이용함으로써 법령에 의하여 위임된 공무원의 적법한 직무에 관하여 그릇된 행위나 처분을 하게 하는 경우에 성립한다.

③ 상대방에게 오인, 착각, 부지를 일으키게 하는 행위가 구체적인 직무집행을 저지하거나 현실적으로 곤란하게 하는 데까지는 이르지 않은 경우에는 위계에 의한 공무집행방해죄로 처벌할 수 없다.

④ 담당 공무원들 모두의 공모 또는 양해 아래 부정한 행위가 이루어졌다면 이로 말미암아 오인 등을 일으킨 상대방이 있다고 할 수 없으므로, 그러한 행위는 위계에 의한 공무집행방해죄에서의 위계에 해당한다고 볼 수 없다.

해설

① [×] 위계에 의한 공무집행방해죄에서 공무원의 직무집행이란 법령의 위임에 따른 공무원의 적법한 직무집행인 이상 공권력의 행사를 내용으로 하는 권력적 작용뿐만 아니라 사경제주체로서의 활동을 비롯한 비권력적 작용도 포함된다(대법원 2003.12.26, 2001도6349 감척어선 사건).

② [○] 위계에 의한 공무집행방해죄는 행위목적을 이루기 위하여 상대방에게 오인, 착각, 부지를 일으키게 하여 이를 이용함으로써 법령에 의하여 위임된 **공무원의 적법한 직무에 관하여 그릇된 행위나 처분을 하게 하는 경우에 성립한다**(대법원 2012.1.27, 2010도11884 용인시 근평 조작 사건).

③ [○] 위계에 의한 공무집행방해죄에 있어서 위계라 함은, 행위자의 행위목적을 이루기 위하여 상대방에게 오인, 착각, 부지를 일으키게 하여 그 오인, 착각, 부지를 이용하는 것을 말하는 것으로 상대방이 이에 따라 그릇된 행위나 처분을 하여야만 이 죄가 성립하는 것이고, 만약 그러한 행위가 구체적인 직무집행을 저지하거나 현실적으로 곤란하게 하는 데까지는 이르지 않은 경우에는 **위계에 의한 공무집행방해죄로 처벌할 수 없다**(대법원 2015.2.26, 2013도13217).

④ [○] 위계에 의한 공무집행방해죄에서 '위계'라 함은 행위자의 행위목적을 이루기 위하여 상대방인 담당 공무원에게 오인 등을 일으키게 하여 그 오인 등을 이용하는 것을 말한다. 따라서 담당 공무원들 모두의 공모 또는 양해 아래 부정한 행위가 이루어졌다면 이로 말미암아 오인 등을 일으킨 상대방이 있다고 할 수 없으므로, 그러한 행위는 **위계에 의한 공무집행방해죄에서의 위계에 해당한다고 볼 수 없다**(대법원 2015.2.26, 2013도13217).

678 다음 각 항목의 죄책이 옳은 것은? (다툼이 있으면 판례에 의함) [Superlative ★★★]

1 2 3

㉠ 행정관청이 사실을 충분히 확인하지 아니한 채 출원자가 제출한 허위의 출원사유나 허위의 소명자료를 가볍게 믿고 인가 또는 허가를 한 경우

㉡ 출원자가 행정관청에 허위의 출원사유를 주장하면서 이에 부합하는 허위의 소명자료를 첨부하여 제출하여 허가관청이 관계 법령이 정한 바에 따라 인·허가요건의 존부 여부에 관하여 나름대로 충분히 심사를 하였으나 출원사유 및 소명자료가 허위임을 발견하지 못하여 인·허가처분을 하게 된 경우

㉢ 피의자 등이 수사기관에 대하여 허위사실을 진술하거나 피의사실 인정에 필요한 증거를 감추고 허위의 증거를 제출하였다고 하더라도 수사기관이 충분한 수사를 하지 아니한 채 허위의 진술과 증거만으로 증거의 수집·조사를 마친 경우

㉣ 피의자 등이 적극적으로 허위의 증거를 조작하여 제출하고 그 증거 조작의 결과 수사기관이 그 진위에 관하여 나름대로 충실한 수사를 하더라도 제출된 증거가 허위임을 발견하지 못할 정도에 이른 경우

① ㉠㉡㉢㉣ 무죄

② ㉠㉡ 위계공무집행방해죄 ㉢㉣ 무죄

③ ㉠㉢ 무죄 ㉡㉣ 위계공무집행방해죄

④ ㉠㉡㉢㉣ 위계공무집행방해죄

해설

③ ㉠㉢ 무죄이고, ㉡㉣ 위계공무집행방해죄가 성립한다.

(1) 행정관청이 출원에 의한 인·허가처분을 함에 있어서는 그 출원사유가 사실과 부합하지 아니하는 경우가 있음을 전제로 하여 인·허가할 것인지의 여부를 심사, 결정하는 것이므로 ㉠ 행정관청이 사실을 충분히 확인하지 아니한 채 출원자가 제출한 허위의 출원사유나 허위의 소명자료를 가볍게 믿고 인가 또는 허가를 하였다면 이는 행정관청의 불충분한 심사에 기인한 것으로서 출원자의 위계가 결과 발생의 주된 원인이었다고 할 수 없어 위계에 의한 공무집행방해죄를 구성하지 않는다고 할 것이지만 ㉡ 출원자가 행정관청에 허위의 출원사유를 주장하면서 이에 부합하는 허위의 소명자료를 첨부하여 제출한 경우 허가관청이 인·허가요건의 존부 여부에 관하여 나름대로 충분히 심사를 하였으나 출원사유 및 소명자료가 허위임을 발견하지 못하여 인·허가처분을 하게 되었다면 이는 허가관청의 불충분한 심사가 그의 원인이 된 것이 아니라 출원인의 위계행위가 원인이 된 것이어서 위계에 의한 공무집행방해죄가 성립된다(대법원 2009.3.12, 2008도1321 산업기능요원 부정편입 사건).

(2) 피의자 등이 수사기관에 대하여 허위사실을 진술하거나 피의사실 인정에 필요한 증거를 감추고 허위의 증거를 제출하였다고 하더라도 ㉢ 수사기관이 충분한 수사를 하지 아니한 채 허위의 진술과 증거만으로 증거의 수집·조사를 마쳤다면, 이는 수사기관의 불충분한 수사에 의한 것으로서 피의자 등의 위계에 의하여 수사가 방해되었다고 볼 수 없어 위계에 의한 공무집행방해죄가 성립된다고 할 수 없다. ㉣ 그러나 피의자 등이 적극적으로 허위의 증거를 조작하여 제출하고 그 증거 조작의 결과 수사기관이 그 진위에 관하여 나름대로 충실한 수사를 하더라도 제출된 증거가 허위임을 발견하지 못할 정도에 이르렀다면, 이는 위계에 의하여 수사기관의 수사행위를 적극적으로 방해한 것으로서 위계에 의한 공무집행방해죄가 성립된다(대법원 2011.2.10, 2010도15986 김상현 목포수협조합장 사건).

정답 | 677 ① 678 ③

679 다음 중 위계공무집행방해죄가 성립하는 것을 모두 고른 것은? (다툼이 있으면 판례에 의함)

1 2 3

[core ★★]

> ㉠ 이미 허가를 받아 적법하게 화물자동차 운송주선사업을 영위하는 피고인이 신고를 하는 과정에서 신고서에 허위사실을 기재하고 그에 관한 허위의 서류를 첨부하여 제출한 경우
> ㉡ 피고인 甲이 乙 등 3인과 공모하여 개인택시운송사업면허를 받는 데 필요한 운전경력증명서를 허위로 발급받게 해주고 이를 면허관청에 소명자료로 제출하게 하여 시장으로부터 개인택시운송사업면허를 받게 한 경우
> ㉢ 피고인들은 개인택시운송사업 면허를 받은 지 5년이 지나지 아니하여 원칙적으로 개인택시운송사업을 양도할 수 없는 사람 등과 공모하여, 질병이 있는 노숙자들로 하여금 그들이 개인택시운송사업을 양도하려고 하는 사람인 것처럼 위장하여 의사의 진료를 받게 한 뒤 양도인이 1년 이상의 질병에 걸려 있는 것으로 된 허위 진단서를 발급받고 이를 소명자료로 삼아 개인택시운송사업의 양도 · 양수 인가신청을 하여 행정청으로부터 인가처분을 받은 경우

① ㉠ ② ㉢
③ ㉠㉡ ④ ㉡㉢

해설

② ㉢ 항목의 경우에만 위계공무집행방해죄가 성립한다.

㉠ 허위의 서류를 첨부하여 제출하였다고 하더라도 그로써 곧 구체적이고 현실적인 직무집행이 방해받았다고 볼 수 없을 뿐 아니라, 행정청이 신고내용의 진실성이나 첨부자료의 진위 여부를 조사하지 아니하여 허위신고에 대한 적정한 행정권의 행사에 나아가지 못하였다고 하더라도 그러한 결과가 허위신고로 인한 것이라고 보기도 어렵다(대법원 2011.9.8, 2010도7034 화물운송주선 사업자 사건Ⅱ).

㉡ 담당공무원이 출원사유를 충분히 심사하지 못한 결과에 다름없는 것이고 피고인의 행위로 인하여 담당공무원의 심사결정 업무집행이 방해되었다고 할 수 없다(대법원 1988.5.10, 87도2079 개인택시면허 취득 사건Ⅰ).

㉢ 피고인들의 행위는 위계에 의한 공무집행방해죄에 해당한다(대법원 2002.9.10, 2002도2131 개인택시면허 양도 · 양수 사건Ⅱ).

680 다음 중 위계공무집행방해죄가 성립하는 것은 모두 몇 개인가? (다툼이 있으면 판례에 의함)

1 2 3

[Superlative ★★★]

㉠ 수사기관에 대하여 피의자가 허위자백을 하거나 참고인이 허위의 진술을 한 경우
㉡ 피의자나 참고인이 아닌 자가 자발적이고 계획적으로 피의자를 가장하여 수사기관에 대하여 허위사실을 진술한 경우
㉢ 피고인이 타인의 소변을 마치 자신의 소변인 것처럼 건네주어 필로폰 음성반응이 나오게 한 경우
㉣ 피고인이 경찰관에게 타인의 혈액을 자신의 혈액인 것처럼 건네주어 그것으로 국립과학수사연구소에 의뢰하여 혈중알콜농도를 감정하게 하고 그 결과에 따라 음주운전 혐의에 대하여 공소권 없음의 의견으로 송치하게 한 경우
㉤ 피고인 甲이 뇌물수수 사건의 조사 직전에 기증물관리대장을 조작하도록 지시하고, 담당 직원 乙로 하여금 동양화 1점을 정상적인 절차에 따라 기증받아 종전부터 존재하는 기증물관리대장에 등재하여 관리하고 있는 것처럼 허위 진술하도록 지시하여 결국 동양화 수수행위에 대하여 무혐의처분을 받은 경우

① 1개 ② 2개
③ 3개 ④ 4개

해설

③ ㉢㉣㉤ 3항목의 경우 위계공무집행방해죄가 성립한다.
㉠㉡ 위계에 의한 공무집행방해죄가 성립된다고 할 수 없다(㉠ 대법원 1971.3.9, 71도186 ㉡ 대법원 1977.2.8, 76도3685).
㉢㉣ 단순히 피의자가 수사기관에 대하여 허위사실을 진술하거나 자신에게 불리한 증거를 은닉하는 데 그친 것이 아니라 수사기관의 착오를 이용하여 적극적으로 피의사실에 관한 증거를 조작한 것이므로 위계에 의한 공무집행방해죄가 성립한다(㉢ 대법원 2007.10.11, 2007도6101 필로폰 투약자 타인 소변 제출 사건 ㉣ 대법원 2003.7.25, 2003도1609 음주운전자 타인 혈액 제출 사건).
㉤ 단순히 수사기관에 대하여 허위사실을 진술하거나 자신에게 불리한 증거를 은닉하는 데 그친 것이 아니라 적극적으로 피의사실에 관한 증거를 조작한 것으로 볼 수 있고, 이는 위계에 의한 공무집행방해죄에 해당한다(대법원 2011.2.10, 2010도15986 김상현 목포수협조합장 사건).

정답 | 679 ② 680 ③

681 다음 중 위계공무집행방해죄가 성립하는 것을 모두 고른 것은? (다툼이 있으면 판례에 의함)

1 2 3

[core ★★]

> ㉠ 피고인이 과속으로 인하여 과속단속카메라에 촬영되더라도 불빛을 반사시켜 차량 번호판이 식별되지 않도록 하는 기능이 있는 '파워매직세이퍼'를 차량 번호판에 뿌린 상태로 차량을 운행한 경우
> ㉡ 구치소 수용자인 피고인 甲이 교도관인 A 또는 B, C 등과 공모하여 그들로부터 담배를 교부받아 이를 흡연하거나 같은 수용자인 乙, 丙에게 건네주어 피우게 하거나 B로부터 휴대폰을 건네받아 외부와 전화통화를 한 경우
> ㉢ 변호인으로 선임된 것도 아니고 변호인이 될 의사도 없는 피고인 甲이 휴대전화와 증권거래용 단말기를 구치소 내로 몰래 반입하고, 교도관에게 적발되지 않기 위해 휴대전화의 핸즈프리를 상의 호주머니 속에 숨긴 다음 수용자인 乙 등과 머리를 맞대고 상담하는 것처럼 보이게 하거나 가방을 세워 두어 통화모습을 가리는 등의 방법으로 상담하고 있는 것처럼 가장한 경우

① ㉡　　② ㉢
③ ㉠㉡　　④ ㉠㉡㉢

해설

② ㉢ 항목의 경우에만 위계공무집행방해죄가 성립한다.
㉠ 교통단속업무를 구체적이고 현실적으로 수행하는 경찰공무원에 대하여 그가 충실히 직무를 수행한다고 하더라도 통상적인 업무처리과정하에서는 사실상 적발이 어려운 위계를 사용하여 그 업무집행을 하지 못하게 한 것이라고 보기 어렵다(대법원 2010.4.15, 2007도8024 파워매직세이퍼 사건).
㉡ 위계에 의하여 교도관 또는 구치소장의 공무집행을 방해하였다고 할 수 없다(대법원 2003.11.13, 2001도7045 수용자 규율위반 사건 I).
㉢ 구체적이고 현실적으로 접견호실통제 업무를 담당하는 교도관들에 대하여 위계를 사용하여 그 직무집행에 지장을 주거나 곤란하게 하는 행위에 해당한다(대법원 2005.8.25, 2005도1731 연락병 변호사 사건).

682 공무상표시무효죄에 관한 다음 설명 중 옳지 않은 것은? (다툼이 있으면 판례에 의함) [core ★★]

1 2 3

① 공무상표시무효죄가 성립하기 위하여는 행위 당시에 강제처분의 표시가 현존할 것을 요하는 것인데, 집달관이 가처분집행 당시 게시한 가처분결정문이 현존하고 있지 않다면 공무상표시무효죄는 성립하지 아니한다.
② 공무원이 그 직권을 남용하여 위법하게 실시한 봉인 또는 압류 기타 강제처분의 표시임이 명백하여 법률상 당연무효 또는 부존재라고 볼 수 있는 경우에는 그 봉인 등의 표시는 공무상표시무효죄의 객체가 되지 아니한다.
③ 공무원이 실시한 봉인 등의 표시에 절차상 · 실체상의 하자가 있다면 비록 그것이 공무원이 그 직무에 관하여 실시한 봉인 등으로 인정할 수 있는 상태에 있더라도 그것은 공무상표시무효죄의 객체가 되지 아니한다.
④ 공무원이 그 직무에 관하여 실시한 봉인 등의 표시가 법률상 효력이 없다고 믿은 것은 법규의 해석을 잘못하여 행위의 위법성을 인식하지 못한 것이라고 할 것이므로 그와 같이 믿은 데에 정당한 이유가 없는 이상 공무상표시무효죄가 성립한다.

해설

③ [×] 공무원이 실시한 봉인 등의 표시에 절차상 또는 실체상의 하자가 있다고 하더라도, 그 봉인 등의 표시가 객관적 · 일반적으로 공무원이 그 직무에 관하여 실시한 것으로 인정할 수 있는 상태에 있는 이상, 적법한 절차에 의하여 취소될 때까지는 공무상표시무효죄의 객체가 된다(대법원 2007.3.15, 2007도312 가처분 후 특허무효 사건).

① [○] 공무상표시무효죄가 성립하기 위하여는 행위 당시에 강제처분의 표시가 현존할 것을 요하는 것인데, 집달관이 가처분집행 당시 게시한 가처분결정문이 현존하고 있지 않다면 **공무상표시무효죄는 성립하지 아니한다**(대법원 1997.3.11, 96도2801 서울폐차주식회사 사건).

② [○] 공무원이 그 직권을 남용하여 위법하게 실시한 봉인 또는 압류 기타 강제처분의 표시임이 명백하여 법률상 당연무효 또는 부존재라고 볼 수 있는 경우에는 그 봉인 등의 표시는 **공무상표시무효죄의 객체가 되지 아니한다**(대법원 2007.3.15, 2007도312 가처분 후 특허무효 사건).

④ [○] 공무원이 그 직무에 관하여 실시한 봉인 등의 표시가 법률상 효력이 없다고 믿은 것은 법규의 해석을 잘못하여 행위의 위법성을 인식하지 못한 것이라고 할 것이므로 그와 같이 믿은 데에 정당한 이유가 없는 이상 **공무상표시무효죄가 성립한다** (대법원 2000.4.21, 99도5563 가압류 기계 임의처분 사건).

683 도주죄에 관한 다음 설명 중 옳지 않은 것은? (다툼이 있으면 판례에 의함) [Essential ★]

1 2 3

① 사법경찰관이 피고인을 수사관서까지 동행한 것이 사실상의 강제연행, 즉 불법체포에 해당하고 불법체포로부터 6시간 상당이 경과한 후에 이루어진 긴급체포 또한 위법하다면, 피고인은 불법체포된 자로서 형법 제145조 제1항에 정한 '법률에 의하여 체포 또는 구금된 자'가 아니어서 도주죄의 주체가 될 수 없다.

② 도주죄는 즉시범으로서 범인이 간수자의 실력적 지배를 이탈한 상태에 이르렀을 때에 기수가 되어 도주행위가 종료하는 것이고, 도주원조죄는 도주죄에 있어서의 범인의 도주행위를 야기시키거나 이를 용이하게 하는 등 그와 공범관계에 있는 행위를 독립한 구성요건으로 하는 범죄이다.

③ 도주죄의 범인이 도주행위를 하여 기수에 이른 이후에 범인의 도피를 도와주는 행위는 범인도피죄에 해당할 수 있을 뿐 도주원조죄에는 해당하지 아니한다.

④ 피고인 甲이, 수감되어 있던 용병원에서 간수자를 폭행하고 병원에서 탈주에 성공한 동생 乙이 보다 멀리 서울로 도피할 수 있도록 乙 소유의 승용차를 인도하여 준 경우 도주원조죄가 성립한다.

해설

④ [×] 피고인 甲이 동생 乙이 보다 멀리 서울로 도피할 수 있도록 乙 소유의 승용차를 인도하여 준 것은 (乙의 도주행위가 기수에 이른 후의 행위이므로 범인도피죄에 해당할 수는 있어도) 도주원조죄에 해당하지 아니한다(대법원 1991.10.11, 91도1656 병원탈출 동생 사건).

① [○] 사법경찰관이 피고인을 수사관서까지 동행한 것이 사실상의 강제연행, 즉 불법체포에 해당하고 불법체포로부터 6시간 상당이 경과한 후에 이루어진 긴급체포 또한 위법하다면, 피고인은 **불법체포된 자**로서 형법 제145조 제1항에 정한 '법률에 의하여 체포 또는 구금된 자'가 아니어서 **도주죄의 주체가 될 수 없다**(대법원 2006.7.6, 2005도6810 화천 절도피의자 강제연행 사건).

②③ [○] 도주죄는 즉시범으로서 범인이 간수자의 실력적 지배를 이탈한 상태에 이르렀을 때에 기수가 되어 도주행위가 종료하는 것이고, 도주원조죄는 도주죄에 있어서의 범인의 도주행위를 야기시키거나 이를 용이하게 하는 등 그와 공범관계에 있는 행위를 독립한 구성요건으로 하는 범죄이므로 도주죄의 범인이 도주행위를 하여 기수에 이른 이후에 범인의 도피를 도와주는 행위는 범인도피죄에 해당할 수 있을 뿐 **도주원조죄에는 해당하지 아니한다**(대법원 1991.10.11, 91도1656 병원탈출 동생 사건).

정답 | 681 ② 682 ③ 683 ④

684 범인도피 · 은닉죄에 관한 다음 설명 중 옳지 않은 것은? (다툼이 있으면 판례에 의함) [core ★★]

1 2 3

① 범인도피죄는 범인을 도피하게 함으로써 기수에 이르지만 범인도피행위가 계속되는 동안에는 범죄행위도 계속되고 행위가 끝날 때 비로소 범죄행위가 종료된다.

② 공동정범 중의 1인이 다른 공동정범을 은닉한 경우라면 그것이 일반적으로 형사사법작용을 방해하는 위험을 초래하는 성질을 가지는 경우라도 범인은닉죄가 성립할 여지가 없다.

③ 공범자의 범인도피행위 도중에 그 범행을 인식하면서 그와 공동의 범의를 가지고 기왕의 범인도피상태를 이용하여 스스로 범인도피행위를 계속한 경우에는 범인도피죄의 공동정범이 성립하고, 이는 공범자의 범행을 방조한 종범의 경우도 마찬가지이다.

④ 형법 제151조 제2항 및 제155조 제4항은 친족 또는 동거의 가족이 본인을 위하여 범인도피죄, 증거인멸죄 등을 범한 때에는 처벌하지 아니한다고 규정하고 있는바, 사실혼관계에 있는 자는 민법 소정의 친족이라 할 수 없어 위 조항에서 말하는 친족에 해당하지 않는다.

해설

② [×] 공동정범 중의 1인이 다른 공동정범을 은닉한 경우에도 그것이 일반적으로 형사사법작용을 방해하는 위험을 초래하는 성질을 가지는 때에는 범인은닉죄가 성립한다(대법원 2011.9.8, 2011도7262 세고엔터테인먼트 사건). 甲과 乙은 공동으로 살인죄를 범한 공동정범인데, 乙의 부탁을 받은 甲이 자금 등을 乙에게 제공하여 乙을 중국으로 도피시켰다면 甲은 범인도피죄의 죄책을 진다는 취지의 판례이다.

① [○] 범인도피죄는 범인을 도피하게 함으로써 기수에 이르지만 **범인도피행위가 계속되는 동안에는 범죄행위도 계속되고 행위가 끝날 때 비로소 범죄행위가 종료된다**(대법원 2012.8.30, 2012도6027 범인 바꿔치기 변호사 사건). 범인도피죄는 계속범이므로 기수가 된 이후에도 범행이 종료되기까지 공범이 성립할 수 있다는 취지의 판례이다.

③ [○] 공범자의 범인도피행위 도중에 그 범행을 인식하면서 그와 공동의 범의를 가지고 기왕의 범인도피상태를 이용하여 스스로 범인도피행위를 계속한 경우에는 범인도피죄의 공동정범이 성립하고, 이는 **공범자의 범행을 방조한 종범의 경우도 마찬가지이다**(대법원 2012.8.30, 2012도6027 범인 바꿔치기 변호사 사건).

④ [○] 형법 제151조 제2항 및 제155조 제4항은 친족 또는 동거의 가족이 본인을 위하여 범인도피죄, 증거인멸죄 등을 범한 때에는 처벌하지 아니한다고 규정하고 있는바, **사실혼관계에 있는 자는 민법 소정의 친족이라 할 수 없어 위 조항에서 말하는 친족에 해당하지 않는다**(대법원 2003.12.12, 2003도4533 내연남 외국도피 사건).

685 1 2 3 甲(女)은 2021.2.16. 사실혼 관계에 있던 乙이 뺑소니를 친 것을 알면서도 乙의 범행 당일 그 증거물인 사고차량을 치워 수리하도록 하고 또한 乙을 외국으로 도피하게 하였다. 甲의 죄책은? (다툼이 있으면 판례에 의함) [core ★★]

① 무죄
② 증거인멸죄
③ 범인도피죄
④ 증거인멸죄 및 범인도피죄

해설

④ 설문의 경우 甲은 증거인멸죄 및 범인도피죄의 죄책을 진다.
(1) 벌금 이상의 형에 해당하는 죄를 범한 자라는 것을 인식하면서도 도피하게 한 경우에는 그 자가 당시에는 아직 수사대상이 되어 있지 않았다고 하더라도 범인도피죄가 성립한다고 할 것이고 한편 증거인멸죄에 관한 형법 제155조 제1항의 이른바 타인의 형사사건이란 인멸행위시에 아직 수사절차가 개시되기 전이라도 장차 형사사건이 될 수 있는 것까지 포함한다. (2) 형법 제151조 제2항 및 제155조 제4항은 친족 또는 동거의 가족이 본인을 위하여 범인도피죄, 증거인멸죄 등을 범한 때에는 처벌하지 아니한다고 규정하고 있는바, 사실혼관계에 있는 자는 민법 소정의 친족이라 할 수 없어 위 조항에서 말하는 친족에 해당하지 않는다(대법원 2003.12.12, 2003도4533).

정답 | 684 ② 685 ④

686 범인도피 · 은닉죄에 관한 다음 설명 중 옳지 않은 것은? (다툼이 있으면 판례에 의함)

1 2 3

[Superlative ★★★]

① 범인도피죄에서 '도피하게 하는 행위'는 은닉 이외의 방법으로 범인에 대한 수사, 재판 및 형의 집행 등 형사사법의 작용을 곤란 또는 불가능하게 하는 일체의 행위로서 그 수단과 방법에는 아무런 제한이 없다.

② 범인도피죄는 적어도 함께 규정되어 있는 은닉행위에 비견될 정도로 수사기관으로 하여금 범인의 발견 · 체포를 곤란하게 하는 행위, 즉 직접 범인을 도피시키는 행위 또는 도피를 직접적으로 용이하게 하는 행위에 한정된다.

③ 범인도피죄는 위험범으로서 현실적으로 형사사법의 작용을 방해하는 결과를 초래할 필요는 없으므로, 자체로는 도피시키는 것을 직접적인 목적으로 하였다고 보기 어려운 어떤 행위를 한 결과 간접적으로 범인이 안심하고 도피할 수 있게 한 경우에도 범인도피죄가 성립한다.

④ 범인은닉죄라 함은 죄를 범한 자임을 인식하면서 장소를 제공하여 체포를 면하게 하는 것만으로 성립한다 할 것이고, 죄를 범한 자에게 장소를 제공한 후 동인에게 일정 기간 동안 경찰에 출두하지 말라고 권유하는 언동을 하여야만 범인은닉죄가 성립하는 것이 아니며, 또 그 권유에 따르지 않을 경우 강제력을 행사하여야만 한다거나 죄를 범한 자가 피고인의 말에 복종하는 관계에 있어야만 범인은닉죄가 성립하는 것은 더욱 아니다.

해설

③ [×] 범인도피죄는 은닉행위에 비견될 정도로 수사기관의 발견 · 체포를 곤란하게 하는 행위, 즉 직접 범인을 도피시키는 행위 또는 도피를 직접적으로 용이하게 하는 행위에 이르러야 성립하므로 그 자체로는 도피시키는 것을 직접적인 목적으로 하였다고 보기 어려운 어떤 행위를 한 결과 간접적으로 범인이 안심하고 도피할 수 있게 한 경우는 여기에 포함되지 않는다(대법원 2011.4.28, 2009도3642 체포영장발부자 명단 사건).

① [○] 범인도피죄에서 '도피하게 하는 행위'는 은닉 이외의 방법으로 범인에 대한 수사, 재판 및 형의 집행 등 형사사법의 작용을 곤란 또는 불가능하게 하는 일체의 행위로서 그 **수단과 방법에는 아무런 제한이 없다**(대법원 2013.1.10, 2012도13999 진술번복 게임장 바지사장 사건).

② [○] 범인도피죄는 적어도 함께 규정되어 있는 은닉행위에 비견될 정도로 수사기관으로 하여금 범인의 발견 · 체포를 곤란하게 하는 행위, 즉 직접 범인을 도피시키는 행위 또는 **도피를 직접적으로 용이하게 하는 행위에 한정된다**(대법원 2013.1.10, 2012도13999 진술번복 게임장 바지사장 사건).

④ [○] 범인은닉죄라 함은 죄를 범한 자임을 인식하면서 장소를 제공하여 체포를 면하게 하는 것만으로 성립한다 할 것이고, 죄를 범한 자에게 장소를 제공한 후 동인에게 일정 기간 동안 경찰에 출두하지 말라고 권유하는 언동을 하여야만 범인은닉죄가 성립하는 것이 아니며, 또 그 권유에 따르지 않을 경우 강제력을 행사하여야만 한다거나 죄를 범한 자가 피고인의 말에 복종하는 관계에 있어야만 **범인은닉죄가 성립하는 것은 더욱 아니다**(대법원 2002.10.11, 2002도3332).

687 범인도피죄에 관한 다음 설명 중 옳지 않은 것은? (다툼이 있으면 판례에 의함) [Essential ★]

1 2 3

① 참고인이 수사기관에서 범인에 관하여 조사를 받으면서 그가 알고 있는 사실을 묵비하거나 허위로 진술하였다고 하더라도 그것이 적극적으로 수사기관을 기만하여 착오에 빠지게 함으로써 범인의 발견 또는 체포를 곤란 내지 불가능하게 할 정도가 아닌 한 범인도피죄를 구성하지 않는 것이고, 이러한 법리는 피의자가 수사기관에서 공범에 관하여 묵비하거나 허위로 진술한 경우에도 그대로 적용된다.

② 참고인이 수사기관에서 진술을 함에 있어 단순히 범인으로 체포된 사람과 동인이 목격한 범인이 동일함에도 불구하고 동일한 사람이 아니라고 허위진술을 한 정도의 것만으로는 참고인의 그 허위진술로 말미암아 증거가 불충분하게 되어 범인을 석방하게 되는 결과가 되었다 하더라도 바로 범인도피죄를 구성한다고 할 수는 없다.

③ 게임법위반의 혐의로 수사기관에서 조사받는 피의자가 사실은 게임장 · 오락실 · 피씨방 등의 실제 업주가 아니라 그 종업원임에도 불구하고 자신이 실제 업주라고 허위로 진술하였다고 한다면 이는 형사사법의 작용을 방해하는 결과를 초래할 위험이 있는 행위이므로 그 자체만으로도 범인도피죄를 구성한다.

④ 공범 중 1인이 그 범행에 관한 수사절차에서 참고인 또는 피의자로 조사받으면서 자기의 범행을 구성하는 사실관계에 관하여 허위로 진술하고 허위 자료를 제출하는 것은 자신의 범행에 대한 방어권 행사의 범위를 벗어난 것으로 볼 수 없어 범인도피죄로 처벌할 수 없고, 이때 공범이 이러한 행위를 교사하였더라도 범인도피교사죄는 성립하지 않는다.

해설

③ [×] (1) 게임법위반의 혐의로 수사기관에서 조사받는 피의자가 사실은 게임장 · 오락실 · 피씨방 등의 실제 업주가 아니라 그 종업원임에도 불구하고 자신이 실제 업주라고 허위로 진술하였다고 하더라도 그 자체만으로 범인도피죄를 구성하는 것은 아니다. (2) 다만 그 피의자가 실제 업주로부터 금전적 이익 등을 제공받기로 하고 단속이 되면 실제 업주를 숨기고 자신이 대신하여 처벌받기로 하는 역할(이른바 '바지사장')을 맡기로 하는 등 수사기관을 착오에 빠뜨리기로 하고, 단순히 실제 업주라고 진술하는 것에서 나아가 게임장 등의 운영 경위, 자금 출처, 게임기 등의 구입 경위, 점포의 임대차계약 체결 경위 등에 관하여서까지 적극적으로 허위로 진술하거나 허위 자료를 제시하여 그 결과 수사기관이 실제 업주를 발견 또는 체포하는 것이 곤란 내지 불가능하게 될 정도에까지 이른 것으로 평가되는 경우 등에는 범인도피죄를 구성할 수 있다(대법원 2012.8.30, 2010도13694 불법게임장 비호 경찰관 사건).

① [○] 참고인이 수사기관에서 범인에 관하여 조사를 받으면서 그가 알고 있는 사실을 묵비하거나 허위로 진술하였다고 하더라도 그것이 적극적으로 수사기관을 기만하여 착오에 빠지게 함으로써 범인의 발견 또는 체포를 곤란 내지 불가능하게 할 정도가 아닌 한 범인도피죄를 구성하지 않는 것이고, 이러한 법리는 **피의자가 수사기관에서 공범에 관하여 묵비하거나 허위로 진술한 경우에도 그대로 적용된다**(대법원 2010.2.11, 2009도12164 불법게임장 공범 묵비 사건Ⅱ).

② [○] 참고인이 수사기관에서 진술을 함에 있어 단순히 범인으로 체포된 사람과 동인이 목격한 범인이 동일함에도 불구하고 동일한 사람이 아니라고 허위진술을 한 정도의 것만으로는 참고인의 그 **허위진술로 말미암아 증거가 불충분하게 되어 범인을 석방하게 되는 결과가 되었다 하더라도 바로 범인도피죄를 구성한다고 할 수는 없다**(대법원 1987.2.10, 85도897 절도범인이 아니다 사건).

④ [○] 공범 중 1인이 그 범행에 관한 수사절차에서 참고인 또는 피의자로 조사받으면서 자기의 범행을 구성하는 사실관계에 관하여 허위로 진술하고 허위 자료를 제출하는 것은 자신의 범행에 대한 방어권 행사의 범위를 벗어난 것으로 볼 수 없어 **범인도피죄로 처벌할 수 없고**, 이때 공범이 **이러한 행위를 교사하였더라도 범인도피교사죄는 성립하지 않는다**(대법원 2018.8.1, 2015도20396 콜라텍 허위양도 사건). "甲, 乙이 강제집행을 피하기 위하여 丙에게 콜라텍을 허위로 양도하여 甲, 乙, 丙이 강제집행면탈죄의 공동정범의 관계에 있는 경우, 甲, 乙에 대한 고소사건에서 丙이 콜라텍을 실제 양수하여 운영하고 있다고 허위로 진술하고 그에 관한 허위 자료를 제출하였고 그것이 甲, 乙을 도피하게 하는 결과가 되더라도 범인도피죄가 성립할 수 없다"는 취지의 판례이다.

정답 | 686 ③ 687 ③

688 다음 중 범인도피 · 은닉죄가 성립하지 않는 것은? (다툼이 있으면 판례에 의함) [core ★★]

1 2 3

① 범인 아닌 자가 수사기관에서 범인임을 자처하고 허위사실을 진술한 경우

② 피고인 甲이 범인 乙이 기소중지자임을 알고도 乙의 부탁으로 자기 처 丙 명의로 대신 임대차계약을 체결해 준 경우

③ 피고인 甲이, 乙이 교통사고를 야기하여 교통사고처리특례법위반죄를 범하였다는 것을 알면서도 교통사고조사 담당 경찰관에게 甲 자신이 운전하다가 교통사고를 발생하게 하였다는 허위의 사실을 진술한 경우

④ 피고인 甲이 음주운전 등으로 현행범 체포된 乙이 A의 인적 사항을 모용하면서 타인 행세를 하고 있다는 사실을 알면서도 평소 외우고 있던 타인의 주민등록번호 및 허위의 주소 등을 신원보증서에 기재하고 乙의 신원을 보증하여 석방되도록 한 경우

해설

④ 그와 같은 사실만으로는 직접 범인을 도피시키거나 도피를 직접 용이하게 하였다고 하기는 어렵다(대법원 2003.2.14, 2002도5374 허위 신원보증서 사건).

① 범인 아닌 자가 수사기관에서 범인임을 자처하고 허위사실을 진술하여 진범의 체포와 발견에 지장을 초래하게 한 행위는 범인은닉죄에 해당한다(대법원 1996.6.14, 96도1016).

② 비록 임대차계약서가 공시되는 것은 아니라 하더라도 수사기관이 탐문수사나 신고를 받아 범인을 발견하고 체포하는 것을 곤란하게 하는 것이어서 범인도피죄에 해당한다(대법원 2004.3.26, 2003도8226 처 명의 임대차계약 체결 사건).

③ 甲 자신이 운전하다가 교통사고를 발생하게 하였다는 허위의 사실을 진술한 경우 범인도피죄가 성립한다(대법원 2000.11.24, 2000도4078 허위 교통사고 자백 사건).

689 범인도피 · 은닉죄에 관한 다음 설명 중 옳지 않은 것을 모두 고른 것은? (다툼이 있으면 판례에 의함)

1 2 3

[core ★★]

㉠ 범인도피죄에서 형법 제151조 제1항에서 정한 '죄를 범한 자'가 자신을 위하여 타인으로 하여금 범인도피죄를 범하게 하는 행위는 방어권의 남용으로 범인도피교사죄에 해당한다.

㉡ 범인이 자신을 위하여 타인으로 하여금 허위의 자백을 하게 하여 범인도피죄를 범하게 하는 행위는 방어권의 남용으로 범인도피교사죄에 해당하는바, 이 경우 그 타인이 형법 제151조 제2항에 의하여 처벌을 받지 아니하는 친족 또는 동거 가족에 해당한다 하여 달리 볼 것은 아니고, 이와 같은 법리는 범인을 위해 타인이 범하는 범인도피죄를 범인 스스로 방조하는 경우에도 마찬가지로 적용된다.

㉢ 범인 스스로 도피하는 행위는 처벌되지 아니하므로 범인이 도피를 위하여 타인에게 도움을 요청하는 행위 역시 도피행위의 범주에 속하는 한 처벌되지 아니하나, 범인의 요청에 응하여 범인을 도운 타인의 행위가 범인도피죄에 해당한다고 한다면 그러하지 아니하다.

① 없음　　② ㉢

③ ㉠㉡　　④ ㉡㉢

해설

② ⓒ 항목만 옳지 않다.

㉠ [O] 범인도피죄에서 형법 제151조 제1항에서 정한 '죄를 범한 자'가 자신을 위하여 타인으로 하여금 범인도피죄를 범하게 하는 행위는 방어권의 남용으로 **범인도피교사죄에 해당한다**(대법원 2014.3.27, 2013도152 유사석유판매 주유소 사건).

㉡ [O] 범인이 자신을 위하여 타인으로 하여금 허위의 자백을 하게 하여 범인도피죄를 범하게 하는 행위는 방어권의 남용으로 범인도피교사죄에 해당하는바, 이 경우 그 타인이 형법 제151조 제2항에 의하여 처벌을 받지 아니하는 친족 또는 동거 가족에 해당한다 하여 달리 볼 것은 아니고, 이와 같은 법리는 범인을 위해 **타인이 범하는 범인도피죄를 범인 스스로 방조하는 경우에도 마찬가지로 적용된다**(대법원 2006.12.7, 2005도3707 동생 허위자백 사건)(同旨 대법원 2008.11.13, 2008도7647 무면허 · 뺑소니 남편 아내 사건).

ⓒ [×] 범인 스스로 도피하는 행위는 처벌되지 아니하므로 범인이 도피를 위하여 타인에게 도움을 요청하는 행위 역시 도피행위의 범주에 속하는 한 처벌되지 아니하며, 범인의 요청에 응하여 범인을 도운 타인의 행위가 범인도피죄에 해당한다고 하더라도 마찬가지이다(대법원 2014.4.10, 2013도12079 후배에게 도움요청 사건).

690 1 2 3 甲은 2021.6. 무면허로 승용차를 운전하고 가다가 화물차를 들이받는 사고를 일으켜 대전동부경찰서에서 조사를 받게 되자 친동생 乙에게 "운전면허가 있는 네가 대신 교통사고를 내었다고 조사를 받아달라"고 부탁하였고, 이후 이를 승낙한 乙은 자신이 교통사고를 낸 사람이라고 허위의 진술을 하며 피의자조사를 받았다. 甲, 乙의 죄책은? 도로교통법위반의 점은 별론으로 한다. (다툼이 있으면 판례에 의함) [core ★★]

① 甲 – 무죄, 乙 – 무죄

② 甲 – 무죄, 乙 – 범인도피죄

③ 甲 – 범인도피죄의 교사범, 乙 – 무죄

④ 甲 – 범인도피죄의 교사범, 乙 – 범인도피죄

해설

③ 설문의 경우 乙은 친족간의 특례가 적용되어 무죄이지만, 이를 교사한 甲은 범인도피죄의 교사범의 죄책을 진다.

범인이 자신을 위하여 타인으로 하여금 허위의 자백을 하게 하여 범인도피죄를 범하게 하는 행위는 방어권의 남용으로 범인도피교사죄에 해당하는바, 이 경우 그 타인이 형법 제151조 제2항에 의하여 처벌을 받지 아니하는 친족 또는 동거 가족에 해당한다 하여 달리 볼 것은 아니다(대법원 2006.12.7, 2005도3707 동생 허위자백 사건).

정답 | 688 ④ 689 ② 690 ③

691 위증죄에 관한 다음 설명 중 옳지 않은 것은? (다툼이 있으면 판례에 의함) [Essential ★]

1 2 3

① 제3자가 심문절차로 진행되는 '가처분신청사건'에서 증인으로 출석하여 선서를 하고 진술함에 있어서 허위의 공술을 하였다고 하더라도 그 선서는 법률상 근거가 없어 무효라고 할 것이므로 위증죄는 성립하지 않는다.

② 민사소송의 당사자는 증인능력이 없지만, 당사자인 법인의 대표자는 민사소송의 당사자라고 할 수 없으므로 그 사람이 선서를 한 후에 기억에 반하는 진술을 한 이상 위증죄가 성립한다.

③ 피고인 甲을 공동피고로 한 민사사건에서 甲이 의제자백에 의해 분리되고, 乙만이 피고로 남았다면 이는 타인 사이의 사건이라고 할 것이므로 그 사건에서 甲이 한 증언이 기억에 반한 것인 이상 위증죄에 해당한다.

④ 공범인 공동피고인은 당해 소송절차에서는 피고인의 지위에 있어 다른 공동피고인에 대한 공소사실에 관하여 증인이 될 수 없으나, 소송절차가 분리되어 피고인의 지위에서 벗어나게 되면 다른 공동피고인에 대한 공소사실에 관하여 증인이 될 수 있다.

해설

② [×] 민사소송의 당사자는 증인능력이 없으므로 증인으로 선서하고 증언하였다고 하더라도 위증죄의 주체가 될 수 없고, 이러한 법리는 민사소송에서의 당사자인 법인의 대표자의 경우에도 마찬가지로 적용된다(대법원 2012.12.13, 2010도14360 건축사사무소 대표 허위진술 사건).

① [○] 제3자가 심문절차로 진행되는 '가처분신청사건'에서 증인으로 출석하여 선서를 하고 진술함에 있어서 허위의 공술을 하였다고 하더라도 그 선서는 **법률상 근거가 없어 무효라고 할 것이므로 위증죄는 성립하지 않는다**(대법원 2003.7.25, 2003도180 SBS 방영등금지가처분 사건).

③ [○] 피고인 甲을 공동피고로 한 민사사건에서 甲이 의제자백에 의해 분리되고, 乙만이 피고로 남았다면 이는 타인 사이의 사건이라고 할 것이므로 그 사건에서 甲이 한 **증언이 기억에 반한 것인 이상 위증죄에 해당한다**(대법원 1983.10.25, 83도1318).

④ [○] 공범인 공동피고인은 당해 소송절차에서는 피고인의 지위에 있어 다른 공동피고인에 대한 공소사실에 관하여 증인이 될 수 없으나, 소송절차가 분리되어 **피고인의 지위에서 벗어나게 되면 다른 공동피고인에 대한 공소사실에 관하여 증인이 될 수 있다**(대법원 2012.12.13, 2010도10028 허위 살인자백 사건).

692 위증죄에 관한 다음 설명 중 옳지 않은 것은? (다툼이 있으면 판례에 의함) [Essential ★]

1 2 3

① 위증죄에 있어서의 허위의 공술이란 증인이 자기의 기억에 반하는 사실을 진술하는 것을 말하는 것으로서 그 내용이 객관적 사실과 부합한다고 하여도 위증죄의 성립에 장애가 되지 않는다.

② 위증죄는 법률에 의하여 선서한 증인이 자기의 기억에 반하는 사실을 진술함으로써 성립하는 것이므로 그 진술이 객관적 사실과 부합하지 않는다고 하여 그 증언이 곧바로 위증이라고 단정할 수는 없다.

③ 증인의 증언은 그 전부를 일체로 관찰·판단하는 것이므로 선서한 증인이 일단 기억에 반하는 허위의 진술을 하였더라도 그 신문이 끝나기 전에 그 진술을 철회·시정한 경우 위증이 되지 아니한다.

④ 증인이 허위의 진술을 하고 그 진술이 철회·시정된 바 없이 그대로 증인신문절차가 종료된 경우라도, 그 후 별도의 증인 신청 및 채택 절차를 거쳐 그 증인이 다시 신문을 받는 과정에서 종전 신문절차에서의 진술을 철회·시정하였다고 한다면 위증죄는 성립하지 아니한다.

해설

④ [×] 증인이 1회 또는 수회의 기일에 걸쳐 이루어진 1개의 증인신문절차에서 허위의 진술을 하고 그 진술이 철회·시정된 바 없이 그대로 증인신문절차가 종료된 경우 그로써 위증죄는 기수에 달하고, 그 후 별도의 증인 신청 및 채택 절차를 거쳐 그 증인이 다시 신문을 받는 과정에서 종전 신문절차에서의 진술을 철회·시정한다 하더라도 이미 종결한 종전 증인신문절차에서 행한 위증죄의 성립에 어떤 영향을 주는 것은 아니다(대법원 2010.9.30, 2010도7525 9회와 21회 공판기일 증언 사건).
① [O] 위증죄에 있어서의 허위의 공술이란 증인이 자기의 **기억에 반하는 사실을 진술하는 것을 말하는 것**으로서 그 내용이 **객관적 사실과 부합한다고 하여도 위증죄의 성립에 장애가 되지 않는다**(대법원 1989.1.17, 88도580).
② [O] 위증죄는 법률에 의하여 선서한 증인이 자기의 기억에 반하는 사실을 진술함으로써 성립하는 것이므로 그 진술이 객관적 사실과 부합하지 않는다고 하여 그 증언이 곧바로 **위증이라고 단정할 수는 없다**(대법원 1996.8.23, 95도192).
③ [O] 증인의 증언은 그 전부를 일체로 관찰·판단하는 것이므로 선서한 증인이 일단 기억에 반하는 허위의 진술을 하였더라도 그 신문이 끝나기 전에 그 **진술을 철회·시정한 경우 위증이 되지 아니한다**(법원 2008.4.24, 2008도1053).

693 위증죄에 관한 다음 설명 중 옳지 않은 것은? (다툼이 있으면 판례에 의함) [Essential ★]

1 2 3

① 증언이 기본적인 사항에 관한 것이 아니고 지엽적인 사항에 관한 진술이라고 한다면 그것이 허위의 진술이더라도 위증죄는 성립하지 아니한다.
② 타인으로부터 전해들은 금품의 전달사실을 마치 증인 자신이 전달한 것처럼 진술한 것은 증인의 기억에 반하는 허위진술이라고 할 것이므로 그 진술부분은 위증에 해당한다.
③ 증인이 선서를 하고서 진술한 증언내용이 자신이 그 증언내용 사실을 잘 알지 못하면서도 잘 아는 것으로 증언한 것이라면 그 증언은 기억에 반한 진술이어서 위증죄가 성립된다.
④ 상세한 내용의 증인신문사항에 대하여 증인이 그 신문사항내용을 파악하지 못하였거나 또는 기억하지 못함에도 불구하고 이를 그대로 긍정하는 취지의 답변을 하였다면 기억에 반하여 허위의 진술을 한 것이라고 볼 것이다.

해설

① [×] 증언이 기본적인 사항에 관한 것이 아니고 지엽적인 사항에 관한 진술이라 하더라도 그것이 허위의 진술인 이상 위증죄의 성립에는 영향이 없다(대법원 1982.6.8, 81도3069).
② [O] 타인으로부터 전해들은 금품의 전달사실을 마치 증인 자신이 전달한 것처럼 진술한 것은 증인의 기억에 반하는 허위진술이라고 할 것이므로 그 **진술부분은 위증에 해당한다**(대법원 1990.5.8, 90도448).
③ [O] 증인이 선서를 하고서 진술한 증언내용이 자신이 그 증언내용 사실을 **잘 알지 못하면서도 잘 아는 것으로 증언한 것이라면 그 증언은 기억에 반한 진술이어서 위증죄가 성립된다**(대법원 1986.9.9, 86도57).
④ [O] 상세한 내용의 증인신문사항에 대하여 증인이 그 신문사항내용을 파악하지 못하였거나 또는 기억하지 못함에도 불구하고 이를 그대로 **긍정하는 취지의 답변을 하였다면 기억에 반하여 허위의 진술을 한 것이라고 볼 것이다**(대법원 1981.6.23, 81도118).

정답 | 691 ② 692 ④ 693 ①

694 위증죄에 관한 다음 설명 중 옳지 않은 것은? (다툼이 있으면 판례에 의함) [core ★★]

1 2 3

① 증인의 진술이 경험한 사실에 대한 법률적 평가이거나 단순한 의견에 지나지 아니하는 경우에는 위증죄에서 말하는 허위의 공술이라고 할 수 없다.

② 증인이 법정에서 선서 후 증인진술서에 기재된 구체적인 내용에 관하여 진술함이 없이 단지 그 증인진술서에 기재된 내용이 사실대로라는 취지의 진술만 한 경우라도 그 증인진술서에 기재된 내용에 허위가 있다고 한다면 위증죄로 처벌할 수 있다.

③ 위증죄는 법률에 의하여 선서한 증인이 허위의 공술을 한 때에 성립하는 것으로서, 그 공술의 내용이 당해 사건의 요증사실에 관한 것인지의 여부나 판결에 영향을 미친 것인지의 여부는 위증죄의 성립과 아무런 관계가 없다.

④ 모해위증죄에 있어서 '모해할 목적'이란 피고인·피의자 또는 징계혐의자를 불리하게 할 목적을 말하고, 이러한 모해의 목적은 허위의 진술을 함으로써 피고인에게 불리하게 될 것이라는 인식이 있으면 충분하고 그 결과의 발생까지 희망할 필요는 없다.

해설

② [×] 증인이 법정에서 선서 후 증인진술서에 기재된 구체적인 내용에 관하여 진술함이 없이 단지 그 증인진술서에 기재된 내용이 사실대로라는 취지의 진술만을 한 경우에는 그것이 증인진술서에 기재된 내용 중 특정 사항을 구체적으로 진술한 것과 같이 볼 수 있는 등의 특별한 사정이 없는 한 증인이 그 증인진술서에 기재된 구체적인 내용을 기억하여 반복 진술한 것으로는 볼 수 없으므로, 가사 거기에 기재된 내용에 허위가 있다 하더라도 그 부분에 관하여 법정에서 증언한 것으로 보아 위증죄로 처벌할 수는 없다(대법원 2010.5.13, 2007도1397 증인진술서 진정성립 인정 사건).

① [○] 증인의 진술이 경험한 사실에 대한 **법률적 평가이거나 단순한 의견에 지나지 아니하는 경우에는 위증죄에서 말하는 허위의 공술이라고 할 수 없다**(대법원 1996.2.9, 95도1797).

③ [○] 위증죄는 법률에 의하여 선서한 증인이 허위의 공술을 한 때에 성립하는 것으로서, 그 공술의 내용이 당해 사건의 **요증사실에 관한 것인지의 여부나 판결에 영향을 미친 것인지의 여부는 위증죄의 성립과 아무런 관계가 없다**(대법원 1990.2.23, 89도1212).

④ [○] 모해위증죄에 있어서 '모해할 목적'이란 피고인·피의자 또는 징계혐의자를 불리하게 할 목적을 말하고, 이러한 모해의 목적은 허위의 진술을 함으로써 **피고인에게 불리하게 될 것이라는 인식이 있으면 충분하고 그 결과의 발생까지 희망할 필요는 없다**(대법원 2007.12.27, 2006도3575).

695 다음 설명 중 옳지 않은 것은? (다툼이 있으면 판례에 의함) [Essential ★]

1 2 3

① 형법 제151조 제1항(범인도피죄)에서 정한 '죄를 범한 자'가 자신을 위하여 타인으로 하여금 범인도피죄를 범하게 하는 행위는 방어권의 남용으로 범인도피교사죄에 해당한다.

② 자기의 형사사건에 관하여 타인을 교사하여 위증죄를 범하게 하는 것은 방어권을 남용하는 것이라고 할 것이어서 교사범의 죄책을 부담케 함이 상당하다.

③ 자기의 형사사건에 관한 증거를 인멸하기 위하여 타인을 교사하여 죄를 범하게 한 자에 대하여는 증거인멸교사죄가 성립한다.

④ 피무고자의 교사·방조하에 제3자가 피무고자에 대한 허위의 사실을 신고한 경우, 자기무고는 무고죄의 구성요건에 해당하지 않으므로 제3자를 교사·방조한 피무고자는 교사·방조범으로서의 죄책을 부담하지 아니한다.

해설

④ [×] (1) 피무고자의 교사·방조하에 제3자가 피무고자에 대한 허위의 사실을 신고한 경우에는 제3자의 행위는 무고죄의 구성요건에 해당하여 무고죄를 구성하므로 제3자를 교사·방조한 피무고자도 교사·방조범으로서의 죄책을 부담한다. (2) 甲, 乙이 丙의 사업자금을 조달하는 방편으로 약속어음을 발행·보증하였다가 채권자 A가 甲 소유의 부동산에 강제경매를 신청하자 이를 면하기 위하여, 丙의 승낙 아래 그로부터 허위사실을 기재한 확인서 등을 받고 丙과 A를 유가증권위조 등으로 무고한 경우, 丙은 무고방조죄의 죄책을 부담한다(대법원 2008.10.23, 2008도4852 자기무고 방조 사건).

① [○] 형법 제151조 제1항(범인도피죄)에서 정한 '죄를 범한 자'가 자신을 위하여 타인으로 하여금 범인도피죄를 범하게 하는 행위는 방어권의 남용으로 **범인도피교사죄에 해당한다**(대법원 2014.3.27, 2013도152 유사석유판매 주유소 사건).

② [○] 자기의 형사사건에 관하여 타인을 교사하여 위증죄를 범하게 하는 것은 **방어권을 남용하는 것이라고 할 것이어서 교사범의 죄책을 부담케 함이 상당하다**(대법원 2004.1.27, 2003도5114).

③ [○] 자기의 형사사건에 관한 증거를 인멸하기 위하여 타인을 교사하여 죄를 범하게 한 자에 대하여는 **증거인멸교사죄가 성립한다**(대법원 2000.3.24, 99도5275).

정답 | 694 ② 695 ④

696 증거인멸죄 등에 관한 다음 설명 중 옳지 않은 것은? (다툼이 있으면 판례에 의함) [core ★★]

1 2 3

① 증거인멸 등 죄는 위증죄와 마찬가지로 국가의 형사사법작용 내지 징계작용을 그 보호법익으로 하므로, 형법 제155조 제1항에서 말하는 '징계사건'이란 국가의 징계사건에 한정되고 사인(私人)간의 징계사건은 포함되지 않는다.

② 증거인멸죄에 있어서 '타인의 형사사건 또는 징계사건'이란 인멸행위시에 아직 수사 또는 징계절차가 개시되기 전이라도 장차 형사 또는 징계사건이 될 수 있는 것까지를 포함한다.

③ 증거은닉죄에 있어서 '타인의 형사사건 또는 징계사건'이라 함은 이미 수사가 개시되거나 징계절차가 개시된 사건만이 아니라 수사 또는 징계절차 개시 전이라도 장차 형사사건 또는 징계사건이 될 수 있는 사건을 포함한 개념이다.

④ 증거위조죄에서 타인의 형사사건이란 증거위조 행위시에 아직 수사절차가 개시되기 전이라도 장차 형사사건이 될 수 있는 것까지 포함하지만, 그 형사사건이 기소되지 않았거나 무죄가 선고되었다면 증거위조죄는 성립하지 아니한다.

해설

④ [×] 증거위조죄에서 타인의 형사사건이란 증거위조 행위시에 아직 수사절차가 개시되기 전이라도 장차 형사사건이 될 수 있는 것까지 포함하고, 그 형사사건이 기소되지 아니하거나 무죄가 선고되더라도 증거위조죄의 성립에 영향이 없다(대법원 2011.2.10, 2010도15986 김상현 목포수협조합장 사건).

① [○] 증거인멸 등 죄는 위증죄와 마찬가지로 국가의 형사사법작용 내지 징계작용을 그 보호법익으로 하므로, 형법 제155조 제1항에서 말하는 '징계사건'이란 국가의 징계사건에 한정되고 **사인(私人)간의 징계사건은 포함되지 않는다**(대법원 2007.11.30, 2007도4191 변조 교사일지 제출 사건).

② [○] 증거인멸죄에 있어서 '타인의 형사사건 또는 징계사건'이란 인멸행위시에 아직 수사 또는 징계절차가 개시되기 전이라도 **장차 형사 또는 징계사건이 될 수 있는 것까지를 포함한다**(대법원 2013.11.28, 2011도5329 공직윤리지원관실 불법사찰 사건 II).

③ [○] 증거은닉죄에 있어서 '타인의 형사사건 또는 징계사건'이라 함은 이미 수사가 개시되거나 징계절차가 개시된 사건만이 아니라 수사 또는 징계절차 개시 전이라도 **장차 형사사건 또는 징계사건이 될 수 있는 사건을 포함한 개념이다**(대법원 1982.4.27, 82도274 석유난로 은닉 사건).

697 증거인멸죄 등에 관한 다음 설명 중 옳지 않은 것은? (다툼이 있으면 판례에 의함) [core ★★]

1 2 3

① 증거인멸죄에서 '증거'라 함은 타인의 형사사건 또는 징계사건에 관하여 수사기관이나 법원 또는 징계기관이 국가의 형벌권 또는 징계권의 유무를 확인하는 데 관계있다고 인정되는 일체의 자료를 의미하고, 타인에게 유리한 것이건 불리한 것이건 가리지 아니하며 또 증거가치의 유무 및 정도를 불문한다.

② 증거위조죄에서 '증거'라 함은 타인의 형사사건 또는 징계사건에 관하여 수사기관이나 법원 또는 징계기관이 국가의 형벌권 또는 징계권의 유무를 확인하는 데 관계있다고 인정되는 일체의 자료를 의미하고, 타인에게 유리한 것이건 불리한 것이건 가리지 아니하며 또 증거가치의 유무 및 정도를 불문한다.

③ 증거위조죄에서 '위조'란 문서에 관한 죄에 있어서의 위조 개념과는 달리 새로운 증거의 창조를 의미하는 것이므로 존재하지 아니한 증거를 이전부터 존재하고 있는 것처럼 작출하는 행위도 증거위조에 해당한다.

④ 증거가 문서의 형식을 갖는 경우 그 작성권한의 유무나 내용의 진실성을 검토하여 이른바 부진정문서에 해당하는 것이 증거위조죄에 있어서의 증거에 해당한다.

해설

④ [×] 증거가 문서의 형식을 갖는 경우 증거위조죄에 있어서의 증거에 해당하는지 여부가 그 작성권한의 유무나 내용의 진실성에 좌우되는 것은 아니다(대법원 2011.7.28, 2010도2244 참고인 허위진술서 제출 사건). 진정문서인지 부진정문서인지 불문하고 증거위조죄에 있어 증거가 될 수 있다. 진정문서는 문서의 명의인과 작성자가 일치하는 경우이고, 부진정문서는 일치하지 않는 문서이다.

① [○] 증거인멸죄에서 '증거'라 함은 타인의 형사사건 또는 징계사건에 관하여 수사기관이나 법원 또는 징계기관이 국가의 형벌권 또는 징계권의 유무를 확인하는 데 관계있다고 인정되는 일체의 자료를 의미하고, **타인에게 유리한 것이건 불리한 것이건 가리지 아니하며 또 증거가치의 유무 및 정도를 불문한다**(대법원 2013.11.28, 2011도5329 공직윤리지원관실 불법사찰 사건 II).

② [○] 증거위조죄에서 '증거'라 함은 타인의 형사사건 또는 징계사건에 관하여 수사기관이나 법원 또는 징계기관이 국가의 형벌권 또는 징계권의 유무를 확인하는 데 관계있다고 인정되는 일체의 자료를 의미하고, **타인에게 유리한 것이건 불리한 것이건 가리지 아니하며 또 증거가치의 유무 및 정도를 불문한다**(대법원 2013.12.26, 2013도8085 친딸 성폭행 후 증거위조 사건).

③ [○] 증거위조죄에서 '위조'란 문서에 관한 죄에 있어서의 위조 개념과는 달리 새로운 증거의 창조를 의미하는 것이므로 **존재하지 아니한 증거를 이전부터 존재하고 있는 것처럼 작출하는 행위도 증거위조에 해당한다**(대법원 2011.7.28, 2010도2244 참고인 허위진술서 제출 사건).

정답 | 696 ④ 697 ④

698 다음 중 증거위조죄가 성립하는 것은 모두 몇 개인가? (다툼이 있으면 판례에 의함) [Superlative ★★★]

1 2 3

㉠ 참고인이 수사기관에서 허위의 진술을 한 경우
㉡ 참고인이 허위의 사실확인서나 진술서를 작성하여 수사기관 등에 제출하거나 제3자에게 교부하여 제3자가 이를 제출한 경우
㉢ 선서무능력자로서 범죄 현장을 목격하지도 못한 사람으로 하여금 형사법정에서 범죄 현장을 목격한 양 허위의 증언을 하도록 한 경우
㉣ 참고인이 제3자와 대화를 하면서 허위로 진술하고 위와 같은 허위 진술이 담긴 대화 내용을 녹음한 녹음 파일 또는 이를 녹취한 녹취록을 만들어 수사기관 등에 제출한 경우
㉤ 법률행위 당시에는 존재하지 아니하였던 처분문서, 즉 그 외형 및 내용상 법률행위가 그 문서 자체에 의하여 이루어진 것과 같은 외관을 가지는 문서를 사후에 그 작성일을 소급하여 작성한 경우
㉥ 변호사인 甲이 乙 명의 은행 계좌에서 X회사 명의 은행 계좌에 금원을 송금하고 다시 되돌려 받는 행위를 반복한 후 그 중 송금자료만을 발급받아 이를 3억 5,000만원을 변제하였다는 허위 주장과 함께 법원에 제출한 경우

① 1개 ② 2개
③ 3개 ④ 4개

해설

② ㉣㉤ 2항목의 경우 증거위조죄가 성립한다.

㉠ 증거위조죄에서 '증거를 위조한다' 함은 증거 자체를 위조함을 말하는 것이고, 참고인이 수사기관에서 허위의 진술을 하는 것은 이에 포함되지 아니한다(대법원 1995.4.7, 94도3412 참고인 허위진술 사건).

㉡ 참고인이 사실확인서나 진술서를 작성하여 수사기관 등에 제출하거나 또는 제3자에게 교부하여 제3자가 이를 제출한 것은 존재하지 않는 문서를 이전부터 존재하고 있는 것처럼 작출하는 등의 방법으로 새로운 증거를 창조한 것이 아닐뿐더러, 참고인이 수사기관에서 허위의 진술을 하는 것과 차이가 없으므로 증거위조죄를 구성하지 않는다(대법원 2011.7.28, 2010도2244 참고인 허위진술서 제출 사건).

㉢ 증거위조죄에서 '증거를 위조한다' 함은 증거 자체를 위조함을 말하는 것으로서, 선서무능력자로서 범죄 현장을 목격하지도 못한 사람으로 하여금 형사법정에서 범죄 현장을 목격한 양 허위의 증언을 하도록 하는 것은 증거위조죄를 구성하지 아니한다(대법원 1998.2.10, 97도2961 선서무능력자 허위증언 사건).

㉣ 참고인이 제3자와 대화를 하면서 허위로 진술하고 위와 같은 허위 진술이 담긴 대화 내용을 녹음한 녹음파일 또는 이를 녹취한 녹취록을 만들어 수사기관 등에 제출하는 것은 (참고인이 허위의 사실확인서나 진술서를 작성하여 수사기관 등에 제출하는 것과는 달리) 증거위조죄를 구성한다(대법원 2013.12.26, 2013도8085 친딸 성폭행 후 증거위조 사건).

㉤ 타인의 형사사건과 관련하여 수사기관이나 법원에 제출하거나 현출되게 할 의도로 법률행위 당시에는 존재하지 아니하였던 처분문서, 즉 그 외형 및 내용상 법률행위가 그 문서 자체에 의하여 이루어진 것과 같은 외관을 가지는 문서를 사후에 그 작성일을 소급하여 작성하는 것은, 가사 그 작성자에게 해당 문서의 작성권한이 있고, 또 그와 같은 법률행위가 당시에 존재하였다거나 그 법률행위의 내용이 문서에 기재된 것과 큰 차이가 없다 하여도 증거위조죄의 구성요건을 충족시키는 것이라고 보아야 한다(대법원 2007.6.28, 2002도3600 최종백 국민고충처리위원회장 사건).

㉥ 변호사인 甲이 乙 명의 은행 계좌에서 X회사 명의 은행 계좌에 금원을 송금하고 다시 되돌려 받는 행위를 반복한 후 그 중 송금자료만을 발급받아 이를 3억 5,000만원을 변제하였다는 허위 주장과 함께 법원에 제출한 행위는 형법상 증거위조죄의 보호법익인 사법기능을 저해할 위험성이 있지만, 甲이 제출한 입금확인증 등은 금융기관이 금융거래에 관한 사실을 증명하기 위해 작성한 문서로서 그 내용이나 작성명의 등에 아무런 허위가 없는 이상 이를 증거의 '위조'에 해당한다고 볼 수 없고, 나아가 '위조한 증거를 사용'한 행위에 해당한다고 볼 수도 없다(대법원 2021.1.28, 2020도2642 허위 입금확인증 사건). 변호사가 자신이 변호하는 피고인의 감형을 위하여 피해자 X회사에게 알선대가 전액을 반환한 것처럼 꾸미기로 피고인의 누나 乙, X회사 등과 공모한 후, 乙로 하여금 7,000만원을 X회사 명의 은행 계좌로 이체한 후 그 즉시 X회사 측으로부터 乙 명의 은행 계좌로 7,000만원을 반환받았으며, 이어 같은 방법으로 약 1달여에 걸쳐 5,000만원, 3,000만원, 2,000만원, 6,000만원, 7,000만원, 2,000만원, 3,000만원을 각 X회사 명의 은행 계좌로 입금한 후 그 즉시 乙 명의 은행 계좌로 반환받는 방식으로 허위 입금자료를 만든 사건이다. 대법원은 가벌성의 확장을 염려하여 증거위조죄의 성립을 부정하였다.

699 다음 중 설명 중 옳은 것(○)과 옳지 않은 것(×)을 올바르게 조합한 것은? (다툼이 있으면 판례에 의함)

1 2 3 [core ★★]

> ㉠ 피고인 자신이 직접 형사처분이나 징계처분을 받게 될 것을 두려워한 나머지 자기의 이익을 위하여 그 증거가 될 자료를 인멸하였다면, 그 행위가 동시에 다른 공범자의 형사사건이나 징계사건에 관한 증거를 인멸한 결과가 된다고 하더라도 이를 증거인멸죄로 다스릴 수 없다.
>
> ㉡ 피고인 자신이 직접 형사처분이나 징계처분을 받게 될 것을 두려워한 나머지 자기의 이익을 위하여 증인이 될 사람을 도피하게 하였다면, 그 행위가 동시에 다른 공범자의 형사사건이나 징계사건에 관한 증인을 도피하게 한 결과가 된다고 하더라도 이를 증인도피죄로 처벌할 수 없다.

① ㉠ ○ ㉡ ○　　② ㉠ ○ ㉡ ×
③ ㉠ × ㉡ ○　　④ ㉠ × ㉡ ×

해설

① 이 지문이 올바른 조합이다.

㉠ [○] 피고인 자신이 직접 형사처분이나 징계처분을 받게 될 것을 두려워한 나머지 **자기의 이익을 위하여 그 증거가 될 자료를 인멸하였다면**, 그 행위가 동시에 다른 **공범자의 형사사건이나 징계사건에 관한 증거를 인멸한 결과가 된다고 하더라도 이를 증거인멸죄로 다스릴 수 없다**(대법원 2013.11.28, 2011도5329 공직윤리지원관실 불법사찰 사건Ⅱ).

㉡ [○] 피고인 자신이 직접 형사처분이나 징계처분을 받게 될 것을 두려워한 나머지 **자기의 이익을 위하여 증인이 될 사람을 도피하게 하였다면**, 그 행위가 동시에 다른 **공범자의 형사사건이나 징계사건에 관한 증인을 도피하게 한 결과가 된다고 하더라도 이를 증인도피죄로 처벌할 수 없다**(대법원 2003.3.14, 2002도6134 홍성식구파 사건).

정답 | 698 ② 699 ①

700 무고죄에 관한 다음 설명 중 옳지 않은 것은? (다툼이 있으면 판례에 의함) [Essential ★]

1 2 3

① 무고죄는 국가의 형사사법권 또는 징계권의 적정한 행사를 주된 보호법익으로 하고 다만, 개인의 부당하게 처벌 또는 징계받지 아니할 이익을 부수적으로 보호하는 죄이다.

② 무고죄에서 신고자가 그 신고내용을 허위라고 믿었다고 한다면 비록 그것이 객관적으로 진실한 사실에 부합할 때라도 이는 허위사실의 신고에 해당하여 무고죄가 성립한다.

③ 무고죄에서의 허위사실 적시의 정도는 수사관서 또는 감독관서에 대하여 수사권 또는 징계권의 발동을 촉구하는 정도의 것이면 충분하고 반드시 범죄구성요건 사실이나 징계요건 사실을 구체적으로 명시하여야 하는 것은 아니다.

④ 무고죄는 신고한 사실이 객관적 진실에 반하는 허위사실이라는 점에 관하여는 적극적인 증명이 있어야 하며, 신고사실의 진실성을 인정할 수 없다는 점만으로 곧 그 신고사실이 객관적 진실에 반하는 허위사실이라고 단정하여 무고죄의 성립을 인정할 수 없다.

해설

② [×] 무고죄에서 신고자가 그 신고내용을 허위라고 믿었다 하더라도 그것이 객관적으로 진실한 사실에 부합할 때에는 허위사실의 신고에 해당하지 않아 무고죄는 성립하지 않는다(대법원 1991.10.11, 91도1950).

① [○] 무고죄는 **국가의 형사사법권 또는 징계권의 적정한 행사를 주된 보호법익으로 하고** 다만, **개인의 부당하게 처벌 또는 징계받지 아니할 이익을 부수적으로 보호하는 죄이다**(대법원 2006.8.25, 2006도3631).

③ [○] 무고죄에서의 허위사실 적시의 정도는 수사관서 또는 감독관서에 대하여 수사권 또는 징계권의 발동을 촉구하는 정도의 것이면 충분하고 반드시 **범죄구성요건 사실이나 징계요건 사실을 구체적으로 명시하여야 하는 것은 아니다**(대법원 2014.12.24, 2012도4531 해병대 사령관 음해 사건).

④ [○] 무고죄는 신고한 사실이 객관적 진실에 반하는 허위사실이라는 점에 관하여는 적극적인 증명이 있어야 하며, 신고사실의 진실성을 인정할 수 없다는 점만으로 곧 그 신고사실이 **객관적 진실에 반하는 허위사실이라고 단정하여 무고죄의 성립을 인정할 수 없다**(대법원 2014.2.13, 2011도15767).

701 무고죄에 관한 다음 설명 중 옳지 않은 것은? (다툼이 있으면 판례에 의함) [Essential ★]

1 2 3

① 피고인 甲이 변호사인 피해자 A로 하여금 징계처분을 받게 할 목적으로 서울지방변호사회에 허위사실의 진정서를 제출한 경우 무고죄가 성립한다.

② 피고인이 사립대학교 교원들로 하여금 징계처분을 받게 할 목적으로 국민권익위원회에서 운영하는 범정부 국민포털인 국민신문고에 민원을 제기한 경우 무고죄가 성립한다.

③ 국세청장은 조세범칙행위에 대하여 벌금 상당액의 통고처분을 하거나 검찰에 이를 고발할 수 있는 권한이 있으므로, 국세청장에 대하여 탈세혐의사실에 관한 허위의 진정서를 제출하였다면 무고죄가 성립한다.

④ 대통령은 법무부장관에 대한 지휘감독을 통해서 수사기관의 직권발동을 촉구시킬 수 있는 위치에 있다고 할 것이므로 형사처분을 받게 할 목적으로 허위사실을 진정의 형식으로 대통령에게 신고하면 그로써 무고죄는 성립된다.

해설

② [×] (1) 학교법인 등의 사립학교 교원에 대한 인사권의 행사로서 징계 등 불리한 처분은 사법적 법률행위의 성격을 가지므로, 사립학교 교원에 대한 학교법인 등의 징계처분은 무고죄에서의 '징계처분'에 포함되지 않는다. (2) 피고인이 사립대학교 교원들로 하여금 징계처분을 받게 할 목적으로 국민권익위원회에서 운영하는 범정부 국민포털인 국민신문고에 민원을 제기하였더라도 무고죄가 성립하지 아니한다(대법원 2014.7.24, 2014도6377 대학교수 시동생 무고 사건).

① [O] 피고인 甲이 변호사인 피해자 A로 하여금 징계처분을 받게 할 목적으로 **서울지방변호사회에 허위사실의 진정서를 제출한 경우 무고죄가 성립한다**(대법원 2010.11.25, 2010도10202 변호사 무고 사건).

③ [O] 국세청장은 조세범칙행위에 대하여 벌금 상당액의 통고처분을 하거나 검찰에 이를 고발할 수 있는 권한이 있으므로, 국세청장에 대하여 탈세혐의사실에 관한 **허위의 진정서를 제출하였다면 무고죄가 성립한다**(대법원 1991.12.13, 91도2127 국세청에 진정서 제출 사건).

④ [O] 대통령은 법무부장관에 대한 지휘감독을 통해서 수사기관의 직권발동을 촉구시킬 수 있는 위치에 있다고 할 것이므로 형사처분을 받게 할 목적으로 허위사실을 진정의 형식으로 **대통령에게 신고하면 그로써 무고죄는 성립된다**(대법원 1977.6.28, 77도1445).

정답 | 700 ② 701 ②

702 무고죄에 관한 다음 설명 중 옳지 않은 것은? (다툼이 있으면 판례에 의함) [core ★★]

1 2 3

① 무고죄에 있어서 범의는 반드시 확정적 고의임을 요하지 아니하고 미필적 고의로서도 족하다 할 것이므로, 무고죄는 신고자가 진실하다는 확신 없는 사실을 신고함으로써 성립하고 그 신고사실이 허위라는 것을 확신함을 필요로 하지 않는다.

② 무고죄는 진실하다는 확신 없는 사실을 신고함으로써 성립하고 그 신고사실이 허위라는 것을 확신함을 필요로 하지 않는다고 할 것이고, 또 고소를 한 목적이 상대방을 처벌받도록 하는 데 있지 않고 시비를 가려달라는 데에 있다고 하여 무고죄의 범의가 없다고 할 수는 없다.

③ 무고죄에서 형사처분 또는 징계처분을 받게 할 목적은 허위신고를 함에 있어서 다른 사람이 그로 인하여 형사 또는 징계처분을 받게 될 것이라는 인식이 있으면 족한 것이고 그 결과발생을 희망하는 것까지를 요하는 것은 아니므로, 고소인이 고소장을 수사기관에 제출한 이상 그러한 인식은 있었다고 보아야 한다.

④ 고소당한 범죄가 유죄로 인정되는 경우에, 고소를 당한 사람이 고소인에 대하여 '고소당한 죄의 혐의가 없는 것으로 인정된다면 고소인이 자신을 무고한 것에 해당하므로 고소인을 처벌해 달라'는 내용의 고소장을 제출한 경우 그것은 자신의 결백을 주장하기 위한 것으로 볼 수 있으므로 고소인을 무고한다는 범의를 인정하기 어렵다.

해설

④ [×] 고소당한 범죄가 유죄로 인정되는 경우에, 고소를 당한 사람이 고소인에 대하여 '고소당한 죄의 혐의가 없는 것으로 인정된다면 고소인이 자신을 무고한 것에 해당하므로 고소인을 처벌해 달라'는 내용의 고소장을 제출하였다면 설사 그것이 자신의 결백을 주장하기 위한 것이라고 하더라도 방어권의 행사를 벗어난 것으로서 고소인을 무고한다는 범의를 인정할 수 있다(대법원 2007.3.15, 2006도9453 의제강간 미수 사건).

① [O] 무고죄에 있어서 범의는 반드시 확정적 고의임을 요하지 아니하고 미필적 고의로서도 족하다 할 것이므로, 무고죄는 신고자가 진실하다는 확신 없는 사실을 신고함으로써 성립하고 그 **신고사실이 허위라는 것을 확신함을 필요로 하지 않는다**(대법원 2006.5.25, 2005도4642).

② [O] 무고죄는 진실하다는 확신 없는 사실을 신고함으로써 성립하고 그 신고사실이 허위라는 것을 확신함을 필요로 하지 않는다고 할 것이고, 또 고소를 한 목적이 상대방을 처벌받도록 하는 데 있지 않고 **시비를 가려달라는 데에 있다고 하여 무고죄의 범의가 없다고 할 수는 없다**(대법원 2007.4.26, 2007도1423).

③ [O] 무고죄에서 형사처분 또는 징계처분을 받게 할 목적은 허위신고를 함에 있어서 다른 사람이 그로 인하여 형사 또는 징계처분을 받게 될 것이라는 인식이 있으면 족한 것이고 그 결과발생을 희망하는 것까지를 요하는 것은 아니므로, 고소인이 **고소장을 수사기관에 제출한 이상 그러한 인식은 있었다고 보아야 한다**(대법원 2014.3.13, 2012도2468 위조 · 행사 여부를 가려달라 사건).

703 무고죄에 관한 다음 중 설명 중 옳은 것(○)과 옳지 않은 것(×)을 올바르게 조합한 것은? (다툼이 있으면 판례에 의함) [core ★★]

1 2 3

> ㉠ 고소인이 피무고자의 승낙을 받아 허위사실을 기재한 고소장을 제출하였다고 한다면 고소인에게는 타인으로 하여금 형사처분 또는 징계처분을 받게 하려는 목적이 있다고 할 수 없으므로 무고죄는 성립하지 아니한다.
>
> ㉡ 진실한 객관적인 사실들에 근거하여 고소인이 피고소인의 주관적인 의사에 관하여 갖게 된 의심을 고소장에 기재하였을 경우에 법률 전문가 아닌 일반인의 입장에서 볼 때 그와 같은 의심을 갖는 것이 충분히 합리적인 근거가 있다고 볼 수 있다면, 비록 그 의심이 나중에 진실하지 않는 것으로 밝혀졌다고 하여 곧바로 고소인에게 무고의 미필적 고의가 있었다고 단정하여서는 안 된다.

① ㉠ ○ ㉡ ○　　② ㉠ ○ ㉡ ×

③ ㉠ × ㉡ ○　　④ ㉠ × ㉡ ×

해설

③ 이 지문이 올바른 조합이다.

㉠ [×] 설사 무고에 있어서 피무고자의 승낙이 있었다고 하더라도 무고죄의 성립에는 영향을 미치지 못하고, 무고죄에 있어서 형사처분 또는 징계처분을 받게 할 목적은 허위신고를 함에 있어서 다른 사람이 그로 인하여 형사 또는 징계처분을 받게 될 것이라는 인식이 있으면 족한 것이고 그 결과발생을 희망하는 것까지를 요하는 것은 아니므로, 고소인이 고소장을 수사기관에 제출한 이상 그러한 인식은 있었다고 보아야 한다(대법원 2005.9.30, 2005도2712 합의주선용 무고사건).

㉡ [○] 진실한 객관적인 사실들에 근거하여 고소인이 피고소인의 주관적인 의사에 관하여 갖게 된 의심을 고소장에 기재하였을 경우에 법률 전문가 아닌 일반인의 입장에서 볼 때 그와 같은 의심을 갖는 것이 충분히 합리적인 근거가 있다고 볼 수 있다면, 비록 그 의심이 나중에 진실하지 않는 것으로 밝혀졌다고 하여 곧바로 **고소인에게 무고의 미필적 고의가 있었다고 단정하여서는 안 된다**(대법원 1996.3.26, 95도2998).

정답 | 702 ④　703 ③

704 무고죄에 관한 다음 설명 중 옳지 않은 것은? (다툼이 있으면 판례에 의함) [Essential ★]

1 2 3

① 공무소에 대하여 허위사실을 신고하였다고 하더라도 신고된 범죄사실에 대한 공소시효가 완성되었음이 신고내용 자체에 의하여 분명한 경우에는 형사처분의 대상이 되지 않는 것이므로 무고죄가 성립하지 아니한다.

② 객관적으로 고소사실에 대한 공소시효가 완성되었다면 비록 고소를 제기하면서 마치 공소시효가 완성되지 아니한 것처럼 고소한 경우라도 무고죄는 성립하지 아니한다.

③ 무고죄에서 그 신고된 범죄사실이 이미 공소시효가 완성된 것이어서 무고죄가 성립하지 아니하는 경우에 해당하는지 여부는 그 신고시를 기준으로 하여 판단하여야 한다.

④ 공무소에 대하여 허위의 사실을 신고하였다고 하더라도 그 사실이 친고죄로서 그에 대한 고소기간이 경과하여 공소를 제기할 수 없음이 그 신고내용 자체에 의하여 분명한 때에는 무고죄는 성립하지 아니한다.

해설

② [×] 객관적으로 고소사실에 대한 공소시효가 완성되었더라도 고소를 제기하면서 마치 공소시효가 완성되지 아니한 것처럼 고소한 경우에는 국가기관의 직무를 그르칠 염려가 있으므로 무고죄를 구성한다(대법원 1995.12.5, 95도1908).

① [○] 공무소에 대하여 허위사실을 신고하였다고 하더라도 신고된 범죄사실에 대한 공소시효가 완성되었음이 신고내용 자체에 의하여 분명한 경우에는 형사처분의 대상이 되지 않는 것이므로 **무고죄가 성립하지 아니한다**(대법원 1994.2.8, 93도3445 시효완성 사문서위조 고소 사건).

③ [○] (1) 무고죄에서 그 신고된 범죄사실이 이미 공소시효가 완성된 것이어서 무고죄가 성립하지 아니하는 경우에 해당하는지 여부는 그 신고시를 기준으로 하여 판단하여야 한다. (2) 피고인 甲이 피해자 A의 폭행일시를 특정하지 아니한 고소장을 경찰서 민원실에 제출·접수한 후, 고소인 보충진술시에 그 폭행일시를 '2003.3.경'으로 특정하여 그 진술 당시 아직 공소시효가 완성되지 아니한 범죄사실을 신고한 것임이 명백한 경우 **무고죄의 죄책을 면할 수 없다**(대법원 2008.3.27, 2007도11153 폭행일시 특정 사건).

④ [○] 공무소에 대하여 허위의 사실을 신고하였다고 하더라도 그 사실이 친고죄로서 그에 대한 고소기간이 경과하여 공소를 제기할 수 없음이 그 신고내용 자체에 의하여 분명한 때에는 **무고죄는 성립하지 아니한다**(대법원 2018.7.11, 2018도1818 누나 동생 무고사건).

705 1 2 3 다음 중 무고죄에 관한 다음 설명 중 옳지 않은 것은? (다툼이 있으면 판례에 의함) [core ★★]

① 피고인이 객관적인 사실관계를 자신이 인식한 대로 신고하는 이상 객관적인 사실을 토대로 한 나름대로의 주관적, 법적 구성이나 평가에 잘못이 있다 하더라도 이는 허위의 사실을 신고한 것에 해당한다고 볼 수 없어 무고죄가 성립하지 아니한다.

② 피고인 자신이 상대방의 범행에 공범으로 가담하였음에도 자신의 가담사실을 숨기고 상대방만을 고소한 경우, 이는 상대방의 범죄사실의 성립 여부에 직접 영향을 주는 내용에 관계되는 것이므로 무고죄가 성립한다.

③ 피고인이 위법성조각사유가 있음을 알면서도 '피고소인이 허위사실을 공표하였다'라고 고소한 경우, 이는 피고소인을 공직선거법 제251조 단서 소정의 위법성조각사유가 적용되지 않는 같은 법 제250조의 허위사실공표죄로 처벌되어야 한다고 주장한 것과 같은 것이므로 무고죄가 성립한다.

④ 위증으로 고소, 고발한 사실 중 위증한 당해 사건의 요증사항이 아니고 재판결과에 영향을 미친바 없는 사실만이 허위라고 인정되더라도 무고죄의 성립에는 영향이 없다.

해설

② [×] 피고인의 고소내용이 상대방의 범행 부분에 관한 한 진실에 부합하므로 이를 허위의 사실로 볼 수 없고, 상대방의 범행에 피고인이 공범으로 가담한 사실을 숨겼다고 하여도 그것이 상대방에 대한 관계에서 독립하여 형사처분 등의 대상이 되지 아니할뿐더러 전체적으로 보아 상대방의 범죄사실의 성립 여부에 직접 영향을 줄 정도에 이르지 아니하는 내용에 관계되는 것이므로 무고죄가 성립하지 않는다(대법원 2010.2.25, 2009도1302 전세자금편취 공범 무고 사건).

① [○] 피고인이 객관적인 사실관계를 자신이 인식한 대로 신고하는 이상 객관적인 사실을 토대로 한 나름대로의 주관적, 법적 구성이나 평가에 잘못이 있다 하더라도 이는 허위의 사실을 신고한 것에 해당한다고 볼 수 없어 **무고죄가 성립하지 아니한다** (대법원 1985.9.24, 84도1737).

③ [○] 피고인이 위법성조각사유가 있음을 알면서도 '피고소인이 허위사실을 공표하였다'라고 고소한 경우, 이는 피고소인을 공직선거법 제251조 단서 소정의 위법성조각사유가 적용되지 않는 같은 법 제250조의 **허위사실공표죄로 처벌되어야 한다고 주장한 것과 같은 것이므로 무고죄가 성립한다**(법원 1998.3.24, 97도2956).

④ [○] 위증으로 고소, 고발한 사실 중 위증한 당해 사건의 **요증사항이 아니고 재판결과에 영향을 미친바 없는 사실만이 허위라고 인정되더라도 무고죄의 성립에는 영향이 없다**(대법원 1989.9.26, 88도1533).

정답 | 704 ② 705 ②

706 무고죄에 관한 다음 설명 중 옳지 않은 것은? (다툼이 있으면 판례에 의함) [Essential ★]

1 2 3

① 스스로 본인을 무고하는 자기무고는 무고죄의 구성요건에 해당하지 아니하여 무고죄를 구성하지 않는다.

② 무고죄에 있어서 피무고자의 승낙이 있었다고 하더라도 무고죄의 성립에 영향을 미치지 못한다.

③ 자기 자신을 무고하기로 제3자와 공모하고 이에 따라 무고행위에 가담한 경우, 비록 자기 자신에게는 무고죄의 구성요건에 해당하지 않더라도 그 제3자들과 함께 무고죄의 공동정범으로 처벌할 수 있다.

④ 피무고자의 교사·방조하에 제3자가 피무고자에 대한 허위의 사실을 신고한 경우에는 제3자의 행위는 무고죄의 구성요건에 해당하여 무고죄를 구성하므로 제3자를 교사·방조한 피무고자도 교사·방조범으로서의 죄책을 부담한다.

해설

③ [×] (1) 범죄의 실행에 가담한 사람이라고 할지라도 그가 공동의 의사에 따라 다른 공범자를 이용하여 실현하려는 행위가 자신에게는 범죄를 구성하지 않는다면, 특별한 사정이 없는 한 공동정범의 죄책을 진다고 할 수 없다. 자기 자신을 무고하기로 제3자와 공모하고 이에 따라 무고행위에 가담하였다고 하더라도 이는 자기 자신에게는 무고죄의 구성요건에 해당하지 않아 범죄가 성립할 수 없는 행위를 실현하고자 한 것에 지나지 않아 무고죄의 공동정범으로 처벌할 수 없다. (2) 甲이 乙, 丙과 공모한 후, 乙이 그 공모에 따라 甲을 처벌하여 달라는 허위 내용의 고소장을 작성하여 제출하였더라도 甲을 乙, 丙과 함께 무고죄의 공동정범으로 처벌할 수 없다(대법원 2017.4.26, 2013도12592 자기무고 공모 사건).

① [O] 스스로 본인을 무고하는 자기무고는 무고죄의 구성요건에 해당하지 아니하여 **무고죄를 구성하지 않는다**(대법원 2008.10.23, 2008도4852 자기무고 방조 사건).

② [O] 자기 자신을 무고하기로 제3자와 공모하고 이에 따라 무고행위에 가담한 경우, 비록 자기 자신에게는 무고죄의 구성요건에 해당하지 않더라도 그 제3자들과 함께 **무고죄의 공동정범으로 처벌할 수 있다**(대법원 2005.9.30, 2005도2712 합의주선용 무고사건).

④ [O] 피무고자의 교사·방조하에 제3자가 피무고자에 대한 허위의 사실을 신고한 경우에는 제3자의 행위는 무고죄의 구성요건에 해당하여 무고죄를 구성하므로 제3자를 교사·방조한 **피무고자도 교사·방조범으로서의 죄책을 부담한다**(대법원 2008.10.23, 2008도4852 자기무고 방조 사건).

707 무고죄에 관한 다음 설명 중 옳지 않은 것은? (다툼이 있으면 판례에 의함) [core ★★]

1 2 3

① 무고죄는 타인으로 하여금 형사처분을 받게 할 목적으로 수사기관에 신고함으로써 성립하고 그 신고를 받은 공무원이 수사에 착수하였는지의 여부는 그 범죄의 성립에 영향을 주지 않는다.

② 피고인이 최초에 작성한 허위내용의 고소장을 경찰관에게 제출하였을 때 이미 허위사실의 신고가 수사기관에 도달되어 무고죄의 기수에 이른 것이라 할 것이므로 그 후에 그 고소장을 되돌려 받았다 하더라도 이는 무고죄의 성립에 아무런 영향이 없다.

③ 허위로 신고한 사실이 무고행위 당시 형사처분의 대상이 될 수 있었던 경우라도, 이후 그러한 사실이 형사범죄가 되지 않는 것으로 판례가 변경되었다고 한다면 특별한 사정이 없는 한 무고죄는 성립하지 아니한다.

④ 무고죄에 있어서 형의 필요적 감경 또는 면제사유인 자백의 절차에 관해서는 아무런 법령상의 제한이 없으므로 그가 신고한 사건을 다루는 기관에 대한 고백이나 그 사건을 다루는 재판부에 증인으로 다시 출석하여 전에 그가 한 신고가 허위의 사실이었음을 고백하는 것은 물론 무고사건의 피고인 또는 피의자로서 법원이나 수사기관에서의 신문에 의한 고백 또한 자백의 개념에 포함된다.

해설

③ [×] 허위로 신고한 사실이 무고행위 당시 형사처분의 대상이 될 수 있었던 경우에는 국가의 형사사법권의 적정한 행사를 그르치게 할 위험과 부당하게 처벌받지 않을 개인의 법적 안정성이 침해될 위험이 이미 발생하였으므로 무고죄는 기수에 이르고, 이후 그러한 사실이 형사범죄가 되지 않는 것으로 판례가 변경되었다고 하더라도 특별한 사정이 없는 한 이미 성립한 무고죄에는 영향을 미치지 않는다(대법원 2017.5.30, 2015도15398 고소 후 판례변경 사건). 甲이 A를 상대로 "A는 대물변제하기로 한 부동산을 임의로 제3자에게 처분하였다"라고 허위로 고소하였는데, 이러한 행위는 고소 당시 판례에 의할 때 배임죄에 해당하므로 (비록 고소 이후에 전원합의체 판결에 의하여 배임죄에 해당하지 않는 것으로 판례가 변경되었다고 하더라도) 무고죄가 성립한다는 취지의 판례이다.

① [○] 무고죄는 타인으로 하여금 형사처분을 받게 할 목적으로 수사기관에 신고함으로써 성립하고 그 신고를 받은 공무원이 수사에 착수하였는지의 여부는 그 **범죄의 성립에 영향을 주지 않는다**(대법원 1983.9.27, 83도1975).

② [○] 피고인이 최초에 작성한 허위내용의 고소장을 경찰관에게 제출하였을 때 이미 허위사실의 신고가 수사기관에 도달되어 무고죄의 기수에 이른 것이라 할 것이므로 그 후에 그 고소장을 되돌려 받았다 하더라도 이는 **무고죄의 성립에 아무런 영향이 없다**(대법원 1985.2.8, 84도2215 횡령착복 자임 사건).

④ [○] 무고죄에 있어서 형의 필요적 감경 또는 면제사유인 자백의 절차에 관해서는 아무런 법령상의 제한이 없으므로 그가 신고한 사건을 다루는 기관에 대한 고백이나 그 사건을 다루는 **재판부에 증인으로 다시 출석하여 전에 그가 한 신고가 허위의 사실이었음을 고백하는 것은 물론 무고사건의 피고인 또는 피의자로서 법원이나 수사기관에서의 신문에 의한 고백 또한 자백의 개념에 포함된다**(대법원 2018.8.1, 2018도7293 항소심 무고자백 사건).

정답 | 706 ③ 707 ③

police.Hackers.com

제3편

형사소송법 수사

708 검사가 사법경찰관에게 보완수사를 요구할 수 있는 사유로서 옳은 것은? [Essential ★]

1 2 3

① 검사가 사법경찰관과 동일한 범죄사실을 수사하게 된 경우

② 시정조치 요구가 정당한 이유 없이 이행되지 않았다고 인정되는 경우

③ 송치사건의 공소제기 여부 결정 또는 공소의 유지에 관하여 필요한 경우나 사법경찰관이 신청한 영장의 청구 여부 결정에 관하여 필요한 경우

④ 사법경찰관리의 수사과정에서 법령위반, 인권침해 또는 현저한 수사권 남용이 의심되는 사실의 신고가 있거나 그러한 사실을 인식하게 된 경우

해설

③ [O] 이는 검사가 사법경찰관에게 **보완수사를 요구할 수 있는 사유이다**(제197조의2 제1항).

①② [×] 이들은 검사가 사법경찰관에 사건송치를 요구할 수 있는 사유이다(제197조의4 제1항, 제197조의3 제5항).

④ [×] 이는 검사가 사법경찰관에게 사건기록의 등본 송부를 요구할 수 사유와 시정조치를 요구할 수 있는 사유이다(제197조의3 제1항 · 제5항).

☑ 검사의 경찰에 대한 통제

구분	내용
보완수사 요구	송치사건의 공소제기 여부 결정 또는 공소의 유지에 관하여 필요한 경우나 사법경찰관이 신청한 영장의 청구 여부 결정에 관하여 필요한 경우 ⇨ 사법경찰관이 정당한 이유 없이 보완수사 요구에 따르지 아니하는 때에는 해당 사법경찰관의 직무배제 또는 징계를 요구할 수 있음
사건기록 등본 송부 요구	사법경찰관리의 수사과정에서 법령위반, 인권침해 또는 현저한 수사권 남용이 의심되는 사실의 신고가 있거나 그러한 사실을 인식하게 된 경우 ⇨ 수사과정에서 법령위반, 인권침해 또는 현저한 수사권 남용이 있었던 때에는 해당 사법경찰관리의 징계를 요구할 수 있음
시정조치 요구	(사건기록 등본의 송부를 받고) 필요하다고 인정되는 경우
사건송치 요구	① 시정조치 요구가 정당한 이유 없이 이행되지 않았다고 인정되는 경우 ② 검사가 사법경찰관과 동일한 범죄사실을 수사하게 된 경우
재수사 요청	사법경찰관이 사건을 송치하지 아니한 것이 위법 또는 부당한 경우

709 다음 중 검사가 사법경찰관에게 사건을 송치할 것을 요구할 수 있는 사유는 모두 몇 개인가?

1 2 3

[core ★★]

㉠ 검사가 사법경찰관과 동일한 범죄사실을 수사하게 된 경우
㉡ 사법경찰관이 사건을 송치하지 아니한 것이 위법 또는 부당한 경우
㉢ 시정조치 요구가 정당한 이유 없이 이행되지 않았다고 인정되는 경우
㉣ 송치사건의 공소제기 여부 결정 또는 공소의 유지에 관하여 필요한 경우나 사법경찰관이 신청한 영장의 청구 여부 결정에 관하여 필요한 경우
㉤ 사법경찰관리의 수사과정에서 법령위반, 인권침해 또는 현저한 수사권 남용이 의심되는 사실의 신고가 있거나 그러한 사실을 인식하게 된 경우

① 1개 ② 2개

③ 3개 ④ 4개

해설

② ㉠㉢ 2항목이 검사가 사법경찰관에게 사건을 송치할 것을 요구할 수 있는 사유이다.
㉠ 제197조의4 제1항
㉡ 이는 검사가 사법경찰관에게 재수사를 요청할 수 있는 사유이다(제245조의8 제1항).
㉢ 제197조의3 제3항
㉣ 이는 검사가 사법경찰관에게 보완수사를 요구할 수 있는 사유이다(제197조의2 제1항).
㉤ 이는 검사가 사법경찰관에게 사건기록의 등본 송부를 요구할 수 사유와 시정조치를 요구할 수 있는 사유이다(제197조의3 제1항 · 제5항).

710 1 2 3 다음은 검사의 사법경찰관에 대한 보완수사 요구를 설명한 것이다. 옳지 않은 것은? [Essential ★]

① 검사는 사법경찰관이 사건을 송치하지 아니한 것이 위법 또는 부당한 경우에 해당하는 경우에 사법경찰관에게 보완수사를 요구할 수 있다.

② 검사는 사법경찰관이 신청한 영장의 청구 여부 결정에 관하여 필요한 경우에 사법경찰관에게 보완수사를 요구할 수 있다.

③ 사법경찰관은 보완수사 요구가 있는 때에는 정당한 이유가 없는 한 지체 없이 이를 이행하고, 그 결과를 검사에게 통보하여야 한다.

④ 검찰총장 또는 각급 검찰청 검사장은 사법경찰관이 정당한 이유 없이 보완수사 요구에 따르지 아니하는 때에는 권한 있는 사람에게 해당 사법경찰관의 직무배제 또는 징계를 요구할 수 있다.

해설

① [×] 사법경찰관이 사건을 송치하지 아니한 것이 위법 또는 부당한 경우에 해당하는 경우는 재수사 요청 사유이다(제245조의8 제1항).
② [○] 검사는 **송치사건의 공소제기 여부 결정 또는 공소의 유지에 관하여 필요한 경우나** 사법경찰관이 신청한 영장의 청구 여부 결정에 관하여 필요한 경우에 사법경찰관에게 **보완수사를 요구할 수 있다**(제197조의2 제1항).
③ [○] 사법경찰관은 보완수사 요구가 있는 때에는 정당한 이유가 없는 한 지체 없이 이를 이행하고, 그 **결과를 검사에게 통보하여야 한다**(제197조의2 제2항).
④ [○] 검찰총장 또는 각급 검찰청 검사장은 사법경찰관이 정당한 이유 없이 보완수사 요구에 따르지 아니하는 때에는 권한 있는 사람에게 해당 사법경찰관의 **직무배제 또는 징계를 요구할 수 있다**(제197조의2 제3항).

정답 | 708 ③ 709 ② 710 ①

711 다음은 검사의 사법경찰관에 대한 시정조치 요구 등을 설명한 것이다. 옳지 않은 것은? [Essential ★]

1 2 3

① 검사는 사법경찰관리의 수사과정에서 법령위반, 인권침해 또는 현저한 수사권 남용이 의심되는 사실의 신고가 있거나 그러한 사실을 인식하게 된 경우에는 사법경찰관에게 사건기록 등본의 송부를 요구할 수 있다.

② 송부 요구를 받은 사법경찰관은 지체 없이 검사에게 사건기록 등본을 송부하여야 한다. 송부를 받은 검사는 필요하다고 인정되는 경우에는 사법경찰관에게 시정조치를 요구할 수 있다.

③ 사법경찰관은 시정조치 요구가 있는 때에는 정당한 이유가 없는 한 지체 없이 이를 이행하고, 그 결과를 검사에게 통보하여야 한다.

④ 통보를 받은 검사는 시정조치 요구가 정당한 이유 없이 이행되지 않았다고 인정되는 경우에는 해당 사건의 수사 중지를 명하고, 임용권자에게 그 사법경찰관의 교체임용을 요구할 수 있다.

해설

④ [×] 통보를 받은 검사는 시정조치 요구가 정당한 이유 없이 이행되지 않았다고 인정되는 경우에는 사법경찰관에게 사건을 송치할 것을 요구할 수 있다. 송치 요구를 받은 사법경찰관은 검사에게 사건을 송치하여야 한다(제197조의3 제1항부터 제5항 · 제6항).

①②③ [○] 검사는 사법경찰관리의 수사과정에서 법령위반, 인권침해 또는 현저한 수사권 남용이 의심되는 사실의 신고가 있거나 그러한 사실을 인식하게 된 경우에는 사법경찰관에게 **사건기록 등본의 송부를 요구할 수 있다.** 송부 요구를 받은 사법경찰관은 지체 없이 검사에게 사건기록 등본을 송부하여야 한다. 송부를 받은 검사는 필요하다고 인정되는 경우에는 사법경찰관에게 **시정조치를 요구할 수 있다.** 사법경찰관은 시정조치 요구가 있는 때에는 정당한 이유가 없는 한 지체 없이 이를 이행하고, **그 결과를 검사에게 통보하여야 한다**(제197조의3 제1항부터 제4항).

712 검사가 사법경찰관과 동일한 범죄사실을 수사하게 된 때에 취할 수 있는 조치는? [Essential ★]

1 2 3

① 수사에 관하여 검사의 구체적 지휘를 받을 것을 명할 수 있다.

② 사법경찰관에게 사건을 송치할 것을 요구할 수 있고, 이 경우 사법경찰관은 검사에게 사건을 송치할 수 있다.

③ 사법경찰관에게 사건을 송치할 것을 요구할 수 있고, 이 경우 사법경찰관은 지체 없이 검사에게 사건을 송치하여야 한다. 다만, 검사가 영장을 청구하기 전에 동일한 범죄사실에 관하여 사법경찰관이 영장을 신청한 경우에는 해당 영장에 기재된 범죄사실을 계속 수사할 수 있다.

④ 사법경찰관에게 사건을 송치할 것을 요구할 수 있고, 이 경우 사법경찰관은 지체 없이 검사에게 사건을 송치하여야 한다. 다만, 검사가 영장을 발부받기 전에 동일한 범죄사실에 관하여 사법경찰관이 영장을 발부받은 경우에는 해당 영장에 기재된 범죄사실을 계속 수사할 수 있다.

해설

③ 검사는 사법경찰관과 동일한 범죄사실을 수사하게 된 때에는 사법경찰관에게 사건을 송치할 것을 요구할 수 있다(제197조의4 제1항). 제1항의 요구를 받은 사법경찰관은 지체 없이 검사에게 사건을 송치하여야 한다. 다만, 검사가 영장을 청구하기 전에 동일한 범죄사실에 관하여 사법경찰관이 영장을 신청한 경우에는 해당 영장에 기재된 범죄사실을 계속 수사할 수 있다(제197조의4 제2항).

713 다음은 사법경찰관이 신청한 영장의 청구 여부에 대한 심의를 설명한 것이다. 옳지 않은 것은?
1 2 3

[Essential ★]

① 검사가 사법경찰관이 신청한 영장을 정당한 이유 없이 판사에게 청구하지 아니한 경우 사법경찰관은 그 검사 소속의 지방검찰청 소재지를 관할하는 고등검찰청에 영장 청구 여부에 대한 심의를 신청할 수 있다.

② 영장 청구 여부에 대한 사항을 심의하기 위하여 각 고등검찰청에 영장심의위원회(이하 "심의위원회"라 한다)를 둔다.

③ 심의위원회는 위원장 1명을 포함한 20명 이내의 외부 위원으로 구성하고, 위원은 각 고등검찰청 검사장이 위촉한다.

④ 사법경찰관은 심의위원회에 출석하여 의견을 개진할 수 있다.

해설

③ [×] 심의위원회는 위원장 1명을 포함한 10명 이내의 외부 위원으로 구성하고, 위원은 각 고등검찰청 검사장이 위촉한다(제221조의5 제3항).

①②④ [○] 검사가 사법경찰관이 신청한 영장을 정당한 이유 없이 판사에게 청구하지 아니한 경우 사법경찰관은 그 검사 소속의 지방검찰청 소재지를 관할하는 **고등검찰청에 영장 청구 여부에 대한 심의를 신청할 수 있다.** 영장 청구 여부에 대한 사항을 심의하기 위하여 각 고등검찰청에 영장심의위원회(이하 "심의위원회"라 한다)를 둔다. **사법경찰관은** 심의위원회에 출석하여 **의견을 개진할 수 있다**(제221조의5 제1항 · 제2항 · 제4항).

714 검사 또는 사법경찰관이 일정한 행위에 착수한 때에는 수사를 개시한 것으로 본다. 다음 중 이러한 '일정한 행위'에 해당하지 않는 것은?
1 2 3

[core ★★]

① 피혐의자의 수사기관 출석조사

② 피의자신문조서의 작성

③ 현행범체포

④ 체포영장의 청구 또는 신청

해설

③ 현행범체포는 수사 개시한 것으로 보는 사유에 해당하지 않는다.

검사 또는 사법경찰관이 다음 각 호의 어느 하나에 해당하는 행위에 착수한 때에는 수사를 개시한 것으로 본다. 이 경우 검사 또는 사법경찰관은 해당 사건을 즉시 입건해야 한다(수사준칙 제16조 제1항).

1. 피혐의자의 수사기관 출석조사
2. 피의자신문조서의 작성
3. 긴급체포
4. 체포 · 구속영장의 청구 또는 신청
5. 사람의 신체, 주거, 관리하는 건조물, 자동차, 선박, 항공기 또는 점유하는 방실에 대한 압수 · 수색 또는 검증영장(부검을 위한 검증영장은 제외한다)의 청구 또는 신청

정답 | 711 ④ 712 ③ 713 ③ 714 ③

715 친고죄나 전속고발범죄에 있어 고소 · 고발전 수사에 관한 판례의 입장과 다른 것은? [Essential ★]

1 2 3

① 고소나 고발이 있어야 논할 수 있는 죄에 있어서 고소 또는 고발은 이른바 소추조건에 불과하고 당해 범죄의 성립요건이나 수사의 조건은 아니다.

② 고소나 고발이 있어야 논할 수 있는 죄에 관하여 고소나 고발이 있기 전에 수사를 하였더라도 그 수사가 장차 고소나 고발의 가능성이 없는 상태하에서 행해졌다는 등의 특단의 사정이 없는 한 고소나 고발이 있기 전에 수사를 하였다는 이유만으로 그 수사가 위법하게 되는 것은 아니다.

③ 인지절차(범죄인지서 작성 등)를 밟기 전에 수사를 하였다고 하더라도 그 수사가 장차 인지의 가능성이 전혀 없는 상태하에서 행해졌다는 등의 특별한 사정이 없는 한 인지절차가 이루어지기 전에 수사를 하였다는 이유만으로 그 수사가 위법하다고 볼 수는 없다.

④ 검사 작성의 피고인에 대한 피의자신문조서 등이 조세범처벌법위반에 대한 세무서장의 고발이 있기 전에 작성된 것이었다면 고발의 가능성 여부를 불문하고 그 조서는 증거능력이 부정된다.

해설

④ [×] 검사 작성의 피고인에 대한 피의자신문조서, 다른 피의자에 대한 각 피의자신문조서등본 및 제3자에 대한 각 진술조서등본이 조세범처벌법위반죄에 대한 세무서장의 고발이 있기 전에 작성된 것이라 하더라도 피고인이나 그 피의자 및 제3자 등에 대한 신문이 피고인의 조세범처벌법위반 범죄에 대한 고발의 가능성이 없는 상태하에서 이루어졌다고 볼 아무런 자료도 없다면 그들에 대한 신문이 고발 전에 이루어졌다는 이유만으로 그 조서나 각 조서등본의 증거능력을 부정할 수는 없다(대법원 1995.2.24, 94도252).

①② [○] 법률에 의하여 고소나 고발이 있어야 논할 수 있는 죄에 있어서 고소 또는 고발은 이른바 소추조건에 불과하고 당해 **범죄의 성립요건이나 수사의 조건은 아니므로** 위와 같은 범죄에 관하여 고소나 고발이 있기 전에 수사를 하였더라도, 그 수사가 장차 고소나 고발의 가능성이 없는 상태하에서 행해졌다는 등의 특단의 사정이 없는 한 고소나 고발이 있기 전에 수사를 하였다는 이유만으로 **그 수사가 위법하게 되는 것은 아니다**(대법원 2011.3.10, 2008도7724 강사 불법채용 사건).

③ [○] 인지절차(범죄인지서 작성 등)를 밟기 전에 수사를 하였다고 하더라도 그 수사가 장차 인지의 가능성이 전혀 없는 상태하에서 행해졌다는 등의 특별한 사정이 없는 한 **인지절차가 이루어지기 전에 수사를 하였다는 이유만으로 그 수사가 위법하다고 볼 수는 없고** 따라서 그 수사과정에서 작성된 피의자신문조서나 진술조서 등의 증거능력도 이를 부인할 수 없다(대법원 2001.10.26, 2000도2968 인지서 작성전 신문 사건).

716 1 2 3 함정수사에 관한 다음 설명 중 옳지 않은 것은? (다툼이 있으면 판례에 의함) [Essential ★]

① 함정수사라 함은 본래 범의를 가지지 아니한 자에 대하여 수사기관이 사술이나 계략 등을 써서 범죄를 유발하게 하여 범죄인을 검거하는 수사방법을 말하는 것이므로 범의를 가진 자에 대하여 범행의 기회를 주거나 단순히 사술이나 계략 등을 써서 범죄인을 검거하는 데 불과한 경우에는 이를 함정수사라고 할 수 없다.

② 수사기관과 직접 관련이 있는 유인자가 피유인자와의 개인적인 친밀관계를 이용하여 피유인자의 동정심이나 감정에 호소하거나 금전적 · 심리적 압박이나 위협 등을 가하거나 거절하기 힘든 유혹을 하거나 또는 범행방법을 구체적으로 제시하고 범행에 사용될 금전까지 제공하는 등으로 과도하게 개입함으로써 피유인자로 하여금 범의를 일으키게 하는 것은 위법한 함정수사에 해당하여 허용되지 않는다.

③ 유인자가 수사기관과 직접적인 관련을 맺지 않은 상태에서 피유인자를 상대로 단순히 수차례 반복적으로 범행을 부탁하였을 뿐 수사기관이 사술이나 계략 등을 사용하였다고 볼 수 없는 경우는 설령 그로 인하여 피유인자의 범의가 유발되었다 하더라도 위법한 함정수사에 해당하지 않는다.

④ 본래 범의를 가지지 아니한 자에 대하여 수사기관이 사술이나 계략 등을 써서 범의를 유발케 하여 범죄인을 검거하는 함정수사는 위법함을 면할 수 없고, 이러한 함정수사에 기하여 공소가 제기되었을 때에 법원은 무죄판결을 선고하여야 한다.

해설

④ [×] 본래 범의를 가지지 아니한 자에 대하여 수사기관이 사술이나 계략 등을 써서 범의를 유발케 하여 범죄인을 검거하는 함정수사는 위법함을 면할 수 없고, 이러한 함정수사에 기한 공소제기는 그 절차가 법률의 규정에 위반하여 무효인 때에 해당한다(대법원 2008.10.23, 2008도7362 안산 노래방 사건). 지문의 경우 법원은 공소기각판결을 선고하여야 한다.

① [○] 함정수사라 함은 본래 범의를 가지지 아니한 자에 대하여 수사기관이 사술이나 계략 등을 써서 **범죄를 유발하게 하여 범죄인을 검거하는 수사방법을 말하는 것이므로** 범의를 가진 자에 대하여 범행의 기회를 주거나 단순히 사술이나 계략 등을 써서 범죄인을 검거하는 데 불과한 경우에는 이를 함정수사라고 할 수 없다(대법원 2007.7.26, 2007도4532).

②③ [○] (1) 수사기관과 직접 관련이 있는 유인자가 피유인자와의 개인적인 친밀관계를 이용하여 피유인자의 동정심이나 감정에 호소하거나 금전적 · 심리적 압박이나 위협 등을 가하거나 거절하기 힘든 유혹을 하거나 또는 범행방법을 구체적으로 제시하고 범행에 사용될 금전까지 제공하는 등으로 과도하게 개입함으로써 피유인자로 하여금 범의를 일으키게 하는 것은 **위법한 함정수사에 해당하여 허용되지 않지만** (2) 유인자가 수사기관과 **직접적인 관련을 맺지 않은 상태에서** 피유인자를 상대로 단순히 수차례 반복적으로 범행을 부탁하였을 뿐 수사기관이 사술이나 계략 등을 사용하였다고 볼 수 없는 경우는 설령 그로 인하여 피유인자의 **범의가 유발되었다 하더라도 위법한 함정수사에 해당하지 않는다**(대법원 2013.3.28, 2013도1473).

정답 | 715 ④ 716 ④

717 다음 중 위법한 함정수사에 해당하는 것은? (다툼이 있으면 판례에 의함) [Essential ★]

1 2 3

① 경찰관이 노래방의 도우미 알선 영업 단속 실적을 올리기 위하여 그에 대한 제보나 첩보가 없는데도 손님을 가장하고 들어가 도우미를 불러낸 경우

② 수사기관이 피고인의 범죄사실(절도)을 인지하고도 바로 체포하지 않고 추가 범행을 지켜보고 있다가 범죄사실이 많이 늘어난 뒤에야 체포한 경우

③ 경찰관이 취객을 상대로 한 이른바 부축빼기 절도범을 단속하기 위하여, 공원 인도에 쓰러져 있는 취객 근처에서 감시하고 있다가 마침 피고인이 나타나 취객을 부축하여 10m 정도를 끌고 가 지갑을 뒤지자 현장에서 피고인을 체포한 경우

④ 甲, 乙, 丙 등은 새롭게 당선된 군수인 피고인을 함정에 빠뜨리겠다는 의사로 뇌물을 공여하였고, 피고인이 뇌물을 수수하자 서둘러 이 사실을 검찰에 신고한 경우. 甲, 乙, 丙 등은 지방선거에서 군수 자리를 놓고 피고인과 경합을 벌였던 다른 후보자의 지시를 받아 뇌물을 공여했다는 사실을 배제할 수 없음

해설

① 경찰관이 노래방의 도우미 알선 영업 단속 실적을 올리기 위하여 그에 대한 제보나 첩보가 없는데도 손님을 가장하고 들어가 도우미를 불러낸 경우 수사기관이 사술이나 계략 등을 써서 피고인의 범의를 유발케 한 것으로서 위법하고, 이러한 함정수사에 기한 공소제기 또한 그 절차가 법률의 규정에 위반하여 무효인 때에 해당한다(대법원 2008.10.23, 2008도7362 안산 노래방 사건).

② 수사기관에서 공범이나 장물범의 체포 등을 위하여 범인의 체포시기를 조절하는 등 여러 가지 수사기법을 사용한다는 점을 고려하면, 수사기관이 피고인의 범죄사실을 인지하고도 피고인을 바로 체포하지 않고 추가 범행을 지켜보고 있다가 범죄사실이 많이 늘어난 뒤에야 피고인을 체포하였다는 사정만으로는 피고인에 대한 수사와 공소제기가 위법하다거나 함정수사에 해당한다고 할 수 없다(대법원 2007.6.29, 2007도3164 일부러 늦게 체포 사건).

③ 경찰관이 취객을 상대로 한 이른바 부축빼기 절도범을 단속하기 위하여, 공원 인도에 쓰러져 있는 취객 근처에서 감시하고 있다가, 마침 피고인이 나타나 취객을 부축하여 10m 정도를 끌고 가 지갑을 뒤지자 현장에서 체포하여 기소한 경우 위법한 함정수사에 기한 공소제기라고 할 수 없다(대법원 2007.5.31, 2007도1903 부축빼기 사건).

④ 피고인의 뇌물수수가 공여자들의 함정교사에 의한 것이기는 하나, 뇌물공여자들에게 피고인을 함정에 빠뜨릴 의사만 있었고 뇌물공여의 의사가 전혀 없었다고 보기 어려울 뿐 아니라, 뇌물공여자들의 함정교사라는 사정은 피고인의 책임을 면하게 하는 사유가 될 수 없다(대법원 2008.3.13, 2007도10804 영광군수 사건). 뇌물공여자들이 새롭게 당선된 군수인 피고인을 함정에 빠뜨리겠다는 의사로 뇌물을 공여하였고, 피고인이 뇌물을 수수하자 서둘러 이 사실을 검찰에 신고한 사례이다. 비록 피고인의 뇌물수수는 뇌물공여자들의 함정교사에 의한 것이지만, 이들은 수사기관과 직접적인 관련을 맺지 아니한 자이기 때문에 함정수사가 아니라는 취지의 판례이다.

718 다음 중 위법한 함정수사에 해당하는 것은? (다툼이 있으면 판례에 의함) [core ★★]

1 2 3

① 이미 범행을 저지른 피고인을 검거하기 위하여 수사기관이 정보원을 이용하여 피고인을 검거장소로 유인한 후 체포한 경우

② 게임장 운영자인 피고인이 게임장에 잠복근무 중인 경찰관으로부터 게임점수를 환전해 줄 것을 요구받고 거절하였음에도 경찰관의 지속적인 요구에 어쩔 수 없이 게임점수를 현금으로 환전해 준 경우

③ A는 수사기관의 정보원 B와 협력하여 피고인에게 10여 차례에 걸쳐 "아는 여자가 필로폰을 구입하려고 하니 구해 달라"라는 등의 부탁을 하였고, 결국 이를 승낙한 피고인으로 하여금 필로폰 판매자를 소개시키게 하여 필로폰 매매 알선을 하게 한 경우 다만, A · B는 포상금 획득 등 사적인 동기에 기하여 수사기관과 직접적인 관련이 없이 독자적으로 피고인을 유인한 것임

④ 甲이 수사기관에 체포된 동거남의 석방을 위한 공적을 쌓기 위하여 乙에게 필로폰 밀수입에 관한 정보제공을 부탁하면서 대가의 지급을 약속하고, 이에 乙이 丙에게, 丙은 피고인에게 순차 필로폰 밀수입을 권유하여 이를 승낙하고 필로폰을 받으러 나온 피고인을 체포한 경우. 다만, 乙 · 丙 등은 각자의 사적인 동기에 기하여 수사기관과 직접적인 관련이 없이 독자적으로 피고인을 유인한 것임

해설

② 게임장 운영자인 피고인이 게임장에 잠복근무 중인 경찰관으로부터 게임점수를 환전해 줄 것을 요구받고 거절하였음에도 경찰관의 지속적인 요구에 어쩔 수 없이 게임점수를 현금으로 환전해 준 것은 본래 범의를 가지지 않은 자에 대하여 수사기관이 계략으로 범의를 유발하게 한 위법한 함정수사에 해당한다(대법원 2021.7.29, 2017도16810 불법게임장 잠복수사 사건).

① 이미 범행을 저지른 피고인을 검거하기 위하여 수사기관이 정보원을 이용하여 피고인을 검거장소로 유인한 것에 불과하므로 피고인의 범행이 함정수사에 의한 것으로 볼 수도 없다(대법원 2007.7.26, 2007도4532).

③ 유인자가 수사기관과 직접적인 관련을 맺지 아니한 상태에서 피유인자를 상대로 단순히 수차례 반복적으로 범행을 부탁하였을 뿐 수사기관이 사술이나 계략 등을 사용하였다고 볼 수 없는 경우는, 설령 그로 인하여 피유인자의 범의가 유발되었다 하더라도 위법한 함정수사에 해당하지 아니한다(대법원 2007.7.12, 2006도2339 10여 차례 부탁 사건).

④ 수사기관이 乙 등으로 하여금 피고인 丁을 유인하도록 한 것이라기보다는 乙 등이 각자의 사적인 동기에 기하여 수사기관과 직접적인 관련이 없이 독자적으로 丁을 유인한 것으로서 수사기관이 사술이나 계략 등을 사용한 경우에 해당한다고 볼 수도 없다(대법원 2007.11.29, 2007도7680 동거남 공적 사건).

정답 | 717 ① 718 ②

719 불심검문 및 임의동행에 관한 다음 설명 중 옳지 않은 것은? (다툼이 있으면 판례에 의함)

1 2 3

[Essential ★]

① 경찰관은 어떠한 죄를 범하였거나 범하려 하고 있다고 의심할 만한 상당한 이유가 있는 사람 또는 이미 행하여진 범죄나 행하여지려고 하는 범죄행위에 관한 사실을 안다고 인정되는 사람을 정지시켜 질문할 수 있다.

② 경찰관은 사람을 정지시킨 장소에서 질문을 하는 것이 그 사람에게 불리하거나 교통에 방해가 된다고 인정될 때에는 질문을 하기 위하여 가까운 경찰관서로 동행할 것을 요구할 수 있다. 이 경우 동행을 요구받은 사람은 그 요구를 거절할 수 있다.

③ 임의동행은 경찰관 직무집행법 제3조 제2항에 따른 행정경찰 목적의 경찰활동으로 행하여지는 것 외에도 형사소송법 제199조 제1항에 따라 범죄수사를 위하여 오로지 피의자의 자발적인 의사에 의하여 이루어진 경우에도 가능하다.

④ 경찰관이 피고인의 정신 상태, 신체에 있는 주사바늘 자국, 알콜솜 휴대, 전과 등을 근거로 피고인의 마약류 투약 혐의가 상당하다고 판단하여 경찰서로 임의동행을 요구하였고 동행장소인 경찰서에서 피고인에게 마약류 투약 혐의를 밝힐 수 있는 소변과 모발의 임의제출을 요구하였다면, 이러한 임의동행은 경찰관 직무집행법 제3조 제2항에 따른 임의동행에 해당한다.

해설

④ [×] 경찰관이 피고인의 정신 상태, 신체에 있는 주사바늘 자국, 알콜솜 휴대, 전과 등을 근거로 피고인의 마약류 투약 혐의가 상당하다고 판단하여 경찰서로 임의동행을 요구하였고 동행장소인 경찰서에서 피고인에게 마약류 투약 혐의를 밝힐 수 있는 소변과 모발의 임의제출을 요구하였다면, 이러한 임의동행은 마약류 투약 혐의에 대한 수사를 위한 것이어서 형사소송법 제199조 제1항에 따른 임의동행에 해당한다(대법원 2020.5.14, 2020도398 마약사범 임의동행 사건).

① [O] 경찰관은 어떠한 죄를 범하였거나 범하려 하고 있다고 의심할 만한 상당한 이유가 있는 사람 또는 이미 행하여진 범죄나 행하여지려고 하는 범죄행위에 관한 사실을 안다고 인정되는 사람을 **정지시켜 질문할 수 있다**(경직법 제3조 제1항).

② [O] 경찰관은 사람을 정지시킨 장소에서 질문을 하는 것이 그 사람에게 불리하거나 교통에 방해가 된다고 인정될 때에는 질문을 하기 위하여 가까운 경찰관서로 동행할 것을 요구할 수 있다. 이 경우 **동행을 요구받은 사람은 그 요구를 거절할 수 있다**(경직법 제3조 제2항).

③ [O] 임의동행은 경찰관 직무집행법 제3조 제2항에 따른 행정경찰 목적의 경찰활동으로 행하여지는 것 외에도 **형사소송법 제199조 제1항에 따라 범죄수사를 위하여 오로지 피의자의 자발적인 의사에 의하여 이루어진 경우에도 가능하다**(대법원 2020.5.14, 2020도398 마약사범 임의동행 사건). 임의동행에는 경찰관 직무집행법 제3조 제2항에 의한 임의동행이 있고, 형사소송법 제199조 제1항에 의한 임의동행이 있다. 전자는 행정경찰 작용(행정경찰 작용 중 특히 보안경찰인데 이는 범죄의 예방과 질서유지에 그 목적이 있다)이고, 후자는 사법경찰 작용(범죄수사에 그 목적이 있다)이지만 양자가 명확하게 구별되는 것은 아니다. 이외에도 주민등록법 제26조에 의한 임의동행도 있는데 이는 사법경찰 작용이다.

720 불심검문에 관한 다음 설명 중 옳지 않은 것은? (다툼이 있으면 판례에 의함) [Essential ★]

1 2 3

① 경찰관이 불심검문 대상자 해당 여부를 판단할 때에는 불심검문 당시의 구체적 상황은 물론 사전에 얻은 정보나 전문적 지식 등에 기초하여 불심검문 대상자인지를 객관적 · 합리적인 기준에 따라 판단하여야 하나, 반드시 불심검문 대상자에게 형사소송법상 체포나 구속에 이를 정도의 혐의가 있을 것을 요한다고 할 수는 없다.

② 경찰관은 불심검문 대상자에게 질문을 하기 위하여 범행의 경중, 범행과의 관련성, 상황의 긴박성, 혐의의 정도, 질문의 필요성 등에 비추어 그 목적달성에 필요한 최소한의 범위 내에서 사회통념상 용인될 수 있는 상당한 방법으로 그 대상자를 정지시킬 수 있고 질문에 수반하여 흉기의 소지 여부도 조사할 수 있다

③ 검문하는 사람이 경찰관이고 검문하는 이유가 범죄행위에 관한 것임을, 불심검문 대상자가 충분히 알고 있었다고 보이는 경우라도 경찰관이 신분증을 제시하지 않았다면 그 불심검문은 위법한 공무집행이다.

④ 경찰관직무집행법 제3조 제6항이 '임의동행한 경우 당해인을 6시간을 초과하여 경찰관서에 머물게 할 수 없다'고 규정하고 있다고 하여 그 규정이 임의동행한 자를 6시간 동안 경찰관서에 구금하는 것을 허용하는 것은 아니다.

THE CRIMINAl LAW

3편

형사소송법 수사

해설

③ [×] 불심검문을 하게 된 경위, 불심검문 당시의 현장상황과 검문을 하는 경찰관들의 복장, 피고인이 공무원증 제시나 신분확인을 요구하였는지 여부 등을 종합적으로 고려하여, 검문하는 사람이 경찰관이고 검문하는 이유가 범죄행위에 관한 것임을 피고인이 충분히 알고 있었다고 보이는 경우에는 신분증을 제시하지 않았다고 하여 그 불심검문이 위법한 공무집행이라고 할 수 없다(대법원 2014.12.11, 2014도7976 카페 불심검문 사건).

① [○] 경찰관이 불심검문 대상자 해당 여부를 판단할 때에는 불심검문 당시의 구체적 상황은 물론 사전에 얻은 정보나 전문적 지식 등에 기초하여 불심검문 대상자인지를 객관적 · 합리적인 기준에 따라 판단하여야 하나, 반드시 불심검문 대상자에게 형사소송법상 **체포나 구속에 이를 정도의 혐의가 있을 것을 요한다고 할 수는 없다**(대법원 2014.12.11, 2014도7976 카페 불심검문 사건).

② [○] 경찰관은 불심검문 대상자에게 질문을 하기 위하여 범행의 경중, 범행과의 관련성, 상황의 긴박성, 혐의의 정도, 질문의 필요성 등에 비추어 목적 달성에 필요한 최소한의 범위 내에서 사회통념상 용인될 수 있는 상당한 방법으로 대상자를 정지시킬 수 있고 질문에 수반하여 **흉기의 소지 여부도 조사할 수 있다**(대법원 2014.12.11, 2014도7976 카페 불심검문 사건).

④ [○] 임의동행은 상대방의 동의 또는 승낙을 그 요건으로 하는 것이므로 경찰관으로부터 임의동행 요구를 받은 경우 상대방은 이를 거절할 수 있을 뿐만 아니라 임의동행 후 언제든지 경찰관서에서 퇴거할 자유가 있다 할 것이고 경찰관직무집행법 제3조 제6항이 '임의동행한 경우 당해인을 6시간을 초과하여 경찰관서에 머물게 할 수 없다'고 규정하고 있다고 하여 그 규정이 임의동행한 자를 **6시간 동안 경찰관서에 구금하는 것을 허용하는 것은 아니다**(대법원 1997.8.22, 97도1240 송도파출소 사건).

정답 | 719 ④ 720 ③

721 다음 중 적법한 공무집행에 해당하는 것(○)과 적법한 공무집행에 해당하지 않는 것(×)을 올바르게 조합한 것은? (다툼이 있으면 판례에 의함) [core ★★]

1 2 3

> ㉠ 인근에서 자전거를 이용한 날치기 사건이 발생한 직후 검문을 하던 경찰관들이 날치기 사건의 범인과 흡사한 인상착의인 피고인을 발견하고 앞을 가로막으며 진행을 제지한 경우
> ㉡ 술값문제로 시비가 있다는 신고를 받고 출동한 수내파출소 소속 순경 A와 경사 B가 여종업원과 여사장으로부터 피고인이 술값을 내지 않고 가려다 여종업원과 실랑이가 있었다는 경위를 듣고, 순경 A가 음식점 밖으로 나가려는 피고인의 앞을 막으며 "상황을 설명해 주십시오"라고 말한 경우

① ㉠ ○ ㉡ ○
② ㉠ ○ ㉡ ×
③ ㉠ × ㉡ ○
④ ㉠ × ㉡ ×

해설

① 이 지문이 올바른 조합이다.
모두 불심검문의 목적달성에 필요한 최소한의 범위에서 사회통념상 용인될 수 있는 방법에 의한 것으로 적법한 공무집행에 해당한다.
㉠ [○] 대법원 2012.9.13, 2010도6203 인천 부평 불심검문 사건
㉡ [○] 대법원 2014.12.11, 2014도7976 카페 불심검문 사건)

722 음주측정 등에 관한 다음 설명 중 옳지 않은 것은? (다툼이 있으면 판례에 의함) [core ★★]

1 2 3

① 위법한 체포 상태에서 음주측정요구가 이루어진 경우 그 일련의 과정을 전체적으로 보아 위법한 음주측정요구가 있었던 것으로 볼 수밖에 없고, 운전자에게 이와 같은 위법한 음주측정요구에 대해서까지 그에 응할 의무가 있다고 보아 이를 강제하는 것은 부당하므로 그에 불응하였다고 하여 음주측정거부에 관한 도로교통법위반죄로 처벌할 수 없다.

② 위법한 체포 상태에서 이루어진 호흡조사에 의한 음주측정요구는 주취운전의 범죄행위에 대한 증거수집을 목적으로 한 일련의 과정에서 이루어진 것이어서 그 측정결과는 증거능력을 인정할 수 없으나, 그 호흡조사에 불복하여 피고인의 자발적인 요구에 의하여 이루어진 혈액채취에 의한 혈중알콜농도 감정서 등은 증거능력을 인정할 수 있다.

③ 경찰공무원이 경찰관직무집행법 제4조 제1항에 따라 적법하게 보호조치된 운전자에 대하여 음주측정을 요구하였다는 이유만으로 그 음주측정 요구가 당연히 위법하다거나 그 보호조치가 당연히 종료된 것으로 볼 수는 없어 당해 운전자가 이에 불응한 경우 음주측정불응죄가 성립한다.

④ 보호조치 요건이 갖추어지지 않았음에도 경찰관이 실제로는 범죄수사를 목적으로 피의자에 해당하는 사람을 피구호자로 삼아 그의 의사에 반하여 경찰관서에 데려간 행위는 달리 현행범체포나 임의동행 등의 적법 요건을 갖추었다고 볼 사정이 없다면 위법한 체포에 해당한다고 보아야 한다.

해설

② [×] 위법한 체포 상태에서 이루어진 호흡조사에 의한 음주측정요구는 주취운전의 범죄행위에 대한 증거수집을 목적으로 한 일련의 과정에서 이루어진 것이므로 그 측정결과는 물론 (호흡조사에 불복하여 피고인의 자발적인 요구에 의하여 이루어진) 혈액채취에 의한 혈중알콜농도 감정서 등도 증거능력을 인정할 수 없다(대법원 2013.3.14, 2010도2094 군산 강제연행 사건).

① [○] 위법한 체포 상태에서 음주측정요구가 이루어진 경우 그 일련의 과정을 전체적으로 보아 위법한 음주측정요구가 있었던 것으로 볼 수밖에 없고, 운전자에게 이와 같은 위법한 음주측정요구에 대해서까지 그에 응할 의무가 있다고 보아 이를 강제하는 것은 부당하므로 그에 불응하였다고 하여 **음주측정거부에 관한 도로교통법위반죄로 처벌할 수 없다**(대법원 2006.11.9, 2004도8404 청주 목수 강제연행 사건).

③ [○] 경찰공무원이 경찰관직무집행법 제4조 제1항에 따라 적법하게 보호조치된 운전자에 대하여 음주측정을 요구하였다는 이유만으로 그 음주측정 요구가 당연히 위법하다거나 그 보호조치가 당연히 종료된 것으로 볼 수는 없어 당해 운전자가 이에 불응한 경우 **음주측정불응죄가 성립한다**(대법원 2012.2.9, 2011도4328).

④ [○] 보호조치 요건이 갖추어지지 않았음에도 경찰관이 실제로는 범죄수사를 목적으로 피의자에 해당하는 사람을 피구호자로 삼아 그의 의사에 반하여 경찰관서에 데려간 행위는 달리 현행범체포나 임의동행 등의 적법 요건을 갖추었다고 볼 사정이 없다면 **위법한 체포에 해당한다고 보아야 한다**(대법원 2012.12.13, 2012도11162 봉담지구대 강제연행 사건).

723 음주측정 등에 관한 다음 설명 중 옳지 않은 것은? (다툼이 있으면 판례에 의함) [Superlative ★★★]

1 2 3

① 음주측정불응죄에 있어 음주측정은 도로교통법 제44조 제2항 소정의 호흡조사에 의한 측정만을 의미하는 것으로서 같은 법 제44조 제3항 소정의 혈액채취에 의한 측정을 포함하는 것으로 볼 수 없다.

② 특별한 이유 없이 호흡측정기에 의한 측정에 불응하는 운전자에게 경찰공무원이 혈액채취에 의한 측정방법이 있음을 고지하고 그 선택 여부를 물어야 할 의무가 있다고는 할 수 없다.

③ 운전자가 정당한 사유 없이 호흡측정기에 의한 음주측정에 불응한 이상 그로써 음주측정불응의 죄는 성립하는 것이며, 그 후 경찰공무원이 혈액채취 등의 방법으로 음주여부를 조사하지 아니하였다고 하여 달리 볼 것은 아니다.

④ 신체 이상 등의 사유로 인하여 호흡조사에 의한 측정에 응할 수 없는 운전자의 경우 혈액채취에 의한 측정을 거부하거나 이를 불가능하게 하였다면 예외적으로 음주측정불응죄가 성립한다.

해설

④ [×] 신체 이상 등의 사유로 인하여 호흡조사에 의한 측정에 응할 수 없는 운전자가 혈액채취에 의한 측정을 거부하거나 이를 불가능하게 하였다고 하더라도 음주측정에 불응한 것으로 볼 수는 없다(대법원 2010.7.15, 2010도2935). 음주측정불응죄의 구성요건인 '음주측정'은 호흡조사에 의한 음주측정을 의미한다(도로교통법 제148조의2 제1항 제2호).

① [○] 음주측정불응죄에 있어 음주측정은 도로교통법 제44조 제2항 소정의 호흡조사에 의한 측정만을 의미하는 것으로서 같은 법 제44조 제3항 소정의 **혈액채취에 의한 측정을 포함하는 것으로 볼 수 없다**(대법원 2010.7.15, 2010도2935).

② [○] 특별한 이유 없이 호흡측정기에 의한 측정에 불응하는 운전자에게 경찰공무원이 혈액채취에 의한 측정방법이 있음을 고지하고 그 **선택 여부를 물어야 할 의무가 있다고는 할 수 없다**(대법원 2002.10.25, 2002도4220).

③ [○] 운전자가 정당한 사유 없이 호흡측정기에 의한 음주측정에 불응한 이상 그로써 음주측정불응의 죄는 성립하는 것이며, 그 후 경찰공무원이 **혈액채취 등의 방법으로 음주여부를 조사하지 아니하였다고 하여 달리 볼 것은 아니다**(대법원 2000.4.21, 99도5210).

정답 | 721 ① 722 ② 723 ④

724 친족상도례에 관한 다음 설명 중 옳지 않은 것은? (다툼이 있으면 판례에 의함) [core ★★]

1 2 3

① 피고인의 딸과 피해자의 아들이 혼인관계에 있어 피고인과 피해자가 사돈지간이라고 하더라도 이를 민법상 친족으로 볼 수 없다.

② 사기죄를 범하는 자가 금원을 편취하기 위한 수단으로 피해자와 혼인신고를 한 것이라고 하더라도 그 혼인이 반드시 무효라고 할 수 없어, 그러한 편취행위는 배우자간의 범죄이므로 그 범인에 대하여는 형을 면제하여야 한다.

③ 피고인 甲의 처 乙이 A에게 매도한 봉고 화물자동차(乙 명의로 등록되었지만 피고인 甲이 소유하기로 약정하였음)를 A가 인도받아 이를 노상에 주차해 두었음에도, 피고인 甲이 이를 발견하고 임의로 운전하여 간 경우 (제3자인 A와의 관계에서는 자동차의 소유자는 乙이므로) 친족상도례 규정은 적용되지 않는다.

④ 피고인 등이 공모하여 피해자 A, B 등을 기망하여 A, B 및 C와 부동산매매계약을 체결하고 소유권을 이전받은 다음 잔금을 지급하지 않아 같은 금액 상당의 재산상 이익을 편취하였다는 내용으로 기소된 경우, A는 피고인의 8촌 혈족, B는 피고인의 부친이나 부동산이 A, B, C의 합유로 등기되어 있다면 피고인에게 형법상 친족상도례 규정이 적용되지 않는다.

해설

② [×] (1) 사기죄를 범하는 자가 금원을 편취하기 위한 수단으로 피해자와 혼인신고를 한 것이어서 그 혼인이 무효인 경우라면, 그러한 피해자에 대한 사기죄에서는 친족상도례를 적용할 수 없다. (2) 피고인이 피해자와 혼인신고를 하고 금원을 편취한 후 잠적할 때까지 함께 동거하지도 않았고 거주할 집이나 가재도구 등을 알아보거나 마련한 바도 없었다면, 비록 혼인신고가 되어 있었다고 하더라도 그들 사이의 혼인은 '당사자 사이에 혼인의 합의가 없는 때'에 해당하여 무효이므로 피고인의 사기 범행에 대하여는 친족상도례를 적용할 수 없다(대법원 2015.12.10, 2014도11533 혼인신고 ⇨ 사기 ⇨ 잠적 사건).

① [○] (1) 민법 제767조는 '배우자, 혈족 및 인척을 친족으로 한다'고 규정하고 있고, 민법 제769조는 혈족의 배우자, 배우자의 혈족, 배우자의 혈족의 배우자만을 인척으로 규정하고 있을 뿐, 구 민법 제769조에서 인척으로 규정하였던 '혈족의 배우자의 혈족'을 인척에 포함시키지 않고 있다. (2) 피고인의 딸과 피해자의 아들이 혼인관계에 있어 피고인과 피해자가 사돈지간이라고 하더라도 이를 **민법상 친족으로 볼 수 없다**(대법원 2011.4.28, 2011도2170 사돈 사기 사건).

③ [○] (1) 형법 제344조에 의하여 준용되는 형법 제328조 제1항에 정한 친족간의 범행에 관한 규정은 범인과 피해물건의 **소유자 및 점유자 쌍방간에 같은 규정에 정한 친족관계가 있는 경우에만 적용되는 것**이며, 단지 절도범인과 피해물건의 소유자간에만 친족관계가 있거나 절도범인과 피해물건의 점유자간에만 친족관계가 있는 경우에는 그 적용이 없다. (2) 피고인 甲의 처 乙이 A에게 매도한 봉고 화물자동차(乙 명의로 등록되었지만 피고인 甲이 소유하기로 약정하였음)를 A가 인도받아 이를 노상에 주차해 두었음에도, 피고인 甲이 이를 발견하고 임의로 운전하여 간 경우 (제3자인 A와의 관계에서는 자동차의 소유자는 乙이므로) 친족상도례 규정은 적용되지 않는다(대법원 2014.9.25, 2014도8984 와이프 명의 봉고차 사건).

④ [○] 피고인 등이 공모하여 피해자 A, B 등을 기망하여 A, B 및 C와 부동산매매계약을 체결하고 소유권을 이전받은 다음 잔금을 지급하지 않아 같은 금액 상당의 재산상 이익을 편취하였다는 내용으로 기소된 경우 A는 피고인의 8촌 혈족, B는 피고인의 부친이나 부동산이 A, B, C의 합유로 등기되어 있다면 피고인에게 **형법상 친족상도례 규정이 적용되지 않는다**(대법원 2015.6.11, 2015도3160 합유 부동산 사기 사건).

725 고소에 관한 다음 설명 중 옳지 않은 것은? (다툼이 있으면 판례에 의함) [Essential ★]

1 2 3

① 고소는 범죄의 피해자 기타 고소권자가 수사기관에 대하여 범죄사실을 신고하여 범인의 소추를 구하는 의사표시를 말하는 것으로서 단순한 피해사실의 신고는 소추 · 처벌을 구하는 의사표시가 아니므로 고소가 아니다.

② 피해자가 피고인을 심리하고 있는 법원에 대하여 범죄사실을 적시하고 "피고인을 엄벌에 처하라"는 내용의 진술서를 제출하거나 증언을 하였다면 이는 적법한 고소라고 할 수 없다.

③ 저작권법위반죄의 피해자가 경찰청 인터넷 홈페이지에 '피고인을 철저히 조사해 달라'는 취지의 민원을 접수하는 형태로 피고인에 대한 조사를 촉구하는 의사표시를 한 경우 적법한 고소에 해당한다.

④ 고소를 함에는 소송행위능력, 즉 고소능력이 있어야 하는바 고소능력은 피해를 받은 사실을 이해하고 고소에 따른 사회생활상의 이해관계를 알아차릴 수 있는 사실상의 의사능력으로 충분하므로 민법상의 행위능력이 없는 자라도 위와 같은 능력을 갖춘 자에게는 고소능력이 인정된다고 할 것이다.

해설

③ [×] 고소라 함은 수사기관에 단순히 피해사실을 신고하거나 수사 및 조사를 촉구하는 것에 그치지 않고 범죄사실을 신고하여 범인의 소추 · 처벌을 요구하는 의사표시이므로, 피해자가 경찰청 인터넷 홈페이지에 '피고인을 철저히 조사해 달라'는 취지의 민원을 접수하는 형태로 피고인에 대한 조사를 촉구하는 의사표시를 한 것은 적법한 고소로 보기 어렵다(대법원 2012.2.23, 2010도9524 경찰청 홈페이지 민원 사건).

① [○] 고소는 범죄의 피해자 기타 고소권자가 수사기관에 대하여 범죄사실을 신고하여 범인의 소추를 구하는 의사표시를 말하는 것으로서 **단순한 피해사실의 신고는 소추 · 처벌을 구하는 의사표시가 아니므로 고소가 아니다**(대법원 2008.11.27, 2007도4977 방이동 모로코모텔 간통 사건).

② [○] 고소는 서면 또는 구술로서 검사 또는 사법경찰관에게 하여야 하는 것이므로 피해자가 피고인을 심리하고 있는 **법원에 대하여** 간통사실을 적시하고 "피고인을 엄벌에 처하라"는 내용의 진술서를 제출하거나 증인으로서 증언하면서 판사의 신문에 대해 "피고인의 처벌을 바란다"는 취지의 진술을 하였다 하더라도 이는 **고소로서의 효력이 없다**(대법원 1984.6.26, 84도709).

④ [○] 고소능력은 피해를 받은 사실을 이해하고 고소에 따른 사회생활상의 이해관계를 알아차릴 수 있는 사실상의 의사능력으로 충분하므로 민법상의 행위능력이 없는 자라도 위와 같은 능력을 갖춘 자에게는 **고소능력이 인정된다**(대법원 2011.6.24, 2011도4451 인천 계산동 여아 약취 사건).

정답 | 724 ② 725 ③

726 고소에 관한 다음 설명 중 옳지 않은 것은? (다툼이 있으면 판례에 의함) [core ★★]

1 2 3

① 고소는 범죄의 피해자 또는 그와 일정한 관계가 있는 고소권자가 수사기관에 대하여 범죄사실을 신고하여 범인의 처벌을 구하는 의사표시이므로 고소인은 범죄사실을 특정하여 신고하면 족하고 범인이 누구인지 나아가 범인 중 처벌을 구하는 자가 누구인지를 적시할 필요도 없다.

② 친고죄의 경우에 있어서도 행위자의 범죄에 대한 고소가 있으면 족하고 나아가 양벌규정에 의하여 처벌받는 자에 대하여 별도의 고소를 요한다고 할 수는 없다.

③ 고소에 있어 신고하는 범죄사실이 특정되어야 할 것이나 그 특정의 정도는 고소인의 의사가 구체적으로 어떤 범죄사실을 지정하여 범인의 처벌을 구하고 있는 것인가를 확정할 수만 있으면 된다.

④ 고소에 있어 고소인 자신이 직접 범행의 일시, 장소와 방법 등까지 구체적으로 상세히 지적하여 그 범죄사실을 특정하지 않으면 원칙적으로 적법한 고소로 볼 수 없다.

해설

④ [×] 고소는 고소인이 일정한 범죄사실을 수사기관에 신고하여 범인의 처벌을 구하는 의사표시이므로 그 고소한 범죄사실이 특정되어야 할 것이나 그 특정의 정도는 고소인의 의사가 구체적으로 어떤 범죄사실을 지정하여 범인의 처벌을 구하고 있는 것인가를 확정할 수만 있으면 되는 것이고, 고소인 자신이 직접 범행의 일시, 장소와 방법 등까지 구체적으로 상세히 지적하여 그 범죄사실을 특정할 필요까지는 없다(대법원 1999.3.26, 97도1769 현대종합영어 사건).

① [○] 고소는 범죄의 피해자 또는 그와 일정한 관계가 있는 고소권자가 수사기관에 대하여 범죄사실을 신고하여 범인의 처벌을 구하는 의사표시이므로 고소인은 범죄사실을 특정하여 신고하면 족하고 **범인이 누구인지 나아가 범인 중 처벌을 구하는 자가 누구인지를 적시할 필요도 없다**(대법원 1996.3.12, 94도2423 양벌규정 고소 사건).

② [○] 저작권법 제103조의 양벌규정은 직접 위법행위를 한 자 이외에 아무런 조건이나 면책조항 없이 그 업무의 주체 등을 당연하게 처벌하도록 되어 있는 규정으로서 당해 위법행위와 별개의 범죄를 규정한 것이라고는 할 수 없으므로 **친고죄의 경우에 있어서도** 행위자의 범죄에 대한 고소가 있으면 족하고 나아가 **양벌규정에 의하여 처벌받는 자에 대하여 별도의 고소를 요한다고 할 수는 없다**(대법원 1996.3.12, 94도2423 양벌규정 고소 사건).

③ [○] 고소는 고소인이 일정한 범죄사실을 수사기관에 신고하여 범인의 처벌을 구하는 의사표시이므로 그 고소한 범죄사실이 특정되어야 할 것이나 그 특정의 정도는 고소인의 의사가 구체적으로 어떤 **범죄사실을 지정하여 범인의 처벌을 구하고 있는 것인가를 확정할 수만 있으면 된다**(대법원 2003.10.23, 2002도446 버니 캐릭터 사건).

727 법정대리인의 고소권에 관한 다음 설명 중 옳지 않은 것은? (다툼이 있으면 판례에 의함) [core ★★]

1 2 3

① 법정대리인의 고소권은 무능력자의 보호를 위하여 법정대리인에게 주어진 고유권에 해당한다.

② 법정대리인은 피해자의 고소권 소멸 여부에 관계없이 고소할 수 있고 이러한 고소권은 피해자의 명시한 의사에 반하여도 행사할 수 있다.

③ 법정대리인의 고소기간도 피해자가 범인을 알게 된 날로부터 진행하는 것이지, 법정대리인 자신이 범인을 알게 된 날로부터 진행한다고는 볼 수 없다.

④ 모자관계는 호적에 입적되어 있는 여부와는 관계없이 자의 출생으로 법률상 당연히 생기는 것이므로 고소 당시 이혼한 생모라도 피해자인 그의 자(子)의 친권자로서 독립하여 고소할 수 있다.

해설

③ [×] 법정대리인의 고소권은 무능력자의 보호를 위하여 법정대리인에게 주어진 고유권으로서 피해자의 고소권 소멸여부에 관계없이 고소할 수 있는 것이므로 법정대리인의 고소기간은 법정대리인 자신이 범인을 알게 된 날로부터 진행한다(대법원 1987.6.9, 87도857).

①② [○] 법정대리인의 고소권은 무능력자의 보호를 위하여 법정대리인에게 주어진 **고유권**이므로 법정대리인은 피해자의 고소권 소멸 여부에 관계없이 고소할 수 있고 이러한 고소권은 **피해자의 명시한 의사에 반하여도 행사할 수 있다**(대법원 1999.12.24, 99도3784 까치아파트 강간 사건).

④ [○] 모자관계는 호적에 입적되어 있는 여부와는 관계없이 자(子)의 출생으로 법률상 당연히 생기는 것이므로 고소 당시 이혼한 생모라도 피해자인 그의 자의 **친권자로서 독립하여 고소할 수 있다**(대법원 1987.9.22, 87도1707).

728 고소권자에 관한 다음 설명 중 옳지 않은 것은? (다툼이 있으면 판례에 의함) [core ★★]

1 2 3

① 고소능력이 있다면 제한능력자인 미성년자도 범인을 고소할 수 있다.

② 법정대리인의 고소권은 고유권이므로 법정대리인은 피해자의 고소권 소멸 여부에 관계없이 고소할 수 있다.

③ 피해자가 사망한 때에는 그 배우자 · 직계친족 · 형제자매는 피해자의 생존중의 명시한 의사에 반해서도 고소할 수 있다.

④ 피해자의 법정대리인이 피의자이거나 법정대리인의 친족이 피의자인 때에는 피해자의 친족은 독립하여 고소할 수 있다.

해설

③ [×] 피해자가 사망한 때에는 그 배우자 · 직계친족 · 형제자매는 고소할 수 있다. 단, 피해자의 (생존중의) 명시한 의사에 반하지 못한다(제225조 제2항).

① [○] 고소능력은 피해를 받은 사실을 이해하고 고소에 따른 사회생활상의 이해관계를 알아차릴 수 있는 사실상의 의사능력으로 충분하므로 민법상의 행위능력이 없는 자라도 위와 같은 능력을 갖춘 자에게는 **고소능력이 인정된다**(대법원 2011.6.24, 2011도4451 인천 계산동 여아 약취사건).

② [○] 법정대리인의 고소권은 무능력자의 보호를 위하여 법정대리인에게 주어진 **고유권**이므로 법정대리인은 피해자의 고소권 소멸 여부에 관계없이 고소할 수 있고 이러한 고소권은 피해자의 **명시한 의사에 반하여도 행사할 수 있다**(대법원 1999.12.24, 99도3784 까치아파트 강간 사건).

④ [○] 피해자의 법정대리인이 피의자이거나 법정대리인의 친족이 피의자인 때에는 **피해자의 친족은 독립하여 고소할 수 있다**(제226조).

정답 | 726 ④ 727 ③ 728 ③

729 고소에 관한 다음 설명 중 옳지 않은 것은? (다툼이 있으면 판례에 의함) [Essential ★]

1 2 3

① 고소는 서면 또는 구술로 검사 또는 사법경찰관에게 하여야 한다.

② 검사 또는 사법경찰관이 구술에 의한 고소를 받은 때에는 조서를 작성하여야 한다.

③ 수사기관이 고소권자를 피해자 또는 참고인으로서 신문한 경우에 그 진술에 범인처벌을 요구하는 의사표시가 포함되어 있고 그 의사표시가 조서에 기재되었다고 하더라도 적법한 고소라고 할 수 없다.

④ 고소장에 명예훼손죄의 죄명을 붙이고 그 죄에 관한 사실을 적었으나 그 사실이 명예훼손죄를 구성하지 않고 모욕죄를 구성하는 경우에는 위 고소는 모욕죄에 대한 고소로서의 효력을 갖는다.

해설

③ [×] 고소권자가 수사기관으로부터 피해자 또는 참고인으로서 신문받으면서 범인의 처벌을 요구하는 의사표시가 포함되어 있는 진술을 하고 그 의사표시가 조서에 기재되면 적법한 고소에 해당한다(대법원 2011.6.24, 2011도4451 인천 계산동 여아 약취사건).

① [○] 고소 또는 고발은 서면 또는 구술로써 **검사 또는 사법경찰관에게 하여야 한다**(제237조 제1항).

② [○] 검사 또는 사법경찰관이 구술에 의한 고소 또는 고발을 받은 때에는 **조서를 작성하여야 한다**(제237조 제2항).

④ [○] 고소가 어떠한 사항에 관한 것인가의 여부는 고소장에 붙인 죄명에 구애될 것이 아니라 고소의 내용에 의하여 결정하여야 할 것이므로 고소장에 명예훼손죄의 죄명을 붙이고 그 죄에 관한 사실을 적었으나 그 사실이 명예훼손죄를 구성하지 않고 모욕죄를 구성하는 경우에는 위 고소는 **모욕죄에 대한 고소로서의 효력을 갖는다**(대법원 1981.6.23, 81도1250).

730 고소에 관한 다음 설명 중 옳지 않은 것은? (다툼이 있으면 판례에 의함) [Essential ★]

1 2 3

① 친고죄에 있어서의 고소는 고소권 있는 자가 수사기관에 대하여 범죄사실을 신고하고 범인의 처벌을 구하는 의사표시로서 서면뿐만 아니라 구술로도 할 수 있다.

② 구술에 의한 고소를 받은 검사 또는 사법경찰관은 조서를 작성하여야 하는 바, 그 조서는 독립된 조서일 것을 요한다.

③ 고소권자가 수사기관으로부터 피해자 또는 참고인으로서 신문받으면서 범인의 처벌을 요구하는 의사표시가 포함되어 있는 진술을 하고 그 의사표시가 조서에 기재되면 적법한 고소에 해당한다.

④ 사법경찰리가 작성한 피해자진술조서에 강간미수범행에 대하여 피고인의 처벌을 요구하는 피해자의 의사표시가 명백히 기재되어 있다면 피해자의 적법한 고소가 있다고 보아야 한다.

해설

② [×] 친고죄에서 고소는, 고소권 있는 자가 수사기관에 대하여 범죄사실을 신고하고 범인의 처벌을 구하는 의사표시로서 서면뿐만 아니라 구술로도 할 수 있고, 다만 구술에 의한 고소를 받은 검사 또는 사법경찰관은 조서를 작성하여야 하지만 그 조서가 독립된 조서일 필요는 없으며, 수사기관이 고소권자를 증인 또는 피해자로서 신문한 경우에 그 진술에 범인의 처벌을 요구하는 의사표시가 포함되어 있고 그 의사표시가 조서에 기재되면 고소는 적법하다(대법원 2011.6.24, 2011도4451 인천 계산동 여아 약취 사건).

①③ [○] 친고죄에서 고소는, 고소권 있는 자가 수사기관에 대하여 범죄사실을 신고하고 범인의 처벌을 구하는 의사표시로서 서면뿐만 아니라 **구술로도 할 수 있고,** 다만 구술에 의한 고소를 받은 검사 또는 사법경찰관은 조서를 작성하여야 하지만 그 조서가 독립된 조서일 필요는 없으며, 수사기관이 고소권자를 증인 또는 피해자로서 신문한 경우에 그 진술에 **범인의 처벌을 요구하는 의사표시가 포함되어 있고 그 의사표시가 조서에 기재되면 고소는 적법하다**(대법원 2011.6.24, 2011도4451 인천 계산동 여아 약취 사건).

④ [○] 사법경찰리가 작성한 피해자진술조서의 내용을 살펴보면 거기에 강간미수범행에 대하여 **피고인의 처벌을 요구하는 피해자의 의사표시가 명백히 기재되어 있으므로 피해자의 적법한 고소가 없다는 상고논지는 이유 없다**(대법원 1985.3.12, 85도190).

731 고소의 대리에 관한 다음 설명 중 옳지 않은 것은? (다툼이 있으면 판례에 의함) [core ★★]

1 2 3

① 대리인에 의한 고소의 경우 대리권이 정당한 고소권자에 의하여 수여되었음이 실질적으로 증명되면 충분하고 그 방식에 특별한 제한은 없다.

② 대리인이 고소를 할 때 반드시 위임장을 제출한다거나 '대리'라는 표시를 하여야 하는 것은 아니다.

③ 피해자로부터 고소를 위임받은 대리인은 수사기관에 구술에 의한 방식으로 고소를 제기할 수도 있다.

④ 대리고소의 경우 고소기간은 정당한 고소권자가 아니고 대리고소인이 범인을 알게 된 날부터 기산하여야 한다.

해설

④ [×] 대리인에 의한 고소의 경우 대리권이 정당한 고소권자에 의하여 수여되었음이 실질적으로 증명되면 충분하고 그 방식에 특별한 제한은 없으므로 고소를 할 때 반드시 위임장을 제출한다거나 '대리'라는 표시를 하여야 하는 것은 아니고 또 고소기간은 대리고소인이 아니라 정당한 고소권자를 기준으로 고소권자가 범인을 알게 된 날부터 기산한다(대법원 2001.9.4, 2001도3081).

①③ [○] 대리인에 의한 고소의 경우 대리권이 정당한 고소권자에 의하여 수여되었음이 **실질적으로 증명되면 충분하고 그 방식에 특별한 제한은 없다**고 할 것이며 한편 친고죄에 있어서의 고소는 고소권 있는 자가 수사기관에 대하여 범죄사실을 신고하고 범인의 처벌을 구하는 의사표시로서 서면뿐만 아니라 구술로도 할 수 있는 것이므로 피해자로부터 **고소를 위임받은 대리인은 수사기관에 구술에 의한 방식으로 고소를 제기할 수도 있다**(대법원 2002.6.14, 2000도4595).

② [○] 대리인에 의한 고소의 경우 대리권이 정당한 고소권자에 의하여 수여되었음이 실질적으로 증명되면 충분하고 그 방식에 특별한 제한은 없으므로 고소를 할 때 **반드시 위임장을 제출한다거나 '대리'라는 표시를 하여야 하는 것은 아니고** 또 고소기간은 대리고소인이 아니라 정당한 고소권자를 기준으로 고소권자가 범인을 알게 된 날부터 기산한다(대법원 2001.9.4, 2001도3081).

정답 | 729 ③ 730 ② 731 ④

732 고소기간의 시기(始期)에 관한 다음 설명 중 옳지 않은 것은? (다툼이 있으면 판례에 의함)

1 2 3

[core ★★]

① 친고죄에 있어서는 범인을 알게 된 날로부터 6개월이 경과하면 고소하지 못한다. 단, 고소할 수 없는 불가항력의 사유가 있는 때에는 그 사유가 없어진 날로부터 기산한다.

② '범인을 알게 된다 함'은 범인이 누구인지 특정할 수 있을 정도로 알게 된다는 것을 의미하고, 범인의 동일성을 식별할 수 있을 정도로 인식함으로써 족하며, 범인의 성명 · 주소 · 연령 등까지 알 필요는 없다.

③ '범인을 알게 된다'함은 통상인의 입장에서 보아 고소권자가 고소를 할 수 있을 정도로 범죄사실과 범인을 아는 것으로 충분하고, 고소권자가 친고죄에 해당하는 범죄의 피해가 있었다는 사실관계에 관한 확정적인 인식까지 요하는 것은 아니다.

④ '범인을 알게 된 날'이란 범죄행위가 종료된 후에 범인을 알게 된 날을 가리키는 것으로서 고소권자가 범죄행위가 계속되는 도중에 범인을 알았다 하여도, 그날부터 곧바로 고소기간이 진행된다고는 볼 수 없고 이러한 경우 고소기간은 범죄행위가 종료된 때부터 계산하여야 한다.

해설

③ [×] '범인을 알게 된다'함은 통상인의 입장에서 보아 고소권자가 고소를 할 수 있을 정도로 범죄사실과 범인을 아는 것을 의미하고, 범죄사실을 안다는 것은 고소권자가 친고죄에 해당하는 범죄의 피해가 있었다는 사실관계에 관하여 확정적인 인식이 있음을 말한다(대법원 2010.7.15, 2010도4680).

① [○] 친고죄에 있어서는 범인을 알게 된 날로부터 **6개월**이 경과하면 고소하지 못한다. 단, 고소할 수 없는 불가항력의 사유가 있는 때에는 그 사유가 없어진 날로부터 기산한다(제230조 제1항).

② [○] '범인을 알게 된다 함'은 범인이 누구인지 특정할 수 있을 정도로 알게 된다는 것을 의미하고, 범인의 동일성을 식별할 수 있을 정도로 인식함으로써 족하며, **범인의 성명 · 주소 · 연령 등까지 알 필요는 없다**(대법원 1999.4.23, 99도576).

④ [○] '범인을 알게 된 날'이란 범죄행위가 종료된 후에 범인을 알게 된 날을 가리키는 것으로서 **고소권자가 범죄행위가 계속되는 도중에 범인을 알았다 하여도, 그날부터 곧바로 고소기간이 진행된다고는 볼 수 없고 이러한 경우 고소기간은 범죄행위가 종료된 때부터 계산하여야 한다**(대법원 2004.10.28, 2004도5014).

733 고소불가분의 원칙 등에 관한 다음 설명 중 옳지 않은 것은? (다툼이 있으면 판례에 의함)

1 2 3

[Superlative ★★★]

① 일죄의 관계에 있는 범죄사실 일부에 대한 고소의 효력은 일죄 전부에 대하여 미친다.

② 상상적 경합범의 관계에 있는 강간미수죄와 감금죄에 대한 공판심리 도중 피해자가 강간미수죄에 대하여 고소를 취소하였다면, 법원은 공소사실 전부에 대하여 공소기각판결을 선고하여야 한다(행위 당시 법령에 따라 강간미수죄를 친고죄로 간주한다).

③ 甲이 하나의 행위로 A와 B를 모욕한 경우 A가 자기에 대한 모욕죄를 고소해도 그 고소의 효력은 B에 대한 모욕죄에는 미치지 아니한다.

④ (간통죄에 대한 위헌결정이 있기 전에) 공소가 제기된 수 개의 간통행위 중 일부 간통행위에 대하여만 배우자의 고소가 있고 다른 일부 간통행위에 대하여는 배우자의 고소가 없는 경우에 고소가 없는 간통행위에 대하여까지 고소의 효력이 미칠 수는 없다.

해설

② [×] 강간미수죄가 친고죄로서 고소가 취소되었다 하더라도 경한 감금죄에 대하여는 아무런 영향을 미치지 않는다(대법원 1983.4.26, 83도323 조개트럭 사건). 법원은 감금죄에 대하여 공소기각판결을 선고할 수 없다.

① [O] 일죄의 관계에 있는 범죄사실 일부에 대한 고소의 효력은 **일죄 전부에 대하여 미친다**(대법원 2011.6.24, 2011도4451 인천 계산동 여아 약취 사건).

③ [O] 주관적 고소불가분은 범인이 수인인 경우의 문제이고, 피해자가 여러 명인 경우는 고소불가분의 문제가 아니다. 피해자인 A가 한 고소와 다른 피해자인 B가 한 고소는 별개의 문제로서 **서로 간의 고소에 영향을 미치지 않는다.**

④ [O] 공소가 제기된 수 개의 간통행위 중 일부 간통행위에 대하여만 배우자의 고소가 있고 다른 일부 간통행위에 대하여는 배우자의 고소가 없는 경우에 **고소가 없는 간통행위에 대하여까지 고소의 효력이 미칠 수는 없다**(대법원 1989.9.12, 89도54).

정답 | 732 ③ 733 ②

734 고소 등에 관한 다음 설명 중 옳지 않은 것은? (다툼이 있으면 판례에 의함) [core ★★]

1 2 3

① 공소사실에 대하여 피고인과 공범관계에 있는 사람에 대한 적법한 고소취소가 있다면 고소취소의 효력은 피고인에 대하여 미친다.

② 실용신안권을 침해한 공범자 중의 1인에 대한 고소취하의 효력은 형사소송법 제233조에 의하여 다른 공범자에 대하여도 효력이 있다.

③ 고소불가분의 원칙상 공범 중 일부에 대하여만 처벌을 구하고 나머지에 대하여는 처벌을 원하지 않는 내용의 고소는 적법한 고소라고 할 수 없고 공범 중 1인에 대한 고소취소는 고소인의 의사와 상관없이 다른 공범에 대하여도 효력이 있다.

④ 상대적 친고죄인 특수절도죄에 있어서 피해자의 (친족관계가 있는 공범자에 대한) 고소취소는 친족관계가 없는 공범자에게도 그 효력이 미친다.

해설

④ [×] 상대적 친고죄에 있어서의 피해자의 고소취소는 친족관계 없는 공범자에게는 그 효력이 미치지 아니한다(대법원 1964.12.15, 64도481).

① [○] 친고죄에서 고소와 고소취소의 불가분원칙을 규정한 형사소송법 제233조는 당연히 적용되므로 만일 공소사실에 대하여 피고인과 공범관계에 있는 사람에 대한 적법한 고소취소가 있다면 **고소취소의 효력은 피고인에 대하여 미친다**(대법원 2015.11.17, 2013도7987 특수강제추행 사건). 이 판례는 유흥주점 종업원 A가 "甲, 乙이 합동으로 자신을 강제추행하였다"는 범죄사실로 甲, 乙을 성폭법상 특수강제추행죄(비친고죄)로 고소하였는데, 검사는 甲에 대하여만 "甲은 A의 배 부분을 주무르듯이 만져 추행하였다"라는 형법상 강제추행죄(행위 당시 친고죄)로 기소한 사건이다. A는 공소제기 이전에 乙에 대하여만 고소를 취소하였는데, 고소불가분의 원칙에 의하여 乙에 대한 고소취소의 효력은 甲에게도 미치므로 법원은 甲에 대하여 형사소송법 제327조 제2호에 의하여 공소기각판결을 선고하여야 한다고 판시하였다.

② [○] 실용신안법 제30조 제2항에 의하면 위의 실용신안침해죄는 고소가 있어야 이를 논하는 **친고죄이므로 고소인의 이 고소취하의 효력은 형사소송법 제233조에 의하여 다른 공범으로 고소된 피고인에 대하여도 효력이 있다**(대법원 1976.4.27, 76도578).

③ [○] 고소불가분의 원칙상 공범 중 일부에 대하여만 처벌을 구하고 나머지에 대하여는 처벌을 원하지 않는 내용의 고소는 적법한 고소라고 할 수 없고 공범 중 1인에 대한 **고소취소는 고소인의 의사와 상관없이 다른 공범에 대하여도 효력이 있다**(대법원 2009.1.30, 2008도7462 나이키 현수막 사건).

735 X주식회사는 甲, 乙을 저작권법위반죄(이는 친고죄에 해당한다)로 고소하였다가 수사과정에서 丙이 공범으로 밝혀지자 丙에 대해서만 처벌을 원치 않는다는 의미에서 "고소사건과 관련하여 丙에게 향후 민·형사상 책임을 묻지 않기로 한다"는 내용의 합의서를 그에게 작성하여 주었고 이 합의서가 검찰에 제출되었다. 이후 검사는 甲, 乙을 저작권법위반죄로 공소를 제기하였는 바, 이 경우 법원이 취해야 할 조치로서 가장 옳은 것은? (다툼이 있으면 판례에 의함) [Superlative ★★★]

1 2 3

① 적법한 고소가 있었으므로 유죄판결을 선고하여야 한다.

② 제1심판결 선고 전이라면 공소기각 판결을, 제1심판결 선고 후라면 유죄판결을 선고하여야 한다.

③ 공소제기의 절차가 법률의 규정에 위반하여 무효인 때에 해당하므로 공소기각판결을 선고하여야 한다.

④ 고소가 있어야 죄를 논할 사건에 대하여 고소의 취소가 있은 때에 해당하므로 공소기각판결을 선고하여야 한다.

해설

③ (1) 고소불가분의 원칙상 공범 중 일부에 대하여만 처벌을 구하고 나머지에 대하여는 처벌을 원하지 않는 내용의 고소는 적법한 고소라고 할 수 없고, 공범 중 1인에 대한 고소취소는 고소인의 의사와 상관없이 다른 공범에 대하여도 효력이 있다. (2) 고소인 회사의 고소는 처음부터 공범 중 일부만의 처벌을 원하는 것이므로 부적법한 것으로서 무효이거나, 위 처벌불원 의사의 표시를 통하여 丙에 대한 고소를 취소한 것으로 볼 수 있고, 고소취소의 효력은 고소불가분의 원칙상 고소인 회사의 의사와 상관없이 공범인 甲, 乙에게도 미친다(대법원 2009.1.30, 2008도7462 나이키 현수막 사건).

736 고소 등에 관한 다음 설명 중 옳지 않은 것은? (다툼이 있으면 판례에 의함) [core ★★]

1 2 3

① 고소불가분의 원칙을 규정한 형사소송법 제233조의 규정은 반의사불벌죄에 있어 처벌희망의사표시 또는 그 철회에 준용된다.

② 죄형법정주의의 원칙에 비추어 친고죄에 관한 고소의 주관적 불가분원칙을 규정한 형사소송법 제233조의 유추적용을 통하여 공정거래위원회의 고발이 없는 위반행위자에 대해서까지 형사처벌의 범위를 확장하는 것도 허용될 수 없다.

③ 친고죄에 관한 고소의 주관적 불가분원칙을 규정하고 있는 형사소송법 제233조가 공정거래위원회의 고발에도 유추적용된다고 해석한다면 죄형법정주의에 반하여 허용될 수 없다.

④ 조세범처벌법에 의하여 하는 고발에 있어서는 이른바 고소 · 고발 불가분의 원칙이 적용되지 아니하므로 고발의 구비 여부는 양벌규정에 의하여 처벌받는 자연인인 행위자와 법인에 대하여 개별적으로 논하여야 한다.

해설

① [×] 형사소송법이 고소와 고소취소에 관한 규정을 하면서 제232조 제1항 · 제2항에서 고소취소의 시한과 재고소의 금지를 규정하고 제3항에서는 반의사불벌죄에 제1항 · 제2항의 규정을 준용하는 규정을 두면서도 제233조에서 고소와 고소취소의 불가분에 관한 규정을 함에 있어서는 반의사불벌죄에 이를 준용하는 규정을 두지 아니한 것은 처벌을 희망하지 아니하는 의사표시나 처벌을 희망하는 의사표시의 철회에 관하여 친고죄와는 달리 공범자간에 불가분의 원칙을 적용하지 아니하고자 함에 있다고 볼 것이지 입법의 불비로 볼 것은 아니다(대법원 1994.4.26, 93도1689 웅진여성 폐간 사건).

② [○] 죄형법정주의의 원칙에 비추어 친고죄에 관한 **고소의 주관적 불가분원칙을 규정한 형사소송법 제233조의 유추적용을 통하여 공정거래위원회의 고발이 없는 위반행위자에 대해서까지 형사처벌의 범위를 확장하는 것도 허용될 수 없다**(대법원 2011.7.28, 2008도5757 설탕담합 사건).

③ [○] 친고죄에 관한 고소의 주관적 불가분원칙을 규정하고 있는 형사소송법 제233조가 공정거래위원회의 고발에도 유추적용된다고 해석한다면 **죄형법정주의에 반하여 허용될 수 없다**(대법원 2010.9.30, 2008도4762 합성수지 담합 사건).

④ [○] 조세범처벌법에 의하여 하는 **고발에 있어서는 이른바 고소 · 고발 불가분의 원칙이 적용되지 아니하므로** 고발의 구비 여부는 양벌규정에 의하여 처벌받는 자연인인 행위자와 법인에 대하여 **개별적으로 논하여야 한다**(대법원 2004.9.24, 2004도4066).

정답 | 734 ④ 735 ③ 736 ①

737 공정거래위원회는 1991부터 2005년까지 설탕 유통량 및 가격을 담합한 혐의로 삼양사, 대한제당과 CJ를 적발하였지만 삼양사와 대한제당만 검찰에 고발하고 CJ와 관계 임원들은 자진신고 등을 이유로 고발을 하지 않았다. 검사는 삼양사, 대한제당, CJ와 그 임원인 삼양밀멕스 사장 甲, 대한제당 부사장 乙 및 CJ 고문 丙을 독점규제및공정거래에관한법률위반 혐의로 공소를 제기하였다. 이 경우 법원이 취해야 할 조치로써 가장 옳은 것은? (다툼이 있으면 판례에 의함) [Superlative ★★★]

1 2 3

① 모든 피고인에 대해서 실체재판을 하여야 한다.

② 모든 피고인에 대해서 공소기각판결을 선고하여야 한다.

③ 삼양사와 대한제당에 대해서는 실체재판을 하여야 하고, 나머지 피고인들에 대해서는 공소기각판결을 선고하여야 한다.

④ 삼양사, 대한제당 그리고 그 임원인 甲, 乙에 대해서는 실체재판을 하여야 하고, 나머지 피고인들에 대해서는 공소기각판결을 선고하여야 한다.

해설

③ 죄형법정주의의 원칙에 비추어 고소의 주관적 불가분원칙을 규정한 형사소송법 제233조의 유추적용을 통하여 공정거래위원회의 고발이 없는 위반행위자에 대해서까지 형사처벌의 범위를 확장하는 것도 허용될 수 없으므로 위반행위자 중 일부에 대하여 공정거래위원회의 고발이 있다고 하여 나머지 위반행위자에 대하여도 위 고발의 효력이 미친다고 볼 수 없고, 나아가 공정거래법 제70조의 양벌규정에 따라 처벌되는 법인이나 개인에 대한 고발의 효력이 그 대표자나 대리인, 사용인 등으로서 행위자인 사람에게까지 미친다고 볼 수도 없다. (2) 원심이 공정거래위원회의 고발 대상에서 제외된 피고인들(CJ, 甲, 乙, 丙)에 대한 공소사실에 관하여 소추요건의 결여로 그 공소의 제기가 법률의 규정에 위반하여 무효인 경우에 해당한다는 이유로 공소기각 판결을 선고한 제1심을 그대로 유지한 조치는 정당하다(대법원 2011.7.28, 2008도5757 설탕담합 사건).

738 고소취소 등에 관한 다음 설명 중 옳지 않은 것은? (다툼이 있으면 판례에 의함) [core ★★]

1 2 3

① 사건 당시 23세인 강간죄 피해자의 부친이 피해자 사망후에 피해자를 대신하여 그 피해자가 이미 하였던 고소를 취소하더라도 이는 적법한 고소취소라 할 수 없다(행위 당시 법령에 따라 강간죄를 친고죄로 간주한다).

② 폭행죄에 있어 피해자가 사망한 후 그 상속인이 피해자를 대신하여 처벌불원의 의사표시를 할 수는 없다.

③ 교통사고특리특례법위반 사건에 있어 피해자 오빠의 제1심 법정에서의 진술 중에서 피고인의 처벌을 불원하는 의사표시를 하였다는 사실만으로는 처벌희망 의사표시가 철회되었다고 볼 수 없다.

④ 피해자가 교통사고로 의식을 회복하지 못하여 의사능력이 없는 경우 그 아버지가 당연히 아들의 법정대리인이 되므로 아버지는 피해자를 대리하여 처벌을 희망하지 아니한다는 의사표시를 할 수 있다.

해설

④ [×] (교통사고로 의식을 회복하지 못하고 있는) 피해자의 아버지가 피해자를 대리하여 처벌을 희망하지 아니한다는 의사를 표시하는 것은 허용되지 아니할 뿐만 아니라 피해자가 성년인 이상 의사능력이 없다는 것만으로 피해자의 아버지가 당연히 법정대리인이 된다고 볼 수도 없으므로, 피해자의 아버지가 처벌을 희망하지 아니한다는 의사를 표시하였더라도 소송법적으로 효력이 발생할 수 없다(대법원 2013.9.26, 2012도568).

① [○] 사건 당시 23세인 강간죄 피해자의 부친이 피해자 **사망후에 피해자를 대신하여 그 피해자가 이미 하였던 고소를 취소하더라도 이는 적법한 고소취소라 할 수 없다**(행위 당시 법령에 따라 강간죄를 친고죄로 간주한다)(대법원 1969.4.29, 69도376).

② [○] 폭행죄에 있어 피해자가 사망한 후 그 **상속인이 피해자를 대신하여 처벌불원의 의사표시를 할 수는 없다**(대법원 2010.5.27, 2010도2680 생일빵 사건).

③ [○] 교통사고특리특례법위반 사건에 있어 피해자 오빠의 제1심 법정에서의 진술 중에서 피고인의 처벌을 불원하는 의사표시를 하였다는 사실만으로는 **처벌희망 의사표시가 철회되었다고 볼 수 없다**(대법원 1983.9.13, 83도1052).

739 1 2 3 고소취소 또는 처벌희망 의사표시의 철회에 관한 다음 설명 중 옳지 않은 것은? (다툼이 있으면 판례에 의함) [core ★★]

① 제1심판결 선고 후에 고소가 취소된 경우에는 그 취소의 효력이 없으므로 법원은 공소기각판결을 선고할 수 없다.

② 항소심에서 공소장변경에 의하여 친고죄가 아닌 범죄를 친고죄로 인정하였더라도 항소심을 제1심이라 할 수는 없는 것이므로 항소심에 이르러 비로소 고소인이 고소를 취소하였다면 이는 친고죄에 대한 고소취소로서의 효력은 없다.

③ 항소심에 이르러 비로소 반의사불벌죄가 아닌 죄에서 반의사불벌죄로 공소장이 변경되었다고 하더라도 피해자의 처벌희망 의사표시의 철회는 그 효력이 없어 법원은 공소기각판결을 선고할 수 없다.

④ 항소심에서 제1심의 공소기각판결이 법률에 위배됨을 이유로 이를 파기하고 사건을 제1심법원에 환송한 경우라면 비록 피해자가 고소를 취소하더라도 법원은 공소기각판결을 선고할 수 없다.

해설

④ [×] (1) 상소심에서 제1심의 공소기각판결이 법률에 위배됨을 이유로 이를 파기하고 사건을 제1심법원에 환송함에 따라 다시 제1심 절차가 진행된 경우, 종전의 제1심판결은 이미 파기되어 그 효력을 상실하였으므로 환송 후의 제1심판결 선고 전에는 고소취소의 제한사유가 되는 제1심판결 선고가 없는 경우에 해당한다. (2) 고소인 乙의 고소취소는 그 후 항소심에서 종전 제1심의 공소기각판결이 파기되고 사건이 제1심 법원에 환송된 후 진행된 환송 후 제1심의 판결이 선고되기 전에 이루어진 것으로서 적법한 고소취소에 해당하므로 법원은 형사소송법 제327조 제5호에 의하여 공소를 기각하여야 한다(대법원 2011.8.25, 2009도9112 환송전 고소취소 사건).

① [○] 제1심판결 선고 후에 고소가 취소된 경우에는 그 취소의 효력이 없으므로 **법원은 공소기각판결을 선고할 수 없다**(대법원 1985.2.8, 84도2682).

② [○] 항소심에서 공소장변경에 의하여 친고죄가 아닌 범죄를 친고죄로 인정하였더라도 항소심을 제1심이라 할 수는 없는 것이므로 항소심에 이르러 비로소 고소인이 고소를 취소하였다면 이는 **친고죄에 대한 고소취소로서의 효력은 없다**(대법원 1999.4.15, 96도1922 全合).

③ [○] 항소심에 이르러 비로소 반의사불벌죄가 아닌 죄에서 반의사불벌죄로 공소장이 변경되었다고 하더라도 피해자의 처벌희망 의사표시의 철회는 그 효력이 없어 법원은 **공소기각판결을 선고할 수 없다**(대법원 1988.3.8, 85도2518).

정답 | 737 ③ 738 ④ 739 ④

740 1 2 3 검사는 피고인 甲의 피해자 A에 대한 2020.5.7. 및 2020.5.21. 범행에 대해서 반의사불벌죄인 정보통신망법위반(명예훼손)죄로 기소하였다가 항소심에 이르러 친고죄인 모욕죄로 공소장을 변경하였다. 항소심에서 비로소 A는 甲에 대한 고소를 취소하였는 바, 이 경우 법원이 취해야 할 조치로서 가장 옳은 것은? (다툼이 있으면 판례에 의함) [Superlative ★★★]

① A의 고소취소는 효력이 없으므로 법원은 실체재판을 하여야 한다.

② 공소제기의 절차가 법률의 규정에 위반하여 무효인 때에 해당하므로 법원은 공소기각판결을 선고하여야 한다.

③ 고소가 있어야 죄를 논할 사건에 대하여 고소의 취소가 있은 때에 해당하므로 법원은 공소기각판결을 선고하여야 한다.

④ 피해자의 명시한 의사에 반하여 죄를 논할 수 없는 사건에 대하여 처벌을 희망하는 의사표시가 철회되었을 때에 해당하므로 법원은 공소기각판결을 선고하여야 한다.

해설

① 항소심에서 비로소 공소사실이 친고죄로 변경된 경우에도 항소심을 제1심이라 할 수는 없는 것이므로, 항소심에 이르러 고소인이 고소를 취소하였다면 이는 친고죄에 대한 고소취소로서의 효력이 없다(대법원 2007.3.15, 2007도210). A의 고소취소는 효력이 없으므로 법원은 실체재판을 하여야 한다.

741 1 2 3 친고죄의 공범 중 일부에 대하여 제1심판결이 선고된 후에 제1심 판결선고 전의 다른 공범에 대한 고소취소의 효력 여부는? (다툼이 있으면 판례에 의함) [core ★★]

① 필요적 공범이든 임의적 공범이든 고소취소의 효력이 없다.

② 필요적 공범이든 임의적 공범이든 고소취소의 효력이 있다.

③ 필요적 공범의 경우에는 고소취소의 효력이 있으나, 임의적 공범의 경우에는 그 효력이 없다.

④ 임의적 공범의 경우에는 고소취소의 효력이 있으나, 필요적 공범의 경우에는 그 효력이 없다.

해설

① 친고죄의 공범 중 그 일부에 대하여 제1심 판결이 선고된 후에는 제1심판결 선고전의 다른 공범자에 대하여는 그 고소를 취소할 수 없고 그 고소의 취소가 있다 하더라도 그 효력을 발생할 수 없으며, 이러한 법리는 필요적 공범이나 임의적 공범이나를 구별함이 없이 모두 적용된다(대법원 1985.11.12, 85도1940 가리봉동 여중생 윤간 사건).

742 고소취소 또는 처벌희망 의사표시의 철회에 관한 다음 설명 중 옳지 않은 것은? (다툼이 있으면 판례에 의함)
1 2 3 [core ★★]

① 고소의 취소나 처벌을 희망하는 의사표시의 철회는 수사기관 또는 법원에 대한 법률행위적 소송행위이므로 공소제기 전에는 고소사건을 담당하는 수사기관에, 공소제기 후에는 고소사건의 수소법원에 대하여 이루어져야 한다.

② 반의사불벌죄에 있어 피해자가 처벌을 희망하지 아니하는 의사표시나 처벌을 희망하는 의사표시의 철회를 하였다고 인정하기 위해서는 피해자의 진실한 의사가 명백하고 믿을 수 있는 방법으로 표현되어야 한다.

③ 하수급인의 처벌을 희망하지 아니하는 근로자의 의사표시가 있을 경우에는 여러 사정을 참작하여 여기에 직상 수급인의 처벌을 희망하지 아니하는 의사표시도 포함되어 있다고 볼 수 있는지를 살펴보아야 하고, 직상 수급인을 배제한 채 오로지 하수급인에 대하여만 처벌을 희망하지 아니하는 의사를 표시한 것으로 쉽사리 단정할 것은 아니다.

④ 친고죄에 있어 피해자의 고소권은 공법상의 권리이긴 하지만 피해자의 의사는 존중되어야 하므로 고소 전에 미리 고소권을 포기할 수 있다고 봄이 상당하다.

해설

④ [×] (1) 형사소송법 제232조에 의하면 일단 한 고소는 취소할 수 있도록 규정하였으나 고소권의 포기에 관하여서는 아무런 규정이 없으므로 고소 전에 고소권을 포기할 수는 없다고 함이 상당하다(대법원 1967.5.23, 67도471). (2) 피해자가 고소장을 제출하여 처벌을 희망하는 의사를 분명히 표시한 후 고소를 취소한 바 없다면 비록 고소 전에 피해자가 처벌을 원치 않았다 하더라도 그 후에 한 피해자의 고소는 유효하다(대법원 2008.11.27, 2007도4977 방이동 모로코모텔 간통 사건).

① [○] 고소의 취소나 처벌을 희망하는 의사표시의 철회는 수사기관 또는 법원에 대한 법률행위적 소송행위이므로 **공소제기 전에는 고소사건을 담당하는 수사기관에, 공소제기 후에는 고소사건의 수소법원에 대하여 이루어져야 한다**(대법원 2012.2.23, 2011도17264).

② [○] 반의사불벌죄에 있어 피해자가 처벌을 희망하지 아니하는 의사표시나 처벌을 희망하는 의사표시의 철회를 하였다고 인정하기 위해서는 피해자의 진실한 의사가 **명백하고 믿을 수 있는 방법으로 표현되어야 한다**(대법원 2010.11.11, 2010도11550).

③ [○] (1) 건설업에서 2차례 이상 도급이 이루어진 경우 건설업자가 아닌 하수급인이 그가 사용한 근로자에게 임금을 지급하지 못할 경우 그 하수급인의 직상 수급인은 하수급인과 연대하여 하수급인이 사용한 근로자의 임금을 지급할 책임을 지도록 하면서 이를 위반한 직상 수급인을 처벌하되, 근로자의 명시적인 의사와 다르게 공소를 제기할 수 없도록 규정하고 있다. (2) 하수급인의 처벌을 희망하지 아니하는 근로자의 의사표시가 있을 경우에는 여러 사정을 참작하여 여기에 직상 수급인의 처벌을 희망하지 아니하는 의사표시도 포함되어 있다고 볼 수 있는지를 살펴보아야 하고, **직상 수급인을 배제한 채 오로지 하수급인에 대하여만 처벌을 희망하지 아니하는 의사를 표시한 것으로 쉽사리 단정할 것은 아니다**(대법원 2015.11.12, 2013도8417 하수급인 임금체불 사건). 하수급인이 임금을 체불한 경우 그의 직상 수급인도 연대책임을 지는데(이들 임금체불로 인한 근로기준법위반죄는 모두 반의사불벌죄에 해당한다), 하수급인이 근로자에게 밀린 임금을 지급하여 근로자들이 하수급인에 대하여 처벌불원 의사표시를 한 경우 특별한 사정이 없는 한 그 의사표시의 효력은 직상 수급인에게도 미치므로 법원은 하수급인과 직상 수급인 모두에게 형사소송법 제327조 제6호에 의하여 공소기각판결을 선고하여야 한다는 취지의 판례이다.

정답 | 740 ① 741 ① 742 ④

743 다음 중 고소취소에 해당하는 것은 모두 몇 개인가? (다툼이 있으면 판례에 의함) [Superlative ★★★]

1 2 3

> ㉠ (단순히) 고소인이 합의서를 피고인에게 작성하여 준 경우
> ㉡ 피해자가 가해자와 합의한 후 '이 사건 전체에 대하여 가해자와 원만히 합의하였으므로 피해자는 가해자를 상대로 이 사건과 관련한 어떠한 민 · 형사상의 책임도 묻지 아니한다'는 취지의 합의서가 경찰에 제출된 경우
> ㉢ 피해자가 피고인의 처벌을 구하는 의사를 철회한다는 의사로 합의서를 제1심 법원에 제출하였으나, 그 후 피해자가 제1심 법원에 증인으로 출석하여 "합의를 취소하고 다시 피고인의 처벌을 원한다"는 진술을 한 경우
> ㉣ 관련 민사사건에서 '형사 고소사건 일체를 모두 취하한다'는 내용이 포함된 조정이 성립되었으나, 고소인이 조정이 성립된 이후에도 수사기관 및 제1심 법정에서 여전히 피고인의 처벌을 원한다는 취지로 진술하고 있으며 달리 고소인이 위 조정조서사본 등을 수사기관이나 제1심 법정에 제출하지 아니한 경우

① 0개　　② 1개
③ 2개　　④ 3개

해설

③ ㉡㉢ 2항목이 고소취소에 해당한다. ㉡㉢ 판례처럼 합의서가 수사기관이나 법원에 제출되었다면 고소취소로 볼 수 있으나, ㉠ 항목의 경우는 합의서를 피고인에게 작성해 준 것에 불과하고 이것이 수사기관이나 법원에 제출되지 않았다는 점을 주의하여야 한다. 마찬가지 맥락에서 ㉣ 항목도 고소취소로 볼 수 없다.

㉠ 형사소송법 제239조, 제237조에 의하면, 고소의 취소는 서면 또는 구술로서 검사 또는 사법경찰관에게 하여야 하도록 규정되어 있으므로 모욕죄의 고소인이 합의서를 피고인에게 작성하여준 것만으로는 고소가 적법히 취소된 것으로는 볼 수 없다(대법원 1983.9.27, 83도516).

㉡ 합의서의 제출로써 피해자는 피고인에 대하여 처벌을 희망하던 종전의 의사를 철회한 것으로서 공소제기 전에 고소를 취소한 것으로 봄이 상당하다(대법원 2002.7.12, 2001도6777 주병진 사건).

㉢ 고소권자가 서면 또는 구술로써 수사기관 또는 법원에 고소를 취소하는 의사표시를 하였다고 보여지는 이상 그 고소는 적법하게 취소되었다고 할 것이고, 그 후 고소취소를 철회하는 의사표시를 다시 하였다고 하여도 그것은 효력이 없다(대법원 2009.9.24, 2009도6779 합의금을 안준 사건).

㉣ 원심은, 조정이 성립된 것만으로는 고소인이 수사기관이나 제1심 법정에 피고인에 대한 고소를 취소하였다거나 처벌을 원하지 아니한다는 의사를 표시한 것으로 보기 어렵다고 판단하였다. 위와 같은 원심 판단은 옳다(대법원 2004.3.25, 2003도8136).

744 다음 중 고소취소(처벌의사를 철회한 것 포함)에 해당하지 않는 것은? (다툼이 있으면 판례에 의함)
1 2 3

[core ★★]

① 강간미수의 피해자의 어머니와 피고인의 아버지간에 '피해가 변상되었으니 관대한 처벌을 하여 달라'는 내용의 합의서가 제출되었고 또 피해자의 어머니가 '피해자는 물론 자기도 처벌을 원치 않는다'고 합의서의 기재를 부연하는 증언을 한 경우

② 검사가 작성한 피해자에 대한 진술조서기재 중 '피의자들의 처벌을 원하는가요?'라는 물음에 대하여 '법대로 처벌하여 주기 바랍니다'로 되어 있고 이어서 '더 할 말이 있는가요?'라는 물음에 대하여 '젊은 사람들이니 한번 기회를 주시면 감사하겠습니다'로 기재되어 있는 경우

③ 강간피해자 명의의 '민 · 형사상 문제를 일체 거론하지 않기로 화해되었으므로 합의서를 제1심 재판장 앞으로 제출한다'는 취지의 합의서 및 '피고인들에게 중형을 내리기보다는 법의 온정을 베풀어 사회에 봉사할 수 있도록 관대한 처분을 바란다'는 취지의 탄원서가 제1심 법원에 제출된 경우

④ "피해자(女, 14세)는 가해자 측으로부터 50만원을 받아 합의를 하였기에 차후 이 사건으로 민 · 형사상의 이의를 제기하지 않겠다"는 취지의 피해자의 모(母) 명의의 합의서가 법원에 제출되었고 이후 다시 "처벌을 원하지 않는다는 합의가 이루어졌음을 확인한다"는 내용의 피해자 모(母)의 탄원서가 추가로 제출된 경우

해설

② 피해자의 진술취지는 법대로 처벌하되 관대한 처분을 바란다는 취지로 보아야 하고 처벌의사를 철회한 것으로 볼 것이 아니다(대법원 1981.1.13, 80도2210).

① 강간미수의 피해자(당15세)의 어머니와 피고인의 아버지간에 피해가 변상되었으니 관대한 처벌을 하여 달라는 내용의 합의서가 제출되었고 또 피해자의 어머니가 피해자는 물론 자기도 처벌을 원치 않는다고 합의서의 기재를 부연하는 증언을 하였다면 이는 처벌을 희망하는 의사표시의 철회로 볼 것이므로 공소기각 판결을 해야 한다(대법원 1974.12.24, 74도3335).

③ 제1심 법원에 대하여 피고인들의 처벌을 희망하던 종전의사를 철회하겠다는 의사표시를 한 것으로 해석되니, 피해자의 고소취소가 있은 것으로 판단한 원심 조치는 정당하다(대법원 1981.11.10, 81도1171).

④ 합의서는 피해자의 모(母) 명의로 작성되었지만 거기에는 피해자 자신의 처벌불원의사가 포함되어 있는 것이라고 볼 여지가 없지 않다(대법원 2009.12.24, 2009도11859).

정답 | 743 ③ 744 ②

745 고발에 관한 다음 설명 중 옳지 않은 것은? (다툼이 있으면 판례에 의함) [core ★★]

1 2 3

① 고발이란 범죄사실을 수사기관에 신고하여 그 소추를 촉구하는 것으로서 범인을 지적할 필요가 없는 것이고 또한 고발에서 지정한 범인이 진범인이 아니더라도 고발의 효력에는 영향이 없다.

② 농지의보전및이용에관한법률 제21조 제4항이 규정하는 군수의 고발권에 대하여 이를 면장에게 위임할 수 있다는 근거법령을 찾아 볼 수 없으니 결국 면장이 위 조항에 의거 행한 고발은 적법한 고발이라고 할 수 없다.

③ 乙 명의의 고소장 제출에 의해 위증사실의 신고(무고)가 행하여졌다면 비록 甲이 고소장을 작성하여 수사기관에 제출하고 수사기관에 대하여 고발인진술을 하는 등 甲의 의사로 고발행위를 주도했더라도 乙이 고소인으로써 무고죄의 피고인이 된다.

④ 비록 외관상으로는 타인 명의의 고소장을 대리하여 작성하고 제출하는 형식으로 고소가 이루어진 경우라 하더라도 그 명의자는 고소의 의사가 없이 이름만 빌려준 것에 불과하고 명의자를 대리한 자가 실제 고소의 의사를 가지고 고소행위를 주도한 경우라면 그 명의자를 대리한 자를 신고자로 보아 무고죄의 주체로 인정하여야 할 것이다.

해설

③ [×] 乙 명의의 고소장 제출에 의해 위증사실의 신고가 행하여졌더라도 甲이 고소장을 작성하여 수사기관에 제출하고 수사기관에 대하여 고발인진술을 하는 등 甲의 의사로 고발행위를 주도하였다면 그 고발인은 甲이다(대법원 1989.9.26, 88도1533).

① [○] 고발이란 범죄사실을 수사기관에 신고하여 그 소추를 촉구하는 것으로서 범인을 지적할 필요가 없는 것이고 또한 고발에서 지정한 범인이 **진범인이 아니더라도 고발의 효력에는 영향이 없다**(대법원 1994.5.13, 94도458).

② [○] 농지의보전및이용에관한법률 제21조 제4항이 규정하는 군수의 고발권에 대하여 이를 **면장에게 위임할 수 있다는 근거법령을 찾아 볼 수 없으니** 결국 면장이 위 조항에 의거 행한 고발은 **적법한 고발이라고 할 수 없다**(대법원 1985.8.13, 85도1193).

④ [○] 비록 외관상으로는 타인 명의의 고소장을 대리하여 작성하고 제출하는 형식으로 고소가 이루어진 경우라 하더라도 그 명의자는 고소의 의사가 없이 이름만 빌려준 것에 불과하고 명의자를 대리한 자가 실제 고소의 의사를 가지고 고소행위를 주도한 경우라면 그 **명의자를 대리한 자를 신고자로 보아 무고죄의 주체로 인정하여야 할 것이다**(대법원 2007.3.30, 2006도6017).

746 전속고발범죄에 관한 다음 설명 중 옳지 않은 것은? (다툼이 있으면 판례에 의함) [core ★★]

1 2 3

① 국회에서의 증언 · 감정 등에 관한 법률은 국정감사나 국정조사에 관한 국회 내부의 절차를 규정한 것으로서 국회에서의 위증죄에 관한 고발 여부를 국회의 자율권에 맡기고 있고, 위증을 자백한 경우에는 고발하지 않을 수 있게 하여 자백을 권장하고 있으므로 같은 법 제14조 제1항 본문에 규정된 위증죄는 고발을 소추요건으로 한다.

② 조세범처벌법위반죄에 관하여 일단 불기소처분이 있었다면 세무공무원 등이 종전에 한 고발은 효력을 상실하므로 나중에 공소를 제기함에 있어서는 새로운 고발이 있어야 한다.

③ 수 개의 범칙사실 중 일부만을 범칙사건으로 하는 고발이 있는 경우 고발장에 기재된 범칙사실과 동일성이 인정되지 않는 다른 범칙사실에 대해서까지 그 고발의 효력이 미칠 수는 없다.

④ 지방국세청장 또는 세무서장이 조세범칙행위에 대하여 고발을 한 후에 동일한 조세범칙행위에 대하여 통고처분을 하였다 하더라도 이는 법적 권한 소멸 후에 이루어진 것으로서 특별한 사정이 없는 한 그 효력이 없다.

해설

② [×] 조세범처벌법위반죄에 관하여 일단 불기소처분이 있었더라도 세무공무원 등이 종전에 한 고발은 여전히 유효하고, 따라서 나중에 공소를 제기함에 있어 세무공무원 등의 새로운 고발이 있어야 하는 것은 아니다(대법원 2009.10.29, 2009도6614).

① [○] 국회에서의 증언 · 감정 등에 관한 법률은 국정감사나 국정조사에 관한 국회 내부의 절차를 규정한 것으로서 국회에서의 위증죄에 관한 고발 여부를 국회의 자율권에 맡기고 있고, 위증을 자백한 경우에는 고발하지 않을 수 있게 하여 자백을 권장하고 있으므로 같은 법 제14조 제1항 본문에 규정된 **위증죄는 고발을 소추요건으로 한다**(대법원 2018.5.17, 2017도14749 숲 국정농단청문회 위증사건).

③ [○] 수 개의 범칙사실 중 일부만을 범칙사건으로 하는 고발이 있는 경우 **고발장에 기재된 범칙사실과 동일성이 인정되지 않는 다른 범칙사실에 대해서까지 그 고발의 효력이 미칠 수는 없다**(대법원 2014.10.15, 2013도5650).

④ [○] 이는 **법적 권한 소멸 후에 이루어진 것으로서 특별한 사정이 없는 한 그 효력이 없고,** 설령 조세범칙행위자가 이러한 통고처분을 이행하였다 하더라도 조세범 처벌절차법 제15조 제3항에서 정한 일사부재리의 원칙이 적용될 수 없다(대법원 2016.9.28, 2014도10748 고발 후 통고처분 사건).

정답 | **745** ③ **746** ②

747 자수에 관한 다음 설명 중 옳지 않은 것은? (다툼이 있으면 판례에 의함) [Essential ★]

1 2 3

① 자수란 범인이 자발적으로 자신의 범죄사실을 수사기관에 신고하여 그 소추를 구하는 의사표시를 함으로써 성립한다.

② 범죄사실과 범인이 누구인가가 발각된 후라고 한다면 비록 범인이 자발적으로 자기의 범죄사실을 수사기관에 신고하더라도 자수로 볼 수 없다.

③ 자수를 위하여는 범인이 자기의 범행으로서 범죄성립요건을 갖춘 객관적 사실을 자발적으로 수사관서에 신고하여 그 처분에 맡기는 것으로 족하고, 더 나아가 법적으로 그 요건을 완전히 갖춘 범죄행위라고 적극적으로 인식하고 있을 필요까지는 없다.

④ 자기의 범죄사실을 신고한 이상 그 신고에 있어 범죄사실의 세부적인 형태에 있어 다소의 차이가 있다 하여도 이는 자수에 해당한다.

해설

② [×] 범죄사실과 범인이 누구인가가 발각된 후라 하더라도 범인이 자발적으로 자기의 범죄사실을 수사기관에 신고한 경우 이는 자수에 해당한다(대법원 2011.12.22.2011도12041).
① [○] 자수란 범인이 자발적으로 자신의 범죄사실을 수사기관에 신고하여 그 **소추를 구하는 의사표시를 함으로써 성립한다**(대법원 2011.12.22.2011도12041 박상백 코어비트 대표 사건).
③ [○] 자수를 위하여는 범인이 자기의 범행으로서 범죄성립요건을 갖춘 객관적 사실을 자발적으로 수사관서에 신고하여 그 처분에 맡기는 것으로 족하고, 더 나아가 법적으로 그 요건을 완전히 갖춘 범죄행위라고 적극적으로 인식하고 있을 필요까지는 없다(대법원 1995.6.30, 94도1017).
④ [○] 자기의 범죄사실을 신고한 이상 그 신고에 있어 범죄사실의 세부적인 형태에 있어 **다소의 차이가 있다 하여도 이는 자수에 해당한다**(대법원 1969.4.29, 68도1780).

748 자수에 관한 다음 설명 중 옳지 않은 것은? (다툼이 있으면 판례에 의함) [Essential ★]

1 2 3

① 수개의 범죄사실 중 일부에 관하여만 자수한 경우에는 그 부분 범죄사실에 대하여만 자수의 효력이 있다.

② 범인이 수개의 범죄사실 중의 일부라도 수사기관에 자진 신고한 이상, 그 동기가 투명치 않고 그 후 공범을 두둔하더라도 그 자수한 부분 범죄사실에 대하여는 자수의 효력이 있다.

③ 자진출석하여 사실을 밝히고 처벌을 받고자 담당 검사에게 전화를 걸어 조사를 받게 해달라고 요청하여 출석시간을 지정받은 다음 자진출석하여 혐의사실을 인정하는 내용의 진술서를 작성하는 것은 자수에 해당한다.

④ 피고인이 검찰의 소환에 따라 자진출석하여 검사에게 범죄사실에 관하여 자백함으로써 자수의 효력이 발생하였다고 하더라도, 그 후에 검찰이나 법정에서 범죄사실을 일부 부인하였다면 일단 발생한 자수의 효력은 소멸한다.

해설

④ [×] 피고인이 검찰의 소환에 따라 자진출석하여 검사에게 범죄사실에 관하여 자백함으로써 형법상 자수의 효력이 발생하였다면, 그 후에 검찰이나 법정에서 범죄사실을 일부 부인하였다고 하더라도 일단 발생한 자수의 효력이 소멸하는 것은 아니다(대법원 2002.8.23, 2002도46).
① [○] 수개의 범죄사실 중 일부에 관하여만 자수한 경우에는 그 **부분 범죄사실에 대하여만 자수의 효력이 있다**(대법원 1994.10.14, 94도2130).
② [○] 범인이 수개의 범죄사실 중의 일부라도 수사기관에 자진 신고한 이상, 그 동기가 투명치 않고 그 후 **공범을 두둔하더라도 그 자수한 부분 범죄사실에 대하여는 자수의 효력이 있다**(대법원 1969.7.22, 69도779).
③ [○] 자진출석하여 사실을 밝히고 처벌을 받고자 담당 검사에게 전화를 걸어 조사를 받게 해달라고 요청하여 출석시간을 지정받은 다음 자진출석하여 **혐의사실을 인정하는 내용의 진술서를 작성하는 것은 자수에 해당한다**(대법원 1994.9.9, 94도619).

749 1 2 3 **자수에 관한 다음 설명 중 옳지 않은 것은? (다툼이 있으면 판례에 의함)** [Essential ★]

① 수개의 범죄사실 중 일부에 관하여만 자수한 경우에는 그 부분 범죄사실에 대하여만 자수의 효력이 있다.
② 수사기관의 직무상의 질문 또는 조사에 응하여 범죄사실을 진술하는 것은 자백일 뿐 자수가 되는 것은 아니다.
③ 형법 제52조가 자수를 형의 감경사유로 삼은 이유는 범인의 발견과 수사의 촉진에 있으므로 죄의 뉘우침이 없는 자수라도 형법상 자수에 해당한다.
④ 양벌규정에 의하여 법인이 처벌받는 경우 법인에게 자수감경에 관한 형법 규정을 적용하기 위하여는 법인의 이사 기타 대표자가 수사책임이 있는 관서에 자수한 경우에 한한다.

해설

③ [×] 형법 제52조가 자수를 형의 감경사유로 삼은 첫째 이유는 범인이 죄를 뉘우치고 있다는 데에 있으므로 죄의 뉘우침이 없는 자수는 외형은 자수일지라도 형법 규정이 정한 자수라고 할 수 없다(대법원 1993.6.11, 93도1054).
① [○] 수개의 범죄사실 중 일부에 관하여만 자수한 경우에는 **그 부분 범죄사실에 대하여만 자수의 효력이 있다**(대법원 1994.10.14, 94도2130).
② [○] 수사기관의 직무상의 질문 또는 조사에 응하여 **범죄사실을 진술하는 것은 자백일 뿐 자수가 되는 것은 아니다**(대법원 2011.12.22.2011도12041 박상백 코어비트 대표 사건).
④ [○] 양벌규정에 의하여 법인이 처벌받는 경우 법인에게 자수감경에 관한 형법 규정을 적용하기 위하여는 법인의 이사 기타 대표자가 **수사책임이 있는 관서에 자수한 경우에 한한다**(대법원 1995.7.25, 95도391).

정답 | 747 ② 748 ④ 749 ③

750 영장주의의 의의와 성질에 관한 다음 설명 중 옳지 않은 것은? (다툼이 있으면 판례에 의함)

1 2 3

[Superlative ★★★]

① 영장주의란 형사절차와 관련하여 체포 · 구속 · 압수 등의 강제처분을 함에 있어서는 사법권 독립에 의하여 그 신분이 보장되는 법관이 발부한 영장에 의하지 않으면 안 된다는 원칙을 말한다.

② 법원이 직권으로 발부하는 영장과 수사기관의 청구에 의하여 발부하는 구속영장의 법적 성격은 같지 않다. 즉, 전자는 명령장으로서의 성질을 갖지만 후자는 허가장으로서의 성질을 갖는 것으로 이해되고 있다.

③ 헌법 제12조 제3항의 규정 취지에 비추어 보았을 때 공판단계에서의 법관이 영장을 발부하는 경우에도 검사의 신청이 필요한 것으로 해석하는 것이 타당하다.

④ 법원이 피고인의 구속 또는 그 유지 여부의 필요성에 관하여 한 재판의 효력이 검사나 다른 기관의 이견이나 불복이 있다 하여 좌우되거나 제한받는다면 이는 영장주의 원칙에 위배된다.

해설

③ [×] 헌법 제12조 제3항은 헌법 제12조 제1항과 함께 이른바 적법절차의 원칙을 규정한 것으로서 범죄수사를 위하여 구속 등의 강제처분을 함에 있어서는 법관이 발부한 영장이 필요하다는 것과 수사기관 중 검사만 법관에게 영장을 신청할 수 있다는 데에 그 의의가 있다 할 것이고 형사재판을 주재하는 법원이 피고인에 대하여 구속영장을 발부하는 경우에도 검사의 신청이 있어야 한다는 것이 위 규정의 취지라고 볼 수는 없다(대법원 1996.8.12, 96모46 노태우 전대통령 사건).

① [○] 영장주의란 형사절차와 관련하여 체포 · 구속 · 압수 등의 강제처분을 함에 있어서는 사법권 독립에 의하여 그 신분이 보장되는 **법관이 발부한 영장에 의하지 않으면 안 된다는 원칙을 말한다**(헌법재판소 1997.3.27, 96헌바28).

② [○] 법원이 직권으로 발부하는 영장과 수사기관의 청구에 의하여 발부하는 구속영장의 법적 성격은 같지 않다. 즉, 전자는 명령장으로서의 성질을 갖지만 후자는 **허가장으로서의 성질을 갖는 것으로 이해되고 있다**(헌법재판소 1997.3.27, 96헌바28).

④ [○] 법원이 피고인의 구속 또는 그 유지 여부의 필요성에 관하여 한 재판의 효력이 검사나 다른 기관의 이견이나 불복이 있다 하여 좌우되거나 제한받는다면 이는 **영장주의 원칙에 위배된다**(헌법재판소 2012.6.27, 2011헌가36 강간범 모친상 사건).

751 영장주의 등에 관한 다음 설명 중 옳지 않은 것은? (다툼이 있으면 판례에 의함) [core ★★]

1 2 3

① 수출입물품 통관검사절차에서 이루어지는 물품의 개봉, 시료채취, 성분분석 등의 검사는 수출입물품에 대한 적정한 통관 등을 목적으로 조사를 하는 것으로서 이를 수사기관의 강제처분이라고 할 수 없으므로 세관공무원은 압수 · 수색영장 없이 이러한 검사를 진행할 수 있다.

② 세관공무원이 통관검사를 위하여 직무상 소지하거나 보관하는 물품을 수사기관에 임의로 제출한 경우에는 비록 소유자의 동의를 받지 않았다고 하더라도 수사기관이 강제로 점유를 취득하지 않은 이상 해당 물품을 압수하였다고 할 수 없다.

③ 마약류 불법거래방지에 관한 특례법 제4조 제1항에 따른 조치의 일환으로 특정한 수출입물품을 개봉하여 검사하고 그 내용물의 점유를 취득한 행위도 수출입물품에 대한 적정한 통관 등을 목적으로 하는 행정조사의 성격을 가지고 있으므로 사전 또는 사후에 영장을 받을 필요가 없다.

④ 선거범죄의 조사에 관련하여 '허위의 자료를 제출한 자'를 처벌하는 공직선거법 제272조의2 제3항, 제256조 제5항 제12호 규정에 의한 자료제출요구는 행정조사의 성격을 가지는 것으로 수사기관의 수사와 근본적으로 그 성격을 달리하며 청구인에 대하여 직접적으로 어떠한 물리적 강제력을 행사하는 강제처분을 수반하는 것이 아니므로 영장주의의 적용대상이 아니다.

해설

③ [×] 마약류 불법거래방지에 관한 특례법 제4조 제1항에 따른 조치의 일환으로 특정한 수출입물품을 개봉하여 검사하고 그 내용물의 점유를 취득한 행위는 수출입물품에 대한 적정한 통관 등을 목적으로 조사를 하는 경우와는 달리, 범죄수사인 압수 또는 수색에 해당하여 사전 또는 사후에 영장을 받아야 한다(대법원 2017.7.18, 2014도8719 통제배달사건Ⅱ).

> **마약류 불법거래 방지에 관한 특례법(2021.1.5. 법률 제17826호로 일부개정된 것)**
>
> 제4조 【세관 절차의 특례】 ① 세관장은 관세법 제246조에 따라 화물을 검사할 때에 화물에 마약류가 감추어져 있다고 밝혀지거나 그러한 의심이 드는 경우, 그 마약류의 분산을 방지하기 위하여 충분한 감시체제가 확보되어 있는 마약류범죄의 수사에 관하여 그 마약류가 외국으로 반출되거나 대한민국으로 반입될 필요가 있다는 검사의 요청이 있을 때에는 다음 각 호의 조치를 할 수 있다. 다만, 그 조치를 하는 것이 관세 관계 법령의 입법 목적에 비추어 타당하지 아니하다고 인정할 때에는 요청한 검사와의 협의를 거쳐 그 조치를 하지 아니할 수 있다.
>
> 1. 해당 화물(그 화물에 감추어져 있는 마약류는 제외한다)에 대한 관세법 제241조에 따른 수출입 또는 반송의 면허
> 2. 그 밖에 검사의 요청에 따르기 위하여 필요한 조치

①② [○] (1) 수출입물품 통관검사절차에서 이루어지는 물품의 개봉, 시료채취, 성분분석 등의 검사는 수출입물품에 대한 적정한 통관 등을 목적으로 조사를 하는 것으로서 이를 수사기관의 강제처분이라고 할 수 없으므로, 세관공무원은 **압수 · 수색영장 없이 이러한 검사를 진행할 수 있다.** (2) 세관공무원이 통관검사를 위하여 직무상 소지하거나 보관하는 물품을 수사기관에 임의로 제출한 경우에는 비록 소유자의 동의를 받지 않았다고 하더라도 **수사기관이 강제로 점유를 취득하지 않은 이상 해당 물품을 압수하였다고 할 수 없다**(대법원 2017.7.18, 2014도8719 통제배달 사건Ⅱ).

④ [○] 선거범죄의 조사에 관련하여 '허위의 자료를 제출한 자'를 처벌하는 공직선거법 제272조의2 제3항, 제256조 제5항 제12호 규정에 의한 자료제출요구는 행정조사의 성격을 가지는 것으로 수사기관의 수사와 근본적으로 그 성격을 달리하며, 청구인에 대하여 직접적으로 어떠한 물리적 강제력을 행사하는 강제처분을 수반하는 것이 아니므로 **영장주의의 적용대상이 아니다**(헌법재판소 2019.9.26, 2016헌바381 허위 급여명세서 제출 사건).

정답 | 750 ③ 751 ③

752 각종 수사방법에 관한 다음 설명 중 옳지 않은 것은? (다툼이 있으면 판례에 의함) [core ★★]

1 2 3

① 수사기관이 피의자의 동의를 얻어 그를 수사관서에 동행하는 이른바 임의동행은 영장주의를 잠탈할 위험이 있으므로 임의수사로서 허용되지 않는다.

② 수사의 필요상 피의자를 임의동행한 경우에도 조사 후 귀가시키지 아니하고 그의 의사에 반하여 경찰서 조사실 또는 보호실 등에 계속 유치함으로써 신체의 자유를 속박하였다면 이는 구금에 해당한다.

③ 형사소송법이나 경찰관직무집행법 등의 법률에 정하여진 구금 또는 보호유치 요건에 의하지 아니하고는 즉결심판 피의자라는 사유만으로 피의자를 구금, 유치할 수 있는 아무런 법률상 근거가 없다.

④ 수사기관이 범죄를 수사함에 있어 현재 범행이 행하여지고 있거나 행하여진 직후이고, 증거보전의 필요성 및 긴급성이 있으며, 일반적으로 허용되는 상당한 방법으로 촬영한 경우라면 위 촬영이 영장 없이 이루어졌다 하여 이를 위법하다고 단정할 수 없다.

해설

① [×] 수사관이 수사과정에서 당사자의 동의를 받는 형식으로 피의자를 수사관서 등에 동행하는 것은 오로지 피의자의 자발적인 의사에 의하여 동행이 이루어졌음이 객관적인 사정에 의하여 명백하게 입증된 경우에 한하여 그 적법성이 인정된다(대법원 2015.12.24, 2013도8481 운좋은 음주측정거부자 사건).

② [○] 수사의 필요상 피의자를 임의동행한 경우에도 조사 후 귀가시키지 아니하고 그의 의사에 반하여 경찰서 조사실 또는 보호실 등에 계속 유치함으로써 **신체의 자유를 속박하였다면 이는 구금에 해당한다**(대법원 1985.7.29, 85모16).

③ [○] 형사소송법이나 경찰관직무집행법 등의 법률에 정하여진 구금 또는 보호유치 요건에 의하지 아니하고는 즉결심판 피의자라는 사유만으로 피의자를 **구금, 유치할 수 있는 아무런 법률상 근거가 없다**(대법원 1997.6.13, 97도877 즉결대상자 강제유치 사건).

④ [○] 수사기관이 범죄를 수사함에 있어 현재 범행이 행하여지고 있거나 행하여진 직후이고, 증거보전의 필요성 및 긴급성이 있으며, 일반적으로 허용되는 상당한 방법으로 촬영한 경우라면 위 **촬영이 영장 없이 이루어졌다 하여 이를 위법하다고 단정할 수 없다**(대법원 2013.7.26, 2013도2511 왕재산 간첩단 사건).

753 검사 또는 사법경찰관이 수사상 임의동행을 요구하는 경우 상대방에게 알려할 사항이 아닌 것은?

1 2 3

[Superlative ★★★]

① 동행을 거부할 수 있다는 것

② 변호인의 도움을 받을 권리가 있다는 것

③ 언제든지 자유롭게 동행 과정에서 이탈할 수 있다는 것

④ 언제든지 자유롭게 동행 장소에서 퇴거할 수 있다는 것

해설

② 이 지문은 상대방에게 알려할 사항이 아니다. 설문은 '수사상' 임의동행에 관한 것으로 불심검문 과정에서 행하는 임의동행과 구별을 요한다.
검사 또는 사법경찰관은 임의동행을 요구하는 경우 상대방에게 동행을 거부할 수 있다는 것과 동행하는 경우에도 언제든지 자유롭게 동행 과정에서 이탈하거나 동행 장소에서 퇴거할 수 있다는 것을 알려야 한다(수사준칙 제20조).

754 다음 중 ( ) 안의 설명이 옳지 않은 것은? (다툼이 있으면 판례에 의함) [Superlative ★★★]

1 2 3

① 강제처분에 관한 형사소송법상의 절차를 무시한 채 강제연행 상태하에서 행하여진 음주측정요구를 피고인이 거부한 경우 (음주측정거부죄 불성립)

② 경찰서로 사실상의 강제연행, 불법 체포된 피고인(불법 체포로부터 6시간 상당이 경과한 후에 긴급체포가 되었음)이 경찰서 밖으로 빠져 나온 경우 (도주죄 불성립)

③ 경찰이 피고인(유흥업소 주인)이 아닌 제3자들(유흥업소 손님과 그 여종업원)을 사실상 강제연행하여 불법체포한 상태에서 진술서를 받고 진술조서를 작성한 경우 (제3자들에 대해서는 증거능력이 부정되지만, 피고인에 대해서는 증거능력이 부정되지 않음)

④ 피의자가 동행을 거부하는 의사를 표시하였음에도 불구하고 경찰관들이 피의자를 강제로 연행한 후 마약투약 혐의를 확인하기 위한 채뇨 요구를 하여 '소변검사시인서'를 수집한 경우 (증거능력 부정)

해설

③ [×] 경찰이 피고인이 아닌 제3자들(유흥업소 손님과 그 여종업원)을 사실상 강제연행하여 불법체포한 상태에서 이들의 성매매행위나 피고인들의 유흥업소 영업행위를 처벌하기 위하여 진술서를 받고 진술조서를 작성한 경우, 각 진술서 및 진술조서는 위법수사로 얻은 진술증거에 해당하여 증거능력이 없으므로 피고인들의 식품위생법위반 혐의에 대한 유죄 인정의 증거로 삼을 수 없다(대법원 2011.6.30, 2009도6717 충북장 강제연행 사건).

① [○] 음주측정을 위하여 당해 운전자를 강제로 연행하기 위해서는 수사상의 강제처분에 관한 형사소송법상의 절차에 따라야 하고, 이러한 절차를 무시한 채 이루어진 강제연행은 위법한 체포에 해당한다. 이와 같은 위법한 체포 상태에서 음주측정요구가 이루어진 경우 그에 불응하였다고 하여 **음주측정거부에 관한 도로교통법위반죄로 처벌할 수 없다**(대법원 2006.11.9, 2004도8404 청주 목수 강제연행 사건).

② [○] 사법경찰관이 피고인을 수사관서까지 동행한 것이 사실상의 강제연행, 즉 불법 체포에 해당하고 불법 체포로부터 6시간 상당이 경과한 후에 이루어진 긴급체포 또한 위법하므로 피고인이 불법체포된 자로서 형법 제145조 제1항에 정한 **'법률에 의하여 체포 또는 구금된 자'가 아니어서 도주죄의 주체가 될 수 없다**(대법원 2006.7.6, 2005도6810 화천 절도피의자 강제연행 사건).

④ [○] 피의자가 동행을 거부하는 의사를 표시하였음에도 불구하고 경찰관들이 피의자를 강제로 연행한 행위는 수사상의 강제처분에 관한 형사소송법상의 절차를 무시한 채 이루어진 것으로 위법한 체포에 해당하고, 이와 같이 위법한 체포상태에서 마약투약 혐의를 확인하기 위한 채뇨 요구가 이루어진 경우 그와 같은 **위법한 채뇨 요구에 의하여 수집된 '소변검사시인서'는 유죄 인정의 증거로 삼을 수 없다**(대법원 2013.3.14, 2012도13611 부산 마약피의자 강제연행 사건).

정답 | 752 ① 753 ② 754 ③

755 1 2 3 수사기관이 영장 없이 다음과 같이 촬영을 했을 때 위법한 것은 모두 몇 개인가? (다툼이 있으면 판례에 의함)

[core ★★]

> ㉠ 제한속도 위반차량 단속을 위하여 무인장비로 피고인 운전 차량의 차량번호 등을 사진촬영한 경우
> ㉡ 피고인들이 공개적인 장소(차량이 통행하는 도로, 식당 앞길 또는 호텔 프런트 등)에서 반국가단체의 구성원과 회합 중이거나 회합하기 직전 또는 직후의 모습을 동영상으로 촬영한 경우
> ㉢ 피고인들에 대한 범죄(국가보안법위반) 혐의가 상당히 포착된 상태에서 그 회합의 증거를 보전하기 위하여 甲의 주거지 외부에서 담장 밖 및 2층 계단을 통하여 甲의 집에 출입하는 피고인들의 모습을 비디오촬영한 경우

① 0개
② 1개
③ 3개
④ 4개

해설

① 모든 항목이 위법한 촬영에 해당하지 아니한다.

㉠ 도로교통법령에 따라 정해진 제한속도를 위반하여 차량을 주행하는 범죄가 현재 행하여지고 있고, 그 범죄의 성질 · 태양으로 보아 긴급하게 증거보전을 할 필요가 있는 상태에서 일반적으로 허용되는 한도를 넘지 않는 상당한 방법에 의한 것이라고 판단되므로, 이를 통하여 운전차량의 차량번호 등을 촬영한 사진을 두고 위법하게 수집된 증거로서 증거능력이 없다고 말할 수 없다(대법원 1999.12.7, 98도3329 과속카메라 사건).

㉡ 피고인들이 일본 또는 중국에서 북한 공작원들과 회합하는 모습을 동영상으로 촬영한 것은 피고인들이 회합한 증거를 보전할 필요가 있어서 이루어진 것이고, 피고인들이 반국가단체의 구성원과 회합 중이거나 회합하기 직전 또는 직후의 모습을 촬영한 것으로 그 촬영 장소도 차량이 통행하는 도로 또는 식당 앞길, 호텔 프런트 등 공개적인 장소인 점 등을 알 수 있으므로 이러한 촬영이 일반적으로 허용되는 상당성을 벗어난 방법으로 이루어졌다거나 영장 없는 강제처분에 해당하여 위법하다고 볼 수 없다(대법원 2013.7.26, 2013도2511 왕재산 간첩단 사건).

㉢ 비디오촬영은 피고인들에 대한 범죄의 혐의가 상당히 포착된 상태에서 그 회합의 증거를 보전하기 위한 필요에서 이루어진 것이고 甲의 주거지 외부에서 담장 밖 및 2층 계단을 통하여 甲의 집에 출입하는 피고인들의 모습을 촬영한 것으로 그 촬영방법 또한 반드시 상당성이 결여된 것이라고는 할 수 없다(대법원 1999.9.3, 99도2317 영남위원회 사건).

756 다음은 구속영장에 의하여 적법하게 구속된 피의자를 신문하기 위하여 수사기관이 그 피의자에 대하여 출석요구와 구인 등을 하는 절차를 설명한 것이다. 옳지 않은 모두 몇 개인가? (다툼이 있으면 판례에 의함)

1 2 3

[Superlative ★★★]

㉠ 수사기관이 관할 지방법원판사가 발부한 구속영장에 의하여 피의자를 구속하는 경우, 그 구속영장은 기본적으로 장차 공판정에의 출석이나 형의 집행을 담보하기 위한 것이지만 ㉡ 이와 함께 구속기간의 범위 내에서 수사기관이 피의자신문의 방식으로 구속된 피의자를 조사하는 등 적정한 방법으로 범죄를 수사하는 것도 예정하고 있다. ㉢ 구금된 피의자가 피의자신문을 위한 수사기관의 출석 요구에 응하지 아니하면 검사는 법원으로부터 체포영장을 발부받아 피의자를 조사실로 구인할 수 있다. ㉣ 피의자를 조사실로 구인한 경우에도 그 피의자신문 절차는 임의수사의 한 방법으로 진행되어야 할 것이므로 피의자는 일체의 진술을 하지 아니하거나 개개의 질문에 대하여 진술을 거부할 수 있고, 수사기관은 피의자를 신문하기 전에 그와 같은 권리를 알려주어야 한다.

① 0개 ② 1개

③ 2개 ④ 3개

해설

② ㉢ 항목만 옳지 않다.

㉠㉡㉣ [○] (1) 수사기관이 구속영장에 의하여 피의자를 구속하는 경우 그 구속영장은 기본적으로 장차 **공판정에의 출석이나 형의 집행을 담보하기 위한 것**이지만, 이와 함께 구속기간의 범위 내에서 **수사기관이 피의자신문의 방식으로 구속된 피의자를 조사하는 등 적정한 방법으로 범죄를 수사하는 것도 예정하고 있다고 할 것이다.** (2) 다만 이러한 경우에도 그 피의자신문 절차는 어디까지나 임의수사의 한 방법으로 진행되어야 할 것이므로, 피의자는 헌법 제12조 제2항과 형사소송법 제244조의3에 따라 일체의 진술을 하지 아니하거나 개개의 질문에 대하여 진술을 거부할 수 있고, **수사기관은 피의자를 신문하기 전에 그와 같은 권리를 알려주어야 한다**(대법원 2013.7.1, 2013모160 구속피의자 국정원 구인 사건).

㉢ [×] 따라서 구속영장 발부에 의하여 적법하게 구금된 피의자가 피의자신문을 위한 출석 요구에 응하지 아니하면서 수사기관 조사실에의 출석을 거부한다면 수사기관은 그 구속영장의 효력에 의하여 피의자를 조사실로 구인할 수 있다(대법원 2013.7.1, 2013모160 구속피의자 국정원 구인 사건).

정답 | 755 ① 756 ②

757 검사 또는 사법경찰관은 피의자에게 출석요구를 할 때에 유의해야 할 사항이라고 할 수 없는 것은?
1 2 3

[Superlative ★★★]

① 불필요하게 여러 차례 출석요구를 하지 않을 것

② 출석요구를 하기 전에 피의자가 변호인을 선임할 수 있도록 충분을 시간을 줄 것

③ 출석요구를 하기 전에 우편 · 전자우편 · 전화를 통한 진술 등 출석을 대체할 수 있는 방법의 선택 가능성을 고려할 것

④ 출석요구의 방법, 출석의 일시 · 장소 등을 정할 때에는 피의자의 명예 또는 사생활의 비밀이 침해되지 않도록 주의할 것

해설

② 출석요구를 하기 전에 피의자가 변호인을 선임할 수 있도록 충분을 시간을 줄 것 유의해야 할 사항이라고 할 수 없다. 검사 또는 사법경찰관은 피의자에게 출석요구를 할 때에는 다음 각 호의 사항을 유의해야 한다(수사준칙 제19조 제1).

1. 출석요구를 하기 전에 우편 · 전자우편 · 전화를 통한 진술 등 출석을 대체할 수 있는 방법의 선택 가능성을 고려할 것
2. 출석요구의 방법, 출석의 일시 · 장소 등을 정할 때에는 피의자의 명예 또는 사생활의 비밀이 침해되지 않도록 주의할 것
3. 출석요구를 할 때에는 피의자의 생업에 지장을 주지 않도록 충분한 시간적 여유를 두도록 하고, 피의자가 출석 일시의 연기를 요청하는 경우 특별한 사정이 없으면 출석 일시를 조정할 것
4. 불필요하게 여러 차례 출석요구를 하지 않을 것

758 검사 또는 사법경찰관의 피의자 출석요구에 관한 다음 설명 중 옳지 않은 것은? [core ★★]
1 2 3

① 검사 또는 사법경찰관은 피의자에게 출석요구를 하려는 경우 피의자와 조사의 일시 · 장소에 관하여 협의해야 한다. 이 경우 변호인이 있는 경우에는 변호인과도 협의해야 한다.

② 검사 또는 사법경찰관은 피의자에게 출석요구를 하려는 경우 피의사실의 요지 등 출석요구의 취지를 구체적으로 적은 출석요구서를 발송해야 한다. 다만, 신속한 출석요구가 필요한 경우 등 부득이한 사정이 있는 경우에는 전화, 문자메시지, 그 밖의 상당한 방법으로 출석요구를 할 수 있다.

③ 검사 또는 사법경찰관은 출석요구서 발송의 방법으로 출석요구를 했을 때에는 출석요구서의 사본을, 그 밖의 상당한 방법으로 출석요구를 했을 때에는 그 취지를 적은 수사보고서를 각각 사건기록에 편철한다.

④ 검사 또는 사법경찰관은 피의자가 치료 등 수사관서에 출석하여 조사를 받는 것이 현저히 곤란한 사정이 있는 경우에는 피의자 출석요구와 조사를 연기하여야 한다.

해설

④ [×] 검사 또는 사법경찰관은 피의자가 치료 등 수사관서에 출석하여 조사를 받는 것이 현저히 곤란한 사정이 있는 경우에는 수사관서 외의 장소에서 조사할 수 있다(수사준칙 제19조 제5항).
① [○] 검사 또는 사법경찰관은 피의자에게 출석요구를 하려는 경우 피의자와 조사의 일시 · 장소에 관하여 협의해야 한다. 이 경우 변호인이 있는 경우에는 **변호인과도 협의해야 한다**(수사준칙 제19조 제2항).
② [○] 검사 또는 사법경찰관은 피의자에게 출석요구를 하려는 경우 피의사실의 요지 등 출석요구의 취지를 구체적으로 적은 **출석요구서를 발송해야 한다.** 다만, 신속한 출석요구가 필요한 경우 등 부득이한 사정이 있는 경우에는 전화, 문자메시지, 그 밖의 상당한 방법으로 출석요구를 할 수 있다(수사준칙 제19조 제3항).
③ [○] 검사 또는 사법경찰관은 출석요구서 발송의 방법으로 출석요구를 했을 때에는 출석요구서의 사본을, 그 밖의 상당한 방법으로 출석요구를 했을 때에는 그 취지를 적은 **수사보고서를 각각 사건기록에 편철한다**(수사준칙 제19조 제4항).

759 1 2 3 검사 또는 사법경찰관은 조사에 상당한 시간이 소요되는 경우에는 특별한 사정이 없으면 피의자 또는 사건관계인에게 조사 도중에 최소한 (　　　　　　)의 휴식시간을 주어야 한다. (　　) 안에 들어갈 알맞은 말은?

[Essential ★]

① 1시간마다 5분 이상
② 1시간마다 10분 이상
③ 2시간마다 10분 이상
④ 2시간마다 20분 이상

해설

③ 검사 또는 사법경찰관은 조사에 상당한 시간이 소요되는 경우에는 특별한 사정이 없으면 피의자 또는 사건관계인에게 조사 도중에 최소한 2시간마다 10분 이상의 휴식시간을 주어야 한다(수사준칙 제23조 제1항).

760 1 2 3 검사 또는 사법경찰관은 조사, 신문, 면담 등 그 명칭을 불문하고 피의자나 사건관계인에 대해 심야조사를 해서는 안 된다. '심야조사'의 정의로 옳은 것은? 다른 예외적인 사정은 고려하지 않는다.

[Essential ★]

① 오후 9시부터 오전 6시까지 사이에 조사
② 오후 9시부터 오전 8시까지 사이에 조사
③ 오후 12시부터 오전 6시까지 사이에 조사
④ 오후 12시부터 오전 8시까지 사이에 조사

해설

① 검사 또는 사법경찰관은 조사, 신문, 면담 등 그 명칭을 불문하고 피의자나 사건관계인에 대해 오후 9시부터 오전 6시까지 사이에 조사("심야조사"라 한다)를 해서는 안 된다. 다만, 이미 작성된 조서의 열람을 위한 절차는 자정 이전까지 진행할 수 있다(수사준칙 제21조 제1항). 만약, "작성된 조서의 열람도 오전 6시까지 할 수 있다"라고 하면 틀린 지문이다.

정답 | 757 ② 758 ④ 759 ③ 760 ①

761 1 2 3 검사 또는 사법경찰관은 일정한 사유가 있으면 심야조사를 할 수 있다. 다음 중 이러한 '일정한 사유'에 해당하지 않는 것은?

[core ★★]

① 공소시효가 임박한 경우

② 중대한 피해가 발생한 특정강력범죄사건의 피의자를 조사하는 경우

③ 피의자를 체포한 후 48시간 이내에 구속영장의 청구 또는 신청 여부를 판단하기 위해 불가피한 경우

④ 피의자나 사건관계인이 재출석이 곤란한 구체적인 사유를 들어 심야조사를 요청한 경우로서 해당 요청에 상당한 이유가 있다고 인정되는 경우

해설

② 일정한 사유가 있으면 심야조사를 할 수 있다.
다음 각 호의 어느 하나에 해당하는 경우에는 심야조사를 할 수 있다. 이 경우 심야조사의 사유를 조서에 명확하게 적어야 한다(수사준칙 제21조 제2항).

1. 피의자를 체포한 후 48시간 이내에 구속영장의 청구 또는 신청 여부를 판단하기 위해 불가피한 경우
2. 공소시효가 임박한 경우
3. 피의자나 사건관계인이 출국, 입원, 원거리 거주, 직업상 사유 등 재출석이 곤란한 구체적인 사유를 들어 심야조사를 요청한 경우(변호인이 심야조사에 동의하지 않는다는 의사를 명시한 경우는 제외한다)로서 해당 요청에 상당한 이유가 있다고 인정되는 경우
4. 그 밖에 사건의 성질 등을 고려할 때 심야조사가 불가피하다고 판단되는 경우 등 법무부장관, 경찰청장 또는 해양경찰청장이 정하는 경우로서 검사 또는 사법경찰관의 소속 기관의 장이 지정하는 인권보호 책임자의 허가 등을 받은 경우

762 1 2 3 검사 또는 사법경찰관의 조사시간 등과 관련하여 (   ) 안에 들어갈 숫자의 합은? 다른 예외적인 사정은 고려하지 않는다.

[Superlative ★★★]

(1) 검사 또는 사법경찰관은 조사, 신문, 면담 등 그 명칭을 불문하고 피의자나 사건관계인을 조사하는 경우에는 대기시간, 휴식시간, 식사시간 등 모든 시간을 합산한 조사시간(이하 "총조사시간"이라 한다)이 (㉠)시간을 초과하지 않도록 해야 한다.
(2) 검사 또는 사법경찰관은 특별한 사정이 없으면 총조사시간 중 식사시간, 휴식시간 및 조서의 열람시간 등을 제외한 실제 조사시간이 (㉡)시간을 초과하지 않도록 해야 한다.
(3) 검사 또는 사법경찰관은 피의자나 사건관계인에 대한 조사를 마친 때부터 (㉢)시간이 지나기 전에는 다시 조사할 수 없다.

① 24
② 26
③ 28
④ 30

해설

③ ㉠ 12 ㉡ 8 ㉢ 8로서 숫자의 합은 28이다(수사준칙 제22조 제1항부터 제3항).

763 다음 중 사법경찰관이 피의자를 신문하기 전에 피의자에게 알려주어야 할 사항이 아닌 것은?

1 2 3

[Superlative ★★★]

① 신문을 받을 때에는 변호인을 참여하게 하는 등 변호인의 조력을 받을 수 있다는 것

② 일체의 진술을 하지 아니하거나 개개의 질문에 대하여 진술을 하지 아니할 수 있다는 것

③ 수사과정에서 법령위반, 인권침해 또는 현저한 수사권 남용이 있는 경우 검사에게 구제를 신청할 수 있다는 것

④ 신문 중이라도 부당한 신문방법에 대하여 이의를 제기할 수 있고 사법경찰관의 승인을 얻어 의견을 진술할 수 있다는 것

해설

④ 이는 사법경찰관이 피의자를 신문하기 전에 피의자에게 알려주어야 할 사항이 아니다.

①② 검사 또는 사법경찰관은 피의자를 신문하기 전에 ㉠ 일체의 진술을 하지 아니하거나 개개의 질문에 대하여 진술을 하지 아니할 수 있다는 것 ㉡ 진술을 하지 아니하더라도 불이익을 받지 아니한다는 것 ㉢ 진술을 거부할 권리를 포기하고 행한 진술은 법정에서 유죄의 증거로 사용될 수 있다는 것 ㉣ 신문을 받을 때에는 변호인을 참여하게 하는 등 변호인의 조력을 받을 수 있다는 것을 알려주어야 한다(제244조의3 제1항).

③ 사법경찰관은 피의자를 신문하기 전에 수사과정에서 법령위반, 인권침해 또는 현저한 수사권 남용이 있는 경우 검사에게 구제를 신청할 수 있음을 피의자에게 알려주어야 한다(제197조의3 제8항).

정답 | 761 ② 762 ③ 763 ④

764 다음 설명 중 옳지 않은 것은? (다툼이 있으면 판례에 의함) [Essential ★]

1 2 3

① 사법경찰관이 피의자에게 진술거부권을 행사할 수 있음을 알려 주고 그 행사 여부를 질문하였다 하더라도, 피의자의 답변이 자필로 기재되어 있지 아니하거나 그 답변 부분에 피의자의 기명날인 또는 서명이 되어 있지 아니한 사법경찰관 작성의 피의자신문조서는 특별한 사정이 없는 한 증거능력을 인정할 수 없다.

② 피의자가 변호인의 참여를 원한다는 의사를 명백하게 표시하였음에도 수사기관이 정당한 사유 없이 변호인을 참여하게 하지 아니한 채 피의자를 신문하여 작성한 피의자신문조서는 증거로 할 수 없다.

③ 피고인이 아닌 자가 수사과정에서 진술서를 작성하였지만 수사기관이 그에 대한 조사과정을 기록하지 않았다고 하더라도 그 절차위반행위가 적법절차의 실질적인 내용을 침해하는 경우라고 할 수 없어 그 진술서의 증거능력은 부정되지 아니한다.

④ 선거관리위원회 위원 · 직원이 관계인에게 진술이 녹음된다는 사실을 미리 알려주지 아니한 채 진술을 녹음하였다면, 그와 같은 조사절차에 의하여 수집한 녹음 파일 내지 그에 터잡아 작성된 녹취록은 원칙적으로 유죄의 증거로 쓸 수 없다.

해설

③ [×] 피고인이 아닌 자가 수사과정에서 진술서를 작성하였지만 수사기관이 그에 대한 조사과정을 기록하지 아니하여 형사소송법 제244조의4 제3항, 제1항에서 정한 절차를 위반한 경우에는, 특별한 사정이 없는 한 '적법한 절차와 방식'에 따라 수사과정에서 진술서가 작성되었다 할 수 없으므로 그 증거능력을 인정할 수 없다(대법원 2015.4.23, 2013도3790 조사과정 기록 누락 사건).

① [○] 사법경찰관이 피의자에게 진술거부권을 행사할 수 있음을 알려 주고 그 행사 여부를 질문하였다 하더라도, 피의자의 답변이 자필로 기재되어 있지 아니하거나 그 답변 부분에 피의자의 기명날인 또는 서명이 되어 있지 아니한 사법경찰관 작성의 피의자신문조서는 특별한 사정이 없는 한 **증거능력을 인정할 수 없다**(대법원 2014.4.10, 2014도1779 대구 필로폰 매매 사건).

② [○] 피의자가 변호인의 참여를 원한다는 의사를 명백하게 표시하였음에도 수사기관이 정당한 사유 없이 변호인을 참여하게 하지 아니한 채 피의자를 신문하여 작성한 **피의자신문조서는 증거로 할 수 없다**(대법원 2013.3.28, 2010도3359 공항버스 운전기사 횡령 사건).

④ [○] 선거관리위원회 위원 · 직원이 관계인에게 **진술이 녹음된다는 사실을 미리 알려주지 아니한 채 진술을 녹음**하였다면, 그와 같은 조사절차에 의하여 수집한 녹음 파일 내지 그에 터잡아 작성된 녹취록은 원칙적으로 **유죄의 증거로 쓸 수 없다**(대법원 2014.10.15, 2011도3509 돈받은 할머니 사건).

765 피의자신문과 변호인참여에 관한 다음 설명 중 옳지 않은 것은? [Essential ★]

1 2 3

① 검사 또는 사법경찰관은 피의자 또는 그 변호인 · 법정대리인 · 배우자 · 직계친족 · 형제자매의 신청이 있으면 반드시 변호인을 피의자신문에 참여하게 하여야 한다.

② 신문에 참여하고자 하는 변호인이 2인 이상인 때에는 피의자가 신문에 참여할 변호인 1인을 지정한다. 지정이 없는 경우에는 검사 또는 사법경찰관이 이를 지정할 수 있다.

③ 신문에 참여한 변호인은 신문 후 의견을 진술할 수 있다. 다만, 신문 중이라도 부당한 신문방법에 대하여 이의를 제기할 수 있고, 검사 또는 사법경찰관의 승인을 얻어 의견을 진술할 수 있다.

④ 검사 또는 사법경찰관은 변호인의 신문참여 및 그 제한에 관한 사항을 피의자신문조서에 기재하여야 한다.

해설

① [×] 검사 또는 사법경찰관은 피의자 또는 그 변호인 · 법정대리인 · 배우자 · 직계친족 · 형제자매의 신청에 따라 변호인을 피의자와 접견하게 하거나 정당한 사유가 없는 한 피의자에 대한 신문에 참여하게 하여야 한다(제243조의2 제1항). 따라서 피의자 등의 신청이 있더라도 정당한 사유가 있으면 변호인을 피의자신문에 참여하게 할 필요가 없다. 여기에서 '정당한 사유'라 함은 변호인이 피의자신문을 방해하거나 수사기밀을 누설할 염려가 있음이 객관적으로 명백한 경우 등을 말한다(대법원 2008.9.12, 2008모793).

② [O] 신문에 참여하고자 하는 변호인이 2인 이상인 때에는 **피의자가 신문에 참여할 변호인 1인을 지정한다.** 지정이 없는 경우에는 **검사 또는 사법경찰관이 이를 지정할 수 있다**(제243조의2 제2항).

③ [O] 신문에 참여한 변호인은 신문 후 의견을 진술할 수 있다. 다만, 신문 중이라도 부당한 신문방법에 대하여 이의를 제기할 수 있고, 검사 또는 **사법경찰관의 승인을 얻어 의견을 진술할 수 있다**(제243조의2 제3항).

④ [O] 검사 또는 사법경찰관은 변호인의 신문참여 및 그 제한에 관한 사항을 **피의자신문조서에 기재하여야 한다**(제243조의2 제5항).

정답 | 764 ③ 765 ①

766 피의자신문과 변호인참여에 관한 다음 설명 중 옳지 않은 것은? (다툼이 있으면 판례에 의함)
1 2 3

[core ★★]

① 검사 또는 사법경찰관은 피의자 또는 그 변호인 · 법정대리인 · 배우자 · 직계친족 · 형제자매의 신청에 따라 변호인을 피의자와 접견하게 하거나 정당한 사유가 없는 한 피의자에 대한 신문에 참여하게 하여야 한다. 이 경우 '정당한 사유'라 함은 변호인이 피의자신문을 방해하거나 수사기밀을 누설할 염려가 있음이 객관적으로 명백한 경우 등을 말한다.

② 수사기관이 피의자신문을 하면서 정당한 사유가 없음에도 불구하고 변호인에 대하여 피의자로부터 떨어진 곳으로 옮겨 앉으라고 지시를 한 다음 이러한 지시에 따르지 않았음을 이유로 변호인의 피의자신문 참여권을 제한하는 것은 허용될 수 없다.

③ 피의자의 변호인이 인정신문을 시작하기 전 검사에게 피의자의 수갑을 해제하여 달라고 계속 요구하자 검사가 수사에 현저한 지장을 초래한다는 이유로 변호인을 퇴실시킨 것은 변호인의 피의자신문 참여권을 침해한 것으로 위법하다.

④ 검찰수사관이 피의자신문에 참여한 변호인에게 피의자 후방에 앉으라고 요구한 경우라도 특별한 사정이 없는 한 피의자가 변호인에게 적극적으로 조언과 상담을 요청할 것을 기대하기 어렵다고 할 수 없으므로, 이러한 후방착석 요구행위는 헌법상 기본권인 변호인의 변호권을 침해한다고 할 수 없다.

해설

④ [×] (1) 변호인의 피의자 및 피고인을 조력할 권리 중 그것이 보장되지 않으면 그들이 변호인의 조력을 받는다는 것이 유명무실하게 되는 핵심적인 부분(이하 '변호인의 변호권'이라 한다)은 헌법상 기본권으로서 보호되어야 한다. 형사절차에서 피의자신문의 중요성을 고려할 때, 변호인이 피의자신문에 자유롭게 참여할 수 있는 권리는 헌법상 기본권인 변호인의 변호권으로서 보호되어야 한다. (2) 검찰수사관이 피의자신문에 참여한 변호인에게 피의자 후방에 앉으라고 요구한 경우, 피의자가 변호인에게 적극적으로 조언과 상담을 요청할 것을 기대하기 어렵고, 변호인이 피의자의 상태를 즉각적으로 파악하거나 수사기관이 피의자에게 제시한 서류 등의 내용을 정확하게 파악하기 어려우므로 이러한 후방착석 요구행위는 변호인의 자유로운 피의자신문참여를 제한하는 것으로써 헌법상 기본권인 변호인의 변호권을 침해한다(헌법재판소 2017.11.30, 2016헌마503 후방착석 요구 사건).

① [O] 검사 또는 사법경찰관은 피의자 또는 그 변호인 · 법정대리인 · 배우자 · 직계친족 · 형제자매의 신청에 따라 변호인을 피의자와 접견하게 하거나 정당한 사유가 없는 한 피의자에 대한 신문에 참여하게 하여야 한다. 이 경우 '정당한 사유'라 함은 변호인이 피의자신문을 방해하거나 수사기밀을 누설할 염려가 있음이 **객관적으로 명백한 경우 등을 말한다**(대법원 2008.9.12, 2008모793 변호인 퇴실명령 사건).

② [O] 수사기관이 피의자신문을 하면서 정당한 사유가 없음에도 불구하고 변호인에 대하여 피의자로부터 떨어진 곳으로 옮겨 앉으라고 지시를 한 다음 이러한 지시에 따르지 않았음을 이유로 **변호인의 피의자신문 참여권을 제한하는 것은 허용될 수 없다**(대법원 2008.9.12, 2008모793 변호인 퇴실명령 사건).

③ [O] 피의자의 변호인이 인정신문을 시작하기 전 검사에게 피의자의 수갑을 해제하여 달라고 계속 요구하자 검사가 수사에 현저한 지장을 초래한다는 이유로 **변호인을 퇴실시킨 것은 변호인의 피의자신문 참여권을 침해한 것으로 위법하다**(대법원 2020.3.17, 2015모2357 수갑해제 요청 묵살 사건).

767 피의자신문에 관한 다음 설명 중 옳지 않은 것은? (다툼이 있으면 판례에 의함) [core ★★]

1 2 3

① 검사가 조사실에서 피의자를 신문할 때 피의자가 신체적으로나 심리적으로 위축되지 않은 상태에서 자기의 방어권을 충분히 행사할 수 있도록 보호장비를 사용하지 말아야 하는 것이 원칙이고, 다만 도주, 자해, 다른 사람에 대한 위해 등 형의 집행 및 수용자의 처우에 관한 법률 제97조 제1항 각호에 규정된 위험이 분명하고 구체적으로 드러나는 경우에만 예외적으로 보호장비를 사용하여야 한다.

② 구금된 피의자는 형의 집행 및 수용자의 처우에 관한 법률 제97조 제1항 각 호에 규정된 사유에 해당하지 않는 이상 보호장비 착용을 강제당하지 않을 권리를 가지므로 검사는 조사실에서 피의자를 신문할 때 해당 피의자에게 그러한 특별한 사정이 없는 이상 교도관에게 보호장비의 해제를 요청할 의무가 있고, 교도관은 이에 응하여야 한다.

③ 검사가 피의자신문절차에서 인정신문을 진행하기 전에 변호인으로부터 15분에 걸쳐 피의자의 수갑을 해제하여 달라는 명시적이고 거듭된 요구를 받았고 피의자에게 도주, 자해, 다른 사람에 대한 위해의 위험이 분명하고 구체적으로 드러나는 등 특별한 사정이 없었음에도 교도관에게 수갑을 해제하여 달라고 요청하지 않은 것은 위법하다.

④ 검사 또는 사법경찰관의 부당한 신문방법에 대한 이의제기가 비록 고성, 폭언 등 그 방식이 부적절하거나 합리적 근거 없이 반복적으로 이루어지는 등의 사정이 있더라도 원칙적으로 신문을 방해하는 행위로는 볼 수 없다.

해설

④ [×] 검사 또는 사법경찰관의 부당한 신문방법에 대한 이의제기는 고성, 폭언 등 그 방식이 부적절하거나 또는 합리적 근거 없이 반복적으로 이루어지는 등의 특별한 사정이 없는 한 원칙적으로 변호인에게 인정된 권리의 행사에 해당하며, 신문을 방해하는 행위로는 볼 수 없다(대법원 2020.3.17, 2015모2357 수갑해제 요청 묵살 사건). 판례의 반대해석상 검사 또는 사법경찰관의 부당한 신문방법에 대한 이의제기가 고성, 폭언 등 그 방식이 부적절하거나 또는 합리적 근거 없이 반복적으로 이루어지는 등의 특별한 사정이 있다면 신문을 방해하는 행위에 해당한다.

> **형의 집행 및 수용자의 처우에 관한 법률(2020.2.4. 법률 제16925호로 일부개정된 것)**
>
> 제97조【보호장비의 사용】① 교도관은 수용자가 다음 각 호의 어느 하나에 해당하면 보호장비를 사용할 수 있다.
> 1. 이송 · 출정, 그 밖에 교정시설 밖의 장소로 수용자를 호송하는 때
> 2. 도주 · 자살 · 자해 또는 다른 사람에 대한 위해의 우려가 큰 때
> 3. 위력으로 교도관의 정당한 직무집행을 방해하는 때
> 4. 교정시설의 설비 · 기구 등을 손괴하거나 그 밖에 시설의 안전 또는 질서를 해칠 우려가 큰 때

① [○] 검사가 조사실에서 피의자를 신문할 때 피의자가 신체적으로나 심리적으로 위축되지 않은 상태에서 자기의 방어권을 충분히 행사할 수 있도록 **보호장비를 사용하지 말아야 하는 것이 원칙**이고, 다만 도주, 자해, 다른 사람에 대한 위해 등 형의 집행 및 수용자의 처우에 관한 법률 제97조 제1항 각호에 규정된 위험이 분명하고 구체적으로 드러나는 경우에만 예외적으로 보호장비를 사용하여야 한다(대법원 2020.3.17, 2015모2357 수갑해제 요청 묵살 사건).

② [○] 구금된 피의자는 형의 집행 및 수용자의 처우에 관한 법률 제97조 제1항 각 호에 규정된 사유에 해당하지 않는 이상 보호장비 착용을 강제당하지 않을 권리를 가지므로 검사는 조사실에서 피의자를 신문할 때 해당 피의자에게 그러한 특별한 사정이 없는 이상 교도관에게 보호장비의 해제를 요청할 의무가 있고, **교도관은 이에 응하여야 한다**(대법원 2020.3.17, 2015모2357 수갑해제 요청 묵살 사건).

③ [○] 검사가 피의자신문절차에서 인정신문을 진행하기 전에 변호인으로부터 15분에 걸쳐 피의자의 수갑을 해제하여 달라는 명시적이고 거듭된 요구를 받았고 피의자에게 도주, 자해, 다른 사람에 대한 위해의 위험이 분명하고 구체적으로 드러나는 등 특별한 사정이 없었음에도 **교도관에게 수갑을 해제하여 달라고 요청하지 않은 것은 위법하다**(대법원 2020.3.17, 2015모2357 수갑해제 요청 묵살 사건).

정답 | **766 ④ 767 ④**

768 피의자신문과 신뢰관계자 동석에 관한 다음 설명 중 옳지 않은 것은? (다툼이 있으면 판례에 의함)
1 2 3

[core ★★]

① 검사 또는 사법경찰관은 피의자가 사물을 변별하거나 의사를 결정 · 전달할 능력이 미약한 경우 또는 그 심리적 안정의 도모와 원활한 의사소통을 위하여 필요한 경우에는 피의자와 신뢰관계에 있는 자를 동석하게 할 수 있다.

② 구체적인 사안에서 신뢰관계자의 동석을 허락할 것인지는 원칙적으로 검사 또는 사법경찰관이 피의자의 건강상태 등 여러 사정을 고려하여 재량에 따라 판단하여야 한다.

③ 신뢰관계자의 동석을 허락하는 경우에도 동석한 사람으로 하여금 피의자를 대신하여 진술하도록 하여서는 아니 된다.

④ 동석한 사람이 피의자를 대신하여 진술한 부분이 피의자신문조서에 기재되어 있다면 그 부분은 검사 작성 피의자신문조서의 증거능력을 취득하기 위한 요건을 충족하지 못하는 한 유죄 인정의 증거로 사용할 수 없다.

해설

④ [×] 동석한 사람이 피의자를 대신하여 진술한 부분이 조서에 기재되어 있다면 그 부분은 피의자의 진술을 기재한 것이 아니라 동석한 사람의 진술을 기재한 조서에 해당하므로 그 사람에 대한 진술조서로서의 증거능력을 취득하기 위한 요건을 충족하지 못하는 한 이를 유죄 인정의 증거로 사용할 수 없다(대법원 2009.6.23, 2009도1322 한나라당 자원봉사팀장 사건).

① [O] 검사 또는 사법경찰관은 피의자가 사물을 변별하거나 의사를 결정 · 전달할 능력이 미약한 경우 또는 그 심리적 안정의 도모와 원활한 의사소통을 위하여 필요한 경우에는 피의자와 **신뢰관계에 있는 자를 동석하게 할 수 있다**(제244조의5).

② [O] 구체적인 사안에서 신뢰관계자의 동석을 허락할 것인지는 원칙적으로 검사 또는 사법경찰관이 피의자의 건강상태 등 여러 사정을 고려하여 **재량에 따라 판단하여야 한다**(대법원 2009.6.23, 2009도1322 한나라당 자원봉사팀장 사건).

③ [O] 신뢰관계자의 동석을 허락하는 경우에도 동석한 사람으로 하여금 **피의자를 대신하여 진술하도록 하여서는 아니 된다**(대법원 2009.6.23, 2009도1322 한나라당 자원봉사팀장 사건).

769 피의자신문과 조서 작성에 관한 다음 설명 중 옳지 않은 것은? [core ★★]
1 2 3

① 피의자의 진술은 조서에 기재하여야 한다.

② 조서는 피의자에게 열람하게 하거나 읽어 들려주어야 하며, 진술한 대로 기재되지 아니하였거나 사실과 다른 부분의 유무를 물어 피의자가 증감 또는 변경의 청구 등 이의를 제기하거나 의견을 진술한 때에는 이를 조서에 추가로 기재하여야 한다. 이 경우 피의자가 이의를 제기하였던 부분은 읽을 수 없도록 삭제하여야 한다.

③ 피의자가 조서에 대하여 이의나 의견이 없음을 진술한 때에는 피의자로 하여금 그 취지를 자필로 기재하게 하고 조서에 간인한 후 기명날인 또는 서명하게 한다.

④ 피의자신문조서의 작성자인 검사 또는 사법경찰관도 그 조서에 기명날인 또는 서명을 하여야 한다.

해설

② [×] 조서는 피의자에게 열람하게 하거나 읽어 들려주어야 하며, 진술한 대로 기재되지 아니하였거나 사실과 다른 부분의 유무를 물어 피의자가 증감 또는 변경의 청구 등 이의를 제기하거나 의견을 진술한 때에는 이를 조서에 추가로 기재하여야 한다. 이 경우 피의자가 이의를 제기하였던 부분은 읽을 수 있도록 남겨두어야 한다(제244조 제2항).
① [○] 피의자의 **진술은 조서에 기재하여야 한다**(제244조 제1항).
③ [○] 피의자가 조서에 대하여 이의나 의견이 없음을 진술한 때에는 피의자로 하여금 그 **취지를 자필로 기재하게 하고 조서에 간인한 후 기명날인 또는 서명하게 한다**(제244조 제3항).
④ [○] 피의자신문조서의 작성자인 검사 또는 사법경찰관도 그 조서에 **기명날인 또는 서명을 하여야 한다**(제57조 제1항).

770 피의자신문에 있어 피의자진술의 영상녹화에 관한 다음 설명 중 옳지 않은 것은? [Essential ★]

1 2 3

① 피의자의 진술은 영상녹화할 수 있다. 이 경우 사전에 피의자의 동의를 얻어야 한다.
② 조사의 개시부터 종료까지의 전 과정 및 객관적 정황을 영상녹화하여야 한다.
③ 영상녹화가 완료된 때에는 피의자 또는 변호인 앞에서 지체 없이 그 원본을 봉인하고 피의자로 하여금 기명날인 또는 서명하게 하여야 한다.
④ 피의자 또는 변호인의 요구가 있는 때에는 영상녹화물을 재생하여 시청하게 하여야 한다. 이 경우 그 내용에 대하여 이의를 진술하는 때에는 그 취지를 기재한 서면을 첨부하여야 한다.

해설

① [×] 피의자의 진술은 영상녹화할 수 있다. 이 경우 미리 영상녹화사실을 알려주어야 한다(제244조의2 제1항). 따라서 피의자의 동의 유무를 불문하고 수사기관이 필요하다고 인정하면 영상녹화를 할 수 있다.
② [○] 조사의 개시부터 종료까지의 **전 과정 및 객관적 정황을 영상녹화하여야 한다**(제244조의2 제1항).
③ [○] 영상녹화가 완료된 때에는 피의자 또는 변호인 앞에서 지체 없이 그 원본을 봉인하고 **피의자로 하여금 기명날인 또는 서명하게 하여야 한다**(제244조의2 제2항).
④ [○] 피의자 또는 변호인의 요구가 있는 때에는 영상녹화물을 재생하여 시청하게 하여야 한다. 이 경우 그 내용에 대하여 **이의를 진술하는 때에는 그 취지를 기재한 서면을 첨부하여야 한다**(제244조의2 제3항).

정답 | 768 ④ 769 ② 770 ①

771 피의자진술이 기록된 영상녹화물의 용도로서 가장 타당한 설명은? [Superlative ★★★]

1 2 3

① 피고사건에 있어 공소사실을 인정하는 직접증거로 사용될 수 있다.

② 피고인이 진술함에 있어서 기억이 명백하지 아니한 사항에 관하여 기억환기용 수단으로 사용될 수 있다.

③ 검사 작성 피의자신문조서의 진정성립의 증명방법으로 사용될 수 있고 또한 피고인의 진술을 탄핵하기 위한 탄핵증거로 사용될 수 있다.

④ 검사 작성 피의자신문조서의 진정성립의 증명방법으로 사용될 수 있고 또한 피고인이 진술함에 있어서 기억이 명백하지 아니한 사항에 관하여 기억환기용 수단으로 사용될 수 있다.

해설

② [○] 영상녹화물은 공판단계에서 검사 작성의 피의자신문조서의 피고인이 진술함에 있어서 기억이 명백하지 아니한 사항에 관하여 **기억환기용 수단으로 사용될 수 있다**(제318조의2 제2항, 규칙 제134조의5).

①③④ [×] 성폭력범죄 사건에서 촬영된 영상녹화물도 위헌 결정되어서 영상녹화물은 공소사실을 인정하는 직접증거 또는 피고인의 진술을 탄핵하기 위한 탄핵증거로 사용될 수 없음을 주의하여야 한다. 또한 2021.1.1.부터 검사 작성 피의자신문조서의 진정성립의 증명방법으로 사용될 수 없다는 점도 주의하여야 한다.

※ 심판대상조항은 미성년 피해자가 증언과정 등에서 받을 수 있는 2차 피해를 막기 위한 것이다. 미성년 피해자의 2차 피해를 방지하는 것은, 성폭력범죄에 관한 형사절차를 형성함에 있어 포기할 수 없는 중요한 가치이나 그 과정에서 피고인의 공정한 재판을 받을 권리도 보장되어야 한다. 성폭력범죄의 특성상 영상물에 수록된 미성년 피해자 진술이 사건의 핵심 증거인 경우가 적지 않음에도 심판대상조항은 진술증거의 오류를 탄핵할 수 있는 효과적인 방법인 피고인의 반대신문권을 보장하지 않고 있다. 심판대상조항은 영상물로 그 증거방법을 한정하고 신뢰관계인 등에 대한 신문 기회를 보장하고 있기는 하나 위 증거의 특성 및 형성과정을 고려할 때 이로써 원진술자에 대한 반대신문의 기능을 대체하기는 어렵다. 그 결과 피고인은 사건의 핵심 진술증거에 관하여 충분히 탄핵할 기회를 갖지 못한 채 유죄 판결을 받을 수 있는바, 그로 인한 방어권 제한의 정도는 매우 중대하다. 반면 피고인의 반대신문권을 일률적으로 제한하지 않더라도, 성폭력범죄 사건 수사의 초기단계에서부터 증거보전절차를 적극적으로 실시하거나, 비디오 등 중계장치에 의한 증인신문 등 미성년 피해자가 증언과정에서 받을 수 있는 2차 피해를 방지할 수 있는 여러 조화적인 제도를 적극 활용함으로써 위 조항의 목적을 달성할 수 있다. 피고인 측이 정당한 방어권의 범위를 넘어 피해자를 위협하고 괴롭히는 등의 반대신문은 금지되며, 재판장은 구체적 신문과정에서 증인을 보호하기 위해 소송지휘권을 행사할 수 있다. 우리 사회에서 미성년 피해자의 2차 피해를 방지하는 것이 중요한 공익에 해당함에는 의문의 여지가 없다. 그러나 심판대상조항으로 인한 피고인의 방어권 제한의 중대성과 미성년 피해자의 2차 피해를 방지할 수 있는 여러 조화적인 대안들이 존재함을 고려할 때, 심판대상조항이 달성하려는 공익이 제한되는 피고인의 사익보다 우월하다고 쉽게 단정하기는 어렵다. 따라서 심판대상조항은 과잉금지원칙을 위반하여 공정한 재판을 받을 권리를 침해한다(헌법재판소 2021.12.23, 2018헌바524).

772 1 2 3 피의사실의 요지, 체포의 이유 고지 등에 관한 다음 설명 중 옳지 않은 것은? (다툼이 있으면 판례에 의함)

[Essential ★]

① 체포영장의 제시나 피의사실의 요지 고지 등은 체포를 위한 실력행사에 들어가기 이전에 미리 하여야 하는 것이 원칙이다. 그러나 달아나는 피의자를 쫓아가 붙들거나 폭력으로 대항하는 피의자를 실력으로 제압하는 경우에는 붙들거나 제압하는 과정에서 하거나, 그것이 여의치 않은 경우에는 일단 붙들거나 제압한 후에 지체 없이 하여야 한다.

② 경찰관들이 체포영장을 소지하고 피고인을 체포하려는 과정에서 체포를 위한 실력행사에 나아가기 전에 영장을 제시하고 미란다 원칙을 고지할 여유가 있었더라도 애초부터 미란다 원칙을 체포 후에 고지할 생각으로 먼저 체포행위에 나섰다면 이는 적법한 공무집행에 해당한다.

③ 피의사실의 요지 고지 등은 긴급체포를 위한 실력행사에 들어가기 이전에 미리 하여야 하는 것이 원칙이나 달아나는 피의자를 쫓아가 붙들거나 폭력으로 대항하는 피의자를 실력으로 제압하는 경우에는 붙들거나 제압하는 과정에서 하거나 그것이 여의치 않은 경우에는 일단 붙들거나 제압한 후에 지체 없이 하여야 한다.

④ 경찰관들이 미란다 원칙상 고지사항의 일부만 고지하고 신원확인절차를 밟으려는 순간 범인이 유리조각을 쥐고 휘둘러 이를 제압하려는 경찰관들에게 상해를 입힌 경우 경찰관들의 긴급체포업무에 관한 정당한 직무집행을 방해한 경우에 해당한다.

해설

② [×] 경찰관들이 체포영장을 소지하고 메스암페타민 투약 등 혐의로 피고인을 체포하려는 과정에서 피고인이 도망가려는 태도를 보이거나 먼저 폭력을 행사하며 대항한 바 없는 등 경찰관들이 체포를 위한 실력행사에 나아가기 전에 체포영장을 제시하고 미란다 원칙을 고지할 여유가 있었음에도 애초부터 미란다 원칙을 체포 후에 고지할 생각으로 먼저 체포행위에 나선 행위는 적법한 공무집행이라고 볼 수 없으므로 비록 피고인이 이에 거세게 저항하는 과정에서 경찰관들에게 상해를 가하였더라도 공무집행방해죄나 상해죄는 성립하지 아니한다(대법원 2017.9.21, 2017도10866).

① [○] 체포영장의 제시나 피의사실의 요지 고지 등은 체포를 위한 실력행사에 들어가기 이전에 미리 하여야 하는 것이 원칙이다. 그러나 달아나는 피의자를 쫓아가 붙들거나 폭력으로 대항하는 피의자를 실력으로 제압하는 경우에는 붙들거나 제압하는 과정에서 하거나, 그것이 여의치 않은 경우에는 **일단 붙들거나 제압한 후에 지체 없이 하여야 한다**(대법원 2017.9.21, 2017도10866).

③ [○] 피의사실의 요지 고지 등은 긴급체포를 위한 실력행사에 들어가기 이전에 미리 하여야 하는 것이 원칙이나 달아나는 피의자를 쫓아가 붙들거나 폭력으로 대항하는 피의자를 실력으로 제압하는 경우에는 붙들거나 제압하는 과정에서 하거나 그것이 여의치 않은 경우에는 **일단 붙들거나 제압한 후에 지체 없이 하여야 한다**(대법원 2008.7.24, 2008도2794).

④ [○] 경찰관들이 미란다 원칙상 고지사항의 일부만 고지하고 신원확인절차를 밟으려는 순간 범인이 유리조각을 쥐고 휘둘러 이를 제압하려는 경찰관들에게 상해를 입힌 경우 **경찰관들의 긴급체포업무에 관한 정당한 직무집행을 방해한 경우에 해당한다**(대법원 2007.11.29, 2007도7961).

정답 | 771 ② 772 ②

773 통상체포에 관한 다음 설명 중 옳지 않은 것은? [core ★★]

1 2 3

① 피의자가 정당한 이유 없이 수사기관의 출석요구에 응하지 아니할 때에 체포영장을 청구할 수 있고, 출석요구에 응하지 아니할 우려가 있다는 점만으로는 체포영장을 청구할 수 없다.

② 검사는 관할 지방법원판사에게 청구하여 체포영장을 발부받아야 하고, 사법경찰관은 검사에게 신청하여 검사의 청구로 판사가 영장을 발부한다.

③ 체포영장의 청구를 받은 지방법원판사는 상당하다고 인정할 때는 체포영장을 발부한다. 다만, 명백히 체포의 필요가 인정되지 아니하는 경우에는 그러하지 아니하다.

④ 체포한 피의자를 구속하고자 할 때에는 체포한 때부터 48시간 이내에 구속영장을 청구하여야 한다.

해설

① [×] 피의자가 죄를 범하였다고 의심할 만한 상당한 이유가 있고, 정당한 이유 없이 출석요구에 응하지 아니하거나 응하지 아니할 우려가 있는 때에 체포영장을 청구할 수 있다(제200조의2 제1항).

② [○] 검사는 관할 지방법원판사에게 청구하여 체포영장을 발부받아야 하고, **사법경찰관은 검사에게 신청하여 검사의 청구로 판사가 영장을 발부한다**(제200조의2 제1항).

③ [○] 체포영장의 청구를 받은 지방법원판사는 상당하다고 인정할 때는 **체포영장을 발부한다.** 다만, 명백히 체포의 필요가 인정되지 아니하는 경우에는 그러하지 아니하다(제200조의2 제2항).

④ [○] 체포한 피의자를 구속하고자 할 때에는 **체포한 때부터 48시간 이내에 구속영장을 청구하여야 한다**(제200조의2 제5항).

774 체포영장의 청구와 발부에 관한 다음 설명 중 옳지 않은 것은? [Essential ★]

1 2 3

① 검사는 관할 지방법원판사에게 청구하여 체포영장을 발부받아야 하고, 사법경찰관은 검사에게 신청하여 검사의 청구로 판사가 영장을 발부한다.

② 체포영장의 청구는 서면으로 하여야 하고 청구서에는 체포의 사유 및 필요를 인정할 수 있는 자료를 제출하여야 한다.

③ 동일한 범죄사실에 관하여 그 피의자에 대하여 전에 체포영장을 청구하였거나 발부받은 사실이 있는 때에는 다시 체포영장을 청구하는 취지 및 이유를 기재하여야 한다.

④ 체포영장을 청구받은 지방법원판사는 피의자가 죄를 범하였다고 의심할 만한 이유가 있는 경우에 체포의 사유를 판단하기 위하여 피의자를 구인한 후 심문할 수 있다.

해설

④ [×] 구속영장과는 달리 체포영장을 발부하기 위하여 지방법원판사가 피의자를 심문하는 것은 허용되지 아니한다. 구속전 피의자심문(영장실질심사)은 구속영장을 발부하는 경우에만 인정된다(제201조의2).

① [○] 검사는 관할 지방법원판사에게 청구하여 체포영장을 발부받아야 하고, **사법경찰관은 검사에게 신청하여 검사의 청구로 판사가 영장을 발부한다**(제200조의2 제1항).

② [○] 체포영장의 청구는 서면으로 하여야 하고 청구서에는 **체포의 사유 및 필요를 인정할 수 있는 자료를 제출하여야 한다** (규칙 제93조 제1항, 제96조 제1항).

③ [○] 동일한 범죄사실에 관하여 그 피의자에 대하여 전에 체포영장을 청구하였거나 발부받은 사실이 있는 때에는 **다시 체포영장을 청구하는 취지 및 이유를 기재하여야 한다**(제200조의2 제4항).

775 체포영장 집행에 관한 다음 설명 중 옳지 않은 것은? [Essential ★]

1 2 3

① 체포영장은 원칙적으로 검사의 지휘에 의하여 사법경찰관리가 집행한다.

② 검사는 필요에 의하여 관할구역외에서 체포영장의 집행을 지휘할 수 있고 또는 당해 관할구역의 검사에게 집행지휘를 촉탁할 수 있다.

③ 검사 또는 사법경찰관은 피의자를 체포하는 경우에는 피의사실의 요지, 체포의 이유와 변호인을 선임할 수 있음을 말하고 변명할 기회를 주어야 한다.

④ 체포영장을 집행함에는 반드시 사전에 피의자에게 이를 제시하여야 하며, 급속을 요한다고 하여 집행후에 제시할 수는 없다.

해설

④ [×] 체포영장을 집행함에는 피고인에게 반드시 이를 제시하고 그 사본을 교부하여야 하며 신속히 지정된 법원 기타 장소에 인치하여야 한다(제200조의6, 제85조 제1항). 다만, 체포영장을 소지하지 아니한 경우에 급속을 요하는 때에는 피의자에 대하여 범죄사실의 요지와 영장이 발부되었음을 고하고 집행할 수 있고, 이 경우 집행을 완료한 후에는 신속히 체포영장을 제시하고 그 사본을 교부하여야 한다(제200조의6, 제85조 제3항 · 제4항).

①② [○] 체포영장은 원칙적으로 검사의 지휘에 의하여 **사법경찰관리가 집행한다.** 검사는 필요에 의하여 관할구역 외에서 체포영장의 집행을 지휘할 수 있고 또는 **당해 관할구역의 검사에게 집행지휘를 촉탁할 수 있다**(제200조의6, 제81조 제1항 · 제3항).

③ [○] 검사 또는 사법경찰관은 피의자를 체포하는 경우에는 피의사실의 요지, **체포의 이유와 변호인을 선임할 수 있음을 말하고 변명할 기회를 주어야 한다**(제200조의5).

정답 | 773 ①　774 ④　775 ④

776 다음 중 적법한 긴급체포에 해당하는 것은? (다툼이 있으면 판례에 의함) [core ★★]

1 2 3

① 甲이 고소인의 자격으로 임의출석하여 피고소인 乙과 함께 검사로부터 대질조사를 받고 나서 조서에 무인을 거부하자, 검사가 甲에게 무고혐의로써 무고죄를 인지하여 조사를 하겠다고 하였고, 이에 甲이 조사를 받지 않겠다고 하면서 나가려고 하자 검사가 범죄사실의 요지, 체포의 이유 등을 고지하고 甲을 긴급체포하였다.

② 위증교사죄 등으로 기소된 변호사 乙이 무죄를 선고받자, 검사 A는 이에 불복·항소한 후 보완수사를 한다며 乙의 변호사사무실 사무장 甲에게 대질조사(참고인조사)를 위한 출석을 요구하였다. 이후 자진출석한 甲에 대하여 검사는 참고인조사를 하지 아니한 채 곧바로 위증 및 위증교사 혐의로 피의자신문조서를 받기 시작하였고, 이에 甲의 전화연락을 받고 검사실로 찾아온 乙은 甲에게 "여기서 나가라"고 지시하였다. 이후 甲이 일어서서 검사실을 나가려 하자 검사는 甲에게 "지금부터 긴급체포하겠다"고 말하면서 甲의 퇴거를 제지하려 하였다.

③ 수사검사 A는 1999.11.29. 甲에게 뇌물을 주었다는 乙 등의 진술을 먼저 확보한 다음, 현직 군수인 甲을 소환·조사하기 위하여 검사의 명을 받은 검찰주사보 B가 1999.12.8. 군청 군수실에 도착하였으나 甲은 없고 도시행정계장인 丙이 "甲이 검사가 자신을 소환하려 한다는 사실을 미리 알고 자택 옆에 있는 농장 농막에서 기다리고 있을 것이니 수사관이 오거든 그곳으로 오라고 하였다"고 하므로 위 농장으로 가서 甲을 긴급체포하였다.

④ 피고인이 필로폰을 투약한다는 제보를 받은 경찰관이 제보된 주거지에 피고인이 살고 있는지 등 제보의 정확성을 사전에 확인한 후에 제보자를 불러 조사하기 위하여 피고인의 주거지를 방문하였다가, 현관에서 담배를 피우고 있는 피고인을 발견하고 사진을 찍어 제보자에게 전송하여 사진에 있는 사람이 제보한 대상자가 맞다는 확인을 한 후, 가지고 있던 피고인의 전화번호로 전화를 하여 차량 접촉사고가 났으니 나오라고 하였으나 나오지 않고, 또한 경찰관임을 밝히고 만나자고 하는데도 현재 집에 있지 않다는 취지로 거짓말을 하자 피고인의 집 문을 강제로 열고 들어가 피고인을 긴급체포하였다.

해설

① 피고인이 고소한 피의사건에 대하여 고소인 자격으로 피고소인과 대질조사를 받고 나서 조서에 무인하기를 거부하자 수사검사가 무고혐의가 인정된다면서 무고죄로 인지하여 조사를 하겠다고 하였고, 이에 피고인이 조사를 받지 않겠다고 하면서 가방을 들고 일어나 집으로 돌아가려고 하자 검사는 범죄사실의 요지, 체포의 이유와 변호인 선임권, 변명할 기회를 준 후에 피고인을 긴급체포하였다. 이 사건에서 대법원은 검사의 행위는 긴급체포의 요건을 갖춘 정당한 공무집행에 해당한다(대법원 1998.7.6, 98도785 고소인 긴급체포 사건).

② 甲이 임의수사에 대한 협조를 거부하고 자신의 혐의사실에 대한 조사가 이루어지기 전에 퇴거를 요구하면서 검사의 제지에도 불구하고 퇴거하였다고 하여 도망할 우려가 있다거나 증거를 인멸할 우려가 있다고 보기도 어려우므로 위와 같이 긴급체포를 하려고 한 것은 그 당시 상황에 비추어 보아 형사소송법 제200조의3 제1항의 요건을 갖추지 못한 것으로 쉽게 보여져 이를 실행한 검사 등의 판단이 현저히 합리성을 잃었다고 할 것이다. 따라서 검사가 위와 같이 검찰청에 자진출석한 甲을 체포하려고 한 행위를 적법한 공무집행이라고 할 수 없다(대법원 2006.9.8, 2006도148 사무장 긴급체포 사건).

③ 피고인 甲은 현직 군수직에 종사하고 있어 검사로서도 피고인의 소재를 쉽게 알 수 있었고, 1999.11.29. 다른 피고인 乙의 진술 이후 시간적 여유도 있었으며, 피고인 甲도 도망이나 증거인멸의 의도가 없었음은 물론, 언제든지 검사의 소환조사에 응할 태세를 갖추고 있었고 그 사정을 검찰주사보도 충분히 알 수 있었다 할 것이어서, 위 긴급체포는 형사소송법 제200조의3 제1항의 요건을 갖추지 못한 것으로 쉽게 보여져 이를 실행한 검사 등의 판단이 현저히 합리성을 잃었다고 할 것이므로 이러한 위법한 긴급체포에 의한 유치 중에 작성된 각 피의자신문조서는 이를 유죄의 증거로 하지 못한다(대법원 2002.6.11, 2000도5701).

④ 설령 피고인이 마약에 관한 죄를 범하였다고 의심할 만한 상당한 이유가 있었다고 하더라도 경찰관이 이미 피고인의 신원과 주거지 및 전화번호 등을 모두 파악하고 있었고, 당시 마약 투약의 범죄 증거가 급속하게 소멸될 상황도 아니었다고 보이는 점 등의 사정을 감안하면, 원심이 피고인에 대한 긴급체포가 미리 체포영장을 받을 시간적 여유가 없었던 경우에 해당하지 아니한다고 본 것은 수긍이 된다(대법원 2016.10.13, 2016도5814 마약사범 긴급체포 사건).

777 긴급체포에 관한 다음 설명 중 옳지 않은 것은? (다툼이 있으면 판례에 의함) [Essential ★]

1 2 3

① 요건을 갖추지 못한 긴급체포는 법적 근거에 의하지 아니한 영장 없는 체포로서 위법한 체포에 해당한다.

② 긴급체포의 요건을 갖추었는지 여부는 사후에 밝혀진 사정을 기초로 판단하는 것이 아니라 체포 당시의 상황을 기초로 판단하여야 하고, 이에 관한 검사나 사법경찰관 등 수사주체의 판단에는 상당한 재량의 여지가 있다고 할 것이다.

③ 긴급체포 당시의 상황으로 보아서도 그 요건의 충족 여부에 관한 검사나 사법경찰관의 판단이 경험칙에 비추어 현저히 합리성을 잃은 경우에는 그 체포는 위법한 체포라 할 것이다.

④ 위법한 긴급체포에 의한 유치 중에 작성된 피의자신문조서라도 증거능력이 부정된다고는 할 수 없다.

해설

④ [×] 긴급체포는 영장주의원칙에 대한 예외인 만큼 형사소송법 제200조의3 제1항의 요건을 모두 갖춘 경우에 한하여 예외적으로 허용되어야 하고, 요건을 갖추지 못한 긴급체포는 법적 근거에 의하지 아니한 영장 없는 체포로서 위법한 체포에 해당하는 것이고, 여기서 긴급체포의 요건을 갖추었는지 여부는 사후에 밝혀진 사정을 기초로 판단하는 것이 아니라 체포 당시의 상황을 기초로 판단하여야 하고, 이에 관한 검사나 사법경찰관 등 수사주체의 판단에는 상당한 재량의 여지가 있다고 할 것이나, 긴급체포 당시의 상황으로 보아서도 그 요건의 충족 여부에 관한 검사나 사법경찰관의 판단이 경험칙에 비추어 현저히 합리성을 잃은 경우에는 그 체포는 위법한 체포라 할 것이고 이러한 위법은 영장주의에 위배되는 중대한 것이니 그 체포에 의한 유치 중에 작성된 피의자신문조서는 위법하게 수집된 증거로서 특별한 사정이 없는 한 이를 유죄의 증거로 할 수 없다(대법원 2008.3.27, 2007도11400).

①②③ [○] 긴급체포는 영장주의원칙에 대한 예외인 만큼 형사소송법 제200조의3 제1항의 요건을 모두 갖춘 경우에 한하여 예외적으로 허용되어야 하고, 요건을 갖추지 못한 긴급체포는 법적 근거에 의하지 아니한 **영장 없는 체포로서 위법한 체포에 해당하는 것이고,** 여기서 긴급체포의 요건을 갖추었는지 여부는 사후에 밝혀진 사정을 기초로 판단하는 것이 아니라 **체포 당시의 상황을 기초로 판단하여야 하고,** 이에 관한 검사나 사법경찰관 등 수사주체의 판단에는 상당한 재량의 여지가 있다고 할 것이나, 긴급체포 당시의 상황으로 보아서도 그 요건의 충족 여부에 관한 검사나 사법경찰관의 판단이 경험칙에 비추어 현저히 합리성을 잃은 경우에는 그 체포는 **위법한 체포라 할 것이고** 이러한 위법은 영장주의에 위배되는 중대한 것이니 그 체포에 의한 유치 중에 작성된 피의자신문조서는 위법하게 수집된 증거로서 특별한 사정이 없는 한 이를 유죄의 증거로 할 수 없다(대법원 2008.3.27, 2007도11400).

정답 | 776 ① 777 ④

778 긴급체포의 승인요청과 관련하여 (   ) 안에 들어갈 알맞은 말은? [core ★★]

1 2 3

> 사법경찰관은 피의자를 긴급체포 후 (㉠) 내에 검사에게 긴급체포의 승인을 요청해야 한다. 다만, 수사중지 결정 또는 기소중지 결정이 된 피의자를 소속 경찰관서가 위치하는 특별시 · 광역시 · 특별자치시 · 도 또는 특별자치도 외의 지역이나 연안관리법 제2조 제2호 나목의 바다에서 긴급체포한 경우에는 긴급체포 후 (㉡) 이내에 긴급체포의 승인을 요청해야 한다.

① ㉠ 3시간 ㉡ 6시간
② ㉠ 6시간 ㉡ 12시간
③ ㉠ 12시간 ㉡ 24시간
④ ㉠ 12시간 ㉡ 36시간

해설

③ 사법경찰관은 긴급체포 후 12시간 내에 검사에게 긴급체포의 승인을 요청해야 한다. 다만, 수사중지 결정 또는 기소중지 결정이 된 피의자를 소속 경찰관서가 위치하는 특별시 · 광역시 · 특별자치시 · 도 또는 특별자치도 외의 지역이나 연안관리법 제2조 제2호 나목의 바다에서 긴급체포한 경우에는 긴급체포 후 24시간 이내에 긴급체포의 승인을 요청해야 한다(수사준칙 제27조 제1항).

779 1 2 3 검사의 구속영장 청구 전 피의자 대면조사에 관한 다음 설명 중 옳지 않은 것은? (다툼이 있으면 판례에 의함) [core ★★]

① 검사는 긴급체포의 승인 및 구속영장의 청구가 피의자의 인권에 대한 부당한 침해를 초래하지 않도록 긴급체포의 적법성 여부를 심사하면서 수사서류뿐만 아니라 피의자를 검찰청으로 출석시켜 직접 대면조사할 수 있는 권한을 가진다.

② 검사가 구속영장 청구 전에 피의자를 대면조사하기 위하여 사법경찰관리에게 피의자를 검찰청으로 인치할 것을 명하는 것은 적법하고 타당한 수사지휘 활동에 해당하고, 수사지휘를 전달받은 사법경찰관리는 이를 준수할 의무를 부담한다.

③ 검사의 구속영장 청구 전 피의자 대면조사는 긴급체포의 적법성을 의심할 만한 사유가 기록 기타 객관적 자료에 나타나고 피의자의 대면조사를 통해 그 여부의 판단이 가능할 것으로 보이는 경우는 물론, 긴급체포의 합당성이나 구속영장 청구에 필요한 사유를 보강하기 위한 목적으로도 실시될 수 있다.

④ 검사의 구속영장 청구 전 피의자 대면조사는 강제수사가 아니므로 피의자는 검사의 출석 요구에 응할 의무가 없고, 피의자가 검사의 출석 요구에 동의한 때에 한하여 사법경찰관리는 피의자를 검찰청으로 호송하여야 한다.

해설

③ [×] (1) 사법경찰관이 검사에게 긴급체포된 피의자에 대한 긴급체포 승인 건의와 함께 구속영장을 신청한 경우 검사는 긴급체포의 승인 및 구속영장의 청구가 피의자의 인권에 대한 부당한 침해를 초래하지 않도록 긴급체포의 적법성 여부를 심사하면서 수사서류 뿐만 아니라 피의자를 검찰청으로 출석시켜 직접 대면조사할 수 있는 권한을 가진다고 보아야 한다. 따라서 검사가 구속영장 청구 전에 피의자를 대면조사하기 위하여 사법경찰관리에게 피의자를 검찰청으로 인치할 것을 명하는 것은 적법하고 타당한 수사지휘 활동에 해당하고, 수사지휘를 전달받은 사법경찰관리는 이를 준수할 의무를 부담한다. (2) 다만 체포된 피의자의 구금 장소가 임의적으로 변경되는 점, 법원에 의한 영장실질심사제도를 도입하고 있는 현행 형사소송법 하에서 체포된 피의자의 신속한 법관 대면권 보장이 지연될 우려가 있는 점 등을 고려하면, 위와 같은 검사의 구속영장 청구 전 피의자 대면조사는 긴급체포의 적법성을 의심할 만한 사유가 기록 기타 객관적 자료에 나타나고 피의자의 대면조사를 통해 그 여부의 판단이 가능할 것으로 보이는 예외적인 경우에 한하여 허용될 뿐 긴급체포의 합당성이나 구속영장 청구에 필요한 사유를 보강하기 위한 목적으로 실시되어서는 아니 된다. 나아가 검사의 구속영장 청구 전 피의자 대면조사는 강제수사가 아니므로 피의자는 검사의 출석 요구에 응할 의무가 없고, 피의자가 검사의 출석 요구에 동의한 때에 한하여 사법경찰관리는 피의자를 검찰청으로 호송하여야 한다(대법원 2010.10.28, 2008도11999 인치명령 불응사건).

①②④ [○] (1) 사법경찰관이 검사에게 긴급체포된 피의자에 대한 긴급체포 승인 건의와 함께 구속영장을 신청한 경우 **검사는** 긴급체포의 승인 및 구속영장의 청구가 피의자의 인권에 대한 부당한 침해를 초래하지 않도록 긴급체포의 적법성 여부를 심사하면서 수사서류 뿐만 아니라 피의자를 **검찰청으로 출석시켜 직접 대면조사할 수 있는 권한을 가진**다고 보아야 한다. 따라서 검사가 구속영장 청구 전에 피의자를 대면조사하기 위하여 사법경찰관리에게 피의자를 검찰청으로 인치할 것을 명하는 것은 적법하고 타당한 수사지휘 활동에 해당하고, **수사지휘를 전달받은 사법경찰관리는 이를 준수할 의무를 부담한다.** (2) 다만 체포된 피의자의 구금 장소가 임의적으로 변경되는 점, 법원에 의한 영장실질심사제도를 도입하고 있는 현행 형사소송법 하에서 체포된 피의자의 신속한 법관 대면권 보장이 지연될 우려가 있는 점 등을 고려하면, 위와 같은 검사의 구속영장 청구 전 피의자 대면조사는 긴급체포의 적법성을 의심할 만한 사유가 기록 기타 객관적 자료에 나타나고 피의자의 대면조사를 통해 그 여부의 판단이 가능할 것으로 보이는 예외적인 경우에 한하여 허용될 뿐 긴급체포의 합당성이나 구속영장 청구에 필요한 사유를 보강하기 위한 목적으로 실시되어서는 아니 된다. 나아가 검사의 구속영장 청구 전 **피의자 대면조사는 강제수사가 아니므로 피의자는 검사의 출석 요구에 응할 의무가 없고, 피의자가 검사의 출석 요구에 동의한 때에 한하여 사법경찰관리는 피의자를 검찰청으로 호송하여야 한다**(대법원 2010.10.28, 2008도11999 인치명령 불응사건).

정답 | 778 ③ 779 ③

780 긴급체포에 관한 다음 설명 중 옳지 않은 것은? (다툼이 있으면 판례에 의함) [core ★★]

1 2 3

① 수사기관이 피의자를 긴급체포한 경우 피의자를 구속하고자 할 때에는 지체 없이 관할 지방법원판사에게 구속영장을 청구하여야 한다. 이 경우 구속영장은 피의자를 체포한 때부터 48시간 이내에 청구하여야 한다.

② 검사는 구속영장을 청구하지 아니하고 피의자를 석방한 경우에는 30일 이내에 서면으로 '긴급체포 후 석방된 자의 인적사항 등'을 법원에 통지하여야 한다.

③ 피의자가 긴급체포되었다가 구속영장이 청구되지 아니하여 석방되었음에도 검사가 30일 이내에 법원에 석방통지를 하지 않았다면 그 긴급체포에 의한 유치 중에 작성된 피의자신문조서는 위법하게 수집된 증거로서 유죄의 증거로 할 수 없다.

④ 사법경찰관은 긴급체포한 피의자에 대하여 구속영장을 신청하지 아니하고 석방한 경우에는 즉시 검사에게 보고하여야 한다.

해설

③ [×] 피의자가 2009.11.2. 22:00경 긴급체포되어 조사를 받고 구속영장이 청구되지 아니하여 2009.11.4. 20:10경 석방되었음에도 검사가 30일 이내에 법원에 석방통지를 하지 않았더라도, 긴급체포 당시의 상황과 경위, 긴급체포 후 조사 과정 등에 특별한 위법이 있다고 볼 수 없는 이상, 단지 사후에 석방통지가 이루어지지 않았다는 사정만으로 그 긴급체포에 의한 유치 중에 작성된 피의자신문조서들의 작성이 소급하여 위법하게 된다고 볼 수는 없다(대법원 2014.8.26, 2011도6035 이기하 오산시장 수뢰 사건).

① [○] 수사기관이 피의자를 긴급체포한 경우 피의자를 구속하고자 할 때에는 지체 없이 관할 지방법원판사에게 구속영장을 청구하여야 한다. 이 경우 구속영장은 피의자를 **체포한 때부터 48시간 이내에 청구하여야 한다**(제200조의4 제1항).

② [○] 검사는 구속영장을 청구하지 아니하고 피의자를 석방한 경우에는 **30일 이내에 서면으로 '긴급체포 후 석방된 자의 인적사항 등'을 법원에 통지하여야 한다**(제200조의4 제4항).

④ [○] 사법경찰관은 긴급체포한 피의자에 대하여 구속영장을 신청하지 아니하고 석방한 경우에는 **즉시 검사에게 보고하여야 한다**(제200조의4 제6항).

781 긴급체포에 관한 다음 설명 중 옳지 않은 것은? [Essential ★]

1 2 3

① 긴급체포한 피의자를 구속하고자 할 때에는 체포한 때부터 지체 없이 지방법원판사에게 구속영장을 청구하여야 하여야 한다. 이 경우 구속영장은 피의자를 체포한 때부터 48시간 이내에 청구하여야 한다.

② 긴급체포되었다가 구속영장을 청구하지 아니하거나 발부받지 못하여 석방된 자는 영장 없이는 동일한 범죄사실에 대하여 다시 체포하지 못한다.

③ 긴급체포된 피의자도 체포적부심사를 청구할 수 있다.

④ 피고인이 수사 당시 긴급체포되었다가 수사기관의 조치로 석방된 후 법원이 발부한 구속영장에 의하여 구속이 이루어진 경우, 이는 위법한 구속이라는 것이 판례의 입장이다.

해설

④ [×] 피고인이 수사 당시 긴급체포되었다가 수사기관의 조치로 석방된 후 법원이 발부한 구속영장에 의하여 구속이 이루어진 경우 위법한 구속이라고 볼 수 없다(대법원 2001.9.28, 2001도4291).

① [○] 긴급체포한 피의자를 구속하고자 할 때에는 체포한 때부터 지체없이 지방법원판사에게 구속영장을 청구하여야 하여야 한다. 이 경우 구속영장은 피의자를 체포한 때부터 **48시간 이내에 청구하여야 한다**(제200조의4 제1항).

② [○] 긴급체포되었다가 구속영장을 청구하지 아니하거나 발부받지 못하여 석방된 자는 **영장 없이는 동일한 범죄사실에 대하여 다시 체포하지 못한다**(제200조의4 제3항).

③ [○] 긴급체포된 피의자도 **체포적부심사를 청구할 수 있다**(제214조의2 제1항).

782 현행범체포에 관한 다음 설명 중 옳지 않은 것은? (다툼이 있으면 판례에 의함) [core ★★]

1 2 3

① 형사소송법 제211조가 현행범인으로 규정한 '범죄의 실행의 즉후인 자'라고 함은 '범죄의 실행행위를 종료한 직후'의 범인이라는 것이 체포하는 자의 입장에서 볼 때 명백한 경우를 일컫는 것이다.

② '범죄의 실행행위를 종료한 직후'라고 함은 시간적으로나 장소적으로 보아 체포를 당하는 자가 방금 범죄를 실행한 범인이라는 점에 관한 죄증이 명백히 존재하는 것으로 인정되는 경우에만 현행범인으로 볼 수 있는 것이다.

③ 현행범인 체포의 요건으로서는 행위의 가벌성, 범죄의 현행성 · 시간적 접착성, 범인 · 범죄의 명백성이 있으면 되고 체포의 필요성 즉 도망 또는 증거인멸의 염려까지 필요한 것은 아니다.

④ 현행범 체포의 적법성은 체포 당시의 구체적 상황을 기초로 객관적으로 판단하여야 하고, 사후에 범인으로 인정되었는지에 의할 것은 아니다.

해설

③ [×] 현행범인으로 체포하기 위하여는 행위의 가벌성, 범죄의 현행성 · 시간적 접착성, 범인 · 범죄의 명백성 이외에 체포의 필요성 즉, 도망 또는 증거인멸의 염려가 있어야 하고, 이러한 요건을 갖추지 못한 현행범인 체포는 법적 근거에 의하지 아니한 영장 없는 체포로서 위법한 체포에 해당한다(대법원 2011.5.26, 2011도3682 서교동 불심검문 사건).

①② [○] 형사소송법 제211조가 현행범인으로 규정한 '범죄의 실행의 즉후인 자'라고 함은 범죄의 실행행위를 종료한 직후의 범인이라는 것이 **체포하는 자의 입장에서 볼 때 명백한 경우를 일컫는 것**으로서 '범죄의 실행행위를 종료한 직후'라고 함은 범죄행위를 실행하여 끝마친 순간 또는 이에 아주 접착된 시간적 단계를 의미하는 것으로 해석되므로 시간적으로나 장소적으로 보아 체포를 당하는 자가 방금 범죄를 실행한 범인이라는 점에 관한 **죄증이 명백히 존재하는 것으로 인정되는 경우에만 현행범인으로 볼 수 있다**(대법원 2007.4.13, 2007도1249 청전지구대 사건).

④ [○] 현행범 체포의 적법성은 **체포 당시의 구체적 상황을 기초로 객관적으로 판단하여야 하고,** 사후에 범인으로 인정되었는지에 의할 것은 아니다(대법원 2013.8.23, 2011도4763). 아래 판례를 참고하라.

※ (비록 피고인이 식당 안에서 소리를 지르거나 양은그릇을 부딪치는 등의 소란행위가 업무방해죄의 구성요건에 해당하지 않아 사후적으로 무죄로 판단되었다고 하더라도) 피고인이 상황을 설명해 달라거나 밖에서 얘기하자는 경찰관의 요구를 거부하고 경찰관 앞에서 소리를 지르고 양은그릇을 두드리면서 소란을 피우는 등 객관적으로 보아 피고인이 업무방해죄의 **현행범이라고 인정할 만한 충분한 이유가 있어 경찰관들이 피고인을 체포한 것은 적법하다**(대법원 2013.8.23, 2011도4763 화전민식당 사건).

정답 | 780 ③ 781 ④ 782 ③

783 다음 중 적법한 현행범체포에 해당하는 것은 모두 몇 개인가? (다툼이 있으면 판례에 의함)

1 2 3

[core ★★]

㉠ 甲이 열쇠로 乙의 차를 긁고 있다가 乙이 나타나자 이를 부인하면서 도망하려고 하므로, 乙이 甲을 도망하지 못하게 멱살을 잡고 흔들어 그에게 전치 14일의 흉부찰과상을 가한 경우

㉡ 甲이 경찰관의 불심검문을 받아 운전면허증을 교부한 후 경찰관에게 큰 소리로 욕설을 하자, 경찰관이 甲을 모욕죄의 현행범으로 체포한 경우. 다만, 甲은 경찰관의 불심검문에 응하여 이미 운전면허증을 교부한 상태이고, 경찰관뿐 아니라 인근 주민도 욕설을 직접 들었으므로 도망하거나 증거를 인멸할 염려가 있다고 보기는 어려웠음

㉢ 甲이 술을 마신 뒤 식당 건너편 빌라 주차장에 차량을 그대로 둔 채 귀가하였다가 다음 날 아침 차량을 이동시켜 달라는 전화를 받고 현장에 도착하여 차량을 약 2m 가량 운전하여 이동 · 주차하였고, 차량을 완전히 뺄 것을 요구하던 공사장 인부들과 시비가 된 상태에서 누군가 "甲이 음주운전을 하였다"고 신고를 하여 출동한 경찰관이 음주감지기에 의한 확인을 요구하였으나 응하지 아니하고 임의동행도 거부하자, 경찰관이 甲을 도로교통법위반(음주운전)죄의 현행범으로 체포하여 지구대로 데리고 가 음주측정을 요구한 경우

① 0개　　② 1개

③ 2개　　④ 3개

해설

② ㉠ 적법한 현행범체포에 해당한다.

㉠ 甲이 재물손괴죄의 현행범인에 해당함은 명백하고, 甲은 당시 열쇠로 乙의 차를 긁고 있다가 乙이 나타나자 부인하면서 도망하려고 하였다는 것이므로 체포의 필요성의 요건을 갖추었다고 할 것이다(대법원 1999.1.26, 98도3029 팽성읍 차손괴 사건). 적법하게 현행범인을 체포하면서 경미한 상해를 가하더라도 정당행위에 해당하여 위법성이 조각된다고 판시한 사례이다.

㉡ 甲이 경찰관들의 불심검문에 응하여 이미 운전면허증을 교부한 상태이고, 경찰관뿐만 아니라 인근 주민도 甲의 욕설을 직접 들었으므로 甲이 도망하거나 증거를 인멸할 염려가 있다고 보기 어렵다. 따라서 경찰관이 甲을 체포한 행위는 현행범인 체포의 요건을 갖추지 못하여 적법한 공무집행이라고 볼 수 없다(대법원 2011.5.26, 2011도3682 서교동 불심검문 사건).

㉢ 甲이 도로교통법상 음주운전죄를 저지른 범인임이 명백하다고 쉽게 속단하기는 어렵고, 사안 자체가 경미할 뿐더러 甲이 도망하거나 증거를 인멸하려 하였다고 단정하기도 어려워, 경찰관이 甲을 현행범으로 체포한 것은 위법하고, 그와 같이 위법한 체포상태에서 이루어진 음주측정 요구 또한 위법하므로 甲이 음주측정 요구에 불응하였더라도 도로교통법상 음주측정거부죄가 성립하지 않는다(대법원 2017.4.7, 2016도19907 제주 음주측정 거부 사건).

784 다음 중 적법한 현행범체포에 해당하는 것은 모두 몇 개인가? (다툼이 있으면 판례에 의함)

1 2 3

[Superlative ★★★]

㉠ 사고신고를 받고 출동한 제천경찰서 청전지구대 소속 경찰관 A가 음주운전을 종료한 후 40분 이상이 경과한 시점에서 길가에 앉아 있던 甲에게서 술 냄새가 난다는 점만을 근거로 음주운전의 현행범으로 甲을 체포한 후 음주측정을 요구하였으나 甲은 이를 거부하였다.

㉡ 112 신고를 받고 출동한 경찰관들이 피고인 甲을 체포하려고 할 때는 피고인이 무학여고 앞길에서 피해자 乙의 자동차를 발로 걷어차고 그와 싸우는 범행을 한 지 겨우 10분 후에 지나지 않고 그 장소도 범행 현장에 인접한 위 학교의 운동장이었다. 또한 피해자의 친구 丙은 112 신고를 하고 나서 피고인이 도주하는지 여부를 계속 감시하고 있었다.

㉢ 甲이 목욕탕 탈의실에서 乙을 구타하고 약 1분여 동안 목을 잡고 있다가 다른 사람들이 말리자 잡고 있던 목을 놓았고, 그 무렵 목욕탕에서 이발소를 운영하고 있는 丙이 甲에게 "옷을 입고 가라"고 하여 甲이 옷을 입고 있었다. 목욕탕 주인 丁이 112 신고를 하여 경찰관 A, B가 바로 출동하였는데 경찰관들이 현장에 출동하여 甲을 현행범으로 체포한 때가 바로 甲이 탈의실에서 옷을 입고 있었던 시점이었다.

㉣ 김해여자중학교 교사 甲은 전교조 탈퇴를 강요했다는 이유로 교장실에 들어가 약 5분 동안 식칼을 휘두르며 교장을 협박하는 등의 소란을 피웠고, 이에 신고를 받고 출동한 김해경찰서 소속 경찰관들이 甲을 연행(현행범체포)하려고 하자 甲의 동료교사인 乙은 경찰관들의 멱살을 잡아당기고 경찰차의 문짝을 잡아당기는 등 폭행을 가하였다. 다만, 출동한 경찰관들이 甲을 체포한 시점은 범죄의 실행행위가 종료된 때로부터 40여분 정도가 지난 후이고, 체포한 장소도 교장실이 아닌 서무실이었다.

① 0개 ② 1개
③ 2개 ④ 3개

해설

③ ㉡㉢ 2항목이 적법한 현행범체포에 해당한다. ㉡㉢ 이는 범죄발생과 체포 사이에 시간적 · 장소적 접착성이 인정되는 사례이지만, ㉠㉣ 이는 범죄발생과 체포 사이에 시간적 · 장소적 접착성이 인정되지 않는 사례이다.

㉠ 신고를 받고 출동한 제천경찰서 청전지구대 소속 경장 A가 피고인이 음주운전을 종료한 후 40분 이상이 경과한 시점에서 길가에 앉아 있던 피고인에게서 술냄새가 난다는 점만을 근거로 피고인을 음주운전의 현행범으로 체포한 것은 피고인이 '방금 음주운전을 실행한 범인이라는 점에 관한 죄증이 명백하다고 할 수 없는 상태'에서 이루어진 것으로서 적법한 공무집행이라고 볼 수 없다(대법원 2007.4.13, 2007도1249 청전지구대 사건).

㉡ 경찰관이 112 신고를 받고 출동하여 피고인을 체포하려고 할 때는, 피고인이 무학여고 앞길에서 피해자의 자동차를 발로 걷어차고 그와 싸우는 범행을 한 지 겨우 10분 후에 지나지 않고, 그 장소도 범행 현장에 인접한 학교의 운동장이며, 피해자의 친구가 112 신고를 하고 나서 피고인이 도주하는지 여부를 계속 감시하고 있던 상황이라면 경찰관의 현행범인 체포행위는 적법한 공무집행이다(대법원 1993.8.13, 93도926 무학여고 사건).

㉢ 경찰관이 피고인을 체포할 당시는 피고인이 방금 범죄를 실행한 범인이라고 볼 죄증이 명백히 존재하는 것으로 인정할 수 있는 상황이었다고 할 것이므로 피고인을 현행범인으로 볼 수 있다(대법원 2006.2.10, 2005도7158 목욕탕 폭행 사건).

㉣ 교사가 교장실에 들어가 불과 약 5분 동안 식칼을 휘두르며 교장을 협박하는 등의 소란을 피운 후 40여분 정도가 지나 경찰관들이 출동하여 교장실이 아닌 서무실에서 그를 연행하려 하자 그가 구속영장의 제시를 요구하면서 동행을 거부하였다면, 체포 당시 서무실에 앉아 있던 위 교사가 방금 범죄를 실행한 범인이라는 죄증이 경찰관들에게 명백히 인식될 만한 상황이었다고 단정할 수 없는데도 이와 달리 그를 '범죄의 실행의 즉후인 자'로서 현행범인이라고 단정한 원심판결에는 현행범인에 관한 법리오해의 위법이 있다(대법원 1991.9.24, 91도1314 김해여중 사건).

정답 | 783 ② 784 ③

785 (준)현행범에 체포에 관한 다음 설명 중 옳지 않은 것은? (다툼이 있으면 판례에 의함) [core ★★]

1 2 3

① 현행범인으로서의 요건을 갖추고 있었다고 인정되지 않는 상황에서 경찰관들이 동행을 거부하는 자를 체포하거나 강제로 연행하려고 하였다면 이는 적법한 공무집행이라고 볼 수 없다.

② 경찰관이 피고인을 불심검문 끝에 임의동행을 요구하고 도망치는 피고인을 체포하려는 행위가 적법한 공무집행 다시 말하여 구속영장의 집행으로 하는 것인지 또는 현행범으로 체포하려는 것인지 알 수 없다면 위 행위가 적법한 공무집행행위였다고 단정할 수 없다.

③ 경찰관이 주민의 신고를 받고 현장에 도착했을 때에는 이미 싸움이 끝난 상태였다면 그러한 상황은 형사소송법 제211조에 해당하지 않으므로 경찰관이 임의동행을 거부하는 피고인을 체포하려는 행위는 적법한 공무집행이라 볼 수 없다.

④ 순찰 중이던 경찰관이 교통사고를 낸 차량이 도주하였다는 무전연락을 받고 주변을 수색하다가 범퍼 등의 파손상태로 보아 사고차량으로 인정되는 차량에서 내리는 사람을 발견한 경우, 그 자는 현행범 또는 준현행범이라고 할 수 없어 영장 없이는 체포할 수 없다.

해설

④ [×] 형사소송법 제211조 제2항 제2호 소정의 '장물이나 범죄에 사용되었다고 인정함에 충분한 흉기 기타의 물건을 소지하고 있는 때'에 해당하므로 준현행범으로서 영장 없이 체포할 수 있다(대법원 2000.7.4, 99도4341 인천 신흥동 뺑소니 사건).

① [○] 현행범인으로서의 요건을 갖추고 있었다고 인정되지 않는 상황에서 경찰관들이 동행을 거부하는 자를 체포하거나 강제로 연행하려고 하였다면 이는 **적법한 공무집행이라고 볼 수 없다**(대법원 2002.5.10, 2001도300).

② [○] 경찰관이 피고인을 불심검문 끝에 임의동행을 요구하고 도망치는 피고인을 체포하려는 행위가 적법한 공무집행 다시 말하여 구속영장의 집행으로 하는 것인지 또는 현행범으로 체포하려는 것인지 알 수 없다면 위 행위가 **적법한 공무집행행위였다고 단정할 수 없다**(대법원 1977.8.23, 77도2111).

③ [○] 경찰관이 주민의 신고를 받고 현장에 도착했을 때에는 이미 싸움이 끝난 상태였다면 그러한 상황은 형사소송법 제211조에 해당하지 않으므로 경찰관이 임의동행을 거부하는 피고인을 체포하려는 행위는 **적법한 공무집행이라 볼 수 없다**(대법원 1989.12.12, 89도1934).

786 현행범체포에 관한 다음 설명 중 옳지 않은 것은? (다툼이 있으면 판례에 의함) [Essential ★]

1 2 3

① 현행범인은 누구든지 영장 없이 체포할 수 있다.

② 일반 사인이 현행범인을 체포한 때에는 즉시 검사 또는 사법경찰관리에게 인도하여야 한다.

③ ② 지문에서 '즉시'라고 함은 반드시 체포시점과 시간적으로 밀착된 시점이어야 하는 것은 아니고 '정당한 이유 없이 인도를 지연하거나 체포를 계속하는 등으로 불필요한 지체를 함이 없이'라는 뜻이다.

④ 검사 또는 사법경찰관리가 아닌 이에 의하여 현행범인이 체포된 후 불필요한 지체 없이 검사 등에게 인도된 경우, 구속영장 청구기간인 48시간의 기산점은 검사 등이 현행범인을 인도받은 때가 아니라 체포시이다.

해설

④ [×] 검사 등이 아닌 이에 의하여 현행범인이 체포된 후 불필요한 지체 없이 검사 등에게 인도된 경우 구속영장 청구기간인 48시간의 기산점은 체포시가 아니라 검사 등이 현행범인을 인도받은 때이다(대법원 2011.12.22, 2011도12927 소말리아 해적 사건).

① [○] 현행범인은 **누구든지 영장 없이 체포할 수 있다**(제212조).

② [○] 일반 사인이 현행범인을 체포한 때에는 즉시 **검사 또는 사법경찰관리에게 인도하여야 한다**(제213조 제1항).

③ [○] '즉시'라고 함은 반드시 체포시점과 시간적으로 **밀착된 시점이어야 하는 것은 아니고** '정당한 이유 없이 인도를 지연하거나 체포를 계속하는 등으로 **불필요한 지체를 함이 없이'라는 뜻이다**(대법원 2011.12.22, 2011도12927 소말리아 해적 사건).

787 구속과 구속영장에 관한 다음 설명 중 옳지 않은 것은? [Essential ★]

1 2 3

① 체포와는 달리 구속에 있어서는 영장주의의 예외가 인정되지 아니한다.

② 피의자 구속과 피고인 구속은 절차의 차이는 있어도 그 요건은 동일하다.

③ 수사기관은 물론 법원도 구속영장 없이는 피의자 또는 피고인을 구속하지 못한다.

④ 법원 또는 지방법원판사는 영장실질심사를 통하여 피고인 또는 피의자를 직접 심문하고 구속영장 발부 여부를 결정하여야 한다.

해설

④ [×] 구속전피의자심문이란 구속영장의 청구를 받은 지방법원판사가 구속의 사유를 판단하기 위하여 피의자를 직접 심문하여 영장발부 여부를 결정하는 제도를 말한다. 이는 지방법원판사가 피의자에 대한 구속영장을 발부하기 전에 하는 것이지, 수소법원이 피고인에 대한 구속영장을 발부할 때 하는 것이 아님을 유의해야 한다(제201조의2 참고).

①③ [○] 체포와는 달리 구속에 있어서는 **영장주의의 예외가 인정되지 아니한다. 즉 피의자는 물론 피고인을 구속하는 경우에도 반드시 구속영장이 있어야 한다.**

② [○] 피의자 구속과 피고인 구속은 절차의 차이만 있고, **나머지 요건은 동일하다.**

정답 | 785 ④ 786 ④ 787 ④

788 다음은 피의자에 대한 구속영장 청구절차를 설명한 것이다. 옳지 않은 것은? [Essential ★]

1 2 3

① 구속의 요건에 해당하는 경우 검사는 지방법원판사에게 청구하여 구속영장을 발부받아 피의자를 구속할 수 있다.

② 사법경찰관은 검사에게 신청하여 검사의 청구로 관할 지방법원판사의 구속영장을 발부받아 피의자를 구속할 수 있다.

③ 구속영장의 청구는 서면으로 하여야 하고, 이 서면에는 구속의 필요를 인정할 수 있는 자료 기타 관련 자료를 제출하여야 한다.

④ 구속영장 청구는 검사의 권한이므로 피의자는 구속영장의 청구를 받은 판사에게 유리한 자료를 제출할 수 없다.

해설

④ [×] 체포 · 구속적부심사를 청구할 수 있는 피의자 등은 구속영장의 청구를 받은 판사에게 유리한 자료를 제출할 수 있다(규칙 제96조 제3항).

①② [○] 구속의 요건에 해당하는 경우 검사는 지방법원판사에게 청구하여 **구속영장을 발부받아 피의자를 구속할 수 있다.** 사법경찰관은 검사에게 신청하여 검사의 청구로 **관할 지방법원판사의 구속영장을 발부받아 피의자를 구속할 수 있다**(제201조 제1항).

③ [○] 구속영장의 청구는 서면으로 하여야 하고, 이 서면에는 **구속의 필요를 인정할 수 있는 자료 기타 관련 자료를 제출하여야 한다**(제201조 제2항, 규칙 제93조 제1항, 규칙 제96조 제2항).

789 구속전피의자심문에 관한 다음 설명 중 옳지 않은 것은? [Essential ★]

1 2 3

① 체포된 피의자에 대하여 구속영장을 청구받은 판사는 지체 없이 피의자를 심문하여야 한다. 이 경우 특별한 사정이 없는 한 구속영장이 청구된 때부터 48시간 이내에 심문하여야 한다.

② 체포되지 않은 피의자에 대하여 구속영장을 청구받은 판사는 피의자가 죄를 범하였다고 의심할 만한 이유가 있는 경우에 구인을 위한 구속영장을 발부하여 피의자를 구인한 후 심문하여야 한다. 다만, 피의자가 도망하는 등의 사유로 심문할 수 없는 경우에는 그러하지 아니하다.

③ 판사는 즉시 검사, 피의자 및 변호인에게 심문기일과 장소를 통지하여야 한다. 이 경우 검사는 피의자가 체포되어 있는 때에는 심문기일에 피의자를 출석시켜야 한다.

④ 검사와 변호인은 심문기일에 출석하여 의견을 진술할 수 있다.

해설

① [×] 특별한 사정이 없는 한 구속영장이 청구된 날의 다음 날까지 심문하여야 한다(제201조의2 제1항).

② [○] 체포되지 않은 피의자에 대하여 구속영장을 청구받은 판사는 피의자가 죄를 범하였다고 의심할 만한 이유가 있는 경우에 **구인을 위한 구속영장을 발부하여 피의자를 구인한 후 심문하여야 한다.** 다만, 피의자가 도망하는 등의 사유로 심문할 수 없는 경우에는 그러하지 아니하다(제201조의2 제2항).

③ [○] 판사는 즉시 **검사, 피의자 및 변호인에게 심문기일과 장소를 통지하여야 한다.** 이 경우 검사는 피의자가 체포되어 있는 때에는 **심문기일에 피의자를 출석시켜야 한다**(제201조의2 제3항).

④ [○] **검사와 변호인은** 심문기일에 출석하여 **의견을 진술할 수 있다**(제201조의2 제4항).

790 구속전피의자심문에 관한 다음 설명 중 옳지 않은 것은? [Superlative ★★★]

1 2 3

① 심문할 피의자에게 변호인이 없는 때에는 지방법원판사는 직권으로 변호인을 선정하여야 한다. 변호인의 선정은 피의자에 대한 구속영장 청구가 기각되어 효력이 소멸한 경우에도 제1심까지 효력이 있다.

② 법원은 변호인의 사정이나 그 밖의 사유로 변호인 선정결정이 취소되어 변호인이 없게 된 때에는 직권으로 변호인을 다시 선정할 수 있다.

③ 지방법원판사가 국선변호인을 선정한 경우 피의자와 변호인에게 그 뜻을 고지하여야 한다. 이 경우 국선변호인에게 피의사실의 요지 및 피의자의 연락처 등을 함께 고지할 수 있다.

④ ③의 고지는 서면 이외에 구술 · 전화 · 모사전송 · 전자우편 · 휴대전화 문자전송 그 밖에 적당한 방법으로 할 수 있다.

해설

① [×] 심문할 피의자에게 변호인이 없는 때에는 지방법원판사는 직권으로 변호인을 선정하여야 한다. 이 경우 변호인의 선정은 피의자에 대한 구속영장 청구가 기각되어 효력이 소멸한 경우를 제외하고는 제1심까지 효력이 있다(제201조의2 제8항).

② [○] 법원은 변호인의 사정이나 그 밖의 사유로 변호인 선정결정이 취소되어 변호인이 없게 된 때에는 **직권으로 변호인을 다시 선정할 수 있다**(제201조의2 제9항).

③④ [○] 지방법원판사가 국선변호인을 선정한 경우 피의자와 변호인에게 그 뜻을 고지하여야 한다. 이 경우 국선변호인에게 **피의사실의 요지 및 피의자의 연락처 등을 함께 고지할 수 있다.** 이 고지는 서면 이외에 구술 · 전화 · 모사전송 · 전자우편 · 휴대전화 문자전송 그 밖에 **적당한 방법으로 할 수 있다**(규칙 제16조).

791 구속전피의자심문에 관한 다음 설명 중 옳지 않은 것은? [core ★★]

1 2 3

① 체포된 피의자에 대하여 구속영장을 청구받은 판사는 지체 없이 피의자를 심문하여야 한다. 이 경우 특별한 사정이 없는 한 구속영장이 청구된 날의 다음 날까지 심문하여야 한다.

② 체포되지 않은 피의자에 대하여 구속영장을 청구받은 판사는 피의자가 죄를 범하였다고 의심할 만한 이유가 있는 경우에 구인을 위한 구속영장을 발부하여 피의자를 구인한 후 심문하여야 한다.

③ 피의자를 심문하는 경우 법원사무관 등은 심문의 요지 등을 조서로 작성하여야 한다.

④ 지방법원판사는 피의자에 대하여 피의자의 출석을 보증할 만한 보증금의 납입을 조건으로 하여 결정으로 석방을 명할 수 있다.

해설

④ [×] 보증금납입조건부석방결정은 구속적부심사시에 하는 것으로 구속전피의자심문을 할 때에 하는 것은 아니다(제214조의2 제5항 참고).

① [○] 체포된 피의자에 대하여 구속영장을 청구받은 판사는 지체 없이 피의자를 심문하여야 한다. 이 경우 특별한 사정이 없는 한 구속영장이 **청구된 날의 다음 날까지 심문하여야 한다**(제201조의2 제1항).

② [○] 체포되지 않은 피의자에 대하여 구속영장을 청구받은 판사는 피의자가 죄를 범하였다고 의심할 만한 이유가 있는 경우에 **구인을 위한 구속영장을 발부하여 피의자를 구인한 후 심문하여야 한다**(제201조의2 제2항).

③ [○] 피의자를 심문하는 경우 법원사무관 등은 **심문의 요지 등을 조서로 작성하여야 한다**(제201조의2 제6항).

정답 | 788 ④ 789 ① 790 ① 791 ④

792 구속전피의자심문에 관한 다음 설명 중 옳지 않은 것은? [core ★★]

1 2 3

① 피의자에 대한 심문절차는 원칙적으로 공개하여야 한다. 다만, 판사는 상당하다고 인정하는 경우에는 이를 공개하지 않을 수 있다.

② 판사는 피의자가 심문기일에의 출석을 거부하거나 질병 그 밖의 사유로 출석이 현저하게 곤란하고, 피의자를 심문 법정에 인치할 수 없다고 인정되는 때에는 피의자의 출석 없이 심문절차를 진행할 수 있다.

③ 피의자의 심문은 법원청사 내에서 하여야 한다. 다만, 피의자가 출석을 거부하거나 질병 기타 부득이한 사유로 법원에 출석할 수 없는 때에는 경찰서, 구치소 기타 적당한 장소에서 심문할 수 있다.

④ 판사는 지정된 심문기일에 피의자를 심문할 수 없는 특별한 사정이 있는 경우에는 그 심문기일을 변경할 수 있다.

해설

① [×] 피의자에 대한 심문절차는 공개하지 아니한다. 다만, 판사는 상당하다고 인정하는 경우에는 피의자의 친족, 피해자 등 이해관계인의 방청을 허가할 수 있다(규칙 제96조의14).

② [○] 판사는 피의자가 심문기일에의 출석을 거부하거나 질병 그 밖의 사유로 출석이 현저하게 곤란하고, 피의자를 심문 법정에 인치할 수 없다고 인정되는 때에는 **피의자의 출석 없이 심문절차를 진행할 수 있다**(규칙 제96조의13).

③ [○] 피의자의 심문은 법원청사 내에서 하여야 한다. 다만, 피의자가 출석을 거부하거나 질병 기타 부득이한 사유로 법원에 출석할 수 없는 때에는 경찰서, 구치소 기타 **적당한 장소에서 심문할 수 있다**(규칙 제96조의15).

④ [○] 판사는 지정된 심문기일에 피의자를 심문할 수 없는 특별한 사정이 있는 경우에는 그 **심문기일을 변경할 수 있다**(규칙 제96조의22).

793 구속전피의자심문에 관한 다음 설명 중 옳지 않은 것은? [Essential ★]

1 2 3

① 지방법원판사는 심문기일과 장소를 검사 · 피의자 및 변호인에게 통지하여야 하고, 검사는 피의자가 체포되어 있는 때에는 그 기일에 피의자를 출석시켜야 한다.

② 검사와 변호인은 심문기일에 출석하여 의견을 진술할 수 있다.

③ 판사는 피의자에게 구속영장청구서에 기재된 범죄사실의 요지를 고지하고, 피의자에게 일체의 진술을 하지 아니하거나 개개의 질문에 대하여 진술을 거부할 수 있으며, 이익 되는 사실을 진술할 수 있음을 알려주어야 한다.

④ 검사와 변호인은 판사의 심문이 끝난 후에 의견을 진술할 수 있으나, 심문 도중에는 의견을 진술할 수 없다.

해설

④ [×] 검사와 변호인은 판사의 심문이 끝난 후에 의견을 진술할 수 있다. 다만, 필요한 경우에는 심문 도중에도 판사의 허가를 얻어 의견을 진술할 수 있다(규칙 제96조의16 제3항).

① [○] 지방법원판사는 심문기일과 장소를 **검사 · 피의자 및 변호인에게 통지하여야 하고**, 검사는 피의자가 체포되어 있는 때에는 그 기일에 **피의자를 출석시켜야 한다**(제201조의2 제3항).

② [○] **검사와 변호인은** 심문기일에 출석하여 **의견을 진술할 수 있다**(제201조의2 제4항).

③ [○] 판사는 피의자에게 구속영장청구서에 기재된 범죄사실의 요지를 고지하고, 피의자에게 일체의 진술을 하지 아니하거나 개개의 질문에 대하여 **진술을 거부할 수 있으며**, 이익 되는 사실을 진술할 수 있음을 알려주어야 한다(규칙 제96조의16 제1항).

794 1 2 3 고양경찰서 강력팀은 강도사건 피의자 甲을 2021.11.2. 23:00에 긴급체포한 이후 구속영장을 청구하였고 이후 의정부지방법원 고양지원 영장전담판사가 甲에 대하여 구속전피의자심문을 하였다. 같은 해 11.3. 17:00에 구속영장청구서와 관계서류가 법원에 접수되고 심문 후 영장이 발부되어 관계서류가 11.4. 12:00에 검찰청에 반환되었을 때 甲에 대한 경찰의 구속기간 만료일은? [core ★★]

① 2021.11.10. 24:00
② 2021.11.11. 24:00
③ 2021.11.12. 24:00
④ 2021.11.13. 24:00

해설

④ 피의자심문을 하는 경우 법원이 관계서류를 접수한 날부터 구속영장을 발부하여 검찰청에 반환한 날까지의 기간은 수사기관의 구속기간에 이를 산입하지 아니한다(제201조의2 제7항). 실무상 이는 일(日) 단위로 계산하므로 11월 3일과 11월 4일은 구속기간에서 제외한다. 따라서 설문상 구속기간이 2일이 연장되어 2021.11.13. 24:00까지 피의자 甲을 구속할 수 있다.

795 1 2 3 다음은 피의자에 대한 구속영장 발부절차를 설명한 것이다. 옳지 않은 것은? [core ★★]

① 검사의 청구가 없으면 지방법원판사는 구속영장을 발부하지 못한다.
② 지방법원판사는 구속의 요건이 충족되었다고 판단되는 때에는 검사의 구속영장청구에 의하여 구속영장을 발부한다.
③ 지방법원판사가 구속영장을 발부하지 아니할 때에는 청구서에 그 취지 및 이유를 기재하고 서명 · 날인하여 청구한 검사에게 교부한다.
④ 구속영장청구를 기각하는 지방법원판사의 결정에 대해서는 즉시항고를 할 수 있다는 것이 판례의 입장이다.

해설

④ [×] 검사의 체포 또는 구속영장 청구에 대한 지방법원판사의 재판은 제402조의 규정에 의하여 항고의 대상이 되는 '법원의 결정'에 해당되지 아니하고, 제416조 제1항의 규정에 의하여 준항고의 대상이 되는 '재판장 또는 수명법관의 구금 등에 관한 재판'에도 해당되지 아니한다(대법원 2006.12.18, 2006모646 론스타 대표 사건). 검사의 구속영장청구를 기각하는 지방법원판사의 결정에 대해서는 불복할 수 없다.
① [○] **검사의 청구가 없으면 지방법원판사는 구속영장을 발부하지 못한다**(제201조 제1항).
②③ [○] 지방법원판사는 구속의 요건이 충족되었다고 판단되는 때에는 **검사의 구속영장청구에 의하여 구속영장을 발부한다.** 지방법원판사가 구속영장을 발부하지 아니할 때에는 청구서에 그 취지 및 이유를 기재하고 서명 · 날인하여 **청구한 검사에게 교부한다**(제201조 제4항).

정답 | 792 ① 793 ④ 794 ④ 795 ④

796 구속영장에 관한 다음 설명 중 옳지 않은 것은? [Essential ★]

1 2 3

① 구속영장에는 피고인의 성명 · 주거 · 죄명 · 범죄사실의 요지 · 인치구금할 장소 · 발부연월일 · 그 유효기간 등을 기재하고 재판장 또는 수명법관이 서명 · 날인하여야 한다.

② 구속영장의 유효기간은 7일로 한다. 다만, 법원 또는 법관은 상당하다고 인정하는 때에는 7일을 넘는 기간을 정할 수 있다.

③ 구속영장은 수 통을 작성하여 사법경찰관리 수 인에게 교부할 수 있다.

④ 피고인의 법정대리인, 특별대리인, 배우자, 직계친족, 형제자매는 법원에 구속영장 등본의 교부를 청구할 수 없다.

해설

④ [×] 피고인, 변호인, 피고인의 법정대리인, 특별대리인, 배우자, 직계친족, 형제자매는 구속영장을 발부한 법원에 구속영장의 등본의 교부를 청구할 수 있다(규칙 제50조 제1항). 고소인 · 고발인 · 피해자는 비용을 납입하고 구속영장의 등본의 교부를 청구할 수 있다. 다만, 그 청구하는 사유를 소명하여야 한다(동조 제2항, 규칙 제26조 제2항).

① [○] 구속영장에는 피고인의 성명 · 주거 · 죄명 · 범죄사실의 요지 · 인치구금할 장소 · 발부연월일 · 그 유효기간 등을 기재하고 **재판장 또는 수명법관이 서명 · 날인하여야 한다**(제209조, 제75조 제1항). '증거의 요지'는 기재사항이 아님을 주의하여야 한다.

② [○] 구속영장의 유효기간은 **7일**로 한다. 다만, 법원 또는 법관은 상당하다고 인정하는 때에는 7일을 넘는 기간을 정할 수 있다(규칙 제178조).

③ [○] 구속영장은 수 통을 작성하여 **사법경찰관리 수 인에게 교부할 수 있다**(제209조, 제82조).

797 구속영장의 효력에 관한 다음 설명 중 옳지 않은 것은? (다툼이 있으면 판례에 의함) [core ★★]

1 2 3

① 구속영장의 효력은 구속영장에 기재된 범죄사실 및 그 사실의 기초가 되는 사회적 사실관계가 기본적인 점에서 동일한 공소사실에 미친다고 할 것이다.

② 기본적 사실관계의 동일성을 판단함에 있어서는 그 사실의 동일성이 갖는 기능을 염두에 두고 피고인의 행위와 그 사회적인 사실관계를 기본으로 하되 규범적 요소도 아울러 고려하여야 한다.

③ 죄명이 '상습사기'로 발부된 구속영장에 기재된 범죄사실과 단순사기의 공소사실을 비교 고찰한 결과 피고인이 1982.7.27. 피해자로부터 전세보증금 명목으로 금 900만원을 편취하였다는 점에 양자가 모두 일치한 이상 위 구속영장은 단순사기의 피고사건에도 효력이 미친다.

④ 구속의 효력은 원칙적으로 구속영장에 기재된 범죄사실에만 미치는 것이므로 구속기간이 만료될 무렵에 종전 구속영장에 기재된 범죄사실과 다른 범죄사실로 피고인을 구속하였다면 이는 위법한 구속에 해당한다.

해설

④ [×] 구속의 효력은 원칙적으로 구속영장에 기재된 범죄사실에만 미치는 것이므로, 구속기간이 만료될 무렵에 종전 구속영장에 기재된 범죄사실과 다른 범죄사실로 피고인을 구속하였다는 사정만으로는 피고인에 대한 구속이 위법하다고 할 수 없다(대법원 2000.11.10, 2000모134).

①② [○] 구속영장의 효력은 구속영장에 기재된 범죄사실 및 그 사실의 기초가 되는 **사회적 사실관계가 기본적인 점에서 동일한 공소사실에 미친다**고 할 것이고, 이러한 기본적 사실관계의 동일성을 판단함에 있어서는 그 사실의 동일성이 갖는 기능을 염두에 두고 피고인의 행위와 그 사회적인 사실관계를 기본으로 하되 **규범적 요소도 아울러 고려하여야 한다**(대법원 2001.5.25, 2001모85).

③ [○] 죄명이 '상습사기'로 발부된 구속영장에 기재된 범죄사실과 단순사기의 공소사실을 비교 고찰한 결과 피고인이 1982. 7.27, 피해자로부터 전세보증금 명목으로 금 900만원을 편취하였다는 점에 양자가 모두 일치한 이상 위 구속영장은 **단순사기의 피고사건에도 효력이 미친다**(대법원 1983.7.6, 83모30).

798 구속영장 집행절차에 관한 다음 설명 중 옳지 않은 것은? (다툼이 있으면 판례에 의함) [core ★★]

1 2 3

① 검사 또는 사법경찰관은 피의자를 구속하는 경우에는 피의사실의 요지, 구속의 이유와 변호인을 선임할 수 있음을 말하고 변명할 기회를 주어야 한다.

② 구속영장을 집행함에는 피의자에게 이를 제시하여야 하지만, 급속을 요하는 때에는 피의자에 대하여 범죄사실의 요지와 영장이 발부되었음을 고하고 집행할 수 있고, 이 경우 집행을 완료한 후에는 신속히 구속영장을 제시하여야 한다.

③ 구속영장을 집행함에는 피의자를 신속히 지정된 법원 기타 장소에 인치하여야 한다. 다만, 피의자를 호송할 경우에 필요한 때에는 가장 접근한 교도소 또는 구치소에 임시로 유치할 수 있다.

④ 피의자에 대한 구속영장의 제시와 집행이 그 발부 시로부터 정당한 사유 없이 시간이 지체되어 이루어졌더라도 구속영장이 그 유효기간 내에 집행되었다면 위 기간 동안의 체포 내지 구금상태가 위법하다고 할 수 없다.

해설

④ [×] 법관이 검사의 청구에 의하여 체포된 피의자의 구금을 위한 구속영장을 발부하면 검사와 사법경찰관리는 지체 없이 신속하게 구속영장을 집행하여야 한다. 피의자에 대한 구속영장의 제시와 집행이 그 발부 시로부터 정당한 사유 없이 시간이 지체되어 이루어졌다면 구속영장이 그 유효기간 내에 집행되었다고 하더라도 위 기간 동안의 체포 내지 구금상태는 위법하다(대법원 2021.4.29, 2020도16438 구속영장 집행 지체 사건).

① [○] 검사 또는 사법경찰관은 피의자를 구속하는 경우에는 **피의사실의 요지, 구속의 이유와 변호인을 선임할 수 있음을 말하고 변명할 기회를 주어야 한다**(제200조의5, 제209조).

② [○] 구속영장을 집행함에는 피의자에게 반드시 이를 제시하고 그 사본을 교부하여야 하지만, **급속을 요하는 때**에는 피의자에 대하여 범죄사실의 요지와 영장이 발부되었음을 고하고 집행할 수 있고, 이 경우 **집행을 완료한 후에는 신속히 구속영장을 제시하고 그 사본을 교부하여야 한다**(제85조 제3항 · 제4항, 제209조).

③ [○] 구속영장을 집행함에는 피의자를 신속히 지정된 법원 기타 장소에 인치하여야 한다. 다만, 피의자를 호송할 경우에 필요한 때에는 **가장 접근한 교도소 또는 구치소에 임시로 유치할 수 있다**(제85조 제1항, 제86조, 제209조).

정답 | 796 ④ 797 ④ 798 ④

799 구속에 관한 다음 설명 중 옳지 않은 것은? (다툼이 있으면 판례에 의함) [Superlative ★★★]

1 2 3

① 형사소송법 제72조는 피고인을 구속함에 있어 법관에 의한 사전 청문절차를 규정한 것으로서 구속영장을 집행함에 있어 집행기관이 취하여야 하는 절차가 아니라 구속영장 발부함에 있어 수소법원 등 법관이 취하여야 하는 절차라 할 것이다.

② 구속기간의 만료로 피고인에 대한 구속의 효력이 상실된 후 항소법원이 피고인에 대한 판결을 선고하면서 피고인을 구속하였다 하여 위법한 재구속 또는 이중구속이라 할 수 없다.

③ 재구속 제한에 관한 형사소송법 제208조 규정은 수사기관이 피의자를 구속하는 경우에만 적용되고 법원이 피고인을 구속하는 경우에는 적용되지 않는다.

④ 무혐의 불기소처분으로 석방된 피의자를 동일한 사건으로 재구속하였다면 이는 특별한 사정이 없는 한 위법하므로 이후의 검사의 공소제기는 무효가 된다.

해설

④ [×] 무혐의 불기소처분된 사건에 대하여 다시 기소할 수 있음은 법리상 명백하여 일사부재리의 원칙에 위반된 것이라고 할 수 없고 동일한 사건으로 재구속되었다 할지라도 그것만으로 공소제기 자체가 무효라고 할 수 없다(대법원 1966.11.22, 66도1288).

① [○] (1) 형사소송법 제72조는 '피고인에 대하여 범죄사실의 요지, 구속의 이유와 변호인을 선임할 수 있음을 말하고 변명할 기회를 준 후가 아니면 구속할 수 없다'고 규정하고 있는바, 이는 피고인을 구속함에 있어 **법관에 의한 사전 청문절차를 규정한 것으로서 구속영장을 집행함에 있어 집행기관이 취하여야 하는 절차가 아니라 구속영장 발부함에 있어 수소법원 등 법관이 취하여야 하는 절차라 할 것**이므로 법원이 피고인에 대하여 구속영장을 발부함에 있어 사전에 위 규정에 따른 절차를 거치지 아니한 채 구속영장을 발부하였다면 그 발부결정은 위법하다고 할 것이나 (2) 위 규정은 피고인의 절차적 권리를 보장하기 위한 규정이므로 이미 변호인을 선정하여 공판절차에서 변명과 증거의 제출을 다하고 그의 변호 아래 판결을 선고받은 경우 등과 같이 위 규정에서 정한 절차적 권리가 실질적으로 보장되었다고 볼 수 있는 경우에는 이에 해당하는 절차의 전부 또는 일부를 거치지 아니한 채 구속영장을 발부하였다 하더라도 이러한 점만으로 그 발부결정이 위법하다고 볼 것은 아니다(대법원 2000.11.10, 2000모134 형소법 제72조 간과 사건 I).

②③ [○] **수소법원의 구속에 관하여는** 검사 또는 사법경찰관이 피의자를 구속함을 규율하는 **형사소송법 제208조의 규정은 적용되지 아니하므로 구속기간의 만료로 피고인에 대한 구속의 효력이 상실된 후 항소법원이 피고인에 대한 판결을 선고하면서 피고인을 구속하였다 하여 형사소송법 제208조의 규정에 위배되는 재구속 또는 이중구속이라 할 수 없다**(대법원 1985.7.23, 85모12).

800 형사소송법상 수사기관의 구속기간에 관한 다음 설명 중 옳지 않은 것은? (다툼이 있으면 판례에 의함)

1 2 3

[Essential ★]

① 사법경찰관이 피의자를 구속한 때에는 10일 이내에 피의자를 검사에게 인치하지 아니하면 석방하여야 한다.

② 검사가 피의자를 구속한 때 또는 사법경찰관으로부터 피의자의 인치를 받은 때에는 10일 이내에 공소를 제기하지 아니하면 석방하여야 한다.

③ 지방법원판사는 검사의 신청에 의하여 수사를 계속함에 상당한 이유가 있다고 인정한 때에는 10일을 초과하지 아니하는 한도에서 구속기간의 연장을 1차에 한하여 허가할 수 있다.

④ 검사의 구속기간연장 신청을 허가하지 아니하는 지방법원판사의 결정에 대하여 검사는 즉시항고할 수 있다.

해설

④ [×] 구속기간의 연장을 허가하지 아니하는 지방법원판사의 결정에 대하여는 형사소송법 제402조, 제403조가 정하는 항고의 방법으로는 불복할 수 없고, 나아가 그 지방법원판사는 수소법원으로서의 재판장 또는 수명법관도 아니므로 그가 한 재판은 같은 법 제416조가 정하는 준항고의 대상이 되지도 않는다(대법원 1997.6.16, 97모1).
① [O] 사법경찰관이 피의자를 구속한 때에는 **10일** 이내에 피의자를 검사에게 인치하지 아니하면 석방하여야 한다(제202조).
② [O] 검사가 피의자를 구속한 때 또는 사법경찰관으로부터 피의자의 인치를 받은 때에는 **10일** 이내에 공소를 제기하지 아니하면 석방하여야 한다(제203조).
③ [O] 지방법원판사는 검사의 신청에 의하여 수사를 계속함에 상당한 이유가 있다고 인정한 때에는 **10일**을 초과하지 아니하는 한도에서 구속기간의 연장을 **1차에 한하여 허가할 수 있다**(제205조 제1항).

801 피의자 구속기간 연장에 관한 다음 설명 중 옳지 않은 것은? (다툼이 있으면 판례에 의함) [core ★★]

1 2 3

① 지방법원판사는 검사의 신청에 의하여 수사를 계속함에 상당한 이유가 있다고 인정한 때에는 10일을 초과하지 아니하는 한도에서 구속기간의 연장을 1차에 한하여 허가할 수 있다.
② 구속기간연장의 신청은 서면으로 하여야 하고, 이 서면에는 수사를 계속하여야 할 상당한 이유와 연장을 구하는 기간을 기재하여야 한다.
③ 구속기간연장 허가결정이 있은 경우에 그 연장기간은 종전 구속기간 만료일부터 기산한다.
④ 구속기간의 연장을 허가하지 아니하는 지방법원판사의 결정에 대하여는 항고나 준항고를 할 수 없다.

해설

③ [×] 구속기간연장 허가결정이 있은 경우에 그 연장기간은 종전 구속기간만료 다음 날로부터 기산한다(규칙 제98조).
① [O] 지방법원판사는 검사의 신청에 의하여 수사를 계속함에 상당한 이유가 있다고 인정한 때에는 **10일을 초과하지 아니하는 한도에서 구속기간의 연장을 1차에 한하여 허가할 수 있다**(제205조 제1항).
② [O] 구속기간연장의 신청은 서면으로 하여야 하고, 이 서면에는 **수사를 계속하여야 할 상당한 이유와 연장을 구하는 기간을 기재하여야 한다**(규칙 제97조).
④ [O] 구속기간의 연장을 허가하지 아니하는 지방법원판사의 결정에 대하여는 **항고의 방법으로는 불복할 수 없고** 나아가 그 지방법원판사는 수소법원으로서의 재판장 또는 수명법관도 아니므로 그가 한 재판은 **준항고의 대상이 되지도 않는다**(대법원 1997.6.16, 97모1).

정답 | 799 ④ 800 ④ 801 ③

802 접견교통권에 관한 다음 설명 중 옳지 않은 것은? (다툼이 있으면 판례에 의함) [core ★★]

1 2 3

① 헌법 제12조 제4항 본문에 규정된 '구속'은 사법절차에서 이루어진 구속뿐 아니라 행정절차에서 이루어진 구속까지 포함하는 개념이므로 헌법 제12조 제4항 본문에 규정된 변호인의 조력을 받을 권리는 행정절차에서 구속을 당한 사람에게도 즉시 보장된다.

② 비록 법에는 접견교통권 등 변호인의 조력을 받을 권리의 주체를 체포 또한 구속을 당한 피의자 · 피고인이라고 규정하고 있으나, 신체구속 상태에 있지 않은 피의자도 당연히 접견교통권의 주체가 될 수 있다.

③ 임의동행의 형식으로 수사기관에 연행된 피의자에게도 변호인 또는 변호인이 되려는 자와의 접견교통권은 당연히 인정된다고 보아야 하고 임의동행의 형식으로 연행된 피내사자의 경우에도 이는 마찬가지이다.

④ 형사절차가 종료되어 교정시설에 수용 중인 수형자나 미결수용자가 형사사건의 변호인이 아닌 민사재판, 행정재판, 헌법재판 등에서 변호사와 접견할 경우에도 원칙적으로 헌법상 변호인의 조력을 받을 권리의 주체가 될 수 있다.

해설

④ [×] (1) 형사절차가 종료되어 교정시설에 수용 중인 수형자나 미결수용자가 형사사건의 변호인이 아닌 민사재판, 행정재판, 헌법재판 등에서 변호사와 접견할 경우에는 원칙적으로 헌법상 변호인의 조력을 받을 권리의 주체가 될 수 없다(헌법재판소 2013.8.29, 2011헌마122). (2) 형사절차가 종료되어 교정시설에 수용중인 수형자는 원칙적으로 변호인의 조력을 받을 권리의 주체가 될 수 없다. 다만, 수형자의 경우에도 재심절차 등에는 변호인 선임을 위한 일반적인 교통 · 통신이 보장될 수도 있겠으나, 청구인이 교도소 내에서의 처우를 왜곡하여 외부인과 연계, 교도소내의 질서를 해칠 목적으로 변호사에게 서신을 발송하려는 것이었다면 이와 같은 경우에는 변호인의 조력을 받을 권리가 보장되는 경우에 해당한다고 할 수 없다(헌법재판소 1998.8.27, 96헌마398).

① [○] 헌법 제12조 제4항 본문에 규정된 '구속'은 사법절차에서 이루어진 구속뿐 아니라 행정절차에서 이루어진 구속까지 포함하는 개념이므로 헌법 제12조 제4항 본문에 규정된 변호인의 조력을 받을 권리는 **행정절차에서 구속을 당한 사람에게도 즉시 보장된다**(헌법재판소 2018.5.31, 2014헌마346 난민신청 수단인 사건).

② [○] 비록 법에는 접견교통권 등 변호인의 조력을 받을 권리의 주체를 체포 또한 구속을 당한 피의자 · 피고인이라고 규정하고 있으나, **신체구속 상태에 있지 않은 피의자도 당연히 접견교통권의 주체가 될 수 있다**(헌법재판소 2004.9.23, 2000헌마138 총선시민연대 낙선운동 사건).

③ [○] 임의동행의 형식으로 수사기관에 연행된 피의자에게도 변호인 또는 변호인이 되려는 자와의 접견교통권은 당연히 인정된다고 보아야 하고 임의동행의 형식으로 연행된 피내사자의 경우에도 이는 마찬가지이다(대법원 1996.6.3, 96모18 이병기 〈종로저널〉 발행인 사건).

803 접견교통권 등에 관한 다음 설명 중 옳지 않은 것은? (다툼이 있으면 판례에 의함) [Essential ★]

1 2 3

① 변호인이 되려는 의사를 표시한 자가 객관적으로 변호인이 될 가능성이 있다고 인정되는데도, 형사소송법 제34조에서 정한 '변호인 또는 변호인이 되려는 자'가 아니라고 보아 신체구속을 당한 피고인 또는 피의자와 접견하지 못하도록 제한하여서는 아니 된다.

② '변호인이 되려는 자'의 접견교통권은 피의자 등을 조력하기 위한 핵심적인 부분이지만 피의자 등이 가지는 '변호인이 되려는 자'의 조력을 받을 권리와는 달리 헌법상 기본권으로서 보장될 수는 없다.

③ '변호인이 되려는 자'가 피의자신문 중에 형사소송법 제34조에 따라 접견신청을 한 경우에도 그 허가 여부를 결정할 주체는 검사 또는 사법경찰관이다.

④ "수용자의 접견은 매일(공휴일 및 법무부장관이 정한 날은 제외한다) 국가공무원 복무규정 제9조에 따른 근무시간(09:00~18:00) 내에서 한다"라는 형집행법 시행령 제58조 제1항은 검사 또는 사법경찰관이 그 허가 여부를 결정하는 피의자신문 중 변호인 등의 접견신청의 경우에는 적용된다고 볼 수 없다.

해설

② [×] '변호인이 되려는 자'의 접견교통권은 피의자 등을 조력하기 위한 핵심적인 부분으로서 헌법상의 기본권인 '변호인이 되려는 자'와의 접견교통권과 표리의 관계에 있으므로, 피의자 등이 가지는 '변호인이 되려는 자'의 조력을 받을 권리가 실질적으로 확보되기 위해서는 '변호인이 되려는 자'의 접견교통권 역시 헌법상 기본권으로서 보장되어야 한다(헌법재판소 2019.2.28, 2015헌마1204 접견신청 묵살 사건).

① [O] 변호인이 되려는 의사를 표시한 자가 객관적으로 변호인이 될 가능성이 있다고 인정되는데도, 형사소송법 제34조에서 정한 **'변호인 또는 변호인이 되려는 자'가 아니라고 보아 신체구속을 당한 피고인 또는 피의자와 접견하지 못하도록 제한하여서는 아니 된다**(대법원 2017.3.9, 2013도16162 쌍용차사태 변호사 불법체포 사건).

③ [O] '변호인이 되려는 자'가 **피의자신문 중**에 형사소송법 제34조에 따라 접견신청을 한 경우에도 **그 허가 여부를 결정할 주체는 검사 또는 사법경찰관이다**(헌법재판소 2019.2.28, 2015헌마1204 접견신청 묵살 사건).

④ [O] "수용자의 접견은 매일(공휴일 및 법무부장관이 정한 날은 제외한다) 국가공무원 복무규정 제9조에 따른 근무시간(09:00~18:00) 내에서 한다"라는 **형집행법 시행령 제58조 제1항은 검사 또는 사법경찰관이 그 허가 여부를 결정하는 피의자신문 중 변호인 등의 접견신청의 경우에는 적용된다고 볼 수 없다**(헌법재판소 2019.2.28, 2015헌마1204 접견신청 묵살 사건).

정답 | 802 ④ 803 ②

804 변호인과의 접견교통권에 관한 다음 설명 중 옳지 않은 것은? (다툼이 있으면 판례에 의함)

1 2 3

[core ★★]

① 변호인의 조력을 받을 권리 역시 다른 모든 헌법상 기본권과 마찬가지로 국가안전보장 · 질서유지 또는 공공복리를 위하여 필요한 경우에는 법률로써 제한할 수 있는 것이다.

② 변호인의 조력을 받을 권리가 침해되었다고 하기 위해서는 접견이 불허된 특정한 시점을 전후한 수사 또는 재판의 진행 경과에 비추어 보아, 그 시점에 접견이 불허됨으로써 피의자 또는 피고인의 방어권 행사에 어느 정도는 불이익이 초래되었다고 인정할 수 있어야만 한다.

③ 미결수용자가 방어권을 행사하기 위해 변호인의 조력을 받을 기회가 충분히 보장되었다고 인정될 수 있는 경우에는, 비록 미결수용자 또는 그 상대방인 변호인이 원하는 특정 시점에는 접견이 이루어지지 못하였다 하더라도 변호인의 조력을 받을 권리가 침해되었다고 할 수 없다.

④ 불구속 상태에서 재판을 받은 후 선고기일에 출석하지 않아 구속된 피고인을, 국선변호인이 접견하고자 하였으나 공휴일이라는 이유로 접견이 불허되었다면 그로부터 이틀 후 접견이 이루어지고, 다시 그로부터 열흘 넘게 지난 후 공판이 이루어진 경우라도 변호인의 조력을 받을 권리가 침해되었다고 보아야 한다.

해설

④ [×] 불구속 상태에서 재판을 받은 후 선고기일에 출석하지 않아 구속된 피고인을, 국선변호인이 접견하고자 하였으나 공휴일(2009.6.6.)이라는 이유로 접견이 불허되었다가 그로부터 이틀 후 접견이 이루어지고, 다시 그로부터 열흘 넘게 지난 후 공판이 이루어진 경우 피고인의 변호인의 조력을 받을 권리를 침해했다고 할 수 없다(헌법재판소 2011.5.26, 2009헌마341 현충일 접견제한 사건). 공휴일에 변호인과의 접견을 제한하는 것은 형집행법 시행령 제58조 제1항에 근거한 것으로 위법한 처분이 아니다.

①②③ [○] (1) 헌법재판소가 91헌마111 결정에서 미결수용자와 변호인과의 접견에 대해 어떠한 명분으로도 제한할 수 없다고 한 것은 구속된 자와 변호인간의 접견이 실제로 이루어지는 경우에 있어서의 '자유로운 접견', 즉 '대화내용에 대하여 비밀이 완전히 보장되고 어떠한 제한, 영향, 압력 또는 부당한 간섭 없이 자유롭게 대화할 수 있는 접견'을 제한할 수 없다는 것이지, 변호인과의 접견 자체에 대해 아무런 제한도 가할 수 없다는 것을 의미하는 것이 아니므로 **미결수용자의 변호인 접견권 역시 국가안전보장 · 질서유지 또는 공공복리를 위해 필요한 경우에는 법률로써 제한될 수 있음은 당연하다.** (2) 미결수용자 또는 변호인이 원하는 특정한 시점에 접견이 이루어지지 못하였다 하더라도 그것만으로 곧바로 변호인의 조력을 받을 권리가 침해되었다고 단정할 수는 없는 것이고, 변호인의 조력을 받을 권리가 침해되었다고 하기 위해서는 접견이 불허된 특정한 시점을 전후한 **수사 또는 재판의 진행 경과에 비추어 보아, 그 시점에 접견이 불허됨으로써 피의자 또는 피고인의 방어권 행사에 어느 정도는 불이익이 초래되었다고 인정할 수 있어야만 하며,** 그 시점을 전후한 변호인 접견의 상황이나 수사 또는 재판의 진행 과정에 비추어 미결수용자가 방어권을 행사하기 위해 **변호인의 조력을 받을 기회가 충분히 보장되었다고 인정될 수 있는 경우에는, 비록 미결수용자 또는 그 상대방인 변호인이 원하는 특정 시점에는 접견이 이루어지지 못하였다 하더라도 변호인의 조력을 받을 권리가 침해되었다고 할 수 없는 것이다**(헌법재판소 2011.5.26, 2009헌마341 현충일 접견제한 사건).

805 변호인과의 접견교통권에 관한 다음 설명 중 옳지 않은 것은? [Essential ★]

1 2 3

① 변호인과의 접견교통권은 법령에 의한 제한이 없는 한 수사기관의 처분은 물론 법원의 결정으로도 이를 제한할 수 없다는 것이 판례의 입장이다.

② 법원 또는 수사기관은 법령에 근거 없이 임의로 변호인과의 접견을 금지하거나 일시 · 장소를 제한할 수 없으며, 서류 · 물건의 수수금지, 압수 · 검열을 하지 못한다.

③ 현행법상 변호인과의 접견교통권을 제한하는 법령 규정은 없다.

④ 변호인(변호인이 되려고 하는 사람 포함)과의 접견에는 교도관이 참여하지 못하며 그 내용을 청취 또는 녹취하지 못한다. 다만, 보이는 거리에서 미결수용자를 관찰할 수 있다.

해설

③ [×] 변호인과의 접견교통권은 수사기관의 처분 또는 법원의 결정으로 이를 제한할 수 없지만, 아래와 같이 법령에 의해서는 제한이 가능하다.

(1) 미결수용자와 변호인간의 서신은 교정시설에서 상대방이 변호인임을 확인할 수 없는 경우를 제외하고는 검열할 수 없다(형집행법 제84조 제3항). 이를 반대해석하면 상대방이 변호인임을 확인할 수 없는 경우에는 서신을 검열할 수 있다.

(2) 수용자의 접견은 매일(공휴일 및 법무부장관이 정한 날은 제외한다) 국가공무원 복무규정 제9조에 따른 근무시간 내에서 한다(형집행법시행령 제58조 제1항).

(3) 미결수용자가 형사소송법 제34조, 제89조 및 제209조에 따라 외부의사의 진료를 받는 경우에는 교도관이 참여하고 그 경과를 수용기록부에 기록하여야 한다(형집행법시행령 제106조).

① [○] 변호인의 접견교통권은 신체구속을 당한 피고인이나 피의자의 인권보장과 방어준비를 위하여 필수불가결한 권리이므로 법령에 의한 제한이 없는 한 **수사기관의 처분은 물론 법원의 결정으로도 이를 제한할 수 없다**(대법원 1991.3.28, 91모24 접견불허 사건).

② [○] 통설의 입장이다.

④ [○] 변호인(변호인이 되려고 하는 사람 포함)과의 접견에는 교도관이 참여하지 못하며 그 내용을 청취 또는 녹취하지 못한다. 다만, **보이는 거리에서 미결수용자를 관찰할 수 있다**(형집행법 제84조 제1항).

정답 | 804 ④ 805 ③

806 변호인과의 접견교통권에 관한 다음 설명 중 옳지 않은 것은? [Essential ★]

1 2 3

① 미결수용자와 변호인과의 접견에는 교도관이 참여하지 못하며 그 내용을 청취 또는 녹취하지 못한다. 교도관은 보이는 거리에서도 미결수용자를 관찰하지 못한다.

② 미결수용자와 변호인간의 접견은 시간과 횟수를 제한하지 아니한다.

③ 미결수용자가 외부의사의 진료를 받는 경우에는 교도관이 참여하고 그 경과를 수용기록부에 기록하여야 한다.

④ 수용자의 접견은 매일(공휴일 및 법무부장관이 정한 날은 제외한다) 국가공무원 복무규정 제9조에 따른 근무시간 내에서 한다.

해설

① [×] 미결수용자와 변호인(변호인이 되려고 하는 사람 포함)과의 접견에는 교도관이 참여하지 못하며 그 내용을 청취 또는 녹취하지 못한다. 다만, 보이는 거리에서 미결수용자를 관찰할 수 있다(형집행법 제84조 제1항).

② [○] 미결수용자와 변호인간의 **접견은 시간과 횟수를 제한하지 아니한다**(형집행법 제84조 제2항 · 제3항).

③ [○] 미결수용자가 외부의사의 진료를 받는 경우에는 **교도관이 참여**하고 그 경과를 수용기록부에 기록하여야 한다(형집행법 시행령 제106조).

④ [○] 수용자의 접견은 매일(공휴일 및 법무부장관이 정한 날은 제외한다) 국가공무원 복무규정 제9조에 따른 **근무시간 내에서 한다**(형집행법 시행령 제58조 제1항).

807 변호인과의 접견교통권에 관한 다음 설명 중 옳지 않은 것은? (다툼이 있으면 판례에 의함)

1 2 3

[core ★★]

① 변호인의 접견교통권을 직접적으로 제한하는 규정을 따로 두고 있지 아니하므로, 수사기관의 일방적인 처분 등을 통하여 함부로 변호인의 접견교통권을 제한할 수는 없다.

② 신체구속을 당한 피고인 또는 피의자에 대한 변호인의 접견교통권은 신체구속 제도의 본래의 목적을 침해하지 아니하는 범위 내에서 행사되어야 하고, 이러한 한계를 일탈하는 접견교통권의 행사는 정당한 접견교통권의 행사에 해당하지 아니하여 허용될 수 없는 것으로 보아야 할 것이다.

③ 신체구속을 당한 사람에 대한 변호인의 접견교통권은 헌법상 기본권의 하나로 보장되고 있는 신체구속을 당한 사람이 변호인의 조력을 받을 권리와 표리관계에 있는 것이므로 그 접견교통권의 행사가 한계를 일탈한 것이라고 인정함에 있어서는 신체구속을 당한 사람의 헌법상의 기본적 권리로서의 변호인의 조력을 받을 권리의 본질적인 내용이 침해되는 일이 없도록 신중을 기하여야 한다.

④ 변호인의 접견교통의 상대방인 신체구속을 당한 사람이 그 변호인을 자신의 범죄행위에 공범으로 가담시키려고 하였다는 등의 사정이 있다면 그 변호인의 신체구속을 당한 사람과의 접견교통을 금지하는 것은 정당화될 수 있다.

해설

④ [×] 신체구속을 당한 피의자 또는 피고인이 범한 것으로 의심받고 있는 범죄행위에 해당 변호인이 관련되어 있다는 등의 사유에 기하여 그 변호인의 변호활동을 광범위하게 규제하는 변호인의 제척과 같은 제도를 두고 있지 아니한 우리 법제 아래에서는, 변호인의 접견교통의 상대방인 신체구속을 당한 사람이 그 변호인을 자신의 범죄행위에 공범으로 가담시키려고 하였다는 등의 사정만으로 그 변호인의 신체구속을 당한 사람과의 접견교통을 금지하는 것이 정당화될 수는 없다(대법원 2007.1.31, 2006모656 일심회 마이클장 사건).

① [○] 변호인의 접견교통권을 직접적으로 제한하는 규정을 따로 두고 있지 아니하므로, 수사기관의 일방적인 처분 등을 통하여 함부로 **변호인의 접견교통권을 제한할 수는 없다**(대법원 2007.1.31, 2006모656 일심회 마이클장 사건).

② [○] 신체구속을 당한 피고인 또는 피의자에 대한 변호인의 접견교통권은 신체구속 제도의 본래의 목적을 침해하지 아니하는 범위 내에서 행사되어야 하고, 이러한 **한계를 일탈하는 접견교통권의 행사는 정당한 접견교통권의 행사에 해당하지 아니하여 허용될 수 없는 것으로 보아야 할 것이다**(대법원 2007.1.31, 2006모656 일심회 마이클장 사건).

③ [○] 신체구속을 당한 사람에 대한 변호인의 접견교통권은 **헌법상 기본권**의 하나로 보장되고 있는 신체구속을 당한 사람이 변호인의 조력을 받을 권리와 표리관계에 있는 것이므로 그 접견교통권의 행사가 한계를 일탈한 것이라고 인정함에 있어서는 신체구속을 당한 사람의 헌법상의 기본적 권리로서의 변호인의 조력을 받을 권리의 본질적인 내용이 침해되는 일이 없도록 신중을 기하여야 한다(대법원 2007.1.31, 2006모656 일심회 마이클장 사건).

808 비변호인과의 접견교통권에 관한 다음 설명 중 옳지 않은 것은? [core ★★]

1 2 3

① 비변호인과의 접견교통권은 변호인과의 접견교통권과는 달리 법원 또는 수사기관의 결정으로 이를 제한할 수 있다.

② 비변호인과의 접견교통권을 제한할 수 있는 사유는 피의자 · 피고인이 도망하거나 또는 죄증을 인멸할 염려가 있다고 인정할 만한 상당한 이유가 있는 때이다.

③ 법원은 직권 또는 검사의 청구에 의하여 결정으로 구속된 피의자 · 피고인과 비변호인과의 접견을 금하거나 수수할 서류 기타 물건의 검열, 수수의 금지 또는 압수를 할 수 있다.

④ 법원은 특히 필요하다고 인정할 때에는 의류 · 양식 · 의료품의 수수도 금지 또는 압수할 수 있다.

해설

④ [×] 법원은 도망하거나 또는 죄증을 인멸할 염려가 있다고 인정할 만한 상당한 이유가 있는 때에는 직권 또는 검사의 청구에 의하여 결정으로 구속된 피의자 · 피고인과 비변호인과의 접견을 금하거나 수수할 서류 기타 물건의 검열, 수수의 금지 또는 압수를 할 수 있다. 다만, 의류 · 양식 · 의료품의 수수를 금지 또는 압수할 수 없다(제91조, 제209조).

① [○] 비변호인과의 접견교통권은 변호인과의 접견교통권과는 달리 **법원 또는 수사기관의 결정으로 이를 제한할 수 있다**(형집행법 제84조 제3항).

②③ [○] 법원은 **도망하거나 또는 죄증을 인멸할 염려가 있다고 인정할 만한 상당한 이유가 있는 때**에는 직권 또는 검사의 청구에 의하여 결정으로 구속된 피의자 · 피고인과 **비변호인과의 접견을 금하거나 수수할 서류 기타 물건의 검열, 수수의 금지 또는 압수를 할 수 있다**(제91조, 제209조).

정답 | 806 ① 807 ④ 808 ④

809 다음 중 변호인과의 접견교통권 침해(접견불허처분)에 해당하는 것은 모두 몇 개인가? (다툼이 있으면 판례에 의함)

1 2 3

[Superlative ★★★]

㉠ 정당한 사유 없이 접견신청일이 경과하도록 접견이 이루어지지 아니한 경우 ㉡ 접견신청일로부터 상당한 기간(10일)이 경과하도록 접견이 허용되지 않고 있는 경우 ㉢ 국선변호인의 접견신청이 공휴일이라는 이유로 불허된 경우. 다만, 그로부터 이틀 후 접견이 이루어지고 다시 그로부터 열흘 넘게 지난 후 공판이 이루어졌음 ㉣ 체포되어 구속영장이 청구된 피의자를 검사가 신문하는 과정에서, 피의자 가족의 의뢰를 받은 '변호인이 되려는' 변호사가 접견신청을 하였음에도 검사가 별다른 조치를 취하지 않은 경우 ㉤ 사법경찰관이 피의자에 대한 구금장소를 임의적으로 변경한 경우

① 1개 ② 2개

③ 3개 ④ 4개

해설

④ ㉠㉡㉣㉤ 4항목이 접견교통권 침해(접견불허처분)에 해당한다.

㉠ 접견신청일이 경과하도록 접견이 이루어지지 아니한 것은 실질적으로 접견불허가처분이 있는 것과 동일시된다(대법원 1991.3.28, 91모24 접견불허 사건).

㉡ 피의자들에 대한 접견이 접견신청일로부터 상당한 기간(약 10일)이 경과하도록 허용되지 않고 있는 것은 접견불허처분이 있는 것과 동일시된다고 봄이 상당하다(대법원 1990.2.13, 89모37).

㉢ 불구속 상태에서 재판을 받은 후 선고기일에 출석하지 않아 구속된 피고인을, 국선변호인이 접견하고자 하였으나 공휴일(2009.6.6.)이라는 이유로 접견이 불허되었다가 그로부터 이틀 후 접견이 이루어지고, 다시 그로부터 열흘 넘게 지난 후 공판이 이루어진 경우 피고인의 변호인의 조력을 받을 권리를 침해했다고 할 수 없다(헌법재판소 2011.5.26, 2009헌마341 현충일 접견제한 사건).

㉣ 체포되어 구속영장이 청구된 피의자를 검사가 신문하는 과정에서, 피의자 가족의 의뢰를 받아 '변호인이 되려는' 변호사가 검사에게 접견신청을 하였음에도 검사가 별다른 조치를 취하지 아니한 것은 실질적으로 접견신청을 불허한 것과 동일하게 평가할 수 있다(변호인 되려는 변호사의 헌법상 보장된 접견교통권을 침해한다)(헌법재판소 2019.2.28, 2015헌마1204 접견신청 묵살 사건).

㉤ 피의자에 대한 사실상의 구금장소의 임의적 변경은 피의자의 방어권이나 접견교통권의 행사에 중대한 장애를 초래하는 것이므로 위법하다(대법원 1996.5.15, 95모94 범민련 부의장 사건).

810 다음 중 변호인과의 접견교통권 침해(접견불허처분)에 해당하는 것은 모두 몇 개인가? (다툼이 있으면 판례에 의함)

1 2 3

[Superlative ★★★]

㉠ 변호인 또는 변호인이 되려는 자와의 서신을 합리적인 이유 없이 검열한 경우
㉡ 변호인이 피의자를 접견할 때 국가정보원 직원이 승낙 없이 사진촬영을 한 경우
㉢ 변호인과 접견할 때 국가안전기획부 소속 직원이 참여하여 대화내용을 듣거나 기록한 경우
㉣ 구치소 내의 변호인접견실에 CCTV(CCTV는 영상만 실시간으로 촬영할 뿐 영상녹화기능이나 음성수신기능이 활성화되어 있지 않고 확대기능도 없음)를 설치하여 미결수용자와 변호인 간의 접견을 관찰한 경우
㉤ 교도관이 미결수용자와 변호인 간에 주고받는 서류를 확인하고 소송관계서류처리부에 그 제목을 기재하여 등재한 경우
㉥ 변호인이 피의자에 대한 수진권(受診權) 행사를 신청하자 사법경찰관이 국가정보원이 추천하는 의사의 참여를 요구한 경우

① 3개 ② 4개
③ 5개 ④ 6개

해설

① ㉠㉡㉢ 3항목이 접견교통권 침해(접견불허처분)에 해당한다.

㉠ 미결구금자가 수발하는 서신이 변호인 또는 변호인이 되려는 자와의 서신임이 확인되고 미결구금자의 범죄혐의 내용이나 신분에 비추어 소지금지품의 포함 또는 불법내용의 기재 등이 있다고 의심할 만한 합리적인 이유가 없음에도 그 서신을 검열하는 행위는 위헌이다(헌법재판소 1995.7.21, 92헌마144 전교조 서울지부장 사건).

㉡ 변호인이 피의자를 접견할 때 국가정보원 직원이 승낙 없이 사진촬영을 한 것은 접견교통권 침해에 해당한다(대법원 2003.1.10, 2002다56628 민혁당 관련 구속자 사건).

㉢ 피의자가 국가안전기획부 면회실에서 그의 변호인과 접견할 때 국가안전기획부 소속 직원이 참여하여 대화내용을 듣거나 기록한 것은 변호인의 조력을 받을 권리를 침해한 것이다(헌법재판소 1992.1.28, 91헌마111 전교조 정책실장 사건).

㉣ 구치소 내의 변호인접견실에 CCTV를 설치하여 미결수용자와 변호인 간의 접견을 관찰한 행위는 형집행법 제94조 제1항과 제4항에 근거를 두고 이루어진 것으로, 교도관의 육안에 의한 시선계호를 CCTV 장비에 의한 시선계호로 대체한 것에 불과하고 또한 (CCTV는 영상만 실시간으로 촬영할 뿐 영상녹화기능이나 음성수신기능이 활성화되어 있지 않고 확대기능도 없으므로) 접견내용의 비밀이 침해되거나 접견교통에 방해가 되지 않으므로 변호인의 조력을 받을 권리를 침해하지 않는다(헌법재판소 2016.4.28, 2015헌마243 접견실내 CCTV와 수수서류 확인 사건).

㉤ 교도관이 미결수용자와 변호인 간에 주고받는 서류를 확인하고 소송관계서류처리부에 그 제목을 기재하여 등재한 행위는 형집행법 제43조 제3항과 제8항에 근거를 두고 이루어진 것으로, 변호인 접견이 종료된 뒤 이루어지고 교도관은 변호인과 미결수용자가 지켜보는 가운데 서류를 확인하여 그 제목 등을 소송관계처리부에 기재하여 등재할 뿐 내용에 대한 검열이 이루어지는 것이 아니므로 변호인의 조력을 받을 권리나 개인정보자기결정권을 침해하지 않는다(헌법재판소 2016.4.28, 2015헌마243 접견실내 CCTV와 수수서류 확인 사건).

㉥ 국가정보원 사법경찰관이 경찰서 유치장에 구금되어 있던 피의자에 대하여 의사의 진료를 받게 할 것을 신청한 변호인에게 국가정보원이 추천하는 의사의 참여를 요구한 것은 행형법시행령 제176조의 규정에 근거한 것으로서 적법하고 이를 가리켜 변호인의 수진권을 침해하는 위법한 처분이라고 할 수는 없다(대법원 2002.5.6, 2000모112 국정원추천 의사 참여 요구 사건).

정답 | 809 ④ 810 ①

811 다음은 접견교통권 침해에 대한 구제책을 설명한 것이다. 옳지 않은 것은? (다툼이 있으면 판례에 의함)

1 2 3

[core ★★]

① 헌법상 보장된 변호인과의 접견교통권이 위법하게 제한된 상태에서 얻어진 피의자의 자백은 그 증거능력을 부인하여 유죄의 증거에서 실질적이고 완전하게 배제하여야 한다.

② 검사 작성의 피의자신문조서가 검사에 의하여 피의자에 대한 변호인의 접견이 부당하게 제한되고 있는 동안에 작성된 경우에는 증거능력이 없다.

③ 변호인접견 전에 작성된 검사의 피고인들에 대한 피의자신문조서는 증거능력이 부정된다.

④ 변호인이 피의자 등에 대한 접견신청을 하였을 때 수사기관이 접견을 허용하지 않는 것은 변호인의 접견교통권을 침해하는 것이고, 이 경우 국가는 변호인이 입은 정신적 고통을 배상할 책임이 있다.

해설

③ [×] 변호인접견 전에 작성된 검사의 피고인들에 대한 피의자신문조서는 증거능력이 없다고 할 수 없다(대법원 1990.9.25, 90도1613).

① [○] 헌법상 보장된 변호인과의 접견교통권이 **위법하게 제한된 상태에서 얻어진 피의자의 자백은 그 증거능력을 부인하여 유죄의 증거에서 실질적이고 완전하게 배제하여야 한다**(대법원 2007.12.13, 2007도7257 일심회 사건).

② [○] 검사 작성의 피의자신문조서가 검사에 의하여 피의자에 대한 변호인의 접견이 부당하게 제한되고 있는 동안에 작성된 경우에는 **증거능력이 없다**(대법원 1990.8.24, 90도1285).

④ [○] 변호인이 피의자 등에 대한 접견신청을 하였을 때 수사기관이 접견을 허용하지 않는 것은 **변호인의 접견교통권을 침해하는 것이고,** 이 경우 국가는 변호인이 입은 정신적 고통을 배상할 책임이 있다(대법원 2018.12.27, 2016다266736 접견거부 사건).

812 다음은 접견교통권 침해에 대한 구제책을 설명한 것이다. 옳지 않은 것은? (다툼이 있으면 판례에 의함)

1 2 3

[core ★★]

① 검사 또는 사법경찰관의 구금에 관한 처분(변호인과의 접견제한 등)에 대하여 불복이 있는 경우 형사소송법 제417조에 따라 법원에 그 처분의 취소 또는 변경을 청구할 수 있다.

② 변호인 또는 변호인이 되려는 자와의 접견교통권을 제한하는 처분뿐만 아니라 구금된 피의자에 대한 신문에 변호인의 참여(입회)를 불허하는 처분 역시 구금에 관한 처분에 해당하는 것으로 보아야 한다.

③ 변호인의 접견교통권 제한은 헌법이 보장하는 기본권을 침해하는 것으로서 이러한 위법한 상태에서 얻어진 피의자의 자백은 그 증거능력을 부인하여 유죄의 증거에서 배제하여야 하며 이러한 위법증거의 배제는 실질적이고 완전하게 증거에서 제외함을 뜻하는 것이다.

④ 수사기관에서의 구금의 장소, 변호인의 접견 등 구금에 관한 처분이 위법한 경우 그와 같은 위법은 특별한 사정이 없는 독립한 상소이유가 될 수 있다.

해설

④ [×] 수사기관에서의 구금의 장소, 변호인의 접견 등 구금에 관한 처분이 위법한 것이라는 사실만으로는 그와 같은 위법이 판결에 영향을 미친 것이 아닌 한 독립한 상소이유가 될 수 없는 것이다(대법원 1990.6.8, 90도646).

① [○] 검사 또는 사법경찰관의 구금에 관한 처분(변호인과의 접견제한 등)에 대하여 불복이 있는 경우 **형사소송법 제417조에 따라 법원에 그 처분의 취소 또는 변경을 청구할 수 있다**(대법원 1990.6.8, 90도646).

② [○] 변호인 또는 변호인이 되려는 자와의 접견교통권을 제한하는 처분뿐만 아니라 구금된 피의자에 대한 신문에 변호인의 참여(입회)를 불허하는 처분 역시 **구금에 관한 처분에 해당하는 것으로 보아야 한다**(대법원 2003.11.11, 2003모402).

③ [○] 변호인의 접견교통권 제한은 헌법이 보장하는 기본권을 침해하는 것으로서 이러한 위법한 상태에서 얻어진 피의자의 자백은 그 증거능력을 부인하여 유죄의 증거에서 배제하여야 하며 이러한 **위법증거의 배제는 실질적이고 완전하게 증거에서 제외함을 뜻하는 것이다**(대법원 2007.12.13, 2007도7257 일심회 사건).

813 1 2 3 체포 · 구속적부심사에 관한 다음 설명 중 옳지 않은 것은? [Essential ★]

① 체포 또는 구속된 피의자 또는 그 변호인, 법정대리인, 배우자, 직계친족, 형제자매나 가족, 동거인 또는 고용주는 관할법원에 체포 또는 구속의 적부심사를 청구할 수 있다.

② 피의자를 체포 · 구속한 검사 또는 사법경찰관은 체포 · 구속된 피의자와 그 변호인, 법정대리인, 배우자, 직계친족, 형제자매나 가족, 동거인 또는 고용주 중에서 피의자가 지정하는 자에게 적부심사를 청구할 수 있음을 알려야 한다.

③ 피의자 등이 체포 · 구속적부심사를 청구하면 법원은 반드시 심문을 해야 한다.

④ 체포영장 또는 구속영장을 발부한 법관은 원칙적으로 체포 · 구속적부심사의 심문 · 조사 · 결정에 관여하지 못한다.

해설

③ [×] 청구권자 아닌 자가 청구하거나 동일한 체포영장 또는 구속영장의 발부에 대하여 재청구한 때 또는 공범 또는 공동피의자의 순차청구가 수사방해의 목적임이 명백한 때에는 법원은 심문없이 결정으로 청구를 기각할 수 있다(제214조의2 제3항).

① [○] 체포 또는 구속된 피의자 또는 그 변호인, 법정대리인, 배우자, 직계친족, 형제자매나 가족, 동거인 또는 고용주는 관할법원에 **체포 또는 구속의 적부심사를 청구할 수 있다**(제214조의2 제1항).

② [○] 피의자를 체포 · 구속한 검사 또는 사법경찰관은 체포 · 구속된 피의자와 그 변호인, 법정대리인, 배우자, 직계친족, 형제자매나 가족, 동거인 또는 고용주 중에서 피의자가 지정하는 자에게 **적부심사를 청구할 수 있음을 알려야 한다**(제214조의2 제2항).

④ [○] 체포영장 또는 구속영장을 발부한 법관은 원칙적으로 **체포 · 구속적부심사의 심문 · 조사 · 결정에 관여하지 못한다**(제214조의2 제12항).

정답 | 811 ③ 812 ④ 813 ③

814 다음은 체포 · 구속적부심사에 대한 법원의 결정을 설명한 것이다. 옳지 않은 것은? [Essential ★]

1 2 3

① 청구가 이유 없다고 인정한 때에는 법원은 결정으로 이를 기각하여야 한다.

② 법원은 청구가 이유 있다고 인정한 때에는 결정으로 피의자의 석방을 명하여야 한다.

③ 체포 · 구속적부심사를 청구한 이후, 검사가 피의자를 기소하여 피고인의 지위를 가진 경우에는 비록 청구가 이유 있다고 인정하는 경우에도 법원은 결정으로 청구를 기각하여야 한다.

④ 석방결정에 대하여 검사는 항고하지 못한다.

해설

③ [×] 법원은 체포 · 구속된 피의자를 심문하고 그 청구가 이유 있다고 인정한 때에는 결정으로 체포 또는 구속된 피의자의 석방을 명하여야 한다. 심사청구후 피의자에 대하여 공소제기가 있는 경우에도 또한 같다(제214조의2 제4항). 피의자가 체포 · 구속적부심사를 청구한 이후 검사가 기소하여 피고인의 지위를 가진 경우에도 청구가 이유 있다면 법원은 석방결정을 하여야 한다.

①② [○] 청구가 이유 없다고 인정한 때에는 **법원은 결정으로 이를 기각하여야 한다.** 법원은 청구가 이유 있다고 인정한 때에는 결정으로 **피의자의 석방을 명하여야 한다**(제214조의2 제4항).

④ [○] 석방결정에 대하여 **검사는 항고하지 못한다**(제214조의2 제8항).

815 보증금납입조건부 피의자석방(피의자보석)에 관한 다음 설명 중 옳지 않은 것은? [core ★★]

1 2 3

① 보증금납입조건부 피의자(적부심사청구후 공소제기된 자 포함)석방이란 법원이 출석을 보증할 만한 보증금의 납입을 조건으로 구속된 피의자를 석방시키는 제도를 말한다.

② 피의자는 구속적부심사를 청구하지 않고 피의자보석만을 청구할 수 있으며 또한 법원도 구속적부심사를 청구하지 않는 피의자에게 직권으로 보석을 허가할 수도 있다.

③ 보증금납입조건부 피의자석방결정은 구속된 피의자에게만 인정되고, 체포된 피의자에게는 인정되지 않는다는 것이 판례의 입장이다.

④ 피의자가 죄증을 인멸할 염려가 있다고 믿을 만한 충분한 사유가 있을 때에는 보증금납입조건부 석방결정을 명할 수 없다.

해설

② [×] 법원이 피의자보석을 하기 위해서는 피의자가 구속적부심사를 청구하여야 한다(제214조의2 제5항). 피의자는 구속적부심사를 청구함이 없이 피의자보석만을 청구할 수 없고 또한 구속적부심사를 청구하지 않는 피의자에게 법원이 직권으로 보석을 허가할 수도 없다.

①④ [○] 법원은 구속된 피의자(심사청구 후 공소제기된 사람을 포함한다)에 대하여 **피의자의 출석을 보증할 만한 보증금의 납입을 조건으로 하여 결정으로 석방을 명할 수 있다.** 다만 범죄의 **증거를 인멸할 염려가 있다고 믿을 만한 충분한 이유가 있는 때 또는 피해자, 당해 사건의 재판에 필요한 사실을 알고 있다고 인정되는 사람 또는 그 친족의 생명 · 신체나 재산에 해를 가하거나 가할 염려가 있다고 믿을 만한 충분한 이유가 있는 때에는 그러하지 아니하다**(제214조의2 제5항).

③ [○] 현행법상 체포된 **피의자에 대하여는 보증금 납입을 조건으로 한 석방이 허용되지 않는다**(제214조의2 제5항, 대법원 1997.8.27, 97모21).

816 보증금납입조건부 피의자석방(피의자보석)에 관한 다음 설명 중 옳지 않은 것은? [core ★★]

1 2 3

① 법원은 피의자(적부심사청구후 공소제기된 자 포함)에 대하여 보증금의 납입을 조건으로 하여 결정으로 석방을 명할 수 있다.

② 법원이 피의자보석을 하기 위해서는 피의자가 구속적부심사를 청구하여야 하므로 피의자는 구속적부심사를 청구함이 없이 피의자보석만을 청구할 수 없다.

③ 피의자에게는 보석청구권이 인정되고 법원은 일정한 예외사유가 없는 한 반드시 보석을 허가하여야 한다.

④ 법원은 피의자가 피해자의 생명 · 신체나 재산에 해를 가하거나 가할 염려가 있다고 믿을 만한 충분한 이유가 있는 때에는 보증금납입조건부 석방결정을 명할 수 없다.

해설

③ [×] 피의자보석은 법원의 직권에 의하여 석방을 명할 수 있을 뿐인 직권 · 재량 보석이기 때문에 피의자에게 보석청구권이 인정되는 것은 아니다. 따라서 보석청구권이 인정되고 예외사유가 없는 한 반드시 보석을 허가해야 하는 피고인보석과 차이가 난다.

① [○] 법원은 구속된 피의자(심사청구 후 공소제기된 사람을 포함한다)에 대하여 **피의자의 출석을 보증할 만한 보증금의 납입을 조건으로 하여 결정으로 제4항의 석방을 명할 수 있다**(제214조의2 제5항).

② [○] **피의자보석은** 법원의 직권에 의하여 석방을 명할 수 있을 뿐인 **직권 · 재량 보석이기 때문에** 피의자에게 보석청구권이 인정되는 것은 아니다.

④ [○] 법원은 피의자가 피해자의 생명 · 신체나 재산에 해를 가하거나 가할 염려가 있다고 믿을 만한 충분한 이유가 있는 때에는 **보증금납입조건부 석방결정을 명할 수 없다**(제214조의2 제5항).

정답 | 814 ③ 815 ② 816 ③

817 보증금납입조건부 피의자석방(피의자보석)에 관한 다음 설명 중 옳지 않은 것은? [core ★★]

1 2 3

① 피의자는 구속적부심사는 청구할 수 있어도 피의자보석 자체는 청구할 수 없다.

② 범죄의 성질 및 죄상, 증거의 증명력, 피의자의 전과 · 성격 · 환경 및 자산, 피해자에 대한 배상 등 범행 후의 정황에 관련된 사항을 고려하여 보증금액을 결정하여야 한다.

③ 피의자를 석방하는 경우에 주거의 제한, 법원 또는 검사가 지정하는 일시 · 장소에 출석할 의무 기타 적당한 조건을 부가할 수 있다.

④ 보증금납입조건부 피의자석방결정에 대하여 항고하지 못한다는 것이 판례의 입장이다.

해설

④ [×] 형사소송법 제214조의2 제4항[개정법 제5항]의 석방결정(보증금납입조건부 피의자석방결정)에 대하여는 피의자나 검사가 그 취소의 실익이 있는 한 같은 법 제402조에 의하여 항고할 수 있다(대법원 1997.8.27, 97모21).

① [○] 옳은 설명이다(제214조의2 제5항 참고).

② [○] **범죄의 성질 및 죄상, 증거의 증명력, 피의자의 전과 · 성격 · 환경 및 자산, 피해자에 대한 배상 등 범행 후의 정황에 관련된 사항을 고려**하여 보증금액을 결정하여야 한다(제214조의2 제7항, 제99조).

③ [○] 피의자를 석방하는 경우에 주거의 제한, 법원 또는 검사가 지정하는 일시 · 장소에 출석할 의무 **기타 적당한 조건을 부가할 수 있다**(제214조의2 제6항).

818 2021.3.11. 12:00에 경찰로부터 검찰로 송치된 구속피의자에 대하여 동년 3.16. 구속적부심사청구가 있자 그 다음 날 수사기록이 법원에 제출되어 3.19.에 기각결정이 있었고, 동년 3.20. 수사기록이 검찰청에 반환되었다. 이 경우 검사의 구속기간은 최대한 언제까지인가? 다만, 구속기간의 연장은 없는 것으로 본다. [core ★★]

1 2 3

① 2021.3.20. 24:00 ② 2021.3.22. 24:00

③ 2021.3.23. 24:00 ④ 2021.3.24. 24:00

해설

④ 검사의 구속기간은 최장 10일이므로 설문의 경우 (만약 구속적부심사청구가 없었다면) 검사는 피의자를 최장 2021.3.20. 24:00까지 구속할 수 있다. 구속적부심사청구가 있는 경우 법원이 수사관계서류와 증거물을 접수한 때부터 결정 후 검찰청에 반환된 때까지의 기간은 구속기간에 이를 산입하지 아니한다(제214조의2 제13항). 설문의 경우 수사관계서류 등이 접수된 때인 3.17.부터 결정 후 검찰청에 반환된 때인 3.20.까지의 기간(일수로 4일)은 구속기간에 산입되지 아니한다. 따라서 구속기간은 원래 구속기간의 만료일인 2021.3.20. 24:00에서 4일이 늘어나게 되므로 결국 검사는 피의자를 2021.3.24. 24:00까지 구속할 수 있다.

819 다음은 체포 · 구속적부심사청구에 대한 법원의 결정을 설명한 것이다. 옳지 않은 것은? [Essential ★]

1 2 3

① 법원은 청구가 이유 없다고 인정한 때에는 결정으로 이를 기각하고, 기각결정에 대하여는 항고하지 못한다.

② 법원은 청구가 이유 있다고 인정한 때에는 결정으로 피의자의 석방을 명하여야 하고, 석방결정에 대하여는 항고하지 못한다.

③ 석방결정으로 체포영장 또는 구속영장은 실효된다.

④ 석방된 피의자는 동일한 범죄사실에 관하여 다시는 재차 체포 또는 구속되지 아니한다.

해설

④ [×] 석방된 피의자가 도망하거나 죄증을 인멸하는 경우에는 동일한 범죄사실에 관하여 재차 체포 또는 구속할 수 있다(제214조의3 제1항).

①② [○] 법원은 청구가 이유 없다고 인정한 때에는 결정으로 이를 기각하고, 기각결정에 대하여는 항고하지 못한다. 법원은 청구가 이유 있다고 인정한 때에는 결정으로 피의자의 석방을 명하여야 하고, **석방결정에 대하여는 항고하지 못한다**(제214조의2 제4항, 제8항).

③ [○] 석방된 피의자를 재체포 · 재구속하는 경우 수사기관은 **다시 영장을 청구하고 발부받아야 한다**(규칙 제99조). 형사소송규칙 조항에 비추어 보았을 때 석방결정이 있으면 체포영장 또는 구속영장의 효력은 상실되는 것으로 보아야 한다.

820 체포 · 구속적부심사에서 (조건 없이) 석방된 피의자를 재차 체포 · 구속할 수 있는 사유는? [core ★★]

1 2 3

① 중대한 사정변경이 있는 경우

② 다른 중요한 증거를 발견한 경우

③ 피의자가 도망하거나 죄증을 인멸한 경우

④ 피의자가 도망할 염려가 있다고 믿을 만한 충분한 새로운 증거가 있는 경우

해설

③ 체포 · 구속적부심사결정에 의하여 석방된 피의자가 도망하거나 죄증을 인멸하는 경우에는 재차 체포 또는 구속할 수 있다(제214조의3 제1항).

정답 | 817 ④ 818 ④ 819 ④ 820 ③

821 구속적부심사에서 보증금납입 조건부로 석방된 피의자를 재차 구속할 수 있는 사유가 아닌 것은?

1 2 3

[core ★★]

① 도망한 때

② 주거의 제한 기타 법원이 정한 조건을 위반한 때

③ 출석요구를 받고 정당한 이유없이 출석하지 아니한 때

④ 피해자 또는 그 친족의 생명 · 신체나 재산에 해를 가하거나 가할 염려가 있다고 믿을 만한 충분한 이유가 있는 때

해설

④ 지문과 같은 '피해자 등에게 해를 가하는 것'은 재체포 · 재구속 사유가 아니다.
피의자보석에 의하여 석방된 피의자에 대하여는 ⅰ) 도망한 때 ⅱ) 도망하거나 죄증을 인멸할 염려가 있다고 믿을만한 충분한 이유가 있는 때 ⅲ) 출석요구를 받고 정당한 이유없이 출석하지 아니한 때 ⅳ) 주거의 제한 기타 법원이 정한 조건을 위반한 때를 제외하고는 동일한 범죄사실에 관하여 재차 체포 또는 구속하지 못한다(제214조의3 제2항).

822 구속집행정지에 관한 다음 설명 중 가장 옳지 않은 것은?

1 2 3

[core ★★]

① 구속영장의 효력을 소멸시키지 않는다는 점에서 구속취소와 다르다.

② 보석취소의 경우와 동일한 사유가 있는 때에는 결정으로 구속집행정지결정을 취소할 수 있다.

③ 기간을 정한 구속집행정지결정의 경우 그 기간 만료에 의하여 별도의 결정 없이 구속의 집행력이 되살아나므로 구속영장의 효력에 의하여 다시 구금된다.

④ 법원은 구속집행정지에 앞서 반드시 검사의 의견을 물어야 한다.

해설

④ [×] 법원이 구속의 집행을 정지하는 결정을 함에는 검사의 의견을 물어야 한다. 단, 급속을 요하는 경우에는 그러하지 아니하다(제101조 제2항).

①③ [○] 통설의 입장으로 옳은 설명이다.

② [○] **보석취소의 경우와 동일한 사유가 있는 때**에는 결정으로 **구속집행정지결정을 취소할 수 있다**(제102조 제2항).

823 감정유치에 관한 다음 설명 중 옳지 않은 것은?

1 2 3

[core ★★]

① 구속 중인 피고인에 대하여 감정유치장이 집행되었을 때에는 피고인이 유치되어 있는 기간 구속은 그 집행이 정지된 것으로 간주한다.

② 감정유치기간은 미결구금일수의 산입에 있어서 이를 구속으로 간주하여 산입한다.

③ 불구속 피고인에 대하여 감정유치장을 발부하여 구속할 때에는 범죄사실의 요지와 변호인을 선임할 수 있음을 알려주어야 한다.

④ 불구속 상태에서 감정유치장에 의하여 유치된 피고인은 보석을 청구할 수 있다.

해설

④ [×] 구속에 관한 규정은 감정유치에 관하여 이를 준용한다. 단, 보석에 관한 규정은 그러하지 아니하다(제172조 제7항).
① [○] 구속 중인 피고인에 대하여 감정유치장이 집행되었을 때에는 **피고인이 유치되어 있는 기간 구속은 그 집행이 정지된 것으로 간주한다**(제172조의2 제1항).
② [○] 감정유치기간은 **미결구금일수의 산입에 있어서 이를 구속으로 간주하여 산입한다**(제172조 제8항).
③ [○] 불구속 피고인에 대하여 감정유치장을 발부하여 구속할 때에는 **범죄사실의 요지와 변호인을 선임할 수 있음을 알려주어야 한다**(제172조 제7항).

824 수사상 감정유치에 관한 다음 설명 중 옳은 것은 모두 몇 개인가? (다툼이 있으면 판례에 의함)

1 2 3

[Superlative ★★★]

㉠ 피의자에 대한 감정유치기간은 피의자의 구속기간에 산입한다.
㉡ 구속의 취소에 관한 규정도 준용되므로 감정유치의 취소를 청구할 수 있다.
㉢ 보석에 관한 규정도 수사상 감정유치에 준용된다.
㉣ 검사는 감정을 위촉하는 경우에 피의자의 정신 또는 신체에 관한 감정을 위하여 유치처분이 필요한 때에는 판사에게 이를 청구하여야 한다.
㉤ 판사는 청구가 상당하다고 인정할 때에는 유치처분을 하여야 하며 이 경우에는 감정유치장을 발부하여야 한다.

① 2개
② 3개
③ 4개
④ 5개

해설

② ㉡㉣㉤ 3항목이 옳다.
㉠ [×] 구속중인 피의자에 대하여 감정유치장이 집행되었을 때에는 피의자가 유치되어 있는 기간 구속은 그 집행이 정지된 것으로 간주한다(제172조의2 제1항, 제221조의3 제2항). 즉, 감정유치기간은 피의자의 구속기간에 산입하지 아니한다.
㉡ [○] **구속에 관한 규정은** (보석에 관한 규정을 제외하고는) 형사소송법에 특별한 규정이 없는 경우에는 **감정유치에 관하여 이를 준용한다**(제172조 제7항, 제221조의3 제2항). 따라서, 피의자는 감정유치의 취소를 청구할 수 있다고 보아야 한다.
㉢ [×] 보석에 관한 규정은 감정유치에 준용하지 아니한다(제172조 제7항, 제221조의3 제2항).
㉣㉤ [○] 검사는 감정을 위촉하는 경우에 피의자의 정신 또는 신체에 관한 감정을 위하여 유치처분이 필요한 때에는 판사에게 이를 청구하여야 한다. 판사는 청구가 상당하다고 인정할 때에는 유치처분을 하여야 하며 이 경우에는 **감정유치장을 발부하여야 한다**(제172조, 제221조의3).

정답 | 821 ④ 822 ④ 823 ④ 824 ②

825 다음 중 구속영장의 효력이 상실되는 경우로 가장 옳지 않은 것은? [Superlative ★★★]

1 2 3

① 구속기간이 만료된 때

② 집행유예의 판결이 선고된 때

③ 징역 6월의 판결이 선고된 때

④ 징역 1년의 판결이 확정된 때

해설

③ [×] 자유형(실형)의 판결은 선고가 아니라 확정되어야 구속영장의 효력이 상실된다(대법원 1999.9.7, 99초355, 99도3454 참고).

① [○] **구속영장의 효력이 상실된다는 것이 통설이다.** 일부 판례는 구속영장의 효력이 유지된다는 취지의 판례도 있다. 문제가 판례에 의함이 아니라는 것도 유의해야 한다.

② [○] 무죄, 면소, 형의 면제, 형의 선고유예, 형의 집행유예, 공소기각 또는 벌금이나 과료를 과하는 **판결이 선고된 때에는 구속영장은 효력을 잃는다**(제331조).

④ [○] **자유형(실형)의 판결이 확정**되었으므로 **구속영장의 효력이 상실된다.**

826 다음 〈보기〉 중 구속영장이 실효되는 사유는 모두 몇 개인가? [Superlative ★★★]

1 2 3

〈보기〉

㉠ 구속집행정지결정의 고지
㉡ 자유형판결의 선고
㉢ 공소기각판결의 선고
㉣ 무죄판결의 선고
㉤ 면소판결의 선고
㉥ 보석허가결정의 고지
㉦ 선고유예판결의 선고
㉧ 형면제판결의 선고
㉨ 관할위반판결의 선고

① 3개

② 4개

③ 5개

④ 6개

해설

③ ㉢㉣㉤㉦㉧ 5항목의 경우 구속영장이 실효된다.

㉠㉥ 구속집행정지결정이나 보석허가결정이 고지되더라도 구속영장은 실효되지 아니한다(규칙 제56조 제1항 참고).

㉡ 자유형(실형)의 판결은 선고가 아니라 확정되어야 구속영장의 효력이 상실된다(대법원 1999.9.7, 99초355, 99도3454 참고).

㉢㉣㉤㉦㉧ 무죄, 면소, 형의 면제, 형의 선고유예, 형의 집행유예, 공소기각 또는 벌금이나 과료를 과하는 판결이 선고된 때에는 구속영장은 효력을 잃는다(제331조).

㉨ 관할위반판결이 선고되더라도 구속영장은 실효되지 아니한다(제331조 반대해석).

827 압수와 몰수에 관한 다음 설명 중 옳은 것(○)과 옳지 않은 것(×)을 올바르게 조합한 것은? (다툼이 있으면 판례에 의함) [core ★★]

1 2 3

> ㉠ 몰수는 반드시 압수되어 있는 물건에 대하여만 하는 것이 아니라 하더라도 적법한 절차에 의하지 아니하고 압수된 물건을 법원이 몰수하는 것은 위법하다.
> ㉡ 범인으로부터 압수한 물품에 대하여 몰수의 선고가 없어 그 압수가 해제된 것으로 간주된다고 하더라도 공범자에 대한 범죄수사를 위하여 여전히 그 물품의 압수가 필요하다거나 공범자에 대한 재판에서 그 물품이 몰수될 가능성이 있다면 검사는 그 압수해제된 물품을 다시 압수할 수도 있다.

① ㉠ ○ ㉡ ○ ② ㉠ ○ ㉡ ×
③ ㉠ × ㉡ ○ ④ ㉠ × ㉡ ×

해설

③ 이 지문이 올바른 조합이다.

㉠ [×] (1) 몰수는 반드시 압수되어 있는 물건에 대하여서만 하는 것이 아니므로 몰수대상 물건이 압수되어 있는가 하는 점 및 적법한 절차에 의하여 압수되었는가 하는 점은 몰수의 요건이 아니다. (2) 검찰이 압수·수색영장에 의하여 피고인의 주거에 대한 압수·수색을 실시하여 그 집행을 종료함으로써 압수·수색영장이 효력을 상실하였음에도, 위 압수·수색영장에 기하여 다시 피고인의 주거에 대한 압수·수색을 실시하여 현금 6,000만원을 압수하였다고 하더라도 압수 자체가 위법하게 됨은 별론으로 하고, 그것이 현금 6,000만원의 몰수의 효력에 영향을 미칠 수 없다(대법원 2003.5.30, 2003도705 압수위법 몰수적법 사건).

㉡ [○] 범인으로부터 압수한 물품에 대하여 몰수의 선고가 없어 그 압수가 해제된 것으로 간주된다고 하더라도 공범자에 대한 범죄수사를 위하여 여전히 그 물품의 압수가 필요하다거나 공범자에 대한 재판에서 그 물품이 몰수될 가능성이 있다면 **검사는 그 압수해제된 물품을 다시 압수할 수도 있다**(대법원 1997.1.9, 96모34).

정답 | 825 ③ 826 ③ 827 ③

828 압수 · 수색과 관련된 판례의 내용 중에서 밑줄 친 부분이 옳지 않은 것은 모두 몇 개인가? [core ★★]

1 2 3

(1) 영장 발부의 사유로 된 범죄 혐의사실과 무관한 별개의 증거를 압수하였을 경우 이는 원칙적으로 유죄 인정의 증거로 사용할 수 없다. 그러나 ㉠ 압수 · 수색의 목적이 된 범죄나 이와 관련된 범죄의 경우에는 그 압수 · 수색의 결과를 유죄의 증거로 사용할 수 있다. (2) 압수 · 수색영장의 범죄 혐의사실과 관계있는 범죄라는 것은 ㉡ 압수 · 수색영장에 기재한 혐의사실과 객관적 관련성이 있고 압수 · 수색영장 대상자와 피의자 사이에 인적 관련성이 있는 범죄를 의미한다. (3) 그중 ㉢ 혐의사실과의 객관적 관련성은 압수 · 수색영장에 기재된 혐의사실 자체 또는 그와 기본적 사실관계가 동일한 범행과 직접 관련되어 있는 경우로 한정될 뿐, 범행 동기와 경위, 범행 수단과 방법, 범행 시간과 장소 등을 증명하기 위한 간접증거나 정황증거 등으로 사용될 수 있는 경우까지 포함되지 않는다. 그리고 ㉣ 피의자와 사이의 인적 관련성은 압수 · 수색영장에 기재된 대상자의 공동정범이나 교사범 등 공범이나 간접정범은 물론 필요적 공범 등에 대한 피고사건에 대해서도 인정될 수 있다.

① 0개
② 1개
③ 2개
④ 3개

해설

② ㉢ 항목만 옳지 않다.

㉢ [×] 혐의사실과의 객관적 관련성은 압수 · 수색영장에 기재된 혐의사실 자체 또는 그와 기본적 사실관계가 동일한 범행과 직접 관련되어 있는 경우는 물론 범행 동기와 경위, 범행 수단과 방법, 범행 시간과 장소 등을 증명하기 위한 간접증거나 정황증거 등으로 사용될 수 있는 경우에도 인정될 수 있다(중략)(대법원 2017.12.5, 2017도13458)(同旨 대법원 2017.1.25, 2016도13489 부산 함바비리 사건).

㉠㉡㉣ [○] 영장 발부의 사유로 된 범죄 혐의사실과 무관한 별개의 증거를 압수하였을 경우 이는 원칙적으로 유죄 인정의 증거로 사용할 수 없다. 그러나 **압수 · 수색의 목적이 된 범죄나 이와 관련된 범죄의 경우에는 그 압수 · 수색의 결과를 유죄의 증거로 사용할 수 있다.** 압수 · 수색영장의 범죄 혐의사실과 관계있는 범죄라는 것은 압수 · 수색영장에 기재한 혐의사실과 **객관적 관련성이 있고 압수 · 수색영장 대상자와 피의자 사이에 인적 관련성이 있는 범죄를 의미한다.** 그중 혐의사실과의 객관적 관련성은 압수 · 수색영장에 기재된 혐의사실 자체 또는 그와 기본적 사실관계가 동일한 범행과 직접 관련되어 있는 경우는 물론 범행 동기와 경위, 범행 수단과 방법, 범행 시간과 장소 등을 증명하기 위한 간접증거나 정황증거 등으로 사용될 수 있는 경우에도 인정될 수 있다. 그 관련성은 압수 · 수색영장에 기재된 혐의사실의 내용과 수사의 대상, 수사 경위 등을 종합하여 구체적 · 개별적 연관관계가 있는 경우에만 인정되고, 혐의사실과 단순히 동종 또는 유사 범행이라는 사유만으로 관련성이 있다고 할 것은 아니다. 그리고 **피의자와 사이의 인적 관련성은 압수 · 수색영장에 기재된 대상자의 공동정범이나 교사범 등 공범이나 간접정범은 물론 필요적 공범 등에 대한 피고사건에 대해서도 인정될 수 있다**(대법원 2017.12.5, 2017도13458)(同旨 대법원 2017.1.25, 2016도13489 부산 함바비리 사건).

829 압수 · 수색에 관한 다음 설명 중 옳지 않은 것은? [Essential ★]

1 2 3

① 압수의 목적물이 컴퓨터용디스크 그 밖에 이와 비슷한 정보저장매체인 경우에는 그 정보저장매체 자체를 압수한다. 다만, 필요한 때에는 기억된 정보의 범위를 정하여 출력하거나 복제하여 제출받을 수 있다.

② 법원 또는 수사기관이 ①에 따라 정보를 제공받은 경우 개인정보보호법에 따른 정보주체에게 해당 사실을 지체 없이 알려야 한다.

③ 법원 또는 수사기관은 우체물 또는 통신비밀보호법에 따른 전기통신에 관한 것으로서 필요한 때에는 피고사건(피의사건)과 관계가 있다고 인정할 수 있는 것에 한정하여 체신관서 기타 관련기관 등이 소지 또는 보관하는 물건의 제출을 명하거나 압수를 할 수 있다.

④ ③에 따른 처분을 할 때에는 발신인이나 수신인에게 그 취지를 통지하여야 한다. 단, 심리에 방해될 염려가 있는 경우에는 예외로 한다.

해설

① [×] 압수의 목적물이 컴퓨터용디스크 그 밖에 이와 비슷한 정보저장매체인 경우에는 기억된 정보의 범위를 정하여 출력하거나 복제하여 제출받아야 한다. 다만, 범위를 정하여 출력 또는 복제하는 방법이 불가능하거나 압수의 목적을 달성하기에 현저히 곤란하다고 인정되는 때에는 정보저장매체등을 압수할 수 있다(제106조 제3항, 제219조).

② [○] 법원 또는 수사기관이 정보를 제공받은 경우 개인정보보호법에 따른 **정보주체에게 해당 사실을 지체 없이 알려야 한다**(제106조 제4항, 제219조).

③④ [○] 법원은 필요한 때에는 피고사건과 관계가 있다고 인정할 수 있는 것에 한정하여 우체물 또는 전기통신에 관한 것으로서 체신관서, 그 밖의 관련 기관 등이 소지 또는 보관하는 **물건의 제출을 명하거나 압수를 할 수 있다**(제107조 제1항, 제219조). 제1항에 따른 처분을 할 때에는 **발신인이나 수신인에게 그 취지를 통지하여야 한다**. 단, 심리에 방해될 염려가 있는 경우에는 예외로 한다(제107조 제2항, 제219조).

정답 | 828 ② 829 ①

830 정보저장매체 압수 · 수색에 관한 다음 설명 중 옳지 않은 것은? (다툼이 있으면 판례에 의함)

1 2 3

[core ★★]

① 수사기관의 전자정보에 대한 압수 · 수색은 원칙적으로 영장 발부의 사유로 된 범죄 혐의사실과 관련된 부분만을 문서 출력물로 수집하거나 저장매체에 해당 파일을 복제하는 방식으로 이루어져야 한다.

② 저장매체 자체를 직접 반출하거나 그 저장매체에 들어 있는 전자파일 전부를 하드카피나 이미징 등 형태(이하 '복제본')로 수사기관 사무실 등 외부로 반출하는 방식으로 압수 · 수색하는 것은 범위를 정하여 출력 또는 복제하는 방법이 불가능하거나 압수의 목적을 달성하기에 현저히 곤란하다고 인정되는 때에 한하여 예외적으로 허용될 수 있다.

③ 저장매체 자체 또는 복제본을 탐색하여 혐의사실과 관련된 전자정보를 문서로 출력하거나 파일로 복제하는 일련의 과정 역시 전체적으로 하나의 영장에 기한 압수 · 수색의 일환에 해당한다 할 것이므로 문서출력 또는 파일복제의 대상 역시 혐의사실과 관련된 부분으로 한정되어야 한다.

④ 수사기관 사무실 등으로 반출된 저장매체 또는 복제본에서 혐의사실 관련성에 대한 구분 없이 임의로 저장된 전자정보를 문서로 출력하거나 파일로 복제하는 행위라도 사후영장을 받는다면 원칙적으로 위법한 압수라고 볼 수 없다.

해설

④ [×] (1) 수사기관의 전자정보에 대한 압수 · 수색은 원칙적으로 영장 발부의 사유로 된 범죄 혐의사실과 관련된 부분만을 문서 출력물로 수집하거나 수사기관이 휴대한 저장매체에 해당 파일을 복제하는 방식으로 이루어져야 하고, 저장매체 자체를 직접 반출하거나 그 저장매체에 들어 있는 전자파일 전부를 하드카피나 이미징 등 형태(이하 '복제본')로 수사기관 사무실 등 외부로 반출하는 방식으로 압수 · 수색하는 것은 현장의 사정이나 전자정보의 대량성으로 인하여 관련 정보 획득에 긴 시간이 소요되거나 전문 인력에 의한 기술적 조치가 필요한 경우 등 범위를 정하여 출력 또는 복제하는 방법이 불가능하거나 압수의 목적을 달성하기에 현저히 곤란하다고 인정되는 때에 한하여 예외적으로 허용될 수 있을 뿐이다. (2) 이처럼 저장매체 자체 또는 적법하게 획득한 복제본을 탐색하여 혐의사실과 관련된 전자정보를 문서로 출력하거나 파일로 복제하는 일련의 과정 역시 전체적으로 하나의 영장에 기한 압수 · 수색의 일환에 해당한다 할 것이므로, 그러한 경우의 문서출력 또는 파일복제의 대상 역시 저장매체 소재지에서의 압수 · 수색과 마찬가지로 혐의사실과 관련된 부분으로 한정되어야 함은 헌법 제12조 제1항, 제3항과 형사소송법 제114조, 제215조의 적법절차 및 영장주의 원칙이나 앞서 본 비례의 원칙에 비추어 당연하다. 따라서 수사기관 사무실 등으로 반출된 저장매체 또는 복제본에서 혐의사실 관련성에 대한 구분 없이 임의로 저장된 전자정보를 문서로 출력하거나 파일로 복제하는 행위는 원칙적으로 영장주의 원칙에 반하는 위법한 압수가 된다(대법원 2015.7.19, 2011모1839 全合 종근당 압수 · 수색 사건).

①②③ [○] (1) 수사기관의 전자정보에 대한 압수 · 수색은 원칙적으로 영장 발부의 사유로 된 범죄 혐의사실과 관련된 부분만을 문서 출력물로 수집하거나 **수사기관이 휴대한 저장매체에 해당 파일을 복제하는 방식으로 이루어져야 하고,** 저장매체 자체를 직접 반출하거나 그 저장매체에 들어 있는 전자파일 전부를 하드카피나 이미징 등 형태(이하 '복제본')로 수사기관 사무실 등 외부로 반출하는 방식으로 압수 · 수색하는 것은 현장의 사정이나 전자정보의 대량성으로 인하여 관련 정보 획득에 긴 시간이 소요되거나 전문 인력에 의한 기술적 조치가 필요한 경우 등 범위를 정하여 **출력 또는 복제하는 방법이 불가능하거나 압수의 목적을 달성하기에 현저히 곤란하다고 인정되는 때에 한하여 예외적으로 허용될 수 있을 뿐이다.** (2) 이처럼 저장매체 자체 또는 적법하게 획득한 복제본을 탐색하여 혐의사실과 관련된 전자정보를 문서로 출력하거나 파일로 복제하는 일련의 과정 역시 전체적으로 하나의 영장에 기한 압수 · 수색의 일환에 해당한다 할 것이므로, 그러한 경우의 문서출력 또는 파일복제의 대상 역시 저장매체 소재지에서의 압수 · 수색과 마찬가지로 **혐의사실과 관련된 부분으로 한정되어야 함**은 헌법 제12조 제1항, 제3항과 형사소송법 제114조, 제215조의 적법절차 및 영장주의 원칙이나 앞서 본 비례의 원칙에 비추어 당연하다. 따라서 수사기관 사무실 등으로 반출된 저장매체 또는 복제본에서 혐의사실 관련성에 대한 구분 없이 임의로 저장된 전자정보를 문서로 출력하거나 파일로 복제하는 행위는 원칙적으로 영장주의 원칙에 반하는 위법한 압수가 된다(대법원 2015.7.19, 2011모1839 全合 종근당 압수 · 수색 사건).

831 정보저장매체 압수·수색에 관한 다음 설명 중 옳지 않은 것은? (다툼이 있으면 판례에 의함)

1 2 3

[core ★★]

① 전자정보 저장매체 자체를 외부로 반출하거나 하드카피·이미징 등의 형태로 복제본을 만들어 외부에서 그 저장매체나 복제본에 대하여 압수·수색이 허용되는 예외적인 경우에도 혐의사실과 관련된 전자정보 이외에 이와 무관한 전자정보를 탐색·복제·출력하는 것은 원칙적으로 위법한 압수·수색에 해당한다.

② 전자정보를 적법하게 탐색하는 과정에서 별도의 범죄혐의와 관련된 전자정보를 우연히 발견한 경우라면, 수사기관으로서는 더 이상의 추가 탐색을 중단하고 법원으로부터 별도의 범죄혐의에 대한 압수·수색영장을 발부받은 경우에 한하여 그러한 정보에 대하여도 적법하게 압수·수색을 할 수 있다.

③ ②의 경우 별도의 압수·수색 절차는 최초의 압수·수색 절차와 구별되는 별개의 절차이고, 별도 범죄혐의와 관련된 전자정보는 최초의 압수·수색영장에 의한 압수·수색의 대상이 아니어서 피압수자는 최초의 압수·수색 이전부터 해당 전자정보를 관리하고 있던 자라 할 것이므로, 특별한 사정이 없는 한 그 피압수자에게 참여권을 보장하고 압수한 전자정보 목록을 교부하는 등 피압수자의 이익을 보호하기 위한 적절한 조치가 이루어져야 한다.

④ 전자정보에 대한 압수·수색 과정에서 이루어진 저장매체 압수·이미징·탐색·복제 및 출력행위 등 수사기관의 처분에 대한 준항고가 제기된 경우, 준항고법원은 그 구분된 개별 처분의 위법이나 취소 여부를 판단하여야 하고, 압수·수색 과정 전체를 하나의 절차로 파악하여 그 과정에서 나타난 위법이 압수·수색 절차 전체를 위법하게 할 정도로 중대한지 여부를 판단해서는 아니 된다.

해설

④ [×] 전자정보에 대한 압수·수색 과정에서 이루어진 현장에서의 저장매체 압수·이미징·탐색·복제 및 출력행위 등 수사기관의 처분은 하나의 영장에 의한 압수·수색 과정에서 이루어지는 것이다. 그러한 일련의 행위가 모두 진행되어 압수·수색이 종료된 이후에는 특정단계의 처분만을 취소하더라도 그 이후의 압수·수색을 저지한다는 것을 상정할 수 없고 수사기관으로 하여금 압수·수색의 결과물을 보유하도록 할 것인지가 문제될 뿐이다. 그러므로 이 경우에는 준항고인이 전체 압수·수색 과정을 단계적·개별적으로 구분하여 각 단계의 개별 처분의 취소를 구하더라도 준항고법원으로서는 특별한 사정이 없는 한 그 구분된 개별 처분의 위법이나 취소 여부를 판단할 것이 아니라 당해 압수·수색 과정 전체를 하나의 절차로 파악하여 그 과정에서 나타난 위법이 압수·수색 절차 전체를 위법하게 할 정도로 중대한지 여부에 따라 전체적으로 그 압수·수색 처분을 취소할 것인지를 가려야 한다(대법원 2015.7.19, 2011모1839 全合 종근당 압수·수색사건).

①②③ [○] (1) 전자정보에 대한 압수·수색에 있어 그 저장매체 자체를 외부로 반출하거나 하드카피·이미징 등의 형태로 복제본을 만들어 외부에서 그 저장매체나 복제본에 대하여 압수·수색이 허용되는 **예외적인 경우에도 혐의사실과 관련된 전자정보 이외에 이와 무관한 전자정보를 탐색·복제·출력하는 것은 원칙적으로 위법한 압수·수색에 해당하므로 허용될 수 없다.** (2) 그러나 전자정보에 대한 압수·수색이 종료되기 전에 혐의사실과 관련된 전자정보를 적법하게 탐색하는 과정에서 별도의 범죄혐의와 관련된 전자정보를 우연히 발견한 경우라면, 수사기관으로서는 **더 이상의 추가 탐색을 중단하고 법원으로부터 별도의 범죄혐의에 대한 압수·수색영장을 발부받은 경우에 한하여 그러한 정보에 대하여도 적법하게 압수·수색을 할 수 있다.** 나아가 이러한 경우에도 별도의 압수·수색 절차는 최초의 압수·수색 절차와 구별되는 별개의 절차이고, 별도 범죄혐의와 관련된 전자정보는 최초의 압수·수색영장에 의한 압수·수색의 대상이 아니어서 저장매체의 원래 소재지에서 별도의 압수·수색영장에 기해 압수·수색을 진행하는 경우와 마찬가지로 피압수자는 최초의 압수·수색 이전부터 해당 전자정보를 관리하고 있던 자라 할 것이므로, 특별한 사정이 없는 한 그 피압수자에게 형사소송법 제219조, 제121조, 제129조에 따라 **참여권을 보장하고 압수한 전자정보 목록을 교부하는 등 피압수자의 이익을 보호하기 위한 적절한 조치가 이루어져야 한다**(대법원 2015.7.19, 2011모1839 全合 종근당 압수·수색사건).

정답 | 830 ④ 831 ④

832 정보저장매체 압수·수색에 관한 다음 설명 중 옳지 않은 것은? (다툼이 있으면 판례에 의함)

1 2 3

[core ★★]

① 수사관들이 압수·수색영장 기재에 따라 외장 하드디스크 자체를 수사기관 사무실로 반출한 후 영장에 기재된 범죄 혐의와 관련된 전자정보를 탐색하여 해당 전자정보만을 출력 또는 복사하는 것을 넘어, 위 범죄 혐의와 자금 조성의 주체·목적·시기·방법 등이 전혀 다른 전자정보인 인센티브 보너스 추가지급 관련 전산자료까지 출력한 후, 이를 제시하면서 관련자들을 조사하여 진술을 받아낸 경우 그 전산자료 출력물과 관련자들의 진술 등은 증거능력이 부정된다.

② 압수·수색영장의 '압수할 물건'란에 甲의 기부금품의 모집 및 사용에 관한 법률위반, 업무방해죄, 횡령죄와 관련하여 甲이 소유하거나 보관 중인 물건들이 열거되어 있음에도, 압수한 전자정보가 '청와대 인사안, 청와대 및 행정 각부의 보고서, 대통령 일정 관련 자료, 대통령 말씀자료, 외교관계자료 등'으로서 영장 기재 범죄사실에 대한 직접 또는 간접증거로서의 가치가 있다고 보기 어렵다면 전자정보 출력물은 위법수집증거에 해당하여 유죄의 증거로 쓸 수 없다.

③ 검찰청 수사관이 2009.2.6.자 압수·수색영장에 의하여 甲으로부터 'PC 1대, 서류 23박스, 매입·매출 등 전산자료 저장 USB 1개 등'을 압수하였으나 그 압수물들이 영장 기재 혐의사실과 무관한 것임에도(또한 압수목록을 작성·교부하지 않았고 압수조서도 작성하지 않았음), 검사는 甲에게 반환하는 등의 조치를 취하지 않고 보유하고 있다가 2009.5.1.에 이르러 피고인 丙의 동생 乙을 검사실로 불러 '일시 보관 서류 등의 목록', '압수물건 수령서 및 승낙서'를 작성하게 한 다음(이 서류에는 USB는 기재되어 있지 않았음) 당시 검사실로 오게 한 세무공무원 丁에게 이를 제출하도록 한 경우, 설령 乙이 USB를 세무공무원에게 제출하였다고 하더라도 그 제출에 임의성이 있는지가 증명되었다고 할 수 없다면 USB 및 그에 저장되어 있던 영업실적표는 증거능력이 없다.

④ 검사가 압수·수색영장(제1영장)을 발부받아 X회사 빌딩 내 甲의 사무실을 압수·수색하였는데, 저장매체에 범죄혐의와 관련된 정보(유관정보)와 범죄혐의와 무관한 정보(무관정보)가 혼재된 것으로 판단하여 X회사의 동의를 받아 저장매체를 수사기관 사무실로 반출한 다음 甲 측의 참여하에 저장매체에 저장된 전자정보파일 전부를 '이미징'의 방법으로 다른 저장매체로 복제하고, 甲 측의 참여 없이 이미징한 복제본을 외장 하드디스크에 재복제하였으며, 甲 측의 참여 없이 하드디스크에서 유관정보를 탐색하던 중 우연히 甲 등의 별건 범죄혐의와 관련된 전자정보(별건 정보)를 발견하고 문서로 출력하였고, 그 후 甲 측에 참여권 등을 보장하지 않은 채 다른 검사가 별건 정보를 소명자료로 제출하면서 압수·수색영장(제2영장)을 발부받아 외장 하드디스크에서 별건 정보를 탐색·출력한 경우, 제2영장에 기한 압수·수색은 전체적으로 적법하다고 보아야 한다.

해설

④ [×] (1) 전자정보에 대한 압수·수색이 종료되기 전에 혐의사실과 관련된 전자정보를 적법하게 탐색하는 과정에서 별도의 범죄혐의와 관련된 전자정보를 우연히 발견한 경우라면, 수사기관으로서는 더 이상의 추가 탐색을 중단하고 법원으로부터 별도의 범죄혐의에 대한 압수·수색영장을 발부받은 경우에 한하여 그러한 정보에 대하여도 적법하게 압수·수색을 할 수 있다. 나아가 이러한 경우에도 별도의 압수·수색 절차는 최초의 압수·수색 절차와 구별되는 별개의 절차이고, 별도 범죄혐의와 관련된 전자정보는 최초의 압수·수색영장에 의한 압수·수색의 대상이 아니어서 저장매체의 원래 소재지에서 별도의 압수·수색영장에 기해 압수·수색을 진행하는 경우와 마찬가지로 피압수자는 최초의 압수·수색 이전부터 해당 전자정보를 관리하고 있던 자라 할 것이므로, 특별한 사정이 없는 한 그 피압수자에게 형사소송법 제219조, 제121조, 제129조에 따라 참여권을 보장하고 압수한 전자정보 목록을 교부하는 등 피압수자의 이익을 보호하기 위한 적절한 조치가 이루어져야 한다. (2) 제2영장 청구 당시 압수할 물건으로 삼은 정보는 제1영장의 피압수·수색 당사자에게 참여의 기회를 부여하지 않은 채 임의로 재복제한 외장 하드디스크에 저장된 정보로서 그 자체가 위법한 압수물이어서 별건 정보에 대한 영장청구 요건을 충족하지 못하였고, 나아가 제2영장에 기한 압수·수색 당시 甲 측에 압수·수색 과정에 참여할 기회를 보장하지 않았으므로 제2영장에 기한 압수·수색은 전체적으로 위법하다(대법원 2015.7.16, 2011모1839 全合 종근당 압수·수색 사건).

① [○] 수사관들이 (집행현장에서 혐의사실과 관련된 부분만을 문서로 출력하거나 수사기관이 휴대한 저장매체에 복사하는 것이 현저히 곤란한 상황이어서) 압수·수색영장 기재에 따라 외장 하드디스크 자체를 수사기관 사무실로 반출한 후 영장에 기재된 범죄 혐의와 관련된 전자정보를 탐색하여 해당 전자정보만을 출력 또는 복사하는 것을 넘어, 위 범죄 혐의와 자금 조성의 주체·목적·시기·방법 등이 전혀 다른 전자정보인 인센티브 보너스 추가지급 관련 전산자료까지 출력한 후, 이를 제시하면서 관련자들을 조사하여 진술을 받아낸 경우 전산자료 출력물은 증거능력이 없는 위법수집증거에 해당하고, 이러한 위법수집증거를 제시하여 수집된 관련자들의 진술 등도 **위법수집증거에 기한 2차적 증거에 해당하므로 증거능력이 부정된다**(대법원 2014.2.27, 2013도12155 최태원 SK그룹회장 사건).

② [○] 압수·수색영장의 '압수할 물건'란에 甲의 기부금품의 모집 및 사용에 관한 법률위반, 업무방해죄, 횡령죄와 관련하여 甲이 소유하거나 보관 중인 물건들이 열거되어 있음에도, 압수한 전자정보가 '청와대 인사안, 청와대 및 행정 각부의 보고서, 대통령 일정 관련 자료, 대통령 말씀자료, 외교관계자료 등'으로서 영장 기재 범죄사실에 대한 직접 또는 간접증거로서의 가치가 있다고 보기 어렵다면 전자정보 출력물은 **위법수집증거에 해당하여 유죄의 증거로 쓸 수 없다**(대법원 2018.4.26, 2018도2624).

③ [○] 검찰청 수사관이 2009.2.6.자 압수·수색영장에 의하여 甲으로부터 'PC 1대, 서류 23박스, 매입·매출 등 전산자료 저장 USB 1개 등'을 압수하였으나 그 압수물들이 영장 기재 혐의사실과 무관한 것임에도(또한 압수목록을 작성·교부하지 않았고 압수조서도 작성하지 않았음), 검사는 甲에게 반환하는 등의 조치를 취하지 않고 보유하고 있다가 2009.5.1.에 이르러 피고인 丙의 동생 乙을 검사실로 불러 '일시 보관 서류 등의 목록', '압수물건 수령서 및 승낙서'를 작성하게 한 다음(이 서류에는 USB는 기재되어 있지 않았음) 당시 검사실로 오게 한 세무공무원 丁에게 이를 제출하도록 한 경우 설령 乙이 USB를 세무공무원에게 제출하였다고 하더라도 그 제출에 임의성이 있는지가 증명되었다고 할 수 없다면 乙이 압수물건 수령서 및 승낙서를 제출하였다는 사정만으로 영장 기재 혐의사실과 무관한 USB가 압수되었다는 절차위반행위와 최종적인 증거수집 사이의 인과관계가 단절되었다고 보기 어려워 **USB 및 그에 저장되어 있던 영업실적표는 증거능력이 없다**(대법원 2016.3.10, 2013도11233 광우병의심 소고기 유통 사건).

정답 | 832 ④

833 압수 · 수색에 관한 다음 설명 중 옳지 않은 것은? [core ★★]

1 2 3

① 군사상 비밀을 요하는 장소는 그 책임자의 승낙 없이는 압수 · 수색할 수 없으나, 책임자는 국가의 중대한 이익을 해하는 경우를 제외하고는 승낙을 거부하지 못한다.

② 공무원이 소지 또는 보관하는 물건으로 직무상의 비밀에 관한 것임을 신고한 때에는 그 소속 공무소 또는 당해 감독관공서의 승낙 없이는 압수하지 못하지만, 이 경우 소속 공무소 등은 국가의 중대한 이익을 해하는 경우를 제외하고는 승낙을 거부하지 못한다.

③ 의사나 변호사는 그 업무상 위탁을 받아 소지 또는 보관하는 물건으로 타인의 비밀에 관한 것은 그 타인의 승낙이 없는 한 압수를 거부할 수 있고, 이는 중대한 공익상 필요가 있는 경우에도 동일하다.

④ 우체물 또는 통신비밀보호법에 따른 전기통신에 관한 것으로서 필요한 때에는 피고사건(피의사건)과 관계가 있다고 인정할 수 있는 것에 한정하여 체신관서 기타 관련기관 등이 소지 또는 보관하는 물건의 제출을 명하거나 압수를 할 수 있다.

해설

③ [×] 의사나 변호사는 업무상 위탁을 받아 소지 또는 보관하는 물건으로 타인의 비밀에 관한 것은 압수를 거부할 수 있다. 단, 그 타인의 승낙이 있거나 중대한 공익상 필요가 있는 때에는 예외로 한다(제112조, 제219조).

① [○] 군사상 비밀을 요하는 장소는 그 책임자의 승낙 없이는 압수 · 수색할 수 없으나, 책임자는 **국가의 중대한 이익을 해하는 경우를 제외하고는 승낙을 거부하지 못한다**(제110조, 제219조).

② [○] 공무원이 소지 또는 보관하는 물건으로 직무상의 비밀에 관한 것임을 신고한 때에는 그 소속 공무소 또는 당해 감독관공서의 승낙 없이는 압수하지 못하지만, 이 경우 소속 공무소 등은 **국가의 중대한 이익을 해하는 경우를 제외하고는 승낙을 거부하지 못한다**(제111조, 제219조).

④ [○] 우체물 또는 통신비밀보호법에 따른 전기통신에 관한 것으로서 필요한 때에는 피고사건(피의사건)과 관계가 있다고 인정할 수 있는 것에 한정하여 체신관서 기타 관련기관 등이 **소지 또는 보관하는 물건의 제출을 명하거나 압수를 할 수 있다**(제107조 제1항, 제219조).

834 압수 · 수색에 관한 다음 설명 중 옳지 않은 것은? (다툼이 있으면 판례에 의함) [core ★★]

1 2 3

① 수사기관이 인터넷서비스이용자인 피의자를 상대로 피의자의 컴퓨터 등 정보처리장치 내에 저장되어 있는 이메일 등 전자정보를 압수 · 수색하는 것은 전자정보의 소유자 내지 소지자를 상대로 해당 전자정보를 압수 · 수색하는 대물적 강제처분으로 형사소송법의 해석상 허용된다.

② 압수 · 수색할 전자정보가 압수 · 수색영장에 기재된 수색장소에 있는 컴퓨터 등 정보처리장치 내에 있지 아니하고 제3자가 관리하는 원격지의 서버 등 저장매체에 저장되어 있는 경우에도, 수사기관이 피의자의 이메일 계정에 대한 접근권한에 갈음하여 발부받은 영장에 따라 영장 기재 수색장소에 있는 컴퓨터 등 정보처리장치를 이용하여 적법하게 취득한 피의자의 이메일 계정 아이디와 비밀번호를 입력하는 등 피의자가 접근하는 통상적인 방법에 따라 그 원격지의 저장매체에 접속하고 그곳에 저장되어 있는 피의자의 이메일 관련 전자정보를 수색장소의 정보처리장치로 내려받거나 그 화면에 현출시키는 것 역시 허용된다.

③ 수사기관이 원격지의 저장매체에 접속하여 그 저장된 전자정보를 수색장소의 정보처리장치로 내려받거나 그 화면에 현출시킨다 하더라도 이는 인터넷서비스제공자가 허용한 피의자의 전자정보에 대한 접근 및 처분권한과 일반적 접속 절차에 기초한 것으로서 특별한 사정이 없는 한 인터넷서비스제공자의 의사에 반하는 것이라고 단정할 수 없다.

④ 피의자의 이메일 계정에 대한 접근권한에 갈음하여 발부받은 압수 · 수색영장에 따라 원격지의 저장매체에 적법하게 접속하여 내려받거나 현출된 전자정보를 대상으로 하여 범죄 혐의사실과 관련된 부분에 대하여 압수 · 수색하는 것은 사회통념상 타당하다고 인정되는 대물적 강제처분 행위로서 허용되지만, 만약 원격지의 저장매체가 국외에 있는 경우라면 압수 · 수색의 효력을 아무런 근거 없이 확장하는 것이고, 우리나라 사법관할권이 미치지 않는 영역에 대하여 '국내' 압수 · 수색영장을 집행하는 것이므로 이는 허용되지 아니한다.

해설

④ [×] 피의자의 이메일 계정에 대한 접근권한에 갈음하여 발부받은 압수 · 수색영장에 따라 원격지의 저장매체에 적법하게 접속하여 내려받거나 현출된 전자정보를 대상으로 하여 범죄 혐의사실과 관련된 부분에 대하여 압수 · 수색하는 것은 사회통념상 타당하다고 인정되는 대물적 강제처분 행위로서 허용되며, 형사소송법 제120조 제1항에서 정한 압수 · 수색영장의 집행에 필요한 처분에 해당한다고 할 것이다. 그리고 이러한 법리는 원격지의 저장매체가 국외에 있는 경우라 하더라도 그 사정만으로 달리 볼 것은 아니다(대법원 2017.11.29, 2017도9747 원격 이메일 압수 · 수색 사건).

① [○] 수사기관이 인터넷서비스이용자인 피의자를 상대로 피의자의 컴퓨터 등 정보처리장치 내에 저장되어 있는 이메일 등 전자정보를 압수 · 수색하는 것은 전자정보의 소유자 내지 소지자를 상대로 해당 전자정보를 압수 · 수색하는 **대물적 강제처분으로 형사소송법의 해석상 허용된다**(대법원 2017.11.29, 2017도9747 원격 이메일 압수 · 수색 사건).

② [○] 압수 · 수색할 전자정보가 압수 · 수색영장에 기재된 수색장소에 있는 컴퓨터 등 정보처리장치 내에 있지 아니하고 제3자가 관리하는 원격지의 서버 등 저장매체에 저장되어 있는 경우에도, 수사기관이 피의자의 이메일 계정에 대한 접근권한에 갈음하여 발부받은 영장에 따라 영장 기재 수색장소에 있는 컴퓨터 등 정보처리장치를 이용하여 적법하게 취득한 피의자의 이메일 계정 아이디와 비밀번호를 입력하는 등 피의자가 접근하는 통상적인 방법에 따라 그 원격지의 저장매체에 접속하고 그곳에 저장되어 있는 피의자의 **이메일 관련 전자정보를 수색장소의 정보처리장치로 내려받거나 그 화면에 현출시키는 것 역시 허용된다**(대법원 2017.11.29, 2017도9747 원격 이메일 압수 · 수색 사건).

③ [○] 수사기관이 원격지의 저장매체에 접속하여 그 저장된 전자정보를 수색장소의 정보처리장치로 내려받거나 그 화면에 현출시킨다 하더라도 이는 **인터넷서비스제공자가 허용한 피의자의 전자정보에 대한 접근 및 처분권한과 일반적 접속 절차에 기초한 것으로서 특별한 사정이 없는 한 인터넷서비스제공자의 의사에 반하는 것이라고 단정할 수 없다**(대법원 2017.11.29, 2017도9747 원격 이메일 압수 · 수색 사건).

정답 | 833 ③ 834 ④

835 압수에 관한 설명 중 옳은 것(○)과 옳지 않은 것(×)을 올바르게 조합한 것은? (다툼이 있으면 판례에 의함)

1 2 3

[core ★★]

> ㉠ 검사가 교도관으로부터 보관하고 있던 피고인의 비망록을 뇌물수수 등의 증거자료로 임의로 제출받아 이를 압수한 경우, 그 압수절차가 피고인의 승낙 및 영장 없이 행하여졌다고 하더라도 이에 적법절차를 위반한 위법이 있다고 할 수 없다.
>
> ㉡ 경찰관이 간호사로부터 진료 목적으로 이미 채혈되어 있던 피고인의 혈액 중 일부를 주취운전 여부에 대한 감정을 목적으로 임의로 제출 받아 이를 압수한 경우, 압수가 피고인의 동의 및 영장 없이 행하여졌다면 이는 위법하다고 할 것이다.

① ㉠ × ㉡ × ② ㉠ ○ ㉡ ×

③ ㉠ × ㉡ ○ ④ ㉠ ○ ㉡ ○

해설

② 이 지문이 올바른 조합이다.

㉠ [○] 교도관이 재소자가 맡긴 비망록을 수사기관에 임의로 제출하였다면 그 비망록의 증거사용에 대하여도 재소자의 사생활의 비밀 기타 인격적 법익이 침해되는 등의 특별한 사정이 없는 한 반드시 그 재소자의 동의를 받아야 하는 것은 아니고 따라서 검사가 교도관으로부터 보관하고 있던 피고인의 **비망록을 뇌물수수 등의 증거자료로 임의로 제출받아 이를 압수한 경우 그 압수절차가 피고인의 승낙 및 영장 없이 행하여졌다고 하더라도 이에 적법절차를 위반한 위법이 있다고 할 수 없다**(대법원 2008.5.15, 2008도1097).

㉡ [×] 경찰관이 간호사로부터 진료 목적으로 이미 채혈되어 있던 피고인의 혈액 중 일부를 주취운전 여부에 대한 감정을 목적으로 임의로 제출 받아 이를 압수한 경우, 당시 간호사가 위 혈액의 소지자 겸 보관자인 병원 또는 담당의사를 대리하여 혈액을 경찰관에게 임의로 제출할 수 있는 권한이 없었다고 볼 특별한 사정이 없는 이상 그 압수절차가 피고인 또는 피고인의 가족의 동의 및 영장 없이 행하여졌다고 하더라도 이에 적법절차를 위반한 위법이 있다고 할 수 없다(대법원 1999.9.3, 98도968 공주의료원 사건).

836 압수 · 수색에 관한 다음 설명 중 옳지 않은 것은? (다툼이 있으면 판례에 의함)

1 2 3

[Essential ★]

① 지방법원판사의 압수영장발부 재판에 대해서는 항고 또는 준항고를 할 수 없다.

② 압수영장에 의하여 수사기관의 압수처분이 이루어진 경우에 그 처분에 대하여 피압수자는 준항고의 방법으로 불복할 수 있다.

③ 수사기관이 영장을 제시하고 압수 · 수색을 실시하고 그 집행을 종료하였다고 하더라도, 영장의 유효기간이 남아 있다면 동일한 장소 또는 목적물에 대하여 다시 압수 · 수색을 할 수 있다.

④ 압수 · 수색 · 검증영장의 '압수 · 수색 · 검증할 장소 및 신체'란에 피고인의 주거지와 피고인의 신체 등이 기재되어 있으므로 비록 영장이 제시되어 피고인의 신체에 대한 압수 · 수색이 종료되었다고 하더라도 국가정보원 수사관들이 영장에 의하여 피고인의 주거지에 대한 압수 · 수색을 집행한 조치는 위법한 것이라 할 수 없다.

해설

③ [×] 수사기관이 압수 · 수색영장을 제시하고 집행에 착수하여 압수 · 수색을 실시하고 그 집행을 종료하였다면 이미 그 영장은 목적을 달성하여 효력이 상실되는 것이고 동일한 장소 또는 목적물에 대하여 다시 압수 · 수색할 필요가 있는 경우라면 그 필요성을 소명하여 법원으로부터 새로운 압수 · 수색영장을 발부 받아야 하는 것이지 앞서 발부받은 압수 · 수색영장의 유효기간이 남아 있다고 하여 이를 제시하고 다시 압수 · 수색을 할 수는 없다(대법원 1999.12.1, 99모161 민혁당 연락책 사건).

① [○] 지방법원판사의 압수영장발부 재판에 대해서는 **항고 또는 준항고를 할 수 없다**(대법원 1997.9.29, 97모66).

② [○] 압수영장에 의하여 수사기관의 압수처분이 이루어진 경우에 그 처분에 대하여 피압수자는 **준항고의 방법으로 불복할 수 있다**(대법원 1997.9.29, 97모66).

④ [○] 압수 · 수색 · 검증영장의 '압수 · 수색 · 검증할 장소 및 신체'란에 피고인의 주거지와 피고인의 신체 등이 기재되어 있으므로 비록 영장이 제시되어 피고인의 신체에 대한 압수 · 수색이 종료되었다고 하더라도 국가정보원 수사관들이 영장에 의하여 피고인의 주거지에 대한 압수 · 수색을 집행한 조치는 **위법한 것이라 할 수 없다**(대법원 2013.7.26, 2013도2511 간첩단 사건).

837 압수 · 수색에 관한 다음 설명 중 옳지 않은 것은? (다툼이 있으면 판례에 의함) [Essential ★]

1 2 3

① 법원의 공판정 내에서의 압수 · 수색은 영장이 필요 없으나, 공판정 외에서의 압수 · 수색은 영장을 요한다.

② 검사는 범죄수사에 필요한 때에는 지방법원판사에게 청구하여 발부받은 영장에 의하여 압수 · 수색을 할 수 있다.

③ 검사의 영장청구는 서면으로 하여야 하고, 피의자에게 범죄혐의가 있다고 인정되는 자료와 압수 · 수색의 필요 및 해당사건과의 관련성을 인정할 수 있는 자료를 제출하여야 한다.

④ 지방법원판사의 압수영장발부의 재판에 대하여는 항고나 준항고의 방법으로 불복할 수 없다.

해설

② [×] 검사는 범죄수사에 필요한 때에는 피의자가 죄를 범하였다고 의심할만한 정황이 있고 해당 사건과 관계가 있다고 인정할 수 있는 것에 한정하여 지방법원판사에게 청구하여 발부받은 영장에 의하여 압수 · 수색을 할 수 있다(제215조 제1항). 사법경찰관은 검사에게 신청하고 검사의 청구로 지방법원판사가 발부한 영장에 의하여 압수 · 수색을 할 수 있다(동조 제2항).

① [○] 법원의 공판정 내에서의 압수 · 수색은 영장이 필요 없으나, **공판정 외에서의 압수 · 수색은 영장을 요한다**(제113조).

③ [○] 검사의 영장청구는 서면으로 하여야 하고, 피의자에게 범죄혐의가 있다고 인정되는 자료와 압수 · 수색의 **필요 및 해당사건과의 관련성을 인정할 수 있는 자료를 제출하여야 한다**(규칙 제107조 제1항, 규칙 제108조 제1항).

④ [○] 지방법원판사의 압수영장발부의 재판에 대하여는 **항고나 준항고의 방법으로 불복할 수 없다**(대법원 1997.9.29, 97모66).

정답 | 835 ② 836 ③ 837 ②

838 압수 · 수색에 관한 다음 설명 중 옳지 않은 것은? (다툼이 있으면 판례에 의함) [core ★★]

1 2 3

① 압수 · 수색영장에는 피고인(피의자)의 성명, 죄명, 압수할 물건, 수색할 장소, 신체, 물건, 발부연월일, 유효기간 등을 기재하고 재판장 또는 수명법관(지방법원판사)이 서명 · 날인하여야 한다.

② 압수, 수색할 물건이 전기통신에 관한 것인 경우에는 압수 · 수색영장에 작성기간을 기재하여야 한다.

③ 압수 · 수색영장에서 압수할 물건을 '압수장소에 보관 중인 물건'이라고 기재하고 있는 것을 '압수장소에 현존하는 물건'으로 해석할 수 없다.

④ 경찰이 乙이 소유 · 소지하는 물건을 압수하기 위해 영장을 신청하였고, 판사도 '乙이 소유 · 소지하는 물건의 압수를 허가한다'라는 취지의 영장을 발부하였더라도 경찰이 현장에서 다른 사람으로부터 범행의 진범이 甲이라는 이야기를 들었다면 사태의 긴급성에 비추어 甲 소유의 물건을 압수할 수 있다고 보아야 한다.

해설

④ [×] 경찰은 범행의 피의자로 乙을 특정하여 乙이 소유 · 소지하는 물건을 압수하기 위해 영장을 신청하였고, 판사는 그 신청 취지에 따라 乙이 소유 · 소지하는 물건의 압수를 허가하는 취지의 영장을 발부하였으므로 영장의 문언상 압수 · 수색의 상대방은 乙이고, 압수할 물건은 乙이 소유 · 소지 · 보관 · 관리 · 사용하는 물건에 한정된다. 비록 경찰이 압수 · 수색 현장에서 다른 사람으로부터 범행의 진범이 甲이라는 이야기를 들었다고 하더라도 영장에 기재된 문언에 반하여 甲 소유의 물건을 압수할 수는 없다. 대물적 강제처분은 대인적 강제처분과 비교하여 범죄사실 소명의 정도 등에서 그 차이를 인정할 수 있다고 하더라도 일단 피의자와 피압수자를 특정하여 영장이 발부된 이상 다른 사람을 피압수자로 선해하여 영장을 집행하는 것이 적법 · 유효하다고 볼 수는 없기 때문이다(대법원 2021.7.29, 2020도14654 음란물 저장 휴대폰 압수 사건). 乙은 피고인 甲의 동생이었다.

①② [○] 압수 · 수색영장에는 피고인(피의자)의 성명, 죄명, 압수할 물건, 수색할 장소, 신체, 물건, 발부연월일, 유효기간 등을 기재하고 **재판장 또는 수명법관(지방법원판사)이 서명 · 날인하여야 한다.** 압수, 수색할 물건이 전기통신에 관한 것인 경우에는 압수 · 수색영장에 작성기간을 기재하여야 한다(제114조 제1항, 제219조).

③ [○] 압수 · 수색영장에서 압수할 물건을 '압수장소에 보관 중인 물건'이라고 기재하고 있는 것을 **'압수장소에 현존하는 물건'으로 해석할 수 없다**(대법원 2009.3.12, 2008도763 제주지사 사건).

839 압수 · 수색에 관한 다음 설명 중 옳지 않은 것은? [core ★★]

1 2 3

① 압수 · 수색영장은 원칙적으로 검사의 지휘에 의하여 사법경찰관리가 집행한다.

② 압수 · 수색영장의 집행중에는 타인의 출입을 금지할 수 있고 이에 위반한 자를 퇴거시키거나 집행종료시까지 간수자를 붙일 수 있다.

③ 검사, 피의자, 피고인 또는 변호인은 압수 · 수색영장의 집행에 참여할 수 있다.

④ 압수 · 수색영장을 집행함에는 미리 집행의 일시와 장소를 피의자, 피고인 또는 변호인에게 통지하여야 하고, 급속을 요한다 하여 이를 생략하지 못한다.

해설

④ [×] 압수 · 수색영장을 집행함에는 미리 집행의 일시와 장소를 피의자, 피고인 또는 변호인에게 통지하여야 한다. 다만, 당사자가 참여하지 아니한다는 의사를 명시한 때 또는 급속을 요하는 때에는 예외로 한다(제122조, 제219조).

➜ (1) '급속을 요하는 때'라고 함은 압수 · 수색영장 집행 사실을 미리 알려주면 증거물을 은닉할 염려 등이 있어 압수 · 수색의 실효를 거두기 어려울 경우라고 해석함이 옳고, 그와 같이 합리적인 해석이 가능하므로 형사소송법 제122조 단서가 명확성의 원칙 등에 반하여 위헌이라고 볼 수 없다(대법원 2012.10.11, 2012도7455 남북공동선언실천연대 사건). (2) 형사소송법 제122조 단서에서 '급속을 요하는 때'란 사전통지로 압수수색의 목적을 달성할 수 없는 경우를 의미하는 것으로 합리적으로 해석되므로 명확성원칙에 위배된다고 볼 수 없고, 전자우편의 압수수색의 경우에도 사전통지에 의한 증거의 은닉이나 멸실을 방지할 필요가 있는 점 그리고 형사소송법상 이를 통제할 수 있는 제도적 장치가 마련되어 있는 점 등에 비추어 위 조항이 적법절차원칙에 위배된다고 볼 수도 없다(헌법재판소 2012.12.27, 2011헌바225 범민련 남측본부 사건).

① [O] 압수 · 수색영장은 원칙적으로 **검사의 지휘에 의하여 사법경찰관리가 집행한다**(제115조 제1항, 제219조).

② [O] 압수 · 수색영장의 집행중에는 타인의 출입을 금지할 수 있고 이에 위반한 자를 **퇴거시키거나 집행종료시까지 간수자를 붙일 수 있다**(제119조, 제219조).

③ [O] 검사, 피의자, 피고인 또는 변호인은 **압수 · 수색영장의 집행에 참여할 수 있다**(제121조, 제219조).

정답 | 838 ④ 839 ④

840 압수 · 수색에 관한 다음 설명 중 옳지 않은 것은? (다툼이 있으면 판례에 의함) [core ★★]

1 2 3

① 검사, 피의자, 피고인 또는 변호인은 압수 · 수색영장의 집행에 참여할 수 있다.

② 압수 · 수색영장을 집행함에는 미리 집행의 일시와 장소를 피의자, 피고인 또는 변호인에게 통지하여야 한다. 다만, 당사자가 참여하지 아니한다는 의사를 명시한 때 또는 급속을 요하는 때에는 예외로 한다.

③ 압수 · 수색영장 집행에의 변호인의 참여권은 피압수자의 보호를 위하여 변호인에게 주어진 고유권이다. 따라서 설령 피압수자가 수사기관에 압수 · 수색영장의 집행에 참여하지 않는다는 의사를 명시하였다고 하더라도 특별한 사정이 없는 한 그 변호인에게는 미리 집행의 일시와 장소를 통지하는 등으로 압수 · 수색영장의 집행에 참여할 기회를 별도로 보장하여야 한다.

④ 수사기관이 정보저장매체에 기억된 정보 중에서 키워드 또는 확장자 검색 등을 통해 범죄 혐의 사실과 관련 있는 정보를 선별한 다음 정보저장매체와 동일하게 비트열 방식으로 복제하여 생성한 파일(이하 '이미지 파일'이라 한다)을 제출받아 압수한 경우, 수사기관이 수사기관 사무실에서 위와 같이 압수된 이미지 파일을 탐색 · 복제 · 출력하는 과정에서도 역시 피의자 등에게 참여의 기회를 보장해 주어야 한다.

해설

④ [×] 수사기관이 정보저장매체에 기억된 정보 중에서 키워드 또는 확장자 검색 등을 통해 범죄 혐의 사실과 관련 있는 정보를 선별한 다음 정보저장매체와 동일하게 비트열 방식으로 복제하여 생성한 파일(이하 '이미지 파일'이라 한다)을 제출받아 압수하였다면 이로써 압수의 목적물에 대한 압수 · 수색 절차는 종료된 것이므로, 수사기관이 수사기관 사무실에서 위와 같이 압수된 이미지 파일을 탐색 · 복제 · 출력하는 과정에서도 피의자 등에게 참여의 기회를 보장하여야 하는 것은 아니다(대법원 2018.2.8, 2017도13263 유흥주점 조세포탈 사건).

① [○] 검사, 피의자, 피고인 또는 변호인은 **압수 · 수색영장의 집행에 참여할 수 있다**(제121조, 제219조).

② [○] 압수 · 수색영장을 집행함에는 미리 집행의 일시와 장소를 피의자, 피고인 또는 변호인에게 통지하여야 한다. 다만, 당사자가 참여하지 아니한다는 **의사를 명시한 때 또는 급속을 요하는 때에는 예외로 한다**(제122조, 제219조).

③ [○] 압수 · 수색영장 집행에의 변호인의 참여권은 피압수자의 보호를 위하여 변호인에게 주어진 **고유권**이다. 따라서 설령 피압수자가 수사기관에 압수 · 수색영장의 집행에 참여하지 않는다는 의사를 명시하였다고 하더라도 특별한 사정이 없는 한 **그 변호인에게는 미리 집행의 일시와 장소를 통지하는 등으로 압수 · 수색영장의 집행에 참여할 기회를 별도로 보장하여야 한다**(대법원 2020.11.26, 2020도10729 노래방 화장실 몰카 사건).

841 압수 · 수색에 관한 다음 설명 중 옳지 않은 것은? (다툼이 있으면 판례에 의함) [core ★★]

1 2 3

① 압수 · 수색영장은 처분을 받는 자에게 반드시 사전에 제시하여야 한다.

② 수사기관이 압수 · 수색에 착수하면서 그 장소의 관리책임자에게 영장을 제시하였다고 하더라도 물건을 소지하고 있는 다른 사람으로부터 이를 압수하고자 하는 때에는 그 사람에게 따로 영장을 제시하여야 한다.

③ 피처분자가 현장에 없거나 현장에서 발견할 수 없는 경우 등 영장제시가 현실적으로 불가능한 경우라도 영장을 제시하지 아니한 채 압수 · 수색을 하였다면 위법하다.

④ 압수 · 수색영장의 제시에 관한 형사소송법 제118조는 사후에 영장을 받아야 하는 경우에 관한 형사소송법 제216조 등에 대하여는 적용되지 아니한다.

해설

③ [×] 형사소송법 제219조가 준용하는 제118조는 '압수 · 수색영장은 처분을 받는 자에게 반드시 제시하여야 한다'고 규정하고 있으나, 이는 영장제시가 현실적으로 가능한 상황을 전제로 한 규정으로 보아야 하고, 피처분자가 현장에 없거나 현장에서 그를 발견할 수 없는 경우 등 영장제시가 현실적으로 불가능한 경우에는 영장을 제시하지 아니한 채 압수 · 수색을 하더라도 위법하다고 볼 수 없다(대법원 2015.1.22, 2014도10978 全合).

① [O] 압수 · 수색영장은 처분을 받는 자에게 **반드시 제시**하여야 하고, 처분을 받는 자가 피고인인 경우에는 그 사본을 교부하여야 한다(제118조 전단, 제219조).

② [O] 압수 · 수색영장은 처분을 받는 자에게 반드시 제시하여야 하는바, 현장에서 압수 · 수색을 당하는 사람이 여러 명일 경우에는 그 사람들 모두에게 개별적으로 영장을 제시해야 하는 것이 원칙이다. 수사기관이 압수 · 수색에 착수하면서 그 장소의 **관리책임자에게 영장을 제시하였다고 하더라도, 물건을 소지하고 있는 다른 사람으로부터 이를 압수하고자 하는 때에는 그 사람에게 따로 영장을 제시하여야 한다**(대법원 2009.3.12, 2008도763).

④ [O] 압수 · 수색영장의 제시에 관한 형사소송법 제118조는 사후에 영장을 받아야 하는 경우에 관한 **형사소송법 제216조 등에 대하여는 적용되지 아니한다**(대법원 2014.9.4, 2014도3263).

정답 | 840 ④ 841 ③

842 압수·수색에 관한 다음 설명 중 옳지 않은 것은? (다툼이 있으면 판례에 의함) [Essential ★]

1 2 3

① 압수·수색영장은 처분을 받는 자에게 반드시 제시하여야 하고, 처분을 받는 자가 피고인인 경우에는 그 사본을 교부하여야 한다. 다만, 처분을 받는 자가 현장에 없는 등 영장의 제시나 그 사본의 교부가 현실적으로 불가능한 경우 또는 처분을 받는 자가 영장의 제시나 사본의 교부를 거부한 때에는 예외로 한다.

② 압수·수색영장은 현장에서 피압수자가 여러 명일 경우에는 그들 모두에게 개별적으로 영장을 제시해야 하는 것이 원칙이므로 수사기관이 압수·수색에 착수하면서 그 장소의 관리책임자에게 영장을 제시하였다고 하더라도 물건을 소지하고 있는 다른 사람으로부터 이를 압수하고자 하는 때에는 그 사람에게 따로 영장을 제시하여야 한다.

③ 사법경찰관이 피압수자에게 압수·수색영장을 제시하면서 표지에 해당하는 첫 페이지와 혐의사실이 기재된 부분을 보여주었다면 비록 영장의 내용 중 압수·수색·검증할 물건과 장소, 압수·수색·검증을 필요로 하는 사유, 압수 대상 및 방법의 제한 등 필요적 기재 사항 및 그와 일체를 이루는 부분을 확인하지 못하게 하였더라도 적법한 압수·수색영장의 제시라고 보아야 한다.

④ 수사기관이 이메일에 대한 압수·수색영장을 집행할 당시 피압수자인 네이버 주식회사에 팩스로 영장 사본을 송신했을 뿐 그 원본을 제시하지 않았고, 압수조서와 압수물 목록을 작성하여 피압수·수색 당사자에게 교부하였다고 볼 수 없는 경우 이러한 방법으로 압수된 이메일은 위법수집증거로 원칙적으로 유죄의 증거로 삼을 수 없다.

해설

③ [×] (1) 사법경찰관이 피압수자인 乙(보은군수 甲의 비서실장)에게 압수·수색영장을 제시하면서 표지에 해당하는 첫 페이지와 乙의 혐의사실이 기재된 부분만을 보여주고, 영장의 내용 중 압수·수색·검증할 물건, 압수·수색·검증할 장소, 압수·수색·검증을 필요로 하는 사유, 압수 대상 및 방법의 제한 등 필요적 기재 사항 및 그와 일체를 이루는 부분을 확인하지 못하게 한 것은 적법한 압수·수색영장의 제시라고 볼 수 없어, 이에 따라 압수된 동향보고 서류와 乙의 휴대전화는 적법한 절차에 따라 수집된 증거라고 보기 어렵다. (2) 또한 사법경찰관이 위법하게 압수한 乙의 휴대전화에 저장된 내용을 출력하여 증거를 수집하는 과정에서 乙에게 참여권을 보장하지 않았고, 압수된 전자정보에 대한 목록을 작성하여 교부하지도 않았으며, 휴대전화를 10일 내에 반환하라는 영장 기재 제한을 위반하였는 바, 이에 따라 압수한 휴대전화 출력물도 적법한 절차에 따라 수집된 증거라고 보기 어렵다. (3) 따라서 동향보고 서류와 乙 휴대전화 출력물은 적법한 절차에 따르지 아니하고 수집된 증거로서 증거능력이 없고, 예외적으로 그 증거능력을 인정할 만한 사정도 보이지 아니하고 또한 위와 같은 위법수집증거의 2차적 증거인 조서(사법경찰관과 검사가 동향보고 서류와 乙 휴대전화 출력물을 제시한 상태에서 얻은 乙에 대한 피의자신문조서 등)는 절차적 위법과 인과관계가 희석 또는 단절되었다고 볼 수 없어 그 증거능력을 인정하기 어렵다(대법원 2017.9.21, 2015도12400 보은군수 사건).

① [○] 압수·수색영장은 처분을 받는 자에게 **반드시 제시하여야 하고,** 처분을 받는 자가 피고인인 경우에는 그 사본을 교부하여야 한다. 다만, 처분을 받는 자가 현장에 없는 등 영장의 제시나 그 사본의 교부가 현실적으로 불가능한 경우 또는 처분을 받는 자가 영장의 제시나 사본의 교부를 거부한 때에는 예외로 한다(제118조, 제219조).

② [○] 압수·수색영장은 현장에서 피압수자가 여러 명일 경우에는 그들 모두에게 개별적으로 영장을 제시해야 하는 것이 원칙이므로, 수사기관이 압수·수색에 착수하면서 그 장소의 **관리책임자에게 영장을 제시하였다고 하더라도, 물건을 소지하고 있는 다른 사람으로부터 이를 압수하고자 하는 때에는 그 사람에게 따로 영장을 제시하여야 한다**(대법원 2017.9.21, 2015도12400 보은군수 사건).

④ [○] 수사기관이 이메일에 대한 압수·수색영장을 집행할 당시 피압수자인 네이버 주식회사에 팩스로 영장 사본을 송신했을 뿐 그 원본을 제시하지 않았고, 압수조서와 압수물 목록을 작성하여 피압수·수색 당사자에게 교부하였다고 볼 수 없는 경우, 이러한 방법으로 압수된 이메일은 **위법수집증거로 원칙적으로 유죄의 증거로 삼을 수 없다**(대법원 2017.9.7, 2015도10648 안재구 경북대 교수 사건).

843 압수 · 수색영장의 야간집행에 관한 다음 설명 중 옳지 않은 것은? [core ★★]

1 2 3

① 일출전, 일몰후에는 압수 · 수색영장에 야간집행을 할 수 있는 기재가 없으면 그 영장을 집행하기 위하여 타인의 주거 등에 들어가지 못한다.

② 영장에 야간집행을 할 수 있는 기재가 없더라도 도박 기타 풍속을 해하는 행위에 상용된다고 인정하는 장소에 들어가서 영장을 집행할 수 있다.

③ 영장에 야간집행을 할 수 있는 기재가 없고 공개되지 않는 시간이라고 하더라도 여관, 음식점에 들어가서 영장을 집행할 수 있다.

④ 피의자 또는 피고인 체포현장에서 영장 없이 압수 · 수색을 하는 경우에는 야간집행의 제한을 받지 아니한다.

해설

③ [×] 압수 · 수색영장에 야간집행을 할 수 있는 기재가 없더라도 여관, 음식점 기타 야간에 공중이 출입할 수 있는 장소는 이러한 제한없이 압수 · 수색을 할 수 있다. 다만, 이는 공개한 시간 내에 한한다(제126조 제2호, 제219조).

① [○] 일출전, 일몰후에는 압수 · 수색영장에 **야간집행을 할 수 있는 기재가 없으면** 그 영장을 집행하기 위하여 타인의 주거 등에 들어가지 못한다(제125조, 제219조).

② [○] 영장에 야간집행을 할 수 있는 기재가 없더라도 **도박 기타 풍속을 해하는 행위에 상용된다고 인정하는 장소에 들어가서 영장을 집행할 수 있다**(제126조 제1호, 제219조).

④ [○] 피의자 또는 피고인 체포현장에서 영장 없이 압수 · 수색을 하는 경우에는 **야간집행의 제한을 받지 아니한다**(제220조, 제216조 제1항 제2호).

정답 | 842 ③ 843 ③

844 압수물 목록 작성 · 교부 등에 관한 다음 설명 중 옳지 않은 것은? (다툼이 있으면 판례에 의함)

1 2 3

[Essential ★]

① 압수한 경우에는 목록을 작성하여 소유자, 소지자, 보관자 기타 이에 준할 자에게 교부하여야 한다.

② 압수물 목록은 피압수자 등이 압수물에 대한 환부 · 가환부신청을 하거나 압수처분에 대한 준항고를 하는 등 권리행사 절차를 밟는 가장 기초적인 자료가 된다.

③ 압수물 목록은 압수 직후 현장에서 바로 작성 · 교부해야 할 필요는 없고, 피압수자의 권리행사에 지장이 없는 범위 내에서 상당한 시간 내에 하면 족하다.

④ 압수된 정보의 상세목록에는 정보의 파일 명세가 특정되어 있어야 하고, 수사기관은 이를 출력한 서면을 교부하거나 전자파일 형태로 복사해 주거나 이메일을 전송하는 등의 방식으로도 할 수 있다.

해설

③ [×] 압수물 목록은 피압수자 등이 압수처분에 대한 준항고를 하는 등 권리행사절차를 밟는 가장 기초적인 자료가 되므로 수사기관은 이러한 권리행사에 지장이 없도록 압수 직후 현장에서 압수물 목록을 바로 작성하여 교부해야 하는 것이 원칙이다(대법원 2018.2.8, 2017도13263 유흥주점 탈세 사건).

① [○] 압수한 경우에는 목록을 작성하여 **소유자, 소지자, 보관자 기타 이에 준할 자에게 교부하여야 한다**(제129조, 제219조).

② [○] 압수물 목록은 피압수자 등이 압수물에 대한 환부 · 가환부신청을 하거나 압수처분에 대한 **준항고를 하는 등 권리행사 절차를 밟는 가장 기초적인 자료가 된다**(대법원 2009.3.12, 2008도763 제주지사 사건).

④ [○] 압수된 정보의 상세목록에는 정보의 파일 명세가 특정되어 있어야 하고, 수사기관은 이를 출력한 **서면을 교부하거나 전자파일 형태로 복사해 주거나 이메일을 전송하는 등의 방식으로도 할 수 있다**(대법원 2018.2.8, 2017도13263 유흥주점 탈세 사건).

845 다음은 압수 · 수색 · 검증에 있어 영장주의 예외를 설명한 것이다. 옳지 않은 것은?

1 2 3

[core ★★]

① 수사기관은 피의자 · 피고인을 체포 · 구속하기 위하여 필요한 때에는 영장 없이 타인의 주거를 수색할 수 있다. 다만, 영장에 의하여 체포 또는 구속하는 경우의 피의자 · 피고인 수색은 미리 수색영장을 발부받기 어려운 긴급한 사정이 있는 때에 한정한다.

② 수사기관은 피의자를 체포하거나 피고인 · 피의자를 구속하는 경우에 필요한 때에는 영장 없이 체포현장에서 압수 · 수색 또는 검증을 할 수 있다.

③ 범행중 또는 범행직후의 범죄장소에서 긴급을 요하여 판사의 영장을 받을 수 없는 때에는 영장 없이 압수 · 수색 또는 검증을 할 수 있다.

④ 수사기관은 긴급체포된 자가 소유 · 소지 또는 보관하는 물건에 대하여 긴급히 압수할 필요가 있는 경우에는 체포한 때부터 48시간 이내에 한하여 영장 없이 압수 · 수색 또는 검증을 할 수 있다.

해설

④ [×] 체포한 때부터 24시간 이내에 한하여 영장 없이 압수·수색 또는 검증을 할 수 있다(제217조 제1항).

① [○] 수사기관은 피의자·피고인을 체포·구속하기 위하여 필요한 때에는 영장 없이 타인의 주거를 수색할 수 있다. 다만, 영장에 의하여 체포 또는 구속하는 경우의 피의자·피고인 수색은 **미리 수색영장을 발부받기 어려운 긴급한 사정이 있는 때에 한정한다**(제216조 제1항 제1호, 제137조).

② [○] 수사기관은 피의자를 체포하거나 피고인·피의자를 구속하는 경우에 필요한 때에는 **영장 없이 체포현장에서 압수·수색 또는 검증을 할 수 있다**(제216조 제1항 제2호, 동조 제2항).

③ [○] 범행중 또는 범행직후의 범죄장소에서 긴급을 요하여 판사의 영장을 받을 수 없는 때에는 **영장 없이 압수·수색 또는 검증을 할 수 있다**(제216조 제3항).

846 1 2 3 다음 중 사후영장을 발부받아야 하는 것은 모두 몇 개인가? 다만, 압수한 물건은 모두 압수를 계속해야 할 필요성이 인정된다.

[Superlative ★★★]

> ㉠ 수사기관이 피의자를 체포 또는 구속하기 위하여 영장 없이 타인의 주거 등에서 피의자를 수색한 경우
> ㉡ 수사기관이 피의자를 체포 또는 구속하면서 영장 없이 체포현장에서 압수·수색 또는 검증을 한 경우
> ㉢ 수사기관이 범행 중 또는 범행직후의 범죄장소에서 긴급을 요하여 영장 없이 압수·수색 또는 검증을 한 경우
> ㉣ 수사기관이 긴급체포된 자가 소유·소지 또는 보관하는 물건에 대하여 긴급히 압수할 필요가 있어 체포한 때부터 24시간 이내에 영장 없이 압수·수색·검증을 한 경우
> ㉤ 수사기관이 피의자 기타인의 유류한 물건이나 소유자, 소지자 또는 보관자가 임의로 제출한 물건을 영장 없이 압수한 경우

① 1개　　② 2개
③ 3개　　④ 4개

해설

③ ㉡㉢㉣ 3항목의 경우 사후영장을 발부 받아야 한다(제216조, 제217조).
㉠㉤ 사후영장을 발부받을 필요가 없다.
※ 현행범 체포현장이나 범죄장소에서도 소지자 등이 임의로 제출하는 물건은 형사소송법 제218조에 의하여 영장 없이 압수할 수 있고, 이 경우에는 검사나 사법경찰관이 사후에 영장을 받을 필요가 없다(대법원 2016.2.18, 2015도13726 바지선 필로폰 밀수 사건).

정답 | 844 ③　845 ④　846 ③

847 압수 · 수색과 관련하여 (   ) 안에 들어갈 알맞은 말은? [Superlative ★★★]

1 2 3

(1) 수사기관은 피의자를 체포 또는 구속하는 경우 필요한 때에는 영장 없이 체포현장에서 압수 · 수색 또는 검증을 할 수 있다.
(2) 수사기관은 긴급체포된 자가 소유 · 소지 또는 보관하는 물건에 대하여 긴급히 압수할 필요가 있는 경우에는 (㉠) 이내에 한하여 영장 없이 압수 · 수색 또는 검증을 할 수 있다.
(3) 수사기관은 (1)(2)에 의하여 압수한 물건을 계속 압수할 필요가 있는 경우에는 지체 없이 압수 · 수색영장을 청구하여야 한다. 이 경우 압수 · 수색영장의 청구는 (㉡) 이내에 하여야 한다.
(4) 수사기관은 청구한 압수 · 수색영장을 발부받지 못한 때에는 압수한 물건을 즉시 반환하여야 한다.

① ㉠㉡ 체포한 때부터 24시간
② ㉠㉡ 체포한 때부터 48시간
③ ㉠ 체포한 때부터 24시간 ㉡ 압수한 때부터 48시간
④ ㉠ 체포한 때부터 24시간 ㉡ 체포한 때부터 48시간

해설

④ ㉠ 제216조 제1항 제2호 ㉡㉢㉣ 제217조

848 압수 · 수색 · 검증에 관한 다음 설명 중 옳지 않은 것은? (다툼이 있으면 판례에 의함) [core ★★]

1 2 3

① 주취운전이라는 범죄행위로 당해 음주운전자를 구속 · 체포하지 아니한 경우에도 필요하다면 그 차량열쇠는 범행 중 또는 범행 직후의 범죄장소에서의 압수로서 형사소송법 제216조 제3항에 의하여 영장 없이 이를 압수할 수 있다.

② 사법경찰관사무취급이 행한 검증이 사건발생 후 범행장소에서 긴급을 요하여 판사의 영장 없이 시행된 것이라면 이는 형사소송법 제216조 제3항에 의한 검증이라 할 것임에도 불구하고 기록상 사후영장을 받은 흔적이 없다면 이러한 검증조서는 유죄의 증거로 할 수 없다.

③ 형사소송법 제216조 제3항은 '범행 중 또는 범행 직후의 범죄장소에서 긴급을 요하여 법원 판사의 영장을 받을 수 없는 때에는 영장 없이 압수 · 수색 또는 검증을 할 수 있으나, 사후에 지체 없이 영장을 받아야 한다'라고 규정하고 있는 바, 형사소송법 제216조 제3항의 요건 중 어느 하나라도 갖추지 못한 경우에 그러한 압수 · 수색 또는 검증은 위법하지만, 이에 대하여 사후에 법원으로부터 영장을 발부받았다고 한다면 그 위법성은 치유된다.

④ 수사기관이 증거를 수집할 목적으로 피의자의 동의 없이 피의자의 혈액을 취득 · 보관하는 행위는 법원으로부터 감정처분허가장을 받아 형사소송법 제221조의4 제1항, 제173조 제1항에 의한 '감정에 필요한 처분'으로도 할 수 있지만, 형사소송법 제219조, 제106조 제1항에 정한 압수의 방법으로도 할 수 있고, 압수의 방법에 의하는 경우 혈액의 취득을 위하여 피의자의 신체로부터 혈액을 채취하는 행위는 그 혈액의 압수를 위한 것으로서 형사소송법 제219조, 제120조 제1항에 정한 '압수영장의 집행에 있어 필요한 처분'에 해당한다.

해설

③ [×] 범행 중 또는 범행 직후의 범죄 장소에서 긴급을 요하여 법원 판사의 영장을 받을 수 없는 때에는 영장 없이 압수·수색 또는 검증을 할 수 있으나, 사후에 지체 없이 영장을 받아야 한다(형사소송법 제216조 제3항). 형사소송법 제216조 제3항의 요건 중 어느 하나라도 갖추지 못한 경우에 그러한 압수·수색 또는 검증은 위법하며, 이에 대하여 사후에 법원으로부터 영장을 발부받았다고 하여 그 위법성이 치유되지 아니한다(대법원 2017.11.29, 2014도16080 노래방 압수·수색 사건).

① [O] 주취운전이라는 범죄행위로 당해 음주운전자를 구속·체포하지 아니한 경우에도 필요하다면 그 차량열쇠는 범행 중 또는 범행 직후의 범죄장소에서의 압수로서 형사소송법 제216조 제3항에 의하여 **영장 없이 이를 압수할 수 있다**(대법원 1998.5.8, 97다54482).

② [O] 사법경찰관사무취급이 행한 검증이 사건발생 후 범행장소에서 긴급을 요하여 판사의 영장 없이 시행된 것이라면 이는 형사소송법 제216조 제3항에 의한 검증이라 할 것임에도 불구하고 기록상 **사후영장을 받은 흔적이 없다면 이러한 검증조서는 유죄의 증거로 할 수 없다**(대법원 1984.3.13, 83도3006 버스 레이싱 사건).

④ [O] 수사기관이 증거를 수집할 목적으로 피의자의 동의 없이 피의자의 혈액을 취득·보관하는 행위는 법원으로부터 감정처분허가장을 받아 형사소송법 제221조의4 제1항, 제173조 제1항에 의한 **'감정에 필요한 처분'으로도 할 수 있지만,** 형사소송법 제219조, 제106조 제1항에 정한 **압수의 방법으로도 할 수 있고,** 압수의 방법에 의하는 경우 혈액의 취득을 위하여 피의자의 신체로부터 혈액을 채취하는 행위는 그 혈액의 압수를 위한 것으로서 형사소송법 제219조, 제120조 제1항에 정한 '압수영장의 집행에 있어 필요한 처분'에 해당한다(대법원 2012.11.15, 2011도15258 구로 강제채혈 사건).

849 1 2 3 긴급체포된 자의 소유물 등에 대한 압수·수색·검증(형사소송법 제217조)에 관한 다음 설명 중 옳지 않은 것은? (다툼이 있으면 판례에 의함) [core ★★]

① 검사 또는 사법경찰관은 긴급체포된 자가 소유·소지 또는 보관하는 물건에 대하여 긴급히 압수할 필요가 있는 경우에는 체포한 때부터 24시간 이내에 한하여 영장 없이 압수·수색 또는 검증을 할 수 있다.

② 검사 또는 사법경찰관은 압수한 물건을 계속 압수할 필요가 있는 경우에는 지체 없이 압수·수색영장을 청구하여야 한다. 이 경우 압수·수색영장의 청구는 체포한 때부터 48시간 이내에 하여야 한다.

③ 형사소송법 제217조는 수사기관이 피의자를 긴급체포한 상황에서 피의자가 체포되었다는 사실이 공범이나 관련자들에게 알려짐으로써 관련자들이 증거를 파괴하거나 은닉하는 것을 방지하고, 범죄사실과 관련된 증거물을 신속히 확보할 수 있도록 하기 위한 것이다.

④ 형사소송법 제217조에 따른 압수·수색 또는 검증은 체포현장에 있는 물건을 그 대상으로 할 뿐, 체포현장이 아닌 장소에 있는 물건까지 그 대상으로 한다고 볼 수 없다.

해설

④ [×] 형사소송법 제217조에 따른 압수·수색 또는 검증은 체포현장에서의 압수·수색 또는 검증을 규정하고 있는 형사소송법 제216조 제1항 제2호와 달리, 체포현장이 아닌 장소에서도 긴급체포된 자가 소유·소지 또는 보관하는 물건을 대상으로 할 수 있다(대법원 2017.9.12, 2017도10309 필로폰 거래자 긴급체포 사건).

① [O] 검사 또는 사법경찰관은 긴급체포된 자가 소유·소지 또는 보관하는 물건에 대하여 긴급히 압수할 필요가 있는 경우에는 **체포한 때부터 24시간 이내에 한하여 영장 없이 압수·수색 또는 검증을 할 수 있다**(제217조 제1항).

② [O] 검사 또는 사법경찰관은 압수한 물건을 계속 압수할 필요가 있는 경우에는 지체 없이 압수·수색영장을 청구하여야 한다. 이 경우 압수·수색영장의 청구는 **체포한 때부터 48시간 이내에 하여야 한다**(제217조 제2항).

③ [O] 형사소송법 제217조는 수사기관이 피의자를 긴급체포한 상황에서 피의자가 체포되었다는 사실이 공범이나 관련자들에게 알려짐으로써 관련자들이 증거를 파괴하거나 은닉하는 것을 방지하고, **범죄사실과 관련된 증거물을 신속히 확보할 수 있도록 하기 위한 것이다**(대법원 2017.9.12, 2017도10309 필로폰 거래자 긴급체포 사건).

정답 | 847 ④ 848 ③ 849 ④

850 압수 · 수색에 관한 다음 설명 중 옳지 않은 것은 모두 몇 개인가? 다른 예외적인 사정은 고려하지 않는다. (다툼이 있으면 판례에 의함) [Superlative ★★★]

1 2 3

㉠ 경찰관들이 노래연습장에서의 주류 판매에 대한 신고를 받고 현장에 출동하여 위반 사실을 확인하기 위해 노래연습장 내부를 수색한 경우, 형사소송법 제216조 제3항이 정한 '긴급을 요하여 법원 판사의 영장을 받을 수 없는 때'의 요건을 갖추지 못하였고, 현행범 체포에 착수하지 아니한 상태여서 형사소송법 제216조 제1항 제2호, 제212조가 정하는 '체포현장에서의 압수 · 수색' 요건을 갖추지 못하였다면 이는 영장 없는 압수 · 수색으로 적법한 직무집행으로 볼 수 없다.

㉡ 경찰관이 이른바 전화사기죄 범행의 혐의자를 긴급체포하면서 그가 보관하고 있던 다른 사람의 주민등록증, 운전면허증 등을 압수한 경우, 이는 구 형사소송법 제217조 제1항에서 규정한 해당 범죄사실의 수사에 필요한 범위 내의 압수로서 적법하므로 이를 위 혐의자의 점유이탈물횡령죄 범행에 대한 증거로 사용할 수 있다.

㉢ 경찰관들이 저녁 8시경 도로에서 위장거래자와 만나서 마약류 거래를 하고 있는 피고인을 긴급체포하면서 현장에서 메트암페타민을 압수하고, 저녁 8시 24분경 체포 현장에서 약 2km 떨어진 피고인의 주거지에서 메트암페타민 약 4.82g을 추가로 찾아내어 이를 압수한 다음 법원으로부터 사후 압수 · 수색영장을 발부받은 경우라도, 피고인의 주거지에서 긴급 압수한 메트암페타민 4.82g은 적법하게 압수되었다고 할 수 없다.

① 0개 ② 1개
③ 2개 ④ 3개

해설

② ㉢ 항목만 옳지 않다.

㉠ [O] 경찰관들이 노래연습장에서의 주류 판매에 대한 신고를 받고 현장에 출동하여 위반 사실을 확인하기 위해 노래연습장 내부를 수색한 경우, 형사소송법 제216조 제3항이 정한 '긴급을 요하여 법원 판사의 영장을 받을 수 없는 때'의 요건을 갖추지 못하였고, 현행범 체포에 착수하지 아니한 상태여서 형사소송법 제216조 제1항 제2호, 제212조가 정하는 **'체포현장에서의 압수 · 수색' 요건을 갖추지 못하였다면 이는 영장 없는 압수 · 수색으로 적법한 직무집행으로 볼 수 없다**(대법원 2017.11.29, 2014도16080 노래방 압수 · 수색 사건).

㉡ [O] 경찰관이 이른바 전화사기죄 범행의 혐의자를 긴급체포하면서 그가 보관하고 있던 다른 사람의 주민등록증, 운전면허증 등을 압수한 경우, 이는 구 형사소송법 제217조 제1항에서 규정한 해당 범죄사실의 수사에 필요한 범위 내의 압수로서 적법하므로 이를 위 혐의자의 **점유이탈물횡령죄 범행에 대한 증거로 사용할 수 있다**(대법원 2008.7.10, 2008도2245 전화사기범 압수 · 수색 사건).

㉢ [X] 경찰관들이 저녁 8시경 도로에서 위장거래자와 만나서 마약류 거래를 하고 있는 피고인을 긴급체포하면서 현장에서 메트암페타민을 압수하고, 저녁 8시 24분경 체포 현장에서 약 2km 떨어진 피고인의 주거지에서 메트암페타민 약 4.82g을 추가로 찾아내어 이를 압수한 다음 법원으로부터 사후 압수 · 수색영장을 발부받은 경우, 피고인에 대한 긴급체포 사유, 압수 · 수색의 시각과 경위, 사후 영장의 발부 내역 등에 비추어 피고인의 주거지에서 긴급 압수한 메트암페타민 4.82g은 긴급체포의 사유가 된 범죄사실 수사에 필요한 범위 내의 것으로서 적법하게 압수되었다고 할 것이다(대법원 2017.9.12, 2017도10309 필로폰 거래자 긴급체포 사건).

851 다음 중 (　　) 안의 압수물이 위법수집증거로써 증거능력이 부정되는 것은 모두 몇 개인가? (다툼이 있으면 판례에 의함)

1 2 3

[Superlative ★★★]

㉠ 사법경찰관이 형사소송법 제218조 규정에 위반하여 소유자, 소지자 또는 보관자가 아닌 자로부터 제출받은 물건을 영장없이 압수한 경우 (압수물 및 압수물을 찍은 사진)

㉡ 수사기관이 유류물인 강판조각 및 임의제출물인 보강용 강판과 페인트를 영장 없이 적법하게 압수하였으나, 압수 후 압수조서의 작성 및 압수목록의 작성·교부 절차가 제대로 이행되지 않은 경우 (강판조각, 보강용 강판 및 페인트)

㉢ 사법경찰관이 피의자를 긴급체포하면서 그 체포현장에서 물건을 압수하였으나, 형사소송법 제217조 제2항, 제3항에 위반하여 압수·수색영장을 청구하여 이를 발부받지 아니하고도 즉시 반환하지 않은 경우 (압수물)

㉣ 정보통신망법상 음란물 유포의 범죄혐의를 이유로 압수·수색영장을 발부받은 사법경찰리가 피고인의 주거지를 수색하는 과정에서 대마를 발견하자, 피고인을 마약법위반죄의 현행범으로 체포하면서 대마를 압수하였으나, 그 다음날 피고인을 석방하였음에도 사후 압수·수색영장을 발부받지 않은 경우 (압수물 및 압수조서)

㉤ 경찰이 형사소송법 제215조 제2항에 위반하여 피고인의 집에서 20m 떨어진 곳에서 피고인을 체포하여 수갑을 채운 후 피고인의 집으로 가서 집안을 수색하여 칼과 합의서를 압수하였을 뿐만 아니라 적법한 시간 내에 압수·수색영장을 청구하여 발부받지 않은 경우 (칼과 합의서 및 이를 기초로 한 2차 증거인 임의제출동의서, 압수조서 및 목록, 압수품 사진)

① 2개　　② 3개

③ 4개　　④ 5개

THE CRIMINAL LAW 3편 형사소송법 수사

해설

③ ㉠㉢㉣㉤ 4항목이 증거능력이 부정된다.

㉠ 압수물 및 압수물을 찍은 사진은 유죄 인정의 증거로 사용할 수 없는 것이고, 피고인이나 변호인이 이를 증거로 함에 동의하였다고 하더라도 달리 볼 것은 아니다(대법원 2010.1.28, 2009도10092 쇠파이프 압수 사건).

㉡ 압수 후 압수조서의 작성 및 압수목록의 작성·교부 절차가 제대로 이행되지 아니한 잘못이 있다 하더라도 그것이 적법절차의 실질적인 내용을 침해하는 경우에 해당한다거나 그 증거능력의 배제가 요구되는 경우에 해당한다고 볼 수는 없다(대법원 2011.5.26, 2011도1902 장흥 방호벽충돌 아내살해 사건).

㉢ 압수물은 유죄 인정의 증거로 사용할 수 없는 것이고, 피고인이나 변호인이 이를 증거로 함에 동의하였다고 하더라도 달리 볼 것은 아니다(대법원 2009.12.24, 2009도11401).

㉣ 압수물과 압수조서는 형사소송법상 영장주의를 위반하여 수집한 증거로서 증거능력이 부정된다(대법원 2009.5.14, 2008도10914 스와핑카페 운영자 사건).

㉤ 칼과 합의서는 임의제출물이 아니라 영장없이 위법하게 압수된 것으로서 증거능력이 없고, 이를 기초로 한 2차 증거인 임의제출동의서, 압수조서 및 목록, 압수품 사진 역시 증거능력이 없다(대법원 2010.7.22, 2009도14376 칼과 합의서 압수 사건).

정답 | 850 ② 851 ③

852 1 2 3 음주운전 중 교통사고를 야기한 후 피의자가 의식불명 상태에 있는 등으로 호흡조사에 의한 음주측정이 불가능하고 혈액 채취에 대한 동의를 받을 수도 없을 뿐만 아니라 법원으로부터 감정처분허가장 또는 사전 압수영장을 발부받을 시간적 여유도 없는 긴급한 상황이 발생한 경우, 수사기관이 혈액을 압수할 수 있는 절차로서 가장 타당한 것은? 다만, 피의자의 신체 내지 의복류에 주취로 인한 냄새가 강하게 나는 등 준현행범인(형사소송법 제211조 제2항 제3호)으로서의 요건이 갖추어져 있고 교통사고 발생 시각으로부터 사회통념상 범행 직후라고 볼 수 있는 시간 내에 있다. (다툼이 있으면 판례에 의함)

[core ★★]

① 의료인으로 하여금 혈액을 채취하게 한 후 그 의료인으로부터 임의제출의 형식으로 혈액을 영장 없이 압수할 수 있다(사후에 압수영장을 발부받을 필요가 없다).

② 범죄장소에서의 긴급압수규정(형사소송법 제216조 제3항)에 의하여 의료인으로 하여금 혈액을 채취하게 한 후 그 혈액을 영장 없이 압수할 수 있다(사후에 압수영장을 발부받을 필요가 없다).

③ 범죄장소에서의 긴급압수규정(형사소송법 제216조 제3항)에 의하여 의료인으로 하여금 혈액을 채취하게 한 후 그 혈액을 영장 없이 압수할 수 있다(다만, 사후에 지체 없이 압수영장을 발부받아야 한다).

④ 체포현장에서의 압수규정(형사소송법 제216조 제1항 제2호)에 의하여 의료인으로 하여금 혈액을 채취하게 한 후 그 혈액을 영장 없이 압수할 수 있다(다만, 사후에 지체 없이 압수영장을 발부받아야 한다).

해설

③ 피의자의 생명·신체를 구조하기 위하여 사고현장으로부터 곧바로 후송된 병원 응급실 등의 장소는 형사소송법 제216조 제3항의 범죄장소에 준한다 할 것이므로 검사 또는 사법경찰관은 피의자의 혈중알콜농도등 증거의 수집을 위하여 의료법상 의료인의 자격이 있는 자로 하여금 의료용 기구로 의학적인 방법에 따라 필요최소한의 한도 내에서 피의자의 혈액을 채취하게 한 후 그 혈액을 영장 없이 압수할 수 있다. 다만 이 경우에도 형사소송법 제216조 제3항 단서, 형사소송규칙 제58조, 제107조 제1항 제3호에 따라 사후에 지체 없이 강제채혈에 의한 압수의 사유 등을 기재한 영장청구서에 의하여 법원으로부터 압수영장을 받아야 한다(대법원 2012.11.15, 2011도15258 구로 강제채혈 사건).

853 1 2 3 甲(男, 59세)은 2011.3.5. 23:45경 서울 구로동 부근에서 0.21%의 만취 상태에서 오토바이를 운전하여 가다가 선행 차량을 들이받는 교통사고를 야기한 후 의식을 잃은 채 병원 응급실로 후송되었다. 2011.3.6. 00:50경 사고신고를 받고 응급실로 출동한 경찰관 A는 압수·수색 또는 검증영장을 발부받지 아니한 채 甲의 아들 乙로부터 동의를 받아 간호사로 하여금 의식을 잃은 甲으로부터 채혈을 하도록 하였지만 사후에 영장을 발부받지 않았다. 이 혈액에 대한 국립과학수사연구소의 감정의뢰회보 등의 증거능력에 관한 다음 설명 중 가장 타당한 것은? (다툼이 있으면 판례에 의함) [core ★★]

① 혈액에 대한 압수절차가 甲의 동의 및 영장 없이 행해졌다고 하더라도 이에 적법절차를 위반한 위법이 있다고 할 수 없어 감정의뢰회보 등은 증거능력이 인정된다.

② 혈액에 대한 압수절차가 甲의 아들 乙의 동의를 받고 행한 이상 영장 없이 행해졌다고 하더라도 이에 적법절차를 위반한 위법이 있다고 할 수 없어 감정의뢰회보 등은 증거능력이 인정된다.

③ 감정의뢰회보 등은 영장주의 원칙을 위반하여 수집되거나 그에 기초한 증거로서 적법절차의 실질적인 내용을 침해하는 정도에 해당하여 증거능력이 부정된다.

④ 감정의뢰회보 등은 위법하게 수집된 증거이지만, 이들의 증거능력을 배제하는 것이 형사사법 정의를 실현하는 취지에 반하는 결과를 초래하는 것으로 평가되는 예외적인 경우로써 증거능력이 인정된다.

해설

③ 수사기관이 법원으로부터 영장 또는 감정처분허가장을 발부받지 아니한 채 피의자의 동의 없이 혈액을 채취하고 사후에도 지체 없이 영장을 발부받지 아니한 채 그 혈액 중 알콜농도에 관한 감정을 의뢰하였다면, 이러한 과정을 거쳐 얻은 감정의뢰회보 등은 형사소송법상 영장주의 원칙을 위반하여 수집하거나 그에 기초하여 획득한 증거로서 피고인이나 변호인의 동의가 있더라도 유죄의 증거로 사용할 수 없다(대법원 2012.11.15, 2011도15258 구로 강제채혈 사건).

정답 | 852 ③ 853 ③

854 임의제출물의 압수에 관한 다음 설명 중 옳지 않은 것은? (다툼이 있으면 판례에 의함) [core ★★]

1 2 3

① 현행범 체포현장이나 범죄현장에서도 소지자 등이 임의로 제출하는 물건은 형사소송법 제218조에 의하여 영장 없이 압수하는 것이 허용되고, 이 경우 검사나 사법경찰관은 별도로 사후에 영장을 받을 필요가 없다.

② 피고인 甲이 바지선을 타고 밀입국하면서 필로폰을 밀수한다는 제보를 받고, 검찰수사관이 위 바지선을 수색하던 도중 숨어 있던 甲을 발견하고 필로폰을 둔 장소를 물었으나 대답을 듣지 못하였고, 때마침 다른 검찰수사관이 "물건이 여기 있다, 찾았다"라고 외치자, 甲을 필로폰 밀수입 및 밀입국 등의 현행범으로 체포하면서 필로폰을 제시하고 필로폰을 임의로 제출할 의사가 있는지를 물었고, 피고인으로부터 "그 정도는 저도 압니다"라는 말과 함께 승낙을 받아 필로폰을 압수한 경우 그 필로폰의 압수도 적법하다.

③ 피의자가 휴대전화를 임의제출하면서 휴대전화에 저장된 전자정보가 아닌 클라우드 등 제3자가 관리하는 원격지에 저장되어 있는 전자정보를 수사기관에 제출한다는 의사로 수사기관에게 클라우드 등에 접속하기 위한 아이디와 비밀번호를 임의로 제공하였다면 위 클라우드 등에 저장된 전자정보를 임의제출하는 것으로 볼 수 있다.

④ 피의자가 소유 · 관리하는 정보저장매체를 피의자 아닌 피해자 등 제3자가 임의제출하면서 제출의 동기가 된 범죄혐의사실과 구체적 · 개별적 연관관계가 인정되는 범위를 넘는 전자정보까지 일괄하여 임의제출한다는 의사를 밝힌 경우 특별한 사정이 없는 한 그 임의제출을 통해 수사기관이 영장 없이 적법하게 압수할 수 있는 전자정보의 범위는 당해 범죄혐의사실은 물론 그 밖에 범죄혐의사실과 관련된 것 전부라고 보아야 한다.

해설

④ [×] 피의자가 소유·관리하는 정보저장매체를 피의자 아닌 피해자 등 제3자가 임의제출하는 경우에는 그 임의제출 및 그에 따른 수사기관의 압수가 적법하더라도 임의제출의 동기가 된 범죄혐의사실과 구체적·개별적 연관관계가 있는 전자정보에 한하여 압수의 대상이 되는 것으로 더욱 제한적으로 해석하여야 한다. 임의제출의 주체가 소유자 아닌 소지자·보관자이고 그 제출행위로 소유자의 사생활의 비밀 기타 인격적 법익이 현저히 침해될 우려가 있는 경우에는 임의제출에 따른 압수·수색의 필요성과 함께 임의제출에 동의하지 않은 소유자의 법익에 대한 특별한 배려도 필요한바, 피의자 개인이 소유·관리하는 정보저장매체에는 그의 사생활의 비밀과 자유, 정보에 대한 자기결정권 등 인격적 법익에 관한 모든 것이 저장되어 있어 제한 없이 압수·수색이 허용될 경우 피의자의 인격적 법익이 현저히 침해될 우려가 있기 때문이다. 그러므로 임의제출자인 제3자가 제출의 동기가 된 범죄혐의사실과 구체적·개별적 연관관계가 인정되는 범위를 넘는 전자정보까지 일괄하여 임의제출한다는 의사를 밝혔더라도 그 정보저장매체 내 전자정보 전반에 관한 처분권이 그 제3자에게 있거나 그에 관한 피의자의 동의 의사를 추단할 수 있는 등의 특별한 사정이 없는 한 그 임의제출을 통해 수사기관이 영장 없이 적법하게 압수할 수 있는 전자정보의 범위는 범죄혐의사실과 관련된 전자정보에 한정된다(대법원 2021.11.18, 2016도348 全合 몰카피해자 휴대폰 2대 임의제출 사건).

① [○] 현행범 체포현장이나 범죄현장에서도 소지자 등이 임의로 제출하는 물건은 형사소송법 제218조에 의하여 영장 없이 압수하는 것이 허용되고, 이 경우 검사나 사법경찰관은 별도로 **사후에 영장을 받을 필요가 없다**(대법원 2020.4.9, 2019도17142 지하철 몰카 사건Ⅱ).

② [○] (1) 피고인 甲이 바지선을 타고 밀입국하면서 필로폰을 밀수한다는 제보를 받고, 검찰수사관이 고현항에 도착한 위 바지선을 수색하던 도중 숨어 있던 甲을 발견하고 필로폰을 둔 장소를 물었으나 대답을 듣지 못하였고, 때마침 다른 검찰수사관이 "물건이 여기 있다, 찾았다"라고 외치자, 甲을 필로폰 밀수입 및 밀입국 등의 현행범으로 체포하면서 필로폰을 제시하고 "필로폰을 임의제출하면 영장 없이 압수할 수 있고 압수될 경우 임의로 돌려받지 못하며, 임의제출하지 않으면 영장을 발부받아서 압수하여야 한다"라고 설명하면서 필로폰을 임의로 제출할 의사가 있는지를 물었고, 피고인으로부터 **"그 정도는 저도 압니다"** 라는 말과 함께 승낙을 받아 필로폰을 압수한 경우 甲이 밀입국하면서 필로폰을 밀수입하는 범행을 실행 중이거나 실행한 직후에 검찰수사관이 바지선 내 甲을 발견한 장소 근처에서 필로폰이 발견되자 곧바로 甲을 체포하였으므로 이는 현행범 체포로서 적법하고, 甲은 필로폰의 소지인으로서 이를 임의로 제출하였다고 할 것이므로 그 **필로폰의 압수도 적법하다.** (2) 그럼에도 원심이 검찰수사관이 甲을 필로폰 밀수의 현행범으로 체포한 것은 위법하고, 압수한 필로폰은 적법한 임의제출 물건이 아니라는 이유로, 필로폰과 이를 기초로 한 2차적 증거들은 위법수집증거이거나 위법수집증거의 2차적 증거로서 증거능력이 없다고 판단한 것은 판결에 영향을 미친 잘못이 있다(대법원 2016.2.18, 2015도13726 바지선 필로폰 밀수 사건).

③ [○] 피의자가 휴대전화를 임의제출하면서 휴대전화에 저장된 전자정보가 아닌 클라우드 등 제3자가 관리하는 원격지에 저장되어 있는 전자정보를 수사기관에 제출한다는 의사로 수사기관에게 클라우드 등에 접속하기 위한 아이디와 비밀번호를 임의로 제공하였다면 위 **클라우드 등에 저장된 전자정보를 임의제출하는 것으로 볼 수 있다**(대법원 2021.7.29, 2020도14654 음란물 저장 휴대폰 압수 사건).

정답 | 854 ④

855 법원 또는 수사기관의 압수물 처리에 관한 다음 설명 중 옳지 않은 것은? [Essential ★]

1 2 3

① 위험발생의 염려가 있는 압수물은 폐기하여야 한다.

② 법령상 생산 · 제조 · 소지 · 소유 또는 유통이 금지된 압수물로서 부패의 염려가 있거나 보관하기 어려운 압수물은 소유자 등 권한 있는 자의 동의를 받아 폐기할 수 있다.

③ 몰수하여야 할 압수물로서 멸실 · 파손 · 부패 또는 현저한 가치 감소의 염려가 있거나 보관하기 어려운 압수물은 매각하여 대가를 보관할 수 있다.

④ 환부하여야 할 압수물 중 환부를 받을 자가 누구인지 알 수 없거나 그 소재가 불명한 경우로서 그 압수물의 멸실 · 파손 · 부패 또는 현저한 가치 감소의 염려가 있거나 보관하기 어려운 압수물은 매각하여 대가를 보관할 수 있다.

해설

① [×] 위험발생의 염려가 있는 압수물은 폐기할 수 있다(제103조 제2항, 제219조).

② [○] 법령상 생산 · 제조 · 소지 · 소유 또는 유통이 금지된 압수물로서 부패의 염려가 있거나 보관하기 어려운 압수물은 **소유자 등 권한 있는 자의 동의를 받아 폐기할 수 있다**(제130조 제3항, 제219조).

③ [○] 몰수하여야 할 압수물로서 멸실 · 파손 · 부패 또는 현저한 가치 감소의 염려가 있거나 보관하기 어려운 압수물은 **매각하여 대가를 보관할 수 있다**(제132조 제1항, 제219조).

④ [○] 환부하여야 할 압수물 중 환부를 받을 자가 누구인지 알 수 없거나 그 소재가 불명한 경우로서 그 압수물의 멸실 · 파손 · 부패 또는 현저한 가치 감소의 염려가 있거나 보관하기 어려운 압수물은 **매각하여 대가를 보관할 수 있다**(제132조 제2항, 제219조).

856 압수물 처리에 관한 다음 설명 중 옳지 않은 것은 모두 몇 개인가? (다툼이 있으면 판례에 의함)

1 2 3

[Superlative ★★★]

㉠ 위험발생의 염려가 없는 압수물이지만 피압수자가 그에 대한 소유권을 포기한 경우에는 수사기관이 이를 임의로 폐기하더라도 위법하지 않다.

㉡ 몰수하여야 할 압수물이 멸실, 파손 또는 부패의 염려가 있거나 보관하기에 불편하여 이를 매각하여 그 대가를 보관하는 경우, 몰수와의 관계에서는 그 대가보관금을 몰수대상인 압수물과 동일시할 수 있다.

㉢ 가환부의 결정이 있는 경우에도 압수의 효력은 지속되므로 가환부를 받은 자는 법원의 요구가 있으면 즉시 압수물을 제출할 의무가 있고 그 압수물에 대하여 보관의무를 부담하며 소유자라 하더라도 그 압수물을 처분할 수 없다.

① 0개 ② 1개

③ 2개 ④ 3개

해설

② ㉠ 항목만 옳지 않다.

㉠ [×] (1) 형사소송법 제130조 제2항에서 말하는 '위험발생의 염려가 있는 압수물'이란 사람의 생명, 신체, 건강, 재산에 위해를 줄 수 있는 물건으로서 보관 자체가 대단히 위험하여 종국판결이 선고될 때까지 보관하기 매우 곤란한 압수물을 의미하는 것으로 보아야 할 것이고, 이러한 사유에 해당하지 아니하는 압수물에 대하여는 설사 피압수자의 소유권포기가 있다 하더라도 폐기가 허용되지 아니한다고 해석하여야 할 것인데 (2) 피청구인(경기부천원미경찰서장)은 압수물이 그 물건의 성상이나 형태 등에 비추어 볼 때 종국판결까지 보관하는 것 자체가 위험하다고 볼 수 없을 뿐만 아니라 이를 보관하는 데 아무런 불편이 없는 물건임이 명백함에도 위험발생의 염려가 있다는 이유로 또한 압수물에 대한 소유권포기가 있다는 이유로 이를 사건종결 전에 폐기하였는바, 피청구인의 행위는 적법절차의 원칙을 위반한 것이고 피압수자인 청구인의 공정한 재판을 받을 권리를 침해한 것이다(헌법재판소 2012.12.27, 2011헌마351 생수병 · 과도 · 책가방 · 라이터 폐기사건).

㉡ [○] 몰수하여야 할 압수물이 멸실, 파손 또는 부패의 염려가 있거나 보관하기에 불편하여 이를 매각하여 그 대가를 보관하는 경우, 몰수와의 관계에서는 그 **대가보관금을 몰수대상인 압수물과 동일시할 수 있다**(대법원 1996.11.12, 96도2477).

㉢ [○] 가환부의 결정이 있는 경우에도 압수의 효력은 지속되므로 가환부를 받은 자는 법원의 요구가 있으면 즉시 압수물을 제출할 의무가 있고 그 압수물에 대하여 보관의무를 부담하며 소유자라 하더라도 그 **압수물을 처분할 수 없다**(대법원 1994.8.18, 94모42).

857 수사기관의 압수물 환부 · 가환부에 관한 다음 설명 중 옳지 않은 것은? [Essential ★]

1 2 3

① 검사 또는 사법경찰관은 사본을 확보한 경우 등 압수를 계속할 필요가 없다고 인정되는 압수물 및 증거에 사용할 압수물에 대하여 공소제기 전이라도 소유자, 소지자, 보관자 또는 제출인의 청구가 있는 때에는 환부 또는 가환부할 수 있다.

② 압수물 환부 또는 가환부 청구에 대하여 검사 또는 사법경찰관이 이를 거부하는 경우 신청인은 해당 검사의 소속 검찰청에 대응한 법원에 압수물의 환부 또는 가환부 결정을 청구할 수 있다.

③ 법원이 환부 또는 가환부를 결정하면 검사 또는 사법경찰관은 신청인에게 압수물을 환부 또는 가환부하여야 한다.

④ 사법경찰관이 압수물의 환부 또는 가환부 처분을 함에는 검사의 지휘를 받아야 한다.

해설

① [×] 검사는 사본을 확보한 경우 등 압수를 계속할 필요가 없다고 인정되는 압수물 및 증거에 사용할 압수물에 대하여 공소제기 전이라도 소유자, 소지자, 보관자 또는 제출인의 청구가 있는 때에는 환부 또는 가환부하여야 한다(제218조의2 제1항).

②③④ [○] 압수물 환부 또는 가환부 청구에 대하여 검사 또는 사법경찰관이 이를 거부하는 경우 신청인은 해당 검사의 소속 검찰청에 대응한 법원에 압수물의 **환부 또는 가환부 결정을 청구할 수 있다**. 법원이 환부 또는 가환부를 결정하면 검사 또는 사법경찰관은 **신청인에게 압수물을 환부 또는 가환부하여야 한다**. 사법경찰관이 압수물의 환부 또는 가환부 처분을 함에는 **검사의 지휘를 받아야 한다**(제218조의2 제2항부터 제4항).

정답 | 855 ① 856 ② 857 ①

858 압수물 환부 · 가환부에 관한 다음 설명 중 옳지 않은 것은? (다툼이 있으면 판례에 의함) [Essential ★]

1 2 3

① 법원은 압수를 계속할 필요가 없다고 인정되는 압수물을 피고사건 종결 전이라도 결정으로 환부하여야 한다.

② 수사기관은 사본을 확보한 경우 등 압수를 계속할 필요가 없다고 인정되는 압수물 및 증거에 사용할 압수물에 대하여 공소제기 전이라도 소유자, 소지자, 보관자 또는 제출인의 청구가 있는 때에는 환부 또는 가환부하여야 한다.

③ 검사는 증거에 사용할 압수물에 대하여 가환부의 청구가 있는 경우 가환부를 거부할 수 있는 특별한 사정이 없는 한 형사소송법 제218조의2 제1항에 의하여 가환부에 응하여야 한다.

④ 환부에 의하여 압수는 그 효력을 상실하며 또한 환부를 받은 자에게 소유권 기타 실체법상 권리를 확인하거나 창설하는 효력도 있다.

해설

④ [×] 압수물의 환부는 압수의 효력을 해제하여 압수 이전의 상태로 환원시키는 효력만 있을 뿐이므로, 환부를 받은 자에게 소유권 기타 실체법상 권리를 확인하거나 창설하는 효력은 없다(대법원 1996.8.16, 94모51 全合 다이아몬드 포기 사건).

① [○] 법원은 압수를 계속할 필요가 없다고 인정되는 압수물을 **피고사건 종결 전이라도 결정으로 환부하여야 한다**(제133조 제1항).

② [○] 수사기관은 사본을 확보한 경우 등 압수를 계속할 필요가 없다고 인정되는 압수물 및 증거에 사용할 압수물에 대하여 공소제기 전이라도 소유자, 소지자, 보관자 또는 제출인의 **청구가 있는 때에는 환부 또는 가환부하여야 한다**(제218조의2 제1항 · 제4항).

③ [○] 검사는 증거에 사용할 압수물에 대하여 가환부의 청구가 있는 경우 가환부를 거부할 수 있는 특별한 사정이 없는 한 형사소송법 제218조의2 제1항에 의하여 **가환부에 응하여야 한다**(대법원 2017.9.29, 2017모236 자동차 가환부신청 사건).

859 다음 중 압수물을 환부하여야 하는 경우(압수를 계속할 필요가 없다고 인정되는 경우)는 모두 몇 개인가? (다툼이 있으면 판례에 의함) [core ★★]

1 2 3

㉠ 압수된 금괴가 외국산이라고 하여도 언제, 누구에 의하여 관세포탈된 물건인지 알 수 없어 검사가 기소중지처분을 한 경우

㉡ 외국산 제품이라 하여도 그것이 언제 누구에 의하여 관세포탈된 물건인지 알 수 없어 검사가 그 사건을 불기소처분한 경우

㉢ 세관이 외국산시계를 관세장물의 혐의가 있다고 하여 압수하였던 것을 검사가 그것이 관세포탈품인지를 확인할 수 없어 그 사건을 기소중지처분을 한 경우

㉣ 외국산 물품(다이아몬드)을 관세장물의 혐의가 있다고 보아 압수하였다 하더라도 그것이 언제, 누구에 의하여 관세포탈된 물건인지 알 수 없어 기소중지처분을 한 경우

① 1개　　② 2개

③ 3개　　④ 4개

해설

④ 모든 항목이 압수물을 환부하여야 하는 경우(압수를 계속할 필요가 없다고 인정되는 경우)에 해당한다.

㉠ 금의 수입이 금지되어 있는 것도 아닌 바에야 금괴가 외국에서 생산된 것이라고 하여 당연히 밀수입된 것이라고 추정되는 것은 아닐 것이고, 이것이 외국산이라고 하여도 언제 누구에 의하여 관세포탈된 물건인지 알 수 없어 검사가 그 사건을 기소중지처분 하였다면 그 압수물은 관세장물이라고 단정할 수 없으므로 국고에 귀속시킬 수 없을 뿐 아니라 압수를 더 이상 계속할 필요도 없다(대법원 1991.4.22, 91모10).

㉡ 외국산 제품이라 하여도 그것이 언제 누구에 의하여 관세포탈된 물건인지 알 수 없어 검사가 그 사건을 불기소처분하였다면 그 압수물은 관세장물이라고 단정할 수 없으므로 국고에 귀속시킬 수 없을 뿐만 아니라 압수를 더 이상 계속할 필요도 없다 할 것인바, 같은 취지에서 판단한 원심결정은 정당하다(대법원 1984.12.21, 84모61).

㉢ 원심은, 압수물에 대하여는 압수를 더 이상 계속할 필요가 없을 뿐 아니라 그 물건들을 밀수입하였다는 사람의 이름조차 모르고 있는 사건에 있어 이를 관세장물이라고 볼 자료도 없다 할 것이어서 이를 서울세관에 계속 보관시킬 근거가 없다하여 검사의 압수물에 대한 국고귀속결정 및 이에 터잡은 압수물환부불허결정을 모두 형사소송법 제419조, 제414조 제2항에 따라 취소하고, 같은 법 제133조 제1항에 따라 그 압수물건을 소유자인 준항고인에게 환부하는 결정을 하였는바, 보면 원심의 이와 같은 결정은 정당하다(대법원 1988.12.14, 88모55).

㉣ 외국산 물품을 관세장물의 혐의가 있다고 보아 압수하였다 하더라도 그것이 언제, 누구에 의하여 관세포탈된 물건인지 알 수 없어 기소중지 처분을 한 경우에는 그 압수물은 관세장물이라고 단정할 수 없어 이를 국고에 귀속시킬 수 없을 뿐만 아니라 압수를 더 이상 계속할 필요도 없다(대법원 1996.8.16, 94모51 全合 다이아몬드 포기 사건).

860 압수물 환부에 관한 다음 설명 중 옳지 않은 것은? (다툼이 있으면 판례에 의함) [Essential ★]

1 2 3

① 압수물 환부는 환부를 받는 자에게 환부된 물건에 대한 소유권 기타 실체법상의 권리를 부여하거나 그러한 권리를 확정하는 것이 아니라 단지 압수를 해제하여 압수 이전의 상태로 환원시키는 것뿐이다.

② 압수물 환부는 실체법상의 권리와 관계없이 압수 당시의 소지인에 대하여 행하는 것이므로 실체법인 민법(사법)상 권리의 유무나 변동이 압수물의 환부를 받을 자의 절차법인 형사소송법(공법)상 지위에 어떠한 영향을 미친다고는 할 수 없다.

③ 피압수자 등 압수물의 환부를 받을 자가 압수 후 그 소유권을 포기하면 수사기관의 압수물환부의무는 면제가 되고 이러한 환부의무에 대응하는 압수물 환부청구권도 소멸하게 된다.

④ 수사단계에서 소유권을 포기한 압수물에 대하여 형사재판에서 몰수형이 선고되지 않은 경우, 피압수자는 국가에 대하여 민사소송으로 그 반환을 청구할 수 있다.

해설

③ [×] 피압수자 등 환부를 받을 자가 압수 후 그 소유권을 포기하는 등에 의하여 실체법상의 권리를 상실하더라도 그 때문에 압수물을 환부하여야 하는 수사기관의 의무에 어떠한 영향을 미칠 수 없고 또한 수사기관에 대하여 형사소송법상의 환부청구권을 포기한다는 의사표시를 하더라도 그 효력이 없어 그에 의하여 수사기관의 필요적 환부의무가 면제된다고 볼 수는 없으므로 압수물의 소유권이나 그 환부청구권을 포기하는 의사표시로 인하여 환부의무에 대응하는 압수물에 대한 환부청구권이 소멸하는 것은 아니다(대법원 1996.8.16, 94모51 全合 다이아몬드 포기 사건).

①② [○] 압수물의 환부는 환부를 받는 자에게 환부된 물건에 대한 소유권 기타 실체법상의 권리를 부여하거나 그러한 권리를 확정하는 것이 아니라 단지 압수를 해제하여 **압수 이전의 상태로 환원시키는 것** 뿐으로서 이는 실체법상의 권리와 관계없이 압수 당시의 소지인에 대하여 행하는 것이므로 실체법인 민법(사법)상 권리의 유무나 변동이 압수물의 환부를 받을 자의 **절차법인 형사소송법(공법)상 지위에 어떠한 영향을 미친다고는 할 수 없다**(대법원 1996.8.16, 94모51 全合 다이아몬드 포기 사건).

④ [○] 수사단계에서 소유권을 포기한 압수물에 대하여 형사재판에서 **몰수형이 선고되지 않은 경우 피압수자는 국가에 대하여 민사소송으로 그 반환을 청구할 수 있다**(대법원 2000.12.22, 2000다27725 수표 포기 사건).

정답 | 858 ④ 859 ④ 860 ③

861 압수물의 처리에 관한 다음 설명 중 옳지 않은 것은? (다툼이 있으면 판례에 의함) [core ★★]

1 2 3

① 압수한 장물은 피해자에게 환부할 이유가 명백한 때에는 피고사건의 종결전이라도 결정으로 피해자에게 환부할 수 있다.

② 피해자의 신속한 권리구제를 위하여 피해자의 압수물 인도청구권에 관하여 사실상, 법률상 다소라도 의문이 있는 경우라도 법원은 압수장물을 피해자에게 환부할 수 있다.

③ 압수한 장물로서 피해자에게 환부할 이유가 명백한 것은 판결로써 피해자에게 환부하는 선고를 하여야 한다.

④ 압수장물의 피해자 환부는 이해관계인이 민사소송절차에 의하여 그 권리를 주장함에 영향을 미치지 아니한다.

해설

② [×] 형사소송법 제134조 소정의 '환부할 이유가 명백한 때'라 함은 사법상 피해자가 그 압수된 물건의 인도를 청구할 수 있는 권리가 있음이 명백한 경우를 의미하고 위 인도청구권에 관하여 사실상, 법률상 다소라도 의문이 있는 경우에는 환부할 명백한 이유가 있는 경우라고는 할 수 없다(대법원 1984.7.16, 84모38 까나리 사건).

① [○] 압수한 장물은 피해자에게 환부할 이유가 명백한 때에는 피고사건의 **종결전이라도 결정으로 피해자에게 환부할 수 있다**(제134조).

③ [○] 압수한 장물로서 피해자에게 환부할 이유가 명백한 것은 **판결로써 피해자에게 환부하는 선고를 하여야 한다**(제333조 제1항).

④ [○] 압수장물의 피해자 환부는 이해관계인이 민사소송절차에 의하여 그 **권리를 주장함에 영향을 미치지 아니한다**(제333조 제4항).

862 강제채뇨(强制採尿)에 관한 다음 설명 중 옳지 않은 것은? (다툼이 있으면 판례에 의함) [core ★★]

1 2 3

① 강제 채뇨는 피의자가 임의로 소변을 제출하지 않는 경우 피의자에 대하여 강제력을 사용해서 도뇨관(導尿管)을 요도를 통하여 방광에 삽입한 뒤 체내에 있는 소변을 배출시켜 소변을 취득 · 보관하는 행위이다.

② 피의자에게 범죄 혐의가 있고 그 범죄가 중대한지, 소변성분 분석을 통해서 범죄 혐의를 밝힐 수 있는지, 범죄 증거를 수집하기 위하여 피의자의 신체에서 소변을 확보하는 것이 필요한 것인지, 채뇨가 아닌 다른 수단으로는 증명이 곤란한지 등을 고려하여 범죄수사를 위해서 강제채뇨가 부득이하다고 인정되는 경우에 최후의 수단으로 적법한 절차에 따라 허용된다.

③ 수사기관이 범죄 증거를 수집할 목적으로 피의자의 동의 없이 피의자의 소변을 채취하는 것은 법원으로부터 감정허가장을 받아 형사소송법 제221조의4 제1항, 제173조 제1항에서 정한 '감정에 필요한 처분'으로 할 수 있지만, 형사소송법 제219조, 제106조 제1항, 제109조에 따른 압수 · 수색의 방법으로도 할 수 있고, 이러한 압수 · 수색의 경우에도 수사기관은 원칙적으로 형사소송법 제215조에 따라 판사로부터 압수 · 수색영장을 적법하게 발부받아 집행해야 한다.

④ 압수 · 수색의 방법으로 소변을 채취하는 경우 압수대상물인 피의자의 소변을 확보하기 위한 수사기관의 노력에도 불구하고, 피의자가 인근 병원 응급실 등 소변 채취에 적합한 장소로 이동하는 것에 동의하지 않거나 저항하는 등 임의동행을 기대할 수 없는 사정이 있는 때에는 수사기관은 판사로부터 반드시 감정유치장을 발부받아 소변 채취에 적합한 장소로 피의자를 데려가야 한다.

해설

④ [×] 압수 · 수색의 방법으로 소변을 채취하는 경우 압수대상물인 피의자의 소변을 확보하기 위한 수사기관의 노력에도 불구하고, 피의자가 인근 병원 응급실 등 소변 채취에 적합한 장소로 이동하는 것에 동의하지 않거나 저항하는 등 임의동행을 기대할 수 없는 사정이 있는 때에는 수사기관으로서는 소변 채취에 적합한 장소로 피의자를 데려가기 위해서 필요 최소한의 유형력을 행사하는 것이 허용되는데, 이는 형사소송법 제219조, 제120조 제1항에서 정한 '압수 · 수색영장의 집행에 필요한 처분'에 해당한다(대법원 2018.7.12, 2018도6219 부산 강제채뇨 사건).

① [○] 강제채뇨는 피의자가 임의로 소변을 제출하지 않는 경우 피의자에 대하여 강제력을 사용해서 도뇨관(導尿管)을 요도를 통하여 방광에 삽입한 뒤 체내에 있는 소변을 배출시켜 **소변을 취득 · 보관하는 행위이다**(대법원 2018.7.12, 2018도6219 부산 강제채뇨 사건).

② [○] 피의자에게 범죄 혐의가 있고 그 범죄가 중대한지, 소변성분 분석을 통해서 범죄 혐의를 밝힐 수 있는지, 범죄 증거를 수집하기 위하여 피의자의 신체에서 소변을 확보하는 것이 필요한 것인지, 채뇨가 아닌 다른 수단으로는 증명이 곤란한지 등을 고려하여 범죄수사를 위해서 강제채뇨가 부득이하다고 인정되는 경우에 **최후의 수단으로 적법한 절차에 따라 허용된다**(대법원 2018.7.12, 2018도6219 부산 강제채뇨 사건).

③ [○] 수사기관이 범죄 증거를 수집할 목적으로 피의자의 동의 없이 피의자의 소변을 채취하는 것은 법원으로부터 감정허가장을 받아 형사소송법 제221조의4 제1항, 제173조 제1항에서 정한 **'감정에 필요한 처분'으로 할 수 있지만**, 형사소송법 제219조, 제106조 제1항, 제109조에 따른 **압수 · 수색의 방법으로도 할 수 있고**, 이러한 압수 · 수색의 경우에도 수사기관은 원칙적으로 형사소송법 제215조에 따라 판사로부터 압수 · 수색영장을 적법하게 발부받아 집행해야 한다(대법원 2018.7.12, 2018도6219 부산 강제채뇨 사건).

정답 | 861 ② 862 ④

863 통신비밀보호법과 관련된 다음 설명 중 옳지 않은 것은? (다툼이 있으면 판례에 의함) [core ★★]

1 2 3

① 무전기와 같은 무선전화기를 이용한 통화나 전화통화는 통신비밀보호법에서 규정하고 있는 전기통신에 해당하므로 이를 같은 법 제3조 제1항 소정의 '타인간의 대화'에 포함된다고 할 수 없다.

② '전기통신의 감청'은 전기통신이 이루어지고 있는 상황에서 실시간으로 그 전기통신의 내용을 지득 · 채록하는 경우와 통신의 송 · 수신을 직접적으로 방해하는 경우를 의미하는 것이지 이미 수신이 완료된 전기통신에 관하여 남아 있는 기록이나 내용을 열어보는 등의 행위는 포함하지 않는다.

③ '전기통신의 감청'은 현재 이루어지고 있는 전기통신의 내용을 지득 · 채록하는 경우와 통신의 송 · 수신을 직접적으로 방해하는 경우를 의미하는 것이지 전자우편이 송신되어 수신인이 이를 확인하는 등으로 이미 수신이 완료된 전기통신에 관하여 남아 있는 기록이나 내용을 열어보는 등의 행위는 이에 포함하지 않는다.

④ 검사 또는 사법경찰관은 인터넷 회선을 통하여 송신 · 수신하는 전기통신을 대상으로 하는 통신제한조치 또는 긴급통신제한조치를 할 수 없다.

해설

④ [×] 검사 또는 사법경찰관은 인터넷 회선을 통하여 송신 · 수신하는 전기통신을 대상으로 하는 통신제한조치 또는 긴급통신제한조치를 할 수 있다(통비법 제12조의2). 이는 이른바 패킷(packet) 감청을 말하는데, 무분별한 패킷 감청에 대한 헌법불합치결정(헌법재판소 2018.8.30, 2016헌마263)으로 2020.3.24, 통신비밀보호법에 관련 조항이 신설되었다.

통신비밀보호법(2021.10.19. 법률 제18483호로 일부개정된 것)

제12조의2 【범죄수사를 위하여 인터넷 회선에 대한 통신제한조치로 취득한 자료의 관리】 ① 검사는 인터넷 회선을 통하여 송신 · 수신하는 전기통신을 대상으로 제6조 또는 제8조에 따른 통신제한조치를 집행한 경우 그 전기통신을 제12조 제1호에 따라 사용하거나 사용을 위하여 보관(이하 이 조에서 "보관등"이라 한다)하고자 하는 때에는 집행종료일부터 14일 이내에 보관등이 필요한 전기통신을 선별하여 통신제한조치를 허가한 법원에 보관등의 승인을 청구하여야 한다.

② 사법경찰관은 인터넷 회선을 통하여 송신 · 수신하는 전기통신을 대상으로 제6조 또는 제8조에 따른 통신제한조치를 집행한 경우 그 전기통신의 보관등을 하고자 하는 때에는 집행종료일부터 14일 이내에 보관등이 필요한 전기통신을 선별하여 검사에게 보관등의 승인을 신청하고, 검사는 신청일부터 7일 이내에 통신제한조치를 허가한 법원에 그 승인을 청구할 수 있다.

③ 〈생략〉

④ 법원은 청구가 이유 있다고 인정하는 경우에는 보관등을 승인하고 이를 증명하는 서류(이하 이 조에서 "승인서"라 한다)를 발부하며, 청구가 이유 없다고 인정하는 경우에는 청구를 기각하고 이를 청구인에게 통지한다.

⑤ 검사 또는 사법경찰관은 제1항에 따른 청구나 제2항에 따른 신청을 하지 아니하는 경우에는 집행종료일부터 14일(검사가 사법경찰관의 신청을 기각한 경우에는 그 날부터 7일) 이내에 통신제한조치로 취득한 전기통신을 폐기하여야 하고, 법원에 승인청구를 한 경우에는 제4항에 따라 법원으로부터 승인서를 발부받거나 청구기각의 통지를 받은 날부터 7일 이내에 승인을 받지 못한 전기통신을 폐기하여야 한다.

⑥ 검사 또는 사법경찰관은 제5항에 따라 통신제한조치로 취득한 전기통신을 폐기한 때에는 폐기의 이유와 범위 및 일시 등을 기재한 폐기결과보고서를 작성하여 피의자의 수사기록 또는 피내사자의 내사사건기록에 첨부하고, 폐기일부터 7일 이내에 통신제한조치를 허가한 법원에 송부하여야 한다.

① [O] (1) 무전기와 같은 무선전화기를 이용한 통화가 통비법에서 규정하고 있는 전기통신에 해당함은 전화통화의 성질 및 법 규정 내용에 비추어 명백하므로 이를 같은 법 제3조 제1항 소정의 **'타인간의 대화'에 포함된다고 할 수 없다**(대법원 2003.11.13, 2001도6213 렉카 회사 사건). (2) 전화통화가 통비법에서 규정하고 있는 전기통신에 해당함은 전화통화의 성질 및 법 규정 내용에 비추어 명백하므로 이를 법 제3조 제1항 소정의 '타인간의 대화'에 포함시킬 수는 없다(대법원 2002.10.8, 2002도123 귓불 뚫어 주느냐 사건).

② [O] '전기통신의 감청'은 전기통신이 이루어지고 있는 상황에서 실시간으로 그 전기통신의 내용을 지득 · 채록하는 경우와 통신의 송 · 수신을 직접적으로 방해하는 경우를 의미하는 것이지 **이미 수신이 완료된 전기통신에 관하여 남아 있는 기록이나 내용을 열어보는 등의 행위는 포함하지 않는다**(대법원 2016.10.13, 2016도8137 코리아연대 사건).

③ [O] '전기통신의 감청'은 현재 이루어지고 있는 전기통신의 내용을 지득 · 채록하는 경우와 통신의 송 · 수신을 직접적으로 방해하는 경우를 의미하는 것이지 전자우편이 송신되어 수신인이 이를 확인하는 등으로 **이미 수신이 완료된 전기통신에 관하여 남아 있는 기록이나 내용을 열어보는 등의 행위는 이에 포함하지 않는다**(대법원 2013.11.28, 2010도12244 밀양시장 이메일 해킹 사건).

864 다음 중 범죄수사를 위한 통신제한조치 대상범죄가 아닌 것은? [Essential ★]

1 2 3

① 뇌물수수죄
② 공무집행방해죄
③ 범인도피죄
④ 현주건조물방화죄

해설

② 공무집행방해죄는 통신제한조치 대상범죄가 아니다(통비법 제5조 제1항 참고).

865 다음 중 범죄수사를 위한 통신제한조치 대상범죄가 아닌 것은? [core ★★]

1 2 3

① 협박죄
② 경매입찰방해죄
③ 사기죄
④ 공갈죄

해설

③ 사기죄는 통신제한조치 대상범죄가 아니다(통비법 제5조 제1항 참고).

정답 | 863 ④ 864 ② 865 ③

866 다음은 범죄수사를 위한 통신제한조치의 절차를 설명한 것이다. 옳지 않은 것은? [core ★★]

1 2 3

① 검사는 요건이 구비된 경우에는 법원에 대하여 각 피의자별 또는 각 피내사자별로 통신제한조치를 허가하여 줄 것을 청구할 수 있다.

② 법원은 청구가 이유 있다고 인정하는 경우에는 각 피의자별 또는 각 피내사자별로 통신제한조치를 허가하고, 허가서를 청구한 검사에게 발부한다.

③ 허가서에는 통신제한조치의 종류 · 그 목적 · 대상 · 범위 · 기간 및 집행장소와 방법을 특정하여 기재하여야 한다.

④ 통신제한조치의 기간은 2개월을 초과하지 못하고, 그 기간 중 통신제한조치의 목적이 달성되었을 경우에는 즉시 종료하여야 한다. 2개월 이상의 통신제한조치가 필요하면 다시 통신제한조치의 허가를 받아야 한다.

해설

④ [×] 통신제한조치의 기간은 2개월을 초과하지 못하고, 그 기간 중 통신제한조치의 목적이 달성되었을 경우에는 즉시 종료하여야 한다. 다만, 허가요건이 존속하는 경우에는 소명자료를 첨부하여 2개월의 범위에서 통신제한조치기간의 연장을 청구할 수 있다(통비법 제6조 제7항). 연장을 청구하는 것이 다시 허가를 받는 것이 아니다.

① [○] 검사는 요건이 구비된 경우에는 법원에 대하여 각 **피의자별 또는 각 피내사자별로 통신제한조치를 허가하여 줄 것을 청구할 수 있다**(통비법 제6조 제1항).

② [○] 법원은 청구가 이유 있다고 인정하는 경우에는 각 피의자별 또는 각 피내사자별로 통신제한조치를 허가하고, **허가서를 청구한 검사에게 발부한다**(통비법 제6조 제5항).

③ [○] 허가서에는 통신제한조치의 종류 · 그 목적 · 대상 · 범위 · 기간 및 집행장소와 방법을 **특정하여 기재하여야 한다**(통비법 제6조 제6항).

867 다음 중 통신제한조치 적용대상 범죄에 해당하는 것을 모두 고른 것은? [Superlative ★★★]

1 2 3

㉠ 형법상 내란죄	㉡ 형법상 약취 · 유인죄
㉢ 형법상 사기죄	㉣ 형법상 공무집행방해죄
㉤ 자동차관리법 위반	

① ㉠㉡ ② ㉠㉡㉢

③ ㉠㉡㉢㉣ ④ ㉠㉡㉢㉣㉤

해설

① ㉠ 형법상 내란죄와 ㉡ 형법상 약취 · 유인죄는 통신제한조치 대상 범죄에 해당한다(통비법 제5조 제1항 참고). ㉢㉣㉤ 이들은 통신제한조치 대상 범죄에 해당하지 않는다.

868 통신비밀보호법에 관한 다음 설명 중 옳지 않은 것은? (다툼이 있으면 판례에 의함) [core ★★]

1 2 3

① 대화에 원래부터 참여하지 않는 제3자가 일반 공중이 알 수 있도록 공개되지 아니한 타인간의 발언을 녹음하거나 전자장치 또는 기계적 수단을 이용하여 청취하는 것은 특별한 사정이 없는 한 통신비밀보호법 제3조 제1항에 위반된다.

② 제3자의 경우 전화통화 당사자 일방의 동의를 받고 그 통화 내용을 녹음하였다면 비록 그 상대방의 동의가 없었더라도 통신비밀보호법 제3조 제1항 위반이 되지 아니한다.

③ 피고인이 범행 후 피해자에게 전화를 걸어오자 피해자가 증거를 수집하려고 그 전화내용을 녹음한 경우 그 녹음테이프가 피고인 모르게 녹음된 것이라 하여 이를 위법하게 수집된 증거라고 할 수 없다.

④ 3인간의 대화에서 그중 한 사람이 그 대화를 녹음 또는 청취하는 경우에 다른 두 사람의 발언은 그 녹음자 또는 청취자에 대한 관계에서 통신비밀보호법 제3조 제1항에서 정한 '타인간의 대화'라고 할 수 없으므로, 이러한 녹음 또는 청취하는 행위 및 그 내용을 공개하거나 누설하는 행위가 동법 제16조 제1항에 해당한다고 볼 수 없다.

해설

② [×] 제3자의 경우는 설령 전화통화 당사자 일방의 동의를 받고 그 통화 내용을 녹음하였다 하더라도 그 상대방의 동의가 없었던 이상 통신비밀보호법 제3조 제1항 위반이 되고, 이와 같이 불법감청에 의하여 녹음된 전화통화의 내용은 증거능력이 없다. 이는 피고인이나 변호인이 이를 증거로 함에 동의하였다고 하더라도 달리 볼 것은 아니다(대법원 2010.10.14, 2010도9016 공범자 통화 녹음사건).

① [○] 대화에 원래부터 **참여하지 않는 제3자가** 일반 공중이 알 수 있도록 공개되지 아니한 타인 간의 **발언을 녹음하거나** 전자장치 또는 기계적 수단을 이용하여 **청취하는 것은** 특별한 사정이 없는 한 **통신비밀보호법 제3조 제1항에 위반된다**(대법원 2016.5.12, 2013도15616 정수장학회 비밀회동 사건).

③ [○] 피고인이 범행 후 피해자에게 전화를 걸어오자 피해자가 증거를 수집하려고 그 전화내용을 녹음한 경우 그 녹음테이프가 피고인 모르게 녹음된 것이라 하여 이를 **위법하게 수집된 증거라고 할 수 없다**(대법원 1997.3.28, 97도240 강간범 통화 녹음사건).

④ [○] **3인간의 대화**에서 그중 한 사람이 그 대화를 녹음 또는 청취하는 경우에 다른 두 사람의 발언은 그 녹음자 또는 청취자에 대한 관계에서 통신비밀보호법 제3조 제1항에서 정한 '타인간의 대화'라고 할 수 없으므로, 이러한 녹음 또는 청취하는 행위 및 그 내용을 공개하거나 누설하는 행위가 **동법 제16조 제1항에 해당한다고 볼 수 없다**(대법원 2014.5.16, 2013도16404).

정답 | 866 ④ 867 ① 868 ②

869 다음 각 지문에서 (　　) 안의 내용이 옳은 것은? (다툼이 있으면 판례에 의함) [core ★★]

1 2 3

① 甲이 乙과 통화를 마친 후 전화가 끊기지 않은 상태에서 휴대전화를 통하여 사물에서 발생하는 음향인 '우당탕'과 비명소리인 '악' 소리를 들었고, 이후 甲이 그와 같은 소리를 들었다고 법정에서 증언한 경우 (甲의 증언은 증거능력이 부정됨)

② 신문기자인 甲이 휴대폰의 녹음기능을 작동시킨 상태로 정수장학회 이사장 A와 전화통화를 마친 후 예우차원에서 A가 전화를 먼저 끊기를 기다리던 중, B가 A와 인사를 나누면서 C를 소개하는 목소리가 휴대폰을 통해 들려오고, 때마침 A가 실수로 휴대폰의 통화종료 버튼을 누르지 아니한 채 이를 탁자 위에 놓아두자, 통화연결 상태에 있는 자신의 휴대폰을 이용하여 대화를 몰래 청취하고 녹음한 경우 (甲은 무죄)

③ 甲, 乙이 A와의 통화 내용을 녹음하기로 합의한 후 甲이 스피커폰으로 A와 통화하고 乙이 옆에서 이를 녹음한 경우 (녹취록 등은 증거능력이 부정됨)

④ 필로폰 매도혐의로 기소된 피고인 甲에 대한 추가적인 증거확보를 목적으로, 검찰이 구속수감되어 있던 乙에게 그의 압수된 휴대전화를 제공하여 甲과 통화하게 하고 "내가 준 필로폰의 품질에는 아무런 문제가 없다"는 내용의 녹음이 들어 있는 휴대전화를 임의제출 형식으로 제출받은 후 휴대전화에 내장된 녹음파일에 대한 녹취록 등을 법원에 제출한 경우 (녹취록 등은 증거능력이 부정되지 않음)

해설

③ [O] 전화통화의 당사자는 甲과 A이고, 乙은 제3자에 해당하므로 乙이 전화통화 당사자 일방인 甲의 동의를 받고 통화 내용을 녹음하였다고 하더라도 상대방인 A의 동의가 없었던 이상 이는 통신비밀보호법 제3조 제1항에 위반한 **'전기통신의 감청'에 해당하여 그 녹음파일은 증거로 사용할 수 없고,** 이는 A가 녹음파일 및 이를 채록한 녹취록에 대하여 **증거동의를 하였다 하더라도 마찬가지이다**(대법원 2019.3.14, 2015도1900 변호사 매형, 검사 처남 사건).

① [×] (1) 통신비밀보호법에서 보호하는 타인 간의 '대화'는 원칙적으로 현장에 있는 당사자들이 육성으로 말을 주고받는 의사소통행위를 가리킨다. 따라서 사람의 육성이 아닌 사물에서 발생하는 음향은 타인 간의 '대화'에 해당하지 않고 또한 사람의 목소리라고 하더라도 상대방에게 의사를 전달하는 말이 아닌 단순한 비명소리나 탄식 등은 타인과 의사소통을 하기 위한 것이 아니라면 특별한 사정이 없는 한 타인 간의 '대화'에 해당한다고 볼 수 없다. (2) 甲이 乙과 통화를 마친 후 전화가 끊기지 않은 상태에서 휴대전화를 통하여 '우당탕', '악' 소리를 들었는데, '우당탕' 소리는 사물에서 발생하는 음향일 뿐 사람의 목소리가 아니므로 타인 간의 '대화'에 해당하지 않고, '악' 소리도 사람의 목소리이기는 하나 단순한 비명소리에 지나지 않아 그것만으로 상대방에게 의사를 전달하는 말이라고 보기는 어려워 특별한 사정이 없는 한 타인 간의 '대화'에 해당한다고 볼 수 없다(대법원 2017.3.15, 2016도19843 우당탕 악 사건).

② [×] 甲이 통화연결 상태에 있는 자신의 휴대폰을 이용하여 대화를 몰래 청취하고 녹음한 경우, 甲은 대화에 원래부터 참여하지 아니한 제3자이므로 휴대폰을 이용하여 대화를 청취·녹음하는 행위는 작위에 의한 통신비밀보호법 제3조 위반행위에 해당한다(대법원 2016.5.12, 2013도15616 정수장학회 비밀회동 사건).

④ [×] 수사기관이 구속수감된 乙로 하여금 피고인 甲의 범행에 관한 통화 내용을 녹음하게 한 행위는 수사기관 스스로가 주체가 되어 구속수감된 자의 동의만을 받고 상대방인 피고인의 동의가 없는 상태에서 그들의 통화 내용을 녹음한 것으로서 범죄수사를 위한 통신제한조치의 허가 등을 받지 아니한 불법감청에 해당한다고 보아야 할 것이므로, 그 녹음 자체는 물론이고 이를 근거로 작성된 수사보고의 기재 내용과 첨부 녹취록 및 첨부 mp3 파일도 모두 피고인과 변호인의 증거동의에 상관없이 증거능력이 없다(대법원 2010.10.14, 2010도9016 공범자 통화 녹음 사건).

870 통신비밀보호법과 통신제한조치에 관한 다음 설명 중 옳지 않은 것은? (다툼이 있으면 판례에 의함)

1 2 3

[core ★★]

① 통신비밀보호법에서 말하는 '대화'에는 당사자가 마주 대하여 이야기를 주고받는 경우뿐만 아니라 당사자 중 한 명이 일방적으로 말하고 상대방은 듣기만 하는 경우도 포함되므로 강연과 토론·발표 등은 대상자와 상대방 사이의 대화에 해당한다.

② 통신제한조치허가서에 의하여 허가된 통신제한조치가 '전기통신 감청 및 우편물 검열'뿐인 경우 그 후 연장결정서에 당초 허가 내용에 없던 '대화녹음'이 기재되어 있다 하더라도 이는 대화녹음의 적법한 근거가 되지 못한다.

③ 검사가 통화내역(甲과 乙에 대한 공직선거법위반 사건의 수사과정에서 SK텔레콤이 강원정선경찰서장에게 제공한 것)을 취득하는 과정에서 지방법원 또는 지원의 허가를 받았다면 피고인에 대한 정치자금법위반의 공소사실이 甲과 乙의 공직선거법위반죄와 아무 관련이 없더라도 이를 증거로 사용할 수 있다.

④ 통신제한조치허가서에 기재된 통신제한조치의 종류는 전기통신의 '감청'임에도 카카오(kakao)가 이미 수신이 완료되어 전자정보의 형태로 서버에 저장되어 있던 것을 3~7일마다 정기적으로 추출하여 수사기관에 제공하는 방식으로 통신제한조치를 집행하였다면 그 카카오톡 대화내용은 적법절차의 실질적 내용을 침해하는 것으로 위법하게 수집된 증거라 할 것이므로 유죄인정의 증거로 삼을 수 없다.

THE CRIMINAL LAW

3편

형사소송법 수사

해설

③ [×] (1) 통신사실확인자료 제공요청에 의하여 취득한 통신사실확인자료를 범죄의 수사·소추 또는 예방을 위하여 사용하는 경우 그 대상범죄는 통신사실확인자료 제공요청의 목적이 된 범죄나 이와 관련된 범죄에 한정된다. (2) 검사가 통화내역(甲과 乙에 대한 공직선거법위반 사건의 수사과정에서 SK텔레콤이 강원정선경찰서장에게 제공한 것)을 취득하는 과정에서 지방법원 또는 지원의 허가를 받았더라도 피고인에 대한 정치자금법위반의 공소사실은 甲과 乙의 공직선거법위반죄와는 아무 관련이 없으므로 이를 증거로 사용할 수 없다(대법원 2014.10.27, 2014도2121).

① [○] 통신비밀보호법에서 말하는 '대화'에는 당사자가 마주 대하여 이야기를 주고받는 경우뿐만 아니라 당사자 중 한 명이 일방적으로 말하고 상대방은 듣기만 하는 경우도 포함되므로 **강연과 토론·발표 등은 대상자와 상대방 사이의 대화에 해당한다**(대법원 2015.1.22, 2014도10978 全合 내란 선동 사건).

② [○] 통신제한조치허가서에 의하여 허가된 통신제한조치가 '전기통신 감청 및 우편물 검열'뿐인 경우 그 후 **연장결정서에 당초 허가 내용에 없던 '대화녹음'이 기재되어 있다 하더라도 이는 대화녹음의 적법한 근거가 되지 못한다**(대법원 1999.9.3, 99도2317 영남위원회 사건).

④ [○] 통신제한조치허가서에 기재된 통신제한조치의 종류는 전기통신의 '감청'이므로, 수사기관으로부터 집행위탁을 받은 카카오는 통신비밀보호법이 정한 감청의 방식, 즉 전자장치 등을 사용하여 실시간으로 대상자들이 카카오톡에서 송·수신하는 음향·문언·부호·영상을 청취·공독하여 그 내용을 지득 또는 채록하는 방식으로 통신제한조치를 집행하여야 하고 임의로 선택한 다른 방식으로 집행하여서는 안 된다고 할 것이다. 그런데도 카카오는 통신제한조치허가서에 기재된 기간 동안, 이미 수신이 완료되어 전자정보의 형태로 서버에 저장되어 있던 것을 3~7일마다 정기적으로 추출하여 수사기관에 제공하는 방식으로 통신제한조치를 집행하였다. 이러한 카카오의 집행은 동시성 또는 현재성 요건을 충족하지 못해 통신비밀보호법이 정한 감청이라고 볼 수 없으므로 통신제한조치허가서에 기재된 방식을 따르지 않은 것으로서 위법하고, 따라서 **카카오톡 대화내용은 적법절차의 실질적 내용을 침해하는 것으로 위법하게 수집된 증거라 할 것이므로 유죄인정의 증거로 삼을 수 없다**(대법원 2016.10.13, 2016도8137 코리아연대 사건).

정답 | 869 ③ 870 ③

871 사법경찰관의 사건송치 등에 관한 다음 설명 중 옳지 않은 것은? [core ★★]

1 2 3

① 사법경찰관은 범죄의 혐의가 있다고 인정되는 경우에는 지체 없이 검사에게 사건을 송치하고, 관계 서류와 증거물을 검사에게 송부하여야 한다.

② 사법경찰관은 범죄의 혐의가 있다고 인정되는 경우 외에는 그 이유를 명시한 서면과 함께 관계 서류와 증거물을 지체 없이 검사에게 송부하여야 한다. 이 경우 검사는 송부받은 날로부터 90일 이내에 사법경찰관에게 반환하여야 한다.

③ 사법경찰관은 불송치 이유를 명시한 서면, 관계 서류와 증거물을 검사에게 송부한 날로부터 7일 이내에 서면으로 고소인 · 고발인 · 피해자 또는 그 법정대리인 등에게 사건을 검사에게 송치하지 아니하는 취지와 그 이유를 통지하여야 한다.

④ 검사는 사법경찰관이 사건을 송치하지 아니한 것이 위법 또는 부당한 때에는 사법경찰관에게 사건을 송치할 것을 요구할 수 있다.

해설

④ [×] 검사는 사법경찰관이 사건을 송치하지 아니한 것이 위법 또는 부당한 때에는 그 이유를 문서로 명시하여 사법경찰관에게 재수사를 요청할 수 있다(제245조의8 제1항). 사법경찰관은 재수사 요청이 있는 때에는 사건을 재수사하여야 한다(제245조의8 제2항).

①② [○] 사법경찰관은 범죄의 혐의가 있다고 인정되는 경우에는 지체 없이 검사에게 사건을 송치하고, **관계 서류와 증거물을 검사에게 송부하여야 한다.** 사법경찰관은 범죄의 혐의가 있다고 인정되는 경우 외에는 그 이유를 명시한 서면과 함께 관계 서류와 증거물을 지체 없이 검사에게 송부하여야 한다. 이 경우 검사는 송부받은 날로부터 **90일 이내에 사법경찰관에게 반환하여야 한다**(제245조의5 제1호 · 제2호).

③ [○] 사법경찰관은 불송치 이유를 명시한 서면, 관계 서류와 증거물을 검사에게 송부한 날로부터 **7일** 이내에 서면으로 고소인 · 고발인 · 피해자 또는 그 법정대리인 등에게 사건을 검사에게 송치하지 아니하는 **취지와 그 이유를 통지하여야 한다**(제245조의6).

872 사법경찰관의 사건 불송치 등에 관한 다음 설명 중 옳지 않은 것은 모두 몇 개인가? [Superlative ★★★]

1 2 3

> ㉠ 사법경찰관은 범죄를 수사한 때에 범죄의 혐의가 있다고 인정되는 경우 외에는 그 이유를 명시한 서면과 함께 관계 서류와 증거물을 지체 없이 검사에게 송부하여야 한다. ㉡ 사법경찰관은 그 송부한 날로부터 7일 이내에 서면으로 고소인 · 고발인 · 피해자 또는 그 법정대리인에게 사건을 검사에게 송치하지 아니하는 취지와 그 이유를 통지하여야 한다. ㉢ 통지를 받은 사람은 30일 이내에 해당 사법경찰관의 소속 관서의 장에게 이의를 신청할 수 있다. ㉣ 사법경찰관은 이의신청이 있는 때에는 지체 없이 사건을 재수사하여야 한다.

① 0개 ② 1개

③ 2개 ④ 3개

해설

③ ㉢㉣ 2항목이 옳지 않다.

㉠ [○] 사법경찰관은 **범죄를 수사한 때에 범죄의 혐의가 있다고 인정되는 경우 외에는 그 이유를 명시한 서면과 함께 관계 서류와 증거물을 지체 없이 검사에게 송부하여야 한다**(제245조의5 제2호).

㉡ [○] 사법경찰관은 그 송부한 날로부터 **7일 이내에 서면으로 고소인 · 고발인 · 피해자 또는 그 법정대리인에게 사건을 검사에게 송치하지 아니하는 취지와 그 이유를 통지하여야 한다**(제245조의6).

㉢ [×] 통지를 받은 사람은 해당 사법경찰관의 소속 관서의 장에게 이의를 신청할 수 있다(제245조의7 제1항). 이의신청 시기에는 특별히 제한이 없다.

㉣ [×] 사법경찰관은 이의신청이 있는 때에는 지체 없이 검사에게 사건을 송치하고 관계 서류와 증거물을 송부하여야 하며, 처리결과와 그 이유를 신청인에게 통지하여야 한다(제245조의7 제2항).

정답 | 871 ④ 872 ③

873 검사와 사법경찰관의 상호협력과 일반적 수사준칙에 관한 규정상 재수사요청에 대한 설명으로 옳지 않은 것은?

1 2 3

[Superlative ★★★]

① 검사는 사법경찰관에게 재수사를 요청하려는 경우에는 관계 서류와 증거물을 송부받은 날부터 90일 이내에 해야 한다. 다만, 불충치 결정에 영향을 줄 수 있는 명백히 새로운 증거 또는 사실이 발견된 경우나 증거 등의 허위, 위조 또는 변조를 인정할 만한 상당한 정황이 있는 경우에는 관계 서류와 증거물을 송부받은 날부터 90일이 지난 후에도 재수사를 요청할 수 있다.

② 사법경찰관은 재수사를 한 경우, 범죄의 혐의가 있다고 인정되는 경우에는 검사에게 사건을 송치하고 관계 서류와 증거물을 송부하고, 기존의 불충치 결정을 유지하는 경우에는 재수사 결과서에 그 내용과 이유를 구체적으로 적어 검사에게 통보한다.

③ 사법경찰관은 재수사 중인 사건에 대해 고소인 등의 이의신청이 있는 경우에는 재수사를 중단해야 하며, 해당 사건을 지체 없이 검사에게 송치하고 관계서류와 증거물을 송부해야 한다.

④ 검사는 사법경찰관이 재수사 결과를 통보한 사건에 대해서 다시 재수사를 요청하거나 송치 요구를 할 수 없다. 다만, 재수사 요청이 정당한 이유 없이 이행되지 않았다고 인정되는 경우에는 재수사 결과를 통보받은 날부터 30일 이내에 사법경찰관에게 사건을 송치할 것을 요구할 수 있다.

해설

④ [×] 검사는 사법경찰관이 제1항 제2호에 따라 재수사 결과를 통보한 사건에 대해서 다시 재수사를 요청을 하거나 송치 요구를 할 수 없다. 다만, 사법경찰관의 재수사에도 불구하고 관련 법리에 위반되거나 송부받은 관계 서류 및 증거물과 재수사결과만으로도 공소제기를 할 수 있을 정도로 명백히 채증법칙에 위반되거나 공소시효 또는 형사소추의 요건을 판단하는 데 오류가 있어 사건을 송치하지 않은 위법 또는 부당이 시정되지 않은 경우에는 재수사 결과를 통보받은 날부터 30일 이내에 법 제197조의3에 따라 사건송치를 요구할 수 있다(수사준칙 제64조 제2항). 수사준칙 제64조 제2항 단서에 대해서만 송치요구할 수 있을 뿐이지 재수사 요청이 정당한 이유 없이 이행되지 않았다고 인정되더라도 송치요구할 수는 없다.

① [○] 검사는 사법경찰관에게 재수사를 요청하려는 경우에는 관계 서류와 증거물을 송부받은 날부터 90일 이내에 해야 한다. 다만, 불충치 결정에 영향을 줄 수 있는 명백히 새로운 증거 또는 사실이 발견된 경우나 증거 등의 허위, 위조 또는 변조를 인정할 만한 상당한 정황이 있는 경우에는 관계 서류와 증거물을 송부받은 날부터 **90일이 지난 후에도 재수사를 요청할 수 있다**(수사준칙 제63조 제1항).

② [○] 사법경찰관은 재수사를 한 경우, 범죄의 혐의가 있다고 인정되는 경우에는 검사에게 사건을 송치하고 관계 서류와 증거물을 송부하고, 기존의 불충치 결정을 유지하는 경우에는 재수사 결과서에 그 **내용과 이유를 구체적으로 적어 검사에게 통보한다**(수사준칙 제64조 제1항).

③ [○] 사법경찰관은 법 제245조의8 제2항에 따라 재수사 중인 사건에 대해 법 제245조의7제1항에 따른 **이의신청이 있는 경우에는** 재수사를 중단해야 하며, 같은 조 제2항에 따라 해당 사건을 지체 없이 **검사에게 송치하고 관계 서류와 증거물을 송부해야 한다**(수사준칙 제65조).

874 검사와 사법경찰관의 상호협력과 일반적 수사준칙에 관한 규정에 대한 설명으로 가장 적절한 것은?

1 2 3

[Superlative ★★★]

① 검사는 사법경찰관에게 수사경합에 따른 사건송치를 요구할 때에는 그 내용과 이유를 구체적으로 적은 서면으로 해야 하며, 사법경찰관은 요구를 받은 날부터 10일 이내에 사건을 검사에게 송치해야 한다.

② 사법경찰관은 수사중지 결정을 한 경우 7일 이내에 사건기록을 검사에게 송부해야 한다. 이 경우 검사는 사건기록을 송부받은 날부터 30일 이내에 반환해야 한다.

③ 검사는 사법경찰관으로부터 송치받은 사건에 대해 보완수사가 필요하다고 인정하는 경우에는 직접 보완수사를 하는 것을 원칙으로 한다. 다만, 필요가 있다고 인정되는 경우에는 사법경찰관에게 보완수사를 요구할 수 있다.

④ 검사는 사법경찰관에게 재수사를 요청하려는 경우에는 관계 서류와 증거물을 송부받은 날부터 90일 이내에 해야 하며, 90일이 지난 후에는 불송치 결정에 영향을 줄 수 있는 명백히 새로운 증거 또는 사실이 발견된 경우를 제외하고 재수사를 요청할 수 없다.

해설

② [O] 사법경찰관은 제1항 제4호에 따른 수사중지 결정을 한 경우 **7일** 이내에 사건기록을 검사에게 송부해야 한다. 이 경우 검사는 사건기록을 송부받은 날부터 **30일** 이내에 반환해야 하며, 그 기간 내에 법 제197조의3에 따라 시정조치요구를 할 수 있다(수사준칙 제51조 제4항).

① [×] 검사는 법 제197조의3 제5항에 따라 사법경찰관에게 사건송치를 요구하는 경우에는 그 내용과 이유를 구체적으로 적은 서면으로 해야 한다. 사법경찰관은 제5항에 따라 서면으로 사건송치를 요구받은 날부터 7일 이내에 사건을 검사에게 송치해야 한다(수사준칙 제45조 제5항 · 제6항).

③ [×] 검사는 법 제245조의5 제1호에 따라 사법경찰관으로부터 송치받은 사건에 대해 보완수사가 필요하다고 인정하는 경우에는 특별히 직접 보완수사를 할 필요가 있다고 인정되는 경우를 제외하고는 사법경찰관에게 보완수사를 요구하는 것을 원칙으로 한다(수사준칙 제59조 제1항).

④ [×] 검사는 법 제245조의8에 따라 사법경찰관에게 재수사를 요청하려는 경우에는 법 제245조의5 제2호에 따라 관계 서류와 증거물을 송부받은 날부터 90일 이내에 해야 한다. 다만, 다음 각 호의 어느 하나에 해당하는 경우에는 관계 서류와 증거물을 송부받은 날부터 90일이 지난 후에도 재수사를 요청할 수 있다(수사준칙 제63조 제1항).

1. 불송치 결정에 영향을 줄 수 있는 명백히 새로운 증거 또는 사실이 발견된 경우
2. 증거 등의 허위, 위조 또는 변조를 인정할 만한 상당한 정황이 있는 경우

정답 | 873 ④ 874 ②

875 뇌물수수죄 및 뇌물공여죄의 공소사실로 각 기소된 공동피고인 甲, 乙에 대한 공판과정에서 공소사실에 부합하는 증거로써 자기앞수표 사본 3부 등이 제출되었다. 다만, 이 자기앞수표 사본 3부 등은 공판절차 진행 중에 검사가 수소법원이 아닌 지방법원판사로부터 피고인 乙에 대한 압수·수색영장을 발부받아 그 집행을 통해 확보한 것이었는 바, 이에 관한 다음 설명 중 가장 옳은 것은? (다툼이 있으면 판례에 의함)

1 2 3

[Superlative ★★★]

① 자기앞수표 사본 3부 등은 적법한 절차에 따르지 아니하고 수집한 증거로써 증거능력이 부정된다.

② 자기앞수표 사본 3부 등은 적법한 절차에 따르지 아니하고 수집한 증거라고 할 수 없어 증거능력이 인정된다.

③ 자기앞수표 사본 3부 등은 위법하게 수집된 증거이지만, 이들의 증거능력을 배제하는 것이 형사사법 정의를 실현하는 취지에 반하는 결과를 초래하는 것으로 평가되는 예외적인 경우로써 증거능력이 인정된다.

④ 자기앞수표 사본 3부 등은 甲의 공소사실에 대해서는 적법한 절차에 따르지 아니하고 수집한 증거라고 할 수 없어 증거능력이 인정되지만, 乙의 공소사실에 대해서는 적법한 절차에 따르지 아니하고 수집한 증거로써 증거능력이 부정된다.

해설

① (1) 공소가 제기된 후에는 그 피고사건에 관한 형사절차의 모든 권한이 사건을 주재하는 수소법원의 권한에 속하게 되며, 수사의 대상이던 피의자는 검사와 대등한 당사자인 피고인으로서의 지위에서 방어권을 행사하게 되므로, 공소제기 후 구속·압수·수색 등 피고인의 기본적 인권에 직접 영향을 미치는 강제처분은 원칙적으로 수소법원의 판단에 의하여 이루어지지 않으면 안 된다. (2) 검사가 공소제기 후 형사소송법 제215조에 따라 수소법원 이외의 지방법원판사에게 청구하여 발부받은 영장에 의하여 압수·수색을 하였다면, 그와 같이 수집된 증거는 기본적 인권 보장을 위해 마련된 적법한 절차에 따르지 않은 것으로서 원칙적으로 유죄의 증거로 삼을 수 없다(대법원 2011.4.28, 2009도10412 공정위 사무관 수뢰 사건).

876 공소제기 후의 수사 등에 관한 다음 설명 중 옳지 않은 것은? (다툼이 있으면 판례에 의함)

1 2 3

[Essential ★]

① 검사 작성의 피고인에 대한 진술조서가 공소제기 후에 작성된 것이라는 이유만으로는 곧 그 증거능력이 없다고 할 수 없다.

② 공판준비 또는 공판기일에서 이미 증언을 마친 증인을 검사가 소환한 후 피고인에게 유리한 그 증언 내용을 추궁하여 이를 일방적으로 번복시키는 방식으로 작성한 진술조서 또는 그 증인을 상대로 위증의 혐의를 조사한 내용을 담은 피의자신문조서는 피고인이 증거로 할 수 있음에 동의하지 아니하는 한 그 증거능력이 없으나, 그 후 원진술자인 종전 증인이 다시 법정에 출석하여 증언을 하였다면 그 증언 자체는 유죄의 증거로 할 수 있다.

③ 제1심에서 피고인에 대하여 무죄판결이 선고되어 검사가 항소한 후 수사기관이 항소심 공판기일에 증인으로 신청하여 신문할 수 있는 사람을 특별한 사정 없이 미리 수사기관에 소환하여 작성한 진술조서는 피고인이 증거로 할 수 있음에 동의하지 않는 한 증거능력이 없다.

④ 검사가 공판기일에 증인으로 신청하여 신문할 사람을 특별한 사정 없이 미리 수사기관에 소환하여 면담하는 절차를 거친 후 증인이 법정에서 피고인에게 불리한 내용의 진술을 한 경우 그 증언은 피고인이 증거로 할 수 있음에 동의하지 않는 한 증거능력이 없다.

해설

④ [×] 검사가 공판기일에 증인으로 신청하여 신문할 사람을 특별한 사정 없이 미리 수사기관에 소환하여 면담하는 절차를 거친 후 증인이 법정에서 피고인에게 불리한 내용의 진술을 한 경우 검사가 증인신문 전 면담 과정에서 증인에 대한 회유나 압박, 답변 유도나 암시 등으로 증인의 법정진술에 영향을 미치지 않았다는 점이 담보되어야 증인의 법정진술을 신빙할 수 있다. 검사가 증인신문 준비 등 필요에 따라 증인을 사전 면담할 수 있다고 하더라도 법원이나 피고인의 관여 없이 일방적으로 사전 면담하는 과정에서 증인이 훈련되거나 유도되어 법정에서 왜곡된 진술을 할 가능성도 배제할 수 없기 때문이다. 증인에 대한 회유나 압박 등이 없었다는 사정은 검사가 증인의 법정진술이나 면담과정을 기록한 자료 등으로 사전면담 시점, 이유와 방법, 구체적 내용 등을 밝힘으로써 증명하여야 한다(대법원 2021.6.10, 2020도15891 김학의 차관 사건).

① [○] 검사 작성의 피고인에 대한 **진술조서가 공소제기 후에 작성된 것이라는 이유만으로는 곧 그 증거능력이 없다고 할 수 없다**(대법원 1984.9.25, 84도1646).

② [○] 공판준비 또는 공판기일에서 이미 증언을 마친 증인을 검사가 소환한 후 피고인에게 유리한 그 증언 내용을 추궁하여 이를 일방적으로 번복시키는 방식으로 작성한 진술조서 또는 그 증인을 상대로 위증의 혐의를 조사한 내용을 담은 피의자신문조서는 피고인이 증거로 할 수 있음에 **동의하지 아니하는 한 그 증거능력이 없으나**, 그 후 원진술자인 종전 증인이 **다시 법정에 출석하여 증언을 하였다면 그 증언 자체는 유죄의 증거로 할 수 있다**(대법원 2017.5.31, 2017도1660). 증언자체는 증거능력은 있지만, 증명력은 낮을 수 있다.

③ [○] 제1심에서 피고인에 대하여 무죄판결이 선고되어 검사가 항소한 후 수사기관이 항소심 공판기일에 증인으로 신청하여 신문할 수 있는 사람을 특별한 사정 없이 미리 수사기관에 소환하여 작성한 **진술조서는 피고인이 증거로 할 수 있음에 동의하지 않는 한 증거능력이 없다**(대법원 2019.11.28, 2013도6825 양재동 화물터미널 복합개발사업 사건).

정답 | 875 ① 876 ④

police.Hackers.com

제4편

형사소송법 증거

877 증거재판주의에 관한 다음 설명 중 옳지 않은 것은? (다툼이 있으면 판례에 의함) [Essential ★]

1 2 3

① 범죄사실의 인정은 증거능력이 있고 적법한 증거조사를 거친 증거에 의한 증명(이른바 엄격한 증명)에 의하여야 한다.

② 형사재판에 있어서 유죄의 인정은 법원에 증거로 제출되어 적법한 증거조사를 거친 증거능력이 있는 증거에 의하여야 할 것이다.

③ 검사가 증거로 제출하였거나 공판정에서 적법한 증거조사를 한 흔적을 찾아 볼 수 없는 서류들은 증거능력이 없는 것이어서 이를 사실인정의 자료로 삼을 수는 없다 할 것이다.

④ 구성요건에 해당하는 사실은 엄격한 증명에 의하여 이를 인정하여야 하지만, 증거능력이 없는 증거라도 구성요건 사실을 추인하게 하는 간접사실이나 구성요건 사실을 입증하는 직접증거의 증명력을 보강하는 보조사실의 인정자료로서는 허용된다.

해설

④ [×] 구성요건에 해당하는 사실은 엄격한 증명에 의하여 이를 인정하여야 하고, 증거능력이 없는 증거는 구성요건 사실을 추인하게 하는 간접사실이나 구성요건 사실을 입증하는 직접증거의 증명력을 보강하는 보조사실의 인정자료로도 사용할 수 없다(대법원 2010.5.27, 2008도2344 삼성SDS 경쟁업체 성능시험 방해 사건).

① [○] 범죄사실의 인정은 **증거능력이 있고 적법한 증거조사를 거친 증거에 의한 증명(이른바 엄격한 증명)에 의하여야 한다**(대법원 1989.10.10, 87도966).

② [○] 형사재판에 있어서 유죄의 인정은 법원에 증거로 제출되어 **적법한 증거조사를 거친 증거능력이 있는 증거에 의하여야 할 것이다**(대법원 1996.10.15, 96도1301).

③ [○] 검사가 증거로 제출하였거나 공판정에서 적법한 증거조사를 한 흔적을 찾아 볼 수 없는 서류들은 **증거능력이 없는 것이어서 이를 사실인정의 자료로 삼을 수는 없다 할 것이다**(대법원 2005.4.29, 2005도70).

878 증거에 관한 다음 설명 중 옳지 않은 것은? (다툼이 있으면 판례에 의함) [core ★★]

1 2 3

① 범죄사실의 인정은 증거능력이 있고 적법한 증거조사를 거친 증거에 의한 증명(이른바 엄격한 증명)에 의하여야 한다.

② 검사가 지적하는 증거들은 유죄의 자료로 제출한 증거들로서 그 진정성립이 인정되지 아니하고 이를 증거로 함에 상대방의 동의가 없었기는 하나, 그러한 증거라고 하더라도 유죄사실을 인정하는 증거로 사용하는 것이 아닌 이상 공소사실과 양립할 수 없는 사실을 인정하는 자료로 쓸 수 있다.

③ 유죄의 자료로 쓸 수 있는 서류는 그 진정성립이 인정되거나 피고인과 검사가 증거로 함에 동의해야만 하게 되어 있으며, 이 동의는 법원이 직권으로 증거조사를 할 때에는 양 당사자의 동의가 필요함은 물론이라 하겠으나 당해 서류를 제출한 당사자는 그것을 증거로 함에 동의하고 있음은 명백한 것이므로 상대방의 동의만 얻으면 충분하다.

④ 피고인이나 변호인이 피고인의 무죄에 관한 자료로 제출한 서증 가운데 도리어 유죄임을 뒷받침하는 내용이 있는 경우, 법원은 상대방의 원용(동의)이 없어도 당해 서류를 유죄인정의 증거로 쓸 수 있다.

해설

④ [×] 피고인이나 변호인이 피고인의 무죄에 관한 자료로 제출한 서증 가운데 도리어 유죄임을 뒷받침하는 내용이 있다 하여도 법원은 상대방의 원용(동의)이 없는 한, 당해 서류의 진정성립 여부 등을 조사하고 아울러 당해 서류에 대한 피고인이나 변호인의 의견과 변명의 기회를 준 다음이 아니면 당해 서증을 **유죄인정의 증거로 쓸 수 없다**(대법원 1989.10.10, 87도966).

① [○] 범죄사실의 인정은 증거능력이 있고 **적법한 증거조사를 거친 증거에 의한 증명(이른바 엄격한 증명)에 의하여야 한다**(대법원 1989.10.10, 87도966).

② [○] 검사가 지적하는 증거들은 유죄의 자료로 제출한 증거들로서 그 **진정성립이 인정되지 아니하고 이를 증거로 함에 상대방의 동의가 없었기는 하나**, 그러한 증거라고 하더라도 유죄사실을 인정하는 증거로 사용하는 것이 아닌 이상 **공소사실과 양립할 수 없는 사실을 인정하는 자료로 쓸 수 있다**(대법원 1994.11.11, 94도1159).

③ [○] 유죄의 자료로 쓸 수 있는 서류는 그 진정성립이 인정되거나 피고인과 검사가 증거로 함에 동의해야만 하게 되어 있으며, 이 동의는 법원이 직권으로 증거조사를 할 때에는 **양 당사자의 동의가 필요함은 물론이라 하겠으나** 당해 서류를 제출한 당사자는 그것을 증거로 함에 동의하고 있음은 명백한 것이므로 **상대방의 동의만 얻으면 충분하다**(대법원 1989.10.10, 87도966).

정답 | 877 ④ 878 ④

879 다음 중 엄격한 증명의 대상이 되는 것은 모두 몇 개인가? (다툼이 있으면 판례에 의함)

1 2 3

[Superlative ★★★]

> ㉠ 구성요건해당사실
> ㉡ 위법성조각사유의 부존재
> ㉢ 처벌조건인 사실
> ㉣ 정상관계사실(양형의 조건)
> ㉤ 증언의 증명력을 감쇄하기 위한 사실
> ㉥ 범죄성립에 관한 주요사실의 존부를 간접적으로 추인케 해주는 간접사실

① 3개 ② 4개

③ 5개 ④ 6개

해설

② ㉠㉡㉢㉥ 4항목은 엄격한 증명을 요한다.

㉠ 구성요건에 해당하는 사실은 엄격한 증명에 의하여 이를 인정하여야 한다(대법원 2006.12.8, 2006도6356).

㉡ 구성요건해당사실이 증명되면 위법성이 추정되지만 피고인이 위법성조각사유를 주장하는 경우 그 위법성조각사유의 부존재는 엄격한 증명의 대상이 된다. 물론 이는 검사가 증명하여야 한다.

㉢ 처벌조건은 범죄사실 자체는 아니지만 형벌권 발생의 기초가 되는 사실이므로 엄격한 증명의 대상이 된다.

㉣ 법원은 범죄의 구성요건이나 법률상 규정된 형의 가중·감면의 사유가 되는 경우를 제외하고는, 법률이 규정한 증거로서의 자격이나 증거조사 방식에 구애됨이 없이 상당한 방법으로 조사하여 양형의 조건이 되는 사항을 인정할 수 있다. 나아가 형의 양정에 관한 절차는 범죄사실을 인정하는 단계와 달리 취급하여야 하므로, 당사자가 직접 수집하여 제출하기 곤란하거나 필요하다고 인정되는 경우 등에는 직권으로 양형조건에 관한 형법 제51조의 사항을 수집·조사할 수 있다(대법원 2010.4.29, 2010도750 법원조사관 양형자료수집 사건).

㉤ 형사소송법 제318조의2에 규정된 이른바 탄핵증거는 범죄사실을 인정하는 증거가 아니어서 엄격한 증거능력을 요하지 아니한다(대법원 1996.1.26, 95도1333). 증거의 증명력을 탄핵(감쇄)하는 사실은 자유로운 증명으로 족하다.

㉥ 구성요건에 해당하는 사실은 엄격한 증명에 의하여 이를 인정하여야 하고, 증거능력이 없는 증거는 구성요건 사실을 추인하게 하는 간접사실이나 구성요건 사실을 입증하는 직접증거의 증명력을 보강하는 보조사실의 인정자료로도 사용할 수 없다(대법원 2010.5.27, 2008도2344 삼성SDS 경쟁업체 성능시험 방해 사건).

880 다음 중 엄격한 증명의 대상이 되는 것은 모두 몇 개인가? (다툼이 있으면 판례에 의함)
1 2 3

[Superlative ★★★]

> ㉠ 형법 제10조에 규정된 '심신장애의 유무 및 정도'의 판단
> ㉡ 공모공동정범에 있어서 '공모나 모의의 사실'의 인정
> ㉢ 합동범(특수강도)에 있어서의 '공모나 모의사실'의 인정
> ㉣ 교사범에 있어 '교사의 사실'의 인정
> ㉤ '몰수 · 추징의 대상이 되는지 여부나 추징액'의 인정
> ㉥ 위드마크 공식을 적용하기 위하여 필요한 '전제사실(음주량, 음주시각, 체중, 평소의 음주정도 등)'의 인정

① 3개　　② 4개
③ 5개　　④ 6개

해설

② ㉡㉢㉣㉥ 4항목은 엄격한 증명을 요한다.

㉠ 형법 제10조에 규정된 심신장애의 유무 및 정도의 판단은 법률적 판단으로서 반드시 전문감정인의 의견에 기속되어야 하는 것은 아니고, 정신질환의 종류와 정도, 범행의 동기, 경위, 수단과 태양, 범행 전후의 피고인의 행동, 반성의 정 등 여러 사정을 종합하여 법원이 독자적으로 판단할 수 있다(대법원 2007.11.29, 2007도8333 양모 살해 사건).

㉡ 공모공동정범에 있어서 공모 또는 모의는 범죄될 사실의 주요부분에 해당하는 이상 엄격한 증명의 대상에 해당한다(대법원 2007.4.27, 2007도236).

㉢ 형법 제334조 제2항 소정의 합동범(특수강도)에 있어서의 '공모나 모의'는 그 범죄될 사실이라 할 것이므로 이를 인정하기 위하여는 엄격한 증명에 의하지 않으면 안 된다(대법원 2001.12.11, 2001도4013 사기도박현장 강도 사건).

㉣ 교사범에 있어서의 교사사실은 범죄사실을 구성하는 것으로서 이를 인정하기 위하여는 엄격한 증명이 요구된다(대법원 2000.2.25, 99도1252 남원 협박교사 사건).

㉤ 몰수, 추징의 대상이 되는지 여부나 추징액의 인정은 엄격한 증명을 필요로 하지 아니하다(대법원 2015.4.23, 2015도1233).

㉥ 범죄구성요건사실의 존부를 알아내기 위해 과학공식 등의 경험칙을 이용하는 경우에 그 법칙 적용의 전제가 되는 개별적이고 구체적인 사실에 대하여는 엄격한 증명을 요하는바, 위드마크 공식의 경우 그 적용을 위한 자료로 섭취한 알코올의 양, 음주 시각, 체중 등이 필요하므로 그런 전제사실에 대한 엄격한 증명이 요구된다(대법원 2008.8.21, 2008도5531).

정답 | 879 ②　880 ②

881 다음 설명 중 가장 적절하지 않은 것은? (다툼이 있으면 판례에 의함) [Essential ★]

1 2 3

① 반의사불벌죄에서 피고인 또는 피의자의 처벌을 희망하지 않는다는 의사표시 또는 처벌희망 의사표시 철회의 유무나 그 효력 여부에 관한 사실은 엄격한 증명의 대상이 아니라 자유로운 증명의 대상이다.

② 반의사불벌죄에 있어서 처벌불원의 의사표시의 부존재는 소극적 소송조건으로서 직권조사사항이므로 당사자가 항소이유로 주장하지 아니하더라도 항소심은 이를 직권으로 조사·판단하여야 한다.

③ 형사소송법은 형사소추권의 발동 여부를 사인(私人)인 피해자의 의사에 맡겨 장기간 불확정한 상태에 두어 생기는 폐단을 막기 위해서 친고죄에 대하여 고소기간을 범인을 알게 된 날부터 6월로 제한하고 있으며, 이는 소추조건인 고발에도 적용된다.

④ 고소권자가 비친고죄로 고소한 사건을 검사가 친고죄로 구성하여 공소를 제기하였다면 공소장변경절차를 거쳐 공소사실이 비친고죄로 변경되지 아니하는 한 법원은 친고죄에서 소송조건이 되는 고소가 유효하게 존재하는지를 직권으로 조사·심리하여야 한다.

해설

③ [×] 소추조건인 고발, 즉 전속고발범죄에 있어서의 고발은 특별히 그 시기의 제한이 없다.

① [○] 반의사불벌죄에서 피고인 또는 피의자의 처벌을 희망하지 않는다는 의사표시 또는 처벌희망 의사표시 철회의 유무나 그 효력 여부에 관한 사실은 엄격한 증명의 대상이 아니라 **자유로운 증명의 대상이다**(대법원 2010.10.14, 2010도5610 창 길잡이의 집 성폭행 사건).

② [○] 반의사불벌죄에 있어서 처벌불원의 의사표시의 부존재는 소극적 소송조건으로서 직권조사사항이므로 당사자가 항소이유로 주장하지 아니하더라도 **항소심은 이를 직권으로 조사·판단하여야 한다**(대법원 2020.2.27, 2019도14000).

④ [○] 고소권자가 비친고죄로 고소한 사건을 검사가 친고죄로 구성하여 공소를 제기하였다면 공소장변경절차를 거쳐 공소사실이 비친고죄로 변경되지 아니하는 한 법원은 **친고죄에서 소송조건이 되는 고소가 유효하게 존재하는지를 직권으로 조사·심리하여야 한다**(대법원 2015.11.17, 2013도7987 특수강제추행 사건).

882 다음 중 엄격한 증명의 대상이 되는 것은 모두 몇 개인가? (다툼이 있으면 판례에 의함)
1 2 3

[Superlative ★★★]

㉠ 명예훼손죄에 있어 '공연성'의 인정
㉡ 횡령죄에 있어 불법영득의사를 실현하는 행위로서의 '횡령행위가 있다는 점'의 입증
㉢ 횡령죄에 있어 '피해자 등이 목적과 용도를 정하여 금전을 위탁한 사실 및 그 목적과 용도'의 입증
㉣ 횡령죄에 있어 횡령한 재물의 가액이 특경법의 적용 기준이 되는 하한 금액(5억원)을 초과한다는 점의 입증
㉤ 뇌물죄에서 있어 '수뢰액'의 인정

① 2개 ② 3개
③ 4개 ④ 5개

해설

④ 모든 항목이 엄격한 증명을 요한다.

㉠ 개별적인 소수에 대한 발언을 불특정 또는 다수인에게 전파될 가능성을 이유로 공연성을 인정하기 위해서는 막연히 전파될 가능성이 있다는 것만으로 부족하고 고도의 가능성 내지 개연성이 필요하며, 이에 대한 검사의 엄격한 증명을 요한다(대법원 2020.12.30, 2015도15619 캐디 명예훼손 사건).

㉡ 횡령행위가 있다는 점은 검사가 입증하여야 하는 것으로서, 그 입증은 법관으로 하여금 합리적인 의심을 할 여지가 없을 정도의 확신을 생기게 하는 증명력을 가진 엄격한 증거에 의하여야 한다(대법원 2017.2.15, 2013도14777 특별수선충당금 사용사건).

㉢ 피해자 등이 목적과 용도를 정하여 금전을 위탁한 사실 및 그 목적과 용도가 무엇인지는 엄격한 증명의 대상이라고 보아야 한다(대법원 2013.11.14, 2013도8121).

㉣ 횡령한 재물의 가액이 특경법의 적용 기준이 되는 하한 금액을 초과한다는 점도 다른 구성요건 요소와 마찬가지로 엄격한 증거에 의하여 증명되어야 한다(대법원 2017.5.30, 2016도9027 이석채 KT회장 사건).

㉤ 뇌물죄에서의 수뢰액은 그 다과에 따라 범죄구성요건이 되므로 엄격한 증명의 대상이 된다(대법원 2011.5.26, 2009도2453 해운정책과 과장 수뢰사건).

정답 | 881 ③ 882 ④

883 다음 중 엄격한 증명의 대상이 되는 것은 모두 몇 개인가? (다툼이 있으면 판례에 의함)

1 2 3

[Superlative ★★★]

㉠ 친고죄에 있어 '고소의 유무'의 판단
㉡ 반의사불벌죄에서 '처벌을 희망하지 않는다는 의사표시 또는 처벌희망 의사표시 철회의 유무나 그 효력 여부에 관한 사실' 판단
㉢ 출입국사범 사건에서 '지방출입국 · 외국인관서의 장의 적법한 고발이 있었는지 여부'의 판단
㉣ 피고인의 '검찰 진술의 임의성의 유무'의 판단
㉤ 형사소송법 제312조 제4항 또는 제313조 단서의 '특히 신빙할 수 있는 상태'의 판단
㉥ 형법 제6조 단서의 '행위지의 법률에 의하여 범죄를 구성하는지 여부'의 판단

① 0개
② 1개
③ 2개
④ 3개

해설

② ㉥ 항목의 경우에만 엄격한 증명을 요한다.
㉠ 친고죄에서 적법한 고소가 있었는지는 자유로운 증명의 대상이 된다(대법원 2011.6.24, 2011도4451 인천 계산동 여아 약취 사건).
㉡ 반의사불벌죄에서 처벌을 희망하지 않는다는 의사표시 또는 처벌희망 의사표시 철회의 유무나 그 효력 여부에 관한 사실은 자유로운 증명의 대상이다(대법원 2010.10.14, 2010도5610 원장 성폭행 사건).
㉢ 출입국사범 사건에서 지방출입국 · 외국인관서의 장의 적법한 고발이 있었는지 여부가 문제되는 경우에 법원은 증거조사의 방법이나 증거능력의 제한을 받지 아니하고 제반사정을 종합하여 적당하다고 인정되는 방법에 의하여 자유로운 증명으로 그 고발 유무를 판단하면 된다(대법원 2021.10.28, 2021도404 적법한 고발 간과 사건).
㉣ 피고인의 검찰 진술의 임의성의 유무가 다투어지는 경우에는 법원은 구체적인 사건에 따라 증거조사의 방법이나 증거능력의 제한을 받지 아니하고 제반 사정을 종합 참작하여 적당하다고 인정되는 방법에 의하여 자유로운 증명으로 그 임의성 유무를 판단하면 된다(대법원 2004.3.26, 2003도8077 양산시장 수뢰 사건).
㉤ '특히 신빙할 수 있는 상태'는 증거능력의 요건에 해당하므로 검사가 그 존재에 대하여 구체적으로 주장 · 증명하여야 하지만 이는 소송상의 사실에 관한 것이므로 엄격한 증명을 요하지 아니하고 자유로운 증명으로 족하다(대법원 2012.7.26, 2012도2937 원로변호사 사기 사건, 대법원 2001.9.4, 2000도1743 길메리유치원 여직원 횡령 사건).
㉥ 형법 제6조 단서의 '행위지의 법률에 의하여 범죄를 구성하는지 여부'에 대해서는 엄격한 증명에 의하여 검사가 이를 입증하여야 할 것이다(대법원 2017.3.22, 2016도17465 파이시티 사건).

884 다음 중 엄격한 증명의 대상이 되는 것은 모두 몇 개인가? (다툼이 있으면 판례에 의함)

1 2 3

[Superlative ★★★]

> ㉠ 뇌물수수죄에서 공무원의 직무에 관하여 뇌물을 수수하였다는 '범의'의 인정
> ㉡ 특가법 제3조의 알선수재죄에 있어 공무원의 직무에 속한 사항을 알선한다는 명목으로 금품 등을 수수하였다는 '범의'의 인정
> ㉢ 특경법 제7조의 알선수재죄에 있어 금융기관 임직원의 직무에 속한 사항을 알선한다는 명목으로 금품을 수수하였다는 '범의'의 인정
> ㉣ 형법 제90조 제2항의 내란선동죄에 있어 '국헌문란의 목적'이 있었다는 점에 대한 입증
> ㉤ 특가법 제5조의9 제1항의 보복목적살인죄에 있어 '보복의 목적'이 있었다는 점에 대한 입증

① 2개 ② 3개
③ 4개 ④ 5개

해설

④ 모든 항목이 엄격한 증명의 대상이 된다. 최근에는 고의나 목적과 같은 주관적 구성요건요소도 엄격한 증명의 대상이라는 것이 판례의 일관된 입장이라고 할 수 있다.

㉠ 뇌물수수죄에서 공무원의 직무에 관하여 수수하였다는 범의를 인정하기 위해서는 엄격한 증명이 요구되지만, 피고인이 금품 등을 수수한 사실을 인정하면서도 범의를 부인하는 경우에는 범의와 상당한 관련성이 있는 간접사실을 증명하는 방법에 의하여 이를 입증할 수밖에 없다(대법원 2017.12.22, 2017도11616).

㉡ 알선수재죄에 있어서 공무원의 직무에 속한 사항의 알선에 관하여 금품이나 이익을 수수·요구 또는 약속하였다는 범의는 범죄사실을 구성하는 것으로서 이를 인정하기 위해서는 엄격한 증명이 요구된다(대법원 2013.9.12, 2013도6570 민간인 불법사찰·인허가비리 사건)(同旨 대법원 2013.2.15, 2011도13606, 대법원 2011.6.30, 2010도10968, 대법원 2006.10.27, 2006도4659 오포비리 사건, 대법원 2005.6.24, 2004도8780, 대법원 2005.1.28, 2004도7359, 대법원 2002.3.12, 2001도2064).

㉢ 특경법 소정의 알선수재죄에 있어서 금융기관 임직원의 직무에 속한 사항을 알선한다는 명목으로 금품을 수수하였다는 범의는 범죄사실을 구성하는 것으로서 이를 인정하기 위하여는 엄격한 증명이 요구된다(대법원 2012.12.27, 2012도11200 보해저축은행 대표 사건).

㉣ 국헌문란의 목적은 범죄 성립을 위하여 고의 외에 요구되는 초과주관적 위법요소로서 엄격한 증명사항에 속하나, 확정적 인식임을 요하지 아니하며, 다만 미필적 인식이 있으면 족하다(대법원 2015.1.22, 2014도10978 全合 내란 선동 사건).

㉤ 특가법 제5조의9 제1항 위반의 죄의 행위자에게 보복의 목적이 있었다는 점 또한 검사가 증명하여야 하고 그러한 증명은 법관으로 하여금 합리적인 의심을 할 여지가 없을 정도의 확신을 생기게 하는 엄격한 증명에 의하여야 한다(대법원 2014.9.26, 2014도9030 옆집여 보복살해 사건).

정답 | 883 ② 884 ④

885 거증책임과 관련하여 ( ) 안에 들어갈 알맞은 말은? (다툼이 있으면 판례에 의함)

1 2 3

[Superlative ★★★]

(1) 형사재판에서 공소제기된 범죄사실에 대한 입증책임은 (㉠)에게 있는 것이고, 유죄의 인정은 법관으로 하여금 합리적인 의심을 할 여지가 없을 정도로 공소사실이 진실한 것이라는 확신을 가지게 하는 증명력을 가진 증거에 의하여야 하므로, 그와 같은 증거가 없다면 설령 피고인에게 유죄의 의심이 간다 하더라도 (㉡)의 이익으로 판단할 수밖에 없다.

(2) 공연히 사실을 적시하여 사람의 명예를 훼손한 행위가 형법 제310조의 규정에 따라서 위법성이 조각되어 처벌대상이 되지 않기 위하여는, 그것이 진실한 사실로서 오로지 공공의 이익에 관한 때에 해당된다는 점을 (㉢)이(가) 증명하여야 하는 것이나, 그 증명은 유죄의 인정에 있어 요구되는 것과 같이 법관으로 하여금 의심할 여지가 없을 정도의 확신을 가지게 하는 증명력을 가진 엄격한 증거에 의하여야 하는 것은 아니므로, 이때에는 전문증거에 대한 증거능력의 제한을 규정한 형사소송법 제310조의2는 적용될 여지가 없다.

① ㉠ 검사 ㉡ 피고인 ㉢ 검사
② ㉠ 검사 ㉡ 검사 ㉢ 피고인
③ ㉠ 검사 ㉡ 피고인 ㉢ 피고인
④ ㉠ 피고인 ㉡ 검사 ㉢ 피고인

해설

③ 차례대로 ㉠ 검사, ㉡ 피고인, ㉢ 피고인(행위자)이 들어가야 한다.

(1) 형사재판에서 공소가 제기된 범죄사실에 대한 증명책임은 (㉠ 검사)에게 있고, 유죄의 인정은 법관으로 하여금 합리적인 의심을 할 여지가 없을 정도로 공소사실이 진정하다는 확신을 가지게 할 수 있는 증명력을 가진 증거에 의하여야 하며, 이와 같은 증명이 없다면 설령 (㉡ 피고인)에게 유죄의 의심이 간다고 하더라도 유죄로 판단할 수는 없다(대법원 2016.2.18, 2015도11428 저축은행 금품수수 사건).

(2) 공연히 사실을 적시하여 사람의 명예를 훼손한 행위가 형법 제310조의 규정에 따라서 위법성이 조각되어 처벌대상이 되지 않기 위하여는, 그것이 진실한 사실로서 오로지 공공의 이익에 관한 때에 해당된다는 점을 (㉢ 행위자)가 증명하여야 하는 것이나, 그 증명은 유죄의 인정에 있어 요구되는 것과 같이 법관으로 하여금 의심할 여지가 없을 정도의 확신을 가지게 하는 증명력을 가진 엄격한 증거에 의하여야 하는 것은 아니므로, 이때에는 전문증거에 대한 증거능력의 제한을 규정한 형사소송법 제310조의2는 적용될 여지가 없다(대법원 1996.10.25, 95도1473 재건축사업 방해 사건).

886 자유심증주의에 관한 다음 설명 중 옳지 않은 것은? (다툼이 있으면 판례에 의함) [Essential ★]

1 2 3

① 같은 사람의 법정에서의 증언과 다른 검찰에서의 진술을 믿고서 범죄사실을 인정하더라도 그것이 위법하게 진술된 것이 아닌 이상 자유심증에 속한다.

② 경찰에서의 진술조서 기재내용과 같은 사람의 공판정 증언이 상반되는 경우, 그 중 어느 것을 채용하여 사실인정의 자료로 할 것인가는 오로지 사실심 법원의 자유심증에 속하는 것이다.

③ 피해자의 증언이나 진술이 공소사실에 부합하는 유일한 직접증거인 경우라면, 비록 그 증거가 합리적이고 이치에 맞는 내용이라고 하더라도 이를 유죄의 증거로 삼는 것은 위법하다.

④ 공동피고인 중의 1인이 다른 공동피고인들과 공동하여 범행을 하였다고 자백한 경우, 반드시 그 자백을 전부 믿어 공동피고인들 전부에 대하여 유죄를 인정하거나 그 전부를 배척하여야 하는 것은 아니고, 법원으로서는 자백한 피고인 자신의 범행에 관한 부분만을 취신하고 다른 공동피고인들이 범행에 관여하였다는 부분을 배척할 수도 있다.

해설

③ [×] 피해자의 증언이나 진술이 공소사실에 부합하는 유일한 직접증거라 하더라도 그 증거가 합리적이고 이치에 맞는 내용이라면 이를 유죄의 증거로 한다하여 위법이라고 할 수는 없다(대법원 1986.2.25, 85도2769).

① [○] 같은 사람의 법정에서의 증언과 다른 검찰에서의 진술을 믿고서 범죄사실을 인정하더라도 그것이 **위법하게 진술된 것이 아닌 이상 자유심증에 속한다**(대법원 1988.6.28, 88도740).

② [○] 경찰에서의 진술조서 기재내용과 같은 사람의 공판정 증언이 상반되는 경우, 그 중 어느 것을 채용하여 사실인정의 자료로 할 것인가는 오로지 사실심 **법원의 자유심증에 속하는 것이다**(대법원 1987.6.9, 87도691).

④ [○] 공동피고인 중의 1인이 다른 공동피고인들과 공동하여 범행을 하였다고 자백한 경우, 반드시 그 자백을 전부 믿어 공동피고인들 전부에 대하여 유죄를 인정하거나 그 전부를 배척하여야 하는 것은 아니고, **법원으로서는 자백한 피고인 자신의 범행에 관한 부분만을 취신하고 다른 공동피고인들이 범행에 관여하였다는 부분을 배척할 수도 있다**(대법원 1995.12.8, 95도2043).

정답 | 885 ③ 886 ③

887 자유심증주의에 관한 다음 설명 중 옳지 않은 것은? (다툼이 있으면 판례에 의함) [Essential ★]

1 2 3

① 피해자의 증언이나 진술이 공소사실에 부합하는 유일한 직접증거라 하더라도 그 증거가 합리적이고 이치에 맞는 내용이라면 이를 유죄의 증거로 한다하여 위법이라고 할 수는 없다.

② 증거보전절차에서의 진술은 법원의 관여하에 행하여지는 것으로서 수사기관에서의 진술보다 임의성이 더 보장되는 것이므로 법원이 그것을 믿지 않는 것은 특별한 사정이 없는 한 자유심증주의 남용의 위법이라 할 것이다.

③ 경찰에서의 자술서, 검사 작성의 각 피의자신문조서, 다른 형사사건의 공판조서의 기재와 당해 사건의 공판정에서의 같은 사람의 증인으로서의 진술이 상반되는 경우 반드시 공판정에서의 증언은 믿어야 된다는 법칙은 없고, 그 어느 것을 사실인정의 자료로 인용할 것인가는 오로지 사실심 법원의 자유심증에 속한다.

④ 자백의 신빙성 유무를 판단함에 있어서는 자백의 진술내용 자체가 객관적으로 합리성을 띠고 있는지, 자백의 동기나 이유가 무엇이며, 자백에 이르게 된 경위는 어떠한지 그리고 자백 이외의 정황증거 중 자백과 저촉되거나 모순되는 것이 없는지 하는 점을 고려하여야 한다.

해설

② [×] 증거보전절차에서의 진술이 법원의 관여하에 행하여지는 것으로서 수사기관에서의 진술보다 임의성이 더 보장되는 것이기는 하나 보전된 증거가 항상 진실이라고 단정지울 수는 없는 것이므로 법원이 그것을 믿지 않을 만한 사유가 있어서 믿지 않는 것에 자유심증주의의 남용이 있다고 볼 수 없다(대법원 1980.4.8, 79도2125).

① [○] 피해자의 증언이나 진술이 공소사실에 부합하는 **유일한 직접증거라 하더라도** 그 증거가 합리적이고 이치에 맞는 내용이라면 이를 **유죄의 증거로 한다하여 위법이라고 할 수는 없다**(대법원 1986.2.25, 85도2769).

③ [○] 경찰에서의 자술서, 검사 작성의 각 피의자신문조서, 다른 형사사건의 공판조서의 기재와 당해 사건의 공판정에서의 같은 사람의 증인으로서의 진술이 상반되는 경우 반드시 공판정에서의 증언은 믿어야 된다는 법칙은 없고, 그 어느 것을 사실인정의 자료로 인용할 것인가는 오로지 사실심 법원의 **자유심증에 속한다**(대법원 1986.9.23, 86도1547 민청련 사건).

④ [○] 자백의 신빙성 유무를 판단함에 있어서는 자백의 진술내용 자체가 객관적으로 합리성을 띠고 있는지, 자백의 동기나 이유가 무엇이며, 자백에 이르게 된 경위는 어떠한지 그리고 자백 이외의 정황증거 중 **자백과 저촉되거나 모순되는 것이 없는지 하는 점을 고려하여야 한다**(대법원 2010.7.22, 2009도1151 수원 노숙소녀 상해치사사건).

888 감정 등에 관한 다음 설명 중 옳지 않은 것은? (다툼이 있으면 판례에 의함) [Essential ★]

1 2 3

① 법원이 다른 증거에 의하여 의사의 상해진단서에 기재된 예정치료기간과 다른 사실을 인정하였다면 이는 특별한 사정이 없는 한 위법하다.

② 동일사항에 관하여 결론을 달리하는 여러 감정결과가 제출되었을 경우 그중의 어느 하나를 채택하고 다른 것들을 비방하는 것은 법원의 자유심증에 의하여 결정될 사항이다.

③ 감정의견이 상충된 경우 다수 의견을 안 따르고 소수 의견을 채용해도 되고, 여러 의견 중에서 그 일부씩을 채용하여도 무방하며, 여러 개의 감정의견이 일치되어 있어도 이를 배척하려면 특별한 이유를 밝히거나 또는 반대감정의견을 구해야 하는 것도 아니다.

④ 형사재판에서 부검의(剖檢醫)의 소견에 주로 의지하여 유죄의 인정을 하기 위해서는 다른 가능한 사망원인을 모두 배제하기 위한 치밀한 논증의 과정을 거치지 않으면 아니 된다.

해설

① [×] 법원이 다른 증거에 의하여 의사의 상해진단서에 기재된 예정치료기간과 다른 사실을 인정하였다 하여 위법이라 할 수 없다(대법원 1961.7.31, 60도877).

② [○] 동일사항에 관하여 결론을 달리하는 여러 감정결과가 제출되었을 경우 그중의 어느 하나를 채택하고 다른 것들을 비방하는 것은 **법원의 자유심증에 의하여 결정될 사항이다**(대법원 1972.2.22, 71도1363).

③ [○] 감정의견이 상충된 경우 다수 의견을 안 따르고 **소수 의견을 채용해도 되고**, 여러 의견 중에서 그 **일부씩을 채용하여도 무방하며**, 여러 개의 감정의견이 일치되어 있어도 이를 배척하려면 **특별한 이유를 밝히거나 또는 반대감정의견을 구해야 하는 것도 아니다**(대법원 1976.3.23, 75도2068).

④ [○] 형사재판에서 부검의(剖檢醫)의 소견에 주로 의지하여 유죄의 인정을 하기 위해서는 **다른 가능한 사망원인을 모두 배제하기 위한 치밀한 논증의 과정을 거치지 않으면 아니 된다**(대법원 2012.6.28, 2012도231 마포 의사부인 살해 사건).

정답 | 887 ② 888 ①

889 진단서 등에 관한 다음 설명의 정오판단이 옳게 되어 있는 것은? (다툼이 있으면 판례에 의함)
1 2 3

[core ★★]

> ㉠ 상해사건의 경우 상처를 진단한 의사의 진술이나 진단서는 폭행, 상해 등의 사실자체에 대한 직접적인 증거가 되는 것은 아니고, 다른 증거에 의하여 폭행, 상해의 가해행위가 인정되는 경우에 그에 대한 상해의 부위나 정도의 점에 대한 증거가 된다 할 것이다.
> ㉡ 상해죄의 피해자가 제출하는 상해진단서는 그 상해에 대한 진단일자 및 상해진단서 작성일자가 상해 발생시점과 시간상으로 근접하고 상해진단서 발급 경위에 특별히 신빙성을 의심할 만한 사정이 없으며 거기에 기재된 상해의 부위와 정도가 피해자가 주장하는 상해의 원인 내지 경위와 일치하는 경우에는, 특별한 사정이 없는 한 그 상해진단서는 피해자의 진술과 더불어 피고인의 상해사실에 대한 유력한 증거가 된다.

① ㉠ ○ ㉡ ○ ② ㉠ ○ ㉡ ×
③ ㉠ × ㉡ ○ ④ ㉠ × ㉡ ×

해설

① 이 지문이 올바른 연결이다.
㉠ [○]상해사건의 경우 상처를 진단한 의사의 진술이나 진단서는 폭행, 상해 등의 사실자체에 대한 **직접적인 증거가 되는 것은 아니고,** 다른 증거에 의하여 폭행, 상해의 가해행위가 인정되는 경우에 그에 대한 상해의 부위나 정도의 점에 대한 증거가 된다 할 것이다(대법원 1983.2.8, 82도3021 대구 동성로 공주다방앞 싸움 사건).
㉡ [○]상해죄의 피해자가 제출하는 상해진단서는 그 상해에 대한 진단일자 및 상해진단서 작성일자가 상해 발생시점과 시간상으로 근접하고 상해진단서 발급 경위에 특별히 신빙성을 의심할 만한 사정이 없으며 거기에 기재된 상해의 부위와 정도가 피해자가 주장하는 상해의 원인 내지 경위와 일치하는 경우에는, 특별한 사정이 없는 한 그 **상해진단서는 피해자의 진술과 더불어 피고인의 상해사실에 대한 유력한 증거가 된다**(대법원 2011.1.27, 2010도12728 유리컵 조각을 던진 사건).

890 각종 서류의 증명력 판단에 관한 다음 설명 중 옳지 않은 것은? (다툼이 있으면 판례에 의함)
1 2 3

[core ★★]

① 진술조서의 기재중 일부분을 믿고 다른 부분을 믿지 아니하였다면 이는 곧 채증법칙 위반의 위법이 있다.
② 동일한 사항에 관하여 두개의 서로 다른 내용이 기재된 공판조서가 병존하는 경우 그중 어느 쪽이 진실한 것으로 볼 것인지는 법관의 자유로운 심증에 따를 수밖에 없다.
③ 검사 작성 조서의 기재가 사법경찰관 작성 조서의 기재보다 그 신빙성에 있어서 항상 우월하다고 단정할 수는 없는 것이니, 검사 작성 조서 기재의 증명력을 사법경찰관 작성 조서의 기재에 비추어 배척한 것은 채증법칙 위반이라 할 수 없다.
④ 형사재판에 있어서는 처분문서라 하여도 이를 배척하는 이유 설시를 하여야 한다는 법칙이 없으며 경험칙 내지는 논리칙에 위배되지 아니하는 한 그 증거취사는 사실심의 전권에 속한다.

해설

① [×] 진술조서의 기재 중 일부분을 믿고 다른 부분을 믿지 아니하여도 그것이 곧 부당하다고 할 수 없다(대법원 1980.3.11, 80도145).

② [O] 동일한 사항에 관하여 두개의 서로 다른 내용이 기재된 공판조서가 병존하는 경우 그중 어느 쪽이 진실한 것으로 볼 것인지는 **법관의 자유로운 심증에 따를 수밖에 없다**(대법원 1988.11.8, 86도1646).

③ [O] 검사 작성 조서의 기재가 사법경찰관 작성 조서의 기재보다 그 신빙성에 있어서 항상 우월하다고 단정할 수는 없는 것이니, **검사 작성 조서 기재의 증명력을 사법경찰관 작성 조서의 기재에 비추어 배척한 것은 채증법칙 위반이라 할 수 없다**(대법원 1983.3.22, 82도2494).

④ [O] 형사재판에 있어서는 **처분문서라 하여도 이를 배척하는 이유 설시를 하여야 한다는 법칙이 없으며** 경험칙 내지는 논리칙에 위배되지 아니하는 한 그 **증거취사는 사실심의 전권에 속한다**(대법원 2008.2.29, 2007도10414).

891 간접증거에 관한 다음 설명 중 옳지 않은 것은? (다툼이 있으면 판례에 의함) [core ★★]

1 2 3

① 형사재판에 유죄의 심증이 반드시 직접증거에 의하여 형성되어야만 하는 것은 아니고 경험칙과 논리법칙에 위반되지 아니하는 한 간접증거에 의하여 형성되어도 무방하다.

② 간접증거가 개별적으로는 범죄사실에 대한 완전한 증명력을 가지지 못하더라도 전체 증거를 상호 관련하에 종합적으로 고찰할 경우 그 단독으로는 가지지 못하는 종합적 증명력이 있는 것으로 판단되면 그에 의하여도 범죄사실을 인정할 수 있다.

③ 살인죄에 있어 피해자의 시체가 멸실되거나 또는 발견되지 아니하였다면 비록 제반 간접증거를 종합적으로 고찰하여 살인의 공소사실이 인정되더라도 법원은 유죄판결을 선고할 수 없다.

④ 목격자의 진술 등 직접증거가 전혀 없는 사건에 있어서는 적법한 증거들에 의하여 인정되는 간접사실들에 논리법칙과 경험칙을 적용하여 공소사실이 합리적인 의심을 할 여지가 없이 진실한 것이라는 확신을 가지게 할 정도로 추단될 수 있을 경우에만 유죄로 인정할 수 있다.

해설

③ [×] (1) 피해자의 사체가 멸실된 경우라 하더라도 간접증거를 상호 관련하에서 종합적으로 고찰하여 살인죄의 공소사실을 인정할 수 있다(대법원 2012.9.27, 2012도2658 부산 시신없는 살인 사건). (2) 피해자의 시체가 발견되지 아니하였더라도 간접증거를 상호 관련하에 종합적으로 고찰하여 살인죄의 공소사실을 인정할 수도 있다(대법원 1999.10.22, 99도3273 부산 애인친구 살해사건). (1) 피해자를 살해한 후 곧장 화장하고 바닷가에 유골을 뿌렸더라도 그 전의 피고인의 범죄전력과 수많은 보험가입 사실 그리고 피해자를 유인한 제반 정황을 참작하여 유죄취지의 판결을 선고한 사례이다. (2) 피해자의 사체가 발견되지 않았더라도 피고인의 승용차 내부에서 무려 1,500cc 정도의 피해자 혈액이 발견된 것 등을 종합하여 유죄취지의 판결을 선고한 사례이다.

①② [O] 형사재판에 유죄의 심증이 반드시 직접증거에 의하여 형성되어야만 하는 것은 아니고 경험칙과 논리법칙에 위반되지 아니하는 한 간접증거에 의하여 형성되어도 무방하며, 간접증거가 개별적으로는 범죄사실에 대한 완전한 증명력을 가지지 못하더라도 전체 증거를 상호 관련하에 종합적으로 고찰할 경우 그 단독으로는 가지지 못하는 **종합적 증명력이 있는 것으로 판단되면 그에 의하여도 범죄사실을 인정할 수 있다**(대법원 2013.6.27, 2013도4172 부산 시신없는 살인 사건 II).

④ [O] 목격자의 진술 등 직접증거가 전혀 없는 사건에 있어서는 적법한 증거들에 의하여 인정되는 간접사실들에 논리법칙과 경험칙을 적용하여 공소사실이 **합리적인 의심을 할 여지가 없이 진실한 것이라는 확신을 가지게 할 정도로 추단될 수 있을 경우에만 유죄로 인정할 수 있다**(대법원 2011.1.13, 2010도13226).

정답 | 889 ① 890 ① 891 ③

892 자유심증주의에 관한 다음 설명 중 옳지 않은 것은? (다툼이 있으면 판례에 의함) [core ★★]

1 2 3

① 형사재판에 있어 심증형성은 반드시 직접증거에 의하여 형성되어야만 하는 것은 아니고 간접증거에 의할 수도 있는 것이며, 간접증거는 이를 개별적 · 고립적으로 평가하여서는 아니되고 모든 관점에서 빠짐없이 상호 관련시켜 종합적으로 평가하고, 치밀하고 모순 없는 논증을 거쳐야 한다.

② 증거의 증명력은 법관의 자유판단에 맡겨져 있으나 그 판단은 논리와 경험칙에 합치하여야 하고, 형사재판에 있어서 유죄로 인정하기 위한 심증형성의 정도는 합리적인 의심을 할 여지가 없을 정도여야 하나, 이는 모든 가능한 의심을 배제할 정도에 이를 것까지 요구하는 것은 아니다.

③ 증명력이 있는 것으로 인정되는 증거를 합리적인 근거가 없는 의심을 일으켜 이를 배척하는 것은 자유심증주의의 한계를 벗어나는 것으로 허용될 수 없다.

④ '합리적 의심'이라 함은 모든 의문, 불신을 포함하는 것이 아니라 논리와 경험칙에 기하여 요증사실과 양립할 수 없는 사실의 개연성에 대한 합리성 있는 의문을 의미하는 것으로서 피고인에게 불리한 정황을 사실인정과 관련하여 파악한 이성적 추론에 그 근거를 두어야 하는 것이므로 단순히 관념적인 의심이나 추상적인 가능성에 기초한 의심은 합리적 의심에 포함된다고 할 수 없다.

해설

④ [×] 여기에서 말하는 '합리적 의심'이라 함은 모든 의문, 불신을 포함하는 것이 아니라 논리와 경험칙에 기하여 요증사실과 양립할 수 없는 사실의 개연성에 대한 합리성 있는 의문을 의미하는 것으로서 피고인에게 유리한 정황을 사실인정과 관련하여 파악한 이성적 추론에 그 근거를 두어야 하는 것이므로 단순히 관념적인 의심이나 추상적인 가능성에 기초한 의심은 합리적 의심에 포함된다고 할 수 없다(대법원 2018.1.25, 2016도6757 상속재산 400억 편취실패 사건).

①②③ [○] (1) 형사재판에 있어 심증형성은 반드시 직접증거에 의하여 형성되어야만 하는 것은 아니고 간접증거에 의할 수도 있는 것이며, **간접증거는 이를 개별적 · 고립적으로 평가하여서는 아니 되고 모든 관점에서 빠짐없이 상호 관련시켜 종합적으로 평가하고, 치밀하고 모순 없는 논증을 거쳐야 한다.** (2) 그리고 증거의 증명력은 법관의 자유판단에 맡겨져 있으나 그 판단은 논리와 경험칙에 합치하여야 하고, 형사재판에 있어서 유죄로 인정하기 위한 심증형성의 정도는 합리적인 의심을 할 여지가 없을 정도여야 하나, 이는 **모든 가능한 의심을 배제할 정도에 이를 것까지 요구하는 것은 아니며, 증명력이 있는 것으로 인정되는 증거를 합리적인 근거가 없는 의심을 일으켜 이를 배척하는 것은 자유심증주의의 한계를 벗어나는 것으로 허용될 수 없다 할 것이다**(대법원 2018.1.25, 2016도6757 상속재산 400억 편취실패 사건).

893 증거에 관한 다음 설명 중 옳지 않은 것은? (다툼이 있으면 판례에 의함) [Essential ★]

1 2 3

① 압수물(피해품)은 피고인에 대한 범죄의 증명이 없게 된 경우에도 압수물의 존재만으로 그 유죄의 증거가 될 수 있다.

② 매매계약서 중 일부기재가 위조되었다는 공소사실에 대하여 위조된 매매계약서 자체만으로는 피고인이 문서명의인의 동의나 승낙 없이 문서를 작성하였는지 여부에 대한 증거로 되지 아니한다.

③ 피해자는 71세의 노인으로 피고인이 구타하고 넘어뜨려 부상하였다고 경찰과 법정에서 진술하고 있으나 이는 폭행을 당했다는 이해 상반하는 상대방의 일방적 진술에 불과하여 피해자의 증언만으로는 상해사실을 인정할 수 없다.

④ 본래 교통사고는 순간적으로 발생하기 때문에 정확한 사고의 경위는 이를 잘 알 수 없는 것이기는 하나 그 사고 운전자가 사고 직후에 사고의 경위에 관하여 진술한 바가 있다면 그 진술은 진실에 가장 가깝다고 보아야 할 것이므로 다른 특별한 사정이 없는 한 이를 배척할 것은 아니라고 할 것이다.

해설

① [×] 압수물(피해품)은 피고인에 대한 범죄의 증명이 없게 된 경우에는 압수물의 존재만으로 그 유죄의 증거가 될 수 없다(대법원 1984.3.27, 83도3067).

② [○] 매매계약서 중 일부기재가 위조되었다는 공소사실에 대하여 **위조된 매매계약서 자체만으로는 피고인이 문서명의인의 동의나 승낙 없이 문서를 작성하였는지 여부에 대한 증거로 되지 아니한다**(대법원 1988.1.19, 87도1217).

③ [○] 피해자는 **71세의 노인**으로 피고인이 구타하고 넘어뜨려 부상하였다고 경찰과 법정에서 진술하고 있으나 이는 폭행을 당했다는 **이해 상반하는 상대방의 일방적 진술에 불과하여 피해자의 증언만으로는 상해사실을 인정할 수 없다**(대법원 1983.2.8, 82도2971).

④ [○] 본래 교통사고는 순간적으로 발생하기 때문에 정확한 사고의 경위는 이를 잘 알 수 없는 것이기는 하나 그 **사고 운전자가 사고 직후에 사고의 경위에 관하여 진술한 바가 있다면 그 진술은 진실에 가장 가깝다고 보아야 할 것이므로 다른 특별한 사정이 없는 한 이를 배척할 것은 아니라고 할 것이다**(대법원 1997.7.8, 96도1540).

정답 | 892 ④ 893 ①

894 증거에 관한 다음 설명 중 옳지 않은 것은? (다툼이 있으면 판례에 의함) [core ★★]

1 2 3

① 피해자를 비롯한 증인들의 진술이 대체로 일관되고 공소사실에 부합하는 경우 객관적으로 보아 도저히 신빙성이 없다고 볼 만한 별도의 신빙성 있는 자료가 없는 한 이를 함부로 배척하여서는 안 된다.

② 일정 기간 동안에 발생한 피해자의 일련의 강간 피해 주장 중 그에 부합하는 진술의 신빙성을 대부분 부정할 경우라도, 법원은 특별한 사정이 없이 일부 사실에 대하여만 피해자의 진술을 믿어 유죄를 인정할 수 있다.

③ 범행을 저지를 만한 뚜렷한 동기가 발견되지 않는 경우 간접증거나 정황사실을 통한 유죄의 인정에 더욱 신중을 기하지 않을 수 없으며, 그와 달리 피고인이 순간적인 격분상태에서 보잘 것 없는 동기로 살인의 범행에까지 이르렀을 것이라고 쉽게 추인하여서는 아니 된다.

④ 범행에 관한 간접증거만이 존재하고 더구나 그 간접증거의 증명력에 한계가 있는 경우, 범인으로 지목되고 있는 자에게 범행을 저지를 만한 동기가 발견되지 않는다면, 만연히 무엇인가 동기가 분명히 있는데도 이를 범인이 숨기고 있다고 단정할 것이 아니라 간접증거의 증명력이 그만큼 떨어진다고 평가하는 것이 형사 증거법의 이념에 부합한다.

해설

② [×] (1) 일정 기간 동안에 발생한 피해자의 일련의 강간 피해 주장 중 그에 부합하는 진술의 신빙성을 대부분 부정할 경우, 일부 사실에 대하여만 피해자의 진술을 믿어 유죄를 인정하려면 그와 같이 피해자 진술의 신빙성을 달리 볼 수 있는 특별한 사정이 인정되어야 할 것이다. (2) 2009.10.20, 10.22, 10.28, 10.29. 총 4회의 강간 공소사실에 대하여 2009.10.20.과 10.22.자 강간의 점에 대하여 피해자의 진술을 믿기 어렵다는 이유로 무죄를 선고하고, 피해자 진술의 신빙성을 달리 볼 수 있는 특별한 사정이 없음에도 2009.10.28.과 10.29.자 강간의 점에 대하여는 유죄판결을 선고한 것에는 필요한 심리를 다하지 아니한 위법이 있다(대법원 2010.11.11, 2010도9633 4회중 2번만 강간 사건).

① [○] 피해자를 비롯한 **증인들의 진술이 대체로 일관되고 공소사실에 부합하는 경우** 객관적으로 보아 도저히 신빙성이 없다고 볼 만한 별도의 신빙성 있는 자료가 없는 한 **이를 함부로 배척하여서는 안 된다**(대법원 2012.6.28, 2012도2631 고대생 성추행 사건).

③ [○] 범행을 저지를 만한 뚜렷한 동기가 발견되지 않는 경우 간접증거나 정황사실을 통한 유죄의 인정에 더욱 신중을 기하지 않을 수 없으며, 그와 달리 피고인이 **순간적인 격분상태에서 보잘 것 없는 동기로 살인의 범행에까지 이르렀을 것이라고 쉽게 추인하여서는 아니 된다**(대법원 2012.6.28, 2012도231 마포 의사부인 살해 사건).

④ [○] 범행에 관한 간접증거만이 존재하고 더구나 그 간접증거의 증명력에 한계가 있는 경우, 범인으로 지목되고 있는 자에게 범행을 저지를 만한 동기가 발견되지 않는다면, 만연히 무엇인가 동기가 분명히 있는데도 이를 **범인이 숨기고 있다고 단정할 것이 아니라 간접증거의 증명력이 그만큼 떨어진다고 평가하는 것이 형사 증거법의 이념에 부합한다**(대법원 2006.3.9, 2005도8675 울산 청산염 살인 사건).

895 수뢰죄 등에 관한 다음 설명 중 옳지 않은 것은? (다툼이 있으면 판례에 의함) [Superlative ★★★]

1 2 3

① 금원수수자로 지목된 피고인이 수수사실을 부인하고 있고 이를 뒷받침할 금융자료 등 객관적 물증이 없는 경우 "금원을 제공하였다"는 사람의 진술만으로 유죄를 인정하기 위해서는 그 사람의 진술이 증거능력이 있어야 함은 물론 합리적인 의심을 배제할 만한 신빙성이 있어야 한다.

② 뇌물죄에서 수뢰자가 증뢰자에게서 돈을 받은 사실은 시인하면서도 "뇌물로 받은 것이 아니라 빌린 것이다"라고 주장하는 경우, 수뢰자가 그 돈을 실제로 빌린 것인지는 수뢰자가 증뢰자에게서 돈을 수수한 동기, 전달 경위 및 방법 등 증거에 의하여 나타나는 객관적인 사정을 모두 종합하여 판단하여야 한다.

③ 금품공여자나 피고인의 진술이 각기 일부는 진실을, 일부는 허위나 과장 · 왜곡 · 착오를 포함하고 있을 수 있으므로 법관으로서는 금품공여자와 피고인 사이의 상반되고 모순되는 진술들 가운데 허위 · 과장 · 왜곡 · 착오를 배제한 진실을 찾아내고 그 진실들을 조합하여 사건의 실체를 파악하는 노력을 기울여야 한다.

④ "여러 차례에 걸쳐 금원을 제공하였다"고 주장하는 사람의 진술을 신뢰할 수 있는지에 관하여 그중 상당한 금원제공 진술 부분을 그대로 믿을 수 없는 객관적인 사정 등이 밝혀짐에 따라 그 부분 진술의 신빙성을 배척하는 경우라도, 금원을 제공하였다고 주장하는 사람의 진술을 내세워 나머지 일부 금원수수 사실을 인정하는 것도 원칙적으로 허용될 수 있다.

해설

④ [×] 여러 차례에 걸쳐 금원을 제공하였다고 주장하는 사람의 진술을 신뢰할 수 있는지에 관하여 그중 상당한 금원제공 진술 부분을 그대로 믿을 수 없는 객관적인 사정 등이 밝혀짐에 따라 그 부분 진술의 신빙성을 배척하는 경우라면, 여러 차례에 걸쳐 금원을 제공하였다는 진술의 신빙성은 전체적으로 상당히 허물어졌다고 보아야 할 것이니, 비록 나머지 일부 금원제공 진술 부분에 대하여는 이를 그대로 믿을 수 없는 객관적 사정 등이 직접 밝혀지지 않았다고 하더라도, 여러 차례에 걸쳐 금원을 제공하였다고 주장하는 사람의 진술만을 내세워 함부로 나머지 일부 금원수수 사실을 인정하는 것은 원칙적으로 허용될 수 없다(대법원 2009.1.15, 2008도8137 현대차 로비 사건).

① [O] 금원수수자로 지목된 피고인이 수수사실을 부인하고 있고 이를 뒷받침할 금융자료 등 객관적 물증이 없는 경우 "금원을 제공하였다"는 사람의 진술만으로 유죄를 인정하기 위해서는 그 사람의 **진술이 증거능력이 있어야 함은 물론 합리적인 의심을 배제할 만한 신빙성이 있어야 한다**(대법원 2011.1.27, 2010도7947 강원지사 사건).

② [O] 뇌물죄에서 수뢰자가 증뢰자에게서 돈을 받은 사실은 시인하면서도 "뇌물로 받은 것이 아니라 빌린 것이다"라고 주장하는 경우, 수뢰자가 그 돈을 실제로 빌린 것인지는 수뢰자가 증뢰자에게서 돈을 수수한 동기, 전달 경위 및 방법 등 증거에 의하여 나타나는 객관적인 사정을 모두 **종합하여 판단하여야 한다**(대법원 2011.11.10, 2011도7261 여주군의회 의장 사건).

③ [O] 금품공여자나 피고인의 진술이 각기 일부는 진실을, 일부는 허위나 과장 · 왜곡 · 착오를 포함하고 있을 수 있으므로 법관으로서는 금품공여자와 피고인 사이의 상반되고 모순되는 진술들 가운데 허위 · 과장 · 왜곡 · 착오를 배제한 진실을 찾아내고 그 진실들을 조합하여 **사건의 실체를 파악하는 노력을 기울여야 한다**(대법원 2011.4.28, 2010도14487 통영시장 사건).

정답 | 894 ② 895 ④

896 확정판결의 증명력에 관한 다음 설명 중 옳지 않은 것은? (다툼이 있으면 판례에 의함)

1 2 3

[Superlative ★★★]

① 동일한 사실관계에 관하여 이미 확정된 형사판결이 인정한 사실은 유력한 증거자료가 되므로 그 형사재판의 사실 판단을 채용하기 어렵다고 인정되는 특별한 사정이 없는 한 이와 배치되는 사실은 인정할 수 없다.

② 형사재판에 있어서 이와 관련된 다른 형사사건의 확정판결에서 인정된 사실은 특별한 사정이 없는 한 유력한 증거자료가 되는 것이나, 당해 형사재판에서 제출된 다른 증거 내용에 비추어 관련 형사사건의 확정판결에서의 사실판단을 그대로 채택하기 어렵다고 인정될 경우에는 이를 배척할 수 있다.

③ 형사재판에 있어서 관련된 민사사건의 판결에서 인정된 사실은 유력한 인정자료가 된다고 할지라도 반드시 그 민사판결의 확정사실에 구속을 받는 것은 아니고, 형사법원은 증거에 의하여 민사판결에서 확정된 사실과 다른 사실을 인정할 수 있다.

④ 공동정범으로 기소된 피고인들(甲, 乙, 丙)이 제1심에서 모두 유죄판결을 받고 모두 항소하였고 이후 공동피고인들(乙, 丙)은 유죄판결이 확정되었으나, 항소심이 다른 증거조사를 함이 없이 다른 공동피고인에 있어서와 동일한 증거관계 하에서 피고인(甲)에 대하여만 무죄를 선고하더라도 채증법칙위반의 위법이 있다 할 수 없다.

해설

④ [×] 다른 증거조사를 함이 없이 다른 공동피고인에 있어서와 동일한 증거관계 하에서 피고인에 대하여 공소사실을 인정할 수 없다 하여 무죄를 선고한 조치는 채증법칙을 위반한 것이다(대법원 1990.11.27, 90도1215).

① [○] 동일한 사실관계에 관하여 이미 **확정된 형사판결이 인정한 사실은 유력한 증거자료가 되므로** 그 형사재판의 사실 판단을 채용하기 어렵다고 인정되는 **특별한 사정이 없는 한 이와 배치되는 사실은 인정할 수 없다**(대법원 2009.12.24, 2009도11349).

② [○] 형사재판에 있어서 이와 관련된 다른 형사사건의 확정판결에서 인정된 사실은 특별한 사정이 없는 한 유력한 증거자료가 되는 것이나, 당해 형사재판에서 제출된 다른 증거 내용에 비추어 **관련 형사사건의 확정판결에서의 사실판단을 그대로 채택하기 어렵다고 인정될 경우에는 이를 배척할 수 있다**(대법원 2014.3.27, 2014도1200 약사면허증 불법대여 사건).

③ [○] 형사재판에 있어서 관련된 민사사건의 판결에서 인정된 사실은 유력한 인정자료가 된다고 할지라도 반드시 그 민사판결의 확정사실에 구속을 받는 것은 아니고, **형사법원은 증거에 의하여 민사판결에서 확정된 사실과 다른 사실을 인정할 수 있다**(대법원 2011.11.24, 2009도980).

897 증거의 증명력 판단에 관한 다음 설명 중 옳지 않은 것은? (다툼이 있으면 판례에 의함) [core ★★]

1 2 3

① 피고인 모발에서 메스암페타민 성분이 검출되었다는 국립과학수사연구소장의 감정의뢰회보가 있는 경우, 피고인은 감정의 대상이 된 모발을 채취하기 이전 언젠가에 메스암페타민을 투약한 사실이 있다고 인정하여야 한다.

② DNA분석을 통한 유전자검사 결과는 높은 신뢰성을 지닌다 할 것이고, 피고인의 유전자형이 범인의 그것과 상이하다는 감정결과는 피고인의 무죄를 입증할 수 있는 유력한 증거에 해당한다.

③ 유전자검사나 혈액형검사 등 과학적 증거방법은 그 전제로 하는 사실이 모두 진실임이 입증되고 그 추론의 방법이 과학적으로 정당하여 오류의 가능성이 전무하거나 무시할 정도로 극소한 것으로 인정되는 경우라도, 사실의 인정은 사실심 법원의 전권에 속하는 것이므로 법원이 이를 배척하는 것은 자유심증주의의 한계를 벗어나는 것이라고 할 수 없다.

④ 과학적 증거방법이 상당한 정도로 구속력을 가지기 위해서는 그 증거방법이 전문적인 지식 · 기술 · 경험을 가진 감정인에 의하여 공인된 표준 검사기법으로 분석을 거쳐 법원에 제출된 것이어야 할 뿐만 아니라 그 채취 · 보관 · 분석 등 모든 과정에서 자료의 동일성이 인정되고 인위적인 조작 · 훼손 · 첨가가 없었음이 담보되어야 한다.

해설

③ [×] 유전자검사나 혈액형검사 등 과학적 증거방법은 그 전제로 하는 사실이 모두 진실임이 입증되고 그 추론의 방법이 과학적으로 정당하여 오류의 가능성이 전무하거나 무시할 정도로 극소한 것으로 인정되는 경우에는 법관이 사실인정을 함에 있어 상당한 정도로 구속력을 가지므로, 비록 사실의 인정이 사실심의 전권이라 하더라도 아무런 합리적 근거 없이 함부로 이를 배척하는 것은 자유심증주의의 한계를 벗어나는 것으로서 허용될 수 없다(대법원 2009.3.12, 2008도8486).

① [○] 피고인 모발에서 메스암페타민 성분이 검출되었다는 국립과학수사연구소장의 감정의뢰회보가 있는 경우, 피고인은 감정의 대상이 된 모발을 채취하기 이전 언젠가에 메스암페타민을 투약한 사실이 있다고 인정하여야 한다(대법원 2008.2.14, 2007도10937).

② DNA분석을 통한 유전자검사 결과는 높은 신뢰성을 지닌다 할 것이고, 피고인의 유전자형이 범인의 그것과 상이하다는 감정결과는 **피고인의 무죄를 입증할 수 있는 유력한 증거에 해당한다**(대법원 2007.5.10, 2007도1950).

④ **과학적 증거방법**이 상당한 정도로 구속력을 가지기 위해서는 그 증거방법이 전문적인 지식 · 기술 · 경험을 가진 감정인에 의하여 공인된 표준 검사기법으로 분석을 거쳐 법원에 제출된 것이어야 할 뿐만 아니라 그 채취 · 보관 · 분석 등 모든 과정에서 **자료의 동일성이 인정되고 인위적인 조작 · 훼손 · 첨가가 없었음이 담보되어야 한다**(대법원 2011.5.26, 2011도1902).

정답 | 896 ④ 897 ③

898 범인식별 절차에 관한 다음 설명 중 옳지 않은 것은? (다툼이 있으면 판례에 의함) [Essential ★]

1 2 3

① 용의자 한 사람을 단독으로 목격자와 대질시키거나 용의자의 사진 한 장만을 목격자에게 제시하여 범인 여부를 확인하게 하는 방식에 의한 범인식별 절차에서의 목격자의 진술은, 부가적인 사정이 없는 한 그 신빙성이 낮다고 보아야 한다.

② 피해자가 범행 전에 용의자를 한번도 본 일이 없고 피해자의 진술 외에는 그 용의자를 범인으로 의심할 만한 객관적인 사정이 존재하지 않는 상태에서 수사기관이 잘못된 단서에 의하여 범인으로 지목하고 신병을 확보한 용의자를 일대일로 대면하고 그가 범인임을 확인하였을 뿐이라면, 그 피해자의 진술에 높은 정도의 신빙성을 부여하기는 곤란하다.

③ 범죄 발생 직후 그 현장이나 부근에서 범인식별 절차를 실시하는 경우에도 목격자의 흥분, 당황 등에 의하여 부정확한 식별과 오류의 가능성이 있기 때문에 이 경우에도 원칙적으로 용의자와 목격자의 일대일 대면은 허용되지 아니한다.

④ 목격자의 진술의 신빙성을 높게 평가할 수 있게 하려면, 범인의 인상착의 등에 관한 목격자의 진술 내지 묘사를 사전에 상세히 기록화한 다음, 용의자를 포함하여 그와 인상착의가 비슷한 여러 사람을 동시에 목격자와 대면시켜 범인을 지목하도록 하여야 하고, 용의자와 목격자 및 비교대상자들이 상호 사전에 접촉하지 못하도록 하여야 하며, 사후에 증거가치를 평가할 수 있도록 대질 과정과 결과를 문자와 사진 등으로 서면화하는 등의 조치를 취하여야 한다.

해설

③ [×] 범죄 발생 직후 목격자의 기억이 생생하게 살아 있는 상황에서 현장이나 그 부근에서 범인식별 절차를 실시하는 경우에는 목격자에 의한 생생하고 정확한 식별의 가능성이 열려 있고 범죄의 신속한 해결을 위한 즉각적인 대면의 필요성도 인정할 수 있으므로 용의자와 목격자의 일대일 대면도 허용된다(대법원 2009.6.11, 2008도12111 부산 대연동 강제추행 사건).

① [○] 용의자 한 사람을 **단독으로 목격자와 대질시키거나 용의자의 사진 한 장만을 목격자에게 제시하여 범인 여부를 확인하게 하는 방식**에 의한 범인식별 절차에서의 목격자의 진술은, 부가적인 사정이 없는 한 그 **신빙성이 낮다고 보아야 한다**(대법원 2008.1.17, 2007도5201 부산 좌천동 여아강간 사건).

② [○] 피해자가 범행 전에 용의자를 한 번도 본 일이 없고 피해자의 진술 외에는 그 용의자를 범인으로 의심할 만한 객관적인 사정이 존재하지 않는 상태에서 **수사기관이 잘못된 단서에 의하여 범인으로 지목하고 신병을 확보한 용의자를 일대일로 대면하고 그가 범인임을 확인하였을 뿐이라면, 그 피해자의 진술에 높은 정도의 신빙성을 부여하기는 곤란하다**(대법원 2001.2.9, 2000도4946 영천 신흥사 강도 사건).

④ [○] 목격자의 진술의 신빙성을 높게 평가할 수 있게 하려면, **범인의 인상착의 등에 관한 목격자의 진술 내지 묘사를 사전에 상세히 기록화한 다음, 용의자를 포함하여 그와 인상착의가 비슷한 여러 사람을 동시에 목격자와 대면시켜 범인을 지목하도록 하여야 하고, 용의자와 목격자 및 비교대상자들이 상호 사전에 접촉하지 못하도록 하여야 하며, 사후에 증거가치를 평가할 수 있도록 대질 과정과 결과를 문자와 사진 등으로 서면화하는 등의 조치를 취하여야 한다**(대법원 2008.1.17, 2007도5201 부산 좌천동 여아강간 사건).

899 다음 중 자백 또는 진술의 증거능력이 부정되지 않는 것은 모두 몇 개인가? (다툼이 있으면 판례에 의함)

1 2 3

[Superlative ★★★]

> ㉠ '일정한 증거가 발견되면 자백하겠다'는 약속 하에 얻은 자백
> ㉡ 검사의 접견금지결정으로 피고인들의 (비변호인간의) 접견이 제한된 상황하에서 피의자신문조서가 작성된 경우
> ㉢ 검찰에 연행된 때로부터 약 30시간 동안 잠을 재우지 아니한 채 검사 2명이 교대로 신문을 하면서 회유한 끝에 받아낸 자백
> ㉣ '피의사실을 자백하면 피의사실 부분은 가볍게 처리하고 보호감호의 청구를 하지 않겠다'는 각서를 작성하여 주면서 얻은 자백
> ㉤ 별건으로 구속된 상태에서 10여일 내지 수십여일 동안 거의 매일 검사실로 소환되어 밤늦게까지 조사를 받으면서 한 자백
> ㉥ 별건으로 수감 중인 자를 약 1년 3개월의 기간 동안 270회나 검찰청으로 소환하여 밤늦은 시각 또는 그 다음 날 새벽까지 조사하여 받아낸 자백
> ㉦ 피고인이 수사기관에서 가혹행위 등으로 인하여 임의성 없는 자백을 하고 그 후 법정에서도 임의성 없는 심리상태가 계속되어 한 동일한 내용의 자백

① 1개　　② 2개
③ 3개　　④ 4개

해설

② ㉠㉡ 2항목의 경우 증거능력이 부정되지 아니한다.

㉠ 자백의 약속이 검사의 강요나 위계에 의하여 이루어졌다던가 또는 불기소나 경한 죄의 소추 등 이익과 교환조건으로 된 것이라고 인정되지 아니하므로 위와 같이 일정한 증거가 발견되면 자백하겠다는 약속 하에 된 자백을 곧 임의성이 없는 자백이라고 단정할 수는 없다(대법원 1983.9.13, 83도712).

㉡ 검사의 접견금지결정으로 피고인들의 (비변호인간의) 접견이 제한된 상황하에서 피의자신문조서가 작성되었다는 사실만으로 바로 그 조서가 임의성이 없는 것이라고는 볼 수 없다(대법원 1984.7.10, 84도846 녹용밀수단 사건).

㉢ 피고인의 검찰에서의 자백은 피고인이 검찰에 연행된 때로부터 약 30시간 동안 잠을 재우지 아니한 채 검사 2명이 교대로 신문을 하면서 회유한 끝에 받아낸 것으로 임의로 진술한 것이 아니라고 의심할 만한 이유가 있는 때에 해당한다고 보아 그 피의자신문조서는 증거능력이 없다(대법원 1997.6.27, 95도1964 조흥은행 연산동지점장 수뢰 사건).

㉣ 피고인의 자백이 심문에 참여한 검찰주사가 '피의사실을 자백하면 피의사실부분은 가볍게 처리하고 보호감호의 청구를 하지 않겠다'는 각서를 작성하여 주면서 자백을 유도한 것에 기인한 것이라면 위 자백은 기망에 의하여 임의로 진술한 것이 아니라고 의심할 만한 이유가 있는 때에 해당하여 증거로 할 수 없다(대법원 1985.12.10, 85도2182 보호감호를 청구하지 않겠다 사건).

㉤ 알선수재사건의 공여자 등이 별건으로 구속된 상태에서 10여 일 내지 수십여 일 동안 거의 매일 검사실로 소환되어 밤늦게까지 조사를 받았다면 이들은 과도한 육체적 피로, 수면부족, 심리적 압박감 속에서 진술을 한 것으로 보여지므로 이들에 대한 진술조서는 그 임의성을 의심할 만한 사정이 있다(대법원 2002.10.8, 2001도3931 경성비리 사건Ⅱ).

㉥ 별건으로 수감 중인 자를 약 1년 3개월의 기간 동안 무려 270회나 검찰청으로 소환하여 밤늦은 시각 또는 그 다음 날 새벽까지 조사를 하였거나, 국외로 출국하여야 하는 상황에 놓여있는 자를 심리적으로 압박하여 조사를 하였을 가능성이 충분하다면 그들에 대한 진술조서는 임의성을 의심할 만한 사정이 있다(대법원 2006.1.26, 2004도517 경성비리 사건Ⅲ).

㉦ 피고인이 수사기관에서 가혹행위 등으로 인하여 임의성 없는 자백을 하고 그 후 법정에서도 임의성 없는 심리상태가 계속되어 동일한 내용의 자백을 하였다면 법정에서의 자백도 임의성 없는 자백이라고 보아야 한다(대법원 2012.11.29, 2010도3029 간첩조작 사건).

정답 | 898 ③　899 ②

900 자백에 관한 다음 설명 중 옳지 않은 것은? (다툼이 있으면 판례에 의함) [Essential ★]

1 2 3

① 피고인의 자백이 피고인이 검찰에 연행된 때로부터 약 30시간 동안 잠을 재우지 아니한 채 검사 2명이 교대로 신문을 하면서 회유한 끝에 받아낸 것이라고 하더라도 곧 자백의 임의성이 부정되는 것은 아니다.

② 참고인에 대한 검찰 진술조서가 강압상태 또는 강압수사로 인한 정신적 강압상태가 계속된 상태에서 작성된 것으로 의심되어 그 임의성을 의심할 만한 사정이 있는데도 검사가 그 임의성의 의문점을 없애는 증명을 하지 못하였다면 유죄의 증거로 사용할 수 없다.

③ 피고인이 검찰에 송치되자마자 자백은 강요에 의한 것이라고 주장하면서 범행을 부인할 뿐더러 연 4일을 계속하여 매일 한 장씩 진술서 등을 작성한다는 것은 부자연하다는 느낌이 드는 등 사정에 비추어 보면 자백은 신빙성이 희박하다.

④ 피고인의 자백이 임의성이 없다고 의심할 만한 사유가 있는 때에 해당한다 할지라도 그 임의성이 없다고 의심하게 된 사유들과 피고인의 자백과의 사이에 인과관계가 존재하지 않은 것이 명백한 때에는 그 자백은 임의성이 있는 것으로 인정된다.

해설

① [×] 피고인의 검찰에서의 자백은 피고인이 검찰에 연행된 때로부터 약 30시간 동안 잠을 재우지 아니한 채 검사 2명이 교대로 신문을 하면서 회유한 끝에 받아낸 것으로 임의로 진술한 것이 아니라고 의심할 만한 이유가 있는 때에 해당한다고 보아 그 피의자신문조서는 증거능력이 없다(대법원 1997.6.27, 95도1964 조흥은행 연산동지점장 수뢰 사건).

② [○] 참고인에 대한 검찰 진술조서가 강압상태 또는 강압수사로 인한 정신적 강압상태가 계속된 상태에서 작성된 것으로 의심되어 그 임의성을 의심할 만한 사정이 있는데도 **검사가 그 임의성의 의문점을 없애는 증명을 하지 못하였다면 유죄의 증거로 사용할 수 없다**(대법원 2006.11.23, 2004도7900).

③ [○] 피고인이 검찰에 송치되자마자 자백은 강요에 의한 것이라고 주장하면서 범행을 부인할 뿐더러 연 4일을 계속하여 매일 한 장씩 진술서 등을 작성한다는 것은 부자연하다는 느낌이 드는 등 사정에 비추어 보면 **자백은 신빙성이 희박하다**(대법원 1980.12.9, 80도2656 전주체육고 방화사건).

④ [○] 피고인의 자백이 임의성이 없다고 의심할 만한 사유가 있는 때에 해당한다 할지라도 그 임의성이 없다고 의심하게 된 사유들과 피고인의 자백과의 사이에 인과관계가 존재하지 않은 것이 명백한 때에는 그 **자백은 임의성이 있는 것으로 인정된다**(대법원 1984.11.27, 84도2252 송씨 일가 간첩조작 사건).

901 1 2 3 자백배제법칙에 관한 다음 설명 중 옳지 않은 것은? (다툼이 있으면 판례에 의함) [core ★★]

① 형사소송법 제309조는 '피고인의 자백이 고문, 폭행, 협박, 신체구속의 부당한 장기화 또는 기망 기타의 방법으로 임의로 진술한 것이 아니라고 의심할만한 이유가 있을 때에는 이를 유죄의 증거로 하지 못한다'고 규정하고 있는바, 위 법조에서 규정된 피고인의 진술의 자유를 침해하는 위법사유는 원칙적으로 예시사유로 보아야 한다.

② 피고인의 검찰 진술의 임의성의 유무가 다투어지는 경우 법원은 구체적인 사건에 따라 피고인의 학력·경력·직업·사회적 지위·지능 정도·진술의 내용·피의자신문조서의 형식 등 제반 사정을 참작하여 자유로운 심증으로 위 진술이 임의로 된 것인지의 여부를 판단하면 된다.

③ 진술의 임의성에 다툼이 있을 때에는 그 임의성을 의심할 만한 합리적이고 구체적인 사실을 피고인이 입증할 것이 아니고, 검사가 그 임의성의 의문점을 해소하는 입증을 하여야 한다.

④ 임의성에 의심이 있는 자백은 원칙적으로 증거능력이 없지만 피고인이 이를 증거로 함에 동의하면 예외적으로 증거능력을 가진다.

해설

④ [×] 임의성이 인정되지 아니하여 증거능력이 없는 진술증거는 피고인이 증거로 함에 동의하더라도 증거로 삼을 수 없다(대법원 2006.11.23, 2004도7900 서세원 프로덕션 사건).

① [○] 형사소송법 제309조는 '피고인의 자백이 고문, 폭행, 협박, 신체구속의 부당한 장기화 또는 기망 기타의 방법으로 임의로 진술한 것이 아니라고 의심할만한 이유가 있을 때에는 이를 유죄의 증거로 하지 못한다'고 규정하고 있는바, 위 법조에서 규정된 피고인의 진술의 자유를 침해하는 위법사유는 원칙적으로 **예시사유로 보아야 한다**(대법원 1985.2.26, 82도2413).

② [○] 피고인의 검찰 진술의 임의성의 유무가 다투어지는 경우 법원은 구체적인 사건에 따라 피고인의 학력·경력·직업·사회적 지위·지능 정도·진술의 내용·피의자신문조서의 형식 등 제반 사정을 참작하여 **자유로운 심증으로 위 진술이 임의로 된 것인지의 여부를 판단하면 된다**(대법원 2012.3.29, 2009도11249).

③ [○] 진술의 임의성에 다툼이 있을 때에는 그 임의성을 의심할 만한 합리적이고 구체적인 사실을 피고인이 입증할 것이 아니고, **검사가 그 임의성의 의문점을 해소하는 입증을 하여야 한다**(대법원 2006.11.23, 2004도7900 서세원 프로덕션 사건).

정답 | 900 ① 901 ④

902 위법수집증거배제법칙에 관한 다음 설명 중 옳지 않은 것은? (다툼이 있으면 판례에 의함)

1 2 3

[Essential ★]

① 헌법과 형사소송법이 정한 절차에 따르지 아니하고 수집된 증거는 기본적 인권 보장을 위해 마련된 적법한 절차에 따르지 않은 것으로 원칙적으로 유죄 인정의 증거로 삼을 수 없다.

② 수사기관의 절차위반행위가 적법절차의 실질적인 내용을 침해하는 경우에 해당하지 아니하고, 오히려 그 증거의 증거능력을 배제하는 것이 헌법과 형사소송법이 형사소송에 관한 절차조항을 마련하여 적법절차의 원칙과 실체적 진실 규명의 조화를 도모하고 이를 통하여 형사사법의 정의를 실현하려 한 취지에 반하는 결과를 초래하는 것으로 평가되는 예외적인 경우라면 법원은 그 증거를 유죄 인정의 증거로 사용할 수 있다.

③ 법원이 2차적 증거의 증거능력 인정 여부를 최종적으로 판단할 때에는 먼저 절차에 따르지 아니한 1차적 증거 수집과 관련된 모든 사정과 나아가 1차적 증거를 기초로 하여 다시 2차적 증거를 수집하는 과정에서 추가로 발생한 모든 사정들까지 구체적인 사안에 따라 주로 인과관계 희석 또는 단절 여부를 중심으로 전체적 · 종합적으로 고려하여야 한다.

④ 법원이 수사기관의 절차 위반행위가 있는 경우 그에 의하여 수집된 증거를 유죄 인정의 증거에서 배척하기 위하여는 그 위반사항이 적법절차의 실질적인 내용을 침해한다는 점을 피고인이 입증하여야 한다.

해설

④ [×] 법원이 수사기관의 절차 위반행위에도 불구하고 그 수집된 증거를 유죄 인정의 증거로 사용할 수 있는 예외적인 경우에 해당한다고 볼 수 있으려면, 그러한 예외적인 경우에 해당한다고 볼 만한 구체적이고 특별한 사정이 존재한다는 것을 검사가 입증하여야 한다(대법원 2011.4.28, 2009도10412).

① [○] 헌법과 형사소송법이 정한 절차에 따르지 아니하고 수집된 증거는 기본적 인권 보장을 위해 마련된 적법한 절차에 따르지 않은 것으로 원칙적으로 **유죄 인정의 증거로 삼을 수 없다**(대법원 2015.1.22, 2014도10978 숭숨 내란 선동 사건).

② [○] 수사기관의 절차위반행위가 적법절차의 실질적인 내용을 침해하는 경우에 해당하지 아니하고, 오히려 그 증거의 증거능력을 배제하는 것이 헌법과 형사소송법이 형사소송에 관한 절차조항을 마련하여 적법절차의 원칙과 실체적 진실 규명의 조화를 도모하고 이를 통하여 형사사법의 정의를 실현하려 한 취지에 반하는 결과를 초래하는 것으로 평가되는 예외적인 경우라면 법원은 그 증거를 **유죄 인정의 증거로 사용할 수 있다**(대법원 2015.1.22, 2014도10978 숭숨 내란 선동 사건).

③ [○] 수사기관의 절차 위반행위가 적법절차의 실질적인 내용을 침해하는 경우에 해당하지 아니하고, 오히려 그 증거의 증거능력을 배제하는 것이 헌법과 형사소송법이 형사소송에 관한 절차 조항을 마련하여 적법절차의 원칙과 실체적 진실 규명의 조화를 도모하고 이를 통하여 형사사법 정의를 실현하려 한 취지에 반하는 결과를 초래하는 것으로 평가되는 예외적인 경우라면, 법원은 그 증거를 유죄 인정의 증거로 사용할 수 있다고 보아야 할 것이다. 이는 적법한 절차에 따르지 아니하고 수집된 증거를 기초로 하여 획득된 2차적 증거의 경우에도 마찬가지여서 절차에 따르지 아니한 증거 수집과 2차적 증거 수집 사이의 **인과관계 희석 또는 단절 여부를 중심으로 2차적 증거 수집과 관련된 모든 사정을 전체적 · 종합적으로 고려하여 예외적인 경우에는 유죄 인정의 증거로 사용할 수 있다**(대법원 2011.7.14, 2010도12604 일산 강제채혈 사건).

903 위법수집증거배제법칙에 관한 다음 설명 중 옳지 않은 것은? (다툼이 있으면 판례에 의함) [core ★★]

1 2 3

① 통역인이 사건에 관하여 증인으로 증언한 때에는 직무집행에서 제척되고, 제척사유가 있는 통역인이 통역한 증인의 증인신문조서는 유죄 인정의 증거로 사용할 수 없다.

② 피고인이 국제항공특송화물 속에 필로폰을 숨겨 수입할 것이라는 정보를 입수한 검사가, 이른바 통제배달(controlled delivery)을 하기 위해 세관공무원의 협조를 받아 특송화물을 통관절차를 거치지 않고 가져와 개봉하여 그 속의 필로폰을 취득한 것은 구체적인 범죄사실에 대한 증거수집을 목적으로 한 압수·수색이므로 사전 또는 사후에 영장을 받지 않았다면 압수물 등의 증거능력이 부정된다.

③ 압수·수색영장의 '압수할 물건'란에 甲의 기부금품의 모집 및 사용에 관한 법률위반, 업무방해죄, 횡령죄와 관련하여 甲이 소유하거나 보관 중인 물건들이 열거되어 있음에도, 압수한 전자정보가 '청와대 인사안, 청와대 및 행정 각부의 보고서, 대통령 일정 관련 자료, 대통령 말씀자료, 외교관계자료 등'으로서 영장 기재 범죄사실에 대한 직접 또는 간접증거로서의 가치가 있다고 보기 어렵다면 전자정보 출력물은 위법수집증거에 해당하여 유죄의 증거로 쓸 수 없다.

④ 압수·수색·검증영장 법관의 서명·날인 란에 서명만 있고 날인이 없는 경우 형사소송법이 정한 요건을 갖추지 못하여 적법하게 발부되었다고 볼 수 없고 또한 절차 조항 위반의 내용과 정도가 중대하므로 그 영장집행에 의하여 압수한 압수물은 증거능력이 부정된다.

해설

④ [×] 압수·수색·검증영장 법관의 서명·날인란에 서명만 있고 날인이 없는 경우 형사소송법이 정한 요건을 갖추지 못하여 적법하게 발부되었다고 볼 수 없으나, 위와 같은 결함은 피고인의 기본적 인권보장 등 법익 침해 방지와 관련성이 적으므로 절차 조항 위반의 내용과 정도가 중대하지 않고 절차 조항이 보호하고자 하는 권리나 법익을 본질적으로 침해하였다고 볼 수 없다. 오히려 이러한 경우에까지 공소사실과 관련성이 높은 파일 출력물의 증거능력을 배제하는 것은 적법절차의 원칙과 실체적 진실규명의 조화를 도모하고 이를 통하여 형사사법 정의를 실현하려는 취지에 반하는 결과를 초래할 수 있다(대법원 2019.7.11, 2018도20504 판사 날인 누락사건).

① [○] 통역인이 사건에 관하여 증인으로 증언한 때에는 직무집행에서 제척되고, **제척사유가 있는 통역인이 통역한 증인의 증인신문조서는 유죄 인정의 증거로 사용할 수 없다**(대법원 2011.4.14, 2010도13583).

② [○] 피고인이 국제항공특송화물 속에 필로폰을 숨겨 수입할 것이라는 정보를 입수한 검사가, 이른바 통제배달(controlled delivery)을 하기 위해 세관공무원의 협조를 받아 특송화물을 통관절차를 거치지 않고 가져와 개봉하여 그 속의 필로폰을 취득한 것은 구체적인 범죄사실에 대한 증거수집을 목적으로 한 **압수·수색이므로 사전 또는 사후에 영장을 받지 않았다면 압수물 등의 증거능력이 부정된다**(대법원 2017.7.18, 2014도8719 통제배달 사건 II).

③ [○] 압수·수색영장의 '압수할 물건'란에 甲의 기부금품의 모집 및 사용에 관한 법률위반, 업무방해죄, 횡령죄와 관련하여 甲이 소유하거나 보관 중인 물건들이 열거되어 있음에도, 압수한 전자정보가 '청와대 인사안, 청와대 및 행정 각부의 보고서, 대통령 일정 관련 자료, 대통령 말씀자료, 외교관계자료 등'으로서 **영장 기재 범죄사실에 대한 직접 또는 간접증거로서의 가치가 있다고 보기 어렵다면 전자정보 출력물은 위법수집증거에 해당하여 유죄의 증거로 쓸 수 없다**(대법원 2018.4.26, 2018도2624).

정답 | 902 ④ 903 ④

904 위법수집증거배제법칙에 관한 다음 설명 중 옳지 않은 것은? (다툼이 있으면 판례에 의함)

1 2 3

[Essential ★]

① 범죄의 피해자인 검사가 그 사건의 수사에 관여하거나 압수 · 수색영장의 집행에 참여한 검사가 다시 수사에 관여하였다면 이는 특별한 사정이 없는 한 위법하다.

② 교통사고 조사를 담당한 경찰관이 피고인의 음주운전 혐의를 제대로 밝히기 위하여 피고인의 자발적인 동의를 얻어 혈액 채취에 의한 측정방법으로 다시 음주측정을 한 조치를 위법하다고 할 수 없고, 이를 통하여 획득한 혈액측정 결과 또한 위법한 절차에 따라 수집한 증거라고 할 수 없으므로 그 증거능력을 부정할 수 없다.

③ 검찰관이 피고인을 뇌물수수 혐의로 기소한 후 형사사법공조절차를 거치지 아니한 채 과테말라공화국에 현지출장하여 그곳 호텔에서 뇌물공여자를 상대로 참고인진술조서를 작성한 경우 피고인에 대한 국내 형사소송절차에서 위와 같은 사유로 인하여 위법수집증거배제법칙이 적용된다고 할 수 없다.

④ 범행 현장에서 지문채취 대상물에 대한 지문채취가 먼저 이루어진 이상, 수사기관이 그 이후에 지문채취 대상물을 적법한 절차에 의하지 아니한 채 압수하였다고 하더라도 위와 같이 채취된 지문은 위법하게 압수한 지문채취 대상물로부터 획득한 2차적 증거에 해당하지 아니함이 분명하여 이를 가리켜 위법수집증거라고 할 수 없다.

해설

① [×] (1) 범죄의 피해자인 검사가 그 사건의 수사에 관여하거나 압수 · 수색영장의 집행에 참여한 검사가 다시 수사에 관여하였다는 이유만으로 바로 그 수사가 위법하다거나 그에 따른 참고인이나 피의자의 진술에 임의성이 없다고 볼 수는 없다. (2) 압수 · 수색영장의 집행과정에서 폭행 등의 피해를 당한 검사 등이 수사에 관여하였다는 이유만으로 그 검사 등이 작성한 참고인진술조서 등의 증거능력이 부정될 수 없다(대법원 2013.9.12, 2011도12918 한화그룹 압수 · 수색 방해 사건).

② [○] 교통사고 조사를 담당한 경찰관이 피고인의 음주운전 혐의를 제대로 밝히기 위하여 피고인의 자발적인 동의를 얻어 혈액 채취에 의한 측정방법으로 다시 음주측정을 한 조치를 위법하다고 할 수 없고, 이를 통하여 획득한 혈액측정 결과 또한 위법한 절차에 따라 수집한 증거라고 할 수 없으므로 그 **증거능력을 부정할 수 없다**(대법원 2015.7.9, 2014도16051 멍청한 음주운전자 사건).

③ [○] 검찰관이 피고인을 뇌물수수 혐의로 기소한 후 형사사법공조절차를 거치지 아니한 채 **과테말라공화국에 현지출장하여** 그곳 호텔에서 뇌물공여자를 상대로 참고인진술조서를 작성한 경우 피고인에 대한 국내 형사소송절차에서 위와 같은 사유로 인하여 **위법수집증거배제법칙이 적용된다고 할 수 없다**(대법원 2011.7.14, 2011도3809 해병대 소령 수뢰 사건).

④ [○] 범행 현장에서 지문채취 대상물에 대한 지문채취가 먼저 이루어진 이상, 수사기관이 그 이후에 지문채취 대상물을 적법한 절차에 의하지 아니한 채 압수하였다고 하더라도 위와 같이 채취된 지문은 **위법하게 압수한 지문채취 대상물로부터 획득한 2차적 증거에 해당하지 아니함이 분명하여 이를 가리켜 위법수집증거라고 할 수 없다**(대법원 2008.10.23, 2008도7471 인천 주점 강도강간 사건).

905 다음 중 밑줄 친 부분이 증거능력 인정되지 않는 것은? (다툼이 있으면 판례에 의함) [core ★★]

1 2 3

① 진술거부권이 고지되지 않은 상태에서 자백을 한 이후 40여 일이 지난 시점에서 피고인이 변호인의 충분한 조력을 받으면서 공개된 법정에서 임의로 자백한 경우

② (수사기관이 법관의 영장 없이 그 거래명의자에 관한 정보를 알아낸 후 그 정보에 기초하여 긴급체포함으로써 구금 상태에 있던) 피고인으로부터 받아낸 최초 자백 이후 약 3개월이 지난 시점에 공개된 법정에서 피고인이 임의로 자백한 경우

③ 위법한 체포 상태에서 주취운전에 여부에 관한 호흡조사가 이루어진 후, 그 호흡조사에 불복하여 피고인의 자발적인 요구에 의하여 혈액채취가 이루어진 경우

④ 수사기관의 연행이 위법한 체포에 해당하고 그에 이은 제1차 채뇨에 의한 증거 수집이 위법하였지만, 이후 법관이 발부한 구속영장에 의하여 피고인이 적법하게 구금되었고 법관이 발부한 압수영장에 의하여 2차 채뇨 및 채모가 이루어진 경우

해설

③ 체포의 이유와 변호인 선임권의 고지 등 적법한 절차를 무시한 채 이루어진 강제연행은 전형적인 위법한 체포에 해당하고, 위법한 체포 상태에서 이루어진 호흡조사에 의한 음주측정 요구는 주취운전의 범죄행위에 대한 증거수집을 목적으로 한 일련의 과정에서 이루어진 것이므로 그 측정결과는 물론 (호흡조사에 불복하여 피고인의 자발적인 요구에 의하여 이루어진) 혈액채취에 의한 혈중알콜농도 감정서 등도 증거능력을 인정할 수 없다(대법원 2013.3.14, 2010도2094 군산 강제연행 사건).

① (강도 현행범으로 체포된 피고인에게 진술거부권을 고지하지 아니한 채 강도범행에 대한 자백을 받고, 이를 기초로 여죄에 대한 진술과 증거물을 확보한 후 진술거부권을 고지하여 피고인의 임의자백 및 피해자의 피해사실에 대한 진술을 수집한 사안에서) 제1심 법정에서의 피고인의 자백은 진술거부권을 고지받지 않은 상태에서 이루어진 최초 자백 이후 40여 일이 지난 후에 변호인의 충분한 조력을 받으면서 공개된 법정에서 임의로 이루어진 것이고, 피해자의 진술은 법원의 적법한 소환에 따라 자발적으로 출석하여 위증의 벌을 경고받고 선서한 후 공개된 법정에서 임의로 이루어진 것이어서 예외적으로 유죄 인정의 증거로 사용할 수 있는 2차적 증거에 해당한다(대법원 2009.3.12, 2008도11437 40여일 뒤 자백 사건).

② (1) 수사기관이 범죄의 수사를 목적으로 '거래정보 등'을 획득하기 위해서는 법관의 영장이 필요하다고 할 것이고, 신용카드에 의하여 물품을 거래할 때 '금융회사 등'이 발행하는 매출전표의 거래명의자에 관한 정보 또한 금융실명법에서 정하는 '거래정보 등'에 해당한다고 할 것이므로, 수사기관이 금융회사 등에 그와 같은 정보를 요구하는 경우에도 법관이 발부한 영장에 의하여야 한다. (2) 피고인의 제1심 법정 자백은 (수사기관이 법관의 영장 없이 그 거래명의자에 관한 정보를 알아낸 후 그 정보에 기초하여 긴급체포함으로써 구금 상태에 있던 피고인으로부터 받아낸) 최초 자백 이후 약 3개월이 지난 시점에 공개된 법정에서 적법한 절차를 통하여 임의로 이루어진 것이라는 점 등을 고려하여 볼 때 유죄 인정의 증거로 사용할 수 있는 경우에 해당한다. 나아가 피해자들 작성의 진술서는 제3자인 피해자들이 범행일로부터 약 3개월, 11개월 이상 지난 시점에서 기존의 수사절차로부터 독립하여 자발적으로 자신들의 피해 사실을 임의로 진술한 것이므로 역시 유죄 인정의 증거로 사용할 수 있는 경우에 해당한다(대법원 2013.3.28, 2012도13607 대구 할머니 절도 사건).

④ 수사기관의 연행이 위법한 체포에 해당하고 그에 이은 제1차 채뇨에 의한 증거 수집이 위법하다고 하더라도, 피고인은 이후 법관이 발부한 구속영장에 의하여 적법하게 구금되었고 법관이 발부한 압수영장에 의하여 2차 채뇨 및 채모 절차가 적법하게 이루어진 이상, 그와 같은 2차적 증거 수집이 위법한 체포 · 구금절차에 의하여 형성된 상태를 직접 이용하여 행하여진 것으로는 쉽사리 평가할 수 없다. 메스암페타민 투약 범행과 같은 중대한 범행의 수사를 위하여 피고인을 경찰서로 동행하는 과정에서 위법이 있었다는 사유만으로 법원의 영장 발부에 기하여 수집된 2차적 증거의 증거능력마저 부인한다면, 이는 오히려 헌법과 형사소송법이 형사소송에 관한 절차조항을 마련하여 적법절차의 원칙과 실체적 진실 규명의 조화를 도모하고 이를 통하여 형사사법 정의를 실현하려 한 취지에 반하는 결과를 초래하게 될 것이라는 점도 아울러 참작하면 법관이 발부한 압수영장에 의하여 이루어진 2차 채뇨 및 채모 절차를 통해 획득된 감정서는 모두 증거능력이 인정된다(대법원 2013.3.14, 2012도13611 부산 마약피의자 강제연행 사건).

정답 | 904 ①　905 ③

906 1 2 3

(1) 甲(男, 55세)은 2008.12.12. 22:00경 전북 군산시에서 운전하던 중 다른 차의 후사경을 부딪쳤다는 이유로 피해 운전자 등과 시비를 벌였고, 이후 신고를 받은 경찰관들이 현장에 출동하였다. 경찰관들이 甲의 음주운전을 의심하여 음주측정을 위해서 지구대로 동행할 것을 요구하자 甲이 순찰차에 타기를 거부하였고, 이에 4명의 경찰관은 피의사실의 요지와 체포 이유 등을 고지하지 않은 채, 甲의 팔다리를 잡아 강제로 순찰차에 태워 지구대로 데려 갔다. (2) 甲은 지구대로 연행된 후 음주측정을 거부하다가 "계속 음주측정에 불응할 경우 구속된다"는 말을 듣고 호흡측정에 응하였고(혈중알콜농도 0.13% - 증거 ⓐ), 경찰관은 "이제 다 끝났으니 집으로 가라"는 취지로 말하였으나, 甲은 "호흡측정 결과를 받아들일 수 없다"는 취지로 항의하면서 혈액측정을 요구하여 인근 병원에서 혈액채취에 의한 음주측정이 이루어졌다(혈중알콜농도 0.14% - 증거 ⓑ). ⓐⓑ의 증거능력에 관한 다음 설명 중 가장 옳은 것은? (다툼이 있으면 판례에 의함) [core ★★]

① ⓐⓑ 모두 증거능력 인정

② ⓐⓑ 모두 증거능력 부정

③ ⓐ 증거능력 부정 ⓑ 증거능력 인정

③ ⓐ 증거능력 인정 ⓑ 증거능력 부정

해설

② (1) 경찰관들이 피고인을 지구대로 강제연행한 행위는 위법한 체포에 해당하므로 그 상태에서 한 음주측정요구는 위법한 수사라고 볼 수밖에 없고, 그러한 요구에 따른 음주측정결과(ⓐ) 또한 적법한 절차에 따르지 아니하고 수집한 증거로서 그 증거능력을 인정할 수 없다. (2) 나아가 혈액채취 방법에 의한 혈중알콜농도감정서(ⓑ) 및 주취운전자 적발보고서 역시 불법체포의 연장선상에서 수집된 증거 내지 이를 기초로 한 2차적 증거로서 원칙적으로 유죄 인정의 증거로 삼을 수 없다. 또한 당시 불법적인 호흡측정을 마친 경찰관이 피고인에게 귀가를 권유하였음에도 불구하고 피고인 스스로 채혈을 요구하였다는 등의 사정만으로는 그 채혈이 위법한 체포상태에 의한 영향이 완전하게 배제되고 피의자의 자유로운 의사결정이 확실하게 보장된 상태에서 이루어진 것으로서 불법체포와 증거수집 사이의 인과관계가 단절되었다고 평가할 만한 객관적 사유가 개입되어 위법수집증거배제의 원칙이 적용되지 않는다고 할 예외적 사유에 해당한다고 보기는 어렵다(대법원 2013.3.14, 2010도2094 군산 강제연행 사건).

907 다음 중 (   ) 범죄에 있어 유죄인정의 증거로 사용할 수 있는 것은 모두 몇 개인가? (다툼이 있으면 판례에 의함)

1 2 3 [core ★★]

> ㉠ 소송사기의 피해자가 제3자로부터 대가를 지급하고 취득한 절취된 업무일지 (사기죄)
> ㉡ 시청 소속 공무원인 제3자가 권한 없이 전자우편에 대한 비밀 보호조치를 해제하는 방법을 통하여 수집한 전자우편 (공직선거법위반죄)
> ㉢ 甲이 乙과 통화를 마친 후 전화가 끊기지 않은 상태에서 휴대전화를 통하여 '우당탕', '악' 소리를 들은 경우, 甲이 그와 같은 소리를 들었다는 증언 (상해죄와 협박죄)
> ㉣ 고소인측의 의뢰를 받은 자가 피고인 주식회사 운영의 토토로사 사이트에 적용된 검색제한 조치를 무력화하는 기술인 패치프로그램을 이용하여 수집한 침해자료 목록 및 화면출력 자료 (저작권법위반)

① 1개 ② 2개
③ 3개 ④ 4개

해설

④ 모든 항목의 경우 공익의 실현을 위하여 증거로 제출하는 것이 허용된다. (㉠ 대법원 2008.6.26, 2008도1584 위조연습 업무일지 사건 ㉡ 대법원 2013.11.28, 2010도12244 밀양시장 이메일 해킹 사건 ㉢ 대법원 2017.3.15, 2016도19843 우당탕 악 사건 ㉣ 대법원 2013.9.26, 2011도1435 아프리카TV 대표 사건)

※ (1) 국민의 인간으로서의 존엄과 가치를 보장하는 것은 국가기관의 기본적인 의무에 속하는 것이고 이는 형사절차에서도 당연히 구현되어야 하는 것이지만, 국민의 사생활 영역에 관계된 모든 증거의 제출이 곧바로 금지되는 것으로 볼 수는 없으므로 법원으로서는 효과적인 형사소추 및 형사소송에서의 진실발견이라는 공익과 개인의 인격적 이익 등의 보호이익을 비교형량하여 그 허용 여부를 결정하여야 한다. (2) 이때 법원이 그 비교형량을 함에 있어서는 증거수집 절차와 관련된 모든 사정 즉, 사생활 내지 인격적 이익을 보호하여야 할 필요성 여부 및 그 정도, 증거수집 과정에서 사생활 기타 인격적 이익을 침해하게 된 경위와 그 침해의 내용 및 정도, 형사소추의 대상이 되는 범죄의 경중 및 성격, 피고인의 증거동의 여부 등을 전체적 · 종합적으로 고려하여야 하고, 단지 형사소추에 필요한 증거라는 사정만을 들어 곧바로 형사소송에서의 진실발견이라는 공익이 개인의 인격적 이익 등의 보호이익보다 우월한 것으로 선불리 단정하여서는 아니된다(대법원 2013.11.28, 2010도12244 밀양시장 이메일 해킹사건).

정답 | 906 ② 907 ④

908 전문증거와 전문법칙에 관한 다음 설명 중 옳지 않은 것은? (다툼이 있으면 판례에 의함) [core ★★]

1 2 3

① 타인의 진술을 내용으로 하는 진술이 전문증거인지 여부는 요증사실과의 관계에서 정하여지는바, 원진술의 '내용인 사실'이 요증사실인 경우에는 전문증거이나 원진술의 '존재 자체'가 요증사실인 경우에는 본래증거이지 전문증거가 아니다.

② 어떤 진술이 기재된 서류가 그 내용의 진실성이 범죄사실에 대한 직접증거로 사용될 때는 전문증거가 된다고 하더라도 그와 같은 진술을 하였다는 것 자체 또는 그 진술의 진실성과 관계없는 간접사실에 대한 정황증거로 사용될 때는 반드시 전문증거가 되는 것은 아니다.

③ 어떠한 내용의 진술을 하였다는 사실 자체에 대한 정황증거로 사용될 것이라는 이유로 서류의 증거능력을 인정한 다음 그 사실을 다시 진술 내용이나 그 진실성을 증명하는 간접사실로 사용하는 경우에 그 서류는 전문증거에 해당한다.

④ 재전문진술이나 재전문진술을 기재한 조서라도 전문법칙의 예외규정인 형사소송법 제316조 규정에 따라서 그 증거능력이 인정될 수 있다.

해설

④ [×] 형사소송법은 전문진술에 대하여 제316조에서 실질상 단순한 전문의 형태를 취하는 경우에 한하여 예외적으로 그 증거능력을 인정하는 규정을 두고 있을 뿐, 재전문진술이나 재전문진술을 기재한 조서에 대하여는 달리 그 증거능력을 인정하는 규정을 두고 있지 아니하고 있으므로 피고인이 증거로 하는 데 동의하지 아니하는 한 형사소송법 제310조의2의 규정에 의하여 이를 증거로 할 수 없다(대법원 2000.3.10, 2000도159 성룡이 아저씨 사건).

① [○] 타인의 진술을 내용으로 하는 진술이 전문증거인지 여부는 요증사실과의 관계에서 정하여지는바, **원진술의 '내용인 사실'이 요증사실인 경우에는 전문증거이나 원진술의 '존재 자체'가 요증사실인 경우에는 본래증거이지 전문증거가 아니다**(대법원 2012.7.26, 2012도2937 원로변호사 사기 사건).

② [○] 어떤 진술이 기재된 서류가 그 내용의 진실성이 범죄사실에 대한 직접증거로 사용될 때는 전문증거가 된다고 하더라도 그와 같은 진술을 하였다는 것 자체 또는 그 **진술의 진실성과 관계없는 간접사실에 대한 정황증거로 사용될 때는 반드시 전문증거가 되는 것은 아니다**(대법원 2013.6.13, 2012도16001).

③ [○] 어떠한 내용의 진술을 하였다는 사실 자체에 대한 정황증거로 사용될 것이라는 이유로 서류의 증거능력을 인정한 다음 그 사실을 다시 진술 내용이나 그 **진실성을 증명하는 간접사실로 사용하는 경우에 그 서류는 전문증거에 해당한다**(대법원 2019.8.29, 2018도14303 순순 국정농단 사건).

909 피고인 甲은 "피고인은 2021.8. 일자불상경 A(女, 30개월)의 하의를 벗기고 성기를 A의 음부 등에 비벼대는 등 강제로 추행하였다"는 공소사실로 기소되었다. 이 공판과정에서 다음과 같은 증거가 제출되었을 때 전문법칙의 예외 조항에 따라 증거능력이 인정될 수 있는 것은 모두 몇 개인가? 모두 증언이나 조서에 대하여 피고인이 증거동의를 하지 않았다. B는 A의 어머니, C는 A의 아버지이고 D는 성폭력상담소 직원이다. (다툼이 있으면 판례에 의함) [Superlative ★★★]

1 2 3

> ㉠ "A로부터 甲이 자기를 추행하였다는 것을 들었다"는 취지의 어머니 B의 증언
> ㉡ "B가 A로부터 들었다는 추행사실을 내가 다시 전해 들어서 알게 되었다"는 취지의 아버지 C의 증언
> ㉢ "A로부터 甲이 자기를 추행하였다는 것을 들었다"는 취지의 검찰에서의 어머니 B에 대한 진술조서
> ㉣ "B가 A로부터 들었다는 추행사실을 내가 다시 전해 들어서 알게 되었다"는 취지의 검찰에서의 인천 성폭력상담소 상담원 D에 대한 진술조서

① 1개 ② 2개
③ 3개 ④ 4개

해설

② ㉠㉢ 항목처럼 단순한 전문진술이나 그 진술을 기재한 조서는 전문법칙의 예외 조항에 따라 증거능력이 인정될 수 있으나, ㉡㉣ 항목처럼 재전문진술이나 그 진술을 기재한 조서는 피고인이 증거로 함에 동의하지 않는 한 증거능력이 인정될 수 없다(대법원 2000.3.10, 2000도159 성룡이 아저씨 사건).

㉠ 피고인 아닌 타인의 진술을 그 내용으로 하는 전문진술은 원진술자가 사망, 질병, 외국거주, 소재불명 그밖에 이에 준하는 사유로 인하여 진술할 수 없고, 그 진술이 특히 신빙할 수 있는 상태하에서 행하여졌음이 증명된 때에 한하여 이를 증거로 할 수 있다.

㉢ 피고인 아닌 타인의 진술을 그 내용으로 하는 전문진술은 형사소송법 제316조 제2항의 규정에 따라 원진술자가 사망, 질병, 외국거주 기타 사유로 인하여 진술할 수 없고 그 진술이 특히 신빙할 수 있는 상태하에서 행하여진 때에 한하여 예외적으로 증거능력이 있다고 할 것이고, 전문진술이 기재된 조서는 형사소송법 제312조 또는 제314조의 규정에 의하여 각 그 증거능력이 인정될 수 있는 경우에 해당하여야 함은 물론 나아가 형사소송법 제316조 제2항의 규정에 따른 위와 같은 요건을 갖추어야 예외적으로 증거능력이 있다.

㉡㉣ 형사소송법은 전문진술에 대하여 제316조에서 실질상 단순한 전문의 형태를 취하는 경우에 한하여 예외적으로 그 증거능력을 인정하는 규정을 두고 있을 뿐, 재전문진술이나 재전문진술을 기재한 조서에 대하여는 달리 그 증거능력을 인정하는 규정을 두고 있지 아니하고 있으므로 피고인이 증거로 하는 데 동의하지 아니하는 한 형사소송법 제310조의2의 규정에 의하여 이를 증거로 할 수 없다.

정답 | 908 ④ 909 ②

910 1 2 3 피고인 甲은 "피고인은 2009.7.20. 05:00경 대전 동구 대동에 있는 주거지 빌라 2층 계단에서 피해자 乙을 밀쳐 머리 부위가 계단 바닥에 부딪히게 함으로써 사망하게 하였다"라는 폭행치사죄의 공소사실로 기소되었다. 법정에서 아래와 같은 증거가 제출된 경우 그 증거능력에 관한 연결이 옳은 것은? 다만, 피고인은 모두 증거로 함에 동의하지 않았다. (다툼이 있으면 판례에 의함) [Superlative ★★★]

> ㉠ "甲으로부터 '하도 때려서 내가 밀었어'라는 말을 들었다"라는 A의 법정증언
> ㉡ ㉠과 같은 진술이 들어 있는 A에 대한 수사기관 작성 참고인진술조서
> ㉢ "㉠과 같은 말을 A로부터 전해 들었다"라는 B의 법정증언
> ㉣ ㉢과 같은 진술이 들어 있는 B에 대한 수사기관 작성 참고인진술조서

> ⓐ 원본증거(본래증거)로써 증거능력 인정
> ⓑ 제316조 제1항 요건을 충족하면 증거능력 인정
> ⓒ 제312조 제4항 및 제316조 제1항 요건을 충족하면 증거능력 인정
> ⓓ 재전문진술 또는 재전문진술을 기재한 조서로써 증거능력 부정

① ㉠㉢ - ⓑ, ㉡㉣ - ⓓ
② ㉠ - ⓐ, ㉡ - ⓒ, ㉢㉣ - ⓓ
③ ㉠ - ⓑ, ㉡㉢ - ⓒ, ㉣ - ⓓ
④ ㉠ - ⓑ, ㉡ - ⓒ, ㉢㉣ - ⓓ

해설

④ 이 지문이 올바른 연결이다.
(1) ㉠ 피고인 아닌 자의 진술이 피고인의 진술을 그 내용으로 하는 것인 때에는 형사소송법 제316조 제1항의 규정에 따라 그 진술이 특히 신빙할 수 있는 상태하에서 행하여진 때에 한하여 이를 증거로 할 수 있고 ㉡ 그 전문진술이 기재된 조서는 형사소송법 제312조 내지 제314조의 규정에 의하여 그 증거능력이 인정될 수 있는 경우에 해당하여야 함은 물론, 나아가 형사소송법 제316조 제1항의 규정에 따른 조건을 갖춘 때에 예외적으로 증거능력을 인정하여야 한다. (2) ㉢㉣ 재전문진술이나 재전문진술을 기재한 조서는 피고인이 증거로 하는 데 동의하지 아니하는 한 형사소송법 제310조의2의 규정에 의하여 이를 증거로 할 수 없다(대법원 2012.5.24, 2010도5948 대전 동거남 폭행치사 사건).

911 1 2 3 甲이 乙을 살해하였고 이를 丙이 목격하였다. 丙은 이 사실을 적시하여 공연히 유포하였는데 이를 丁이 들었다. 丁은 공판정에서 "甲이 乙을 살해했다고 丙이 말하는 것을 내가 들었다"라고 증언하였다. 이 사례와 관련하여 다음 (   ) 안에 들어갈 알맞은 말은? [Superlative ★★★]

> (1) 丁의 증언이 甲의 乙에 대한 살해사실을 증명하는 것이라면 (즉 원진술자 丙 진술이 요증사실인 살해사건을 증명하기 위하여 그 진실성이 문제되는 경우에는) 이는 (㉠)이다.
> (2) 丁의 증언이 丙의 甲에 대한 명예훼손사실을 증명하는 것이라면 (즉 원진술자 丙 진술의 진실성이 문제되지 아니하고 그러한 발언을 한 것이 증거가 되는 경우에는) 이는 (㉡)이다.

① ㉠ 전문증거 ㉡ 탄핵증거
② ㉠ 원본증거 ㉡ 간접증거
③ ㉠ 전문증거 ㉡ 원본증거
④ ㉠ 원본증거 ㉡ 전문증거

해설

③ ㉠과 같이 원진술의 내용인 사실이 요증사실인 경우에는 전문증거이지만 ㉡과 같이 원진술의 존재 자체가 요증사실인 경우에는 원본증거(본래증거)이다.

➔ 타인의 진술을 내용으로 하는 진술이 전문증거인지 여부는 요증사실과의 관계에서 정하여지는바, 원진술의 '내용인 사실'이 요증사실인 경우에는 전문증거이나 원진술의 '존재 자체'가 요증사실인 경우에는 본래증거이지 전문증거가 아니다(대법원 2008.11.13, 2008도8007).

912 전문증거와 전문법칙에 관한 다음 설명 중 옳지 않은 것은? (다툼이 있으면 판례에 의함) [core ★★]

1 2 3

① '정보통신망을 통하여 공포심이나 불안감을 유발하는 글을 반복적으로 상대방에게 도달하게 하는 행위를 하였다'라는 공소사실에 대하여 휴대전화기에 저장된 문자정보가 그 증거가 되는 경우와 같이, 그 문자정보가 범행의 직접적인 수단이 될 뿐 경험자의 진술에 갈음하는 대체물에 해당하지 않는 경우에는 전문법칙이 적용될 여지가 없다.

② 부정수표단속법위반의 공소사실을 증명하기 위하여 제출되는 수표는 그 서류의 존재 또는 상태 자체가 증거가 되는 것이어서 증거물인 서면에 해당하고 어떠한 사실을 직접 경험한 사람의 진술에 갈음하는 대체물이 아니므로 이에 대하여는 전문법칙이 적용될 여지가 없다.

③ 피해자 A 등이 제1심 법정에서 "피고인이 88체육관 부지를 공시지가로 매입하게 해 주고 KBS와의 시설이주 협의도 2개월 내로 완료하겠다고 말하였다"고 진술한 경우, A 등의 진술은 피고인의 사기죄 또는 변호사법위반죄의 공소사실에 있어 전문증거에 해당한다.

④ A가 "피고인으로부터 '건축허가 담당 공무원이 외국연수를 가므로 사례비를 주어야 한다'는 말과 '건축허가 담당 공무원이 4,000만원을 요구하는데 사례비로 2,000만원을 주어야 한다'는 말을 들었다"는 취지로 진술한 경우 A의 진술들은 피고인의 알선수재죄의 공소사실에 있어 본래증거에 해당한다.

해설

③ [×] 피해자 A 등이 제1심 법정에서 "피고인이 88체육관 부지를 공시지가로 매입하게 해 주고 KBS와의 시설이주 협의도 2개월 내로 완료하겠다고 말하였다"고 진술한 경우, 피고인의 위와 같은 원진술의 존재 자체가 사기죄 또는 변호사법 위반죄에 있어서의 요증사실이므로 이를 직접 경험한 A 등이 피고인으로부터 위와 같은 말을 들었다고 하는 진술은 전문증거가 아니라 본래증거에 해당한다(대법원 2012.7.26, 2012도2937 원로변호사 사기사건).

① [O] '정보통신망을 통하여 공포심이나 불안감을 유발하는 글을 반복적으로 상대방에게 도달하게 하는 행위를 하였다'라는 공소사실에 대하여 휴대전화기에 저장된 문자정보가 그 증거가 되는 경우와 같이, 그 문자정보가 범행의 **직접적인 수단이 될 뿐 경험자의 진술에 갈음하는 대체물에 해당하지 않는 경우에는 전문법칙이 적용될 여지가 없다**(대법원 2008.11.13, 2006도2556 횡설수설 문자협박 사건).

② [O] 부정수표단속법위반의 공소사실을 증명하기 위하여 제출되는 수표는 그 서류의 존재 또는 상태 자체가 증거가 되는 것이어서 증거물인 서면에 해당하고 어떠한 사실을 직접 경험한 사람의 **진술에 갈음하는 대체물이 아니므로 이에 대하여는 전문법칙이 적용될 여지가 없다**(대법원 2015.4.23, 2015도2275 당좌수표사본 사건).

④ [O] A가 "피고인으로부터 '건축허가 담당 공무원이 외국연수를 가므로 사례비를 주어야 한다'는 말과 '건축허가 담당 공무원이 4,000만원을 요구하는데 사례비로 2,000만원을 주어야 한다'는 말을 들었다"는 취지로 진술한 경우, A의 진술들은 피고인의 **알선수재죄의 공소사실에 있어 본래증거에 해당한다**(대법원 2008.11.13, 2008도8007).

정답 | 910 ④ 911 ③ 912 ③

913 전문증거와 전문법칙에 관한 다음 설명 중 옳지 않은 것은? (다툼이 있으면 판례에 의함) [Essential ★]

1 2 3

① 피고인이나 피고인 아닌 자의 진술을 기재한 당해 사건의 공판조서는 형사소송법 제311조 전문의 규정에 의하여 당연히 증거능력이 있다.

② 다른 피고사건의 공판조서도 형사소송법 제311조의 문서로서 당연히 증거능력이 있다.

③ 녹음된 진술자의 상태 등을 확인하기 위하여 법원이 녹음테이프에 대한 검증을 실시한 경우, 그 검증조서는 당연히 증거능력이 인정된다.

④ 증거보전절차(형사소송법 제184조)나 증인신문절차(형사소송법 제221조의2)에서 작성된 조서는 당연히 증거능력이 인정된다.

해설

② [×] (1) 다른 피고사건의 공판조서는 제315조의 문서로서 당연히 증거능력이 있다(대법원 1964.4.28, 64도135). (2) 서울형사지방법원의 공판조서등본은 형사소송법 제315조 제3호에 해당하는 문서로서 당연히 증거능력이 있다(대법원 1986.9.23, 86도1547). 형사소송법 제311조의 공판조서는 '당해 사건'의 공판조서를 의미하므로 '다른 사건'의 공판조서는 제311조가 아니고 제315조 제3호에 의하여 증거능력이 인정된다는 것이 통설과 판례의 입장이다.

① [○] 피고인이나 피고인 아닌 자의 진술을 기재한 당해 사건의 공판조서는 **형사소송법 제311조 전문의 규정에 의하여 당연히 증거능력이 있다**(대법원 2003.10.10, 2003도3282).

③ [○] 녹음된 **진술자의 상태** 등을 확인하기 위하여 법원이 녹음테이프에 대한 검증을 실시한 경우, 그 **검증조서는 당연히 증거능력이 인정된다**(대법원 2008.7.10, 2007도10755).

④ [○] **증거보전절차(형사소송법 제184조)나 증인신문절차(형사소송법 제221조의2)**에서 작성된 조서는 **당연히 증거능력이 인정된다**(제311조).

914 전문법칙에 관한 형사소송법 조문 내용이 옳지 않은 것은? [Essential ★]

1 2 3

① 검사가 작성한 피의자신문조서는 적법한 절차와 방식에 따라 작성된 것으로서 피고인이 진술한 내용과 동일하게 기재되어 있음이 공판준비 또는 공판기일에서의 피고인의 진술에 의하여 인정되고, 그 조서에 기재된 진술이 특히 신빙할 수 있는 상태하에서 행하여졌음이 증명된 때에 한하여 증거로 할 수 있다.

② 사법경찰관이 작성한 피의자신문조서는 적법한 절차와 방식에 따라 작성된 것으로서 공판준비 또는 공판기일에 그 피의자였던 피고인 또는 변호인이 그 내용을 인정할 때에 한하여 증거로 할 수 있다.

③ 검사 또는 사법경찰관이 피고인이 아닌 자의 진술을 기재한 조서는 적법한 절차와 방식에 따라 작성된 것으로서 그 조서가 검사 또는 사법경찰관 앞에서 진술한 내용과 동일하게 기재되어 있음이 원진술자의 공판준비 또는 공판기일에서의 진술이나 영상녹화물 또는 그 밖의 객관적인 방법에 의하여 증명되고, 피고인 또는 변호인이 공판준비 또는 공판기일에 그 기재 내용에 관하여 원진술자를 신문할 수 있었던 때에는 증거로 할 수 있다. 다만, 그 조서에 기재된 진술이 특히 신빙할 수 있는 상태하에서 행하여졌음이 증명된 때에 한한다.

④ 검사 또는 사법경찰관이 검증의 결과를 기재한 조서는 적법한 절차와 방식에 따라 작성된 것으로서 공판준비 또는 공판기일에서의 작성자의 진술에 따라 그 성립의 진정함이 증명된 때에는 증거로 할 수 있다.

해설

① [×] 검사가 작성한 피의자신문조서는 적법한 절차와 방식에 따라 작성된 것으로서 공판준비, 공판기일에 그 피의자였던 피고인 또는 변호인이 그 내용을 인정할 때에 한정하여 증거로 할 수 있다(제312조 제1항).
② [○] 사법경찰관이 작성한 피의자신문조서는 적법한 절차와 방식에 따라 작성된 것으로서 공판준비 또는 공판기일에 그 피의자였던 **피고인 또는 변호인이 그 내용을 인정할 때에 한하여 증거로 할 수 있다**(제312조 제3항).
③ [○] 검사 또는 사법경찰관이 피고인이 아닌 자의 진술을 기재한 조서는 **적법한 절차와 방식에 따라 작성된 것으로서 그 조서가 검사 또는 사법경찰관 앞에서 진술한 내용과 동일하게 기재되어 있음이 원진술자의 공판준비 또는 공판기일에서의 진술이나 영상녹화물 또는 그 밖의 객관적인 방법에 의하여 증명되고, 피고인 또는 변호인이 공판준비 또는 공판기일에 그 기재 내용에 관하여 원진술자를 신문할 수 있었던 때에는 증거로 할 수 있다. 다만, 그 조서에 기재된 진술이 특히 신빙할 수 있는 상태하에서 행하여졌음이 증명된 때에 한한다**(제312조 제4항).
④ [○] 검사 또는 사법경찰관이 검증의 결과를 기재한 조서는 **적법한 절차와 방식에 따라 작성된 것으로서 공판준비 또는 공판기일에서의 작성자의 진술에 따라 그 성립의 진정함이 증명된 때에는 증거로 할 수 있다**(제312조 제6항).

915 1 2 3 다음 중 피고인 또는 변호인이 그 내용을 인정하여야 증거능력이 인정되는 조서는 모두 몇 개인가?(적법성은 존재하는 것으로 전제함) [Superlative ★★★]

㉠ 검사 작성 피의자신문조서	㉡ 사법경찰관 작성 피의자신문조서
㉢ 검사 작성 참고인진술조서	㉣ 사법경찰관 작성 참고인진술조서
㉤ 검사 또는 사법경찰관 작성 검증조서	

① 1개 ② 2개
③ 3개 ④ 4개

해설

② ㉠㉡ 피고인 또는 변호인이 그 내용을 인정하여야 증거능력이 인정된다(제312조 제1항 · 제3항).
㉢㉣ 성립의 진정, 특신상태, 원진술자 반대신문가능성이 인정되면 증거능력이 인정된다(제312조 제4항).
㉤ 성립의 진정이 인정되면 증거능력이 인정된다(제312조 제6항).

THE CRIMINAI LAW 4편 형사소송법 증거

정답 | 913 ② 914 ① 915 ②

916 사법경찰관은 甲을 강간치상죄의 피의자로 신문한 후 피의자신문조서(A)를 작성하여 검사에게 송치하였고, 검사는 다시 甲을 신문한 후 피의자신문조서(B)를 작성하였다. 공소제기 후 공판과정에서 검사가 A와 B를 증거로 제출하였는 바, 이 조서들의 증거능력에 관한 설명으로 옳은 것은?

1 2 3

[Superlative ★★★]

① A, B 모두 당연히 증거능력이 인정된다.

② A, B 모두 甲 또는 그 변호인이 공판준비 또는 공판기일에 그 내용을 인정할 때에 한하여 증거로 사용할 수 있다.

③ A는 甲 또는 그 변호인이 공판준비 또는 공판기일에 그 내용을 인정할 때에 한하여 증거로 사용할 수 있다. B는 甲의 공판준비 또는 공판기일에서의 진술에 의하여 성립의 진정함이 증명되고, 그 조서에 기재된 진술이 특히 신빙할 수 있는 상태하에서 행하여졌음이 증명되어야 증거로 사용할 수 있다.

④ A는 甲 또는 그 변호인이 공판준비 또는 공판기일에 그 내용을 인정할 때에 한하여 증거로 사용할 수 있다. B는 甲의 공판준비 또는 공판기일에서의 진술이나 영상녹화물 또는 그 밖의 객관적인 방법에 의하여 성립의 진정함이 증명되고, 그 조서에 기재된 진술이 특히 신빙할 수 있는 상태하에서 행하여졌음이 증명되어야 증거로 사용할 수 있다.

해설

② 검사가 작성한 피의자신문조서는 적법한 절차와 방식에 따라 작성된 것으로서 공판준비, 공판기일에 그 피의자였던 피고인 또는 변호인이 그 내용을 인정할 때에 한정하여 증거로 할 수 있다(제312조 제1항). 검사 이외의 수사기관이 작성한 피의자신문조서는 적법한 절차와 방식에 따라 작성된 것으로서 공판준비 또는 공판기일에 그 피의자였던 피고인 또는 변호인이 그 내용을 인정할 때에 한하여 증거로 할 수 있다(제312조 제3항).

917 다음 중 영상녹화물이나 그 밖의 객관적인 방법에 의하여 그 성립의 진정을 증명할 수 있는 것은 모두 몇 개인가?

1 2 3

[Superlative ★★★]

㉠ 검사 작성 피의자신문조서
㉡ 사법경찰관 작성 피의자신문조서
㉢ 검사 작성 참고인진술조서
㉣ 사법경찰관 작성 참고인진술조서
㉤ 검사 또는 사법경찰관 작성 검증조서

① 1개
② 2개
③ 3개
④ 4개

해설

② ㉢㉣ 2항목의 경우 영상녹화물이나 그 밖의 객관적인 방법에 의하여 그 성립의 진정을 증명할 수 있다.
검사 또는 사법경찰관이 피고인이 아닌 자의 진술을 기재한 조서는 적법한 절차와 방식에 따라 작성된 것으로서 그 조서가 검사 또는 사법경찰관 앞에서 진술한 내용과 동일하게 기재되어 있음이 원진술자의 공판준비 또는 공판기일에서의 진술이나 영상녹화물 또는 그 밖의 객관적인 방법에 의하여 증명되고, 피고인 또는 변호인이 공판준비 또는 공판기일에 그 기재 내용에 관하여 원진술자를 신문할 수 있었던 때에는 증거로 할 수 있다. 다만, 그 조서에 기재된 진술이 특히 신빙할 수 있는 상태하에서 행하여졌음이 증명된 때에 한한다(제312조 제4항).

918 검사 작성 피의자신문조서에 관한 다음 설명 중 옳지 않은 것은? (다툼이 있으면 판례에 의함)

1 2 3

[core ★★]

① 조서말미에 피고인의 서명만이 있고 그 날인(무인 포함)이나 간인이 없는 검사 작성의 피고인에 대한 피의자신문조서는 증거능력이 없다.

② 피고인의 서명 · 날인 및 간인이 없는 검사 작성의 피고인에 대한 피의자신문조서는 증거능력이 없다.

③ 피고인의 기명만이 있고 그 날인이나 무인이 없는 검사 작성의 피고인에 대한 피의자신문조서는 증거능력이 없다.

④ 조서말미에 피고인의 서명 · 날인 등이 되어 있다면 비록 조서 작성자인 검사의 서명 · 날인이 누락된 경우라도 그 피의자신문조서는 증거능력이 인정된다.

해설

④ [×] 검사 작성의 피의자신문조서에 작성자인 검사의 서명 · 날인이 되어 있지 아니한 경우 그 피의자신문조서는 공무원이 작성하는 서류로서의 요건을 갖추지 못한 것으로서 형사소송법 제57조 제1항에 위반되어 무효이고 따라서 이에 대하여 증거능력을 인정할 수 없다고 보아야 할 것이며, 그 피의자신문조서에 진술자인 피고인의 서명 · 날인이 되어 있다거나 피고인이 법정에서 그 피의자신문조서에 대하여 진정성립과 임의성을 인정하였다고 하여 달리 볼 것은 아니다(대법원 2001.9.28, 2001도4091 민원사무처리부 변조사건).

① [○] 조서말미에 피고인의 서명만이 있고 그 날인(무인 포함)이나 간인이 없는 검사 작성의 피고인에 대한 피의자신문조서는 **증거능력이 없다**(대법원 1999.4.13, 99도237).

② [○] 피고인의 서명 · 날인 및 간인이 없는 검사 작성의 피고인에 대한 피의자신문조서는 **증거능력이 없다**(대법원 1992.6.23, 92도954).

③ [○] 피고인의 기명만이 있고 그 날인이나 무인이 없는 검사 작성의 피고인에 대한 피의자신문조서는 **증거능력이 없다**(대법원 1981.10.27, 81도1370).

919 사법경찰관 작성 甲에 대한 피의자신문조서에 대하여 피고인 甲은 공판정에서 성립의 진정은 인정하였으나 그 내용을 부정하였다. 이 조서의 증거능력에 관한 다음 설명 중 가장 타당한 것은? (다툼이 있으면 판례에 의함)

1 2 3

[Essential ★]

① 피의자신문조서는 증거능력이 부정된다.

② 피의자신문조서는 증거능력은 부정되지 않지만 증명력이 없다.

③ 피의자신문조서는 증거능력도 부정되지 않고 또한 증명력도 부정되지 아니한다.

④ 특히 신빙할 수 있는 상태하에서 행하여 진 것을 인정할 수 있으면 증거능력이 부정되지 않지만, 특히 신빙할 수 있는 상태하에서 행하여 진 것을 인정할 수 없으면 증거능력이 부정된다.

해설

① 사법경찰관 작성 피의자신문조서의 경우 영상녹화물에 의하여 성립의 진정을 증명하는 방법으로 그 증거능력을 인정할 수 없다. 피고인이 사법경찰관 작성 피의자신문조서에 대하여 성립의 진정을 인정하더라도 그 내용을 부정한다면 그 조서는 증거능력이 부정된다(제312조 제3항, 대법원 2015.10.29, 2014도5939 서울시 공무원 간첩 사건).

정답 | 916 ② 917 ② 918 ④ 919 ①

920 사법경찰관 작성 피의자신문조서에 관한 다음 설명 중 옳지 않은 것은? (다툼이 있으면 판례에 의함)

1 2 3

[core ★★]

① 사법경찰관 작성의 피의자신문조서는 그 피의자였던 피고인이나 변호인이 그 내용을 인정할 때에 한하여 증거로 할 수 있다.

② 형사소송법 제312조 제3항의 '그 내용을 인정할 때'라 함은 피의자신문조서의 기재 내용이 진술내용대로 기재되어 있다는 의미가 아니고 그와 같이 진술한 내용이 실제사실과 부합한다는 것을 의미한다.

③ 피고인이 사법경찰관 앞에서 범죄혐의로 조사받는 과정에서 작성하여 제출한 진술서는 그 형식 여하를 불문하고 당해 수사기관이 작성한 피의자신문조서와 달리 볼 수 없다.

④ 미국 범죄수사대(CID), 연방수사국(FBI)의 수사관들이 작성한 수사보고서 및 피고인이 위 수사관들에 의한 조사를 받는 과정에서 작성하여 제출한 진술서는 그 성립의 진정이 인정되는 이상 피고인이 그 내용을 부인하더라도 증거능력이 부정되지 아니한다.

해설

④ [×] (1) 형사소송법 제312조 제3항에 규정된 검사 이외의 수사기관[2022.1.1.부터는 검사 또는 사법경찰관]에는 달리 특별한 사정이 없는 한 외국의 권한 있는 수사기관도 포함된다. (2) 미국 범죄수사대(CID), 연방수사국(FBI)의 수사관들이 작성한 수사보고서 및 피고인이 위 수사관들에 의한 조사를 받는 과정에서 작성하여 제출한 진술서는 피고인이 그 내용을 부인하는 이상 증거로 쓸 수 없다(대법원 2006.1.13, 2003도6548 이태원 미국여대생 피살 사건).

① [○] 사법경찰관 작성의 피의자신문조서는 그 **피의자였던 피고인이나 변호인이 그 내용을 인정할 때에 한하여 증거로 할 수 있다**(대법원 2006.1.13, 2003도6548 이태원 미국여대생 피살 사건).

② [○] 형사소송법 제312조 제3항의 '그 내용을 인정할 때'라 함은 피의자신문조서의 기재 내용이 진술내용대로 기재되어 있다는 의미가 아니고 그와 같이 진술한 내용이 **실제사실과 부합한다는 것을 의미한다**(대법원 2013.3.28, 2010도3359 공항버스 운전기사 횡령 사건).

③ [○] 피고인이 사법경찰관 앞에서 범죄혐의로 조사받는 과정에서 작성하여 제출한 진술서는 그 형식 여하를 불문하고 당해 **수사기관이 작성한 피의자신문조서와 달리 볼 수 없다**(대법원 2006.1.13, 2003도6548 이태원 미국여대생 피살 사건).

921 사법경찰관 작성 피의자신문조서에 관한 다음 설명 중 옳지 않은 것은? (다툼이 있으면 판례에 의함)

1 2 3

[core ★★]

① 피고인이 당해 공소사실에 대하여 법정에서 부인한 경우에는 사법경찰리 작성의 피의자신문조서의 내용을 인정하지 아니한 것이므로 그 피의자신문조서의 기재는 증거능력이 없다.

② 피고인이나 그 변호인이 사법경찰관 작성 피의자신문조서에 대하여 증거로 함에 동의하지 않는다고 하더라도 이를 그 조서의 내용을 인정하지 않는다는 취지로 볼 수 없으므로 법원은 곧바로 그 조서의 증거능력을 배척해서는 아니된다.

③ 피고인이 검찰 이래 원심(제2심) 법정에 이르기까지 사법경찰리 앞에서의 자백이 허위였다고 일관되게 진술하고 있다면 결국 사법경찰리 작성의 피의자신문조서의 진술내용을 인정하지 않는 것이라고 보아야 한다.

④ 공소사실이 최초로 심리된 제1심 제4회 공판기일부터 피고인이 공소사실을 일관되게 부인하여 경찰 작성 피의자신문조서의 진술 내용을 인정하지 않는 경우 제1심 제4회 공판기일에 피고인이 위 서증의 내용을 인정한 것으로 공판조서에 기재된 것은 착오 기재 등으로 보아 피의자신문조서의 증거능력을 부정하여야 한다.

해설

② [×] 사법경찰리 작성의 甲에 대한 피의자신문조서등본은 피고인이나 그 변호인이 증거로 함에 동의하지 아니한 서류인 것이 분명한 바 이는 그 내용을 인정하지 않는다는 취지와 같은 것이다(대법원 1996.7.12, 96도667).

① [○] 피고인이 당해 공소사실에 대하여 법정에서 **부인한 경우에는** 사법경찰리 작성의 피의자신문조서의 내용을 인정하지 아니한 것이므로 그 피의자신문조서의 기재는 **증거능력이 없다**(대법원 1997.10.28, 97도2211).

③ [○] 피고인이 검찰 이래 원심(제2심) 법정에 이르기까지 사법경찰리 앞에서의 **자백이 허위였다고 일관되게 진술하고 있다면** 결국 사법경찰리 작성의 피의자신문조서의 **진술내용을 인정하지 않는 것이라고 보아야 한다**(대법원 1995.5.23, 94도1735).

④ [○] 공소사실이 최초로 심리된 제1심 제4회 공판기일부터 피고인이 공소사실을 **일관되게 부인하여** 경찰 작성 피의자신문조서의 진술 내용을 인정하지 않는 경우 제1심 제4회 공판기일에 피고인이 위 서증의 내용을 인정한 것으로 공판조서에 기재된 것은 **착오 기재 등으로 보아** 피의자신문조서의 **증거능력을 부정하여야 한다**(대법원 2010.6.24, 2010도5040).

정답 | 920 ④ 921 ②

922 사법경찰관 작성 피의자신문조서 등에 관한 다음 설명 중 옳지 않은 것은? (다툼이 있으면 판례에 의함)

1 2 3

[core ★★]

① 사법경찰관이 작성한 피의자신문조서는 공판준비 또는 공판기일에 그 피의자였던 피고인 또는 변호인이 그 내용을 인정할 때에 한하여 증거로 할 수 있다.

② 형사소송법 제312조 제3항은 사법경찰관이 작성한 당해 피고인과 공범관계에 있는 다른 피고인이나 피의자에 대한 피의자신문조서를 당해 피고인에 대한 유죄의 증거로 채택할 경우에도 적용된다.

③ 당해 피고인과 공범관계에 있는 공동피고인에 대해 사법경찰관이 작성한 피의자신문조서는 그 공동피고인의 법정진술에 의하여 성립의 진정이 인정되더라도 당해 피고인이 공판기일에서 그 조서의 내용을 부인하면 증거능력이 부정된다.

④ 공동피고인이 법정에서 경찰 수사 도중 피의자신문조서에 기재된 것과 같은 내용으로 진술하였다는 취지로 증언한 경우 이 증언은 사법경찰관 작성의 피의자신문조서와 분리하여 독자적인 증거가치를 가질 수 있어 증거능력이 부정되지 아니한다.

해설

④ [×] 공동피고인이 법정에서 경찰 수사 도중 피의자신문조서에 기재된 것과 같은 내용으로 진술하였다는 취지로 증언하였다고 하더라도, 이러한 증언은 원진술자인 공동피고인이 그 자신에 대한 경찰 작성의 피의자신문조서의 진정성립을 인정하는 취지에 불과하여 위 조서와 분리하여 독자적인 증거가치를 인정할 것은 아니므로, 위 조서의 증거능력이 부정되는 이상 위와 같은 증언 역시 이를 유죄 인정의 증거로 쓸 수 없다고 보아야 한다(대법원 2009.10.15, 2009도1889 포승창고 유사휘발류 사건).

① [○] 사법경찰관이 작성한 피의자신문조서는 공판준비 또는 공판기일에 그 **피의자였던 피고인 또는 변호인이 그 내용을 인정할 때에 한하여 증거로 할 수 있다**(대법원 2014.4.10, 2014도1779 대구 필로폰 매매 사건).

② [○] 형사소송법 제312조 제3항은 사법경찰관이 작성한 당해 피고인과 공범관계에 있는 다른 피고인이나 피의자에 대한 피의자신문조서를 **당해 피고인에 대한 유죄의 증거로 채택할 경우에도 적용된다**(대법원 2014.4.10, 2014도1779 대구 필로폰 매매 사건).

③ [○] 당해 피고인과 공범관계에 있는 공동피고인에 대해 사법경찰관이 작성한 피의자신문조서는 그 공동피고인의 법정진술에 의하여 성립의 진정이 인정되더라도 당해 피고인이 공판기일에서 **그 조서의 내용을 부인하면 증거능력이 부정된다**(대법원 2014.4.10, 2014도1779 대구 필로폰 매매 사건).

923 사법경찰관 작성 피의자신문조서 등에 관한 다음 설명 중 옳지 않은 것은? (다툼이 있으면 판례에 의함)

1 2 3

[core ★★]

① 형사소송법 제312조 제3항은 사법경찰관이 작성한 당해 피고인에 대한 피의자신문조서를 유죄의 증거로 하는 경우뿐만 아니라, 사법경찰관이 작성한 당해 피고인과 공범관계에 있는 다른 피고인이나 피의자에 대한 피의자신문조서를 당해 피고인에 대한 유죄의 증거로 채택할 경우에도 적용된다.

② 피고인과 공범관계가 있는 다른 피의자에 대한 사법경찰관 작성의 피의자신문조서는 그 피의자의 법정진술에 의하여 성립의 진정이 인정되더라도 당해 피고인이 공판기일에서 그 조서의 내용을 부인하면 증거능력이 부정된다.

③ 형사소송법 제312조 제2항[22년 현재 제3항]은 그 입법취지와 법조의 문언에 비추어 볼 때 당해 사건에서 피의자였던 피고인에 대한 사법경찰관 작성의 피의자신문조서에만 적용되는 것은 아니고, 전혀 별개의 사건에서 피의자였던 피고인에 대한 사법경찰관 작성의 피의자신문조서도 그 적용대상으로 하고 있는 것이라고 보아야 한다.

④ 당해 피고인과 공범관계에 있는 다른 피고인이나 피의자에 대한 사법경찰관이 작성한 피의자신문조서라고 하더라도 사망 등 사유로 인하여 법정에서 진술할 수 없는 때에 예외적으로 증거능력을 인정하는 규정인 형사소송법 제314조가 적용될 수 있다.

해설

④ [×] 당해 피고인과 공범관계가 있는 다른 피의자에 대한 검사 이외의 수사기관[2022.1.1.부터는 검사 또는 사법경찰관] 작성의 피의자신문조서는 그 피의자의 법정진술에 의하여 그 성립의 진정이 인정되더라도 당해 피고인이 공판기일에서 그 조서의 내용을 부인하면 증거능력이 부정되므로 그 당연한 결과로 그 피의자신문조서에 대하여는 사망 등 사유로 인하여 법정에서 진술할 수 없는 때에 예외적으로 증거능력을 인정하는 규정인 형사소송법 제314조는 적용되지 아니한다(대법원 2009.11.26, 2009도6602 필로폰 매수인 사망 사건).

① [○] **형사소송법 제312조 제3항은** 사법경찰관이 작성한 당해 피고인에 대한 피의자신문조서를 유죄의 증거로 하는 경우뿐만 아니라, 사법경찰관이 작성한 당해 피고인과 공범관계에 있는 **다른 피고인이나 피의자에 대한 피의자신문조서를 당해 피고인에 대한 유죄의 증거로 채택할 경우에도 적용된다**(대법원 2014.4.10, 2014도1779 대구 필로폰 매매 사건).

② [○] 피고인과 공범관계가 있는 다른 피의자에 대한 사법경찰관 작성의 피의자신문조서는 그 피의자의 법정진술에 의하여 성립의 진정이 인정되더라도 당해 피고인이 공판기일에서 **그 조서의 내용을 부인하면 증거능력이 부정된다**(대법원 2015.10.29, 2014도5939 서울시 공무원 간첩 사건).

③ [○] 형사소송법 제312조 제2항[22년 현재 제3항]은 그 입법취지와 법조의 문언에 비추어 볼 때 당해 사건에서 피의자였던 피고인에 대한 사법경찰관 작성의 피의자신문조서에만 적용되는 것은 아니고, **전혀 별개의 사건에서 피의자였던 피고인에 대한 사법경찰관 작성의 피의자신문조서도 그 적용대상으로 하고 있는 것이라고 보아야 한다**(대법원 1995.3.24, 94도2287).

정답 | 922 ④　923 ④

924 석유및석유대체연료사업법위반죄로 기소된 피고인 甲, 乙에 대한 공판과정에서 '乙에 대한 사법경찰관 작성 피의자신문조서'가 증거로 제출되었다. 甲이 그 조서에 대하여 내용을 인정하지 않자, 乙은 "내가 경찰에서 위 피의자신문조서와 같은 내용으로 진술하였다"는 취지의 증언을 하였다. 이 경우 조서와 증언의 증거능력에 관한 설명으로 옳은 것은? (다툼이 있으면 판례에 의함) [core ★★]

1 2 3

① 조서와 증언 모두 증거능력이 부정된다.

② 조서는 증거능력이 부정되지만, 증언은 원본증거이므로 증거능력이 인정된다.

③ 조서는 증거능력이 부정되지만, 증언은 형사소송법 제316조 제1항에 의하여 증거능력이 인정될 수 있다.

④ 조서는 증거능력이 부정되지만, 증언은 형사소송법 제316조 제2항에 의하여 증거능력이 인정될 수 있다.

해설

① (1) 형사소송법 제312조 제3항은 검사 이외의 수사기관[2022.1.1.부터는 검사 또는 사법경찰관]이 작성한 당해 피고인에 대한 피의자신문조서를 유죄의 증거로 하는 경우뿐만 아니라, 검사 이외의 수사기관이 작성한 당해 피고인과 공범관계에 있는 다른 피고인이나 피의자에 대한 피의자신문조서를 당해 피고인에 대한 유죄의 증거로 채택할 경우에도 적용된다. 따라서 당해 피고인과 공범관계에 있는 공동피고인에 대해 검사 이외의 수사기관이 작성한 피의자신문조서는 그 공동피고인의 법정진술에 의하여 성립의 진정이 인정되더라도 당해 피고인이 공판기일에서 그 조서의 내용을 부인하면 증거능력이 부정된다. (2) 그리고 이러한 경우 그 공동피고인이 법정에서 경찰수사 도중 피의자신문조서에 기재된 것과 같은 내용으로 진술하였다는 취지로 증언하였다고 하더라도 이러한 증언은 원진술자인 공동피고인이 그 자신에 대한 경찰 작성의 피의자신문조서의 진정성립을 인정하는 취지에 불과하여 위 조서와 분리하여 독자적인 증거가치를 인정할 것은 아니므로, 위 조서의 증거능력이 부정되는 이상 위와 같은 증언 역시 이를 유죄 인정의 증거로 쓸 수 없다(대법원 2009.10.15, 2009도1889 포승창고 유사휘발류 사건).

925 피고인 甲은 "피고인이 2006.12. 초순경 서울 강남구 신사동 소재 여관에서 乙, 丙에게 필로폰 약 1g을 30만원에 매도하였다"라는 등의 공소사실로 기소되었고, 공판과정에서 공소사실에 부합하는 乙에 대한 경찰 피의자신문조서가 증거로 제출되었다. 법원은 이 조서는 乙이 사망하기 약 50일 전에 작성된 것으로써 내용이 구체적일 뿐 아니라 신빙성도 있다고 판단하였으나, 피고인은 공소사실을 전부 부인하면서 조서의 내용도 부인하였다. 이 경우 위 조서의 증거능력에 관한 설명으로 옳은 것은? (다툼이 있으면 판례에 의함)

1 2 3

[Essential ★]

① 증거능력이 부정된다.

② 형사소송법 제312조 제3항에 의하여 증거능력이 인정된다.

③ 형사소송법 제314조에 의하여 증거능력이 인정된다.

④ 형사소송법 제316조 제1항에 의하여 증거능력이 인정된다.

해설

① 乙의 각 경찰 피의자신문조서는 검사 이외의 수사기관[2022.1.1.부터는 검사 또는 사법경찰관]이 작성한 피고인과 공범관계에 있는 다른 피의자에 대한 피의자신문조서 또는 공동피의자에 대한 피의자신문조서로서 형사소송법 제312조 제3항이 적용되어 당해 피고인이 공판기일에서 그 조서의 내용을 부인하면 증거능력이 부정되고, 또한 형사소송법 제314조에 의하여 예외적으로 증거능력이 인정될 여지가 없는 것인 바, 피고인 甲은 공소사실을 전부 부인하면서 乙의 경찰 피의자신문조서의 내용을 부인하였음을 알 수 있으므로 그 증거능력이 부정되어야 한다(대법원 2009.11.26, 2009도6602 필로폰 매수인 사망 사건).

정답 | 924 ①　925 ①

926 피고인 甲은 그 사용인 乙의 아래와 같은 범죄사실 때문에 양벌규정에 의하여 기소되었고(양벌규정에 관한 의료법 제91조의 적용에 있어서 甲은 개인이고, 乙은 사용인이다), 공판과정에서 공소사실에 부합하는 乙에 대한 사법경찰관 작성 피의자신문조서가 증거로 제출되었다. 법원은 이 조서는 乙이 사망하기 전에 작성된 것으로써 그 진술이 특히 신빙할 수 있는 상태하에서 행하여졌음이 인정된다고 판단하였으나, 甲은 조서를 증거로 함에 동의하지 않았고 그 내용도 부인하였다. 이 경우 위 조서의 증거능력에 관한 설명으로 옳은 것은? (다툼이 있으면 판례에 의함) [Superlative ★★★]

1 2 3

〈범죄사실〉

피고인 甲이 경영하는 병원의 사무국장으로 근무하던 乙은 2011.8.23.부터 2012.2.21.까지 총 43회에 걸쳐 합계 23,490,000원을 환자 소개의 대가 등 명목으로 교부함으로써 영리를 목적으로 환자를 소개·알선·유인하는 행위를 저지른 것이다.

의료법 제91조【양벌규정】 법인의 대표자나 법인 또는 개인의 대리인, 사용인, 그 밖의 종업원이 그 법인 또는 개인의 업무에 관하여 제87조, 제87조의2, 제88조, 제88조의2, 제89조 또는 제90조의 위반행위를 하면 그 행위자를 벌하는 외에 그 법인 또는 개인에게도 해당 조문의 벌금형을 과한다. 다만, 법인 또는 개인이 그 위반행위를 방지하기 위하여 해당 업무에 관하여 상당한 주의와 감독을 게을리하지 아니한 경우에는 그러하지 아니하다.

① 피의자신문조서에 대해서는 형사소송법 제312조 제3항이 적용되고 따라서 형사소송법 제314조가 적용되지 않아 증거능력이 부정된다.

② 피의자신문조서에 대해서는 형사소송법 제312조 제3항이 적용되지만 형사소송법 제314조가 적용되어 증거능력을 인정할 수 있다.

③ 피의자신문조서에 대해서는 형사소송법 제312조 제4항이 적용되고 따라서 형사소송법 제314조가 적용되어 증거능력을 인정할 수 있다.

④ 피의자신문조서에 대해서는 형사소송법 제312조 제4항이 적용되지만 형사소송법 제314조가 적용되지 않아 증거능력이 부정된다.

해설

① (1) 형사소송법 제312조 제3항은 검사 이외의 수사기관[2022.1.1.부터는 검사 또는 사법경찰관]이 작성한 해당 피고인에 대한 피의자신문조서를 유죄의 증거로 하는 경우뿐만 아니라 검사 이외의 수사기관이 작성한 해당 피고인과 공범관계에 있는 다른 피고인이나 피의자에 대한 피의자신문조서를 해당 피고인에 대한 유죄의 증거로 채택할 경우에도 적용된다. 따라서 해당 피고인과 공범관계가 있는 다른 피의자에 대하여 검사 이외의 수사기관이 작성한 피의자신문조서는 그 피의자의 법정진술에 의하여 그 성립의 진정이 인정되는 등 형사소송법 제312조 제4항의 요건을 갖춘 경우라고 하더라도 해당 피고인이 공판기일에서 그 조서의 내용을 부인한 이상 이를 유죄 인정의 증거로 사용할 수 없고, 그 당연한 결과로 위 피의자신문조서에 대하여는 사망 등 사유로 인하여 법정에서 진술할 수 없는 때에 예외적으로 증거능력을 인정하는 규정인 형사소송법 제314조가 적용되지 아니한다. 그리고 이러한 법리는 공동정범이나 교사범, 방조범 등 공범관계에 있는 자들 사이에서뿐만 아니라, 법인의 대표자나 법인 또는 개인의 대리인, 사용인, 그 밖의 종업원 등 행위자의 위반행위에 대하여 행위자가 아닌 법인 또는 개인이 양벌규정에 따라 기소된 경우, 이러한 법인 또는 개인과 행위자 사이의 관계에서도 마찬가지로 적용된다. (2) 피고인 甲이 법정에서 사법경찰관 작성의 乙에 대한 피의자신문조서를 증거로 함에 동의하지 않았고 오히려 그 내용을 부인하고 있는 이상, 검사 이외의 수사기관이 양벌규정의 행위자인 乙에 대하여 작성한 피의자신문조서에 관해서는 형사소송법 제312조 제3항이 적용되어 그 증거능력이 없고, 따라서 이 경우에는 형사소송법 제314조를 적용하여 위 피의자신문조서의 증거능력을 인정할 수도 없다(대법원 2020.6.11, 2016도9367 병원 사무국장 사망 사건).

927 사법경찰관 작성 검증조서 등에 관한 다음 설명 중 옳지 않은 것은? (다툼이 있으면 판례에 의함)

1 2 3

[core ★★]

① 사법경찰관이 작성한 검증조서에 피고인이 사법경찰관 앞에서 자백한 범행내용을 현장에 따라 진술 · 재연한 내용이 기재되고 그 재연 과정을 촬영한 사진이 첨부되어 있다면, 그러한 기재나 사진은 피고인이 공판정에서 실황조사서에 기재된 진술내용 및 범행재연의 상황을 모두 부인하는 이상 증거능력이 없다.

② 사법경찰관 작성의 검증조서에 기재된 진술내용 및 범행을 재연한 부분에 대하여 피고인이 그 성립의 진정 및 내용을 인정한 흔적을 찾아 볼 수 없고 오히려 이를 부인하고 있는 경우에는 그 증거능력을 인정할 수 없다.

③ 사법경찰관이 작성한 실황조사서에 피의자이던 피고인이 사법경찰관의 면전에서 자백한 범행내용을 현장에 따라 진술, 재연하고 사법경찰관이 그 진술, 재연의 상황을 기재하거나 이를 사진으로 촬영한 것 외에 별다른 기재가 없는 경우에 있어서 피고인이 공판정에서 실황조사서에 기재된 진술내용 및 범행재연의 상황을 모두 부인하고 있다면 그 실황조사서는 증거능력이 없다.

④ 피고인이 경찰에서 한 진술의 임의성을 부인하고 경찰의 검증조서를 증거로 함에 동의하지 않고 있다면 그 검증이나 압수를 한 경위에 관한 담당 경찰관의 진술도 증거능력이 부정된다.

해설

④ [×] 피고인이 경찰에서 한 진술의 임의성을 부인하고 경찰의 검증조서를 증거로 함에 동의하지 않고 있다 하여도 검증이나 압수를 한 경위에 관한 담당경찰관의 진술을 증거로 할 수 없는 것은 아니다(대법원 1990.2.13, 89도2567).

① [○] 사법경찰관이 작성한 검증조서에 피고인이 사법경찰관 앞에서 자백한 범행내용을 현장에 따라 진술 · 재연한 내용이 기재되고 그 재연 과정을 촬영한 사진이 첨부되어 있다면, 그러한 기재나 사진은 피고인이 공판정에서 실황조사서에 기재된 진술내용 및 범행재연의 상황을 **모두 부인하는 이상 증거능력이 없다**(대법원 2006.1.13, 2003도6548 이태원 미국여대생 피살사건). ①②③ 이 지문의 '검증조서 등'은 사법경찰관이 검증의 결과를 기재한 것이 아니라, 실질적으로 피의자의 진술과 그것을 재현한 사진 등이 들어 있는 피의자신문조서이므로 피고인이 내용을 부정하면 형사소송법 제312조 제3항에 의하여 증거능력이 부정된다는 취지의 판례이다.

② [○] 사법경찰관 작성의 검증조서에 기재된 진술내용 및 범행을 재연한 부분에 대하여 피고인이 그 성립의 진정 및 내용을 인정한 흔적을 찾아 볼 수 없고 오히려 이를 **부인하고 있는 경우에는 그 증거능력을 인정할 수 없다**(대법원 1998.3.13, 98도159 술취한 아버지 폭행치사 사건).

③ [○] 사법경찰관이 작성한 실황조사서에 피의자이던 피고인이 사법경찰관의 면전에서 자백한 범행내용을 현장에 따라 진술, 재연하고 사법경찰관이 그 진술, 재연의 상황을 기재하거나 이를 사진으로 촬영한 것 외에 별다른 기재가 없는 경우에 있어서 피고인이 공판정에서 실황조사서에 기재된 진술내용 및 **범행재연의 상황을 모두 부인하고 있다면 그 실황조사서는 증거능력이 없다**(대법원 1984.5.29, 84도378 함주명 간첩조작 사건).

정답 | 926 ① 927 ④

928 검사 또는 사법경찰관이 피의자 아닌 자의 진술을 기재한 조서(참고인진술조서)의 증거능력 인정요건은?

1 2 3

[core ★★]

① 원진술자의 진술이나 영상녹화물 또는 그 밖의 객관적인 방법에 의하여 성립의 진정이 인정되면 증거능력이 인정된다.

② 조서에 기재된 진술이 특히 신빙할 수 있는 상태하에서 행하여졌음이 증명되면 증거능력이 인정된다.

③ 원진술자의 진술이나 영상녹화물 또는 그 밖의 객관적인 방법에 의하여 성립의 진정이 인정되고, 그 조서에 기재된 진술이 특히 신빙할 수 있는 상태하에서 행하여졌음이 증명되면 증거능력이 인정된다.

④ 원진술자의 진술이나 영상녹화물 또는 그 밖의 객관적인 방법에 의하여 성립의 진정이 인정되고 피고인 또는 변호인이 그 기재 내용에 관하여 원진술자를 신문할 수 있었고, 그 조서에 기재된 진술이 특히 신빙할 수 있는 상태하에서 행하여졌음이 증명되면 증거능력이 인정된다.

해설

④ 검사 또는 사법경찰관이 피고인이 아닌 자의 진술을 기재한 조서는 그 조서가 검사 또는 사법경찰관 앞에서 진술한 내용과 동일하게 기재되어 있음이 원진술자의 진술이나 영상녹화물 또는 그 밖의 객관적인 방법에 의하여 증명되고, 피고인 또는 변호인이 공판준비 또는 공판기일에 그 기재 내용에 관하여 원진술자를 신문할 수 있었던 때에는 증거로 할 수 있다. 다만, 그 조서에 기재된 진술이 특히 신빙할 수 있는 상태하에서 행하여졌음이 증명된 때에 한한다(제312조 제4항).

929 진술조서에 관한 다음 설명 중 옳지 않은 것은? (다툼이 있으면 판례에 의함) [Essential ★]

1 2 3

① 수사보고서 중 피고인의 진술을 기재한 부분은 전문증거에 해당하는데 진술자인 피고인의 자필이거나 서명 또는 날인이 없어 증거능력이 없다.

② 외국에 거주하는 참고인과의 전화 대화내용을 문답형식으로 기재한 검찰주사보 작성의 수사보고서에는 검찰주사보의 기명날인만 되어 있을 뿐 원진술자의 서명 또는 기명날인이 없으므로 증거능력이 없다.

③ 사법경찰리 작성의 피해자에 대한 진술조서가 피해자의 화상으로 인한 서명불능을 이유로 입회하고 있던 피해자의 동생에게 대신 읽어 주고 그 동생으로 하여금 서명 · 날인하게 하는 방법으로 작성된 경우, 그 조서는 증거로 사용할 수 없다.

④ 수사기관이 진술자의 성명을 가명으로 기재하여 조서를 작성한 경우, 이는 적법한 절차와 방식에 따라 작성된 것으로 볼 수 없어 형사소송법 제312조 제4항에서 규정한 요건이 모두 갖추어진 것이라도 그 증거능력을 인정할 수 없다.

해설

④ [×] 진술자와 피고인의 관계, 범죄의 종류, 진술자 보호의 필요성 등 여러 사정으로 볼 때 상당한 이유가 있는 경우에는 수사기관이 진술자의 성명을 가명으로 기재하여 조서를 작성하였다고 해서 그 이유만으로 그 조서가 '적법한 절차와 방식'에 따라 작성되지 않았다고 할 것은 아니다. 그러한 조서라도 공판기일 등에 원진술자가 출석하여 자신의 진술을 기재한 조서임을 확인함과 아울러 그 조서의 실질적 진정성립을 인정하고 나아가 그에 대한 반대신문이 이루어지는 등 형사소송법 제312조 제4항에서 규정한 요건이 모두 갖추어진 이상 그 증거능력을 부정할 것은 아니라고 할 것이다(대법원 2012.5.24, 2011도7757 조폭이 무서워 가명으로 사건).

① [O] 수사보고서 중 피고인의 진술을 기재한 부분은 전문증거에 해당하는데 **진술자인 피고인의 자필이거나 서명 또는 날인이 없어 증거능력이 없다**(대법원 2011.9.8, 2009도7419).

② [O] 외국에 거주하는 참고인과의 전화 대화내용을 문답형식으로 기재한 검찰주사보 작성의 수사보고서에는 검찰주사보의 기명날인만 되어 있을 뿐 원진술자의 **서명 또는 기명날인이 없으므로 증거능력이 없다**(대법원 1999.2.26, 98도2742 중국교포 사기 사건).

③ [O] 사법경찰리 작성의 피해자에 대한 진술조서가 피해자의 화상으로 인한 서명불능을 이유로 입회하고 있던 피해자의 동생에게 대신 읽어 주고 그 동생으로 하여금 서명 · 날인하게 하는 방법으로 작성된 경우, 그 **조서는 증거로 사용할 수 없다**(대법원 1997.4.11, 96도2865).

정답 | 928 ④ 929 ④

930 진술조서에 관한 다음 설명 중 옳지 않은 것은? (다툼이 있으면 판례에 의함) [core ★★]

1 2 3

① 검사 작성의 甲, 乙에 대한 각 진술조서의 원진술자인 甲, 乙이 공판기일에서 "수사관이 불러주는 내용을 그대로 기재한 것에 불과한 자신들의 각 진술서를 토대로 하여 그 진술내용을 미리 기재한 각 진술조서에 서명 · 날인만을 하였다"는 취지로 진술한 경우 각 진술조서는 증거로 할 수 없다.

② 사법경찰리 작성의 甲 등에 대한 진술조서에 관하여 원진술자인 甲 등이 공판기일에서 "수사관이 우리의 진술을 받아 기재한 것이 아니라, 乙이 범죄사실에 관하여 진술한 내용을 미리 기재하여 놓은 다음 우리의 서명 · 무인만을 받은 것이다"라는 취지로 진술한 경우 그 진술조서는 증거능력이 없다.

③ 피해자가 공판기일에 증인으로 출석하여 검사의 신문에 대하여 "수사기관에서 사실대로 진술하고 그 내용을 확인한 후 서명 · 날인하였다"는 취지로 증언하고 있는 경우, 이 진술은 조서의 진정성립을 인정하는 것으로 볼 수 있으므로 진술조서는 증거능력이 인정된다.

④ 피의자 아닌 자의 진술을 기재한 조서는 공판정에서 원진술자의 진술에 의하여 그 성립의 진정함이 인정된 것이 아니면 설사 공판정에서 피고인이 그 성립을 인정하여도 이를 증거로 할 수 있음에 동의한 것이 아닌 이상 증거로 할 수 없다.

해설

③ [×] 피해자가 공판기일에 증인으로 출석하여 검사의 신문에 대하여 "수사기관에서 사실대로 진술하고 그 내용을 확인한 후 서명 · 날인하였다"는 취지로 증언하고 있을 뿐이어서, 과연 그 진술이 조서의 진정성립을 인정하는 취지인지 분명하지 아니하므로 그 진술만으로는 조서의 진정성립을 인정하기에 부족하다(대법원 1996.10.15, 96도1301). 성립의 진정이 확실히 인정되어야 증거능력이 인정되는데, 이 지문의 경우에는 그것이 인정된 것으로 보기에 부족하기 때문에 증거능력이 없다는 취지의 판례이다.

① [O] 검사 작성의 甲, 乙에 대한 각 진술조서의 원진술자인 甲, 乙이 공판기일에서 "수사관이 불러주는 내용을 그대로 기재한 것에 불과한 자신들의 각 진술서를 토대로 하여 그 진술내용을 미리 기재한 각 **진술조서에 서명 · 날인만을 하였다"는 취지로 진술한 경우 각 진술조서는 증거로 할 수 없다**(대법원 1993.1.19, 92도2636).

② [O] 사법경찰리 작성의 甲 등에 대한 진술조서에 관하여 원진술자인 甲 등이 공판기일에서 "수사관이 우리의 진술을 받아 기재한 것이 아니라, 乙이 범죄사실에 관하여 진술한 내용을 미리 기재하여 놓은 다음 우리의 서명 · 무인만을 받은 것이다"라는 취지로 진술한 경우 그 **진술조서는 증거능력이 없다**(대법원 1992.6.9, 92도737).

④ [O] 피의자 아닌 자의 진술을 기재한 조서는 공판정에서 **원진술자의 진술에 의하여** 그 성립의 진정함이 인정된 것이 아니면 설사 공판정에서 피고인이 그 성립을 인정하여도 이를 **증거로 할 수 있음에 동의한 것이 아닌 이상 증거로 할 수 없다**(대법원 1983.8.23, 83도196). 2022년 현재는 성립의 진정 이외에도 '특신상태 및 원진술자 신문가능성'이 인정되어야 증거능력이 인정된다.

931 진술서 등에 관한 다음 설명 중 옳지 않은 것은? [core ★★]

1 2 3

① 형사소송법 제311조와 제312조 규정 이외에 피고인 또는 피고인이 아닌 자가 작성한 진술서나 그 진술을 기재한 서류로서 그 작성자 또는 진술자의 자필이거나 그 서명 또는 날인이 있는 것은 공판준비나 공판기일에서의 그 작성자 또는 진술자의 진술에 의하여 그 성립의 진정함이 증명된 때에는 증거로 할 수 있다.

② ①에 규정된 진술서나 그 진술을 기재한 서류에는 피고인 또는 피고인 아닌 자가 작성하였거나 진술한 내용이 포함된 문자 · 사진 · 영상 등의 정보로서 컴퓨터용디스크 그 밖에 이와 비슷한 정보저장매체에 저장된 것을 포함한다.

③ ①에도 불구하고 진술서의 작성자가 공판준비나 공판기일에서 그 성립의 진정을 부인하는 경우에는 과학적 분석결과에 기초한 디지털포렌식 자료, 감정 등 객관적 방법으로 성립의 진정함이 증명되는 때에는 증거로 할 수 있다. 다만, 피고인 아닌 자가 작성한 진술서는 피고인 또는 변호인이 공판준비 또는 공판기일에 그 기재 내용에 관하여 작성자를 신문할 수 있었을 것을 요한다.

④ 피고인의 진술을 기재한 서류는 공판준비 또는 공판기일에서의 피고인의 진술에 의하여 그 성립의 진정함이 증명되고 그 진술이 특히 신빙할 수 있는 상태하에서 행하여 진 때에 한하여 피고인의 공판준비 또는 공판기일에서의 진술에 불구하고 증거로 할 수 있다.

해설

④ [×] 형사소송법 제311조와 제312조 규정 이외에 피고인 또는 피고인이 아닌 자가 작성한 진술서나 그 진술을 기재한 서류로서 그 작성자 또는 진술자의 자필이거나 그 서명 또는 날인이 있는 것(피고인 또는 피고인 아닌 자가 작성하였거나 진술한 내용이 포함된 문자 · 사진 · 영상 등의 정보로서 컴퓨터용디스크, 그 밖에 이와 비슷한 정보저장매체에 저장된 것을 포함한다)은 공판준비나 공판기일에서의 그 작성자 또는 진술자의 진술에 의하여 그 성립의 진정함이 증명된 때에는 증거로 할 수 있다. 단, 피고인의 진술을 기재한 서류는 공판준비 또는 공판기일에서의 그 작성자의 진술에 의하여 그 성립의 진정함이 증명되고 그 진술이 특히 신빙할 수 있는 상태하에서 행하여 진 때에 한하여 피고인의 공판준비 또는 공판기일에서의 진술에 불구하고 증거로 할 수 있다(제313조 제1항). 제1항 본문에도 불구하고 진술서의 작성자가 공판준비나 공판기일에서 그 성립의 진정을 부인하는 경우에는 과학적 분석결과에 기초한 디지털포렌식 자료, 감정 등 객관적 방법으로 성립의 진정함이 증명되는 때에는 증거로 할 수 있다. 다만, 피고인 아닌 자가 작성한 진술서는 피고인 또는 변호인이 공판준비 또는 공판기일에 그 기재 내용에 관하여 작성자를 신문할 수 있었을 것을 요한다(제313조 제2항).

①② [○] 피고인 또는 피고인이 아닌 자가 작성한 진술서나 그 진술을 기재한 서류로서 그 작성자 또는 진술자의 자필이거나 그 서명 또는 날인이 있는 것(피고인 또는 피고인 아닌 자가 작성하였거나 **진술한 내용이 포함된 문자 · 사진 · 영상 등의 정보로서 컴퓨터용디스크, 그 밖에 이와 비슷한 정보저장매체에 저장된 것을 포함한다.** 이하 이 조에서 같다)은 공판준비나 공판기일에서의 그 작성자 또는 진술자의 진술에 의하여 그 성립의 진정함이 증명된 때에는 증거로 할 수 있다. 단, 피고인의 진술을 기재한 서류는 공판준비 또는 공판기일에서의 그 **작성자의 진술에 의하여 그 성립의 진정함이 증명되고 그 진술이 특히 신빙할 수 있는 상태하에서 행하여 진 때에 한하여 피고인의 공판준비 또는 공판기일에서의 진술에 불구하고 증거로 할 수 있다**(제313조 제1항).

③ [○] 진술서의 작성자가 공판준비나 공판기일에서 그 성립의 진정을 부인하는 경우에는 **과학적 분석결과에 기초한 디지털포렌식 자료, 감정 등 객관적 방법으로 성립의 진정함이 증명되는 때에는 증거로 할 수 있다.** 다만, 피고인 아닌 자가 작성한 진술서는 피고인 또는 변호인이 공판준비 또는 공판기일에 그 기재 내용에 관하여 작성자를 신문할 수 있었을 것을 요한다(제313조 제2항).

정답 | 930 ③ 931 ④

932 진술서 등에 관한 다음 설명 중 옳지 않은 것은? (다툼이 있으면 판례에 의함) [Superlative ★★★]

1 2 3

① 수첩사본이 그 작성자의 진술에 의하여 그 진정성립이 인정될 뿐 아니라 그 작성 경위와 내용 및 형식에 비추어 볼 때 특히 신용할 만한 정황에 의하여 작성된 것으로 보인다면 증거능력이 있다.

② 피고인이 작성한 진술서에 관하여 피고인과 변호인이 공판기일에서 증거로 함에 동의하였고 그 진술서에 피고인의 서명과 무인이 있는 것으로 보아 진정한 것으로도 인정된다면 그 진술서는 증거로 할 수 있다.

③ 피해자 A가 남동생 B에게 도움을 요청하면서 피고인이 협박한 말을 포함하여 공갈 등 피해를 입은 내용이 들어 있는 문자메시지의 내용을 촬영한 사진은 진술에 갈음하는 대체물에 해당하지 않으므로 전문법칙이 적용되지 아니한다.

④ 감정서에 감정인의 기명날인이 있고, 감정인이 공판기일에서 작성 명의가 진정하고 감정인의 관찰대로 기술되었다고 진술함으로써 그 성립의 진정함이 증명되었다면 감정서는 증거능력이 인정된다.

해설

③ [×] (피해자 A가 남동생 B에게 도움을 요청하면서 피고인이 협박한 말을 포함하여 공갈 등 피해를 입은 내용이 들어 있는) 문자메시지의 내용을 촬영한 사진은 피해자의 진술서에 준하는 것으로 취급함이 상당할 것인바, 진술서에 관한 형사소송법 제313조에 따라 문자메시지의 작성자인 A가 제1심 법정에 출석하여 자신이 문자메시지를 작성하여 동생에게 보낸 것과 같음을 확인하고, 동생인 B도 제1심 법정에 출석하여 A가 보낸 문자메시지를 촬영한 사진이 맞다고 확인한 이상, 문자메시지를 촬영한 사진은 그 성립의 진정함이 증명되었다고 볼 수 있으므로 이를 증거로 할 수 있다(대법원 2010.11.25, 2010도8735 공갈당했다 문자 사건).

① [○] 수첩사본이 그 **작성자의 진술에 의하여 그 진정성립이 인정될 뿐 아니라** 그 작성 경위와 내용 및 형식에 비추어 볼 때 **특히 신용할 만한 정황에 의하여 작성된 것으로 보인다면 증거능력이 있다**(대법원 2011.1.27, 2010도11030 쌍용자동차 공장 점거농성사건).

② [○] 피고인이 작성한 진술서에 관하여 피고인과 변호인이 공판기일에서 증거로 함에 동의하였고 그 진술서에 피고인의 서명과 무인이 있는 것으로 보아 진정한 것으로도 인정된다면 그 진술서는 **증거로 할 수 있다**(대법원 1990.10.26, 90도1229).

④ [○] 감정서에 감정인의 기명날인이 있고, 감정인이 공판기일에서 작성 명의가 진정하고 감정인의 관찰대로 기술되었다고 진술함으로써 **그 성립의 진정함이 증명되었다면 감정서는 증거능력이 인정된다**(대법원 2011.5.26, 2011도1902 장흥 방호벽충돌 아내살해사건).

933 다음 서류에 대한 형사소송법상 적용법조가 올바르게 연결되어 있는 것은? [Superlative ★★★]

1 2 3

㉠ 법원 작성 검증조서	㉡ 수사기관 작성 검증조서
㉢ 감정인 작성 감정서	㉣ 감정수탁자 작성 감정서

① ㉠㉢ 제311조 ㉡㉣ 제312조 제6항

② ㉠㉡ 제312조 제6항 ㉢㉣ 제313조 제3항

③ ㉠ 제311조 ㉡ 제312조 제6항 ㉢㉣ 제313조 제3항

④ ㉠ 제311조 ㉡㉣ 제312조 제6항 ㉢ 제313조 제3항

해설

③ 이 지문이 올바른 연결이다.
㉠ 법원 또는 법관의 검증의 결과를 기재한 조서는 당연히 증거능력이 인정된다(제311조).
㉡ 검사 또는 사법경찰관이 검증의 결과를 기재한 조서는 작성자의 진술에 따라 그 성립의 진정함이 증명된 때에는 증거능력이 인정된다(제312조 제6항).
㉢㉣ 감정서는 공판준비나 공판기일에서 감정인의 진술에 의하여 성립의 진정함이 증명되고 피고인 또는 변호인이 그 기재내용에 관하여 감정인을 신문할 수 있었을 때에 증거능력이 인정된다(제313조 제3항).

934 형사소송법 제314조에 관한 다음 설명 중 옳지 않은 것은? (다툼이 있으면 판례에 의함) [Essential ★]
1 2 3

① 제312조 또는 제313조의 경우에 진술을 요하는 자가 사망 등으로 인하여 진술할 수 없는 때에는 그 조서 및 그 밖의 서류(피고인 또는 피고인 아닌 자가 작성하였거나 진술한 내용이 포함된 문자 · 사진 · 영상 등의 정보로서 컴퓨터용디스크 그 밖에 이와 비슷한 정보저장매체에 저장된 것을 포함한다)를 증거로 할 수 있다. 다만, 그 진술 또는 작성이 특히 신빙할 수 있는 상태하에서 행하여졌음이 증명된 때에 한한다.

② 원진술자의 서명 또는 날인이 되어 있지 않은 서류에 대해서도 제313조가 적용될 여지가 있고, 이에 대하여 또 다시 제314조가 적용될 수 있다.

③ '특히 신빙할 수 있는 상태하에서 행하여진 때'라 함은 그 진술내용이나 조서 또는 서류의 작성에 허위개입의 여지가 거의 없고 그 진술내용의 신빙성이나 임의성을 담보할 구체적이고 외부적인 정황이 있는 경우를 가리킨다.

④ '특히 신빙할 수 있는 상태에 대한 증명'은 단지 그러할 개연성이 있다는 정도로는 부족하고 합리적인 의심의 여지를 배제할 정도에 이르러야 한다.

해설

② [×] 외국에 거주하는 참고인과의 전화 대화내용을 문답형식으로 기재한 검찰주사보 작성의 수사보고서는 (중략) 제313조의 진술을 기재한 서류에 해당하여야만 제314조의 적용 여부가 문제될 것인바, 제313조가 적용되기 위하여는 그 진술을 기재한 서류에 그 진술자의 서명 또는 날인이 있어야 한다(대법원 1999.2.26, 98도2742 중국교포 사기 사건).

① [○] 형사소송법 제312조 또는 제313조의 경우에 진술을 요하는 자가 사망 등으로 인하여 진술할 수 없는 때에는 그 조서 및 그 밖의 서류(피고인 또는 피고인 아닌 자가 작성하였거나 진술한 내용이 포함된 문자 · 사진 · 영상 등의 정보로서 컴퓨터용디스크 그 밖에 이와 비슷한 정보저장매체에 저장된 것을 포함한다)를 **증거로 할 수 있다**. 다만, 그 진술 또는 작성이 **특히 신빙할 수 있는 상태하에서 행하여졌음이 증명된 때에 한한다**(제314조).

③ [○] '특히 신빙할 수 있는 상태하에서 행하여진 때'라 함은 그 진술내용이나 조서 또는 서류의 작성에 허위개입의 여지가 거의 없고 그 **진술내용의 신빙성이나 임의성을 담보할 구체적이고 외부적인 정황이 있는 경우를 가리킨다**(대법원 2011.7.14, 2011도3809 해병대 소령 수뢰 사건).

④ [○] '특히 신빙할 수 있는 상태에 대한 증명'은 단지 그러할 개연성이 있다는 정도로는 부족하고 **합리적인 의심의 여지를 배제할 정도에 이르러야 한다**(대법원 2017.12.22, 2016도15868).

정답 | 932 ③ 933 ③ 934 ②

935 형사소송법 제314조에 규정된 '사망 · 질병 · 외국거주 · 소재불명 그밖에 이에 준하는 사유'에 관한 다음 설명 중 옳지 않은 것은? (다툼이 있으면 판례에 의함)

1 2 3 [Essential ★]

① '질병'은 진술을 요할 자가 공판이 계속되는 동안 임상신문이나 출장신문도 불가능할 정도의 중병임을 요한다.

② '외국거주'는 단순히 외국에 있다는 것만으로는 부족하고 가능하고 상당한 수단을 다하더라도 그 사람을 법정에 출석하게 할 수 없는 사정이 있어야 할 것인데, 그 요건이 충족되었는지는 소재의 확인, 소환장의 발송과 같은 절차를 거쳐 확정되는 것이므로 그러한 절차를 거치지 않았다면 그 요건은 충족된다고 볼 수 없다.

③ '소재불명 그 밖에 이에 준하는 사유로 인하여 진술할 수 없는 때'라고 함은 소환장이 주소불명 등으로 송달불능이 되어 소재탐지촉탁까지 하여 소재수사를 하였는데도 그 소재를 확인할 수 없는 경우라야 이에 해당하고, 단지 소환장이 주소불명 등으로 송달불능되었다는 것만으로는 이에 해당한다고 보기에 부족하다.

④ 법원이 증인이 '소재불명이거나 그 밖에 이에 준하는 사유로 인하여 진술할 수 없는 때'에 해당한다고 인정할 수 있으려면, 증인의 법정 출석을 위한 가능하고도 충분한 노력을 다하였음에도 불구하고 부득이 증인의 법정 출석이 불가능하게 되었다는 사정을 검사가 입증한 경우이어야 한다.

해설

② [×] '외국거주'는 진술을 하여야 할 사람이 단순히 외국에 있다는 것만으로는 부족하고, 가능하고 상당한 수단을 다하더라도 그 사람을 법정에 출석하게 할 수 없는 사정이 있어야 예외적으로 그 요건이 충족될 수 있다고 할 것인데, 통상적으로 그 요건이 충족되었는지는 소재의 확인, 소환장의 발송과 같은 절차를 거쳐 확정되는 것이기는 하지만 항상 그러한 절차를 거쳐야만 되는 것은 아니고, 경우에 따라서는 비록 그러한 절차를 거치지 않더라도 법원이 그 사람을 법정에서 신문하는 것을 기대하기 어려운 사정이 있다고 인정할 수 있다면 그 요건은 충족된다고 보아야 한다(대법원 2013.7.26, 2013도2511 왕재산 간첩단 사건).

① [○] '질병'은 진술을 요할 자가 공판이 계속되는 동안 **임상신문이나 출장신문도 불가능할 정도의 중병임을 요한다**(대법원 2006.5.25, 2004도3619 외상후 스트레스증후군 사건).

③ [○] '소재불명 그 밖에 이에 준하는 사유로 인하여 진술할 수 없는 때'라고 함은 소환장이 주소불명 등으로 송달불능이 되어 소재탐지촉탁까지 하여 소재수사를 하였는데도 그 소재를 확인할 수 없는 경우라야 이에 해당하고, 단지 **소환장이 주소불명 등으로 송달불능되었다는 것만으로는 이에 해당한다고 보기에 부족하다**(대법원 2010.9.9, 2010도2602).

④ [○] 법원이 증인이 '소재불명이거나 그 밖에 이에 준하는 사유로 인하여 진술할 수 없는 때'에 해당한다고 인정할 수 있으려면, 증인의 법정 출석을 위한 가능하고도 충분한 노력을 다하였음에도 불구하고 부득이 증인의 법정 출석이 불가능하게 되었다는 사정을 **검사가 입증한 경우이어야 한다**(대법원 2013.4.11, 2013도1435).

936 다음 중 형사소송법 제314조에 규정된 진술을 요할 자가 사망 · 질병 · 외국거주 · 소재불명 그밖에 이에 준하는 사유로 인하여 진술할 수 없는 때에 해당하는 것은 모두 몇 개인가? (다툼이 있으면 판례에 의함)

1 2 3

[Superlative ★★★]

> ㉠ 원진술자가 공판기일에 증인으로 소환받고도 출산을 앞두고 있다는 이유로 출석하지 아니한 경우
> ㉡ 피해자가 증인으로 소환당할 당시부터 노인성 치매로 인한 기억력 장애, 분별력 상실 등으로 인하여 진술할 수 없는 경우
> ㉢ 진술자가 만 5세 무렵에 당한 성추행으로 인하여 외상후 스트레스 증후군을 앓고 있다는 등의 이유로 공판정에 출석하지 아니한 경우
> ㉣ 진술을 요할 자가 중풍 · 언어장애 등 장애등급 3급 5호의 장애로 인하여 법정에 출석할 수 없었고, 그 후 신병을 치료하기 위하여 속초로 간 후에는 그에 대한 소재탐지가 불가능하게 된 경우

① 1개
② 2개
③ 3개
④ 4개

해설

② ㉡㉣ 2항목의 경우 형사소송법 제314조가 적용될 수 있다.

㉠ 피해자는 공판기일에 증인으로 소환받고도 출산을 앞두고 있다는 이유로 출석하지 아니하였음을 알 수 있는바, 이와 같은 사유로 공판기일에 출석하지 아니한 것은 특별한 사정이 없는 한 사망, 질병, 외국거주 기타 사유로 인하여[개정법 사망 · 질병 · 외국거주 · 소재불명 그 밖에 이에 준하는 사유로 인하여) 진술을 할 수 없는 때에 해당한다고 할 수 없다(대법원 1999.4.23, 99도915 출산을 앞두고 있다 사건).

㉡ 피해자는 제1심에서 증인으로 소환당할 당시부터 노인성 치매로 인한 기억력 장애, 분별력 상실 등으로 인하여 진술할 수 없는 상태하에 있었고, 나아가 위 진술이 그 내용에 있어서 시종 일관되며 특히 검사 및 사법경찰리 작성의 피의자신문조서상의 진술 부분은 피고인과의 대질하에서 이루어진 것인 점 등에 비추어 그 진술내용의 신용성이나 임의성을 담보할 만한 구체적인 정황이 있는 경우에 해당되어 특히 신빙할 수 있는 상태하에서 행하여진 것이라고 보여지므로 형사소송법 제314조에 의하여 증거능력 있는 증거라 할 것이다(대법원 1992.3.13, 91도2281).

㉢ 피해자에게 특정의 정신적 결함이나 병력이 있고 피해자가 증언을 하게 되면 스스로 감당할 수 없는 심각한 정신적 충격이나 장애를 초래할 개연성이 있다는 등 공판준비 또는 공판기일에 진술할 수 없는 예외적인 사유가 입증되었다고 보기 어려우므로 피해자에 대한 진술조서는 필요성의 요건을 갖추었다고 볼 수 없다(대법원 2006.5.25, 2004도3619 외상후 스트레스증후군 사건).

㉣ 검사 및 사법경찰리가 작성한 피해자에 대한 진술조서의 증거능력에 관하여는 제1심법원이 그를 증인으로 채택, 수회에 걸쳐 소환장과 구인영장을 발부하여 그가 소환장을 직접 받은 적도 있었으나, 중풍, 언어장애 등 장애등급 3급 5호의 장애로 인하여 법정에 출석할 수 없었던 것이고, 그 후 신병을 치료하기 위하여 속초로 간 후에는 그에 대한 소재탐지가 불가능하게 된 사실이 인정되므로 이러한 경우에는 형사소송법 제314조 소정의 공판기일에 진술을 요할 자가 질병 기타 사유로 인하여 진술할 수 없는 때에 해당한다(대법원 1999.5.14, 99도202).

정답 | 935 ② 936 ②

937 다음 중 형사소송법 제314조에 규정된 진술을 요할 자가 사망 · 질병 · 외국거주 · 소재불명 그 밖에 이에 준하는 사유로 인하여 진술할 수 없는 때에 해당하지 않는 것은? (다툼이 있으면 판례에 의함)

1 2 3

[core ★★]

① 진술을 요할 자가 일본으로 이주한 이래 전자우편에 의한 연락 이외에 그 주거지나 거소 등이 파악되지 않았고, 수사기관이 전자우편 주소로 증인 출석을 수차례 권유하였으나 자필진술서를 통하여 증언을 거부할 뜻을 명확히 표시한 경우

② 증인이 미국으로 출국하여 그곳에 거주하고 있음이 밝혀지고 또한 증인이 제1심 법원에 경위서를 제출하면서 장기간 귀국할 수 없음을 통보한 경우

③ 이메일의 작성자인 乙은 프랑스에 거주하고 있고, 코리아연대의 총책으로 피고인 甲 등에 대한 공소사실 중 코리아연대 구성에 의한 국가보안법 위반(이적단체의 구성 등) 부분의 공동정범에 해당하기 때문에 법원으로부터 소환장을 송달받는다고 하더라도 법정에 증인으로 출석할 것을 기대하기 어려운 경우

④ 증인으로 소환받은 자가 "현재 호주에 거주하고 있고, 비자 조건이 외국 또는 대한민국으로 방문을 하였을 시 3년간 호주 입국을 할 수 없는 임시 체류 비자 'E'라는 조건으로 있어 증인으로 참석이 불가능하다"라는 이유로 불출석하자, 대한민국과 호주 양국간에 형사사법공조 양자조약이 체결되어 발효되어 있음에도 법원이 증인에 대하여 국제형사사법공조를 통한 증인소환이나 호주 법원에 대한 증인신문 요청 등의 조치를 전혀 시도해 보지 않고 증인채택을 취소한 경우

해설

④ 진술을 요하는 자가 외국에 거주하고 있어 공판정 출석을 거부하면서 공판정에 출석할 수 없는 사정을 밝히고 있다고 하더라도 증언 자체를 거부하는 의사가 분명한 경우가 아닌 한 거주하는 외국의 주소나 연락처 등이 파악되고, 해당 국가와 대한민국간에 국제형사사법공조조약이 체결된 상태라면 우선 사법공조의 절차에 의하여 증인을 소환할 수 있는지 여부를 검토해 보아야 하고, 소환을 할 수 없는 경우라고 하더라도 외국의 법원에 사법공조로 증인신문을 실시하도록 요청하는 등의 절차를 거쳐야 한다고 할 것이고, 이러한 절차를 전혀 시도해 보지도 아니한 것은 가능하고 상당한 수단을 다하더라도 그 진술을 요하는 자를 법정에 출석하게 할 수 없는 사정이 있는 때에 해당한다고 보기 어렵다(대법원 2016.2.18, 2015도17115 호주 거주 증인 사건).

① 공소외인은 대남공작업무를 담당하는 북한 225국의 전신인 대외연락부 공작원으로 활동하다가 북한을 이탈한 사람으로서 2011.6.15. 국가정보원에서 자신이 공작원으로 활동하던 당시의 경험 등에 관하여 진술한 후 2011.7.22.경 일본으로 이주한 이래 전자우편에 의한 연락 이외에 그 주거지나 거소 등이 파악되지 않는 상태이고, 국가정보원에서의 진술 당시 이사할 계획을 밝히기는 하였지만 이사 후 자신의 진술과 관련된 자료를 찾아 제출하겠다고 진술하기도 하였으며, 수사기관은 공소외인의 출국사실을 확인한 후 입국시 통보조치와 함께 유일한 연락처인 그의 전자우편 주소로 증인 출석을 수차례 권유하였으나 공소외인은 자필진술서를 통하여 그 증언을 거부할 뜻을 명확히 표시하였음을 알 수 있다. 아울러 우리나라와 일본 사이에 체결된 형사사법 공조조약에 의하더라도 공소외인을 강제로 법정에 구인하는 것이 불가능하다는 사정 등을 종합하여 보면, 공소외인의 소재를 확인하여 소환장을 발송하더라도 그가 법정에 증인으로 출석할 것을 기대하기는 어렵다고 할 것이므로 설령 그의 일본 주소 등을 확인하여 증인소환장을 발송하는 등의 조치를 다하지 않았다 하더라도 형사소송법 제314조에 정한 '외국거주' 요건은 충족되었다고 보아야 할 것이다(대법원 2013.7.26, 2013도2511 왕재산 간첩단 사건).

② 제1심은 공소외인을 증인으로 채택하여 국내의 주소지 등으로 소환하였으나 소환장이 송달불능되었고, 공소외인이 2003.5.16. 미국으로 출국하여 그곳에 거주하고 있음이 밝혀지자 다시 미국 내 주소지로 증인소환장을 발송하였으나 공소외인이 제1심법원에 경위서를 제출하면서 장기간 귀국할 수 없음을 통보하였는바, 공소외인에 대한 특별검사 및 검사 작성의 각 진술조서와 공소외인이 작성한 각 진술서는 증인이 외국거주 등 사유로 인하여 법정에서의 신문이 불가능한 상태의 경우에 해당된다고 할 것이다(대법원 2007.6.14, 2004도5561 신승남 검찰총장 사건).

③ 공소외인은 프랑스에 거주하고 있고 코리아연대의 총책으로 피고인들에 대한 공소사실 중 코리아연대 구성에 의한 국가보안법 위반(이적단체의 구성 등) 부분의 공동정범에 해당하기 때문에 법원으로부터 소환장을 송달받는다고 하더라도 법정에 증인으로 출석할 것을 기대하기 어렵다고 봄이 상당하므로 법원이 그의 소재 확인, 소환장 발송 등의 조치를 다하지 않았다고 하더라도 형사소송법 제314조의 '외국거주' 요건이 충족되었다고 할 수 있다(대법원 2016.10.13, 2016도8137 코리아연대 사건).

938 다음 중 형사소송법 제314조에 규정된 진술을 요할 자가 사망 · 질병 · 외국거주 · 소재불명 그 밖에 이에 준하는 사유로 인하여 진술할 수 없는 때에 해당하는 것은 모두 몇 개인가? (다툼이 있으면 판례에 의함)

1 2 3

[Superlative ★★★]

㉠ 증인에 대한 소환장이 송달불능되어 수회에 걸쳐 그 소재탐지촉탁을 하였으나 그 소재를 알지 못하게 된 경우
㉡ 진술을 요할 자가 일정한 주거를 가지고 있더라도 법원의 소환에 계속 불응하고 구인하여도 구인장이 집행되지 않는 경우
㉢ (소재탐지촉탁 등으로 소재수사를 하지 않고) 단순히 소환장이 주소불명으로 송달불능된 경우
㉣ 증인의 주소지가 아닌 곳으로 소환장을 보내 송달불능이 되고 그곳을 중심으로 소재탐지를 하여 불능 회보를 받은 경우

① 0개 ② 1개
③ 2개 ④ 3개

해설

③ ㉠㉡ 2항목의 경우 형사소송법 제314조가 적용될 수 있다. 소재불명이 되기 위해서는 '소환장 송달불능과 소재탐지촉탁을 했으나 소재를 알지 못할 것' 등 검사가 증인의 법정 출석을 위한 가능하고도 충분한 노력을 다했음이 입증되어야 한다. ㉠㉡ 2항목은 이와 같은 요건이 구비된 경우이지만, 나머지 항목은 그렇지 않은 경우이다.

㉠ 형사소송법 제314조에서 말하는 '공판준비 또는 공판기일에 진술을 요할 자가 사망, 질병 기타 사유로 인하여 진술할 수 없을 때'라고 함은 소환장이 주소불명 등으로 송달불능이 되어 소재탐지촉탁까지 하여 소재수사를 하였어도 그 소재를 확인할 수 없는 경우도 이에 포함된다(대법원 2004.3.11, 2003도171).

㉡ 법원이 수회에 걸쳐 진술을 요할 자에 대한 증인소환장이 송달되지 아니하여 그 소재탐지촉탁까지 하였으나 그 소재를 알지 못하게 된 경우 또는 진술을 요할 자가 일정한 주거를 가지고 있더라도 법원의 소환에 계속 불응하고 구인하여도 구인장이 집행되지 아니하는 등 법정에서의 신문이 불가능한 상태의 경우에는 형사소송법 제314조 소정의 '공판정에 출정하여 진술을 할 수 없는 때'에 해당한다(대법원 2000.6.9, 2000도1765).

㉢ 형사소송법 제314조에 의하여 '공판준비 또는 공판기일에 진술을 요할 자가 사망, 질병 이외의 기타 사유로 인하여 진술할 수 없을 때'라 함은 소환장이 주소불명으로 송달된 경우만으로는 부족하고, 송달불능이 되어 소재탐지 촉탁까지 하여 소재수사를 하였어도 그 소재를 확인할 수 없어 출석하지 아니한 경우라야 이에 해당한다(대법원 1985.2.26, 84도1697).

㉣ 형사소송법 제314조에서 말하는 '공판기일에 진술을 요할 자가 사망, 질병 기타 사유로 인하여 진술할 수 없을 때'라 함은 단순히 소환장이 주소불명 등으로 송달불능된 것만으로는 부족하고, 송달불능이 되어 소재탐지촉탁까지 하여 소재수사를 하였음에도 불구하고, 그 소재를 확인할 수 없어 출석하지 아니한 경우에 비로소 이에 해당한다고 할 것이며, 증인의 주소지가 아닌 곳으로 소환장을 보내 송달불능이 되자 그 곳을 중심으로 소재탐지를 한 끝에 소재탐지불능 회보를 받은 경우에는 이에 해당한다고 볼 수 없다(대법원 2006.12.22, 2006도7479).

정답 | 937 ④ 938 ③

939 다음 중 형사소송법 제314조에 규정된 진술을 요할 자가 사망 · 질병 · 외국거주 · 소재불명 그 밖에 이에 준하는 사유로 인하여 진술할 수 없는 때에 해당하는 것은 모두 몇 개인가? (다툼이 있으면 판례에 의함)

1 2 3

[Superlative ★★★]

> ㉠ 피해자 등을 증인으로 채택하여 수회에 걸쳐 증인소환장의 송달을 실시하였으나 송달이 되지 아니하자, 증인에 대한 소재탐지촉탁을 하는 등 소재수사를 한 바 없이 증인 채택을 취소한 경우
> ㉡ 증인소환장이 송달되지 아니함에 따라 검사의 주소보정, 소재탐지촉탁 등을 거친 경우. 다만, 검사가 직접 또는 경찰을 통하여 수사기록에 기재된 증인의 휴대전화번호들로 연락하여 법정 출석의사가 있는지를 확인하는 등의 방법으로 증인의 법정 출석을 위하여 상당한 노력을 기울였다는 자료가 보이지 않음
> ㉢ 경찰이 증인과 가족의 실거주지를 방문하지 않은 상태에서 전화상으로 '증인의 모(母)로부터 법정에 출석케 할 의사가 없다'는 취지의 진술을 들었다는 내용의 구인장 집행불능 보고서를 제출하고 있을 뿐이고, 검사가 증인의 법정 출석을 위하여 상당한 노력을 기울이지 않은 경우
> ㉣ 증인에 대한 소환장이 송달불능되자 소재탐지를 촉탁하여 소재탐지 불능보고서를 제출받은 경우. 다만, 검사가 직접 또는 경찰을 통하여 기록에 나타난 증인의 전화번호로 연락하여 법정 출석의사가 있는지 확인하는 등의 방법으로 법정 출석을 위하여 상당한 노력을 기울이지 않았음

① 0개
② 1개
③ 2개
④ 3개

해설

① 모든 항목이 형사소송법 제314조가 적용될 수 없다. 소재불명이 되기 위해서는 '소환장 송달불능과 소재탐지촉탁을 했으나 소재를 알지 못할 것' 등 검사가 증인의 법정 출석을 위한 가능하고도 충분한 노력을 다했음이 입증되어야 한다. 모든 항목이 그 요건이 구비되지 않은 경우이다.

㉠ 형사소송법 제314조에서 '공판기일에 진술을 요하는 자가 소재불명, 그 밖에 이에 준하는 사유로 인하여 진술할 수 없는 때'라고 함은 소환장이 주소불명 등으로 송달불능이 되어 소재탐지촉탁까지 하여 소재수사를 하였는데도 그 소재를 확인할 수 없는 경우라야 이에 해당하고, 단지 소환장이 주소불명 등으로 송달불능되었다는 것만으로는 이에 해당한다고 보기에 부족하다(대법원 2010.9.9, 2010도2602).

㉡ 증인인 공소외인의 법정 출석을 위한 가능하고도 충분한 노력을 다하였음에도 부득이 공소외인의 법정 출석이 불가능하게 되었다는 사정을 검사가 입증한 경우라고 볼 수 없으므로 공소외인의 고소장이나 그의 수사기관에서의 진술을 담은 조서들은 형사소송법 제314조의 요건을 갖추지 못하여 증거능력이 없다(대법원 2013.10.17, 2013도5001).

㉢ 증인에 대한 구인장의 강제력에 기하여 증인의 법정 출석을 위한 가능하고도 충분한 노력을 다하였음에도 불구하고, 부득이 증인의 법정 출석이 불가능하게 되었다는 사정이 입증된 경우라고 볼 수 없으므로, 형식적으로 구인장 집행이 불가능하다는 취지의 서면이 제출되었다는 것만으로 형사소송법 제314조의 '기타 사유로 인하여 진술할 수 없는 때'에 해당한다고 인정할 수 없다(대법원 2007.1.11, 2006도7228).

㉣ 공소외인의 법정 출석을 위한 가능하고도 충분한 노력을 다하였음에도 불구하고 부득이 공소외인의 법정 출석이 불가능하게 되었다는 사정이 입증된 경우라고 볼 수 없으므로 형사소송법 제314조의 '소재불명 그 밖에 이에 준하는 사유로 인하여 진술할 수 없는 때'에 해당한다고 인정할 수 없다(대법원 2013.4.11, 2013도1435).

940 1 2 3 다음 중 형사소송법 제314조에 규정된 진술을 요할 자가 사망 · 질병 · 외국거주 · 소재불명 그 밖에 이에 준하는 사유로 인하여 진술할 수 없는 때에 해당하는 것은 모두 몇 개인가? (다툼이 있으면 판례에 의함) [Superlative ★★★]

> ㉠ 법정에 출석한 증인이 증언거부권을 행사하여 증언을 거부한 경우
> ㉡ 법정에 출석한 증인이 증언을 거부하여 피고인이 반대신문을 하지 못한 경우(증인이 정당하게 증언거부권을 행사한 것이 아니라도 피고인이 증인의 증언거부 상황을 초래하였다는 등의 특별한 사정이 없었음)
> ㉢ 증거서류의 진정성립을 묻는 검사의 질문에 대하여 피고인이 진술거부권을 행사하여 진술을 거부한 경우
> ㉣ 원진술자가 공판정에서 진술을 한 경우라도 증인신문 당시 일정한 사항에 관하여 "기억이 나지 않는다"는 취지로 진술하여 그 진술의 일부가 재현 불가능하게 된 경우

① 0개 ② 1개
③ 2개 ④ 3개

해설

② ㉣ 항목의 경우에만 형사소송법 제314조가 적용될 수 있다.

㉠ 현행 형사소송법 제314조의 문언과 개정 취지, 증언거부권 관련 규정의 내용 등에 비추어 보면 법정에 출석한 증인이 증언거부권을 행사하여 증언을 거부한 경우는 형사소송법 제314조의 '그 밖에 이에 준하는 사유로 인하여 진술할 수 없는 때'에 해당하지 아니한다(대법원 2012.5.17, 2009도6788 全合 법률의견서 사건).

㉡ 수사기관에서 진술한 참고인이 법정에서 증언을 거부하여 피고인이 반대신문을 하지 못한 경우에는 정당하게 증언거부권을 행사한 것이 아니라도, 피고인이 증인의 증언거부 상황을 초래하였다는 등의 특별한 사정이 없는 한 형사소송법 제314조의 '그 밖에 이에 준하는 사유로 인하여 진술할 수 없는 때'에 해당하지 않는다(대법원 2019.11.21, 2018도13945 全合 필로폰 매수인 증언거부 사건).

㉢ 현행 형사소송법 제314조의 문언과 개정 취지, 진술거부권 관련 규정의 내용 등에 비추어 보면, 피고인이 증거서류의 진정성립을 묻는 검사의 질문에 대하여 진술거부권을 행사하여 진술을 거부한 경우는 형사소송법 제314조의 '그 밖에 이에 준하는 사유로 인하여 진술할 수 없는 때'에 해당하지 아니한다(대법원 2013.6.13, 2012도16001).

㉣ 피해자가 공판정에서 진술을 한 경우라도 증인신문 당시 일정한 사항에 관하여 기억이 나지 않는다는 취지로 진술하여 그 진술의 일부가 재현 불가능하게 된 경우도 형사소송법 제314조가 규정하는 '원진술자가 진술을 할 수 없는 때'에 해당한다(대법원 1999.11.26, 99도3786 후암동 방화살인 사건).

정답 | 939 ① 940 ②

941 다음 중 형사소송법 제315조에 의하여 당연히 증거능력이 인정되는 서류는 모두 몇 개인가? (다툼이 있으면 판례에 의함)
1 2 3 [core ★★]

㉠ 일본 하관(下關)세관서 통괄심리관 작성의 범칙물건감정서등본과 분석의뢰서 및 분석회답서등본
㉡ 시가감정 업무에 4~5년 종사해 온 세관공무원이 세관에 비치된 기준과 수입신고서에 기재된 가격을 참작하여 작성한 감정서
㉢ 대한민국 주중국 대사관 영사가 작성한 사실확인서 중 공인 부분을 제외한 나머지 부분(공적인 증명보다는 상급자 등에 대한 보고를 목적으로 하는 것임)

① 0개
② 1개
③ 2개
④ 3개

해설

③ ㉠㉡ 2항목이 당연히 증거능력이 인정된다.
㉠ 외국공무원이 직무상 증명할 수 있는 사항에 관하여 작성한 문서는 이를 증거로 할 수 있으므로 원심이 일본 하관(下關)세관서 통괄심리관 작성의 범칙물건감정서등본과 분석의뢰서 및 분석 회답서등본 등을 증거로 하였음은 적법하다(대법원 1984.2.28, 83도3145 시모노세끼 필로폰 밀수출 사건).
㉡ 범칙물자에 대한 시가 감정업무에 4~5년 종사해 온 세관공무원이 세관에 비치된 기준과 수입신고서에 기재된 가격을 참작하여 작성한 감정서는 공무원이 그 직무상 작성된 공문서라 할 것이므로 피고인의 동의 여부에 불구하고 형사소송법 제315조 제1호에 의하여 당연히 증거능력이 있다(대법원 1985.4.9, 85도225 벤츠승용차 밀수 사건).
㉢ 영사증명서(대한민국 주중국 대사관 영사 작성의 사실확인서 중 공인 부분을 제외한 나머지 부분)는 비록 영사가 공무를 수행하는 과정에서 작성된 것이지만 그 목적이 공적인 증명에 있다기 보다는 상급자 등에 대한 보고에 있는 것으로서 엄격한 증빙서류를 바탕으로 하여 작성된 것이라고 할 수 없으므로 당연히 증거능력이 있는 서류라고 할 수 없다(대법원 2007.12.13, 2007도7257 일심회 사건).

942 다음 중 형사소송법 제315조에 의하여 당연히 증거능력이 인정되는 서류는 모두 몇 개인가? (다툼이 있으면 판례에 의함)
1 2 3 [core ★★]

㉠ 국립과학수사연구소장 작성의 감정의뢰회보서
㉡ 육군과학수사연구소 실험분석관이 작성한 감정서
㉢ 군의관이 작성한 진단서
㉣ 사인인 의사가 작성한 진단서
㉤ 주민들의 진정서사본

① 1개
② 2개
③ 3개
④ 4개

해설

② ㉠㉢ 2항목이 당연히 증거능력이 인정된다.

㉠ 국립과학수사연구소장 작성의 감정의뢰회보서는 공무원인 위 연구소장이 직무상 증명할 수 있는 사항에 관하여 작성한 문서라고 할 것이므로 당연히 증거능력 있는 서류이다(대법원 1982.9.14, 82도1504 기소후 아버지 고소 사건).

㉡ 육군과학수사연구소 실험분석관이 작성한 감정서는 피고인들이 이를 증거로 함에 동의하지 아니하는 경우에는 유죄의 증거로 할 수 있는 증거능력이 없다(대법원 1976.10.12, 76도2960).

㉢ 군의관 작성 진단서는 당연히 증거능력이 인정된다(대법원 1972.6.13, 72도922).

㉣ 의사가 작성한 진단서는 형사소송법 제315조 아니라 형사소송법 제313조 제1항 · 제2항이 적용되어 성립의 진정함이 증명되어야 증거능력이 인정된다(대법원 1976.4.13, 76도500 참고).

㉤ 주민들의 진정서 사본은 피고인이 증거로 함에 동의하지 않고 기록상 원본의 존재나 그 진정성립을 인정할 아무런 자료도 없을 뿐 아니라 형사소송법 제315조 제3호의 규정 사유도 없으므로 이를 증거로 할 수 없다(대법원 1983.12.13, 83도2613).

943 다음 중 형사소송법 제315조에 의하여 당연히 증거능력이 인정되는 서류는? (다툼이 있으면 판례에 의함)

1 2 3 [Essential ★]

① 유치장 근무자가 작성한 '체포 · 구속인접견부 사본'

② 청와대 경제수석비서관이 사무처리의 편의를 위하여 자신이 경험한 사실 등을 기재한 업무수첩

③ 성매매업소에서 영업에 참고하기 위하여 성매매 상대방에 관한 정보를 입력하여 작성한 '메모리카드의 내용'

④ 보험사기 사건에서 건강보험심사평가원이 수사기관의 의뢰에 따라 그 보내온 자료를 토대로 입원진료의 적정성에 대한 의견을 제시하는 내용의 '건강보험심사평가원의 입원진료 적정성 여부 등 검토의뢰에 대한 회신'

해설

③ 메모리카드의 내용은 형사소송법 제315조 제2호의 영업상 필요로 작성한 통상문서로서 당연히 증거능력 있는 문서에 해당한다(대법원 2007.7.26, 2007도3219 성매매일지 사건).

① 체포 · 구속인접견부는 유치된 피의자가 죄증을 인멸하거나 도주를 기도하는 등 유치장의 안전과 질서를 위태롭게 하는 것을 방지하기 위한 목적으로 작성되는 서류로 보일 뿐이어서 형사소송법 제315조 제2, 3호에 규정된 당연히 증거능력이 있는 서류로 볼 수는 없다(대법원 2012.10.25, 2011도5459 체포 · 구속인접견부 사건).

② 업무수첩은 청와대 경제수석비서관이 사무처리의 편의를 위하여 자신이 경험한 사실 등을 기재해 놓은 것에 지나지 않아서 이를 '굳이 반대신문의 기회 부여가 문제 되지 않을 정도로 고도의 신용성에 관한 정황적 보장이 있는 문서'라고 보기 어려우므로 형사소송법 제315조 제3호의 '기타 특히 신용할 만한 정황에 의하여 작성된 문서'에 해당하지 않는다(대법원 2019.8.29, 2018도14303 순슴 국정농단 사건)(同旨 대법원 2019.8.29, 2018도13792 순슴 국정농단 사건).

④ 사무처리 내역을 계속적, 기계적으로 기재한 문서가 아니라 범죄사실의 인정 여부와 관련 있는 어떠한 의견을 제시하는 내용을 담고 있는 문서는 형사소송법 제315조 제3호에서 규정하는 당연히 증거능력이 있는 서류에 해당한다고 볼 수 없으므로, 이른바 보험사기 사건에서 건강보험심사평가원이 수사기관의 의뢰에 따라 그 보내온 자료를 토대로 입원진료의 적정성에 대한 의견을 제시하는 내용의 '건강보험심사평가원의 입원진료 적정성 여부 등 검토의뢰에 대한 회신'은 형사소송법 제315조 제3호의 '기타 특히 신용할 만한 정황에 의하여 작성된 문서'에 해당하지 않는다(대법원 2017.12.5, 2017도12671 건보심사평가원 회신자료 사건).

정답 | 941 ③ 942 ② 943 ③

944 다음 중 형사소송법 제315조에 의하여 당연히 증거능력이 인정되는 서류는 모두 몇 개인가? (다툼이 있으면 판례에 의함)

1 2 3 [core ★★]

> ㉠ 미국 범죄수사대(CID), 연방수사국(FBI)의 수사관들이 작성한 수사보고서
> ㉡ 사법경찰관 작성의 '새세대 16호'에 대한 수사보고서(피고인이 검찰에서 소지 탐독사실을 인정하고 있는 '새세대 16호'라는 유인물의 내용을 분석하고 이를 기계적으로 복사하여 그 말미에 그대로 첨부한 문서)
> ㉢ 외국수사기관이 수사결과 얻은 정보를 회답하여 온 문서들(미육군 범죄수사대 한국지구대 대구파견대장 甲, 乙이 작성한 수사협조의뢰에 대한 회신이나 미군 한국교역처 남부영업소 안전보안관 丙, 丁이 작성한 특별주문상품처리회신 등)

① 0개 ② 1개
③ 2개 ④ 3개

해설

② ㉡ 항목만 당연히 증거능력이 인정된다.

㉠ (1) 형사소송법 제312조 제3항의 '검사 이외의 수사기관[2022.1.1.부터는 검사 또는 사법경찰관]'에는 달리 특별한 사정이 없는 한 외국의 권한 있는 수사기관도 포함된다. (2) 미국 범죄수사대(CID), 연방수사국(FBI)의 수사관들이 작성한 수사보고서 및 피고인이 위 수사관들에 의한 조사를 받는 과정에서 작성하여 제출한 진술서는 피고인이 그 내용을 부인하는 이상 증거로 쓸 수 없다(대법원 2006.1.13, 2003도6548 이태원 미국여대생 피살 사건).

㉡ 사법경찰관 작성의 새세대 16호에 대한 수사보고서는 피고인이 검찰에서 소지 탐독사실을 인정하고 있는 새세대 16호라는 유인물의 내용을 분석하고, 이를 기계적으로 복사하여 그 말미에 그대로 첨부한 문서로써 그신용성이 담보되어 있어 형사소송법 제315조 제3호 소정의 문서로써 당연히 증거능력이 인정된다(대법원 1992.8.14, 92도1211 전대협 대변인 사건).

㉢ 외국수사기관이 수사결과 얻은 정보를 회답하여 온 문서들(미육군 범죄수사대 한국지구대 대구파견대장 甲, 乙이 작성한 수사협조의뢰에 대한 회신이나 미군 한국교역처 남부영업소 안전보안관 丙, 丁이 작성한 특별주문상품처리회신 등)은 당연히 증거능력이 인정되는 서류라고 볼 수 없다(대법원 1979.9.25, 79도1852).

945 다음 중 형사소송법 제315조에 의하여 당연히 증거능력이 인정되는 서류는 모두 몇 개인가? (다툼이 있으면 판례에 의함)

1 2 3 [core ★★]

> ㉠ 다른 피고사건의 공판조서
> ㉡ 다른 피고인에 대한 형사사건의 공판조서 및 그 공판조서 중 일부인 증인신문조서
> ㉢ 법원이 구속피의자를 심문하고 그 진술을 기재한 구속적부심문조서
> ㉣ 서울형사지방법원의 공판조서등본

① 1개 ② 2개

③ 3개 ④ 4개

해설

④ 모든 항목이 당연히 증거능력이 인정된다.

㉠ 다른 피고사건의 공판조서는 형사소송법 제315조 제3호의 문서로서 당연히 증거능력이 있다(대법원 2005.1.14, 2004도6646 김운용 태권도연맹회장 횡령 사건).

㉡ 다른 피고인에 대한 형사사건의 공판조서는 형사소송법 제315조 제3호에 정한 서류로서 당연히 증거능력이 있는바, 공판조서 중 일부인 증인신문조서 역시 형사소송법 제315조 제3호에 정한 서류로서 당연히 증거능력이 있다(대법원 2005.4.28, 2004도4428).

㉢ 구속적부심문조서는 형사소송법 제311조가 규정한 문서에는 해당하지 않는다 할 것이나, 특히 신용할 만한 정황에 의하여 작성된 문서라고 할 것이므로 특별한 사정이 없는 한 형사소송법 제315조 제3호에 의하여 당연히 증거능력이 인정된다(대법원 2004.1.16, 2003도5693).

㉣ 서울형사지방법원 85고합976, 1187호 사건의 제7회 공판조서등본은 형사소송법 제315조 제3호에 해당하는 문서로서 당연히 증거능력이 있다(대법원 1986.9.23, 86도1547민청련 사건).

946 피고인의 진술을 그 내용으로 하는 피고인 아닌 자의 전문진술의 증거능력에 대한 설명으로 옳은 것은?

1 2 3 [Essential ★]

① 당연히 증거능력이 인정된다.

② 피고인이 성립의 진정을 인정하여야 증거능력이 인정된다.

③ 피고인이 그 내용을 인정하여야 증거능력이 인정된다.

④ 그 진술이 특히 신빙할 수 있는 상태하에서 행하여진 때에 한하여 증거능력이 인정된다.

해설

④ 피고인이 아닌 자(공소제기 전에 피고인을 피의자로 조사하였거나 그 조사에 참여하였던 자 포함)의 공판준비 또는 공판기일에서의 진술이 피고인의 진술을 그 내용으로 하는 것인 때에는 그 진술이 특히 신빙할 수 있는 상태하에서 행하여졌음이 증명된 때에 한하여 이를 증거로 할 수 있다(제316조 제1항).

정답 | 944 ② 945 ④ 946 ④

947 1 2 3 피고인 아닌 타인의 진술을 그 내용으로 하는 피고인 아닌 자의 전문진술의 증거능력에 대한 설명으로 옳은 것은? [Essential ★]

① 피고인이 그 내용을 인정하여야 증거능력이 인정된다.

② 이중전문으로 피고인이 증거로 함에 동의하지 않는 한 증거능력이 인정되지 아니한다.

③ 그 진술이 특히 신빙할 수 있는 상태하에서 행하여진 때에 한하여 증거능력이 인정된다.

④ 원진술자가 사망, 질병, 외국거주 기타 사유로 인하여 진술할 수 없고 그 진술이 특히 신빙할 수 있는 상태하에서 행하여진 때에 한하여 증거능력이 인정된다.

해설

④ 피고인 아닌 자(공소제기 전에 피고인을 피의자로 조사하였거나 그 조사에 참여하였던 자 포함)의 공판준비 또는 공판기일에서의 진술이 피고인 아닌 타인의 진술을 그 내용으로 하는 것인 때에는 원진술자가 사망, 질병, 외국거주, 소재불명 그 밖에 이에 준하는 사유로 인하여 진술할 수 없고, 그 진술이 특히 신빙할 수 있는 상태하에서 행하여졌음이 증명된 때에 한하여 이를 증거로 할 수 있다(제316조 제2항).

948 전문진술의 증거능력에 관한 다음 설명 중 옳지 않은 것은? (다툼이 있으면 판례에 의함) [core ★★]

1 2 3

① 전문의 진술을 증거로 함에 있어서는 전문진술자가 원진술자로부터 진술을 들을 당시 원진술자가 증언능력에 준하는 능력을 갖춘 상태에 있어야 할 것이다.

② 피고인 아닌 자의 공판준비 또는 공판기일에서의 진술이 '피고인 아닌 타인의 진술'을 그 내용으로 하는 것인 때에는 원진술자가 사망, 질병, 외국거주, 소재불명 그 밖에 이에 준하는 사유로 인하여 진술할 수 없고 그 진술이 특히 신빙할 수 있는 상태하에서 행하여진 때에 한하여 이를 증거로 할 수 있는데, 여기서 말하는 '피고인 아닌 자'에는 공동피고인이나 공범자는 포함되지 아니한다.

③ 증인 등의 진술내용이 주한미국대사관 경비근무 중이었던 미군인의 진술을 전문한 것이라고 하더라도 동인이 한국근무를 마치고 귀국하여 진술할 수가 없고 또 그 진술이 동인 작성의 근무일지 사본의 기재 등에 비추어 특히 신빙할 수 있는 상태하에서 행하여진 것으로 보고 이를 증거로 채택하였음에 잘못이 없다.

④ 형사소송법 제316조에 규정된 '그 진술이 특히 신빙할 수 있는 상태하에서 행하여진 때'라 함은 그 진술을 하였다는 것에 허위개입의 여지가 거의 없고, 그 진술내용의 신빙성이나 임의성을 담보할 구체적이고 외부적인 정황이 있는 경우를 가리킨다.

THE CRIMINAI LAW

4편

형사소송법 증거

해설

② [×] 형사소송법 제316조 제2항에 의하면 '피고인 아닌 자(甲)의 공판준비 또는 공판기일에서의 진술이 피고인 아닌 타인(乙)의 진술을 그 내용으로 하는 것인 때에는 원진술자가 사망, 질병 기타 사유로 인하여 진술할 수 없고 그 진술이 특히 신빙할 수 있는 상태 하에서 행하여진 때에 한하여 이를 증거로 할 수 있다'고 규정하고 있는데, 여기서 말하는 '피고인 아닌 자(乙)'라고 함은 제3자는 말할 것도 없고 공동피고인이나 공범자를 모두 포함한다고 해석된다(대법원 2007.2.23, 2004도8654).

① [O] 전문의 진술을 증거로 함에 있어서는 전문진술자가 원진술자로부터 진술을 들을 당시 **원진술자가 증언능력에 준하는 능력을 갖춘 상태에 있어야 할 것이다**(대법원 2006.4.14, 2005도9561 대전 관저동 여아 강간 사건).

③ [O] 증인 등의 진술내용이 주한미국대사관 경비근무 중이었던 미군인의 진술을 전문한 것이라고 하더라도 동인이 한국근무를 마치고 귀국하여 진술할 수가 없고 또 그 진술이 동인 작성의 **근무일지 사본의 기재 등에 비추어 특히 신빙할 수 있는 상태하에서 행하여진 것으로 보고 이를 증거로 채택하였음에 잘못이 없다**(대법원 1976.10.12, 76도2781 긴급조치위반 사건).

④ [O] 형사소송법 제316조에 규정된 '그 진술이 특히 신빙할 수 있는 상태하에서 행하여진 때'라 함은 그 진술을 하였다는 것에 **허위개입의 여지가 거의 없고, 그 진술내용의 신빙성이나 임의성을 담보할 구체적이고 외부적인 정황이 있는 경우를 가리킨다**(대법원 2017.3.9, 2014도144 신한사태 사건, 대법원 2014.4.30, 2012도725 부산저축은행 전직원 공갈 사건).

정답 | 947 ④ 948 ②

949 전문진술의 증거능력에 관한 다음 설명 중 옳지 않은 것은? (다툼이 있으면 판례에 의함) [core ★★]

1 2 3

① 원진술자가 제1심 법원에 출석하여 진술을 하였다가 항소심에 이르러 진술할 수 없게 된 경우에도 형사소송법 제316조 제2항에서 정한 원진술자가 진술할 수 없는 경우에 해당한다.

② 피해자가 제1심 법정에 출석하여 증언을 한 사건에 있어서는 원진술자인 피해자가 질병, 외국거주, 소재불명 그 밖에 이에 준하는 사유로 인하여 진술할 수 없는 때에 해당되지 아니하므로 피해자의 진술을 그 내용으로 하는 증언은 증거능력이 없다.

③ 전문진술의 원진술자가 공동피고인이어서 형사소송법 제316조 제2항 소정의 피고인 아닌 타인에는 해당하나 법정에서 공소사실을 부인하고 있어서 원진술자가 사망, 질병 기타 사유로 인하여 진술할 수 없는 때에는 해당되지 않는다.

④ 형사소송법 제316조 제2항에 따라 조사자의 증언에 증거능력이 인정되기 위해서는 원진술자가 사망, 질병 등의 사유로 인하여 진술할 수 없어야만 하는 것이라서 원진술자가 법정에 출석하여 수사기관에서의 진술을 부인하는 취지로 증언을 한 이상 원진술자의 진술을 내용으로 하는 조사자의 증언은 증거능력이 없다.

해설

① [×] 원진술자가 제1심법원에 출석하여 진술을 하였다가 항소심에 이르러 진술할 수 없게 된 경우를 형사소송법 제316조 제2항에서 정한 원진술자가 진술할 수 없는 경우에 해당한다고는 할 수 없다(대법원 2001.9.28, 2001도3997 강간당했다고 들었다 사건).

② [○] 피해자가 제1심 법정에 **출석하여 증언**을 한 사건에 있어서는 원진술자인 피해자가 질병, 외국거주, 소재불명 그 밖에 이에 준하는 사유로 인하여 진술할 수 없는 때에 해당되지 아니하므로 피해자의 진술을 그 내용으로 하는 증언은 증거능력이 없다(대법원 2011.11.24, 2011도7173).

③ [○] 전문진술의 원진술자가 공동피고인이어서 형사소송법 제316조 제2항 소정의 피고인 아닌 타인에는 해당하나 법정에서 **공소사실을 부인**하고 있어서 원진술자가 사망, 질병 기타 사유로 인하여 진술할 수 없는 때에는 해당되지 않는다(대법원 2000.12.27, 99도5679).

④ [○] 형사소송법 제316조 제2항에 따라 조사자의 증언에 증거능력이 인정되기 위해서는 원진술자가 사망, 질병 등의 사유로 인하여 진술할 수 없어야만 하는 것이라서 원진술자가 **법정에 출석**하여 수사기관에서의 진술을 부인하는 취지로 증언을 한 이상 원진술자의 진술을 내용으로 하는 조사자의 증언은 증거능력이 없다(대법원 2008.9.25, 2008도6985 서울 합정동 강간 사건).

950 피고인의 진술을 그 내용으로 하는 피고인 아닌 자의 전문진술이 기재된 조서(피의자신문조서 등)의 증거능력에 관한 설명 중 가장 타당한 것은? (다툼이 있으면 판례에 의함) [core ★★]

1 2 3

① 재전문진술로서 피고인이 증거로 함에 동의하지 아니하는 한 형사소송법 제310조의2의 규정에 의하여 증거능력이 없다.

② 형사소송법 제312조 내지 314조에 규정된 요건을 충족하는 경우에 한하여 증거능력이 인정된다.

③ 형사소송법 제316조 제1항의 규정에 따라 그 진술이 특히 신빙할 수 있는 상태하에서 행하여진 때에 한하여 증거능력이 인정된다.

④ 형사소송법 제312조 내지 314조의 규정에 의하여 그 증거능력이 인정될 수 있는 경우에 해당하여야 함은 물론 나아가 형사소송법 제316조 제1항의 규정에 따라 그 진술이 특히 신빙할 수 있는 상태하에서 행하여진 때에 한하여 예외적으로 증거능력이 인정된다.

해설

④ (1) 피고인 아닌 자의 공판준비 또는 공판기일에서의 진술이 피고인의 진술을 그 내용으로 하는 것인 때에는 형사소송법 제316조 제1항의 규정에 따라 그 진술이 특히 신빙할 수 있는 상태하에서 행하여진 때에 한하여 이를 증거로 할 수 있고 (2) 그 전문진술이 기재된 조서는 형사소송법 제312조 내지 제314조의 규정에 의하여 그 증거능력이 인정될 수 있는 경우에 해당하여야 함은 물론 나아가 형사소송법 제316조 제1항의 규정에 따른 위와 같은 조건을 갖춘 때에 예외적으로 증거능력을 인정하여야 한다(대법원 2012.5.24, 2010도5948 대전 동거남 폭행치사 사건).

951 피고인 아닌 자의 진술을 그 내용으로 하는 피고인 아닌 자의 전문진술이 기재된 조서(피의자신문조서 등)의 증거능력에 관한 설명 중 가장 타당한 것은? (다툼이 있으면 판례에 의함) [core ★★]

1 2 3

① 재전문진술로서 피고인이 증거로 함에 동의하지 아니하는 한 형사소송법 제310조의2의 규정에 의하여 증거능력이 없다.

② 형사소송법 제312조 내지 314조에 규정된 요건을 충족하는 경우에 한하여 증거능력이 인정된다.

③ 형사소송법 제316조 제2항의 규정에 따라 원진술자가 사망, 질병, 외국거주 기타 사유로 인하여 진술할 수 없고 그 진술이 특히 신빙할 수 있는 상태하에서 행하여진 때에 한하여 증거능력이 인정된다.

④ 형사소송법 제312조 내지 314조의 규정에 의하여 그 증거능력이 인정될 수 있는 경우에 해당하여야 함은 물론 나아가 형사소송법 제316조 제2항의 규정에 따라 원진술자가 사망, 질병, 외국거주 기타 사유로 인하여 진술할 수 없고 그 진술이 특히 신빙할 수 있는 상태하에서 행하여진 때에 한하여 예외적으로 증거능력이 인정된다.

해설

④ 피고인 아닌 자의 진술을 그 내용으로 하는 전문진술이 기재된 조서는 형사소송법 제312조 또는 제314조에 따라 증거능력이 인정될 수 있는 경우에 해당하여야 함은 물론 형사소송법 제316조 제2항에 따른 요건을 갖추어야 예외적으로 증거능력이 있다(대법원 2017.7.18, 2015도12981 대구 여대생 성폭행 스리랑카인 사건).

정답 | 949 ① 950 ④ 951 ④

952 다음 사례에 대한 설명으로 가장 옳은 것은? (다툼이 있으면 판례에 의함)

[Superlative ★★★]

> 甲은 출근길 지하철에서 휴대전화로 여성의 은밀한 신체부위를 몰래 촬영하는 乙을 발견하고 소리를 지른 후 주위 사람들과 합세하여 乙을 현행범인으로 체포하였고, 이후 출동한 사법경찰관 丙에게 인계하였다. 丙은 인계받은 乙로부터 휴대전화를 임의제출 받아 영치하였지만, 사후에 압수영장을 발부받지는 않았다. 한편 甲은 丙의 요청으로 인근 지하철수사대 사무실로 가서 자신이 목격한 사실을 자필진술서로 작성하여 丙에게 제출하였다. 이후 乙에 대한 공소가 제기되어 형사재판이 진행되었으나 甲의 소재불명으로 법정출석이 불가능하게 되자 검사는 甲의 진술서와 乙의 휴대전화를 증거로 제출하였다.

① 검사가 증거로 제출한 휴대전화는 위법수집증거로서 증거능력이 인정되지 않는다.

② 甲이 소재불명이라 하더라도 공판기일에 丙이 출석하여 甲의 진술서 작성사실에 대한 진정성립을 인정하면 甲의 진술서의 증거능력이 인정된다.

③ 甲이 소재불명이므로 甲의 진술서는 특히 신빙할 수 있는 상태에서 작성되었음이 증명된 경우에 한해 증거능력이 인정된다.

④ 위 ③의 특신상태의 증명은 단지 그러할 개연성이 있다는 정도로 충분하다.

해설

③ [O] 甲이 사법경찰관 丙에게 작성 · 제출한 진술서에 대하여도 형사소송법 제314조가 적용되므로 甲이 **소재불명**으로 인하여 진술할 수 없고 그 작성이 **특히 신빙할 수 있는 상태하에서 행하여졌음이 증명되면 진술서는 증거능력이 인정된다**(제314조).

① [×] 현행범 체포현장이나 범죄장소에서도 소지자 등이 임의로 제출하는 물건은 형사소송법 제218조에 의하여 영장 없이 압수할 수 있고, 이 경우에는 검사나 사법경찰관이 사후에 영장을 받을 필요가 없다(대법원 2016.2.18, 2015도13726 바지선 필로폰 밀수사건). 사법경찰관 丙이 휴대전화를 임의제출 받은 후 사후 압수영장을 발부받지 않았다고 하더라도 휴대전화는 위법수집증거가 아니므로 증거능력이 부정되지 아니한다.

② [×] 甲이 사법경찰관 丙에게 작성 · 제출한 진술서는 사법경찰관 작성 참고인진술조서에 준하여 증거능력 유무를 검토하여야 한다(제312조 제5항). 甲이 작성 · 제출한 진술서는 성립의 진정, 특신상태 그리고 원진술자 신문가능성이 인정되어야 증거능력이 인정되므로(제312조 제4항), 작성자가 아닌 사법경찰관 丙이 甲의 진술서 작성사실에 대한 진정성립을 인정하더라도 진술서의 증거능력은 인정되지 아니한다.

④ [×] 참고인의 소재불명 등의 경우 형사소송법 제314조의 의하여 그 참고인이 진술하거나 작성한 진술조서나 진술서에 대하여 증거능력을 인정하는 것은 (중략) 원진술자 등에 대한 반대신문의 기회조차 없이 증거능력을 부여할 수 있도록 한 것이므로, 그 경우 참고인의 진술 또는 작성이 '특히 신빙할 수 있는 상태하에서 행하여졌음에 대한 증명'은 단지 그러할 개연성이 있다는 정도로는 부족하고 합리적인 의심의 여지를 배제할 정도에 이르러야 한다(대법원 2014.2.21, 2013도12652 돈주고 한거냐 그냥 한거냐 사건).

953 녹음테이프 등의 증거능력에 관한 다음 설명 중 옳지 않은 것은? (다툼이 있으면 판례에 의함)

1 2 3

[Essential ★]

① 녹음테이프나 비디오테이프가 원본이거나 혹은 원본으로부터 복사한 사본일 경우에는 복사과정에서 편집되는 등의 인위적 개작 없이 원본의 내용 그대로 복사된 사본임이 증명되어야 한다.

② (수사기관이 아닌 사인이 녹음한) 녹음테이프에 녹음된 피고인의 진술내용을 증거로 사용하기 위해서는 형사소송법 제313조 제1항에 따라 피고인의 진술에 의하여 그 녹음테이프에 녹음된 진술내용이 자신이 진술한 대로 녹음된 것이라는 점이 인정되어야 한다.

③ 수사기관이 아닌 사인이 피고인 아닌 사람과의 대화내용을 녹음한 녹음테이프에 증거능력을 부여하기 위하여는 형사소송법 제313조 제1항에 따라 원진술자의 진술에 의하여 그 녹음테이프에 녹음된 각자의 진술내용이 자신이 진술한 대로 녹음된 것이라는 점이 인정되어야 할 것이다.

④ 압수물인 디지털 저장매체로부터 출력한 문건을 증거로 사용하기 위해서는 디지털 저장매체 원본에 저장된 내용과 출력한 문건의 동일성이 인정되어야 하고, 이를 위해서는 디지털 저장매체 원본이 압수시부터 문건 출력시까지 변경되지 않았음이 담보되어야 한다.

해설

② [×] 피고인의 진술내용을 증거로 사용하기 위해서는 형사소송법 제313조 제1항 단서에 따라 그 작성자인 상대방의 진술에 의하여 녹음테이프에 녹음된 피고인의 진술내용이 피고인이 진술한 대로 녹음된 것임이 증명되고 나아가 그 진술이 특히 신빙할 수 있는 상태하에서 행하여진 것임이 인정되어야 한다(대법원 2008.12.24, 2008도9414).

① [○] 녹음테이프나 비디오테이프가 **원본이거나** 혹은 원본으로부터 복사한 사본일 경우에는 복사과정에서 편집되는 등의 인위적 개작 없이 원본의 내용 **그대로 복사된 사본임이 증명되어야 한다**(대법원 2008.12.24, 2008도9414, 대법원 2004.9.13, 2004도3161).

③ [○] 수사기관이 아닌 사인이 피고인 아닌 사람과의 대화내용을 녹음한 녹음테이프에 증거능력을 부여하기 위하여는 형사소송법 제313조 제1항에 따라 원진술자의 진술에 의하여 그 녹음테이프에 **녹음된 각자의 진술내용이 자신이 진술한 대로 녹음된 것이라는 점이 인정되어야 할 것이다**(대법원 2011.9.8, 2010도7497 정신병이 있었다고 하더라 사건). 다만 2022년 현재는 작성자(녹음자) 반대신문 가능성이 있어야 증거능력이 인정된다.

④ [○] 압수물인 디지털 저장매체로부터 출력한 문건을 증거로 사용하기 위해서는 디지털 저장매체 원본에 저장된 내용과 출력한 문건의 동일성이 인정되어야 하고, 이를 위해서는 **디지털 저장매체 원본이 압수시부터 문건 출력시까지 변경되지 않았음이 담보되어야 한다**(대법원 2013.6.13, 2012도16001).

정답 | 952 ③ 953 ②

954 다음 중 (피고인의 진술을 녹음한) 녹음테이프 등의 증거능력이 인정되는 것은 모두 몇 개인가? (다툼이 있으면 판례에 의함)

1 2 3 [Superlative ★★★]

> ㉠ (콤팩트디스크에 녹음된 내용을 담은 녹취록이 증거로 제출된 사례에 있어) 콤팩트디스크가 현장에서 피고인의 발언내용을 녹음하는 데 사용된 디지털 녹음기의 녹음내용 원본을 그대로 복사한 것이라는 입증이 없는 경우
> ㉡ 녹음테이프가 원본이 아니라 당초 디지털 녹음기에 녹음된 내용을 전자적 방법으로 테이프에 전사한 사본이고, 나아가 피고인이 녹음테이프의 내용에 녹음 당일 피고인이 말하지 않은 부분이 녹음되어 있어 의도적으로 편집된 의심이 있다고 주장한 경우
> ㉢ 피고인과의 대화내용을 녹음한 보이스펜 자체에 대하여는 증거동의가 있었고, 극히 일부의 청취가 불가능한 부분을 제외하고는 보이스펜, 녹음테이프 등에 녹음된 대화내용과 녹취록의 기재가 일치하는 것으로 확인되고 그 진술이 특히 신빙할 수 있는 상태하에서 행하여진 것으로 인정되는 경우
> ㉣ (피고인과 甲과의 대화에 관한 녹취록에 대하여) 甲이 대화를 자신이 녹음하였고 녹취록의 기재내용이 피고인의 진술내용과 맞다고 진술하였을 뿐이고, 검사가 녹취록 작성의 토대가 된 원본 녹음테이프 등을 증거로 제출하지 않은 경우

① 1개 ② 2개
③ 3개 ④ 4개

해설

① ㉢ 항목의 경우에만 증거능력이 인정된다. 녹음테이프 등이 증거능력이 인정되기 위해서는 (1) 녹음테이프 등이 원본이거나 원본의 내용 그대로 복사된 사본일 것 (2) 피고인의 진술이라면 성립의 진정과 특신상태가, 피고인 아닌 자의 진술이라면 성립의 진정이 증명되어야 한다. ㉠㉡㉣ 3항목은 (1) 요건이 결여된 경우이다.

㉠ 2005.12.29. 식당 모임에 참석한 공소외은 디지털 녹음기로 당시 피고인의 발언 내용을 녹음하였고, 그 내용이 콤팩트디스크에 다시 복사되어 콤팩트디스크가 검찰에 압수되었으며, 그 콤팩트디스크에 녹음된 내용을 담은 녹취록이 증거로 제출되었고, 피고인은 녹취록을 증거로 할 수 있음에 동의하지 아니하였음을 알 수 있는바, 콤팩트디스크가 현장에서 피고인의 발언내용을 녹음하는 데 사용된 디지털 녹음기의 녹음내용 원본을 그대로 복사한 것이라는 입증이 없는 이상 그 콤팩트디스크의 내용이나 이를 녹취한 녹취록의 기재는 증거능력이 없다(대법원 2007.3.15, 2006도8869).

㉡ 피고인의 변호인은 제1심 제1회 공판기일에서 원본을 사본한 녹음테이프의 녹음내용을 풀어쓴 녹취록에 대하여는 증거로 함에 부동의하였고 달리 녹음테이프를 증거로 함에 동의하였다고 볼 자료가 없으며, 나아가 피고인은 검증기일에서 녹음테이프의 내용에 녹음 당일 피고인이 말하지 않은 부분이 녹음되어 있어 의도적으로 편집된 의심이 있다고 주장한 사실, 그럼에도 불구하고 검증기일에는 녹음테이프에 수록된 대화내용이 녹취록의 기재와 일치하고 그 음성이 피고인의 음성임을 확인하는데 그치고 녹음테이프가 인위적 개작 없이 원본의 내용 그대로 복사된 것인지 여부에 대하여 별도로 확인하거나 달리 증거조사를 실시하지 아니한 사실을 알 수 있다. 그렇다면 녹음테이프에 녹음된 피고인의 진술 내용과 이를 풀어쓴 녹취록은 증거능력을 인정할 수 없다(대법원 2008.12.24, 2008도9414).

㉢ 원본인 보이스펜이나 복제본인 녹음테이프 등에 대한 제1심의 검증조서(녹취록)에 기재된 진술은 그 성립의 진정을 인정하는 작성자의 법정진술은 없었으나, 피고인의 변호인이 원본인 보이스펜 자체의 청취 결과 피고인의 음성임을 인정하고 이를 증거로 함에 동의하였고, 검증기일에서 증거동의를 한 보이스펜에 대하여 보이스펜에 녹음된 대화내용과 녹취록의 기재가 일치하는지 확인하고 또 녹음테이프에 수록된 대화내용도 녹취록의 기재와 일치함을 확인하였으므로 결국 그 진정성립이 인정된다고 할 것이고, 나아가 녹음의 경위 및 대화내용에 비추어 그 진술이 특히 신빙할 수 있는 상태하에서 행하여진 것으로 인정되므로 이를 증거로 사용할 수 있다(대법원 2008.3.13, 2007도10804).

㉣ 1심에 제출된 피고인과 공소외인의 대화에 관한 녹취록은 피고인의 진술에 관한 전문증거로서 피고인이 녹취록에 대하여 부동의한 사건에서, 공소외인이 위 대화를 자신이 녹음하였고 녹취록의 기재내용이 피고인의 진술내용과 맞다고 1심 법정에서 진술하였을 뿐이고, 검사가 녹취록 작성의 토대가 된 원본 녹음테이프 등을 증거로 제출하지도 아니하는 등 형사소송법 제313조 제1항에 따라 녹취록의 진정성립을 인정할 수 있는 요건이 전혀 갖추어지지 아니하였음을 알 수 있다. 이와 같이 녹취록의 기재는 증거능력이 없어 이를 증거로 사용할 수 없음에도 원심이 녹취록을 공소사실에 대한 유죄의 자료로 설시한 것은 잘못이다(대법원 2012.2.9, 2011도17658).

955 다음 중 (피고인 아닌 자의 진술을 녹음한) 녹음테이프 등의 증거능력이 인정되는 것은 모두 몇 개인가? (다툼이 있으면 판례에 의함) [Superlative ★★★]

1 2 3

> ㉠ 녹음테이프 등이 인위적으로 재편집되었을 가능성이 있거나 원진술자들이 공판기일에서 그 녹음내용이 진술한 대로 녹음되었다는 것이 인정되지 않는 경우
> ㉡ 비디오테이프에 촬영, 녹음된 내용을 재생기에 의해 시청을 마친 원진술자가 비디오테이프의 피촬영자의 모습과 음성을 확인하고 "자신과 동일인이다"라고 진술한 경우
> ㉢ 녹음테이프 등이 모두 원본이거나 인위적 편집 없이 복사된 사본으로서 원진술자들이 법정에서 그 녹음된 진술내용이 본인들이 진술한 대로 녹음된 것이라고 인정한 경우
> ㉣ 녹화테이프나 그에 대한 검증조서에 기재된 진술에 대하여 성립의 진정을 인정하는 피해자의 법정진술은 없었으나, 피고인의 변호인이 녹화테이프 자체를 증거로 함에 동의한 경우
> ㉤ 녹음테이프와 그 내용을 기재한 녹취문에 대하여 원진술자인 피고인 아닌 자가 녹음테이프가 편집된 것으로 보인다고 진술함으로써 녹취문의 진정성립을 부인하고 있고, 나머지 녹취문에 대하여는 법정에서 그 녹음내용이 자신이 진술한 대로 녹음된 것이라고 진술한 바가 없는 경우

① 1개 ② 2개
③ 3개 ④ 4개

해설

③ ㉡㉢㉣ 3항목의 경우에 증거능력이 인정된다. 녹음테이프 등이 증거능력이 인정되기 위해서는 (1) 녹음테이프 등이 원본이거나 원본의 내용 그대로 복사된 사본일 것 (2) 피고인의 진술이라면 성립의 진정과 특신상태가, 피고인 아닌 자의 진술이라면 성립의 진정이 증명되어야 한다. ㉠㉤ 2항목은 (2) 요건이 결여된 경우이다.

㉠㉢ 원심이, 제1심이 증거로 든 각 녹음테이프, 녹음디스크, 비디오테이프 중, 증 제14-8호(비디오테이프), 증 제8호(녹음테이프)의 일부, 증 제11-3호(녹음테이프) 및 증 제10호(녹음테이프)의 공소외 1, 공소외 2의 대화내용 부분은 인위적으로 재편집되었을 가능성이 있거나 원진술자들이 공판기일에서 그 녹음내용이 진술한 대로 녹음되었다는 것이 인정되지 아니한다는 이유로 증거능력을 부정하고, 나머지 부분에 대하여만 제1심 및 원심 감정결과 모두 원본이거나 인위적 편집 없이 복사된 사본으로서 원진술자들이 법정에서 그 녹음된 진술내용이 본인들이 진술한 대로 녹음된 것이라고 인정되므로 증거능력이 있다고 판단한 조처는 정당하다(대법원 1999.3.9, 98도3169).

㉡ 피해자들도 비디오테이프를 모두 시청한 뒤 제1심 재판장으로부터 '화면에 나오는 어린이가 맞느냐.', '그곳에서 상담 선생님과 이야기를 한 것이 맞느냐.'는 질문에 각자 '예'라고 답하였으므로 공판준비기일에서 원진술자의 진술에 의하여 비디오테이프에 녹음된 각자의 진술내용이 자신들이 진술한 대로 녹음된 것이라는 점이 인정되었다고 할 것이어서 비디오테이프는 그 증거능력이 인정된다(대법원 2004.9.13, 2004도3161 원장 할아버지가 때렸어 사건).

㉣ 녹화테이프나 그에 대한 검증조서(녹취록)에 기재된 진술에 대하여 성립의 진정을 인정하는 피해자의 법정진술은 없었으나, 검증조서의 기재에 의하면 변호인이 녹화테이프의 검증기일에서 테이프 자체를 증거로 함에 동의한 사실을 알 수 있어, 녹화테이프에 대한 검증조서에 첨부된 녹취록의 피해자 진술에 대하여도 증거로 함에 관한 동의가 있었던 것으로 보아야 할 것이므로 원심이 제1심법원의 녹화테이프에 대한 검증조서의 기재를 증거로 삼은 데 무슨 잘못이 있다고 할 수 없다(대법원 2004.5.27, 2004도1449 거제시 지체장애인 간음 사건).

㉤ 원심은, 피고인이 '디지털 녹음기에 녹음한 내용에 관한 각 녹취문과 디지털 녹음기에 녹음된 내용에 대한 국립과학수사연구소장 작성의 제2차 감정결과회보서의 각 기재'를 증거로 함에 동의한 바가 없고, 원진술자인 공소외인은 2002.6.7.자 녹취문에 대하여는 제1심 법정에서 일부 녹음내용이 자신이 진술한 대로 녹음되어 있다는 사실을 확인하기는 하였으나 녹음테이프가 편집된 것으로 보인다고 진술함으로써 녹취문의 진정성립을 부인하고 있고, 나머지 녹취문에 대하여는 법정에서 그 녹음내용이 자신이 진술한 대로 녹음된 것이라고 진술한 바가 없다는 이유로 증거능력이 인정되지 아니한다고 판단하였는바, 이러한 원심의 판단은 옳다(대법원 2005.2.18, 2004도6323).

정답 | 954 ① 955 ③

956 1 2 3 甲은 A의 집에 들어가 금품을 절취하려다 A에게 발각되자 A를 강간한 후에 도주하였다. 甲은 양심에 가책을 느꼈지만 처벌이 두려워 자수하지 못하고 친구인 乙에게 자신의 범행을 이야기 하였는데, 乙은 다시 이 사실을 여자친구 丙에게 이야기하였다. 이에 관한 설명 중 옳지 않은 것을 모두 고른 것은? (다툼이 있으면 판례에 의함)

[Superlative ★★★]

㉠ 甲이 자필로 작성한 범행을 인정하는 내용의 메모지가 甲의 집에서 발견되어 증거로 제출된 경우, 甲이 공판기일에서 그 성립의 진정을 부인하면 필적감정에 의하여 성립의 진정함이 증명되더라도 증거로 사용할 수 없다.

㉡ 乙이 甲과의 대화를 녹음한 녹음테이프의 원본이 증거로 제출된 경우, 공판기일에서 甲이 녹음내용을 부인하여도 乙의 진술에 의하여 녹음테이프에 녹음된 甲의 진술내용이 甲이 진술한 대로 녹음된 것이 증명되고 그 진술이 특히 신빙할 수 있는 상태하에서 행하여진 것이 인정되는 때에는 증거로 사용할 수 있다.

㉢ 丙이 乙로부터 들은 甲의 진술내용을 사법경찰관에게 진술하였고 그러한 진술이 기재된 진술조서가 증거로 제출된 경우, 해당 진술조서 중 甲의 진술기재 부분은 형사소송법 제316조 제1항 및 제312조 제4항의 규정에 따른 요건을 갖춘 때에 한하여 증거로 사용할 수 있다.

㉣ 피해자 A는 피해내용을 아버지 B에게 문자메시지로 보냈고 B가 그 문자메시지를 촬영한 사진이 증거로 제출된 경우, A와 B가 법정에 출석하여 A는 사진 속 문자메시지의 내용이 자신이 작성해 보낸 것과 동일함을 확인하고, B는 A가 보낸 문자메시지를 촬영한 사진이 맞다고 확인한 때에는 증거로 사용할 수 있다.

① ㉠㉡ ② ㉠㉢

③ ㉡㉣ ④ ㉢㉣

해설

② ㉠㉢ 2항목이 옳지 않다.

㉠ [×] 진술서의 작성자가 공판준비나 공판기일에서 그 성립의 진정을 부인하는 경우에는 과학적 분석결과에 기초한 디지털 포렌식 자료, 감정 등 객관적 방법으로 성립의 진정함이 증명되는 때에는 증거로 할 수 있다(형사소송법 제313조 제2항). 甲이 메모지의 성립의 진정을 부인하더라도 필적감정에 의하여 성립의 진정함이 증명되면 그 메모지는 증거로 사용할 수 있다.

㉡ [○] 녹음테이프 검증조서의 기재 중 피고인의 진술내용을 증거로 사용하기 위해서는 형사소송법 제313조 제1항 단서에 따라 공판준비 또는 공판기일에서 그 **작성자인 상대방의 진술에 의하여 녹음테이프에 녹음된 피고인의 진술내용이 피고인이 진술한 대로 녹음된 것임이 증명되고** 나아가 그 진술이 **특히 신빙할 수 있는 상태**하에서 행하여진 것임이 인정되어야 한다(대법원 2012.9.13, 2012도7461 인천중구청장 사건). 甲이 녹음내용을 부인하여도 乙의 진술에 의하여 녹음테이프에 녹음된 甲의 진술내용이 甲이 진술한 대로 녹음된 것이 증명되고 그 진술이 특히 신빙할 수 있는 상태하에서 행하여진 것이 인정되는 때에는 증거로 사용할 수 있다.

㉢ [×] 재전문진술이나 재전문진술을 기재한 조서에 대하여는 달리 그 증거능력을 인정하는 규정을 두고 있지 아니하고 있으므로 피고인이 증거로 하는 데 동의하지 아니하는 한 형사소송법 제310조의2의 규정에 의하여 이를 증거로 할 수 없다(대법원 2012.5.24, 2010도5948 대전 동거남 폭행치사 사건). 丙이 乙로부터 들은 甲의 진술내용을 기재한 사법경찰관 작성 참고인진술조서는 재전문진술을 기재한 조서이므로 피고인 甲이 증거로 함에 동의하지 않는 한 증거능력이 없다.

㉣ [○] (피해자 A가 남동생 B에게 도움을 요청하면서 피고인이 협박한 말을 포함하여 공갈 등 피해를 입은 내용이 들어 있는) 문자메시지의 내용을 촬영한 사진은 **피해자의 진술서**에 준하는 것으로 취급함이 상당할 것인바, 진술서에 관한 형사소송법 제313조에 따라 문자메시지의 **작성자인 A가 법정에 출석하여 자신이 문자메시지를 작성하여 동생에게 보낸 것과 같음을 확인**하고, **동생인 B도 법정에 출석하여 A가 보낸 문자메시지를 촬영한 사진이 맞다고 확인한 이상, 문자메시지를 촬영한 사진은 그 성립의 진정함이 증명되었다고 볼 수 있으므로 이를 증거로 할 수 있다**(대법원 2010.11.25, 2010도8735 공갈당했다 문자 사건). 판례의 취지에 의할 때 A와 B가 법정에 출석하여 A는 사진 속 문자메시지의 내용이 자신이 작성해 보낸 것과 동일함을 확인하고, B는 A가 보낸 문자메시지를 촬영한 사진이 맞다고 확인한 때에는 증거로 사용할 수 있다.

957 다음 사례에 대한 〈보기〉의 설명으로 옳은 것만을 모두 고르면? (다툼이 있으면 판례에 의함)

1 2 3

[Superlative ★★★]

2018.5.7. 21:00경 乙은 자신의 집에서 甲에게 금품을 강취당하면서 甲이 "돈을 안 주면 죽이겠다."라고 말하는 것을 자신의 휴대폰으로 녹음하였다. 한편, 사정을 모르는 乙의 친구 A가 전화를 걸자, 乙은 甲의 지시에 따라 평상시와 같이 A의 전화를 받고 통화를 마쳤으나 전화가 미처 끊기기 전에 A는 '악' 하는 乙의 비명소리와 '우당탕' 하는 소리를 듣게 되었다. 검사는 甲을 강도죄로 기소하고, 乙의 휴대폰에 저장된 甲의 협박이 담긴 녹음파일의 사본을 증거로 제출하였다. 또한 A는 수사기관의 참고인조사에서 乙과의 통화 도중 들은 것에 대하여 진술하였다. 한편, 甲은 녹음 파일의 사본과 A의 진술을 증거로 하는 것에 동의하지 않았다.

㉠ 乙의 녹음파일 사본에 대한 증거능력이 인정되기 위해서는 해당 사본이 복사과정에서 편집되는 등 인위적 개작 없이 원본 내용 그대로 복사된 것임이 증명되어야 한다.
㉡ 녹음파일에 있는 甲의 진술을 증거로 함에 있어서는 공판준비 또는 공판기일에서 乙의 진술에 의하여 녹음 파일에 있는 진술 내용이 甲이 진술한 대로 녹음된 것임이 증명되고, 그 진술이 특히 신빙할 수 있는 상태하에서 행하여진 것임이 인정되어야 한다.
㉢ 乙의 '악' 하는 비명소리는 통신비밀보호법에서 보호하는 타인 간의 '대화'에 해당하여 증거로 할 수 없지만, '우당탕' 하는 소리는 음향으로서 통신비밀보호법에서 보호하는 타인 간의 '대화'에 해당하지 않아 甲의 폭행사실에 대한 증거로 사용할 수 있다.

① ㉠㉡
② ㉠㉢
③ ㉡㉢
④ ㉠㉡㉢

해설

① ㉠㉡ 항목만 옳다.

㉠ [O] 녹음테이프 또는 녹음파일 등의 전자매체는 그 성질상 작성자나 진술자의 서명 혹은 날인이 없을 뿐만 아니라 녹음자의 의도나 특정한 기술에 의하여 그 내용이 편집, 조작될 위험성이 있음을 고려하여 그 대화내용을 녹음한 원본이거나 혹은 원본으로부터 복사한 사본일 경우에는 복사과정에서 편집되는 등의 **인위적 개작 없이 원본의 내용 그대로 복사된 사본임이 증명되어야만 한다**(대법원 2012.9.13, 2012도7461 인천중구청장 사건).

㉡ [O] 제313조 제1항 단서에 따라 피고인의 진술이 기재된 경우 **작성자인 乙의 진술에 의하여 성립의 진정**이 인정되고 **특신상태가 있으면 증거로 사용할 수 있다.**

㉢ [×] (1) 통신비밀보호법에서 보호하는 타인 간의 '대화'는 원칙적으로 현장에 있는 당사자들이 육성으로 말을 주고받는 의사소통행위를 가리킨다. 따라서 사람의 육성이 아닌 사물에서 발생하는 음향은 타인 간의 '대화'에 해당하지 않고 또한 사람의 목소리라고 하더라도 상대방에게 의사를 전달하는 말이 아닌 단순한 비명소리나 탄식 등은 타인과 의사소통을 하기 위한 것이 아니라면 특별한 사정이 없는 한 타인 간의 '대화'에 해당한다고 볼 수 없다. (2) A가 乙과 통화를 마친 후 전화가 끊기지 않은 상태에서 휴대전화를 통하여 '우당탕', '악' 소리를 들었는데, '우당탕' 소리는 사물에서 발생하는 음향일 뿐 사람의 목소리가 아니므로 타인 간의 '대화'에 해당하지 않고, '악' 소리도 사람의 목소리이기는 하나 단순한 비명소리에 지나지 않아 그것만으로 상대방에게 의사를 전달하는 말이라고 보기는 어려워 특별한 사정이 없는 한 타인 간의 '대화'에 해당한다고 볼 수 없다(대법원 2017.3.15, 2016도19843 우당탕 악 사건). '악', '우당탕' 모두 타인간의 '대화'가 아니고 따라서 이를 몰래 청취했더라도 이는 통신비밀보호법에 위반되는 행위가 아니므로 A의 진술이나 증언은 증거능력이 부정되지 아니한다.

정답 | 956 ② 957 ①

958 증거동의에 관한 다음 설명 중 옳지 않은 것은? (다툼이 있으면 판례에 의함) [Essential ★]

1 2 3

① 검사와 피고인이 증거로 할 수 있음을 동의한 서류 또는 물건은 진정한 것으로 인정한 때에는 증거로 할 수 있다.

② 형사소송법 제318조 제1항은 전문증거금지의 원칙에 대한 예외로서 반대신문권을 포기하겠다는 피고인의 의사표시에 의하여 서류 또는 물건의 증거능력을 부여하려는 규정이다.

③ 형사소송법 제318조 제1항은 법원이 진정한 것으로 인정하는 방법을 제한하고 있지 아니하므로, 증거동의가 있는 서류 또는 물건은 법원이 제반 사정을 참작하여 진정한 것으로 인정하면 증거로 할 수 있다.

④ 형사소송법 제318조에 규정된 증거동의의 주체는 검사와 피고인이지만, 변호인도 독립하여 피고인의 명시한 의사에 반해서도 증거로 함에 동의할 수 있다.

해설

④ [×] 형사소송법 제318조에 규정된 증거동의의 주체는 소송주체인 검사와 피고인이고, 변호인은 피고인을 대리하여 증거동의에 관한 의견을 낼 수 있을 뿐이므로 피고인의 명시한 의사에 반하여 증거로 함에 동의할 수는 없다. 따라서 피고인이 출석한 공판기일에서 증거로 함에 부동의한다는 의견이 진술된 경우에는 그 후 피고인이 출석하지 아니한 공판기일에 변호인만이 출석하여 종전 의견을 번복하여 증거로 함에 동의하였다 하더라도 이는 특별한 사정이 없는 한 효력이 없다고 보아야 한다(대법원 2013.3.28, 2013도3).

① [○] 검사와 피고인이 증거로 할 수 있음을 동의한 서류 또는 물건은 **진정한 것으로 인정한 때에는 증거로 할 수 있다**(제318조 제1항).

② [○] 형사소송법 제318조 제1항은 전문증거금지의 원칙에 대한 예외로서 **반대신문권을 포기하겠다는 피고인의 의사표시에 의하여 서류 또는 물건의 증거능력을 부여하려는 규정이다**(대법원 1983.3.8, 82도2873).

③ [○] 형사소송법 제318조 제1항은 법원이 진정한 것으로 인정하는 방법을 제한하고 있지 아니하므로, 증거동의가 있는 서류 또는 물건은 법원이 **제반 사정을 참작하여 진정한 것으로 인정하면 증거로 할 수 있다**(대법원 2015.8.27, 2015도3467 구미 KEC 사건).

959 증거동의에 관한 다음 설명 중 옳지 않은 것은? (다툼이 있으면 판례에 의함) [core ★★]

1 2 3

① 증거동의는 개개의 증거에 대하여 개별적으로 이루어져야 하므로 "검사가 제시한 모든 증거에 대하여 증거로 함에 동의한다"는 방식의 증거동의는 그 효력이 없다.

② 피고인이 신청한 증인의 증언이 피고인 아닌 타인의 진술을 그 내용으로 하는 전문진술이라고 하더라도 피고인이 그 증언에 대하여 '별 의견이 없다'고 진술하였다면 그 증언을 증거로 함에 동의한 것으로 볼 수 있으므로 이는 증거능력이 있다.

③ 검사 작성의 피고인 아닌 자에 대한 진술조서에 관하여 피고인이 "공판정 진술과 배치되는 부분은 부동의한다"고 진술한 것은 원칙적으로 그 조서를 증거로 함에 동의하지 아니한다는 취지로 해석하여야 한다.

④ 뇌물공여자가 작성한 고발장에 대하여 피고인의 변호인이 증거 부동의 의견을 밝히고, 고발장을 첨부문서로 포함하고 있는 검찰주사보 작성의 수사보고에 대하여는 증거에 동의하여 증거조사가 행하여졌는데, 수사보고에 대한 증거동의가 있다는 이유로 아무런 지적 없이 그에 첨부된 고발장까지 증거로 채택해 두었다가 판결을 선고하는 단계에 이르러 이를 유죄 인정의 증거로 삼은 것은 실질적 적법절차의 원칙에 비추어 수긍할 수 없다.

해설

① [×] 피고인들의 의사표시가 하나하나의 증거에 대하여 형사소송법상의 증거조사 방식을 거쳐 이루어진 것이 아니라 "검사가 제시한 모든 증거에 대하여 증거로 함에 동의한다"는 방식으로 이루어진 것이라 하여 그 효력을 부정할 이유가 되지 못한다 할 것이다(대법원 1983.3.8, 82도2873).

② [○] 피고인이 신청한 증인의 증언이 피고인 아닌 타인의 진술을 그 내용으로 하는 전문진술이라고 하더라도 피고인이 그 증언에 대하여 **'별 의견이 없다'고 진술하였다면 그 증언을 증거로 함에 동의한 것으로 볼 수 있으므로 이는 증거능력이 있다**(대법원 1983.9.27, 83도516).

③ [○] 검사 작성의 피고인 아닌 자에 대한 진술조서에 관하여 피고인이 **"공판정 진술과 배치되는 부분은 부동의한다"**고 진술한 것은 원칙적으로 그 조서를 **증거로 함에 동의하지 아니한다는 취지로 해석하여야 한다**(대법원 1984.10.10, 84도1552).

④ [○] 뇌물공여자가 작성한 고발장에 대하여 피고인의 변호인이 증거 부동의 의견을 밝히고, 고발장을 첨부문서로 포함하고 있는 검찰주사보 작성의 수사보고에 대하여는 증거에 동의하여 증거조사가 행하여졌는데, **수사보고에 대한 증거동의가 있다는 이유로 아무런 지적 없이 그에 첨부된 고발장까지 증거로 채택해 두었다가 판결을 선고하는 단계에 이르러 이를 유죄 인정의 증거로 삼은 것은 실질적 적법절차의 원칙에 비추어 수긍할 수 없다**(대법원 2011.7.14, 2011도3809 해병대 소령 수뢰사건).

960 증거동의에 관한 다음 설명 중 옳지 않은 것은? (다툼이 있으면 판례에 의함) [Essential ★]

1 2 3

① 피고인의 출정 없이 증거조사를 할 수 있는 경우에는 피고인이 출정하지 아니한 때에는 증거동의가 있는 것으로 간주한다. 이는 대리인 또는 변호인이 출정한 때에도 동일하다.

② 약식명령에 불복하여 정식재판을 청구한 피고인이 정식재판절차에서 2회 불출정하여 법원이 피고인의 출정 없이 증거조사를 하는 경우에 피고인의 증거동의가 간주된다.

③ 소송촉진 등에 관한 특례법 제23조에 의하여 피고인이 공시송달의 방법에 의한 공판기일의 소환을 2회 이상 받고도 출석하지 아니하여 법원이 피고인의 출정 없이 증거조사를 하는 경우에는 피고인의 증거동의가 있는 것으로 간주된다.

④ 간이공판절차의 결정이 있는 사건에 있어서는 전문증거에 대하여 당사자의 동의가 있는 것으로 간주한다. 단 검사, 피고인 또는 변호인이 증거로 함에 이의가 있는 때에는 그러하지 아니하다.

해설

① [×] 피고인의 출정 없이 증거조사를 할 수 있는 경우에는 피고인이 출정하지 아니한 때에는 증거동의가 있는 것으로 간주한다. 단, 대리인 또는 변호인이 출정한 때에는 예외로 한다(제318조 제2항).

② [○] 약식명령에 불복하여 정식재판을 청구한 피고인이 정식재판절차에서 2회 불출정하여 법원이 피고인의 출정 없이 증거조사를 하는 경우에 피고인의 **증거동의가 간주된다**(대법원 2010.7.15, 2007도5776).

③ [○] 소송촉진 등에 관한 특례법 제23조에 의하여 피고인이 공시송달의 방법에 의한 공판기일의 소환을 2회 이상 받고도 출석하지 아니하여 법원이 피고인의 출정 없이 증거조사를 하는 경우에는 피고인의 **증거동의가 있는 것으로 간주된다**(대법원 2011.3.10, 2010도15977).

④ [○] 간이공판절차의 결정이 있는 사건에 있어서는 전문증거에 대하여 **당사자의 동의가 있는 것으로 간주한다**. 단 검사, 피고인 또는 변호인이 증거로 함에 이의가 있는 때에는 그러하지 아니하다(제318조의3).

정답 | 958 ④ 959 ① 960 ①

961 증거동의의 철회는 언제까지 할 수 있는가? (다툼이 있으면 판례에 의함) [Essential ★]

1 2 3

① 증거조사 시행전까지
② 증거조사 완료전까지
③ 변론종결시까지
④ 판결선고시까지

해설

② (1) 증거동의의 의사표시는 증거조사가 완료되기 전까지 취소 또는 철회할 수 있으나, 일단 증거조사가 완료된 뒤에는 취소 또는 철회가 인정되지 아니하므로 취소 또는 철회 이전에 이미 취득한 증거능력은 상실되지 않는다(대법원 2015.8.27, 2015도3467 구미 KEC사건). (2) 증거동의의 의사표시는 증거조사가 완료되기 전까지 취소 또는 철회할 수 있으나, 일단 증거조사가 완료된 뒤에는 취소 또는 철회가 인정되지 아니하므로 제1심에서 한 증거동의를 제2심에서 취소할 수 없다(대법원 2005.4.28, 2004도4428).

962 증거동의에 관한 설명으로 옳지 않은 것은? (다툼이 있으면 판례에 의함) [Essential ★]

1 2 3

① 피고인의 출정 없이 증거조사를 할 수 있는 경우에 피고인이 출정하지 아니한 때에는 증거동의가 있는 것으로 간주하지만, 대리인 또는 변호인이 출정한 때에는 예외로 한다.

② 피고인이 재판거부의 의사표시를 하고 재판장의 허가 없이 퇴정하고 변호인마저 이에 동조하여 퇴정해버린 경우에는 피고인의 진의를 파악해야 하므로 증거동의가 있는 것으로 간주할 수 없다.

③ 피고인이 제1심 법정에서 사법경찰관 작성 조서에 대해 증거동의를 하였다면, 항소심에서 피고인이 범행인정 여부를 다투어도 제1심에서 행한 증거동의의 효력은 계속 유지된다.

④ 증거동의의 의사표시는 증거조사가 완료되기 전까지 취소 또는 철회할 수 있으나, 일단 증거조사가 완료된 뒤에는 취소 또는 철회가 인정되지 않으므로 취소 또는 철회 이전에 이미 취득한 증거능력은 상실되지 않는다.

해설

② [×] (1) 필요적 변호사건이라 하여도 피고인이 재판거부의 의사를 표시하고 재판장의 허가 없이 퇴정하고 변호인마저 이에 동조하여 퇴정해 버린 것은 모두 피고인측의 방어권의 남용 내지 변호권의 포기로 볼 수밖에 없는 것이므로 수소법원으로서는 형사소송법 제330조에 의하여 피고인이나 변호인의 재정 없이도 심리판결 할 수 있다. (2) 피고인과 변호인들이 출석하지 않은 상태에서 증거조사를 할 수밖에 없는 경우에는 형사소송법 제318조 제2항의 규정상 피고인의 진의와는 관계없이 형사소송법 제318조 제1항의 동의가 있는 것으로 간주하게 되어 있다(대법원 1991.6.28, 91도865 무단퇴정 사건).

① [○] 피고인의 출정 없이 증거조사를 할 수 있.는 경우에 피고인이 출정하지 아니한 때에는 **증거동의가 있는 것으로 간주하지만**, 대리인 또는 변호인이 출정한 때에는 예외로 한다(제318조 제2항).

③ [○] 피고인이 제1심 법정에서 사법경찰관 작성 조서에 대해 증거동의를 하였다면, **항소심에서 피고인이 범행 인정 여부를 다투어도 제1심에서 행한 증거동의의 효력은 계속 유지된다**(대법원 2005.4.28, 2004도4428).

④ [○] 증거동의의 의사표시는 증거조사가 완료되기 전까지 취소 또는 철회할 수 있으나, 일단 증거조사가 완료된 뒤에는 취소 또는 철회가 인정되지 않으므로 **취소 또는 철회 이전에 이미 취득한 증거능력은 상실되지 않는다**(대법원 2015.8.27, 2015도3467 구미 KEC 사건).

963 탄핵증거에 관한 다음 설명 중 옳지 않은 것은? (다툼이 있으면 판례에 의함) [core ★★]

1 2 3

① 전문법칙에 의하여 증거로 할 수 없는 서류나 진술이라도 공판준비 또는 공판기일에서의 피고인 또는 피고인이 아닌 자의 진술의 증명력을 다투기 위하여 증거로 할 수 있다.

② '공소제기 전에 피고인을 피의자로 조사하였거나 그 조사에 참여하였던 자'의 진술도 탄핵의 대상이 된다.

③ 피고인 또는 피고인이 아닌 자의 진술을 내용으로 하는 영상녹화물도 공판준비 또는 공판기일에 피고인 또는 피고인이 아닌 자의 진술의 증명력을 다투기 위하여 증거로 할 수 있다.

④ 사법경찰리 작성의 피고인에 대한 피의자신문조서는 피고인이 그 내용을 부인하는 이상 증거능력이 없으나, 그것이 임의로 작성된 것이 아니라고 의심할 만한 사정이 없는 한 피고인의 법정에서의 진술을 탄핵하기 위한 반대증거로 사용할 수 있다.

해설

③ [×] 영상녹화물은 피고인 또는 피고인이 아닌 자가 진술함에 있어서 기억이 명백하지 아니한 사항에 관하여 기억을 환기시켜야 할 필요가 있다고 인정되는 때에 한하여 피고인 또는 피고인이 아닌 자에게 재생하여 시청하게 할 수 있다(제318조의2 제2항).

①② [○] 전문법칙에 의하여 증거로 할 수 없는 서류나 진술이라도 공판준비 또는 공판기일에서의 피고인 또는 피고인이 아닌 자의 진술의 증명력을 다투기 위하여 증거로 할 수 있다. **'공소제기 전에 피고인을 피의자로 조사하였거나 그 조사에 참여하였던 자'의 진술도 탄핵의 대상이 된다**(제318조의2 제1항).

④ [○] 사법경찰리 작성의 피고인에 대한 피의자신문조서는 피고인이 그 내용을 부인하는 이상 증거능력이 없으나, 그것이 임의로 작성된 것이 아니라고 의심할 만한 사정이 없는 한 **피고인의 법정에서의 진술을 탄핵하기 위한 반대증거로 사용할 수 있다**(대법원 2005.8.19, 2005도2617).

정답 | 961 ② 962 ② 963 ③

964 탄핵증거에 관한 다음 설명 중 옳지 않은 것은? (다툼이 있으면 판례에 의함) [Essential ★]

1 2 3

① 탄핵증거는 진술의 증명력을 감쇄하기 위하여는 물론 범죄사실 또는 그 간접사실의 인정의 증거로도 허용될 수 있다.

② 탄핵증거는 범죄사실을 인정하는 증거가 아니어서 엄격한 증거능력을 요하지 아니한다.

③ 사법경찰리 작성의 피고인에 대한 피의자신문조서는 피고인이 그 내용을 부인하는 이상 증거능력이 없으나, 그것이 임의로 작성된 것이 아니라고 의심할 만한 사정이 없는 한 피고인의 법정에서의 진술을 탄핵하기 위한 반대증거로 사용할 수 있다.

④ 유죄의 자료가 되는 것으로 제출된 증거의 반대증거인 서류 및 진술에 대하여는 그것이 유죄사실을 인정하는 증거가 아니므로 그 진정성립이 증명되지 아니하거나 전문증거로서 상대방이 증거로 함에 동의를 한 바 없었다고 하여도 증명력을 다투기 위한 자료로 삼을 수는 있다.

해설

① [×] 탄핵증거는 진술의 증명력을 감쇄하기 위하여 인정되는 것이고 범죄사실 또는 그 간접사실의 인정의 증거로서는 허용되지 않는다(대법원 2012.10.25, 2011도5459 체포 · 구속인접견부 사건).

② [○] 탄핵증거는 범죄사실을 인정하는 증거가 아니어서 **엄격한 증거능력을 요하지 아니한다**(대법원 1996.1.26, 95도1333).

③ [○] 사법경찰리 작성의 피고인에 대한 피의자신문조서는 피고인이 그 내용을 부인하는 이상 증거능력이 없으나, 그것이 임의로 작성된 것이 아니라고 의심할 만한 사정이 없는 한 **피고인의 법정에서의 진술을 탄핵하기 위한 반대증거로 사용할 수 있다**(대법원 2005.8.19, 2005도2617).

④ [○] 유죄의 자료가 되는 것으로 제출된 증거의 반대증거인 서류 및 진술에 대하여는 그것이 유죄사실을 인정하는 증거가 아니므로 그 진정성립이 증명되지 아니하거나 전문증거로서 상대방이 **증거로 함에 동의를 한 바 없었다고 하여도 증명력을 다투기 위한 자료로 삼을 수는 있다**(대법원 1981.12.8, 81도370).

965 탄핵증거에 관한 다음 설명 중 옳지 않은 것은? (다툼이 있으면 판례에 의함) [core ★★]

1 2 3

① 탄핵증거는 범죄사실을 인정하는 증거가 아니므로 엄격한 증거조사를 거쳐야 할 필요가 없음은 형사소송법 제318조의2의 규정에 따라 명백하나 법정에서 이에 대한 탄핵증거로서의 증거조사는 필요한 것이다.

② 탄핵증거의 제출에 있어서 상대방에게 이에 대한 공격방어의 수단을 강구할 기회를 사전에 부여하여야 하지만, 증명력을 다투고자 하는 증거의 어느 부분에 의하여 진술의 어느 부분을 다투려고 하는 것인지를 사전에 상대방에게 알려야 할 필요는 없다.

③ 피고인이 내용을 부인하여 증거능력이 없는 사법경찰리 작성의 피의자신문조서에 대하여 비록 당초 증거제출 당시 탄핵증거라는 입증취지를 명시하지 아니하였지만 피고인의 법정 진술에 대한 탄핵증거로서의 증거조사절차가 대부분 이루어졌다고 볼 수 있는 점 등의 사정에 비추어 피의자신문조서를 피고인의 법정 진술에 대한 탄핵증거로 사용할 수 있다.

④ 비록 증거목록에 기재되지 않았고 증거결정이 있지 아니하였다 하더라도 공판과정에서 그 입증취지가 구체적으로 명시되고 제시까지 된 이상 각 서증들(신용카드 사용내역승인서 사본 및 현금서비스 취급내역서 사본)에 대하여 탄핵증거로서의 증거조사는 이루어졌다고 보아야 할 것이다.

해설

② [×] 탄핵증거의 제출에 있어서도 상대방에게 이에 대한 공격방어의 수단을 강구할 기회를 사전에 부여하여야 한다는 점에서 그 증거와 증명하고자 하는 사실과의 관계 및 입증취지 등을 미리 구체적으로 명시하여야 할 것이므로, 증명력을 다투고자 하는 증거의 어느 부분에 의하여 진술의 어느 부분을 다투려고 한다는 것을 사전에 상대방에게 알려야 한다(대법원 2005.8.19, 2005도2617).

① [○] 탄핵증거는 범죄사실을 인정하는 증거가 아니므로 엄격한 증거조사를 거쳐야 할 필요가 없음은 형사소송법 제318조의2의 규정에 따라 명백하나 법정에서 이에 대한 **탄핵증거로서의 증거조사는 필요한 것이다**(대법원 2005.8.19, 2005도2617).

③ [○] 피고인이 내용을 부인하여 증거능력이 없는 사법경찰리 작성의 피의자신문조서에 대하여 비록 당초 증거제출 당시 탄핵증거라는 입증취지를 명시하지 아니하였지만 피고인의 법정 진술에 대한 탄핵증거로서의 증거조사절차가 대부분 이루어졌다고 볼 수 있는 점 등의 사정에 비추어 피의자신문조서를 **피고인의 법정 진술에 대한 탄핵증거로 사용할 수 있다**(대법원 2005.8.19, 2005도2617).

④ [○] 비록 증거목록에 기재되지 않았고 증거결정이 있지 아니하였다 하더라도 공판과정에서 그 입증취지가 구체적으로 명시되고 제시까지 된 이상 각 서증들(신용카드 사용내역승인서 사본 및 현금서비스 취급내역서 사본)에 대하여 **탄핵증거로서의 증거조사는 이루어졌다고 보아야 할 것이다**(대법원 2006.5.26, 2005도6271).

966 다음은 기억환기를 위한 영상녹화물의 조사절차를 설명한 것이다. 옳지 않은 것은? [Superlative ★★★]

1 2 3

① 법원은 검사가 영상녹화물의 조사를 신청한 경우 이에 관한 결정을 함에 있어 원진술자와 함께 피고인 또는 변호인으로 하여금 그 영상녹화물이 적법한 절차와 방식에 따라 작성되어 봉인된 것인지 여부에 관한 의견을 진술하게 하여야 한다.

② 법원은 공판준비 또는 공판기일에서 봉인을 해체하고 영상녹화물의 전부 또는 일부를 재생하는 방법으로 조사하여야 한다. 이 때 영상녹화물은 그 재생과 조사에 필요한 전자적 설비를 갖춘 법정 외의 장소에서 이를 재생할 수 있다.

③ 영상녹화물의 재생은 검사, 피고인 또는 피고인 아닌 자의 신청이 있는 경우에 기억의 환기가 필요한 피고인 또는 피고인 아닌 자에게만 이를 재생하여 시청하게 하여야 한다.

④ 재판장은 조사를 마친 후 지체 없이 법원사무관 등으로 하여금 다시 원본을 봉인하도록 하고, 원진술자와 함께 피고인 또는 변호인에게 기명날인 또는 서명하도록 하여 검사에게 반환한다.

해설

③ [×] 기억환기를 위한 영상녹화물의 재생은 검사의 신청이 있는 경우에 한하고, 기억의 환기가 필요한 피고인 또는 피고인 아닌 자에게만 이를 재생하여 시청하게 하여야 한다(규칙 제134조의5 제1항).

①②④ [○] 법원은 검사가 영상녹화물의 조사를 신청한 경우 이에 관한 결정을 함에 있어 원진술자와 함께 피고인 또는 변호인으로 하여금 그 영상녹화물이 **적법한 절차와 방식에 따라 작성되어 봉인된 것인지 여부에 관한 의견을 진술하게 하여야 한다.** 법원은 공판준비 또는 공판기일에서 봉인을 해체하고 영상녹화물의 전부 또는 일부를 재생하는 방법으로 조사하여야 한다. 이 때 영상녹화물은 그 재생과 조사에 필요한 **전자적 설비를 갖춘 법정 외의 장소에서 이를 재생할 수 있다.** 재판장은 조사를 마친 후 지체 없이 법원사무관 등으로 하여금 다시 원본을 봉인하도록 하고, **원진술자와 함께 피고인 또는 변호인에게 기명날인 또는 서명하도록 하여 검사에게 반환한다**(규칙 제134조의5 제2항, 제134조의4).

정답 | 964 ① 965 ② 966 ③

967 자백의 보강법칙에 관한 다음 설명 중 옳지 않은 것은? (다툼이 있으면 판례에 의함) [core ★★]

1 2 3

① 피고인의 공판정 자백에 대해서도 보강증거가 필요하다.

② 형사소송절차가 아닌 소년보호사건에 있어서는 비행사실의 일부에 관하여 자백 이외의 다른 증거가 없다 하더라도 법령적용의 착오나 소송절차의 법령위반이 있다고 할 수 없다.

③ 형사소송법 제310조의 '피고인의 자백'에는 '공범인 공동피고인의 진술'도 포함되므로 공범인 공동피고인(乙)의 진술은 다른 공동피고인(甲)에 대한 범죄사실을 인정하는 데 있어서 증거로 쓸 수 있지만 그에 대한 보강증거가 없다면 甲에 대하여 유죄판결을 선고할 수 없다.

④ 피고인의 자백이 그 피고인에게 불이익한 유일의 증거인 때에는 이를 유죄의 증거로 하지 못하는 것이므로, 보강증거가 없이 피고인의 자백만을 근거로 공소사실을 유죄로 판단한 경우에는 그 자체로 판결 결과에 영향을 미친 위법이 있는 것으로 보아야 한다.

해설

③ [×] 형사소송법 제310조의 '피고인의 자백'에는 '공범인 공동피고인의 진술'이 포함되지 아니하므로 공범인 공동피고인의 진술은 다른 공동피고인에 대한 범죄사실을 인정하는 데 있어서 증거로 쓸 수 있고 그에 대한 보강증거의 여부는 법관의 자유심증에 맡긴다(대법원 1985.3.9, 85도951 대리점사기 공범가담 사건). 공범인 공동피고인(乙)의 자백은 보강증거를 요하는 형사소송법 제310조의 '피고인(甲)의 자백'에 포함되지 아니하므로 이에 대한 보강증거가 없더라도 피고인 甲에 대해서 유죄판결을 선고할 수 있다는 취지이다.

① [O] 당해 피고인의 자백이라면 공판정 외 자백이든 공판정 내 자백이든 **자백의 보강법칙이 적용된다**(대법원 2017.9.21, 2015도12400 보은군수 사건 참고).

② [O] 형사소송절차가 아닌 **소년보호사건**에 있어서는 비행사실의 일부에 관하여 자백 이외의 다른 증거가 없다 하더라도 법령적용의 착오나 소송절차의 법령위반이 있다고 할 수 없다(대법원 1982.10.15, 82모36).

④ [O] 피고인의 자백이 그 피고인에게 불이익한 유일의 증거인 때에는 이를 유죄의 증거로 하지 못하는 것이므로, 보강증거가 없이 피고인의 자백만을 근거로 공소사실을 유죄로 판단한 경우에는 그 자체로 **판결 결과에 영향을 미친 위법이 있는 것으로 보아야 한다**(대법원 2007.11.29, 2007도7835).

968 자백과 보강증거에 관한 다음 설명 중 옳지 않은 것은? (다툼이 있으면 판례에 의함) [Essential ★]

1 2 3

① 형사소송법 제310조의 '피고인의 자백'에는 공범인 공동피고인의 진술이 포함되지 아니하므로 공범인 공동피고인의 진술은 다른 공동피고인에 대한 범죄사실을 인정하는 데 있어서 증거로 쓸 수 있고 그에 대한 보강증거의 여부는 법관의 자유심증에 맡긴다.

② 피고인의 법정에서의 진술과 피고인에 대한 검찰 피의자신문조서의 진술기재들은 피고인의 법정 및 검찰에서의 자백으로서 형사소송법 제310조에서 규정하는 자백의 개념에 포함되어 그 자백만으로는 유죄의 증거로 삼을 수 없다.

③ "피고인이 범행을 자인하는 것을 들었다"는 피고인 아닌 자의 진술내용은 형사소송법 제310조의 피고인의 자백에 포함되지 아니하므로 이는 피고인의 자백에 대한 보강증거가 될 수 있다.

④ 공범인 공동피고인의 진술은 다른 공동피고인에 대한 범죄사실을 인정하는 증거로 할 수 있는 것일 뿐만 아니라 공범인 공동피고인들의 각 진술은 상호간에 서로 보강증거가 될 수 있다.

해설

③ [×] "피고인이 범행을 자인하는 것을 들었다"는 피고인 아닌 자의 진술내용은 형사소송법 제310조의 피고인의 자백에는 포함되지 아니하나 이는 피고인의 자백의 보강증거로 될 수 없다(대법원 2008.2.14, 2007도10937 대구 신천동 필로폰 투약 사건).

① [○] 형사소송법 제310조의 '피고인의 자백'에는 **공범인 공동피고인의 진술이 포함되지 아니하므로** 공범인 공동피고인의 진술은 다른 공동피고인에 대한 범죄사실을 인정하는 데 있어서 증거로 쓸 수 있고 그에 대한 **보강증거의 여부는 법관의 자유심증에 맡긴다**(대법원 1985.3.9, 85도951).

② [○] 피고인의 법정에서의 진술과 피고인에 대한 검찰 피의자신문조서의 진술기재들은 피고인의 법정 및 검찰에서의 자백으로서 형사소송법 제310조에서 규정하는 자백의 개념에 포함되어 그 **자백만으로는 유죄의 증거로 삼을 수 없다**(대법원 2008.2.14, 2007도10937 대구 신천동 필로폰 투약 사건).

④ [○] 공범인 공동피고인의 진술은 **다른 공동피고인에 대한 범죄사실을 인정하는 증거로 할 수 있는 것일 뿐만 아니라 공범인 공동피고인들의 각 진술은 상호간에 서로 보강증거가 될 수 있다**(대법원 1990.10.30, 90도1939).

정답 | 967 ③ 968 ③

969 다음 중 ( ) 안 범죄의 자백에 대한 보강증거가 될 수 없는 것은? (다툼이 있으면 판례에 의함)

1 2 3

[core ★★]

① "노루발못뽑이로 컨테이너 박스 출입문의 시정장치를 부수고 들어가 재물을 절취하려고 하였고, 甲은 망을 보았다"는 자백에 대한 '노루발못뽑이로 컨테이너 박스 출입문의 시정장치를 부수는 피고인을 현행범으로 체포하였다'는 피해자의 진술과 범행에 사용된 '노루발못뽑이와 손괴된 쇠창살 사진'이 첨부된 수사보고서 (특수절도미수죄)

② "내가 거주하던 다세대주택의 여러 세대에서 7건의 절도행위를 하였다"는 자백에 대한 '각 절취품의 압수조서 및 압수물 사진'의 존재. 다만, 이 중 4건은 범행장소인 구체적 호수가 특정되지 않았지만 위 4건에 관한 피고인의 진술이 매우 사실적 · 구체적 · 합리적이고 그 진술의 신빙성을 의심할 만한 사유도 없었음 (절도죄)

③ "현대자동차 점거로 甲이 처벌받은 것은 학교 측의 제보 때문이라 하여 그 보복으로 학교총장실을 침입 · 점거했다"는 자백에 대한 '피고인과 甲이 현대자동차 춘천영업소를 점거했다가 甲이 처벌받았다'는 취지의 증거 (주거침입죄)

④ "1984.4. 중순경 甲으로부터 금반지 1개를 편취한 후 이를 1984.4.20경 명금당의 乙에게 11만원에 매도하였다"는 자백에 대한 '1984.4.20.경 피고인으로부터 금반지 1개를 11만원에 매입하였다'는 검사 작성 乙에 대한 진술조서 (사기죄)

해설

③ 검사가 보강증거로서 제출한 증거는 공소사실의 객관적 부분인 주거침입, 점거사실과는 관련이 없는 범행의 침입동기에 관한 정황증거에 지나지 않으므로 위 증거와 피고인의 자백을 합쳐 보아도 자백사실이 가공적인 것이 아니고 진실한 것이라 인정하기에 족하다고 볼 수 없으므로 자백에 대한 보강증거가 될 수 없다(대법원 1990.12.7, 90도2010 현대자동차 사건).

① 피고인이 甲과 합동하여 乙의 재물을 절취하려다가 미수에 그쳤다는 내용의 공소사실을 자백한 경우, 피고인을 현행범으로 체포한 乙의 수사기관에서의 진술과 현장사진이 첨부된 수사보고서는 피고인 자백의 진실성을 담보하기에 충분한 보강증거가 된다(대법원 2011.9.29, 2011도8015 노루발 못뽑이 사건).

② (1) 사람의 기억에는 한계가 있는 만큼 자백과 보강증거 사이에 어느 정도의 차이가 있어도 중요부분이 일치하고 그로써 진실성이 담보되면 보강증거로서의 자격이 있다. (2) 피고인이 자신이 거주하던 다세대주택의 여러 세대에서 7건의 절도행위를 한 것으로 기소되었는데 그중 4건은 범행장소인 구체적 호수가 특정되지 않은 경우라도, 위 4건에 관한 피고인의 범행 관련 진술이 매우 사실적 · 구체적 · 합리적이고 진술의 신빙성을 의심할 만한 사유도 없어 자백의 진실성이 인정되므로 피고인의 집에서 해당 피해품을 압수한 압수조서와 압수물 사진은 위 자백에 대한 보강증거가 된다(대법원 2008.5.29, 2008도2343 이웃집 잡범 사건).

④ 乙의 진술은 피고인이 자백하고 있는 편취물품의 소재 내지 행방에 부합하는 진술로서 형식적으로 피고인의 자백의 진실성을 보강하는 증거가 될 수 있다(대법원 1985.11.12, 85도1838).

970 다음 중 (　　) 안 범죄의 자백에 대한 보강증거가 될 수 없는 것은? (다툼이 있으면 판례에 의함)

1 2 3

[core ★★]

① "부동산을 매수하면서 부족한 매수자금을 마련하기 위해 횡령 범행을 저질렀다"는 자백에 대한 '부동산등기부등본, 수사보고(압수 · 수색 · 검증영장 집행 결과 보고), 횡령 및 반환 일시 거래내역, 수사보고(계좌 영장집행 결과 보고), 계좌거래내역, 사실확인서'의 현존 (업무상횡령죄)

② 뇌물수수 자백에 대한 '(뇌물의 주요 사용처에 관하여) 친구인 甲과 함께 양평 소재의 토지 및 잠실 1단지 상가 구입자금으로 사용하였다'는 피고인의 진술과 일치하는 내용의 甲 작성 진술서 (특가법위반죄)

③ "甲에게 잔여 공사를 하도급받아 시공할 수 있도록 편의를 제공한 데에 대한 사례금 명목으로 300만원을 교부하였다"는 자백에 대한 '甲은 자격도 없는 피고인으로 하여금 그 잔여 공사를 하도급받도록 알선하고 그 하도급계약을 승인받을 수 있도록 하였으며 또한 그 공사대금도 하도급업자인 피고인측에게 직접 지불하는 등 각종의 편의를 보아주었다'는 사실 (증뢰죄)

④ "봉고화물차 1대를 절취한 후 甲과 합동하여 충주시 불상길가에 지나는 성명불상인이 들고 가는 손가방 1개를 낚아채어 절취하였다"는 자백에 대한 '(봉고화물차 소유자) 乙은 성남시 태평동 자기집 앞에 세워 둔 봉고화물차 1대를 도난당하였다'는 내용의 사법경찰관사무취급 작성 乙에 대한 진술조서 (충주시에서의 손가방에 대한 절도죄)

해설

④ 乙의 진술은 소매치기 범행과는 직접적으로나 간접적으로 아무런 관계가 없어 이는 피고인의 자백에 대한 보강증거가 될 수 없다(대법원 1986.2.25, 85도2656 충주시 성남시 사건).

① 원심이 적법하게 증거로 채택한 '부동산등기부등본', '수사보고(압수수색검증영장 집행 결과 보고), 횡령 및 반환 일시 거래내역', '수사보고(공소외인 계좌 영장집행 결과 보고), 계좌거래내역', '사실확인서'는 피고인의 자백이 진실함을 뒷받침하기에 충분하다고 판단된다(대법원 2017.12.28, 2017도17628).

② 피고인은 자백하면서 공소외 1로부터 수수한 2억 원을 포함한 뇌물의 주요 사용처에 관하여 친구인 공소외 2와 함께 양평 소재의 토지 및 잠실 1단지 상가 구입자금으로 사용하였다고 일관되게 진술하였음을 알 수 있으므로 위와 같은 피고인의 진술과 일치하는 내용의 공소외 2 작성의 진술서는 공소사실에 대한 피고인의 자백을 보강하는 증거가 된다(대법원 2010.4.29, 2010도2556 재건축조합장 2억 수뢰 사건).

③ 공동피고인 1이 국립식물검역소 지소 청사신축공사에 관련하여 그 공사의 계약 및 시공감독, 공사대금의 지급 등의 직무를 수행하던 자로서, 자격도 없는 피고인 2로 하여금 그 잔여 공사를 하도급받도록 알선하고 그 하도급계약을 승인받을 수 있도록 하였으며 또한 그 공사대금도 하도급업자인 피고인 2 측에게 직접 지불하는 등 각종의 편의를 보아 주었다면, 이러한 사실들은 피고인 2가 그 사례금으로 상 피고인 1에게 금원을 교부하였다는 검찰에서의 자백이 가공적인 것이 아닌 진실한 것임을 인정함에 족한 보강증거가 될 수 있다(대법원 1998.12.22, 98도2890 국립식물검역소 사무과장 수뢰 사건).

정답 | 969 ③　970 ④

971 자백보강법칙에 관한 설명으로 옳은 것은 모두 몇 개인가? (다툼이 있으면 판례에 의함)

1 2 3

[Superlative ★★★]

㉠ 자백에 대한 보강증거는 범죄사실의 전부 또는 중요 부분을 인정할 수 있는 정도가 되어야 한다.
㉡ 피고인의 습벽을 범죄구성요건으로 하며 포괄일죄인 상습범에 있어서는 이를 구성하는 각 행위에 관하여 개별적으로 보강증거를 요하는 것이 아니라 포괄적으로 보강증거를 요한다고 보아야 한다.
㉢ 피고인 甲이 乙로부터 필로폰을 매수하면서 그 대금을 乙이 지정하는 은행계좌로 송금한 사실에 대한 압수·수색·검증영장집행보고는 甲의 필로폰 매수 행위와 실체적 경합범 관계에 있는 필로폰 투약행위에 대한 보강증거가 될 수 있다.
㉣ 즉결심판이나 소년보호사건에서는 피고인의 자백만을 증거로 범죄사실을 인정할 수 있다.
㉤ 범행에 사용된 노루발못뽑이와 손괴된 쇠창살의 모습이 촬영되어 수사보고서에 첨부된 현장사진은 형법 제331조 제1항(야간손괴침입절도)의 죄에 관한 피고인의 자백에 대한 보강증거로 인정될 수 있다.

① 1개 ② 2개
③ 3개 ④ 4개

해설

② ㉣㉤ 2항목이 옳다.

㉠ [×] 자백에 대한 보강증거는 범죄사실의 전부 또는 중요 부분을 인정할 수 있는 정도가 되지 아니하더라도 피고인의 자백이 가공적인 것이 아닌 진실한 것임을 인정할 수 있는 정도만 되면 족할 뿐만 아니라, 직접증거가 아닌 간접증거나 정황증거도 보강증거가 될 수 있고, 또한 자백과 보강증거가 서로 어울려서 전체로서 범죄사실을 인정할 수 있으면 유죄의 증거로 충분하다(대법원 2011.9.29, 2011도8015 노루발 못뽑이 사건).

㉡ [×] 피고인의 습벽을 범죄구성요건으로 하는 포괄일죄인 상습범에 있어서도 이를 구성하는 각 행위에 관하여 개별적으로 보강증거가 필요하다(대법원 1996.2.13, 95도1794).

㉢ [×] 실체적 경합범은 실질적으로 수죄이므로 각 범죄사실에 관하여 자백에 대한 보강증거가 있어야 하는바, '피고인 甲이 乙로부터 필로폰을 매수하면서 그 대금을 乙이 지정하는 은행계좌로 송금한 사실'에 대한 압수·수색검증영장 집행보고는 필로폰 매수행위에 대한 보강증거는 될 수 있어도 그와 실체적 경합범 관계에 있는 필로폰 투약행위에 대한 보강증거는 될 수 없다(대법원 2008.2.14, 2007도10937 대구 신천동 필로폰 투약 사건).

㉣ [○] **즉결심판절차**에 있어서는 형사소송법 제310조, 제312조제3항 및 제313조의 규정은 적용하지 아니한다(즉심법 제10조). 형사소송절차가 아닌 **소년보호사건**에 있어서는 비행사실의 일부에 관하여 자백 이외의 다른 증거가 없다 하더라도 법령적용의 착오나 소송절차의 법령위반이 있다고 할 수 없다(대법원 1982.10.15, 82모36).

㉤ [○] 피고인이 甲과 합동하여 乙의 재물을 절취하려다가 미수에 그쳤다는 내용의 공소사실을 자백한 경우, 피고인을 현행범으로 체포한 乙의 수사기관에서의 진술과 현장사진이 첨부된 수사보고서는 **피고인 자백의 진실성을 담보하기에 충분한 보강증거가 된다**(대법원 2011.9.29, 2011도8015 노루발 못뽑이 사건).

972 다음 중 도로교통법위반죄 또는 마약법위반죄의 자백에 대한 보강증거가 될 수 없는 것은? (다툼이 있으면 판례에 의함) [core ★★]

1 2 3

① "면허 없이 내 차량을 운전하였다"는 자백에 대한 '차량이 피고인의 소유로 등록되어 있다'는 내용의 자동차등록증

② "1994.6. 중순, 7. 중순, 10. 중순, 11.20.에 각 메스암페타민 0.03g을 투약하였다"는 자백에 대한 '피고인이 검거된 1995.1.18.에 채취한 소변에서 메스암페타민 양성반응이 나왔다'는 내용의 감정회보의뢰서와 '피고인으로부터 검거 당시 압수된 메스암페타민 7.94g'의 현존

③ "2010.2.18. 02:00경 필로폰 약 0.03g을 커피에 타 마신 후 스타렉스 차량을 1km가량 운전하였다"라는 자백에 대한 '2010.2.18. 01:35경 스타렉스 차량을 타고 온 피고인으로부터 필로폰 0.06g을 건네받은 후 피고인이 차량을 운전해 갔다'는 甲의 진술과 '2010.2.20. 피고인으로부터 채취한 소변에서 필로폰 양성 반응이 나왔다'는 감정의뢰회보

④ "면허 없이 절취한 오토바이를 타고 경북 화원읍 소재 영남맨션 앞길까지 약 2km를 운전하였다"는 자백에 대한 '(오토바이를 절취당한) 甲으로부터 오토바이가 영남맨션 앞길에 옮겨져 세워 있다는 신고를 받고 그곳에 출동한 경찰관이 잠복근무하다가 피고인이 오토바이의 시동을 걸려는 것을 보고 그를 즉시 체포하면서 그로부터 오토바이를 압수하였다'는 내용의 압수조서

해설

② 위 소변검사 결과는 1995.1.17.자 투약행위로 인한 것일 뿐 그 이전의 4회에 걸친 투약행위와는 무관하고, 압수된 약물도 이전의 투약행위에 사용되고 남은 것이 아니므로 위 소변검사결과와 압수된 약물은 결국 피고인이 투약습성이 있다는 점에 관한 정황증거에 불과하여 범죄의 객관적 구성요건인 각 투약행위가 있었다는 점에 관한 보강증거로 삼을 수는 없다(대법원 1996.2.13, 95도1794).

① 차량이 피고인의 소유로 등록되어 있으므로 이는 피고인이 그 소유 차량을 운전하였다는 사실의 자백 부분에 대한 보강증거가 될 수 있고, 결과적으로 피고인이 운전면허 없이 운전하였다는 전체 범죄사실의 보강증거로 충분하다(대법원 2000.9.26, 2000도2365).

③ 공소외인은 2010.2.18. 01:35경 스타렉스 차량을 타고 온 피고인으로부터 필로폰 0.06g을 건네받은 후 피고인이 위 차량을 운전해 갔다고 진술하였고, 2010.2.20. 피고인으로부터 채취한 소변에서 필로폰 양성 반응이 나왔다는 것인바, 위와 같은 증거는 피고인이 필로폰 투약으로 정상적으로 운전하지 못할 우려가 있는 상태에 있었다는 공소사실 부분에 대한 자백을 보강하는 증거가 되기에 충분하다(대법원 2010.12.23, 2010도11272).

④ 압수조서의 기재는 피고인이 운전면허가 없다는 사실에 대한 직접적인 보강증거는 아니지만 오토바이를 운전하였다는 사실의 자백 부분에 대한 보강증거는 되는 것이므로 결과적으로 피고인이 운전면허 없이 운전하였다는 전체 범죄사실의 보강증거로 충분하다(대법원 1994.9.30, 94도1146).

정답 | 971 ② 972 ②

973 다음 중 마약법위반죄의 자백에 대한 보강증거가 될 수 없는 것은? (다툼이 있으면 판례에 의함)

1 2 3

[core ★★]

① "대마 1주를 집으로 가지고 와서 약 0.5g을 놋쇠 담배파이프에 넣고 흡연하였다. 남은 대마는 보관하고 있었다"는 자백에 대한 '피고인의 주거지에서 압수된 대마 잎 약 14.32g 및 놋쇠 담배파이프'의 현존

② "필로폰 약 0.03g을 투약하였다"라는 자백에 대한 '피고인이 甲으로부터 필로폰을 매수하면서 그 대금을 甲이 지정하는 은행계좌로 송금한 사실'에 대한 압수수색검증영장 집행보고 및 필로폰 시가보고

③ "甲으로부터 메스암페타민을 매수하여 그중 일부를 투약하였다"라는 자백에 대한 "투약 전날 피고인으로부터 돈 100만원을 받고 메스암페타민이 든 주사기 2개를 건네주었다"라는 甲에 대한 경찰 작성 피의자 신문조서

④ "히로뽕 6g을 소지하고, 그중 약 0.85g를 甲에게 금 50만원에 판매하였다(피고인 등은 소지하던 히로뽕 중에서 0.15g을 투약하였음)"라는 자백에 대한 '피고인으로부터 지갑 속에 든 히로뽕 3.6g, 10만원권 자기앞수표 44매, 캡슐 속에 든 히로뽕 1.2g 등을 임의제출받았다'는 내용의 압수조서

해설

② '피고인이 필로폰을 매수하면서 그 대금을 은행계좌로 송금한 사실'에 대한 집행보고는 필로폰 매수행위에 대한 보강증거는 될 수 있어도 그와 실체적 경합범 관계에 있는 필로폰 투약행위에 대한 보강증거는 될 수 없다(대법원 2008.2.14, 2007도10937 대구 신천동 필로폰 투약 사건).

① 2006.4.6.경 피고인의 주거지에서 대마 잎 약 14.32g 및 놋쇠 담배파이프가 발견되어 압수된 점 등에 비추어 보면, 피고인의 "2006.3. 초순 일자불상 16:30경 밭둑에서 대마 2주를 발견하여 대마 2주 중 1주에는 잎이 없어 그대로 두고 나머지 1주를 가지고 와서 잎을 따고, 그 날 22:00경 주거지에서 그 대마 잎 약 0.5g을 놋쇠 담배파이프에 넣고 불을 붙인 다음 연기를 빨아들여 흡연하였다. 피워보니 질이 안 좋은 것 같았고, 남은 대마는 보관하고 있었다."라는 자백은 그 진실성이 넉넉히 인정되므로 압수된 대마 잎 약 14.32g의 현존 등은 피고인의 자백에 대한 보강증거가 된다(대법원 2007.9.20, 2007도5845).

③ 공소외인의 경찰에서의 진술내용은 위 투약행위가 있기 바로 전날 피고인으로부터 100만원을 받고 메스암페타민이 든 주사기 2개를 건네주었다는 것이어서 피고인의 자백의 진실성을 담보하기에 충분하다고 보여지므로 공소외인에 대한 경찰 피의자신문조서는 피고인의 자백에 대한 보강증거가 되기에 충분하다(대법원 2008.11.27, 2008도7883).

④ 피고인은 압수된 히로뽕 이외에 상당한 양의 자기앞수표를 소지하고 있었고, 피고인이 히로뽕을 판매하였다는 당사자가 피고인과 함께 히로뽕을 투약하였다는 성명불상의 여자이며, 피고인이 자백한 내용과 그 히로뽕 양이 거의 일치하고 있는바, 사정이 이러하다면 검사 작성의 압수조서는 피고인이 히로뽕을 소지하였다는 사실과 히로뽕을 판매하였다는 사실의 자백 부분에 대한 보강증거가 된다(대법원 1997.4.11, 97도470).

974 자백과 보강증거에 관한 다음 설명 중 옳지 않은 것은? (다툼이 있으면 판례에 의함) [core ★★]

1 2 3

① 형사소송법 제310조의 '피고인의 자백'에는 '공범인 공동피고인의 진술'은 포함되지 않으며, 이러한 공동피고인(乙)의 진술에 대하여는 피고인(甲)의 반대신문권이 보장되어 있어 독립한 증거능력이 있다.

② 공동피고인(乙)의 자백은 이에 대한 피고인(甲)의 반대신문권이 보장되어 있어 증인으로 신문한 경우와 다를 바 없으므로 독립한 증거능력이 있고, 이는 피고인들간에 이해관계가 상반된다고 하여도 마찬가지라 할 것이다.

③ 공범인 공동피고인(乙)의 진술은 다른 공동피고인(甲)에 대한 범죄사실을 인정하는 증거로 할 수 있는 것일 뿐만 아니라, 공범인 공동피고인들의 각 진술은 상호간에 서로 보강증거가 될 수 있다.

④ 공동피고인 중의 한 사람(乙)이 자백하였고 피고인(甲) 역시 자백하였다고 하더라도 다른 공동피고인 중의 한 사람(丙)이 부인하였다면, 위 공동피고인 중의 한 사람(乙)의 자백은 피고인(甲)의 자백에 대한 보강증거가 될 수 없다.

해설

④ [×] 공동피고인 중의 한 사람이 자백하였고 피고인 역시 자백했다면 다른 공동피고인 중의 한 사람이 부인한다 하여도 위 공동피고인 중의 한 사람의 자백은 피고인의 자백에 대한 보강증거가 된다(대법원 1968.3.19, 68도43).

① [○] 형사소송법 제310조의 '피고인의 자백'에는 '공범인 공동피고인의 진술'은 포함되지 않으며, 이러한 공동피고인(乙)의 진술에 대하여는 **피고인(甲)의 반대신문권이 보장되어 있어 독립한 증거능력이 있다**(대법원 1992.7.28, 92도917).

② [○] 공동피고인(乙)의 자백은 이에 대한 피고인(甲)의 반대신문권이 보장되어 있어 증인으로 신문한 경우와 다를 바 없으므로 독립한 증거능력이 있고, 이는 **피고인들간에 이해관계가 상반된다고 하여도 마찬가지라 할 것이다**(대법원 2006.5.11, 2006도1944).

③ [○] 공범인 공동피고인(乙)의 진술은 다른 공동피고인(甲)에 대한 범죄사실을 인정하는 증거로 할 수 있는 것일 뿐만 아니라, **공범인 공동피고인들의 각 진술은 상호간에 서로 보강증거가 될 수 있다**(대법원 1990.10.30, 90도1939).

정답 | 973 ② 974 ④

975 자백과 보강증거에 관한 다음 설명 중 옳지 않은 것은? (다툼이 있으면 판례에 의함) [core ★★]

1 2 3

① 자백에 대한 보강증거는 범죄사실의 전부 또는 중요 부분을 인정할 수 있는 정도가 되지 아니하더라도 피고인의 자백이 가공적인 것이 아닌 진실한 것임을 인정할 수 있는 정도만 되면 족하다.

② 직접증거가 아닌 간접증거나 정황증거도 보강증거가 될 수 있으며 또한 자백과 보강증거가 서로 어울려서 전체로서 범죄사실을 인정할 수 있으면 유죄의 증거로 충분하다.

③ 사람의 기억에는 한계가 있는 만큼 자백과 보강증거 사이에 어느 정도의 차이가 있어도 중요부분이 일치하고 그로써 진실성이 담보되면 보강증거로서의 자격이 있다.

④ 보강증거는 그 증거만으로써 객관적 구성요건에 해당하는 사실을 인정할 수 있는 정도가 되어야 한다.

해설

④ [×] 자백에 대한 보강증거는 피고인의 임의적인 자백사실이 가공적인 것이 아니고 진실하다고 인정될 정도의 증거이면 직접증거이거나 간접증거이거나 보강증거 능력이 있다 할 것이고, 반드시 그 증거만으로 객관적 구성요건에 해당하는 사실을 인정할 수 있는 정도의 것임을 요하는 것이 아니다(대법원 1983.2.22, 82도3107).

①② [○] 자백에 대한 보강증거는 범죄사실의 전부 또는 중요 부분을 인정할 수 있는 정도가 되지 않더라도 피고인의 자백이 가공적인 것이 아닌 **진실한 것임을 인정할 수 있는 정도만 되면 충분하다.** 또한 직접증거가 아닌 간접증거나 정황증거도 보강증거가 될 수 있고, 자백과 보강증거가 서로 어울려서 **전체로서 범죄사실을 인정할 수 있으면 유죄의 증거로 충분하다**(대법원 2018.3.15, 2017도20247 러미라 사건).

③ [○] 사람의 기억에는 한계가 있는 만큼 자백과 보강증거 사이에 어느 정도의 차이가 있어도 중요부분이 일치하고 그로써 **진실성이 담보되면 보강증거로서의 자격이 있다**(대법원 2008.5.29, 2008도2343 이웃집 잡범 사건).

976 자백과 보강증거에 관한 다음 설명 중 옳지 않은 것은? (다툼이 있으면 판례에 의함) [Essential ★]

1 2 3

① 고의와 같은 주관적 구성요건도 자백의 대상이 된다고 할 것이고, 범의는 자백만으로 인정할 수 있다.

② 확정판결이나 전과에 관한 사실은 엄격한 의미의 범죄사실과는 구별되는 것이어서 피고인의 자백만으로도 그 존부를 인정할 수 있다.

③ 포괄일죄인 상습범에 있어서는 각 행위에 관한 개별적인 보강증거는 필요없고, 포괄성 또는 집합성을 인정할 수 있는 범위 내에서 보강증거가 있으면 족하다.

④ 실체적 경합범은 실질적으로 수죄이므로 각 범죄사실에 관하여 자백에 대한 보강증거가 있어야 한다.

해설

③ [×] 피고인의 습벽을 범죄구성요건으로 하는 포괄일죄인 상습범에 있어서도 이를 구성하는 각 행위에 관하여 개별적으로 보강증거가 필요하다(대법원 1996.2.13, 95도1794).

① [○] 고의와 같은 주관적 구성요건도 자백의 대상이 된다고 할 것이고, **범의는 자백만으로 인정할 수 있다**(대법원 2010.12.23, 2010도11272, 대법원 1961.8.16, 61도171).

② [○] 확정판결은 엄격한 의미의 범죄사실과는 구별되는 것이어서 피고인의 자백만으로서도 그 존부를 인정할 수 있다(대법원 1983.8.23, 83도820). 전과에 관한 사실은 **엄격한 의미에서의 범죄사실과는 구별되는 것으로서 피고인의 자백만으로서도 이를 인정할 수 있다**(대법원 1979.8.21, 79도1528).

④ [○] **실체적 경합범은** 실질적으로 수죄이므로 **각 범죄사실에 관하여 자백에 대한 보강증거가 있어야 한다**(대법원 2008.2.14, 2007도10937 대구 신천동 필로폰 투약 사건).

977 1 2 3 공판조서에 관한 다음 설명 중 옳지 않은 것은? (다툼이 있으면 판례에 의함) [core ★★]

① 공판조서의 기재가 명백한 오기인 경우를 제외하고는 공판기일의 소송절차로서 공판조서에 기재된 것은 조서만으로써 증명하여야 하고, 그 증명력은 공판조서 이외의 자료에 의한 반증이 허용되지 않는 절대적인 것이다.

② 검사 제출의 증거서류에 대하여 공판기일에 공판정에서 증거조사가 실시된 것으로 증거목록에 기재된 경우 그 증거목록의 기재는 공판조서의 일부가 아니므로 공판조서와 같은 절대적 증명력을 가질 수 없다.

③ 공판조서의 기재가 명백한 오기인 경우에는 공판조서는 그 올바른 내용에 따라 증명력을 가진다.

④ 공판조서의 기재가 명백한 오기인지 여부는 원칙적으로는 공판조서만으로 판단하여야 할 것이지만, 공판조서가 아니더라도 당해 공판절차에 제출되어 공판기록에 편철되거나 법원이 직무상 용이하게 확인할 수 있는 자료 중에서 신빙성 있는 객관적 자료에 의하여 판단을 할 수 있다.

해설

② [×] 검사 제출의 증거서류에 대하여 공판기일에 공판정에서 증거조사가 실시된 것으로 증거목록에 기재된 경우에는 그 증거목록의 기재는 공판조서의 일부로서 명백한 오기가 아닌 이상 절대적인 증명력을 가지게 된다(대법원 2015.8.27, 2015도3467 구미 KEC 사건).

① [O] 공판조서의 기재가 명백한 오기인 경우를 제외하고는 공판기일의 소송절차로서 공판조서에 기재된 것은 조서만으로써 증명하여야 하고, 그 증명력은 공판조서 이외의 자료에 의한 반증이 허용되지 않는 **절대적인 것이다**(대법원 2015.8.27, 2015도3467 구미 KEC 사건).

③ [O] 공판조서의 기재가 명백한 오기인 경우에는 공판조서는 그 **올바른 내용에 따라 증명력을 가진다**(대법원 1995.12.22, 95도1289 불출석을 출석으로 사건).

④ [O] 공판조서의 기재가 명백한 오기인지 여부는 원칙적으로는 공판조서만으로 판단하여야 할 것이지만, 공판조서가 아니더라도 당해 **공판절차에 제출되어 공판기록에 편철되거나 법원이 직무상 용이하게 확인할 수 있는 자료 중에서 신빙성 있는 객관적 자료에 의하여 판단을 할 수 있다**(대법원 2010.7.22, 2007도3514).

정답 | 975 ④ 976 ③ 977 ②

978 공판조서의 증명력에 관한 다음 설명 중 옳지 않은 것은 모두 몇 개인가? (다툼이 있으면 판례에 의함)

1 2 3

[core ★★]

㉠ 증거동의는 소송주체인 검사와 피고인이 하는 것이고, 변호인은 피고인을 대리하여 증거동의에 관한 의견을 낼 수 있을 뿐이므로 피고인이 변호인과 함께 출석한 공판기일의 공판조서에 검사가 제출한 증거에 대하여 동의한다는 기재가 되어 있다면 이는 피고인이 증거동의를 한 것으로 보아야 하고, 그 기재는 절대적인 증명력을 가진다.

㉡ 원심 제4회 공판조서의 기재에 의하면, 피고인에 대하여 판결서에 의하여 판결을 선고한 것으로 기재되어 있음이 명백한 바, 위 공판조서의 기재가 오기임을 인정할 아무런 증거가 없는 이상, 실제 선고된 형량과 판결서에 기재된 형량이 다르다는 취지의 상고이유 주장은 이유 없다.

㉢ 제1심 제26회 공판조서에 제1심법원이 공개금지결정을 선고한 후 위 수사관들에 대하여 비공개 상태에서 증인신문절차를 진행한 것으로 기재된 이상 그 공개금지결정 선고 여부에 대하여 공판조서 이외의 다른 방법에 의한 증명이나 반증은 허용되지 않는다.

① 0개 ② 1개

③ 2개 ④ 3개

해설

① 모든 항목이 옳다.

㉠ [O] 증거동의는 소송주체인 검사와 피고인이 하는 것이고, 변호인은 피고인을 대리하여 증거동의에 관한 의견을 낼 수 있을 뿐이므로 피고인이 변호인과 함께 출석한 공판기일의 공판조서에 검사가 제출한 증거에 대하여 동의한다는 기재가 되어 있다면 이는 피고인이 증거동의를 한 것으로 보아야 하고, 그 기재는 **절대적인 증명력을 가진다**(대법원 2016.3.10, 2015도19139).

㉡ [O] 원심 제4회 공판조서의 기재에 의하면, 피고인에 대하여 **판결서에 의하여 판결을 선고한 것으로 기재되어 있음이 명백한 바**, 위 공판조서의 기재가 오기임을 인정할 아무런 증거가 없는 이상, **실제 선고된 형량과 판결서에 기재된 형량이 다르다는 취지의 상고이유 주장은 이유 없다**(대법원 2015.7.9, 2015도3352).

㉢ [O] 제1심 제26회 공판조서에 제1심법원이 공개금지결정을 선고한 후 위 수사관들에 대하여 **비공개 상태에서 증인신문절차를 진행한 것으로 기재된 이상** 그 공개금지결정 선고 여부에 대하여 공판조서 이외의 **다른 방법에 의한 증명이나 반증은 허용되지 않는다**(대법원 2013.7.26, 2013도2511 왕재산 간첩단 사건).

979 공범인 甲과 乙은 특수절도죄로 기소된 공동피고인이다. 甲은 사법경찰관과 검사의 피의자신문에서 범행을 모두 자백하였으나 공판정에서는 공소사실을 부인하고 있다. 반면, 乙은 일관되게 공소사실을 부인하고 있다. 甲에 대한 각 피의자신문조서는 모두 적법한 절차와 방법에 따라 작성되었고 임의성과 특신상태가 인정됨을 전제로 할 때 이에 관한 설명 중 옳지 않은 것은? (다툼이 있으면 판례에 의함)

1 2 3

[core ★★]

① 乙이 甲을 증인으로 신청한 경우 법원은 소송절차를 분리하지 않고는 甲을 증인으로 신문할 수 없다.

② 甲에 대한 사법경찰관 작성의 피의자신문조서를 乙이 증거로 함에 부동의하는 경우에는 甲이 성립의 진정과 내용을 인정하는지 여부와 상관없이 그 피의자신문조서를 乙에 대한 유죄의 증거로 사용할 수 없다.

③ 甲에 대한 검사 작성의 피의자신문조서를 乙이 증거로 함에 부동의하는 경우 甲이 성립의 진정을 인정하고 법원이 乙에게 甲에 대한 반대신문의 기회를 주었다면 甲이 그 내용을 인정하는지의 여부와 상관없이 乙에 대한 유죄의 증거로 사용할 수 있다.

④ 설문과 달리 甲이 검사 작성 피의자신문조서에 대하여 증거동의를 하였고, 그 조서에 자신의 범죄사실을 자백하는 진술이 기재되어 있더라도 다른 보강증거가 없다면 그 자백만으로는 甲에 대한 공소사실에 대하여 유죄를 선고할 수 없다.

해설

③ [×] 검사가 작성한 피의자신문조서는 적법한 절차와 방식에 따라 작성된 것으로서 공판준비, 공판기일에 그 피의자였던 피고인 또는 변호인이 그 내용을 인정할 때에 한정하여 증거로 할 수 있다(제312조 제1항). 위 해설 ① 판례의 취지에 의할 때 甲에 대한 검사 작성의 피의자신문조서를 乙이 증거로 함에 부동의한 경우 비록 甲이 성립의 진정을 인정하고 법원이 乙에게 甲에 대한 반대신문의 기회를 주었다고 하더라도 그 조서는 乙에 대한 유죄의 증거로 사용할 수 없다.

① [○] 공범인 공동피고인은 당해 소송절차에서는 피고인의 지위에 있어 다른 공동피고인에 대한 공소사실에 관하여 증인이 될 수 없으나, **소송절차가 분리되어 피고인의 지위에서 벗어나게 되면 다른 공동피고인에 대한 공소사실에 관하여 증인이 될 수 있다**(대법원 2012.12.13, 2010도10028 허위 살인자백 사건). 소송절차를 분리되지 않는 한 피고인인 甲을 증인으로 신문할 수 없다.

② [○] 피고인과 공범관계가 있는 다른 피의자에 대한 검사 이외의 수사기관[2022.1.1.부터는 검사 또는 사법경찰관] 작성의 피의자신문조서는 그 피의자의 법정진술에 의하여 성립의 진정이 인정되더라도 당해 피고인이 공판기일에서 그 **조서의 내용을 부인하면 증거능력이 부정된다**(대법원 2015.10.29, 2014도5939 서울시 공무원 간첩사건). 증거로 함에 부동의하는 것은 그 내용을 인정하지 않는다는 취지와 같다(대법원 1996.7.12, 96도667).

④ [○] 피고인의 법정에서의 진술과 피고인에 대한 검찰 피의자신문조서의 진술기재들은 피고인의 법정 및 검찰에서의 자백으로서 형사소송법 제310조에서 규정하는 자백의 개념에 포함되어 그 **자백만으로는 유죄의 증거로 삼을 수 없다**(대법원 2008.2.14, 2007도10937 대구 신천동 필로폰 투약사건).

정답 | 978 ① 979 ③

980 1 2 3 외국 국적자인 甲은 주간에 A가 운영하는 휴대폰 판매 가게에서 A가 잠시 자리를 비운 틈을 타 중고 휴대폰 여러 대를 훔친 후 자신의 집에 숨겨두었다. 며칠 뒤 사법경찰관이 노래방에서 나오는 甲을 긴급체포하였다. 검사는 甲을 신문하여 피의자신문조서를 작성하였다. 이에 관한 설명 중 옳지 않은 것은 모두 몇 개인가? (다툼이 있으면 판례에 의함) [Superlative ★★★]

> ㉠ 사법경찰관은 甲이 보관하고 있는 중고 휴대폰을 긴급히 압수할 필요가 있는 경우에 甲을 체포한 때부터 24시간 이내에 한하여 영장 없이 압수·수색할 수 있고, 압수한 중고 휴대폰을 계속 압수할 필요가 있는 경우에는 압수한 때부터 48시간 이내에 압수·수색영장을 청구하여야 한다.
> ㉡ 甲이 외국 국적자이므로 원활한 의사소통을 위하여 필요하다고 인정하는 경우 검사는 직권으로 甲과 신뢰관계에 있는 자를 피의자신문 과정에 동석하게 할 수 있다.
> ㉢ 검사가 甲에 대하여 구속영장을 청구한 경우 구속영장을 청구받은 판사는 甲을 심문하여야 하고, 甲에게 변호인이 없는 경우 지방법원판사는 甲의 청구가 있는 경우에 한하여 변호인을 선정할 수 있다.
> ㉣ 만일 검사가 피의자신문시 甲의 진술을 영상녹화하려면 영상녹화에 대한 甲의 동의를 얻어야 한다.

① 0개 ② 1개
③ 2개 ④ 3개

해설

④ ㉠㉢㉣ 3항목이 옳지 않다.

㉠ [×] 사법경찰관은 압수한 물건을 계속 압수할 필요가 있는 경우에는 지체 없이 압수·수색영장을 청구하여야 한다. 이 경우 압수·수색영장의 청구는 체포한 때부터 48시간 이내에 하여야 한다(제217조 제2항).

㉡ [○] 검사 또는 사법경찰관은 피의자를 신문하는 경우 다음 각 호의 어느 하나에 해당하는 때에는 직권 또는 피의자·법정대리인의 신청에 따라 피의자와 신뢰관계에 있는 자를 동석하게 할 수 있다(제244조의5).

> 1. 피의자가 신체적 또는 정신적 장애로 사물을 변별하거나 의사를 결정·전달할 능력이 미약한 때
> 2. 피의자의 연령·성별·**국적 등의 사정을 고려하여** 그 심리적 안정의 도모와 원활한 의사소통을 위하여 필요한 경우

㉢ [×] 심문할 피의자에게 변호인이 없는 때에는 지방법원판사는 직권으로 변호인을 선정하여야 한다. 이 경우 변호인의 선정은 피의자에 대한 구속영장 청구가 기각되어 효력이 소멸한 경우를 제외하고는 제1심까지 효력이 있다(제201조의2 제8항).

㉣ [×] 검사는 피의자에게 미리 알려주고 피의자의 진술을 영상녹화할 수 있다(제244조의2 제1항).

981 1 2 3 뇌물수수자 甲과 뇌물공여자 乙에 대한 뇌물 사건을 수사하던 검사는 乙의 동창생 丙을 참고인으로 불러 "乙이 '甲에게 뇌물을 주었다'고 내게 말했다."라는 취지의 진술을 확보하고 甲과 乙을 공동피고인으로 기소하였다. 그러나 공판정에 증인으로 출석한 丙은 일체의 증언을 거부하였고, 오히려 그동안 일관되게 범행을 부인하던 乙이 심경의 변화를 일으켜 뇌물공여 혐의를 모두 시인하였다. 이에 관한 설명 중 옳은 것은? (다툼이 있으면 판례에 의함) [Superlative ★★★]

① 丙이 정당하게 증언거부권을 행사했다면 丙에 대한 진술조서는 증거능력이 인정된다.
② 丙에 대한 진술조서 중 '甲에게 뇌물을 주었다'는 부분은 甲의 혐의에 대해서는 증거능력이 인정된다.
③ 乙이 공판정에서 한 자백은 丙에 대한 진술조서로 보강할 수 있다.
④ 乙이 공판정에서 한 자백은 甲의 혐의에 대해서는 유죄 인정의 증거가 될 수 있다.

해설

④ [O] (1) 형사소송법 제310조의 '피고인의 자백'에는 공범인 공동피고인의 진술이 포함되지 아니하므로 공범인 공동피고인의 진술은 다른 공동피고인에 대한 범죄사실을 인정하는 데 있어서 증거로 쓸 수 있고 그에 대한 보강증거의 여부는 법관의 자유심증에 맡긴다(대법원 1985.3.9, 85도951). (2) **공동피고인의 자백은 이에 대한 피고인의 반대신문권이 보장되어 있어 증인으로 신문한 경우와 다를 바 없으므로 독립한 증거능력이 있다**(대법원 2007.10.11, 2007도5577). 乙의 자백은 甲의 혐의에 대하여 유죄 인정의 증거가 될 수 있다.

①② [×] (1) 丙에 대한 참고인진술조서는 '피고인의 진술을 그 내용으로 하는 전문진술이 기재된 전문서류로서' 형사소송법 제312조 내지 314조의 규정에 의하여 그 증거능력이 인정될 수 있는 경우에 해당하여야 함은 물론, 나아가 형사소송법 제316조 제1항의 규정에 따른 조건을 갖춘 때에 예외적으로 증거능력을 인정하여야 한다(대법원 2012.5.24, 2010도5948 대전 동거남 폭행치사사건). (2) 현행 형사소송법 제314조의 문언과 개정 취지, 증언거부권 관련 규정의 내용 등에 비추어 보면 법정에 출석한 증인이 증언거부권을 행사하여 증언을 거부한 경우는 형사소송법 제314조의 '그 밖에 이에 준하는 사유로 인하여 진술할 수 없는 때'에 해당하지 아니한다(대법원 2012.5.17, 2009도6788 全合 법률의견서 사건). 丙이 증언거부권을 행사한 것만으로는 형사소송법 제312조 제4항, 제314조 그리고 제316조 제1항의 요건을 구비된 것이 아니므로 참고인진술조서는 증거능력이 인정되지 아니한다.

③ [×] 보강증거도 증거능력이 있어야 한다. 따라서 전문법칙의 예외에 해당하지 않아 증거능력이 없는 전문증거는 보강증거가 될 수 없다(대법원 2017.9.21, 2015도12400 보은군수 사건 참고). 丙에 대한 참고인진술조서는 증거능력이 없으므로 乙의 자백에 대한 보강증거가 될 수 없다.

982 1 2 3 각종 서류의 증명력 판단에 관한 다음 설명 중 가장 틀린 것은? (다툼이 있으면 판례에 의함)

[core ★★]

① 공판준비절차, 공판기일 외의 증인신문 · 증거보전절차 · 검증에 대해서는 공판조서의 배타적 증명력이 인정되지 않는다.

② 진술조서의 기재 중 일부분을 믿고 다른 부분을 믿지 아니하여도 그것이 곧 부당하다고 할 수 없다.

③ 동일한 사항에 관하여 두 개의 서로 다른 내용이 기재된 공판조서가 병존하는 경우, 그중 어느 쪽이 진실한 것으로 볼 것인지는 법관의 자유로운 심증에 따를 수밖에 없다.

④ 형사재판에 있어서 처분문서를 배척하는 이유를 판결에 설시하지 않은 것은 경험칙 내지는 논리칙에 위배된다.

해설

④ [×] 형사재판에 있어서는 처분문서라 하여도 이를 배척하는 이유 설시를 하여야 한다는 법칙이 없으며 경험칙 내지는 논리칙에 위배되지 아니하는 한 그 증거취사는 사실심의 전권에 속한다(대법원 2008.2.29, 2007도10414 아이에스전자 사기 사건).

① [O] 공판기일의 소송절차로서 공판조서에 기재된 것은 그 조서만으로써 증명한다(제56조). 공판준비절차, 공판기일 외의 증인신문, 증거보전절차, 검증은 **'공판기일의 소송절차가 아니므로' 공판조서의 배타적 증명력이 인정되지 않는다.**

② [O] 진술조서의 기재 중 **일부분을 믿고 다른 부분을 믿지 아니하여도 그것이 곧 부당하다고 할 수 없다**(대법원 1980.3.11, 80도145).

③ [O] 동일한 사항에 관하여 두 개의 서로 다른 내용이 기재된 공판조서가 병존하는 경우, 그중 어느 쪽이 진실한 것으로 볼 것인지는 **법관의 자유로운 심증에 따를 수밖에 없다**(대법원 1988.11.8, 86도1646 치안본부 경위 수뢰 사건).

정답 | 980 ④ 981 ④ 982 ④

983 甲은 편의점에서 점원 A를 협박한 후 현금을 강취하여 강도죄로 기소되었는데, 甲은 공판과정에서 일체의 증거에 동의하지 않고 있다. 다음 설명 중 옳은 것은? (다툼이 있으면 판례에 의함)

1 2 3

[Superlative ★★★]

> ㉠ A는 "甲이 '돈을 내놓지 않으면 죽인다'고 말하며 현금을 빼앗아갔다."라고 공판정에서 증언하였다.
> ㉡ 甲은 그날 저녁 친구 乙을 만나 저녁을 먹으면서 "오늘 어떤 놈을 협박해서 돈을 쉽게 벌었다."라고 하며 자랑하였는데, 乙은 甲 몰래 그 내용을 휴대폰으로 녹음한 후, 그 녹음파일을 수사기관에 임의제출하였다.
> ㉢ 상점 안에서 이 광경을 목격한 B로부터 "甲이 편의점에서 돈을 빼앗는 것을 보았다."라는 말을 들은 C에 대하여 검사가 참고인조사를 한 후, 그 진술조서를 증거로 제출하였다.
> ㉣ C가 B로부터 들은 위 내용을 친구 D에게 다시 말하였고 D가 공판정에서 그 내용을 증언하였다.

① A의 증언은 전문진술에 관한 형사소송법 제316조 제1항의 요건을 충족할 경우에만 증거로 사용할 수 있다.

② 乙이 제출한 녹음파일은 위법하게 수집된 증거이므로 증거능력이 없다.

③ C에 대한 검사 작성의 참고인진술조서 중 B의 진술 기재 부분은 형사소송법 제312조 제4항의 규정에 의하여 증거능력이 인정될 수 있는 경우에 해당하여야 함은 물론, 형사소송법 제316조 제2항의 규정에 따른 요건을 갖춘 때에 한하여 예외적으로 증거능력이 인정된다.

④ D의 증언은 피고인 아닌 자의 진술을 그 내용으로 하는 전문진술에 관한 형사소송법 제316조 제2항의 요건이 갖추어진 때에는 이를 증거로 할 수 있다.

해설

③ [O] 피고인 아닌 자의 진술을 그 내용으로 하는 전문진술이 기재된 조서는 **형사소송법 제312조 또는 제314조의 규정에 따라 증거능력이 인정될 수 있는 경우에 해당하여야 함은 물론 형사소송법 제316조 제2항의 규정에 따른 요건을 갖추어야 예외적으로 증거능력이 있다**(대법원 2010.7.8, 2008도7546 청와대비서관 사건). C에 대한 검사 작성의 참고인진술조서 중 B의 진술 기재 부분은 형사소송법 제312조 제4항과 제316조 제2항의 요건을 구비하면 증거능력이 인정된다.

① [×] A의 증언은 요증사실(강도)을 경험한 자의 진술이므로 이는 원본증거로써 증거능력이 인정된다.

② [×] 사인이 피고인 아닌 사람과의 대화내용을 대화 상대방 몰래 녹음하였다고 하더라도 그 녹음테이프가 위법하게 수집된 증거로서 증거능력이 없다고 할 수 없다(대법원 1999.3.9, 98도3169). 乙이 제출한 녹음파일은 이른바 '당사자녹음'으로 위법하게 수집된 증거가 아니므로 전문법칙의 예외에 해당하면 증거능력을 인정할 수 있다.

④ [×] 재전문진술이나 재전문진술을 기재한 조서는 피고인이 증거로 하는 데 동의하지 아니하는 한 형사소송법 제310조의2의 규정에 의하여 이를 증거로 할 수 없다(대법원 2012.5.24, 2010도5948 대전 동거남 폭행치사 사건). D의 증언은 재전문진술이므로 피고인 甲이 일체의 증거에 동의하지 않고 있는 이상 이는 증거능력이 없다.

정답 | 983 ③

제5편

기타

984 보석에 관한 설명으로 옳은 것은? (다툼이 있으면 판례에 의함) [Essential ★]

1 2 3

① 재판장은 보석에 관한 결정을 하기 전에 검사의 의견을 물어야 하고, 법원은 검사의 의견표명이 있기 전에 보석의 허가 여부를 결정할 수 없다.

② 법원이 검사의 의견을 듣지 아니한 채 보석에 관한 결정을 한 경우, 그 결정이 적정하다고 하여도 절차상의 하자로 인해 그 결정을 취소한다.

③ 구속영장의 효력이 소멸한 때에는 보석조건은 즉시 그 효력을 상실한다.

④ 법원은 보석을 취소하는 때에는 직권 또는 검사의 청구에 따라 판결로 보증금 또는 담보의 전부 또는 일부를 몰취하여야 한다.

해설

③ [○] 구속영장의 효력이 소멸한 때에는 **보석조건은 즉시 그 효력을 상실한다**(제104조의2 제1항).
① [×] 검사는 법원으로부터 보석에 관한 의견요청이 있을 때에는 의견서와 소송서류 및 증거물을 지체 없이 법원에 제출하여야 한다. 이 경우 특별한 사정이 없는 한 의견요청을 받은 날의 다음날까지 제출하여야 한다(규칙 제54조 제1항). 검사가 기한 내에 의견서를 제출하지 않은 경우 법원은 검사의 의견을 듣지 않고도 보석의 허가 여부를 결정할 수 있다고 보아야 한다.
② [×] 검사의 의견청취의 절차는 보석에 관한 결정의 본질적 부분이 되는 것은 아니므로 설사 법원이 검사의 의견을 듣지 아니한 채 보석에 관한 결정을 하였다고 하더라도 그 결정이 적정한 이상 절차상의 하자만을 들어 그 결정을 취소할 수는 없다(대법원 1997.11.27, 97모88 검사 의견청취× 사건).
④ [×] 법원은 보석을 취소하는 때에는 직권 또는 검사의 청구에 따라 결정으로 보증금 또는 담보의 전부 또는 일부를 몰취할 수 있다(제103조 제1항).

985 보석에 관한 다음 설명 중 옳은 것은? [Essential ★]

1 2 3

① 법원은 보석결정을 위해 구속피고인을 심문할 필요는 없다.

② 필요적 보석의 제외사유가 있는 경우에는 법원은 반드시 피고인의 보석청구를 기각하여야 한다.

③ 보석의 조건은 변경할 수 없다.

④ 상소 중인 사건에 관하여 소송기록이 원심법원에 있는 때에는 보석에 관한 결정은 원심법원이 하여야 한다.

해설

④ [○] 상소 중인 사건에 관하여 **소송기록이 원심법원에 있는 때에는 보석에 관한 결정은 원심법원이 하여야 한다**(제105조).
① [×] 보석의 청구를 받은 법원은 지체없이 심문기일을 정하여 구속된 피고인을 심문하여야 한다(규칙 제54조의2 제1항).
② [×] 필요적 보석의 예외사유가 있는 경우에도 법원은 상당한 이유가 있는 때에는 직권 또는 청구에 의하여 결정으로 보석을 허가할 수 있다(제96조).
③ [×] 법원은 직권 또는 보석청구권자의 신청에 따라 결정으로 피고인의 보석조건을 변경하거나 일정기간 동안 당해 조건의 이행을 유예할 수 있다(제102조 제1항).

986 보석에 관한 설명 중 가장 적절하지 않은 것은? (다툼이 있으면 판례에 의함) [Essential ★]

1 2 3

① 피고인, 피고인의 변호인 · 법정대리인 · 배우자 · 직계존속 · 형제자매 · 가족 · 동거인 또는 고용주는 법원에 구속된 피고인의 보석을 청구할 수 있다.

② 보증금 몰수사건은 지방법원 단독판사의 관할이지만 소송절차 계속 중에 보석허가 결정이나 그 취소결정을 본안 관할법원인 제1심 합의부가 한 경우 당해 합의부가 사물관할을 갖는다.

③ 법원은 피고인이 정당한 사유 없이 보석조건을 위반한 경우에는 과태료 또는 감치의 제재결정을 내릴 수 있으며, 이 제재결정에 대해서는 즉시항고를 할 수 있다.

④ 구속영장의 효력이 소멸한 때에는 보석조건은 즉시 그 효력을 상실한다.

해설

② [×] 보증금몰수사건은 당해 형사본안 사건의 기록이 존재하는 법원 또는 그 기록을 보관하는 검찰청에 대응하는 법원의 토지관할에 속하고, 그 법원이 지방법원인 경우에 있어서 사물관할은 지방법원 단독판사에게 속하는 것이지 소송절차 계속중에 보석허가결정 또는 그 취소결정 등을 본안 관할법원인 제1심 합의부 또는 항소심인 합의부에서 한 바 있었다고 하여 그러한 법원이 사물관할을 갖게 되는 것은 아니다(대법원 2002.5.17, 2001모53).

① [O] 피고인, 피고인의 변호인 · 법정대리인 · 배우자 · 직계존속 · 형제자매 · **가족 · 동거인 또는 고용주는 법원에 구속된 피고인의 보석을 청구할 수 있다**(제94조).

③ [O] 법원은 피고인이 정당한 사유 없이 보석조건을 위반한 경우에는 **과태료 또는 감치의 제재결정을 내릴 수 있으며, 이 제재결정에 대해서는 즉시항고를 할 수 있다**(제102조 제3항 · 제4항).

④ [O] 구속영장의 효력이 소멸한 때에는 **보석조건은 즉시 그 효력을 상실한다**(제104조의2 제1항).

정답 | 984 ③ 985 ④ 986 ②

987 보석에 관한 설명 중 가장 적절하지 않은 것은? (다툼이 있으면 판례에 의함) [Essential ★]

1 2 3

① 법원은 보석의 조건을 정함에 있어서 범죄의 성질 및 죄상, 증거의 증명력, 피고인의 전과 · 성격 · 환경 및 자산, 피해자에 대한 배상 등 범행 후의 정황에 관련된 사항을 고려하여야 한다.

② 보석청구권자는 피고인, 피고인의 변호인, 법정대리인, 배우자, 직계친족, 형제자매에 한정된다.

③ 구속영장의 효력이 소멸한 때에는 보석조건은 즉시 그 효력을 상실한다.

④ 피고인이 형의 집행유예기간 중에 있어도 보석이 가능하다.

해설

② [×] 피고인, 피고인의 변호인 · 법정대리인 · 배우자 · 직계친족 · 형제자매 · 가족 · 동거인 또는 고용주는 법원에 구속된 피고인의 보석을 청구할 수 있다(제94조).

① [○] 법원은 보석의 조건을 정함에 있어서 **범죄의 성질 및 죄상, 증거의 증명력, 피고인의 전과 · 성격 · 환경 및 자산, 피해자에 대한 배상 등 범행 후의 정황에 관련된 사항을 고려하여야 한다**(제99조 제1항).

③ [○] 구속영장의 효력이 소멸한 때에는 **보석조건은 즉시 그 효력을 상실한다**(제104조의2 제1항).

④ [○] 피고인이 집행유예의 기간 중에 있어 집행유예의 결격자라고 하여 보석을 허가할 수 없는 것은 아니고 형사소송법 제95조는 그 제1 내지 5호[22년 현재 제1 내지 6호] 이외의 경우에는 필요적으로 보석을 허가하여야 한다는 것이지, 여기에 해당하는 경우에는 보석을 허가하지 아니할 것을 규정한 것이 아니므로 **집행유예기간 중에 있는 피고인의 보석을 허가한 것이 누범과 상습범에 대하여는 보석을 허가하지 아니할 수 있다는 형사소송법 제95조 제2호의 취지에 위배되어 위법이라고 할 수 없다**(대법원 1990.4.18, 90모22).

988 보석에 대한 다음 설명 중 옳은 것은 모두 몇 개인가? (다툼이 있으면 판례에 의함) [Superlative ★★★]

1 2 3

㉠ 법원은 특별한 사정이 없는 한 보석청구를 받은 날로부터 7일 이내에 그에 관한 결정을 하여야 한다.

㉡ 법원이 검사의 의견을 듣지 아니한 채 보석에 관한 결정을 하였다면 그 결정은 취소되어야 한다.

㉢ 구속영장의 효력이 소멸한 때에는 보석조건은 즉시 그 효력을 상실한다.

㉣ 보석허가결정에 대하여 검사는 보통항고할 수 있다.

㉤ 법원은 보석을 취소하는 때에는 직권 또는 검사의 청구에 따라 결정으로 보증금 또는 담보의 전부 또는 일부를 몰취할 수 있다.

① 2개 ② 3개

③ 4개 ④ 5개

해설

③ ㉠㉢㉣㉤ 4항목이 옳다.

㉠ [○] 법원은 특별한 사정이 없는 한 보석청구를 받은 날로부터 **7일** 이내에 그에 관한 결정을 하여야 한다(규칙 제55조).

㉡ [×] 검사의 의견청취의 절차는 보석에 관한 결정의 본질적 부분이 되는 것은 아니므로 설사 법원이 검사의 의견을 듣지 아니한 채 보석에 관한 결정을 하였다고 하더라도 그 결정이 적정한 이상 절차상의 하자만을 들어 그 결정을 취소할 수는 없다(대법원 1997.11.27, 97모88 검사 의견청취 × 사건).

㉢ [○] 구속영장의 효력이 소멸한 때에는 **보석조건은 즉시 그 효력을 상실한다**(제104조의2 제1항).

㉣ [○] 보석허가결정에 대하여 검사는 **보통항고할 수 있다**(제403조 제2항).

㉤ [○] 법원은 보석을 취소하는 때에는 직권 또는 검사의 청구에 따라 결정으로 **보증금 또는 담보의 전부 또는 일부를 몰취할 수 있다**(제103조 제1항).

989 법원의 구속집행정지 및 보석제도에 관한 다음 설명 중 가장 옳지 않은 것은? (다툼이 있으면 판례에 의함)

1 2 3 [Essential ★]

① 검사는 법원의 구속집행정지결정에 관하여 즉시항고를 할 수 없다.

② 피고인이 집행유예기간 중에 있는 때에는 보석을 허가할 수 없다.

③ 구속영장의 효력이 소멸한 때에는 보석조건은 즉시 그 효력을 상실한다.

④ 보석취소의 결정이 있는 때에는 그 취소결정의 등본에 의하여 피고인을 재구금하여야 한다.

해설

② [×] 피고인이 집행유예의 기간 중에 있어 집행유예의 결격자라고 하여 보석을 허가할 수 없는 것은 아니고 형사소송법 제95조는 그 제1 내지 5호[개정법 제1 내지 6호] 이외의 경우에는 필요적으로 보석을 허가하여야 한다는 것이지, 여기에 해당하는 경우에는 보석을 허가하지 아니할 것을 규정한 것이 아니므로 집행유예기간 중에 있는 피고인의 보석을 허가한 것이 누범과 상습범에 대하여는 보석을 허가하지 아니할 수 있다는 형사소송법 제95조 제2호의 취지에 위배되어 위법이라고 할 수 없다(대법원 1990.4.18, 90모22).

① [○] 구속의 집행정지결정에 대한 **즉시항고를 규정한 형사소송법 제101조 제3항이 2015.7.31. 형사소송법 개정시 삭제되어 2022년 현재 이 결정에 대하여 보통항고를 할 수 있다**(제403조 제2항).

③ [○] 구속영장의 효력이 소멸한 때에는 **보석조건은 즉시 그 효력을 상실한다**(제104조의2 제1항).

④ [○] 보석취소의 결정이 있는 때에는 그 **취소결정의 등본에 의하여 피고인을 재구금하여야 한다**(규칙 제56조 제1항).

정답 | 987 ② 988 ③ 989 ②

990 다음 중 보석, 구속집행정지, 구속취소 등에 관한 설명으로 가장 옳은 것은? (다툼이 있으면 판례에 의함)

1 2 3 [core ★★]

① 구속을 취소하는 결정이나 구속의 집행을 정지하는 결정에 대하여 검사는 즉시항고할 수 있다.

② 법원은 구속집행정지에 앞서 반드시 검사의 의견을 물어야 한다.

③ 법원은 보석을 취소하는 때에는 직권 또는 검사의 청구에 따라 보증금 또는 담보의 전부를 몰취하는 결정을 하여야 한다.

④ 구속영장의 효력이 소멸한 때에는 주거제한 등의 보석조건은 즉시 그 효력을 상실한다.

해설

④ [O] 구속영장의 효력이 소멸한 때에는 주거제한 등의 **보석조건은 즉시 그 효력을 상실한다**(제104조의2 제1항).

① [×] 구속을 취소하는 결정에 대하여 검사는 즉시항고를 할 수 있다(제97조 제4항). 구속의 집행을 정지하는 결정에 대하여는 검사는 보통항고를 할 수 있다(제403조 제2항).

② [×] 법원이 구속의 집행을 정지하는 결정을 함에는 검사의 의견을 물어야 한다. 단, 급속을 요하는 경우에는 그러하지 아니하다(제101조 제2항).

③ [×] 법원은 보석을 취소하는 때에는 직권 또는 검사의 청구에 따라 결정으로 보증금 또는 담보의 전부 또는 일부를 몰취할 수 있다(제103조 제2항).

991 증거보전에 관한 다음 설명 중 옳지 않은 것은? (다툼이 있으면 판례에 의함) [Essential ★]

1 2 3

① 항소심이나 파기환송후의 절차에서는 증거보전을 청구할 수 없으나, 재심청구사건에서는 제1회 공판기일 전이라면 증거보전을 청구할 수 있다.

② 형사입건되기 전의 자는 피의자가 아니므로 증거보전을 청구할 수 없다.

③ 증거보전절차에서 피의자 또는 피고인의 신문을 청구할 수 없으나 공동피고인 또는 공범자를 증인으로 신문하는 것은 허용된다.

④ 증거보전청구를 기각하는 결정에 대하여는 3일 이내에 항고할 수 있다.

해설

① [×] 증거보전이란 제1심 제1회 공판기일전에 한하여 허용되는 것이므로 재심청구사건에서는 증거보전절차는 허용되지 아니한다(대법원 1984.3.29, 84모15).

② [O] 형사입건되기 전의 자는 피의자가 아니므로 **증거보전을 청구할 수 없다**(대법원 1979.6.12, 79도792).

③ [O] 증거보전절차에서 피의자 또는 피고인의 신문을 청구할 수 없으나 **공동피고인 또는 공범자를 증인으로 신문하는 것은 허용된다**(대법원 1988.11.8, 86도1646).

④ [O] 증거보전청구를 기각하는 결정에 대하여는 **3일 이내에 항고할 수 있다**(제184조 제4항).

992 증거보전에 관한 다음 설명 중 옳지 않은 것은? (다툼이 있으면 판례에 의함) [Essential ★]

1 2 3

① 증거보전은 제1심 제1회 공판기일전에 한하여 허용되는 것이므로 재심청구사건에서 증거보전청구는 허용되지 아니한다.

② 피의자신문 또는 피고인신문에 해당하는 사항을 증거보전의 방법으로 청구할 수 없다.

③ 공동피고인과 피고인이 뇌물을 주고받은 사이로 필요적 공범관계에 있다면 공동피고인의 증인적격이 부정되므로 검사는 판사에게 그 공동피고인을 증인으로 신문하여 줄 것을 청구할 수 없다.

④ 증인신문조서에 증인신문과정에서 피의자였던 피고인이 당사자로 참여하여 자신의 범행사실을 시인하는 전제하에 증인에게 반대신문한 내용이 기재되어 있는 경우 '피의자가 한 진술'은 형사소송법 제184조에 의한 증인신문조서가 아니므로 형사소송법 제311조에 의한 증거능력을 인정할 수 없다.

해설

③ [×] 공동피고인과 피고인이 뇌물을 주고받은 사이로 필요적 공범관계에 있다고 하더라도 검사는 수사단계에서 피고인에 대한 증거를 미리 보전하기 위하여 필요한 경우에는 판사에게 공동피고인을 증인으로 신문할 것을 청구할 수 있다(대법원 1988. 11.8, 86도1646 치안본부 경위 수뢰 사건).

① [O] 증거보전은 제1심 제1회 공판기일전에 한하여 허용되는 것이므로 **재심청구사건에서 증거보전청구는 허용되지 아니한다**(대법원 1984.3.29, 84모15).

② [O] 피의자신문 또는 피고인신문에 해당하는 사항을 **증거보전의 방법으로 청구할 수 없다**(대법원 1979.6.12, 79도792, 대법원 1972.11.28, 72도2104).

④ [O] 증인신문조서에 증인신문과정에서 피의자였던 피고인이 당사자로 참여하여 자신의 범행사실을 시인하는 전제하에 증인에게 반대신문한 내용이 기재되어 있는 경우 '피의자가 한 진술'은 형사소송법 제184조에 의한 증인신문조서가 아니므로 **형사소송법 제311조에 의한 증거능력을 인정할 수 없다**(대법원 1984.5.15, 84도508).

993 증거보전에 관한 다음 설명 중 옳지 않은 것은? [Essential ★]

1 2 3

① 증거보전에 의하여 압수한 물건 또는 작성한 조서는 증거보전을 한 판사가 속하는 법원에 보관한다.

② 검사·피고인·피의자 또는 변호인은 판사의 허가를 얻어서 그 서류와 증거물을 열람 또는 등사할 수 있다.

③ 증거보전절차에서 작성된 조서는 법관의 면전조서이지만 당연히 증거능력까지 인정되는 것은 아니다.

④ 보전된 증거를 이용하려면 당사자는 그 증거에 대한 증거신청을 하여야 하며, 수소법원은 증거보전을 한 법원으로부터 그 기록을 송부받아 증거조사를 하여야 한다.

해설

③ [×] 증거보전절차에서 작성된 조서는 법관의 조서로서 당연히 증거능력이 인정된다(제311조).

①② [O] 증거보전에 의하여 압수한 물건 또는 작성한 조서는 증거보전을 한 판사가 속하는 법원에 보관한다. 검사·피고인·피의자 또는 변호인은 판사의 허가를 얻어서 그 서류와 **증거물을 열람 또는 등사할 수 있다**(제185조).

④ [O] 통설의 입장으로 옳은 설명이다.

정답 | 990 ④ 991 ① 992 ③ 993 ③

994 재정신청에 관한 다음 설명 중 옳지 않은 것은? [Essential ★]

1 2 3

① 대리인에 의한 재정신청은 허용되지 아니한다.

② 공동신청권자 중 1인의 재정신청은 그 전원을 위하여 효력을 발생한다.

③ 재정신청은 고등법원의 재정결정이 있을 때까지 취소할 수 있고, 취소한 자는 다시 재정신청을 할 수 없다.

④ 재정신청의 취소는 다른 공동신청권자에게 효력이 미치지 아니한다.

해설

① [×] 재정신청은 대리인에 의하여 할 수 있다(제264조 제1항).
② [O] 공동신청권자 중 1인의 재정신청은 그 **전원을 위하여 효력을 발생한다**(제264조 제1항).
③ [O] 재정신청은 고등법원의 재정결정이 있을 때까지 취소할 수 있고, **취소한 자는 다시 재정신청을 할 수 없다**(제264조 제2항).
④ [O] 재정신청의 취소는 **다른 공동신청권자에게 효력이 미치지 아니한다**(제264조 제3항).

995 재정신청에 관한 다음 설명 중 옳지 않은 것은 모두 몇 개인가? (다툼이 있으면 판례에 의함)

1 2 3

[core ★★]

㉠ 구금 중인 고소인이 재정신청서를 기간(10일) 안에 교도소장에게 제출하였다고 한다면 비록 재정신청서가 이 기간 안에 불기소처분을 한 검사가 소속한 지방검찰청의 검사장에게 도달하지 않더라도 적법한 재정신청서의 제출이라고 보아야 한다.
㉡ 재정신청 제기기간이 경과된 후에 재정신청보충서를 제출하면서 원래의 재정신청에 재정신청 대상으로 포함되어 있지 않은 고발사실을 재정신청의 대상으로 추가한 경우, 그 재정신청보충서에서 추가한 부분에 관한 재정신청은 부적법하다.
㉢ 재정신청 기각결정에 대한 재항고장이나 그 재항고 기각결정에 대한 즉시항고로서의 재항고장도 상소장이므로 이에 대하여 재소자의 특칙이 준용된다.

① 0개 ② 1개

③ 2개 ④ 3개

해설

③ ㉠㉢ 2항목이 옳지 않다.
㉠ [×] 재정신청서에 대하여는 형사소송법에 제344조 제1항과 같은 특례규정이 없으므로 재정신청서는 같은 법 제260조 제2항[개정법 제3항]이 정하는 기간(10일) 안에 불기소처분을 한 검사가 소속한 지방검찰청의 검사장 또는 지청장에게 도달하여야 한다(대법원 1998.12.14, 98모127).
㉡ [O] 재정신청 제기기간이 경과된 후에 재정신청보충서를 제출하면서 원래의 재정신청에 재정신청 대상으로 포함되어 있지 않은 고발사실을 재정신청의 대상으로 추가한 경우, 그 **재정신청보충서에서 추가한 부분에 관한 재정신청은 부적법하다**(대법원 1997.4.22, 97모30 김문수 후보 재정신청 사건).
㉢ [×] 재정신청 기각결정에 대한 재항고나 그 재항고 기각결정에 대한 즉시항고로서의 재항고에 대한 법정기간의 준수 여부는 도달주의 원칙에 따라 재항고장이나 즉시항고장이 법원에 도달한 시점을 기준으로 판단하여야 하고, 거기에 재소자 피고인 특칙은 준용되지 아니한다고 해석함이 타당하다(대법원 2015.7.16, 2013모2347 숫숨 너무 짧은 3일 사건).

996 재정신청서를 송부받은 관할 고등법원의 조치로서 옳지 않은 것은? [core ★★]

1 2 3

① 법원은 재정신청서를 송부받은 때에는 송부받은 날부터 10일 이내에 피의자 및 재정신청인에게 그 사실을 통지하여야 한다.

② 법원은 재정신청서를 송부받은 날부터 3개월 이내에 항고의 절차에 준하여 재정결정을 한다. 이 경우 필요한 때에는 증거를 조사할 수 있다.

③ 법원은 신청이 법률상의 방식에 위배되거나 이유 없는 때에는 신청을 기각하고, 신청이 이유 있는 때에는 공소제기결정을 하는데, 이 공소제기결정이 있으면 공소제기가 있는 것으로 간주한다.

④ 법원이 재정결정을 한 때에는 즉시 그 정본을 재정신청인 · 피의자와 관할 지방검찰청검사장 또는 지청장에게 송부하여야 한다.

해설

③ [×] 고등법원의 공소제기 결정은 공소제기로 간주되지 않고 검사에게 공소제기를 강제하는 효력이 있을 뿐이다(제262조 제2항, 제6항).

① [○] 법원은 재정신청서를 송부받은 때에는 송부받은 날부터 **10일 이내에 피의자 및 재정신청인에게 그 사실을 통지하여야 한다**(제262조 제1항, 규칙 제120조).

② [○] 법원은 재정신청서를 송부받은 날부터 **3개월** 이내에 항고의 절차에 준하여 재정결정을 한다. 이 경우 필요한 때에는 증거를 조사할 수 있다(제262조 제2항).

④ [○] 법원이 재정결정을 한 때에는 **즉시 그 정본을 재정신청인 · 피의자와 관할 지방검찰청검사장 또는 지청장에게 송부하여야 한다**(제262조 제5항).

997 고등법원의 재정결정에 관한 다음 설명 중 옳지 않은 것은? [Essential ★]

1 2 3

① 법원은 신청이 법률상의 방식에 위배되거나 이유 없는 때에는 신청을 기각하고, 신청이 이유 있는 때에는 사건에 대한 공소제기를 결정한다.

② 고등법원의 공소제기결정 또는 재정신청기각결정에 대하여는 불복할 수 없다.

③ 기각결정이 확정된 사건에 대하여는 다른 중요한 증거를 발견한 경우를 제외하고는 소추할 수 없다.

④ 공소제기 결정에 따른 재정결정서를 송부받은 관할 지방검찰청 검사장 또는 지청장은 지체 없이 담당 검사를 지정하고 지정받은 검사는 공소를 제기하여야 한다.

해설

② [×] 재정신청기각결정에 대하여는 형사소송법 제415조에 따른 즉시항고를 할 수 있고, 공소제기결정에 대하여는 불복할 수 없다(제262조 제4항).

① [○] 법원은 신청이 법률상의 방식에 위배되거나 이유 없는 때에는 신청을 기각하고, **신청이 이유 있는 때에는 사건에 대한 공소제기를 결정한다**(제262조 제2항).

③ [○] 기각결정이 확정된 사건에 대하여는 **다른 중요한 증거를 발견한 경우를 제외하고는 소추할 수 없다**(제262조 제4항).

④ [○] 공소제기 결정에 따른 재정결정서를 송부받은 관할 지방검찰청 검사장 또는 지청장은 지체 없이 담당 검사를 지정하고 지정받은 **검사는 공소를 제기하여야 한다**(제262조 제6항).

정답 | 994 ① 995 ③ 996 ③ 997 ②

998 재정신청에 관한 다음 설명 중 옳지 않은 것은? (다툼이 있으면 판례에 의함) [core ★★]

1 2 3

① 법원은 검사의 무혐의 불기소처분이 위법하다 하더라도 기록에 나타난 여러 가지 사정을 고려하여 기소유예의 불기소처분을 할 만한 사건이라고 인정되는 경우에는 재정신청을 기각할 수 있다.

② 다른 중요한 증거를 발견한 경우를 제외하고는 소추할 수 없도록 규정한 형사소송법 제262조 제4항 후문에서 말하는 '재정신청 기각결정이 확정된 사건'은 재정신청사건을 담당하는 법원에서 공소제기의 가능성과 필요성 등에 관한 심리와 판단이 현실적으로 이루어져 재정신청 기각결정의 대상이 된 사건만을 의미한다.

③ 형사소송법 제262조 제4항 후문의 '다른 중요한 증거를 발견한 경우'란 재정신청 기각결정 당시에 제출된 증거에 새로 발견된 증거를 추가하면 충분히 유죄의 확신을 가지게 될 정도의 증거가 있는 경우를 말하고, 단순히 재정신청 기각결정의 정당성에 의문이 제기되거나 범죄피해자의 권리를 보호하기 위하여 형사재판절차를 진행할 필요가 있는 정도의 증거가 있는 경우는 여기에 해당하지 않는다.

④ 재정신청 기각결정이 확정된 사건에 대하여 다른 중요한 증거 발견 없이 공소를 제기한 경우, 이는 형사소송법 제329조에 위반된 것이므로 법원은 형사소송법 제327조 제4호에 의하여 공소기각판결을 선고하여야 한다.

해설

④ [×] 재정신청 기각결정이 확정된 사건에 대하여 다른 중요한 증거 발견 없이 공소를 제기한 경우 공소제기의 절차가 법률의 규정에 위반하여 무효인 때에 해당하므로 형사소송법 제327조 제2호에 따라 공소기각판결을 선고하여야 한다(대법원 2018.12.28, 2014도17182 관련 민사판결 발견 사건).

① [○] 법원은 검사의 무혐의 불기소처분이 위법하다 하더라도 기록에 나타난 여러 가지 사정을 고려하여 **기소유예의 불기소처분을 할 만한 사건이라고 인정되는 경우에는 재정신청을 기각할 수 있다**(대법원 1997.4.22, 97모30).

② [○] 다른 중요한 증거를 발견한 경우를 제외하고는 소추할 수 없도록 규정한 형사소송법 제262조 제4항 후문에서 말하는 '재정신청 기각결정이 확정된 사건'은 재정신청사건을 담당하는 법원에서 공소제기의 가능성과 필요성 등에 관한 심리와 판단이 **현실적으로 이루어져 재정신청 기각결정의 대상이 된 사건만을 의미한다**(대법원 2015.9.10, 2012도14755).

③ [○] 형사소송법 제262조 제4항 후문의 '다른 중요한 증거를 발견한 경우'란 재정신청 기각결정 당시에 제출된 증거에 새로 발견된 증거를 추가하면 **충분히 유죄의 확신을 가지게 될 정도의 증거가 있는 경우를 말하고,** 단순히 **재정신청 기각결정의 정당성에 의문이 제기되거나 범죄피해자의 권리를 보호하기 위하여 형사재판절차를 진행할 필요가 있는 정도의 증거가 있는 경우는 여기에 해당하지 않는다**(대법원 2018.12.28, 2014도17182 관련 민사판결 발견 사건).

999 다음 중 고위공직자범죄수사처검사가 직접 공소제기와 그 유지를 할 수 없는 고위공직자는?

1 2 3

[Essential ★]

① 판사 ② 검사

③ 국회의원 ④ 경무관 이상 경찰공무원

해설

③ 이에 대하여는 수사처검사(공수처검사)가 수사만 할 수 있을 뿐 직접 공소제기와 그 유지를 할 수 없다(공수처법 제3조 제1항 제1호). 수사처검사는 관계 서류와 증거물을 지체 없이 서울중앙지방검찰청 소속 검사에게 송부하여야 한다(동법 제26조 제1항).
①②④ 이들에 대하여는 수사처검사(공수처검사)가 수사는 물론 직접 공소제기와 그 유지를 할 수 있다(공수처법 제3조 제1항 제2호).

1000 1 2 3 고위공직자범죄수사처검사(이하 "공수처검사"라고 한다) P는 의정부지방법원 고양지원 판사 甲이 허위공문서를 작성하였다는 혐의를 포착하였다. 이에 관한 다음 설명 중 가장 옳은 것은? [core ★★]

① 공수처검사 P는 甲을 수사한 후 직접 공소제기와 유지를 할 수 있다.
② 공수처검사 P는 甲을 수사한 후 관계 서류와 증거물을 지체 없이 서울중앙지방검찰청 소속 검사에게 송부하여야 한다.
③ 공수처검사 P는 甲을 수사한 후 관련 자료와 함께 이를 대법원에 통보하여야 한다.
④ 공수처검사 P는 甲을 수사한 후 관련 자료와 함께 이를 대검찰청에 통보하여야 한다.

해설

① 설문과 같이 판사 甲이 범한 고위공직자범죄의 경우 공수처검사 P는 수사는 물론 직접 공소제기와 그 유지를 할 수 있다(공수처법 제3조 제1항 제2호, 제26조 제1항 반대해석).

정답 | 998 ④ 999 ③ 1000 ①

2022 과목개편 대비 최신판

해커스경찰 갓대환 형사법 심화문제집

초판 1쇄 발행 2022년 3월 4일

지은이	김대환
펴낸곳	해커스패스
펴낸이	해커스경찰 출판팀
주소	서울특별시 강남구 강남대로 428 해커스경찰
고객센터	1588-4055
교재 관련 문의	gosi@hackerspass.com 해커스경찰 사이트(police.Hackers.com) 교재 Q&A 게시판 카카오톡 플러스 친구 [해커스경찰]
학원 강의 및 동영상강의	police.Hackers.com
ISBN	979-11-6880-097-7 (13360)
Serial Number	01-01-01

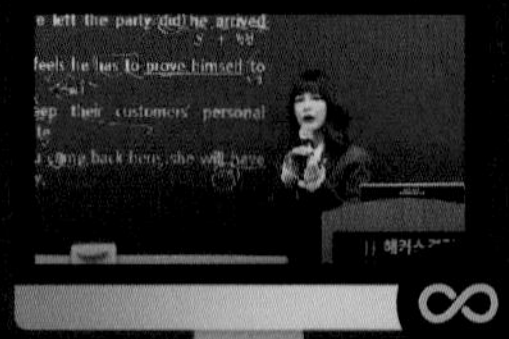